KB176207

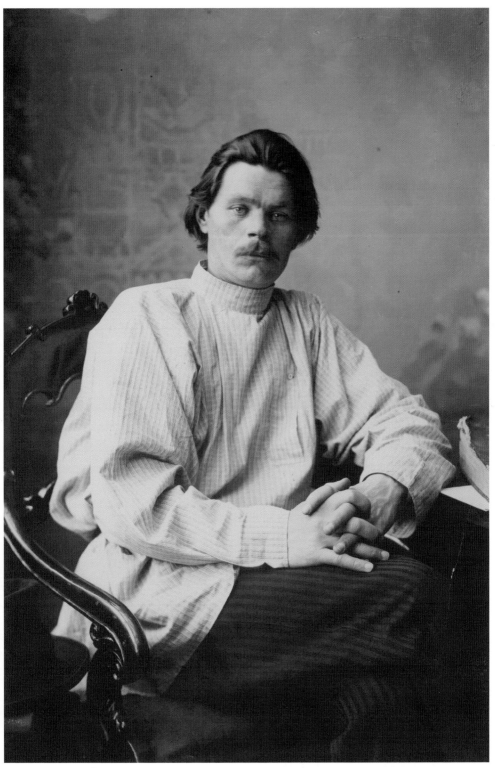

막심 고리키(1868~1936)

▲고리키가 태어난 집 러시아 니즈니노브고로드. 막심 고리키는 필명이다.

◀고리키 문학연구소 본관 1933년 고리키 주도로 모스크바 트베르스코이에 설립한 고등교육기관

▲고리키가 만년에 살았던 호화저택(오늘날 고리키박물관)

이 저택은 그 무렵 유럽에서 유행하던 아르누보 양식으로 지어졌으며, 파도를 주제로 한 계단(오른쪽)이 특이하다. 서재에는 고리키가 수집한 동양 장식품이 있다(아래쪽).

▲고리키 초상화
니콜라이 보그다
노브. 1940.

◀체호프와 고리키
얄타. 1900.

21 · Л. Н. Толстой и А. М. Горький

Ясная Поляна. 1900 г.

Фотография С. А. Толсто

톨스토이와 고리키 야스나야 폴랴나. 1900.

페나테스에서 자신의 희곡 〈태양의 아이들〉을 읽고 있는 고리키   일리야 레핀. 1905. 푸쉬킨 박물관

타지크어 작가연합 건물 타지키스탄 공화국 두샨베

고리키와 톨스토이 날반디안 드미트리 아브라모비치. 고리키는 '러시아에는 두 위인이 있는데 하나는 톨스토이, 다른 하나는 레닌이다'라고 했다.

〈시위〉 일리야 레핀. 1905. 상트페테르부르크, 러시아 박물관. 고리키는 제정 러시아 군대의 민중 학살 사건에 항의하여 투옥된다.

카프리 별장 고리키는 1905년 상트페테르부르크의 피의 일요일로 불리는 '가퐁신부사건'을 부추겨 반란을 일으켰다는 혐의로 체포되었으나, 전 세계 지식인들의 요청으로 국외 추방을 조건으로 석방된 뒤 7년간 망명 생활을 했다. 1909~11년까지 카프리섬의 별장에서 지내는 동안 이곳은 정치에 불만을 품은 지식인들의 중심지가 되었다.

겨울궁전 습격 파벨 소코로프스카야. 1939. 1917년 레닌이 이끄는 볼셰비키 무장봉기가 성공해 모스크바를 제압했
다. 이어 겨울궁전에서 저항하던 임시정부 각료들도 궁전이 함락되자 모두 체포됐다.

혁명에 이은 내전 1917년 러시아혁명이 일어나고 치열한 내전이 전국을 휩쓸었다. 반혁명군(백군)은 볼셰비키(적군)에 밀려 1922년 마침내 소비에트사회주의공화국연방(소련)이 성립됐다.

스탈린과 고리키 모스크바 붉은 광장. 1931.

로맹 롤랑과 고리키   고리키의 저택에서, 1935.

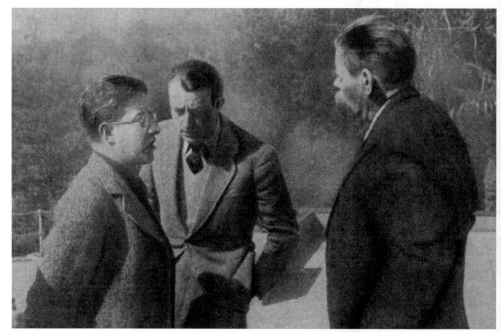

왼쪽부터 콜초브(소련 언론인)·앙드레 말로·막심 고리키   1936년 3월 15일자 소련 〈마리안〉지에 실린 사진

막심 고리키 동상   니즈니노브고로드, 고리키 광장

《어린시절》 삽화 외할아버지는 아들들의 장난에 어떤 태도를 취했는지 기억이 나지 않는다. 하지만 외할머니는 그들에게 주먹을 들이대고 위협하며 호통을 쳤다. "이 파렴치한 악당들!"

조용히 기타줄을 뜯으면서, 뭔가 마음을 울리는 자기도 모르게 일어서게 만드는 곡을 연주했다. 그의 음악은 긴장된 침묵을 요구했다.

"요 녀석, 잠든 척하고 있네. 안 자지?" 외할머니가 조용히 말했다. "안 자는 것 다 알아, 요 녀석, 자 이불 좀 줘!" 다음에 일어날 일을 예감하면서 나는 웃음을 참을 수가 없었다.

외할머니는 말의 다리 밑으로 뛰어들어 팔을 벌리고 말 앞에 섰다. 말은 슬프게 울며 곁눈으로 불길을 보면서 외할머니 쪽으로 몸을 뻗었다.

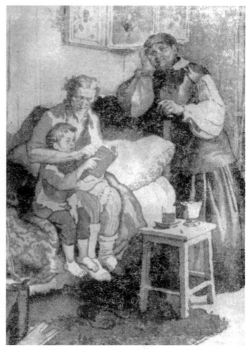

식사 전 외할아버지는 나와 시편이나 기도서를 읽었다. 식사가 끝나면 외할아버지는 기도를 시작했고 참회의 말들이 오랫동안 울려 퍼졌다.

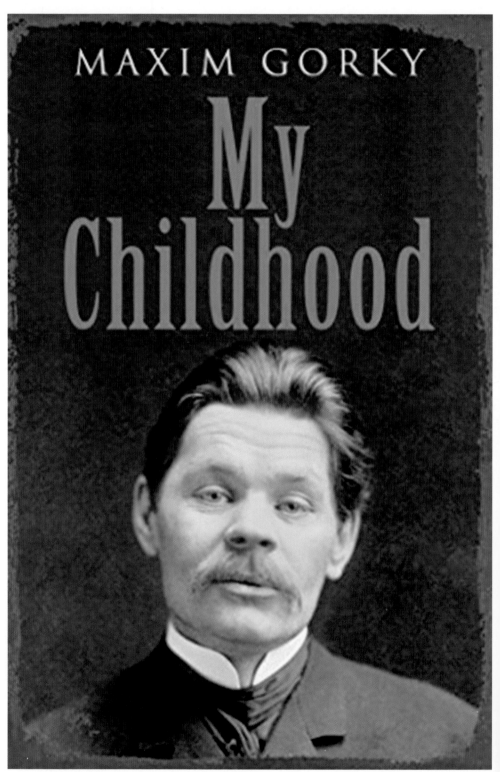

막심 고리키의 자서전 3부작(어린 시절·세상 속으로·나의 대학) 중 제1부 《어린 시절》(초판 1913) 표지

World Book 223

Максим Горький
ДЕТСТВО/В ЛЮДЯХ/МОИ УНИВЕРСИТЕТЫ
어린시절/세상 속으로/나의 대학
막심 고리키/최홍근 옮김

동서문화사

디자인 : 동서랑 미술팀

어린시절/세상 속으로/나의 대학
차례

헌사 막심 고리키-시인 백석

어린시절 … 21
세상 속으로 … 269
나의 대학 … 625

막심 고리키의 생애와 문학 … 777
막심 고리키 연보 … 796

시인 백석* 헌사
막심 고리키

새로운 문학의 길을 열어 소비에트문학의 터를 닦아놓은 막심 고리키는 자기의 예술과 모든 활동을 러시아혁명과 전 세계 프롤레타리아 해방운동에 바쳤다. 러시아에 혁명이 이루어진 뒤에는 공산주의사회를 만들며 새로운 소비에트문화를 세우려고 힘을 다하였으며, 나아가 세계평화를 위한 사업에 몸을 바친 위대한 예술가인 동시에 혁명가이자 투사였다.

레닌은 일찍이 1917년에 고리키를 두고 "전 세계 프롤레타리아 운동에 많은 이익을 가져왔고 또 가져오고 있는 천재적인 예술가이다"라고 하였다. 또 1937년에 뱌체슬라프 몰로토프는 말하기를 "우리의 혁명사업에 끼친 고리키의 예술의 영향은, 우리나라 그 어느 다른 작가의 영향보다도 직접적이며 또한 강하다"라고 하였다.

고리키는 자기의 창작에서 러시아 노동자들이 영웅적으로 싸우는 모습을 그렸고, 또 사회주의를 위하여 싸우는 시기에 드러난 러시아 인민의 훌륭한 소질들과 그 좋은 성격들을 유감없이 보여 주었다. 그러면서 고리키는 자본주의가 인류사회의 발전을 방해하는 것과, 사람이 사람을 착취하는 사회의 생명이 얼마 남지 않았다는 것 그리고 러시아의 길은 사회주의승리로 뻗어 있다는 것을 확실히 말하였다.

위대한 10월혁명이 승리한 뒤 고리키는 사회주의건설에 열성적으로 참가하여, 모든 소비에트 작가들을 지도하면서 소비에트문학을 세계문학의 가장 높은 자리에 올려놓았다. 뿐만 아니라 그는 지난날의 훌륭한 문화를 옳게 물

---

* 시인(1912~1995). 평안북도 정주 출생. 1936년 시집 《사슴》을 간행 문단에 데뷔하였으며, 방언을 즐겨 쓰면서도 모더니즘을 발전적으로 수용한 시들을 발표하였다. 인간과 자연의 원초적인 '삶'의 리얼리티를 노래하며 정서의 순화에 의의를 두었다. 작품에 〈정주성(定州城)〉, 〈남신의주 유동 박시봉방〉, 〈나와 나타샤와 흰 당나귀〉, 〈북방에서〉 따위가 있다.

려받아 그것들을 더욱 발전시키면서 새로운 사회주의문화와 예술을 건설하였다. 고리키는 1868년 3월 28일 니즈니노브고로드(현재 고리키시)에서 목수인 아버지 막심 사비치예비치 폐쉬코프와 어머니 바르바라 바실리예브나 카쉴리나의 아들로 태어났다.

일찍이 아버지를 여윈 고리키는 외할아버지 슬하에서 어린시절을 보냈다. 그러던 고리키는 열한 살에 또 어머니를 잃고 그런 상황에서 그때까지 몸을 의탁하고 있던 외할아버지 댁마저 살림이 급격히 기울자 상점 사환, 건설업자 심부름꾼, 기선 그릇닦이, 화가 연락원, 순회극단 보조출연자 등 갖은 고생을 다하여 겨우겨우 살아갔다.

이렇게 갖은 고생을 하면서도 이때 벌써 고리키는 자습하여 많은 책을 읽었다. 1884년에 그는 카잔 대학에 입학하여 남들과 같이 공부할 꿈을 꾸었으나 이 꿈은 이루어질 수 없었다. 그는 여전히 곤궁한 속에 기선 짐꾼, 나무꾼, 정원지기, 제빵사 등 닥치는 대로 일을 해야 했다. 그러던 시기에 그는 한동안 카잔에 생겼던 비밀 독서회에 열심히 나가게 되었는데, 이미 이 시기의 고리키는 러시아의 것은 물론이요 외국의 예술문학에 대한 지식을 상당히 가지고 있었다. 카잔 시절의 고리키는 주로 문학 평론과 정치 평론을 공부하면서 체르니셰프스키, 도브롤류보프와 같은 혁명사상을 가진 러시아 작가들의 책을 읽었다.

그는 그 뒤로 러시아를 알고자, 또는 인민들이 어떻게 살아가는가를 보고자 하는 생각에 기나긴 방랑의 길에 올랐다. 그 뒤 카스피 해의 어장에서 어부 노릇도 했고, 차리친(오늘날의 볼고그라드) 철도 정거장에서 역부로도 일했다. 그러면서 그는 어디서나 비밀리에 모임을 조직하여 혁명사상으로써 사람들을 선동하기에 힘썼다. 그는 1889년 니즈니노브고로드로 돌아왔으나 1891년 봄에는 또다시 러시아 방방곡곡을 방랑하기 위하여 고향을 떠났다. 그는 돈 강 연안지방, 우크라이나, 베사라비아, 크림, 북캅카스, 티플리스 등지로 안 가는 곳 없이 떠돌면서 갖가지 노동을 했다. 그런 중에서도 그가 그루지야에서 지낸 한 해 동안은 그에게 있어서 가장 중요한 시기였다. 그는 마을 대장간에서 메질을 하였고, 철도 공장에서 서기 노릇도 하면서 정배 온 혁명가들이나 지방혁명가들과 사귀었고, 진보적인 청년들의 모임에도 참가하여 노동자들 사이에서 선동사업을 하였다. 이때 그는 시 〈처녀와 죽음〉,

단편 〈마카르 추드라〉를 썼다. 이때 나이 스물세 살이었다.

　1892년부터 고리키는 수도 페테르부르크의 잡지들에 그 작품을 싣게 되었고 1898년에는 그의 《오체르크와 단편》이 세상에 나왔다. 이 책은 전 세계에 없었던 큰 반향을 일으켜 노동자들로 하여금 고리키를 자기들의 예술가로, 자기들의 희망과 자본가들에 대한 격분을 말하는 사람으로, 혁명을 예언한 작가로 인정하게 하였다.

　고리키는 〈첼카쉬〉, 〈종〉들과 같은 단편들에서 자본주의가 앞으로 멸망할 것이라는 것을 보여주었고, 단편 〈여자 거지〉, 〈한가한 날〉들에서는 낡은 사회의 지식층에서 볼 수 있는, 자기만 자기라는 사상과 편안을 바치는 성질과, 그리고 아무 기운 없는 성격을 폭로하였다. 이 당시 고리키는 사회의 현실을 비판하는 것만이 필요한 것이 아니라 생활 속에서 일어나며, 생활을 앞으로 밀고 나가는 영웅적인 사상과 새로운 것을 건설하려는 리사이틀을 예술적으로 보여 주는 것도 필요하다고 거듭거듭 말했던 것이다.

　1890년대 말에 이르러 고리키의 사상과 그 창작 활동이 새롭게 더욱 발전을 이루었다. 그는 이 무렵 〈노보예슬로프〉, 〈쥐즈니〉 같은 잡지에 글을 싣게 되었는데, 이 잡지들은 레닌이 주도한 〈이스카라〉지와 그 뜻이 같았다. 레닌이 가르치는 길이야말로 고리키에게는 등대나 다름없었다. 레닌을 따르는 볼셰비키들에게서와, 레닌의 모든 논설들에서 자기는 큰 영향을 받았다고, 고리키 스스로 말했다. 이러한 그는 혁명운동에 열성적으로 참가하였고, 진보적인 노동자들과 자주 만나면서 어디서나 마르크스주의사상을 가진 노동자들의 모임에는 반드시 참석했다. 1901년에 고리키는 그만 니즈니노브고로드에서 차르 정부의 손에 붙잡혔다. 레닌은 이때 차르 정부를 향하여 고리키 체포가 옳지 않다고 항의했다. 이 시기의 고리키는 그 사상이 마르크스주의에 튼튼히 서게 되어, 자본주의의 모든 옳지 못한 것을 날카롭게 비판하며 사람들의 생활을 역사 속에서 나날이 발전하는 것으로 보게 되었다. 그의 장편소설 《포마 고르데예프》, 《세 사람》 등은 이런 시기의 작품들로서 중요한 것들이다.

　고리키는 1899년으로부터 1900년에 걸쳐 체호프, 톨스토이들과 교제하게 되었고 또 모스크바 예술극장과 그것을 운영하던 스타니슬랍스키와 단첸코와도 친하게 교제하였다.

고리키는 러시아에서 혁명이 한창 준비되던 시기에 희곡을 창작하기 시작했다. 사회적으로나 예술적으로나 큰 의미를 가진 그의 희곡들은 무대에 상연될 때마다 관중들 속에 차르 정부를 반대하는 기운을 불러일으키곤 했다. 1890년대 초기에 쓴 그의 희곡들에서는 낡은 부르주아사상을 내려치고 새로운 민주주의적 프롤레타리아사상을 세웠던 것이다. 1901년 모스크바 예술극장에서 상연된 《시정배》와 1902년 같은 극장에서 상연된 그의 두 번째 희곡 《밑바닥》은 다 같이 중요한 그의 희곡 작품들이다. 그중에서도 《밑바닥》은 관중들의 마음을 크게 흔들어놓았고 전 세계 수많은 나라에서 상연되었다. 작가는 이 희곡에서 생활의 밑바닥에 떨어진 사람들을 비판하고 폭로하며, 이 생활 밑바닥에서 허덕이는 사람들의 그 비참한 운명 속에서 낡은 사회가 저지르는 죄의 증거를 보는 것이다. 이 밖에도 《별장 사람들》, 《태양의 아이들》 같은 희곡 작품들은 사람들에게 혁명사상을 불어넣어준 것들이라고 할 수 있다.

1905년에서 07년에 걸친 혁명시기에 큰 창작을 하려는 고리키의 마음은 여간 간절하지 않았다. 즉 1906년에는 유명한 장편소설 《어머니》와 희곡 《적들》을 연거푸 써 냈다. 1905년 10월에는 볼셰비키당의 첫 기관지인 〈노바야쥐즈니〉의 발간에 힘을 썼고, 이해 11월에는 페테르부르크에서 레닌과 처음으로 만났다. 또 모스크바의 볼셰비키 기관지 〈보리바〉 발간에도 참여하였고 〈쟐로〉 같은 정치풍자잡지들에도 원고를 보내 원조를 주었다. 그리고 1905년의 혁명투쟁에는 자기도 직접 나서서 노동자들에게 무기와 혁명기금을 대 주었다. 이 모스크바 폭동에 참여하였던 탓으로 차르 정부가 고리키를 붙잡으려고 하자 볼셰비키당은 그를 외국으로 달아나게 하였다. 이리하여 1906년 초에 그는 은밀히 핀란드를 지나 스웨덴으로, 그다음 다시 독일, 프랑스를 거쳐 미국으로 건너갔다. 외국으로 나간 그는 러시아혁명이 옳다는 것을 선전하면서 여러 나라 프롤레타리아들과 지식층에게 러시아혁명을 도와주도록 호소했다. 미국으로 간 고리키는 그 나라 인민들로부터는 열렬한 환영을 받았으나, 그 나라 반동층들은 그를 미워하여 미국에서 떠나도록 하였다. 그러나 그는 그해 가을까지 미국에 머물면서 긴장된 마음으로 창작에 힘썼다. 이렇게 하여 나온 그의 작품이 풍자작품 《나의 인터뷰》와 오체르크(실화문학) 《아메리카에서》이다. 이 두 작품에서 고리키는 사회주의사상을 가진 사람으로서 자본주의제도를 대담하고 폭넓게 비판하고 있다. 그는 이 작품들에서 항상 미국식 민주주의의 내용을 발칵 뒤집어놓으면서 이 나라에 있는 두 계급 사이의 너무나 큰 차이를 밝혀주었다. 인도주의자인 고리키는 이 나라에서 흑인을 무참히도 학대하는 그 인종차별에도 크게 분한 마음을 먹지 않을 수 없었다. 고리키는 이때 벌써 미국은 제국주의의 요새로, 또한 침략자들의 둥지가 되었다는 것과, 이 나라가 세계를 정복하려는 어리석은 꿈을 꾸고 있다는 것 또 여기서는 반동세력이 정치와 문화를 그 손아귀에 틀어쥐고 있다는 것을 가르쳤던 것이다.

고리키는 미국뿐만 아니라 프랑스와 독일의 자본주의와 제국주의에 대해서도 비판의 쇠망치를 내리쳤다. 그는 은행가, 재정가, 경찰관, 관리 등의 사회인 프랑스의 낯짝에 침을 뱉노라고 말했고 또 《자기의 깃발을 높이 받든 왕》이라는 오체르크 속에서 독일 제국주의를 여지없이 내리치면서 그 더러운 모습들을 폭로하였다.

고리키는 1906년 그 유명한 걸작 《어머니》를 써 냈다. 여기서 이 작가는 1890년 끝무렵부터 1900년대 초에 이르는 동안에 프롤레타리아가 자기들의 괴로운 처지를 벗어나려고 어떻게 싸웠는가 하는 것을 보여준다. 이 작품에서 고리키는 세계문학상에 처음으로, 사회주의를 위하여 부르주아를 반대하는, 혁명정신을 가진 프롤레타리아의 싸움을 그려냈다. 노동자들의 앞장을 선 파벨 블라소프, 안드레이 나호드카, 그리고 이들의 동지들은 노동자들의 단체에 참가하여 은밀히 문학작품들을 읽고 이야기하는 가운데 혁명을 위하여 싸울 수 있는 사람들로 성장하여 드디어 노동절의 시위운동을 꾸미는 것이다. 그러다가 붙잡혀서 법정에 나와서까지 그들은 사회주의의 좋은 면을 서슴없이 외친다. 한편 이 작품의 가장 중요한 내용의 하나는 여러 사람이 모여 혁명을 위해 싸우는 가운데서 새로운 사람이 생겨나며, 이 사람이 가진 사회주의사상이 점점 더 자라난다는 것이다. 즉 파벨의 어머니 닐로브나는 자기의 아들과 이 아들의 친구들의 영향을 받아 자기의 비참하고 억울한 처지를 느끼게 되며, 마침내 자기 아들이 바라는 대로 왜 혁명이 필요한가를 깨닫게 되는 것이다. 그리하여 이 어머니는 비단 어머니 된 정으로서만이 아니라 사회주의가 무엇인지를 깨달은 그 마음에서 자기 아들의 혁명운동을 도와주는 것이다. 갖은 학대를 받으면서도 그저 순종할 줄밖에 모르던 여자인 닐로브나는 조국의 자유와 모든 사람의 행복을 위하여 싸우는 열정적인 프롤레타리아적 투사로 자라나게 된다. 레닌은 이 작품을 크게 칭찬하여, 이 작품이야말로 볼셰비키당의 사상을 가장 잘 나타낸 작품이라고 하면서 고리키에게 《어머니》와 같은 작품을 또 쓰라고 권했다. 장편소설 《어머니》가 중요한 작품인 까닭의 하나는, 이 속에 고리키가 처음으로 낸 문학방법인 사회주의 리얼리즘이 더욱 깊이 그리고 뚜렷하게 보인 데 있다.

고리키는 항상 레닌의 유익한 영향을 받았다. 그들은 서로 편지를 주고받다가 1910년에는 카브리에서, 1911년에는 파리에서 서로 만났다. 고리키는 자기가 쓰려는 작품의 내용에 대하여 레닌과 서로 의견을 나누고 그의 충고에 귀를 기울였다. 이렇게 하여 고리키는 그의 작품을 통하여, 혁명을 눌러 없애려는 악한 힘을 반대하여 나섰으며, 많은 인민 속에 싹트고 있는 혁명의 힘을 보여 주었다.

1907~10년간에 고리키가 그의 작품들에 담은 내용은 농민들이 자기들의 처지를 깨닫고, 사회주의 혁명이 반드시 있어야만 한다고 생각하는 것이었다. 노동자들이 앞장을 선 혁명운동에 농민들이 참가하는 것은 이 혁명운동을 승리로 이끄는 데 반드시 필요한 것임을 그는 작품에서 잘 보여 주고 있다. 1909년에 쓴 중편소설 《여름》은 그 무렵의 농촌을 그린 작품으로서, 여기서는 농촌이 모든 사건의 중심이 되어 있다.

1913년에 이르러서 고리키는 레닌이 바라던 대로, 레닌이 지도하던 볼셰비키 잡지 〈뿌로 쓰 뻬쉐니에〉의 문예부를 맡았고, 볼셰비키 신문 〈즈베즈다〉 〈프라우다〉의 일에도 적극적으로 참가하여 인민 속에서 나오는 많은 신인 작가들과 많은 사업을 함께했다. 1914년 그의 편집으로 《프롤레타리아 작가 작품집》 제1권이 출판되었다.

1913년에는 레닌의 권고와 그 무렵 차르 정부의 대사령을 이용하여 고리키는 외국으로부터 다시 러시아로 돌아왔다, 그 뒤 얼마 안 되어 일어난 제1차 세계대전을 날카롭게 비판하며 전쟁에 뛰어든 모든 나라의 군국주의자들을 반대하여 나섰다. 한편 그는 중국혁명의 지도자 쑨원에게 편지를 보내 "사회주의로 향하여 가는 것을 가로막는 인종차별"을 반대하여 같이 싸우자고 외쳤다. 그는 또 러시아 모든 민족이 서로 사이좋게 살며 문화적으로 가까이 될 것을 바라는 목적에서 러시아 모든 민족의 문학작품을 실은 작품 선집을 계획하고 편집하였다. 그리하여 1916년부터 17년에 걸쳐 아르메니아, 라트비아, 핀란드 문학 작품집이 출판되었다.

제1차 세계대전을 앞두고 러시아에서 한창 높아진 혁명의 기세는 고리키로 하여금 훌륭한 문학작품을 쓰도록 만들었다. 그리하여 그는 1911년부터 13년에 걸쳐 《이태리 이야기》들을 썼다. 이 작품에서 작자는 노동자들의 동맹파업운동과 노동자들의 주위에 뭉쳐가는 인민들을 그렸고, 모든 나라 프롤레타리아의 단결을 말했다. 레닌은 이 이야기들을 퍽 높이 칭찬하였다. 고리키는 또 1912년부터 16년 사이에 여러 편의 오체르크와 단편소설들을 모아 《러시아를 두루 돌아》라는 이름으로 출판하였는데, 여기에서 그는 자기가 젊은 시절에 조국의 방방곡곡을 방랑하던 인상을 그려냈다. 조국에 대한 뜨거운 사랑이 넘쳐흐르는 이 단편소설들에서 그는 차르 정권 아래서 신음하는 노동자 하층민들의 비참한 살림을 더없이 정확하게 전했다.

위대한 사회주의 10월혁명이 준비되던 시기에, 고리키는 자기가 오랫동안 바라오던 대로 자기의 일생을 적은 자서전을 쓰기 시작했다. 그리하여 1914년에는 이 자서전의 제1부인 《어린 시절》이, 또 1916년에는 그 제2부인 《세상 속으로》가 세상에 나왔다. 즉 고리키는 일생 동안을 자유를 위하여 싸워나가는 한 사람의 역사를 지어냈다. 1937년에 몰로토프는 고리키기념대회에서 "러시아와 또 전 세계 모든 나라의 훌륭한 작가들 가운데서, 그 어느 누구도 우리 고리키처럼 자본주의 아래서 최하층 생활을 하는 인민들을 직접 가까이서 본 사람은 없으며, 그 어느 누구도 몸소 어렵고 괴로운 생활을 하여 본 사람은 없으며, 그 어느 누구도 자본이란 것에 얽매여서, 힘에 겨운 노동으로 하여 우는 사람을 자기 눈으로 바라본 사람은 없습니다. 고리키는 이런 모든 것으로 하여 자본주의를 한없이 미워하며, 사람들을 괴로움 모르는 자유로운 사회에서 살게 하도록 사회제도를 뜯어 고쳐야만 하리라는 마음을 더욱 굳게 가지게 하였던 것입니다"라고 연설했다.

《어린 시절》《세상 속으로》의 두 작품에서 고리키는 프롤레타리아 운동이 시작되는 시기에 인민 속에서 나온 새로운 주인공이 자본주의를 반대하는 사상의 영향을 받으며, 위대한 러시아문화 속에서 자라가는 것에 대해서 말했다.

고리키는 1918년부터 19년 사이에 널리 사회활동을 시작하여, 제1노동자 —농민 대학과 페트로그라드(오늘날 상트페테르부르크) 대극장을 세우는 데 도움을 주었다. 또한 몸소 많은 출판물을 냈고 서유럽과 동방제국의 거대한 작가들의 작품을 출판하게 된 《세계문학》출판사를 만들었으며, 예술—역사 보존회에서도 활동했고 또 아동문학을 발전시킬 목적으로 아동잡지 《쎄웨르 노예 씨야니에》를 편집하기도 했다. 1919년에서 20년에 걸쳐 고리키는 혁명 을 선전하는 많은 논문을 썼고 1920년 4월, 레닌 탄생 50주년 축하회에서 레닌의 위대한 공적을 찬양하는 연설을 했다. 1920년에는 코민테른 제2차 대회에 출석하였으며, 그 이듬해는 1921년에는 소비에트문학예술잡지를 발 간하여 그 첫 세 호를 편집하였다. 그해 여름 그는 폐가 나빠지는 것을 알자 레닌의 권고로 외국으로 요양을 떠났다. 1921년 가을부터 24년 봄까지 독일 과 체코슬로바키아의 요양지에서 지냈으며, 1924년 4월에는 다시 이태리로 가서 소렌토에서 병을 치료하며 지냈다.

그러면서도 고리키는 1923년에 자서전 3부작 가운데 하나인 《나의 대학》 을 세상에 내놓았다. 이 작품은 바로 1884년부터 88년까지 카잔에서 보낸 자기 생애를 그린 것이다.

고리키는 10월혁명 전, 수십 년 동안 러시아생활을 그린 큰 작품을 쓰려 고 마음먹어 왔다. 이것은 혁명 뒤에 비로소 이루어졌는데, 바로 《아르타모 노프 일가의 사업》이 그것이다. 이 작품 속에는 프롤레타리아가 반드시 승리 하며 부르주아가 반드시 멸망한다는 것이 그려져 있다. 이 소설 속에서는 부 르주아 가족인 아르타모노프네 집안 3대의 역사가 나오며, 또 한편으로는 방직공인 모로조프네 집안 3대의 역사가 보인다. 이 이야기는 1861년으로부 터 10월혁명이 승리하는 데 이르기까지의 러시아 역사를 배경으로 하고 있 다.

고리키는 오랫동안 외국에 있으면서도 국내와 항상 연락을 하고 있었다. 그러다가 그는 1928년에 소비에트 러시아로 돌아왔다. 이해 6월부터 8월까 지 소비에트 러시아를 여행하고, 그 이듬해에 또다시 두 번째로 소비에트 러 시아를 여행하였다. 이번에는 도시, 농촌, 건설장들에도, 우크라이나에도, 무르만스크에도 다 가 보았다. 그리고 나서 1931년에는 외국에서 돌아와 소 비에트 러시아에서 살았다.

이때부터 그는 많은 출판물들을 계획하고 또 실행하였다. 〈나쉬도스쭤췌니아〉, 〈소련 건설〉, 〈콜호즈닉〉 같은 정기간행물과 《훌륭한 사람들의 생애》라는 총서, 《공민전쟁사》, 《공장 및 제조소들의 역사》, 《시인문고》 그리고 러시아 및 서유럽 장편소설 총서인 《19세기 청년의 역사》 같은 것들이 바로 그것이다.

이 위대한 작가의 생활은 이때부터 더한층 창작사업뿐만 아니라 사회정치사업에도 바쳐졌다. 그는 소비에트문학계를 직접 지도하면서 매일같이 작가, 예술가 그리고 각 방면의 학자들을 상대하였고, 젊은 작가들이 자라나는 데 부단히 주의를 기울였다.

그는 소비에트국가를 건설하는 모든 문제에 직접 관계하였고, 새 전쟁을 도발하려는 제국주의자들을 반대하여, 평화와 민주와 사회주의제도를 위하여 열성적으로 싸웠다.

1932년에는 전국적으로 이 위대한 작가의 문학활동 40주년을 축하하는 모임이 열렸다. 이때 스탈린은 이 작가에게 보내는 축사에서 "친애하는 알렉세이 막시모비치, 충심으로 당신을 축하하며 당신의 손을 굳게 잡습니다. 당신의 만수무강과 또 모든 동지에게는 기쁨이 될, 그리고 모든 적들에게는 두려움이 될 당신의 사업을 축원합니다"라고 하였다.

1934년 8월에 이르러 제1차 소비에트작가대회가 열렸다. 이 대회의 조직자인 고리키는 의장으로 선출되었다. 이 대회에서 한 그의 보고에서 그는 소비에트문학이 다른 나라 문학들과 다른 점을 말했고 소비에트문학의 할 일과 앞으로 어떻게 되리라는 것을 가르쳤다.

1930년대는 고리키가 많은 희곡을 창작한 시기였다. 1932년에는 《예고르 불리초프와 나머지 사람들》, 그 이듬해에는 《도스티가예프와 나머지 사람들》을 썼다. 이러한 고리키의 희곡 작품들은 진정한 인민의 재산이 되었다. 1932년에는 예브게닌 와프탄고프 극장에서 《예고르 불리초프와 나머지 사람들》과 《도스티가예프와 나머지 사람들》이, 1935년에는 모스크바예술극장에서 《적들》이 상연되었다. 1941년에는 소극장에서 《야만인들》, 1939년에는 고리키 명칭 레닌그라드 대극장에서 《별장 사람들》이 각각 상연되었다. 이런 희곡들의 상연으로 소비에트 극장예술은 큰 발전을 보았다.

이러한 고리키의 전체 예술 창작을 하나로 모아놓았다고 할 수 있는 작품은 그가 1925년부터 그의 생애가 끝날 때까지 쓴 《클림 삼긴의 삶》이라는 큰 장편소설이다. 이 작품에서 고리키는 사회주의혁명이 승리하기 이전 40여 년 동안의 러시아생활을 그려냈다. 이 작품에서 중요한 내용은, 여러 가지 모양으로 나타나는 부르주아 사상을 보여주는 데 있다. 부르주아 사회에 사는 지식 있는 사람들은 그 사회를 마음대로 움직이는 자본가들을 위하여 일하며, 그들에게 매여 산다는 사실을 그는 여러 가지 모습으로 보여준다. 이 작품의 주인공인 클림 삼긴은 모든 사람을 하찮게 업신여겨 보려고 하며, 어리석게도 인류의 역사가 옳은 길로 나가는 것을 막고, 혁명을 눌러 보려고 하는 마음을 가진 사람이다. 그러나 노동자들의 힘이 커지자 이 주인공은 그만 이 땅 위에서 멸망하고야 만다는 것을 고리키는 말하고 있다. 이와 반대로 노동자들을 대표하는 쿠투조프는 혁명을 일으켜 승리한다. 그런데 이런 노동자들의 힘은 다른 데 있는 것이 아니라, 그들이 모두 레닌의 사상을 자기들의 사상으로 삼은 사람들이기 때문이라고 고리키는 말한다.

고리키는 언제나 예술이 인민을 위하여 있어야만 한다고 주장하였다. 모든 작가는 자기의 예술을 가지고 열성적으로 인민 앞에 일하여야 하며 그 예술은 그 시대를 앞서나가는 좋은 사상으로 차 있어야 한다는 것을 소리 높여 외쳤다.

고리키는 또 소비에트 작가들의 할 일 가운데 가장 중요한 것의 하나는 사람들을 사회주의 사회에 알맞은 사람들로 교양하는 것이라고 하였다. 고리키는 또 소비에트문학이 해야 할 일 가운데 가장 중요한 것의 하나는 세계를 고쳐 만드는 사람들의 그 훌륭한 모습들을 보여주는 것이라고 하였다. 고리키의 이런 생각과 주장들은 모두 마르크스, 엥겔스, 레닌, 스탈린의 예술에 관한 사상과 주장들에 의하여 정해진 것이다.

1936년 6월 18일 러시아인민이 낳은 위대한 천재 고리키는 세상을 떠났다. 고리키는 그가 그렇게도 미워했으며 일생을 두고 싸워 온 제국주의자들의 앞잡이인, 인민의 원수의 손에 목숨을 빼앗겼다. 소련공산당중앙위원회와 소련정부는 1936년 6월 19일부 〈프라우다〉 지면을 통하여 다음과 같이 보도하였다.

"소련공산당중앙위원회와 소련연방인민위원부 소비에트는 깊은 슬픔 속에, 위대한 러시아 작가이며, 천재적인 언어예술가이며, 노동자의 헌신적인 친구이며, 공산주의 승리를 위한 투사인 알렉세이 막시모비치 고리키가 1936년 6월 18일 모스크바 근방 고리키에서 서거하였음을 알린다. "

고리키의 창작은 벌써 1920년대 초기부터 세계적인 것이 되었다. 특히 위대한 10월혁명 뒤에 더욱 그러하였고, 오늘에 와서는 세계의 모든 진보적 작가들과 평화와 자유와 민주를 사랑하는 선량한 사람들의 재산으로 되었다.

고리키가 열어 놓은 새로운 문학 창작의 방법은 오늘 수많은 소비에트 작가들의 창조사업 속에 살아 있다. 소비에트의 유명한 작가 시인들인 세라피모비치, 파제예프, 숄로호프, 레오노프, 이사코브스키, 마카렌코 등의 창작에서는 고리키의 전통을 생생하게 느낄 수 있다. 러시아작가들뿐만 아니라 소련연방의 형제적 민족들의 작가들에게도 그가 끼친 영향은 심히 크다. 우크라이나의 작가 프티친, 에스토니아의 극작가 야콥슨, 타지키스탄의 작가 아이니, 그루지야의 작가 다이아니, 백러시아의 작가 쿠팔라 같은 사람들은 고리키에게서 직접 간접으로 문학과 사상의 가르침을 받으며 자라난 작가들이다.

고리키의 창작은 인민민주주의 모든 국가 작가들에게도 큰 교훈을 주었고 또 서유럽과 미국의 진보적 작가들에게도 좋은 영향을 끼쳤다. 프랑스의 로맹 롤랑, 아나톨 프랑스, 앙리 발뷰스, 미국의 테오돌드라이저, 잭 런던, 하워드 파스트, 영국의 버나드 쇼, 덴마크의 안데르센 넥쎄 등이 다 그러한 작가들이다.

고리키의 큰 영향이 서유럽 문학과 생활에 미쳤던 것과 마찬가지로 그 영향은 동방제국의 문학과 생활에서도 밝혀 볼 수 있다. 중국의 1919년 5월 4일의 애국주의운동은 곧 문학의 혁명운동이기도 하였는데, 이것은 고리키의 작품들이 수많은 인민들에 의하여 열심히 읽힌 때문이었다.

우리나라에서는 해방 전, 퍽 오래전에 벌써 진보적 작가들인 한설야, 이기영 같은 이들이 고리키의 영향을 많이 받았다. 우리나리의 신경향파 문학과 카프 문학은 고리키를 교사로 삼은 우리나라 진보적 작가들의 창조사업이었다.

Детство

어린시절

주요인물

알렉세이 뒷날 막심 고리키

아버지 막심 볼가 강 기선회사에 근무하는 솜씨 좋은 목공. 아들인 알렉세이의 추억 속에서만 등장한다. 고리키는 아마도 아버지로부터 독립적인 불굴의 정신과 밝은 성격, 튼튼한 육체를 물려받은 듯하다. 아버지가 세상을 떠났을 때 고리키는 다섯 살이었다.

어머니 바르바라 니주니시(뒷날 고리키시) 염색집 딸. 막심이 죽고 나서 귀족과 재혼했다가 실패하고, 젊은 나이에 궁핍과 병고 속에 세상을 떠난다. 고리키가 아홉 살 때였다.

외할아버지 바실리 족장적 가족주의 전제군주 타입. 마음이 약한 인간적인 면도 있다. 볼가 강 배끌이 일꾼에서 성공하여 염색업에 뛰어들어 동직조합장(同職組合長)까지 지냈지만, 나중에는 실패하고 만년에 실성하여 거지가 된다.

외할머니 아쿨리나 걸식하는 여자의 딸, 레이스로 유명한 발라프나의 레이스 짜는 여자. 소박하고 아름다운 인품의 소유자로 문맹이었지만 문학적 재능이 뛰어나서 구전하는 전설, 옛이야기, 서사시 등을 뛰어난 말솜씨로 풀어낸다. 4살부터 8, 9살 사이에 외할머니에게서 받은 영향이 자못 커서, 고리키의 인간형성에 중요한 바탕이 된다.

외삼촌 미하일과 야코프 염색업을 물려받지만, 둘 다 게으른 데다 술을 좋아하며 아버지의 재산을 두고 골육상쟁을 벌인다. 이들은 낡고 어두운 러시아를 상징한다.

1

어둑하고 좁은 방 창문 밑 마루 위에 키가 큰 아버지가 하얀 옷을 입고 누워 있다. 맨발의 발가락은 기이하게 벌어져 있고, 가슴 위에 조용히 얹힌 부드러운 손가락도 뒤틀려 있었다. 아버지의 쾌활했던 두 눈은 검고 동그란 구리 동전*¹들로 빈틈없이 봉해져 있고, 선한 얼굴은 거무스름히 변한 데다가 이까지 흉하게 드러나 있어서 나는 무서움을 느꼈다.

반쯤 벌거숭이 엄마는 붉은 치마를 걸친 채 무릎 꿇고 앉아 내가 수박껍질을 깎던 검은 빗으로 아버지의 길고 부드러운 머리카락을 이마에서 뒷머리 쪽으로 빗어 넘기고 있었다. 엄마는 낮게 갈라진 목소리로 무슨 말인가를 중얼거리고 있었다. 잿빛 눈은 통통 부어올라 솟구치는 눈물의 홍수 속에서 녹아내리는 듯했다.

외할머니가 내 한쪽 손을 잡고 있었다. 커다란 머리에 커다란 눈, 우스꽝스럽게 생긴 문적문적한 코를 가진 뚱뚱한 외할머니. 온통 새까만 옷차림의 외할머니는 부드럽고 놀랄 만큼 재미있었다. 외할머니는 뭔가 독특하면서도 능숙하게 엄마 목소리에 맞춰 울면서 온몸을 떨고 있었다. 그리고 나를 이끌어 아버지 쪽으로 데려갔다. 나는 온 힘을 다해 버티면서 외할머니 뒤에 숨었다. 무섭고 어색했기 때문이다.

나는 어른들이 우는 걸 한 번도 본 적이 없었다. 외할머니가 계속 뭐라 되뇌는 말을 알아들을 수가 없었다.

"아빠에게 작별인사를 해야지. 다시는 아빠를 못 볼 거야. 아가, 네 아빠는 세상을 떠났어, 아가. 그럴 나이가 아닌데도 말이다. 제 명이 다하기도 전에……."

나는 아주 심하게 앓다가*² 겨우 자리에서 일어난 참이었다. 내가 앓고 있

---

*1 죽은 사람의 눈을 동전으로 막는 관습이 있었다.

을 때—나는 지금도 또렷이 기억하고 있다—아버지는 나를 기꺼이 잘 보살 펴 주시다가 갑자기 사라져버렸다. 아버지 대신 외할머니가 왔다.

"어디서 걸어왔어?"

내가 외할머니에게 물었다.

외할머니가 대답했다.

"저 위, 니주니에서 왔단다. 그런데 걸어온 게 아니라 배를 타고 왔단다! 물 위에서 걸을 수야 있나. 이제 쉿!"

이 말은 우스꽝스럽고 아리송했다. 우리 집 위층에는 구레나룻을 기르고 머리카락을 물들인 페르시아 사람이 살고 있었다. 그리고 지하실에는 늙고 안색이 누런 칼미크인[3]이 양가죽을 팔고 있었다. 그는 계단에서는 난간을 말 타듯이 타고 내려올 수 있다. 또 떨어질 때는 공중제비를 돌기도 했다. 그것은 나도 잘 알고 있는 일이다. 그런데 물이라니? 그게 무슨 소릴까? 모 든 것이 잘못되어 있고 뒤죽박죽이어서 재미있었다.

"왜 쉿! 하는 거야?"

"네가 소란스럽게 구니까."

역시 웃으면서 외할머니가 말했다. 외할머니는 상냥하고 기분 좋은 말투 로 힘차게 말했다. 첫날부터 나는 외할머니와 친해졌다. 그래서 지금, 외할 머니가 빨리 이 방에서 나를 데리고 나가 주었으면 하고 생각했다.

엄마 모습이 나를 숨 막히게 했다. 엄마의 눈물과 절규는 내 마음속에 새 로운 불안감을 불러일으켰다. 엄마의 그런 모습은 처음이었다. 엄마는 늘 엄 격하고 말이 별로 없었다. 언제나 청결하고 평온하며 말(馬)처럼 컸다. 몸 은 단단하고 손은 매우 억셌다. 하지만 지금의 엄마는 어쩐지 온몸이 기분 나쁠 만큼 부어올라 있는 데다 단정치 못했다. 옷도 죄다 찢어져 있었다. 밝 은 색깔의, 챙 없는 커다란 모자처럼 머리 위에 가지런히 얹혀 있던 머리카 락은 드러난 어깨 위에 흩어져 얼굴 위로 떨어지고, 세 가닥으로 땋은 그 반 이 잠든 아버지의 얼굴을 건드리며 흔들리고 있었다. 나는 아까부터 그 방에 서 있었다. 하지만 엄마는 내게 한 번도 눈길을 주지 않았다. 엄마는 아버지

*2 1872년 알렉세이는 아스트라한에 유행한 콜레라에 감염되었다. 아버지의 간호 덕분에 살 았지만, 아들을 간호한 아버지 막심은 죽었다. 그때 알렉세이는 다섯 살이었다.
*3 유럽인들은 서몽골족을 이렇게 호칭했다.

의 머리를 빗겨주는 동안 내내 울부짖고 있었다.

피부가 까만 남자들과 군인 출신인 순경이 문 안을 들여다보았다. 순경이 소리쳤다.

"빨리 치워버리시오!"

창문은 어두운 빛깔의 솔로 가려져 있었다. 솔이 돛처럼 부풀어 올랐다.

한번은 아버지가 내게 돛단배를 태워준 적이 있었다. 갑자기 천둥이 쳤다. 아버지는 웃음을 머금은 채 두 무릎으로 나를 꼭 붙들고 소리쳤다.

"괜찮다. 겁내지 마라, 루크!"

갑자기 엄마가 마루에서 무거운 몸을 일으키다가 곧바로 힘없이 주저앉더니 머리카락으로 바닥을 쓸면서 털썩 쓰러져 버렸다. 눈을 감은 채 창백한 얼굴이 새파래지더니, 아버지처럼 이를 드러내고는 소름이 끼치는 목소리로 말했다.

"문을 닫아요……알렉세이를 밖으로 내보내요!"

나를 밀치고, 외할머니가 문가로 달려가서 외쳤다.

"여러분, 무서워할 것 없어요. 그냥 내버려두고 제발 가줘요! 이건 콜레라가 아니라 산통(産痛)이 시작된 겁니다. 제발 좀 가줘요!"

나는 어두운 구석 트렁크 뒤에 숨어서, 엄마가 마루 위에서 소리를 지르고 이를 갈면서 몸부림치는 모습을 지켜보고 있었다. 외할머니는 그 주위를 기어다니며 다정하면서도 기쁨에 넘치는 목소리로 이렇게 말했다.

"성부와 성자의 이름으로! 조금만 더 참아라, 바류샤! 우리를 대신하여 기도하시는 성모여…… "

나는 무서웠다. 그들은 아버지 옆 마루 위에서 소동을 벌이고 있었다. 자주 아버지를 만지며 신음하고 소리치고 있었다. 하지만 아버지는 꼼짝하지 않았는데, 마치 웃고 있는 것 같기도 했다. 마루 위의 소동은 오래 이어졌다. 엄마는 몇 번이나 일어섰다가 다시 쓰러졌다. 외할머니는 까맣고 부드러운 큰 공처럼 방에서 굴러나갔다. 그러더니 별안간 어둠 속에서 아기 울음소리가 터져 나왔다.

"감사합니다, 하느님!" 외할머니가 말했다. "고추다!"

그리고 촛불을 켰다.

더 이상 아무것도 기억나지 않는 걸 보면 아마도 나는 그 구석에서 잠들었던 모양이다.

내 뇌리에 남아 있는 두 번째 기억은 비오는 날 인적 없는 공동묘지 한구석이다. 나는 미끄러운 진흙더미 위에 서서 아버지의 관이 내려진 구덩이를 내려다보고 있었다. 구덩이 밑바닥에는 물이 많이 차 있고 개구리도 보였다. 두 마리는 벌써 누런 관 뚜껑 위에 기어올라가 있었다.

무덤 옆에는 나, 외할머니, 비에 폭삭 젖은 순경, 삽을 들고 있는 화난 모습의 두 남자도 있었다. 구슬처럼 섬세하면서도 따스한 비가 모두를 적시고 있었다.

"구덩이를 메워."

순경이 옆으로 비키면서 말했다.

외할머니는 머리 수건 끝으로 눈을 가린 채, 울기 시작했다. 사내들은 몸을 구부려 서둘러 무덤 속에 흙을 덮기 시작했다. 물이 튀었다. 개구리가 관에서 튀어 올라 구덩이 벽으로 달아나려 했지만 흙덩이가 개구리들을 바닥으로 내동댕이쳤다.

"저리 비키자, 료냐."

외할머니가 내 어깨를 잡으면서 말했다. 나는 외할머니 손에서 빠져나갔다. 나는 저쪽으로 가고 싶지 않았다.

"널 어쩌면 좋으냐, 아이고 하느님."

외할머니는 나한테도 아니고 하느님한테도 아니게 탄식했다. 그리고 고개를 숙이고는 오랫동안 말없이 서 있었다. 이미 무덤은 지면처럼 평평해졌다. 그래도 외할머니는 그대로 서 있었다.

일꾼들이 주위가 울리도록 소리내며 삽으로 흙을 두드렸다. 바람이 불어와 비를 몰고 가버렸다. 외할머니는 내 손을 잡고 수많은 검은 십자가들 사이를 지나 멀리 떨어진 교회 쪽으로 갔다.

"넌 왜 울지 않니?" 울타리 밖으로 나갔을 때 외할머니가 물었다. "울어도 되는데!"

"눈물이 안 나와요."

내가 말했다.

"그래, 울고 싶지 않으면 울지 않아도 돼."

외할머니가 가만히 말했다.

이건 모두 놀라운 일이었다. 난 좀처럼 눈물이 나지 않았고, 어쩌다 우는 것도 굴욕 때문일 뿐 고통 때문이 아니었다. 내가 울면 아버지는 늘 놀려댔지만 엄마는 이렇게 소리쳤다.

"울면 안 돼!"

얼마 뒤 우리는 마차를 타고 검붉은 집들이 늘어선 넓고 아주 더러운 거리를 지나갔다. 나는 외할머니에게 물어보았다.

"개구리들이 기어 나올 수 있을까?"

외할머니가 대답했다.

"아니, 기어 나오지 못할 거다. 주여 저들을 지켜주소서!"

아버지와 엄마는 하느님의 이름을 이렇게 자주, 그리고 친근하게 입에 올리지는 않았다.

며칠 뒤 나와 외할머니, 그리고 엄마는 기선을 타게 되었다.*⁴ 작은 선실 속이었다. 새로 태어나자마자 죽은 내 동생 막심은 흰 천에 싸여 빨간 끈으로 묶인 채 구석 테이블 위에 놓여 있었다.

나는 짐과 트렁크에 올라서서 창밖을 내다보았다. 꼭 말 눈깔처럼 둥그렇게 튀어나온 창이었다. 젖은 유리창 너머로 더럽고 탁한 거품이 이는 강물이 끝없이 흐르고 있었다. 이따금 물이 갑자기 솟구쳐 올라 유리창을 핥았다. 나는 깜짝 놀라 바닥으로 뛰어내렸다.

"무서워하긴." 외할머니가 부드러운 두 손으로 나를 가볍게 들어 다시 짐짝 위에 올려놓았다.

물 위에는 잿빛 안개가 촉촉이 깔려 있었다. 멀리 어딘가에서 검은 지면이 나타났다가 다시 안개와 물속으로 사라졌다. 주변 모든 것이 덜컹덜컹 흔들렸다. 오직 엄마만이 두 손을 머리 뒤에 대고 벽에 기댄 채 꼼짝 않고 서 있었다. 어두운 얼굴은 강철 같았고 장님처럼 눈을 꼭 감고 있었다. 엄마는 내내 말이 없었다. 그런 모습이 어쩐지 다른 사람인 것처럼 낯설어 보였다. 심지어 엄마가 입은 옷마저 처음 보는 것이었다.

외할머니는 여러 번 엄마에게 조용히 말했다.

---

*4 볼가 강 하구 아스트라한 시에서 고향 니주니 노브고로드로 돌아가는 것이다.

"바랴, 요기 좀 해야 하지 않겠니? 조금이라도, 응?"

엄마는 대꾸는커녕 아랑곳도 하지 않았다.

외할머니는 내게 속삭이듯 말했지만, 엄마에게는 좀 더 큰 소리로, 하지만 뭔가 조심스럽게 눈치 보듯 드물게 몇 마디 할 뿐이었다. 엄마를 두려워하는 듯한 느낌이 들었다. 나는 그걸 잘 알 수 있었는데 그것이 나를 외할머니에게 다가가게 했다.

"사라토프예요." 엄마가 갑자기 커다란 목소리로 화난 듯이 외쳤다. "선원은 어디 있어요?"

어? 엄마의 말투가 이상하다, 어디 다른 나라 말 같다.

사라토프, 선원.

가로폭이 헐렁한, 푸른 옷차림의 백발 남자가 작은 상자를 들고 나타났다. 외할머니는 거기에 동생의 시신을 안치했다. 그러고는 양팔을 쭉 뻗어 그 상자를 받쳐 들고 문쪽으로 갔다. 뚱뚱한 외할머니는 몸을 옆으로 돌려서 선실의 좁다란 문을 가까스로 지날 수 있었다. 외할머니는 문 앞에서 우스꽝스러울 정도로 허둥대며 쩔쩔맸다.

"아이 참, 어머니." 엄마가 소리치면서 외할머니로부터 관을 빼앗아 들었고 두 사람은 이내 사라져버렸다. 나는 선실에 혼자 남아 푸른 옷을 입은 사내를 계속 쳐다보았다.

"그래, 동생이 가버렸니?"

그는 몸을 숙인 채 내게 말했다.

"아저씨는 누구야?"

"선원이란다."

"그럼 사라토프는 누구야?"

"사라토프는 도시란다. 창밖을 보렴. 바로 저기란다!"

창 너머로 지면이 움직이고 있었다. 어둡고 가파른 육지는 방금 빵덩어리에서 떼어낸 커다란 빵조각처럼 안개에 젖어 있었다.

"근데 외할머니는 어디 갔지?"

"손자를 장사지내러."

"그럼, 아이를 땅 속에 묻는 거야?"

"아니, 묻는 게 아니고."

아버지를 장사지낼 때, 개구리들이 산 채로 묻혔다고 선원에게 얘기해주었다. 그는 두 팔로 나를 안아 올려 꼭 껴안고는 입을 맞췄다.

"이봐 꼬마야, 넌 아직 아무것도 몰라! 개구리들을 불쌍해 할 것 없어. 주여, 그들을 지켜주소서! 엄마를 불쌍히 여기렴. 슬픔이 엄마 마음을 저렇게 아프게 하고 있잖니!"

머리 위에서 기적이 울기 시작했다. 나는 이미 그 배가 기선이라는 것을 알고 있었다. 그래서 놀라지 않았다. 그러나 선원은 급히 나를 내려놓고 밖으로 뛰어갔다. "서둘러야 해!"

나 역시 달아나고 싶어졌다. 나는 문밖으로 나갔다. 어슴푸레하고 좁다란 통로는 텅 비어 있었다. 문에서 멀지 않은 곳에 있는 계단의 구리가 반짝거렸다. 위를 올려다보니 손에 마대자루와 보따리를 든 사람들의 모습이 보였다. 모두가 기선에서 내리고 있는 것이 분명했다. 그렇다면 나도 내려야 한다.

농부들과 함께 부두에 걸쳐 놓은 뱃전의 다리 앞에 서자, 모두들 나를 가리키면서 소리치기 시작했다.

"애는 누구지? 넌 어느 집 애냐?"

"몰라."

그들은 나를 오랫동안 만지고 떠밀고 흔들어댔다.

마침내 백발의 선원이 나타나서 나를 잡고 설명했다.

"애는 아스트라한에서 온 아이오. 선실에서 나와서……." 그는 나를 데리고 선실로 달려가더니 짐짝 위에 내던졌다. 그리고 손가락으로 이렇게 위협하면서 가버렸다. "꼼짝 말고 여기 있어!"

머리 위에서 나던 소음은 점점 조용해졌다. 기선은 벌써 부르르 떨고 있었지만 물을 때리는 소리는 나지 않았다. 선실 창은 젖은 벽 같은 것이 가로막아 어두컴컴하고 답답했다. 짐짝이 부풀어올라 나를 내리누를 것만 같았다. 그리고 모든 것이 불안하기만 했다. 혹시 나를 이 텅 빈 배에 영원히 혼자 남겨두려는 것이 아닐까?

나는 문 쪽으로 다가갔다. 문은 열리지 않았다. 놋쇠 손잡이가 돌아가지 않았던 것이다. 우유병을 집어 들고 손잡이를 힘껏 내리쳤다. 우유병이 박살나고 우유가 내 다리를 적시면서 장화 속으로 흘러들었다.

실패한 것에 화가 난 나는 짐짝 위에 누워 훌쩍훌쩍 울다가 그대로 잠들어

버렸다.

잠에서 깨어났을 때 배는 다시금 물소리를 내면서 흔들리고 있었다. 선실 창이 태양처럼 이글거리고 있었다. 외할머니가 내 옆에 앉아 얼굴을 찌푸리고 머리를 빗으면서 뭐라고 중얼거렸다. 외할머니는 이상하게 머리숱이 많았다. 새카만 머리는 어깨와 가슴, 무릎을 온통 뒤덮은 뒤, 푸른색으로 변해 바닥까지 닿아 있었다. 한 손으로 마루에서 머리카락을 치켜 올려, 그 굵은 다발 속에 빗살이 듬성듬성한 나무빗을 겨우 집어넣었다. 외할머니의 입술은 비틀려 있고 어두운 눈은 화난 것처럼 번쩍였다. 그 얼굴은 무성한 머리카락 속에서 조그맣고 우스꽝스럽게 보였다.

오늘은 외할머니가 심술궂어 보였다. 하지만 외할머니의 머리카락이 왜 그렇게도 기냐는 물음에 외할머니는 어제처럼 따뜻하고 부드러운 목소리로 말했다.

"틀림없이 하느님이 벌을 내리신 게야. ……이놈의 머리를 빗어야 하다니, 미칠 노릇이지. 젊었을 때는 이 긴 머리카락을 뽐내기도 했지만 늙으니까 귀찮기만 하구나! 넌 더 자거라! 아직 이른 시간이야. 어둠을 헤치고 해가 방금 전에 떠올랐거든……."

"잠이 안 와요!"

"그래, 그럼 자지 마."

선뜻 승낙한 외할머니는 머리를 땋으면서 긴 의자 쪽을 힐끗 쳐다보았다. "그런데 어제 저 병을 어쩌다가 깼니? 차근차근 말해 보렴!" 긴 의자 위에는 엄마가 악기의 현처럼 길게 누워서 자고 있었다.

외할머니는 뭔가 유별난 노래를 부르듯 말했다. 그 말들은 사랑스럽게 빛나는 즙이 많은 꽃과 비슷해서 내 기억 속에 강하게 뿌리내렸다. 외할머니가 웃을 때면 잘 익은 버찌처럼 까만 눈동자가 뭐라 형용할 수 없이 유쾌한 빛을 뿜으며 활짝 열렸다. 미소를 지으면 하얗고 튼튼한 이가 드러나 보였다. 가무잡잡한 두 뺨엔 수많은 주름살이 잡혀 있지만 얼굴 전체는 젊고 빛나 보였다. 그 얼굴을 망쳐놓는 것은 불룩한 콧등에 코끝이 빨갛고 무른 코였다. 외할머니는 은으로 장식된 검은 담배통에서 코담배를 꺼내 들이마시곤 했다. 외할머니는 전체적으로 어두컴컴했다. 하지만 내면에서—두 눈을 통해—꺼지지 않는 유쾌하고 따스한 빛이 빛나고 있었다. 외할머니는 등이 새우처럼 굽었다. 거의 곱사등이에 가깝고 또 몹시 뚱뚱하지만 그럼에도 마치 커다란 고양이처럼 가볍고 민첩하게 행동했다. 외할머니는 사실 사랑스러운 동물처럼 부드러웠다.

내 삶 속에 외할머니가 나타나기 전까지 난 마치 어둠 속에 숨어서 잠자고 있었던 것 같다. 그러나 외할머니가 나타나 나의 잠을 깨워 주었고, 나를 밝은 곳으로 데려갔다. 내 주변 모든 것을 끊어지지 않는 실로 엮어 현란한 색깔의 레이스를 짜냈다. 외할머니는 금세 평생의 친구가 되어 내 마음속에서 가장 가깝고 가장 잘 이해하는 가장 소중한 사람이 되었다. 그것은 세상을 향한 외할머니의 욕심 없는 사랑이, 나로 하여금 고단한 인생을 헤쳐 나갈 수 있는 강한 힘을 주고 나의 삶을 풍요롭게 해주었기 때문이다.

40년 전 그 기선은 느릿느릿 나아가고 있었다. 우리는 오랜 시간이 지나서야 니주니에 닿았는데, 그때 아름다움에 한껏 취했던 며칠 동안을 나는 지금도 생생하게 기억하고 있다.

화창한 날씨가 이어졌다. 나는 아침부터 밤까지 외할머니와 함께 갑판에 있었다. 옅은 적갈색 기선은 기다란 예인줄로 짐배를 끌면서, 청명한 하늘 아래 가을 황금빛으로 물든, 비단에 수를 놓은 듯한 볼가 강 기슭 사이를, 나른한 모습으로 주위에 소리를 울리고 청회색 수면을 물갈퀴로 때리면서 서두르는 기색 없이 위쪽으로 나아갔다. 회색 짐배는 쥐며느리와 비슷했다. 태양은 볼가 강 위에서 알게 모르게 움직였다. 한 시간마다 주변 모든 것이 새롭게 보이고 모든 것이 바뀌었다. 녹색 산들은 옷을 잘 차려 입은 대지의 화려한 주름 같았다. 양쪽 기슭에는 도시와 마을들이, 멀리서 보면 꼭 생강 빵처럼 줄지어 있었다. 황금빛 가을 나뭇잎이 물 위에 떠다녔다.

"봐라, 얘야, 정말 멋지구나!"

외할머니가 뱃전을 왔다 갔다 하면서 또 말했다. 온 몸이 빛나고 있고, 눈은 기쁨으로 활짝 열려 있었다.

외할머니는 강둑을 열심히 바라보느라고 가끔 나의 존재를 잊어버리곤 했다. 외할머니는 가슴에 두 손을 얹은 채 뱃전에 서 있었다. 미소 지은 채 말없이, 그러나 눈에는 눈물을 글썽이면서. 나는 꽃무늬가 있는 어두운 색깔의 치마를 잡아당겼다.

"으응?" 외할머니가 깜짝 놀랐다. "내가 깜빡 잠이 들었나? 꿈을 꾸는 것 같아."

"근데 뭣 땜에 울어?"

"그건 아가야, 기뻐서, 그리고 늙어서 그래." 외할머니는 웃으면서 말했다. "내가 벌써 할망구가 됐구나. 60년 동안 내 청춘이 다 지나가버렸어. 다 사라지고 말았어."

코담배를 살짝 들이마신 외할머니는 나에게 신기한 이야기를 들려주었다. 착한 강도와 성자, 여러 짐승과 마법에 대한 이야기를.

옛이야기를 할 때면 내 얼굴을 향해 몸을 숙이고, 마치 내 심장 속에 나를 북돋우는 힘을 불어넣으려는 듯이, 커다랗게 열린 동공으로 내 눈 속을 들여다보며 조용하고 신비로운 목소리로 얘기했다. 마치 노래하듯이, 얘기가 앞으로 나아갈수록 목소리는 더욱더 낭랑하게 흘러나왔다. 외할머니 이야기에 귀 기울이고 있으면 기분이 말할 수 없이 좋았다. 나는 가만히 듣고 있었다. 그리고 다시 졸랐다.

"더해 줘!"

"또 이런 얘기도 있단다. 늙은 집도깨비가 난로 주변에 앉아서 자기 발바닥을 누들*5처럼 찢어버렸지 뭐냐. 그러고는 몸을 흔들면서 이렇게 흐느껴 우는 거야. '오 생쥐들아, 아파서 참을 수가 없구나!'"

외할머니는 한쪽 다리를 들어 올려 두 손으로 움켜잡고 흔들어댔다. 그리고 자신이 아픈 것처럼 우스꽝스럽게 얼굴을 찌푸렸다.

턱수염을 기른 선량해 보이는 선원 몇 명이 주위에 서서 외할머니의 얘기에 귀 기울이며 웃고 있었다. 그리고 외할머니를 칭송하면서 그들도 부탁했다.

"할머니, 좀 더 얘기해주구려!" 그러고는 이렇게 말했다. "우리와 함께 저녁 먹으러 가십시다!"

저녁을 먹으면서 그들은 외할머니에게 보드카를 대접하고 내겐 수박과 참외를 주었다. 이런 일은 몰래 이루어졌다. 기선에는 과일을 먹는 것을 금하는 사람이 타고 있었는데, 들키면 빼앗아 강물에 던져버리곤 했기 때문이다. 그는 놋쇠 단추가 달린 경찰제복과 비슷한 옷을 입고 언제나 술에 취해 있었

---

*5 말린 국수 같은 것.

다. 사람들은 그를 피해 다녔다.

엄마는 갑판에 나오거나 우리 옆에 있는 일이 거의 없었다. 엄마는 여전히 말이 없었다. 커다랗고 날렵한 몸매, 거무스름한 강철색 얼굴, 무거운 왕관 모양으로 땋은 밝은 머리카락, 힘차고 굳센 모습—지금도 나는 엄마에 대한 모든 것이 마치 안개나 투명한 구름을 통해서 본 것처럼 느껴진다. 그리고 그 구름 속에서 외할머니만큼이나 커다란 엄마의 잿빛 눈이 아득한 곳에서 무뚝뚝하게 이쪽을 보고 있다.

한번은 엄마가 단호하게 말했다.

"사람들이 비웃고 있어요, 엄마!"

"그러거나 말거나!" 외할머니는 태연하게 대답했다. "비웃으려면 비웃으라지, 건강에 좋을 테니!"

니주니가 보이자 어린아이처럼 기뻐하던 외할머니 모습이 떠오른다. 내 손을 잡고 뱃전으로 잡아끌면서 외할머니는 소리쳤다.

"저길 봐라. 얼마나 아름답니! 애야, 저기 저곳이 니주니란다! 정말 좋은 곳이야! 신의 도시지! 저기 교회들을 좀 보렴. 꼭 하늘을 날고 있는 것 같지 않니!"

그러면서 거의 울 것처럼 엄마에게 애원하는 것이었다.

"바류샤, 좀 보거라. 응? 이제 제발 잊어버리고 기운 좀 내!"

엄마는 우울한 미소를 지었다.

아름다운 도시를 바라보면서, 뾰족한 돛이 숲을 이루고 수많은 배들이 밀집해 있는 강 한복판에 배가 닻을 내리자, 사람들을 가득 태운 커다란 보트가 기선 뱃전으로 다가와 내려진 사다리에 갈고리를 걸었다. 사람들이 차례로 보트에서 갑판 위로 올라왔다. 키가 작고 깡마른 노인이 맨 앞에서 빠른 걸음으로 다가왔다. 기다란 검은 옷을 입고 금빛이 감도는 적갈색 턱수염에 매부리코, 눈은 녹색이었다.

"아버지!"

엄마가 깊고 커다란 목소리로 소리치며 노인 가슴에 안겼다. 노인은 엄마의 머리를 붙잡고 작고 붉은 손으로 엄마의 뺨을 재빠르게 쓰다듬으면서 날카로운 목소리로 외쳤다.

"그래, 네가 불쌍한 내 딸이더냐? 결국 여기로 왔구나…… 쯧쯧, 네가…

…″

외할머니는 나선처럼 빙글빙글 돌며 어떻게 한 건지 모든 사람들을 한꺼번에 껴안고 입을 맞췄다. 외할머니는 나를 사람들 쪽으로 밀면서 다급한 목소리로 말했다.

"자, 어서 인사드려라! 여기는 미하일 외삼촌이고, 여기는 야코프 외삼촌…… 나탈리아 외숙모고, 이쪽은 사촌형들이다. 둘 다 사샤라고 부르지. 여기는 사촌누이 카테리나, 모두 우리 식구란다. 대식구지!"

외할아버지가 말했다.

"건강한가, 할멈은?"

그들은 세 번 입을 맞췄다.

외할아버지는 촘촘한 사람들 사이에서 나를 끌어내더니 내 머리를 잡고 물었다.

"넌 누구 아들이냐?"

"난 아스트라한 아이예요. 선실에서 나왔어요……"

"이게 도대체 무슨 소리냐?"

외할아버지가 엄마에게 물었다. 그러고는 대답을 기다리지도 않고 나를 옆으로 제치면서 말했다.

"제 애비 광대뼈를 쏙 빼닮았군…… 보트에 타거라!"

우리는 강변에 닿았다. 짓밟힌 마른 풀로 뒤덮인 높다란 둑 사이에 굵은 자갈이 깔린 길을 따라 모두들 언덕으로 올라갔다.

외할아버지와 엄마가 맨 앞에서 걸었다. 키가 엄마 어깨에도 못 미치는 외할아버지는 종종걸음으로 발길을 떼고 있었다. 외할아버지를 내려다보고 있는 엄마는 마치 허공을 떠다니는 듯했다. 그 뒤를 외삼촌들이 묵묵히 따라갔다. 새까만 머리가 착 달라붙어 있는, 외할아버지처럼 깡마른 미하일 외삼촌. 밝은 곱슬머리의 야코프 외삼촌. 현란한 옷차림의 뚱뚱한 여자들과 여섯 명의 아이들, 모두 나보다 나이가 많고 다 얌전하다. 나는 외할머니와 자그마한 나탈리아 외숙모와 함께 걸었다. 안색이 창백하고 눈이 파란 나탈리아 외숙모는 배가 엄청나게 부른 탓에 자주 걸음을 멈추고 숨을 헐떡거리며 중얼거렸다.

"아이구, 더는 못 걷겠어요!"

"도대체 왜 널 데려왔지?" 외할머니가 화가 나서 웅얼거렸다. "에구, 멍텅구리 같은 양반들!"

어른들도 애들도 모두 내 마음에 들지 않았다. 나는 그들이 낯설게만 느껴졌다. 외할머니조차도 왜 그런지 빛을 잃고 멀리 떨어져나간 듯했다.

특히 외할아버지가 마음에 들지 않았다. 나는 당장 외할아버지에게 적개심이 들었다. 따라서 내 안에서는 그에 대한 특별한 주의와 경계심과 함께 호기심이 일어났다.

우리는 언덕길 끝에 다다랐다. 맨 꼭대기, 오른쪽 둑에 기대어 건립된 나지막한 단층집, 깊숙하게 덮인 낮은 지붕과 밖으로 돌출된 창문이 있고, 장밋빛 페인트칠을 한 더러운 집이, 자신을 기점으로 멀리 길을 뻗으며 서 있었다. 길에서 보면 집이 커 보였지만 실제로 어두컴컴한 방 안은 비좁았다. 부두에 닿기 전의 기선처럼 성난 듯한 사람들이 사방에서 부산을 떨며 움직였다. 아이들이 뺀질거리는 참새떼처럼 몰려들었다. 그리고 코를 찌르는 이상한 냄새가 사방에 가득했다.

나는 안뜰에 있었다. 안뜰 역시 기분이 나빴다. 커다란 젖은 넝마 조각들이 이리저리 걸려 있고, 여러 가지 색깔의 짙은 물이 담긴 커다란 통들이 놓여 있었는데 그 속에는 작은 넝마 조각들이 담겨 있었다. 반쯤 부서진 나지막한 부속건물 한쪽 구석에서는 난로에서 장작이 활활 타오르고, 뭔가가 부글부글 소리를 내며 끓고 있었다. 그리고 모습은 보이지 않았지만 누군가가 큰소리로 알아들을 수 없는 소리를 외치고 있었다.

"백단(白檀), 적색 아닐린 염료, 황산염……."

2

침침하고 잡다하면서도, 말할 수 없이 이상한 생활이 시작되어 시간은 활시위를 떠난 화살같이 빠른 속도로 흘러갔다. 그것은 선량하지만 고통스러울 만큼 잔인한 천재가 유창하게 들려주는 소름끼치는 옛날이야기처럼 내 마음속에 떠오른다. 지금도 과거가 생생하게 떠오르면서도 이따금 나 자신조차 모든 것이 정말로 그랬을까 의심이 들 만큼 믿어지지가 않는다. 그리고 반박하거나 거부하고 싶은 일이 많았다. '벽창호 같은 가족'의 암담한 생활은 너무나도 잔인함으로 가득 차 있었다.

그러나 진리는 연민을 뛰어넘는다. 게다가 나는 자신에 대한 이야기를 하려는 것이 아니다. 소박한 러시아 사람들이 그 속에 살고 있었던—또 지금도 살고 있는—음산한 느낌으로 가득한 그 좁고 답답한 세계에 대해 이야기하고자 한다.

외할아버지 댁은 서로가 모든 사람들에 대한 증오라는 뜨거운 안개로 가득 차 있었다. 증오는 어른들을 해칠 뿐만 아니라, 심지어 아이들까지도 그 증오 속에 자신의 몫을 지니고 있었다. 나중에 외할머니를 통해 알게 되었지만, 엄마가 돌아왔을 때는 외삼촌들이 외할아버지에게 재산분배를 끈질기게 요구하던 바로 그 무렵이었다. 뜻밖에도 엄마의 귀향은 재산분배에 대한 그들의 욕망을 더욱 부추겼다. 외삼촌들은 엄마의 몫이었지만 할아버지의 뜻을 거역하고 '제멋대로' 결혼하는 바람에 외할아버지가 지불하지 않았던 지참금을 요구할까봐 두려워하고 있었다. 외삼촌들은 그 결혼지참금은 당연히 자기네들 몫이라고 생각해 왔다. 또한 그들은 읍내에 공장을 세우겠다거나, 또는 오카 강 건너편에 있는 쿠나비노에 공장을 세울 것인가를 두고 전부터 심하게 다투고 있었다.

우리가 도착한 지 얼마 안 되어 부엌에서 점심을 먹다가 느닷없이 말싸움이 터졌다. 외삼촌들은 갑자기 벌떡 일어났다. 그리고 식탁 위로 몸을 구부려 화난 듯이 이를 드러내고 개처럼 몸을 부르르 떨면서 외할아버지를 향해 고래고래 소리를 지르기 시작했다. 외할아버지는 숟가락으로 식탁을 두드리면서 온몸을 붉히고 수탉처럼 주위를 울리는 목소리로 소리치기 시작했다.

"한 푼도 안 주고 빌어먹도록 하겠다!"

외할머니가 병자처럼 얼굴을 찡그리며 말했다.

"애들에게 모두 줘버려요, 영감. 그래야 당신이 편해질 거예요. 줘버려요!"

"닥쳐, 이 한통속아!"

외할아버지는 눈알을 번뜩이며 버럭 소리를 질렀다. 저렇게 조그만 양반이 귀청이 떨어질 만큼 크게 고함을 지를 수 있다는 것이 이상할 정도였다.

엄마가 식탁에서 일어섰다. 그리고 서두르지도 않고 창 쪽으로 가면서 모두에게서 등을 돌렸다.

갑자기 미하일 외삼촌이 동생의 뺨을 철썩 때렸다. 맞은 사람은 신음하면서 상대에게 달려들었다. 둘은 갈라진 목소리로 씨근덕대고 욕설을 퍼부어 대며 마룻바닥을 뒹굴었다.

아이들이 울기 시작하고 임신한 나탈리아 외숙모가 필사적으로 외치기 시작했다. 엄마가 외숙모를 감싸 안고 어디론가 데리고 갔다. 얼굴은 곰보지만 명랑한 성격의 보모 예브게냐가 아이들을 부엌 밖으로 내몰았다. 의자들이 넘어졌다. 치가노크라 불리는 어깨가 넓은 젊은 수습공이 미하일 외삼촌 등에 올라탔다. 직공 그리고리 이바노비치—검은 안경을 쓰고 턱수염을 기른 대머리 사내가 침착하게 외삼촌의 두 손을 수건으로 묶었다.

미하일 외삼촌은 목을 쭉 빼고 듬성듬성 난 검은 턱수염을 마룻바닥에 비벼대며 무섭게 씨근덕거렸다. 외할아버지는 식탁 주변을 뛰어다니면서 낭패스러운 목소리로 소리를 질렀다.

"너희가 형제들이냐, 엉? 피붙이야? 에라이, 네놈들을……."

나는 싸움이 시작되자마자 깜짝 놀라 난로 위로 뛰어올라 갔다. 거기서 나는 숨이 막히도록 놀란 채 외할머니가 구리 대야에 담긴 물로 야코프 외삼촌의 깨진 얼굴에서 흐르는 피를 닦아내고 있는 모습을 바라보았다. 외삼촌은 울면서 발을 동동 굴렀다. 그러나 외할머니는 무거운 목소리로 말했다.

"어처구니없는 놈들, 이 쌍놈들아, 제발 정신 좀 차려라!"

외할아버지는 찢어진 셔츠를 어깨 위로 당겨 올리면서 외할머니에게 소리쳤다.

"뭐라고 하는 거야, 이 할망구가! 당신이 이런 짐승 같은 놈들을 낳았잖아?"

야코프 외삼촌이 나가버리자 외할머니는 대성통곡하면서 구석으로 기어들었다.

"거룩하신 성모님, 제 자식들에게 이성을 되찾아 주소서!"

외할아버지는 외할머니를 향해 서서 모든 것이 뒤엎어지고 쏟아진 식탁 위를 쳐다보며 조용히 말했다.

"이봐 할멈, 그놈들을 잘 봐줘. 안 그러면 놈들이 바르바라도 망쳐놓을 테니까. 좋은 꼴 보긴 글렀어……."

"제발 그만 하시구려, 하느님이 보고 계시니까! 셔츠나 벗어요, 꿰매드릴 테니……."

그러고는 양 손바닥으로 외할아버지의 머리를 껴안고 외할아버지의 이마에 입을 맞췄다. 외할머니에 비해 왜소한 외할아버지는 외할머니의 어깨에 얼굴을 묻었다.

"그래, 재산을 나눠줘야겠지, 마누라……."

"그래요, 영감. 꼭 그럽시다!"

두 내외는 오랫동안 이야기를 나눴다. 처음엔 다정했으나 외할아버지는 싸움을 앞둔 수탉처럼 발로 마루를 긁기 시작했다. 그러더니 외할머니에게 삿대질을 하면서 언성을 높였다.

"난 당신을 알아. 당신은 그놈들을 더 사랑해! 당신의 미시카는 예수회 회원이고, 야시카란 놈은 프리메이슨 회원이지! 놈들은 내 재산을 팔아 모두 술을 마실 거야, 깡그리 탕진해버릴 거라고……."

나는 난로 위에서 어색하게 몸을 돌리다가 다리미를 떨어뜨렸다. 그것은 덜커덕거리며 사다리 계단을 따라 커다란 소리를 내며 굴러 떨어져 더러운 물이 담긴 빨래대야 속에 풍덩 빠졌다. 외할아버지는 사다리로 뛰어올라와 나를 끌어내리더니, 마치 처음 보는 것처럼 내 얼굴을 뚫어지게 쏘아보았다.

"누가 널 난로 위에 올려놓았니? 네 엄마냐?"

"나 혼자 올라왔어요."

"거짓말 마라."

"아니에요, 나 혼자 올라왔어요. 무서워서."

외할아버지는 손바닥으로 이마를 살짝 때린 뒤 나를 홱 옆으로 밀쳤다.

"꼭 제 애비라니까! 저리 가……."

나는 부엌에서 빠져나오게 된 것이 기뻤다.

외할아버지가 영리하고 날카로운 초록빛 눈으로 끊임없이 나를 쫓고 있는 것을 잘 알고 있었다. 외할아버지가 무서웠다. 지금도 기억하는데, 나는 늘 그 타는 듯한 두 눈에서 벗어나고 싶어 했다. 내겐 외할아버지가 심술궂어 보였다. 외할아버지는 누구를 대하든 모두 조롱하고 모욕하는 듯한 말투로 화를 돋우려고 애썼다.

"에에잇, 이놈의 팔자!"

외할아버지는 가끔 이렇게 소리를 질렀다. '에에잇'하는 이 긴 소리는 언제나 나로 하여금 서글프고 소름끼치는 냉담한 감정을 맛보게 했다.

휴식시간, 즉 저녁에 차 마실 시간이 되면 외할아버지, 외삼촌들, 그리고 일꾼들이 지친 몸으로 공장에서 부엌으로 들어오곤 했다. 백단으로 물들고 황산염으로 탄 손, 끈으로 질끈 묶은 머리가 부엌 구석에 있는 거무스름한 성상들과 비슷했다. 이 아슬아슬한 순간에 외할아버지는 내 맞은편에 앉아 다른 누구보다도 나에게 자주 말을 걸어 다른 손자들의 시샘을 부추겼다. 외할아버지는 전체적으로 균형이 잡혀 있고 잘 다듬어진 날카로운 느낌을 주었다. 비단실로 수놓은 가슴이 막힌 공단 조끼는 오래되어 낡았고, 면 셔츠는 주름투성이인데다 바지 무릎에는 커다란 헝겊이 덧대어져 있었다. 그래도 외할아버지의 차림새가, 재킷을 입고, 떼었다 붙였다 하는 가슴받이를 대고, 목에 비단 목도리를 두른 아들들보다는 더 산뜻하고 깔끔해 보였다.

우리가 도착한 지 며칠이 지나자 외할아버지는 나에게 기도문을 배우게 했다. 다른 아이들은 모두 나보다 나이가 많았고, 집 창문에서 황금빛 둥근 지붕이 보이는 우스펜스키 성당 성당지기로부터 이미 글을 배우고 있었다.

나는 조용하고 겁이 많은 나탈리아 외숙모에게서 배웠다. 어린아이 같은 얼굴과 눈이 매우 맑은 외숙모는, 눈이 너무 투명해서 언제나 머리 뒤에 있는 것을 그 눈을 통해 모두 보고 있는 것 같은 느낌이 들 정도였다.

나는 눈을 돌리거나 깜박거리지도 않고 오랫동안 외숙모의 눈을 쳐다보고 있는 것을 좋아했다. 그러면 외숙모는 실눈을 뜨고 살짝 찡그린 채 머리를 움직이며 거의 속삭이듯이 나를 재촉했다.

"자, 따라해 보렴, '하늘에 계신 우리 아버지……'"

그리고 만약 내가 "도대체 '야코제(~처럼)'가 무슨 뜻이야?" 하고 물어보면, 외숙모는 깜짝 놀라 사방을 둘러본 뒤 이렇게 충고했다.

"묻지 마, 그런 걸 물어보면 안 돼! 그냥 따라하기만 해. '우리 아버지'…… 알겠지?"

왜 물으면 안 되는 걸까? 그것이 나를 불안하게 했다. 나는 '야코제'라는 말에 숨겨진 의미를 알아냈다. 나는 일부러 그 말을 온갖 형태로 바꾸어보았다.

'야코프 제'('야코프야말로', '야코프도'라는 뜻), '야프코제'('나는 피부 속에 있다'는 뜻)

그러나 마치 점점 녹아버릴 것처럼 창백하게 보이는 외숙모는 또다시 간간이 끊어지는 목소리로 참을성 있게 내 말을 바로잡아 주었다.

"아니야, 그냥 간단하게 '야코제'라고 말해봐……."

그러나 외숙모 자신도, 외숙모가 하는 말도 내겐 간단하지 않았다. 그것이 날 초조하게 만들었고 기도문 암송을 방해했다.

한번은 외할아버지가 물었다.

"아료쉬카, 그래 오늘은 뭘 했니? 놀았구나! 이마에 생긴 혹을 보면 알 수 있지. 혹을 붙이고 다니는 건 좋지 않아! 그런데 '주기도문'은 외웠니?"

외숙모가 조용히 말했다.

"이 아인 기억력이 나빠요."

외할아버지는 적갈색 눈썹을 기분 좋게 치켜 올리면서 씩 웃었다.

"그렇다면 매를 맞아야지!"

그리고 다시 내게 물었다.

"아버지가 널 때린 적이 있니?"

무슨 말을 하는 건지 몰라 내가 머뭇거리자 엄마가 대신 대답했다.

"아뇨, 막심은 저 애를 때리지 않았어요. 그이는 저도 때리지 못하게 했는걸요."

"그건 왜?"

"매로는 가르칠 수 없다고요."

"그 녀석은 모든 면에서 바보였어. 주여, 망자를 욕하는 걸 용서하소서!" 외할아버지는 부아가 난 듯 재빨리 내뱉었다.

외할아버지 말에 나는 분개했다. 외할아버지가 그걸 눈치챘다.

"넌 왜 입술을 삐죽대니? 저것 보라지……."

그리고 은빛이 도는 적갈색 머리카락을 쓰다듬으면서 덧붙였다.

"토요일에는 골무 사건의 책임을 물어 사샤를 손봐줘야겠다."

"어떻게 찢을 건데?"*⁶

내가 물었다.

모두가 웃어대자 외할아버지가 말했다.

＊6 러시아어 ПОРОТЬ는 '때린다'는 뜻도 있고 '찢는다'는 뜻도 있다. 알료샤는 '찢는다'는 뜻만 알고 있었다.

"기다려라, 곧 알게 될 테니."

나는 속으로 상상했다. 파로트(찢다), 즉 염색할 옷을 뜯는다는 뜻이야. 하지만 세츠(매질한다)와 비트(때린다) ─이건 같은 말이지. 알고 있어. 말, 개, 고양이를 때린다. 아스트라한에 순경들이 페르시아인을 때리는 걸 본 적이 있지만 어린아이들을 때리는 건 아직 한 번도 본 적이 없었다. 하긴 여기 서는 외삼촌들이 자기 애들의 머리나 목덜미를 철썩철썩 때리곤 했다. 하지 만 애들은 그저 맞은 곳을 긁적거릴 뿐 별일 아닌 것처럼 행동했다. 난 여러 번 그들에게 묻곤 했다.

"아파?"

그러면 그들은 언제나 씩씩하게 대답했다.

"아니, 아프긴 뭘!"

골무에 얽힌 그 시끄러운 사건은 알고 있었다. 매일 저녁, 차 마시는 시간 부터 저녁을 먹기 전까지 외삼촌들과 직공들은 염색된 천조각들을 '한 필'로 이어 박은 다음, 거기에 마분지로 꼬리표를 달아맸다. 그러던 어느 날, 미하 일 외삼촌이 앞을 잘 보지 못하는 그리고리를 놀려줄 작정으로 아홉 살 된 조카에게 직공의 골무를 촛불에 달구라고 지시했다. 사샤는 양초 심지를 잘 라낼 때 쓰는 집게로 골무를 잡고 그걸 잘 달구어 그리고리의 손 옆에 살그 머니 놓아두고는 난로 뒤에 몸을 숨겼다. 그런데 바로 그때 외할아버지가 들 어와 자리에 앉아 일을 시작하려고 잘 달구어진 골무에 손가락을 끼웠다.

시끌시끌한 소리가 나서 부엌으로 달려간 것을 나는 기억하고 있다. 외할 아버지는 골무에 덴 손가락으로 귀를 움켜잡고 우스꽝스럽게 팔짝팔짝 뛰면 서 소리쳤다.

"어떤 놈의 짓이야? 이교도 놈!"

미하일 외삼촌이 테이블 위로 몸을 굽혀 손가락으로 골무를 이리저리 굴 리면서 입으로 불었다. 직공은 태연자약하게 바느질을 계속했다. 그의 커다 란 대머리 위에서 그림자가 춤추고 있었다. 야코프 외삼촌이 뛰어들어 왔다 가 난로 귀퉁이 뒤에 몸을 숨긴 채 킥킥 웃어댔다. 외할머니는 생감자를 강 판에 갈고 있었다.

"그건 야코프의 아들 사시카 짓이에요!"

미하일 외삼촌이 불쑥 말했다.

"거짓말!"

난로 뒤에서 야코프 삼촌이 튀어나오면서 소리쳤다.

그러자 구석 어딘가에서 그의 아들이 울며 소리질렀다.

"아빠, 삼촌 말 믿지 마. 삼촌이 내게 하라고 시켰어!"

외삼촌들이 서로 욕설을 퍼붓기 시작했다. 외할아버지는 곧 침착성을 되찾아 으깬 감자를 손가락에 붙이고 나를 데리고 말없이 그 방에서 나왔다.

"미하일 삼촌이 나빠." 모두가 그렇게 말했다. 그래서 당연히 나는 차를 마시면서 "외삼촌을 때려줄 거야?" 하고 물었다.

"당연하지!"

외할아버지는 곁눈질로 나를 힐끗 보면서 버럭 고함을 질렀다.

미하일 외삼촌은 한 손으로 테이블을 쾅 내리치면서 엄마에게 소리쳤다.

"바르바라, 네 새끼 입 닥치게 해. 안 그러면 그놈 머리통을 비틀어버릴 거야!"

엄마가 대꾸했다.

"그렇게만 해봐, 내 가만 안 있을 테니까……."

모두 입을 다물었다.

엄마는 짧은 몇 마디 말로 마치 사람들을 자기 옆에서 물리치고 내팽개치듯이 말할 수가 있었다. 그리고 말수가 갈수록 줄어들었다.

내가 보기에 모두들 엄마를 두려워하고 있는 게 분명했다. 심지어 외할아버지조차 엄마와 애기할 때는 다른 사람들과 애기할 때와 달리 조용했다. 그건 기분 좋은 일이었다. 나는 그것이 자랑스러워서 외사촌들 앞에서 뽐내곤 했다.

"우리 엄마가 제일 힘이 세다!"

그들은 반박하지 않았다.

그러나 토요일에 일어난 사건은 엄마에 대한 나의 태도를 바꿔놓았다.

토요일에 나 또한 잘못을 저지르게 되었다. 어른들이 천 색깔을 교묘하게 바꾸는 기술은 내 마음을 온통 사로잡았다. 노란색 천을 검정색 물에 담그면 그 천은 짙은 푸른색, 즉 '쪽빛'이 되어 나온다. 또 회색 천을 적갈색 물에 헹구어내면, 불그스름한 '붉은 포도주빛'이 된다. 모든 게 간단하면서도 신기했다.

나도 뭔가 염색해보고 싶었다. 그런 나의 바람을 야코프 외삼촌의 아들 사샤에게 말했다. 사샤는 착실한 소년으로 늘 어른들의 기대를 받고 있었다. 누구에게나 공손했으며 누구에게든 무슨 일이든 기꺼이 봉사하려고 했다. 어른들은 그를 순종적이고 영리하다고 칭찬했다. 하지만 외할아버지만은 사샤를 곁눈질로 바라보면서 말했다.

"에구, 저 아첨쟁이!"

새우처럼 톡 튀어나온 눈과 마르고 까무잡잡한 야코프의 아들 사샤는 숨막힐 듯이 빠르고 조용하게 말했고, 마치 어디론가 달아나 숨으려는 것처럼 은밀하게 사방을 두리번거렸다. 그의 갈색 눈은 움직이지 않았지만 흥분하면 흰자위와 함께 떨었다.

나는 그가 마음에 들지 않았다. 나는 눈에 잘 띄지 않는 게으름뱅이인 미하일로프의 아들 사샤가 훨씬 더 마음에 들었다. 그 애는 슬픈 눈과 기분 좋은 미소를 가진 조용한 소년으로, 온화한 자기 엄마를 쏙 빼닮았다. 그는 보기 싫은 뻐드렁니가 있었다. 그 이빨은 입에서 톡 튀어나와 윗입술에서 두 줄로 자라고 있었다. 이것이 그의 흥미를 몹시 끌었던 모양이다. 끊임없이 입 안에 손가락을 넣어 뒷줄의 이를 흔들거나 뽑으려고 하면서, 원하면 누구든지 그 이를 만져보도록 순순히 허락했다. 그러나 나는 그 애에게 더 이상 흥미로운 점을 발견할 수 없었다. 사람들로 득실거리는 집에서도 그 애는 외톨이였다. 어두컴컴한 방구석이나 저녁에는 창가에 앉아 있기를 좋아했다. 그와 함께 있을 때는 아무 말도 하지 않는 편이 좋았다. ―그에게 찰싹 붙어 창가에 앉는다. 그리고 붉은 저녁 하늘, 우스펜스키 성당의 황금빛 둥근 지붕 주위를 검은 까마귀들이 빙글빙글 원을 그리며 어지럽게 날아다니는 것을 바라보면서 언제까지나 말없이 있는 것이다. 까마귀는 하늘 높이 솟아오르다가 어느새 다시 아래로 내려온다. 그러더니 문득 사라져가는 검은 망으로 뒤덮은 뒤, 공허만을 남기고 어디론가 사라져버린다. 그것을 바라보고 있을 때는 아무 말도 하고 싶지 않았다. 기분 좋은 우수가 가슴을 가득 채웠다.

그런데 야코프 외삼촌의 아들 사샤는 무슨 일이든 길게, 그리고 똑똑하게 어른처럼 말할 줄 알았다. 내가 염색에 관심이 많다는 것을 알고 그는 찬장에서 새하얀 축일용 식탁보를 꺼내 와서 파란색으로 물들여보라고 권했다.

"흰색을 물들이는 게 가장 쉬워. 정말이야!"

그는 매우 진지하게 말했다.

나는 무거운 식탁보를 들고 안뜰로 달려갔다. 그러나 내가 식탁보 끝자락을 '쪽빛' 물감 통에 담근 순간 어디서 나타났는지 치가노크가 날쌔게 달려들어 식탁보를 빼앗았다. 그리고 커다란 손으로 식탁보를 짜면서 문가에서 내가 하는 짓을 지켜보고 있던 외사촌에게 소리쳤다.

"빨리 할머니를 불러!"

그리고 헝클어진 새까만 머리를 사납게 흔들면서 나에게 말했다.

"이제 너 혼쭐나게 생겼다!"

외할머니가 달려 나와 탄식하기 시작했다. 우스꽝스럽게 나를 꾸짖으면서 눈물까지 흘렸다.

"에구, 페름에서 온 얼간아! 네놈을 번쩍 들어 이 물통에 풍덩 처넣고 싶구나!"

그런 다음 외할머니는 치가노크를 설득하기 시작했다.

"바냐, 너 할아버지한텐 말하지 말거라! 나도 이 일은 숨길 테니까. 어쩌면 그냥 넘어갈지도 몰라⋯⋯."

바냐는 알록달록한 앞치마에 젖은 손을 닦으면서 걱정스럽게 말했다.

"걱정 마세요. 아무 말도 하지 않겠어요. 하지만 샤시트카가 고자질할지도 몰라요!"

"그 애에게 몇 닢 주어서 입을 다물게 해야지."

나를 집안으로 데리고 가면서 외할머니가 말했다.

토요일, 저녁기도가 시작되기 전에 누군가가 나를 부엌으로 데리고 갔다. 그곳은 어둡고 조용했다. 온 집안의 문들은 꼭 닫혀 있었고 창문 너머 가을 저녁의 흐린 잿빛과 빗방울 소리가 지금도 기억난다. 난로의 검은 입구 앞에 놓인 커다란 벤치 위에 치가노크가 평소와는 다른 기색으로 앉아 있었다. 외할아버지는 구석의 세탁통 옆에 서서 물이 담긴 물통에서 기다란 나뭇가지들을 골라내고 있었다. 하나를 다른 하나에 대어 길이를 재어보거나, 획획 소리를 내면서 공중에 휘둘러보기도 했다. 외할머니는 어둠 속 어딘가에 서서 요란하게 코담배를 쿵쿵 들이마시며 투덜거렸다.

"제발⋯⋯ 이 박해자⋯⋯."

사샤 야코프는 부엌 한가운데 놓인 의자에 앉아 두 주먹으로 눈을 비비면서 자신의 목소리가 아닌 꼭 늙은 거지 같은 목소리로 길게 늘이면서 말했다.

"제발 용서해주세요……."

의자 저편에는 미하일 외삼촌의 아이들이 어깨를 맞대고 망부석처럼 서 있었다.

"매질을 다 하고나서 용서해주마."

물에 젖은 긴 나뭇가지를 손에 쥐고 훑으면서 외할아버지가 조용히 말했다.

"자, 바지를 벗어라! ……."

외할아버지의 목소리도, 삐걱거리는 의자 위에서 발버둥치는 소년의 소동도, 외할머니가 끄는 발소리도, 그때 그을린 자국이 있는 낮은 천장 아래 어둑한 부엌에 고여 있던 그 잊지 못할 정적을 깨뜨리지는 못했다.

사샤가 일어섰다. 바지 호크를 풀고 무릎까지 내렸다. 그리고 두 손으로 그 것을 움켜잡으며 몸을 숙이고 엉거주춤 벤치로 다가갔다. 그가 그렇게 걸어가는 모습을 보는 건 기분 좋은 일이 아니었다. 나 역시 다리가 후들거렸다.

그러나 그가 얌전하게 의자 위에 엎드렸을 때, 반카가 넓은 수건으로 그 애의 겨드랑이와 목덜미를 벤치에 잡아매고 나서 그 애 위로 몸을 굽혀 검은 손으로 그 애의 발목을 잡았을 때는 기분이 더욱 언짢았다.

"렉세이." 외할아버지가 불렀다. "좀 더 가까이 오너라! …… 내 말이 들리니? ……잘 봐둬라, 어떻게 때리는지…… 하나! ……."

외할아버지는 낮게 손을 한번 휘둘러 맨살에 회초리를 세차게 내리쳤다. 사샤는 찢어지는 듯한 비명을 질렀다.

"거짓말이다." 외할아버지가 말했다. "이건 아프지 않았을 텐데! 자, 더 센 걸 맞아봐라!"

외할아버지가 얼마나 세게 내리쳤던지 살갗이 곧 벌겋게 물들었고 빨간 줄무늬가 부풀어 올랐다. 사촌형이 길게 울부짖었다.

"왜, 즐겁지 않니?"

외할아버지는 일정하게 팔을 올렸다 내렸다 하면서 물었다.

"좋지 않아? 이건 골무에 대한 벌이다!"

외할아버지가 팔을 위로 쳐들자 거기에 맞춰 내 가슴 속 모든 것이 위로 올라갔다. 팔이 내려오면 나도 온몸이 마치 아래로 곤두박질치는 것 같았다.

사샤는 매우 가늘고 불쾌한 목소리로 소리를 질렀다.

"안 그럴 게요…… 식탁보에 대해서 말할 게요. ……말한다니까요……."

조용히, 마치 시편을 읽는 것처럼 외할아버지가 말했다.

"일러바치는 건 변명이 안 돼! 고자질하는 놈이 먼저 벌을 받아야 해. 바로 이게 식탁보에 대한 벌이야!"

외할머니가 내게 달려들더니 나를 두 팔로 안고 소리쳤다.

"알렉세이는 못 줘요! 안 줄 거야, 악당 같으니!"

외할머니는 한쪽 발로 문을 차면서 불러댔다.

"바랴, 바르바라! ……."

외할아버지는 외할머니에게 달려들어 냅다 밀쳐내고 나를 낚아채 벤치 쪽으로 끌고 갔다. 나는 외할아버지의 손아귀에서 몸부림치면서 적갈색 턱수염을 잡아당기고 손가락을 깨물었다. 외할아버지는 고함을 지르며 나를 꽉 조이더니 얼굴이 깨지도록 의자에 냅다 던졌다. 지금도 외할아버지의 사나운 고함소리가 기억난다.

"꼭 붙들어매! 죽여 버릴 테니까! ……."

나는 엄마의 새하얗게 질린 얼굴과 커다란 눈도 기억하고 있다. 엄마는 벤치 옆으로 달려와 갈라진 목소리로 말했다.

"아버지, 안 돼요! 제발 놔 주세요……."

외할아버지는 내가 정신을 잃을 때까지 매질을 했다. 나는 며칠 동안 앓아누웠다. 창문이 하나밖에 없는 방의 넓고 뜨거운 침상에 엎드려 널브러져 있었다. 방구석에는 수많은 성상이 들어 있는 성상함 앞에서 꺼지지 않는 붉은 램프가 타오르고 있었다.

그 아픔의 나날들은 내 삶에서 커다란 의미를 지닌 며칠이었다. 그 며칠 동안 나는 매우 성장했고 어떤 특별한 것을 느낀 게 분명했다. 그때부터 내 안에는 사람들에 대한 빈틈없는 배려가 나타났다. 그리고 마치 마음의 껍질을 벗겨내기라도 한 것처럼, 자신의 또 타인의 모든 모욕과 고통에 대해 내 마음은 견딜 수 없을 만큼 예민해졌다.

무엇보다도 내 마음에 강한 충격을 준 것은 외할머니와 엄마의 말다툼이었다. 그 답답한 방 안에서 검고 뚱뚱한 외할머니가 엄마에게 달려들었다.

엄마를 구석으로 몰아붙이면서 낮은 목소리로 속삭였다.

"넌 왜 저 앨 빼앗아가지 않았어, 응?"

"너무 놀라서요."

"너처럼 건장한 애가! 부끄러운 줄 알아라, 바르바라! 난 늙은이지만 겁내지 않아! 부끄럽지도 않니? ……."

"그만해요, 엄마. 난 역겨워서 구역질이 날 것만 같아요……."

"그래, 넌 저 앨 사랑하지 않니? 애비 없는 저 애가 불쌍하지도 않아?"

엄마는 괴로운 듯이 소리를 질렀다.

"나 자신도 평생 고아예요!"

이윽고 그들은 구석에 놓인 트렁크 위에 앉아 오랫동안 울었다. 그러고 나서 엄마가 말했다.

"알렉세이만 아니었으면 여길 떠났을 거예요! 이런 지옥에선 살 수가 없어, 살 수가 없단 말이에요. 엄마! 살 힘이 없어……."

"넌 나의 피, 나의 심장이야."

외할머니가 속삭였다.

나는 마음속에 새겨 넣었다—엄마는 강한 사람이 아니다, 엄마도 모든 사람처럼 외할아버지를 두려워하고 있다. 그리고 나는 엄마가 살 수 없는 이 집에서 떠나는 걸 방해하고 있다. 그건 몹시 슬픈 노릇이었다. 얼마 안 가서 엄마는 실제로 집에서 사라져버렸다. 엄마는 어딘가 남의 집으로 가버렸다.

뭔가 갑자기, 마치 천장에서 훌쩍 뛰어내린 것처럼 외할아버지가 나타났다. 외할아버지는 침대에 걸터앉더니 얼음처럼 차가운 손으로 내 이마를 짚어 보았다.

"안녕, 도련님……애야, 대답 안 해? 화내지 말고! 그래, 어떠냐?"

다리로 걷어차고 싶었다. 하지만 조금만 움직여도 몸이 아팠다. 외할아버지는 이전보다 더욱 적갈색으로 보였다. 머리는 불안스럽게 흔들리고, 번쩍이는 두 눈은 벽 위에서 무언가를 찾고 있었다.

주머니에서 산양 모양을 한 과자와 설탕으로 만든 뿔피리, 사과 하나, 그리고 푸른 건포도 한 꼬치를 꺼내 베개 위 내 코 옆에 늘어놓았다.

"자, 봐라. 네게 선물을 가져왔다!"

외할아버지는 몸을 구부리고 내 이마에 입을 맞췄다. 그러고 나서 새발톱처럼 구부러진 손톱에 유난히 노란 물이 든, 작고 거친 손으로 내 머리를 조용하게 다독거리면서 얘기하기 시작했다.

"그땐 내가 널 너무 심하게 다루었다. 너무 성깔을 부렸어. 네가 날 물어뜯고 할퀴지 않았니. 그래서 나도 울컥 화가 났던 거다! 하지만 네가 더 많은 것을 겪었다면 그건 불행이 아니라 합격점에 든 거다! 알아둬라, 네 살붙이가 널 때린다면 그건 모욕하려는 것이 아니라 교육하는 것임을! 다른 사람이 널 때리는 건 안 되지만 살붙이가 때리는 건 괜찮아! 난 매를 맞지 않았을 거라고 생각하니? 알료샤, 난 네가 꿈속에서도 볼 수 없을 만큼 심하게 맞았단다. 너무나 심한 모욕을 당해서 아마 하느님도 그걸 보셨으면 눈물을 흘렸을 거다! 그 결과가 어땠냐고? 애비 없는 자식이자 거지처럼 가난한 어머니의 아들이었던 내가 보다시피 지금 위치까지 오지 않았느냐. 동직조합의 장로가 된 거지. 우두머리가 된 거야."

깡마르고 균형 잡힌 몸을 나에게 기대고, 외할아버지는 자신의 어린시절에 대해 확고하고 무거운 목소리로, 쉽고 솜씨 있게 이야기를 하나하나 풀어나갔다.

외할아버지의 초록색 눈이 활활 타올랐다. 밝은 금빛 머리카락을 곤두세우고 타고난 날카로운 목소리를 굵게 내면서 내 얼굴 정면에 대고 큰소리를 쳤다.

"그래 넌 기선을 타고 여기에 왔지? 기선이 널 데려왔어. 하지만 난 젊었을 때 볼가 강과 싸우며 내 힘으로 짐배를 끌었단다. 배는 물 위를 가고 난 강가를 걸어가지. 뾰족한 자갈이나 모래땅 위를 맨발로 말이다. 해가 뜰 때부터 밤까지 걸었단다! 태양은 목덜미와 머리카락을 바짝바짝 태우고 머리는 주철처럼 끓어오르지. 비참한 몰골로 등을 구부리면 뼈다귀는 삐걱대지, 가도 가도 끝은 보이지 않지, 눈은 땀으로 덮여 보이지 않지, 영혼은 비탄에 잠기고 눈물은 굴러 떨어지고…… 오, 알료샤 말도 마라! 자꾸자꾸 가다보면 잡아끌던 밧줄에서 나둥그러져 상판대기를 흙 속에 처박고…… 그게 오히려 기뻤단다. 그렇게 모든 힘이 다 빠져나가버리면 단1초라도 좋으니 쉬고 싶다, 죽어도 좋다는 생각이 들지! 보아라, 그렇게 하느님 눈앞에서 살아왔단다. 자비로운 예수 그리스도의 눈앞에서! ……그래, 나는 볼가 강을 세 번이나 왕래했었지. 심비르스크에서 리빈스크까지, 사라토프에서 이곳까지, 아스트라한에서 마카리예프 시장까지. 그 거리가 아마 수천 킬로미터는 될 거야! 하지만 4년째에는 배의 수부가 되었고, 내 지혜를 주인에게 보여주었어!……."

외할아버지가 이야기하는 동안, 어느새 구름처럼 빠르게, 그 조그맣고 깡마른 노인은 옛날이야기에 나오는 장사로 변해 내 앞에 섰다. —그는 홀로 거대한 잿빛 짐배를 끌고 강을 거슬러 올라간다……

이따금 외할아버지는 침대에서 뛰어내려 두 손을 저으면서 배 인부가 가죽밧줄에 묶인 짐배를 어떻게 끌고 가는지, 물을 어떻게 퍼내는지 나에게 보여주었다. 외할아버지는 작고 낮은 목소리로 무슨 노래를 불렀다. 그러더니 다시 팔팔한 동작으로 침대 위로 뛰어올랐다. 모든 것이 놀랍고 신비한 외할아버지는 더욱더 굵고 뚜렷한 목소리로 이야기했다.

"그런데 알료샤, 그 대신 쉬거나 머물 때는 말이다, 여름날 저녁 쥐굴리 근처 어느 푸른 산 밑에서 모닥불을 피워 죽을 끓인단다. 그리고 인부가 마음을 울리는 애절한 노래를 부르기 시작하면 그게 우리 모두의 가슴에 파고들어 가슴을 쥐어뜯고 온몸을 으스스하게 만들지. 볼가 강 전체가 더욱 빠르게 흘러 마치 말처럼 뒷다리로 서서 구름 있는 데까지 곧장 뻗어가는 게 아니겠니! 그 어떤 슬픔도 바람에 흩날리는 먼지 같은 거야. 사람들은 얼이 빠져 냄비에서 죽이 끓어 넘치는 것도 모르고 노래를 불렀단다. 그러면 죽 끓이던 사람은 거품 걷는 국자로 이마를 얻어맞았지. 노는 것도 좋지만 일은 제대로 하라고 말이야!"

사람들이 몇 번이나 문으로 얼굴을 들이밀고 외할아버지를 불렀지만 내가 간청했다.

"가지 마!"

외할아버지는 웃으면서 손을 저어 사람들을 물리쳤다.

"기다려, 거기서……."

외할아버지는 저녁때까지 이야기를 들려주었다. 그리고 다정하게 나와 입맞추고 나갔을 때, 나는 외할아버지가 나쁜 사람도 무서운 사람도 아니라는 걸 알았다. 그런 그가 그토록 잔인하게 나를 매질했다는 것은 눈물이 날 만큼 떠올리기 힘든 일이었다. 하지만 그 일을 잊을 수는 없었다.

외할아버지의 방문은 모든 사람들에게 내 방 문을 활짝 열어놓는 계기가 되었다. 아침부터 저녁까지 누군가가 침대 옆에 앉아, 온갖 방법으로 나를 즐겁게 해주려고 애썼다. 지금 생각하면, 그것은 언제나 유쾌하고 재미있는 일만은 아니었다. 다른 누구보다도 외할머니가 가장 자주 들러주었다. 나와 함께 한 침대에서 자기도 했다. 그러나 이 시기에 나에게 가장 생생한 인상을 남긴 사람은 치가노크였다. 네모반듯한 어깨와 넓은 가슴, 곱슬머리의 커다란 머리를 한 그가 저녁 무렵이 되면 황금색 실크 셔츠에 벨벳 바지, 아코디언처럼 삑삑거리는 장화―그런 축제일 차림으로 나타났다. 그의 머리카락은 반짝반짝 윤이 났고, 짙은 눈썹 아래 밝은 사팔뜨기 눈과 싱싱한 콧수염의 검은 줄기 밑에 보이는 하얀 이가 반짝거렸다. 셔츠가 활활 타오르는 램프의 붉은 불꽃을 부드럽게 반사하며 타오르고 있었다.

"자, 봐라."

그는 소매를 걷어 올리고 팔꿈치까지 빨간 흉터로 뒤덮인 팔을 보여주면서 말했다.

"봐, 많이 부풀었지. 훨씬 심했는데 지금은 많이 나았어! 할아버지가 격노하셨을 때 널 때려죽일 것만 같아서 얼른 이 팔뚝을 내밀었지. 회초리가 부러지면 할아버지는 다른 회초리를 가지러 갈 테고, 그 틈에 할머니나 엄마가 널 안고 달아났으면 하고! 그런데 물먹은 회초리는 부러지지 않았어! 하지만 그래도 넌 몇 대는 덜 맞았을 거야. 알겠니, 어느 정도인지? 정말이지 난 꾀가 있다니까! ……."

그는 비단결같이 보드라운 웃음을 터뜨리며 다시금 부어오른 팔을 유심히 바라보았다. 그리고 웃으면서 말했다.

"네가 얼마나 측은하던지 정말 목구멍이 막힐 정도였어. 어휴, 그 재난! 그런데 할아버지는 계속 매질을 하고……."

말처럼 콧김을 내뿜고 머리를 흔들어대면서 그는 일에 대한 얘기를 하기 시작했다. 어린애같이 단순한 그 모습은 곧 내게 친숙해졌다.

내가 그를 매우 좋아한다고 말하자 그는 잊을 수 없는 소박한 말로 대답했다.

"그래, 나도 네가 좋아. 그러니까 그 아픔을 참았지. 좋아하니까! 내가 다른 사람을 위해서도 그렇게 할 것 같니? 어림도 없지……."

그런 다음 몇 번이나 문을 돌아보면서 조용히 나에게 일러주었다.

"다시 매를 맞게 될 때는 몸에 힘을 주지 마, 알겠니? 몸에 힘을 주면 안 돼, 그러면 두 배는 더 아프니까. 몸에 힘을 빼, 몸이 부드러워지도록, 젤리처럼 누워 있는 거야! 숨을 참지 말고 심호흡을 해. 그리고 목청을 다해 소리를 질러. 내가 한 말을 잘 기억해 둬. 그럼 아무렇지도 않을 거야!"

나는 물었다.

"나를 또 매질할까?"

"무슨 소릴 하는 거야?" 치가노크가 조용히 말했다. "물론 때리고말고. 두고 봐, 가끔 널 때릴 테니……"

"뭣 땜에?"

"구실이야 할아버지가 찾을 거야……."

그리고 다시 한 번 걱정스러운 듯이 충고하기 시작했다.

"만약 할아버지가 똑바로 위에서 때리면, 그냥 위에서 회초리를 내리치기만 할 때는 말이다, 봐, 이렇게 조용하게 몸을 부드럽게 하고 누워 있어. 하지만 만약 있는 힘을 다해 때리면, 때려서 살갗이 벗겨지도록 옆으로 매질을 하면 말이다, 그땐 회초리의 방향을 따라 할아버지 쪽으로 몸을 트는 거야. 알아듣겠니? 그러면 아픔이 훨씬 덜해!"

검은 사팔뜨기 눈을 찡긋하면서 그가 말했다.

"이 일에 대해선 내가 구역 경찰서장보다 더 잘 알아! 떨어져나간 내 살점을 다 합치면 벙어리장갑 하나는 충분히 만들 수 있을 걸!"

나는 그의 명랑한 얼굴을 바라보았다. 그리고 외할머니의 옛날이야기에 나온 이반 왕자와 바보 이바누시카를 떠올렸다.

3

이윽고 몸이 회복되고 난 뒤, 나는 치가노크가 집안에서 특별한 위치를 차지하고 있음을 확실하게 깨달았다. 외할아버지도 그에게는 아들들에게 하듯이 자주 고함치며 화내지는 않았다. 그가 자리에 없을 때면 외할아버지는 눈을 가늘게 뜨고 고개를 흔들며 이렇게 말했다.

"이반카는 황금손을 가지고 있어, 젠장. 내 말 잊지 마, 그놈은 크게 될 녀석이야!"

외삼촌들도 치가노크에게는 부드럽고 친근하게 대했다. 그들은 결코 숙련공 그리고리에게 하듯이 그를 '놀려대지' 않았다. 외삼촌들은 그리고리에게는 거의 매일 저녁 뭔가 모욕적인 나쁜 짓을 저질렀다. 그들은 가위 손잡이를 불에 달구어놓기도 하고, 그의 의자 위에 못을 뾰족한 쪽을 위로 박아 넣기도 하고, 어떤 때는 눈이 잘 보이지 않는 그에게 색깔이 서로 다른 헝겊을 주기도 했다. 그는 그것을 '한 필'로 잇는다. 그러면 외할아버지는 푸짐한 욕설을 해대곤 했다.

한번은 점심을 먹은 뒤, 부엌 침상에서 자고 있던 그의 얼굴을 푹신*7으로 물들여 버렸다. 그는 오랫동안 우스꽝스럽고 무시무시한 몰골로 다녔다. 잿빛 턱수염 속에서 두 개의 둥근 안경알 같은 얼룩이 희미하게 보이고, 혀를 닮은 긴 자주색 코가 음산하게 늘어져 있었다.

외삼촌들은 그런 장난거리를 끝없이 생각해냈다. 그래도 숙련공 그리고리는 묵묵히 견뎌냈다. 그러나 다리미, 가위, 부젓가락 또는 골무를 만지기 전에는 가만히 헛기침을 하고, 손가락에 침을 넉넉히 발랐다. 그것은 그의 습관이 되었다. 심지어 점심 식탁에 앉아서도 칼이나 포크를 잡기 전에 손가락에 침을 바르곤 해서 아이들의 웃음거리가 되곤 했다. 그가 아플 때는 그의 커다란 얼굴에 주름살 물결이 일었다. 그리고 기이하게 이마 위로 미끄러져서 눈썹을 살짝 치켜세운 뒤 벗겨진 머리 어딘가로 사라졌다.

외할아버지가 아들들의 그런 장난에 대해 어떤 태도를 취했는지는 기억나지 않는다. 하지만 외할머니는 그들에게 주먹을 들이대고 위협하며 호통을 쳤다.

"이 파렴치한 악당들!"

그럼에도 외삼촌들은 치가노크가 없을 때면 그에게 화를 내며 조롱하고, 그가 한 일을 헐뜯고 도둑이니 게으름뱅이니 하면서 욕을 해댔다.

나는 외할머니에게 외삼촌들이 왜 그러는지 물어보았다.

늘 그렇듯이 외할머니는 기꺼이, 그리고 이해하기 쉽게 설명해주었다.

"그러니까 네 외삼촌들은 자기 공장을 차리게 될 때 바뉴시카를 서로 데려가고 싶어서 그러는 거란다. 그래서 서로에게 바뉴시카를 헐뜯는 거지! 엉터리 일꾼이라고 말이다. 그들은 거짓말로 교활하게 서로를 속이려는 거야. 게다가 더 걱정인 건, 바뉴시카가 그놈들에게 가지 않고 할아버지와 남

---

*7 자홍색 아닐린 염료.

지 않을까 하는 거란다. 할아버지도 고집이 센 양반이라서 이반카와 함께 세 번째 공장을 차릴 수도 있거든. 그렇게 되면 네 외삼촌들에게 이로울 게 없 지. 알겠니?"

외할머니는 조용히 웃었다.

"모두 교활하게 서로 속이고 있어. 하느님도 조롱한다니까! 흥, 그렇지만 외할아버지는 놈들의 간계를 알고 야샤와 미샤를 일부러 놀려댄단다. '이반 이 군대에 징집되지 않도록 병역면제증을 사야겠다. 나에겐 그 애가 필요하 거든!' 하고 말하는 거지. 그래서 네 외삼촌들은 화를 내고 있어. 그 녀석들 은 그걸 사고 싶지 않은 거야, 돈이 아까우니까. 그 면제증이 엄청나게 비싸 거든!"

이제 나는 기선 속에서 그랬던 것처럼 외할머니와 함께 지내고 있었다. 매 일 밤 잠들기 전에 외할머니는 내게 옛날이야기나, 마치 옛날이야기 같은, 자 신이 살아온 얘기를 해주었다. 그러나 가정의 일상생활에 대해서는—아들들 의 재산분배, 외할아버지가 자신을 위해 새 집을 사는 것에 대해 얘기할 때 는, 외할머니는 웃으면서, 가장(家長) 다음가는 사람으로서 얘기하는 것이 아니라 마치 남 얘기하듯, 조금 초연하게 거리를 두고 얘기하는 것이었다.

나는 외할머니로부터 들어서 치가노크가 업둥이라는 사실을 알게 되었다. 이른 봄, 비가 추적추적 내리던 날 대문 옆에 있는 벤치 위에서 발견했다고 한다.

"그 앤 앞치마에 싸여 누워 있었어." 외할머니는 생각에 잠긴 듯 비밀스럽 게 말했다. "약하게 삑삑거리며 울더니 금방 차갑게 식어버리더구나."

"왜 아이를 버려?"

"엄마가 젖도 나오지 않고 먹여 살릴 방도가 없어서지. 그래서 최근에 아 기가 태어났다가 죽은 집을 알아내고는 자기애를 몰래 갖다놓는 거란다."

잠시 말을 끊고 머리를 긁고 나서 한숨을 쉰 외할머니는 천장을 바라보면 서 말을 이었다.

"알료샤, 모든 게 가난 때문이란다. 말로 다할 수 없는 지독한 가난 말이 다! 결혼도 하지 않은 처녀가 아기를 낳는다는 건 있을 수 없는 일이니까— 정말 수치스러운 일이지. 할아버지는 바뉴시카를 경찰서에 넘기려고 했지만 내가 설득했단다. 우리가 맡아 키웁시다, 이건 틀림없이 하느님이 죽은 아이 대신 보낸 거라고 말이야. 그때 난 아이를 열여덟 명이나 낳았으니 만일 모두 살아 있다면 마을 하나를 다 채웠을 거야. 열여덟 집이나 될 테니까! 난 열넷에 시집 와서 열다섯에 벌써 아기를 낳았지. 그런데 하느님은 내 피를 너무 사랑하셔서 내 아기들을 차례차례 데려가서 천사가 된 아기들을 자신 곁에 머물게 했어. 내겐 슬프기도 하지만 또 기쁜 일이기도 했지!"

속옷만 입고 침대 끝에 앉아, 온몸에 검은 머리카락을 늘어뜨린 거대한 외할머니는, 바로 얼마 전에 세르가치에서 온 턱수염을 기른 산림지기가 우리 집 안뜰로 끌고 온 암곰과 비슷했다. 외할머니는 눈처럼 하얀 가슴에 성호를 긋고 조용히 웃으면서 몸을 떨었다.

"하느님은 좋은 아이들을 데려가시고 내겐 못된 아이들만 남기셨어. 난 이반카를 얻고 무척 기뻤단다. 정말이지 난 너희 같은 어린 것들을 너무 사랑해! 그래서 그 아이를 거두어 세례를 받게 했지. 그랬더니 봐라, 착한 아이가 되어 저렇게 살아있지 않니. 난 그 애를 주크, 그러니까 딱정벌레라고 불렀단다. 그 앤 유별나게 앵앵거렸거든. 영락없는 딱정벌레였지. 방 안을 기어 다니면서 온 집안에 다 들리도록 앵앵 울었지. 그 아이를 사랑해 주어라, 온순하고 정직한 사람이야!"

나는 이반을 사랑했다. 그리고 말도 할 수 없을 만큼 그에게 감탄했다.

토요일마다 그 주에 잘못을 저지른 아이들을 매질한 뒤 외할아버지가 저녁기도회에 가고 나면 부엌에서는 형언할 수 없이 재미있는 생활이 시작되었다. 치가노크가 난로 뒤에서 검은 바퀴벌레를 몇 마리 잡아와서는 무명실로 재빠르게 마구(馬具)를 만들고, 종이를 오려 썰매를 만들었다. 깨끗하게 깎아서 매끄럽게 다듬은 노란 식탁 위를 검은 말 네 마리가 달렸다. 이반은 가느다란 나뭇가지로 네 마리의 말을 유도하면서 소리를 질러댔다.

"대주교님을 모시러 간다!"

그는 바퀴벌레 등에 작은 종잇조각을 붙이고 썰매 뒤를 따라가게 한 뒤 이렇게 설명했다.

"우편가방을 잃어버렸어. 수도사가 달려가서 그걸 끌고 오는 거야!"

그는 바퀴벌레의 다리를 실로 잡아맸다. 바퀴벌레는 머리에 경련을 일으키며 기어갔다. 반카가 손뼉을 치면서 외쳤다.

"성당지기가 선술집에서 나와 저녁기도를 하러 간다!"

그는 작은 생쥐도 보여주었다. 생쥐는 그의 명령에 따라 긴 꼬리를 끌면서, 대담한 새까만 눈알을 우스꽝스럽게 깜박거리며 뒷다리로 서 있거나 걸어 다녔다. 그는 생쥐들을 소중하게 다뤘다. 품에 넣고 다니거나 입으로 설탕을 먹이고 입을 맞추기도 했다. 그리고 확신을 담아 말했다.

"생쥐는 영리하고 귀여운 동물이야. 그래서 집도깨비도 생쥐는 무척 좋아한단다! 생쥐에게 먹이를 주는 사람에게는 집도깨비도 행운을 가져다주지……."

그는 카드나 동전으로 마술을 부릴 줄도 알았고, 어떤 아이보다 큰 소리를 질러대는 것이 아이들과 하나도 다를 바가 없었다. 한번은 아이들이 그와 카드놀이를 하면서 연달아 세 번씩이나 그를 '바보'로 만들어버리자, 그는 매우 시무룩해져서 화가 난 듯 입술을 삐죽 내밀고 카드를 내던져버렸다. 그리고 나중에 코를 훌쩍거리면서 나에게 투덜거렸다.

"난 그 애들이 짜고 쳤다는 걸 알아! 녀석들은 서로 눈짓하며 테이블 밑으로 카드를 주고받았어. 이게 게임이야? 나도 마음만 먹으면 그 애들보다 더 잘 속일 수 있어……."

그는 열아홉 살이었다. 우리 넷의 나이를 모두 합쳐도 그가 위였다.

하지만 특별히 내 기억에 남아 있는 건 축제일 밤의 그였다. 그런 날엔 외할아버지와 미하일 외삼촌은 다른 곳에 초대받아 갔다. 부엌에는 곱슬머리가 부스스한 야코프 외삼촌이 기타를 들고 나타났다. 외할머니는 많은 간식거리와 각진 녹색 병에 든 보드카를 꺼내고 차를 끓였다. 그 녹색 병 바닥에는 유리로 예쁘게 뽑아낸 빨간 꽃이 붙어 있었다. 좋은 옷을 차려 입은 치가노크가 팽이처럼 빙글빙글 돌았다. 어두침침한 안경알을 번쩍이면서 그리고리가 옆으로 조용히 들어왔다. 마마자국이 있는 붉은 얼굴, 가운데가 볼록한 단지처럼 뚱뚱하고, 약삭빠른 두 눈과 나팔 같은 목소리를 가진 보모 예브게냐도 들어왔다. 이따금 우스펜스키 성당의 털북숭이 교회지기와, 그밖에 꼬치고기나 곤들매기를 닮은 어둡고 매끈한 낯선 사람들도 있었다.

모두 많이 먹고 많이 마셔서 가쁜 숨을 내쉬었다. 아이들에겐 선물을 주고, 달콤한 과실주를 작은 잔에 한 잔씩 주었다. 그리고 모두들 점점 뜨거운, 그러나 이상한 열기에 들뜨기 시작했다.

야코프 외삼촌은 조심스럽게 기타줄을 고르기 시작했다. 그것이 끝나면 늘 똑같은 말을 하곤 했다.

"그럼 시작해볼까!"

곱슬머리를 한 번 흔든 뒤 그는 기타 위로 몸을 기울이고 거위처럼 목을 뺐다. 둥글고 태평한 그의 얼굴은 졸리는 듯했고, 생생하면서도 알 수 없는 그의 두 눈은 기름 같은 안개 속에서 빛을 잃어갔다. 그리고 조용히 기타줄을 뜯으면서, 뭔가 마음을 울리는, 자기도 모르게 일어서게 만드는 곡을 연주했다.

그의 음악은 긴장된 침묵을 요구했다. 그것은 조급한 흐름이 되어, 어딘가 먼 곳에서 달려와서는 마루와 벽 속으로 스며들었다. 그리고 심장을 휘저으면서 슬프고 불안한, 이해할 수 없는 감정을 불러일으켰다. 그 음악을 들으면 자기 자신과 모든 사람들이 애잔해 보이고, 어른들도 조그맣게 보였다. 모두들 깊은 생각에 잠겨 침묵 속에 몸을 도사린 채 꼼짝 않고 앉아 있었다.

특히 열심히 귀를 기울이며 듣고 있었던 건 사샤 미하일로프였다. 그는 내내 외삼촌 쪽으로 몸을 기울이고 입을 벌린 채 기타를 응시했다. 그의 입술 사이로 침이 흘러내렸다. 이따금 그는 의자에서 떨어져 바닥에 손을 짚을 만큼 넋을 잃는 일도 있었다. 그런 일이 일어나면, 그는 얼어붙은 두 눈을 커다랗게 뜬 채 마룻바닥에 그냥 앉아 있었다.

모두들 마법에라도 걸린 것처럼 얼어붙어 있었다. 오직 사모바르만 노래하고 있었다. 그것도 기타의 구슬픈 가락에 귀 기울이는 데 방해되지는 않았다. 정사각형 모양의 조그만 창문 두 개가 가을밤의 어둠을 향해 열려 있었다. 때때로 누군가가 그것을 부드럽게 두드렸다. 테이블 위에는 두 개의 수지(樹脂) 양초의 창처럼 뾰족한 노란 불꽃이 흔들렸다.

야코프 외삼촌은 점점 무아지경에 빠져들었다. 그는 이를 악물고 깊은 잠에 빠진 것처럼, 손만 별개의 생명을 갖고 살아 있는 것처럼 보였다. 구부러진 오른쪽 손가락들은 마치 새가 여기저기 날아다니며 미친 듯이 부딪치는 것처럼, 어두운 음부(音部) 위에서 현란하게 몸을 떨었다. 왼쪽 손가락은 눈에 보이지 않는 속도로 재빠르게 기타 위를 움직였다.

술을 마시고나면, 그는 거의 언제나 입속에서 역겹게 쉭쉭 울리는 소리로 끝없는 노래를 불렀다.

야코프가 개라면

야코프는 아침부터 밤까지 짖어댔겠지.
오, 난 외로워!
오, 난 슬퍼!
수녀가 길을 따라 걸어가고
까마귀가 담장 위에 앉아 있네.
오, 난 외로워!
귀뚜라미는 난로 뒤에서 울고,
바퀴벌레는 종종걸음으로 달려가네.
오, 난 외로워!
거지가 감발*8을 말리려고 널었더니,
다른 거지가 훔쳐갔네!
오, 난 외로워!
오, 난 정말 슬퍼!

나는 이 노래를 들으면 참을 수가 없었다. 외삼촌이 거지에 대한 노래를 부르기 시작하면, 나는 견딜 수 없는 우수에 잠겨 심하게 흐느껴 울었다.

치가노크는 손가락으로 까만 머리다발에 손을 집어넣고, 가만히 한구석을 바라보고 콧김을 내뿜으면서 다른 사람들처럼 열심히 음악을 듣고 있었다. 그리고 문득 슬픈 듯이 소리쳤다.

"아, 나도 저런 목소리를 가졌으면 저렇게 멋지게 노래할 수 있을 텐데!"

외할머니는 한숨을 내쉬면서 말했다.

"이제 그만 해 야샤, 심장이 터져버리겠어! 바냐트카, 자 춤을 추자……."

외할머니의 요청이 언제나 곧바로 받아들여지는 것은 아니었다. 그래도 이따금 악사는 갑자기 1초 동안 기타줄을 손바닥으로 눌렀다. 그리고 주먹을 꽉 쥐고 뭔가 눈에 보이지 않고 소리도 없는 것을 마루 위에 힘껏 내팽개치고는 쾌활하게 소리쳤다.

"울적한 기분은 멀리 꺼져버려! 반카, 일어나!"

---

*8 양말 대신 발에 감는 천.

치가노크는 노란 셔츠를 팽팽하게 잡아당겨 단정하게 고쳐 입으면서 조심스럽게 마치 뾰족한 못 위를 걷는 것처럼 부엌 한가운데로 걸어갔다. 그의 까무잡잡한 뺨이 붉게 물들었다. 그리고 수줍은 듯 미소 지으며 부탁했다.

"최대한 빠르게, 야코프 바실리치!"

기타가 미친 듯이 울고 구두 뒤축이 빠르게 마룻바닥을 때렸다. 테이블과 찬장에 있는 그릇들이 달그락거렸다. 치가노크는 부엌 한가운데서 불길처럼 타올랐다. 눈에 보이지 않을 만큼 빠르게 두 다리를 번갈아 움직이면서, 두 팔을 마치 날개처럼 크게 휘저어 솔개처럼 훨훨 날았다. 그는 소리를 지르며 마룻바닥에 쭈그리고 앉았다가는 주변의 모든 것을 비단빛으로 밝혀주면서 황금빛 제비처럼 돌아다녔다. 비단은 몸을 떨며 흘러가면서 불에 타 녹아버리는 것 같았다.

치가노크는 무아지경 속에서 지칠 줄 모르고 춤을 추었다. 그때 만약 누가 문을 열어 주었다면 그는 그대로 춤추면서 거리로 나가서는 시내로 들어가 어디론가 끝없이 가버릴 것만 같았다.

"잘한다, 잘해!"

발로 박자를 맞추면서 야코프 외삼촌이 소리쳤다.

그리고 날카롭게 휘파람을 불고 신경을 긁어대는 목소리로 민요를 소리쳐 불렀다.

오, 성주신에게 미안하지만 않았다면,
마누라와 새끼들로부터 달아나버렸을 텐데!

테이블에 앉아 있던 사람들도 가만히 있지 못하고, 이따금 마치 불에 덴 것처럼 날카로운 소리를 질러댔다. 턱수염을 기른 그리고리는 자기 대머리를 손바닥으로 철썩철썩 때리면서 뭐라고 웅얼거렸다. 한번은 그가 내게 몸을 구부리며 내 어깨를 부드러운 턱수염으로 덮은 채 마치 어른에게 말하듯이 귓전에 대고 이렇게 말했다.

"알렉세이 막시미치, 네 아버지를 이곳에 부를 수 있다면 또 다른 불을 당겼을 텐데! 사람을 위로해 주는 유쾌한 남자였지, 안 그래? 너, 아버지를 기억하니?"

"아니."

"그래? 이따금 네 아버지와 외할머니가…… 여기서 잠깐 기다려라!"

그는 일어섰다. 키가 크고 깡마른, 성상을 닮은 그가 외할머니에게 꾸벅 절을 하더니 유난히 슬픔이 깃든 굵은 목소리로 외할머니에게 부탁하기 시작했다.

"아쿨리나 이바노브나, 우리를 위해 춤 한번 춰보세요! 막심 사바테예프하고 추셨던 것처럼 말입니다. 부탁이에요!"

"원 세상에, 무슨 말을 하는 거야, 그리고리 이바니치?" 외할머니는 가볍게 웃으면서 뒷걸음질쳤다. "나더러 춤을 추라고! 웃음거리나 되게스리……"

그러나 모두들 외할머니가 춤추기를 부탁하자 외할머니는 갑자기 젊은이처럼 벌떡 일어나 치마를 매만진 뒤, 무거운 머리를 살짝 뒤로 젖히고 똑바로 섰다. 그리고 소리를 지르면서 부엌 안을 돌아다녔다.

"자, 웃어요. 건강을 위해서! 야샤, 다시 한 번 음악 좀 울려라!"

외삼촌은 뒤로 물러나 온몸을 젖히더니 눈을 감았다. 그리고 천천히 기타를 치기 시작했다. 치가노크는 순간 멈춰 섰다가 외할머니 앞으로 성큼성큼 걸어가 외할머니 주위에 웅크리고 앉아 춤을 추기 시작했다. 외할머니는 두 팔을 벌리고 눈썹을 치켜 올린 뒤, 까만 눈으로 어딘가 먼 곳을 바라보면서 허공을 떠다니는 것처럼 소리 없이 마루 위를 떠다녔다. 나는 외할머니가 우스꽝스러워서 킥킥 웃음을 터뜨렸다. 그리고리는 진지하게 손가락으로 나를 위협했고, 어른들은 모두 못마땅한 듯이 나를 쳐다보았다.

"그만해, 이반!"

그리고리가 웃으면서 말했다. 치가노크는 순순히 옆으로 몸을 비켜 문지방 위에 앉았다. 보모 예브게냐는 울대를 부풀리면서 나지막하고 유쾌한 목소리로 노래를 부르기 시작했다.

일주일 내내, 토요일까지
처녀는 레이스를 짰어요.
일에 지쳐서,
오, 이제 그녀는 생기를 잃었네!

외할머니는 춤을 추는 것이 아니라 마치 뭔가를 얘기하고 있는 것 같았다. 이제 외할머니는 생각에 잠겨 몸을 흔들며 두 손을 이마에 대고 주위를 둘러보면서 조용히 걸어갔다. 외할머니의 거대한 몸 전체가 엉거주춤하게 흔들렸다. 발은 조심스럽게 길을 더듬고 있었다. 그러다가 멈춰 섰다. 외할머니는 갑자기 깜짝 놀란 듯 얼굴을 부르르 떨더니 찡그렸다. 그러자 곧 선량하고 기분 좋은 미소로 얼굴이 다시 환해졌다. 누군가에게 길을 내주고, 한손으로 누군가를 이끌면서 옆으로 물러났다. 고개를 숙이고 마비된 것처럼 꼼짝 않고 있던 외할머니는 열심히 귀를 기울이며 점점 쾌활하게 미소 지었다. 그러다가 갑자기 회오리바람처럼 빙빙 돌기 시작했다. 온몸이 날렵하고 키가 훌쩍 커졌다. 나는 외할머니로부터 눈을 뗄 수가 없었다. 멋지게 청춘시절로 되돌아간 그 몇 분 동안 외할머니는 정말 아름답고 사랑스러웠다!

보모 예브게냐가 나팔을 부는 것처럼 소리를 질렀다.

일요일이면 새벽미사부터
한밤중까지 춤을 추었어.
맨 마지막에 거리에서 돌아왔지.
아쉽게도
그때는 이미 월요일!

춤을 끝내자 외할머니는 사모바르 옆 자기 자리에 앉았다. 모두 외할머니에게 찬사를 보냈다. 외할머니는 머리를 매만지면서 말했다.

"그만, 됐어! 진짜 춤꾼들을 보지 못했군. 우리가 살던 발라흐냐에 한 소녀가 있었는데, 뉘 집 딸인지 이름은 잊어버렸지만 그 소녀가 춤추는 것을 보면 기뻐서 심지어 우는 사람까지 있었어! 그 아이를 바라보고 있으면 그야말로 축제 같았지. 더 이상 아무것도 필요 없었으니까! 난 그 아이를 질투했어, 죄를 지었지!"

"세상에서 가수와 무희가 최고예요!"

보모 예브게냐가 진지하게 말한 뒤 다윗 왕에 대한 무슨 노래를 부르기 시작했다. 야코프 외삼촌은 치가노크를 껴안고 그에게 말했다.

"넌 선술집에서 춤을 춰야 하는 건데. 사람들의 넋을 빼놓을 거야! ……"

"하지만 난 노래를 잘 부르고 싶어요!" 치가노크가 투덜거렸다. "만약 하느님이 나에게 목소리를 주셨다면 10년 동안 노래를 불렀을 텐데. 그 뒤에는 수도원에 들어가도 좋아!"

모두들 보드카를 마셨고 그리고리가 특히 많이 마셨다. 외할머니는 자꾸만 술을 따라주면서 예언했다.

"이봐, 그리샤. 그러다가 완전히 눈이 멀겠어!"

그는 태연하게 대꾸했다.

"상관없어요! 눈은 더 이상 필요 없어요. 모든 걸 다 봤으니까……."

그는 아무리 마셔도 취하지 않았다. 하지만 점점 수다쟁이가 되어 거의 언제나 아버지에 대해 내게 얘기했다.

"아주 용감한 사내였어, 내 친구 막심 사바테이치……."

외할머니가 한숨을 내쉬면서 맞장구를 쳤다.

"맞아, 하느님의 아들이었어……."

모든 것이 미치도록 재미있었고 모든 것이 나를 긴장시켰다. 그리고 모든 것에서 어떤 잔잔하고 결코 마르지 않는 슬픔이 내 마음속에 스며들었다. 슬픔과 기쁨은 사람들의 마음속에 함께 살며, 거의 구별할 수 없고 포착할 수도 이해할 수도 없는 빠른 속도로 서로 엇갈리고 있었다.

한번은 야코프 외삼촌이 그렇게 많이 취하지도 않았는데 입고 있던 셔츠를 찢고, 곱슬머리와 희끗희끗 성긴 콧수염, 코, 늘어진 윗입술을 사납게 쥐어뜯기 시작했다.

"도대체 이게 뭐야, 이게?" 주체할 수 없이 눈물을 흘리면서 그는 으르렁거렸다. "도대체 왜 그랬냐고!"

외삼촌은 자신의 뺨과 이마, 가슴을 치면서 오열했다.

"난 쓸모없는 비열한 자식이고 실패한 놈이야!"

그리고리가 소리를 질렀다.

"오! 마침내 바른말을 하는군! ……."

역시 술기운이 돈 외할머니가 아들의 손을 잡고 달랬다.

"그만해라, 야샤. 무엇이 최상인지는 하느님이 아신다!"

술을 마시면 외할머니는 훨씬 더 멋져 보였다. 외할머니의 미소를 머금은 까만 두 눈은 모든 사람의 마음을 따스하게 해주는 빛을 뿌렸다. 그리고 달아오른 얼굴을 머릿수건으로 부채질하면서 노래하듯이 말했다.

"주님, 주님! 이 모든 것이 얼마나 좋은지요! 그래요, 보세요. 얼마나 좋은지, 이 모든 것이!"

그것은 진심에서 우러나온 외침이었고 평생의 좌우명이었다.

나는 무사태평한 외삼촌의 눈물과 절규에 무척 놀랐다. 그가 왜 울면서 욕지거리를 하고 자신을 때렸는지 외할머니에게 물어보았다.

"넌 온갖 걸 다 알려고 드는구나!" 평소와는 달리 못마땅하다는 듯이 외할머니는 대답했다. "기다려라. 이런 일에 끼어들기엔 넌 아직 어려……"

이 말은 내 호기심을 더욱 자극했다. 그래서 공장에 가서 이반에게 물어보았지만, 그 역시 말해주려 하지 않았다. 그는 조용히 웃으면서 곁눈질로 그리고리를 쳐다보았다. 그리고 나를 공장 밖으로 쫓으면서 소리쳤다.

"저리 가! 안 그러면 널 염색솥에 집어넣어 물들여버릴 거야!"

그리고리는 세 개의 염색솥을 시멘트로 발라버린 넓고 나지막한 난로 앞에 서서 긴 검정색 국자로 솥 안을 휘젓고 있었다. 그는 국자를 꺼내들고 국자 끝에서 떨어지는 물감물의 농도를 살펴보았다. 불꽃은 사제의 제복처럼 울긋불긋한 가죽 앞치마 가장자리에 어른거리며 맹렬하게 타올랐다. 솥 안에는 염색물이 부글부글 끓고, 코를 찌르는 수증기가 짙은 구름처럼 문 쪽으로 뻗어가 안뜰에 마른 흙먼지 냄새를 일으켰다.

그리고리는 안경 밑으로 흐릿하고 빨간 두 눈으로 나를 힐끗 쳐다보더니 이반에게 퉁명스럽게 말했다.

"장작 가져와! 안 보여?"

치가노크가 안뜰로 달려 나가자, 그리고리는 백단향 더미 위에 올라앉아 나에게 손짓했다.

"이리 와!"

그는 나를 무릎 위에 앉히고 따뜻하고 보드라운 턱수염으로 내 뺨을 비비면서 결코 잊을 수 없는 얘기를 들려주었다.

"네 외삼촌은 외숙모를 죽도록 때리고 괴롭혔거든. 그래서 죽고 말았지. 이제야 양심 때문에 괴로워하는 거란다. 알겠니? 넌 모든 것에 대해 알아야 해. 조심해, 안 그러면 세상을 헤쳐 나가기 힘들어!"

그리고리와 있을 때도 외할머니와 있을 때처럼 간단했다. 하지만 기분이 나빴다. 그는 안경 밑으로 모든 걸 꿰뚫어보는 듯했다.

"어떻게 때렸느냐고?" 그는 서두르지 않고 말했다. "그건 이랬어. 아내와 잠자리에 누우면 아내를 머리부터 발끝까지 담요로 덮어씌우고 꼭 누른 다음 때린 거야. 왜냐고? 글쎄, 그건 그 자신도 모를 걸."

장작을 한 아름 안고 돌아와 불 앞에 웅크리고 앉아 손을 쬐고 있는 이반은 본 척도 하지 않고, 그리고리는 자세히 이야기했다.

"어쩌면 아내가 자기보다 더 훌륭해서 그랬는지도 모르지, 질투가 나서. 애야, 카시린네 사람들은 훌륭한 사람을 좋아하지 않거든. 그들은 훌륭한 사람을 질투하고 받아들이지 못해서 죽여버린단다! 그들이 네 아버지를 어떻게 죽게 했는지 외할머니에게 물어봐라. 외할머니는 다 말해주실 거다. 그 양반은 거짓말을 좋아하지 않고 이해하지도 못하시지. 술을 마시고 코담배를 들이마시기는 해도 성자 같은 분이야. 하느님 뜻에 따르는 분이지. 네가 믿을 사람은 외할머니 한 사람뿐이다……"

그가 나를 떠밀었다. 나는 낙담하여 풀이 죽어서 안뜰로 나갔다. 집 입구에서 바뉴시카가 나를 따라와서는 내 머리를 잡고 조용히 속삭였다.

"외삼촌을 무서워하지 마. 그는 선량한 사람이야. 네 외삼촌 눈을 똑바로 쳐다봐. 그 사람은 그렇게 하는 걸 좋아해."

모든 것이 이상하고 흥분되었다. 나는 다른 생활을 알지 못했지만, 아버지와 엄마는 이렇게 생활하지 않았다는 것은 어렴풋이 기억하고 있었다. 그가 살던 곳에서는 다른 즐거움이 있었다. 걸을 때도 앉아 있을 때도 그들은 늘 나란히, 가까이 있었다. 저녁이 되면 자주 창가에 앉아 오랫동안 웃기도 하고, 큰 소리로 노래도 불렀다. 사람들이 거리에 몰려들어 그들을 바라보았다. 위로 올려다보는 사람들의 얼굴은 우스꽝스럽게도 저녁식사 뒤의 지저분한 접시를 떠올리게 했다. 그러나 여기서는 웃는 일이 많지 않았다. 그리고 무엇 때문에 웃고 있는지 알 수 없을 때가 많았다. 이들은 가끔 서로 고함을 지르기도 했다. 한 사람이 또 한 사람을 무엇 때문인지 위협했다. 구석에서 비밀스럽게 속삭이기도 했다. 아이들은 조용해서 있는 듯 없는 듯했으며 비 온 뒤의 먼지처럼 땅에 내버려져 있었다. 나는 이 속에서는 타인 같은 기분이 들었다. 이 모든 생활은 수많은 바늘로 찌르는 것처럼 나를 자극하고, 의심스러운 기분이 들게 하여 긴장 속에 관찰하도록 만들었다.

나와 이반의 우정은 점점 깊어 갔다. 외할머니는 해가 뜰 때부터 밤늦도록 집안일로 바빴다. 그래서 나는 거의 하루 종일 치가노크 주위를 맴돌았다. 그는 여전히, 외할아버지가 나를 매질할 때면 자기 손을 내밀었고, 다음날 부풀어 오른 손을 보여주며 내게 투덜거렸다.

"그래, 이건 소용없는 짓이야! 너도 안 좋고 나도 안 좋고, 이 꼴 좀 봐! 다신 안 그럴 거야, 알겠니?"

그리고 다음 날에는 또다시 쓸데없는 고통을 당하곤 했다.

"다신 안 그런다고 했잖아?"

"안 그러려고 했지. 그런데도 손을 내밀었어…… 봐, 나도 모르게 그만……."

얼마 지나지 않아 나는 치가노크에 대해 어떤 사실을 알았다. 그리고 그것은 그에 대한 나의 관심과 사랑을 더욱 강하게 해주었다.

금요일마다 치가노크는 폭 넓은 썰매에 외할머니가 좋아하는, 교활한 장난꾸러기이자 단것을 좋아하는 거세한 구렁말 샤라프를 맸다. 무릎까지 내려오는 짧은 모피 반코트를 입고 챙 없는 무거운 모자를 쓰고 초록색 벨트를 꽉 조인 다음, 식료품을 사러 시장에 갔다. 이따금 오래도록 돌아오지 않는 일이 있었는데, 그럴 때면 집안 모든 사람들이 걱정되어 창가에 가서 유리창 위의 얼음을 입김으로 녹이면서 거리를 내다보았다.

"안 와?"

"안 와!"

누구보다도 외할머니가 가장 걱정했다.

"에구 에구!" 외할머니는 아들들과 외할아버지에게 말했다. "당신들은 저 착한 사람과 말을 망치고 있어! 부끄럽지도 않아? 양심도 없는 작자들 같으니라고! 아니, 그만큼 가지고도 뭘 더 바라는 거야? 이 미련한 작자들, 탐욕스런 인간들. 하느님이 당신들을 벌할 거야!"

외할아버지는 오만상을 찌푸리며 웅얼거렸다.

"그래 좋아, 이게 마지막이야."

이따금 치가노크는 한낮이 되어서야 돌아오기도 했다. 외삼촌들과 외할아버지는 서둘러 안뜰로 나갔다. 그 뒤를 거칠게 코담배를 들이마시면서, 언제나 서투른 외할머니가 암곰처럼 움직이고 있었다. 아이들도 뛰어나갔다. 새끼돼지, 가금류와 생선, 온갖 종류의 육류가 가득 실린 썰매를 유쾌하게 풀어헤치기 시작했다.

"말한 대로 다 샀나?"

외할아버지가 날카로운 곁눈질로 썰매에 실린 내용물을 훑어보면서 물었다.

"필요한 건 다 샀어요."

이반은 쾌활하게 대답하고, 몸을 녹이기 위해 안뜰을 펄쩍펄쩍 뛰어가면서 벙어리장갑으로 귀를 먹먹해질 정도로 탁탁 때렸다.

"장갑을 그렇게 세게 치지 마라. 그거 사려면 돈 든다." 외할아버지가 엄하게 소리쳤다. "잔돈은?"

"없어요."

외할아버지는 천천히 썰매 주위를 돌았다. 그리고 그리 크지 않은 목소리로 말했다.

"이번에도 뭘 잔뜩 실어 왔군. 조심해라, 어쨌든. 그런데 돈을 내지 않고 가져오는 건 아니겠지? 내 집에선 그런 일이 있을 수 없어."

그러고는 얼굴을 찌푸리며 황급히 자리를 떴다.

외삼촌들은 즐거워하며 썰매로 달려가서 가금류와 생선, 거위 내장과 송아지 다리, 커다란 고깃덩어리를 손에 올려 무게를 달아보며 휘파람을 불어대고 만족스러운 듯 법석을 떨었다.

"야, 잘도 쓸어 왔는데!"

미하일 외삼촌이 특히 기뻐했다. 딱따구리 같은 코로 모든 물건의 냄새를 쿵쿵 맡고 맛나게 입술을 다시고, 불안정한 눈을 행복한 듯 찡긋거리며 외할아버지를 닮아 깡말랐지만 키는 더 크고 숯처럼 새까만 그는 썰매 주위를 용수철처럼 펄쩍펄쩍 뛰어다녔다. 외삼촌은 언 손을 소매 속에 넣으면서 치가노크에게 물었다.

"아버지가 네게 얼마 주셨지?"

"5루블요."

"여기 있는 건 15루블 어치는 되겠는데? 넌 얼마나 쓴 거야?"

"4루블 10코페이카."

"그럼 90코페이카가 주머니 속에 있겠군. 야코프, 내 계산이 맞지?"

야코프 외삼촌은 셔츠 하나만 입고 얼어붙는 듯한 추위 속에 서서 파랗고 차가운 하늘을 향해 눈을 끔벅거리며 조용히 웃었다.

"반카, 우리에게 보드카 반 병씩만 내놔."

그가 느릿느릿 말했다.

외할머니는 말에서 멍에를 벗겨냈다.

"왜 그래, 어쩌려고? 이 고양이 같은 녀석! 무슨 장난을 치려고 그래? 그래, 그런 건 하느님도 상관치 않겠지!"

거대한 샤라프는 덥수룩한 갈기를 흔들어대며 하얀 이빨로 외할머니 어깨를 물었다. 머리에서 비단 수건을 벗기고 밝은 한쪽 눈으로 외할머니 얼굴을 들여다보았다. 그리고 속눈썹에 앉은 서리를 털어내면서 조용히 히힝거렸다.

"빵 한 조각 먹고 싶어서 그래?"

외할머니는 소금을 듬뿍 친 커다란 빵조각을 샤라프의 이빨 사이로 집어넣고, 말 주둥이 앞에 앞치마를 자루처럼 펼치고 말이 먹는 모습을 가만히 쳐다보았다.

치가노크는 조랑말처럼 장난스럽게 외할머니 곁으로 뛰어왔다.

"할머니, 정말 훌륭하고 영리한 말이에요."

"저리 가, 아첨하지 말고!" 외할머니는 한쪽 발을 쾅 구르며 소리쳤다.

"오늘 같은 날은 내가 널 좋아하지 않는다는 거 알지?"

외할머니는 치가노크가 시장에서 사는 것보다 훔쳐오는 게 더 많다고 나에게 설명했다.

"할아버지가 5루블을 주면 그 아이는 3루블 어치만 사고 10루블 어치를 훔친단다."

외할머니는 언짢은 듯이 말했다.

"훔치는 걸 좋아해, 행실이 나쁜 놈이야! 한 번 도둑질해본 게 무사히 지나가고 집에서는 모두들 웃으면서 잘했다고 칭찬하니까 그 뒤부터 습관적으로 도둑질을 하게 된 거야. 할아버지는 어려서부터 가난의 슬픔을 맛볼 대로 맛봐서 그런지 나이를 먹고 탐욕이 생겼어. 그 양반은 피를 나눈 자식보다 돈을 더 소중하게 여기거든. 공짜를 얼마나 좋아하는지! 하지만 미하일과 야코프는……."

외할머니는 손을 내저으며 잠시 입을 다물었다. 그런 다음 열린 코담뱃갑에 눈길을 주면서 중얼거리듯이 덧붙였다.

"얘야, 이 세상은 말이다, 모든 게 레이스 같단다. 앞 못 보는 여자가 뜨는 레이스. 그게 무슨 모양이 될지 도무지 알 수가 없거든! 두고 봐라, 이반은 도둑질하다 붙잡혀서 죽도록 얻어맞을 테니까……."

다시금 잠시 침묵한 뒤 외할머니는 조용히 말했다.

"에구! 규칙은 많지만 진리는 없어……."

다음날 나는 치가노크에게 더 이상 도둑질을 하지 말라고 부탁했다.

"그만두지 않으면 넌 맞아죽을 거야……."

"사람들은 날 잡지 못할 걸. 난 교묘히 빠져나갈 수 있어. 난 빈틈이 없고, 말은 영리하고 날쌔거든!" 그는 코웃음을 치다가 곧 우울하게 얼굴을 찌푸렸다. "도둑질이 위험하고 나쁘다는 건 나도 알아. 난 그저 심심해서 그 짓을 하는 거야. 난 돈을 모을 수가 없어. 네 외삼촌들이 일주일 내에 날 속여 돈을 몽땅 가로채가거든. 하지만 난 괜찮아. 가져가라지 뭐! 배는 부르니까."

그는 갑자기 나를 두 손으로 안아올리더니 조용히 흔들었다.

"가볍구나 넌. 몸이 말랐어. 하지만 뼈는 강하군. 넌 건강하게 자랄 거야. 기타 치는 걸 배워보는 게 어때. 야코프 외삼촌에게 부탁해봐, 진짜로! 넌 아직 어려. 그래서 아직은 어려울지 몰라! 작긴 해도 넌 성깔이 있어. 넌 외할아버지를 좋아하지 않니?"

"몰라."

"난 할머니만 빼고 카시린네 사람들은 모두 좋아하지 않아. 악마나 그들을 좋아하라지!"

"그럼 난?"

"너? 넌 카시린이 아니라 페시코프잖아. 넌 피가 달라. 다른 집안이지……."

그는 갑자기 나를 꽉 조이며 거의 탄식하듯이 말했다.

"아, 내가 노래를 잘 부를 수만 있다면, 하느님! 난 사람들의 마음에 불을 질러놓을 수 있을 텐데……. 자, 그만 가라. 이제 일을 해야 하니까……."

그는 나를 마룻바닥에 내려놓고 입안에 자잘한 못을 한 줌 털어 넣은 뒤, 네모난 커다란 판자 위에 검은 천 한 폭을 팽팽하게 잡아당기면서 못을 치기 시작했다.

얼마 지나지 않아 그는 죽었다.

그 사건은 이랬다. 안뜰 대문 옆에 굵은 옹이투성이인, 밑동이 달린 커다란 나무 십자가가 담장에 기대 세워져 있었다. 그것은 오래전부터 거기에 있었다. 나는 이 집에 처음 왔을 때 그걸 보았다. 그때는 더 새것이었고 더 노란 빛을 띠고 있었는데, 가을에 비를 맞아 아주 검게 변해 썩은 떡갈나무의 쓰디쓴 냄새가 났다. 그것은 좁고 더러운 안뜰에서는 쓸데없는 방해물이었다.

그것은 야코프 외삼촌이 아내의 무덤 위에 세우려고 산 것이었다. 외삼촌은 아내의 첫 기일에 이 십자가를 어깨에 지고 묘지까지 가져가겠다고 맹세했다.

그 날은 겨울이 시작되는 토요일이었다. 서리가 내렸고 바람이 불어 지붕에서 눈이 떨어졌다. 모두들 집안에서 안뜰로 나갔다. 외할아버지와 외할머니는 세 손자를 데리고 한 발 앞서 추도식을 하러 묘지를 향해 떠났다. 나는 어떤 잘못을 저질러 그 벌로 집에 남게 되었다.

똑같이 검정색 양가죽 반코트를 입은 외삼촌들은 땅에서 십자가를 들어 올린 다음 십자가 날개 밑으로 들어가 섰다. 그리고리와 어떤 사람이 그 무거운 밑동을 겨우 들어올려, 그것을 치가노크의 넓은 어깨 위에 올렸다. 치가노크는 비틀거리더니 두 다리를 쩍 벌렸다.

"할 수 있겠어?"

그리고리가 물었다.

"몰라요. 힘들 텐데……."

미하일 외삼촌이 화를 내며 소리쳤다.

"문 열어, 이 눈먼 악당아!"

야코프 외삼촌도 한마디 했다.

"부끄러운 줄 알아, 반카. 우리 둘은 너보다 더 말랐잖아!"

그러나 그리고리는 대문을 활짝 열면서 이반에게 엄하게 충고했다.

"조심해, 무리하면 안 돼! 하느님이 함께 하길!"

"저 대머리 병신!"

미하일 외삼촌이 길에서 소리쳤다.

안뜰에 있던 모든 사람들은 웃으면서 큰 소리로 얘기하기 시작했다. 십자가를 가져가버린 게 모두들 기쁜 모양이었다.

그리고리 이바노비치는 내 손을 잡고 공장으로 데려가면서 말했다.

"오늘은 할아버지가 널 때리지 않을지도 몰라. 기분이 좋아 보였으니까……"

공장에 오자 염색하려고 준비해둔 털뭉치더미 위에 날 앉히고, 털뭉치로 내 어깨를 둘러싸준 다음, 그는 솥 위로 피어오르는 수증기를 코로 들이마시며 깊은 생각에 잠긴 듯이 말했다.

"애야, 내가 네 할아버지를 안 지도 37년이 되었다. 사업을 시작하는 걸 지켜보았고 지금은 그 마지막을 보고 있지. 나와 할아버지는 그 전에는 친한 친구였단다. 함께 이 사업을 시작했고, 모든 걸 고안해냈어. 할아버지는 총명한 양반이다! 그래서 그는 나를 주인 자리에 앉혔지만 난 능력이 없었어. 하지만 하느님은 우리들 누구보다도 더 지혜로우시지. 하느님은 미소만으로도 가장 영리한 사람을 바보로 만들어 눈만 껌벅거리게 할 수 있단다. 아직 넌 왜 그러는지 이해하지 못하겠지만, 넌 모든 걸 알아야 해. 고아의 삶은 어려운 거란다. 네 아버지 막심 사바테이치는 대담한 남자였다. 그는 모든 걸 알았어. 그 때문에 할아버지는 그를 좋아하지 않았고 인정하지 않았지……"

난로 속에서는 붉은 황금빛 불꽃이 춤추고 있고, 우윳빛 수증기 구름이 비스듬한 지붕—뿌연 틈새를 통해 하늘이 파란 리본처럼 보이는 지붕—판자 위에 청회색 서리가 되어 가라앉으며 솥 위에 피어오르는 것을 바라보면서 다정한 얘기를 듣는 것은 기분 좋은 일이었다. 바람이 잦아들고 어디선가 햇빛이 반짝거렸다. 안뜰 전체가 꼭 유리 먼지를 흩뿌려놓은 것 같았다. 거리에서는 썰매가 미끄러지는 소리가 들려오고 집 굴뚝에서는 연기가 소용돌이를 그리며 피어올랐다. 가벼운 그림자가 뭔가를 얘기하면서 눈 위로 미끄러져갔다.

큰 키에 뼈가 앙상하고, 턱수염을 기르고, 모자를 쓰지 않은, 귀가 커다랗고 사람 좋은 마술사 같은 그리고리는 끓고 있는 물감을 저었다. 그리고 계속 나에게 훈계를 해댔다.

"누구의 눈이든 똑바로 쳐다보아라. 개가 너에게 달려들어도 그렇게 하면

쫓아버릴 수 있지⋯⋯."

무거운 안경이 코를 눌러 코끝이 파랗게 멍든 것이 외할머니 코와 닮아보였다.

"저게 뭐지?"

문득 귀를 기울이면서 그가 말했다. 그러고 나서 그는 한쪽 발로 난로 뚜껑을 닫고 튕기듯이 안뜰로 뛰어나갔다. 나도 그 뒤를 쫓았다.

부엌 바닥에 치가노크가 똑바로 누워 있었다. 창문을 통해 넓은 빛줄기가 들어와 한 줄기는 그의 머리와 가슴을 비추고 다른 한 줄기는 다리를 비추고 있었다. 이마가 이상하게 빛나고 눈썹은 높이 치켜 올라간 그가 사팔눈으로 검은 천장을 뚫어져라 쳐다보고 있었다. 까만 입술은 덜덜 떨면서 장밋빛 거품을 내뿜었다. 입가에서 피가 흘러 뺨을 타고 목을 지나 마룻바닥으로 흘러내렸다. 그 피는 끈적한 강줄기가 되어 등 밑에서 흐르고 있었다. 이반의 다리는 아무렇게나 널브러져 있고, 헐렁한 바지가 젖어서 마룻바닥에 무겁게 달라붙어 있는 것이 보였다. 마루는 모래로 깨끗하게 문질러져 태양처럼 빛났다. 피의 강물은 빛의 띠를 가로질러 문지방 쪽으로 뻗어갔다. 무척 선명했다.

치가노크는 움직이지 않았다. 다만 몸 옆으로 뻗어 있는 손가락만이 마룻바닥을 긁으면서 희미하게 움직이고 있었다. 염료에 물든 손톱이 햇빛 속에서 반짝거렸다.

보모 예브게냐가 쭈그리고 앉아 이반의 한 손에 가느다란 초를 쥐어주려고 했다. 이반은 그 초를 잡지 못했다. 초가 쓰러졌고 불꽃이 핏물 속에 떨어졌다. 보모는 초를 집어 들고 앞치마 자락으로 잘 닦은 뒤 다시 한 번 꼼지락거리는 손가락 사이에 잘 끼워주려고 했다. 부엌 속에는 술렁이는 듯한 속삭임이 떠다녔다. 그것은 바람처럼 문지방에서 나를 날려보냈다. 하지만 나는 문고리를 꼭 붙들었다.

"무언가에 걸려 넘어졌어."

야코프 외삼촌은 몸을 덜덜 떨고 머리를 좌우로 흔들면서 잿빛 목소리로 뭔가 말했다. 전체가 잿빛으로 보이는 주름살투성이 외삼촌은 눈이 빛을 잃고 끊임없이 깜박거렸다.

"넘어지는 바람에 십자기에 깔려 등이 깨졌어. 우리도 다리병신이 될 뻔했어, 용케도 십자가를 피했으니 망정이지."

"자네들이 이 애를 죽인 거야."

그리고리가 낮은 목소리로 말했다.

"뭐라고, 우리가 죽였다니……."

"자네들이 죽였어!"

계속 흘러간 피는 문지방 아래에 고여 검게 변하여 마치 부풀어오른 것처럼 보였다. 치가노크는 장밋빛 거품을 내뿜으면서 꿈이라도 꾸는 듯이 신음했다. 그리고 마룻바닥에 들러붙어 마루 밑으로 꺼지듯 점점 녹으면서 납작해져 갔다.

"미하일은 말을 타고 아버지를 데리러 교회로 갔어요." 야코프 외삼촌이 속삭였다. "난 역마차에 저애를 태워 최대한 빨리 여기로 데려온 겁니다…… 내가 밑동 쪽을 지지 않은 게 천만다행이지. 안 그랬더라면 이런 꼴이……."

보모가 다시 한 번 치가노크의 손에 초를 쥐어주었고, 그의 손바닥에 촛농과 그녀의 눈물이 떨어졌다.

그리고리가 큰소리로 거칠게 말했다.

"초를 머리맡 마룻바닥에 붙여, 이 바보야!"

"아, 그렇지."

"모자도 벗기고!"

보모가 이반의 머리에서 모자를 벗겼다. 이반의 뒤통수가 쿵 하고 마루에 부딪혔다. 그러자 고개가 옆으로 돌아갔다. 피가 더욱 심하게 흘렀는데, 이제는 입 한쪽 끝에서만 흘러나왔다. 피는 끔찍이도 오랫동안 흘렀다. 처음에 나는 치가노크가 한숨 자고 일어나 앉아 마루에 침을 탁 뱉으면서 이렇게 말하기를 기다렸다.

"휴, 덥군……."

그는 일요일마다 점심식사 뒤 낮잠에서 깨어나면 늘 그렇게 말하곤 했다. 그러나 그는 일어나지 않았고, 마냥 누운 채로 생명이 꺼져가고 있었다. 태양은 이미 그에게서 떠나 밝은 빛줄기가 짧아져 창틀 위에만 남아 있었다. 그는 온몸이 까맣게 변했고 이젠 손가락도 움직이지 않았다. 입가의 거품도 사라졌다. 머리 위와 귀 옆에서 세 개의 초가 황금빛 불꽃을 흔들며, 헝클어진, 푸른빛이 돌 만큼 새까만 머리를 비추고 있었다. 어른거리는 햇빛이 거무칙칙한 얼굴 위에서 반사되어 노랗게 떨고 있고, 날카로운 코끝과 장밋빛 이가 반짝이고 있었다.

보모는 무릎을 꿇고 앉아 흐느끼면서 속삭였다.

"나의 사랑스런 아들, 독수리의 아들……."

무섭고 추웠다. 나는 테이블 밑으로 기어들어가 거기에 숨었다. 이윽고 미국너구리 털코트를 입은 외할아버지가 부엌으로 들이닥쳤다. 모피깃이 달린 외투를 입은 외할머니, 미하일 외삼촌, 아이들, 그리고 많은 낯선 사람들이 뒤따라 들어왔다.

털코트를 마룻바닥에 내동댕이치면서 외할아버지가 소리쳤다.

"개새끼들! 네놈들이 이 아까운 아이를 죽인 거야! 5년만 지나면 그는 황금 같은 가치가 있을 텐데……."

마루 위에 떨어진 외투 때문에 나는 이반을 볼 수가 없었다. 그래서 테이블 밑에서 기어나오다가 외할아버지 발에 부딪쳤다. 외할아버지는 나를 멀리 내치고 조그맣고 붉은 주먹으로 외삼촌들을 위협했다.

"짐승만도 못한 놈들!"

그리고 벤치에 앉아 두 손을 짚고, 눈물 없이 흐느끼며 쉰 목소리로 말했다.

"난 알고 있어. 그 앤 네놈들에게 목구멍의 가시였지…… 오, 바뉴세치카 …… 바보 같은 놈! 어쩌면 좋으냐, 응? 어쩌면 좋아? 뜻대로 맘먹은 대로 되는 게 없어. 할멈, 요즘 들어 하느님은 왜 우리를 이렇게 못살게 굴지? 응, 할멈?"

외할머니는 마룻바닥에 퍼질러 앉아 두 손으로 이반의 얼굴과 손과 가슴을 더듬었다. 그리고 그의 눈에 숨결을 보냈다. 두 손을 잡고 그 손을 문질렀다. 초가 모두 넘어졌다. 그런 다음 무겁게 몸을 일으켰다. 윤이 나는 검은 옷을 입어 온통 검게 보이는 외할머니는 무섭게 눈을 홉뜨더니 조용히 말했다.

"꺼져, 이 천벌을 받을 놈들!"

외할아버지를 제외하고 모두 부엌에서 나갔다.

……치가노크는 눈에 띄지 않게, 기억에도 남지 않을 만큼 조용히 묻혔다.

4

나는 넓은 침대 위에 누워 있었다. 네 겹으로 접은 무거운 이불 속에서, 외할머니가 기도하는 소리를 듣고 있었다. 외할머니는 무릎을 꿇은 채 한 손을 가슴에 얹고 다른 한 손으로는 이따금 천천히 성호를 그었다.

안뜰에는 사각사각 서리가 내렸다. 푸르스름한 달빛이 여러 무늬의 성에로 뒤덮인 유리창을 통해, 외할머니의 코가 크고 선량한 얼굴을 비추고 까만 두 눈을 인광처럼 타오르게 했다. 외할머니의 머리를 덮은 비단 두건이 마치 단련된 강철처럼 빛나고 있었다. 어두운 옷이 희미하게 움직이면 어깨에서 빛이 미끄러져 내려가 마룻바닥에 퍼졌다.

기도가 끝나자 외할머니는 말없이 옷을 벗어 모퉁이에 있는 궤 위에 단정하게 개어 올려놓고 침대로 다가왔다. 나는 깊이 잠든 척했다.

"요 녀석, 잠든 척하고 있네. 안 자지?" 외할머니가 조용히 말했다. "안 자는 것 다 알아, 요 녀석. 자, 이불 좀 줘!"

다음에 일어날 일을 예감하면서 나는 웃음을 참을 수가 없었다. 그러자 외할머니가 호통을 쳤다.

"그래, 감히 이 늙은 할미를 놀려댈래!"

외할머니는 이불 끝자락을 잡고 아주 민첩하고 힘차게 자기 쪽으로 잡아당겼다. 그 바람에 나는 담요 밖으로 밀려났다. 여러 번 몸을 굴려 폭신한 깃털이불 속으로 파고들었다. 외할머니가 소리내어 웃었다.

"웬일이야, 요 바보 녀석? 모기라도 먹었남?"

그러나 이따금 외할머니는 아주 오랫동안 기도를 올렸다. 나는 정말 잠들어버려 외할머니가 이불 속에 들어오는 소리도 듣지 못했다.

긴 기도는 언제나 슬픈 일, 싸움질, 어리석은 짓이 벌어진 하루를 마감하는 행사였다. 기도를 듣는 건 매우 재미있었다. 외할머니는 집에서 일어났던 모든 일을 하느님에게 미주알고주알 이야기했다. 커다란 언덕처럼 육중하게 무릎을 꿇고 앉아 처음에는 알아들을 수 없는 말을 재빨리 속삭이다가 곧 굵은 목소리로 중얼거렸다.

"주님, 주님도 아시잖아요. 모두가 가장 좋은 것만 원해요. 장남인 미하일은 읍내에 남아 있어야만 할 겁니다. 그 아인 모든 게 새롭고 한 번도 일해본 적이 없는 강 건너로 가는 걸 싫어해요. 무슨 일이 일어날지 알 수 없으니까요. 하지만 그 애 아버진 야코프를 더 사랑한답니다. 자식을 편애하는 것이 좋은 일인가요? 고집불통인 늙은이지요. 주님 그 양반이 분별력을 갖도록 해주세요."

커다랗게 빛나는 눈으로 거무스름한 성상을 바라보면서 외할머니는 자기 신에게 부탁했다.

"주님, 그이가 자식들에게 어떻게 사랑을 나눠줘야 하는지 알 수 있도록 좋은 꿈을 꾸게 해주세요!"

외할머니는 성호를 긋고 커다란 이마로 마룻바닥을 찧으면서 절을 했다. 그런 다음 다시 몸을 쭉 펴고 신신당부했다.

"바르바라가 좀 웃게 해주시면 안 될까요? 그 애가 주님을 화나게 하고 주님께 다른 사람들보다 더 많은 죄를 지었나요? 젊고 건강한 여자가 왜 슬픔에 젖어 살아야만 하나요. 그리고 주님, 그리고리도 기억해 주세요. 그 사람은 눈이 점점 더 나빠지고 있어요. 눈이 멀게 되면 그는 구걸을 하고 돌아다녀야 합니다! 그래서야 되겠어요? 그 사람은 영감을 위해 있는 힘을 다했지만 영감이 그 사람을 도와주기나 할지······오, 주여, 주여······."

외할머니는 오랫동안 침묵하다가 얌전하게 머리와 두 팔을 늘어뜨렸다. 외할머니는 마치 깊은 잠에 빠졌거나 얼어붙어버린 것 같았다.

"또 뭐가 있더라?" 외할머니는 눈썹을 찌푸리면서 소리 내어 생각해 냈다. "모든 정교도들을 구원해주시고 가련히 여기소서. 죄 많은 멍텅구리인 저도 용서해주소서. 주님도 아시다시피 제가 죄를 짓는다면 그건 악의에서가 아니라 어리석음 때문이니까요."

깊이 한숨을 내쉰 뒤 외할머니는 부드럽고 뿌듯한 목소리로 말했다.

"사랑하는 아버지 하느님, 당신은 모든 걸 알고 계시나이다."

나는 외할머니와 아주 친한 외할머니의 하느님이 몹시 마음에 들었다. 그래서 나는 자주 외할머니를 조르곤 했다.

"하느님에 대해 얘기해줘!"

하느님에 대해 얘기할 때 그녀는 특이하게 말했다. 눈을 감고 아주 조용히, 이상하게 말을 질질 끌면서 반드시 앉아서 말했다. 잠시 일어서곤 다시 앉아서 맨머리에 머리 수건을 두르고 내가 잠들 때까지 오랫동안 이야기했다.

"하느님은 언덕 위에 앉아 계신단다. 천국의 목장 속에 있는 은빛 보리수 아래 사파이어 옥좌에 말이다. 그 보리수는 일 년 내내 꽃이 핀단다. 천국에는 겨울도 가을도 없기 때문에 꽃이 절대로 시들지 않아. 하느님의 신하들이 기뻐하도록 그렇게 끝없이 피어 있지. 그리고 하느님 주위에는 수많은 천사들이 날아다니고 있어, 눈이 내리고 벌들이 떼를 지어 나는 것처럼. 또는 하얀 비둘기가 하늘에서 지상에 내려왔다가 다시 하늘로 날아오르는 것처럼. 그리고 우리 인간에 대해 모든 것을 하느님에게 이야기한단다. 그곳에는 네 천사도 있고, 내 천사도 있고, 외할아버지의 천사도 있고, 우리 모두에게 천사가 하나씩 있지. 하느님은 우리를 똑같이 대하신단다. 그러니까 네 천사가 '렉세이가 할아버지에게 혀를 날름 내밀었습니다' 하고 하느님께 아뢰면, 하느님은 '옳지, 외할아버지에게 그 애를 매질하게 해야겠구나!'하고 명령하시지. 그렇게 모든 일에 대해 누구에게나 대가를 주신단다. 누구에게는 슬픔으로, 또 누구에게는 기쁨으로. 하느님의 나라에서는 모든 게 완전히 화합을 이루고 있어서 천사들은 기뻐하며 날개를 퍼덕이고 하느님을 위해 끊임없이 노래해요. '주님께 영광을, 주님께 영광을!' 그러면 자애로우신 하느님은 천사들에게 그저 미소를 지으실 뿐이야, 흡족하다는 듯이!"

그렇게 말하는 외할머니도 머리를 흔들며 미소를 머금었다.

"그걸 다 봤어?"

"본 적은 없지만 알고 있지!"

외할머니는 생각에 잠겨 대답했다.

하느님, 천국, 천사들에 대해 이야기할 때면, 외할머니는 작아지고 겸손해지며, 얼굴은 젊어지고 촉촉이 젖은 두 눈은 유난히 빛났다. 나는 외할머니의 묵직한 공단 같은 머리타래를 손으로 잡고 그것을 내 목에 감았다. 그러고는 꼼짝하지 않고, 아무리 들어도 싫증나지 않는, 외할머니의 끝없는 이야기에 귀를 쫑긋 세웠다.

"인간은 하느님을 볼 수가 없어. 눈이 멀게 돼. 오직 성자들만 두 눈을 뜨고 하느님을 볼 수 있지. 하지만 천사들은 나도 보았단다. 영혼이 순결할 때 나타나거든. 한번은 새벽미사에 갔는데, 두 천사가 제단에서 걸어다니고 있지 않겠니? 꼭 안개 같은데 안개를 통해 다 보이는 거야. 환하게 빛이 났고, 마룻바닥까지 닿은 날개는 레이스나 얇은 비단 같았단다. 그들은 영성체의 성좌 주위를 걸어다니며 늙은 일리야 신부님을 도와주고 있었어. 신부님이 하느님께 기도하면서 기운 없는 팔을 들어 올리니까 그들이 신부님의 팔꿈치를 받쳐주지 뭐냐. 신부님은 아주 늙으셨고, 거의 장님이나 다름없어서 아무데고 부딪혔어. 그 뒤 얼마 안가 왕생하셨지, 돌아가셨다는 얘기야. 난 그때 천사들을 보고 너무 기뻐서 죽을 것만 같았단다. 심장이 죄어오고 눈물이 넘쳐흘렀어. 오, 얼마나 기쁘던지! 오, 내 귀여운 새끼, 레니카. 하느님 나라에 있는 것은 모든 것이 좋단다. 그리고 지상에 있는 것도 좋아……."

"그럼 우리가 있는 이곳도 그렇게 좋아?"

성호를 그어 자신을 축복한 뒤 할머니는 대답했다.

"성모님께 영광을. 모든 게 다 좋지!"

이 말은 나를 혼란에 빠뜨렸다. 집에서는 모든 게 다 좋다고 인정하기 어려웠다. 내가 보기에 집안 생활은 점점 더 나빠지는 것 같았다.

어느 날 미하일 외삼촌 방문 앞을 지나다가 온통 하얀 옷을 입은 나탈리아 외숙모가 한 손으로 가슴을 누르고, 그리 큰 소리는 아니었지만 무서운 소리를 지르면서 온 방 안을 뒹구는 것을 보았다.

"하느님, 절 거두어 가세요, 제발 좀 데려가 주세요……."

나는 외숙모의 기도를 이해했다. 그리고,

"장님이 되면 구걸하러 다닐 거야. 차라리 그 편이 더 나을지도 모르지……." 하고 중얼거리는 그리고리도 이해했다.

나는 그리고리가 되도록 빨리 장님이 되기를 바랐다. 그러면 나는 그의 안내인이 되어야지. 그리고 함께 구걸하러 다니는 거야. 나는 이미 그에게 그 얘기를 해두었다. 그는 턱수염에 파묻혀 웃으면서 대답했다.

"그래, 좋다. 같이 다니자꾸나! 읍내에서 나는 떠벌릴 테다. 네가 바로 동직조합의 장로 바실리 카시린의 외손자라고 말이다! 재미있겠는 걸……."

나는 나탈리아 외숙모의 공허한 눈 밑이 퍼렇게 부어올라 있고 누런 얼굴에 입술이 부어 있는 것을 여러 번 보았다. 나는 외할머니에게 물었다.

"외삼촌이 외숙모를 때려?"

외할머니는 한숨을 내쉬면서 대답했다.

"몰래 때리지. 저주받을 놈! 외할아버지가 못 때리게 하니까 밤에 때리는 거란다. 외삼촌은 흉악한 인간이고 외숙모는 물러터진 사람이야……."

그리고 외할머니는 활기차게 이야기했다.

"그래도 요즈음은 옛날만큼 때리지는 않아. 그냥 이를 때리고 귀를 때리고 잠깐 머리채를 잡는 정도지만, 예전에는 몇 시간씩 학대를 당했단다! 한 번은 외할아버지가 부활절 첫날[*9] 새벽미사 때부터 저녁때까지 날 때린 적이 있었지. 때리다가 지치면 쉬었다가 다시 때렸어. 가죽끈이든 뭐든 손에 잡히는 것으로 말이야."

"무엇 땜에?"

"기억이 안 나. 또 한 번은 그 양반, 날 반쯤 죽을 때까지 때리고는 닷새 동안 먹을 걸 주지 않았어. 그땐 겨우 살아났지. 그런데 지금은……."

이 말은 말문이 막힐 만큼 나를 놀라게 했다. 외할머니는 외할아버지보다 두 배는 컸기 때문에 외할아버지가 외할머니를 이긴다는 게 믿어지지가 않았다.

"외할아버지가 외할머니보다 세?"

"더 세지는 않지만 나이가 더 많지! 게다가 외할아버지는 남자고! 하느님이 할아버지에게 날 책임지라고 하셨고 나에겐 참으라고 명령하셨거든……."

외할머니가 성상의 먼지를 털고 성상 장식을 깨끗하게 닦는 모습을 바라보고 있으면 재미있고 유쾌했다. 성상은 후광 부분이 진주와 은, 여러 가지 보석으로 되어 있는 훌륭한 것이었다. 외할머니는 민첩한 손으로 성상 하나를 집어 들고 웃으면서 바라보다가 감탄한 듯이 말했다.

"얼마나 자애로운 얼굴인고! …… "

성호를 그으면서 외할머니는 성상에 입을 맞췄다.

"먼지가 쌓이고 때가 탔네. 오, 성모님, 모든 것을 구원하시는 어머니시여! 영원한 기쁨이여! 봐라, 료냐, 요 귀여운 녀석아. 이렇게 글씨가 가늘고 조그맣지만, 그래도 모두 구별할 수 있지. 이것이 '12제일(祭日)'이라고 불리는 것이고, 이 한가운데 있는 것이 선량하신 페오도로브나 성모상이야. 그리고 이게 바로 '무덤에서 날 보더라도 슬퍼하지 마세요, 어머니여'란다."

그런 일을 하고 있는 외할머니는, [*10] 이따금 의기소침한 사촌 여동생 카테

---

*9 1주일 이어지는 부활절(신성주간) 첫날은 1년 가운데 가장 큰 축일로, 특히 모든 일에 관대해야 함에도, 그날 아내를 그렇게 때렸다는 점에서 옛 러시아의 족장적인 남편이 아내에 대해 얼마나 포학하게 굴었는지 알 수 있다.

리나가 인형을 갖고 놀듯이 마음을 담아 진지하게 놀고 있는 것처럼 보였다.

외할머니는 가끔 마귀도 보았다. 어떤 때는 마귀 떼거리를, 어떤 때는 혼자 있는 마귀를.

"사순절 어느 날 밤 나는 루돌프네 집 옆을 지나고 있었지. 달빛이 뽀얀 밤이었는데, 문득 보니 지붕 위 굴뚝 옆에 검은 물체가 말 타듯이 걸터앉아, 뿔 달린 머리를 굴뚝 위로 숙이고 쿵쿵 냄새를 맡고는 꼬리를 끌고 지붕 위를 이리저리 돌아다니며 사락사락 소리를 내고 있는 거야. 난 성호를 긋고 이렇게 말했지. '예수 그리스도가 부활하니 그의 적들은 소멸하리로다.' 이 말에 그 검은 물체는 살짝 찍찍거리더니 공중제비로 지붕에서 안뜰로 미끄러져 내려가더구나. 물리친 거지! 틀림없이 루돌프네가 그날 금지된 고기를 구워먹은 게 분명해. 마귀가 그 냄새를 맡고 즐거워했던 거야……."

나는 마귀가 지붕에서 공중제비를 하며 떨어지는 것을 상상하고 웃었다. 외할머니도 웃으면서 말했다.

"그놈들은 꼭 어린애들처럼 장난치는 걸 좋아하지! 한 번은 내가 목욕탕에서 빨래를 하는 사이에 어느새 한밤중이 되고 말았단다. 그런데 갑자기 화덕 문*[11]이 벌컥 열리는 거야! 그러더니 거기서 아주 작은 놈, 빨간 놈, 파란 놈, 바퀴벌레 같이 까만 놈들이 줄줄이 쏟아져 나왔어. 나는 문 쪽으로 가려고 했지만 통로가 있어야지. 마귀들한테 옴짝달싹 못하게 갇혀버렸지. 목욕탕 전체에 그놈들이 가득차서 발밑을 기어 다니는 거야. 나를 잡아당기고 덤벼드는 통에 성호도 그을 수 없었다니까! 털북숭이에 부드럽고 따뜻한 새끼 고양이 같은 것들이 모두 뒷다리로 서서 빙글빙글 돌고 장난을 치지 뭐겠니. 생쥐 같은 이빨을 드러내고 조그마한 눈은 파랗고, 뿔은 막 삐져나오기 시작해서 조그만 혹처럼 삐죽 솟아 있고 꼬리는 돼지새끼 같았지. 오, 하느님! 나는 완전히 기절해버렸단다! 정신을 차리고 보니, 촛불은 가물가물하고 대야의 물은 차갑게 식어버리고 빨랫감은 바닥에 내팽개쳐져 있었어. 에이, 요놈들아, 지옥에나 떨어져버려라!"

나는 눈을 감고 화덕문과 그 잿빛 조약돌 틈에서 잡다한 색깔의 털북숭이

---

*10 여기부터 '놀고 있는 듯한 느낌이 들었다'까지는 러시아판 고리키 전집(1928~34) 이전 판에는 빠져 있다.

*11 러시아 목욕탕에 있는 문. 불을 때서 물을 끼얹어 수증기를 피워서 증기욕을 한다.

들이 빽빽하게 몰려나오는 모습을 생생하게 본다. 그들은 작은 목욕탕을 가득 채웠다. 촛불을 향해 바람을 불어대고 까불면서 장밋빛 혓바닥을 내밀기도 한다. 이것 또한 재미있었다. 하지만 으스스하기도 했다. 외할머니는 고개를 저으면서 잠시 입을 다물었다. 그러다가 갑자기 다시 온몸이 불타오르는 것처럼 열정적으로 쏟아놓았다.

"난 저주받은 영혼들도 보았단다. 역시 밤이었는데 눈보라가 휘몰아치는 겨울이었어. 난 주코프 골짜기를 걸어서 건너는 중이었지. 기억나니? 야코프와 미하일 외삼촌이 네 애비를 얼음 깨진 웅덩이에 빠뜨리려고 했던 곳 말이다. 하여간 오솔길 아래쪽으로 걸어가다가 이상한 휘파람 소리와 우후 하는 소리가 나는 골짜기 밑바닥으로 미끄러져버렸지! 눈을 들어보니 까마귀처럼 새까만 트로이카*¹²가 나를 향해 나는 듯이 달려오고 있는 거야. 이렇게 뚱뚱한 마귀가 빨간 두건을 쓰고 말뚝처럼 튀어나와 트로이카를 몰고 있었어. 마부석에 서서 팔을 쭉 뻗고 쇠사슬로 만든 고삐를 잡고 있었지. 하지만 골짜기에는 마차가 지나갈 만한 길이 없었어. 그러자 이 트로이카는 곧장 못 속에 뛰어들어 구름 같은 눈속에 묻혀버렸지. 썰매 속에도 마귀들이 타고 있었는데 휘파람을 불어대고 고함을 치고 두건을 흔들어대는 거야. 그런 것이 일곱 대나 소방차처럼 달려 지나갔는데 말들은 모두 까마귀처럼 새까만 색깔이었어. 그 말들은 모두 전에 부모로부터 저주받은 인간들이란다. 그런 인간들은 마귀들에겐 좋은 놀림감이 되지. 마귀들은 그런 인간에게 마차를 몰게 해서 타고 가는 거야. 밤마다 열리는 자신들의 온갖 축제에 그런 인간들을 몰고 가는 거지. 내가 본 건 분명 마귀의 결혼식이었을 게다……."

외할머니의 말을 믿을 수밖에 없었다. 그토록 확신에 차서 얘기했기 때문이다.

그러나 외할머니가 특별히 잘했던 이야기는 성모님이 어떻게 이 지상의 고통을 겪으면서 순례했는지, 여자 강도인 '공작부인' 엔갈리체프에게 러시아인들을 때리거나 강탈하지 말라고 어떻게 설득했는지를 노래한 시와, 하느님의 사람 알렉세이와 전사 이반에 대한 시, 지혜로운 여자 바실리사, 염소 교황, 성자들에 대한 옛날이야기였다. 무시무시했던 건 여시장 마르파와

---

*12 삼두마차. 겨울에는 썰매.

산적두목 우스타 할멈, 이집트 죄수 마리아, 산적 어머니의 슬픔에 대한 얘기였다. 외할머니는 옛날 애기와 역사 이야기, 시를 무수히 알고 있었다.

외할머니는 인간도, 외할아버지도, 마귀도, 그 밖의 모든 부정한 힘도 두려워하지 않았지만 까만 바퀴벌레만은 멀리 떨어진 곳에서도 그 존재를 느끼고 공포에 떨 만큼 무서워했다. 할머니는 이따금 한밤중에 나를 깨워서 속삭이곤 했다.

"알료샤, 착한 아가, 바퀴벌레가 기어오고 있어. 제발 저걸 죽여다오!"

잠에서 덜 깬 나는 촛불을 켜고 바퀴벌레를 찾아 마룻바닥을 기어다니곤 했다. 그것은 언제나 금방 성공할 수도, 또 반드시 성공이 보장되는 것도 아니었다.

"아무데도 없는데?"

내가 이렇게 말하면, 외할머니는 머리까지 이불을 뒤집어쓴 채 꼼짝도 하지 않고 누워서 모기만 한 목소리로 사정했다.

"어이구, 아니야 거기 있어! 제발 잘 찾아봐! 거기 있어, 내가 봤단 말이다……"

외할머니 말은 결코 틀리지 않았다. 난 침대에서 그리 멀지 않은 곳에서 바퀴벌레를 발견했다.

"죽였니? 아, 살았다! 애야, 고맙다……"

그리고 머리에서 담요를 끌어내린 뒤 안도의 한숨을 내쉬며 웃곤 했다.

만약 내가 그 벌레를 찾지 못하면 외할머니는 잠을 자지 못했다. 죽은 듯한 밤의 적막 속에서 조금만 부스럭거리는 소리가 나도 외할머니의 몸이 떨고 있는 것을 느낄 수 있었다. 나는 외할머니가 숨을 죽이며 속삭이는 소리를 들었다.

"문지방 근처에 있어…… 궤짝 밑으로 기어들어갔어……"

"할머닌 왜 바퀴벌레를 무서워해?"

외할머니는 조리 있게 대답했다.

"난 저것들이 무엇 때문에 존재하는지 이해가 안 간다. 새까만 것들이 기어 다니기만 하는 걸. 하느님은 아무리 미천한 생명에게도 나름의 임무를 주셨지. 쥐며느리는 집안에 습기가 있음을 말해주고, 빈대는 벽이 더럽다는 걸 말해주지. 또 이가 있으면 사람이 아프거든. 모든 게 이유가 있어! 하지만

이 바퀴벌레들은 말이야, 이놈들에게 어떤 힘이 있고, 무엇을 위해 있는 건지 그걸 누가 알겠니?"

어느 날 외할머니가 무릎을 꿇고 진심을 다해 하느님과 얘기하고 있는데, 불쑥 외할아버지가 방문을 열고 쉰 목소리로 말했다.

"이봐, 할멈, 이번엔 하느님이 진짜로 우릴 방문하셨어. 불이 났어!"

"뭔 소리예요!"

외할머니는 소리를 지르면서 마루에서 벌떡 일어났다. 두 사람은 쿵쾅거리면서 커다란 거실의 어둠 속에 뛰어들었다.

"예브게냐, 성상들을 꺼내! 나탈리아, 애들에게 옷을 입혀!"

외할머니는 엄하고 단호한 목소리로 지시를 내렸다. 그러면서 조용히 울부짖는 것이었다.

"오ー오ー오……."

나는 부엌으로 달려갔다. 안뜰을 향한 창문이 마치 황금처럼 번쩍거렸다. 노란 불꽃이 마루를 따라 점점 번져 갔다. 맨발의 야코프 외삼촌은 장화를 신으며 마치 장화바닥에 불이 붙은 양 펄쩍펄쩍 뛰었다. 그리고 소리쳤다.

"미시카가 불을 질렀어. 불을 지르고 달아나 버렸어, 아아!"

"그만둬, 죽일 놈."

외할머니가 외삼촌을 문 쪽으로 떠다밀며 말했다. 그 바람에 외삼촌은 하마터면 넘어질 뻔했다.

창문에 낀 성에 틈으로 불타고 있는 염색공장의 지붕이 보였다. 열린 공장 문 너머로 불길이 소용돌이치고 있었다. 조용한 밤에 빨간 불꽃들이 연기도 없이 피어나고 있었다. 다만 매우 높은 곳에서 그 꽃 위에 거무스름한 구름이 은하(銀河)를 가리지는 않은 채 흔들리고 있었다. 눈이 적자색으로 반짝거렸고, 건물 벽은 마치 안뜰의 뜨거운 구석으로 가려고 애쓰듯이 부르르 떨었다. 안뜰에서는 불꽃이 공장 벽의 커다란 틈새를 새빨갛게 물들이고, 다시 그 틈으로 빨갛게 달군 구부러진 못 같은 불꽃을 내밀며 신나게 놀고 있었다. 마른 지붕의 검은 판자를 따라 황금빛과 붉은색 띠가 지붕을 감싸면서 넘실거렸다. 그 띠 속에 진흙으로 만든 가느다란 굴뚝이 날카롭게 소리치듯 우뚝 서서 연기를 내뿜었다. 조용하게 탁탁 튀는 소리와, 쉭 쉭 비단이 스치는 듯한 소리가 유리창을 때렸다. 불길은 점점 커졌다. 불길에 싸인 공장은 교회의 성화벽*13와 비슷했다. 거기에는 나를 점점 그 불길 근처로 끌어당기는 불가항력적인 힘이 있었다.

나는 머리에 무거운 양가죽 코트를 뒤집어쓰고 누군가의 장화에 발을 찔러 넣은 다음, 현관으로 가서 입구 계단 위로 나갔다. 눈부시게 활활 타오르는 불길에 현기증이 났다. 외할아버지와 그리고리, 외삼촌의 고함소리와 불꽃 튀는 소리에 귀가 멍멍해진데다가, 외할머니의 행동에 깜짝 놀라 넋이 반쯤 나간 상태였다. 외할머니는 빈 자루를 머리에 뒤집어쓰고 말옷[馬衣]을 몸에 두른 뒤 불 속으로 달려갔다.

"황산염! 이 멍텅구리들! 황산염이 폭발할 거야! ……."

"그리고리, 할멈을 붙잡아!" 외할아버지가 울부짖듯이 소리쳤다. "아, 틀렸어……."

하지만 외할머니는 온 몸에서 연기를 내뿜고, 머리를 흔들면서, 허리를 구부리고 앞으로 내민 두 팔에 황산염 기름병을 안고 빠져나왔다.

"영감, 말을 꺼내요!"

외할머니는 숨을 헐떡거리고 연신 기침을 해대며 소리쳤다.

"어깨에서 천을 벗어버려. 불타고 있는 게 안 보여! ……."

외할머니의 어깨에서 연기가 피어오르는 말옷을 뜯어낸 그리고리는 몸을 반쯤 굽혀서 삽으로 커다란 눈뭉치를 공장 문에 사납게 퍼붓기 시작했다. 외삼촌은 손에 도끼를 들고 그리고리 주변을 이리저리 뛰어다녔고, 외할아버지는 외할머니에게 눈을 던지면서 외할머니 주위를 뛰어다녔다. 외할머니는 눈더미 속에 황산염이 든 병을 찔러놓은 뒤 대문으로 달려가 문을 열고 몰려오는 이웃사람들을 맞이하면서 말했다.

"여러분은 헛간을 지켜주세요! 불길이 헛간과 건초장으로 번지면 우리 집이 몽땅 타버릴 거예요! 그렇게 되면 당신네들 집도 무사할 수 없을 거요! 지붕을 뜯어내고 건초는 안뜰로 던져요! 그리고리, 눈을 위로 던져. 도대체 눈을 땅에다 던지면 무슨 소용 있어! 야코프, 법석만 떨지 말고 사람들에게 도끼를 나눠줘! 삽도! 이웃 여러분, 다 같이 합시다. 그러면 하느님이 우릴

---

*13 러시아 정교 성당에서 성당 건물과 성단 안 가장 신성한 장소를 나누는 경계막.

도와줄 거예요."

외할머니는 불꽃만큼이나 나를 매혹했다. 마치 새까만 외할머니를 생포한 듯한 불길의 밝은 빛 속에서 외할머니는 이리저리 뛰어다니며 사람들에게 지시를 내리고 모든 상황을 살펴보면서 안뜰을 휘젓고 다녔다.

샤라프가 뒷발로 서서 외할아버지를 뿌리치고는 안뜰로 달려나왔다. 불길이 커다란 눈에 반사되어 눈이 빨갛게 빛났다. 말은 콧김을 내뿜으며 앞발로 버티고 섰다. 외할아버지는 손에서 고삐를 놓고 소리치면서 옆으로 껑충 몸을 비켰다.

"할멈, 말을 잡아!"

외할머니는 곧추선 말의 다리 밑으로 뛰어들어 두 팔을 벌리고 말 앞에 섰다. 말은 슬프게 울고는 곁눈으로 불길을 보면서 외할머니 쪽으로 몸을 뻗었다.

"자, 무서워하지 마!"

외할머니는 말의 목덜미를 다독거리며 고삐를 잡고 나직하게 말했다.

"내가 널 이 공포 속에 내버려둘 것 같니? 오, 이 생쥐 같은 녀석……."

외할머니의 세 배나 되는 그 생쥐는 얌전하게 외할머니를 따라 대문 쪽으로 발걸음을 옮겼다. 그리고 벌겋게 달아오른 외할머니의 얼굴을 바라보면서 콧김을 내뿜었다.

보모 예브게냐는 옷을 둘둘 감고 큰 소리도 내지 못한 채, 입안으로 울고 있는 아이들을 집 밖으로 데리고 나오면서 소리쳤다.

"바실리 바실리치. 렉세이가 없어요……."

"자, 여기서 나가!"

외할아버지가 손을 흔들며 대답했다. 나는 보모가 나까지 데려갈까 봐 현관 계단 밑에 숨었다.

공장 지붕은 이미 무너져버렸다. 서까래의 가느다란 버팀목이 연기를 내면서 황금빛으로 달아오른 숯처럼 번쩍이며 하늘을 향해 우뚝 서 있었다. 건물 안에서는 녹색, 푸른색, 붉은색 소용돌이가 우르릉, 탁탁 소리를 내며 타들어갔다. 불꽃은 파도처럼 안뜰로 번지더니, 삽으로 눈을 던지면서 거대한 불 앞에 모여 있는 사람들 위로 달려들었다. 염색솥은 불길 속에서 맹렬히 끓고 있었다. 수증기와 연기가 짙은 구름처럼 피어오르고 고약한 냄새가 안

뜰에 퍼지면서 눈물을 흘리게 했다.

나는 계단 밑에서 기어 나오다가 외할머니의 다리에 걸렸다.

"나가!"

외할머니가 소리쳤다. "깔리기 전에 나가⋯⋯."

갑자기 안뜰에 볏을 단 청동모자를 쓴 사람이 말을 타고 달려왔다. 붉은색 말은 거품을 내뿜었고, 그는 채찍을 든 손을 높이 쳐들고 위협하면서 외쳤다.

"길을 비켜라!"

방울이 빠르고 유쾌하게 울렸다. 모든 것이 축제처럼 아름다웠다. 외할머니는 입구 계단 위에서 나를 밀었다.

"안 들리니? 여기서 나가라니까!"

이번만큼은 외할머니 말에 따르지 않을 수 없었다. 나는 부엌으로 물러가서 다시 유리창에 달라붙었다. 하지만 새까맣게 떼를 지어 서있는 사람들 너머로 이미 불길은 보이지 않았다. 다만 청동투구가 겨울의 챙 없는 검은 모자와 챙 달린 모자들 사이에서 반짝거렸다.

불은 어느새 지면으로 끌려 내려와 있었다. 사람들이 물을 퍼붓고 발로 짓밟았다. 경찰이 사람들을 해산시켰고, 외할머니가 부엌으로 들어왔다.

"이게 누구야? 응, 너구나! 무서워서 못 잤니? 무서워할 것 없다. 이제 다 끝났어⋯⋯."

외할머니는 내 옆에 나란히 앉아 몸을 흔들면서 조용히 있었다. 조용한 밤의 어둠이 다시 돌아와서 다행이었다. 그러나 불에 대해선 유감이었다.

외할아버지가 들어오다가 문지방 앞에 멈춰 서서 물었다.

"할멈인가?"

"왜요?"

"불길에 덴 곳은 없어?"

"괜찮아요."

외할아버지는 유황성냥을 켜서 파란 성냥불로 검댕으로 더러워진 족제비 같은 자기 얼굴을 비추며, 테이블 위에 있는 양초를 찾아내어 외할머니 옆에 천천히 앉았다.

"닦는 게 좋겠어요."

역시 검댕으로 온통 뒤범벅이 된 외할머니가 매콤한 연기냄새를 풍기면서 말했다.

외할아버지가 한숨을 내쉬었다.

"자애로우신 하느님이 이따금 임자에게 오셔서 임자에게 커다란 지혜를 주신 게야! ……."

그리고 외할머니의 어깨를 어루만지면서 이를 드러낸 채 덧붙였다.

"아주 잠깐, 한 시간 동안 주신 거지! ……."

외할머니도 웃으면서 무슨 말인가 하려 했지만 외할아버지가 눈살을 찌푸렸다.

"그리고리를 해고해야겠어. 이건 그놈의 불찰이야! 그가 할 일은 이제 없어. 그는 끝났어! 야시카가 계단에 앉아서 울고 있군. 바보 같은 놈…… 임자, 저 애한테나 가봐……."

외할머니는 일어나서 한 손을 얼굴 앞에 대고 손가락을 후후 불면서 나갔다. 외할아버지는 내 쪽은 보지 않은 채 조용히 물었다.

"불난 걸 다 봤니, 처음부터? 할머니는 어떻더냐, 응? 그 할멈은…… 너무 부려먹어서 부서져 가고 있어. 하지만 외할머니가 하는 걸 봤지? 어휴! 딴사람들은……."

외할아버지는 몸을 구부리고 오랫동안 말없이 앉아 있었다. 이윽고 일어서서 까맣게 탄 초의 심지를 손가락으로 뜯어내면서 다시 물었다.

"무서웠니?"

"아니."

"그래, 아무것도 무서워할 것 없다……."

외할아버지는 화가 난 듯 어깨에서 셔츠를 벗겨낸 뒤 구석에 있는 세면대로 갔다. 그리고 어둠 속에서 발을 구르며 큰소리로 말했다.

"불이라니 어리석은 짓을! 불을 낸 놈은 광장에 끌고 가서 공개적으로 매질을 해야 해. 그런 놈은 바보거나 도둑이야! 제대로 일했으면 절대로 불이 날 리가 없어! ……가서 자거라. 왜 그러고 앉아 있어!"

나는 물러나왔지만 그날 밤엔 잠을 이룰 수가 없었다. 침대에 눕자마자 섬뜩하게 울부짖는 소리가 나를 침대에서 튀어나가게 했다. 나는 다시 부엌으로 달려갔다. 부엌 한가운데 셔츠도 입지 않은 외할아버지가 손에 촛불을 들고 서 있었다. 초가 떨리고 있었다. 외할아버지는 두 발로 마룻바닥을 문질렀다. 그리고 그 자리에서 움직이지 않고 갈라진 목소리로 말했다.

"할멈, 야코프, 무슨 일이야?"

나는 난로 위로 펄쩍 뛰어올라 구석에 몸을 숨겼다. 집 안에서는 불이 났을 때와 똑같은 소동이 다시 시작되었다. 일정한 간격을 두고 점차 커지는 고통스런 외침이 천장과 벽에 파도처럼 부딪혔다. 외할아버지와 외삼촌은 정신 나간 사람처럼 이리 저리 뛰어다녔고, 외할머니가 그들을 어딘가로 몰아내면서 소리쳤다. 그리고리가 큰소리를 내며 난로 속에 장작을 쑤셔 넣었다. 그는 쇠솥에 물을 붓고 아스트라한의 낙타처럼 머리를 흔들며 부엌을 바삐 오갔다.

"자네는 우선 난로를 계속 피우게!"

외할머니가 명령했다.

그는 불쏘시개를 찾으러 허둥대다가 내 발에 걸리자 불안한 듯이 소리쳤다.

"이게 누구야? 휴, 깜짝이야······ 넌 안 끼는 데가 없구나, 있어서는 안 되는 곳에······."

"무슨 일이야?"

"나탈리아 외숙모가 산기가 시작되었단다."

그는 마루로 펄쩍 뛰어내리며 냉담하게 말했다.

우리 엄마는 애기를 낳을 때 그렇게 비명을 지르지는 않았는데 하는 생각이 들었다.

쇠솥을 불 위에 걸어놓고 그리고리는 내가 있는 난로 위로 기어 올라왔다. 그리고 주머니에서 사기 파이프를 꺼내 보여주었다.

"난 담배를 피우기 시작했어, 눈 때문에! 외할머니는 코담배를 권했지만 나는 피우는 게 더 나을 듯해서······."

그는 난로 한쪽에 앉아 다리를 대롱거리며 희미한 촛불을 내려다보았다. 그의 귀와 빰은 검댕으로 더러워져 있었고, 셔츠 한 쪽이 찢어져 있었다. 물통에 두른 테같이 넓은 갈비뼈가 보였다. 한쪽 안경알이 깨져서 반쯤 테 밖으로 튀어나와 있고, 빈 구멍으로 마치 상처 같은 붉고 축축한 눈이 들여다 보였다. 그는 담뱃대에 잎담배를 채워 넣고 임산부의 신음소리에 귀를 기울이다가 마치 술 취한 사람처럼 종잡을 수 없는 말을 했다.

"할머니는 불에 데었는데, 아무튼. 그 어른이 받을 수 있을까? 들어봐,

네 외숙모가 지르는 굉장한 신음소리를! 모두들 외숙모에 대해선 잊고 있었어. 막 불이 났을 때 이미 진통이 시작됐을 거야, 깜짝 놀라서 말이지……저걸 봐, 인간을 낳는 일이 얼마나 힘든지, 그런데도 사내들은 여자들을 존경하지 않는다니까. 넌 명심해라. 여자를 존경해야 해. 왜냐, 엄마니까, 즉……."

나는 꾸벅꾸벅 졸았다. 그러다가 어수선한 기색과 쾅 하는 문소리, 미하일 외삼촌의 술에 취한 고함소리에 정신이 번쩍 들었다. 이상한 말들이 귀에 들려왔다.

"차르(황제)의 문을 열어야 해……."*14

"그녀에게 등잔기름에 럼주와 검댕을 섞어서 갖다 줘요. 기름 반 컵, 럼주 반 컵, 그리고 검댕 한 숟가락을……."

미하일 외삼촌은 귀찮게 졸라댔다.

"잠깐만 보게 해줘요……."

그는 다리를 쫙 벌리고 앉아 손바닥으로 바닥을 치면서 자기 앞에 침을 뱉었다. 나는 난로 위가 참을 수 없을 만큼 뜨거워서 기어 내려왔다. 그런데 외삼촌과 나란히 있게 되자 외삼촌이 내 다리를 잡아당기는 것이었다. 그 바람에 나는 뒷머리를 부딪치면서 넘어졌다.

"바보."

내가 말했다.

외삼촌은 벌떡 일어나 다시 날 움켜잡더니 빙빙 돌리면서 으르렁거렸다.

"난로에다 널 박살내겠어……."

나는 거실 구석에 놓인 성상 밑, 외할아버지 무릎 위에서 정신이 돌아왔다. 외할아버지는 천장을 쳐다보면서 나를 흔들며 낮은 목소리로 말했다.

"우리는 변명할 말이 아무것도 없다. 누구에게도……."

외할아버지의 머리 위에서는 등불이, 방 한가운데 있는 테이블 위에서는 촛불이 밝게 타고 있었다. 이미 창문 밖으로는 어슴푸레한 겨울 아침이 보였다.

외할아버지가 내게 몸을 굽히고 물었다.

"어디 다친 데 없니?"

---

*14 정교회의 제단으로 나아가는 문. 민간신앙에 따르면 고통 따위를 가볍게 하기 위해서는 성자들에게 이 문을 열어달라고 간청해야만 한다.

온 데가 다 아팠다. 머리는 젖어 있고 몸은 무거웠다. 하지만 그대로 얘기하고 싶지는 않았다. 주위의 모든 것들이 너무나 이상했다. 방에 있는 거의 모든 의자에는 낯선 사람들이 앉아 있었다. 연자주색 옷을 입은 신부, 안경을 끼고 군복을 입은 허연 머리의 노인, 그 밖에도 많은 사람들. 그들은 모두 나무토막처럼 꼼짝 않고 앉아서, 어딘가 가까운 데서 물이 튀는 소리를 들으며 기대감으로 잔뜩 긴장해 있었다. 야코프 외삼촌은 몸을 곧추 세우고 손을 등 뒤로 돌린 채 문설주 옆에 서 있었다. 외할아버지가 그에게 말했다.

"이제 애를 침대로 데려가⋯⋯."

외삼촌이 내게 손짓을 했고, 우리는 발끝으로 걸어서 외할머니 방문 쪽으로 갔다. 내가 침대에 기어 들어갔을 때 외삼촌이 내게 속삭였다.

"나탈리아 아줌마는 죽었어⋯⋯."

나는 놀라지 않았다. 아줌마는 이미 오랫동안 눈에 보이지 않았고, 부엌 식탁에도 나오지 않았다.

"근데 외할머닌 어디 있어?"

"저기."

외삼촌은 손을 흔들며 대답하고 아까처럼 맨발인 채 발끝으로 걸어 나갔다.

나는 침대에 누워 주위를 둘러보았다. 유리창에 숱이 많은 백발의 눈 없는 얼굴들이 달라붙어 있었다. 구석에 놓인 궤짝 위에는 외할머니의 옷이 걸려 있었다―나는 그것을 알고 있었다―하지만, 지금은 거기에 누군가 살아 있는 것이 숨어서 기다리고 있는 것 같았다. 베개 밑에 머리를 숨기고 한쪽 눈으로 문 쪽을 쳐다보았다. 나는 깃털이불 속에서 뛰쳐나가 달아나고 싶었다. 더웠다. 짙고 무거운 악취가 치가노크가 죽었을 때를, 마룻바닥 위를 피의 강물이 흘러가던 장면을 연상시켜 숨이 막혔다. 머리 속에선지 심장에선지 뭔가 종기 같은 것이 생긴 것 같았다. 내가 이 집에서 보아왔던 모든 장면들이 마치 겨울거리를 달리는 썰매 행렬처럼 나를 관통하면서 길게 지나갔다. 그리고 나를 꼼짝 못하게 짓눌렀다.

문이 천천히 열렸다. 외할머니가 기듯이 방에 들어왔다. 어깨로 문을 닫고 등을 문에 기댔다. 늘 타고 있는 성상 앞 램프의 파란 불빛을 향해 손을 뻗으면서 조용하게, 어린아이 같은 애처로운 목소리로 말했다.

"내 손이, 손을 다쳤어⋯⋯."

5

봄이 다가오자 외삼촌들은 재산을 분배했다. 야코프 외삼촌은 읍내에 남았고 미하일 외삼촌은 강 너머로 갔다. 외할아버지는 자신을 위해 폴레보이 거리에 있는 크고 재미있는 집을 샀다. 돌로 지은 집이었는데 일층에는 선술집이 있고 아늑한 작은 다락방과 뜰이 딸린 집이었다. 뜰은 벌거벗은 버드나무 가지들이 무성하게 늘어진 골짜기까지 비탈져 있었다.

"좋은 회초리감이로군!"

외할아버지는 나에게 눈을 찡긋해 보이면서 밝게 말했다. 뜰을 둘러보면서 외할아버지와 함께 눈 녹은 길을 따라 걸어갈 때였다.

"기다려라, 이제 곧 너에게 글을 가르쳐 줄 테니까. 배워야 할 때가 됐어……."

집 안은 세 들어 사는 사람들로 온통 득실댔다. 외할아버지는 위층에 자신을 위한 방과 손님을 위한 방을 남겨 두었다. 외할머니는 나를 데리고 다락방에서 이사했다. 다락방 창문은 거리가 내려다보이는 위치에 있어서 창턱 위로 몸을 내밀면 밤에는 술주정뱅이들을 볼 수 있었다. 밤이나 휴일에는 그들이 비틀거리면서 선술집을 나와 거리를 걸으며 욕지거리를 해대다가 넘어지곤 했다. 그들은 이따금 포대자루처럼 길거리로 내던져지기도 했다. 그래도 그들은 다시 술집 문을 억지고 밀고 들어가려고 했다. 문이 쾅 하고 큰 소리를 내며 부르르 떨고 경첩이 삐걱거리고 드잡이가 시작되었다. 이 모든 것들을 위에서 내려다보는 건 무척 재미있었다. 아침부터 외할아버지는 외삼촌들의 개업을 도와주러 공장에 갔다가 저녁때가 되면 녹초가 되어 화를 내면서 돌아왔다.

외할머니는 음식을 만들고 바느질을 했으며, 채소밭과 뜰에서 흙을 일구었다. 마치 보이지 않는 채찍을 맞으며 돌아가는 커다란 팽이처럼 온종일 뱅글뱅글 돌아다녔다. 외할머니는 코담배를 들이마시고 기분 좋게 재채기를 한 다음 땀에 젖은 얼굴을 닦으며 말했다.

"안녕하세요! 평화롭고 정의로운 세상이여! 보아라, 알료샤, 귀여운 녀석, 우리도 이제 조용히 살 수 있게 되었어! 이렇게 모든 게 잘된 것은 성모님 덕분이란다!"

하지만 나는 우리가 조용히 살고 있는 것 같지 않았다. 아침부터 밤늦도록 셋방 사는 아낙네들이 안뜰을 부산하게 뛰어 다녔고, 끊임없이 이웃사람들이 오갔다. 그들은 모두 늦었다고 투덜대면서 어디론가 급하게 달려갔고, 늘 무언가를 시작하려 하고 있었다. 그리고 이렇게 불러대는 것이다.

"아쿨리나 이바노브나!"

누구에게나 한결같이 다정하게 미소 지으면서, 누구에 대해서도 상냥하고 주의 깊은 아쿨리나 이바노브나는 커다란 손가락으로 코담배를 콧구멍에 갖다 댄 뒤 빨간 체크무늬 손수건으로 코와 손가락을 깨끗하게 닦으면서 말했다.

"아주머니, 이를 없애려면 목욕탕에서 좀 더 자주 목욕을 하고 박하 증기를 쐬어야 해요. 만일 피부 속에 이가 있으면 순수한 거위 기름 한 큰 술과 승홍 한 찻술, 수은 세 알을 조그만 접시에 담아서 사기 조각으로 일곱 번 정도 잘 문질러 발라요! 나무 숟가락이나 뼈로 문지르면 수은이 못 쓰게 돼요. 또 구리나 은을 써도 안 돼요, 해로우니까요!"

이따금 외할머니는 깊이 생각해서 충고하기도 했다.

"이봐요, 페쵸리 수도원의 아사프 수도사를 찾아가봐요. 나로선 해결할 수가 없다우."

외할머니는 조산사로 봉사했고, 가족의 분쟁과 싸움을 중재해 주었으며, 아이들을 치료해주었다. 또 여자들이 '행복을 위해' 암기하도록 '성모의 꿈'을 암송해서 들려주었고 살림살이에 대해서도 조언해주었다.

"오이를 보면 오이를 절여야 할 때를 알 수 있지. 만약에 오이에서 흙냄새가 사라지고 다른 여러 가지 냄새가 나면 그때 오이를 따요. 신선한 크바스[15]를 만들려면 막 다루어서 약을 올려야만 하지. 크바스는 단것을 싫어하니까 거기에 자잘한 건포도를 섞어요. 아니면 설탕을 집어넣는데 물통 하나에 1졸로트니크[16] 정도. 발효유를 만드는 방법도 여러 가지가 있지. 도나우식과 에스파냐식도 있고 캅카스식도 있어……."

외할머니가 뜰에 있든 마당에 있든 나는 하루 종일 외할머니 주변을 맴돌았다. 외할머니가 몇 시간씩 차를 마시며 끊임없이 온갖 이야기를 해대는 이웃집에도 따라갔다. 나는 마치 외할머니 몸에서 돋아난 것처럼 찰싹 달라붙어 있었다. 그리고 그 무렵의 생활에서 잠시도 쉬지 않는, 지칠 줄도 피곤한

---

*15 러시아 대중 음료, 호밀 맥주.
*16 옛 러시아 도량형 단위(4.2658그램).

줄도 모르는 선량한 이 노파 말고는 다른 건 아무것도 기억하지 못한다.

이따금 아주 잠깐 어디선가 엄마가 나타나곤 했다. 거만하고 엄격했던 엄마는 마치 겨울날 태양처럼 차가운 잿빛 눈으로 모든 것을 바라보았고 자신에 대한 기억은 아무것도 남겨놓지 않은 채 재빨리 사라져버렸다.

한번은 내가 외할머니에게 물었다.

"외할머닌 마법사지?"

"왜 또 그런 엉뚱한 생각을 했지?" 외할머니는 웃음을 터뜨리더니 곧 생각에 잠겨 덧붙였다. "이 할미가 어떻게 마법사가 될 수 있겠니. 마법은 어려운 학문이란다. 할미는 읽고 쓸 줄도 몰라요. 글자도 모르는걸. 네 외할아버지는 저렇게 글을 잘 알지만 성모님께서는 이 할미에게 지혜를 주시지 않았어."

그리고 자기 생애의 또 다른 한 부분을 내 앞에 펼쳐보였다.

"나도 고아로 자랐단다. 내 어머니는 가난한 과부인 데다 불구였어. 아직 처녀였을 때 주인이 어머니를 놀라게 했지. 어머니는 놀라서 한밤중에 창문에서 뛰어내렸는데 어깨와 허리를 다쳤어. 그때부터 오른손을 못 쓰게 되어 오그라들고 말았지. 어머니는 레이스를 잘 짜기로 유명했는데 그렇게 되는 바람에 나리들에게 아무 소용이 없게 되었지. 그래서 어머니 스스로 알아서 살아가라고 어머니를 해고해버렸어. 하지만 손 없이 어떻게 살아갈 수 있겠니? 어머니는 사람들에게 자비를 구하며 걸식을 하면서 돌아다녔단다. 그땐 사람들이 더 풍요롭게 살았고 더 친절했지. 그 훌륭한 발라흐나*¹⁷의 목수와 레이스 짜는 여인은 모두 나로드(민중)의 자랑거리였어! 나와 어머니는 가을과 겨울에는 거리를 따라 이리저리 걸어 다녔지만 천사장 가브리엘이 칼을 휘둘러 겨울을 쫓아내고 봄이 대지를 감싸 안을 때면 우리는 눈길 닿는 대로 더 멀리 가곤 했단다.

무롬에도 자주 갔고 유리에베츠에도 갔고, 볼가 강 상류와 조용히 흐르는 오카 강을 따라 걷기도 했지. 봄과 여름에는 땅을 밟고 걸어다니기가 좋았어. 흙은 부드럽고 풀은 벨벳 같았으니까. 성스러운 성모님이 대지에 꽃을 뿌려놓으시면, 가슴이 기쁨으로 넘치고 마음은 끝없이 넓어졌단다! 어머니

---

*17 니주니 노브고로드에서 볼가 강을 약간 거슬러 올라간 곳에 있는 도시. 이곳의 레이스 짜는 여자들은 본업인 레이스 짜기 외에 노래를 잘했다고 한다.

는 파란 눈을 감고 아주 높은 소리로 노래를 부르곤 했지. 목소리가 크지는 않았지만 종소리처럼 낭랑했어. 주위 모든 것들은 어머니의 노래에 빨려들어 미동도 하지 않고 귀를 기울였지. 나쁘지 않았어, 걸식을 하면서 사는 것도! 하지만 내가 아홉 살이 되었을 때 어머니는 날 끌고 다니면서 구걸하는 것을 부끄럽게 생각하기 시작했어. 창피스러웠나봐. 그래서 발라흐나에 정착했단다. 어머니는 거리를 따라 이집 저집 고개를 숙이고 돌아다녔고 축일에는 교회문을 전전하며 구걸했어. 난 집에 앉아 레이스 짜는 법을 배웠어, 속성으로 배웠지. 되도록 빨리 어머니를 도와드리고 싶었거든. 뜻대로 잘 되지 않을 때는 눈물을 흘렸지. 그런데 애야, 난 2년 이상 기술을 익혀 읍내에서 유명해졌단다. 좋은 제품이 필요한 사람은 우리 집에 찾아와 이렇게 말했지. '애, 아쿨리아, 얼레 좀 움직여라!' 난 무척 기뻤단다. 그건 내게 일도 아니었거든! 물론 다 어머니가 가르쳐준 솜씨였지만 말이야. 어머니는 손이 하나뿐이어서 일을 할 수는 없었지만 가르치는 건 얼마든지 할 수 있었어. 훌륭한 선생 하나가 열 명의 일꾼보다 가치 있는 거란다. 그래서 난 이렇게 뽐내기 시작했단다. '어머니, 구걸하러 다니는 건 그만둬요. 이제 나 혼자서도 어머니를 먹여 살릴 수 있어요!' 하지만 어머니는 내게 말했어. '그런 소리 마라, 그건 네 결혼지참금으로 모아두어야 해' 하고 말이다. 그러자 곧 네 외할아버지가 나타났지. 눈에 띄는 청년이었어. 스물두 살에 벌써 뱃사공 우두머리였지! 네 외할아버지의 어머니가 날 눈여겨보았는데, 내가 여공이고 거지의 딸이니 얌전한 여편네가 될 거라고 생각한 게지…… 그 어머니란 사람은 빵을 구워 파는 여자였는데 사악한 사람이었어. 그런 건 기억하지 않아도 되는 건데…… 에이, 나쁜 사람들을 기억해서 뭐하겠니? 하느님이 직접 그들을 보고 계시거든. 암, 하느님은 다 보고 계신단다. 악마들만이 그런 사람들을 사랑하지."

외할머니는 온화하게 웃고 우스꽝스럽게 코를 씰룩거렸다. 그러나 생각에 잠긴 반짝이는 두 눈이, 말보다 더 이해하기 쉽게 모든 것을 얘기하면서 날 어루만져주었다.

어느 조용했던 저녁이 기억난다. 나와 외할머니는 외할아버지 방에서 차를 마시고 있었다. 외할아버지는 몸이 아파서 셔츠를 입지 않고 긴 수건으로 어깨를 감싸고 침대 위에 앉아 있었다. 그리고 1분마다 줄줄 흐르는 땀을 닦아내면서 쌕쌕거리며 가쁘게 숨을 쉬었다. 외할아버지의 초록색 눈은 흐릿하고 얼굴은 자줏빛으로 부어 있었다. 작고 뾰족한 귀가 특히 자줏빛이었다. 찻잔을 집으려고 손을 뻗었을 때는 손이 처량할 만큼 부들부들 떨렸다. 외할아버지는 조용해졌고 평소 모습 같지 않았다.

"왜 내겐 설탕을 안 주는 거야?"

응석꾸러기 아이가 투정을 부리듯이 외할아버지가 외할머니에게 물었다. 외할머니는 상냥하지만 단호하게 대답했다.

"꿀을 타서 마시는 게 당신에겐 더 좋을 거예요."

숨을 헐떡거리고 신음하면서 외할아버지는 뜨거운 차를 꿀꺽꿀꺽 들이켜고는 말했다.

"잘 들어, 난 죽을 수 없어!"

"걱정 말아요, 내가 끝까지 돌봐드릴 테니."

"그래! 내가 지금 죽어봐, 내가 살아온 흔적이 하나도 없게 될 거야. 모든 게 재가 돼!"

"그만 말하고 조용히 누워 있어요!"

외할아버지는 눈을 감고 거무칙칙한 입술로 입맛을 다시며 잠시 가만히 있었다. 그러다가 문득 마치 뭔가에 찔린 것처럼 몸을 부르르 떨더니 소리 내어 말했다.

"야시카와 미시카를 빨리 결혼시켜야 해. 마누라가 생기고, 또 새롭게 자식들이 태어나면 그들을 돌봐주겠지, 안 그래?"

그리고 읍내 누구네 집에 그럴 듯한 신붓감이 있는지 생각해 냈다. 외할머니는 차를 연거푸 마시며 잠자코 입을 다물고 있었다. 나는 창가에 앉아서 읍내에 깔린 저녁노을이 집집마다 창문을 빨갛게 물들이며 기울어가는 광경을 바라보았다. 잘못을 저지른 벌로, 외할아버지는 내게 마당과 뜰을 산책하지 못하게 했던 것이다.

뜰에 있는 자작나무 근처에는 딱정벌레들이 붕붕거리며 날아다녔고, 옆집 마당에서는 통 만드는 사람이 일하고 있었다. 어딘가 가까운 곳에서 칼 가는 소리가 들려왔다. 뜰 너머 움푹 꺼진 골짜기에서는 무성한 관목숲 속에서 아이들이 한데 뒤엉켜 시끄럽게 놀고 있었다. 나는 자유로운 문 밖으로 나가고 싶어 견딜 수가 없었다. 해질녘의 애수가 가슴속에 밀려왔다.

갑자기 외할아버지가 어디선가 새 책을 꺼내 와 커다란 소리를 내며 손바닥으로 철썩 때리고는 활기찬 목소리로 나를 불렀다.

"자, 못생긴 귀를 가진 페르미 촌놈아, 이리 와! 앉아, 칼미크인의 광대뼈라, 이게 뭔지 알겠니? 이게 아즈다. 따라해 봐, 아즈! 부키! 베지! *18 이건 뭔 자냐?"

"부키."

"옳지! 이건?"

"베지."

"틀렸어. '아즈'다! 봐라, 이건 '글라골' '도브로' '에스티'—이건 뭔 자냐?"

"도브로."

"옳지! 이건?"

"글라골."

"맞았다! 그럼, 이건?"

"아즈."

외할머니가 끼어들었다.

"영감, 당신은 조용히 누워 있는 게……."

"조용히 해! 내가 이러고 있는 동안에는 딴생각을 안 해도 돼. 계속 해봐라, 렉세이!"

외할아버지는 뜨겁고 축축한 손으로 내 목을 잡고 책을 내 코앞에 갖다 대면서 어깨 너머 손가락으로 글자를 짚었다. 외할아버지에게서 뜨거운 식초 냄새가 나더니 이윽고 구운 파 냄새가 났다. 나는 거의 숨이 막힐 지경이었다.

외할아버지는 흥분하여 갈라진 목소리를 짜내어 내 귀에 대고 고함을 쳤다.

"땅! 사람들!"

나는 그 말들을 잘 알았지만 슬라브어 기호는 이 단어들과 맞지 않았다. *19 '땅'이라는 단어는 벌레 같았고, '동사'라는 단어는 등이 굽은 그리고리 같았으며 '나'는 나를 데리고 있는 외할머니를 닮았다. 외할아버지 속에

---

*18 고대 교회슬라브어 문자. 글라골 문자라고도 한다. 이것을 새로 다듬은 것이 지금 러시아어 문자인 키릴 문자다.

는 모든 알파벳과 두루 공통되는 것이 있었다. 외할아버지는 순서대로 묻거나 건너 뛰어 물으면서 오랫동안 나를 알파벳 위에서 몰아댔다. 외할아버지의 뜨거운 열정이 내게 전염됐는지 나 역시 땀을 흘리며 목청껏 외쳐댔다. 그것이 외할아버지를 웃게 만들었다. 가슴을 부여잡고 기침을 하면서 외할아버지는 책을 구기고 쉰 소리로 말했다.

"할멈, 봤지. 어때? 어이, 아스트라한에서 온 이 말썽꾸러기야. 어째서 고래고래 소리를 지르는 거냐, 왜?"

"소리를 지른 건 바로 당신인데……."

외할아버지와 외할머니를 바라보는 건 즐거운 일이었다. 외할머니는 테이블에 팔꿈치를 올려놓고 주먹으로 양쪽 뺨을 괸 채 외할아버지와 나를 바라보았다. 그리고 작은 소리로 웃으면서 말했다.

"둘 다 그만, 그렇게 고함치다간 몸을 해쳐요! ……."

외할아버지는 친구처럼 나에게 설명했다.

"내가 고함치는 건 아파서 그러는 거지만 넌 왜 소리치는 거냐?"

그러고는 젖은 얼굴을 흔들면서 외할머니에게 말했다.

"죽은 나탈리아가 이 앤 기억력이 나쁘다고 했는데 그건 틀린 말이야. 이 녀석은 말처럼 기억력이 좋아! 조금만 더 하자, 요 들창코 녀석아!"

마침내 외할아버지는 장난스럽게 날 침대에서 밀어냈다.

"됐다! 책을 가져가. 내일 한 자도 틀리지 않고 모든 알파벳을 내게 말해야 돼. 그러면 상으로 5코페이카를 주마……."

내가 책을 집으려고 손을 뻗치자 외할아버지는 나를 다시 끌어당기더니 우울한 목소리로 말했다.

"니 애민 널 땅 위에 버렸어. 니 애민……."

외할머니가 깜짝 놀라 벌떡 일어났다.

"그만둬요, 영감, 그런 소릴 뭐하러 해요? ……."

"안 하려고 했는데 슬퍼서 그만…… 그 애가 그런 실수를 범하다니……."

외할아버지는 와락 나를 밀어냈다.

---

*19 슬라브어 문자에는 한 글자 한 글자마다 그 글자를 머리글자로 하는 이름이 붙어 있어, 알파벳을 읽을 때 그 이름으로 읽는다. 어린 알렉세이는 그 이름은 이미 알고 있지만, 그 이름에 슬라브 문자를 잇지 못하는 것이다.

"가서, 놀아라! 거리는 안 돼, 마당이나 뜰에서 놀아……."

뜰에 나가 노는 거야말로 내가 원하는 것이었다. 내가 뜰에 있는 작은 언덕에 나타나자마자 골짜기에 사는 애들이 내게 돌을 던졌다. 나도 똑같이 돌을 던지면서 즐거워했다.

"멍청이가 나타났다!"

멀리서 나를 보자 급히 무장을 하고 그 애들이 소리쳤다.

"저 놈을 해치워라!"

나는 '멍청이'가 무슨 뜻인지 몰랐으므로 그런 별명에 화를 내지는 않았다. 그러나 혼자서 많은 아이들과 대적하는 것이 즐거웠고, 내가 던진 돌 때문에 적이 달아나서 떨기나무 숲에 숨는 걸 보는 것이 유쾌했다. 그런 전투는 나쁜 뜻 없이 벌어졌고 대개 나쁜 감정 없이 끝났다.

글을 읽고 쓰는 건 내게는 쉬운 일이었다. 외할아버지는 내게 점점 더 관심이 커졌고, 따라서 매 맞는 일은 점점 줄어들었다. 하지만 나는 오히려 전보다 더 자주 매 맞을 짓을 하고 있었다. 몸도 더 커졌고 더 대담해져서 외할아버지의 규칙과 지시를 훨씬 자주 어겼기 때문이다. 하지만 외할아버지는 그냥 욕설을 퍼붓거나 주먹을 흔들 뿐이었다.

나는 이전에 억울하게 얻어맞았다는 생각이 들어 한번은 외할아버지에게 물어보았다.

할아버지는 내 턱을 살짝 찔러 내 얼굴을 치켜들고 눈을 깜빡거리면서 목소리를 질질 끌었다.

"무—어—라—고?"

그리고 낮고 빠르게 웃으면서 말했다.

"요 이교도 녀석! 네가 얼마나 맞아야 하는지 네 녀석이 지레 짐작한다는 거냐? 나 말고 누가 그걸 알아? 썩 꺼져버려!"

그러나 외할아버지는 곧바로 내 어깨를 붙잡고 눈을 들여다보면서 다시 물었다.

"네 녀석은 잔꾀가 많은 거냐, 아니면 순박한 거냐, 응?"

"몰라……."

"모른다고? 그럼 내가 말해주마. 꾀돌이가 되려무나, 그게 더 낫다. 순진한 건 바보와 같은 거란다, 알겠니? 양은 순박하지. 기억해둬라! 이제 나가서 놀아라……."

얼마 지나지 않아 나는 시편을 더듬더듬 읽을 수 있게 되었다. 우리는 보통 저녁에 차를 마신 뒤 시편을 공부했고 그때마다 시편을 하나씩 통독해야 했다.

"인간은 행—복—하—니, 행—복—하게—살고—있고, 우리는 행복—하다."

나는 펼쳐진 책 위의 글자를 한 자 한 자 짚어가며 떠듬떠듬 읽었다. 그러다가 따분한 느낌이 들어 이렇게 물었다.

"인간은 행복하다. 이건 야코프 외삼촌을 두고 하는 말인가?"

"이제 내가 네 뒤통수를 쥐어박을 테니, 넌 누가 행복한지 알게 될 거다!"

화가 나서 거칠게 코로 숨을 쉬며 외할아버지가 말했다. 하지만 난 외할아버지가 단지 습관적으로 기강을 세우고자 화를 내는 것이라고 생각했다.

역시 내 짐작은 거의 한 번도 틀리지 않았다. 1분도 지나지 않아 외할아버지는 나에 대해선 까맣게 잊어버리고 이렇게 중얼거렸다.

"그래, 놀고 노래를 할 때는 꼭 다윗왕 같지, 그런데 일할 땐 악독한 압살롬*20 같은 놈이라니까! 작사자에 시인에 농담꾼에…… 오, 글쎄! '즐겁게 춤추며 껑충껑충 뛴다고' 멀리 가나? 그래, 멀리 가?"

나는 읽는 것을 멈추고 외할아버지 말에 귀 기울이면서 외할아버지의 수심에 찬 찌푸린 얼굴을 바라보았다. 가늘게 뜬 외할아버지의 두 눈은 내 어깨 너머 어딘가를 바라보는 듯했다. 눈에서 슬프고 따스한 감정이 빛나고 있었다. 지금은 외할아버지의 평소의 엄격함이 두 눈 속에서 녹아 없어졌음을 난 알아차렸다. 외할아버지는 가느다란 손가락으로 테이블을 톡톡 두드리고 있었다. 염색물이 든 손톱이 빛나고 황금빛 눈썹이 꿈틀거렸다.

"외할아버지!"

"뭐냐?"

"무슨 얘기 좀 해주세요."

---

*20 구약성서(사무엘기 하권)에 나오는 인물. 다윗 왕의 셋째 아들로 헤브론에서 아버지 다윗에 대항해 난을 일으켰으나 실패해서 죽임을 당함.

"읽기나 해, 이 게으른 녀석아!"

외할아버지는 방금 잠에서 깬 사람처럼 손가락으로 눈을 비비며 못마땅한 듯 말했다.

"넌 옛날얘기나 좋아하고 시편은 좋아하지 않는구나……."

하지만 난 그러는 외할아버지 자신도 시편보다는 옛날얘기를 더 좋아하는 게 아닌가 하는 생각이 들었다. 외할아버지는 시편을 거의 전부 암송할 수 있었다. 맹세를 세우고, 보좌신부가 일과기도서를 읽듯이 매일 저녁 잠자기 전에 시편을 큰소리로 읽고 있었다.

내가 열심히 졸라대자 외할아버지는 점점 마음이 약해져서 결국 나에게 지고 말았다.

"그래, 좋다! 시편은 평생 너와 함께 있겠지만 난 곧 심판을 받으러 하느님께 가게 될 테니……."

털실로 수놓은 구식 안락의자 등받이에 몸을 기대고 점점 더 깊숙이 파묻은 뒤 고개를 젖혀 천장을 바라보면서, 외할아버지는 조용히 생각에 잠긴 목소리로 옛 시절과 외증조할아버지에 대해 얘기했다. 한번은 한 떼의 강도가 발라흐나에 와서 상인 자예프의 가게를 습격했다. 외증조할아버지가 경종을 울리기 위해 종루로 급히 올라가자 강도들이 그를 붙잡아 긴 칼로 베어 종루 아래로 던져버렸다.

"그때 너무 어렸던 탓에 난 그 일을 보지도 못했고 기억나는 것도 없어. 기억할 수 있는 건 1812년 프랑스인들이 왔을 때*21부터야. 내가 겨우 열두 살이 되었을 때지. 그때 발라흐나에도 서른 명쯤의 포로들이 쫓겨 왔어. 모두 뼈만 앙상하게 남은 조그마한 나로드(민중)들이었고 아무거나 걸치고 거지보다 못한 모습으로 와들와들 떨고 있었지. 몇 사람은 동상에 걸려 서 있을 수도 없었단다. 남자들은 그 포로들을 때려죽이려고 했지만, 호송대가 그들을 말렸고, 수비대가 나타나서 사람들을 집으로 쫓아 보냈어. 그 뒤로는 아무 일도 없었고 모두 서로 알게 되었지. 이 프랑스인들은 약삭빠르고 영리한 나로드였는데 그러면서도 아주 명랑해서 노래를 부르곤 했지. 니주니의 지주들이 트로이카를 타고 포로들을 보러 왔단다. 그런데 어떤 사람들은 욕

---

*21 1812년 나폴레옹의 러시아 침공을 말한다.

설을 퍼붓거나 주먹으로 프랑스인들을 위협하고, 심지어 때리는 사람까지 있었지만 다른 어떤 사람들은 프랑스말로 친절하게 이야기를 나누고 돈과 따뜻한 헌옷을 주기도 했어. 한 늙은 지주는 손으로 얼굴을 가리고 울음을 터뜨리면서 '결국 악당 보나파르트가 프랑스인을 파멸시켰어!' 말했지. 그런데 봐라, 어떠냐? 러시아인은 지주라고 해도 선량하다는 거지. 외국인을 불쌍히 여겼던 게야……."

외할아버지는 잠시 말을 멈추고 두 눈을 감은 채 손바닥으로 머리를 문지르면서, 과거의 세세한 부분을 되살려가며 이야기를 이어갔다.

"겨울이 되어 눈보라가 거리에 휘몰아쳤고, 혹한이 농가를 꽁꽁 얼게 만들었지. 프랑스인들은 우리 집 창문 밑으로 달려오곤 했어, 어머니가 있는 곳으로 말이야. 어머니는 밀가루로 빵을 구워서 팔고 있었거든. 그들은 창문을 두드리고 소리를 지르면서 펄쩍펄쩍 뛰었어. 뜨거운 빵을 달라고 말이야. 어머니는 그들을 집에 들이지는 않았지만 창문으로 빵을 내밀었어. 그러면 프랑스인들은 그것을 얼른 받아서 품에 넣는 거야. 화덕에서 방금 꺼낸 뜨거운 빵을 직접 몸에, 심장에 대는 거지. 어떻게 그들이 살아남을 수 있었는지 이해할 수가 없구나! 많은 사람들이 추위로 죽어갔어. 그들은 따뜻한 곳에 살던 사람들이어서 추위에 견디지 못했거든. 채마밭에 있던 우리 집 목욕탕에는 한 장교와 미론이라는 졸병이 살고 있었지. 키가 크고 삐쩍 마른 장교는 피골이 상접해 있었는데 무릎까지 내려오는 여자 외투를 걸치고 다녔어. 그는 매우 상냥한 사내였지만 술꾼이었어. 어머니는 몰래 맥주를 양조해 팔았는데 그 장교는 그걸 사서 마시고 노래를 부르곤 했어. 그는 우리나라 말을 배워서 이렇게 중얼거리곤 했지. '당신네 나라는 희지가 않아. 검고 심술 궂어!' 말은 서툴렀지만 우리는 이해할 수 있었단다. 그리고 그건 사실이었어. 우리나라 상류 지방은 기후가 모질지만 볼가 강 하류 쪽으로 내려가면 따뜻해져서 카스피 해 너머엔 눈이 전혀 내리지 않는다더구나. 이게 믿을 만하다는 건 복음서나 사도행전은 물론 시편에도 눈이나 겨울에 대한 얘기는 하나도 없는 걸 보면 알 수 있어. 그리스도가 살던 곳이 바로 그곳이니까……아, 그렇지, 시편이 끝났으면 나와 함께 복음서를 읽기로 하자."

외할아버지는 다시 입을 다물고 꾸벅꾸벅 선잠이 든 것처럼 보였다. 뭔가 생각에 잠겨 곁눈으로 창문을 보고 있는 외할아버지는 점점 작아져서 온몸이 날카롭고 뾰족해 보였다.

"얘기 더 해줘요."

나는 가만히 재촉했다.

"어, 그래." 외할아버지는 몸서리를 한 번 친 뒤 다시 이야기를 이어갔다. "프랑스인들 말이다, 즉 그들도 인간이라는 거지, 죄 많은 우리보다 나쁘다고 할 수 없는 인간들. 그들은 우리 어머니를 '마담, 마담' 하고 소리쳐 부르곤 했는데, 이 말은 '나의 부인', '나의 귀부인'이라는 뜻이야. 그런데 이 귀부인은 잡곡가게에서 5푸드*22짜리 밀가루 포대를 져 나르곤 했어. 그건 여자의 힘이 아니었어. 난 스무 살 때까지 어머니에게 머리채를 휘어 잡혀 이리저리 끌려가곤 했으니까. 스무 살이면 아무리 나라도 그리 가볍지 않았는데 말이야. 그런데 그 졸병 미론은 말을 좋아했어. 그는 이집 저집 다니면서 손짓으로 말을 손질하게 해달라고 사정했지! 처음엔 적이니까 말을 망쳐놓을까봐, 모두가 겁을 먹었지만, 나중에는 남자들이 그를 부르게 되었단다. '어이 미론, 좀 도와줘' 하고 말이야. 그는 싱글벙글하면서 고개를 숙이고 황소처럼 걸어왔어. 머리카락은 적갈색이다 못해 새빨갛고, 코는 크고 입술도 두툼한 사내였지. 그는 말을 아주 잘 돌보았고 말을 기적처럼 치료하는 능력이 있었단다. 나중에 그는 니주니에서 말 수의사가 되었지만 결국 미쳐서 소방대원들에게 맞아죽었지. 장교도 쇠약해지기 시작하더니 봄이 다가올 무렵 성 니콜라이의 날에 조용히 세상을 떠났단다. 목욕탕 창문 밑에서 생각에 잠긴 듯이 앉아 있다가 머리를 창밖으로 내민 채 바람을 맞으면서 죽었단다. 난 그 사람이 불쌍해서 남의 눈에 띄지 않게 울기까지 했지. 그는 친절한 사람으로, 내 귀를 잡고는 다정하게 뭔가 자기 이야기를 하곤 했는데, 무슨 말인지 알아듣지는 못했지만 기분은 좋았어! 인간의 따스한 정은 시장에서 살수 있는 게 아니거든. 그는 자기 나라 말을 내게 가르쳐주려고 했지만 어머니가 허락하지 않았어. 게다가 어머니는 나를 신부에게 데리고 갔어. 신부는 날 매질하도록 명하고 장교에게는 불평을 해댔지. 그때는 다들 엄격하게 생활했었단다. 이제는 그런 걸 겪을 일은 없겠지. 너 대신 다른 사람들이 모욕을 견뎌 왔으니까. 이 점을 기억해 둬라! 여기 있는 이 할애비도 그런 일을

---

*22 81.9킬로그램(푸드는 옛 러시아 도량형 단위. 1푸드는 16.38킬로그램).

겪었어……."

날이 어두워졌다. 어둠 속에서 외할아버지는 이상하게 커 보였다. 외할아버지의 두 눈은 마치 고양이 눈처럼 빛났다. 외할아버지는 모든 것에 대해 낮은 목소리로 사려 깊고 조심스럽게 말했는데, 자신에 대해서는 열정적이고 빠르게 뽐내면서 말하는 것이었다.

나는 외할아버지가 자기 이야기를 하는 것이 싫었다. 외할아버지의 끊임없는 명령들이 마음에 들지 않았다.

"명심해! 넌 이걸 기억해야 한다!"

외할아버지가 한 이야기는 대부분 기억하고 싶지 않았다. 하지만 그것은 외할아버지의 명령이 없어도 따끔한 가시처럼 내 기억 속에 강하게 박혔다. 외할아버지는 옛날애기를 결코 해준 적이 없다. 모두 실제로 있었던 일뿐이었다. 또한 외할아버지가 질문을 좋아하지 않다는 걸 나는 알게 되었다. 그래서 더욱더 끈덕지게 질문을 해댔다.

"프랑스인과 러시아인 가운데 누가 더 훌륭해요?"

"글쎄, 내가 어떻게 알겠니? 난 프랑스인들이 자기 집에서 어떻게 살고 있는지 본 적이 없는 걸."

외할아버지는 짜증이 나서 투덜대고는 이렇게 덧붙였다.

"족제비도 자기가 사는 굴에서는 훌륭한 법이지."

"그럼 러시아인들도 훌륭해요?"

"각양각색이지. 지주들이 있던 시절에는 더 훌륭했어. 사람들이 단단하게 단련되었으니까. 하지만 지금은 모두 제멋대로지. 빵도 없고 소금도 없어! 물론 지주귀족들은 무자비했지만 그 대신 제법 지혜가 있었지. 누구나 다 그런 건 아니지만 훌륭한 지주는 정말 존경할 만했어! 그런가 하면 어떤 지주는 포대자루처럼 바보천치여서 그 부대에 무엇이든 쑤셔 넣어주면 그걸 나르는 거야. 우리나라엔 껍데기가 많아. 멀쩡한 사람처럼 보이지만 자세히 보면 그냥 껍데기, 알맹이가 없어. 속을 쏙 빼 먹히고 만 거지. 우리는 배워야 하고 지혜를 갈고 닦아야 해. 하지만 숫돌도 진짜가 없어……."

"러시아인은 힘이 세요?"

"장사들도 있지. 하지만 문제는 힘이 아니라 기술이란다. 힘은 별로 없지만 말(馬)은 역시 강해."

"그런데 왜 프랑스인들은 우리나라를 공격했어요?"

"글쎄, 전쟁이야 차르(황제)가 하시는 일이니까, 우리는 잘 몰라!"

그러나 보나파르트는 도대체 어떤 사람이었느냐는 내 질문에 외할아버지는 감명 깊은 대답을 해주었다.

"그는 대담한 사람이었다. 전 세계를 정복하려고 했지. 그리고 전 세계를 정복한 뒤에는 영주도 관리도 필요 없이 모두가 하나 같이 평등하게 살기를 원했던 거야. 그저 간단하게, 계급 없이 살기를 말이다. 이름만 다를 뿐이지, 모든 사람들의 권리는 똑같다는 거지. 그리고 믿음도 똑같고. 물론 그건 어리석은 생각이야. 새우만 구분할 수 없을 뿐이지 물고기는 다 다르거든. 철갑상어는 메기의 친구가 아니고 작은 철갑상어는 청어의 친구가 아니잖니. 우리나라에도 그런 보나파르트들이 있었지. 라진 스테판 티모페예프,*23 푸가초프 예멜리안 이바노프*24가 그렇단다. 그들에 대해선 다음에 얘기해주마……."

이따금 외할아버지는 마치 처음 본 것처럼 두 눈을 동그랗게 뜨고는 오랫동안 나를 말없이 쳐다보았다. 그건 기분 좋은 일이 아니었다.

외할아버지는 내 앞에서는 아버지와 엄마에 대해 결코 얘기하지 않았다.

그런 이야기를 하는 동안 외할머니가 가끔 오는 일이 있었다. 구석에 조용히 자리 잡고 오랫동안 눈에 띄지 않게 말없이 앉아 있었다. 그러다가 부드럽게 감싸 안는 듯한 목소리로 불쑥 묻곤 했다.

"영감, 기억나우? 당신과 내가 무롬에 순례하러 갔을 때 얼마나 좋았는지? 그게 몇 년도였수?"

잠시 생각한 뒤에 외할아버지는 조심스럽게 대답했다.

"정확하게는 기억나지 않지만 콜레라가 유행하기 전이었지. 사람들이 숲을 뒤지며 올로네츠인들*25을 붙잡았던 해."

*23 〈스텐카 라진〉이라는 노래로 유명한 스테판 티모페비치 라진. 노래에는 볼가 강에 출몰한 '해적'처럼 되어 있지만 사실은 17세기 러시아에서 일어난 농민반란 지도자. 돈 카자흐 출신. 1671년 6월 모스크바의 붉은 광장에서 처형되었다.

*24 '푸가초프의 난'으로 알려져 있으며, 푸시킨의 《대위의 딸》에도 나오는 예멜리안 푸가초프 (1744~75). 돈 카자흐 출신으로 농민반란 지도자. 모스크바에서 처형되었다.

"맞아요! 우리도 그들을 아주 무서워했지요."

"흠, 그래."

나는 도대체 올로네츠인들이 누구이며, 무슨 이유로 숲을 따라 도망 다녔는지 물었다. 외할아버지는 별로 내키지 않는다는 듯이 설명해주었다.

"올로네츠인들은 단순히 농군들이었는데 관유지에서 달아났어, 공장이나 일터에서 말이다."

"그런데 어떻게 붙잡았어요?"

"어떻게 붙잡았느냐고? 아이들이 노는 것처럼 잡았지. 한쪽이 달아나면 다른 한쪽이 찾고 붙잡는 놀이 말이다. 붙잡히면 채찍으로 얻어맞았어, 가죽 채찍으로 말이다. 물론 콧구멍이 찢기고, 이마에는 처형되었다는 표시로 낙인이 찍혔지."

"왜요?"

"귀찮게 자꾸 물었기 때문이지.*26 이건 누가 잘못한 건지 확실하지 않은 사건이었어, 달아난 사람인지 아니면 붙잡은 사람인지 불분명해. 우리가 어떻게 알겠니."

"그런데 영감, 기억나요?" 외할머니가 다시 말했다. "대화재가 일어난 일 말이에요."

무슨 일에서나 정확한 것을 좋아하는 외할아버지가 진지하게 물었다.

"어느 대화재?"

과거 속으로 거슬러 올라가면 두 분은 나에 대해 잊어버렸다. 두 분의 목소리와 말은 나직하게 울렸고 아주 잘 조화를 이루어서 마치 노래를 부르는 듯했다. 그러나 그 노래는 질병과 화재와 인간의 살육, 불의의 죽음과 절묘한 사기, 백치 같은 수행자, 잔혹한 영주들에 대한 음산한 노래였다.

"우리가 살아온 세월을 어찌 다 헤아리겠는가!"

외할아버지가 조용히 중얼거렸다.

"당신은 우리 삶이 나빴다고 생각하시우?" 외할머니가 말했다. "생각해봐요. 내가 바랴를 낳은 뒤의 봄이 얼마나 멋졌는지!"

---

*25 올로네츠 지방은 구교도들이 사는 거주지로 방랑파(放浪派)들의 본거지 가운데 하나였다. 올로네츠 농민들은 강제로 공장에 편입되었고 그 때문에 그들은 숲속에 숨어서 도망다녔다.
*26 이것은 끝없이 꼬치꼬치 캐묻고 싶어하는 알렉세이를 놀려서 한 말이다.

"그건 1848년이었지. 바로 헝가리 원정*27이 있던 해였어. 바랴의 대부 티혼은 그 앨 세례준 다음날 전쟁터로 나갔지……."

"그리고 행방불명되어 버렸어요."

외할머니가 한숨지으며 말했다.

"그래, 실종되었지! 그해부터 우리 집에는 뗏목 위로 물이 넘치듯 하느님의 선물*28이 쏟아져 들어왔어. 에잇, 바르바라년……."

"그거면 충분해요, 영감!"

외할아버지는 화가 나서 눈살을 찌푸렸다.

"뭐가 충분하다는 거야? 우리 애들은 실패작이야, 어떤 면으로 보든. 우리의 피땀은 어디로 갔지? 당신과 난 모든 걸 튼튼한 광주리에다 집어넣는다고 생각했지만 하느님은 우리 손에 찢어진 체를 쥐어주셨어……."

외할아버지는 마치 불에 덴 것처럼 소리를 지르고 온 방 안을 뛰어다녔다. 그리고 병자처럼 기침을 하면서 자식들을 욕하고 작고 앙상한 주먹으로 외할머니를 위협했다.

"모두 당신이 그 날강도 같은 애들을 떠받들었기 때문이야. 그 도둑놈들을, 이 물렁한 할망구가! 이 마귀할멈아!"

괴로운 기억으로 흥분하여 마침내 눈물어린 탄식이 솟구치자, 외할아버지는 구석에 있는 성상 앞에 나아가 앙상하고 텅 빈 소리가 울리는 가슴을 힘껏 쳤다.

"하느님, 내가 다른 사람들보다 죄를 많이 지었습니까? 무엇 때문에?"

외할아버지는 눈물로 범벅이 된 눈을 분개와 증오로 번뜩이면서 온 몸을 부들부들 떨었다.

---

*27 1848년 헝가리에서 일어난 혁명의 진압을 돕기 위해 러시아에서 파병했다.

*28 고리키의 외할아버지 바실리 카시린은 1830년부터 염색업을 시작하여 40년대에 전성기를 거치면서 55년 동직조합 장로에 선출되었고, 9년 동안 그 자리를 지켰다. 전성기에는 시의 중심가와 또 다른 곳에 공장을 두고 집도 몇 채나 있었을 만큼 부유하게 살면서 자식들에게는 귀족출신 배우자를 짝지어 주려고 했다. 사실 두 아들의 첫 번째 아내들은 모두 귀족출신이었다. 그러나 그 무렵부터 점차 발흥하기 시작한 방직공업이 당연히 수공업적인 염색업을 압박하여, 카시린의 가업은 점점 기울어졌다. 게다가 유복하게 자라 호의호식에 익숙한 아들들은 아버지를 도와 가업에 힘쓸 생각은 하지 않고 점차 줄어드는 재산만 탐내면서 형제끼리 증오했다.

어둠 속에 앉아 있던 외할머니는 조용히 성호를 그었다. 그리고 조심스럽게 외할아버지에게 다가가서 달랬다.

"왜 그렇게 괴로워하시우? 자신이 무엇을 하고 있는지 하느님은 다 알아요. 다른 집 자식들이라고 뭐 다를 거 있나요? 영감, 어느 집이나 매일반이랍니다. 싸움질, 말다툼, 멱살잡이가 그들의 일상이에요. 모든 부모들이 눈물로 자기 죄를 씻어내고 있어요, 당신만 그런 게 아니라."

이따금 이런 호소가 외할아버지를 진정시켰다. 외할아버지는 말없이 지친 듯 침대에 쓰러졌다. 그러면 나와 외할머니는 조용히 우리 다락방으로 돌아왔다.

그러던 어느 날, 외할머니가 상냥하게 말을 걸면서 외할아버지 곁으로 다가가자, 외할아버지가 몸을 홱 돌려 외할머니의 얼굴을 주먹으로 소리가 날 정도로 세게 때렸다. 외할머니는 비틀거리며 한 손으로 입술을 누른 채, 몸을 휘청거리다가 똑바로 지탱하고 서서 나지막한 목소리로 차분하게 말했다.

"에이, 못난 사람……."

그리고 외할아버지의 발밑에 피를 내뱉었다. 하지만 외할아버지는 두 팔을 쳐들고는 두 번 길게 소리를 질러댔다.

"안 꺼지면 죽여버릴 거야!"

"못난 사람."

외할머니는 밖으로 나가면서 되뇌었다. 외할아버지가 외할머니를 잡으러 달려들었지만 외할머니는 서두르지 않고 문턱을 나서며 외할아버지의 코앞에서 문을 쾅 닫았다.

"늙은 호박 같은 년."

문설주를 붙잡고 손가락으로 문설주를 할퀴면서 이글거리는 석탄처럼 얼굴이 벌겋게 달아오른 외할아버지가 씩씩거렸다.

난로 위 선반에 앉아 있던 나는 살아 있는 심정이 아니었다. 방금 내가 본 것을 믿을 수가 없는 일이었다. 외할아버지는 처음으로 내 앞에서 외할머니를 때렸다. 그건 가슴을 짓누를 정도로 혐오스럽고 비열한 짓이었다. 외할아버지 속에 있는 어떤 새로운 모습—그것과는 결코 화합할 수 없는, 나를 굴욕적으로 억압하는 모습을 폭로한 것이다. 하지만 외할아버지는 문설주를 붙잡은 채 여전히 거기에 서 있었다. 마치 재를 덮어쓴 것처럼 허옇게 오그라들어 있었다. 그러더니 갑자기 방 한가운데로 걸어가서 무릎을 꿇었다. 그리고 그 자세를 유지하지 못하고 앞으로 넘어지면서 한 손을 마룻바닥에 짚었다. 그러나 곧 몸을 다시 똑바로 하고 두 손으로 자기 가슴을 때렸다.

"오, 하느님……."

나는 얼음 위를 걷듯이 조심스럽게 난로 위 선반의 따뜻한 타일에서 내려와 뛰어나갔다. 위층에서는 외할머니가 방 안을 왔다 갔다 하면서 입안을 헹구고 있었다.

"외할머니, 아파?"

외할머니는 구석으로 가서 구정물 통에 물을 뱉고 차분하게 대답했다.

"괜찮다. 이빨은 온전하고 입술이 터졌을 뿐이야."

"외할아버지가 왜 그랬어?"

창문에서 거리를 내다본 뒤 외할머니가 말했다.

"화가 나신 게지. 괴로워서 그래, 늙은 그 양반에게는. 모든 일이 마음대로 되지 않아서……넌 주님과 함께 잠자리에 들고 이런 일에 대해선 더 이상 생각하지 마라."

나는 외할머니에게 무언가에 대해 더 물었지만 외할머니는 평소와는 달리 엄한 목소리로 소리쳤다.

"내가 자라고 말했잖니? 이렇게 말을 안 들어서야 어디……."

외할머니는 창가에 앉아 입술을 빨며 자주 손수건에 침을 뱉었다. 옷을 벗으면서 나는 외할머니를 쳐다보았다. 외할머니의 까만 머리 위에 있는 파란 네모난 창문 속에서 별들이 반짝거렸다. 거리는 조용하고 방 안은 캄캄했다.

내가 자리에 누웠을 때 외할머니가 다가와 조용히 내 머리를 다독거리면서 말했다.

"안심하고 자거라. 난 할아버지에게 갔다 와야겠다. 이 할미를 너무 불쌍해하지 말고, 요 귀염둥이 녀석아. 나 역시 잘못이 있으니까…… 자거라!"

내게 입을 맞춘 뒤, 외할머니는 나갔다. 나는 참을 수 없이 슬퍼졌다. 나는 널찍하고 부드럽고 따스한 침대에서 뛰어내려 창문으로 다가갔다. 텅 빈 거리를 내려다보면서 견딜 수 없는 슬픔 속에서 몸이 굳어짐을 느꼈다.

6

다시 악몽 같은 일이 시작되었다. 어느 날 저녁, 차를 마시고 나서 외할아버지와 나는 앉아서 시편을 읽고 있었고 외할머니는 그릇을 닦기 시작했다. 그때 야코프 외삼촌이 여느 때처럼 헝클어진 머리에 닳아빠진 빗자루 같은 모습으로 방에 불쑥 들어섰다. 인사도 없이 모자를 구석에 아무렇게나 집어던진 뒤, 외삼촌은 몸을 흔들고 두 손을 내저으면서 빠른 목소리로 말하기 시작했다.

"아버지, 미시카가 완전히 미친 듯이 날뛰고 있어요. 우리 집에서 점심을 먹고 실컷 퍼마시더니 추악한 광기를 드러내기 시작했어요. 그릇을 깨고 납품할 준비가 다된 모직 옷을 갈기갈기 찢고 유리창을 깨부수고, 나와 그리고 리에게 욕설을 퍼붓는 거예요. 지금 '아버지 턱수염을 뽑아버리고 죽여버릴 거야'라고 씩씩대면서 이리로 오고 있어요! 조심하세요…….."

외할아버지는 테이블에 손을 짚으면서 천천히 일어섰다. 외할아버지의 얼굴이 주름투성이가 되어 코언저리에 모였고 얼굴은 영락없는 도끼처럼 무시무시해졌다.

"들었지, 할멈?" 외할아버지가 칼날이 선 목소리로 외쳤다. "뭐? 아버지를 죽이러 온다고, 내가 낳은 아들놈이! 그래 때가 왔다! 지금이야말로 자식들이……."

외할아버지는 어깨를 움직여 뭉친 근육을 풀면서 방 안을 이리저리 왔다 갔다 하더니 문으로 다가가 묵직한 빗장을 거칠게 찔러 넣고는 야코프 외삼촌에게 몸을 돌렸다.

"넌 아직도 바르바라의 결혼지참금을 가로채고 싶냐? 옜다, 여기 있다!"

외할아버지는 외삼촌의 코밑에 검지와 중지 사이에 엄지손가락을 끼워서 들이댔다. 외삼촌은 그런 모욕적인 태도에 껑충 뒤로 물러났다.

"아버지, 내가 뭘 탐낸다고 그래요?"

"네가? 난 널 알고 있어, 너를!"

외할머니는 말 없이 서둘러 찻잔을 찬장으로 치웠다.

"난 아버지를 보호하러 왔는데……."

"그래?" 외할아버지는 비웃듯이 소리쳤다. "좋구나! 고맙다, 아들아! 할멈, 이 여우의 손에 뭐든 쥐어줘. 부지깽이도 좋고 인두도 좋아! 그리고 너, 야코프 바실리예프, 네 형이 문을 부수고 들어오는 즉시 그 놈에게도 하나 쥐라. 내가 머리를 대 줄 테니!"

외삼촌은 주머니에 손을 찔러 넣고 구석으로 물러났다.

"아버지가 날 못 믿는다면……."

"내가 널 믿어?" 외할아버지는 한쪽 발을 쾅쾅 구르며 꽥 소리쳤다. "차라리 짐승을 믿겠다. 개든 고양이든, 너만 빼고! 난 알아, 네가 형에게 술을 퍼먹였겠지, 네가 그렇게 꼬드긴 거 아니냐! 자, 이제 때려봐라! 형이든 나든 골라잡아 때려봐."

외할머니는 소곤소곤 내게 속삭였다.

"위층으로 달려가서 창밖을 내다봐라. 미하일 외삼촌이 거리에 나타나면 얼른 와서 말해줘! 어서 가, 빨리."

나는 위층으로 올라갔다. 포악한 외삼촌이 나타난다니 약간 두려웠지만, 내게 맡겨진 임무가 자랑스러워 창밖으로 몸을 쑥 내밀고 길거리를 살펴보았다. 넓은 길은 두꺼운 먼지가 더께처럼 덮여 있고, 흙먼지 속에서 커다란 조약돌들이 혹처럼 불쑥불쑥 튀어나와 있었다. 길은 왼쪽으로 멀리 뻗어 골짜기를 가로지른 다음 오스트로지냐 광장으로 이어져 있었다. 광장에는 네 모퉁이에 탑이 있는 오래된 잿빛 감옥 건물이 점토질 지면에 서 있었다. 그 건물에는 슬프고 아름다운, 뭔가 위압하는 것이 있었다. 오른쪽에는 우리 집에서 세 집 건너 센나야 광장이 노란 포로수용소 건물과 납빛 소방망루로 둘러싸여 넓게 펼쳐져 있었다. 소방망루 꼭대기 주변을 경비원이 사슬에 매인 개처럼 빙빙 돌았다. 광장 곳곳에 도랑이 있고, 어떤 도랑 밑바닥에는 초록빛이 도는 액체가 고여 있었다. 좀 더 오른쪽에는 물이 썩은 주코프 연못이 있었는데, 외할머니 얘기에 따르면 외삼촌들이 겨울에 우리 아버지를 깨진 얼음 사이로 밀어 넣었다는 그 못이었다. 창문과 거의 마주보는 곳에 잡다한 작은 집들이 빼곡하게 늘어서 있는 골목이 있고, 그 골목길은 땅딸막하고 불룩한 '세 성자들'의 교회가 있는 곳에서 끝났다. 똑바로 앞을 보면 마치 푸른 정원의 물결 속에 뒤집혀 있는 배 같은 지붕들이 보였다.

우리가 사는 거리에는 오랜 겨울의 눈보라에 닳고 끝없는 가을비에 씻겨 칠이 벗겨진 집들이 먼지를 뒤집어쓴 채, 교회 현관 앞에 서있는 거지처럼 서로 달라붙어서, 나처럼 미심쩍은 듯이 망을 보며 누군가를 기다리고 있었다. 얼마 안 되는 통행인들은 생각에 잠겨 난로 앞을 기어 다니는 바퀴벌레처럼 서두르지 않고 움직이고 있었다. 숨이 막힐 듯한 더운 공기가 내 쪽으로 피어올랐다. 내가 싫어하는, 파란 파와 당근을 넣은 파이 냄새가 코를 찔렀다. 그 냄새는 언제나 내 마음을 우울하게 만들었다.

외로웠다. 뭔가 특별한, 거의 견딜 수 없는 외로움이었다. 가슴은 걸쭉하고 따뜻한 납으로 가득 차, 그것이 안에서부터 나를 압박하여 가슴과 늑골이 터질 것만 같았다. 가죽부대처럼 자신이 부풀어 오르는 것 같고 관을 닮은 천장 아래 작은 방은 답답했다.

마침내 미하일 외삼촌이 보였다. 외삼촌은 회색 집이 있는 골목길에서 나타났다. 챙 달린 모자를 귀 위에 쓰고 있어 커다란 귀가 삐죽이 나와 있다. 외삼촌은 적갈색 상의를 걸치고 무릎까지 올라오는 먼지투성이 장화를 신고, 한 손은 체크무늬 바지 주머니에 찔러 넣고 한 손은 턱수염을 쥐고 있었다. 얼굴은 보이지 않았지만, 외삼촌은 거리를 껑충 가로질러 까만 털북숭이 손으로 외할아버지네 집 문을 움켜잡으려는 듯한 모습으로 서 있었다. 외삼촌이 도착했다고 말하러 아래층으로 달려가야 했지만 창문을 떠나지 못한 채, 외삼촌이 자기의 회색 장화에 먼지가 묻을까봐 조심스럽게 길을 건너는 모습을 보고, 또 그가 선술집 문을 여는 것을, 그러자 문이 삐걱거리고 유리창이 떠는 소리를 들었다.

나는 아래층으로 뛰어 내려가 외할아버지의 방문을 두들겼다.

"누구냐?" 문을 열지도 않고 외할아버지가 거친 말투로 물었다. "너냐? 그래? 선술집에 들어갔다고? 됐다. 위층으로 가!"

"거긴 무서운데……."

"잠시 참아!"

다시 나는 창밖으로 몸을 내밀었다. 점점 어두워지고 있었다. 거리의 먼지는 부풀어 올라 더욱 깊고 더욱 검어졌다. 집집마다 창문에는 노란 불빛이 점점이 기름처럼 흐르고 있었다. 맞은편 집에서는 음악이 흘러나왔다. 여러 개의 현이 능숙하게 구슬픈 소리를 내고 있었다. 선술집에서도 노랫소리가 들렸다. 문이 열리더니 피곤에 지친 깨진 듯한 목소리가 거리로 흘러나왔다. 난 그것이 애꾸눈 거지 니키투시카의 목소리라는 걸 알고 있었다. 턱수염을 기른 노인으로, 오른쪽 눈이 있어야 할 자리에는 붉은 숯불 같은 것이 있고,

왼쪽 눈은 완전히 닫혀 있었다. 문이 쾅 닫히자 그의 노랫소리는 도끼로 자른 듯이 끊어지고 말았다.

외할머니는 거지를 부러워했다. 거지의 노래가 들려오면 외할머니는 한숨을 쉬면서 말했다.

"저 사람은 복도 많지. 저렇게 많은 시를 알고 있다니! 복도 많아!"

이따금씩 외할머니는 그를 마당으로 불러들였다. 그는 현관 계단에 앉아 지팡이에 몸을 기댄 채 노래도 부르고 얘기도 들려주었다. 외할머니는 그와 나란히 앉아 얘기를 나누고 묻기도 했다.

"잠깐, 성모님이 랴잔에도 계셨다고?"

그러면 거지는 낮고 확신에 찬 목소리로 말했다.

"성모님은 어디에나, 모든 주(州)마다 계셨지요."

잠이 쏟아지는 피로가 거리 위를 눈에 보이지 않게 흘러와 가슴과 눈을 압박하고 짓눌렀다. 외할머니가 온다면 얼마나 좋을까! 아니면 외할아버지라도. 나의 아버지는 어떤 사람이었을까? 외할아버지와 외삼촌들은 왜 아버지를 싫어했을까? 그런데 외할머니와 그리고리, 그리고 보모 예브게냐는 왜 아버지에 대해 좋게 말하는 걸까? 그리고 엄마는 어디에 있을까?

나는 외할머니가 들려준 모든 옛날얘기와 실화의 중심에 엄마를 놓고 늘 엄마에 대해 생각했다. 엄마가 가족과 함께 살고 싶어 하지 않는다는 사실이 내 공상 속에서 엄마를 점점 더 높이 떠오르게 했다. 내 생각에 엄마는 부자 여행객들을 강탈하여 노획물을 가난한 사람들에게 나눠주는 의적들과 함께 큰길가 여인숙에서 살고 있는 것 같았다. 어쩌면 숲 속 동굴에서, 물론 그런 곳에서도 선량한 도둑들과 함께 살면서 그들을 위해 요리도 하고 약탈한 황금을 지키고 있을지도 모른다. 그렇지 않으면 '공작부인' 엔갈리체프가 성모님과 함께 걸었던 것처럼 지상의 보물을 세면서 이 지상을 걸어 다니고 있을지도 모른다. 그리고 성모님은 '공작부인'을 타일렀듯이 내 엄마를 타이르는 것이다.

　　—지상의 금과 은을 모두 모으는 것은
　　네가 할 수 있는 일이 아니다.

이 탐욕스런 노예여,

지상의 모든 보물로
네 알몸을 가릴 수는 없으리라,
굶주린 영혼이여…….

그러면 엄마는 강도인 '공작부인'의 말투로 대답하겠지.

—용서해주소서, 성스러운 어머니여.
이 죄 많은 영혼을 불쌍히 여기소서.
제 자신을 위해 약탈한 것이 아니고,
제 외아들을 위해서랍니다! …….

그러면 외할머니처럼 선하신 성모님은 엄마를 용서하고 이렇게 말할 것이다.

오, 너 바류시카, 타타르의 혈족,
오, 너 그리스도교도의 재앙이자 악이여!
자, 이제 너의 길을 가거라—
너의 길, 너의 눈물의 길을 가거라!
러시아 사람일랑 건드리지 말고
숲을 뒤져 모르도바인을 감시하고,
들판을 뒤져 칼미크인을 몰아내라!

이런 옛날얘기를 떠올리면서 꿈에 취해 있는데, 아래층 마당 입구에서 들려오는 발소리, 술렁이는 기색, 고함소리가 나를 깨웠다. 창밖으로 몸을 내밀자 외할아버지, 야코프 외삼촌, 술집에서 일하고 있는 익살맞은 체레미스인 멜리안이 미하일 외삼촌을 조그만 문에서 길거리로 끌어내고 있는 것이 보였다. 저항하는 미하일 외삼촌의 팔과 등과 목을 때리고 발로 걷어차서 끝내 그는 거리의 먼지 속에 곤두박질쳐졌다. 문이 쾅 닫히고 걸쇠와 자물쇠를 채우는 소리가 덜거덕거리며 울렸다. 찌그러진 모자가 문 밖으로 내던져졌다. 그리고 모든 게 조용해졌다.

외삼촌은 잠시 누워 있다가 몸을 일으켰다. 옷이 온통 찢기고 머리가 엉망으로 헝클어진 외삼촌은 돌멩이를 하나 집어 들어 문을 향해 던졌다. 마치 술통 바닥을 때리는 듯한 울림 좋은 소리가 울려 퍼졌다. 술집에서 어두운 사람그림자가 기어 나와 고함을 지르고 으르렁거리며 팔을 휘둘러댔다. 집집마다 창문에서 사람들이 머리를 쑥쑥 내밀었다. 거리는 다시 웃음소리와 고함소리로 활기를 띠기 시작했다. 이 모든 일도 옛날이야기처럼 호기심을 불러일으켰지만 불쾌하고 무서웠다.

그러다가 갑자기 모든 것이 지워지고 모든 것이 침묵 속에 사라져버렸다.

……할머니는 문지방 옆 궤짝 위에 몸을 구부린 채, 움직이지도 않고 숨도 쉬지 않고 앉아 있었다. 나는 외할머니 앞에 서서 외할머니의 따뜻하고 부드럽게 젖은 뺨을 어루만졌다. 하지만 외할머니는 그것도 느끼지 못하는 것처럼 음울하게 중얼거렸다.

"주님, 주님에겐 저와 제 자식들에게 주실 선한 지혜가 부족하신 건지요? 주여, 도와주소서……."

폴레보이 거리의 그 집에서 외할아버지가 살았던 것은 봄부터 이듬해 봄까지 일 년 남짓이던 것 같다. 하지만 그 일 년 동안 그 집은 놀라운 명성을 얻었다. 거의 일요일마다 꼬마들이 우리 집 대문으로 몰려와서 거리에다 대고 신이 나서 외쳐대는 것이었다.

"카시린네 집에서 또 싸움이 벌어졌대요!"

보통 미하일 외삼촌은 저녁에 나타나 집으로 쳐들어와서 집안 식구들을 공포 속에 몰아넣었다. 이따금 두세 명의 조수들이 외삼촌과 함께 왔는데 그들은 못 말리는 쿠나비나*29 사람들이었다. 그들은 골짜기에서 뜰에 숨어들어 딸기나무와 까막까치밥나무 덤불을 잡아 뽑고는 거기서 술 취한 객기를 마음껏 발산하는 것이었다. 그들은 이따금 목욕탕에서 선반, 벤치, 물통 같은 부술 수 있는 것은 모조리 박살내고 돌아갔다. 그리고 화덕을 흔적도 없이 깨부수고 마루청 몇 개와 문과 창틀도 뜯어냈다.

---

*29 니주니 노브고로드의 빈민가.

외할아버지는 음울하게 말없이 창가에 서서 그들이 가재도구를 박살내는 소리에 귀를 기울였다. 외할머니는 마당을 이리저리 서성거리다가 어둠 속에 모습은 보이지 않은 채 애원하듯 불렀다.

"미샤, 이게 무슨 짓이냐, 미샤!"

뜰에서 외할머니에게 돌아오는 대답은 백치처럼 더러운 러시아식 욕지거리였다. 그 욕설의 의미는 틀림없이 그것을 내뱉는 동물들도 도저히 이해할 수 없었을 것이다.

그런 때는 외할머니를 도저히 따라붙을 수가 없었는데 나는 외할머니가 없으면 무서웠다. 그래서 외할아버지 방으로 내려갔지만, 외할아버지는 씩씩거리며 나에게 소리쳤다.

"저리 꺼져, 우—우라질 놈의 새끼!"

나는 다락방으로 달려가 거기서 채광창을 통해 외할머니를 시야에서 놓치지 않으려고 애쓰면서 뜰과 마당의 어둠을 응시했다. 그들이 외할머니를 죽일까봐 겁이 난 나는 소리쳐 외할머니를 불러댔다. 외할머니 대신, 내 목소리를 들은 술 취한 외삼촌이 엄마에 대해 야만적이고 추잡스러운 욕설을 퍼부어댔다.

그러던 어느 날 저녁, 외할아버지가 몸이 아파 침대에 누워, 수건으로 동여맨 머리를 베개 위에서 이리저리 굴리면서 울부짖듯이 탄식했다.

"이봐, 할멈. 내가 뭘 위해 살아왔고, 뭘 위해 이렇게 죄를 짓고 재산을 모은 거지? 수치와 소문만 아니면 경찰을 부를 텐데 말이야, 내일이라도 당장 지사에게…… 창피스러워서 원! 그래도 애비가 되어 어떻게 자식들을 경찰에 넘길 수가 있겠어! 그러니까 늙은 건 찍소리 말고 잠이나 처자야 하는 거겠지?"

외할아버지는 갑자기 침대에서 발을 내리더니 휘청거리면서 창가로 갔다. 외할머니가 외할아버지의 팔을 붙잡았다.

"어딜 가려고 그래요, 영감?"

"불을 켜!"

숨을 헐떡거리던 외할아버지는 요란하게 숨을 들이마시면서 지시했다.

외할머니가 촛불을 켜자 외할아버지는 양손으로 촛대를 잡고 병사가 총을 받치듯이 촛대를 앞으로 들어올리며 조롱하는 목소리로 창문을 향해 커다랗게 소리쳤다.

"야, 미시카, 이 밤도둑놈. 이 더러운 미친 사냥개야!"

곧 위쪽 유리창이 박살나면서 외할머니 근처에 있던 테이블 위에 벽돌 조각이 떨어졌다.

"빗나갔다—!"

외할아버지는 으르렁거리며 소리쳤는데 우는 건지 웃는 건지 분간할 수가 없었다.

외할머니는 마치 나에게 하듯이 두 팔로 외할아버지를 안고 침대로 데려가면서 놀란 목소리로 중얼거렸다.

"어쩌시려고 그래요 영감, 제발! 영감이 경찰에 가면 저 앤 시베리아행이에요. 저렇게 앞뒤 분간 못하고 미쳐 날뛰는 놈이 시베리아가 어떤 곳인지 알기나 할 것 같아요?"

외할아버지는 발버둥을 치면서 갈라진 목소리로 말했다.

"죽어 버리라지!"

그리고 꺼이꺼이 소리 지르며 통곡했다.

창 밖에서는 고함치고 발을 구르고 벽을 긁는 소리가 났다. 나는 테이블에서 벽돌을 집어 들고 창가로 달려갔다. 외할머니가 재빨리 나를 붙잡아 구석으로 밀어놓고는 씩씩거리며 꾸짖었다.

"이 바보 녀석."

또 한 번은 굵은 각목으로 무장한 외삼촌이 마당에서 현관으로 억지로 밀고 들어오려고 캄캄한 현관 계단에 서서 문을 부수고 있었다. 문 안쪽에서는 손에 지팡이를 든 외할아버지와 곤봉을 든 셋방 사는 사람 두 명, 그리고 홍두깨를 든 선술집의 키 큰 안주인이 버티고 서 있었다. 외할머니가 그들 뒤에서 서성거리며 애원했다.

"날 저 애한테 보내줘요, 할 말이 있어요……."

외할아버지는 '곰 사냥'이라는 그림에 나오는 창을 든 농군처럼 한쪽 다리를 앞으로 내밀고 서 있었다. 외할머니가 다가가자 외할아버지는 팔꿈치와 다리로 외할머니를 밀쳐냈다. 네 사람 모두 만반의 준비를 한 채 서 있었다. 벽에 걸린 램프가 경련하는 듯한 불길한 빛으로 그들의 머리를 비추고 있었다. 나는 그 모든 광경을 다락방 계단에서 보고 있었다. 나는 외할머니를 위층으로 데려오고 싶었다.

외삼촌이 난폭하게 문을 때려 부수고 있었다. 상단 돌쩌귀에서 문이 곧 떨어질 듯이 앞뒤로 흔들거렸다. 하단 돌쩌귀는 이미 떨어져 나가 귀에 거슬리게 삐걱거렸다. 외할아버지도 약간 삐걱거리는 듯한 목소리로 자기편 전우들에게 말했다.

"팔과 다리를 쳐. 골통을 때리면 안 돼."

벽에는 문과 나란히, 겨우 머리를 내밀 수 있는 작은 창문이 하나 있었다. 외삼촌은 이미 창문 유리를 박살내어, 파편이 듬성듬성 남은 유리창은 마치 눈알이 빠진 눈처럼 시커멨다.

외할머니는 그 유리창으로 달려가 한 손을 마당 쪽으로 내밀고 흔들어대며 소리치기 시작했다.

"미샤, 제발 달아나! 넌 병신이 되고 말거야, 어서 달아나!"

외삼촌은 각목으로 외할머니의 손을 내리쳤다. 창문 옆으로 무언가 널따란 것이 미끄러져 외할머니의 팔 위에 떨어지는 것이 보였다. 이어서 외할머니는 푹 주저앉고 말았는데, 그러면서도 소리치고 있었다.

"미샤, 달아나……"

그러고는 벌렁 드러누웠다.

"아니, 할멈!"

외할아버지가 무서운 목소리로 울부짖었다.

문이 활짝 열렸고, 검은 구멍으로 외삼촌이 뛰어들더니 곧바로 삽으로 흙을 떠내듯이 현관으로 내던져졌다.

선술집 안주인이 외할머니를 외할아버지 방으로 데려갔다. 곧 외할아버지도 거기에 나타나 신경질적으로 외할머니에게 다가갔다.

"뼈는 괜찮아?"

"아, 아무래도 부러진 것 같아요." 외할머니는 눈을 감은 채 말했다. "그 아인 어떻게 됐어요, 그 아인?"

"진정해!" 외할아버지가 엄숙하게 말했다. "내가 짐승인 줄 알아? 묶인 채 헛간에 누워 있어. 내가 그놈에게 물을 끼얹었었지…… 에잇, 나쁜 자식! 도대체 누굴 닮아 저 모양인지."

외할머니가 신음했다.

"접골사를 부르러 보냈어. 잠깐 참아!"

외할아버지는 침대에 누운 외할머니에게 가까이 다가가 앉으면서 말했다.

"할멈, 저놈들은 우리를 피말려 죽일 거야, 제 명이 다하기 전에 말이야!"

"그 아이들에게 모든 걸 줘버려요."

"그럼 바르바라는?"

두 분은 오랫동안 이야기를 나눴다. 외할머니는 조용히 애원하듯이, 외할아버지는 시끄럽게 화난 목소리로……

그때 조그만 곱사등이에 귀까지 찢어졌을 정도로 입이 큰 노파가 찾아왔다. 노파의 아래턱이 바들바들 떨리고, 입은 물고기처럼 열려 있었다. 그 입을 뾰족한 코가 윗입술 너머로 들여다보고 있었다. 노파는 눈이 보이지 않았다. 뭔가 딸랑딸랑 소리가 나는 보따리를 들고, 지팡이를 마룻바닥 위에 끌면서 겨우 걸음을 옮겼다.

나는 외할머니를 데리러 온 '사신'일 거라고 생각했다. 나는 노파 옆으로 뛰어가서 있는 힘을 다해 고함쳤다.

"저리 가!"

외할아버지가 신경질적으로 날 붙잡더니, 아주 거칠게 다락방으로 끌고 갔다.

7

나는 아주 일찍부터 외할아버지와 외할머니가 믿는 신이 서로 다르다는 사실을 알았다.

흔히 이런 일이 자주 있었다—외할머니는 잠에서 깨어나면 침대 위에 앉아서, 감탄스러운 그 머리카락을 오래도록 빗으로 빗었다. 이를 악물고 기다랗게 엮인 탐스러운 까만 비단실 같은 머리채를 전부 풀어헤치고는 내가 깨지 않도록 나지막하게 욕설을 해대곤 했다.

"어휴, 이놈의 골칫덩어리 같으니! 아주 새집을 짓는구나! 이 우라질 놈의 머리……"

간신히 머리를 풀어헤친 뒤 외할머니는 재빨리 두툼하게 땋은 다음 화난 사람처럼 씩씩거리며 서둘러 세수를 했다. 그러고는 잠을 자느라 구겨진 커다란 얼굴에서 성난 기색을 지우지 않은 채 성상 앞에 섰다. 바로 이때가 정식으로 외할머니의 온 몸을 완전히 신선하게 씻어주는 아침 목욕재계가 시작되는 시간이었다.

구부정한 등을 똑바로 펴고 머리를 뒤로 젖힌 다음 카잔의 성모님*30의 둥근 얼굴을 부드럽게 바라보며 외할머니는 마음을 담아 크게 성호를 긋고는 요란하고 격렬하게 속삭였다.

"은혜로우신 성모여, 오늘도 당신의 은혜를 내려주소서, 어머니시여!"

땅에 닿을 정도로 깊이 절한 다음, 천천히 등을 펴고 다시, 점점 더 열렬하고 감동적인 목소리로 속삭였다.

"기쁨의 원천이시여, 지순하고 아름다운 분이시여, 꽃이 만발한 사과나무시여!"

외할머니는 거의 매일 새로운 찬양의 말을 찾아냈다. 그것은 나로 하여금 외할머니의 기도를 열심히 주의하여 경청하게 만들었다.

"나의 순결한 하늘의 심장이시여! 나의 피난처이자 보호자시여, 황금빛 태양이시여. 하느님의 어머니시여. 우리를 악의 유혹에서 보호하여 누구에게도 해를 끼치지 않게 하시고 이유 없이 해를 당하지도 않게 하옵소서!"

까만 두 눈에 미소를 머금고 더욱더 젊어진 것처럼 보이는 외할머니는 무거운 손을 천천히 움직여 다시 성호를 그었다.

"하느님의 독생자 예수 그리스도여, 당신의 어머님을 봐서라도 이 죄 많은 여인에게 은총을 베푸소서."

외할머니의 기도는 언제나 성모의 찬미가였다. 성실하고 소박한 찬양이었다.

외할머니는 아침에는 기도를 짧게 했다. 차를 끓여야 했기 때문이다. 외할아버지는 이제 하녀도 두지 않았다. 만일 외할머니가 제 시간에 차를 준비하지 못하면, 외할아버지는 오랫동안 화가 나서 욕설을 퍼부었다.

이따금 외할머니보다 더 일찍 일어난 외할아버지가 다락방으로 올라오는 일이 있었다. 그리고 기도하고 있는 외할머니를 보면, 얇고 거무스름한 입술을 경멸하듯이 일그러뜨리며 잠시 외할머니의 속삭임에 귀를 기울였다. 그러고는 나중에 차를 마시면서 투덜투덜 말했다.

---

*30 기적을 베푸는 성모들 가운데 한 분.

"이 멍텅구리 할망구야, 기도하는 법을 그렇게 가르쳐주었는데 아직도 제멋대로 중얼거리냐, 이 이교도 같으니! 하느님도 잠자코 들어주지 못할 거야!"

"하느님은 이해하실 거예요." 외할머니는 확신에 차서 대답했다. "하느님은 무슨 말을 해도 다 들어 주시니까요."

"이런 저주받을 추바시*31 같으니!"

외할머니의 하느님은 하루 종일 외할머니와 함께 있었다. 외할머니는 동물들에게까지 하느님에 대해 이야기했다. 이 하느님에게는 모든 것이—사람도 개도 새도 벌도 풀도, 모든 것이 쉽사리 순순히 복종하고 있고, 그 하느님이 지상 모든 것에 대해 똑같이 선량하고 똑같이 친근한 것은 내가 보기에도 분명한 사실이었다.

한번은 선술집 안주인의 버릇없는 고양이가 뜰에서 찌르레기 한 마리를 질질 끌고 왔다. 단것을 좋아하는 교활한 아첨꾼으로, 안개빛 털과 황금빛 눈을 가진 이 고양이는 안마당 모든 사람들의 귀여움을 독차지했다. 외할머니는 이 고통당하는 새를 빼앗고는 고양이를 꾸짖기 시작했다.

"넌 하느님도 두렵지 않느냐, 이 비열한 악당 같으니!"

선술집 안주인과 뜰지기가 이 말에 웃음을 터뜨리자 외할머니는 분개하면서 그들을 향해 소리치기 시작했다.

"짐승들은 하느님을 모를 거라고들 생각해요? 생명 있는 모든 것들은 당신들만큼 하느님을 알고 있다고요. 인정머리 없는 사람들 같으니."

기름살이 올라 통통해진 샤라프가 풀이 죽어 있으면 마차를 연결하면서 샤라프와 얘기를 나눴다.

"왜 이리 맥이 빠졌지, 하느님의 일꾼? 응? 너도 늙어가는구나."

말은 머리를 흔들며 한숨을 토해냈다.

하지만 외할머니는 하느님의 이름을 외할아버지만큼 자주 입에 올리지는 않았다. 외할머니의 하느님은 나도 이해할 수 있고 무섭지 않았지만, 그 하느님 앞에서는 거짓말을 할 수가 없었다—부끄러웠다. 외할머니의 하느님은 내 안에 도저히 어찌할 수 없는 수치심만 불러일으켰다. 그래서 난 외할머니에

---

*31 볼가 강 중류에 있는 추바시 자치공화국에 사는 터키계 불가리아 사람. 이들은 대체로 이교도들이었다.

게 절대로 거짓말을 하지 않았다. 이 친절한 하느님에게 무언가를 감추는 것은 절대로 불가능했고, 나 역시 숨기고 싶은 마음이 생기지 않았던 것 같다.

어느 날 외할아버지와 말다툼을 벌인 선술집 안주인이 외할아버지와 싸잡아서 그 싸움에 끼지도 않은 외할머니에게까지 악랄한 욕설을 퍼붓고 심지어 당근을 던지기까지 했다.

"이런, 바보 같은 여편네."

외할머니는 그 여자에게 조용히 말했다. 하지만 나는 몹시 분개하여 그 못된 여자에게 복수하기로 결심했다.

어떻게 하면 이중턱에 눈이 없는 이 빨강머리의 뚱뚱한 여편네를 심하게 곯려줄 수 있을지 나는 오랫동안 궁리했다.

이웃사람들의 싸움을 관찰한 결과, 나는 그들이 고양이 꼬리를 잘라내고 개를 괴롭히고 수탉과 암탉의 목을 조르거나, 밤에 그들의 지하실로 기어들어가 양배추와 오이가 담긴 통에 석유를 붓고, 양동이에서 크바스를 쏟아버림으로써 자신이 모욕을 당한 것에 대해 서로 복수한다는 것을 알았다. 하지만 그것은 하나 같이 내 맘에 들지 않았다. 그런 것보다 훨씬 더 인상적이고 섬뜩한 방법을 찾을 필요가 있었다.

나는 마침내 생각이 떠올랐다. 선술집 안주인이 지하실에 내려갈 때를 기다려, 위에서 뚜껑을 닫고 자물쇠를 채운 다음 그 뚜껑 위에서 복수의 춤을 추다가, 지붕 위로 열쇠를 내던지고는 곧장 할머니가 음식을 준비하고 있는 부엌으로 달려갔다. 외할머니는 내가 기분이 좋은 이유를 금방 눈치채지 못하다가, 나중에 사실을 알고 그 자리에서 나를 찰싹 찰싹 때리더니, 마당으로 끌고 나가 열쇠를 찾으라고 지붕 위로 올려 보냈다. 외할머니의 험악한 태도에 깜짝 놀란 나는 말없이 열쇠를 찾아 되돌려주고는 마당 한 모퉁이로 달아났다. 거기서 나는 외할머니가 감금된 선술집 안주인을 꺼내주고 둘이서 다정하게 웃으며 마당을 따라 걸어오는 모습을 바라보았다.

"두고 보자, 요 녀석……."

선술집 안주인이 통통한 주먹으로 날 위협했지만 눈이 보이지 않는 그녀의 얼굴은 선량하게 웃고 있었다. 외할머니는 내 목덜미를 잡고 부엌으로 데리고 와서 물었다.

"왜 그런 짓을 했지?"

"그 여자가 할머니한테 당근을 던졌잖아……."

"그럼 이 할미 때문에 그런 거야? 그래? 요 골칫덩어리야. 쥐들이 득실대는 난로 밑으로 처박을까보다! 그러면 아마 깨닫는 게 있을 게다! 요 훌륭한 수호자! 고무주머니*³²를 조심해라! 내가 외할아버지한테 말하면 외할아버진 아마 네 가죽을 벗겨버릴 거야. 다락방에 가서 책이나 읽어."

외할머니는 온종일 나와 이야기를 하지 않다가 밤에 기도하기 전에 침대에 걸터앉아 다음과 같은 가슴에 사무치는 말을 들려주었다.

"렌카, 요 귀여운 녀석아, 이것만은 명심해라. 어른들 일엔 끼어들지 않는 거야! 어른들은 타락해서 이미 하느님의 심판을 받았지만 넌 아직 아니야. 어린애다운 생각으로 살아야지. 하느님이 네 가슴을 만져보시고, 네가 할 일을 너에게 모두 보여주시고, 네가 가야 할 길로 이끌어주실 때까지 기다려라. 알겠니? 누가 무슨 죄를 지었는가 결정하는 건 네가 할 일이 아니다. 판단하시고 벌을 주시는 건 하느님의 일이야. 우리가 할 일이 아니란 말이다!"

외할머니는 잠시 아무 말 없이 코담배를 조금 들이쉰 뒤 오른쪽 눈을 가늘게 뜨면서 이렇게 덧붙였다.

"하지만 하느님도 누가 잘못을 저질렀는지 모두 다 아시는 건 아니란다."

"하느님도 모르는 게 있어?"

내가 깜짝 놀라서 묻자 외할머니는 조용하면서도 슬픈 목소리로 대답했다.

"생각해봐라. 하느님이 모든 걸 아신다면 사람들이 그렇게 나쁜 짓을 많이 하진 않을 거야. 하느님은 아마 하늘에서 지상에 있는 우리 모두를 바라보고 계시다가 어떤 때는 갑자기 눈물을 흘리거나 소리를 지르며 흐느끼실 게다. '인간들아, 내가 사랑하는 인간들아! 오, 정말이지 너희들에게 미안하구나!'"

외할머니도 울음을 터뜨렸다. 그리고 젖은 뺨을 닦지도 않은 채 기도하러 구석으로 발걸음을 옮겼다.

이때부터 외할머니의 하느님은 나와 더욱 친근해졌고 더 잘 이해할 수 있게 되었다. 외할아버지도 나를 가르치면서, 하느님은 어디에나 계시고 모든

---

*32 어린아이를 가리키는 말이기도 하다. 이중의 의미가 있다.

걸 이끌어주고 모든 걸 보고 있는 존재이며, 무슨 일에나 사람들을 도와주시는 선량한 분이라고 말했다. 하지만 외할머니처럼 기도하지는 않았다.

아침에 구석에 있는 성상 앞에 서기 전 외할아버지는 오랫동안 세수를 했다. 그리고 옷을 단정하게 입고는 붉은 머리를 정성들여 빗은 뒤 턱수염을 가다듬고, 거울 속에 비친 자기 모습을 보면서 셔츠를 팽팽하게 당기고는 조끼 속 까만 삼각 넥타이를 매만지고 나서 조심스럽게 마치 몰래 숨어들듯이 성상으로 걸어갔다. 외할아버지는 언제나 마루청 위 말의 눈알처럼 보이는 옹이 위에 멈춰서서, 군인처럼 팔을 옆구리에 착 내려뻗은 채 고개를 숙이고 1분 동안 말없이 서 있었다. 그런 다음 꼿꼿하고 깡마른 외할아버지는 위엄에 찬 목소리로 말했다.

"성부와 성자와 성신의 이름으로!"

그러면 방 안에 정적과 고요가 찾아와 파리조차 조심스럽게 윙윙대는 듯했다.

외할아버지는 고개를 쭉 빼고 서 있었다. 눈썹은 위로 치켜 올라가 곤두서고 금빛 턱수염은 수평으로 뻗어 있었다. 그는 또렷하게, 마치 숙제에 답하듯이 기도문을 외었다. 그 목소리는 단호하게 요구하는 것처럼 들렸다.

"갑자기 심판자가 찾아오면 모든 이의 행동이 드러나리라." 외할아버지는 주먹으로 자기 가슴을 가볍게 치면서 끈질기게 애원했다. "유일신이신 당신께 죄를 지었으니 저의 죄로부터 당신의 얼굴을 돌리소서."

단어 하나하나를 금속으로 찍어내듯이 발음하면서 '기도서'를 읽었다. 오른발은 기도에 박자를 맞춰 발을 구르듯이 소리 없이 떨리고 있었다. 열심히 성상 쪽으로 뻗어 있는 온몸이 점점 위로 늘어나면서, 단정하게 차려 입고 하나하나 자세하게 열심히 요구하는 외할아버지가 점점 가늘어지는 듯이 보였다.

"위대한 치유자(성모마리아)를 낳으신 분이여, 제 영혼의 오랜 번뇌를 치유해주소서! 제 가슴의 신음을 끊임없이 당신께 바치오니 자비를 베풀어주소서, 전지전능하신 성모여!"

외할아버지는 초록색 눈에 눈물을 머금고 큰 목소리로 간청했다.

"원하옵건대 저의 믿음으로 행위를 대신하게 하소서. 오, 나의 하느님. 그리고 부디 당신 마음에 들지 않는 일들을 저에게 부과하지 마소서!"

이번에는 몇 번이나 경련하듯 성호를 긋고, 마치 뿔로 들이받듯이 고개를 끄덕거렸다. 그 목소리는 껄끄럽게 갈라져 있었다. 뒷날 이따금 유대교회당에 가게 된 나는 그때 외할아버지가 유대인처럼 기도했다는 사실을 알게 되었다.

아까부터 사모바르는 테이블 위에서 피 피 소리를 내고, 응유를 넣은 두꺼운 호밀빵 냄새가 방 안 가득 퍼져나갔다. 먹고 싶었다! 외할머니는 우울한 기색으로 기둥에 기대서서 마룻바닥을 향해 눈을 내리깔고 한숨을 쉬었다. 밝은 태양이 뜰에서 유리창을 들여다보고, 나무 위에서는 이슬이 진주처럼 반짝거렸다. 아침 공기에서는 회향풀과 건포도와 잘 익은 사과 냄새가 맛나게 풍겼다. 하지만 외할아버지는 그런 것엔 아랑곳하지 않고 여전히 몸을 흔들며 소리를 질러대고 있었다.

"제 탐욕의 불꽃을 꺼주소서, 저는 가난하고 버림받은 자입니다!"

나는 아침기도와 자기 전 밤기도를 전부 외고 있었으므로, 외할아버지가 틀리거나 단어를 빼먹지 않나 보려고 한 마디 한 마디 열심히 들었다.

그런 일은 아주 드물게 일어났는데, 그것은 언제나 내 마음에 남의 실수를 기뻐하는 악의에 찬 감정을 불러일으켰다.

기도를 끝내고 외할아버지는 나와 외할머니에게 말했다.

"잘 잤니?"

우리는 서로 인사를 하고 마침내 식탁에 앉았다. 그때 내가 외할아버지에게 말했다.

"오늘 외할아버진 '충만하게'를 빼먹었어요!"

"그럴 리가 있나?"

외할아버지는 불안하고 의심스럽다는 듯이 말했다.

"빼먹었어요! '모든 것을 대신하여 내 믿음을 충만하게 하소서'라고 해야 하는데 '충만하게'란 말을 하지 않았다고요."

"그래, 잘도 외우고 있구나!"

외할아버지는 겸연쩍은 듯 두 눈을 껌뻑이며 감탄했다.

나중에 외할아버지는 이 지적에 대해 뭔가 호되게 빚을 갚으려고 했지만 나는 한동안 외할아버지가 당혹해하는 모습을 바라보면서 의기양양했다.

한번은 외할머니가 이런 농담을 했다.

"당신 기도를 듣는 건 하느님으로서도 따분한 일일 거유, 영감. 글쎄 당신은 항상 똑같은 기도만 되풀이하고 있잖우."

"뭐—라—고?" 길게 늘인 어미가 험악하게 들렸다. "지금 무슨 소릴 하는 거야!"

"아무리 열심히 들어봐도 당신은 하느님께 진정 마음속에서 우러나오는 말은 한마디도 하지 않더라는 얘기예요!"

외할아버지는 금세 얼굴이 시뻘개져서 부들부들 떨었다. 그러더니 의자에서 벌떡 일어나 외할머니의 머리를 향해 작은 접시를 던졌다. 그리고 옹이를 켜는 톱처럼 날카롭게 소리질렀다.

"꺼져, 이 늙은 마귀할망구야!"

하느님의 무적의 힘에 대해 내게 말해줄 때 외할아버지는 언제나 하느님의 잔인성을 특히 강조했다. 어떤 사람들은 죄를 짓고 물에 빠졌고 어떤 사람들은 죄를 짓고 불에 타 죽었으며 그들이 사는 도시는 파괴되었다는 것이다. 또 하느님은 사람들에게 굶주림과 전염병을 벌로 내렸고, 하느님은 항상 지상의 칼이요 죄인들에게는 채찍이라는 것이었다.

"하느님에게 순종하지 않고 그 법을 어기는 자는 누구든 슬픔과 파멸의 벌을 받게 되리라!"

가느다란 손가락의 뼈마디로 식탁을 톡톡 두드리면서 외할아버지는 그렇게 설득하곤 했다.

나는 하느님의 잔인성을 쉽게 믿기가 어려웠다. 나는 외할아버지가, 하느님이 아니라 외할아버지에 대한 공포를 심어주기 위해 이 모든 걸 일부러 꾸며낸 것이라고 의심했다. 그래서 나는 솔직하게 물었다.

"외할아버지, 그건 내가 외할아버지 말을 잘 따르게 하려고 괜히 그렇게 말하는 거죠?"

외할아버지도 솔직하게 대답했다.

"그래, 물론이다! 네가 만일 복종 안한다면?"

"그럼 외할머니는 어때요?"

"그 늙은 멍텅구리 말은 믿지 마라!" 외할아버지는 단호하게 말했다. "네 할미는 어렸을 때부터 어리석고 무식하고 제 정신이 아니었어. 난 네 할미가 이 위대한 문제들에 대해 감히 너와 애기하지 말라고 명령할 거다! 대답해

봐라, 천사들의 등급이 몇 개나 있지?"

나는 대답하고 이렇게 물었다.

"그럼 관리는 누구예요?"

"이런, 별걸 다 알려드는구나!"

외할아버지는 쓴웃음을 지은 뒤 눈을 내리깔고 입을 우물거리며 내키지 않는다는 듯 설명했다.

"그건 하느님과는 무관한 거다. 관리는 말이다, 인간이 만든 거야! 관리는 법에 따라 살고 법을 먹고 살지."

"어떤 법을요?"

"어떤 법이라니? 그건 습관 같은 거야."

이 노인은 가시 같은 영리한 눈을 반짝이며 점점 유쾌하고 또 재미있다는 듯 말했다.

"사람들은 살아가면서 서로 의논을 하지. 이를테면 '이렇게 하는 게 가장 좋으니 이것을 관습으로, 규칙으로, 법으로 정하자'고 말이다! 예를 들면 아이들이 놀이를 하려고 모여서 어떤 순서로 어떻게 놀 것인가를 합의하는 것과 같지. 바로 그 합의가 법이야!"

"그럼 관리는?"

"관리는 말썽꾸러기와 비슷해서 모든 법을 위반하지."

"왜요?"

"글쎄다, 그건 네가 이해하지 못해!"

외할아버지는 엄하게 눈살을 찌푸리며 말하고는 다시금 설득했다.

"하느님은 인간들이 하는 모든 일 위에도 계신단다! 인간이 원하는 것과 하느님이 원하는 건 달라. 인간이 하는 일은 모두 덧없는 것이야. 하느님이 혹 하고 한번 불면 모두 재와 티끌로 변해버려!"

내가 관리에 대해 흥미를 느끼는 데는 많은 이유가 있었기 때문에 나는 계속해서 물었다.

"그런데 야코프 외삼촌이 이런 노래를 부르던데요. '빛나는 천사들은 하느님의 관리, 하지만 관리들은 사탄의 노예!'"

외할아버지는 손바닥으로 턱수염을 들어 올려 입 안에 넣고 눈을 감았다. 외할아버지의 뺨이 떨리고 있었다. 나는 외할아버지가 속으로 웃고 있는 것을 알았다.

"너와 야시카의 다리를 묶어 물에 처넣어야겠다!" 외할아버지가 말했다. "네 외삼촌은 그런 노래를 부를 필요도 없고 너는 그런 노래를 들을 필요도 없어. 그건 이교도적인 농담이고 분리파교도와 이단자들이 꾸며낸 거야."

그리고 잠시 생각에 잠겨 내 어깨 너머 어딘가를 뚫어져라 쳐다보다가 조용히 말을 길게 끌었다.

"으음, 네―네 놈들은……."

그러나 외할아버지는 하느님을 인간들 위 높은 곳에 군림하도록 올려놓으면서도 외할머니와 마찬가지로 자신의 온갖 일에 하느님과 수많은 성인들을 끌어들였다. 하지만, 외할머니는 니콜라이, 유리, 프롤, 라브르 외에는 다른 성인들을 전혀 모르는 듯했다. 하기는 외할머니가 알고 있는 그 성인들은 아주 선량하고 인간들과 가까웠다. 그들은 시골과 읍내를 걸어 다니며 인간적인 모든 특성을 가지고 사람들 생활에 간섭했다. 외할아버지의 성자들은 거의 모두 순교자들이었다. 그들은 우상을 타파하고 로마 황제들과 싸웠다. 그 때문에 고문 당하고 불타 죽고 껍질이 벗겨진 자들이었다.

이따금 외할아버지는 꿈꾸었다.

"하느님이 이 집을 팔 수 있도록 도와주신다면 500루블을 만들 수 있을 텐데. 그러면 니콜라이 성자를 위해 미사를 올릴 수 있을 거야."

외할머니는 웃으면서 내게 말했다.

"늙은 바보 영감, 니콜라이 성인에게 집을 팔아달라니. 니콜라이 성인께서 하실 일이 그보다 중요한 게 얼마나 많은데!"

나는 외할아버지의 성자력(聖者曆)을 오랫동안 간직했는데, 외할아버지는 거기에 여러 가지 표기를 해두었다. 특히 그 중에 요아킴과 안나의 축일 반대쪽에 똑바른 철자와 적갈색 잉크로 이렇게 씌어 있었다. '이 자비로운 성자님들이 날 재앙에서 구했다.'

그 '재앙'이란 말이 지금도 생각난다. 아들들이 사업에 실패할 경우 그들을 도와주려고 외할아버지는 고리대금업을 시작했고, 비밀리에 담보물 몇개를 받아놓게 되었다. 누군가가 외할아버지를 밀고하여, 어느 날 밤 경찰이 수색을 하러 갑자기 들이닥쳤다. 대소동이 일어났지만 모든 게 무사히 넘어갔다. 외할아버지는 해가 뜰 때까지 기도를 올렸고, 아침에 내가 있는 데서

이 글을 성자력에 적어 넣었다.

저녁식사 전에 외할아버지는 나와 함께 시편이나 기도서, 또는 에프렘 시린*33의 묵직한 책을 읽었다. 저녁식사가 끝나면 외할아버지는 다시 기도를 시작했고, 저녁 고요 속에서 음울한 참회의 말들이 오랫동안 울려 퍼졌다.

"제가 당신께 무엇을 바치고 무엇으로 보답할 수 있겠습니까. 전능하고 영원한 왕이시여…… 온갖 그릇된 공상에서 우리를 지켜주소서…… 주님, 어떤 사람들로부터 절 지켜주시고 제게 눈물과 죽음의 시간을 주소서……."

하지만 외할머니는 자주 말했다.

"아, 오늘은 너무 지쳐서 기도도 올리지 않고 자 버릴 게 분명해……."

외할아버지는 나를 성당에 데리고 다녔다. 토요일마다 밤기도에 갔고 축일마다 저녁미사에 갔다. 성당 안에서도 나는 아끼는 어느 하느님에게 기도했고, 지금은 어느 하느님에게 기도하고 있는지, 기도하고 있는 하느님을 두 부류로 구별할 수 있었다. 사제와 부제(副祭)가 읽은 모든 것은 외할아버지의 하느님에게 바쳐지는 것이고, 성가대는 항상 외할머니의 하느님을 위해 노래를 불렀다.

물론 나는 이 두 하느님을 어린애답게 미숙하게 구별하고 표현했다. 그 구별이 내 마음을 불안하게 한 것을 지금도 기억한다. 외할아버지의 하느님은 내게 공포와 반감을 불러일으켰다. 그 하느님은 아무도 사랑하지 않고 모든 것을 엄격한 눈초리로 감시했다. 하느님은 무엇보다도 인간에게서 어리석고 사악하고 죄 많은 부분을 찾아냈다. 하느님이 인간을 믿지 않고 항상 회개를 기다리며 벌을 내리기를 좋아한다는 것을 확실히 알았다.

그 당시 하느님에 대한 생각과 감정은 내 영혼의 중요한 양식이었고 생활에서 가장 아름다운 것이었다. 그것 말고 다른 모든 인상들은 그 잔인함과 불쾌감으로 혐오와 우울을 불러일으키고 나를 화나게 할 뿐이었다. 하느님은 나를 둘러싼 모든 것 가운데 가장 훌륭하고 가장 밝았다. 그 하느님은 살아 있는 모든 것의 아주 다정한 친구인 외할머니의 하느님이었다. 외할아버지는 어째서 이 선량한 하느님을 보지 못할까 하는 의문이 날 불안하게 했다.

나에겐 길거리에서 노는 것이 허락되지 않았다. 그 이유는 길거리가 나를

---

*33 4세기 무렵에 살았던 신부로, 유명한 성가 외에 교회에 관해 많은 저서가 있다. 그의 시는 우울하고 금욕주의 색채가 짙다.

너무 흥분시켰기 때문이다. 나는 길거리의 광경에 도취되었고, 거의 항상 싸움이나 난폭한 소동의 원인이 되었다. 따라서 나는 친구가 없었다. 이웃 아이들은 나를 적대적으로 대했다. 나는 그 애들이 날 카시린이라고 부르는 것이 싫었다. 그것을 알아챈 애들은 일부러 그 이름을 소리쳐 불러댔다.

"노랭이 카시린의 손자가 나왔다. 봐라!"

"저놈을 쳐라!"

그렇게 싸움이 시작되었다.

나는 나이답지 않게 힘이 셌고 싸움에는 민첩했다. 적들도 그걸 알고 항상 떼를 지어 나를 공격했다. 그러나 길거리는 언제나 나에게 타격을 주었다. 나는 대개 코피를 흘리고 입술이 터지고, 얼굴이 시퍼렇게 멍들거나 옷이 찢겨진 채 먼지로 범벅이 되어 집에 돌아오곤 했다.

외할머니가 놀라서 나를 맞이하며 측은한 듯 말했다.

"뭐야, 이 무대가리, 또 싸웠어? 그래, 이게 무슨 꼴이냐 응! 어디부터 손을 대야 할지 모르겠구나, 양손으로 번갈아가면서 때려 줄까 보다……."

외할머니는 내 얼굴을 씻기고 시퍼렇게 멍든 자국에 해면이나 동전, 아니면 연당수(鉛糖水) 습포*³⁴를 대주면서 타일렀다.

"그래, 왜 맨날 싸우는 거냐? 집에서는 얌전한데 밖에만 나가면 다른 사람이 되는구나! 염치없는 녀석. 널 내보내지 말라고 외할아버지에게 일러둬야겠다."

외할아버지는 내 멍든 자국을 보고도 절대로 꾸짖지 않았다. 다만 헛기침을 하면서 신음했다.

"또 메달이냐? 우리 집에서 넌 아니카*³⁵ 전사다. 이제부터 길거리에 나가면 안 돼, 알겠지?"

길거리가 조용할 때는 흥미를 느끼지 못했다. 하지만 아이들의 유쾌한 소동소리가 들리면 외할아버지의 금지령도 아랑곳하지 않고 마당에서 뛰쳐나갔다. 멍들고 긁히는 것은 날 화나게 하지 않았지만 길거리에서 벌어지는 놀이의 잔인함은 언제나 내게 충격을 주었다. 그것은 내게 매우 익숙했고 광기

---

*34 1~4% 아세트산 납액(단맛이 조금 나서 연당수라고 함)에 거즈나 탈지면을 적셔서 다친 곳에 붙이는 차가운 습포.

*35 신화에 나오는 영웅.

로밖에 생각할 수 없을 만큼 잔인했다. 아이들이 개나 수탉을 싸움시키고, 고양이를 괴롭히고, 유대인의 염소를 쫓아다니고, 술 취한 거지와 '주머니 속 저승사자'라고 불리는, 좀 모자라는 이고샤를 조롱할 때는 참을 수가 없었다. 이고샤는 키가 크고 깡말라 꼭 훈제한 것 같은 남자였는데, 긴 양가죽 코트를 입고 여윈 얼굴을 뻣뻣한 머리카락이 가리고 있었다. 허리를 구부리고 몸을 이상하게 흔들면서 거리를 돌아다녔다. 그리고 말없이 완고하게 자기 발아래 지면을 응시하고 있었다. 작고 슬픈 눈을 한 무쇠 같은 얼굴은 나에게 두려운 존경심을 불러일으켰다. 그 사람은 진지한 일에 몰두하여 뭔가 찾고 있기 때문에 그를 방해해서는 안 된다는 생각이 들었다.

악동들은 구부정한 그의 등을 향해 돌을 던지며 뒤쫓아다녔다. 그는 오랫동안 그런 짓거리를 알아채지 못하고 돌에 맞은 아픔도 느끼지 못하는 것 같았다. 그러나 갑자기 멈춰 서서 털모자를 쓴 머리를 들고 경련하듯이 손으로 모자를 고쳐 쓴 다음, 마치 방금 잠에서 깨어난 것처럼 주위를 둘러보았다.

"이고샤, '주머니 속 저승사자!' 이고샤, 어디로 가니? 봐라, 저승사자는 네 호주머니 속에 있는데!"

악동들이 소리쳤다.

그는 한 손으로 호주머니를 붙잡은 다음 재빨리 몸을 굽혀 땅에서 돌이나 나뭇조각, 마른 흙덩이를 집어 들고 긴 팔을 서투르게 휘두르며 중얼중얼 욕을 했다. 그는 늘 똑같은 세 마디 말로 욕을 해댔다. 욕설 따위는 악동들이 그보다 훨씬 더 많이 알고 있었다. 이따금 절뚝거리며 아이들을 뒤쫓았지만 긴 코트가 뛰는 것을 방해했다. 그는 마른 나뭇가지 같은 까만 두 팔로 땅을 짚으면서 넘어졌다. 악동들은 그의 옆구리와 등에 돌을 던졌고, 더 대담한 아이들은 바로 그의 코앞까지 달려가서 양손 가득 흙먼지를 움켜쥐어서는 그의 머리에 뿌리고 재빨리 달아났다.

또 하나의, 어쩌면 이쪽이 훨씬 더 괴로웠을지도 모르는 거리의 한 장면은 숙련공 그리고리 이바노비치였다. 눈이 완전히 먼 그는, 키가 크고 잘 생긴 벙어리 같은 모습으로 구걸하며 거리를 떠돌아다녔다. 키 작은 백발 노파가 그의 손을 잡고 창문마다 멈춰 서서 딴 데를 쳐다보며 날카롭게 우는 목소리로 길게 늘여서 말했다.

"제발 불쌍한 장님을 도와주세요……."

그리고리 이바노비치는 아무 말도 하지 않았다. 그의 검은 안경은 벽과 창문과 만나는 사람의 얼굴을 똑바로 쳐다보고 있었다. 속까지 염색물이 든 손은 옆으로 넓게 퍼진 턱수염을 가만히 쓰다듬었고, 입술은 굳게 다문 채였다. 나는 종종 그를 보았지만 굳게 다문 그 입술에서는 결코 소리가 나는 것을 듣지 못했다. 노인의 침묵은 나를 고통스럽게 짓눌렀다. 나는 그에게 다가갈 수 없었고, 또 결코 다가가고 싶지도 않았다. 오히려 그를 발견하면 집으로 달려와 외할머니에게 말하곤 했다.

"그리고리가 거리를 돌아다니고 있어!"

"그래?" 외할머니는 불안하고 애처로운 듯이 소리쳤다. "얼른 달려가서 이걸 줘라!"

나는 버럭 화를 내며 거절했다. 그러면 외할머니가 몸소 문밖에 나가 길가에 서서 오랫동안 그와 이야기를 나눴다. 그는 웃는 얼굴로 턱수염을 흔들었지만, 말을 별로 하지 않았고 말을 하더라도 짧게 했다.

이따금 외할머니는 그를 부엌으로 데려와 차와 음식을 대접했다. 한번은 어쩐 일인지 내가 어디에 있느냐고 그가 물었다. 외할머니가 나를 불렀지만 나는 도망쳐 장작더미 속에 숨었다. 나는 그에게 다가갈 수 없었다. 견딜 수 없이 창피스러웠던 것이다. 그리고 나는 외할머니도 창피스러워한다는 걸 알았다. 딱 한번 외할머니와 나는 그리고리에 관해 얘기를 나누었다. 그리고리를 대문 밖으로 바래다주고 나서 외할머니는 조용히 마당을 거닐며 고개를 숙이고 울고 있었다. 나는 외할머니에게 다가가 외할머니 손을 잡았다.

"넌 왜 그 사람만 보면 도망치니?" 외할머니가 조용히 물었다. "그는 널 사랑하고…… 좋은 사람인데……."

"왜 외할아버지는 그 사람에게 먹을 걸 안 줘?"

내가 물었다.

"외할아버지 말이냐?"

외할머니는 멈춰 서서 나를 끌어당기더니 거의 속삭이는 목소리로 예언하듯이 말했다.

"이 할미 말을 명심해라. 하느님은 그 사람을 대접한 우리에게 혹독한 벌을 내리실 거다, 아주 혹독한 벌을."

외할머니 말은 틀리지 않았다. 십년이 지난 뒤, 외할머니가 영원히 잠들었을 때 거지가 되어 미쳐버린 외할아버지[36]는 남의 집 창문 밑에서 처량하게 구걸하며 거리를 떠돌았다.

"자비로운 요리사여, 조그만 파이 한쪽만 줍쇼, 파이 한쪽만! 오, 당신은 ...."

외할아버지한테 남은 것이라고는 이 쓰디쓴, 영혼을 불안케 하는 한마디 말뿐이었다.

"오, 당신은......."

이고샤와 그리고리 이바노비치 말고도 나를 거리에서 달아나게 만든 것은 방탕한 여자 보로니하였다. 그녀는 헝클어진 머리에 거대한 몸집으로 술에 취해 휴일마다 나타났다. 그녀는 어딘가 모르게 특이한 모습으로 걸어 다녔다. 마치 발을 움직이지 않고 지면에 대지도 않은 듯이 구름처럼 움직이면서 고래고래 소리 지르며 파렴치한 노래를 불러댔다. 그녀를 만나는 사람은 모두 그녀를 피해 집 대문 뒤나 길모퉁이, 가게에 들어가 몸을 숨겼다. 그녀는 마치 거리를 비질하는 것 같았다. 얼굴은 거의 푸른빛인데다가 가죽 부대처럼 부어 있었으며, 커다란 잿빛 눈은 무시무시하게 조롱이라도 하듯 뒤집혀 있었다. 이따금 그녀는 울부짖으며 흐느꼈다.

"......내 새끼들아, 너희들은 어디 있니?"

나는 외할머니에게 그게 무슨 말이냐고 물어보았다.

"넌 알 필요 없다!"

외할머니는 무뚝뚝하게 대답했지만 그래도 짤막하게 말해주었다. 그 여자에게는 보로노프라는 관리인 남편이 있었는데, 그는 더 높은 자리에 앉고 싶어서 상관에게 자기 아내를 팔았다. 상관은 그녀를 데리고 어디론가 떠나서 그녀는 2년 동안 집에 돌아오지 못했다. 그 여자가 집에 돌아왔을 때 그녀의 자식들 남매는 이미 죽고 남편은 노름판에서 공금을 탕진하고 감옥에 들어가 있었다. 그래서 그 여자는 슬픔 때문에 술을 마시고 방황하며 난폭해지기 시작했다. 일요일마다 저녁이 되면 그 여자는 경찰에 끌려갔다......

정말이지 길거리보다 집에 있는 것이 훨씬 더 좋았다. 특히 점심을 먹은 뒤

---

*36 외할머니는 1887년에, 외할아버지는 그보다 2년 뒤에 사망했다. 고리키가 카잔의 생활을 마치고 첫 방랑생활을 한 뒤 니주니에 돌아와(1889년), 바바리아 크바스를 거리에서 팔고 다니다가 어느 날 길에서 이 가련한 모습의 외할아버지를 만난다.

에는 더 좋았다. 외할아버지가 야코프 외삼촌 공장에 가고 나면, 외할머니는 창가에 앉아 재미있는 옛날이야기와 나의 아버지에 대한 얘기를 들려주었다.

외할머니는 고양이에게서 구해낸 찌르레기의 다친 날개를 짧게 잘라내고 뜯어 먹힌 다리 상처에 작은 나뭇조각을 능숙하게 붙여주었다. 그 새를 완전히 치료해주고 나서 외할머니는 새에게 말을 가르쳤다. 외할머니는 창가에 매단 새장 앞에 커다랗고 선량한 짐승처럼 서서, 한 시간 내내 굵고 나지막한 목소리로 숯처럼 새까만 영리한 새에게 되풀이해서 복습시켰다.

"자, 말해봐, '찌르레기에게 죽 좀 주세요!'"

찌르레기는 익살스럽고 생기 있는 동그란 눈으로 외할머니를 곁눈질하며 나뭇조각을 붙인 다리로 새장의 얇은 바닥을 톡톡 두드렸다. 그리고 꾀꼬리처럼 휘파람을 불거나 어치와 뻐꾸기 흉내를 내고, 고양이 울음소리를 내보려고 하고 개 짖는 소리를 흉내 내기도 했지만 사람 목소리는 나오지 않았다.

"쓸데없는 말은 그만둬!"

외할머니는 찌르레기에게 정색을 하고 말했다.

"이렇게 말해봐. '찌르레기에게 죽 좀 주세요!'"

깃털달린 이 까만 원숭이가 귀가 멍멍할 정도로 외할머니 말과 비슷하게 뭐라고 빽빽 소리를 지르면 외할머니는 기쁜 듯이 웃으며 손가락으로 수수죽을 찍어 새에게 먹여주면서 말했다.

"난 너를 알아, 이 교활한 녀석아. 넌 위선자야. 뭐든지 할 수 있고 잘하면서!"

마침내 외할머니는 찌르레기에게 말을 가르쳤다. 얼마 뒤에 찌르레기는 상당히 또렷하게 죽을 조르게 되었다. 외할머니를 보면 '아—안—녕'과 비슷한 말을 길게 뽑았다.

처음에 이 찌르레기는 외할아버지 방에 매달려 있었지만 외할아버지는 곧 그 새를 우리 다락방으로 내쫓았다. 찌르레기가 외할아버지 말을 흉내 냈기 때문이었다. 외할아버지가 기도의 말을 분명하게 발음하면 새는 밀랍처럼 노란 코를 새장 창살 사이로 내밀고 휘파람 소리를 내는 것이었다.

"찌, 찌, 쭈르리, 찌리리, 찌르리쭈—!"[37]

---

[37] 러시아어로 '당신'이라는 뜻의 말.

외할아버지에게는 그 말이 모욕으로 들렸다. 한번은 기도를 중단하고 발을 쾅쾅 구르면서 험악하게 호통을 쳤다.

"저놈을 치워버려, 저 악마를. 안 그러면 죽여버릴 테다!"

집안에서는 재미있고 유쾌한 일이 많았다. 하지만 때로는 뿌리칠 수 없는 우울이 내 숨통을 조여 왔다. 마치 내가 무거운 무언가로 가득 채워진 듯했다. 그리고 오랫동안 깊고 어두운 굴속에서 시각과 청각 등, 모든 감각을 잃어버리고 눈도 멀어 반쯤 죽은 듯한 느낌으로 살았다……

8

외할아버지는 뜻밖에도 선술집 주인에게 집을 팔고 카나트노이 거리에 있는 다른 집을 샀다. 무성한 풀로 뒤덮인 깨끗하고 조용한 거리가, 온갖 색깔로 화려하게 단장된 작은 집들을 줄줄이 이끌고 곧장 들녘으로 뻗어 있었다.

새 집은 이전 집보다 훨씬 산뜻하고 아담했다. 정면은 따스하고 차분한 짙은 진홍빛으로 채색되어 있고 그 위에는 두 개의 유리창에 달린 하늘색 덧문과 다락방 유리창에 달린 한 짝뿐인 격자무늬 덧문이 선명하게 빛나고 있었다. 느릅나무와 보리수의 무성한 잎사귀가 지붕 왼쪽을 아름답게 뒤덮고 있었다. 안마당과 뜰에는 마치 숨바꼭질을 위해 일부러 조성해놓은 듯한 아늑한 작은 구석들이 많았다. 특히 뜰이 마음에 들었는데 그다지 큰 편은 아니지만 호감이 가는 한 폭의 자연이었다. 뜰 한쪽에는 마치 장난감 같은 목욕탕이 있고, 다른 한쪽 구석에는 크고 아주 깊은 구덩이가 키 큰 잡초로 뒤덮여 있고, 잡초들 사이로 불에 탄 그루터기와 역시 시커멓게 탄 목욕탕 잔해가 우뚝 솟아 있었다. 뜰 왼쪽에는 오프샤니코프 대령의 마구간 벽이 에워싸고 있고, 오른쪽에는 베틀렌가 네 건물이 경계를 이루고 있었다. 뜰 안쪽은 낙농장을 소유한 페트로브나의 집터와 인접해 있었다. 그 여자는 뚱보에 얼굴이 불그레했는데, 종처럼 시끄러웠다. 땅 밑으로 내려앉은 그녀의 조그만 집은 어두컴컴한데다가 낡아서 보기 좋게 이끼가 끼여 있었다. 두 개의 창문은 다정하게 들녘을 바라보고 있었다. 깊은 골짜기들로 인해 볼품없는 모습을 한 그 들녘은 멀리 밀집한 구름처럼 울창한 숲으로 이루어져 있었다. 온종일 군인들이 들녘을 따라 이동하거나 뛰어다녔다. 비스듬히 비치는 가을 햇살 속에서 총검이 하얀 번개같이 번쩍거렸다.

집안은 온통 처음 보는 사람들로 북적거렸다. 앞쪽 방에서는 타타르 군인과 그의 자그마하고 통통한 아내가 살고 있었다. 그녀는 아침부터 저녁까지 소리 지르며 웃었고 화려한 장식의 기타를 켜면서 낭랑하고 즐거운 목소리로 특히 기분을 북돋우는 밝은 노래를 즐겨 불렀다.

한 여자만 사랑하진 마세요.
다른 사랑을 찾아야 해요!
그것을 발견하는 날에는
훌륭한 보상이 당신을 기다리고 있을 거예요.
진실한 이 길 위에서!
오, 달콤한 보상이여!

공처럼 둥글둥글한 군인은 창가에 앉아 푸른빛 두 뺨을 부풀린 채, 적갈색 눈을 유쾌하게 굴리면서 연신 파이프를 피워물고, 개 짖는 소리 같은 기침을 해댔다.

"우프, 우프, 푸, 푸……."

창고와 마구간 위에 있는 따스한 증축 건물에는 두 짐마차꾼이 살았는데 잿빛 얼굴의 자그마한 표트르 아저씨와 그의 조카 스테파라고 하는, 적동색 그릇 같은 얼굴의 둥글넓적한 주물(鑄物) 같은 벙어리 청년이었다. 또 키가 크고 음울해 보이는 타타르인 전령도 있었다. 이들은 모두 낯선 사람들이어서 내가 모르는 것이 많았다.

하지만 특히 나를 사로잡은 사람은 '좋은 일'이라고 불리는 하숙인이었다. 그는 집 뒤쪽 부엌 옆에, 뜰과 안마당을 향해 창문이 두 개 있는 긴 방을 빌려 쓰고 있었다.

그는 깡마르고 등이 굽은 남자로, 두 갈래로 기른 검은 구레나룻에 묻힌 하얀 얼굴이 특징으로, 선량해 보이는 눈에는 안경을 끼고 있었다. 그는 과묵한 탓인지 사람들 눈에 잘 띄지 않았다. 점심식사나 차 마시는 시간에 초대 받으면 그는 반드시 이렇게 대답했다.

"좋은 일이죠."

그래서 외할머니는 그가 있는 데서나 없는 데서나 그를 '좋은 일'이라고 불렀다.

"렌카, '좋은 일'에게 가서 차 마시러 오라고 전해!"

"'좋은 일' 씨, 좀 더 드시지 않고!"

그의 방은 온통 무슨 상자들과 내가 모르는 시민활자[38]로 쓴 두꺼운 책들로 가득 차 있었다. 또한 여러 가지 빛깔의 액체가 담긴 병, 구리와 철 조각, 납 막대 같은 것들이 사방에 널려 있었다. 그는 헝클어진 머리에 온통 페인트가 묻은 적갈색 가죽 상의와 잿빛 체크무늬 바지차림으로 불쾌한 냄새를 풍기며 어딘지 서투른 느낌이 들었다. 아침부터 밤까지 납을 녹이고 구리조각을 납땜하거나, 작은 저울로 뭔가를 재고, 음, 음, 신음하다가, 손가락을 데여 놀라서 후후 불기도 하고, 비틀거리며 벽에 걸린 도면에 다가가 안경을 닦고, 좁고 곧게 뻗은, 기묘하게 하얀 코를 거의 도면에 닿을 듯이 갖다 대고 킁킁거렸다. 그리고 이따금 방 한가운데나 창가에 갑자기 멈춰 서서 눈을 감고 얼굴을 치켜든 채 아무 말 없이 오랫동안 기둥처럼 서 있었다.

나는 헛간 지붕 위로 기어 올라가 마당 너머 열려 있는 창문 속의 그를 관찰했다. 테이블 위에 놓인 알코올램프의 파란 불꽃과 검은 사람 그림자가 보였다. 그가 너덜너덜한 수첩에 뭔가 쓰고 있는 모습도 보였다. 그의 안경은 얼음처럼 차갑고 푸르스름하게 반짝이고 있었다. 그 사람이 하는 이상한 일들은 견딜 수 없이 호기심을 부채질하여 몇 시간이나 나를 지붕 위에 붙잡아 두었다.

이따금 그는 마치 액자 속에 있는 것처럼 창가에 붙어 서서 뒷짐을 지고 지붕을 똑바로 쳐다보았다. 하지만 나를 보지는 못한 것 같았다. 그것은 내 자존심에 심한 상처를 주었다. 그러더니 그는 갑자기 테이블로 뛰어가서 허리를 깊숙이 숙이고 테이블 위를 샅샅이 뒤졌다.

그가 더 부유하고 옷을 더 잘 입었다면 나는 그를 두려워했을 것이다. 하지만 그는 가난했다. 그의 재킷 깃 위로는 닳아빠진 더러운 셔츠 깃이 삐죽 나와 있고, 바지는 얼룩과 기운 흔적이 덕지덕지하며, 맨발에 낡아빠진 실내화를 신고 있었다. 가난한 사람들은 무섭지도 위험하지도 않았다. 그들에 대한 외할머니의 연민어린 태도와 외할아버지의 경멸적인 태도가 알게 모르게

---

[38] 지금의 러시아 활자로, 교회용 슬라브어 활자와 구별해서 이렇게 부른다.

나에게 그런 확신을 심어주었다.

집안 어느 누구도 '좋은 일'에 호감을 갖지 않았다. 모두들 조롱하듯이 그에 대해 얘기했다. 명랑한 성격의 군인 아내는 그를 '백묵 코'라고 불렀다. 표트르 아저씨는 그를 약제사, 마법사라고 부르고, 외할아버지는 그를 마술사, 프리메이슨이라고 불렀다.

"저 사람은 뭘 하는 거야?"

나는 외할머니에게 물어보았다. 외할머니는 엄하게 대답했다.

"넌 알 것 없어. 잠자코 있어."

한번은 용기를 내어 그의 창문에 다가가 간신히 태연한 말씨로 물었다.

"뭘 하시는 거예요?"

그는 몸을 부르르 떨더니 안경 너머로 오랫동안 나를 쳐다보았다. 그리고 상처와 불에 덴 흉터로 뒤덮인 손을 내게 내밀면서 말했다.

"넘어와."

문이 아닌 창문을 타넘고 방에 들어오라는 말에 내 눈에는 그가 더욱 훌륭하게 보였다. 그는 상자 위에 앉아서 나를 자기 앞에 세웠다가 멀리 물러나게 한 다음 다시 한 번 자기 곁에 오게 한 끝에 마침내 나직한 목소리로 물었다.

"넌 어디서 왔니?"

그 말은 아주 이상하게 들렸다. 나는 하루에 네 번, 부엌 식탁에서 그 옆에 앉아 있었는데! 라고 대답했다.

"이 집 손자……."

"오, 그렇지."

자기 손가락을 유심히 들여다보면서 말한 그는 다시 입을 다물었다.

그때 나는 그에게 설명해줄 필요가 있다고 생각했다.

"난 카시린이 아니고 페시코프예요……."

"페시코프?" 그는 악센트를 잘못 발음하면서 내 말을 되뇌었다. "좋은 일이군."

그는 나를 옆으로 밀어내고 테이블 쪽으로 가면서 말했다.

"그럼 조용히 앉아 있어."

나는 그가 압착기로 압축한 구리 조각을 줄로 다듬고 있는 것을 지켜보면서 오랫동안 앉아 있었다. 압착기 아래 대어놓은 판지 위로 황금빛 가느다란 줄밥 가루가 떨어졌다. 그러면 그것을 한 움큼 긁어모아 두꺼운 그릇에 넣고 작은 병에서 소금처럼 하얀 가루를 덜어 넣은 뒤, 거무스름한 병에서 또 뭔가를 따라 넣었다. 그러자 그릇 안에서 쉭쉭 하는 소리와 함께 연기가 났고 매캐한 냄새가 코를 찔렀다. 나는 기침을 하면서 고개를 저었다. 그러자 마술사인 그가 자랑스럽게 물었다.

"냄새가 고약하지?"

"예."

"바로 이거야, 이거! 애야, 이건 아주 좋은 거란다!"

'이게 무슨 자랑거리라고!' 하는 생각이 들었다. 그래서 단호하게 말했다.

"고약한 냄새가 나는데 뭐가 좋아요?"

"뭐라고?" 그는 눈을 깜빡거리며 외쳤다. "그야 물론 항상 그런 건 아니지! 그런데 너 밥키*³⁹ 놀이를 할 줄 아니?"

"코즈니*⁴⁰ 말이에요?"

"그래, 코즈니!"

"알아요."

"내가 납을 넣어 만들어줄까? 좋은 비트카가 될 거야!"*⁴¹

"만들어줘요."

"좋아, 그럼 시작해볼까."

그는 다시 내 곁에 다가왔다. 한 손에 연기 나는 그릇을 들고 한쪽 눈으로 그것을 들여다보면서 다가와 말했다.

"비트카를 만들어 줄 테니, 그 대신 다시는 내게 오지 마라, 알았지?"

그 말에 나는 무척이나 모욕감을 느꼈다.

'흥, 누가 다시 오나 봐라……'

화가 나서 나는 뜰로 나갔다. 외할아버지가 사과나무 뿌리에 거름을 주느라고 바쁘게 움직이고 있었다. 가을이었다. 벌써 낙엽이 떨어지기 시작했다.

---

*39 어린이 놀이도구. 길이 6~9센티미터의 네모난 골패로서 소뼈나 말뼈로 만듦. 한 사람이 그것을 세우고, 다른 사람이 그것을 쓰러뜨리는 놀이에 씀.

*40 밥키의 다른 이름.

*41 밥키 중심에 납을 넣으면 패가 강해짐. 비트카는 상대 골패를 쓰러뜨리는 골패를 말함.

"여기 왔으니 딸기나무 잔가지나 잘라라."

내게 가위를 건네주며 외할아버지가 말했다.

나는 외할아버지에게 물었다.

"'좋은 일'은 뭘 만드는 거예요?"

"그자는 방을 망쳐놓고 있어." 외할아버지는 화가 난다는 듯이 대답했다. "마루도 태웠고 벽지를 더럽히고 찢어놨어. 이제 그자에게 말할 참이다, 떠나는 게 좋겠다고!"

"그래요."

나는 딸기나무의 마른 가지를 잘라내며 외할아버지 말에 동의했다.

나는 서둘러 일을 끝냈다.

비가 내리는 저녁에 외할아버지가 외출하면 외할머니는 동거인들에게 모두 차를 마시러 오도록 초대하여 부엌에서 아주 재미있는 모임이 이루어지곤 했다. 짐마차꾼들과 전령이 끼였고, 활달한 페트로브나도 자주 나타났으며, 쾌활한 셋방 여자도 이따금 참석했다. 그리고 언제나 난로 근처의 한쪽 구석에서 '좋은 일'이 아무 말 없이 꼼짝 않고 얼굴을 내밀고 있었다. 벙어리 스테파는 타타르인과 카드놀이를 했다.

발레이는 카드로 벙어리의 넓적한 코를 때리면서 말했다.

"에이, 제기랄!"

표트르 아저씨는 커다란 흰 빵 한 덩어리와 커다란 사기항아리에 담긴 '해바라기 씨'로 만든 잼을 가져와서, 빵을 얇게 썰고 잼을 듬뿍 발라 그 맛있는 검붉은 색 얇은 조각을 손바닥 위에 올린 뒤, 허리를 깊숙이 구부려 인사하면서 모든 사람들에게 나눠주었다.

"자, 좀 들어보세요!" 그가 인심 좋게 권했다. 사람들이 빵조각을 받아들면, 그는 주의 깊게 거무스름한 자기 손바닥을 들여다보면서 그 위에 떨어진 잼을 혀로 핥아먹었다.

페트로브나는 버찌술을 병에 담아 가져오고 쾌활한 셋방 여자는 호두와 사탕을 가져 왔다. 먹을 것이 가득 차려진 화려한 연회, 즉 외할머니가 좋아하는 즐거움이 시작되었다.

'좋은 일'이 자기 방에 오지 말라고 내게 뇌물을 준 지 한참 뒤에 외할머니가 이런 저녁 연회를 마련했다. 가을비가 주룩주룩 쏟아졌고 바람이 애처로운 소리를 내며 불어와 나뭇가지들이 서로 할퀴면서 술렁거렸다. 부엌 안은 따뜻하고 아늑했다. 모두 서로 가까이 다가앉은 채였다. 다들 다정하고 조용했다. 외할머니가 쉴 새 없이 재미있는 이야기를 털어놓았다.

외할머니는 난롯가에 앉아 발을 디딤판 위에 올려놓고 조그만 양철 램프의 불빛을 받고 있는 사람들 쪽으로 몸을 기울였다. 외할머니는 신명이 나면 항상 난로에 올라앉아 이렇게 말했다.

"난 높은 곳에 앉아야겠어요. 위에서 말하는 게 훨씬 좋거든!"

나는 외할머니 발 아래 있는 넓은 디딤판 위에 자리를 잡았는데 거의 '좋은 일'의 머리 위였다. 외할머니는 용사 이반과 은자(隱者) 미론에 대한 재미있는 얘기를 해주었다. 생생하고 무게 있는 얘기가 흥겹게 흘러나왔다.

옛날에 고르디온이란 사악한 대장이 살고 있었네.
영혼은 검고 양심은 돌 같았지.
그는 진실을 추방했고, 사람들에겐 잔인하게 굴면서
동굴 속 부엉이처럼 악 속에서 살았다네.

고르디온이 가장 증오한 사람은
고요한 진리의 수호자,
세계를 위한 용감한 불굴의 성자,
미론이었다네.

대장은 충복인 용맹한 용사
이바누시카를 큰 소리로 불렀네.
'이반카, 가서 늙은이를 죽여라,
그 거만한 늙은이 미론을!
다가가서 머리를 베고
반백의 턱수염을 잡아끌고서,
내게 가지고 오라. 내 사냥개에게 먹이리라.'

이반은 가서 명령에 따랐네.

이반은 걸어가며 고통스럽게 생각하네.
'내 스스로 가는 건 아니다. 그러나 명령에 따라야 한다!
다시 말해 신이 내린 운명이다.'
이반은 날카로운 칼을 옷자락 속에 감추고
은자에게 가 머리 숙여 인사했네.
'여전히 건강하시오, 노인장?
하느님도 노인장에게 자비로우시고?'
이 말에 선견지명이 있는 은자는 웃으며
지혜로운 입술로 이렇게 말하네.
'됐소, 이바누시카, 진실을 숨기지 마시오.
하느님은 모든 걸 알고 계시니,
선과 악은 하느님 수중에 있소!
그대가 내게 온 이유를 나는 알고 있으니까!'

이반카는 은자 앞에서 부끄러웠네.
그러나 이반은 명령을 어기는 것이 두려웠지.
가죽 칼집에서 칼을 뽑아,
넓은 옷자락으로 칼날을 닦았네.
'미론, 난 당신을 죽일 참이었소,
당신이 칼을 보기도 전에.
자, 이제 하느님께 기도하시오,
하느님께 이 세상에서의 마지막 기도를,
나를 위해, 온 인류를 위해,
그런 다음 난 당신의 머리를 베리라!'

성자 미론은 무릎을 꿇고,
어린 떡갈나무 아래 조용히 섰네.
미론 앞으로 떡갈나무가 몸을 굽혔네.
성자는 미소 지으며 말했네.
'오, 이반, 그대는 오래 기다려야 할 거요!

온 인류를 위한 기도는 기니까!
그러니 당장 나를 죽이는 게 더 좋을 거요.
그대가 쓸데없는 일로 괴로워하지 않으려면!'

이반은 화를 내며 눈살을 찌푸리고,
어리석게 뽐냈네.
'아니오, 이미 말한 것은 그대로 하시오.
당신 기도가 백 년 동안 계속된다 해도 난 기다리겠소!'

은자는 저녁때까지 기도했네.
그리고 저녁부터 동틀 녘까지,
동틀 녘부터 밤까지,
여름부터 다시 봄까지,
미론은 몇 년을 기도했네.
어린 떡갈나무는 구름에 닿을 정도로 자랐고,
그 열매가 자라 울창한 숲이 되었다네.
그래도 성스러운 기도는 여전히 끝나지 않았지!

그리하여 그들은 오늘도 그대로 있고,
성자는 아직도 조용히 하느님께 기도하고 있네.
사람들을 위해 하느님의 도움을 청하고 있네,
자비로우신 성모님에게는 기쁨을 간구하네.

용사 이반은 그 옆에 서 있는데,
그의 칼엔 오래전부터 먼지가 쌓였고
아름다운 갑옷은 녹으로 뒤덮였네.
훌륭한 옷은 모두 썩어 문드러져,
이반은 겨울이나 여름이나 벌거벗고 서 있었네.
폭염이 그를 태웠지만 완전히 태워버리진 못하고,
벌레가 그를 갉아먹었지만 완전히 먹어버리진 못했네.

늑대와 곰도 그를 건드리지 않았고,
눈보라와 추위도 그를 다치게 하진 않았네.
그 자신은 그 자리에서 움직일 힘이 없고,
손을 들거나 말할 힘도 없었네.
보라, 이것이 바로 그에게 내려진 벌,
사악한 명령을 따르지 말았어야 하는데,
다른 이의 양심 뒤에 숨지 말았어야 하는데!
하지만 성자의 기도는 불쌍한 우리 죄인들을 위해
지금도 하느님을 향해 흘러가고 있네,
빛나는 강물이 바다로 흘러들 듯이.

외할머니의 얘기가 막 시작되었을 때 나는 '좋은 일'이 뭔가 불안해하고 있음을 알아챘다. 그는 이상하게 경련하듯이 손을 움직이거나 안경을 벗었다 썼다 했으며, 노래처럼 기분 좋게 울리는 이야기 소리에 맞춰 안경을 흔들어대거나 고개를 끄덕이면서 손가락으로 눈을 누르며 비볐고, 땀을 많이 흘린 것처럼 손바닥으로 재빠르게 이마와 얼굴을 닦기도 했다. 누군가가 움직이거나 기침을 하거나 발을 끌면, 이 하숙인은 엄하게 '쉿!' 하고 꾸짖었다.

외할머니가 얘기를 마치자 그는 폭풍처럼 뛰어 일어나 손을 내저으면서, 어딘가 부자연스럽게 빙글빙글 맴돌더니 이렇게 중얼거렸다.

"이건 놀라운 얘기야. 이건 반드시 기록해두어야만 해! 이건 모두 진실이고, 우리 러시아의……"

그가 울고 있는 것이 이제 분명하게 보였다. 그의 눈에 눈물이 가득차서 위에서 아래로 넘쳐흘렀고, 눈이 눈물 속에서 헤엄치고 있었다. 그것은 이상하고 또 매우 가련한 모습이었다. 그는 우스꽝스럽게 서투른 모습으로 온 부엌을 이리저리 뛰어다녔고, 안경을 쓰려고 코끝에서 안경을 흔들어댔지만 아무리 해도 안경다리를 귀에 걸 수가 없었다. 표트르 아저씨가 그를 바라보며 웃었고, 다른 사람들은 민망한 듯이 잠자코 있었다. 외할머니가 서둘러 말했다.

"그럼 기록해요. 기록 못할 것도 없지. 난 그런 얘기를 더 많이 알고 있는데……"

"아뇨, 내가 좋아하는 건 바로 이겁니다! 이건 정말 러시아적이에요."

하숙인은 흥분해서 소리쳤다. 그리고 갑자기 부엌 한가운데 꼼짝 않고 멈춰서더니 오른손으로는 허공을 휘젓고 왼손에는 흔들리는 안경을 들고 소리 높이 외치기 시작했다. 날카롭게 소리 지르고 발을 굴러대며 몇 번이나 같은 말을 되풀이하는 등 흥분해서 오랫동안 떠들어댔다.

"다른 사람의 양심으로 살아선 안 됩니다. 안 돼요, 안 돼!"

이윽고 갑자기 누가 목구멍을 찢어버리기라도 한 것처럼 딱 말을 멈추고는 모두를 바라보며 나쁜 짓이라도 한 것처럼 조용히 고개를 숙이고 나가버렸다. 사람들은 뜨악한 표정으로 서로 쳐다보며 웃었다. 외할머니는 난로 뒤 그늘진 곳으로 물러나서 괴로운 듯 한숨을 내쉬었다.

페트로브나가 손바닥으로 붉고 두툼한 입술을 닦으면서 물었다.

"화가 난 모양이지요?"

"아니야, 저 사람은 원래 저래……."

표트르 아저씨가 대답했다.

외할머니는 난로에서 내려와 말없이 사모바르를 끓이기 시작했다. 표트르 아저씨가 느릿느릿 말했다.

"지주들은 다 그래, 변덕쟁이들이지!"

발레이가 언짢은 기색으로 퉁명스럽게 내뱉었다.

"홀아비는 어쩔 수가 없어!"

모두들 웃음을 터뜨렸다. 하지만 표트르 아저씨는 말을 길게 끌면서 말했다.

"끝내 그를 울린 거야. 틀림없이, 저런 자들이 흔히 있지……."

나는 싫증이 났다. 뭔가 가라앉은 기분이 가슴을 짓눌렀다. '좋은 일'은 나를 몹시 놀라게 했고, 나는 그가 안됐다는 생각이 들었다. 눈물로 흥건하던 그의 두 눈이 내 기억에 또렷이 떠올랐다.

그는 그날 밤 집에서 자지 않았지만, 다음날 점심식사가 끝난 뒤 조용하고 초췌한 모습에 쑥스러운 표정으로 돌아왔다.

"어제는 제가 소란을 피웠네요." 그는 외할머니에게 마치 어린아이처럼 미안한 듯이 말했다. "할머니, 화나지 않으셨어요?"

"왜 화를 내요?"

"제가 주제넘은 말을 해서요."

"당신 때문에 화가 난 사람은 아무도 없어요······."

나는 외할머니가 그를 두려워하고 있다고 느꼈다. 평소와는 달리 그의 얼굴을 쳐다보지 않고 너무나 조용하게 말했던 것이다.

그는 외할머니 곁에 바짝 다가가서 놀랍도록 소박하게 말했다.

"아시다시피 전 완전히 외톨이입니다. 제겐 아무도 없어요! 침묵, 침묵하다가 갑자기 마음속에서 모든 게 끓어올라 터져버립니다····· 그러면 돌이나 나무에게도 말을 하게 되는 거죠······."

외할머니는 그에게서 물러났다.

"결혼을 하는 게 어떻겠어요?"

"예?"

그는 오만상을 찌푸리고 소리를 지르더니 손을 저으며 나가버렸다.

외할머니는 얼굴을 찡그리면서 그의 뒷모습을 잠시 바라보다가 코담배를 들이마시고 나서 나에게 엄하게 지시했다.

"넌 저 사람 주위를 너무 맴돌지 마라. 그가 어떤 사람인지 하느님 외에는 아무도 모른다."

그러나 내 마음은 다시금 그에게 이끌렸다.

나는 그가 '완전히 외톨이입니다'라고 말했을 때 그의 얼굴이 어떻게 변하고 어떻게 당황하는지 보았다. 그 말 속에는 내가 이해할 수 있고 내 마음을 움직이는 무언가가 있었다. 그래서 나는 그를 뒤쫓아 갔다.

안마당에서 그의 방 창문을 들여다보았으나 방은 텅 비어 있었다. 그 방은 급히 서둘러 여러 가지 잡동사니들을—주인공과 마찬가지로 불필요하고 이상한 물건을—뒤죽박죽 집어넣은 헛간 같았다.

내가 뜰로 가보니 거기 구덩이에 그가 있었다. 그는 등을 구부리고 손으로 머리를 부둥켜안은 채, 팔꿈치를 무릎 위에 세운 모습으로 바깥쪽 그을린 통나무 끄트머리에 불편하게 앉아 있었다. 흙투성이 통나무는 그 끄트머리가 숯이 되어 광택을 풍기면서 무성한 다북쑥과 쐐기풀과 우엉 위로 삐죽 나와 있었다. 그가 그 앉기 힘든 곳에 앉아 있는 것이 더욱 그에 대한 연민을 느끼게 했다.

그는 부엉이처럼 보이지 않는 눈으로 바로 옆을 바라보느라고 오랫동안 내가 지켜보고 있는 것을 눈치채지 못했다. 그러다가 갑자기 화난 듯이 물었다.

"내 뒤를 따라왔니?"

"아뇨."

"그럼 뭐냐?"

"아무것도 아니에요."

그는 안경을 벗어서 빨갛고 까만 얼룩이 묻어 있는 손수건으로 닦으며 말했다.

"자, 이리 올라와!"

내가 그 옆에 앉자 그는 내 어깨를 꽉 껴안았다.

"앉아 있자. 앉아서 조용히 있자, 좋지? 그냥 이렇게…… 넌 고집쟁이지?"

"네."

"좋은 일이야!"

우리는 오랫동안 말없이 앉아 있었다. 조용하고 평화로운 저녁이었다. 주변에는 온통 꽃들이 흐드러지게 피었다가 다시 눈에 띄게 시들어 가는, 한 시간마다 가련해져 가는 여자들의, 속절없이 서글픈 여름*⁴² 저녁이었다. 대지는 이미 그 풍요로운 여름 향기를 다 써버린 탓인지 다만 차가운 습기만이 감돌고 있었다. 공기는 이상하게 투명하고 불그스름한 하늘에는 까마귀가 우울한 상념을 불러일으키면서 분주하게 스쳐지나갔다.

모든 것들이 벙어리처럼 조용했다. 희미한 새의 날갯짓 소리도 낙엽이 바스락거리는 소리도, 모든 소리가 다 커다랗게 들려서, 그때마다 우리는 깜짝 놀랐다. 그러나 부르르 몸서리를 치고 나면 다시금 정적 속에 빠져들었다. 정적은 대지 전체를 껴안고 가슴을 가득 채웠다.

그런 순간에는 특히 순수하고 가벼운 생각들이 떠오른다. 하지만 그런 생각들은 희미하고 거미줄처럼 투명하여 말로는 붙잡을 수가 없다. 그 생각들은 한 순간 불타올랐다가 살같이 빨리 사라지고, 무언가에 대한 슬픔 아닌 슬픔으로 영혼을 불태우면서 그 영혼을 애무하고 어지럽힌다. 그때 영혼이 끓어올라 녹아서 전 생애에 걸친 나름의 형태를 취해 떠오르고, 거기서 그 영혼이 창조된다.

---

*42 9월 초, 농촌 여인네들이 겨우 한가해지는 무렵을 말한다.

하숙인의 따뜻한 몸에 바싹 기댄 채, 나는 그와 함께 검은 사과나무 가지를 통해 붉은 하늘을 바라보았다. 단풍새들이 분주하게 날아오르는 것을 눈으로 쫓거나, 꾀꼬리들이 마른 우엉의 머리를 파헤쳐 떫은 씨앗을 골라내는 모습을 보기도 하고, 들판 쪽에서는 자줏빛으로 가장자리를 두른 뭉글뭉글한 잿빛 구름이 뻗어 있는 것과, 그 구름 아래를 커다란 까마귀들이 묘지의 보금자리로 무겁게 날아가는 것을 보기도 했다. 모든 것이 기분 좋고 뭔가 특별하여, 나도 모르는 사이에 이해가 되고 친근해지는 느낌이었다.

그 사람은 이따금 깊은 한숨을 내쉬면서 물었다.

"멋지지 않니! 안 그래? 바로 이거야! 그런데 넌 눅눅하고 춥지 않니?"

하늘이 어둑해지고 주위가 축축한 땅거미로 가득차서 부풀어 올랐을 때 그가 말했다.

"자, 이제 됐다! 그만 가자……."

뜰로 통하는 쪽문 앞에 멈춰서며 그가 소곤소곤 말했다.

"네 외할머니는 훌륭하신 분이다. 오, 정말 멋진 대지야!"

그는 눈을 감고 미소 지으며 작은 소리로 매우 명료하게 읊었다.

이것이 바로 그에게 내려진 벌,
사악한 명령을 따르지 말았어야 하는데,
다른 이의 양심 뒤에 숨지 말았어야 하는데!

"꼬마야, 넌 이걸 잊지 마라, 꼭!"

그는 나를 앞쪽으로 밀면서 물었다.

"너 글 쓸 줄 아니?"

"아뇨."

"배워라. 배워서 외할머니가 얘기한 것을 기록해둬. 꼬마야, 그건 꼭 필요한 것이란다……."

우리는 친해졌다. 그날부터 나는 가고 싶을 때마다 '좋은 일'에게 가서 누더기를 넣어둔 상자 위에 앉아, 그가 납을 녹이고 구리를 달구는 것을 마음대로 지켜보았다. 그는 쇠판을 빨갛게 달군 다음 그것을 조그만 모루 위에 올려놓고 예쁜 손잡이가 달린 가벼운 망치로 때리거나, 줄, 거친 줄칼, 석류석 가루, 실처럼 가는 톱으로 작업했다. 그리고 모든 것을 정교한 구리 천칭에 달았다. 두툼하고 하얀 그릇 속에 여러 가지 액체를 부어 혼합한 뒤, 그 액체에서 연기가 치솟아 지독한 냄새를 풍기며 방 안을 가득 채우는 것을 가만히 지켜보았다. 눈썹을 찡그리며 두꺼운 책을 들여다보고 붉은 입술을 씹으면서 으음, 하고 신음하거나 약간 갈라진 목소리로 조용히 말했다.

"오, 샤론의 장미여……."

"뭘 만드는 거예요?"
"어떤 물건……."
"어떤 물건인데요?"
"글쎄, 네가 이해하게끔 말해줄 수가 없구나."
"어쩌면 아저씨가 위조지폐를 만드는 건지도 모른다고 외할아버지가 말했어요……."
"외할아버지가? 흠……그건 말도 안 돼! 꼬마야, 돈이란 시시한 거란다."
"그럼 빵은 무엇으로 사요?"
"음, 그렇구나, 빵을 사려면 돈을 내야 하지, 분명히……."
"그렇죠? 쇠고기를 살 때도……."
"그래, 쇠고기를 살 때도……."
그는 조용히, 감탄스러울 정도로 사랑스럽게 웃고는 마치 새끼 고양이에게 하듯이 내 귀를 간질이면서 말했다.
"난 결코 너와 다툴 수가 없구나. 네가 날 이길 테니까. 그러니 잠시 조용히 있도록 하자."
이따금 그는 일을 멈추고 내 옆에 앉기도 했다. 우리는 창문을 통해 지붕과 풀이 무성하게 자란 뜰에 떨어지는 빗줄기와, 잎사귀를 떨구며 바래가는 사과나무를 오랫동안 바라보았다. '좋은 일'은 좀처럼 말이 없었고 항상 필요한 말만 했다. 특히 무엇인가에 내 주의를 끌고 싶을 때는 슬쩍 나를 찌르고는 눈짓으로 그걸 가리켰다.
나는 마당에서 어떤 특별한 것도 목격하지 못했다. 하지만 그가 팔꿈치로 옆구리를 찌르거나 짤막한 말을 던질 때면 눈에 보이는 모든 것이 특별한 의미가 있는 것처럼 보였고, 모든 것이 뚜렷하게 기억에 남았다. 그때, 고양이 한 마리가 마당에서 뛰어다니고 있었다. 반짝이는 웅덩이 앞에 멈춰 서서 물에 비친 제 모습을 바라보며 마치 그것을 때리려는 듯이 부드러운 앞발을 들어올렸다. '좋은 일'이 조용히 말했다.

"고양이는 거만하고 의심이 많아."

금빛이 감도는 붉은 털 수탉 마메이가 뜰 담장 위로 날아올라가 앉으려고 날개를 퍼덕이다가 하마터면 떨어질 뻔했다. 모욕이라도 당한 듯 화가 난 수탉은 목을 쭉 뽑고는 '꼬끼요' 하고 울었다.

"장군은 위엄이 있지만 그리 영리하진 못해."

동작이 굼뜬 발레이가 늙은 말처럼 무거운 걸음으로 진흙 위를 걸어왔다. 광대뼈가 튀어나온 그의 얼굴은 불룩하게 부풀어 있었다. 그는 눈을 가늘게 뜨고 하늘을 쳐다보았다. 하늘에서 하얀 가을 햇살이 그의 가슴에 곧장 떨어졌다. 발레이의 재킷 놋쇠단추가 반짝이고 있었다. 그 타타르인은 걸음을 멈추고 굽은 손가락으로 단추를 만지작거렸다.

"다른 사람이 보면 메달이라도 단 줄 알겠어……."

나는 '좋은 일'에게 빠르고 강하게 애착을 느꼈다. 가혹한 모욕을 당한 날이나 즐거운 날에도 그는 내게 없어서는 안 될 사람이 되었다. 말이 없는 그는 내 머리에 떠오르는 대로 아무것이나 말해도 제지하지 않았다. 외할아버지는 항상 엄하게 소리를 질러 내 말을 잘라버리곤 했다.

"그만 지껄여, 이 떠버리야!"

외할아버지는 자기 자신의 생각으로 꽉 차 있어서 다른 사람 말에 귀를 기울이거나 받아들이지를 않았다.

'좋은 일'은 언제나 내가 지껄이는 말을 주의 깊게 들었고, 미소 지으면서 종종 나에게 말했다.

"그건, 꼬마야, 그렇지 않아. 그건 네 자신이 꾸며낸 거야."

그의 짤막한 촌평은 항상 시의적절했고 필요한 것이었다. 그는 마치 내 마음과 머릿속에서 만들어지고 있는 모든 것을 꿰뚫어보는 것 같았다. 내가 말을 다 하기도 전에 쓸데없고 부정확한 말들을 모조리 알아차리고 두 마디 부드러운 공격으로 잘라냈다.

"거짓말하는구나, 꼬마!"

이 마법 같은 재능을 일부러 시험한 적도 몇 번 있었다. 뭔가 잘 꾸며내서 마치 있었던 일처럼 얘기했다. 그러나 그는 조금만 듣고도 아니라는 듯이 고개를 저었다.

"흠, 거짓말하고 있군, 꼬마……."

"어떻게 알죠?"

"꼬마야, 아는 수가 있어."

물을 받으러 센나야 광장에 갈 때 외할머니는 종종 나를 데리고 갔다. 어느 날 우리는 시민*43 다섯 명이 농민을 때리고 있는 모습을 보았다. 그들은 농민을 땅에 쓰러뜨리고 마치 여러 마리 개들이 한 마리 개를 공격하듯이 마구 때리는 것이었다. 외할머니는 물지게에서 양동이를 떼어낸 다음, 물지게를 휘두르며 시민들을 향해 달려들면서 내게 소리쳤다.

"저리 도망가!"

그러나 나는 깜짝 놀라 외할머니 뒤를 쫓아가서 시민들에게 자갈과 돌멩이를 던지기 시작했다. 외할머니는 용감하게 물지게로 시민들을 찌르고 그들의 어깨와 머리를 때렸다. 다른 사람들이 몰려오자, 시민들은 달아났고 외할머니는 얻어터진 농부를 닦아주었다. 그의 얼굴은 엉망으로 짓밟혀 있었다. 나는 지금도 그가 더러운 손가락으로 찢어진 콧구멍을 누르고 울부짖으며 기침을 해대던 모습이 혐오감과 함께 생생하게 기억난다. 손가락 사이에서 흘러내린 핏방울이 외할머니의 얼굴과 가슴에 튀고 외할머니도 온몸을 부들부들 떨면서 소리쳤다.

집에 돌아오자마자 나는 '좋은 일'에게 뛰어가 그에게 얘기하기 시작했다. 그는 하던 일을 멈추고 긴 줄칼을 군도처럼 치켜든 채 내 앞에 버티고 서서 안경 너머로 나를 엄숙하게 바라보았다. 이윽고 갑자기 내 말을 가로막더니 매우 감동스런 어투로 말했다.

"훌륭해. 정확히 일어난 사건 그대로야! 정말 훌륭해!"

방금 전에 본 것에 충격을 받은 내가 그의 말에 감탄할 여유도 없이 다시 얘기를 계속하자, 그는 나를 껴안고 비틀거리며 방 안을 돌면서 말했다.

---

*43 제정 러시아 때 상인 아래 계급.

"됐어. 더 듣고 싶지 않아! 꼬마야, 넌 할 얘기를 다 했어. 알겠니? 모든 말을!"

나는 모욕을 느낀 나머지 입을 다물었다. 그러나 잠시 생각해보니 놀랍게도 그가 제때에 내 말을 중단시켰고 나는 실제로 할 얘기는 다했다는 느낌이 들었다. 나로서는 매우 기억에 남는 경탄으로 이해되었던 것이다.

"꼬마야, 그런 사건은 깊이 생각하지 않는 게 좋아. 그런 걸 기억하는 건 기분 좋은 일이 아니란다!"

그가 말했다.

가끔 그는 평생 내 마음에서 떠나지 않는 말들을 불쑥불쑥 할 때가 있었다. 나는 나의 적인 노바야 우리차*⁴⁴의 골목대장 클류시니코프에 대해 그에게 얘기했다. 그는 뚱뚱한 가분수 소년으로, 싸워서 그 애를 이기지 못했다. '좋은 일'은 나의 분통터지는 얘기를 주의 깊게 듣고 나서 말했다.

"그건 하찮은 일이야. 그런 힘은 힘이 아니지. 진짜 힘은 동작의 속도에 있어. 빠르면 빠를수록 힘이 센 거란다. 알겠니?"

다음 일요일, 나는 주먹을 최대한 빨리 놀려 보았다. 그래서 손쉽게 클류시니코프를 이겼다. 그런 일로 해서 나는 그 하숙인의 말에 더욱더 세심한 주의를 기울이게 되었다.

"모든 물건을 쥐는 법을 배워야 해. 알겠니? 그런데 그건 매우 어려운 일이야!"

얼른 이해할 수는 없었지만 그런 말은 나도 모르게 기억에 남았다. 왜냐하면 그런 말의 단순함 속에는 애가 탈 정도로 신비스러운 요소가 있었기 때문이다. 사실 돌, 빵 한 조각, 컵, 망치를 쥐는 데 어떤 특별한 능력이 필요한 것은 아니잖은가?

그러나 집안사람들은 '좋은 일'을 점점 더 싫어했다. 심지어 명랑한 셋방 여자가 키우는 애교 많은 고양이조차 다른 사람과는 달리 그의 무릎에는 얼씬도 하지 않았고, 그가 다정하게 불러도 다가가지 않았다. 그래서 나는 고양이를 때리고 귀를 잡아당기고 거의 울먹이면서 인간을 무서워하지 말라고 고양이에게 타일렀다.

---

*44 '새로운 거리'라는 뜻.

"내 옷에서 식초 냄새가 나서 그런 거야."

그가 변명했지만, 나는 모든 사람들이 심지어 외할머니까지 적대적이고 부당하며 모욕적인 자세로 그를 대한다는 것을 알고 있었다.

"넌 왜 그 사람 집에 얼굴을 내미는 거냐?" 외할머니가 화를 내며 물었다. "조심해. 그는 너에게 결코 도움될 게 없어."

불그레한 족제비 같은 외할아버지도 내가 그를 찾아간 것을 알고 나면, 나를 심하게 때렸다. 물론 나는 '좋은 일'과 사귀면 안 된다는 사실을 본인에게는 얘기하지 않았다. 하지만 집안 사람 모두가 그를 어떻게 생각하는가에 대해선 솔직하게 얘기해주었다.

"외할머닌 아저씨를 무서워해요. 외할머닌 아저씨를 마술사로 취급하고, 외할아버지도 아저씨는 하느님의 적인만큼 인간들에겐 위험하대요."

그는 마치 파리를 쫓아내는 것처럼 머리를 흔들었다. 백묵처럼 하얀 그의 얼굴에 미소가 불그레 피어올랐다. 그 미소를 보자 심장이 조여오고 눈앞이 파래졌다.

"꼬마야, 난 이미 알고 있어!" 그는 살며시 말했다. "그건 슬픈 일이야, 안 그래?"

"맞아요!"

"매우 슬픈 일이야."

마침내 그는 쫓겨났다.

어느 날 아침 차를 마시고 그에게 가보니 그는 마룻바닥에 앉아 자기 물건들을 상자 넣으면서 나지막한 목소리로 샤론의 장미를 노래하고 있었다.

"자, 안녕 꼬마야. 이제 난 떠날 거야."

그는 나를 지긋이 올려다보면서 말했다.

"모르고 있었니? 네 엄마를 위해 방이 필요하단다."

"누가 그런 말을 해요?"

"외할아버지가……."

"거짓말이에요!"

'좋은 일'은 내 손을 잡고 자기 곁으로 끌어당겼다. 내가 마룻바닥에 앉자 그는 조용히 말을 꺼냈다.

"화내지 마! 꼬마야. 난 네가 이미 알고 있으면서도 내게 말하지 않았다고 생각했지. 그건 좋은 태도가 아니라고 생각했다……."

왠지 난 슬퍼졌고 그에 대해 화가 났다.

"들어봐."

그는 미소 지으며 거의 속삭이듯이 말했다.

"기억나니, 날 찾아오지 말라고 말했던 걸?"

나는 고개를 끄덕였다.

"넌 내 말에 화가 났지, 그렇지?"

"예……."

"꼬마야, 난 널 모욕할 뜻은 없었어. 하지만 난 알았지. 네가 나랑 가까워지면 네가 혼나리라는 걸. 알겠니?"

그는 마치 내 또래 아이처럼 말했다. 그런 그의 말에 몹시 기분이 좋아졌고, 오래전부터, 어쩌면 처음부터 그를 이해하고 있었던 것 같은 느낌마저 들었다. 그래서 나도 이렇게 말했다.

"난 오래전부터 이해하고 있었어요!"

"거봐! 그래 꼬마야. 정말 그랬어. 요 귀염둥이……."

나는 참을 수 없이 가슴이 아팠다.

"왜 그 사람들은 아무도 아저씨를 좋아하지 않는 거죠?"

그는 나를 끌어당겨 꼭 껴안고 눈짓을 하면서 대답했다.

"낯선 사람이기 때문이란다, 알겠니? 그게 바로 이유야. 그들과는 다른 사람……."

나는 무슨 말을 해야 할지 몰라서, 아무 말도 하지 못하고 그의 소매를 잡아당겼다.

"화내지 마." 그는 되풀이했다. 그리고 내 귀에 대고 속삭이듯이 이렇게 덧붙였다. "울지도 말고……."

그러나 그의 흐려진 안경 밑으로 역시 눈물이 흘러내렸다.

그러고 나서 우리는 평소처럼 이따금 짤막한 몇 마디만 주고받고는 오랫동안 말없이 앉아 있었다.

저녁에 그는 모든 사람들과 다정하게 작별인사를 나누고 나를 꼭 껴안아 준 뒤 떠났다. 나는 대문 밖으로 나가 그가 짐마차 위에서 흔들리며 멀어지는 것을 바라보았다. 짐마차는 얼어붙은 오솔길 진흙탕을 바퀴로 짓이기며 사라져갔다.

그가 떠나자마자 외할머니는 더러운 방을 물로 열심히 닦아내며 청소하기 시작했다. 나는 일부러 방 구석구석을 걸어 다니며 외할머니가 청소하는 것을 방해했다.

"나가!"

나와 부딪치자 외할머니가 소리쳤다.

"왜 그 아저씨를 쫓아냈어?"

"너하곤 상관없는 일이야!"

"모두 바보들이야."

내가 말했다.

외할머니는 젖은 걸레로 날 때리며 소리를 질러댔다.

"아니, 너 미쳤니? 망나니 같으니라고!"

"외할머닌 빼고 다른 사람들은 모두 바보야."

나는 고쳐 말했지만 그래도 외할머니를 누그러뜨릴 수는 없었다.

저녁을 먹으면서 외할아버지가 말했다.

"이제야 속이 후련하구나! 그자를 보면 심장에 칼이 꽂히는 것만 같아서 말이야, 그래서 할 수 없이 내쫓아야겠다고 생각했지!"

나는 심술이 나서 숟가락을 부러뜨렸고 다시 또 벌을 받았다.

내 조국의 무수한 낯선 사람들—그 중에서도 가장 훌륭한 사람들 가운데 내가 최초로 만난 사람과의 우정은 그렇게 끝이 났다.

9

어린 시절, 나는 나 자신을 벌집으로 상상했다. 단순하고 평범한 온갖 사람들이 이 벌집에 그들 나름의 삶에 대한 지식과 생각의 꿀을 꿀벌처럼 가져와, 그들 자신의 체험으로 내 영혼을 아주 풍요롭게 해주었다. 종종 그 꿀은 더럽고 쓰기도 했지만, 그래도 모든 지식은 역시 꿀이었다.

'좋은 일'이 떠난 뒤 나는 표트르 아저씨와 친해졌다. 그는 외할아버지와 비슷하게 몸이 매우 마르고 단정하고 꼼꼼했다. 하지만 외할아버지보다 키가 더 작고 체격도 왜소했다. 그는 장난 삼아 노인으로 분장한 소년 같았다. 그의 얼굴은 체처럼 온통 가느다란 가죽끈으로 엮어서 짜놓은 듯했다. 그 가죽끈 사이를 노리끼리한 흰자위가 박힌 우스꽝스럽고 대담한 두 눈이 새장 속 흑방울새처럼 날뛰었다. 잿빛 머리카락은 곱슬곱슬하고, 턱수염은 동글동글 고리를 이루며 꼬여 있었다. 그는 파이프 담배를 피웠는데 머리카락과 같은 색깔인 그 연기도 소용돌이치며 피어올랐다. 말솜씨 또한 익살이 풍부하여 그의 곱슬머리처럼 화려했다. 그는 윙윙 울리는 목소리로 자못 부드럽게 말했지만, 내게는 언제나 모든 사람들을 조소하는 듯이 들렸다.

"내가 어렸을 땐 백작 부인 타티안 렉세브나가 내게 '대장장이가 되라'고 명령하더니, 얼마 뒤에 또 명령하는 거야. '정원사를 도우라'고. 꽤 좋았지. 또 한 번은 '고기를 잡아, 페트루시카!' 하고 말했어. 나한테는 모든 게 매한가지니까 나는 고기를 잡으러 갔지. 하지만 내가 막 낚시에 미치려고 하자마자 '잘 있어라, 고기야, 고맙다'가 됐지. 나는 읍내로 나가 역마차 마부가 되어 인두세를 바쳐야 했어. 역마차 마부가 된 다음엔 뭘했냐고? 나와 그 백작 부인이 다른 것으로 바꿀 겨를도 없이 농노해방이 되었고, 나는 말과 함께 남게 되었어. 지금 내 집에는 백작부인 대신 그 말이 돌아다니고 있지."

늙은 그 말은 마치 술 취한 페인트장이가 어느 날 여러 색깔로 칠하기 시작했다가 끝을 내지 못한 것 같은 모습이었다. 다리는 탈골해 있었고 전체가 넝마조각으로 꿰매어놓은 듯했다. 눈은 흐릿하고 뼈만 앙상한 머리는 슬픈 듯이 앞으로 처져 있고, 부풀어오른 정맥과 낡고 닳아빠진 가죽으로 겨우 몸통과 연결되어 있었다. 표트르 아저씨는 그 말을 '탄코이'라고 부르며 때리지 않고 조심스럽게 다루었다.

한번은 외할아버지가 그에게 말했다.

"어째서 자네는 이 가축을 세례명으로 부르나?"

"아닙니다, 아니에요. 존경하는 바실리 바실리예프! 탄코이는 세례명이 아닙니다. 타티아나가 세례명이죠!"

표트르 아저씨는 글을 읽고 쓸 줄 알아서 성경도 상당히 읽은 편이었다. 그는 성자들 가운데 누가 더 신성한가 하는 문제를 놓고 외할아버지와 늘 논쟁을 벌였다. 그들은 서로 경쟁하듯이 고대 죄인들을 더욱 신랄하게 비난했는데 특히 압살롬이 많은 비난을 받았다. 가끔 그 논쟁은 순전히 문법적인 성격을 띠기도 했다. 외할아버지는 '소그레시홈, 베즈자콘노바홈, 네프라우다바홈'라고 말하고, 표트르 아저씨는 '소그레시샤, 베즈자코노바샤, 네프라

우드바샤'라고 해야 옳다고 우겨댔다. *45

"나는 내 식대로 할 테니 자네는 자네 식대로 하게!"

외할아버지는 약이 올라 얼굴이 붉으락푸르락했다. "바샤, 시샤!"*46

그러면 표트르 아저씨는 자욱한 담배연기 속에서 독기가 올라 물었다.

"그렇다면 영감님의 '홈'은 그것보다 어디가 더 나아요? 그 '홈'자들은 하느님께는 아무런 의미도 없어요. 아마도 하느님은 기도를 들으시면서 이렇게 생각할 겁니다. '열심히 기도는 하고 있지만 한 푼어치의 가치도 없구나!'"

"나가, 렉세이!"

외할아버지는 초록색 눈을 부라리면서 분에 못이겨 소리쳤다.

표트르는 청결과 정돈을 아주 좋아했다. 마당을 거닐면서 대팻밥, 도자기 조각, 뼈다귀들을 발로 차 옆으로 치우면서 욕설을 퍼부어댔다.

"쓸데없는 잡동사니가 길만 가로막고 있어!"

그는 이야기를 즐겼으며 선량하고 명랑한 편이었다. 그러나 이따금 그의 눈은 핏발이 서고 흐려져서 죽은 사람 눈처럼 미동도 없을 때가 있었다. 그는 컴컴한 모퉁이 어딘가에 앉아 몸을 웅크리고 음울한 얼굴로 그의 조카처럼 입을 다물고 있기도 했다.

"표트르 아저씨, 왜 그러세요?"

"저리 가거라." 그는 가라앉은 목소리로 단호하게 말했다.

우리가 사는 거리의 한 집에 어떤 지주가 살고 있었다. 이마에 혹이 달린 그 지주에겐 아주 이상한 버릇이 있었다. 휴일마다 그는 창가에 앉아서 개, 고양이, 암탉, 까마귀, 또는 자기 마음에 들지 않는 행인들에게까지 공기총을 쏘아댔다. 어느 날엔 새를 잡는 데 쓰는 산탄으로 '좋은 일'의 옆구리를 쏘았다. 산탄은 가죽 재킷을 뚫지는 못하고 그중 몇 발이 재킷 주머니 속에 들어갔다. 그 하숙인이 안경 너머로 그 잿빛 산탄을 유심히 살펴보던 모습이 지금도 기억난다. 외할아버지는 그에게 고발하라고 권했지만 그는 산탄을 부엌 구석으로 내던지면서 말했다.

---

*45 '죄를 지은 사람, 법을 어긴 사람, 거짓으로 꾸며서 남을 헐뜯는 사람'이라는 뜻. 뒤의 것은 뜻은 같은데 어미가 다른 것임.

*46 시샤는 짐승이라는 욕에 해당한다.

"그럴 것까진 없어요."

또 어느 때는 그 사격수가 외할아버지 다리에도 산탄 몇 방을 쏘았다. 외할아버지는 노발대발하며 그를 치안판사에게 고발했고, 그 거리에서 전에 그에게 피해를 입었던 사람들과 목격자들을 그러모았다. 그러자 지주는 갑자기 어디론가 사라져버렸다.

그래서 총소리가 나면, 그때마다 표트르 아저씨는, 마침 집에 있을 때는 빛바랜 축일용 챙 달린 모자를 쥐색 머리에 황급히 쓰고 급히 대문 밖으로 뛰어나갔다. 밖으로 나가서 그는 손을 등 뒤로 돌려 카프탄*47 속에 넣고 카프탄을 닭꼬리처럼 들어 올린 다음, 배를 쑥 내민 채 사격수 앞쪽 인도를 유유히 걸어갔다. 그렇게 사격수 앞을 지나갔다가 되돌아와서는 또 지나갔다. 집안사람들이 모두 나와 대문 옆에 서 있었다. 창문에 새파란 군인의 얼굴이 보이고, 그 위에 그 아내의 금발머리가 보였다. 베틀렌가네 마당에서도 몇몇 사람들이 나와 있었다. 그러나 오프샤니코프의 죽어 있는 듯한 잿빛 집에서만은 아무도 나타나지 않았다.

이따금 표트르 아저씨의 산책은 실패로 끝났다. 사냥꾼은 그를 총 쏠 가치도 없는 사냥감으로 생각한 것이 분명했다. 그러나 가끔 쌍열박이 총이 연달아 두 번 울리는 일이 있었다.

"우후, 우후……."

걸음걸이를 서두르지도 않고 표트르 아저씨는 우리에게 다가와 매우 만족스러운 듯이 말했다.

"바닥에 맞았어요!"

한번은 산탄이 그의 목과 어깨를 관통했다. 외할머니는 바늘로 산탄을 파내면서 표트르 아저씨를 나무랐다.

"왜 저 미치광이를 얕보고 그래요? 이제 저 미치광이가 당신 눈알을 빼버리려고 할 거야!"

"걱정하지 마세요, 아쿨리나 이바노브나." 표트르 아저씨는 경멸하는 듯한 말투로 길게 늘이면서 말했다. "그자는 사격수도 아니에요……."

"그럼 왜 그를 충동질해요?"

---

*47 띠가 달린, 소매가 긴 옷.

"제가 충동질한다고요? 전 그냥 귀족을 놀려주려고 했을 뿐예요."

그러고는 외할머니가 꺼낸 산탄을 손바닥 위에 올려놓고 들여다보면서 말했다.

"사격수가 못 된다니까요! 타티안 렉세브나 백작부인 집에서 한동안 남편 노릇을 한 남자로―그녀는 남편을 하인 갈아치우듯 갈아치웠죠―마몬트 일리치라는 군인이 있었어요. 정말, 그는 쐈다하면 백발백중이었어요! 그 사람은, 산탄이 아니라 진짜 총알을 쐈다고요! 멍청이 이그나시카를 멀리, 아마 40보쯤 되는 곳에 세워놓고 그의 두 다리 사이에 병을 매달았지요. 이그나시카는 두 다리를 쩍 벌리고 멍청하게 웃는 겁니다. 마몬트 일리치가 권총을 겨누고 빵! 쏘았죠. 병은 박살이 났습니다. 한 번은 등에가 이그나시카를 물어뜯는 바람에 이그나시카가 깜짝 놀라 몸을 꿈틀했어요. 그래서 그만 총알이 무릎을 관통하고 말았죠! 사람들이 의사를 불러왔고, 의사는 즉시 이그나시카의 다리를 잘라내 버렸어요! 다리는 땅에 묻고……."

"그래서 그 멍텅구리는?"

"그는 아무렇지도 않았어요. 바보한테 다리나 팔이 무슨 소용 있겠어요? 그 녀석은 어리석음만 먹고도 잘 살아가니까. 바보는 사람들이 다 좋아하잖아요. 우둔한 것도 사람을 기분 나쁘게 하지는 않으니까요. 비서는 바보가 좋다고들 하잖아요."

이런 얘기로 외할머니는 놀라지 않았다. 외할머니 자신도 그런 얘기쯤은 수십 가지나 알고 있었다. 하지만 나는 약간 불안해서 표트르 아저씨에게 물어보았다.

"귀족은 사람을 죽여도 괜찮아요?"

"암, 괜찮지. 심지어 그 사람들은 자기네들끼리 서로 죽이기도 한단다. 한 번은 창기병(槍騎兵) 한 사람이 타티안 렉세브나를 보러 왔다가 마몬트와 말다툼을 했어. 그들은 당장 손에 권총을 들고 공원으로 나갔고, 연못 옆 길에서 그 창기병이 한 방 쐈는데 마몬트의 간에 직통으로 맞았지! 마몬트는 교회묘지로 갔고, 창기병은 캅카스로 보내졌지만 어차피 오래 있지는 않았을 거야. 그건 그자들이 스스로 한 짓이니까! 하지만 농사꾼이야 파리 목숨으로밖에 여기지 않아! 지금 이 지주들은 사람들을 더욱 잔혹하게 다루고 있어. 아무리 농노가 해방되었다 해도 말이야. 옛날엔 그렇게 가혹하게 다루진 않았지. 그들 재산이었으니까!"

"그렇지만 그 시절에도 사람들을 크게 생각해준 건 아니었지요."

외할머니가 말했다.

표트르 아저씨도 동의했다.

"그건 그래요. 재산이긴 했지만 그리 값나가는 건 아니었으니까요!"

그는 나에게 다정하게 대해주었고 어른들과 말할 때보다도 나에게 더 친절하게 얘기했다. 그리고 눈을 피하지도 않았다. 하지만 그에게는 내 마음에 들지 않는 뭔가가 있었다. 그가 좋아하는 잼으로 모든 사람들을 대접할 때도 내 빵에는 다른 사람보다 더 두껍게 잼을 발라주고, 읍내에서 보리과자나 기름을 짜낸 양귀비 찌꺼기를 가져다주기도 했다. 그리고 나와는 언제나 진지하고 조용하게 얘기를 나누었다.

"도련님은 커서 무엇이 될래? 군인이 될 건가 아니면 관리가 될 건가?"

"군인."

"거 좋지. 지금은 군대생활도 그리 힘들지 않아. 또 신부가 되는 것도 괜찮지. '자비로우신 하느님!'하고 외치기만 하면 되거든! 게다가 오래 걸리는 일도 아니야. 군인보다 신부가 되는 게 더 좋아. 하지만 그것보다 더 편한 건 어부란다. 어부에겐 어떤 학문도 필요없으니까. 익숙해지기만 하면 되거든!"

그는 물고기들이 미끼 주위를 어떻게 돌아다니는지, 농어와 숭어와 도미가 낚싯줄에 걸렸을 때 어떻게 버둥거리는지를 재미있게 설명해주었다.

"할아버지한테 맞으면 화가 나지?" 그가 위로하듯이 말했다. "하지만 도련님, 절대로 화낼 필요 없어. 가르치기 위해서 때리는 거니까. 그 매는 또 어린이용이야! 나의 주인이었던 타티안 렉세브나는 말이지, 흥, 이 사람은 매질로 유명했어! 이 사람은 전문적으로 매질하는 사람을 데리고 있었어. 흐리스토포르라고 하는데, 매질에는 대단한 명인이어서 이웃 저택에서 그 사람을 빌리고자, 백작부인에게 부탁하러 왔을 정도였지. '타티안 렉세브나 부인, 하인을 매질해야겠는데 흐리스토포르를 좀 빌릴 수 없을까요?' 하고 말이다. 그러면 백작부인은 곧잘 빌려주곤 했지."

하얀 모슬린 옷에 얇은 하늘색 스카프를 걸친 백작부인이 기둥이 있는 현관에 빨간 안락의자를 내다놓고 앉아 있으면 흐리스토포르가 그 앞에서 남

녀 농민들을 매질하는 광경을, 그는 분개하는 기색도 없이 자세히 얘기해주
었다.

"그런데 말이다, 이 흐리스토포르라는 자는 호산나 랴잔 출신이었어. 말
하자면 집시나 우크라이나인과 비슷했지. 코밑수염이 귀까지 자라 있고 얼
굴은 시퍼렇고 턱수염은 싹 밀어버렸어. 그리고 그 녀석은 바보 같기도 해
서, 쓸데없는 말을 듣지 않도록 일부러 그런 시늉을 하기도 했단다. 자주 부
엌에 와서 컵에 물을 담은 뒤 파리나 바퀴벌레, 딱정벌레 같은 걸 잡아넣어
작은 나뭇가지를 이용해 그것들을 물 속에 밀어넣어 잠기게 했어, 아주 오랫
동안. 아니면 자기 옷깃 속에 있는 벼룩을 잡아서 그것을 물에 빠뜨리기도
하고……."

그런 얘기는 이미 알고 있는 것들이었다. 나는 외할머니와 외할아버지의
입을 통해 그런 얘기를 많이 들어왔다. 그런 얘기들은 다양하고 서로 다르
면서도 이상할 정도로 서로 비슷비슷했다. 모든 얘기가 사람들을 괴롭히고
조롱하고 박해하는 내용이었다. 나는 그런 얘기는 싫증이 나서 더 이상 듣고
싶지 않았다. 그래서 나는 짐마차꾼에게 부탁했다.

"다른 얘길 해줘요!"

그는 모든 주름살을 입가에 모은 다음에 그것을 눈까지 끌어올리더니 승
낙했다.

"좋아, 이 욕심꾸러기야. 다른 얘기를 해주지. 그러니까 우리 집에 요리사
가 있었는데……."

"누구 집에요?"

"백작부인 타티안 렉세브나의 집 말이다."

"왜 아저씬 타티안이라고 불러요? 그 여자, 남자예요?"

그가 신경질적인 목소리로 웃었다.

"물론 백작부인은 여자지. 하지만 그 여자에겐 수염이 좀 나 있었어. 거무
스름하게. 그 여자는 검은 독일인 혈통이었거든. 이 독일 민족은 흑인 같은
종족이지. 그래서 그 요리사가 말이다. 애야, 이건 좀 우스꽝스러운 사건인
데……."

우스꽝스러운 사건이란 요리사가 생선살이 들어간 파이를 망쳐버리자, 사
람들은 그걸 한꺼번에 요리사에게 먹게 했는데, 요리사는 그걸 다 먹고 병이

났다는 얘기였다.

나는 화를 냈다.

"하나도 우습지 않네요!"

"그럼 뭐가 우스울까? 그럼, 네가 얘기해봐라!"

"난 몰라요."

"그럼 조용히 있어!"

그는 다시금 재미없는 거미줄을 짜기 시작했다.

이따금 휴일에는 외사촌들이 놀러 왔다. 슬픈 표정의 사샤 미하일로프와 말쑥하고 뭐든지 다 아는 사샤 야코프다. 어느 날 셋이서 헛간 지붕 위를 거닐다가 베틀렌가네 마당에서 녹색 모피 프록코트를 입은 지주를 보았다. 그는 담벼락 옆 장작더미 위에 앉아 강아지들과 장난을 치고 있었다. 벗겨진 작고 노란 머리에는 아무것도 쓰지 않은 채였다. 외사촌 가운데 누군가가 강아지 한 마리를 훔치자고 해서, 그 자리에서 기발한 절도 계획이 세워졌다. 계획인즉, 외사촌들은 지금 곧 길거리로 나가 베틀렌가네 대문을 향해 가고, 나는 지주를 깜짝 놀라게 하여 지주가 놀라서 달아나면 외사촌들이 마당에 뛰어들어 강아지 한 마리를 잡아온다는 것이었다.

"어떻게 놀라게 하지?"

외사촌들 가운데 하나가 제안했다.

"그 사람의 대머리에 침을 뱉어!"

사람 머리에 침을 뱉는 것은 큰 죄악이 아닐까? 하지만 나는 그보다 훨씬 심한 짓을 하는 사람들의 얘기를 여러 번 들었고 나 자신도 본 적이 있었다. 그래서 나에게 맡겨진 임무를 훌륭히 수행해냈음은 물론이다.

큰 소동이 벌어졌다. 베틀렌가의 집에서 남녀가 떼를 지어 우리집 마당으로 들이닥쳤다. 젊고 잘 생긴 장교가 그 무리들을 지휘하고 있었다. 외사촌들은 내가 범행을 저지르는 순간 나의 야만적인 장난에 대해서는 모른 채 얌전하게 거리를 거닐고 있었기 때문에, 외할아버지는 나만 매질했는데, 그것으로 베틀렌가 집안사람들은 한껏 만족스러워했다.

내가 초주검이 되어 부엌 침상에 누워 있는데 축제처럼 옷을 잘 차려입은 표트르 아저씨가 웃으면서 침상으로 올라왔다.

"도련님이 어찌 그리도 기발한 생각을 했지!" 그가 속삭이듯 말했다. "그

자한테는 당연히 그렇게 해야 해, 그 늙어빠진 염소한테는. 암 그래야지. 그
놈들에게는 침을 뱉어줘! 아니, 그 썩은 대갈통에 짱돌을 던져야 하는 건
데!"

지주의 둥글고 머리카락이 없는 어린애 같은 얼굴이 내 앞에 있었고, 그가
조그만 손으로 노란 대머리를 문지르며 강아지처럼 처량한 목소리로 슬픈
듯 조용히 소리친 것이, 그 순간 견딜 수 없을 만큼 부끄러워져서 외사촌들
을 증오한 것이 지금도 기억난다. 그러나 짐마차꾼의 주름진 얼굴을 바라보
았을 때 그 모든 것은 순식간에 잊혀졌다. 그의 얼굴은 나를 때릴 때의 외할
아버지 얼굴처럼 무시무시하고 혐오스럽게 떨고 있었다.

"저리 가!"

나는 손과 발로 표트르를 밀어내면서 소리쳤다.

그는 킥킥거리며 눈짓을 하더니 침상에서 내려갔다.

그때부터 나는 그와 얘기하고 싶은 마음이 들지 않았고 그를 피하기 시작
했다. 동시에 나는 경멸에 찬 눈빛으로 그의 뒤를 쫓으면서 어렴풋이 무슨
일이 일어날 것을 막연하게 기대했다.

지주와의 사건이 있은 뒤 곧 또 하나의 사건이 일어났다. 오프샤니코프의
조용한 집은 오래전부터 내 흥미의 대상으로, 그 회색 집 안에 사는 사람들
은 특별하고 비밀스러운, 옛날이야기 같은 생활을 꾸려가고 있을 거라는 생
각이 들었다.

베틀렌가네 사람들은 시끄럽고 유쾌하게 살았다. 그곳에는 아름다운 부인
네들이 많아서, 장교들과 학생들이 찾아와서 늘 웃고 떠들며 노래하고 음악
을 연주했다. 집 건물 자체가 밝았다. 유리창도 반짝반짝 빛나고 그 유리창
너머로는 푸른 이파리들이 선명하게 눈에 들어왔다. 외할아버지는 그 집을
싫어했다.

"이교도들, 불신자들."

외할아버지는 그 집 식구들에 대해 그렇게 말했다. 또한 외할아버지는 추
악한 말로 그 집 여자들을 불렀는데, 한번은 표트르 아저씨가 그 말의 의미
를 매우 더럽게, 고소하다는 듯이 내게 설명해주었다.

엄격하게 침묵을 지키는 오프샤니코프의 집은 외할아버지에게 존경심을
불러일으켰다. 단층이지만 높다란 그 집은, 잔디가 무성한 깨끗하고 조용한

마당 쪽으로 쭉 뻗어 있었고 마당 한가운데는 두 개 기둥이 지붕을 받치고 있는 우물이 하나 있었다. 그 집은 마치 거리에서 숨으려고 뒤로 물러나 있는 것 같았다. 아치형의 좁다란 창문 세 개도 땅 위에서 높이 떠 있었고, 햇빛이 비치면 우윳빛 유리창이 무지개 빛깔로 채색되었다. 대문 한쪽에는 전면이 집과 완전히 똑같은 창고가 있었다. 거기에도 세 개의 유리창이 있었지만 그것은 가짜로, 잿빛 벽에 문틀을 붙이고 하얀 물감으로 틀 안에 창살을 그린 것이었다. 그 보이지 않는 창문은 불쾌했다. 그리고 창고 전체가 숨고 싶어 하고 눈에 띄지 않게 살고 싶어 하는 것을 다시 한 번 암시하는 듯했다. 그 택지 전체에, 그리고 비어 있는 마구간과 커다란 문이 달린, 마찬가지로 비어 있는 헛간에도, 뭔가 고요한 분노 또는 조용한 오만 같은 것이 담겨 있었다.

이따금 키 큰 노인이 다리를 절며 마당을 가로질러 걸어갔다. 하얀 콧수염 외에는 깨끗이 면도한 그 노인은 콧수염 털이 바늘처럼 곤두서 있었다. 이따금 구레나룻을 기르고 코가 구부러진 다른 노인이 마구간에서 목이 긴 회색 말을 끌어내기도 했다. 가슴이 좁고 다리가 가느다란 그 말은 마당으로 나오면서 마치 온순한 수녀처럼 주위의 모든 것에 인사를 보냈다. 절름발이 노인은 손바닥으로 철썩 소리가 나게 말을 때리고, 휘파람을 불거나 요란하게 한숨을 내쉬었다. 그런 다음 다시 말을 컴컴한 마구간에 집어넣었다. 내가 보기에 그 노인은 말을 타고 집에서 떠나고 싶어하면서도 마법에 걸려 나가지 못하는 것 같았다.

거의 매일 정오부터 저녁까지 사내아이 세 명이 마당에서 놀고 있었다. 잿빛 재킷에 바지차림 하며, 챙 없는 모자 역시 똑같이 쓰고 얼굴이 둥글고 눈이 잿빛인 세 소년은, 키 차이로 겨우 구분이 될 정도로 서로 닮은 꼴이었다. 나는 담장 틈새로 그들을 살펴보았다. 그들은 나를 알아채지 못했지만, 나는 그들이 나를 보기를 바랐다. 내가 모르는 놀이를 하며 무척 즐겁고 유쾌하게, 그리고 사이좋게 놀고 있는 것이 마음에 들었다. 그들의 옷과 서로에 대한 다정한 보살핌, 특히 형들이 어린 동생을 보살피는, 우스꽝스럽고 대담한 어린이를 대하는 태도에 잘 나타나 있는 보살핌이 좋아 보였다. 막내가 넘어지면 누구나 넘어진 사람을 보고 웃듯이 그들도 웃었다. 그러나 악의가 없는 웃음이었고, 즉시 막내를 도와 일으켜준 뒤 손과 무릎이 더러워졌으면 막내의 손가락과 바지를 우엉 잎사귀나 손수건으로 닦아 주었다. 둘째는 다정한 목소리로 말했다.

"거봐, 조심하지 그랬니! ……."

그들은 결코 서로를 욕하거나 상대를 속이는 일이 없었다. 그리고 셋 다 매우 민첩하고 건강했으며 지칠 줄을 몰랐다.

어느 날 나는 나무에 기어 올라가 그들에게 휘파람을 불었다. 그들은 내 휘파람소리를 듣고 이내 그 자리에 멈춰 섰다. 그리고 서두르지 않고 함께 모여 내 쪽을 쳐다보며 조용히 수군거리기 시작했다. 나는 그들이 내게 돌을 던질 거라고 생각하고 얼른 땅으로 내려와 주머니와 품속에 돌을 가득 넣고는 다시 나무 위로 올라갔다. 그러나 그들은 이미 내게서 멀리 떨어진 마당 구석에서 놀고 있었고, 나에 대해서는 잊어버린 게 분명했다. 그것은 나를 슬프게 했으나 내 쪽에서 먼저 싸움을 걸고 싶지는 않았다. 곧 누군가가 창문 통풍구에서 그들을 향해 소리쳤다.

"애들아, 집 안으로 들어와, 어서!"

그들은 순순히, 마치 거위처럼 천천히 걸어갔다.

나는 몇 번이나 담장 위의 나무에 올라앉아서 그들이 같이 놀자고 불러주기를 기다렸지만, 그들은 나를 불러주지 않았다. 하지만 마음속에서는 이미 그들과 함께 놀고 있었다. 그 놀이에 열중하여 이따금 소리를 지르고 큰 소리로 웃기도 할 정도였다. 그러면 그들은 조용히 뭔가 얘기하면서 나를 쳐다보았고 나는 멋쩍어서 나무에서 내려왔다.

어느 날 그들이 숨바꼭질을 시작했다. 둘째가 술래가 될 차례였다. 술래는 몰래 엿보지도 않고 정직하게 손으로 눈을 가리고 창고 뒤 구석에 서 있었다. 두 형제는 숨기 위해 뛰어갔다. 형은 재빠르게 창고 처마 밑에 있는 커다란 썰매 속으로 기어들어갔다. 막내는 숨을 곳을 찾지 못한 채 우왕좌왕하면서 우물 주위를 허둥지둥 뛰어다니고 있었다.

"하나." 둘째가 소리쳤다. "둘……."

막내는 우물 위로 뛰어올라 밧줄을 잡고 다리를 빈 두레박에 집어넣었다. 두레박은 우물 벽에 둔탁하게 부딪히는 소리를 내면서 순식간에 사라져버렸다.

나는 기름칠이 잘된 도르래가 금세 소리도 없이 돌아가는 것을 보면서 머리가 멍해졌다. 하지만 금방 무슨 일이 일어난 건지 깨닫고 저쪽 마당으로 뛰어내리면서 소리쳤다.

"우물에 빠졌어! ……."

둘째와 내가 동시에 우물로 달려가 밧줄에 매달렸다. 그 바람에 그는 위로 몸이 들리면서 손을 데었다. 그러나 나는 재빨리 밧줄을 붙잡을 수 있었다. 그때 첫째가 달려와 내가 두레박을 끌어올리는 것을 도와주면서 말했다.

"가만가만히, 부탁해!"

우리는 재빨리 막내를 끌어올렸다. 막내는 혼비백산해 있었다. 오른쪽 손가락에서는 피가 났고 뺨은 심하게 긁혀 있었다. 허리까지 물에 젖어서 새파랗게 질려 있었다. 그러면서도 미소를 짓고 있었다. 그는 몸을 덜덜 떨면서 눈을 커다랗게 뜨고는 웃으면서 천천히 말했다.

"굉장히 오—래 떨어졌어!"

"너, 돌았구나. 이것 좀 봐."

둘째가 막내를 감싸 안고 손수건으로 얼굴의 피를 닦아주면서 말했다. 그러자 첫째가 눈살을 찌푸리면서 말했다.

"가자, 어차피 숨길 수는 없을 테니……."

"너희들도 매를 맞니?"

내가 물었다.

그는 고개를 끄덕였다. 그리고 나에게 손을 내밀며 말했다.

"너 정말로 빨리 달려와 줬어!"

칭찬에 완전히 기분이 좋아진 내가 그의 손을 잡기도 전에 그는 벌써 둘째에게 다시 말했다.

"가자, 막내가 감기 들겠다! 넘어졌다고 둘러대자. 우물 얘기를 해서는 안 돼!"

"좋아, 알았어." 막내가 여전히 몸을 떨면서 동의했다. "웅덩이에 빠졌다고 하면 되지?"

그들은 가버렸다.

이 모든 일이 너무나 순식간에 일어났기 때문에 문득 내가 마당으로 뛰어내리기 전에 앉아 있던 나뭇가지를 올려다보니 그 가지가 노란 이파리를 떨구며 아직도 흔들리고 있었을 정도였다.

일주일쯤 그 형제들은 마당에 나타나지 않았다. 그러다가 이윽고 그들은 전보다 더욱 소란을 떨며 나타났다. 첫째가 나무 위에 있는 나를 보고 정답게 소리쳤다.

"이리 와서 우리랑 놀자!"

우리는 창고 지붕 밑에 있는 오래된 커다란 썰매 속에 기어들어가 서로 유심히 쳐다보며 오랫동안 얘기를 나누었다.

"너희들 맞았니?"

내가 물었다.

"맞았어."

첫째가 대답했다.

그 아이들도 나처럼 매를 맞는다는 것이 믿어지지 않았고, 나는 그들 대신 분노를 느꼈다.

"왜 넌 새를 잡니?"

막내가 물었다.

"새들은 노래를 멋지게 하거든."

"안 돼, 잡지 마. 맘대로 날도록 내버려두는 게 나아."

"그래, 좋아. 앞으로는 잡지 않을게!"

"그 전에 한 마리만 잡아서 나 줘."

"너에게? 어떤 새를?"

"명랑한 새. 새장에 넣을래."

"그럼, 흑방울새를 잡아야지."

"고양이가 먹어버릴 텐데." 둘째가 말했다. "그리고 아빠도 허락하지 않을 거야."

첫째가 그 말에 동의했다.

"허락하지 않을 거야."

"너희들, 엄마 있니?"

"없어."

첫째가 대답하자 둘째가 그 말을 정정했다.

"엄마 있어. 친엄마가 아니라 다른 엄마지만. 진짜 엄마는 돌아가셨어."

"다른 엄마? 그럼 새엄마로구나."

내가 말하자 첫째가 머리를 끄떡였다.

"응."

갑자기 세 아이 모두 생각에 잠기며 시무룩해졌다.

외할머니의 옛날얘기를 통해 나는 새엄마가 뭔지 알고 있었다. 그래서 그 아이들의 침묵을 이해할 수 있었다. 그들은 마치 병아리들처럼 똑같은 모습으로 서로 꼭 붙어 있었다. 속임수로 친엄마 자리를 차지한 마녀 같은 새엄마를 떠올리면서 나는 그들에게 약속했다.

"친엄마는 꼭 다시 돌아올 거야. 기다려봐!"

첫째가 어깨를 으쓱했다.

"엄만 돌아가셨는걸? 그건 있을 수 없어."

있을 수 없다고? 하지만 하느님은 죽은 사람을, 게다가 토막토막 난도질 당해 죽은 사람들까지 몇 번이나 다시 살려냈잖아? 생명의 물을 뿌리면, 그 죽음이 진짜 죽음, 하느님에 의한 죽음이 아니라 마술사와 마녀들의 짓이었던 것이 밝혀지지 않았던가!

나는 흥분해서 외할머니의 얘기를 아이들에게 들려주었다. 첫째는 처음부터 내내 웃고 있다가 조용히 말했다.

"그건 우리도 알아. 하지만 옛날얘기일 뿐이야."

동생들은 잠자코 듣고 있었다. 막내는 입술을 꼭 다물고 뺨을 불룩하게 부풀리고 있었고, 둘째는 팔꿈치를 무릎에 올려놓고 내 쪽으로 몸을 기울인 채 한 손으로 동생의 목을 감고 있었다.

벌써 해가 상당히 기울어 붉은 구름이 지붕 위에 걸려 있었다. 이때 하얀 콧수염을 기른 노인이 신부처럼 긴 갈색 옷에 거친 털모자를 쓰고 우리 옆에 나타났다.

"저 앤 누구냐?"

노인이 손가락으로 나를 가리키며 물었다.

첫째가 일어나 우리 외할아버지네 집을 향해 고개를 끄떡였다.

"저 집 아이예요."

"누가 저 앨 불러들였지?"

아이들은 모두 말없이 썰매에서 기어 나와, 온순한 거위들처럼 집 쪽으로 걸어갔다.

노인은 내 어깨를 꽉 붙잡고 마당을 지나 문으로 데리고 갔다. 노인에 대한 공포 때문에 울고 싶었지만, 노인이 성큼성큼 너무 빨리 걷는 바람에 나는 울지도 못한 채 어느새 길거리로 나와 있었다. 노인은 쪽문 앞에 멈춰 서서 손가락으로 위협하면서 말했다.

"다시는 여기 오지 마라!"

나는 화가 났다.

"절대로 안 올 거예요, 늙은 악마 같으니라고!"

그는 다시 긴 손으로 나를 붙잡고 좁은 길로 끌고 가면서 마치 망치로 내리치듯이 내 머리 위로 질문을 퍼부었다.

"네 외할아버지 집에 있냐?"

불행하게도 외할아버지는 집에 있었다. 외할아버지는 머리를 쳐들고 턱수염을 앞으로 내밀고 무서운 노인 앞에 서서 2코페이카 동전처럼 둥글고 흐릿한 노인의 눈을 들여다보면서 빠르게 말했다.

"저 애 어미는 멀리 외출중이고, 난 바쁜 사람입니다. 저 애를 살필 사람이 아무도 없어요. 용서해 주십시오, 대령님!"

대령은 집안 전체에 들리도록 헛기침을 한 번 하더니 나무 기둥처럼 빙글 돌아서서 나가버렸다. 잠시 뒤 나는 마당에 있던 표트르 아저씨의 짐마차에 내던져졌다.

"또 말썽을 일으켰나, 도련님?" 그가 말 멍에를 풀면서 물었다. "뭐 때문에 맞았니?"

내가 무엇 때문에 맞았는지 그에게 얘기하자 그는 얼굴을 붉히며 씩씩거렸다.

"뭐하러 그 애들과 놀았어! 그 애들은 귀족의 자식들이고 독사새끼들이야. 봐라, 걔들 때문에 네가 맞았잖아! 이젠 네가 그들에게 앙갚음을 할 차례야! 가만 있어선 안 돼!"

그는 오랫동안 분통을 터뜨렸다. 매를 맞아 화가 난 나는 처음엔 그의 말에 공감하면서 들었지만 노인의 주름진 얼굴이 더욱 불쾌하게 떨리는 걸 보면서, 그 아이들 또한 매를 맞았을 거라고 생각했다. 그들은 나에게 잘못한 것이 없는데도.

"그 애들을 때릴 필요는 없어요. 좋은 애들이에요. 아저씬 내게 항상 거짓말만 해."

내가 말했다.

그는 잠시 나를 쳐다보더니 느닷없이 소리쳤다.

"저리 가! 거기서 나오라고!"

"아저씨 바보!"

땅에 펄쩍 뛰어내리면서 나는 버럭 소리를 질렀다.

그가 나를 잡으려고 내 뒤를 쫓아 온 마당을 뛰기 시작했다. 그러나 나를 따라잡지는 못한 채 계속 뛰면서 꺽꺽대는 목소리로 고함을 쳤다.

"내가 바보라고? 내가 거짓말을 한다고? 내 이 녀석을……."

외할머니가 부엌 계단에 나오는 걸 보고 나는 외할머니 품으로 뛰어들었다. 그가 투덜대기 시작했다.

"이 꼬맹이 때문에 살 수가 없어요! 세상에, 내가 다섯 배는 나이를 더 먹었는데도 나에게 어머니가 어쩌고저쩌고 하면서*48 온갖 욕을 퍼붓잖아요 ……거짓말쟁이라고……."

내 앞에서 거짓말을 하다니, 나는 깜짝 놀라 어쩔 줄 몰라 하며 멍해졌다. 내가 어쩔 줄 몰라 하고 있으니 외할머니가 단호하게 말했다.

"흥, 진짜로 거짓말하는 사람은 바로 당신이에요, 표트르. 저 애는 당신에게 그런 더러운 욕은 하지 않았어요!"

외할아버지라면 이 짐마차 마부의 말을 믿었을 것이다.

그날부터 우리 사이에는 악의에 찬 말없는 전쟁이 시작되었다. 그는 마치 실수한 것처럼 나를 떠밀거나 고삐로 날 다치게 하고, 내 새를 놓아주고, 어느 때는 그 새를 고양이에게 잡아먹히게 했고, 기회만 있으면 외할아버지에게 나에 대해 거짓말을 보태 일러바치려 했다. 나는 점점 그가 노인으로 변장한 나와 똑같은 아이로 생각되었다. 나는 그의 미투리를 올을 풀고 끈을 잘라 두었다. 표트르 아저씨가 그 신을 신자 곧 떨어지고 말았다. 또 그의 모자에 후춧가루를 뿌려 한 시간이나 재채기를 하게 만들기도 하면서, 나는 대체로 힘이나 꾀에서 그에게 지지 않으려고 노력했다. 휴일마다 그는 하루 종일 눈을 빛내면서 나를 감시하고는, 내게 금지되어 있던 지주 아들들과 노는 현장을 몇 번이나 포착하여 그때마다 외할아버지에게 가서 고자질했다.

---

*48 어머니 이름을 이용한 가장 좋지 않은 욕설을 말한다.

지주 아들들과의 교제는 지속되었고 그것은 나에게 더욱더 많은 기쁨을 주었다. 외할아버지네 집 담과 오프샤니코프네 담장 사이 좁다란 갈고리 모양의 골목길에는 느릅나무와 보리수와 딱총나무 덤불이 자라고 있었다. 나는 그 덤불 아래 담장에 반원형 개구멍을 파놓았다. 삼형제가 교대로 혹은 둘씩 그 개구멍으로 다가왔고, 우리는 쭈그리고 앉거나 무릎 꿇고 앉아 조용히 얘기를 나누었다. 그 애들 가운데 하나는 대령이 갑작스레 우리에게 들이닥치는지 항상 감시했다.

그 애들은 자신들의 지루한 생활에 대해 얘기했다. 그 얘기를 듣고 나는 매우 슬퍼졌다. 그들은 내가 잡아준 새가 어떻게 살고 있는지에 대해, 그리고 어린아이다운 관심사에 대해 많은 이야기를 했다. 그러나 그들은 새엄마와 아버지에 대해서는 한마디도 하지 않았다. 적어도 내가 기억하기로는 그랬다. 그보다는 자주 나에게 옛날얘기를 해달라고 졸랐고, 나는 성실하게 외할머니한테 들었던 이야기를 되풀이했다. 그리고 만약 뭔가 잊어버린 것이 있으면 그 애들더러 기다리라고 하고 외할머니에게 달려가 잊어버린 내용에 대해 물어보았다. 그런 일은 항상 외할머니를 기쁘게 했다.

나는 그들에게 외할머니에 대한 이야기를 많이 해주었다. 어느 날은 첫째가 깊은 한숨을 내쉬며 말했다.

"할머니들은 다 좋은가봐. 우리에게도 좋은 할머니가 있었지……."

첫째는 '였지', '했지' 하는 말을, 11년이 아니라 백년이나 이 세상에서 살아 온 것처럼 자주 슬프게 말했다. 그의 좁은 손바닥과 가느다란 손가락이 기억난다. 몸 전체는 호리호리하고 허약해 보였지만 눈은 매우 맑았고 마치 교회의 등불처럼 온화했다. 그의 동생들도 사랑스러워 그들에 대한 커다란 신뢰감을 불러일으켰다. 언제나 그들을 위해 유쾌한 일을 해주고 싶었다. 그러나 그중에서도 첫째가 가장 마음에 들었다.

얘기에 열중한 나는 종종 표트르 아저씨가 나타난 것을 알아차리지 못했다. 표트르 아저씨는 느릿하게 말을 끌면서 큰 소리로 우리를 내몰았다.

"또, 또, 거기 있니?"

나는 그가 갈수록 자주 불길하고 무감각한 발작을 되풀이하는 것을 보았다. 심지어 그가 일을 마치고 어떤 기분으로 귀가하는지도 미리 짐작할 수 있게 되었다. 보통 그는 서두르지 않고 천천히 대문을 열었다. 문돌쩌귀가 오랫동안 나른하게 삐걱거렸다. 그런데 이 짐마차꾼의 심기가 편치 않을 때는 돌쩌귀가 짧게, 마치 고통으로 신음하는 것처럼 삐걱거렸다.

그의 벙어리 조카는 결혼하기 위해 시골로 돌아갔다. 표트르는 마구간 위에, 조그만 창문이 있고 천장이 낮은 골방에서 혼자 살았다. 그곳은 썩은 가죽과 타르와 땀과 담배가 뒤범벅이 된 지독한 냄새로 가득 차 있었다. 그 냄새 때문에 나는 절대로 그 방에 가지 않았다. 요즈음 그는 램프를 끄지 않고 잠을 잤는데, 외할아버지는 그것이 몹시 마음에 거슬렸다.

"조심해, 내 집을 몽땅 태워 먹으려고 그래, 표트르!"

"걱정 마세요! 밤에는 물을 담은 그릇 속에 램프를 놓아두니까요."

그는 딴 데를 쳐다보며 대답했다.

요즘 들어 그는 대체로 사람을 똑바로 쳐다보지 않았다. 오래전부터 외할머니의 저녁 연회에도 발길을 끊고 잼을 대접하는 일도 없었다. 얼굴은 말라붙어 주름살이 더 깊어졌고, 병자처럼 발을 끌고 몸을 흔들며 걸어 다녔다.

어느 평일 아침, 내가 외할아버지와 함께 밤새 엄청나게 쌓인 마당의 눈을 쓸고 있는데 갑자기 쪽문 빗장이 유별나게 시끄럽게 덜걱거리더니 경관이 들어와서 등으로 문을 닫고는 굵은 잿빛 손가락으로 외할아버지에게 손짓을 했다. 외할아버지가 다가가자 경관은 커다란 코를 마치 외할아버지 이마에 구멍이라도 뚫을 것처럼 기울이고, 잘 들리지 않는 목소리로 뭔가 얘기하기 시작했다. 그러자 외할아버지가 허둥대면서 대답했다.

"여기서요? 언제? 난 기억력이 좋지 않아서……."

그러더니 갑자기 우스꽝스럽게 펄쩍 뛰면서 소리를 질렀다.

"맙소사, 그게 정말입니까?"

"조용히 하시오."

경관이 엄하게 말했다.

외할아버지가 주위를 둘러보더니 나를 보았다.

"삽을 치우고 집 안으로 들어가거라!"

나는 구석에 숨었다. 그들은 짐마차 마부의 골방으로 갔다. 경관은 오른쪽 손에서 장갑을 벗어 왼손을 찰싹찰싹 때리면서 말했다.

"그는……알고 있어요. 그래서 말을 버리고 숨어버린 겁니다."

나는 내가 보고 들은 모든 걸 외할머니에게 얘기하려고 부엌으로 달려갔다. 외할머니는 밀가루로 뒤덮인 얼굴을 흔들면서 빵 반죽을 주무르고 있었다. 내 얘기를 다 듣고 나서 외할머니는 태연하게 말했다.

"뭔가 훔친 모양이지, 틀림없이…… 가서 놀아라, 네가 상관할 일이 아니니까!"

내가 다시 마당으로 뛰어나왔을 때, 외할아버지는 쪽문 앞에 서서 모자를 벗고 하늘을 올려다보며 성호를 긋고 있었다. 화가 난 듯, 털이 곤두 선 듯한 얼굴로 한쪽 다리를 떨고 있었다.

"내가 말했잖아, 집 안으로 들어가라고!"

외할아버지는 발을 구르며 내게 소리쳤다.

그러고는 내 뒤를 따라와 부엌으로 들어서면서 불렀다.

"이리 나와 봐, 할멈!"

외할머니와 외할아버지는 옆방으로 가서 오랫동안 쑤군거렸다. 외할머니가 다시 부엌으로 돌아왔을 때 나는 뭔가 무서운 일이 벌어졌음을 분명히 알 수 있었다.

"무슨 일인데 그렇게 놀라?"

"잠자코 있으라니까."

외할머니는 조용히 대답했다.

온종일 집안 공기가 예사롭지 않아서 무서웠다. 외할아버지와 외할머니는 불안하게 서로 눈짓을 교환하고 조용하고 짤막하게 내가 이해할 수 없는 말을 했다. 그 말이 나의 불안을 더욱 부채질했다.

"할멈, 램프를 사방에 켜도록 해."

외할아버지가 가벼운 기침을 하면서 지시했다.

마지못해서, 그러면서도 마치 누가 오기를 애타게 기다리는 듯이 서둘러 저녁을 먹었다. 외할아버지는 피곤한 듯 양 볼을 부풀리고 헛기침을 하고는 중얼거렸다.

"인간은 도저히 악마의 힘을 당할 수가 없어! 그 사람도 독실한 신도처럼 경건했는데. 할멈은 어떻게 생각해, 응?"

외할머니는 한숨을 내쉬었다.

흐릿한 은빛 겨울 낮은 끝없이 길게 느껴졌다. 집안은 점점 어둡고 불안하게 가라앉았다.

어둠이 깔릴 무렵 얼굴이 붉고 뚱뚱한 또 다른 경관이 찾아왔다. 그는 부엌 벤치에 앉아서 코를 골거나 고개를 끄덕거리며 졸고 있었다. 외할머니가 "어떻게 그걸 알아냈어요?" 하고 묻자 그는 잠시 사이를 두었다가 굵직한 목소리로 대답했다.

"걱정 마시오. 우리는 뭐든지 알아내니까!"

지금도 기억난다. 그때 나는 창가에 앉아 옛날 동전을 입 안에 넣어 뜨뜻하게 데워서 유리창 성에 위에 눌러, 뱀을 찌른 게오르기 포베도노세츠[49]의 모습이 찍히게 하려고 애쓰고 있었다.

갑자기 현관에서 가슴을 짓누르는 듯한 술렁거림이 들려왔다. 문이 활짝 열리고 페트로브나가 고막을 찢는 듯한 소리로 문지방에서 외쳤다.

"와서 저기 저 뒤편에 있는 게 뭔지 좀 봐요!"

경관을 보자 그녀는 다시 현관으로 달려갔다. 그러나 경관은 그녀의 치맛자락을 잡고 역시 놀란 것처럼 소리쳤다.

"잠깐 기다려요. 당신은 누구요? 무얼 보았소?"

문지방에 걸린 그녀는 무릎을 꿇고 쓰러졌고, 말과 눈물로 숨도 제대로 못 쉬면서 소리 지르기 시작했다.

"암소 젖을 짜러 가보니 카시린네 뜰에 장화 비슷한 게 보이지 않겠어요?"

그러자 외할아버지가 발을 구르며 화가 나서 소리쳤다.

"거짓말하지 마, 바보! 뜰에서 무엇이 보인다는 거야. 담장이 높고, 그 담장엔 구멍도 없잖아. 거짓말이야! 거기엔 아무것도 없어!"

"영감님!"

한 손은 외할아버지에게 뻗고, 다른 한 손으로는 머리를 감싸 쥐며 페트로브나가 신음소리를 냈다.

"정말이에요, 영감님, 내가 뭣 때문에 거짓말을 하겠어요! 내가 젖을 짜러 가는데 할아버지네 담장 쪽으로 발자국이 나 있고 눈이 한 군데 짓밟혀 있었어요. 그래서 담장을 넘겨다봤지요. 그랬더니 그게 보였어요, 그 사람이 누워 있는 것이……."

"누가!"

---

*49 전설에 따르면 3세기 말 디오클레시안 황제 시대에 살던 성인. 말을 타고 뱀을 죽이는 그의 모습이 고대 러시아 동전 위에 새겨져 있었다.

이 외침은 무시무시하게 오래 끌었다. 그 외침 소리는 무슨 소리인지 아무도 알아들을 수가 없었다. 그러나 모든 사람들이 마치 미친 듯이 서로 부딪치면서 부엌 쪽으로 뛰어나가 뜰로 달려갔다. 부드러운 눈으로 뒤덮인 구덩이 속에 표트르 아저씨가 누워 있었다. 시커멓게 탄 통나무에 기댄 채 머리는 가슴 쪽으로 푹 꺾여 있었다. 오른쪽 귀 아래에 마치 입처럼 깊이 베인 상처가 붉게 보였다. 그 상처에서 푸르스름한 살점들이 이빨처럼 튀어나와 있었다. 나는 무서워서 눈을 감았다. 속눈썹 사이로 표트르 아저씨의 무릎 위에서 낯익은 마구용(馬具用) 칼과 그 옆에 갈고리 모양으로 구부러진 거무스름한 오른쪽 손가락이 보였다. 왼손은 멀리 내던져져 눈 속에 묻혀 있었다. 눈은 짐마차 마부 밑에만 녹아 있고, 그의 조그마한 몸뚱이는 보드랍고 밝은 솜털 속에 깊이 묻혀 더욱더 어린아이처럼 보였다. 오른쪽 눈 위에 새 비슷한 모양의 이상한 빨간 무늬가 찍혀 있고, 왼쪽에는 아무도 건드리지 않은 듯 눈이 평평하고 눈부시도록 밝았다. 얌전하게 숙인 머리가 곱슬곱슬하고 무성한 턱수염을 누르고 있고 턱은 가슴에 닿아 있었다. 드러난 가슴에는 얼어붙은 붉은 핏줄기 속에 커다란 구리십자가가 놓여 있었다. 시끄러운 목소리들 때문에 머리가 무겁고 현기증이 났다. 페트로브나가 끊임없이 소리를 질러댔고, 경관은 발레이를 어디론가 심부름 보내려고 고함쳤다. 외할아버지가 "발자국을 밟지 않도록 하시오!" 하고 소리쳤다.

그러나 외할아버지는 갑자기 눈살을 찌푸리더니 자신의 발밑을 내려다보면서 커다란 목소리로 거만하게 경관에게 말했다.

"쓸데없이 소란 떨지 마시오, 순사 양반! 이건 하느님의 일이고, 하느님의 심판이오. 그러니 그렇게 여러 말 할 것 없지 않소. 당신들도 참!"

갑자기 모두들 소리를 멈추더니 한숨을 내쉬고 성호를 그으면서 죽은 사람을 가만히 응시했다.

어떤 사람들이 마당에서 뜰로 뛰어 왔다. 그들은 페트로브나네 담장을 기어오르다가 떨어지면서 작은 소리로 욕을 하다가, 외할아버지가 주위를 둘러보며 필사적으로 소리치는 것을 보고는 조용해졌다.

"이것 보시오들, 당신들이 딸기밭을 망쳐놓고 있소. 창피한 줄 아시오!"

외할머니가 흐느끼면서 내 손을 잡고 집으로 들어갔다.

"표트르 아저씨가 무얼 했어?"

내가 묻자 외할머니가 대답했다.

"너도 봤잖니?"

저녁 내내, 밤늦도록 낯선 사람들이 부엌과 부엌 옆방에 가득 들어차서 소리쳐댔다. 경관이 지휘를 하고, 성직자처럼 보이는 사람은 무언가를 기록하면서 마치 오리처럼 꽥꽥거리며 시끄럽게 질문을 해댔다.

"뭐요? 어떻게?"

외할머니는 부엌에서 모두에게 차를 대접했다. 구레나룻을 기르고 얼굴이 얽은 뚱뚱한 남자가 테이블에 앉아 신경에 거슬리는 목소리로 말했다.

"우리는 그의 진짜 이름을 모릅니다. 다만 고향이 엘라트마라는 것만 알고 있어요. 그 벙어리 조카는 사실 벙어리가 아니었어요. 그가 모든 걸 자백했습니다. 또 한 사람도 자백했어요. 이 일에 제3의 인물도 있었던 거지요. 그들은 아주 오래전에 교회를 털었는데, 그게 그들의 본업입니다……."

"오, 하느님!"

얼굴이 눈물에 젖어 상기되어 있는 페트로브나가 한숨을 내쉬었다.

나는 난로 위 침상에 누웠다. 아래를 내려다보니 모든 사람들이 땅딸막하고 뚱뚱하고 무섭게 보였다……

10

어느 토요일 아침 이른 시간에 나는 페트로브나의 채소밭으로 피리새를 잡으러 갔다. 오랫동안 잡으러 다녔지만 가슴이 붉은 그 거만한 새들은 좀처럼 덫에 걸려들지 않았다. 자신의 아름다움으로 사람을 우롱하면서 그 새들은 잘 닦은 은처럼 꽁꽁 언 눈 위를 재미있다는 듯이 걸어다니거나 따스한 서리옷을 입은 관목 가지 위로 날아오르고, 그 나뭇가지 위에서 파르스름한 눈꽃을 뿌리면서 싱싱한 꽃처럼 몸을 흔들었다. 그 모습이 너무 아름다워서 나는 새를 잡지 못했어도 화가 나지 않았다. 난 그렇게 열정적인 사냥꾼이 아니었다. 언제나 과정이 결과보다 마음에 들었다. 나는 새들이 어떻게 살아가는지 살펴보고, 그 작은 새들에 대해 생각하기를 좋아했다.

서리 내린 날 투명한 정적 속에서 새들이 재잘대는 소리를 들으며 눈밭 가에 홀로 앉아 있는 것이 좋았다. 어딘가 저 멀리 사라지는 트로이카의 방울 소리가—러시아의 겨울 슬픈 종달새가—높이 노래하고 있었다……

눈 덮인 대지에서 추위에 떨며 귀가 얼어붙는 느낌을 참으며 나는 덫과 새장을 거두고 담장을 기어올라 뜰로 돌아갔다. 거리 쪽으로 난 대문은 열려있었고, 몸집이 거대한 농부가 커다란 덮개가 있는 썰매에 맨 세 필의 말을 마당에서 끌어내고 있었다. 말들은 더운 김을 안개처럼 내뿜고 있었고, 농부는 유쾌하게 휘파람을 불었다. 나는 가슴이 섬뜩했다.

"누굴 태우고 왔어요?"

농부는 돌아서서 손으로 이마 위를 가리고 나를 쳐다보더니 마부석에 껑충 뛰어오르면서 말했다.

"사제님!"

그렇다면 안심이었다. 사제라면 아마도 셋방 사람들을 찾아왔을 것이기 때문이다.

"자, 가자 녀석들아!"

농부는 고삐로 말을 당기며 유쾌하게 정적을 깨면서 휘파람을 불었다. 말들이 사이좋게 들판 쪽으로 달리기 시작했다. 나는 그들 뒷모습을 바라보다가 대문을 닫았다.

그러나 텅 빈 부엌에 들어서자 옆방에서 엄마의 강한 목소리와 또박또박한 말소리가 들려왔다.

"자, 이제 어쩌시겠어요? 절 죽이고 싶으세요?"

나는 옷도 벗지 않고 새장을 집어던진 뒤 현관으로 뛰어나가다가 외할아버지와 부딪쳤다. 외할아버지는 내 어깨를 붙잡고 사나운 눈으로 내 얼굴을 노려보았다. 그리고 힘겹게 무언가를 삼키며 갈라진 목소리로 말했다.

"니 어미가 왔다. 가봐라, 어서!"

외할아버지가 나를 너무 세게 흔드는 바람에 나는 거의 서 있을 수가 없었다. 외할아버지는 방문 쪽으로 나를 밀었다.

"가거라, 가……."

나는 두꺼운 펠트와 밀랍을 먹인 천을 덧댄 문을 밀면서 추위와 흥분으로 손이 떨려 오랫동안 손잡이를 찾을 수가 없었다. 마침내 문을 열자, 눈이 부셔서 현기증이 나는 것 같아 문지방 위에 멈춰 섰다.

"오, 애야." 엄마가 말했다. "오, 많이 컸구나! 그래 엄마를 몰라보겠니? 옷을 어떻게 입혔기에, 이런! 귀가 하얗구나! 어머니, 어서 거위 기름 좀 갖다 줘요."

엄마는 방 한가운데 서서 내게 몸을 굽히고 나를 마치 공처럼 빙빙 돌리면서 입고 있는 옷을 벗겨냈다. 엄마의 커다란 몸은 농부의 헐렁하고 긴 윗옷처럼 폭이 넓고 따뜻하고 부드러운 붉은 옷으로 싸여 있고, 커다란 검은 단추가 어깨에서 옷자락까지 비스듬하게 채워져 있었다. 나는 그런 옷을 지금까지 한 번도 본 적이 없었다.

엄마의 얼굴은 전보다 더 작고 더 창백해 보였다. 하지만 눈은 더 크고 깊어지고 머리카락은 더욱 금빛으로 빛나고 있었다. 엄마는 내 옷을 벗겨 문지방 쪽으로 내던지며, 검붉은 입술을 혐오스럽게 비틀면서 명령하는 투로 계속 말했다.

"왜 잠자코 있니? 기쁘지? 어휴, 이 더러운 셔츠 좀 봐!"

그러고 나서 엄마는 내 귀를 거위 기름으로 문질렀다. 아팠지만 엄마의 몸에서 상쾌하고 맛있는 냄새가 풍겼다. 그것이 아픔을 덜어주었다. 너무도 흥분한 나머지 벙어리가 되어, 엄마의 두 눈을 들여다보면서 엄마에게 바짝 달라붙었다. 엄마의 말 사이 사이로 외할머니의 나지막하고 우울한 목소리가 들려왔다.

"그 앤 제멋대로 굴고 전혀 말을 안 들어먹어. 심지어는 외할아버지도 무서워하지 않는단다…… 오, 바랴, 바랴……."

"걱정하지 마세요, 어머니. 다 잘될 거예요!"

엄마와 비교하면 주변 모든 것이 작고 초라하고 낡아 보였다. 나 자신까지도 외할아버지처럼 늙어버린 듯했다. 튼튼한 무릎 사이에 나를 끼우고 묵직하고 따스한 손으로 내 머리를 쓰다듬으며 엄마가 말했다.

"머리를 깎아야겠다. 그리고 학교에 갈 때가 됐구나. 공부하고 싶니?"

"벌써 공부했는걸."

"더 배워야 해. 그래, 넌 참 튼튼하구나, 응?"

엄마는 나를 데리고 놀면서 낮고 굵고 따스한 웃음을 지었다.

화가 나서 낯빛이 좋지 않은 외할아버지가 약간 눈이 충혈되어 들어왔다. 엄마는 한 손으로 나를 옆으로 밀어놓고 큰소리로 물었다.

"저, 어떻게 할까요, 아버지? 제가 떠날까요?"

외할아버지는 유리창에 낀 성에를 손톱으로 긁으면서 오랫동안 말 없이 서 있었다. 주변 모든 것이 팽팽하게 긴장하여 숨이 막힐 것만 같았다. 이렇게 긴장되는 순간이면 늘 그렇듯 내 온몸이 눈과 귀가 되고 이상하게 가슴이 넓어져서 소리를 지르고 싶은 욕망을 부추겼다.

"렉세이, 저리 가."

외할아버지가 낮은 목소리로 말했다.

"왜요?"

엄마가 다시 나를 자기 쪽으로 끌어당기면서 말했다.

"아무데도 가지 마. 이 엄마가 허락할 수 없어……."

엄마가 일어나더니 석양의 구름처럼 방을 날아가서 외할아버지 등 뒤에 멈춰 섰다.

"아버지, 잠시만 들어보세요."

외할아버지가 엄마에게 몸을 돌리면서 날카롭게 소리쳤다.

"조용히 해!"

"흥, 저한테 소리 지르시면, 저 가만 있지 않을 거예요."

엄마가 조용히 말했다.

외할머니가 위협적으로 손가락질을 하면서 긴 의자에서 일어났다.

"바르바라!"

외할아버지가 의자에 앉아 중얼거렸다.

"잠시 기다려. 내가 누구냐, 응? 뭘 어쩌겠다는 거냐?"

그러더니 갑자기 자신의 목소리 같지 않은 소리로 외쳤다.

"넌 내 얼굴에 똥칠을 했어, 바리카!"

"나가거라."

외할머니가 내게 명령했다. 나는 부엌으로 나가서 풀이 죽어 난로 위로 기어올라갔다. 그리고 칸막이 뒤에서 들려오는 소리에 오랫동안 귀를 기울였다. 때로는 모두가 서로의 말을 가로채면서 한꺼번에 말하는가 하면, 때로는 모두들 갑자기 잠들어버린 것처럼 말이 없었다. 문제는 엄마가 낳아서 누군가에게 줘버린 아기에 대한 것이었다. 하지만 외할아버지가 뭣 때문에 화를 내고 있는 건지, 엄마가 외할아버지에게 의논도 하지 않고 아기를 낳았기 때문인지, 아니면 외할아버지에게 아기를 데려오지 않았기 때문인지 이해할 수가 없었다.

이윽고 외할아버지가 헝클어진 머리에 불그죽죽한 얼굴, 피곤한 모습으로 부엌에 들어왔다. 외할머니가 그 뒤를 따라 들어오며 윗옷 옷자락으로 뺨에 흘러내리는 눈물을 훔쳤다. 외할아버지는 벤치에 앉아 양팔을 짚고 몸을 구부려 부들부들 떨면서 잿빛 입술을 깨물었다.

외할머니는 외할아버지 앞에 무릎을 꿇고 조용히 그러나 열렬하게 말했다.

"영감, 제발 저 애를 용서하시구려! 용서해요! 어떤 썰매라도 부서질 때도 있는 법이에요. 지주나 상인들은 이런 근심이 없을 거라고 생각하시우? 여자라는 게 어떤 건지는 당신도 알잖아요? 그러니 용서해주구려. 아무도 완전하지는 못해요……."

외할아버지는 벽에 몸을 기대어 외할머니의 얼굴을 쳐다보았다. 그리고 일그러진 웃음을 지으면서 중얼거렸다.

"그래, 그렇지, 그렇고말고! 어떻게 안 그렇겠어? 할멈이 누굴 용서 안 하겠어, 누구든지 용서하잖아. 그래, 오 당신이란 사람은……."

외할아버지는 외할머니에게 몸을 구부리고 외할머니의 어깨를 잡아 흔들면서 빠르게 속삭였다.

"하지만 하느님께선 아무것도 용서하지 않으셔, 안 그래? 무덤까지 우릴 따라와서 우리의 마지막 날에 벌을 주시고, 평안이나 기쁨은 안 주시잖아! 내 말 명심하라고! 결국 우리는 거지가 되어 뒈질 거야, 거지가 되어!"

외할머니는 외할아버지 손을 잡고 나란히 앉아 가볍게 웃기 시작했다.

"그게 무에 그리 큰일이에요? 거지가 되는 게 뭐가 무서워요? 거지가 되면 되는 거지. 당신은 집에 앉아 있으시우, 내가 구걸하러 다닐 테니까. 걱정마시우, 먹을 걸 많이 얻어 와서 배불리 먹을 수 있을 거예요! 그러니 아무 걱정 말아요!"

외할아버지는 갑자기 싱긋 웃고는 마치 염소처럼 고개를 돌려 외할머니의 목을 껴안더니, 몹시 작아진 모습으로 흐느껴 울면서 외할머니에게 몸을 기댔다.

"에이, 바보, 행복한 바보, 내 마지막 사람! 바보인 자네는 아무것도 애석해하지 않고 아무것도 이해하지 못해! 기억하나, 우리가 얼마나 많은 일을 했고, 내가 저 애들을 위해 얼마나 많은 죄를 지었는지? 그래, 이제야 조금 마음 편할까 했는데!"

이 대목에서 나도 더 이상 참지 못하고 온통 눈물범벅이 되어 난로에서 뛰어내려 외할아버지와 외할머니에게 달려갔다.

난생 처음 두 사람이 다정하게 얘기하는 모습을 보는 기쁨과 그들에 대한 슬픔, 엄마가 집에 돌아왔다는 사실과 외할아버지와 외할머니가 동등하게 나를 당신들의 울음 속에 끼어들게 한 것에 감동하여 커다란 소리로 울음을 터뜨렸다. 그들도 나를 껴안고 눈물을 흘리면서 꼭 껴안아주었다. 외할아버지가 내 눈과 귀에 대고 속삭였다.

"오, 요 개구쟁이 녀석. 너도 여기 있었구나! 어미가 집에 왔으니 이젠 제 어미하고만 있겠지. 이제 이 늙고 사악한 할애비는 저리로 가라고 하겠지, 그렇지? 널 귀여워하고 응석을 받아준 할미도 저리 가라고 하겠지? 에이, 요 녀석아……"

외할아버지는 우리를 밀어내면서 일어서서 화난 듯이 커다란 목소리로 말했다.

"모두가 떠나버려. 모두가 떠날 궁리만 하고 있어. 모든 게 뿔뿔이 흩어지고 있어…… 자, 저 앨 불러. 뭘 하고 있는 게야! 어서 빨리……"

외할머니가 부엌에서 나갔다. 외할아버지는 머리를 수그리고 구석으로 가서 말했다.

"자비로우신 하느님, 자, 보세요. 이 집에서 일어나고 있는 꼴들 좀 보세요!"

외할아버지는 주먹으로 가슴을 세차게 쿵쿵 두들겨댔다. 나는 그것을 좋아하지 않았다. 언제나 하느님 앞에서 자랑하듯이 하느님과 얘기하는 그가 대부분 마음에 들지 않았다.

엄마가 왔다. 엄마가 입고 있는 붉은 옷 때문에 부엌 안이 환해졌다. 엄마는 식탁 옆 벤치에 앉고, 외할아버지와 외할머니가 엄마 양쪽에 앉았다. 엄마가 입고 있는 옷의 넓은 소매가 외할아버지와 외할머니의 어깨 위에 걸쳐져 있었다. 엄마는 조용하고 진지하게 무언가에 대해 얘기했고, 외할아버지와 외할머니는 엄마 말을 끊지 않고 말없이 귀를 기울였다. 지금은 외할아버지와 외할머니 둘 다 조그맣게 보였고, 그래서 마치 엄마가 외할아버지와 외할머니의 엄마인 것처럼 보였다.

흥분으로 지쳐서 나는 부엌 침상에서 깊은 잠에 떨어졌다.

저녁에 두 노인은 축제처럼 성장을 하고 저녁기도회에 갔다. 외할머니는 동직조합장의 정복에 너구리털 외투를 입고 발뒤꿈치까지 오는 바지를 입은 외할아버지를 보면서 기분 좋게 눈을 찡긋했다. 그리고 엄마에게도 눈을 찡긋하며 말했다.

"봐라, 아버지가 깨끗한 새끼 염소처럼 말쑥하시구나!"

엄마가 유쾌하게 웃었다.

엄마 방에 둘만 남게 되자 엄마는 긴 의자 위에 올라앉아 손바닥으로 자기 옆을 두드리면서 말했다.

"이리 가까이 오렴! 그래, 어떻게 지냈니? 나빴어, 응?"

어떻게 지내고 있었을까?

"몰라."

"외할아버지가 때려?"

"요즘은 그렇게 많이는 안 때려."

"그래? 하고 싶은 대로 얘기해봐, 응?"

나는 외할아버지에 대해선 말하고 싶지 않아서, 바로 이 방에 매우 좋은 사람이 살고 있었던 것, 하지만 아무도 그를 좋아하지 않았던 것, 외할아버지가 그 사람을 이 방에서 내쫓은 것에 대해 얘기하기 시작했다. 엄마는 그 얘기가 마음에 안 들었던지 이렇게 말했다.

"그래, 또 다른 이야기는?"

나는 세 명의 소년에 대해, 또 대령이 마당에서 나를 쫓아낸 것에 대해 이야기했다. 엄마는 나를 꼭 껴안았다.

"에이, 나쁜 사람."

엄마는 눈을 가늘게 뜨고 마루를 바라보며 고개를 흔들면서 말없이 앉아 있었다. 내가 엄마에게 물었다.

"왜 외할아버지가 엄마에게 화를 냈어?"

"내가 외할아버지에게 잘못했단다."

"외할아버지에게 아기를 데려왔으면 좋았을 것을……"

엄마가 움찔하더니 눈살을 찌푸리고 입술을 깨물었다. 그러더니 갑자기 나를 꽉 조르듯 껴안으며 큰소리로 웃어젖혔다.

"오, 너 무서운 아이구나! 너, 그런 말 아무한테도 해서는 안 돼, 알았지? 입 다물고 생각조차 하지 마라!"

엄마는 오랫동안 무언가 조용히 엄하게 이해할 수 없는 말을 하고나서, 자리에서 일어나 손가락으로 턱을 톡톡 치고 짙은 눈썹을 움직이면서 방 안을 서성대기 시작했다.

테이블 위에서는 수지 양초가 녹아내리며 텅 빈 거울 속에 불빛을 반사하고 있었고, 우중충한 그림자가 마룻바닥을 따라 기어 다녔다. 구석의 성상 앞에는 등불이 타오르고 있고, 성에 낀 유리창이 달빛을 받아 은빛으로 빛났다.

엄마는 벌거벗은 벽과 천장에서 뭔가를 찾는듯이 주위를 휘둘러보았다.

"넌 언제 잠자리에 들지?"

"지금 곧."

"하지만 넌 낮에도 잠을 자곤 했지."

엄마가 옛날을 회상하고는 한숨을 내쉬었다. 내가 물었다.

"엄만 나가고 싶은 거지?"

"내가 어딜?"

엄마는 깜짝 놀라 소리치고는 내 머리를 들어 올리고 내 눈에서 눈물이 날 정도로 오랫동안 내 얼굴을 들여다보았다.

"왜 눈물을 흘리니?"

"목이 아파."

그리고 가슴도 아팠다. 나는 갑자기 엄마가 이 집에서 살지 않고 떠나리라는 느낌이 들었다.

"넌 아버지를 닮아가는구나." 발로 깔개를 옆으로 밀어내면서 엄마가 말했다. "외할머니가 아버지에 대해 얘기해주셨니?"

"응."

"외할머닌 막심을 무척 사랑하셨지, 아주 많이! 아버지도 할머니를 좋아했고……."

"나도 알아."

엄마는 촛불을 바라보고는 얼굴을 찌푸리며 그것을 껐다.

"끄는 게 더 낫겠다!"

실제로 방 안은 더 깨끗해졌고 지저분한 검은 그림자도 어른거리지 않았다. 마룻바닥 위에 엷은 하늘색 얼룩이 나타났고, 창문 유리에서는 황금빛 불꽃이 타올랐다.

"근데 엄마는 어디서 살았어?"

마치 오래전에 잊어버린 것을 회상이라도 하듯 엄마는 몇몇 도시의 이름을 댔다. 그리고 내내 마치 매처럼 소리 없이 방 안을 빙빙 돌았다.

"그 옷은 어디서 났어?"

"엄마가 만들었어. 엄마 옷은 모두 엄마가 만들어."

엄마가 그 누구와도 비슷하지 않다고 생각하니 기분은 좋았지만, 엄마가 별로 말이 없고 내가 묻지 않으면 전혀 말이 없는 것이 슬펐다.

잠시 뒤 엄마는 다시 내 옆에 있는 긴 의자에 앉았다. 우리는 아무 말 없이, 두 노인이 밀랍과 향냄새를 풍기며 엄숙하고 조용하고 기분 좋은 표정으로 돌아올 때까지 서로 꼭 기대 앉아 있었다.

우리는 축일처럼 조용하게 저녁을 먹었다. 식탁에서는 누군가의 선잠을 깨울까봐 걱정이라도 하듯 조심스럽게 별로 말들을 하지 않았다.

곧 엄마는 정열적으로, 나에게 '시민 활자'를 가르치기 시작했다. 엄마는 책을 몇 권 사서 그 가운데 하나인 《국어》라는 책으로 읽기와 쓰기를 가르쳤다. 나는 그 까다로운 시민활자를 읽는 일을 며칠 만에 정복했다. 그러나 엄마는 곧바로 내게 시를 암송하도록 시켰다. 그때부터 엄마와 나의 고통이 시작되었다.

어떤 시의 구절은 이렇게 되어 있었다.

넓고 곧은 길이여,
드넓은 자리를 하느님은 네게 주셨구나.
도끼도 삽도 없이 말발굽으로 닦여진
먼지 자욱한 길이여.

나는 '프로스토라(공간)'를 '프로스토고(단순한 것을)'로, '로브날리(닦다)'를 '루빌리(자르다)'로, '코피투(말발굽에는)'를 '코피타(말발굽의)'로 읽었다.

"자, 생각 좀 해봐." 엄마가 나를 가르쳤다. "어째서 '프로스토고'야? 이상한 아이구나! '프로스토라'야, 알겠니?"

나는 이해했지만 계속 '프로스토고'라고 읽으면서 그러는 나 자신에게 스스로도 놀라고 있었다.

엄마는 화를 내며 내가 이해력이 없고 고집불통이라고 말했다. 그 말을 듣는 것이 괴로워서 나는 그 저주스러운 놈의 시를 외우려고 매우 열심히 노력했고 마음속으로는 틀리지 않고 그것을 읽었다. 하지만 소리 내어 읽게 되면 영락없이 틀려버리는 것이었다. 나는 그 정복하기 어려운 몇 구절이 증오스럽고 심술이 나 일부러 같은 소리가 나는 단어들을 서투르게 일렬로 주워 모아 시구들을 일그러뜨렸다. 마법에 걸린 시가 모든 의미를 잃어버리자 나는 그것이 매우 자랑스러웠다.

그러나 그 놀이는 비싼 대가를 치러야 했다. 한번은 공부를 성공적으로 마친 뒤 엄마가 마침내 시를 다 암송했는지 내게 물어보았다. 나는 나 자신도 모르게 이렇게 중얼거리기 시작했다.

도로가(길) 드부로가(두 개의 뿔) 트보로그(응고된 우유) 네도로가(높지 않다) 코피타(말발굽) 포포토(수도사들) 코리토(통)…….

나는 한참이 지나서야 정신을 차렸다. 엄마는 테이블에 두 손을 짚고 일어서서 한마디씩 끊어가면서 물었다.

"그게 무슨 뜻이냐, 도대체?"

"몰라."

나는 멍해져서 말했다.

"네가 하고도!"

"그냥 해본 거야."

"뭐가 그냥이야?"

"재미있어서."

"구석으로 가!"

"왜?"

엄마는 조용히 그러나 위협적으로 되풀이해서 말했다.

"구석으로 가!"

"어느 구석?"

대답도 하지 않고 엄마는 내 얼굴을 빤히 쳐다보았다. 너무나 오래 쳐다보아서 나는 엄마가 무엇을 원하는지를 이해하지 못해 완전히 당황하고 말았다. 구석 성상 밑에는 둥근 테이블이 있고, 그 위에는 향내가 나는 마른 풀과 꽃이 꽂힌 꽃병이 놓여 있었다. 그 맞은쪽 구석에는 양탄자로 덮인 궤가 있고, 뒤쪽 구석은 침상이 차지하고 있었다. 하지만 네 번째 구석은 없었다. 벽에 바로 문설주가 있었기 때문이다.

"어떻게 하라는 건지 모르겠어."

나는 엄마의 뜻을 이해하지 못한 채 절망적으로 말했다.

엄마는 의자에 주저앉아 이마와 뺨을 닦으면서 잠시 말이 없었다. 그러다가 엄마가 물었다.

"할아버지가 널 구석에 서 있게 했지?"

"언제?"

"언제든지!"

엄마는 소리치면서 손바닥으로 두 번 테이블을 내리쳤다.

"아니, 기억이 안나."

"그건 알지, 구석에 서 있는 게 벌이라는 건?"

"아니, 그게 왜 벌이야?"

엄마는 한숨을 내쉬었다.

"후! 이리 온."

나는 엄마에게 다가가면서 물었다.

"엄마는 왜 나한테 소리를 질러?"

"그럼 넌 왜 일부러 시를 틀리게 읽는 거야?"

나는 눈을 감으면 책에 있는 대로 시를 암송할 수 있지만 소리 내어 읽다 보면 다른 단어들이 갑자기 튀어나온다고 엄마에게 강조해서 설명했다.

"일부러 그러는 게 아니고?"

나는 아니라고 대답했다. 하지만 곧 '어쩌면 내가 일부러 그러는 게 아닐까?'하는 생각이 들었다. 그러고는 서두르지 않고 나는 완전히 올바르게 시를 낭송했다. 나도 깜짝 놀랄 정도여서 내 말이 거짓말처럼 느껴졌다.

얼굴이 갑자기 부어오른 듯하고, 귀는 피가 몰려 무거워지고, 머릿속에서는 불쾌한 소음이 나는 것 같은 느낌이었다. 나는 수치심으로 얼굴을 붉히면서 엄마 앞에 서 있었다. 눈물 너머로 엄마가 어둡고 슬픈 얼굴로 입술을 꼭 다물고 미간을 찌푸리고 있는 것이 보였다.

"어떻게 된 거니?" 엄마는 다른 사람 같은 목소리로 물었다. "그러니까 일부러 그랬던 거지?"

"몰라, 난 그럴 생각은 없었어."

"정말 골치 아픈 애구나." 엄마는 고개를 떨구면서 말했다. "나가거라!"

엄마는 내게 갈수록 더 많은 시를 외울 것을 요구했지만, 내 기억력은 갈수록 그것을 더 받아들이지 않았다. 따라서 시를 바꾸어 뜻을 왜곡하고 그 시에 다른 단어들을 끼워 넣으려는 도저히 통제할 수 없는 충동이 점점 강렬해져서 더욱 악의적으로 되어갔다. 나는 그런 일을 쉽게 해냈다. 필요 없는 단어들이 추가되어 꼭 필요한 책속 단어들을 어느새 망쳐놓았다. 한 구절 전체가 내 눈에 보이지 않을 때도 종종 있었고, 내가 아무리 정직하게 그 시구를 붙잡으려고 노력해도 그 시구는 기억이 나지 않았다. 뱌젬스키 공작의 시로 짐작되는 이 애처로운 시는 내게 많은 고통을 가져다주었다.

> 저녁나절에도 이른 아침에도
> 수많은 늙은이들, 과부들, 고아들이
> 제발 한 푼만 적선해 줍쇼.

하지만 세 번째 행인,

> '창문 밑에서 자비를 구하고 있네,'

란 구절을 나는 정확하게 빠뜨려 먹었다. 엄마는 화가 나서 내가 그동안 한 짓들을 외할아버지에게 일러바쳤다. 그러면 외할아버지는 기분 나쁘게 말했다.

"그 앨 너무 버릇없이 키웠어! 그 애는 기억력이 좋아. 나보다도 기도문을 더 정확하게 알고 있지. 그 애는 거짓말을 하고 있어. 그 애는 돌 같은 기억력을 갖고 있거든. 그 돌 같은 기억력에 뭐든 새겨놓기만 하면 아주 확고하게 남게 되지! 그 애를 채찍으로 때려라!"

외할머니도 나의 유죄를 증언했다.

"그 앤 옛날얘기와 노래를 암송한단다. 그런데 노래를 암송하면서 왜 시는 못 외우겠니?"

그것은 모두 사실이었다. 나는 죄책감을 느꼈지만 시를 배우려고 하면 어디선가 다른 낱말들이 제멋대로 떠올라 바퀴벌레처럼 기어 나왔고 다음과 같은 시구들을 만들어냈다.

우리 집 대문 옆에
많은 늙은이와 고아들이
걸어다니고 탄식하며 빵을 구걸하네.
그들은 빵을 주워 모아 페트로브나에게 가져가
그녀에게 암소 먹이로 팔아서
골짜기에서 보드카를 마시네.

밤에는 외할머니와 함께 난로 위 침상에 누워서 책에서 외운 것과 나 자신이 지은 것을 모두 지겨울 정도로 외할머니에게 자꾸만 되풀이해 들려주었다. 이따금 외할머니는 웃음을 터뜨렸지만 대부분 나를 꾸짖었다.

"봐라, 정말로 넌 알고 있고 외울 수도 있잖니! 하지만 거지들을 놀려대서는 안 돼. 하느님, 그들을 도와주소서! 그리스도께서는 걸식을 하셨고 성자들도 모두……."

나는 이렇게 웅얼거렸다.

나는 거지들이 싫어요,
그리고 외할아버지도.
어쩌면 좋지요?
용서해 주세요, 하느님.
외할아버지는 항상
날 때릴 구실을 찾고 있어요.

"도대체 무슨 말을 하고 있니, 네 녀석의 혀가 말라버렸으면!" 외할머니는 화를 냈다. "외할아버지가 네가 한 이 말을 들으신다면 어떻겠니?"

"상관없어!"

"넌 괜히 버릇없이 굴어서 엄마를 화나게 하고 있어! 네 일이 아니라도 엄마는 심신이 아주 불편해."

외할머니는 생각에 잠긴 목소리로 부드럽게 설득했다.

"왜 엄마의 심신이 불편해?"

"조용히 해, 응! 넌 이해할 수 없어……."

"난 알아. 그건 외할아버지가 엄마를……."

"입 다물라고 했잖니!"

사는 것은 힘든 일이었고 절망에 가까운 감정을 경험하기도 했다. 하지만 나는 왠지 그런 감정을 숨기고 싶었다. 나는 골칫덩어리가 되어 일부러 버릇없이 굴었다. 엄마의 수업은 더욱더 많아졌고 더욱 이해할 수 없게 되었다. 산수는 쉽게 정복했지만 쓰는 것은 견딜 수 없었고 문법을 전혀 이해하지 못했다. 그러나 무엇보다도 나를 압박한 것은 외할아버지네 집에서 엄마가 고통스럽게 살아가는 모습을 보고 느끼는 것이었다. 엄마 얼굴이 갈수록 흐려졌고 모든 사람들을 낯선 눈길로 쳐다보았다. 엄마는 오랫동안 말없이 뜰로 난 창가에 앉아 있었다. 어쩐지 엄마의 몸 전체가 퇴색해버린 듯했다. 집에 온 뒤 처음 며칠 동안 엄마는 민첩하고 신선했지만 지금은 눈 밑이 검어지고, 온종일 머리도 빗지 않고, 구겨진 옷을 입고, 재킷 단추도 채우지 않고 있었다. 그런 모습은 엄마를 엉망으로 만들어놓았고 나를 화나게 했다. 엄마는 항상 아름답고 엄격하고 산뜻한 옷차림을 하고 있어야 한다—그 누구보다도!

나를 가르치는 동안 엄마는 움푹 들어간 눈으로 내 뒤에 있는 벽이나 창문을 바라보았다. 피곤한 목소리로 내게 질문을 했고 내 대답을 잊어버렸으며 점점 더 자주 화를 내고 소리를 질러댔다. 그것 역시 나를 화나게 했다. 엄마는 옛날얘기에서처럼 누구보다 더 공정해야만 했다.

이따금 나는 엄마에게 물었다.

"엄만 우리하고 있는 게 안 좋아?"

엄마는 화를 내며 소리쳤다.

"네 일이나 해!"

나는 또 외할아버지가 외할머니와 엄마를 놀라게 하는 무슨 말을 하는 것을 보았다. 외할아버지는 종종 엄마 방에 들어가 문을 잠그고 뭔가 장황하게 넋두리를 하고 절름발이 목동 니카노르가 부는 불쾌한 나무피리처럼 빽빽거리며 소리를 질러댔다. 한번은 그런 대화 도중에 엄마가 온 집안이 떠나갈 듯한 목소리로 부르짖었다.

"그건 안 돼요, 절대로!"

방문이 쾅 닫히면서 외할아버지가 울부짖기 시작했다.

그 일은 저녁에 일어났다. 외할머니는 부엌 식탁에 앉아 외할아버지 셔츠를 꿰매면서 뭔가 혼자 웅얼거리고 있었다. 문이 쾅 하고 닫히자 외할머니는 귀를 곤두세우며 말했다.

"엄마가 셋방 사람들에게 갔구나. 오, 맙소사!"

갑자기 외할아버지가 부엌으로 뛰어 들어오더니 외할머니에게 달려가 머리를 때렸다. 그러고는 손이 아파 흔들면서 씩씩거리며 소리쳤다.

"쓸데없는 소리 지껄이지 마, 이 마귀할망구야!"

"당신은 늙은 바보예요." 외할머니는 맞은 머리를 다시 손질하면서 침착하게 말했다. "내 입을 막지는 못해요! 언제라도, 뭐든지, 당신 음모에 대해 알게 되면 모두 그 애에게 말해줄 거예요……."

외할아버지는 외할머니에게 달려들어 외할머니의 커다란 머리에 미친 듯이 소나기 주먹을 퍼붓기 시작했다. 외할머니는 방어하지도 않고 피하지도 않으면서 이렇게 말했다.

"그래, 때려요 때려, 이 바보! 자, 어서 때려!"

나는 난로 위 침상에서 그들을 향해 베개와 담요와 장화를 집어던지기 시작했지만 격분한 외할아버지는 그런 건 아랑곳도 하지 않았다. 외할머니가 마룻바닥에 쓰러졌다. 외할아버지는 외할머니의 머리를 발로 마구 차다가 마침내 외할아버지도 같이 넘어지면서 물이 든 양동이를 뒤엎어버렸다. 외할아버지는 벌떡 일어나더니 침을 뱉고 씩씩거리면서 사납게 주위를 휙 둘러보고는 자기 다락방으로 가버렸다. 외할머니는 몸을 일으켜 신음소리를 내면서 벤치에 앉아 헝클어진 머리를 쓸어 넘겼다. 내가 난로 위 침상에서 뛰어내렸을 때, 외할머니가 화난 것처럼 말했다.

"베개를 주워 모아서 모두 난로 위에 올려놔! 어쩌자고 베개를 내던진 거야! 이게 네가 상관할 일이냐? 저 늙은 악마가 발광을 했어, 바보 같으니라고!"

갑자기 외할머니는 신음소리를 내고 눈살을 찌푸렸다. 그리고 고개를 떨구고 나를 불렀다.

"여길 좀 봐다오, 상처가 났는지."

외할머니의 무거운 머리카락을 헤쳐 보았다. 머리핀 하나가 두피 속에 깊이 박혀 있었다. 나는 그 머리핀을 뽑아내고 또 하나의 핀도 찾아냈지만 손가락이 마비된 것처럼 말을 듣지 않았다.

"엄마를 불러야겠어. 무서워."

외할머니가 손을 내저었다.

"뭐? 엄마를 부르겠다고! 네 엄마가 아무것도 듣지도 보지도 않은 것이 얼마나 다행인데, 엄마를 부르겠다고! 저리 나가!"

외할머니는 스스로 레이스 짜는 여자의 유연한 손가락으로 숱 많은 검은 머리 속을 뒤지기 시작했다. 난 용기를 내어 외할머니를 도와 두피 속에서 구부러진 굵은 머리핀 두 개를 더 빼냈다.

"할머니, 아파?"

"괜찮다, 내일 목욕탕*50에 가서 증기욕을 하고 씻어내면 괜찮아질 게다."

그리고 내게 부드럽게 부탁했다.

"그런데 아가, 외할아버지가 날 때린 걸 엄마한테는 말하지 마라, 알아들었지? 이게 아니라도 그 두 사람은 서로 사이가 좋지 않아. 말하지 않을 거지?"

"안 할게."

"됐어, 잊지 마라! 이제 이 방을 모두 정돈하자. 할미 얼굴에 상처 났니? 괜찮지? 그래, 그럼 모든 게 가려질 테니……."

외할머니는 마루를 닦기 시작했고 나는 진심으로 이렇게 말했다.

"외할머닌 꼭 성자 같아. 고통을 받고 또 받아도 외할머니한테는 아무것도 아냐!"

"무슨 쓸데없는 소릴 지껄이는 거냐? 성자라니…… 왜 그런 소릴 하는 거지?"

외할머니는 네 발로 기어서 왔다 갔다 하면서 오랫동안 중얼댔다. 나는 계

---

*50 러시아의 대중목욕탕.

단에 앉아서 어떻게 하면 외할머니 대신 외할아버지에게 복수할 수 있을까 곰곰이 생각했다.

내가 보는 앞에서 외할아버지가 외할머니를 그렇게 잔인하고 무시무시하게 때린 것은 처음이었다. 내 눈앞의 어슴푸레한 어둠 속에서 외할아버지의 붉은 얼굴이 불타오르고 당근색 머리카락이 흩날렸다. 내 가슴 속에서는 분노가 이글이글 끓어올랐고, 적당한 복수가 생각나지 않는 것이 참으로 원통했다.

그러나 이틀쯤 지나 어떤 일로 다락방에 있는 외할아버지에게 간 나는, 외할아버지가 열려 있는 가방을 앞에 놓고 마룻바닥에 앉아서 가방 속에 있는 종이를 살펴보고 있는 것을 보았다. 의자 위에는 외할아버지가 애지중지하는 성자력(聖子歷)이 있었다. 그것은 열두 장으로 된 두꺼운 회색 종이였는데 다달이 일수대로 네모난 칸을 나누어놓고 그 안에 그날의 성자의 초상이 모두 들어 있었다. 외할아버지는 그 성자력을 매우 소중히 여겼고 어쩌다가 내가 특별히 마음에 들 때만 아주 드물게 그 성자력을 들여다보도록 허락했다. 나는 늘, 빽빽하게 들어찬 회색의 조그맣고 귀여운 성자들의 모습을 어떤 특별한 감정을 가지고 눈여겨보곤 했다. 나는 그들 가운데 몇몇 성자들—키리크와 울리티, 대순교자 바르바라, 판텔레이몬, 그밖에도 많은 성자들의 생애를 알고 있었다. 특히 성자 알렉세이의 슬픈 생애와 그에 대한 아름다운 시가 마음에 들었다. 외할머니는 종종 감동적으로 그 시를 내게 읽어주었다. 수백 명이나 되는 그 사람들을 가만히 보고 있으면, 나는 언제나 순교자들이 있었다는 사실에 조용한 위안을 얻곤 했다.

그러나 지금은 그 성자력을 찢어버리기로 결심했다. 외할아버지가 독수리가 그려진 푸른 종이를 읽으면서 창가로 갔을 때, 나는 몇 장의 종이를 움켜잡고 재빨리 아래층으로 달려 내려온 다음 외할머니의 테이블에서 가위를 꺼냈다. 그리고 난로 위 침상으로 기어 올라가 성자들의 머리를 잘라내기 시작했다. 성자들의 목을 한 줄 잘라내자 나는 성자들이 불쌍해졌다. 그래서 네모 칸을 분할하고 있는 선을 따라 자르기 시작했다. 그러나 두 번째 줄을 다 자르기도 전에 외할아버지가 나타나 계단 위에 서서 물었다.

"누가 네게 성자력을 가져가라고 그랬니?"

판자 위에 흩어져 있는 네모난 종잇조각들을 본 외할아버지는 그걸 움켜쥐고 얼굴 가까이 가져갔다가 내던지더니 다시 집어 들었다. 외할아버지의 턱뼈가 일그러지면서 턱수염이 곤두섰다. 그리고 종이가 마룻바닥 위로 날아 떨어질 정도로 거세게 숨을 토해냈다.

"무슨 짓을 하고 있는 거냐?"

마침내 외할아버지는 고함을 지르며 내 한쪽 다리를 잡아당겼다. 나는 공중에서 뒤집혀 떨어졌고 외할머니가 팔로 나를 받았다. 외할아버지는 외할머니와 나를 주먹으로 치면서 꽥꽥 소리를 질렀다.

"주, 죽여버릴 테다!"

엄마가 나왔다. 정신이 들고 보니 나는 구석의 난롯가에 있었다. 엄마는 나를 몸으로 막아 서서 얼굴 앞에 날아드는 외할아버지의 손을 붙잡고 밀치면서 말했다.

"도대체 이게 무슨 추태예요? 정신 차리세요! ……"

외할아버지는 창문 아래 벤치에 쓰러지면서 신음했다.

"저것들이 날 죽였어! 모두, 모두가 내게 대드니, 아아……"

"창피하지도 않으세요?" 엄마의 목소리가 낮고 공허하게 울렸다. "왜 늘 그렇게 꾸며서 말하세요?"

외할아버지는 소리소리 지르며 두 발로 의자를 찼다. 외할아버지의 턱수염은 우스꽝스럽게도 천장을 향해 곤두서고 두 눈은 꼭 감겨 있었다. 나는 외할아버지가 엄마에게 부끄러워서 정말로 꾸며서 말했으며, 그래서 눈을 감고 있는 것이라고 생각했다.

"이 조각들은 내가 옥양목 위에 붙여드리겠어요. 전보다 더 좋고 더 튼튼해질 거예요."

찢어진 종잇조각들과 멀쩡한 종이 몇 장을 살펴보면서 엄마가 말했다.

"이것 좀 보세요. 모든 게 구겨지고 접힌 자국이 생기고 너덜너덜하잖아요……"

수업시간에 내가 무언가를 이해하지 못할 때 얘기하듯이 엄마는 외할아버지에게 말했다. 갑자기 외할아버지가 일어서더니 능숙한 손길로 셔츠와 조끼를 단정하게 고쳐 입고 가래를 뱉은 다음 이렇게 말했다.

"오늘 당장 붙이도록 해라! 나머지도 갖다 줄 테니."

외할아버지는 문 쪽으로 가다가 문지방에서 뒤돌아서더니 구부러진 손가락으로 나를 가리켰다.

"하지만 저 녀석은 맞아야 해!"

"예, 맞아야 해요." 엄마는 동의하면서 내 쪽을 향했다. "왜 이런 짓을 했니?"

"일부러 그랬어. 외할아버지가 외할머니를 때리지 못하게 해. 안 그러면 난 다시 외할아버지의 턱수염을 잘라버릴 거야."

외할머니는 찢어진 윗저고리를 벗으면서 고개를 젓고는 책망하는 듯이 말했다.

"아무 말도 하지 않겠다고 약속했잖니!"

외할머니는 바닥에 침을 뱉었다.

"네 녀석 혓바닥이 부어올라 움직이지도 굴리지도 못했으면 좋겠다!"

엄마가 외할머니를 바라보더니 부엌을 가로질러 내게 다가왔다.

"외할아버지가 언제 외할머니를 때렸니?"

"바르바라, 넌 부끄럽지도 않니? 그런 걸 물어보게? 네가 참견할 일이 아니잖아?"

외할머니가 화가 나서 말했다.

엄마가 외할머니를 껴안았다.

"오, 어머니, 내 사랑스런……."

"아이고 저런, 어머니라니! 저리 가……."

두 사람은 서로 얼굴을 바라보다가 말없이 떨어졌다. 현관에서 외할아버지의 발소리가 들려왔다.

집에 온 지 처음 며칠 동안 엄마는 우리 집에 세 들어 사는 군인의 명랑한 아내와 친해져서 거의 매일 저녁 그들이 있는 앞채로 나갔다. 그곳에는 베틀렌가네 집에서도 사람들이—예쁜 부인들과 장교들이 오곤 했다. 외할아버지는 그것이 마음에 들지 않아 부엌에서 저녁을 먹을 때 숟가락으로 위협하며 노한 목소리로 말한 적이 한두 번이 아니었다.

"저 우라질 놈들, 또 모였군! 오늘도 아침까지 잠을 잘 수가 없겠어."

외할아버지는 곧 세든 사람들에게 방을 비워달라고 요구했다. 그들이 나가버리자 외할아버지는 어디선가 여러 가지 가구들을 실은 짐마차 두 대를 끌고 와서 그 가구를 앞방에 들여다 놓고 커다란 맹꽁이자물쇠로 잠가 버렸다.

"우리 집에는 셋방을 들일 필요가 없어. 나도 손님들이나 받아야겠다!"

그리하여 휴일마다 손님들이 나타나기 시작했다. 외이모할머니인 마트료나 이바노브나도 왔는데 말이 많고 코가 커다란 세탁부였다. 줄무늬가 있는 비단옷에 황금색 머릿수건을 쓴 그 여자는 두 명의 아들도 데리고 왔다. 하나는 긴 머리에 온통 회색 옷을 입은 선량하고 명랑한 제도공 바실리였고, 다른 한 사람은 현란한 옷을 입고 말 같은 머리에 얼굴이 좁고 주근깨가 많은 빅토르였다. 그는 현관에서 덧신을 벗으면서 마치 페트루시카(인형극)처럼 빽빽거리며 노래를 불렀다.

"안드레이 파파, 안드레이 파파……."

이 노래에 나는 깜짝 놀랐고 경탄했다.

야코프 외삼촌은 기타를 갖고 왔는데, 긴 검정색 프록코트를 입고 수도사처럼 조용하며 애꾸눈에다 대머리인 시계 기술자를 데리고 왔다. 이 시계 기술자는 항상 구석에 앉아 머리를 한쪽으로 기울이고, 면도를 해서 확실하게 둘로 갈라져 있음을 알 수 있는 턱에 손가락을 찔러 넣어 희한하게 머리를 받치면서 웃고 있었다. 그는 피부가 거무스름했고 하나뿐인 눈은 뭔가 특별하게 모든 사람들을 빤히 쳐다보았으며, 말수가 적고 종종 같은 말을 되풀이했다.

"걱정하지 마세요. 어느 쪽이든 상관없습니다."

그를 처음 보았을 때 나는 문득 오래전에 우리가 노바야 우리차 거리에 살던 시절의 어느 날이 떠올랐다. 대문 밖에서 북소리가 공허하고 불길하게 울려 퍼지고, 군인과 민중에게 에워싸인 검고 높다란 짐마차가 거리를 따라 감옥에서 광장으로 달려가고 있었다. 그 짐마차 의자에는 두꺼운 털실로 짠 둥근 모자를 쓴 조그만 남자가 쇠사슬에 묶여 있었다. 그의 가슴에는 흰 글자로 커다랗게 서명한 검은 판자가 걸려 있었다. 사내는 마치 그 서명을 읽고 있는 듯 고개를 숙이고, 쇠사슬을 철렁거리며 온 몸을 흔들었다.

엄마가 시계 기술자에게 "애가 내 아들이에요" 하고 말했을 때 나는 두 손을 숨기면서 깜짝 놀란 듯이 뒷걸음질 쳤다.

"무서워하지 마라."

그는 입 전체를 오른쪽 귓가까지 무섭게 움직이면서 말하더니 내 허리띠를 잡아 나를 자기 쪽으로 끌어당기고 재빠르고 가볍게 한 바퀴 빙글 돌리고 나서 나를 칭찬하면서 놓아주었다.

"꽤 괜찮은데요. 건강한 아입니다……."

나는 누울 수 있을 만큼 커다란 가죽 안락의자가 있는 구석으로 기어들어가서―외할아버지는 그 의자를 언제나 그루진스키 공작의 안락의자라고 부르며 자랑했다―어른들이 재미없게 놀고, 시계 기술자의 얼굴이 이상하고 미심쩍게 변하는 모습을 바라보았다. 그의 얼굴은 기름이 번지르르했고 액체 같은 것이 녹아 흐르는 듯했다. 그가 빙그레 웃을 땐 두툼한 입술이 오른쪽 뺨으로 이동했고 작은 코 역시 접시 위에 놓인 고기만두처럼 움직였다. 삐죽이 내민 커다란 귀는 때로는 보이는 눈의 눈썹과 함께 위로 올라가는가 하면 다시 광대뼈 쪽으로 내려오면서 이상스럽게 움직였다. 그가 그럴 생각만 있다면 손바닥처럼 그 귀로 코를 덮어버릴 수 있을 것처럼 보였다. 이따금 그는 한숨을 내쉬었고 절굿공이처럼 둥글고 검은 혓바닥을 내밀어 그것으로 능숙하게 완전한 동그라미를 그리며 두툼하고 번지르르한 입술을 핥았다. 이 모든 것은 우스꽝스럽기는커녕 그저 놀라운 마음으로 눈을 떼지 못한 채 그를 지켜보게 만들었다.

손님들은 럼주를 섞은 차를 마셨다. 거기서는 구운 양파 냄새가 났다. 또 그들은 외할머니가 손수 만든 과실주를―황금처럼 노랗고, 타르처럼 까맣고, 파란 색 과일주를 마셨다. 잘 발효된 우유와, 양귀비 씨를 넣고 달걀과 우유나 벌꿀로 맛을 내어 얇게 구운 달콤한 과자를 먹고, 땀을 흘리고 헐떡이며 외할머니의 요리 솜씨를 칭찬했다. 실컷 먹고 나서 얼굴이 벌겋게 달아오르고 배가 불룩해진 사람들은 예의바르게 의자에 자리를 잡고 앉아 야코프 외삼촌에게 나른한 기색으로 기타 연주를 신청했다.

야코프 외삼촌은 기타 위로 몸을 굽히고 줄을 튕기면서 거기에 맞춰 불쾌하고 시끄러운 목소리로 노래를 불렀다.

오, 우리는 할 수 있는 한 열심히 살았다네.
읍내는 우리의 소란에 잠이 깨었지.
카잔에서 온 처녀에게 얘기해주었다네.
우리가 알고 있는 모든 것을…….

나는 그것이 매우 슬픈 노래라는 생각이 들었다. 외할머니가 말했다.

"야샤, 다른 노래를 연주해라. 좀 더 나은 노래를, 응? 기억나니, 모트라? 좋은 시절에 우리가 부르곤 했던 그 노래 말이야."

바스락거리는 옷의 매무새를 고치며 세탁부가 점잔 빼면서 말했다.

"지금은 유행이 바뀌었어요, 언니……."

야코프 외삼촌은 마치 외할머니가 아주 멀리 떨어져 앉아 있는 듯이 눈을 가늘게 뜨고 외할머니를 보고 있었다. 그리고 재미없는 선율과 시끄러운 가사를 고집스럽게 계속 불러댔다.

외할아버지는 손가락으로 뭔가를 해 보이면서 비밀스럽게 시계 기술자와 수군거리고 있었다. 시계 기술자는 눈썹을 치켜 올리고 엄마 쪽을 바라보면서 고개를 끄덕거렸다. 그리고 액체 같은 그의 얼굴이 거의 눈에 띄지 않게 변했다.

엄마는 오래도록 세르게예프네 형제들 사이에 앉아 바실리와 조용하고 진지하게 이야기를 나누었다. 바실리는 한숨을 내쉬며 이렇게 말하곤 했다.

"예에, 그 문제에 대해선 생각해볼 필요가 있어요."

하지만 빅토르는 배가 부른 듯 미소 지으며 발로 마룻바닥을 문지르다가 갑자기 빽빽거리는 소리로 노래를 불렀다.

"안드레이 파파, 안드레이 파파……."

모두들 깜짝 놀란 것처럼 입을 다물고 그를 쳐다보았다. 세탁부가 점잔을 빼며 설명했다.

"저 애는 극장에서 이 노래를 배웠어요. 극장에선 저런 노래를……."

이러한 짓누르는 권태로움 때문에 기억에 남는 저녁모임이 몇 번 있었는데, 이윽고 시계 기술자는 일요일 낮에 늦은 미사가 끝난 직후 우리 집에 나타났다. 나는 엄마 방에 앉아 엄마가 낡은 구슬박이 자수를 뜯어내는 것을 도와주고 있었다. 그때 급하게 방문이 약간 열리더니 외할머니가 놀란 얼굴을 방 안에 쑥 들이밀고 커다란 목소리로 속삭이고는 이내 사라졌다.

"바랴, 그가 왔다!"

엄마는 미동도 하지 않고 떨지도 않았다. 문이 다시 열리고 외할아버지가 문지방 위에 서서 엄숙하게 말했다.

"옷을 입어라, 바르바라. 서둘러!"

엄마는 일어나지도 외할아버지를 쳐다보지도 않고 물었다.

"어디로요?"

"자, 가자. 잘될 거다! 여러 말 하지 말고. 그는 침착한 사람이야, 훌륭한 시계공이고. 렉세이에게도 좋은 아버지가 될 거다."

외할아버지는 평소와 달리 위엄 있게 말했고, 줄곧 손바닥으로 옆구리를 문질렀다. 그러나 외할아버지의 팔꿈치는 마치 두 손이 앞으로 뻗으려는 것을 제지하려는 듯이 뒤로 돌려져 떨고 있었다.

엄마가 조용히 말을 가로챘다.

"말했잖아요. 그럴 일은 없을 거라고……."

외할아버지는 엄마에게 한 걸음 다가가서 마치 장님처럼 두 팔을 뻗고 허리를 구부리고 머리카락을 곤두세우며 갈라진 목소리를 짜냈다.

"가자! 안 가면 내가 끌고 가겠다! 머리채를 잡고……."

"끌고 가겠다고요?"

엄마가 일어서면서 물었다. 엄마의 얼굴은 새파래졌고 두 눈은 무서울 정도로 가늘어져 있었다. 엄마는 재빨리 블라우스와 치마를 벗기 시작했다. 그리고 셔츠만 걸친 채 외할아버지에게 다가갔다.

"자, 데려가 보세요!"

외할아버지는 이빨을 드러내며 엄마를 주먹으로 위협했다.

"바르바라, 옷을 입어!"

엄마가 한손으로 외할아버지를 밀어내며 문 손잡이를 잡았다.

"자, 갑시다!"

"이 저주받을 년."

외할아버지가 속삭이듯 말했다.

"무섭지 않아요. 그래서요?"

엄마가 방문을 열었지만 외할아버지는 엄마의 셔츠 옷자락을 움켜잡고 무릎을 꿇고 쓰러지면서 속삭였다.

"바르바라, 이 악마, 넌 비참하게 파멸할 거다! 부끄럼도 모르는……."

그리고 처량하게 신음했다.

"할멈, 할멈……."

외할머니는 이미 엄마 앞을 가로막고, 마치 암탉을 쫓듯 엄마를 향해 손을 내젓고 있었다. 방 안으로 엄마를 몰아넣으면서 입속으로 중얼거렸다.

"바르카, 이 바보야, 도대체 이게 무슨 짓이냐? 들어가. 부끄러움도 모르는 년!"

외할머니는 엄마를 방으로 밀어 넣고 문에 걸쇠를 건 다음 외할아버지에게 몸을 굽혀 한 손으로는 외할아버지를 일으켜 세우고, 다른 한 손으로는 외할아버지를 을러댔다.

"으이그, 이 늙은 악마, 어리석은 사람!"

그리고 긴 의자에 외할아버지를 앉혔다. 외할아버지는 헝겊인형처럼 털썩 쓰러지면서 입을 벌리고 머리를 흔들었다. 외할머니가 엄마에게 꽥 소리를 질렀다.

"옷 입어!"

마룻바닥에서 옷을 집어 올리면서 엄마가 말했다.

"그 사람에겐 가지 않을 거예요. 알겠어요?"

외할머니는 긴 의자에서 나를 밀어냈다.

"물 한 바가지만 더 가져와, 빨리!"

외할머니는 조용하게 거의 속삭이듯이 침착하고 위엄 있게 말했다. 나는 현관으로 달려 나갔다. 집 앞채에서는 무거운 발자국소리가 규칙적으로 들려오고 엄마 방에서는 엄마의 목소리가 울려나왔다.

"내일 떠날 거예요!"

나는 부엌으로 들어가 마치 꿈속처럼 창가에 앉았다.

외할아버지가 신음소리를 내며 흐느껴 울고, 외할머니는 계속 잔소리를 중얼댔다. 잠시 뒤 쾅 하는 문소리가 나고 모든 것이 조용하고 불길했다. 그제야 내가 무엇 때문에 나왔는지 생각나서, 나는 구리 바가지로 물을 떠 현관으로 나갔다. 앞채에서 시계 기술자가 머리를 떨구고 한손으로 털모자를 어루만지며 헛기침을 하면서 나왔다. 외할머니가 두 손을 배에 대고 그의 등뒤에 절을 하며 조용히 말했다.

"이해해 주시겠죠. 저 애가 원하지 않는 걸 억지로 하게 할 수는 없잖아요……."

그는 현관 계단 입구에서 문지방에 걸려 넘어질 뻔하다가 마당으로 나가 떨어졌다. 외할머니는 성호를 긋고 온몸을 부들부들 떨기 시작했다. 외할머니는 울고 있는 것 같기도 하고 웃고 있는 것 같기도 했다.

"외할머니, 왜 그래?"

나는 외할머니에게 다가가서 물었다.

외할머니는 내 손에서 바가지를 빼앗아 내 발에다 물을 쏟고는 소리쳤다.

"물을 뜨러 어디로 갔었니? 문 닫아!"

외할머니는 엄마 방으로 갔고 나는 다시 부엌으로 갔다. 옆방에서 그들이 마치 힘에 겨운 무거운 짐을 조금씩 옮기고 있는 것처럼 한숨을 내쉬고 신음을 토해내며 투덜대는 소리가 들려왔다.

화창한 날이었다. 비스듬한 겨울 햇살이 성에 낀 유리창을 통해 두 개의 창문을 들여다보고 있었다. 점심이 차려진 식탁 위에는 주석 그릇, 적갈색 크바스가 담긴 유리병, 앵초와 맥아즙으로 빚은 외할아버지의 짙푸른 색 보드카가 담긴 또 하나의 유리병이 희미하게 반짝거렸다. 창문 군데군데 눈 녹은 자리를 통해 지붕 위에서 눈부시게 반짝이는 눈이 보이고, 담장 말뚝과 찌르레기 새장 위에 놓인 은빛 두건이 반짝반짝 빛나고 있었다. 창문틀에 매달린 햇빛이 가득한 새장 속에서는 나의 새들이 놀고 있었다. 명랑하고 말 잘 듣는 울새는 시끄럽게 재잘재잘 노래하고, 피리새는 삑삑거리고, 흑방울새도 낭랑한 목소리로 노래했다. 그러나 유쾌하게 은빛으로 빛나는 이 음악으로 충만된 날도 날 기쁘게 하지 못했고 내게 필요하지도 않았다. 다 필요 없었다. 나는 새들을 풀어주고 싶은 생각이 들어 새장을 내려놓으려고 했다. 그러자 외할머니가 양 손바닥으로 옆구리를 때리면서 뛰어들어 와서는 난로로 달려가면서 욕설을 해댔다.

"이런 염병할! 에이, 젠장할, 뒈져버려! 늙은 멍청이 아쿨리나! ……"

난로에서 파이를 꺼내 손가락으로 껍질을 두드려본 다음 울컥 화를 내며 침을 뱉었다.

"이런 젠장, 바싹 말라버렸어! 이걸 봐라, 거의 타버릴 뻔했잖아. 에잇 빌어먹을! 넌 왜 눈깔을 휘둥그렇게 뜨고 있어, 부엉이 새끼냐? 깨진 항아리처럼 네놈들을 죄다 박살냈으면 좋겠다!"

그리고 잔뜩 화를 내면서 파이를 이리저리 돌려 마른 껍질을 손가락으로 두드리다가 울음을 터뜨렸다. 커다란 눈물방울이 뚝뚝 무거운 소리를 내며 파이 껍질 위에 떨어졌다.

외할아버지가 엄마와 함께 부엌으로 들어왔다. 외할머니는 접시가 튀어오를 만큼 무서운 기세로 식탁 위에 파이를 집어던졌다.

"자, 봐요. 당신들 때문에 어떻게 됐는지! 당신들에게는 바닥도 뚜껑도 없을 걸!"*51

밝고 침착한 엄마는 외할머니를 껴안고 슬퍼하지 말라고 달랬다. 지쳐서 구깃구깃해진 외할아버지는 식탁에 앉아 냅킨을 목에 감고 햇빛을 피해 핏발 선 눈을 찡그리면서 중얼거렸다.

"좋은데, 괜찮아! 훌륭한 파이는 여러 번 먹어봤잖아. 하느님은 다소 인색해서. 몇 년에 몇 분만 보상해주시거든…… 하느님은 또 이자 같은 건 모르셔. 앉아라, 봐라. 괜찮아!"

외할아버지는 제정신이 아닌 것 같았다. 점심을 먹으면서 내내 외할아버지는 하느님을 거부한 아합에 대해, 그리고 아버지로서 겪는 무거운 숙명에 대해 얘기했다. 외할머니가 화가 나서 외할아버지의 말을 중지시켰다.

"점심이나 드세요!"

엄마는 밝은 눈을 반짝이면서 농담을 했다.

"조금 전엔 놀랐지?"

나를 슬쩍 찌르면서 엄마가 물었다.

아니다. 그때는 그렇게 놀라지 않았다. 그런데 지금은 어쩐지 어색하고 이해가 되지 않았다.

휴일이면 늘 그렇듯이 그들은 지겨울 정도로 오랫동안 많은 것을 먹었다. 그들은 반 시간 전에 서로 고함치고 주먹질하며 눈물과 통곡으로 뒤범벅이 되었던 사람들 같지가 않았다. 그들은 이 모든 일을 진지하게 처리했다. 그들로서는 우는 것이 괴로운 일이라는 사실이 도저히 믿기지 않는 듯했다. 그들의 눈물도, 고함도, 서로의 모든 고통도, 종종 확 타올랐다가 이내 꺼져버려서 내게는 습관적인 일이 되었고, 따라서 점차 나를 흥분시키는 일이 줄어들고 내 마음을 감동시키는 정도도 점점 약해졌다.

오랜 세월이 흐른 뒤에야 나는 러시아 사람들이 생활의 궁핍과 가난 때문에 대체로 고통을 즐기기를 좋아하며, 어린애들처럼 그것을 가지고 놀면서

---

*51 죽은 뒤 관에 바닥도 뚜껑도 없이 개처럼 묻힐 거라는 뜻.

불행한 것을 별로 부끄러워하지 않는다는 사실을 알게 되었다.

끝없이 단조로운 생활 속에서는 고통도 축제의 하나이며 격분하는 것은 우울을 씻어내는 하나의 놀이였다. 아무것도 없는 얼굴에는 할퀸 상처도 하나의 장식이 되는 법이다……

11

그 사건 이후 엄마는 갑자기 당당해졌다. 허리를 꼿꼿하게 펴고 집안의 안주인이 된 반면, 외할아버지는 눈에 잘 띄지 않게 되고 생각에 잠겨 딴 사람이 된 것처럼 조용해졌다.

외할아버지는 바깥나들이를 거의 하지 않았으며, 《내 아버지의 수기》라는 이상한 책을 읽으며 내내 혼자 다락방에 틀어박혀 있었다. 외할아버지는 그 책을 작은 가방 속에 넣고 열쇠를 채워 보관했다. 외할아버지가 그 책을 꺼내기 전에 손을 씻는 것을 여러 번 보았다. 그 작지만 두툼한 책은 불그스레한 가죽으로 장정되어 있었다. 그 책의 푸르스름한 첫머리 여백에 '다정한 추억에 감사하며 존경하는 바실리 카시린에게'라는 헌사가 퇴색한 잉크로 화려하게 쓰여 있고, 낯선 이름과 함께 날고 있는 새의 형상이 서명되어 있었다. 가죽 장정의 묵직한 표지를 조심스럽게 열 때면, 외할아버지는 은테 안경을 쓰고 그 서명을 바라보며 안경을 바로잡기 위해 오랫동안 코를 움직였다. 나는 몇 번이나 외할아버지에게 "도대체 그게 무슨 책이에요?" 하고 물어보았다. 그러면 외할아버지는 거드름을 피우면서 대답했다.

"넌 몰라도 돼. 기다려라. 내가 죽으면 이 책은 네 차지니까. 그리고 이 너구리털 외투도 기념으로 남겨주지."

외할아버지는 엄마와 좀 더 부드럽게 그러나 더욱 드물게 얘기하게 되었고, 표트르 아저씨처럼 눈을 반짝이며 엄마의 말을 주의 깊게 듣고는 쫓아버리듯이 손을 흔들며 투덜투덜 말했다.

"좋아! 하고 싶은 대로 해."

외할아버지의 트렁크 속에는 이상한 옷들이 많이 들어 있었다. 두터운 비단 치마, 벨벳 조끼, 비단 사라판,*52 은으로 짠 여자용 머리장식과 처녀가

---

*52 러시아 농민들이 입는, 민소매에 띠가 달린 긴 옷.

하는 머리장식, 진주로 수놓은 머릿수건, 화려한 빛깔의 삼각넥타이, 묵직한 목걸이, 많은 보석으로 만든 목걸이 따위였다. 외할아버지는 그 모든 것들을 한 아름 안고 엄마 방으로 가지고 가 의자나 테이블 위에 늘어놓았다. 엄마는 그 옷들에 도취되어버렸다. 외할아버지가 말했다.

"우리 시대에는 옷이 요새보다 아름답고 더 화려했다! 옷은 더 화려했지만 단순하고 멋지게 살았지. 그런 시대는 흘러갔고 다시는 돌아오지 않겠지! 자, 몸에 맞춰 입어봐라."

한번은 엄마가 옆방으로 잠시 사라지더니 황금색 수가 놓인 푸른 사라판을 입고 진주로 장식된 두건을 쓰고 나타났다. 엄마는 외할아버지에게 깊이 절을 하고나서 물었다.

"아버님, 맘에 드시는지요?"

외할아버지는 헛기침을 한 뒤 두 팔을 벌리고 손가락을 움직이면서 엄마 주위를 맴돌았다. 그리고 잠꼬대라도 하듯이 알아듣기 어려운 목소리로 말했다.

"오, 바르바라, 네가 좀 더 돈이 많고, 네 주변에 좋은 사람들이 있다면……."

그 즈음 엄마는 앞채의 방 두 칸을 쓰고 있었다. 손님들이 종종 엄마를 찾아 왔는데, 누구보다 자주 들른 것은 막시모프 형제였다. 표트르는 밝고 커다란 턱수염에 눈이 푸른 건장한 미남 장교로, 늙은 지주에게 침을 뱉어서 외할아버지로부터 내가 매를 맞는 자리에 있었던 사람이었다. 예브게니라는 사람 역시 키가 크고 다리가 가늘며 얼굴이 창백한 남자로, 검고 뾰족한 턱수염을 기르고 있었다. 그의 커다란 두 눈은 매실 열매와 비슷하고, 황금색 단추에, 좁은 어깨 위에 황금색으로 이름의 머리글자가 새겨진 푸르스름한 제복을 입고 있었다. 그는 습관적으로 머리를 흔들어 높고 반반한 이마에서 물결치는 긴 머리카락을 뒤로 쓸어넘기며 겸손하게 미소 지었다. 그리고 언제나,

"잘 아시겠지만 제 생각을 말하자면……."

하는 아첨에 가까운 말투로 얘기를 꺼냈는데 약간 갈라진 목소리가 특징이었다.

엄마는 눈을 가늘게 뜨고 웃는 얼굴로 그의 말을 경청하면서도 종종 그의

애기를 중단시켰다.

"예브게니 바실리비치, 실례지만 당신은 어린아이 같군요!"

장교는 넓은 손바닥으로 자신의 무릎을 탁 치면서 소리쳤다.

"맞아요, 딱 어린아입니다."

크리스마스 주간*53은 즐겁고 요란하게 지나갔다. 거의 매일 저녁 가장한 사람들이 엄마를 찾아왔는데, 엄마도 항상 그 누구보다 멋지게 가장하고 손님들과 함께 밖으로 나가곤 했다.

엄마가 현란한 한 무리의 손님들과 함께 밖으로 나가고 나면, 집은 마치 땅 속으로 가라앉는 것처럼 조용해져서 불안하고 따분하기까지 했다. 외할머니는 늙은 거위처럼 이 방 저 방 헤집고 다니며 정돈했고, 외할아버지는 난로의 따뜻한 타일에 등을 바짝 대고 서서 혼자 웅얼거렸다.

"그래, 좋아, 좋다고⋯⋯두고 보라지, 연기 저편에 무엇이 있는지⋯⋯."

크리스마스 주간이 지나자 엄마는 나와 미하일 외삼촌의 아들 사샤를 학교로 데리고 갔다. 사샤의 아버지는 재혼했는데 바로 첫날부터 새엄마는 이 의붓자식을 미워하고 때리기 시작했다. 외할머니의 간곡한 주장으로 외할아버지는 사샤가 우리집에서 살도록 데려왔다. 우리는 한 달쯤 학교에 다녔다. 그동안 내가 학교에서 배운 것 가운데 기억나는 것은 '네 성이 뭐냐?'고 물으면 그냥 '페시코프'라고 대답해서는 안 되고 '제 성은 페시코프입니다'라고 대답해야 한다는 것이었다. 또 선생님에게 '이 영감탱이야! 소리 지르지 마. 난 하나도 무섭지 않아!'하고 말해서는 안 된다는 것이었다.

나는 이내 학교가 마음에 들지 않았다. 외사촌 형은 처음 며칠은 학교생활에 만족했고 친구도 잘 사귀었다. 그런데 어느 날 수업시간에 잠이 들었다가 갑자기 잠꼬대를 하며 무시무시하게 소리를 질러댔다.

"안할래, 안할 거야!"

잠에서 깨어난 외사촌은 교실 밖으로 나가겠다고 졸랐고, 그로 인해 그는 지독하게 놀림거리가 되었다. 그 다음날 등교하는 길에 센나야 광장으로 나가는 골짜기로 내려가더니, 그는 걸음을 멈추고 말했다.

"너나 가. 난 안 갈래! 난 산책이나 하는 게 더 좋겠어."

---

*53 크리스마스부터 주현절(1월 6일)까지의 기간.

외사촌은 그곳에 쭈그리고 앉더니 책보따리를 조심스럽게 눈 속에 파묻고 가버렸다. 쾌청한 1월 한낮이었다. 은빛 태양이 사방에서 반짝거렸다. 나는 외사촌이 몹시 부러웠지만 마음을 굳게 먹고 학교에 갔다. 엄마를 슬프게 하고 싶지 않았기 때문이다. 사샤가 파묻은 책은 물론 없어졌다. 그 다음날은 더 이상 학교에 가지 않을 정당한 구실이 그에게 생겼다. 사흘째 되던 날 그의 행동이 외할아버지에게 발각되었다.

우리는 법정에 끌려 나갔다. 외할아버지와 외할머니와 엄마가 부엌 식탁에 앉아 맞은편에 있는 우리를 심문했다. 외할아버지의 질문에 대해 사샤가 얼마나 우스꽝스러운 대답을 했는지 지금도 생각난다.

"도대체 왜 학교에 가지 않았니?"

사샤는 온순한 눈으로 외할아버지의 얼굴을 똑바로 쳐다보며 천천히 대답했다.

"학교 가는 길을 잊어버렸어요."

"잊어먹어?"

"예. 찾고 또 찾았지만……."

"렉세이만 뒤따라갔으면 됐을 텐데. 렉세이는 알고 있잖아!"

"그 앨 잃어버렸어요."

"렉세이를?"

"예."

"그건 또 무슨 얘기냐?"

사샤는 잠시 생각에 잠기더니 한숨을 내쉬며 말했다.

"눈보라가 쳐서 아무것도 보이지 않았어요."

모두들 웃음을 터뜨렸다. 그때는 조용하고 쾌청한 날씨가 이어지고 있던 것이다. 사샤도 조심스럽게 웃었다. 그러자 외할아버지가 이빨을 드러내며 짓궂게 물었다.

"렉세이의 손이나 허리띠를 잡았으면 됐을 텐데?"

"물론 잡았지요. 그런데 바람이 날 떼어놨어요."

사샤가 설명했다.

그는 께느른하게 누구나 항복하지 않을 수 없도록 말했다. 나는 그 변변찮고 서투른 거짓말을 듣고 있기가 민망했다. 또 외사촌의 고집에 몹시 놀랐다.

우리는 회초리로 얻어맞았고, 전직 소방관으로, 한쪽 팔이 없는 노인이 우리의 호송원으로 고용되었다. 그는 사샤가 학교 가다가 옆길로 새지 않도록 감독해야만 했다. 그러나 그것도 아무 소용없었다. 다음날 외사촌은 골짜기에 이르렀을 때 갑자기 몸을 구부려 펠트 장화 한 짝을 벗어 멀리 내팽개치고 다른 한 짝도 벗어서 반대 방향으로 내던진 다음, 양말만 신은 채 광장쪽으로 뛰어갔다. 노인은 깜짝 놀라 한숨을 폭폭 쉬면서 장화를 찾은 뒤 나를 데리고 집으로 돌아갔다.

외할아버지와 외할머니와 엄마는 이 도망자를 찾으러 온종일 읍내 여기저기를 돌아다녔다. 저녁때가 되어서야 우리는 수도원 근방 치르코프 선술집에서 사샤를 발견했다. 외사촌은 거기서 춤을 추면서 사람들을 즐겁게 해주고 있었다. 그들은 외사촌을 집으로 데려왔지만 그 애의 완강한 침묵에 다들 당황해서 때리지도 못했다. 그는 난로 위 침상에 나와 함께 누워서 두 발을 들어 천장을 발바닥으로 문지르며 조용히 말했다.

"새엄마는 물론이고, 아버지와 외할아버지도 날 좋아하지 않아. 그런데 내가 어떻게 그런 사람들과 살 수 있겠어? 그래서 할머니에게 산적들이 어디에 숨어 있는지 물어보고 그곳으로 달아날 거야. 그럼 모두들 걱정하겠지. 같이 달아날래?"

나는 외사촌과 달아날 수가 없었다. 그때는 내 나름의 과제가 있었다. 나는 커다랗고 번쩍이는 턱수염을 기른 장교가 되기로 결심했다. 그러려면 공부를 해야 했다. 그런 계획을 외사촌에게 말하자 그 애는 잠깐 생각해보더니 내 말에 동의했다.

"그것도 좋아. 네가 장교가 될 때쯤 난 두목이 되어 있겠지. 넌 날 잡아야 할 테고, 그러면 한 사람이 다른 한 사람을 죽이거나 포로로 잡아야 할 거야. 그래도 난 널 죽이진 않을 거야."

"나도 널 죽이지 않을게."

우리는 그렇게 하기로 약속했다.

외할머니가 방으로 들어와 난로 위로 기어 올라오더니 우리를 쳐다보며 말했다.

"요 생쥐들아, 뭘 해? 오, 이 고아 녀석들, 이 부랑아들!"

우리에게 연민을 나타낸 외할머니는 선술집 딸이었던 사샤의 새엄마, 뚱뚱보 나데지다 외숙모를, 그리고 세상의 모든 새엄마와 새아빠를 욕하기 시작했다. 그리고 곁들여서, 현자 이오나가 어렸을 때 어떻게 자기 새엄마에게 하느님의 심판을 받게 했는지 얘기해주었다. 그의 아버지, 우글리치*54 사람, 하얀 호수의 어부에 대한 이야기는 다음과 같았다.

젊은 아내가 그를 파멸시켜버렸네.
집에서 만든 독주와 수면제를 남편에게 먹였네.
그녀는 잠든 남편을
좁다란 관에 누이듯이 떡갈나무 배에 태우고
단풍나무 노를 저어
직접 호수 한가운데로 나아갔네.
그곳은 까만 심연이
마녀의 파렴치한 행위를 도와주려는 듯
펼쳐져 있었네.
호수 한복판에서 몸을 굽히고, 몸을 흔들어
마녀는 가볍게 통나무배를 뒤집어버렸네.
남편은 닻처럼 심연으로 가라앉았네.
그러나 여자는 재빨리 강둑으로 헤엄쳐 나와
땅에 쓰러져 짐짓 슬픈 체 탄식하며
울부짖기 시작했네.
선량한 사람들은 여인의 말을 믿고
그녀와 더불어 쓰라린 눈물을 흘렸네.
'오, 그대 청상과부여!
그대의 슬픔은 너무나 크구나.
우리 생명은 하느님 손에 있으니,
죽음도 하느님께서 우리에게 보낸 것!'

오직 의붓자식 이오누시카만이

---

*54 드네프르 강 부근에 살던 옛 슬라브 민족(우크라이나인의 조상).

새엄마의 눈물을 믿지 않았네.
그는 여인의 가슴에 손을 얹고
온화한 목소리로 말했네.
'오, 그대 새엄마여, 내 운명이여,
오, 그대 교활한 밤새여,
나는 그대 눈물을 믿지 않소.
그대 심장은 기쁨으로 뛰고 있거늘!
자, 하늘나라 심판관에게 물어봅시다,
천상의 모든 성인들에게도.
누군가에게 다마스크의 칼을 갖게 하여,
그 칼을 맑은 하늘에 던지게 합시다.
그대가 진실하다면 칼은 나를 찌를 것이고,
내가 진실하다면 그 칼은 그대에게 떨어지리라!'

새엄마는 의붓자식을 쳐다보았네.
그 두 눈은 사악한 불길로 활활 타올랐네.
여인은 벌떡 일어나 이오나를 통박했네.
'오, 너 어리석은 인간,
이 팔삭둥이 쓰레기 같은 놈,
도대체 그게 무슨 생각인가?
어찌 그 따위 말을 할 수 있는가?'

사람들은 그들을 바라보며 귀를 기울였네.
그들은 알았네, 이것이 괴이한 일임을.
모두들 얼굴에 근심을 띠고 생각에 잠겨
서로 의논했네.
그런 다음 늙은 어부가 나와
사방에 머리 숙여 절했고
결정된 사실을 이야기했네.
'친애하는 여러분,

다마스크의 칼을 내 오른손에 쥐어주시오.
내 그 칼을 하늘 높이 던질 테니
죄 있는 자 머리에 그 칼이 떨어질지어다!'

노인의 손에 날 선 칼이 건네지자
노인은 그 칼을 백발 머리 위로 높이 던져 올렸네.
칼은 새처럼 하늘로 날아올랐네.
기다리고 기다렸지만 그 칼은 떨어지지 않네.
사람들은 유리알 같은 하늘을 바라보며
모자를 벗고 떼 지어 서 있었네.
모두들 말이 없고 적막한 밤이 찾아왔는데도
칼은 여전히 창공에서 떨어지지 않네!
호수에 붉은 새벽 여명이 타오르자
새엄마는 그 빛에 얼굴을 붉게 물들이며
조소어린 웃음을 지었네.
그때 칼이 재빠른 제비처럼 지상을 향해 떨어져
새엄마의 심장에 정통으로 꽂혔네.

선량한 사람들은 무릎을 꿇고
하느님께 기도했네.
'하느님께 영광을, 하느님의 진리를 위해!'
늙은 어부는 이오누시카의 손을 잡고
반짝이는 케르제네츠 강 위
눈에 보이지 않는 도시 키테시 부근에 있는
머나먼 은자의 암자로 데려갔네……*55

다음날 나는 온 몸이 붉은 반점 투성이가 되어 잠에서 깨어났다. 천연두가 시작된 것이다. 뒤쪽 다락방으로 옮겨진 나는 팔다리를 넓은 붕대로 단단히

---

*55 지은이 주. 나는 탐보프 주 보리소글렙스키 군 칼류파놉카 마을에서 이 전설의 다른 내용 (칼이 새엄마를 중상한 의붓자식의 가슴에 꽂혔다)을 들었다.

묶인 채 무시무시한 악몽을 꾸면서 오랫동안 아무것도 보지 못하고 누워 있었다. 때로는 악몽 때문에 거의 죽을 뻔하기도 했다. 외할머니만이 내게 와서 마치 아기처럼 숟가락으로 음식을 떠먹여주고, 항상 새롭고 무궁무진한 옛날얘기를 들려주었다. 어느 날 저녁, 이미 몸은 회복되어 붕대에서 풀려났지만 얼굴을 긁지 못하도록 손가락만 여전히 붕대로 벙어리장갑처럼 감싸고 있었는데, 어쩐 일인지 외할머니가 보통 때보다 늦어졌다. 그래서 불안해하고 있는데 그제야 외할머니의 모습이 보였다. 외할머니는 문 저쪽에 있는 다락방의 먼지 낀 마룻바닥 위에 엎드려서 팔을 아무렇게나 뻗고 있었다. 외할머니의 목은 표트르 아저씨의 목처럼 반쯤 잘려 있었다. 한구석 먼지투성이 어둠 속에서 커다란 고양이가 탐욕스러운 초록색 눈을 크게 뜨고 외할머니 쪽으로 살금살금 다가가고 있었다.

나는 침대에서 벌떡 일어나 두 손과 다리로 이중 창틀을 때려 부수고 안마당에 쌓인 눈더미 위로 뛰어내렸다. 그날 저녁 엄마에게는 손님들이 있었지만, 내가 유리를 깨고 창틀을 부수는 소리를 아무도 듣지 못했다. 나는 꽤 오랫동안 눈 속에 누워 있어야 했다. 나는 아무데도 부러지지는 않았지만 한쪽 팔이 어깨에서 빠지고 유리에 심하게 베었다. 그리고 다리가 마비되어 석 달 가까이 다리를 움직이지 못했다. 나는 누운 채 집안이 더욱더 소란스러워지는 것을, 끊임없이 아래층에서 문을 쾅 여닫는 소리와 많은 사람들이 오가는 소리를 듣고 있었다.

슬픈 듯 탄식하는 듯한 눈보라가 지붕을 휩쓸고, 다락방 문 밖에서는 바람이 윙윙대고, 굴뚝 속에서는 장송곡 같은 소리가 들려오고, 난로의 바람문은 부르르부르르 소리 내고 있었다. 낮에는 갈가마귀들이 까악까악 울어대고 고요한 밤에는 들녘에서 늑대들이 구슬프게 울부짖는 소리가 들려왔다. 그 음악소리에 맞춰 내 마음도 성숙해져갔다. 얼마 뒤 겁 많은 봄이 3월 태양의 그 빛나는 눈으로 유리창을 부끄럼타며 살며시 들어오더니 날이 갈수록 점점 더 뜨겁게 유리창 안을 들여다보기 시작했다. 고양이들은 지붕 위와 밑에서 야옹야옹 울며 아우성치고 봄의 술렁거림은 벽을 뚫고 침입해 들어왔다. 유리처럼 투명한 고드름이 툭 떨어져 깨지고 밑에서부터 녹은 눈이 지붕 용마루에서 흘러내렸다. 종소리는 겨울보다 깊이 울려 퍼졌다.

외할머니는 나를 보러 왔지만, 외할머니의 말 속에서는 점점 더 자주 그리고 점점 더 진하게 보드카 냄새가 풍겼다. 얼마 뒤 외할머니는 커다란 흰색 차 주전자를 가지고 오기 시작했다. 그것을 내 침대 밑에 숨기고 눈짓하며 말했다.

"아가야, 네 외할아버지, 이집 귀신에게는 말하지 마라!"

"왜 술을 마셔?"

"조용히 해! 나중에 크면 알게 돼……."

차 주전자 주둥이를 입에 대고 한 모금 마시고는 소매로 입술을 닦은 다음 외할머니는 다정하게 웃으면서 물었다.

"자, 우리 도련님, 말해봐. 어제 내가 무슨 얘기를 해주었지?"

"아버지 얘기."

"어디까지 했더라?"

나는 외할머니의 기억을 일깨워주었다. 그러자 외할머니의 유창한 이야기가 시냇물처럼 오랫동안 흘러나왔다.

외할머니는 스스로 우리 아버지에 대해 얘기해주곤 했다. 어느 날은 맑은 정신에 가라앉고 피곤한 모습으로 찾아와서 이렇게 말했다.

"꿈속에서 네 애비를 봤다. 호두나무 지팡이를 들고 들판을 걸어가고 있었어. 휘파람을 불면서. 그 뒤를 알록달록한 개가 뛰어가며 혓바닥을 흔들어 대더구나. 요즘 어쩌된 일인지 막심 사바테이치의 꿈을 자주 꾼단 말이야. 아마도 그 사람 넋이 편치 않아서 방황하고 있는 게야……."

몇 날 밤을 계속해서 외할머니는 아버지 얘기를 들려주었다. 그것은 외할머니가 들려준 다른 모든 이야기처럼 재미있었다. 아버지는 장교가 될 때까지 일하다가 부하에게 잔혹한 짓을 했다는 이유로 시베리아로 유형을 간 군인의 아들이었다. 아버지도 그곳 시베리아 어딘가에서 태어났다. 아버지는 힘들게 살았고, 이미 어렸을 때부터 가출을 시작했다. 한번은 외할아버지가 산토끼를 찾듯이 많은 개들을 데리고 숲을 헤맨 끝에 아버지를 찾아냈다. 또 한번은 외할아버지가 아버지를 잡아다 너무 심하게 매질을 하는 바람에 보다 못한 이웃사람들이 아버지를 빼앗아다가 숨겨버렸을 정도였다.

"어린애들은 언제나 매를 맞는 거야?"

내가 그렇게 물으면 외할머니는 조용히 대답했다.

"언제나 맞지."

아버지의 엄마는 일찍 죽었고, 아버지가 아홉 살 때 할아버지도 죽고 말았다. 대부인 소목장이가 아버지를 맡아 페름 시의 동직조합에 아버지를 등록하고 목공일을 가르쳤다. 그렇지만 아버지는 대부의 집에서 도망쳐 장님들을 장바닥으로 안내하는 일을 하다가 열여섯 살 때 니주니로 와서 콜친의 증기선과 계약한 청부인인 목공 밑에서 일하기 시작했다. 스무 살 때 아버지는 이미 훌륭한 가구 기술자이자 도배장이 겸 실내장식가가 되었다. 아버지가 일한 공장은 코발리하 거리에 있던 외할아버지네 집과 나란히 있었다.

"담장은 높지 않았고 사람들은 활달했지." 외할머니는 웃으면서 말했다. "내가 바랴와 뜰에서 딸기를 따고 있는데 네 아버지가 불쑥 담장을 뛰어넘어 와서 얼마나 놀랐던지! 사과나무 사이로 하얀 셔츠에 코듀로이 바지를 입은 건장한 사람이 걸어오는 거야. 맨발에 모자도 쓰지 않고 긴 머리를 가죽끈으로 동여매고 말이야. 어슬렁어슬렁 구혼하러 찾아온 것이었어! 난 그 남자를 전에도 본 적이 있었지! 창문 옆을 지나는 것을 보고 참 멋진 청년이라고 생각했단다! 그가 우리에게 다가오자 내가 물었지. '젊은이 또 길을 잃어버렸수?'라고 말이다. 그랬더니 그 남자가 무릎을 꿇고 이렇게 말하는 거야. '아쿨리나 이바노브나, 보시다시피 여기 완전한 영혼과 함께 저의 전부가 있습니다. …… 바로 저 바랴입니다. 제발 우리를 도와주세요. 우리는 결혼하고 싶어요!' 난 정신이 아득해지고 혀가 마비되어버렸어. 글쎄 말괄량이 네 어미는 온몸이 딸기처럼 빨개져서 사과나무 뒤에 숨어 그 사내에게 신호를 보내는 것을 내가 봤지 뭐냐. 네 어미의 눈에는 눈물까지 고여 있었고. 그래서 내가 말했지. '아이구, 맙소사! 그래 너희들 어쩔 셈이야? 바르바라, 너 제정신이냐? 그리고 젊은이, 생각 좀 해봐요. 당신 힘으로 처자식을 먹여 살릴 수 있겠수?' 그때 너희 외할아버지는 부자였단다. 아이들에겐 아직 아무것도 나누어주지 않았을 때였지. 네 외할아버지는 집이 네 채에 돈도 있고 존경도 받고 있었어. 9년 동안이나 계속해서 조합의 장로 자리에 앉아 있었던 공로로 장식끈이 달린 모자와 제복을 수여받은 지 얼마 안 되었을 때였단다. 그래, 외할아버지는 참으로 자랑스러웠어! 나는 하고 싶은 말을 다 하고 무서워서 와들와들 떨었지. 그리고 그들이 측은한 생각이 들었어. 두 사람 표정이 어두워졌거든. 그때 네 아버지가 이렇게 말하더구나. '바실리 바실리예프께서 저에게 기꺼이 바랴를 주지 않으실 거라는 건 저도 알고 있어요. 그래서 전 바랴를 훔치려고 해요. 그러니 우리를 꼭 도와주세요. 이렇게 제가 온 것은 당신께 우리를 도와달라고 부탁하기 위해서예요!' 나는 팔을 휘두르고 그를 떠밀기까지 했지만 그는 물러서지 않는 거야. 돌로 때려도 좋으니 도와달라면서 절대로 물러서지 않겠다는 거였어. 그러자 바르바라도 그에게 다가가더니 그의 어깨에 손을 얹고 말했어. '우린 벌써 오래전에, 그러니까 5월에 결혼했어요. 이제 우리는 교회의 의식에 따라 결혼식만 올리면 돼요.' 나는 뒤로 나자빠질 정도로 기겁을 했지―오, 맙소사!"

외할머니는 온 몸을 흔들며 웃기 시작했다. 그리고 나서 외할머니는 코담배를 들이마시고는 눈물을 훔치고 행복스런 한숨을 내쉬며 말을 이었다.

"넌 아직 어려서 몰라, 결혼이 어떤 것이고 결혼의식이 어떤 것인지. 다만 처녀가 결혼식을 올리지 않고 아기를 낳는 건 무서운 불행이란다! 너도 이 말을 잘 기억해 둬라. 그리고 앞으로 크면 그런 일로 처녀들을 난처하게 만들지 마라. 그런 짓을 하면 너는 큰 죄를 짓게 되는 거고, 처녀는 불행해지고 아이는 사생아가 되는 거란다. 꼭 기억해둬! 살아가면서 여자를 아끼고 진심으로 사랑하거라. 장난으로 여자를 대하지 말고. 이건 내가 너에게 꼭 해주고 싶은 말이란다!"

외할머니는 의자 위에서 몸을 흔들며 잠시 생각에 잠겼다. 그러다가 문득 정신이 돌아와서는 다시 이야기를 시작했다.

"그러니 내가 어떻게 할 수 있겠니? 난 막심의 이마를 후려치고 바르바라의 머리채를 휘어잡았는데, 그가 그럴듯한 소리를 하지 않겠니? '때린다고 이미 끝난 일을 돌이킬 순 없어요!' 그리고 네 어미도 말했지. '먼저 어떻게 해야 할지 생각해보고 그 다음에 싸워요!' 나는 막심에게 돈이 있느냐고 물어보았는데 '있긴 있었는데 그 돈으로 바랴에게 반지를 사주었어요'하고 대답하더구나. '얼마 줬는데, 3루블?' 하고 물었더니 '아뇨, 100루블쯤 줬어요' 이러는 거야. 그즈음엔 돈 가치는 높고 물건은 헐값이었던 시절이었어. 나는 그들, 그러니까 네 어미와 애비를 바라보면서 이런 바보들이 있나, 이렇게 사랑스러운 바보들이! 하고 생각했지! 네 어미는 이렇게 말했어. '난 반지를 엄마에게 들키지 않도록 마루 밑에 숨겼어요. 그걸 팔 수 있어요!' 그래, 꼭 어린애들 아니냐? 아무튼 우리는 의논한 끝에 두 사람은 일주일 안에 결혼식을 올리고 사제와의 일은 내가 처리하기로 의견을 모았지. 나는 대성통

곡했고 가슴이 와들와들 떨렸어. 외할아버지가 무서웠거든. 바랴도 겁에 질려 있었지. 하지만 모든 일이 다 좋게 끝났단다! 그런데 네 애비에게는 원수처럼 지내는 십장인지 뭔지 하는 나쁜 작자가 있었어. 그놈이 벌써부터 모든 일을 짐작하고 그 두 사람을 감시하고 있었지 뭐니. 아무튼 난 내 외동딸에게 최고로 좋은 옷을 입혀 대문 밖으로 데리고 나갔지. 골목에서 삼두마차가 기다리고 있었거든. 네 어미가 타자 막심은 휘파람을 휙 불고는 마차를 타고 떠나갔지! 내가 눈물을 쏟으며 집으로 돌아오는데 갑자기 그 작자가 맞은편에서 다가오더니 말하는 거야, 그 비열한 놈이 말이야. '난 선량한 사람입니다. 운명을 방해하고 싶지도 않아요. 다만 아쿨리나 이바노브나, 그대가로 내게 50루블만 주세요!' 그런데 난 돈이 없었어. 돈을 좋아하지 않아서 모아놓지 않았거든. 그래서 깊이 생각하지도 않고 그놈에게 이렇게 말했어. '난 돈이 없어서 줄 수가 없소!' 그랬더니 이러는 거야. '그럼 돈을 주겠다는 약속을 하세요!' '어떻게 약속을 한단 말이오. 나중에 내가 돈을 어디에서 구하라고?' '흥, 부자인 남편에게서 훔치는 것이 그리 어려운 일은 아닐 텐데요?' 내가 미련했지, 그 비열한 놈과 좀 더 오래 얘기하면서 붙잡아뒀어야 하는 건데, 난 그만 그놈의 낯짝에다 침을 탁 뱉고는 집안으로 들어와버렸어! 그런데 그놈이 나보다 먼저 마당에 뛰어들어 소동을 일으키기 시작한 거야!"

외할머니는 눈을 감고 미소를 지으면서 말했다.

"그 끔찍한 사건은 지금 생각해도 무시무시하구나! 외할아버지는 짐승처럼 울부짖었지. 그 사람에겐 그건 장난이 아니었거든. 네 외할아버지는 바르바라를 바라보며 귀족에게 시집보낼 거다, 지주에게! 하면서 늘 자랑했으니까! 귀족이 뭐고 지주가 다 뭐냐! 누가 누구와 맺어져야 하는지는 우리보다 거룩하신 성모님이 더 잘 아시지. 외할아버지는 불이라도 난 듯 마당을 뛰어다니면서 야코프와 미하일을 부르고, 주근깨투성이인 그 십장놈과 클림이라는 마부도 불러들였어. 내가 보고 있으니 외할아버지는 투척봉을 들더구나, 가죽끈에 추를 매단 것 말이다. 미하일은 총을 움켜잡았지. 우리에겐 훌륭하고 사나운 말이 있었고, 마차는 용수철이 장치된 여행용 마차 타란타스*56였

---

*56 러시아에만 있는, 지붕을 얹은 마차.

단다. 가벼웠어. 그래서 난 그들이 쉽게 막심과 바랴를 따라잡을 거라고 생각했지. 바로 그때 바르바라의 수호천사가 내게 꾀를 불어넣어 주셨어. 나는 칼을 찾아들고 마차 채에 매어진 가죽끈을 몰래 잘라두었어. 가는 도중에 끊어지게 말이다! 진짜로 그렇게 됐지. 길가는 도중에 마차 채가 끊어져나가 하마터면 외할아버지와 미하일과 클림이 죽을 뻔했단다. 그들이 한참 지체하면서 마차를 고친 다음 교회로 말을 몰고 달려가니, 바르바라와 막심은 교회 돌계단 위에 서 있었어. 이미 결혼식을 마치고 말이야! 감사합니다, 하느님! 그들이 모두 막심에게 달려들었지만 막심은 건장했고 보기 드물게 힘이 세었단다! 미하일은 교회 현관에서 나가떨어져 팔이 부러졌지. 클림도 크게 다쳤고. 그러자 외할아버지와 야코프와 십장은 막심에게 겁을 먹고 말았어. 막심은 화가 났지만 이성을 잃지 않고 외할아버지에게 이렇게 말했단다. '투척봉을 버리세요. 나에게 그런 걸 휘두르지 마시구요. 전 얌전한 사람입니다. 하느님이 제게 주신 걸 제가 가졌으니 아무도 그걸 빼앗아가지 못합니다. 저는 당신께 더 이상 아무것도 원하지 않습니다.' 그들은 막심에게서 물러났고, 외할아버지는 마차에 올라타고는 소리를 질러댔지. '그래, 잘 가라, 바르바라. 이제 넌 내 딸이 아니고 널 보고 싶지도 않다. 네가 굶어 죽든 말든 난 상관않겠다.' 외할아버지는 집으로 돌아와서 나를 때리고 욕설을 퍼부어댔지. 난 그저 신음소리만 내고 아무 말도 하지 않았어. 모든 것은 지나가게 마련이고 이미 저질러진 일은 어쩔 수가 없다는 걸 난 잘 알고 있었거든! 나중에 외할아버지는 내게 이렇게 말했어. '아쿨리나, 기억해 둬. 이제 당신에겐 더 이상 어디에도 딸은 없는 거야. 명심하라고!' 난 나대로 혼자 생각했지. '계속 거짓말하시구려, 어릿광대 양반, 증오란 얼음과 같아서 녹으면 그만이라고요!'"

나는 귀를 쫑긋 세우고 열심히 들었다. 외할머니의 얘기 중에는 나를 놀라게 하는 것이 많았다. 외할아버지는 엄마의 결혼식을 전혀 다르게 묘사했기 때문이다. 외할아버지는 이 결혼에 반대했고 결혼식이 끝난 뒤에 엄마를 집에 들어오지 못하게 했다. 외할아버지의 얘기에 따르면 엄마는 몰래 결혼식을 올린 게 아니고 외할아버지도 교회에 있었다는 것이다. 나는 누구의 얘기가 맞는지 외할머니에게 물어보고 싶지 않았다. 그것은 외할머니의 얘기가 더 아름다웠고 훨씬 더 내 마음에 들었기 때문이다. 얘기를 해주면서 외할머니는 마치 보트를 타고 있는 것처럼 내내 몸을 흔들었다. 슬프거나 무서운 사건에 대해 얘기할 때면 외할머니는 허공에서 무언가를 밀어내려는 듯 한 팔을 앞으로 쭉 뻗고 더욱 격렬하게 흔들었다. 그러자 외할머니의 주름진 뺨 속에 숨어 있던 보이지 않는 선량한 미소에 짙은 눈썹이 살짝 떨렸다. 때론 모든 것을 화해시키는 이 맹목적인 선량함이 나를 감동시켰다. 그리고 때로는 외할머니가 심한 말도 하고 욕설도 좀 했으면 하고 진심으로 바랐다.

"처음 두 주일 정도는 나도 바랴와 막심이 어디에 있는지 몰랐는데, 얼마 뒤에 바랴가 보낸 씩씩한 꼬마가 달려와서 말해주더구나. 난 토요일을 기다렸다가 저녁기도에 나가는 척하고 그 아이들에게 갔지! 멀리 떨어진 수에친스키 거리에 있는 작은 외딴집에 살고 있더구나. 마당은 온통 직공들로 북적거렸고 더럽고 시끄럽고 쓰레기 투성이였어. 그 아이들은 그런 것에 개의치 않고 마치 한 쌍의 새끼고양이처럼 야옹대며 놀고 있었지. 난 내가 가져갈 수 있는 모든 것을 그 아이들에게 가져갔단다. 차, 설탕, 잡곡, 잼, 밀가루, 말린 버섯, 약간의 돈을. 얼마였는지는 생각나지 않지만 외할아버지 것을 몰래 빼낸 거였지. 자기 자신을 위해서가 아니라면 그 정도는 훔칠 수 있는 것 아니겠니! 그런데 네 애비는 아무것도 받지 않고 화를 내는 거야, '우리가 거진줄 아세요?' 하면서. 바르바라도 남편 말에 장단을 맞춰 '이런 걸 왜 가져왔어요, 엄마?' ……난 그 아이들을 꾸짖었지. '바보야, 내가 누구냐? 하느님이 너에게 보내주신 어미가 아니냐! 너에게, 이 바보 같은 너에게 피를 나눠준 어미! 그런 나를 네가 모욕해서 되겠니? 이 지상에서 어미가 모욕을 받으면 천상에서 성모님이 쓰라린 눈물을 흘리실 거다!' 그렇게 말하자 막심이 나를 번쩍 안아들고 온 방을 빙빙 돌면서 춤을 추는 거야. 네 아버진 참으로 힘센 곰이었어! 바르바라는 바르바라대로 우쭐대고 걸으면서 남편 자랑을 하는 거야, 마치 새 인형이라도 자랑하듯이 말이야. 줄곧 눈을 치켜뜨고 거들먹거리면서 살림에 관해 얘기하더구나, 진짜 여편네처럼 말이다. 그모습이 얼마나 우습던지! 네 어미가 차와 함께 잼을 바른 과자를 내왔는데 늑대의 이빨도 부러뜨릴 정도로 딱딱했단다. 또 응고우유는 자갈처럼 흩어져 있었고!

그럭저럭 오랜 시간이 흘러 네가 태어날 때가 되었지. 외할아버지는 내내 침묵하셨어. 고집불통 영감탱이였지! 난 몰래 그 애들 집을 왔다 갔다 했단다. 외할아버지도 그걸 알고 있었지만 모르는 척했지. 집안에서는 누구든 바라 얘기를 하는 것이 금지되어 있어서 모두가 아무 말도 안했고 나 역시 침묵하고 있었지만, 난 알고 있었지. 외할아버지의 침묵이 그리 오래 가지는 않으리라는 걸. 곧 그 미묘한 때가 다가왔단다. 밤이 왔고, 마치 곰이 창문으로 기어오르듯 눈보라가 울부짖었지. 굴뚝에서는 온갖 악령들이 쇠사슬을 끊어버린 듯이 윙윙댔고, 나와 외할아버지는 누워 있었지만 잠을 이루지 못하고 있었단다. 그때 내가 말했지. '이런 밤 가난한 사람들은 얼마나 힘들까요. 마음이 불안한 사람에겐 더더욱 힘든 밤이고요!' 그러자 외할아버지가 불쑥 물었어. '그 애들은 어떻게 살고 있지?' '아무 일 없이 잘들 살아가고 있어요.' '내가 누구에 대해 물어보고 있다고 생각하는 거지?' '우리 딸 바르바라와 사위 막심이겠지요.' '어째서 그 애들에 대해 묻는 거라고 생각했지?' '당신, 이제 어리석은 장난 좀 그만두세요. 그런다고 뭐 기분이 좋아지나요?' 그러자 외할아버지가 한숨을 쉬며 말하는 거야. '이런 마귀할멈, 회색 마귀할멈 같으니라고!' 그리고 이렇게 묻는 거야. '그래, 그 큰 바보—이건 네 아버지를 일컫는 거지—는 어때, 확실히 바보 녀석이지?' 나는 이렇게 말했지. '바보는 일하고 싶어하지 않는 사람이나 남의 목에 무거운 짐을 매다는 사람을 말하는 거예요. 당신, 야코프와 미하일을 봐요. 그 애들이야말로 바보처럼 살고 있잖아요? 우리 집에서 누가 일하고 누가 돈을 벌어요? 그건 다 당신이죠. 그 애들이 당신에게 무슨 도움을 주었나요?' 그러자 외할아버지는 나를 바보라느니 부끄러움을 모른다느니, 뚜쟁이라니 하면서 내가 알지도 못하는 말을 주워섬기며 내게 욕설을 해대는 거야. 내가 아무 말도 안하니 이러더구나. '그래, 어떻게 당신은 어디서 굴러왔는지 어떤 놈인지 알지도 못하는 녀석에게 속을 수가 있어?' 나는 여전히 가만있다가 외할아버지가 지쳤을 때쯤 해서 이렇게 말했지. '당신이 직접 가서 그 애들이 어떻게 사나 확인해 보세요. 아주 잘 살고 있어요.' '그 애들에게 가는 건 체통이 서지 않으니 차라리 그 애들을 이리로 오도록 하든지.' 이 말에 나는 기뻐서 울음을 터뜨리기까지 했단다. 외할아버지는 내 머리카락을 풀어헤치면서—할아버지는 내 머리카락을 갖고 장난치는 걸 좋아했지—이렇게 웅얼댔지. '훌쩍거리지 마, 이 바보야. 난 뭐 감정도 없는 줄 알아?' 외할아버지는 원래는 참 좋은 사람이었단다. 그런데 자기보다 더 현명한 사람은 없다고 생각한 순간부터 화를 잘 내는 바보가 되어 버렸지.

그렇게 해서 마침내 성스러운 날인 용서의 일요일*57에 그 아이들, 네 애비와 어미가 왔어. 둘 다 키가 크고 말쑥하고 깨끗했지. 막심은 외할아버지와 마주 섰어. 외할아버지는 막심의 어깨밖에 오지 않았지. '바실리 바실리예비치, 제발 제가 결혼지참금 때문에 당신을 뵈러 왔다고는 생각지 말아 주십시오. 그렇지 않아요, 저는 제 아내의 아버지께 경의를 표하려고 왔습니다.' 외할아버지는 이 말이 마음에 들었던지 빙그레 웃으면서 말했어. '에잇, 이 껑다리 도적 같으니라고! 이제 그만큼 버릇없이 굴었으니 우리와 함께 살자꾸나!' 막심은 얼굴을 찌푸리며 '바랴가 원하면 그렇게 하겠습니다. 저는 아무래도 상관없어요!'라고 말하지 않았겠니. 즉시 막심과 외할아버지 사이에 한 치의 양보도 없는 싸움이 시작되었고 도무지 합의가 이루어지지 않았단다! 난 네 애비에게 눈을 껌뻑이고 테이블 밑으로 발을 걷어찼지만 아랑곳하지 않고 계속 자기 고집만 내세우는 거야! 네 애비는 눈이 멋있었어. 쾌활하고 맑은 눈이었지. 하지만 눈썹은 어둡고, 그 눈썹을 찌푸리면 두 눈은 숨어버리고 얼굴은 돌처럼 굳어져 고집불통 모습으로 바뀌는 거야. 막심은 나 말고는 누구의 말도 들으려 하질 않았지. 난 내가 낳은 자식들보다 막심을 더 사랑했단다. 네 애비도 그걸 알았고 나를 사랑했지! 나한테 꼭 달라붙어 껴안곤 했고 그렇지 않으면 날 달랑 안아들고 방 안을 빙빙 돌며 말하곤 했어. '장모님은 저에겐 친어머니나 다름없어요, 대지처럼! 전 바르바라보다도 어머니가 더 좋아요!' 그때 네 어민 아주 쾌활한 장난꾸러기였는데 그런 말을 들으면 막심에게 달려들어 '당신은 어떻게 그런 말을 할 수 있어요? 찌그러진 귀를 가진 페르미 사람 같으니!'라고 소리쳐댔지. 그러고는 셋이서 웃고 떠들며 놀았어. 아가야, 그때 우리는 재미있게 살았단다! 네 애비는 보기 드물게 춤을 잘 추었고, 좋은 노래도 많이 알고 있었지. 장님들을 데리고 다닐 때 배웠다더라. 장님들보다 더 훌륭한 가수는 없어!

막심과 네 어미는 뜰에 있던 별채에서 살게 되었고, 거기서 네가 태어났지. 꼭 정오에. 네 애비가 점심을 먹으러 오자마자 네가 태어난 거야. 얼마나 기뻐하던지 꼭 미친 사람 같았어. 네 어미는—그냥 좀 피곤하기만 하고

---

*57 부활제에 앞서오는 6주간의 대제기(大祭期), 그 전 1주일 동안이 사육제이고 그 주간의 마지막 날이 '용서의 일요일'이다. 이 날에 평소의 원한이나 분노, 죄과를 서로 용서하는 풍습이 있다.

애 낳는 일이 얼마나 힘든 건지는 모르는 듯했어! 막심은 나를 어깨에 태우고 마당을 가로질러 손자가 또 하나 생겨났다는 걸 보고하러 외할아버지에게로 갔단다. 외할아버지도 웃으면서 말씀하셨어. '그래, 막심. 자넨 도깨비 같은 사내야!'

그런데 네 외삼촌들은 막심을 싫어했지. 네 아버진 술도 안 마시고, 솔직했으며 온갖 일을 능숙하게 잘해냈거든. 그게 죄였어. 네 외삼촌들은 막심을 혹독하게 비난했지. 언젠가 사순절 때 바람이 불기 시작했는데 갑자기 집 전체에 뭐라 말할 수 없이 무서운 소리가 나기 시작했단다. 이게 웬 기이한 일인가 하고 모두들 놀라 제정신들이 아니었어. 외할아버지는 완전히 공포에 질려 모든 성상 램프에 불을 밝히라고 명령하고 여기저기 뛰어다니며 '기도를 올려야겠다!'고 소리치는 거야. 그런데 갑자기 모든 소리가 딱 멈춰버렸어. 그러자 모두들 더욱더 놀라버렸지. 야코프 외삼촌은 틀림없이 막심이 꾸민 짓일 거라고 짐작했지! 나중에 네 애비가 고백했는데 여러 가지 병과 플라스크를 천창에 갖다 놓았다는 거야. 바람이 병 목으로 들어가 불면, 그 병과 플라스크가 한꺼번에 온갖 소리를 낸다는 거지. 외할아버지가 막심에게 이렇게 위협했단다. '또 다시 그런 장난질을 하면 시베리아로 가서 못 돌아올 줄 알아, 막심!'

어느 해는 너무 추워서 늑대들이 들판에서 읍내로 내려와 개를 물어뜯고, 말을 놀라게 하고, 술 취한 경비원을 잡아먹는 소동이 벌어졌어! 그런데 네 애비는 총을 들고 스키화를 신고 밤에 들판으로 가는 거야. 나중에 보니 늑대를 끌고 왔지 뭐니, 어떤 때는 두 마리씩! 그러고는 그놈들의 가죽과 대가리 껍질을 벗겨내고 유리 눈알을 박아 넣어 감쪽같이 진짜처럼 만들어냈지! 어느 날 미하일 외삼촌이 볼일을 보러 현관으로 나갔다가 갑자기 다시 뛰어 들어왔는데, 머리카락은 거꾸로 곤두서고 두 눈을 부릅뜨고 목이 막혀서 아무 말도 하질 못했어. 바지가 흘려내려 그 바지에 걸려 넘어지면서 갈라진 목소리로 소리치는 거야. '늑대다!' 모두들 손에 잡히는 대로 집어 들고 등불을 들고 현관으로 달려갔지. 그랬더니 아래쪽 계단에서 똑바로 늑대가 머리를 앞으로 쑥 내밀고 있는 거야! 그놈을 후려갈기고 총을 쏘았지만 끄떡도 하지 않았어! 그래서 옆에 가서 자세히 보니 가죽과 빈 대가리만 있고, 앞발이 아래쪽 계단에 못으로 박혀 있었어! 그때 외할아버지는 막심에게 불같이 화를 내셨단다. 그러자 이번엔 야코프가 그런 장난을 흉내 내기 시작한 거야. 막심은 두꺼운 마분지를 붙여서 머리처럼 만들고 코와 눈과 입을 만들어, 머리카락 대신 삼찌꺼기를 붙인 다음 야코프와 함께 거리에 나갔어. 그 무서운 가면을 창문으로 쑥 들이밀면 사람들은 당연히 무서워서 비명을 질러댔지. 그리고 밤마다 시트를 뒤집어쓰고 나가 신부님을 깜짝 놀라게 하곤 했는데, 한번은 신부가 파출소로 달아나는 바람에 경관도 깜짝 놀라 살려달라고 소리를 치고 난리가 났지. 그 아이들은 그런 고약한 장난을 많이도 저질렀지만 도저히 그만두게 할 수가 없었어. 그런 짓거리는 그만 집어치우라고 나도 말하고 바랴도 말했건만 도무지 말을 들어먹어야지! 막심은 웃으면서 이렇게 말하곤 했어. '모두들 아무것도 아닌 것 가지고 놀라서 정신없이 도망가는 걸 보는 게 너무 재미있어요!' 막심과 말해봐야 아무 소용도 없었지…….

그러다가 막심은 하마터면 모든 게 끝장날 뻔했단다. 미하일 외삼촌은 꼭 네 외할아버지를 닮았어. 화를 잘 내고 원한이 깊은 게 말이다. 그 외삼촌이 네 애비를 없애버리기로 마음먹은 거야. 초겨울에 그들이 어딘가 들렀다가 귀가하는 길이었어. 막심하고 네 두 외삼촌, 그리고 성당지기, 모두 넷이서 말이야. 나중에 이 성당지기는 마부를 죽을 만큼 때려서 파문당했지. 그 넷이 얌스키 거리를 걸어 내려오다가 주코프 연못으로 가자고 막심을 꾀었어. 꼬마 녀석들이 얼음을 지치듯이 발로 미끄럼을 타자고 말이다. 그렇게 꾀어내가지고는 막심을 얼음구멍 속으로 밀어버렸어. 그 얘긴 내가 한번 한 적 있을 거야."

"외삼촌들은 왜 그렇게 흉악해?"

"그 애들은 흉악한 게 아니야." 외할머니는 조용히 말하면서 코담배를 들이마셨다. "그저 어리석을 뿐이지! 미시카는 교활하고 어리석으며 야코프는 착하지도 악하지도 않은 바보야. 하여튼 그 애들은 막심을 물속에 밀어 넣고 막심이 떠올라 손으로 얼음구멍의 가장자리를 붙잡으면 막심의 손을 때리면서 뒤축으로 손가락을 짓뭉개버렸단다. 다행히 네 애비는 정신이 말짱했고 외삼촌들은 술에 취해 있었어. 막심은 하느님의 도움으로 간신히 얼음 밑에서 몸을 쭉 펴고 누워 얼굴을 물 위로 내밀어 숨을 쉬었어. 그들은 막심에게 손이 닿지 않자 얼마 동안 그에게 얼음조각을 내던지다가 어차피 빠져죽겠지 하고 와버렸어! 하지만 막심은 얼음구멍에서 기어 나와 경찰서로 곧장 달려갔어. 광장에 있는 경찰서, 너도 알지? 구역 경찰서장은 막심과 우리 가족을 모두 알고 있었기 때문에 이게 어찌된 일이냐고 물었지."

외할머니는 성호를 긋고 감사하는 마음으로 말했다.

"오, 하느님, 막심 사바테이치가 당신의 성인들과 함께 완전한 안식을 얻게 하소서. 그는 그럴 만한 자격이 있는 사람입니다. 네 애비는 경찰에 사건을 숨겼단다. 술에 취해 우연히 연못으로 가서 얼음구멍에 빠졌다고 말했거든. 서장은 '거짓말이야. 당신은 술 취하지 않았어!'라고 말했어. 어쨌든 그들은 그의 몸을 포도주로 문지르고 마른 옷을 입히고 양가죽 외투로 몸을 감싸서 집으로 데리고 왔어. 서장과 막심, 경찰 둘이 더 있었어. 야시카와 미시카는 아직 집으로 돌아오지 않고 선술집을 돌아다니면서 부모 얼굴에 먹칠을 하고 다녔지. 나와 네 어미가 막심을 유심히 보았지만 평소 모습이 아니었어. 온 몸이 시퍼렇게 멍들고 손가락은 깨어져 피가 뚝뚝 떨어지고 관자놀이에는 눈 같은 것이 녹지 않은 채 달라붙어서 머리카락이 백발이 아니겠니!

'도대체 무슨 일을 당한 거예요?' 바르바라가 울며 비명을 질러댔어. 구역 경찰서장은 모든 걸 냄새 맡고 집요하게 캐묻는 거야. 내 가슴은 느꼈지. 무언가 안 좋은 일이 일어났다고! 나는 바랴를 서장 옆에 앉혀 놓고 막시무시카에게 가만히 물어보았지. 무슨 일이 있었느냐고. 그랬더니 막심이 속삭이는 거야. '먼저 야코프와 미하일을 만나서 그들에게 일러주세요. 얌스키 거리에서 나와 헤어져 그들은 파크롭카까지 갔지만 난 프랴딜리니 골목으로 들어섰다고 말입니다! 일을 꼬이게 해선 안 돼요. 안 그러면 경찰로부터 곤란한 일을 당하게 될 테니까!' 난 외할아버지한테 가서 말했지. '가서 서장을 붙잡고 얘기 좀 해요. 난 문밖에서 아들놈들을 기다릴 테니.' 그러고는 얼마나 끔찍한 일이 있었는지 외할아버지에게 얘기했단다. 외할아버지는 옷을 입으며 몸을 떨면서 웅얼대셨어. '이렇게 될 줄 알았어. 이런 일이 생길 줄 알고 있었다고!' 하지만 그건 거짓말이고 외할아버진 아무것도 몰랐어! 아무튼 난 네 외삼촌들을 만나자 낯짝을 손바닥으로 후려갈겼지. 미시카는 겁이 나서 즉각 술이 깼지만, 야시카는 술에 취해 굳어버린 혀로 '난 아무것도 몰라요. 모든 건 미하일의 짓이에요. 그가 형이잖아요!' 하고 웅얼댔어. 우리는 이럭저럭 서장을 달랬지. 그는 좋은 양반이었거든! '음, 잘 들으시오. 만약 당신네 집에서 뭔가 나쁜 일이 일어나면 누구 죄인지 난 알아내고야 말 거요!' 이렇게 말하고 돌아갔단다. 외할아버지는 막심에게 가서 말했어. '고 맙네. 다른 사람이 자네 같은 일을 당했다면 달리 행동했을 텐데. 이 일을 잊지 않겠네! 그리고 딸아, 너도 고맙다. 선량한 사람을 애비 집에 데리고 왔어!' 외할아버진 맘만 먹으면 좋은 말도 할 줄 알았지. 나중에는 어리석어 져서 마음을 자물쇠로 꼭 잠가버리게 되었지만 말이다. 우리 셋이 남게 되자 막심 사바테이치는 울음을 터뜨리며 헛소리처럼 말하기 시작했어. '그들은 왜 날 못살게 구는 거죠? 도대체 내가 그들에게 뭘 어쨌기에! 엄마, 왜 그 래요?' 막심은 나를 어머니라고 부르지 않고 어린애처럼 엄마라고 불렀단다. 사실 성격도 어린애 같았어. '무엇 때문이죠?' 그는 계속 물어댔지. 대성통 곡하는 것 말고 내가 뭘 할 수 있었겠니? 결국은 모두 내 아이들인데, 그 녀석들이 참 불쌍하다는 생각도 들고! 네 어민 재킷 단추가 모두 뜯겨나가 한바탕 싸우고 난 것처럼 온통 흐트러진 모습으로 앉아서 울부짖었어. '떠납 시다, 막심! 저들은 형제가 아니라 원수예요. 난 저들이 무서워! 떠나요!' 난 네 어미를 꾸짖었지. '난로에 쓰레기를 던져선 안 돼. 안 그래도 집안이 온통 가스로 뒤덮여 있어!' 이때 외할아버지가 용서를 빌라고 그 바보 녀석 들을 보내셨어. 네 어민 미시카에게 달려들어 '이게 바로 용서다!' 하면서 그의 뺨을 철썩 때렸단다. 네 애비도 탄식했지. '어떻게 그런 짓을 할 수가 있어? 당신들이 내 형제야? 날 불구자로 만들면 손 없이 내가 어떻게 일을 하란 말이야?' 하여튼 간신히 그들은 화해를 했어. 네 애빈 병이 나서 7주 동안 누워 지냈고, 가끔 이렇게 말했지. '엄마, 우리와 함께 다른 도시로 가 요. 여기는 재미없어요!' 곧 네 애비는 아스트라한으로 가게 되었단다. 거기 서 여름에 있을 황제의 방문을 준비하고 있었는데 네 애빈 개선문[58]을 건설 하라는 위임을 받았거든. 네 부모는 첫 배(봄에 얼음이 녹은 뒤 처음 출항하 는 기선)를 타고 떠났는데 나는 영혼과 헤어지듯이 그들과 작별했지. 막심 역시 슬퍼했고 줄곧 날 설득했어. 아스트라한으로 같이 갔으면 좋겠다고 말

---

[58] 이때 알렉산드르 2세를 환영하여 아스트라한 부두에 건설된 개선문에 대한 상세한 기록이 남아 있다. 그것에 따르면 고리키의 아버지 막심은 예술적인 판타지를 지니고 있었던 듯 하다.

이다. 그런데 네 어민 마냥 즐거워했고, 심지어 기쁨을 숨기려고 하지도 않았어. 부끄럼도 모르는 년 같으니…… 그렇게 그 애들은 떠났지. 이게 전부야……."

외할머니는 보드카 한 모금을 꿀꺽 들이켜고 코담배를 들이마신 뒤 생각에 잠긴 표정으로 창문을 통해 청회색 하늘을 바라보면서 말했다.

"그래, 네 애비와 난 피가 섞인 것도 아닌데 마음은 하나였지……."

외할머니가 애기하는 도중에 외할아버지가 가끔 들어와 족제비 같은 얼굴을 쳐들고 예리한 코로 공기를 킁킁거리며 수상쩍게 외할머니를 바라보았다. 외할아버지는 외할머니의 애기를 듣고 중얼거렸다.

"거짓말이야, 거짓말…… "

그리고 불쑥 이렇게 묻기도 했다.

"렉세이, 외할머니가 여기서 술을 마셨나?"

"아뇨."

"거짓말을 하는구나. 눈을 보면 알지."

그리고 머뭇거리다가 나가버렸다. 외할머니는 외할아버지 뒤를 바라보고 눈을 찡긋한 뒤, 어떤 신소리 같은 말을 들려주었다.

"지나가라, 압데이, 말(로샤데이)을 놀라게 하지 마라……."

어느 날 외할아버지는 방 한가운데 서서 마룻바닥을 응시하다가 조용히 물었다.

"할멈?"

"왜요?"

"임자, 지금 무슨 일이 일어나고 있는지 알지?"

"알아요."

"그럼 어떻게 생각하나?"

"운명이에요, 영감! 당신은 늘 귀족에 대해 애기했다는 것, 알고 계시죠?"

"흠, 그래."

"바로 그 사람이 귀족이잖아요."

"알거지야."

"그건 그 아이의 문제죠."

외할아버지는 나가버렸다. 무언가 좋지 않은 것을 느끼고 나는 외할머니에게 물었다.

"무슨 얘기 한 거야?"

"별걸 다 알고 싶어하는구나." 외할머니는 내 다리를 문지르면서 얼버무리듯이 대답했다. "어려서부터 모든 걸 다 알면 늙어서는 물어볼 게 없게 돼요……."

외할머니는 머리를 흔들어대며 웃음을 터뜨렸다.

"오, 외할아버지, 불쌍한 외할아버지. 당신은 하느님의 눈에 들어간 작은 티끌이에요! 렌카야, 이 일에 대해서는 한마디도 하지 마라! 외할아버지는 지금 알거지가 되었어! 외할아버지가 어떤 지주에게 수천 루블이나 되는 많은 돈을 빌려주었는데 그 지주가 파산했어……."

미소를 머금은 채 외할머니는 생각에 잠겨 오랫동안 아무 말 없이 앉아 있었다. 외할머니의 커다란 얼굴이 슬픈 빛을 띠면서 어두워지고 주름이 잡혔다.

"외할머니, 무슨 생각 해?"

"아, 그래, 네게 해줄 얘기를 생각하고 있단다." 외할머니는 갑자기 생각에서 깨어난 것 같았다. "옳지, 옙스티그네이에 관한 얘기를 해야겠다, 좋지?"

옛날 옛날 옙스티그네이라는 서기가 살았는데,
그는 자기가 가장 똑똑한 사람이라고 생각했었네,
성직자나 귀족들 중에도,
가장 늙은 암캐 중에도!
칠면조처럼 거만하게 걸어다녔고,
스스로를 '시린' 새*59라고 생각했다.
이웃 남자, 이웃 여자 모두를 가르치려 했었네.
이것도 아니고 저것도 아니라고.
교회를 들여다보고는 너무 낮다!
거리를 곁눈질해 보고는 너무 좁다!

─────────────
*59 러시아 전설에 나오는 신화적인 생명체. 대가리와 가슴 부분은 여자 사람처럼 생겼으며, 몸통이 새(올빼미)처럼 생긴 반조반인(半鳥半人)의 생명체.

사과는 그에게는 빨갛지 않았고,
태양은 너무 일찍 떠올랐네!
옙스티그네이는 무엇을 보아도
그런 식으로 말했네.
그리고 그는…….

　외할머니는 뺨을 부풀리고 눈동자를 굴렸다. 외할머니의 선량한 얼굴은
우둔하고 우스꽝스러워졌다. 외할머니는 나른한 목소리로 얘기를 계속했다.

나라면 이렇게 할 수 있을 텐데.
나라면 이런 것 더 잘할 수 있을 텐데.
그렇지만 내겐 그럴 시간이 없어…….

　잠시 침묵한 뒤 외할머니는 미소를 머금고 조용한 목소리로 얘기를 계속
했다.

어느 날 밤 악마들이 이 서기를 보러 왔다네.
'당신은 여길 맘에 들어 하지 않는군, 서기 양반!
그렇다면 우리와 함께 지옥으로 갑시다.
거기엔 석탄이 활활 타고 있다오!'
현명한 서기가 모자를 쓸 새도 없이
악마들은 발톱으로 그를 움켜잡고
질질 끌고, 간질이며, 부르짖었네.
악마 둘이 그의 어깨에 앉아
그를 지옥불 속에 처넣었네.
'괜찮은가, 옙스티그네이?'
서기는 불에 타며 좌우를 둘러봤네.
두 손을 옆구리에 받치고,
입술은 거만하게 쑥 내밀었네.
'하지만 당신들이 사는 이 지옥엔 가스가 너무 많군.'

느릿느릿하고 기름진 목소리로 우화를 끝마치자 외할머니는 표정을 바꾸고 조용히 웃으며 내게 설명해주었다.

"옙스티그네이는 굴복하지 않고 요지부동이었지. 꼭 네 외할아버지처럼 고집불통이었지! 자, 이젠 잘 시간이다."

엄마는 이따금 다락방으로 날 찾아왔다. 하지만 나와 오래 얘기하지는 않고 서두르면서 말했다. 엄마는 점점 더 아름다워졌고 옷도 점점 더 잘 입었다. 하지만 외할머니에게서처럼 엄마한테도 내가 모르는 무언가 새로운 일이 일어나고 있으며 그것을 숨기고 있다는 것을 느꼈다. 나는 그것이 무엇인지 추측해보았다.

외할머니의 옛날이야기는 내 마음을 끄는 힘이 점점 약해졌다. 외할머니가 해주는 아버지에 대한 얘기도 나날이 심해져가는 막연한 나의 불안을 진정시키지 못했다.

"아버지의 넋은 왜 괴로워해?"

나는 외할머니에게 묻곤 했다.

"그걸 어떻게 아니?"

외할머니는 눈을 감으면서 말했다.

"그건 천상에 계신 하느님의 일이란다. 우리는 알 수가 없어요……."

밤마다 잠도 자지 않고, 별들이 하늘을 따라 천천히 흘러가는 모습을 푸른 유리창을 통해 바라보면서 나는 슬픈 이야기를 꾸며내곤 했다. 그 이야기의 주인공은 아버지였다. 아버지는 항상 어딘가를 혼자 터벅터벅 걸어가고 있었다. 손에 지팡이를 들고, 털이 수북한 개 한 마리를 뒤에 거느리고……

12

어느 날 저녁 무렵 잠깐 잠들었다가 깨어났을 때 나는 내 다리도 깨어났다고 느끼고 다리를 침대에서 내려놓았다. 다리는 다시 감각이 없어졌지만 나는 다리가 온전해져 걸어다닐 수 있으리라는 확신이 생겼다. 그런 확신이 들자 너무 기쁜 나머지 소리를 지르고 싶을 만큼 기분이 좋아졌다. 다리를 마룻바닥에 대고 일어서려 했으나 금세 넘어지고 말았다. 하지만 나를 보면 아래층에서 모두들 얼마나 놀랄지 생생하게 상상하면서, 문 쪽으로 엉금엉금

기어갔다.

내가 어떻게 엄마 방에서 외할머니의 무릎 위에 안기게 되었는지는 기억나지 않는다. 외할머니 앞에는 낯선 사람들이 있었다. 초록색 옷을 입은 여윈 노파가 모든 목소리들을 누르며 엄격하게 말했다.

"그 애에게 딸기를 먹이고 머리부터 푹 싸놓으세요."

이 노파는 온통 초록색 일색이었다. 옷도, 모자도, 눈 밑에 사마귀가 난 얼굴도, 심지어는 사마귀 위에 난 몇 가닥 터럭도 풀빛이었다. 그 노파는 아랫입술을 떨구고 윗입술은 들어올린 채 검정색 레이스가 달린 벙어리장갑을 낀 손으로 눈을 가리고 초록색 치아로 나를 쳐다보고 있었다.

"이 사람은 누구야?"

나는 겁에 질린 채 물었다. 외할아버지가 언짢은 목소리로 대답했다.

"네게는 또 다른 할머니시다."

엄마는 빙그레 웃으면서 예브게니 막시모프를 내 쪽으로 떠밀었다.

"그리고 이분은 네 새아빠야……."

엄마는 재빨리 무언가 말했지만 알아들을 수가 없었다. 막시모프는 눈을 가늘게 뜨고 내게 몸을 굽히면서 말했다.

"내가 그림물감 사줄게."

방 안은 아주 환했다. 방 입구 반대쪽 구석에 있는 테이블 위에는 각기 다섯 자루의 촛불이 밝혀진 은촛대가 몇 개 놓여 있었다. 촛대들 사이에는 외할아버지가 좋아하는 성상인 '저를 위하여 울지 마세요, 어머니'가 서 있었다. 성상에 붙인 진주가 촛불에 반짝이며 녹아들었고, 황금관에 붙은 진홍색 석류석이 반짝반짝 불타고 있었다. 어두운 유리창에는 거리에서 들여다보는 흐릿하고 둥근 낯짝들이 팬케이크처럼 말없이 달라붙어, 눌려서 납작해진 코가 찰싹 붙어 있었다. 있었다. 주위의 모든 것들이 일렁거렸다. 초록색 노파가 차가운 손가락으로 내 귀를 잡고 말했다.

"꼭, 꼭 그렇게 해야……."

"애가 기절했다."

외할머니가 그렇게 말하고 나를 문 쪽으로 안고 갔다.

하지만 난 기절한 것은 아니었고 그저 눈을 감고 있었을 뿐이다. 그래서 외할머니가 나를 계단 위로 데려갔을 때 내가 물어보았다.

"왜 이 일에 대해서 나한테 말하지 않았어?"

"됐으니까, 조용히 해!"

"거짓말쟁이들……."

나를 침대에 뉘고 나서 외할머니는 베개에 머리를 파묻고 온 몸을 떨면서 울기 시작했다. 외할머니의 어깨가 계속 들썩였다. 흐느껴 울면서 외할머니가 중얼거렸다.

"너도 울려무나……울려무나."

나는 울고 싶지 않았다. 다락방이 음침하고 추워서 나는 몸을 떨고 있었다. 침대가 흔들리며 삐걱거렸다. 초록색 노파가 내 눈앞에 서서 사라지지 않았다. 내가 잠든 척했더니 외할머니는 방을 나갔다.

공허한 며칠이 가느다란 시내처럼 단조롭게 흘러갔다. 엄마는 약혼식을 한 뒤 어딘가로 떠나갔고 집안은 답답할 정도로 조용했다.

어느 날 아침 외할아버지가 손에 끌을 들고 들어와 창문으로 다가가더니 겨울용 이중 창틀에서 문풍지를 떼어내기 시작했다. 외할머니가 물 한 대야와 걸레를 들고 나타났다. 외할아버지가 조용히 물었다.

"어때, 할멈?"

"뭐가요?"

"자넨 기쁜가?"

외할머니는 계단 위에서 내게 말했던 것과 똑같이 대답했다.

"됐으니까 조용히 해요!"

별것 아닌 말이 지금은 특별한 의미를 갖고 있었다. 그런 말들 뒤에는 모두가 알고 있지만 입 밖에 내어서는 안 되는 중요하고 슬픈 그 무언가가 숨겨져 있었다.

외할아버지가 조심스럽게 창틀을 떼어내 저쪽으로 가지고 가자 외할머니가 창문을 활짝 열어젖혔다. 뜰에서는 찌르레기가 울고 참새가 짹짹거렸다. 서리가 녹은 흙에서 나는 취할 듯한 내음이 방 안을 가득 채우고 난로의 푸르스름한 타일이 부끄러운 듯 하얗게 바래 있었다. 그걸 바라보고 있으니 갑자기 추워졌다. 나는 침대에서 마루로 내려갔다.

"맨발로 나다니지 마라."

외할머니가 말했다.

"뜰로 나갈래."

"거긴 아직 마르지 않았어. 조금만 더 기다려라!"

나는 외할머니의 말을 듣고 싶지 않았고 어른들을 쳐다보는 것조차 기분이 나빴다.

뜰에서는 벌써 어린 풀의 연둣빛 싹이 삐죽 나오고, 사과나무에서는 움이 부풀어올라 터지고 있었으며, 페트로브나네 지붕 위의 이끼는 기분 좋게 초록색으로 변해 있었다. 사방에서 새들이 날아다녔다. 이런 상쾌한 소리와 신선하고 향기로운 공기 때문에 내 머리는 기분 좋은 현기증을 일으켰다. 표트르 아저씨가 자살한 구덩이 속에는 눈에 꺾인 적갈색 잡초들이 서로 마구 뒤엉켜 누워 있었다. 그 웅덩이를 바라보자니 불쾌해졌다. 그곳에는 봄다운 것이라고는 아무것도 없었고 까맣게 탄 말뚝만이 슬프게 가라앉은 광택을 보여주고, 구덩이 전체가 아무런 쓸데없는, 불필요한 것이었다. 나는 잡초를 모조리 뽑아버리고 싶어졌다. 벽돌 조각과 불탄 말뚝을 끌어내고 더럽고 불필요한 모든 것들을 치운 다음, 그 구덩이 속에 어른들 몰래 나 혼자 여름을 보낼 수 있는 깨끗한 은신처를 만들고 싶은 강렬한 욕망에 사로잡혔다. 나는 곧바로 작업에 들어갔다. 이 일로 나는 오랫동안 집안에서 일어나고 있는 모든 일들로부터 기분 좋게 멀어질 수 있었다. 비록 모든 일에 대해 여전히 몹시 분개하고 있었지만 그런 것들은 날이 갈수록 흥미를 잃어갔다.

"넌 왜 입술을 쑥 내밀고 있지? ……."

어떤 때는 외할머니가 그렇게 질문했고, 또 어떤 때는 엄마도 그렇게 물었다. 그런 질문들은 날 퍽 난처하게 했다. 사실 나는 그들에게 화를 낸 게 아니라 다만 집안에서 일어나는 모든 일들이 낯설어졌던 것이다. 종종 점심식사 때나 저녁 식사 때 혹은 저녁에 차 마실 때 초록색 노파가 마치 낡은 담장에 있는 썩은 말뚝처럼 앉아 있곤 했다. 그 노파의 눈은 보이지 않는 실로 얼굴에 꿰매 붙여놓은 것 같았다. 그 눈은 뼈뿐인 눈구멍 속에서 아주 쉽고 빠르게 굴러다녔고, 모든 것을 보고 모든 것을 알아챘다. 노파가 하느님에 대해 이야기할 때면 그 눈은 천장을 향해 올라갔고, 집안일에 대해 말할 때면 뺨 위로 내려가면서 아주 매끄럽게 움직였다. 노파의 눈썹은 마치 쌀겨에 풀을 이겨서 만든 것 같았다. 겉으로 드러난 넓적한 이는, 우스꽝스럽게 한 손을 구부리고 새끼손가락을 세우고 입 안에 쑤셔 넣는 모든 것들을 소리 없이 물어뜯었다. 귀 옆에는 조그맣고 동그란 뼈가 굴러다녀 귀가 움직였다. 그리고 사마귀에 붙은 초록색 터럭도, 노랗고 주름진 기분 나쁠 정도로 깨끗한 피부 위를 스멀거리며 움직였다. 노파는 자기 아들처럼 온 몸이 깨끗했다. 나는 그들과 몸이 닿는 게 거북하고 싫었다. 처음 며칠 동안 이 노파가 죽은 사람 같은 손을 내 입술에 눌러대려고 해서, 나는 노란 콜타르성 비누와 향냄새가 풍기는 그 손을 피해 얼굴을 돌리고 달아났다.

노파는 종종 아들에게 이렇게 말했다.

"사내아이에겐 교육이 꼭 필요하다. 알겠니, 제냐?"

아들은 공손히 머리를 숙이고 눈살을 찌푸리며 아무 말도 하지 않았다. 그 초록색 노파 앞에서는 모두가 눈살을 찌푸렸다.

나는 노파와 그 아들을 강한 증오심을 갖고 미워했고 그 괴로운 감정 때문에 매도 많이 맞았다. 한번은 점심을 먹는데 그 노파가 두 눈을 무섭게 부릅뜨고 말했다.

"오, 알료셴카. 왜 이렇게 급하게 먹지? 그렇게 많이씩! 목에 걸릴라, 아가!"

나는 입에서 음식 한 조각을 꺼내어 포크에 꿰어 노파에게 내밀었다.

"먹어요, 그렇게 아까우면⋯⋯."

엄마는 식탁에서 나를 잡아 끌어냈고, 나는 창피스럽게도 다락방으로 쫓겨났다. 나중에 외할머니가 다락방으로 와선 손으로 입을 막으며 웃음을 터뜨렸다.

"아이구, 맙소사! 넌 정말 버릇이 없어. 어쩌려고 그런 말을⋯⋯."

나는 외할머니가 손으로 입을 틀어막는 게 맘에 안 들어 외할머니한테서 도망쳐 나와 지붕 위로 기어 올라가서는 굴뚝 뒤에 오랫동안 앉아 있었다. 정말이지 나는 못되게 굴고 싶었고 모든 사람들에게 심통맞은 말을 던지고 싶었다. 그런 욕망을 이겨내는 건 어려운 일이었지만 나는 계속 싸워야만 했다. 한번은 앞으로 새아빠가 될 사람과 새할머니가 될 사람의 의자에 나무진을 발라놓아 두 사람 다 의자에 달라붙게 만들었다. 그런 일은 참 재미있었지만 외할아버지가 날 두들겨 팬 뒤 엄마가 다락방으로 날 찾아왔다. 엄마는 날 잡아끌어 두 무릎 사이에 꼭 끼우고 말했다.

"내 말 좀 들어. 뭣 땜에 그렇게 말을 안 듣지? 그런 일이 이 엄마를 얼마나 슬프게 하는지 알기나 하니?"

엄마의 두 눈에 반짝이는 눈물이 가득 고였다. 엄마는 내 머리를 자기 뺨에 꼭 갖다댔다. 그것이 너무나 고통스러워서 나는 차라리 엄마가 날 때려주었으면 하고 바랐다! 나는 엄마가 울음만 그친다면 다시는 막시모프네 사람들을 화나게 하지 않겠다고 말했다.

"그래, 그래." 엄마가 조용히 말했다. "버릇없이 굴어서도 안 돼! 우리는 곧 결혼식을 올리고 모스크바로 갈 거야. 거기서 돌아오면 넌 엄마와 함께 살게 돼. 예브게니 바실리예비치는 매우 선량하고 현명한 사람이니까 너도 그 사람하고 잘 지낼 수 있을 거야. 넌 중학교에서 공부하고 그 다음엔 대학생이 되는 거야. 바로 지금의 그 사람처럼 말이다. 그런 다음 박사가 되어 네가 원하는 무엇이든 될 수 있어. 공부한 사람은 뭐든 자기가 원하는 대로 될 수 있단다. 자, 이제 가서 놀아라."

엄마가 연달아 연상한 그 '다음'은 내게는 엄마로부터 떨어져 어딘가 아주 밑으로, 어둠과 고독 속으로 나를 데려가는 사다리처럼 느껴졌다. 그 사다리는 나를 행복하게 해 주지 못했다. 정말이지 나는 엄마에게 이렇게 말하고 싶었다.

"제발 결혼하지 마! 내가 엄마를 먹여살릴게!"

그러나 끝내 그 말은 나오지 않았다. 엄마는 항상 내게 엄마에 대한 강렬한 애정을 불러일으켰지만, 나는 결코 그 애정을 입 밖에 내어 말하지는 않았다.

뜰에서의 내 작업은 순조롭게 진행되었다. 나는 낫으로 잡초를 베어내고 흙이 떨어지는 구덩이 둘레를 벽돌 조각으로 에워싼 뒤, 벽돌 조각으로 누울 수 있을 만한 넓은 자리를 만들었다. 색유리와 깨진 그릇 조각들을 많이 모아 진흙을 섞어 갠 다음 벽돌 사이를 메웠다. 구덩이 속에 해가 비쳐들면 그 모든 것들이 교회 안처럼 무지개 색깔로 반짝거렸다.

"아주 근사한 걸 생각해냈구나!" 어느 날 외할아버지가 내 작업을 둘러보며 말했다. "하지만 잡초가 널 애먹일 거다. 잡초 뿌리를 그대로 둬서 그래! 좋아, 내가 삽으로 땅을 파주마. 가서 삽을 가져와!"

내가 쇠삽을 가져오자 외할아버지는 손에 침을 몇 번 뱉고는 끙끙거리며 삽에 발을 얹어 비옥한 땅 속 깊이 밀어 넣기 시작했다.

"뿌리를 뽑아버려라! 나중에 이 할애비가 널 위해 여기에 해바라기와 아욱을 심어주마. 멋질 거다! 멋질 거야……."

갑자기 삽 위로 허리를 굽히더니 외할아버지는 아무 말도 하지 않고 가만히 있었다. 외할아버지 옆에 가서 자세히 들여다보니 외할아버지의 조그맣고 개처럼 영리하게 생긴 눈에서 작은 눈물방울이 뚝뚝 떨어지고 있었다.

"할아버지 왜 그러세요?"

외할아버지는 얼른 손바닥으로 얼굴을 닦은 다음 멍하니 나를 쳐다보았다.

"땀이 흐르는구나! 봐라, 벌레도 참 많다!"

외할아버지는 다시 흙을 퍼내다가 불쑥 말했다.

"넌 쓸데없이 이런 걸 만들었다! 애야, 헛일을 했어. 곧 집을 팔 거야. 늦어도 가을쯤에는 꼭 팔게 될 거다. 네 어미 결혼지참금으로 돈이 필요하거든. 그렇게 됐어. 네 어미만이라도 잘살게 해야지, 행복하게……."

외할아버지는 삽을 내던지고 한 손을 내저은 다음 뜰 한구석에 있는 목욕탕으로 가버렸다. 거기에는 외할아버지의 온상(溫床)이 있었다. 나는 다시 땅을 파다가 삽으로 발가락을 다치고 말았다. 그 때문에 나는 엄마 결혼식을 보러 교회에 가지 못하고, 간신히 대문 밖으로 걸어나가 엄마가 막시모프와 팔짱을 끼고, 머리를 숙인 채 보도에 깔린 벽돌 위로 조심스럽게 발을 떼놓는 모습을 보았다. 엄마는 보도에 깔린 돌 사이로 삐죽삐죽 솟아나온 파란 풀 위를 조심스럽게 걸어갔다. 마치 뾰족한 못 위를 걸어가고 있는 것처럼 보였다.

결혼식은 조용했다. 교회에서 돌아온 사람들은 우울한 기색으로 차를 마셨다. 곧 엄마가 옷을 갈아입고 자기 침실로 트렁크를 챙기러 갔다. 새아빠가 내 옆에 나란히 앉아서 말했다.

"네게 그림물감을 선물한다고 약속했는데 이 읍내에는 좋은 게 없구나. 그렇다고 내 걸 줄 수도 없으니, 모스크바에서 그림물감을 네게 보내주마."

"그걸 갖고 뭘 해요?"

"너 그림 그리는 걸 좋아하지 않니?"

"난 그림 못 그려요."

"그래, 그럼 다른 걸로 보내주마."

엄마가 내게 다가왔다.

"우린 곧 돌아올 거야. 여기 네 아버지가 시험에 합격하고 공부를 끝내면 우리는 되돌아올 거야……."

그들이 어른들과 말하는 것처럼 내게 이야기하는 것이 기분 좋았지만, 턱수염을 기른 사람이 아직도 공부해야 한다는 것이 어쩐지 이상했다. 그래서 물어보았다.

"뭘 공부하는데요?"

"측량……."

난 그게 뭐냐고 물어보기가 귀찮았다. 집안은 울적한 침묵과 모직물 같은 것이 사각거리는 소리로 가득 찼다. 나는 어서 빨리 밤이 왔으면 하고 바랐다. 외할아버지는 난로에 등을 붙이고 서서 눈을 가늘게 뜨고 창문을 내다보았다. 초록색 노파는 짐 꾸리는 엄마를 도우면서 신음소리를 내고 한숨을 푹푹 내쉬었다. 대낮부터 술에 취한 외할머니는 추태를 부릴까봐 다락방으로 쫓겨나 갇혀 있었다.

다음날 아침 일찍 엄마는 떠났다. 엄마는 작별인사를 하기 위해 날 끌어안고 가볍게 들어올린 다음, 전에 본 적이 없는 눈빛으로 내 눈을 들여다보면서 입맞춤을 했다.

"자, 안녕……."

"그 애한테 내 말에 순종하라고 일러라."

아직도 장밋빛으로 물들어 있는 하늘을 올려다보면서 외할아버지가 무뚝뚝하게 말했다.

"할아버지 말씀 잘 들어."

내게 성호를 그어 축복해 주면서 엄마가 말했다. 나는 엄마가 다른 말을 하기를 기대했기 때문에 외할아버지한테 화를 냈다. 외할아버지가 방해한 거라고.

그들은 경쾌한 2인승 무개사륜마차에 올라탔다. 그런데 엄마의 옷자락이 뭔가에 끼는 바람에 엄마는 오랫동안 화를 내며 그걸 빼내려고 애쓰고 있었다.

"엄마를 도와줘라, 안보이니?"

외할아버지가 말했지만, 나는 무거운 슬픔에 짓눌려 엄마를 도울 수가 없었다.

막시모프는 통이 좁은 푸른색 바지를 입은 긴 다리를 경쾌한 마차 속으로 들이밀었다. 외할머니가 그의 손에 꾸러미 몇 개를 쥐어주었다. 그는 그것들을 무릎 위에 올려놓고 턱으로 누르면서 창백한 얼굴을 겁먹은 듯이 찡그리며 느릿하게 말했다.

"그, 그만 됐어요……."

초록색 노파가 큰 아들인 장교와 함께 또 한 대의 마차에 올라탔다. 그 노파는 그림처럼 앉아 있었고 장교는 칼자루로 턱수염을 긁으며 연달아 하품을 해댔다.

"그럼, 자넨 전쟁*60을 하러 가는 건가?"

외할아버지가 물었다.

"물론입니다!"

"훌륭한 일이네. 터키인을 쳐부숴야만 해."

마차는 떠났다. 엄마는 손수건을 흔들면서 몇 번이나 뒤돌아보았고, 외할머니는 한 손은 담벼락을 짚고 한 손을 흔들며 눈물을 흘렸다. 외할아버지도 눈물이 나오는 눈을 손가락으로 누르면서 더듬더듬 중얼거렸다.

"오긴 뭘 와…… 뭐 좋은 일 있다고…… 여길 와……."

나는 길가 바위 위에 앉아 마차가 달려가는 것을 바라보았다. 마차가 골목을 돌아 사라지자 내 가슴속에서 무언가가 쾅 하고 닫히며 밀폐되어 버렸다.

이른 새벽이었다. 집들의 창문에는 아직도 덧문이 쳐져 있었고 거리는 텅 비어 있었다. 나는 여태까지 그렇게 죽은 듯이 공허한 거리를 본 적이 없었다. 멀리서 양치기들이 시끄럽게 피리를 불어대고 있었다.

"가서 차를 마시자." 외할아버지가 내 어깨에 손을 올리며 말했다. "아마도 넌 이 할애비와 살아야 할 운명인가보다. 벽돌에 그어대는 성냥개비처럼 넌 계속해서 날 스치게 될 거야!"

아침부터 밤까지 나와 외할아버지는 아무 말 없이 뜰에서 자기 할 일을 했다. 외할아버지는 화단에 이랑을 파고 딸기줄기를 붙잡아매거나 사과나무에서 이끼를 걷어내고 애벌레를 눌러 죽였다. 나는 계속 내 집을 짓고 아름답게 꾸며 나갔다. 외할아버지가 겉이 탄 통나무 끄트머리를 잘라내어 말뚝을 땅에 박아주자 나는 그 말뚝 위에 새장을 걸어놓았다. 또 마른 잡초를 촘촘하게 엮어서, 내가 만든 자리 위에 태양과 이슬을 가릴 수 있는 처마를 만들

---

*60 그 무렵 시작된 러시아-투르크전쟁(1877~78)을 가리킨다.

었더니 나의 은신처는 아주 아늑해졌다.

외할아버지가 말했다.

"자신을 위해 물건을 어떻게 만들어야 하는지 알아 가는 건 매우 유익한 일이란다."

나는 외할아버지의 이 말을 매우 소중하게 여겼다. 외할아버지는 이따금 내가 잔디를 깔아 만들어놓은 자리에 누워, 뭔가 고심하며 말을 끌어내는 것처럼 천천히 얘기하면서 나를 가르쳤다.

"지금의 넌 네 어미한테서 잘려 나온 살점이다. 네 어미는 다른 아이들을 가지게 될 테고 그 아이들은 너보다 네 어미와 더 가까워지게 될 거야. 네 외할머닌 저렇게 술을 마시기 시작했어."

외할아버지는 마치 무슨 소리에 귀를 기울이는 것처럼 오랫동안 말이 없더니, 다시금 내키지 않는 듯 무거운 말을 뱉어냈다.

"네 외할머니가 술을 마시기 시작한 건 이번이 두 번째다. 미하일이 징집당했을 때도 술을 마시기 시작했지. 그 늙은 바보는 징집면제증을 사라고 나를 졸랐지. 혹시 네 외삼촌이 입대했더라면 다른 사람이 되었을지도 모르지…… 에잇, 도무지 너희들은…… 난 곧 죽게 될 거다, 다시 말하면 네가 혼자가 된다는 소리지. 넌 스스로 모든 것을 하고 네 생활을 위해 밥벌이를 해야 한다는 말이다, 알겠니? 그래, 자기 자신의 일꾼이 되는 것을 배워라. 그리고 남한테 져선 안 돼! 말썽피우지 말고 조용히 살아라. 하지만 뜻을 굽히지는 말고! 먼저 모든 사람들의 얘기를 듣되, 네가 가장 좋다고 생각하는 것을 해라……."

물론 날씨가 나쁜 날을 제외하고, 나는 여름 내내 뜰에서 지냈다. 더운 날 밤에는 거기서 외할머니가 준 펠트 조각을 깔고 잠을 자기도 했다. 종종 외할머니도 뜰에서 밤을 지냈다. 외할머니는 건초를 한 아름 가져와 내 자리 옆에 깔고 그 위에 누워서, 무언가에 대한 이야기를 오랫동안 들려주곤 했다. 그러면서 이따금 느닷없이 탄성을 지르며 이야기를 끊기도 했다.

"봐라, 별이 떨어졌다! 저건 누군가의 깨끗한 영혼이 슬픔에 잠겨 어머니인 대지를 그리워하는 거란다! 그러니까, 지금 어딘가에 착한 사람이 태어났다는 뜻이야."

어떤 때는 내게 별을 가리키며 이렇게 말하기도 했다.

"새별이 떴다. 봐라! 정말로 커다란 별이구나! 오, 하늘, 푸른 하늘, 하느님의 빛나는 의상……."

외할아버지가 불쑥 말했다.

"감기에 걸려 앓아누울 거야, 이 바보들아. 아니면 중풍에 걸려 쓰러지거나 도적들이 와서 목을 조르든지!"

석양이 지면 하늘엔 불타는 노을이 강물이 되어 흐르고, 뜰의 벨벳 같은 푸른 풀 위로 금빛을 띤 붉은 노을의 재가 떨어지는 그런 날들이었다. 그리고 얼마 지나면 주변 모든 것이 생생하게 느껴질 정도로 어두워지고 넓어지고 부풀어 오르면서 따뜻한 황혼에 감싸였다. 햇빛을 포식한 나뭇잎들은 낮게 처지고 풀잎은 흙 위에 엎드리면서 모든 것이 부드럽고 풍요로워져서, 먼 들판에서 흘러나오는 음악처럼 부드러운 온갖 내음을 조용히 호흡하고 있었다. 병영에서 저녁 점호를 알리는 나팔 소리가 들려왔다. 그렇게 밤이 오고, 밤과 함께 내 가슴 속엔 엄마의 달콤한 애무처럼 모든 것을 신선하게 하는 어떤 힘찬 것이 흘러 들어왔다. 밤의 정적이 따뜻한 털북숭이 손으로 내 가슴을 부드럽게 어루만진다. 그리고 잊어야 하는 모든 것들—그날의 맵싸한 잘디잔 온갖 먼지들이 기억 속에서 씻겨나간다. 저 하늘 끝없이 깊은 곳에서 별들이 타오르는 모습을 바라보며 누워 있는 것은 황홀하기까지 하다. 하늘의 심연이 점점 높아지면서 새로운 별들을 보여주고 나를 가뿐하게 지상에서 들어올린다. 참으로 이상하게, 대지 전체가 나 한 사람으로 오그라든 것 같기도 하고, 나 자신이 기적처럼 커지고 부풀어 올라 주변에 있는 모든 것과 함께 녹아들어 떠올랐다 가라앉았다 하면서 흘러가는 것 같기도 하다. 날은 점점 어두워지고 고요해진다. 하지만 사방에는 눈에 보이지 않는 민감한 현(弦)들이 쳐져 있다. 그리고 그 하나하나의 소리는—새가 꿈속에서 노래하거나, 고슴도치가 뛰어 지나가거나, 아니면 어디선가 사람 목소리가 조용히 터져 나오더라도—모두 대낮과는 달리 특별한 울림과 섬세한 고요로 인해 더욱 황홀하다.

아코디언이 한 곡을 연주하고, 여인의 웃음소리가 울려 퍼지고, 보도블록 위에서 긴 칼이 쨍그렁거리는 소리가 들려온다, 개가 낑낑거린다. —이것은 모두 다 필요 없는 것들이다, 저문 하루의 마지막 잎이 떨어지는 것일 뿐이다.

밤에, 갑자기 들판과 거리에서 술 취한 고함소리가 터지고, 누군가 무겁게 발을 쿵쿵거리며 달려가는 일이 자주 있었다. 하지만 이런 일엔 이미 익숙해져 있었기에 조그마한 관심도 불러일으키지 못했다.

외할머니는 오랫동안 잠을 자지 않고 두 손을 머리 속에 넣고 누워 있었다. 잔잔한 흥분 속에서 내가 귀를 기울이거나 말거나 상관없이 무언가에 대한 이야기를 하고 있었다. 외할머니는 언제나 밤을 더욱 의미 있고 더욱 아름답게 만드는 옛날이야기를 골라낼 수 있었다.

노랫소리 같은 외할머니의 이야기를 들으면서 나는 어느새 잠이 들었다가 새와 함께 잠에서 깨어나곤 했다. 태양이 내 얼굴을 정면으로 쳐다보고, 아침 대기는 점점 따뜻해지면서 조용하게 흘러갔다. 사과나무 잎사귀들이 이슬을 흔들어 털어버리고 축축하고 푸른 풀잎은 유리처럼 투명해져서 점점 밝게 빛난다. 그 위에 가느다란 수증기가 피어올라 연보랏빛 하늘에 햇살 부채가 펼쳐지고 하늘은 담청색으로 변해간다. 보이지 않을 만큼 높은 곳에서 종달새 한 마리가 낭랑한 소리로 지저귀고, 온갖 색깔과 온갖 소리들이 차분한 기쁨을 불러일으키면서 이슬처럼 가슴속에 스며들면, 어서 빨리 일어나 무슨 일이든 하고 싶고, 주변의 살아 있는 모든 것들과 다정하게 살고 싶은 욕망이 눈을 뜬다.

이때가 내 생애를 통틀어 가장 고요한 관조의 시간이었다. 그해 여름 내 마음속에는 스스로의 힘에 대한 확신이 생겼고, 그 확신은 점점 강렬해졌다. 나는 거칠어졌고 사람을 싫어하게 되어, 오프샤니코프네 아이들이 떠드는 소리를 들어도 마음이 흔들리지 않았다. 그리고 사촌형들이 와도 조금도 즐겁지 않고, 그저 그들이 뜰에 있는 내 건물을, 내 힘으로 만들어낸 첫 작품을 망가뜨리면 어쩌나 하는 불안만 생겼을 뿐이다.

외할아버지 이야기도 더 이상 내 마음을 끌지 못했다. 그의 이야기는 점점 더 건조해져 불평과 한숨만 늘어났다. 외할아버지는 자주 외할머니와 싸웠고 외할머니를 집 밖으로 내쫓았다. 외할머니는 야코프 외삼촌이나 미하일 외삼촌네 집으로 가버렸다. 그러고는 며칠씩 집에 돌아오지 않았다. 외할아버지는 손수 음식을 만들다가 손을 데고는 울부짖거나 욕을 해대고, 접시를 깨트리기도 했다. 그리고 눈에 띄게 탐욕스러워져갔다.

이따금 내 오두막에 와서 편안하게 잔디에 앉아, 무엇엔가 몰두해 있는 내 모습을 오랫동안 말없이 보다가는 불쑥 묻곤 했다.

"왜 잠자코 있지?"

"무슨 말을 할까요?"

그러면 외할아버지는 내게 훈계하기 시작했다.

"우리는 지주가 아니다. 아무도 가르쳐주는 사람이 없어. 우리는 모든 걸 스스로 깨우쳐야 해. 다른 사람들을 위해 책이 있고 학교도 있는 거야. 그러나 우리를 위한 건 아무것도 없어. 스스로 모든 걸 얻어야 해……."

그리고 골똘히 생각에 잠겨 꼼짝도 하지 않은 채 앉아 있곤 했는데 벙어리처럼 말없는 그 모습은 거의 무시무시할 정도였다.

가을이 되자 외할아버지는 집을 팔았다. 집을 팔기 얼마 전, 아침 차를 마시다가 갑자기 퉁명스럽고 단호하게 외할머니에게 선고했다.

"그런데 할멈, 난 당신을 오랫동안 부양해왔어. 충분할 만큼! 이제 당신 스스로 빵을 얻도록 해."

외할머니는 이 말을 듣고도 아주 태평했다. 마치 그런 말을 들을 줄 오래 전부터 알고 있었고 그 말을 기다리고 있었던 것 같았다. 외할머니는 천천히 코담배를 꺼내어 퉁퉁한 콧구멍을 채우더니 이렇게 말했다.

"좋아요! 그렇다면 그렇게 해야죠."

외할아버지는 작은 언덕 아래 막다른 골목에 있는 낡은 집 지하실의 어두컴컴한 방 두 개를 빌렸다. 셋방으로 이사하던 날 외할머니는 긴 끈으로 매어진 낡은 짚신을 가져와서 난로 밑바닥의 움푹 들어간 곳으로 내던진 다음 쭈그리고 앉아 집귀신(家宅神)을 불러내기 시작했다.

"장난꾸러기 꼬마 집귀신아, 여기 네 썰매가 있다. 우리랑 새 집으로 가자. 또 다른 행복한 생활을 위해……."

외할아버지가 마당에서 창문을 들여다보며 소리쳤다.

"내가 저런 이단자를 데려갈 줄 알아! 어디 날 망신시켜보라지……."

"영감, 안 데려가 봐요, 앞날이 별로 좋지 않을 테니까."

외할머니가 진지하게 경고했지만, 외할아버지는 끝까지 집귀신을 데려가지 못하게 했다.

외할아버지는 사흘 정도 걸려 타타르인 고물상에 가구와 여러 물건들을 팔아치웠다. 외할아버지는 그들과 흥정하면서 격분해서 욕설을 해댔다. 외할머니는 창문을 통해 이 광경을 쳐다보며 울기도 하고 웃기도 하다가 나지막하게 소리쳤다.

"다 끌고 가! 부숴버려!"

나도 내 뜰과 오두막이 아까워서 울 뻔했다.

우리는 짐마차 두 대로 이사를 했다. 내가 잡다한 살림살이 사이에 앉아서 타고 간 마차는 어찌나 흔들리던지, 꼭 나를 밖으로 떨어뜨리려는 것 같았다.

그 뒤 어디론가 나를 떨어뜨려버리려 한다는 고집스러운 동요감 속에서 2년 남짓, 그러니까 엄마가 죽을 때까지 나는 그렇게 지냈다.

외할아버지가 지하실로 이사한 뒤 곧 창백하고 더 깡마른 모습으로 엄마가 나타났다. 눈만 더욱 커져서 그 눈 속에 뜨겁고 놀라운 광채가 불타고 있었다. 엄마는 마치 외할아버지와 외할머니와 나를 처음 보는 것처럼 빤히 바라보고만 있었다. 아무 말 없이 계속 바라보는 엄마에 반해, 새아빠는 조용히 휘파람을 불거나 기침을 하고, 뒷짐을 지고 손가락을 만지작거리며 지치는 기색도 없이 방 안을 왔다 갔다 하고 있었다.

"정말이지 엄청나게 컸구나!"

엄마는 뜨거운 손바닥으로 내 뺨을 누르면서 말했다. 엄마의 차림새는 예쁘지 않았다. 폭이 넓은 적갈색 원피스를 입고 있었는데 배 위가 불룩했다.

새아빠가 내게 손을 내밀었다.

"안녕, 친구! 그래 어떻게 지냈니, 응?"

그는 코를 킁킁거리며 말했다.

"근데 말이야, 여긴 아주 눅눅하구나!"

그들은 마치 오랫동안 도망 다닌 사람처럼 지쳐 있었고, 몸에 걸친 옷은 모두 구겨지고 닳아빠져 있었다. 두 사람은 아무것도 필요없고 그저 누워서 쉬기만 하면 될 것처럼 보였다.

모두 지루하게 차를 마셨다. 외할아버지는 빗물이 유리창을 적시는 것을 바라보며 물었다.

"그러니까 모든 게 불타버렸다고?"

"모두요."

새아빠가 단호하게 대답했다.

"우리도 간신히 뛰쳐나왔어요."

외할머니 어깨에 꼭 기댄 채 엄마는 외할머니 귀에 뭐라고 속삭였다. 외할머니는 마치 빛이 찌르기라도 하는 것처럼 눈을 가늘게 떴다. 나는 더욱더 재미가 없었다.

갑자기 외할아버지가 짓궂지만 침착하게, 아주 커다란 목소리로 말했다.

"소문은 내 귀에도 들려왔네, 예브게니 바실리예프 선생. 불은 나지도 않았어, 자네가 도박을 해서 몽땅 날린 거지."

굴속처럼 조용해졌다. 사모바르는 삐, 삐 소리를 내면서 끓고 있고, 빗줄기는 유리창을 쏴아, 쏴아 때렸다. 이윽고 엄마가 입을 열었다.

"아버지……."

"뭐, 아버지라고?" 외할아버지가 귀청 떨어질 정도로 크게 소리쳤다. "다음엔 또 무슨 일이 일어날까? 내가 몇 번이나 말했니, 어리석은 짓 하지 말라고. 그런데 봐라, 이자가 얼마나 훌륭한 사람인지! 그래서 넌 귀부인이 됐니, 응? 어떠냐, 애야?"

네 사람이 동시에 소리치기 시작했다. 그중에서도 새아빠의 목소리가 가장 컸다. 현관으로 나와 장작더미 위에 앉은 나는 너무 놀란 나머지 몸이 굳어버렸다. 엄마는 남몰래 사람이 바뀐 것 같았다. 그 옛날 엄마가 아니었다. 방 안에서는 잘 몰랐는데 여기 이렇게 어둠 속에 있으니 엄마가 전에는 어땠는지 똑똑히 생각났다.

그때부터는 왠지 기억이 희미해져서, 확실하게 기억나는 건, 어느새 소르모보에 있는 집에서 살고 있었다는 사실이다. 그 집에서는 모든 것이 낯설었다. 벽에는 벽지도 발라져 있지 않고 통나무와 통나무 사이의 틈은 대마(大麻)로 채워져 있으며, 그 대마 속에는 수많은 바퀴벌레들이 득실댔다. 엄마와 새아빠는 거리를 향해 난 창문이 두 개 있는 방에서 살았고, 나와 외할머니는 부엌에서 살았다. 이 부엌에는 지붕에 창문이 하나 있었다. 지붕 너머로는 공장의 까만 굴뚝들이 하늘로 솟아올라 곱슬머리 같은 짙은 연기를 토해내고 있었다. 겨울 바람이 그 연기를 마을 전체로 퍼뜨렸다. 우리가 사는 추운 방에서는 항상 기름이 타는 듯한 냄새가 났다. 아침 일찍부터 늑대의 울부짖음 같은 기적 소리가 들려왔다.

"워— 우, 우—우……."

벤치 위에 서면 꼭대기 창을 통해 지붕 너머로, 가로등 불빛 속에 마치 늙은 거지의 이빨 없는 검은 입처럼 열려 있는 공장 문이 보였다. 그 입으로 조그만 사람들이 무리를 지어 줄줄이 들어갔다. 정오가 되면 다시 기적이 울린다. 그러면 공장 문의 검은 이가 물러나면서 깊은 구멍이 드러났다. 공장은 아침에 씹어 삼켰던 사람들을 토해냈고, 사람들은 검은 물결처럼 거리로 쏟아져 나왔다. 눈발이 섞인 거친 바람이 사람들을 집으로 몰아내고 흩뿌려 놓으면서, 거리를 따라 내달렸다. 마을 위에 하늘이 보이는 일은 좀처럼 없었다. 매일매일 집들 지붕 위에, 그을음이 낀 눈덩이 위에, 다른 지붕이 생겨났다. 잿빛 높다란 그 지붕은 나의 상상력을 짓누르며 그 슬픈 듯한 단색(單色)으로 내 눈을 멀게 했다.

저녁이 되면 흐릿한 붉은 노을이 공장 위에서 흔들리며 굴뚝 끝을 비추었다. 그래서 굴뚝은 땅에서 하늘로 솟아 있는 게 아니라, 이 연기 자욱한 구름에서 땅으로 내려가며 붉은 숨결을 토해내고, 울부짖고, 신음하고 있는 것처럼 보였다. 그 모든 것을 바라보고 있으면, 구역질이 나고 지독한 외로움이 내 가슴을 갉아먹었다. 외할머니는 하녀 대신 일하고 있었다. 음식을 만들고, 마루를 닦고, 장작을 패고, 물을 길어왔다. 아침부터 저녁까지 일에 파묻혀 살다가 지쳐서 끙끙 앓는 소리를 내고 한숨을 내쉬면서 잠자리에 들었다. 이따금 외할머니는 식사준비를 다 해놓은 다음 짧은 솜저고리를 입고 치마를 높이 치켜 올리고는 읍내로 나갔다.

"가서 노인네가 어떻게 살고 있는지 잠깐 보고 와야겠다."

"나도 데려 가!"

"얼어 죽어요. 저 눈보라 치는 걸 봐!"

외할머니는 눈 덮인 대지에 파묻혀버린 길을 따라 7킬로미터를 걸어갔다. 임신으로 얼굴이 노래진 엄마는 추운 듯이 술이 달린 찢어진 회색 숄을 몸에 휘감고 있었다. 나는 엄마의 키 크고 늘씬한 몸매를 망쳐버리는 그 숄이 싫어서 술 장식을 잡아 뜯곤 했다. 그리고 집과 공장과 마을을 혐오했다. 엄마는 펠트로 만든 낡은 장화를 신고 다니며, 보기 흉하게 커다란 배를 흔들어 대면서 기침을 해댔다. 엄마의 청회색 눈은 공허하고 화난 듯 반짝이면서, 종종 아무것도 없는 빈 벽을 마치 풀로 붙여놓은 것처럼 응시하고 있었다. 이따금 엄마는 한 시간 내내 창문을 통해 거리를 내다볼 때도 있었다. 거리는 이 가운데 몇 개는 검고 구부러져 있으며 또 몇 개는 빠져서 지나치게 큰

의치가 끼워져 있는 아가리 같았다.

"우린 왜 여기서 살아?"

내가 물으면 엄마는 이렇게 대답했다.

"오, 넌 잠자코 있어."

엄마는 나와 별로 말을 하지 않았고 내내 명령만 할 뿐이었다.

"갔다 와라, 이리 다오, 가져와……."

그들은 나를 거리에 자주 나가지 못하게 했다. 내가 매번 꼬마들에게 얻어터진 채 집으로 돌아오곤 했기 때문이다. 그러나 싸움은 내가 좋아하는 유일한 즐거움이었고, 나는 그러한 싸움에 열정적으로 매달렸다. 엄마는 가죽끈으로 날 때렸지만 그런 벌은 더욱더 나를 사납게 만들었다. 다음날 나는 아이들을 상대로 더 격렬한 싸움을 벌였고 엄마는 더 심한 벌을 주었다. 언젠가 나는 만약 때리는 것을 그만두지 않으면 엄마 손을 물어뜯고 들판으로 도망가 거기에서 얼어 죽겠노라고 경고했다. 이 말에 엄마는 깜짝 놀라 나를 떠다밀고 방을 왔다 갔다 하더니 피로로 숨을 헐떡이면서 말했다.

"짐승 새끼 같으니!"

사랑이라고 부르는, 생명력 넘치고 가슴 떨리는 감정의 무지개는 내 영혼 속에서 점차 퇴색되어, 모든 것을 미워하는 증오의, 유독가스로 가득 찬 푸른 불꽃이 더욱더 빈번하게 타올랐고, 괴로운 불만의 감정과, 그 잿빛 생명이 없는 어리석음 속의 고독감이 가슴 속에서 그을어가고 있었다.

새아빠는 내겐 엄격했고, 엄마에겐 무뚝뚝했으며 언제나 휘파람을 불고 기침을 했지만 식사가 끝나면 거울 앞에서 이쑤시개로 고르지 않게 난 이를 오랫동안 조심스럽게 쑤셨다. 그는 점점 자주 엄마와 싸웠고, 화를 내며 엄마를 '너'[61]라고 불렀다. '너'라는 말은 더할 수 없이 나를 화나게 했다. 싸우는 동안 그는 항상 부엌문을 단단히 잠그곤 했는데 분명 내가 그의 말을 듣지 못하도록 하기 위해서였다. 그러나 나는 낮게 울리는 그의 목소리에 귀를 기울였다.

한번은 발을 구르면서 그가 소리쳤다.

"불룩 튀어나온 그 바보 같은 당신 배 때문에 난 아무도 집에 초대할 수가

---

*61 러시아에서는 보통 '당신'이라고 부른다.

없어. 빌어먹을 암소야, 넌!"

경악과 미칠 듯한 굴욕감에 나도 모르게 침상에서 벌떡 일어서는 바람에 나는 천장에 머리를 부딪치고 피가 날 정도로 혀를 세게 깨물고 말았다.

토요일이 되면 노동자들이 수십 명씩 새아빠에게 몰려와 그들이 공장 매점에서만 쓸 수 있도록 되어 있는 식권을 팔았다. 그들은 임금 대신 그 식권을 받아 공장 매점에서 식품을 사야 했다. 새아빠는 그걸 반값에 사들였다. 그는 부엌 식탁에 앉아 거만하게 찌푸린 얼굴로 노동자들을 맞아 식권을 받으며 말했다.

"1루블 50."

"예브게니 바실리예프, 하느님을 두려워하쇼."

"1루블 50."

이 어리석고 어두운 생활은 그리 오래 가지 않았다. 엄마가 아기를 낳기 전에 외할아버지네 집으로 보내졌기 때문이다. 외할아버지는 벌써부터 쿠나비노*62에서 러시아식 난로 하나와 마당으로 난 창 두 개가 있는 좁은 방을 빌려 살고 있었다. 그 이층집은 나폴리나야 교회 묘지의 울타리를 향해 작은 언덕 밑으로 쭉 뻗어 있는 페스차나야 거리에 있었다.

"뭐야?" 나를 보자 외할아버지는 이렇게 말하고 날카로운 쇳소리를 내며 웃음을 터뜨렸다. "자기를 낳아준 엄마보다 더 사랑스런 친구는 없다고 말들 하지만 지금은 이렇게 말해야겠구나. 낳아준 엄마가 아니라 늙어빠진 악마 외할아버지가 그렇다고! 에잇, 너희들은 참……!"

내가 새 거주지를 대충 둘러보기가 무섭게 외할머니와 엄마가 아기를 데리고 왔다. 새아빠는 노동자들을 등쳐먹은 죄로 공장에서 쫓겨났는데, 어디론가 가서 금방 역의 매표원으로 채용되었다고 했다.

많은 공허한 시간들이 흘러, 나는 다시 엄마가 사는 돌집 지하실로 옮겼고, 엄마는 곧 나를 입학시켰다. 첫날부터 학교는 내 마음속에 혐오감을 불러일으켰다.

나는 엄마 신을 신고 외할머니의 윗도리를 수선한 외투와 노란색 셔츠, 그리고 장화 속으로 집어넣지 않는 바지를 입고 학교에 갔다. 그 차림새는 당

---

*62 니주니에 있는 빈민촌.

장 조롱거리가 되었다. 노란 셔츠 때문에 나는 '다이아몬드 에이스'라는 별명을 얻었다. 나는 곧 아이들과 잘 지내게 되었지만 선생과 사제*63는 나를 싫어했다.

선생은 노란 피부에 대머리였고 끊임없이 코피를 흘렸다. 그는 콧구멍에 솜을 쑤셔 넣고 교실에 나타나 의자에 앉아서는 코맹맹이 소리로 질문을 해대다가, 갑자기 말을 멈추고 콧구멍에서 솜을 꺼내 머리를 흔들며 그걸 유심히 들여다보았다. 그의 얼굴은 납작한 구리가 녹슨 것 같았고, 주름살 속에는 청록색 곰팡이 같은 것이 끼여 있었다. 그 얼굴을 더욱더 추하게 만든 것은 그 얼굴에는 전혀 필요할 것 같지 않은 주석 같은 눈이었다. 그 눈은 언제나 손바닥으로 뺨을 닦아내고 싶을 만큼 불쾌하게 내 얼굴에 들러붙곤 했다.

며칠 동안 나는 선생 책상 바로 옆, 맨 앞줄에 앉았는데, 나는 그것을 견딜 수가 없었다. 그는 나 말고는 아무도 쳐다보지 않는 건지, 줄곧 코맹맹이 소리로 이렇게 말했다.

"페스코―오프, 셔츠를 갈아입어! 페스코―오프, 발을 움직이지 마! 페스코―오프, 네 구두에서 또 물이 줄줄 흐르는구나!"

나는 그에게 거친 장난으로 앙갚음을 했다. 한번은 언 수박 반쪽을 구해다가 속을 다 파낸 다음, 어둑어둑한 현관문 도르래 줄에 매달아 놓았다. 문이 열리면서 수박이 위로 올라갔다가 선생이 문을 닫자 수박은 모자처럼 그의 대머리에 직통으로 떨어졌다. 수위가 선생 편지를 갖고 날 집으로 데려갔고, 나는 이 장난에 대한 대가로 거죽이 벗겨질 정도로 매질을 당했다.

또 한 번은, 선생 책상 서랍 속에 코담배를 뿌려놓았다. 그는 너무 심하게 재채기를 하다가 마침내 교실 밖으로 나갔고, 자기 사위를 대신 들여보냈다. 그 장교는 반 아이들 모두에게 '하느님이여 차르(황제)를 지키소서'*64와 '오 자유, 나의 자유여'를 부르게 했다. 그러면서 틀리게 부르는 아이들의 머리를 자로 때렸는데, 아프지도 않으면서 큰소리가 나는 것이 재미있었다.

종교를 가르치는 선생은 머리숱이 많고 잘 생긴 젊은 사제였다. 그는 내가 《신구약 성서에 나오는 거룩한 이야기》라는 책을 갖고 있지 않았고, 그의 말

---

*63 제정러시아의 초등학교는 교구 관할 아래에 있었고, 학교에는 학과를 가르치는 교사와 종교 관련 과목을 가르치는 사제가 있었다.

*64 제정러시아 때 국가(國歌).

버릇을 흉내 내어 말한다는 이유로 나를 싫어했다.

그는 교실에 들어오면서 가장 먼저 내게 이렇게 물었다.

"페시코프, 오늘은 책을 가져왔니? 그래, 책 말이다."

나는 대답했다.

"아뇨, 안 가져왔어요. 그래요."

"그래요, 라니, 그게 무슨 뜻이지?"

"안 가져왔어요."

"그럼, 집에 돌아 가! 그래, 집으로. 난 널 가르치고 싶지 않다. 그래, 가르칠 맘이 없어."

이런 일은 나를 그다지 슬프게 하지 않았다. 나는 교실에서 나와 수업이 끝날 때까지, 교외에 있는 마을의 더러운 거리에서 시끌시끌한 생활을 구경하며 돌아다녔다.

그 사제는 예수 같은 단정한 얼굴과 여자처럼 부드러운 눈, 그리고 손이 아주 작았는데, 그 손안에 들어오는 모든 것을 부드럽게 다루었다. 책, 자, 펜대, 그런 물건 하나하나를, 마치 그것이 살아 있는 연약한 것이고, 사제는 그것들을 매우 사랑해서 함부로 다루다가 물건을 망칠까봐 겁내는 것처럼, 놀랍도록 소중하게 다루었다. 그는 아이들에게 그다지 친절하지 않았지만 그래도 아이들은 그를 사랑했다.

나는 공부를 꽤 잘했음에도 품행 불량 때문에 퇴학당할 거라는 말이 들려왔다. 나는 근심에 잠겼다. 그건 아주 불쾌한 결말을 가져올 우려가 있었다. 엄마는 점점 더 신경질적이 되어 점점 더 자주 나를 때릴 것이기 때문이다.

그러나 구원의 손길이 있었다. 뜻밖에도 그리스정교의 주교인 흐리산프*65 주교가 학교에 온 것이다. 곱사등이였던 것으로 기억한다.

폭 넓은 검은 옷을 입은 자그마한 그는 책상에 앉더니 소매에서 두 손을 빼고는 이렇게 말했다.

"자, 얘기 좀 하자꾸나, 나의 아이들아!"

---

*65 지은이 주. 유명한 《고대의 세계종교》 세 권과 논문 〈이집트의 윤회〉, 사회평론적 논문 〈결혼과 여자에 대하여〉 등을 쓴 사람. 이 논문을 청년시절에 읽고 강한 인상을 받았다. 아마 내가 여기에 쓴 이 논문 제목은 잘못된 건지도 모른다. 1870년대 어느 종교 잡지에 실린 것이다.

그러자 갑자기 교실 안은 훈훈하고 밝아졌으며, 지금까지 느끼지 못한 유쾌한 바람이 불기 시작했다.

그는 다른 아이들과 얘기한 다음 나를 불러내어 진지하게 물었다.

"넌 몇 살이지? 그것밖에 안 됐어? 넌 키가 크구나, 그렇지? 종종 비를 맞고 서 있었나보지, 응?"

손톱이 길고 날카로운, 야윈 한쪽 손을 책상 위에 놓고, 다른 손의 손가락으로 그다지 볼품없는 턱수염을 훑으며 그는 선량한 눈으로 내 얼굴을 들여다보았다.

"그럼, 네가 좋아하는 성경 이야기들 중에서 하나만 얘기해볼래?"

나는 책을 갖고 있지 않으며, 성경 이야기를 배우지 못했다고 말하자, 그는 수도복 두건을 똑바로 매만진 뒤 이렇게 물었다.

"웬일이지? 그건 꼭 배워두는 게 좋은데! 혹시 뭔가 알고 있거나 들은 건 없니? 시편은 알고 있다고? 다행이구나! 그리고 기도문도? 흠, 그것 봐라! 그리고 성인들의 생애도? 시도? 그럼 넌 많이 알고 있구나……."

얼굴을 붉히고 숨을 헐떡이며 우리 사제가 나타나자, 주교는 그에게 축복을 내렸다. 사제가 주교에게 나에 대한 얘기를 하려 하자 주교가 손을 들며 말했다.

"미안하지만 잠깐만…… 자, 성인 알렉세이에 대해 말해주겠니? ……."

"정말로 좋은 시로구나, 그렇지 친구?" 내가 어떤 시구를 까먹고 잠깐 말을 멈추자 그가 말했다. "또 다른 건? 다윗 왕? 나는 그걸 듣기를 참 좋아하는데!"

나는 그가 실제로 귀를 기울이고 있으며 그 시를 정말로 좋아한다는 걸 알았다. 그는 내게 오랫동안 이런저런 질문을 하다가 갑자기 말을 멈추고는 무언가 생각난 듯 재빨리 물었다.

"시편을 배웠구나, 누가 가르쳐줬지? 좋은 외할아버지로구나. 나쁜 외할아버지라고? 정말? 그런데 넌 장난을 아주 잘 친다며?"

난 당황했지만 그렇다고 말했다. 선생과 사제는 한 편이 되어 구구절절 나의 자백을 뒷받침하는 여러 가지 일들을 이야기했다. 주교는 눈을 내리깔고 그들이 하는 말을 들은 뒤 한숨을 내쉬며 말했다.

"자, 이분들이 너에 대해 말씀하시는 걸 들었지? 이리 가까이 오너라!"

삼나무 냄새가 나는 손을 내 머리에 얹고 주교가 물었다.

"넌 왜 장난을 치지?"

"지루하니까요, 무척, 공부하는 것이."

"지루해? 아가야, 그건 뭔가 잘못 생각하는 거란다. 공부하는 게 지루했다면 넌 성적이 나쁠 텐데 여기 계신 선생님들은 네 성적이 좋다고 하시지 않니. 뭔가 다른 일이 있지?"

주교는 품속에서 조그만 공책을 꺼내 뭔가 기록했다.

"페시코프 알렉세이. 좋다. 그러나 아가야, 넌 앞으로 참는 걸 배우는 게 좋을 것 같구나. 장난을 너무 많이는 치지 마라! 조금이라면 괜찮지만. 장난을 많이 치면 사람들은 화가 나게 돼! 그렇지 않니, 애들아?"

많은 목소리들이 쾌활하게 대답했다.

"맞아요."

"너희들도 조금은 장난을 치겠지?"

아이들은 싱글싱글 웃으면서 말했다.

"아뇨. 조금이 아니라 많이 쳐요! 많이!"

주교는 의자 등받이 위로 몸을 젖히고 나를 곁에 끌어당기고는 아주 놀라운 말을 해서 모두들, 심지어 선생과 사제까지도 웃음을 터뜨렸다.

"애들아, 나도 너희들 만했을 땐 정말이지 굉장한 장난꾸러기였단다! 왜 그렇게 장난을 치는 걸까?"

아이들이 웃었다. 주교는 아이들을 교묘하게 헷갈리게 하고 서로 반박하게 하면서 아이들에게 여러 질문을 하여, 더욱더 즐거움을 북돋아주었다. 마침내 주교가 몸을 일으키고는 말했다.

"장난꾸러기 너희들과 있으니 즐겁지만 이제 떠나야 할 시간이구나!"

주교는 손을 들어 올려 소매를 어깨 쪽으로 밀어올리고 커다란 손짓으로 모두를 위해 성호를 긋고 축복해주었다.

"성부와 성자와 성신의 이름으로 여러분들이 열심히 공부하도록 축복하노라! 안녕."

모두들 소리치기 시작했다.

"안녕, 주교님! 또 오세요."

두건을 끄덕이며 그가 말했다.

"그래, 올 거야. 오고말고! 너희들에게 책을 가져다주마!"

그리고 교실을 빠져나가면서 선생에게 말했다.

"저 아이들을 집으로 보내지요!"

주교는 내 팔을 잡고 현관까지 데리고 가서 내게 몸을 구부리고 조용히 말했다.

"그래, 넌 이제 자제해야 돼, 그럴 수 있지? 네가 왜 못된 장난을 하는지 나는 잘 이해하고 있으니까! 자, 안녕, 아가야!"

나는 몹시 흥분했고, 마음속에서 어떤 특별한 감정이 끓어올랐다. 그래서 선생이 반 아이들을 돌려보낸 뒤 나만 남게 하여, 이제부터 나는 물보다 조용하고 풀보다 낮게 행동해야 한다고 말하기 시작했을 때도 기쁜 마음으로 주의 깊게 그의 말에 귀를 기울였다.

모피 외투를 입으며 사제가 부드럽게 속삭였다.

"이제부터 넌 내 수업에 참석해야 한다! 그래, 꼭. 그러나 조용히 앉아 있어야 해! 조용히."

학교에서의 내 생활은 좋아졌지만 집에서는 언짢은 일이 일어났다. 내가 엄마 돈 1루블을 훔친 것이다. 그것은 미리 생각해 둔 계획적인 것이 아니라 우발적인 범죄였다. 어느 날 저녁 엄마는 내가 아기와 함께 집을 보도록 남겨놓곤 어디론가 나갔다. 심심해진 나는 새아빠의 책들 중에서 한 권—뒤마 페르의 《한 의사의 수기》—을 펼쳤는데 책갈피에서 10루블짜리와 1루블짜리 지폐 두 장이 나왔다. 이 책은 이해가 안 가서 책을 덮었는데 문득 1루블만 있으면 《성서 이야기》뿐만 아니라 《로빈슨 크루소》도 살 수 있을 거라는 생각이 들었다. 그런 책이 있다는 건 그 일이 있기 얼마 전 학교에서 알게 되었다. 아주 추운 날 쉬는 시간에 내가 아이들에게 옛날이야기를 해주고 있는데 그중 한 아이가 경멸 섞인 말투로 지적하는 것이었다.

"옛날이야기는 황당무계해. 하지만 《로빈슨 크루소》는 진짜야!"

그 책을 읽은 아이들이 몇 명 더 있었는데 모두들 그 책을 칭찬했다. 나는 외할머니의 옛날이야기가 그들 맘에 들지 않은 것이 굴욕적으로 느껴졌다. 그리고 나도 《로빈슨 크루소》를 읽고 그들처럼 '이 책은 황당무계해!'하고 말해 주기로 결심했다.

다음날 나는 학교에 《성서 이야기》와 두 권의 너덜너덜한 안데르센 동화집,

그리고 흰빵 3푼트*66와 소시지 1푼트를 가지고 갔다. 블라디미르 교회 담장 근처에 있는 어둡고 조그마한 가게에는 《로빈슨 크루소》도 있었는데, 첫 장에 털모자를 쓰고 어깨에 짐승 가죽을 걸친 구레나룻을 기른 남자 모습이 그려 져 있는 노란 표지의 얇은 책으로, 별로 마음에 들지 않았다. 하지만 너덜너 덜해지긴 했지만 안데르센 동화집은 겉만 보고도 친숙한 기분이 들었다.

점심시간에 나는 아이들과 빵과 소시지를 나누어 먹고, 우리는 《꾀꼬리》라는 놀라운 이야기를 읽기 시작했다. 그 이야기는 금방 우리 마음을 사로잡았다.

'중국에 살고 있는 사람은 모두 중국인이다. 황제 자신도 중국인이다.' 이 구절이, 그 단순함과 함께 기분 좋게 들리는 운율, 그리고 무언가 놀랍도록 훌륭한 향기로 나를 얼마나 기분 좋은 놀라움에 빠지게 했는지 지금도 기억 하고 있다.

나는 학교에서 《꾀꼬리》를 다 읽을 수 없었다. 시간이 모자랐다. 내가 집 에 도착했을 때 엄마는 러시아식 난로 앞에 서서 손에 뜨거운 냄비를 집는 집게를 들고 달걀프라이를 하고 있었다. 엄마가 표정 없는 이상한 목소리로 내게 물었다.

"네가 1루블을 가져갔니?"

"응, 가졌어. 여기 이 책들······."

엄마는 냄비집게로 나를 마구 때리고는 안데르센의 책을 빼앗아 어디엔가 영원히 숨겨버렸다. 나는 매를 맞는 것보다 그것이 더 가슴 아팠다.

며칠 동안 나는 학교에 가지 않았다. 그 동안 새아빠는 자기 동료들에게 나의 행위에 대해 이야기했고, 그 동료들은 자기 자식들에게, 또 아이들 중 한 명은 학교에 그 이야기를 퍼뜨린 모양이었다. 내가 다시 학교에 갔을 때 에는 도둑이라는 새로운 별명이 나를 맞이했다. 그 말은 짧고 단순했지만 옳 지 않았다. 그건 내가 1루블을 가져갔다는 사실을 숨기지 않기 때문이다. 나는 그 점을 설명하려고 노력했지만 누구도 나를 믿지 않았다. 그때 나는 집에 돌아가 엄마에게 더 이상 학교에 가지 않겠다고 말했다.

다시 임신한 잿빛의 엄마는 백치처럼 지친 눈빛으로 창가에 앉아 동생 사 사에게 음식을 먹이고 있다가 물고기처럼 입을 벌리고 나를 쳐다보았다.

---

*66 1푼트는 410그램.

"너 거짓말하는구나." 엄마가 조용히 말했다. "아무도 네가 1루블을 가져 갔다는 사실을 알 리가 없어."

"가서 물어봐."

"네 스스로 무심코 지껄였겠지. 그렇지, 네가 말했지? 두고 봐라, 누가 그 애기를 퍼뜨렸는지 내일 내가 알아볼 테니까!"

나는 그 아이의 이름을 댔다. 엄마 얼굴이 애처롭게 일그러졌고 눈물이 흐르기 시작했다.

나는 부엌에 가서 난로 뒤 상자 위에 만든 내 침대에 올라가 누웠다. 누운 채로 나는 엄마가 방에서 조용히 울부짖는 소리에 귀를 기울였다.

"오, 하느님, 오, 하느님……."

기름에 쩐 뜨뜻한 넝마의 역겨운 냄새 속에 더 이상 누워 있을 수가 없어서 일어나 마당으로 가려는데 엄마가 큰 소리로 불렀다.

"너 어디 가니, 어딜? 이리 와!……."

잠시 뒤 우리는 마룻바닥에 앉았다. 사샤는 엄마 무릎에서 엄마 단추를 잡고 몸을 구부리며 말했다. "다쭈." 그 소린 단추를 의미하는 것이었다.

나는 엄마 옆구리에 바싹 기대앉았다. 엄마가 나를 껴안고 말했다.

"우린 가난하단다. 우리에겐 단 1코페이카도 1코페이카도……."

그러나 엄마는 무언가 할 말을 다 하지 못하고 뜨거운 손으로 나를 꼭 껴안았다.

"그놈의 건달이…… 건달이!"

갑자기 엄마는 언젠가 전에도 엄마한테서 한 번 들은 적이 있는 말을 했다.

사샤가 따라했다.

"건달!"

사샤는 이상한 아이였다. 굼뜨고 머리통이 큰 사샤는 조용한 미소를 띠면서, 마치 무언가를 기대하는 듯 아름다운 푸른 눈으로 주변 모든 것을 바라보았다. 그 애는 보통 아이보다 일찍 말을 시작했고, 전혀 울지 않았으며, 조용한 쾌활함을 한시도 잃지 않았다. 그 애는 연약하여 겨우 기어다닐 정도였고, 나를 보면 아주 좋아하면서 내게 안아달라고 졸랐다. 조그맣고 보드라운 손가락으로 내 귀를 만지작거리기를 좋아했는데 손가락에서는 이상하게도 제비꽃 냄새가 났다. 그 애는 앓지도 않고 어느 날 느닷없이 죽었다. 아침까지만 해도 여느 때처럼 조용하고 밝았던 그 아이가 저녁기도를 알리는 종소리가 울릴 때에는 이미 테이블 위에 누워 있었다. 둘째 아이 니콜라이가 태어난 직후의 일이었다.

엄마는 약속한 것을 실행했다. 그래서 나는 다시 학교에서 잘 지내게 되었는데, 또다시 외할아버지에게 보내지게 된 것이다.

어느 날 저녁, 차 마시는 시간에 마당에서 부엌으로 들어가는데, 찢어지는 듯 울부짖는 엄마 목소리가 들려왔다.

"예브게니, 제발 부탁이에요……."

"바보 같이!"

새아빠가 말했다.

"그러나 난 알고 있다고요, 당신이 그 여자 집에 가고 있다는 걸!"

"흥, 그래서?"

몇 초 동안 둘 다 말이 없었다. 엄마가 기침을 하면서 말했다.

"이 형편없는 건달 같으니……."

새아빠가 엄마를 때리는 소리를 듣고 나는 방 안으로 뛰어들었다. 무릎을 꿇고 쓰러진 엄마가 등과 팔꿈치를 의자에 기댄 채 가슴을 활처럼 내밀고 머리를 뒤로 젖히고, 무서울 정도로 눈을 번뜩거리며 갈라진 목소리를 내고 있는 것이 보였다. 새 제복을 깨끗하게 차려입은 새아빠가 긴 다리로 엄마의 가슴을 차고 있었다. 나는 식탁에서 뼈손잡이가 달리고 은으로 도금된 칼을 —그 칼로 빵을 잘랐는데, 내 아버지가 죽은 뒤 엄마에게 남겨진 유일한 물건이었다—움켜잡고 새아빠의 옆구리를 있는 힘을 다해 찔렀다.

다행히 엄마가 막시모프를 밀쳐냈다. 칼은 옆구리를 비켜가 제복을 넓게 찢어놓고 살갗을 스치는 상처만 냈을 뿐이었다. 새아빠는 '앗' 하고 소리를 지르더니 옆구리를 움켜쥐고 방에서 뛰쳐나갔다. 엄마는 나를 잡아 조금 들어 올리고는 울부짖으며 마룻바닥에 내던졌다. 마당에서 돌아온 새아빠가 나를 잡아챘다.

그런 일이 있었음에도 그날 저녁 늦게 새아빠가 집을 나갔을 때 엄마는 난로 뒤 내 침상으로 와서 조심스럽게 나를 껴안고 입맞추며 울었다.

"용서해라, 엄마가 잘못했어! 오, 하지만 아가, 넌 어쩌자고 그런 짓을 했니? 그것도 칼로?"

나는 진심으로, 그리고 내가 하는 말을 충분히 이해하면서, 새아빠를 찔러 죽이고 나도 그 칼로 자살하려고 했다고 엄마에게 말했다. 나는 그렇게 하려고 생각했고, 어쨌든 그걸 시도했다. 지금도 나는 바지 끝에 번쩍이는 매듭 장식이 붙은 그 비열한 다리가 눈에 선하다. 그 긴 다리가 허공을 가로질러 구두 끝으로 여자의 가슴을 차는 모습이 눈에 보인다.

야만적인 러시아의 삶 속에서 그런 납처럼 무겁고 혐오스러운 일들을 떠올리며, 나는 이따금 나 자신에게 묻는다. 그런 것에 대해 얘기할 만한 가치가 있는가? 그러고는 더욱 새로운 확신을 갖고 나 자신에게 대답한다. 그럴 만한 가치가 있다고. 하지만 그것은 지금도 계속되고 있는 비열한 진실이다. 이 진실은 오늘날에 와서도 사라지지 않고 있다. 그것을 우리 기억에서, 인간 영혼에서, 우리 고통스럽고 치욕스런 삶 전체에서 뿌리째 뽑아내기 위해서는 속속들이 알아두어야만 할 진실이다.

내가 이 추악한 사건들을 묘사하는 더욱 적극적인 또 하나의 이유가 있다. 비록 이런 사건들이 우리들을 역겹게 할지라도 또한 수많은 아름다운 영혼들을 죽도록 짓이긴다 할지라도, 러시아 사람들은 역시 그것을 극복하고 있고 앞으로도 극복해 나갈 수 있을 만큼 영혼이 젊고 건강하기 때문이다.

우리 삶이 놀라운 까닭은, 단지 그 속에 있는 온갖 야만적인 쓰레기 층이 풍부하고 비옥해서가 아니라, 그 층을 관통하여 영롱하고 건강하고 창조적인 것이 큰 힘을 가지고 싹트고 있고, 인간다운 밝은 삶으로 다시 한 번 부활하리라는 우리 불멸의 희망을 일깨우는 훌륭하고 인간적인 것이 자라고 있기 때문이다.

13

다시 나는 외할아버지네 집에 있게 되었다.

"뭐야, 도적 같으니?" 외할아버지는 책상을 손으로 두드리면서 나를 맞이했다. "그래, 이젠 널 먹여 살리지 않겠다. 네 외할미에게 부양해달라고 해!"

"그러지요." 외할머니가 말했다. "그게 뭐 그리 어려운 일이라고!"

"그러니까 임자가 해!" 외할아버지는 고함을 쳤지만 곧 누그러지면서 내게 설명했다. "나와 외할머니는 완전히 갈라섰단다. 그래서 우리 집에선 이제 뭐든지 따로따로다."

외할머니는 창가에 앉아 재빠른 손놀림으로 레이스를 짰다. 실패는 즐거운 듯 따각따각 소리를 내고, 놋쇠핀이 잔뜩 꽂혀 있는 쿠션은 봄 햇살을 받아 황금빛 고슴도치처럼 반짝거렸다. 외할머니 자신도 마치 놋쇠로 주조된 것 같았다. 아무데도 변한 데가 없었다! 그러나 외할아버지는 더욱 깡마르고 주름살이 많아졌다. 적갈색 머리카락은 허옇게 변했고 조용하고 위엄 있던 동작은 성급한 초조함으로 바뀌어 있었다. 초록색 눈은 모든 것을 미심쩍게 바라보았다. 외할머니는 웃으면서 외할아버지와 어떻게 재산을 나누었는지 이야기해주었다. 외할아버지는 모든 항아리와 접시와 식기를 외할머니에게 주면서 이렇게 말했다.

"이게 당신 몫이야. 더 이상 아무것도 요구하지 마!"

그런 다음 외할아버지는 외할머니가 지니고 있던 모든 옛날 옷과 물건, 부인용 여우털외투 등을 가져다가 모두 700루블에 팔아치웠고, 그 돈을 과일 상인인 유대인 대자(代子)에게 높은 이자를 받고 빌려주었다. 외할아버지는 완전히 구두쇠 병에 걸려 수치심마저 잃어버렸다. 옛날 함께 수공업자 자치회에서 일했던 옛 친구들과 부유한 상인들을 찾아다니며 자식들이 자신을 파산시켰다고 하소연하면서 그들에게서 돈을 구걸했다. 외할아버지는 그들의 존경을 받고 있었기 때문에 외할아버지에게 제법 많은 돈을 주기도 했다. 외할아버지는 외할머니 코앞에 지폐를 흔들어대면서 어린아이처럼 자랑하며 외할머니를 약 올렸다.

"봤어, 바보 할멈? 당신한테는 아무도 이 돈의 백분의 일도 주지 않을 거야!"

외할아버지는 그렇게 해서 모은 돈을 새로 사귄 친구인 키가 크고 대머리인 모피장이와 그의 여동생에게 높은 이자를 받고 빌려주었다. 도시 교외 마을에서 이 모피장이는 흘리스트*67라는 별명으로 불리고 있었다. 구멍가게를 하고 있는 그의 여동생은 뚱뚱하고 뺨이 빨갛고 갈색 눈을 한, 나른하고 시럽처럼 녹아내리듯 상냥한 여자였다.

집안은 모든 것이 엄격하게 나뉘어져 있었다. 하루는 외할머니가 자기돈

---

*67 보통은 승마용 채찍을 말하지만, 악랄한 망나니, 뻔뻔스럽고 수치를 모르는 자라는 뜻도 있다. 여기서는 아마 후자의 뜻일 것이다.

으로 산 식품으로 점심 식사를 준비하면 다음날은 외할아버지가 식량과 빵을 사는 식이었다. 외할아버지가 먹을 걸 사는 날 식사는 언제나 형편없었다. 외할머니는 좋은 고기를 샀지만 외할아버지는 간, 허파, 순대 같은 내장을 사왔다. 차와 설탕을 각자가 보관했지만 차는 한 주전자에 끓였다. 외할아버지가 불안하게 말했다.

"잠깐만, 당신은 얼마나 집어넣었지?"

외할아버지는 찻잎을 손바닥에 쏟아놓고 꼼꼼하게 헤아려본 다음에 이렇게 말했다.

"당신 차가 내 차보다 질이 떨어져. 내 건 더 적게 넣어야 해. 내 차는 잎이 두꺼워서 잘 우러나거든."

외할아버지는 외할머니가 두 찻잔에 똑같은 농도의 차를 따르는지, 외할머니가 자기와 똑같은 양의 차를 마시는지 주도면밀하게 감시했다.

"마지막 한 잔, 어때요?"

남은 차를 모두 따라내기 전에 외할머니가 물었다.

외할아버지는 주전자 속을 들여다보면서 말했다.

"그래, 마지막 한 잔!"

심지어 두 분은 성상 앞에 켜놓는 램프에 드는 기름까지도 각자가 샀다. 그것이 50년 동안 동고동락한 결과였다!

나는 외할아버지의 이 모든 변덕들을 바라보는 게 우스꽝스럽고 역겨웠지만, 외할머니에게는 그냥 재미를 느꼈을 뿐이다.

"어지간히 좀 하시우!" 외할머니는 나를 달래면서 말했다. "노인네가 늙어서 시룽거리다니! 외할아버진 벌써 여든이 넘으셨어! 시룽거리시라지, 누가 겁낼 줄 알고? 이 할미와 네가 먹을 빵조각은 내가 벌 수 있으니 걱정하지 마라!"

나도 돈을 벌기 시작했다. 일요일마다 아침 일찍 자루를 들고 마당과 길거리를 돌아다니며 소뼈다귀, 넝마, 종이, 못 따위를 긁어모았다. 고물 상인은 1푸드 무게의 넝마와 종이를 20코페이카에, 쇠붙이도 20코페이카에 샀고, 1푸드의 소뼈는 10코페이카나 8코페이카에 샀다. 평일에도 수업을 마친 뒤 그 일을 했고 토요일마다 잡다한 물건들을 30코페이카에서 50코페이카, 운이 좋을 때는 그보다 더 많이 팔았다. 외할머니는 내게서 돈을 받으면 그 돈을 얼른 치마 주머니에 찔러 넣고 두 눈을 내리뜨며 나를 칭찬했다.

"정말 고맙다, 아가! 너와 난 굶어죽지는 않겠다, 그렇지? 잘했어!"

어느 날 나는 외할머니가, 내가 벌어온 5코페이카를 손바닥에 올려놓고 바라보면서 말없이 울고 있는 모습을 보았다. 한 방울의 흐릿한 눈물이 속돌처럼 구멍 많은 코끝에 매달려 있었다.

고물을 파는 것보다 더 수입이 좋은 것은 오카 강변이나 페스키 섬에 있는 목재 야적장에 가서 장작과 얇은 널빤지를 훔치는 일이었다. 페스키 섬은 정기 시장이 서는 동안에 얼기설기 세운 임시 점포에서 철을 사고파는 곳이다. 정기 시장이 끝나면 임시 점포가 헐리고 각목과 얇은 널빤지들이 산처럼 쌓여, 거의 봄철 범람 때까지 페스키 섬에 그대로 있었다. 자기 집을 가지고 있는 사람들은 좋은 널빤지 하나에 10코페이카씩 주었는데, 하루에 두세 장은 훔쳐올 수 있었다. 하지만 그런 일은 눈보라나 비가 와서 경비원들이 피신하는 궂은 날씨일 때만 가능했다.

어느새 우정 어린 집단이 만들어졌다. 모르도바인 여자 거지의 열 살 난 아들인 산카 뱌히르는 귀엽고 상냥하며 항상 차분하고 밝은 아이였다. 의지할 곳 없는 코스트로마는 꼬불꼬불 감긴 머리카락에 야위고 눈이 크고 까만 아이였으며, 나중에 열세 살쯤 되었을 때 비둘기 한 쌍을 훔친 죄로 감화원에 들어가 목을 매고 죽었다. 타타르인 하비는 열두 살 난 장사였는데, 순진하고 선량했다. 코가 둥그런 야지는 공동묘지 경비원이자 산역꾼 노릇을 하는 사람의 아들로 여덟 살 난 꼬마였다. 그 애는 물고기처럼 말수가 적었고 '뇌전증'을 앓고 있었다. 가장 나이가 많은 아이는 과부 재봉사의 아들 그리시카 추르카였다. 그 애는 분별력이 있고 정의로웠으며 권투를 무척이나 좋아했다. 우리는 모두 같은 거리 출신이었다.

우리가 살던 변두리 마을에서 절도는 범죄로 간주되지 않았다. 그것은 굶주린 빈민들에게는 거의 유일한 생계 수단이었고 관습적인 일이었다. 한 달 반 동안 열리는 정기 시장이 읍내 전체를 먹여 살릴 수는 없었기 때문에, 존경을 받고 사는 가장들의 상당수가 '강에서 부수입을 올리고 있었다.' 그들은 강물이 범람할 때 떠내려 오는 장작이나 통나무를 낚아 올려 배에 실어 운반했다. 그러나 그들은 주로 거룻배에서 도둑질을 해댔고, 대체로 볼가 강과 오카 강 위에서 빈틈없이 잘 간수해두지 않은 것이면 무엇이든 죄다 후무렸다. 휴일마다 어른들은 자신들의 성공을 자랑했고 아이들은 그 이야기에 귀 기울이며 공부했다.

봄철 정기 시장이 열리기 전 아주 바쁜 시기에는, 저녁이 되면 우리 마을 거리는 온통 술 취한 직공들과 마부와 온갖 노동자들로 넘쳐났다. 마을 아이들은 항상 그들의 호주머니를 슬쩍했다. 그것은 인정되는 일이었고, 어른들이 보는 앞에서도 겁 없이 그런 일을 저질렀다.

목수한테서는 연장을, 승용마차 마부에게서는 스패너를, 짐마차꾼에게서는 차축 볼트를, 짐차 굴대에서는 보조 차축을 훔쳐냈다. 그러나 우리 패거리는 그런 일은 하지 않았다. 한번은 추르카가 단호하게 선언했다.

"난 도둑질 안 할래. 엄마가 하지 말라고 했어."

"나도 안 할래. 무서워!"

하비가 말했다.

코스트로마는 좀도둑을 혐오했다. 그 애는 '도둑'이란 말을 특별히 힘을 주어 발음했다. 그리고 낯선 아이들이 술 취한 사람들을 터는 것을 보면 그 애들을 쫓아갔고, 만약 누군가를 붙잡으면 잔인하게 때렸다. 눈이 커다랗고 음울한 그 아이는 자기를 어른이라고 생각했다. 그 아이는 짐꾼처럼 비틀거리며 특이한 걸음걸이로 걸었고, 굵직하고 거친 목소리로 말하려고 애썼지만 전체적인 인상은 약간 둔하고 부자연스러우며 늙은 듯했다. 뱌히르는 도둑질은 범죄라고 확신하고 있었다.

그러나 페스키 섬에서 얇은 널빤지와 통나무를 끌고 오는 것은 범죄로 여기지 않아서, 우리들 중 아무도 그걸 겁내지 않았다. 우리는 그 일을 아주 쉽게 할 수 있는 방법을 몇 가지 생각해냈다. 저녁이 되어 컴컴해지거나 궂은 날에 뱌히르와 야지는 미끌거리고 부풀어오른 얼음을 따라 강 후미를 지나 페스키 섬으로 갔다. 그들은 경비원들의 관심을 대놓고 자기들 쪽으로 끌기 위해 애쓰며 걸어갔다. 그러는 사이 우리 네 사람은 눈에 띄지 않게 따로 따로 이동했다. 야지와 뱌히르에게 놀란 경비원들이 그들 뒤를 쫓는 사이에 우리는 미리 정한 목재 야적장에 모여 나무를 골라냈다. 친구들이 발 빠른 경비원을 놀리면서 자신들을 줄곧 쫓아오게 하는 동안 우리는 철수했다. 저마다 끈을 갖고 있었는데, 끈 끝에 커다란 못을 매달아 갈고리처럼 구부려놓은 것에 널빤지나 통나무를 걸어 눈과 얼음 위로 끌고 갔다. 경비원들은 거의 한 번도 우리가 하는 짓을 눈치 채지 못했다. 눈치 챈다 하더라도 우리를 따라잡을 수가 없었다. 우리는 그 물건을 판 돈을 6등분했다. 보통 5코페이카 동전 한 개씩 돌아갔고 이따금 7코페이카씩 돌아갈 때도 있었다.

그만한 돈이면 하루를 아주 배불리 지낼 수 있었다. 그러나 뱌히르는 엄마에게 시칼리크*68나 코스슈카*69들이 보드카를 갖다 주지 않으면 매를 맞았다. 코스트로마는 비둘기 사냥을 할 날을 꿈꾸며 돈을 모았다. 추르카는 엄마가 아팠기 때문에 될 수 있으면 돈을 더 많이 벌려고 애썼다. 하비 역시 자기가 태어난 읍으로 돌아갈 생각으로 돈을 모으고 있었다. 그 아이는 그곳에서 삼촌 손에 이끌려 왔는데, 니주니에 온 지 얼마 안 되어 삼촌은 물에 빠져 죽고 말았다. 하비는 그 마을 이름은 기억하지 못했고, 볼가 강에서 가까운 카마에 있다는 것만 기억할 뿐이었다.

카마에 있는 그 마을이 우리를 몹시 웃겼는데, 우리는 사팔뜨기 타타르인 꼬마를 놀려대면서 이렇게 노래하곤 했다.

카마에는 마을이 있다면서,
어디에 있는지는 자기도 몰라!
손으로 만져볼 수도 없고,
발로 걸어가 닿을 수도 없어!

처음에 하비는 우리에게 화를 냈다. 어느 날 뱌히르가 자신의 별명을 증명이라도 하듯 산비둘기가 울어대는 목소리로*70 그에게 말했다.

"왜 그래? 왜 친구들에게 화를 내는 거지?"

이 타타르인 꼬마는 멋쩍어 하면서 자기도 카마에 있는 마을에 대한 노래를 부르기 시작했다.

그래도 우리는 얇은 널빤지를 훔치는 것보다 넝마와 뼈다귀 줍는 것을 더 좋아했다. 봄에 눈이 녹아 사라졌을 때나 비가 내려 텅 빈 정기시장의 포장된 도로가 깨끗하게 씻겼을 때는 특히 재미있었다. 시장 하수구에서는 언제

---

*68 옛 러시아의 도량형 단위(600cc).
*69 '시칼리크'의 2배.
*70 뱌히르는 러시아어로 산비둘기를 뜻한다.

나 많은 못과 쇠붙이 조각을 수집할 수 있었고, 이따금 동전이나 구리와 은을 발견하는 일도 있었다. 그러나 시장 경비원들이 우리를 쫓아와 자루를 빼앗아가지 않도록 하기 위해, 그들에게 7코페이카 동전을 지불하거나 오랫동안 그들에게 고개를 조아려야만 했다. 우리에게는 쉬운 일이 아니었지만 우리는 무척 사이좋게 지냈다. 이따금 사소한 말다툼은 했지만 주먹다짐은 한 번도 없었던 것으로 나는 기억한다.

우리의 해결사는 뱌히르였다. 그는 언제나 적절한 때, 우리에게 특별한 말을 할 줄 아는 능력이 있었다. 그것은 별것도 아닌 말이었지만 우리를 놀라게 하고 부끄럽게 만들었다. 그 자신도 놀라면서 그런 말을 했다. 야지의 심술궂은 행동은 그를 화나게 하거나 놀라게 하지 않았다. 그는 모든 나쁜 짓을 불필요한 것으로 여기고, 조용하지만 단호하게 부정했다.

"저런, 왜 또 그랬니?"

그가 그렇게 물으면 우리는 분명히 알았다. 그럴 필요가 없었다는 것을!

그는 자기 엄마를 '우리 모르도바 여자'라고 불렀는데, 그 말은 우리를 웃기지 못했다.

"어제 우리 모르도바 여자가 술에 취해 집으로 굴러들어 왔어!" 금빛 동그란 눈을 반짝이며 그 애가 명랑하게 말했다. "문을 활짝 열고 문지방에 앉아 노래하고 또 노래하는 거야, 암탉처럼!"

매사에 적극적인 추르카가 물었다.

"뭘 노래했는데?"

뱌히르는 손바닥으로 무릎을 치면서 높은 목소리로 자기 엄마가 부른 노래를 똑같이 불렀다.

오오, 똑똑, 똑똑.
어린 목동이
지팡이로 창문을 두드리네.
우리는 거리로 뛰어나가네!
목동 보르카가
저녁 신호로
풀피리를 불어대기 시작하자

온마을이 조용해졌네!

그는 그런 건전한 노래를 많이 알고 있었고 꽤 솜씨있게 불렀다.

"이렇게 노래했지." 그는 말을 계속했다. "그러다가 엄마는 문지방에서 잠이 들어 방이 아주 싸늘하게 식고 말았어. 난 온 몸을 와들와들 떨다가 하마터면 얼어죽을 뻔했지. 엄마를 끌어서 옮길 힘이 없었어. 그래서 오늘 아침 이렇게 말했지. '왜 그렇게 술을 많이 마셔?' 그랬더니 엄마가 이러는 거야. '내버려 둬. 조금만 참아. 난 곧 죽을 테니까!'"

추르카가 진지한 표정으로 그 말을 뒷받침했다.

"네 엄마는 곧 죽을 거야. 온 몸이 부었어."

"넌 슬프겠지?"

내가 물었다.

"그걸 말이라고 해?" 뱌히르가 놀란 듯 말했다. "우리 엄마는 좋은 사람인 걸……."

우리는 모두 그 모르도바 여자가 틈만 나면 뱌히르를 때린다는 걸 알면서도 그녀가 좋은 사람이라는 걸 믿었다. 그래서 재수 없는 날엔 추르카가 이런 제안을 하기도 했다.

"뱌히르 엄마 술값으로 1코페이카씩 걷자. 안 그러면 뱌히르를 때릴 테니까!"

패거리 가운데 글을 아는 아이가 둘 있었다. 추르카와 나였다. 뱌히르는 우리를 몹시 부러워했다. 그리고 생쥐같이 뾰족한 자기 귀를 잡아당기며 비둘기가 구구거리듯이 말했다.

"우리 모르도바 여자를 묻어주고 나면 나도 학교에 갈 거야. 나를 받아달라고 선생님 발아래 절을 할 거다. 공부를 마치면 정원사로 일하다가 대주교가 되고, 황제가 될 거야!"

봄에 그 모르도바 여자는 성당 건축을 위해 모금하는 어떤 노인과 보드카 병과 함께 장작더미에 깔렸다. 이 모르도바 여자는 병원으로 실려갔다. 그러자 믿음직한 추르카가 뱌히르에게 말했다.

"우리집에 가서 살자. 우리 엄마가 네게 읽고 쓰는 걸 가르쳐 줄 거야."

얼마 지나자 뱌히르는 고개를 높이 쳐들고 간판을 읽었다.

"식려폼 상회······."

"식료품 상회야, 이 바보!"

"알아, 그런데 골자들이 자꾸 여기저기 뛰어다녀."

"골자가 아니라 글자야!"

"글자들이 펄쩍 펄쩍 뛰어. 누가 자기를 읽어주니까 기뻐하는 것 같아!"

나무와 풀에 대한 그의 사랑은 우리 모두를 아주 웃겼고 놀라게 했다.

모래땅 위에 흩어져 있던 우리 마을은 식물이 드문드문 자랐다. 마당에는 보잘것없는 버드나무나 구부러진 딱총나무 덤불이 띄엄띄엄 서 있거나, 담장 밑에 연회색 메마른 풀잎들이 겁에 질린 듯 숨어 있었다. 우리 가운데 누가 그 풀 위에 앉으면 뱌히르는 화를 내며 잔소리를 했다.

"아니, 왜 풀을 짓밟니? 그 옆 모래 위에 앉으면 안 돼? 그래도 너희들에겐 마찬가지 아니야?"

그가 있을 때 버드나무 큰 가지나 꽃이 핀 딱총나무 가지를 꺾거나, 오카 강둑에 있는 버드나무 잔가지를 자르면 난감한 일이 벌어졌다. 그는 언제나 어깨를 치켜 올리고 두 손을 벌리면서 깜짝 놀랐다.

"너희들은 왜 모든 걸 꺾는 거야? 저것 좀 봐, 자식들!"

그러면 우리는 모두 그의 진심에서 우러난 분개로 인해 부끄러워졌다.

토요일마다 우리는 유쾌한 오락을 즐겼다. 토요일을 위해 우리는 한 주일 내내 거리를 돌아다니며 해진 짚신을 모아 한적한 구석에 쌓아두었다. 토요일 저녁, 한 무리의 타타르인 짐꾼들이 시베리아 부두에서 집으로 돌아갈 때, 우리는 십자로 어딘가에 자리를 잡고는 타타르인들에게 짚신을 던지기 시작했다. 처음엔 화를 내고 우리를 쫓아오면서 욕설을 퍼부어댔지만, 곧 그들도 이 놀이를 좋아하게 되었는데, 무엇이 자기들을 기다리고 있는지 이미 알고 있었기 때문에 그들도 많은 짚신으로 무장하고 싸움터에 나타났다. 뿐만 아니라 우리가 무기를 어디에 숨기는지 알아두었다가 우리 무기를 훔쳐간 적도 한두 번이 아니었다. 우리는 그들에게 항의했다.

"그러면 놀이가 아니라 진짜 전쟁이잖아요!"

그러면 그들은 짚신의 절반을 우리에게 나누어주었고, 전투가 시작되었다. 보통 그들은 탁 트인 곳에서 전열을 가다듬었고, 우리는 꽥꽥거리며 짚신을 던지면서 그들 주위를 뛰어다녔다. 그들도 으르렁거리는 소리를 질러댔고, 우리 가운데 누가 달려가다가 솜씨 좋게 발밑에 던져진 짚신에 맞아 모래바닥에 머리를 처박기라도 하면 떠나갈 듯 웃음을 터뜨렸다.

놀이는 오랫동안, 때로는 어두워질 때까지 맹렬하게 계속되었다. 그럴 때면 시민들이 모여들어 여기저기 구석에서 우리를 쳐다보면서 정정당당하게 하라며 참견하곤 했다. 먼지투성이 잿빛 짚신들이 까마귀처럼 공중을 날았고, 이따금 누군가가 세게 맞기도 했지만 이 놀이의 기쁨이 고통이나 울분보다 훨씬 컸다.

타타르인들도 우리 못지않게 흥분했다. 싸움이 끝난 뒤 우리는 종종 그들과 함께 협동조합으로 갔다. 거기서 그들은 우리에게 맛있는 말고기와 약간 별스런 채소수프를 대접했고, 저녁을 먹은 뒤에는 진한 벽돌차*71와 달콤한 반죽으로 만든 호두과자를 먹었다. 우리는 특별히 힘이 센 이 커다란 사람들이 마음에 들었다. 그들에게는 뭔가 어린아이 같은, 아주 이해하기 쉬운 구석이 있었다. 특히 그들의 온화함, 한결같은 선량함, 또 서로에 대한 주의 깊고 진지한 태도에 감동했다.

그들은 모두 눈물이 날 정도로 자지러지게 웃어댔다. 그들 가운데 코가 비뚤어진 한 사람은 카시모프*72 출신으로, 믿기 어려울 정도로 힘이 셌다. 한 번은 그가 27푸드나 나가는 종을 거룻배에서 멀리 육지로 운반했다. 그는 웃으면서 고래고래 소리를 질렀다.

"부, 부! 말은—풀이고, 말은—푼돈이지. 하지만 말은 금화라네!"*73

어느 날 그는 뱌히르를 손바닥 위에 올리고 높이 들어 올리면서 이렇게 말했다.

"저기서 살아라, 하늘나라에서!"

날씨가 궂은 날에는 집에 모여 공동묘지에 있는 야지네 아버지의 경비원 오두막에서 모였다. 야지의 아버지는 팔이 길고 뼈가 굽었으며, 온 몸이 더러운 사람이었다. 조그만 머리와 까만 얼굴 위에 지저분한 머리카락이 무성했다. 그 머리는 말라비틀어진 순무를, 길고 가느다란 목은 순무 줄기를 생각나게 했다. 그는 행복한 듯 약간 노란 눈을 가늘게 뜨고 빠른 말로 중얼거

---

*71 차의 한 종류. 벽돌색으로 진하게 우러남.
*72 오카 강 연안에 있는 랴잔 주의 도시.
*73 특별한 뜻은 없고 운을 맞추어 러시아어 단어를 늘어놓은 것.

렸다.

"주여, 잠을 잘 이루게 하소서, 오!"

우리는 3졸로트니크의 차와 8분의 1푼트의 설탕과 빵을 샀으며, 야지의 아버지에게는 반드시 1시칼리크들이 보드카를 사가지고 갔다. 추르카는 거칠게 그에게 명령했다.

"더러운 농군 같으니, 사모바르를 올려놔!"

그 농군은 웃으면서 양철 사모바르를 올려놓았다. 차를 기다리며 우리는 우리가 할 일에 대해서 얘기했다. 이 농군은 우리에게 좋은 충고도 해주었다.

"아마도 모레 트루소프네 집에서 40일제(祭)가 있을 테니 큰 잔치가 벌어질 거고 너희들에게도 뼈다귀가 많이 생길 거다!"

"트루소프네 집에선 요리사가 뼈다귀를 모으는걸요."

모르는 게 없는 추르카가 지적했다.

뱌히르는 창밖으로 공동묘지를 바라보면서 공상에 잠겼다.

"이제 곧 숲속을 돌아다닐 수 있을 거야, 아!"

야지는 언제나 말없이 슬픈 눈으로 우리 모두를 유심히 관찰했다. 그는 우리에게 자기 장난감—쓰레기 속에서 주운 나무병정, 다리가 없는 말, 구리조각, 단추 등—을 보여주면서도 말이 없었다.

야지의 아버지는 테이블 위에 여러 가지 찻잔과 손잡이 달린 컵들을 늘어놓고 사모바르를 꺼냈다. 그러면 코스트로마가 차를 따르기 시작했다. 야지의 아버지는 1시칼리크들이 보드카 병을 다 비우고 나면 난로 위로 기어올라가 거기에서 긴 목을 빼고 부엉이 같은 눈으로 우리를 바라보면서 웅얼거렸다.

"흠, 네놈들도 뒈졌으면. 꼭 아귀들 같단 말이야, 안 그래? 오, 이 도둑놈들 같으니. 주여, 잠을 잘 수 있게 해주소서!"

뱌히르가 그에게 말했다.

"우리는 절대 도둑이 아니에요!"

"그래 그래, 꼬마도둑들……."

야지의 아버지가 우리를 귀찮게 굴면 추르카가 화를 내며 그에게 큰소리를 질렀다.

"그만둬, 더러운 농군!"

이 사람이 어떤 집에 환자가 있고, 마을의 누가 곧 죽을 거라고 헤아리는 것이, 나와 뱌히르와 추르카는 몹시 마음에 들지 않았다. 그는 이런 말을 재미있다는 듯 무자비하게 말했다. 우리가 자기 말을 싫어한다는 걸 알고는 일부러 더 우리를 놀리고 괴롭혀댔다.

"아하, 무서운 거지, 이 게으름뱅이들아? 그렇겠지! 뚱보 한 사람이 곧 죽을 거야. 오, 그 뚱보가 썩는 데는 시간이 오래 걸리지!"

우리는 그의 말을 중지시키려고 했지만 그는 멈추지 않았다.

"네놈들도 죽을 거야. 쓰레기통 속에서는 오래 살 수가 없어!"

"흥, 그럼 죽지 뭐." 뱌히르가 말했다. "우린 천사가 될 거야……."

"네, 네 녀석들이?" 야지의 아버지는 놀란 나머지 숨을 헐떡거렸다. "그래, 네놈들이 천사?"

그는 너털웃음을 터뜨리더니, 또다시 우리를 놀리며 고인이 된 사람들에 대한 더러운 이야기를 했다.

그러나 이따금 그는 갑자기 속삭이는 듯한 나지막한 목소리로 뭔가 이상한 이야기를 하기 시작했다.

"들어봐라, 애들아. 기다려봐! 그저께 어떤 여자가 묻혔는데, 애들아, 난 그 여자의 신상에 대해 훤히 알고 있었지. 그 여자가 도대체 어떤 여잔지 아니?"

그는 매우 자주 여자에 대해 얘기했는데, 항상 추잡스럽게 말했지만, 그의 얘기에는 무언가 묻는 듯한 슬픈 데가 있었고, 마치 자기와 함께 생각하도록 우리를 초대한 듯했다. 우리는 그의 이야기에 조용히 귀를 기울였다. 그는 서투르고 조리 없이 말했고 종종 질문을 해대면서 얘기를 중단하곤 했다. 그러나 그의 이야기에서는 뭔가 불안한 조각과 파편들이 기억에 남았다.

"사람들이 그 여자에게 물었지. '누가 불을 질렀어?' '내가 질렀어' '어떻게 질러, 이 멍청아? 넌 그날 밤에 집에 있지 않고 병원에 누워 있었잖아!' '내가 불을 질렀어!' 이 여자는 왜 이렇게 말했을까? 오, 주여, 잠을 자게 해주소서!"

그는 그 벌거벗은 음울한 묘지에 자기 손으로 묻은 마을 사람들의, 거의 한 사람 한 사람의 생애를 알고 있었다. 그가 우리 앞에 집집마다 대문을 열어주면 우리는 그 속에 들어가 사람들이 어떻게 생활하고 있는지 보고 거기서 뭔가 심각하고 중요한 것을 느꼈던 것 같다. 그는 밤새도록, 아침까지라도 얘기할 수 있을 것처럼 보였다. 그러나 오두막 창문이 황혼에 뒤덮이고 어슴푸레한 어둠이 깔리자 곧 추르카가 테이블에서 일어섰다.

"난 집으로 갈 거야. 안 가면 엄마가 걱정하실 거야. 누가 나랑 갈래?"

우리는 모두 그곳에서 나왔다. 야지는 울타리까지 우리를 따라 나와 대문을 잠갔다. 그리곤 까맣고 앙상한 얼굴을 철책에 꼭 대고는 낮고 공허한 목소리로 말했다.

"안녕!"

우리도 그에게 '안녕!' 하고 소리쳤다. 그를 공동묘지에 두고 오는 것이 늘 미안했다. 한번은 코스트로마가 뒤돌아보며 말했다.

"말이야, 내일 눈을 떠보면 저 녀석은 죽어있을 거야."

"야지의 생활이 누구보다 가장 나빠."

추르카가 종종 그렇게 말했지만 뱌히르는 항상 반대했다.

"우리 생활은 결코 나쁘지 않아."

내 눈에도 우리 생활은 나쁘지 않았다. 거리에서의 이 독립적인 생활은 무척 내 마음에 들었고 친구들도 마음에 들었다. 그들은 내 속에 어떤 커다란 감정을 불러일으켜 그들을 위해 항상 뭔가 좋은 일을 해주고 싶은 마음이 간절했다.

학교생활은 다시금 어려워졌다. 아이들은 나를 고물상이고 집 없는 거지라고 부르며 조롱했다. 한번은 싸움을 한 뒤, 나한테서 쓰레기통 냄새가 나서 옆에 앉을 수가 없다고 선생님에게 일러바쳤다. 그 일이 내 마음에 꽤나 깊은 상처를 주었고, 그 뒤로 학교 가기가 정말 힘들었던 것이 지금도 생각난다. 그 불평은 나를 괴롭히려고 꾸며낸 이야기였다. 나는 매일 아침 아주 열심히 내 몸을 닦았고, 넝마를 주우러 다닐 때 입던 옷은 절대로 학교에 입고 가지 않았다.

그러나 나는 마침내 3학년 진급시험에 통과했고, 복음서와 장정된 크릴로프의 우화집과 《파타—모르가나》라는 알 수 없는 제목이 붙은 장정되지 않은 책을 상으로 받았다. 상장도 받았다. 내가 이 선물들을 집에 가져오자 외할아버지는 매우 기뻐하고 감동하며, 그 모든 것들을 소중히 간직해야 하니 책은 외할아버지 가방 속에 넣어 열쇠를 채워두겠다고 했다. 외할머니는 벌써 며칠째 아파 누워 있느라 수중에 돈이 없었다. 외할아버지는 한숨을 쉬며 꽥 꽥 소리쳐댔다.

"당신은 나를 끝까지 빨아먹으려는 거지? 아마 뼈까지 갉아먹을 걸…… 이미 몫을 받아가 놓고……."

나는 상으로 받은 책들을 가게에 가지고 가서 55코페이카를 받고 팔아 그 돈을 외할머니에게 주었다. 하지만 상장은 어떤 글씨를 써서 망쳐버린 다음 외할아버지에게 건네주었다. 외할아버지는 그걸 펴보지도 않고, 또 내 장난을 눈치 채지도 못한 채 조심스럽게 보관해두었다.

학교를 그만둔 뒤 나는 다시금 거리에서 살기 시작했다. 거리 생활은 더욱더 즐거워졌다. 봄은 활짝 피어났고, 벌이는 더욱 좋아졌다. 일요일마다 우리는 다같이 아침부터 들판이나 소나무 숲으로 갔다가, 저녁 늦게 기분 좋은 피로감과 서로가 서로에게 더욱더 친근함을 느끼며 마을로 돌아왔다.

그러나 그런 생활은 오래 가지 않았다. 직장에서 해고당한 새아빠가 다시금 어딘가로 사라져버리자, 엄마는 어린 동생 니콜라이를 데리고 외할아버지네로 이사왔기 때문이다. 외할머니는 읍내 부유한 상인 집에서 성단(聖壇) 덮개에 수를 놓으며 살고 있었기 때문에 아기를 돌보는 일은 나에게 맡겨졌다. 벙어리처럼 말이 없고 바짝 마른 엄마는 모든 것을 겁먹은 눈으로 바라보면서 간신히 다리를 움직였다. 동생은 림프샘 종기와 복사뼈 궤양을 앓고 있었는데, 몸이 너무 약해서 크게 울지도 못했고, 배가 고프면 그저 듣는 사람의 가슴을 후벼파는 것처럼 신음할 뿐이었다. 배가 부르면 꾸벅꾸벅 졸면서 이상한 한숨을 내쉬며 조용히, 마치 새끼고양이처럼 가르랑거렸다.

동생을 조심스럽게 만져본 외할아버지가 말했다.

"이 애를 잘 먹여야 할 텐데, 내가 무슨 수로 너희들 모두를 먹여 살릴 수 있겠니……."

엄마는 구석에 놓인 침대에 앉아서 쉰 목소리로 탄식했다.

"그 애는 그리 많이 먹지 않아요……."

"여기에 조금, 저기에 조금, 그러다보면 많아지는 게지……."

외할아버지는 손을 내저으며 내게로 몸을 돌렸다.

"니콜라이를 햇볕을 쪼이고 모래 속에 둬야 하는데……."

나는 깨끗하고 마른 모래 한 포대를 집으로 끌고 와서 창 밑 양지 바른 곳에 쌓아놓고 외할아버지의 가르침대로 동생을 목까지 파묻어놓았다. 아기는 모래 속에 앉는 걸 좋아했고, 행복한 듯 눈을 가늘게 뜨고는 이상하게 빛나는 눈—흰자위가 없이 빛나는 고리로 둘러싸인 푸른 동공만 있는 눈—으로 앞을 바라보았다.

나는 곧 동생에게 강렬한 애착을 느끼게 되었다. 내가 보기에 동생은, 창문 아래 모래 위에 그 애와 나란히 누워 내가 생각하고 있는 모든 걸 이해하고 있는 듯했다. 창문으로 외할아버지의 꽥꽥거리는 목소리가 흘러나왔다.

"죽는다는 건 조금도 어려운 일이 아니야. 하지만 지금은 네가 어떻게 살아갈 것인가를 생각할 때야!"

엄마는 오랫동안 기침을 해댔다.

동생은 모래에서 손을 빼낸 다음 내게 손을 뻗으면서 조그맣고 하얀 머리를 흔들었다. 머리카락이 드문드문 나 있어서 백발처럼 보이고, 얼굴은 노인처럼 지혜로워 보였다.

암탉이나 고양이가 우리를 향해 다가오면, 콜랴는 오랫동안 그것들을 바라본 다음 나를 쳐다보며 보일 듯 말 듯 미소를 지어 보였다. 그 미소는 나를 당혹스럽게 했다. 내가 그 애와 함께 있는 게 지루해서 그 애를 버리고 거리로 뛰쳐나가 싶어한다는 걸 느끼고 있는 것이 아닐까?

마당은 작고 좁았으며 쓰레기투성이였다. 대문으로부터 판자 쪼가리로 지어진 헛간과 움막이 이어지고, 이윽고 구부러져 목욕탕에서 끝났다. 지붕은 배의 널빤지조각이나 장작, 갈라진 통나무, 판자, 생나무 조각들로 빽빽하게 덮여 있었다. 그 모든 것들은 봄 범람 때 오카 강에서 건져올린 것이다. 마당에는 온갖 나무더미들이 보기 흉하게 쌓여 있었다. 물을 잔뜩 머금은 나무는 썩은 냄새를 풍기면서 햇볕에 익어가고 있었다.

옆에는 작은 가축 도살장이 있었다. 거의 매일 아침 그곳에서 송아지와 양이 울어 댔고, 피 냄새가 너무 강렬해서 이따금 그 냄새가 먼지투성이 공기 속에서 투명한 적자색 그물이 되어 흔들리고 있는 것 같았다.

도끼의 일격으로—즉, 뿔 사이를 도끼 등으로 강타 당해 정신이 나간 가축들이 울부짖으면 콜랴는 눈을 가늘게 뜨고 입술을 부풀리며 그 소리를 흉내 내려고 했지만 번번이 공기만 불어댈 뿐이었다.

"푸푸우……."

정오에는 외할아버지가 창문에서 머리를 쑥 내밀고 소리쳤다.

"점심 먹자!"

외할아버지는 아기를 자기 무릎 위에 앉히고 손수 음식을 먹였다. 감자와 빵을 씹어서 구부러진 손가락으로 콜랴의 조그만 입 속에, 아기의 얇은 입술과 뾰족한 턱을 더럽히면서 밀어 넣었다. 그런 다음 외할아버지는 아기의 셔츠를 들어 올려 손가락으로 아기의 부푼 배를 찌르고 나서 커다랗게 소리쳤다.

"충분히 먹은 것 같으냐? 어때? 아니면 더 먹일까?"

문 가까이 어두운 구석에서 엄마 목소리가 들려왔다.

"아기가 빵을 달라고 몸을 뻗고 있는 게 안 보여요?"

"아기는 어리석은 법이야! 얼마나 먹어야 하는지 알 리가 없지……."

외할아버지는 다시금 씹은 음식을 아기 입 속에 밀어넣었다. 그렇게 먹이는 걸 바라보는 건 나에게는 고통스러울 만큼 부끄러웠다. 나는 목구멍 아래가 답답하고 메슥거렸다.

"이제, 됐다." 마침내 외할아버지가 말했다. "자, 아기를 엄마에게 데려다 줘라."

내가 콜랴를 받으면 콜랴는 끙끙거리며 식탁 쪽으로 몸을 뻗었다. 엄마는 쉰 목소리를 내며 내 쪽을 향해 몸을 일으키면서, 살이 하나도 없는 깡마른 손을 내밀었다. 길고 가느다란, 마치 가지가 부러진 전나무 같았던 엄마.

엄마는 완전히 벙어리가 되어, 아주 이따금 끓어오르는 듯한 목소리로 말했다. 온종일 말없이 구석에 누워 죽어가고 있었다. 엄마가 죽어가고 있다는 것을 나는 물론 느끼고 또 알고 있었다. 외할아버지는 매우 자주, 그리고 집요하게 죽음에 대해 얘기했는데, 특히 마당이 어두워지고, 양가죽처럼 후텁지근하고 메스껍게 썩어가는 냄새가 창문으로 기어들어오는 저녁이 되면, 더욱더 그랬다.

외할아버지 침대는 방 입구 쪽 거의 성상 바로 밑에 놓여 있었다. 외할아버지는 머리를 성상과 창문 쪽에 두고 누웠다. 그렇게 누워서 외할아버지는 오랫동안 어둠 속에서 웅얼거렸다.

"이젠 죽을 때가 됐다. 어떤 낯짝으로 하느님 앞에 서나? 무슨 말을 하지? 평생을 바쁘게 움직였는데 무엇을 했나…… 어디에 이르렀나? ……."

나는 난로와 창문 사이의 마룻바닥에서 잤다. 공간이 부족해서 나는 난로

바닥의 우묵 들어간 곳에 다리를 집어넣었는데, 바퀴벌레들이 발을 간질였다. 이 구석은 내게 적잖은 악의적인 기쁨을 주었다. 그것은 외할아버지가 음식을 만들면서 부젓가락과 잿고무래 끝으로 창문 유리를 깨곤 했기 때문이다. 그렇게 영리했던 외할아버지가 부젓가락을 잘라내 짧게 만들 생각을 하지 못하는 것이 이상했다.

한번은 항아리에서 뭐가 끓어 넘치자[74] 외할아버지는 놀라서 부젓가락으로 항아리를 확 잡아당기는 바람에, 창틀 가로목과 유리창 두 장이 박살나고 셰스타크[75] 위의 항아리가 떨어져 깨졌다. 그 일로 울화가 치민 외할아버지는 마룻바닥에 주저앉아 울기 시작했다.

"오, 하느님······."

낮에 외할아버지가 외출했을 때 나는 빵 써는 칼로 부젓가락을 4분의 3 정도 잘라놓았다. 그러나 외할아버지는 내가 해놓은 일을 보고 욕을 퍼붓기 시작했다.

"이 저주받을 악마 같으니! 톱으로 잘라야 하는데, 톱으로! 잘라낸 걸로 밀방망이를 만들어 팔 수도 있었는데, 이 망할 놈의 자식!"

두 손을 내저으면서 외할아버지는 현관으로 뛰어나갔고 엄마가 말했다.

"그냥 내버려두지 그랬니······."

엄마는 8월 어느 일요일 정오 무렵에 죽었다. 새아빠가 막 여행에서 돌아와 다시 어딘가에서 일하게 되었고, 외할머니와 콜랴는 이미 역 부근 아담한 셋방에서 사는 그에게로 옮겨간 뒤였다. 엄마도 며칠 뒤에 그리로 옮겨갈 예정이었다.

죽던 날 아침에 엄마는 조용하게, 하지만 여느 때보다 분명하고 편안한 목소리로 내게 말했다.

"예브게니 바실리예비치에게 가서 이리로 오시라고 말해!"

엄마는 벽에 한 손을 짚어 몸을 지탱하면서 침대 위에 일어나 앉은 뒤 덧붙였다.

"빨리 뛰어가!"

---

*74 항아리를 우리나라처럼 저장용기로만 사용하는 것이 아니라 수프나 죽을 담아 난로 위에서 끓이거나, 난로 속에서 찌기도 한다.
*75 러시아 난로의, 음식을 올려놓고서 조리하는 부분의 명칭.

엄마는 미소를 짓고 있는 것 같았고, 무언가 새로운 것이 엄마 눈 속에서 빛나고 있는 듯한 기분이 들었다. 새아빠는 예배에 가고 없었다. 외할머니는 코담배를 사오라고 경찰관 아내인 유대인 여자에게 나를 보냈다. 준비해놓은 코담배가 없어서 나는 그 유대인 여자가 담배를 갈아 부수는 동안 기다렸다가 그것을 외할머니에게 가지고 가야만 했다.

내가 외할아버지네 집으로 돌아왔을 때 엄마는 산뜻한 연보랏빛 옷을 입고 아름답게 머리를 빗고, 예전처럼 위엄있는 모습으로 테이블 앞에 앉아 있었다.

"엄마, 기분이 좋아졌어?"

나는 왠지 겁에 질려 물었다.

엄마는 불길하게 나를 쳐다보면서 말했다.

"이리 와! 너 어딜 할 일 없이 돌아다녔니, 응?"

내가 대답할 사이도 없이 엄마는 내 머리카락을 움켜쥐고 다른 한 손으로 톱으로 만든 길고 잘 휘어지는 칼을 잡았다. 그리고 칼을 크게 휘두르면서 칼 옆면으로 나를 몇 번 때렸다. 칼이 엄마의 손에서 떨어져나갔다.

"집어 올려! 이리내……."

나는 칼을 집어 테이블 위로 던졌다. 엄마는 나를 밀어냈다. 나는 난로 발판 위에 앉아 놀란 기색으로 엄마가 하는 양을 살펴보았다.

테이블 앞에서 일어난 엄마는 천천히 엄마가 있던 구석으로 걸어가 침대에 누웠다. 그리고 손수건으로 얼굴에 밴 땀을 닦기 시작했다. 손은 제대로 움직이지 않았다. 두 번이나 얼굴 옆을 스치면서 베개 위로 떨어지자, 손수건으로 베개 위를 문질렀다.

"물 좀 다오……."

나는 물통에서 물을 한 그릇 떴다. 엄마는 겨우 머리를 쳐들고 조금씩 물을 마신 뒤, 깊은 한숨을 내쉬며 차가운 손으로 내 손을 밀어냈다. 잠시 뒤 성상들이 있는 구석을 힐끗 바라본 뒤 내 쪽으로 눈길을 돌리고, 마치 미소를 짓는 것처럼 입술을 움직였다. 그리고 천천히 눈 위로 긴 속눈썹을 내리깔았다. 팔꿈치는 옆구리에 딱 붙어 있었지만, 손가락이 희미하게 꼼지락거리는 손은 목을 향해 가슴 위를 더듬어 올라가고 있었다. 엄마의 얼굴 위로 그림자가 떠돌다가, 노란 피부를 잡아당겨 코를 뾰족하게 한 다음 얼굴 속으로 깊숙이 사라져버렸다. 깜짝 놀란 것처럼 입이 벌어져 있었지만 숨소리는 들리지 않았다.

나는 한 손에 그릇을 들고 엄마 침대 곁에서 엄마의 얼굴이 굳어져 하얗게 변해가는 모습을 바라보며 아주 오랫동안 서 있었다.

외할아버지가 들어왔을 때 내가 말했다.

"죽었어, 엄마가……."

외할아버지가 침대 쪽을 힐끗 쳐다보았다.

"무슨 거짓말이냐?"

외할아버지는 난로 쪽으로 가서 난로 뚜껑과 프라이팬 소리를 시끄럽게 내면서 파이를 꺼냈다. 나는 엄마가 죽었음을 알고 외할아버지가 그 사실을 알게 될 때를 기다리며 외할아버지를 바라보았다.

범포(帆布)로 만든 신사복 상의와 챙 달린 하얀 제복 모자를 쓴 새아빠가 도착했다. 소리 없이 의자를 집어 들어 엄마 침대 쪽으로 가져갔다. 그리고 갑자기 의자로 마룻바닥을 때리고 놋쇠로 만든 나팔처럼 커다랗게 소리를 질렀다.

"오, 이 사람은 죽었어요, 보세요……."

외할아버지는 눈을 휘둥그렇게 뜨고 한 손에 난로 뚜껑을 든 채 장님처럼 더듬거리면서 조용히 침대 곁으로 걸어갔다.

엄마의 관을 마른 모래로 덮었을 때, 외할머니도 장님처럼 무덤 사이를 돌아다니다가 십자가에 부딪혀 얼굴이 긁혔다. 야지의 아버지가 외할머니를 오두막으로 데려갔다. 외할머니가 얼굴을 씻는 동안 그는 조용히 내게 위로의 말을 건넸다.

"오, 하느님, 잠을 이루게 해주소서! 오, 왜 그러니, 애야, 응? 누구나 한 번은 가는 거란다……안 그래요, 할머니? 부자나 비천한 사람이나 죽는 건 다 똑같잖아요. 그렇죠, 할머니?"

창밖을 내다본 그는 갑자기 오두막에서 뛰어나갔다. 하지만 곧 밝고 쾌활한 얼굴로 뱌히르와 함께 되돌아왔다.

"이것 좀 봐." 부서진 박차(拍車)를 내게 내밀며 그가 말했다. "봐라, 멋진 물건이지! 이건 나와 뱌히르가 네게 주는 거다. 조그만 바퀴도 보이지? 분명히 어떤 카자크인이 지녔다가 잃어버린 거야. 뱌히르에게서 이 물건을 사려고 내가 2코페이카를 주었단다……."

"무슨 거짓말을 하는 거예요?"

뱌히르가 조용하게 그러나 화를 내며 말했다. 야지의 아버지가 내 옆에서 펄쩍 뛰어오르며 뱌히르에게 눈짓하며 말했다.

"뱌히르, 농담도 못하니! 사실 이 물건은 내가 아니라 뱌히르가 주는 거다, 뱌히르가……."

외할머니는 얼굴을 씻고 플라토크로 멍들고 부어오른 얼굴을 싸맨 뒤 집에 가자고 나를 불렀다. 집에서는 사람들이 모여 보드카를 마시고 틀림없이 싸움을 하리라는 것을 알고 있었기 때문에 나는 돌아가는 것을 거부했다. 아직 교회에 있을 때 미하일 외삼촌이 한숨을 내쉬며 야코프 외삼촌에게 말했다.

"오늘 한잔하지, 어때?"

뱌히르는 나를 웃기려고 애썼다. 그 애는 박차를 턱에 붙이고 혓바닥으로 박차에 달린 둥근 톱니바퀴를 핥으려고 애썼다. 야지의 아버지가 일부러 커다랗게 웃음을 터뜨리며 소리쳤다.

"저것 봐, 저 애가 뭘 하나 보렴, 얘야!"

그러나 아무것도 나를 기쁘게 해주지 못한다는 걸 알고 그가 진지하게 말했다.

"그래, 그렇다면 정신 차려라! 우린 모두 다 죽어, 새도 죽고. 그럼 이렇게 하자, 내가 네 엄마 무덤에 잔디를 입혀주지, 어때? 당장 들판으로 가자. 너, 뱌히르, 나, 셋이서. 그리고 나의 산카도 함께 가자. 잔디를 떠서 무덤을 입히면 정말 멋있을 거다!"

나는 그 제안이 마음에 들었다. 우리는 모두 들판으로 갔다.

엄마의 장례식이 끝난 뒤 며칠이 지나서 외할아버지가 내게 말했다.

"자, 렉세이, 넌 내 목에 매달려 있는 메달이 아니다. 여긴 네가 있을 곳이 아니야, 그러니 세상으로 나가거라……."

그리하여 나는 세상으로 나갔다.

В людях

세상 속으로

1

나는 시내 중심가에 있는 '멋쟁이 신발가게'의 '어린 점원'으로 세상에 첫 발을 내디뎠다.

가게 주인은 땅딸막한 데다 울퉁불퉁한 갈색 얼굴, 푸르뎅뎅하게 치태 낀 치아에 축축한 진흙빛 눈을 가진 사람이었다. 처음 보기엔 꼭 장님 같아서 내가 보이는지 시험 삼아 일부러 그 앞에서 얼굴을 잔뜩 찡그려 보이고는 했다.

"인상 쓰지 마라." 그는 점잖으면서도 엄하게 말했다.

그 둔감한 눈동자가 나를 바라보면 기분이 썩 좋지 않았다. 그는 정말 무얼 보고 있는 걸까? 어쩌면 주인은 내가 인상 쓰는 것을 어림짐작으로 맞추어보는 게 아닐까?

"인상 쓰지 말라고 했잖아." 그는 두터운 입술을 거의 움직이지 않은 채 거듭 말했다.

"손을 긁어대지 마라." 그는 나즈막이 귓속말로 잔소리를 했다. "너는 지금 번화한 중심가 일류 가게에서 일하고 있다는 사실을 기억해! 사환이라면 조각상처럼 문 앞에 얌전히 서 있어야 하는 거야."

나는 그 조각상이란 게 무슨 뜻인지 알 수 없었고, 가려운 손을 긁지 않고서는 견딜 수 없었다. 내 두 손은 붉은 반점과 종기투성이였으며 그 근질거리는 가려움을 도저히 참을 수가 없었다.

"도대체 집에 있을 때는 무슨 일을 한 거냐?" 주인이 내 손을 들여다보며 물었다.

내가 말해주자 그는 회색 머리카락으로 빽빽이 뒤덮인 둥근 머리를 가로저으며 모욕적으로 내뱉었다.

"넝마주이라니! 그건 구걸을 하거나 도둑질을 하는 것보다 더 나빠."

나는 기죽지 않고 대들었다.

"도둑질도 했는걸요!"

그러자 그는 진열장 위에 살짝 손을 내려놓고 발톱을 세운 암코양이처럼 내 얼굴을 뚫어지게 쳐다보며 휘파람소리를 냈다.

"뭐, 뭐라고? 어떻게 그런 짓을?"

나는 이런저런 이야기를 모두 들려줬다.

"좋아, 좋아. 지난 일은 그렇다 치자. 하지만 우리 가게에서 구두나 돈에 손댔다가는 평생 감옥살이를 하게 될 거야."

그는 아주 은근하게 말했으므로 더 위협적이었다. 나는 더더욱 그를 좋아할 수 없게 되었다.

이 가게에는 주인 말고도 내 사촌 사샤 야코프와 붉은 얼굴에 기름기가 흐르는 고참 점원이 있었다. 사샤는 밤색 프록코트, 어색한 셔츠, 넥타이 차림에 긴 바지를 입고 있었다. 그는 거만해서 나 같은 건 안중에도 없었다.

외할아버지가 이 가게에 나를 보내면서 잘 좀 돌봐주라고 부탁했을 때 사샤는 이맛살을 찌푸리며 경고하듯 말했다.

"그러면 내 말을 잘 들어야 해요!"

외할아버지는 내 머리를 꾹 눌러 인사를 시키며 말했다.

"말 잘 들어라. 사샤는 나이로나 세상살이로나 너보다 위란 말이야."

그러자 사샤가 고개를 끄덕이며 내게 다짐하듯 말하는 것이었다.

"할아버지 말씀 똑똑히 기억해 둬!"

그러고는 첫날부터 으스대며 고참 행세를 하느라 분주했다.

"카시린, 눈을 그렇게 희번덕거리지 마라!" 한 번은 주인이 그에게 충고했다.

"제, 제가 뭘 어쨌다고요……."

사샤는 고개를 떨어뜨리며 투덜거렸지만 주인은 가만 있지 않았다.

"너무 들이대지 마라. 손님들이 보면 놀림감밖에 안 되니까."

고참 점원이 아첨하듯 웃음을 지었고, 주인은 보기 흉하게 입술을 일그러뜨렸다. 사샤는 얼굴이 벌개져서 진열대 뒤로 들어가 버렸다. 나는 이런 대화가 싫었다. 그 많은 말들을 이해하지도 못했으며, 때로는 그들이 마치 다른 나라 말로 지껄여대는 듯이 보였다. 여자 손님이 들어오면 주인은 주머니에서 손을 빼고 구레나룻을 쓰다듬며 볼에 주름이 질 만큼 환한 웃음을 짓곤 했다. 하지만 그 둔감한 눈동자는 여전했다. 고참 점원은 몸을 빳빳이 세우고 팔꿈치를 옆구리에 붙인 채 손으로는 존경스럽다는 아첨의 뜻을 내보였다. 사샤는 툭 불거진 두 눈을 감춰야겠다는 듯 수줍게 눈을 깜박거렸다. 나는 되도록 눈에 띄지 않게 가려운 팔을 긁으며 문 옆에 서서 이 판매 의식(儀式)을 지켜보았다.

고참 점원은 손님 앞에 무릎을 꿇고 구두를 신기곤 했는데, 그 손놀림은 놀랄 만큼 능숙했다. 여자의 다리에 손을 댈 때면 자칫 다치게 할까 두렵다는 듯이 조심스럽게 구는 바람에 손이 떨릴 지경이었다. 하지만 사실 여자의 다리는 대개 병을 거꾸로 세워 놓은 것 같은 탄탄한 무다리였다.

가끔 어떤 아가씨는 다리를 홱 빼내며 소리를 지르기도 했다.

"아, 간지러워요!"

"그게, 저……. 조심스럽게 잘한다는 것이 그만……."

점원은 조심스러운 말투로 재빠르게 둘러댔다.

점원이 여자들에게 달라붙어 어떻게 장사를 하는지 그 모습을 바라보면 웃음이 나오지 않을 수 없었다. 나는 터지려는 웃음을 참기 위해 가게 유리창 너머로 시선을 돌리곤 했다. 그러나 그가 구두 파는 모습을 보고 싶은 마음을 억누르기 힘들어 다시 그 광경을 훔쳐보곤 했다. 고참 점원의 판매 솜씨는 참으로 감탄스러웠다. 어느 누구도 그만큼 섬세한 손놀림으로 능숙하게 남의 발에 구두를 신기지는 못할 터였다.

때때로 주인은 계산대 뒤편에 있는 작은 방으로 건너가 사샤를 그곳으로 부르곤 했다. 그럴 때면 가게에는 점원과 여자 손님 둘만 남게 되었다. 한 번은 그가 붉은 머리 여자의 발을 오랫동안 매만진 다음 자기 손가락 사이에 그녀의 발을 쥐고서 쪽 하고 입을 맞췄다.

"오, 이게 무슨…… 뻔뻔스러운 짓이람!" 여자가 화들짝 놀라 소리쳤다.

그러자 그는 두 뺨을 부풀리면서 길게 끌리는 소리를 냈다.

"으음, 오오오!"

이 대목에서 나는 허리가 끊어져라 웃다가 넘어지지 않으려고 문고리를 꽉 잡았는데, 그만 문이 움직이면서 내 중심이 흐트러지는 바람에 머리로 진열장 유리를 받아 와장창 깨뜨리고 말았다. 점원은 내게 발길질을 했고 주인은 손가락에 낀 묵직한 금반지로 내 머리를 쿡쿡 쥐어박았다. 사샤는 내 귀를 찢어져라 잡아 당겼다. 그리고 저녁때 집에 돌아오자 엄하게 경고했다.

"또 다시 그 따위 소란을 피우면 보따리를 싸게 할 거야! 그래, 뭐가 그렇게 우스웠어, 응?"

그러고는 덧붙였다. "손님이 점원을 마음에 들어하면 물건은 저절로 팔리게 돼 있어. 여자들이란 꼭 신발이 필요하지 않아도 친절하게 대해주는 점원을 보러 오는 거야. 네가 뭘 알겠니. 에에, 사람들이 너에게 관심을 가져야 가게로 들어오지. 음, 그리고……."

마지막 말에서 나는 모욕감을 느꼈다. 사실 아무도 내게 관심을 두지 않았으며 샤샤는 더욱 그랬기 때문이다.

병색이 완연한 신경질적인 요리사는 아침마다 샤샤보다도 일찍 나를 깨우고는 했다. 그러면 나는 주인 내외와 점원과 샤샤의 구두나 옷 따위를 손질하고 사모바르를 준비하고 장작을 날라다 아궁이에 넣고 접시를 닦아야 했다. 그리고 가게에 나가 바닥을 청소하고 먼지를 털어내고 차를 준비했으며 손님들에게 상품을 배달하거나 점심을 가지러 집에 다녀오곤 했다. 그럴 때면 문 옆에 서서 내가 해야 할 일을 샤샤가 맡았다. 그는 그것이 자기 체면을 깎는다고 생각해서인지 내게 대고 욕을 퍼부었다.

"이 게으름뱅이야! 이제 네 할 일은 네가 해!"

내 인생은 답답하고 지루했다. 여태까지 나는 아침부터 밤까지 숲과 들, 오카 강 강변과 쿠나빈의 모래가 많은 거리를 돌아다니며 내 멋대로 살아왔다. 그런데 이제는 외할머니와 친구들도 만날 수 없고 이야기할 사람도 없었다. 사는 게 짜증스럽기만 했고, 거짓투성이의 일들이 눈에 보이기 시작했다. 때때로 여자 손님이 들어와서 물건을 하나도 사지 않고 나가는 경우가 있었는데, 그러면 이들 세 사람은 모욕을 당했다고 느끼는 것 같았다. 주인은 부드러운 미소 따위 주머니에 집어넣은 채 이렇게 말했다.

"카시린, 이 구두 치워!" 그러고는 욕을 해대는 것이었다.

"돼지 같은 년! 심심하니까 집에 가만히 처박혀 있지 못하고 이 가게 저 가게 기웃거리는 거야. 내 마누라 같았으면 본때를 보여주는 건데 말이야."

그의 아내는 검은 눈에 커다란 코를 가진 무뚝뚝한 여자로, 남편을 우습게 알고 마치 하인 다루듯 했다.

이따금 단골 여자 손님에게 온갖 정중한 아첨과 찬사로 물건을 팔고 나서 모두들 그 손님 등 뒤에 대고 욕을 할 때가 있었다. 그럴 때 나는 곧장 길거리로 뛰쳐나가 그녀를 붙잡고 모두 일러바치고 싶은 충동에 사로잡히곤 했다. 물론 나는 사람들이 눈에 보이지 않는 곳에서는 서로를 헐뜯는다는 사실을 잘 알고 있었다. 그러나 이 사람들은 유별나게 모든 사람에 대해 혐오스러운 이야기를 해댔다. 마치 자신들은 세상에서 가장 훌륭한 사람들이어서, 나머지 사람들을 재판이라도 하려는 것처럼. 사실 그들은 거의 모든 사람들을 부러워하면서도 결코 그들을 칭찬하는 법이 없었으며 어떻게 해서든 그들을 욕할 만한 꼬투리를 찾아내곤 했다.

한 번은 발그레한 뺨에 눈이 반짝반짝한 젊은 여자가 가게로 들어왔다. 그녀는 검은 모피 술이 달린 벨벳 망토를 걸치고 있었고 얼굴은 그 모피 술 속에서 한 떨기 꽃처럼 환하게 피어 있었다. 벨벳 망토를 벗어 사샤에게 맡기는 그녀의 모습은 더욱 아름다워 보였다. 청회색 실크 드레스는 그녀의 균형 잡힌 몸매에 꼭 맞았고 귀에는 다이아몬드가 빛나고 있었다. 나는 그녀를 보고 '미인 바실리사'를 떠올리며 틀림없이 고급 관리의 부인쯤 되리라고 생각했다. 그녀는 특히 공손한 대접을 받았다. 그들은 마치 성스러운 불꽃 앞에라도 다가서는 것처럼 그녀 앞에 고개를 숙이고 아첨을 늘어놓았다. 세 명 모두 흥분한 동물처럼 가게 안을 종종거렸다. 그리고 불쑥 진열장 유리에 비친 자신들의 모습을 들여다보았다. 그녀가 값비싼 구두들을 산 뒤 서둘러 가게를 떠나자 주인은 입술을 씰룩이며 휘파람소리를 냈다.

"바람둥이 같으니."

"한 마디로 여배우지요."

점원이 경멸하듯 중얼거렸다. 그들은 그녀의 정부가 어떻다는 둥 그녀의 사치스러운 생활이 어떻다는 둥 이야기해대기 시작했다.

저녁을 먹고 나서 주인은 가게 뒤쪽 작은 방에 들어가 누웠다. 나는 주인의 금시계를 열고 식초를 부어 넣었다. 그가 일어나서 시계를 차고 가게로 나왔을 때 당황해할 모습을 생각하니 기분이 좋아 죽을 지경이었다.

"이게 웬일이야? 갑자기 시계가 땀을 흘리다니! 이런 일은 없었는데, 땀을 흘리다니……. 무슨 흉조가 아닐까?"

가게의 온갖 허드렛일과 집에서의 일거리 때문에도 그렇지만 나는 몹시 우울했다. 그래서 자꾸 '차라리 나쁜 행동으로 해고당해서 이 가게를 빠져

나갈 수 있으면 좋으련만.' 하는 생각이 들었다. 눈을 뒤집어 쓴 사람들이 소리 없이 가게 앞을 오가고 있었다. 그들은 마치 누군가의 장례식에 늦어서 헐레벌떡 장례행렬을 뒤쫓아 가는 사람들 같았다. 말들은 눈발을 헤치며 나아가려고 안간힘을 쓰고 있었다. 사순절이었다. 가게 뒤 교회 종탑에서는 날마다 사순절을 알리는 종소리가 음울하게 울려 퍼졌다. 마치 베개로 뒤통수를 때리는 것 같았다. 머리에 상처를 내지 않고 멍하니 내 귀를 멀게 하는 것만 같았다. 한 번은 내가 마당에서 갓 받은 물건 상자들을 열고 있는데, 늙어 꼬부라진 교회 문지기가 가게 문 앞으로 다가왔다. 얼기설기 누더기를 걸친 모습이 마치 개에게 잔뜩 물어뜯긴 꼴이었다.

"이보시오! 신을 것이 없으니 덧신 하나만 훔쳐다 주시구려." 그가 부탁했다.

나는 대답하지 않았다. 그 노인은 빈 상자 위에 걸터앉으며 하품을 하면서 입에다 성호를 긋는 시늉을 하고 반복해서 말했다.

"내게 신발을 좀 훔쳐다 주겠수?"

"도둑질은 안 돼요!" 나는 다짐을 해 두었다.

"하지만 누구나 도둑질을 하잖아. 어른을 공경할 줄 알아야지!"

그는 내가 뒤섞여서 살았던 가게 사람들과는 달리 유쾌한 구석이 있었다. 마치 내가 틀림없이 훔쳐다 주리라고 확신하는 것 같았다. 끝내 나는 창문을 통해 덧신을 내주기로 약속하고 말았다.

"좋았어!" 그는 별 감흥없이 조용히 말했다. "그래 날 실망시키지는 않겠지? 아아, 그럼 네가 그럴 사람이 아니라는 걸 나는 한눈에 알아봤다니까."

그는 잠시 말없이 앉아 부츠 바닥에 묻은 진흙과 눈을 떼어내다가 긴 파이프에 불을 붙이며 깜짝 놀랄 만한 말을 꺼냈다.

"그런데 내가 널 속인다면 어쩌지? 그 덧신을 네 가게 주인에게 가져가서 네가 반 루블에 이걸 나에게 팔더라고 일러바치면 어쩔 셈이냐고? 사실은 2루블도 넘는데 넌 그냥 반 루블에 팔았다! 거저 선물로 주듯이 말이야!"

그가 벌써 자기 말을 실행에 옮기기라도 한 것 같아 나는 멍하니 그를 바라보았다. 그러면서도 그는 부츠를 살피며 푸르스름한 담배연기를 내뿜고서 조용히 코맹맹이 소리로 말했다.

"사실은 주인 양반이 너를 시험해 보라고 내게 부탁한 거라면 어쩔 테냐?

'저 애가 도둑질을 할지 하지 않을지 시험해 봐요' 하면서 말이지. 그럼 어쩔 거냐고?"

"덧신을 주지 않겠어요!"

나는 뜻밖의 말에 놀랍기도 하고 겁도 났다.

"이젠 안 돼! 약속을 했으니 신발을 줘야 해!"

그는 내 팔을 잡아당기더니 차가운 손가락으로 내 이마를 톡톡 치면서 말했다.

"왜 이러면 어떨까 저러면 어떨까 하면서 쩔쩔매?"

"당신이 부탁했잖아요!"

"나는 무슨 부탁이든 할 수 있어. 예컨대 교회를 털어달라고 부탁할 수도 있지. 그러면 너는 교회를 털 테냐? 어떻게 사람을 그렇게 쉽게 믿을 수 있지? 이런 바보 같으니."

그렇게 내뱉고는 나를 밀어제치며 일어났다.

"도둑질한 덧신 따위는 필요 없어. 그런 것은 점잖은 사람들이나 신으라고 해. 농담 한번 해 본 것뿐이야. 하지만 네 그 순진함에 대한 값으로 부활절이 되면 종탑에 올라가게 해주지. 종도 쳐보고 도시 전체를 내려다볼 수 있게 말이야……."

"도시는 벌써 구경했어요."

"종탑에서 내려다보면 더 멋지다고."

그는 다 떨어진 부츠를 푹푹 빠지는 눈길에 내딛으며 천천히 교회 쪽으로 걸어갔다. 나는 그의 뒷모습을 쫓으며 침울한 생각에 빠졌다. 정말 저 노인은 농담을 한 걸까? 아니면 정말 주인이 나를 시험해보려고 보낸 걸까? 나는 가게 안으로 들어가기가 왠지 두려웠다.

그때 사샤가 마당으로 뛰어 나오며 내게 소리쳤다.

"어디다 넋을 빼놓고 있는 거냐!"

나는 갑자기 화가 치밀어 그에게 미친 듯이 주먹을 휘둘러댔다. 나는 사샤와 점원이 물건을 훔친다는 것을 알고 있었다. 그들은 구두나 슬리퍼 따위를 난로 연통 속에 숨겨 놓았다가 가게를 나가면서 외투 소맷부리에 감추어 가곤 했다. 그런 짓은 정말 마음에 들지 않았으며 두렵기까지 했다. 나는 주인의 위협을 기억하고 있었다.

"훔치려고?"

나는 사샤에게 물었다.

"나는 아냐. 고참 점원이 그래. 나는 그저 도와주기만 해. '내가 말한대로 도와줘' 하면 그 말을 따를 수밖에 없어. 안 그러면 날 몹시 괴롭힐 거야. 주인? 주인도 얼마 전까지는 점원이었으니까 이런 내막이야 잘 알고 있겠지. 그래도 너는 입 닥치고 있어!"

그가 내게 심술궂게 말했다.

설명을 하면서 사샤는 거울을 들여다보고 고참 점원이 한 대로 자연스럽게 손가락을 놀려 넥타이를 똑바로 펴놓았다. 그는 끊임없이 내 앞에서 고참 점원으로서 위세를 부리려 들었다. 언제나 내게 착 가라앉은 목소리로 꾸짖고 무엇을 지시할 때면 무시하듯 마구 손가락질을 해댔다. 나는 그보다 키도 크고 힘도 셌다. 반면에 그는 비록 깡마른 데다 어설프기는 했지만 아담하고 유연했으며 재빠른 데가 있었다. 프록코트에 단을 접어올린 바지를 입은 그의 모습은 내가 보기에 근엄하고 건장해 보였지만 그보다는 왠지 기분 나쁘고 익살맞은 구석이 있었다. 그는 요리사를 싫어했다. 요리사는 마음이 좋은지 나쁜지 전혀 알 길이 없는 그런 여자였다.

"나는 싸움 구경을 아주 좋아해." 그녀는 열띤 까만 눈동자를 크게 뜨면서 말하곤 했다. "무슨 싸움이든 다 좋아. 닭싸움이든, 개싸움이든, 사람들끼리의 싸움이든 싸움이라면 무조건 다 좋아."

실제로 마당에서 닭이나 비둘기들이 싸우기라도 하면 그녀는 하던 일을 팽개치고 창가에 서서 그 싸움이 끝날 때까지 정신을 쏙 빼놓고 구경하는 것이었다. 저녁때마다 그녀는 나와 사샤에게 말하곤 했다.

"애, 애, 뭘 그렇게 멀뚱멀뚱 보고만 앉아 있어. 차라리 싸움질이라도 하는 게 낫겠다!"

요리사는 이런 말로 사샤의 성질을 돋우고는 했다.

"바보 같으니. 나보고 애라고? 난 점원 중에서도 서열 2위란 말이야!"

"그래? 그러신 줄 몰라 뵈었군. 내게는 말이야, 장가를 안 갔으면 모두 똑같은 애들일 뿐이라고!"

"바보! 멍텅구리 같으니."

"악마란 놈은 똑똑하긴 하지만 하느님이 사랑해 주지는 않지."

그녀의 독특한 말투는 사샤를 더욱 화나게 만들었다. 사샤는 그녀를 약올리려 했지만 그녀는 무시하듯 눈을 흘기며 말했다.

"오, 이 딱정벌레 같은……. 너 같은 애가 세상에 나오다니 참, 하느님도 실수하셨지."

사샤는 내게 그녀가 잠들었을 때 그녀의 얼굴에 구두약이나 검댕을 문질러주라거나 베개에 핀을 꽂아 두라거나 아니면 어떻게 해서든 그녀에게 못된 장난을 하라고 시킨 적이 한두 번이 아니었다. 그러나 나는 그 여자 요리사가 무서웠다. 게다가 그녀는 잠귀가 밝았으며, 자다가도 몇 번씩 일어나서 불을 켜고 우두커니 침대에 앉아 방구석을 바라보곤 했다. 때로는 자다 깨어 난로 뒤편에 있는 내게 다가와 흔들어 깨우고는 쉰 목소리로 호소하기도 했다.

"잠이 안 오는구나, 렉시에카. 뭔가 불안해. 나하고 얘기 좀 하지 않을래?"

내가 반쯤 감긴 눈으로 그녀에게 이야기를 해주면 그녀는 말없이 몸을 좌우로 흔들며 앉아 있었다. 나는 그녀의 따뜻한 몸에서 왁스 냄새와 무슨 향 냄새가 풍긴다는 생각이 들었고, 또 이 여자가 곧 죽을 거라는 생각이 들었다. 마룻바닥에 곤두박질하고 죽을지도 모른다는 생각이 순간순간 떠올랐다. 내가 무서워서 더 크게 말하기 시작하면 그녀는 나를 제지했다.

"쉬! 이러다가 다 깨우겠어. 그러면 네가 무슨 내 애인이라도 되는 것으로 생각할 거야."

그녀는 늘 똑같은 모습으로 내 곁에 앉아 있었다. 몸이 겹쳐질 만큼 허리를 앞으로 굽혀 뾰족한 무릎 사이에 두 손목을 끼워 꽉 누르고 있었다. 그녀는 젖가슴이 밋밋하여 두꺼운 리넨 잠옷 속에서조차 갈비뼈가 두드러져 보였다. 그녀는 오랫동안 침묵 속에 앉아 있다가 갑자기 속삭였다.

"죽는 게 뭐 어때서. 모두가 겪는 불행이잖아." 그녀는 보이지 않는 누군가에게 말하듯 물었다. "내가 정말 다 산 걸까, 응?"

"자라!" 그녀는 내 대답을 막으려는 듯 몸을 쭉 펴며 한 마디 던지고는 부엌 어둠 속으로 조용히 사라졌다.

"마귀할멈!" 사샤는 그녀의 등 뒤에 대고 내뱉곤 했다.

"보는 데서 말해주지 그랬어?" 내가 말했다.

"내가 무서워서 그러는 줄 알아?" 하지만 그러고 나서 그는 곧 찡그린 얼굴로 말했다. "아니야, 보는 데서는 말하지 않겠어! 저 여자는 정말로 마귀인지도 모르니까."

누구에게나 배려라곤 조금도 없이 경멸적으로 대하는 요리사는 내게도 응석을 받아주거나 하는 일이 없었다. 그녀는 아침 6시만 되면 나를 침대에서 끌어냈다.

"영원히 잘 셈이야! 장작을 날라 와! 사모바르도 준비하고! 문패도 닦고 ……!"

사샤가 잠에서 깨어 투덜거렸다.

"왜 이렇게 소릴 지르지! 주인어른한테 말해야겠어. 당신은 다른 사람에게 잠잘 기회도 주질 않아."

깡마른 몸을 이끌고 부엌을 바삐 오가면서 요리사는 잠이 모자라 충혈된 눈으로 그를 바라보며 말했다.

"오, 하느님이 실수하신 게 바로 너야? 네가 만일 내 아들이라면 한번 본 때를 보여줄 텐데!"

"에이, 지긋지긋해!" 사샤는 가게로 가는 길에 욕을 하곤 했다. "어떻게 하면 저 여자를 내쫓을 수 있을까? 몰래 음식에다 소금을 잔뜩 뿌려 놓아야겠어. 음식이 짜면 저 여자를 내쫓아 버리겠지. 아니, 석유를 뿌려야지! 그런데 왜 하품을 하는 거야?"

"그런 일은 너나 해!" 내가 말했다.

그는 화가 나서 씩씩거렸다.

"겁쟁이!"

요리사는 바로 우리 눈앞에서 죽었다. 그녀는 사모바르를 들어 올리려고 허리를 굽히다가 갑자기 소리없이 마룻바닥으로 주저앉고 말았다. 마치 누군가가 가슴을 세게 친 것 같았다. 그러고는 모로 누우며 팔을 쭉 뻗었고, 입에서는 피가 배어나왔다.

순간 우리 둘은 이 여자가 죽었다고 생각하면서도 겁에 질려 한참동안 한마디도 못한 채 멍하니 바라보고만 있었다. 마침내 사샤가 황급히 부엌에서 뛰쳐나갔다. 나는 어떻게 해야 할지 몰라 빛이 드는 창가로 다가가 벽에 바싹 몸을 붙였다. 주인이 들어와 조심스럽게 쭈그리고 앉아 요리사의 얼굴에 손가락을 대 보고는 말했다.

"정말로 죽었군…… 어떻게 된 거야?"

그는 방구석에 걸려 있는 니콜라이 성상을 향해 성호를 그었다. 그러고는 몇 마디 기도문을 왼 다음 문으로 가서 지시했다.

"카시린! 뛰어가서 경찰을 불러와!"

경찰 한 명이 와서 서성거리다가 술접대비를 받고는 가버렸다. 잠시 뒤 경찰이 마차꾼을 데려와 요리사의 머리와 다리를 들어올려 길거리로 끌어냈다. 현관에서 안주인이 그들을 지켜보았다. 그리고 나에게 지시했다.

"마룻바닥을 깨끗이 닦아!"

그러자 주인이 말했다.

"저녁에 죽은 게 다행이야."

나는 그것이 왜 다행인지 이해할 수 없었다. 잠자리에 들었을 때 사샤가 여느 때와 달리 얌전하게 말했다.

"불 끄지 마!"

"무서워?"

그는 오랫동안 담요 속에 얼굴을 파묻고 누워 있었다. 매우 고요한 밤이었다. 밤은 마치 무엇인가에 귀 기울이며 누군가를 기다리는 것 같았다. 하지만 다음 순간 교회 종이 울리면서 갑자기 도시의 모든 사람들이 겁에 질려 비명을 지르며 뛰어다닐 것만 같았다.

사샤는 담요 속에서 얼굴을 내밀며 다정하게 말했다.

"난로 옆에서 같이 자지 않을래?"

"거기 너무 더울 텐데……."

잠시 말이 없더니 그가 다시 말했다.

"그 여자 정말 갑자기 죽었어, 안 그래? 내가 말한 대로야. 그 여자는 마귀라고! ……난 정말이지 잠을 잘 수가 없어."

"나도 그래."

사샤는 유령들이 어떻게 무덤에서 걸어 나와 밤새도록 시내를 돌아다니며 자기들이 살던 곳이나 친척들이 사는 곳을 찾아 헤매 다니는지를 이야기했다.

"유령들은 오직 도시만 기억한대. 집이나 거리는 잊어버리고 말이야."

그는 소곤거리며 말했다.

주위는 점점 더 적막 속으로 가라앉고 어둠은 더욱 짙어만 갔다. 사샤가 고개를 들고 물었다.

"내 가방 속에 뭐가 들었는지 보고 싶지 않니?"

사실 나는 오랫동안 그가 가방 속에 무엇을 감추고 있는지 알고 싶었다. 그는 언제나 가방에 맹꽁이자물쇠를 채워두었고 가방을 열 때면 유별나게 조심스러웠다. 내가 힐끗 쳐다보기라도 하면 사납게 따지곤 했다.

"왜 쳐다보는 거지, 응?"

내가 보고 싶다고 하자 그는 침대에 걸터앉아 발을 침대 밑 허공에 둔 채 명령조로 가방을 그의 발치까지 가져오라고 말했다. 열쇠는 십자가 목걸이와 함께 그의 목에 걸려 있었다. 그는 어두컴컴한 부엌 쪽을 힐끗 살피고는 의미심장하게 이마를 찌푸렸다. 자물쇠를 풀고 마치 뜨거운 것을 만질 때처럼 가방 뚜껑을 혹 불었다. 마침내 가방을 열고 몇 벌의 무명 속옷을 들추어냈다.

가방에는 약을 넣었던 작은 상자와 차를 쌌던 여러 색깔의 찻봉지들, 구두약 통, 통조림 따위로 반쯤 차 있었다.

"도대체 이게 다 뭐야?"

"보는 대로야……."

사샤는 발을 트렁크 양쪽 위에 올려 짚은 다음 가방 위로 허리를 굽히며 나지막하게 흥얼거렸다.

"하늘에 계신 우리 아버지."

나는 장난감을 보게 되리라고 예상했다. 이제까지 나는 장난감이라곤 가져보지를 못했기에 겉으로는 비웃는 척했지만 장난감을 가진 애들을 부러워하는 마음이 없었던 것은 아니다. 나는 사샤 같은 다 큰 아이가 장난감을 가지고 있다는 점이 매우 마음에 들었다. 비록 그가 부끄러운 표정을 지으며 그것들을 감추고는 있었지만 나는 그의 부끄러움을 잘 이해할 수 있었다.

사샤는 첫 번째 약상자를 열고 알이 없는 안경을 꺼내어 코에 걸치고는 근엄하게 나를 바라보며 말했다.

"안경알이 없어도 상관없어. 어쨌든 이건 특별한 안경이라고!"

"나도 한 번 써보자!"

"너한텐 안 어울려. 이건 검은 눈에 쓰는 거야. 너는 밝은 눈이잖아."

그는 이렇게 설명하면서 안주인 흉내를 내 잔소리를 늘어놓기 시작했다. 그러다가 갑자기 멈추고는 겁에 질린 표정으로 부엌 쪽을 살피는 것이었다.

검은 구두약 통 속에는 여러 모양의 단추들이 들어 있었다. 그는 자랑스럽게 설명했다.

"난 이것들을 모두 길거리에서 주워 모았어. 직접 말이야. 서른일곱 개나 된다고……."

세 번째 상자 속에는 커다란 놋쇠 핀이 들어 있는데 역시 길거리에서 주운 것이었다. 닳아빠진 구두징, 깨진 구두징, 새 구두징, 구두나 슬리퍼의 버클, 놋쇠 문손잡이, 깨진 지팡이 대가리, 계집아이들이 좋아할 만한 빗, 《꿈과 신탁》, 그리고 고만고만한 여러 가지 물건들이 있었다.

내가 그런 넝마조각들을 수집하려고 마음만 먹으면 한 달 사이에 그보다 열 배는 더 많이 모을 수 있었을 것 같았다. 사샤의 물건들을 보며 나는 실망감과 마음의 동요와 그에 대한 연민의 정을 느꼈다. 하지만 그는 그 물건들 하나하나를 매우 주의 깊게 살피면서 손가락으로 사랑스럽게 쓰다듬었고, 두툼한 입술을 의미심장하게 비죽이 내밀었다. 툭 불거진 눈에 애정을 담아 그 물건들을 자세히 살폈다. 그러나 알 없는 안경은 그의 유치하고 천진한 얼굴을 더욱 우스꽝스러워보이게 했다.

"이런 것들로 뭘 하려고 그래?"

내가 말하자 사샤는 안경테 너머로 나를 힐끗 살피고는 물었다.

"뭐 가지고 싶은 거 없어?"

"아니, 아무것도 필요 없어……."

그는 나의 거절에 기분이 상한 것 같았다. 자신의 귀중품들이 좋은 인상을 남기지 못한 것에 대해 마음이 상한 것이다. 그는 잠시 말이 없다가 조용히 명령했다.

"수건을 가져와서 물건을 전부 닦아. 먼지투성이잖아……."

물건을 모두 닦아 다시 정리해 놓자 사샤는 침대에서 벽을 보고 누워버렸다. 비가 억수같이 내리고 있었다. 빗방울이 지붕을 때리는 소리가 요란했다. 바람이 창문을 두드려댔다. 사샤는 내 쪽을 돌아보지 않고 여전히 벽을 향한 채 말했다.

"두고 봐! 땅이 마르면 물건을 보여주겠어! 그 물건을 보면 넌 놀라서 숨이 막힐걸."

나는 막 잠이 들려는 참이어서 아무 대꾸도 하지 않았다. 잠시 뒤 그가 벌떡 일어나 앉더니 벽을 박박 긁기 시작했다. 그러고는 떨면서 말했다.

"무서워······. 하느님, 무서워요! 오, 주여, 자비를 베푸소서! 왜 이렇게 두려운가요?"

그를 보고 나도 무서워졌다. 요리사가 마당을 향해 난 창가에 서서 고개를 숙이고 이마를 유리창에 붙인 채 닭싸움을 구경하고 있을 것만 같은 착각이 들었다.

사샤는 흐느끼며 손톱으로 벽을 긁어댔다. 나는 무서워서 주변을 둘러보지도 못하고 마치 시뻘겋게 타는 석탄덩이 위를 걷는 것처럼 조심스럽게 부엌을 가로질러 사샤 곁으로 가서 나란히 누웠다. 마침내 우리는 침울한 기분에 압도되어 잠에 곯아떨어졌다.

그런 일이 있은 지 며칠이 지난 휴일이었다. 우리는 점심 때까지 가게 문을 열었다가 집에서 점심을 먹었다. 식사가 끝난 뒤 주인이 잠을 청하자 사샤가 은밀하게 나에게 말했다.

"가자!"

나는 숨 막히도록 놀라운 물건을 이제 보게 되는구나 하고 고개를 끄덕였다. 우리는 마당으로 나갔다. 두 집 사이의 좁고 길쭉한 곳에 늙은 참피나무 열 그루가 있었는데, 굵은 줄기는 초록 이끼로 덮여 있고 시커멓게 벗겨진 가지들은 생기 없이 붙어 있었다. 나뭇가지 사이에 떼까마귀 둥지 같은 것은 하나도 없었다. 나무들은 마치 무덤 앞 묘비 같았다. 이 나무들 말고는 마당에 아무것도, 관목이나 풀조차도 없었다. 그 통로 바닥은 하도 밟혀서 쇠처럼 단단했다. 낙엽 밑에 드러나 보이는 맨 땅도 편평하게 다져져서, 고인 물처럼 매끈거렸다.

사샤는 거리가 잘 보이지 않는 울타리 구석으로 가서 한 참피나무 아래에 멈춰 섰다. 그는 눈을 굴리며 이웃집 더러운 유리창을 살폈다. 그러고는 웅크리고 앉아 손으로 나뭇잎 더미를 헤쳤다. 마침내 굵은 나무뿌리가 나타났는데 그 주변에는 벽돌 두 장이 땅 속 깊이 박혀 있었다. 그가 벽돌을 들어 올리자 벽돌을 빼낸 밑바닥에는 양철 지붕 조각이 보였고 그 밑에는 네모난 널빤지가 있었다. 마지막에는 커다란 구멍 하나가 보였는데, 이 구멍은 나무

뿌리 밑으로 이어져 있었다.

사샤는 성냥을 켜서 촛불을 밝힌 뒤 그것을 구멍 쪽으로 내밀며 말했다.

"들여다봐! 겁낼 것 없어……."

하지만 그 자신은 겁먹은 듯했다. 손에 든 촛불이 가볍게 떨리면서 그의 얼굴이 창백해졌다. 입술이 기분 나쁘게 처지고 눈은 축축이 젖어 있었다. 그는 슬며시 다른 한 손을 등 뒤로 돌렸다. 그의 공포감이 내게 전해져왔고, 나는 아주 조심스레 나무뿌리 밑의 구멍을 들여다보았다. 나무뿌리는 작은 동굴의 천장 역할을 했다. 사샤가 동굴 안쪽에 있는 세 개의 초에 불을 밝히자 동굴 안이 푸르스름한 빛으로 가득 찼다. 동굴은 꽤 넓었고 길이는 양동이만큼 되었다. 넓은 동굴 양측은 깨진 유리조각과 깨진 질그릇 조각들로 빽빽하게 꾸며져 있었다. 조금 높게 돋우어진 중앙에는 붉은 벨벳 천조각으로 덮여 있는 작은 관이 있었는데 은박으로 장식되어 있었다. 관은 아름다운 무늬가 놓인 비단 이불 같은 것으로 반쯤 덮여 있었고, 그 밑으로 회색 새 발톱과 뾰족하게 생긴 참새 머리가 비어져 나와 있었다. 관 뒤편에는 작은 청동 십자가 놓인 독서단상이 있었고 그 단상 주변에 놓인, 금색과 은색 사탕껍질에 싸인 촛대 위에는 세 개의 촛불이 타고 있었다.

가느다란 불꽃이 동굴 입구를 향해 고개를 숙였다. 동굴 내부는 다양한 색조의 섬광과 빛의 편린들로 희미하게 빛났다. 밀랍 냄새, 썩는 냄새, 흙 냄새가 얼굴에 훅 하고 끼쳐왔고 다양한 빛의 스펙트럼이 펼쳐졌다. 나는 이 모든 것에 너무나 놀란 나머지 공포감마저 사라져 버린 것 같았다.

"근사하지?" 사샤가 물었다.

"도대체 이게 다 뭐야?"

"예배당." 사샤가 설명했다. "비슷하지?"

"몰라."

"그리고 이 참새는 사람 시체야! 이 새는 부당하게 고통 받았으니까 어쩌면 성스러운 힘이 나올지도 모른다고……."

"죽은 새를 발견한 거야?"

"아니, 처마에 날아 들어온 걸 내가 모자로 덮쳐서 숨을 못 쉬게 만들었어."

"왜 그랬어?"

"그렇게 하기로 마음먹었으니까."

사샤는 내 눈을 들여다보며 다시 물었다.

"어때, 좋지?"

"아니, 안 좋아!"

그러자 그는 동굴 쪽으로 몸을 돌려 재빨리 나무판자와 양철 판을 덮고 벽돌을 땅 속에 박았다. 그리고 일어서서 무릎에 묻은 흙을 털어내며 딱딱하게 묻는 것이었다.

"왜 마음에 안 들지?"

"참새가 가엾잖아."

사샤는 눈먼 사람처럼 완전히 정지된 눈으로 나를 빤히 보더니 내 가슴을 탁 치며 소리쳤다.

"바보 멍청아, 부러우니까 괜히 안 좋다고 하는 거지. 아무래도 너는 카나트노이 거리에 있는 너네 집 정원에 있던 장난감 집이 더 낫다고 생각하는 것 같아."

나는 내가 지은 여름 정자를 떠올리면서 단호하게 대답했다.

"물론 이보다 나았어!"

사샤는 코트를 벗어 땅바닥에 던지고 소매를 걷어붙이더니 손바닥에 침을 탁 뱉으면서 말했다.

"정 그렇다면 한번 붙어보자!"

나는 싸우고 싶지 않았다. 나는 침울한 기분 때문에 용기 낼 힘도 없었다. 사촌형 사샤의 화난 얼굴을 바라보자 불안이 엄습해왔다. 그는 내게 달려들어 머리로 가슴을 받아 나를 땅바닥에 쓰러트리고 내 위에 올라탔다. 그리고 나서 내 위에 걸터 앉아 소리쳤다.

"죽기 살기로 한번 해볼까?"

나는 그보다 힘이 셌고 몹시 화가 났다. 잠시 뒤에 사샤는 땅바닥에 엎드려 손을 머리 위로 올린 채 켁켁거리게 되었다. 나는 문득 두려움이 밀려와 그를 잡아 일으키려 했다. 하지만 그는 손과 발로 나를 밀치며 저항했다. 나는 더욱 불안에 휩싸였다. 어찌할 바를 모르고 한쪽으로 비켜서자 사샤가 고개를 들며 소리쳤다.

"네가 너 자신에게 무슨 짓을 했는지 알아? 주인 부부에게 일러바쳐서 너를 해고하도록 만들 테다.”

그가 이렇게 계속 호통치며 협박했기 때문에 나는 화가 치밀어올라 곧장 그의 동굴로 달려가서 벽돌을 빼내고 참새 관을 꺼내 담장 밖 길거리로 내던졌다. 그리고 안에 있는 모든 것을 파헤치고 마구 짓밟아 버렸다.

“이런 게 뭐가 좋다구 그래!”

사샤는 나의 이 돌발적인 행동을 이상하게 여겼다. 그는 일어나 앉더니 입술을 조금 벌리고 미간을 찡그리고는 내가 하는 짓을 한 마디 말도 없이 바라보고만 있었다. 그는 내가 그 짓을 끝낼 때까지 천천히 기다렸다가 일어서더니 옷을 털어서 코트 위에 던져 놓고 조용하고도 불길하게 말했다.

“이제 조금 있다가 무슨 일이 일어날지 두고 봐! 내가 일부러 너 같은 놈을 위해 일을 꾸며났으니까. 이건 마법이야, 알아들어?”

나는 그의 말이 진짜로 나를 때리기라도 한 것처럼 털썩 주저앉았다. 가슴이 서늘해지는 느낌이었다. 그는 뒤도 돌아보지 않고 가버렸는데 그가 간 뒤의 고요가 더욱 냉랭하게 느껴졌다.

나는 내일 당장 이 도시로부터, 주인과 사샤로부터, 그의 간악한 장난으로부터, 그리고 이 모든 어리석고 무가치한 생활로부터 도망쳐야겠다고 다짐했다.

다음날 아침 새로 온 요리사가 나를 깨우고는 소리쳤다.

“맙소사! 네 얼굴이 그게 무슨 꼴이냐?”

‘마법의 효능이 시작되었구나!’ 나는 풀이 죽어 생각했다.

그러나 요리사가 너무 깔깔거리며 웃어대는 바람에 나도 덩달아 어색하게 미소지으며 그녀의 거울을 들여다보았다. 내 얼굴에는 구두약이 시커멓게 칠해져 있었다.

“사샤 짓이죠?” 나는 물었다.

“아니면 내가 그랬는지도 모르지!”

요리사는 웃었다.

부츠를 닦으려고 하는 순간 나는 핀에 손가락을 찔리고 말았다.

‘이것도 그의 마법 때문이야!’

모든 신발이나 부츠 속에는 핀이나 바늘이 내 손바닥을 찌르도록 교묘하게 장치되어 있었다. 나는 잠이 깼으면서도 아직 자는 체하고 있는 이 마법사의 머리에 차가운 물 한 동이를 떠다가 들이부어 깜짝 놀라게 했다.

하지만 그래도 기분이 나아지지 않았다. 참새가 들어 있는 관과 그 구부러진 회색 발톱, 애처롭게 위로 향해 있는 납빛 부리, 그리고 무지개를 만들려고 하다 끝내 만들지 못하고 끊임없이 깜박거리기만 하는 여러 색깔의 불빛들이 내내 눈앞에 아른거렸다. 관이 점점 커지고 새 발톱이 점점 자라서 허공을 허우적거리는 듯한 착각에 사로잡히곤 했다.

나는 그날 저녁 그곳을 빠져나와 달아나려고 굳게 마음먹었으나, 저녁식사 전 석유 화로에 수프를 끓이면서 얼이 빠져 불을 내고 말았다. 불을 끄려다가 냄비에 든 음식물을 손에 쏟는 바람에 사람들은 즉시 나를 병원으로 데려가야만 했다. 나는 병원에 대한 악몽과도 같은 기억을 지금도 잊지 못한다. 누렇고 희미한 황무지처럼 보이는 곳에 가운을 걸친 회색과 흰색 사람들이 신음소리를 내고, 목발을 짚은 키가 크고 눈썹이 짙은 사나이가 자신의 검은 턱수염을 쓸어내리며 고함을 질렀다.

"하느님 앞으로 끌고 가겠어!"

병원 침상은 참새의 관을 떠올리게 했으며, 코를 위로 향한 채 똑바로 누워 있는 환자들은 죽은 참새들처럼 보였다. 누런 벽은 이리저리 흔들거렸고 천장은 큰 돛처럼 배불러 있었으며 마룻바닥은 일어났다가는 가라앉았다. 그곳의 모든 것이 비참하고 절망적이었다. 나뭇가지는 마치 누군가가 막대기를 손에 들고 두드리듯 창문을 가볍게 똑똑 치고 있었다. 출입문에서는 붉은 머리의, 시체처럼 깡마른 사나이가 여윈 손으로 가운을 이리저리 잡아당기면서 괴성을 질러댔다.

"미친놈들은 여기에 있을 필요가 없어!"

그러자 목발을 짚은 사나이가 그의 귀에 대고 으르렁거렸다.

"네놈을 하느님 앞에 끌고 가겠어!"

외할머니와 외할아버지, 그리고 모든 사람들이 말하기를 병원이란 사람을 굶겨 죽이는 곳이라고 했다. 그래서 나 또한 이곳에서 끝나는구나 하는 생각이 들었다. 안경을 쓴 한 여자가 역시 가운을 입은 채로 내게 다가와서는 내 침대 머리맡에 있는 칠판에 뭔가를 써넣었다. 분필이 부러져서 내 머리에 떨어졌다.

"이름이 뭐지?" 그녀가 물었다.

"이름 없어요."

"그래도 이름이 있어야지."

"없어요."

"자, 바보처럼 굴면 맞는다."

나는 그들이 정말 나를 때리리라고 믿었다. 그래서 그녀에게 대답하지 않은 것이다. 그녀는 고양이처럼 콧방귀를 뀌고는 소리 없이 나가 버렸다.

램프 두 개가 켜져 있었다. 천장에 매달린 그 노오란 전구들은 두 개의 눈처럼 깜빡이며 서로에게 가까이 다가가려고 하는 듯했다.

병실 한쪽 구석에서 누군가가 말했다.

"나는 한쪽 손이 없는데 어떻게 카드 놀이를 하겠어?"

"아, 손을 잘라냈지!"

나는 카드를 쳤다는 이유로 사람들이 그의 손을 잘라 버렸다고 생각했다. 한데 나를 굶겨 죽이기 전에 내게는 무슨 짓을 할까?

내 손은 누군가가 그 안에 있는 뼈를 뽑아내는 것처럼 화끈거렸다. 나는 고통과 두려움으로 숨죽이며 신음을 토했고, 눈물을 보이지 않으려고 눈을 감았다. 하지만 눈물이 절로 나와 관자놀이를 타고 두 귀로 흘러내렸다.

밤이 되자 모든 입원 환자들이 침대에 누워 회색 담요 속에 몸을 감추었다. 주위는 점점 더 고요해졌다. 병실 한 구석에서 누군가 중얼거리는 소리가 들려왔다.

"모두 쓸데없어. 그놈도 그년도 변변치 못해."

나는 외할머니께 내가 살아 있을 때 어서 오셔서 이 병원에서 날 데려가 달라고 편지를 쓰고 싶었다. 그러나 팔이 온전치 못해 아무것도 쓸 수가 없었다. 나는 여기서 도망칠 방도를 찾아야겠다고 생각했다.

고요한 밤은 마치 영원히 깨어나지 않을 것처럼 더욱 깊어 갔다. 나는 조용히 병원 마루를 딛고 겹문으로 다가갔다. 문은 반쯤 열려 있었다. 복도 램프 불 밑에서 나무 등받이 의자에 뻣뻣한 은발의 머리통이 담배연기를 피워 올리고 있었다. 움푹 들어간 어두운 눈길이 나를 보고 있었다. 나는 몸을 숨길 수가 없었다.

"거기 돌아다니는 사람이 누구지? 이리 와 봐!"

조금도 무섭지 않은 부드러운 목소리였다. 나는 다가갔다. 짧은 머리칼이 흘러내린 둥근 얼굴이 보였다. 정수리의 머리카락은 좀 길었으나 이리저리 뻗쳐서 마치 은빛 후광을 비추는 것 같았고, 벨트에는 열쇠 뭉치가 매달려 있었다. 머리털과 턱수염이 조금만 더 길었더라면 꼭 사도 바울처럼 보였을 것이다.

"손에 화상 입은 녀석 아니냐? 왜 야밤에 돌아다니는 거지? 누구 맘대로?"

그는 내 얼굴과 가슴에 담배연기를 혹 내뿜고는 따뜻한 손으로 내 목을 끌어당겨 안으며 말했다.

"무섭니?"

"예!"

"누구나 처음엔 무섭기 마련이야. 하지만 괜찮아. 모든 사람 가운데 특히 나는 두려워할 필요없어. 나는 아무도 해치지 않는다고……. 담배 피우고 싶은 거니? 피우지 마! 너무 일러. 한두 살 더 먹으면 피워. 엄마 아빠는 어디 계시니? 아무도 없어? 그래그래, 없어도 된단다. 부모 없이도 살아갈 수 있어. 겁내지 마, 알겠지?"

나는 이렇게 쉽고 따뜻하게, 그리고 알아듣기 쉬운 말로 얘기해주는 사람들을 만나 본 지가 꽤 오래되었다. 그의 말을 들으면서 뭐라 말로는 할 수 없는 기쁨을 느꼈다.

그가 나를 간이 침대까지 데려다 주었을 때 물어보았다.

"여기 와서 좀 앉으세요!"

"그럴까." 그가 동의했다.

"아저씨는 누구세요?"

"나? 군인이야, 현역 병사지. 카자크 출신이고 전쟁에도 나갔었어. 암, 그렇고 말고. 군인은 전쟁을 위해 사는 거란다. 나는 헝가리 사람과도 싸웠고 체르케스인이나 폴란드인과도 싸웠지. 용감하게 말이야! 애야, 전쟁이란 정말 대단한 거야!"

나는 잠깐 눈을 감았다. 내가 다시 눈을 떴을 때 그 군인이 앉았던 자리에는 검은 드레스를 입은 외할머니가 앉아 있었고, 그는 외할머니 곁에 서 있었다. 외할머니는 이렇게 말했다.

"저런, 그래서 모두 다 죽었나요?"

해가 떠올라 모든 것을 금빛으로 물들인 뒤 사라졌다가 곧 다시 나타나 모든 것을 밝게 비추었다. 마치 아이들이 장난을 치는 것처럼.

외할머니가 내 쪽으로 몸을 굽히면서 물었다.

"애야, 어찌 된 일이니? 누가 널 이렇게 만들었어? 내가 빨간 악마에게 말해줬단다……."

"필요한 준비를 하러 가야겠어요."

군인이 이렇게 말하고 나가버리자 외할머니가 눈물을 닦으며 말했다.

"발칸에서 온 군인이라는구나……."

나는 여전히 꿈을 꾸고 있는 게 분명하다고 생각했으며 아무 말도 하지 않았다. 의사가 화상 입은 부위에 붕대를 다시 감아주었다. 나는 외할머니와 함께 마차에 앉아 도시의 거리들을 달렸다. 외할머니가 말했다.

"네 외할아버지는 정신이 완전히 나가버린 것 같아. 그렇게 욕심을 부릴 수가 없어. 보기 흉할 정도야! 얼마 전에는 모피 상인인 새 친구 흘리스트 씨의 장부에서 백 루블짜리 수표를 슬쩍했단다. 이 일은 시작일 뿐이야, 에에에!"

햇살이 밝게 비치고, 하늘에는 구름이 하얀 새처럼 떠다녔다. 우리는 걸어서 볼가 강 뗏목다리를 건넜다. 깨진 유빙(遊氷)이 부딪히며 소리를 냈고 다리 나무판자 밑으로 물이 소용돌이치며 흘러갔다. 시장에 있는 성당의 붉고 둥근 돔 위로 금 십자가가 번쩍거렸다.

넓적한 얼굴의 한 아낙네가 버드나무 가지 한 다발을 들고 지나갔다. 봄이 오고 있었다. 곧 부활절이었다.

"외할머니, 사랑해요!"

외할머니는 그다지 놀라워하는 기색 없이 차분한 목소리로 대답했다.

"같은 가족이기 때문에 그런 거란다. 자랑은 아니지만, 다른 사람들도 날 사랑해. 오, 성모님, 감사합니다!"

외할머니는 미소를 지으며 덧붙였다.

"네 엄마도 기뻐할 게다, 아들이 사경에서 벗어났으니까. 아, 내 딸 바류샤……."

그리고 그녀는 아무 말도 하지 않았다.

2

외할아버지는 마당에서 나를 맞이했다. 무릎을 굽히고 앉아 작은 손도끼로 쐐기모양의 뭔가를 꼼꼼히 깎고 있는 중이었다. 외할아버지는 마치 내 머리에 내려칠 듯이 손도끼를 쳐들고는 모자를 벗으면서 비꼬듯이 말했다.

"안녕하슈, 교황 성하? 황제 폐하? 벌써 임기가 끝나셨수? 그럼 이제 하고 싶은 대로 하고 살면 되겠군요……, 오!"

"됐어요, 됐어." 외할머니가 재빨리 외할아버지를 가로막고 나서며 손을 내저었다. 방 안에 들어와 사모바르를 준비하면서 외할머니가 말했다.

"네 외할아버지는 이제 완전히 폐인이란다. 조금 남아 있던 돈은 몽땅 대자(代子)인 니콜라이에게 빌려주었고 그나마 영수증도 하나 받지 못한 모양이야. 정말이지 이젠 어떻게 될지 모르겠다, 돈도 잃고 완전히 파산하게 됐어. 이게 다 우리가 가난한 사람을 돕지 않거나 불행한 사람들을 동정하지 않아서가 아니겠니? 주님은 분명 '왜 내가 카시린 집안에 그렇게 너그러웠단 말인가?' 하고 혼잣말을 하셨을 거다. 그러고는 우리 재산을 모두 거두어 가 버리신 게야……."

외할머니는 주위를 둘러보며 말을 이었다.

"나는 주님께서 우리 죄를 조금이라도 용서해 주시기를 항상 빌고 있단다. 요즈음엔 밤마다 몰래 가난한 사람들에게 내 힘으로 번 돈을 가져다주곤해. 어때, 오늘 함께 가보지 않으련? 수중에 돈이 조금 있으니 말이야……."

외할아버지가 들어오시며 눈을 가늘게 뜨고는 물었다.

"간식을 먹으려는 게야?"

"당신 게 아니에요. 하지만 먹고 싶으면 여기 앉으시구려. 양은 충분하니까." 외할머니가 대답했다.

외할아버지는 낮게 중얼거리며 탁자 앞에 앉았다.

"차 한 잔……."

방 안의 모든 것은 예전 그대로였다. 다만 엄마의 구석자리만이 우울하게 텅 비어 있었다. 외할아버지의 침대 윗벽에는 인쇄체로 크게 쓴 글씨가 걸려 있었다.

'주 예수 그리스도여 구하소서! 세상의 생명이여! 내가 살아 있는 그 마지막 순간까지 당신의 성스러운 이름과 함께 하게 하소서!'

"누가 쓴 거예요?"

외할아버지는 대답하지 않았다. 그러자 외할머니가 조금 기다리다가 미소 지으며 일러주었다.

"이건 무려 백 루블이나 한단다."

"무슨 쓸데없는 소리야!" 외할아버지가 소리쳤다. "나는 낯선 사람한테 모든 걸 줄 수 있어!"

"이제 가진 게 없으니까 그런 말을 하는구려." 외할머니가 침착하게 말했다.

"닥쳐!" 외할아버지가 고함을 내질렀다.

이곳에서는 모든 게 옛날 그대로였고, 또 상황도 옛날과 똑같았다.

구석 버드나무가지 바구니에서 잠자던 콜랴가 깨어나 우리를 바라다보았다. 그 빛바랜 푸른 눈은 거의 눈꺼풀로 덮여 있었다. 콜랴는 예전보다 더 쇠약해 보이고 병색이 완연했다. 그는 나를 알아보지 못하고 외면하더니 다시 눈을 감아버렸다. 거리에서 나를 기다리고 있는 것은 우울한 소식들이었다. 뱌히르는 죽었다. 수난 주간에 마지막 숨을 내쉬었다. 하비는 일자리를 찾아 도시로 떠났다. 야조프는 다리를 잘라내 이제는 걸을 수가 없다 했다.

검은 눈의 코스트로마는 내게 이런 소식들을 전하면서 화가 난 듯 말했다.

"요즘엔 남자 애들이 막 죽어간단 말이야!"

"뱌히르만 죽었다고 했잖아?"

"마찬가지지 뭐. 이 거리를 떠난 거나 죽은 거나……. 친구를 사귀어서 좀 친해질 만하면 일을 하러 도시로 떠나거나 죽거나 하니 원. 너희 집 근처 체스노코프에 새로운 사람들이 와서 사는데 예프세옌코야. 뉴시카라는 소년이 있는데 이상한 애는 아냐, 쓸 만하지. 여자애도 둘 있는데 하나는 아직 어린애고 또 하나는 절름발이야. 목발을 짚고 다니긴 하지만 얼굴은 예뻐!"

그는 잠시 생각에 잠기더니 덧붙여 말했다.

"추르카하고 나하고 둘이 그 여자애한테 사랑에 빠져서는 싸우곤 해."

"그 여자애하고?"

"왜 그 여자애하고 싸우겠어? 우리끼리 싸운다고. 그 여자애랑은 거의 안 싸워!"

물론 나는 좀 큰 애들이나 어른들이 사랑에 빠지곤 한다는 것을 알고 있었고, 사랑에 대한 저속한 생각도 알고 있었다. 그래서 그런 말을 듣고는 불쾌하기도 하고 코스트로마가 불쌍하다는 생각이 들기도 했다. 그의 깡마른 몸이나 화난 듯한 검은 눈을 바라보기가 계면쩍었다.

바로 그날 저녁 나는 그 절름발이 소녀를 보았다. 그녀는 마당으로 난 층계를 내려오다가 한쪽 목발을 떨어뜨리고는 어떻게 해야 할지 몰라 계단에 멈춰 선 채 그 여리고 투명한 가냘픈 손으로 난간을 붙잡고 서 있었다. 나는 목발을 주워 주고 싶었지만 손에 붕대를 감고 있어 움직임이 여의치 못했기 때문에 한동안 그것을 주우려 애를 썼다. 그러는 동안 나보다 몇 계단 위에 서 있던 그 여자아이가 상냥하게 미소 지으며 나를 지켜보고 있었다.

"그 손은 왜 그랬니?"

"데었어."

"보다시피 난 절름발이야. 여기 사니? 병원에는 얼마나 있었어? 나는 거기서 오랫동안 있었는데……." 그녀는 한숨을 내쉬고는 덧붙였다. "아주 오랫동안!"

그녀는 새하얀 원피스에 하늘색 덧신을 신고 있었는데 낡기는 했지만 깨끗한 옷차림이었다. 잘 빗어 내린 머릿결은 짧고 두툼하게 땋아져 가슴께로 흘러 내렸다. 커다랗고 진지한 눈은 고요한 심연 속에서 푸른빛을 내뿜어 창백한 얼굴과 오똑한 콧날을 비추었다. 그녀는 밝게 미소 지었지만 나는 왠지 마음이 꺼림칙했다. 친구들은 어떻게 이런 여자애와 사랑에 빠질 수 있었을지 궁금했다. 그녀의 허약해 보이는 모습은 마치 '나를 건드리지 마세요, 제발!' 하는 것 같았기 때문이다.

"나는 오래전부터 절름발이였어." 그녀는 자랑이라도 하듯 즐겁게 이야기했다. "이웃집 여자가 나에게 마법을 걸었어. 그 여자가 엄마와 싸우고는 분풀이로 내게 마법을 건 거야. 병원에서는 어땠어? 무서웠어?"

"응."

그녀와 함께 있는 게 꺼림칙해서 나는 곧 방으로 들어갔다.

밤이 깊었을 때 외할머니가 조용히 나를 깨웠다.

"가자꾸나, 응? 남을 도우면 네 손이 곧 나을 거야……."

외할머니는 마치 내가 장님이기라도 한 것처럼 내 손을 잡고 더듬더듬 어둠 속을 걸어갔다. 칠흑 같은 어둠 속에서 끊임없이 바람이 불어, 강물은 더욱 급하게 흐르며 차가운 모래와 내 다리에 부딪혔다. 외할머니는 작은 오두막집 어두운 창가로 조심스레 다가가 성호를 세 번 긋고는 창턱에다 5코페이카와 빵 세 조각을 내려놓은 뒤 다시 성호를 그었다. 그녀는 별이 뜨지 않은 하늘을 올려다보며 중얼거렸다.

"하늘에 계신 성스러운 여왕이시여, 가난한 사람들을 보살피소서! 당신 눈에 우리는 모두 죄인입니다, 성모님."

집에서 멀어질수록 더 조용하고 어둠이 짙어졌다. 밤하늘은 달도 별도 영원히 사라진 것처럼 새카매져서는 깊이를 잴 수도 없었다. 어디선가 느닷없이 개 한 마리가 뛰쳐나와 우리를 향해 짖어대기 시작했다. 어둠 속에서 빛나는 개의 눈을 보자 나는 겁이 나서 외할머니에게 바짝 달라붙었다.

"괜찮아, 이건 그냥 개일 뿐이야. 악마가 아니란다. 악마가 나오기에는 너무 늦었어. 저 봐, 벌써 닭이 울고 있잖니?"

외할머니는 개를 얼러서 가까이 부른 다음 머리를 쓰다듬으면서 말했다.

"강아지야. 내 손자가 너 때문에 겁을 먹었잖아!"

개가 내 다리에 몸을 비벼댔고, 우리 셋은 개와 함께 계속 길을 걸어갔다. 외할머니가 열두 번째 창틀에 그 '은밀한 자선'을 베풀었다. 동이 트기 시작하자 어둠 속에서 회색 집들이 모습을 드러냈고, 설탕처럼 새하얀 나폴리노이 교회에서 새벽종이 울려왔다. 묘지의 벽돌담이 명료하게 보였다.

"나이는 못 속이겠구나! 피곤해……." 외할머니가 말했다. "우리 모두 집으로 돌아갔어야 해! 이제 아낙네들이 일어나면 자기 아이들에게 성모님이 선물을 주신 거라고들 하겠지. 가진 것이 없을 때는 작은 것도 귀한 법이야! 오호 알료샤, 민중은 비참하게 살지만 돌보는 사람이 아무도 없지!

부자는 주님에 대해 생각하지 않고
최후의 심판을 믿지도 않으며
가난한 사람을 친구나 형제로 여기지 않으며,
그저 바라는 것은 황금을 긁어모으는 것뿐.
그러나 황금이란 지옥의 불타는 석탄이 될 뿐!

정말 그렇단다! 그래서 서로 다정하게 살아야 돼. 하느님은 모두를 사랑하시지. 네가 다시 내 곁으로 돌아와서 정말 기쁘구나……."

나도 오늘 밤 결코 잊을 수 없는 어떤 일에 참여했다는 생각에 마음이 뿌듯해졌다. 선한 눈매의 갈색 개 한 마리가 입마개도 쓰지 않고 용서를 구하듯 바로 내 옆에서 벌벌 떨고 있었다.

"이 개를 데리고 사실 거예요?"

"어쩌겠니? 제가 좋다면 같이 사는 거지. 개한테 줄 빵이 두 조각 남아 있구나. 여기 벤치에 좀 앉자. 너무 피곤해."

우리는 작은 상점 입구의 벤치에 앉았다. 개도 우리 다리 앞에 앉아 메마른 빵조각을 이리저리 깨물어댔다. 외할머니가 말했다.

"이곳에 한 유대인 여자가 살고 있단다. 그 여자는 고만고만한 애들이 아홉이나 돼. 그래서 한 번은 내가 물어봤지. '모세의 율법에 따라 사시나요?' 하고 말이야. 그러자 그녀가 대답하기를 '주님과 함께 있는 듯 살아가지요. 달리 어떻게 살겠어요?' 하더구나."

나는 외할머니의 따뜻한 품에 기대어 잠들어버렸다.

삶은 또다시 빠르고 흥미진진하게 흘러갔다. 나날의 수많은 인상들은 나를 기쁨에 전율케 하거나, 온통 혼란스럽게 만들거나, 또는 내게 굴욕감을 안겨주거나 깊은 생각에 빠뜨리면서 거대한 흐름처럼 흘러갔다.

얼마 지나지 않아 나도 가능한 한 자주 그 절름발이 소녀를 만나고 싶어 애태우게 되었다. 그래서 그 여자아이와 대화를 나누거나 현관에서 말없이 나란히 앉아 있곤 했다. 그녀와 함께 있을 때는 그저 말없이 있는 것이 더 좋았다. 그녀는 언제나 단정했고 목소리는 방울새 같았다. 특히 돈 강 지역의 카자크 생활에 대해 아주 멋진 이야기를 들려주곤 했다. 그곳에서 그녀는 버터 공장에서 일하던 아저씨와 오랫동안 함께 살았다. 그리고 나중에 열쇠공인 아버지를 따라 니주니로 이사를 갔다는 것이다.

"그리고 둘째 아저씨는 지금도 황제 폐하 밑에서 일을 하셔."

공휴일과 축제일 저녁에는 모든 주민이 거리로 나왔다. 소년 소녀들은 무덤 주변에서 춤과 노래를 즐겼고 성인 남자들은 술집으로 모여들었으며 거리에는 부인들과 아이들만 남았다. 부인들은 문 앞의 모래밭이나 작은 벤치에 앉아서 수다를 떨었다. 아이들은 테니스나 크리켓, 샤르마즈 같은 놀이를 했고, 엄마들은 구경하면서 칭찬을 하거나 놀려대며 깔깔거리곤 했다. 정말 귀가 멍할 정도로 소란스럽고 즐거운 분위기였다. '어른들'이 보고 있으면 우리는 더 신이 나서 놀이에 몰두했다. 코스트로마와 추르카 그리고 나, 이렇게 셋은 열심히 게임을 하고 나서 그 절름발이 소녀에게 달려가 자랑을 하곤 했다.

"봤지, 류드밀라? 내가 크리켓 게임에서 아홉 핀 중 다섯을 무너뜨리는 걸 말이야."

그녀는 몇 번씩이나 고개를 끄덕이면서 부드럽게 미소 지었다.

한때 우리 팀은 모든 경기에서 힘을 합쳐 싸웠지만 이제는 추르카와 코스트로마가 죽을힘을 다해 싸우는 바람에 사이가 나빠져 서로 다른 편이 되기도 했다. 한 번은 그들이 너무나 격렬하게 싸우는 바람에 어른들이 마치 개싸움을 말리듯이 그들에게 찬물을 끼얹어버렸다. 류드밀라는 의자에 앉아 성한 발을 굴러대다가 그 전사들이 곁으로 다가오자 목발을 휘두르며 아주 신경질적으로 소리를 질렀다.

"그만둬!"

그녀의 얼굴은 창백하다 못해 새파래졌고 눈은 악마에 사로잡힌 사람처럼 불타오르며 동그래졌다.

한 번은 코스트로마가 크리켓 게임에서 추르카에게 치욕적으로 패배한 적이 있었다. 그는 식료품 가게 뒤에 쭈그리고 앉아 조용히 울었다. 그를 보고 있기가 끔찍했다. 그는 이를 악물고 있었으며 광대뼈가 불쑥 튀어나온 앙상한 얼굴이 돌처럼 굳어져 있었다. 그의 음울한 검은 눈에서 굵은 눈물이 뚝뚝 떨어졌다. 위로하기 위해 그에게 다가갔더니 그는 눈물을 삼키며 말했다.

"두고 봐……. 그놈 머리에 벽돌을 던지겠어. 본때를 보여줄 테야!" 추르카는 점점 거만해지더니 시내 중심가를 배회하며 마치 호기에 찬 젊은이들처럼 굴기 시작했다. 모자는 비스듬히 비껴쓰고 손은 주머니에 찔러넣은 채 거들먹거리며 걸어 다녔다. 그는 멋지고 대담한 건달처럼 자기도 모르게 이빨 사이로 침을 찍찍 내뱉는 못된 버릇을 들인 뒤 내게 다짐하듯 말하는 것이었다.

"이제는 담배 피우는 걸 배우겠어. 두세 번 피워보긴 했는데 아직은 메스

껍기만 해.”

그의 이런 행동은 전혀 마음에 들지 않았다. 나는 친구를 잃을 것 같았고 그건 모두 류드밀라의 탓으로 여겨졌다.

어느 날 저녁, 내가 마당에서 주워 모은 뼈다귀와 해진 천조각들, 온갖 잡동사니를 늘어놓고 그 위로 걸어가고 있을 때 류드밀라가 나를 보고는 오른손을 흔들며 목발을 짚고 기우뚱기우뚱 다가왔다.

“안녕?” 그녀가 세 번이나 머리를 끄덕이며 말했다. “코스트로마하고 같이 있었지? 추르카도?”

“추르카는 이제 우리하고 별로 친하지 않아. 모두 네 탓이야. 그 애들 둘이 너를 좋아해서 서로 싸운 거야.”

그녀는 얼굴이 새빨개지며 장난기 섞인 목소리로 말했다.

“말도 안 돼! 내가 무슨 잘못이야?”

“왜 너한테 빠지게 했어?”

“난 바란 적도 없어.” 그녀는 화가 난 듯 대답하였다. “바보 같은 짓들 말라고 그래! 내 나이가 더 많잖아. 난 열넷이야. 저희들보다 나이 많은 여자를 사랑하는 법이 어딨어…….”

“참 많이도 아시네!” 나는 그녀를 약 올리고 싶어 소리쳤다. “흘리스토프의 누나를 봐. 나이가 훨씬 많은데도 여전히 남자아이들이 따라다니잖아!”

류드밀라는 뒤돌아서서 목발로 내게 모래를 뿌렸다.

“넌 아무것도 몰라!” 그녀는 울음을 삼키며 재빨리 대답했다. 그녀의 어여쁜 두 눈이 정말 아름답게 빛나고 있었다. “가게 여잔 추잡한 여자고 난, 난 뭐냐고? 난 아직 어린 소녀야. 넌 《캄차달카》 소설 2부를 읽어야만 나하고 이야기할 수 있어!”

그녀는 흐느끼면서 가 버렸다. 나는 미안한 생각이 들었다. 그녀가 한 말은 이해할 수는 없었지만 진심이 담겨 있었다. 왜 그녀는 내 친구들을 귀찮게 하는 걸까? 하지만 그들은 그녀를 사랑했다. 그 밖에 달리 무슨 할 말이 있을까?

다음날 류드밀라와 다툰 응어리를 풀기 위해 보리사탕과자를 샀다. 그녀가 이 사탕을 좋아한다는 것을 알고 있었기 때문이다.

“이거 먹어 볼래?”

그녀는 사납게 말했다.

"가 버려. 난 네 친구가 아니야!" 하지만 그녀는 금세 보리사탕과자를 받아들면서 말했다. "종이에다 싸오지, 그 더러운 손으로 들고 오니."

"손을 씻기는 했는데 깨끗이 닦지는 못했어."

그녀는 거칠면서도 따뜻한 손으로 내 손을 잡고 들여다보았다.

"이렇게 더럽다니!"

"네 손은 뭐 온통 꺼칠꺼칠하네……."

"이건 바늘 자국이야. 난 바느질을 많이 하거든……."

잠시 뒤 그녀는 주위를 돌아보며 이렇게 제안했다.

"저기 말이야……. 우리 어디 숨어서 《캄차달카》 읽지 않을래?"

모든 장소가 거북했기 때문에 우리가 숨을 만한 곳을 한참 동안이나 찾아 헤맸다. 결국 우리는 제일 적당한 세탁장으로 가기로 했다. 조금 어둡기는 했지만, 이웃 도살장과 오두막집 사이 구석진 곳이 내려다보이는 창가에 앉으면 책을 읽을 수 있을 것 같았다. 그곳은 사람들이 거의 가지 않는 곳이었다. 류드밀라는 다리를 발판 의자에 기대고 성한 다리는 마룻바닥에 쭉 뻗고서 창가에 비스듬히 앉아 있곤 했다. 그녀는 너덜너덜한 책에 얼굴을 파묻고 중얼중얼 알아들을 수 없는 단조로운 목소리로 읽어나갔다. 그러나 나는 내내 흥분한 채 듣고 있었다. 마루에 앉아, 책의 행간을 따라 움직이는 두 개의 파란 불꽃같은 그녀의 진지한 눈길을 바라보았다. 때때로 그녀의 눈에 눈물이 맺혔고 이해하기 힘든 구절을 서둘러 읽어 내려갈 때에는 목소리가 떨렸다. 하지만 나는 그러한 구절을 이해했으며 그것을 여러 가지로 변형시켜 시 속에 끼워 맞춰 보려고 했다. 그러다보니 결국 이 책이 진정 무엇을 말하고 있는지는 이해할 수가 없었다.

내가 '바람'이라고 이름붙인 개가 무릎에 기대어 자고 있었다. 털북숭이에다 몸이 길쭉하고 마치 가을날의 바람처럼 달려가 짖어대는 모습을 보고 붙인 이름이었다.

"듣고 있어?" 그녀가 물었다. 나는 조용히 고개를 끄덕였다.

혼란스러운 말의 홍수가 나를 더욱 흥분시켜서, 나는 그 단어들을 조합하여 노래처럼, 그 안에서 단어 하나하나가 살아 숨 쉬며 밤하늘의 별처럼 빛나는 그런 노래처럼 만들어보고 싶은 욕망에 사로잡혔다. 날이 어두워지자 류드밀라는 그 창백한 손을 책 위에 떨어뜨리며 물었다.

"어때, 좋지? 이제 네가 읽어 봐……."

그날 저녁 이후로 우리는 세탁장에 가는 일이 잦아졌다. 다행스럽게도 류드밀라는 《캄차달카》를 읽는 일을 그만두게 되었다. 이 끝도 없는 책의 줄거리에 대해 묻는 그녀에게 나는 한 마디도 대답하지 못했다. 우리기 읽기 시작한 2장 다음에는 제3권이 있었고 그녀가 내게 4권도 있다고 말한 것을 보면 이야기는 끝이 없었다. 비 오는 날이 토요일만 아니라면 우리는 특히 비를 반겼다. 토요일엔 세탁장이 더웠기 때문이다. 비가 와서 마당이 흠뻑 젖었다. 거리를 돌아다니거나 우리가 있는 어두운 구석을 눈여겨보는 사람은 아무도 없었다. 류드밀라는 사람들에게 들킬까봐 몹시 두려워했다.

나도 들킬까 두려웠다. 우리는 만나면 몇 시간씩 앉아 이런저런 얘기를 했다. 나는 외할머니에게서 들은 이야기들을 들려주었고, 류드밀라는 돈 강 지류인 메드베디차 강가의 카자크 생활에 대해 이야기하곤 했다.

"거긴 정말 얼마나 멋지다고!" 그녀가 탄성을 질렀다. "여기는 거지들만 득실거리지만……."

얼마 지나지 않아 우리는 세탁장에 갈 필요가 없게 되었다. 류드밀라의 어머니가 모피 옷가게에서 일감을 맡아 아침 일찍부터 집을 비우게 되었고, 언니는 학교에 갔으며 오빠는 벽돌공장에 취직했기 때문이다. 비 오는 날에는 그 집에 가서 류드밀라가 요리를 하거나 청소하는 것을 도와주곤 했다. 그녀는 미소를 머금고 이렇게 말했다.

"우리는 부부처럼 함께 사네. 아니, 부부보다도 더 잘 사는 셈이지. 본디 남편들은 아내 일을 도와주지 않으니까."

나는 돈이 있으면 케이크를 샀다. 우리는 차를 마시기도 했는데, 차를 마시고 나면 사모바르에 찬 물을 부어 식혀 놓아야 했다. 류드밀라의 잔소리꾼 어머니가 사모바르를 데운 것을 알아챌지도 몰랐기 때문이다. 가끔 외할머니가 찾아와서 수를 놓거나 바느질을 하면서 아주 재미난 이야기를 들려주었고, 외할아버지가 외출한 날에는 류드밀라가 우리 집으로 와서 마음 편히 놀다가기도 했다.

외할머니는 이렇게 말했다.

"아, 참 사는 맛이 나는구나! 우리 돈으로 우리가 좋아하는 걸 할 수 있으니 말이다."

외할머니는 우리의 우정을 격려해 주었다.

"사내아이와 계집아이가 친구가 되면 그건 참 좋은 일이야. 단, 여기에는 장난이 없어야 해."

그러고는 자신이 말한 '장난'이 무슨 뜻인지 아주 간단하게 설명해 주었다. 외할머니의 설명은 영감을 받은 이의 말처럼 우아했다. 그래서 나는 '나무나 꽃이 자라서 피어날 때까지는 꽃을 따서는 안 되며 그랬다가는 그 향기나 열매를 잃게 된다'는 뜻을 잘 이해했다.

우리는 '장난'칠 생각은 없었지만 사람들이 침묵하게 되는 그 주제에 대해 솔직하게 대화를 나누었다. 주변에서 남녀 사이의 추잡한 관계를 자주 접할 수 있었고 그것이 매우 불쾌하게 여겨졌기 때문에 저절로 여기에 대해 이야기하게 되었던 것이다.

류드밀라의 아버지는 40대의 잘생긴 남자였다. 이름은 예프세옌코였는데 곱슬머리에 구레나룻을 기르고 있었으며 털북숭이 눈썹을 아주 교묘하게 움찔거리는 버릇이 있었다. 그는 이상할 정도로 말이 없었다. 그가 무슨 말을 했는지 한 마디도 기억나지 않을 지경이었다. 아이들을 어를 때에도 그는 마치 벙어리처럼 분명치 않게 웅얼거렸고, 심지어 아내를 때릴 때조차 말없이 주먹질하기 일쑤였다.

그는 공휴일과 축제일 저녁이면 푸른 셔츠에 벨벳 바지를 입고 반들반들 광이 나는 부츠를 신고 아코디언을 등에 매고 현관에 나와 서 있곤 했는데, 그 모습이 마치 보초를 서는 군인 같았다. 그때쯤이면 '산책하는 사람들'이 집 앞을 지나다니기 시작했다. 소녀들과 여인들은 예프세옌코를 힐끔거리거나 아주 노골적으로 바라보았고, 그러면 그는 아랫입술을 비죽이 내밀고 서서 그 암울한 눈길로 상대를 바라보곤 했다. 눈으로만 하는 그 침묵의 대화에는 뭔가 비위에 거슬리는 동물적 냄새가 풍겼다. 느릿느릿 은근하게 그 주변을 지나치는 여자들은 이 사나이의 오만하게 깜박이는 눈짓 한 번에 마치 선택받은 사람처럼 황홀해하면서 그 더러운 땅바닥에 죽은 듯이 픽 쓰러질 것만 같았다.

"또 발정을 했구먼, 에이구 웬수!"

류드밀라의 어머니가 투덜거렸다. 그녀는 얼굴이 갸름하고 안색이 좋지 않았으며 큰 키에 야윈 체격을 하고 있었다. 게다가 장티푸스를 앓은 뒤 머리를 짧게 자른 까닭에 마치 닳아 해진 빗자루 같은 모습이었다.

류드밀라는 어머니와 나란히 앉아서 이런저런 일에 대해 물으며 거리에 신경을 쓰지 않으려 했지만 그렇게 되질 않았다.

"그만둬, 이 나쁜 놈!" 어머니가 불안정하게 눈을 깜박이며 중얼거렸다. 몽골족을 닮은 가느다란 눈은 이상하리만큼 빛났으며 늘 꼼짝도 않고 무언가를 응시하는 듯했다.

"걱정하지 마세요, 엄마. 별것 아니잖아요! 저 담요 만드는 집 과부의 옷 입은 꼴을 좀 보세요." 류드밀라가 말했다.

"너희들 세 녀석만 아니었어도 내 꼴이 좀 나았어. 너희들이 날 망쳐놓은 거야." 어머니는 몸집이 커다란 과부를 노려보며 말했다.

그녀는 작은 집 같았다. 툭 튀어나온 가슴은 지붕처럼 보였고 초록색 손수건으로 반쯤 가린 붉은 얼굴은 햇빛이 비치는 한낮의 다락방 창문 같았다. 예프세옌코는 아코디언을 가슴에 바싹 끌어 안고 켜기 시작했다. 다양한 멜로디가 흘러나와 멀리 날아가자 아이들이 이 거리 저 거리에서 몰려들어 연주자 발밑에 쪼그리고 앉아 황홀경에 빠져들었다.

"두고 봐, 가만 안 둘 테니!" 류드밀라 어머니가 남편에게 으름장을 놨다.

남편은 말없이 그녀를 흘겨보았다. 담요 만드는 집 과부는 얼마 떨어지지 않은 흘르이스토프 상점 벤치에 앉아 열심히 듣고 있었다.

공동묘지 뒤쪽 들판에 저녁놀이 붉게 물들었다. 거리에는 밝은 옷을 입은 여자들이 마치 강물 위를 떠다니듯 둥둥 떠다녔다. 아이들은 바람개비처럼 뛰어다녔고 따뜻한 대기가 사람들을 취하게 했다. 하루 종일 달구어진 모래밭에서 자극적이고 매캐한 향내가 났으며, 도살장에서는 들척지근한 비계 덩어리의 피 냄새가 진동했다. 모피 가게 주인이 살던 집의 마당에서는 무두질할 때 나는 악취가 풍겨 왔다. 여인들의 수다와 술취한 사내들의 고함소리, 종소리를 닮은 아이들의 외침, 저음의 아코디언 멜로디, 이 모든 소리가 뒤섞여 웅웅거리는 소리를 이루었고, 대지는 힘차게 이들을 호흡하는 것 같았다. 모든 것이 거칠고 적나라했지만 그것은 이 부끄럼 없는 동물적 생활에 확고한 믿음을 불어넣어주었다. 이러한 소음 속에서도 결코 잊지 못할 말들이 사람의 가슴속에 들어와 박히곤 했다.

"여럿이 한 사람에게 덤벼들어서는 안 돼. 하나씩 순서대로 덤벼야 해."

"우리가 스스로를 가엾게 여기지 않으면 누가 우릴 가엾게 여기겠어?"

"하느님이 놀림거리를 만들려고 여자를 창조하신 걸까?"

밤이 가까워지면서 대기는 시원해졌고 소음도 잦아들었다. 작은 통나무집 들의 그림자가 점점 크게 드리워졌다. 아이들은 담벼락 밑에서 잠들거나 어머니 무릎에 기대어 잠이 들었다. 밤이 되면 아이들은 훨씬 온순해지고 말을 잘 들었다. 예프세옌코는 소리도 없이 어디론가 사라졌다. 과부도 보이지 않았다. 묘지 너머 어느 먼 곳에서 낮은 음색의 하모니카 소리가 들려왔다. 류드밀라의 어머니는 고양이처럼 등을 웅크린 채 벤치에 앉아 있었다. 외할머니는 이웃에 사는 산파의 집에 차를 마시러 갔다. 이웃집 여자는 코가 오리부리처럼 생긴데다 아주 뚱뚱했으며 사내 같은 가슴에는 '이재민 봉사' 메달을 걸고 있었다. 거리를 지나다니는 사람들은 그녀를 마녀라 부르며 무서워했다. 불이 났을 때 그녀가 불 속에 뛰어 들어 어떤 대령의 병든 아내와 세 아이들을 구해냈기 때문이라고 했다. 외할머니와 그녀는 아주 친한 친구 사이였다. 거리에서 만날 때면 뭔가 특별히 기분 좋은 것이라도 본 듯 멀리에서부터 서로에게 다정한 미소를 건넸다.

코스트로마와 류드밀라, 그리고 나는 현관 앞 벤치에 앉아 있었고 추르카는 류드밀라의 오빠한테 싸움을 걸어 모래 위에 엉겨 붙어 싸우고 있었다. 그들은 서로의 팔에 단단히 갇힌 채 잔뜩 화가 나서 모래 위를 뒹굴었다.

"그만들 둬!" 류드밀라가 걱정스레 소리질렀다.

코스트로마는 검은 눈으로 그녀를 흘깃거리면서 사냥꾼 칼리닌 이야기를 꺼냈다. 칼리닌은 교활한 눈매의 백발노인이었는데 평판이 좋지 않았고 이웃들 사이에 모르는 사람이 없었다. 얼마 전 그가 죽었을 때 사람들은 그를 공동묘지에 매장하지 않고 다른 무덤들에서 좀 떨어진 곳에 관을 내팽개쳐 두었다. 기다란 발판 위에 놓인 관은 검정색이었다. 관 뚜껑 위에는 하얀 페인트 칠이 된 십자가와 사냥용 창, 갈대피리, 그리고 뼈다귀 두 개가 놓여 있었다. 밤이 되어 어두워지면 이 노인이 관에서 일어나 공동묘지를 걸어 다니며 새벽에 닭이 울 때까지 무언가를 찾으러 다닌다고 했다.

"무서운 얘기는 하지 마!" 류드밀라가 부탁했다.

"말도 안 돼!" 추르카가 류드밀라 오빠의 팔조르기에서 풀려나와 소리쳤다. 그리고 조롱하듯이 코스트로마에게 말했다. "웬 거짓말이야? 관을 땅속에 묻는 걸 내가 직접 봤는데! 그러니까 땅 위에 있는 관은 단지 기념비일 뿐이야. 시체가 걸어 다니다니! 술 취한 대장장이나 그런 말을 퍼뜨리는 거야."

코스트로마는 추르카를 바라보지도 않고 제안했다.

"묘지에 가서 밤을 새워 보시지! 그러면 보게 될걸."

그들은 또 말다툼을 시작했다. 류드밀라는 지겹다는 듯 머리를 흔들면서 물었다.

"엄마, 시체들이 밤에 일어나 걸어다녀요?"

"물론이지." 어머니는 마치 등 뒤 먼 데서 물음소리가 들린 듯 대답했다.

발료크라는 스무 살 정도의 키가 크고 건장하고 얼굴이 붉은 가겟집 아들이 다가와 우리 이야기를 듣고 나더니 말했다.

"너희 셋 가운데 누구든 묘지에 가서 새벽까지 관 위에 누워 있으면 내가 20코페이카와 담배 열 개비를 주지. 하지만 중간에 도망쳐 버린다면 그 겁쟁이 녀석 귀때기를 실컷 잡아당기겠어. 어때?"

우리는 모두 어리둥절해서 침묵하고 있었다. 그러자 류드밀라의 어머니가 말했다.

"말도 안 돼! 그런 식으로 애들을 터무니없는 일에 끌어들이다니."

"1루블을 줘! 그럼 내가 가겠어!" 추르카가 퉁명스러운 목소리로 제안했다.

코스트로마가 즉시 교활하게 물었다. "20코페이카로는…… 무서울 것 같아?" 그리고 발료크에게 말했다. "1루블 준다고 해. 그래도 걔는 못 갈 거야. 그런 체할 뿐이지, 뭐."

"그래, 좋아. 1루블 주겠어!"

추르카가 벌떡 일어나더니 말없이 서두르지 않고 담장에 바싹 붙어 걸어갔다. 코스트로마가 손가락을 입에 물고 그의 등에 대고 날카로운 휘파람을 날렸다. 류드밀라가 불안한 듯이 말했다.

"오, 하느님! 웬 허풍쟁이들이람. 난 절대 안 돼!"

"겁쟁이야, 어딜 가니?" 발료크가 놀려댔다. "그러고도 네가 이 거리 제일의 싸움꾼이라고 할 수 있겠어?"

발료크의 놀림은 듣기가 불쾌했다. 사실 우리는 발료크를 좋아하지 않았다. 그는 언제나 저보다 어린 아이들에게 심술궂은 장난을 시키거나 어린 소녀들과 여자들에 대한 음탕한 이야기를 해주면서 그 아이들이 여자들에게 짖궂은 장난을 치도록 가르쳤다. 아이들은 그의 말에 복종했으며 그 대가를 단단히 치렀다. 웬일인지 그는 내 개를 좋아하지 않았으며 그래서 보기만 하면 돌을 던지곤 했는데 한 번은 빵 속에 바늘을 찔러 넣어 개에게 주기도 했다. 그러나 추르카가 움츠린 채 얼굴을 붉히며 꽁무니를 빼는 모습을 보니 더욱 속이 상했다.

그래서 내가 발료크에게 말했다.

"1루블 줘, 내가 가겠어."

그가 나를 비웃으며 겁주더니, 류드밀라의 어머니에게 1루블을 맡기려 했다. 그러나 그녀는 단호히 거절했다.

"싫다. 난 이런 짓에 끼어들고 싶지 않아."

그러고는 화를 내며 가버렸다. 류드밀라도 그 돈을 받을 결심을 하지 못하자 발료크는 더욱더 놀려대는 것이었다. 나는 돈에 상관없이 출발할 생각이었지만 마침 그때 외할머니가 오셔서 그 이야기를 듣고는 1루블을 맡으면서 내게 조용히 말했다.

"가서 외투를 껴입고 담요를 가져가거라. 아침까지 있으려면 추울 테니까."

외할머니 말씀은 절대 무서운 일은 없을 것이라는 희망을 주었다.

발료크는 내가 새벽까지 관 위에 누워 있거나 앉아 있어야 하며, 무슨 일이 있어도, 예컨대 관 뚜껑이 열리고 칼리닌 노인이 기어나올지라도 꼼짝 말고 관 위에 있어야 한다는 조건을 다시 한 번 되새겼다. 내가 관 위에서 뛰어내리기만 하면 내기는 끝이라는 것이었다.

"그러니 기억해둬." 발료크가 경고했다. "내가 밤새도록 지켜볼 거라는 걸."

내가 묘지를 향해 출발할 때 외할머니가 내게 성호를 그어 주며 키스하였다.

"얼핏 뭔가를 보게 되더라도 움직이지 말고 그저 '천주의 성모 마리아님'이라고만 말하거라."

나는 빠른 걸음으로 걸어갔다. 모든 일을 어서 빨리 시작해서 끝내고 싶을 뿐이었다. 발료크와 코스트로마 그리고 몇몇 또래들이 저쪽에 뒤따르고 있었다. 벽돌담을 기어오르다가 나는 담요에 발이 걸려 넘어졌지만 즉시 흙이 나를 튕기기라도 한 것처럼 발딱 일어섰다. 담 저쪽 편에서 웃음소리가 들려왔다. 심장이 뛰기 시작했고 으스스한 냉기가 등줄기를 타고 내렸다.

나는 비틀거리며 검은 관 위로 올라갔다. 관의 한쪽 끝은 모래에 덮여 있었고 다른 쪽 끝은 짧고 두툼한 나무 관이 드러나 있었다. 마치 누군가가 끌어 올리려다가 기우뚱하게 둔 것처럼 보였다. 나는 관 끄트머리에 걸터앉아 주위를 둘러보았다. 작은 산 같은 공동묘지에는 회색 십자가들이 빽빽이 들어차 있었고 그림자들이 무덤 위에 드리워져 있었다.

묘지 곳곳에 늘씬한 버드나무들이 서 있었으며, 아래로 늘어진 그 가지들이 흩어진 무덤들을 서로 이어주고 있었다. 레이스 같은 그 나뭇가지들의 그림자 사이로 칼날처럼 뾰족한 풀들이 보였다. 하늘을 배경으로 솟아오른 눈 덮인 교회와 정지한 구름 사이로 빛나는 작고 창백한 달님이 보였다.

'변변치 못한 농부'인 야조프의 아버지가 경비소에서 느릿느릿 종을 울렸다. 그가 줄을 잡아당길 때마다 지붕 철판에 매달린 줄이 마찰하면서 찍찍거리고 이어서 작은 종이 뎅그렁 소리를 냈다. 종소리는 날카로우면서도 구슬프게 들렸다.

'주여, 우리에게 평안을 주소서!' 나는 경비원의 말을 떠올렸다. 그러자 목이 조여오는 것 같아 몹시 고통스러웠다. 밤공기가 차가운데도 땀이 났다. 만일 칼리닌 노인이 무덤에서 벌떡 일어난다면 경비실까지 도망칠 수 있을까?

묘지는 아주 낯익었다. 나는 이 묘지에서 야조프나 다른 친구들과 함께 논 적이 한두 번이 아니었다. 게다가 저 바깥쪽 교회 근처에는 엄마가 누워 있지 않은가.

마을 쪽에서 이따금씩 웃음소리와 노랫소리가 들려오는 것을 보면 아직 모두 잠든 것 같지는 않았다. 철길 근처 모래 언덕에서인지, 아니면 카티초프카 마을에서인지 사람의 마음을 녹이는 하모니카 소리가 들려왔다. 언제나 술에 취해 있는 대장장이 먀초프가 묘지의 담을 따라 걸어오면서 노래를 불렀다. 나는 노래 소리를 듣고 그를 알아보았다.

우리 엄마의 현관에

작은 죄악 하나를 놓아두었어.
그녀가 유일하게 사랑하는
우리 파파샤를.

이처럼 살아 있는 소리는 반가웠지만 종이 울릴 때마다 사위는 더 적막해
지고 이 적막함이 강물처럼 들판에 밀려와 모든 것이 그 속에 빠져들었다.
사람의 영혼은 끝없이 깊은 공허 속을 떠돌다가 결국 어둠 속 한 줄기 빛처
럼 소멸되고, 또 우주라는 바다 속에 흔적 하나 남기지 않고 해체되는 것처
럼 보였다. 사람의 영혼이 흔적 없이 사라진 우주 바다 속에는 오직 손에 넣
을 수 없는 별들만이 밝게 빛나고, 지상의 모든 것은 쓸모없이 죽어가는 듯
보였다. 나는 담요로 몸을 두르고 관 위에 앉아 다리를 모아 움츠린 채 교회
쪽을 바라보고 앉았다. 내가 움직일 때마다 관이 삐걱거리는 바람에 관 밑
모래가 서걱서걱 소리를 냈다.

내 가까이에서 무언가가 떨어지는 소리가 두 번 나더니 가까운 곳에 벽돌
이 날아와 떨어졌다. 무시무시했지만 나는 곧바로 발료크나 그 패거리들이
나를 겁나게 하려고 담 저쪽에서 뭔가를 던지고 있다는 것을 알아차렸다. 하
지만 가까운 데 사람이 있다는 사실에 오히려 마음이 놓였다.

불현듯 어머니 생각이 났다. 한 번은 내가 담배를 피우다 들켰는데, 나는
그때 어머니에게 매를 맞으면서 이렇게 말했었다.

"때리지 마세요. 그러지 않아도 난 이미 상심하고 있어요. 아파 죽겠어
요."

그런 뒤 내가 벌로 난롯가에 앉았을 때 어머니가 외할머니에게 말씀하셨다.

"애는 도대체 감정이 없어요. 그래서 아무도 사랑하지 않는 거예요."

그 말을 듣고 나는 무척 기분이 상했다. 어머니가 나를 혼낼 때 나는 내
잘못에 비해 과도한 벌을 받을 때가 많았기에 그것이 늘 불만이었다.

하지만 세상을 살다 보면 참아야만 하는 순간들이 너무나 많다. 예를 들면
저 울타리 너머 사람들은 묘지에 홀로 있는 내가 무서워한다는 것을 잘 알면
서도 오히려 더 겁을 주려고 한다. 왜?

나는 그들에게 소리치고 싶었다. "악마에게나 가버려!" 하고. 하지만 그
것은 위험한 일인지도 모른다. 악마가 무슨 생각을 할지 누가 알겠는가? 악

마는 분명 우리 가까이에 있다. 모래밭 운모가 달빛에 반짝거렸다. 언젠가 오카 강에서 뗏목 위에 누워 물살을 타고 물 속을 들여다볼 때 갑자기 도미가 내 얼굴에 닿을 정도로 가까이 헤엄쳐와 그 옆모습을 보였던 게 생각났다. 마치 사람 뺨 같았다. 도미는 몸을 뒤틀어 새처럼 동그랗게 생긴 눈으로 나를 바라보는가 싶더니 단풍잎이 떨어지듯 퍼덕거리며 다시 깊은 곳으로 도망쳐 버렸다.

나는 두려운 마음에서 벗어나기 위해 내 인생에 있었던 갖가지 일들을 떠올렸다.

고슴도치가 힘센 발톱으로 모래밭을 탁탁 치며 굴러왔다. 놈은 꼭 도깨비를 생각나게 할 정도로 작은 털북숭이였다.

언젠가 외할머니가 난롯가에 앉아 하시던 말씀이 생각났다.

"착하신 집 도깨비님, 바퀴벌레를 모두 없애주세요……."

분명하게 볼 수는 없었지만 도시 저편이 점점 밝아오는 듯했다. 새벽 한기에 뺨이 떨리고 눈이 시렸다. 나는 담요를 홀랑 뒤집어썼다. 무엇이든 올 테면 와봐라!

외할머니가 다가와 나를 깨우고는 담요를 들추며 말했다.

"일어나거라, 많이 추웠지? 그래, 얼마나 무서웠니?"

"무서웠어요, 외할머니! 하지만 내가 무서워했다는 말은 하지 마세요. 특히 그 애들한테는!"

"왜 말하지 말라는 거냐? 무섭지 않았다면 자랑스러울 게 하나도 없지 않니?" 외할머니가 놀란 듯이 말했다.

내가 집으로 돌아갔을 때 외할머니가 부드럽게 말했다.

"애야, 모든 것은 자신이 직접 겪어봐야 한단다. 스스로 배우지 못하면 아무도 가르쳐주지 않는다는 걸 알아야 해."

저녁 무렵 나는 이미 온 거리의 '영웅'이 되어 있었다. 모두들 내게 이렇게 묻는 것이었다.

"어떻게 안 무서울 수가 있었어?"

내가 무서웠다고 대답하면 그들은 고개를 끄덕이며 감탄했다.

"이야, 정말 다시 봐야겠어!"

가겟집 여자가 큰 소리로 떠들며 말했다.

"칼리닌이 일어나서 걸어 다닌다는 소문은 모두 사람들이 꾸며낸 걸지도 몰라! 설사 칼리닌이 일어났다고 해도 아이를 두렵게 하지는 못했을 거야. 오히려 그 아이가 칼리닌을 멀리 쫓아냈을 거야."

류드밀라도 놀랍다는 듯 나를 바라보았다. 외할아버지까지도 내 행동에 몹시 만족해했다. 그들은 나를 중요한 사람으로 취급해 주었다. 단지 추르카만이 퉁명스럽게 말했다.

"그 녀석에겐 쉬운 일이야. 왜냐하면 제 외할머니가 마녀거든……."

3

내 동생 콜랴에 대한 기억은 나도 모르는 사이에 새벽하늘 작은 별처럼 희미해졌다. 외할머니와 콜랴, 그리고 나는 작은 헛간에서 갖가지 누더기들이 깔려있는 판자 위에 누워 잠을 자곤 했다. 이 헛간의 금이 간 벽 맞은편에는 주인집 닭장이 있었다. 저녁나절이면 우리는 살찐 닭들이 푸드덕거리거나 꼬꼬댁거리는 소리를 들었고, 아침이면 황금빛 수탉의 날카로운 울음소리에 잠에서 깨어났다.

그 소리에 잠을 깬 외할머니는 "아이구, 시끄러, 너 오늘 토막나는 줄 알아!" 하고 투덜대곤 하였다.

나는 벌써부터 잠에서 깨어, 판자 틈새로 새어 들어와 내 침대 위를 비치는 새벽 햇살을 바라보고 있었다. 은빛 먼지 알갱이들이 빛줄기에 춤을 추었다. 이 작은 먼지 알갱이들은 마치 동화에 나오는 단어들처럼 보였다. 헛간에는 쥐들이 판자를 쏠았고 검은 반점이 있는 붉은 딱정벌레들이 사방을 돌아다녔다.

때때로 나는 닭장에 깔린 흙에서 생겨난 악취로 질식할 것 같아 헛간에서 나와 지붕 위에 기어올라가곤 했다. 거기서 잠이 덜 깨어 흐리멍덩한 눈으로 기지개를 켜며 건물 안의 퉁퉁 부어 있는 사람들을 내려다보곤 했다.

그때쯤이면 머리카락이 덥수룩한 술주정꾼 노인네 페르마노프가 창밖으로 고개를 내밀었다. 뱃사공인 그는 눈을 흐릿하게 굴리며 아침 해를 바라보고는 곰처럼 툴툴거렸다. 외할아버지는 마당으로 서둘러 나와 찬물로 씻기 위해 목욕탕으로 걸어갔다. 주근깨투성이에 코가 뾰족한 주인집 수다쟁이 요리사는 뻐꾸기 같이 생겼고, 집주인은 피둥피둥 살찐 늙은 비둘기처럼 보였다. 실제로 모든 사람이 새나 사나운 짐승들처럼 보였다.

밝고 상쾌한 아침이었지만 왠지 우울해져서 아무도 오지 않는 들판으로 나가고 싶었다. 나는 사람들이 기분 좋은 하루를 금세 망쳐 놓으리라는 것을 이미 알고 있었기 때문이다.

어느 날, 내가 지붕 위에 누워 있는데 외할머니가 나를 불러서는 침대에 누우면서 나즈막이 말했다.

"콜랴가 죽었단다."

푸르스름하게 변한 콜랴의 앙상한 몸이 펠트 담요 위에 누워 있었다. 잠옷 셔츠는 목 주위까지 기어올라가 불룩한 배와 구부정한 다리가 드러나 보였다. 손은 마치 제 몸을 들어 올리려 한 듯 등 뒤로 이상하게 접혀 있었고, 머리는 거의 한쪽으로 젖혀져 있었다.

"주님께서 데려가셨단다." 외할머니가 머리를 손질하며 말했다. "저 불쌍한 것이 살아남았다면 어떻게 되었을까?"

외할아버지가 춤을 추듯 가벼운 발걸음으로 나타나 죽은 아이의 감긴 눈을 손가락으로 조심스레 만져보았다. 그러자 외할머니가 화를 내며 한 마디 했다.

"씻지 않은 더러운 손으로 왜 만지는 거예요?"

외할아버지가 멈칫거리며 중얼거렸다.

"그저 태어나서는…… 살다가…… 먹고 마시고…… 그게 다 뭐하는 짓이람."

"영감도 반은 잠들어 있으면서 뭘 그래요?" 외할머니가 그의 말을 가로막았다.

외할아버지는 멍하니 외할머니를 바라보다가 마당으로 나서며 말했다.

"그 애를 묻어 줄 돈은 내게 없으니 그리 알라고. 알아서 맘대로 해."

"아이고, 저런 파렴치한!"

나는 밖으로 뛰쳐나와 저녁때까지 집에 들어가지 않았다. 다음날 아침 콜랴가 묻혔다. 나는 예배를 보는 내내 교회에 들어가지 않고 개를 데리고 야조프 아버지와 함께 엄마 무덤 곁에 앉아 있었다. 야조프 아버지는 아주 싼 값에 구덩이를 파주면서 생색을 냈다.

"친한 사람에게만 싼 값에 해 주는 거야. 안 그러면 돈을 많이 받았을 거라구……."

지독한 냄새가 나는 누런 구덩이를 들여다보자 검고 축축한 널빤지가 한 쪽에 보였다. 내가 조금만 움직여도 무덤 주변의 모래더미가 가는 실개울처럼 흘러 바닥으로 떨어져 내려 가장자리에 모래톱주름을 남겼다. 나는 일부러 자꾸만 움직여서 모래가 그 널빤지를 덮게 했다.

"장난치지 마!" 야조프 아버지가 담배를 피우면서 말했다.

외할머니가 작은 관을 날랐다. '변변치 않은 농부'가 구덩이 아래로 뛰어 내려가 관을 받아들고 검은 널빤지 옆에 내려놓았다. 그리고 구덩이 밖으로 뛰어나와 발과 삽으로 모래를 던져 넣기 시작했다. 외할아버지와 외할머니는 말없이 그를 도왔다. 그곳에는 신부님도 거지도 없었고, 우리 넷만이 무수히 많은 십자가가 꽂힌 공동묘지 한가운데에 있을 뿐이었다. 교회의 묘지기에게 돈을 건네주며 외할머니가 비난하듯 말했다.

"자네는 우리 바리나의 관을 엉망진창으로 해놓았더구만……."

"그럼 어떻게 해요? 안 그러면 다른 무덤 흙을 조금씩 퍼와야 했을 판에. 하지만 걱정할 것 없어요."

외할머니는 무덤에 엎드려 흐느끼다가 자리를 떴고 외할아버지는 닳아빠진 외투를 꼭 여미고 모자를 눈 아래까지 눌러 쓴 채 그 뒤를 따랐다.

"갈지도 않은 땅에 씨를 뿌렸던 게야." 외할아버지는 느닷없이 한 마디 던지고서 쟁기로 갈아 일군 들판을 가로질러 까마귀처럼 뛰어 가버렸다.

나는 외할머니에게 물었다.

"외할아버지 말씀이 무슨 뜻이에요?"

"글쎄, 그건 네 외할아버지만이 알겠지." 외할머니가 대답했다.

무더운 날씨였다. 외할머니는 걷기가 힘들었는지 뜨거운 모래밭에 푹푹 빠지는 걸음을 자주 멈추고 서서 손수건으로 얼굴의 땀을 닦곤 했다.

나는 한참을 망설이다 겨우 외할머니에게 물어보았다.

"무덤 속에 있던 검은 널빤지 말이에요, 그건 엄마 관이죠?"

"그래." 외할머니가 화난 목소리로 말했다. "그 미련한 놈이…… 일 년도 안 됐는데 온통 썩게 만들어버렸어! 모래땅 때문에 그래. 모래에 물이 스몄어. 다른 방법을 써야 했는데……."

"누구나 다 썩어요?"

"그래, 누구나 다. 성자들만 빼고⋯⋯."

"그럼 외할머니는 안 썩겠네요!"

외할머니는 걸음을 멈추고서 내 모자를 바로 씌워주더니 진지하게 말했다.

"그런 생각은 하지 마라. 생각하지 않는 게 좋아. 알겠니?"

그러나 나는 생각했다. '죽음은 얼마나 무례하고 불쾌한 것인가! 그것은 참으로 추악한 것이다!' 몹시 언짢았다.

집에 돌아와 보니 외할아버지는 벌써 사모바르를 준비하고 찻상을 차려놓고 있었다.

"와서 차나 한 잔 마셔. 원 이렇게 더워서야⋯⋯. 내가 다 준비해놨어."

외할아버지가 외할머니에게 다가가서 어깨를 다독거렸다.

"괜찮아, 할멈? 괜찮아?"

외할머니는 팔을 내저어 뿌리치며 소리쳤다.

"왜 이래요? 저리 비켜요."

"하느님이 노하셔서 우리를 조금씩 갈라놓고 있어. 가족이 그저 손가락처럼 나란히 함께 붙어 살았더라면⋯⋯."

외할아버지가 그렇게 부드럽고 평화롭게 이야기한 것은 오랜만이었다. 나는 외할아버지 말에 귀를 기울이며 그의 말이 내 역겨움을 씻어주고, 구덩이 가장자리에서 보았던 검고 축축한 관의 모습을 지워주기를 고대했다.

그런데 외할머니가 외할아버지 말을 거칠게 가로막았다.

"그만두세요! 당신은 한평생 그렇게 말해 왔지만 그래서 나아진 게 뭐 있어요? 당신은 평생 모두를 힘들게 해왔어요."

외할아버지는 말을 멈추고 외할머니를 바라보았다.

저녁 때 나는 문 앞에서 류드밀라에게 아침에 본 것들에 대해 이야기했다. 하지만 그녀는 특별한 느낌을 받은 것 같지 않았다.

"고아로 사는 게 더 나아. 엄마 아빠가 모두 돌아가시고 나면 나는 여동생에게 남동생을 맡기고 수도원에 들어가 평생 혼자 살겠어. 달리 어디로 가겠어? 나는 결혼도 안 할 거고 절름발이니까 일도 할 수 없어. 아기를 낳아도 절름발이가 될 거야⋯⋯."

그녀는 우리 동네 여느 아줌마들처럼 타산적으로 말했다. 아마도 내가 그녀에 대한 흥미를 잃은 것은 바로 그날 저녁부터일 것이다. 실제로 생활 패

턴이 바뀌어 그녀와 마주치는 횟수가 점점 줄어들었다.

동생이 죽은 며칠 뒤 외할아버지가 내게 말했다.

"아직 해가 안 떨어졌지만 오늘 밤은 일찍 자거라. 새벽에 깨울 테니까 그때 땔감을 마련하러 가자."

"그럼 난 목초를 좀 긁어와야겠어요." 외할머니가 말했다.

전나무와 자작나무가 어우러진 숲은 마을에서 3마일 떨어진 늪지대에 있었다. 말라 죽거나 바람에 쓰러진 나무들로 가득 찬 숲의 한쪽은 오카 강에 연하였고 다른 한쪽은 모스크바로 가는 간선도로를 따라 길게 뻗어 있었다. 숲 저 너머 '사벨로프의 능선' 위에 빽빽한 밀림이 마치 부드럽고 검은 천막처럼 높이 솟아 있었다.

이 밀림 전부가 슈발로프 백작 소유였는데, 관리 상태는 엉망이었다. 쿠나빈의 노동자들 대부분은 이 산림이 마치 자기 것이나 되는 것처럼 죽은 나무를 잘라 땔감으로 사용했다. 때로는 아직 자라나는 나무를 마구 베어 가는 일도 있었다. 가을이 되면 겨울철 땔감을 마련하기 위해 도끼와 밧줄을 허리에 찬 사람들이 수십 명씩 떼지어 다니며 도둑벌목을 했다.

우리 세 사람도 새벽녘에 은초록빛 아침 들판으로 나섰다. 왼편의 오카 강너머로 디아틀로프 언덕과 흰색 니주니 노브고로드와 정원 안의 작은 언덕과 교회의 황금빛 돔을 비추었다. 고요한 오카 강에서 부드러운 바람이 불어와 이슬 맺혀 고개 숙인 황금빛 미나리아재비를 이리저리 흔들었다. 라일락빛깔의 초롱꽃들이 조용히 대지에 인사를 했고, 메마른 풀밭에 색색깔의 꽃들이 피어 있었다. '밤의 귀부인'으로 알려진 붉은 카네이션이 별처럼 만개했고, 숲은 검은 군단처럼 우리에게 다가섰다. 전나무들은 커다란 새처럼 날개를 활짝 펼쳤고, 자작나무들은 수줍은 처녀 같았다. 습지의 매캐한 냄새가 들판을 덮었다. 붉은 혓바닥을 늘어트린 개는 우리 주위를 뛰어다니다가 이따금씩 멈춰서는 킁킁거리며 여우처럼 생긴 머리통을 갸우뚱거리곤 했다.

외할머니의 짧은 외투와 챙 없는 낡은 모자를 빌려 쓴 외할아버지는 눈을 깜박이거나 미소를 지으며 도둑질을 결심한 듯 조심스럽게 걸음을 내딛었다. 푸른 블라우스에 검은 치마, 그리고 머리에 흰 손수건을 두른 할머니는 뒤뚱뒤뚱 걸었다.

우리가 숲에 가까워질수록 외할아버지는 점점 더 활력이 솟았다. 그는 코를 벌름거리며 걷다가 무슨 말을 중얼거렸다. 처음에는 잘 알아들을 수 없는 말을 간간이 웅얼거릴 뿐이었지만 점차 행복한 마음으로, 마치 술에 취했을 때처럼 기분 좋게 말을 이어갔다.

"숲은 하느님의 뜰이야. 그 누구도 아닌 하느님이 이곳에 나무를 심은 거야. 바람과 하느님의 성스러운 입김이 만든 거지. 내가 젊어서 배를 탈 때 지굴리아에 간 적이 있었지. 오, 렉세이야, 넌 그 고생을 결코 모를 거다. 이 숲은 말이야, 오카 강을 따라 카시모프에서 무론까지 이어져 있지. 그리고 볼가 강에서 우랄산맥까지 이어진단 말이다. 정말 끝이 없지."

외할머니는 곁눈으로 외할아버지를 바라보고는 내게 눈을 깜박거렸다. 외할아버지는 작은 흙무덤에 발이 걸려 비틀거리면서도 짤막짤막한 말들을 쉬지 않고 내뱉었다.

"한 번은 사라토프에서 마카라 시장까지 빈 기름통 몇 개를 나른 적이 있었지. 우리들 중에는 키릴로라는 푸료흐 출신의 선장과 아사프라는 타타르 출신의 수부가 있었는데…… 우리가 지굴리아에 다다랐을 때 난데없는 역풍(力風)이 몰아쳤지. 바람이 계속 우리를 밀어내서 우리 배는 간신히 강기슭으로 나아갔어. 거기서 우리는 죽을 끓여 먹으며 기다렸지. 잠시 뒤 바다가 육지 주위에 평탄하게 펼쳐지고, 파도가 카스피 해에서 장난을 치는 수천 마리 백조처럼 무리지어 바다 위에 퍼지지 않겠어. 지굴리아 산에는 푸릇푸릇한 봄물이 오르고 햇빛은 땅을 금빛으로 물들였어. 우리는 나란히 누워 휴식을 취했어. 서로가 더 가깝게 느껴졌지. 강 위는 어둡고 추웠는데 강변은 아주 따뜻하고 향기롭더군. 저녁이 되자 키릴로가 벌떡 일어나더니 모자를 벗으며 이렇게 말했지. '이봐, 자네들! 난 말이야, 난 이제 더 이상 선장도 아니고 고용인도 아니야. 날 여기 떼어놓고 가라고! 난 이 숲속으로 들어가겠어!' 우리는 깜짝 놀랐지. 책임자도 없이 어떻게 우리가 임무를 완수할 수 있겠어. 아무리 볼가 강을 따라 곧장 내려가면 된다지만 말이야. 사람들은 모두 제정신을 잃은 짐승들처럼 날뛰었어. 하지만 그는 눈 하나 깜짝하지 않았지. 모두 겁에 질렸지만 그의 결심은 확고했어. 그는 이렇게 말했지. '난 자네들을 이끄는 데 진력이 났네. 숲으로 들어가겠어.' 우리 가운데 몇 명은 완력으로 그를 붙잡아둘까 생각했어. 그런데 일행 중 몇 명이 '그냥 둬!' 하고 소리치지 않겠어? 그러더니 그 타타르인도 숲으로 들어가겠다고 선언하는 거야. 그건 정말 불운이었어. 그 타타르인은 항해를 두 번이나 했는데 급료를 못 받았어. 그리고 이번이 세 번째였는데 급료를 못 받은 채 절반이나 왔거든. 그 당시로서는 상당한 액수였을 거야. 우리는 그 문제에 대해 서로 소리를 지르고 밤이 어두워질 때까지 싸우다가 결국은 일곱 명이 떠나고 열여섯 명인가 열네 명만 남았지. 그게 바로 숲이 사람들에게 한 짓이란 말씀이야!"

"그래서 그 사람들은 가서 산적이 되었나요?"

"그럴지도 모르지. 아니면 아마도 은둔생활을 했을 거야. 자세히 알아보지 않아서 잘 모르겠다."

외할머니가 성호를 그었다.

"성모 마리아시여! 그런 사람들 이야기를 하는 건 그 사람들을 두둔하는 거예요."

"사람들 마음은 다 똑같아. 악마가 언제 유혹하려 들지 모른다고!"

우리는 습지언덕과 비쩍 마른 전나무 숲 사이로 난 축축한 오솔길을 따라 숲속으로 들어갔다. 나는 푸료흐 출신 키릴로처럼 숲으로 들어가 살아도 좋겠다고 생각했다. 숲에는 수다쟁이도 싸움꾼이나 술주정뱅이도 없을 테니까. 그곳에서는 외할아버지의 혐오스러운 탐욕도, 어머니의 모래무덤도 분명 잊을 수 있을 것이다. 마른 땅에 이르자 외할머니가 말했다.

"뭘 좀 먹어야지. 여기에 좀 앉읍시다."

외할머니가 바구니에서 보리빵과 양파, 오이, 소금, 그리고 헝겊으로 싼 치즈를 꺼내자 외할아버지는 먹을 걸 멀뚱하게 바라보더니 눈을 껌벅거리며 더듬거렸다.

"근데…… 난 먹을 거라곤 아무것도 안 가져왔는데…… 할멈."

"이만하면 충분해요."

우리는 높은 장대 같은 전나무에 기대어 앉았다. 진한 송진 냄새가 풍겼다. 들판에서 부드러운 바람이 불어와 풀잎을 이리저리 흔들고 지나갔다. 외할머니는 거뭇거뭇한 손으로 풀잎이나 낙엽을 긁어모으며 각종 풀잎의 약효를 설명해 주었다. 고추나물과 두루미냉이, 질경이, 고사리 등에 신비로운 효능이 있다는 것이었다.

외할아버지는 죽은 나무들을 찍어냈고 나는 그것들을 한군데 모아놓는 일을 맡았다. 나는 몰래 외할머니를 쫓아서 덤불 속으로 들어가곤 했다. 외할머니는 억센 나무줄기 속에서 표류하는 것처럼 보였고, 마치 전나무 솔방울들이 흩뿌려져 있는 땅에 대고 인사를 하는 것처럼 내내 허리를 굽히면서 다녔다. 그녀는 쉴 새 없이 일하며 혼잣말을 했다.

"올해도 또 너무 일찍 왔네. 버섯이 하나도 없을 것 같아. 주여, 가난한 사람들을 야박하게 대하지 마시기를! 버섯이 가난한 이들의 귀한 반찬임을 아시잖아요!"

외할머니가 내게 주의를 기울이지 않도록 나는 말없이 조심스럽게 뒤를 따랐다. 외할머니가 하느님과 풀과 개구리들과 대화하는 걸 방해하고 싶지 않았던 것이다. 하지만 외할머니는 나를 돌아보았다.

"네 외할아버지는 도망친 게야?"

그러더니 꽃무늬 제의(祭衣)에 화려하게 장식된 검은 땅바닥을 향해 허리를 숙이면서, 옛날에 하느님이 인간에게 노하여서 홍수를 내려 모든 생물이 물에 잠기게 했노라는 이야기를 들려주었다.

"하지만 상냥한 성모님께서 미리 모든 씨앗을 거두어 숨겨 놓으셨단다. 그리고 홍수가 지나간 다음 해님에게 '지상의 이 끝에서 저 끝까지를 모두 말려 주세요. 그러면 사람들이 모두 그대를 찬양하여 노래할 것입니다' 하고 부탁하셨지. 해님이 땅을 모두 마르게 하자 성모께서는 감추어둔 씨앗을 땅에 뿌렸단다. 하느님이 지상을 내려다보시자 그곳에는 풀과 가축, 사람들이 다시 살아나 있었지……. 그래서 과연 누가 그의 뜻을 어기고 이런 짓을 했느냐고 물으셨대. 그러자 성모께서 고백하셨단다. 하지만 하느님도 이미 황폐한 지상을 내려다보시고는 마음이 언짢으셨던 터라 '잘하셨습니다!' 하고 말씀하셨던 거야."

이야기가 마음에 들긴 했지만 나는 놀라운 점이 없지 않아 진지하게 물었다.

"그게 정말이에요? 성모님은 홍수가 난 지 오랜 뒤에 태어나셨잖아요."

이번에는 외할머니가 놀라워했다.

"누가 그런 말을 하던?"

"수업중에 읽은 책에 쓰여 있던 걸요."

이 말이 외할머니에게 자신감을 되찾게 해주어서 그녀는 내게 충고를 했다.

"그런 건 모두 무시하고 잊어버려라. 책에 나오는 이야기일 뿐이야. 책에 나오는 이야기는 온통 거짓말투성이지!" 그러고는 부드럽게 미소 지으며 덧붙였다.

"잠깐만 생각해보렴! 하느님이 계신데 그 어머니가 안 계서? 그럼 하느님은 누구에게서 태어났단 말이냐?"

"모르겠어요."

"좋아! 모른다고 말할 수 있을 만큼 철이 들었구나."

"신부님은 하느님 어머니가 요아킴과 안나의 딸이라던데."

외할머니는 이제 화를 냈다. 외할머니는 내 앞을 가로막은 채 엄한 눈으로 나를 노려보았다.

"자꾸 그런 생각을 하면 한 대 맞을 줄 알아라."

그러나 잠시 후에 다시 설명해 주었다.

"하느님의 어머니는 그 무엇보다도 앞서 계셨던 거야. 그분에게서 하느님이 태어났고 그리고……."

"그럼 예수님은요?"

외할머니는 당황해서 눈을 감더니 침묵했다.

"예수님은요? 네?"

나는 내가 이긴 것을 알았다. 나는 외할머니를 신학이라는 덫에 몰아넣어 이겼지만 별로 기분이 좋지는 않았다.

우리가 숲속 더 깊은 곳으로 들어가자 짙푸른 안개에 황금빛 햇살이 스며들고 있었다. 숲에서는 몽롱하게 들리는 알 수 없는 소리가 들렸다. 솔잣새들이 쩍쩍거리며 날아오르고 박새들이 종소리 같은 울음소리를 냈으며 검은 방울새가 삑삑 울고 뻐꾸기가 웃음소리를 냈다. 작은 되새가 끊임없이 시샘 어린 노래를 불렀고 이상한 피리새들은 우수에 젖은 독특한 음성으로 노래했다. 선녹색 개구리들이 발밑을 뛰어다녔고 독사들이 나무뿌리 사이에 숨어 누런 대가리를 내밀고 망을 보고 있었다. 다람쥐가 뽀르르 전나무 가지에 올라가 부드러운 꼬리를 내보이며 밤알갱이를 우두둑 깠다. 숲속으로 더 깊이 들어갈수록 우리는 더 많은 것들을 보았다.

전나무 둥치들 사이로 거인 형상을 한 투명하고 환상적인 공간이 나타났다가 사라지곤 했으며 그 사이로 눈부시게 푸른 하늘이 언뜻언뜻 나타나곤 했다. 발 밑에는 짙은 이끼가 깔려 있었고 풀밭에는 월귤나무 열매들이 핏방울처럼 빛났다. 감칠맛 나는 버섯 향기가 진동했다.

"성모 마리아여, 세상의 밝은 빛이시여!" 외할머니가 깊은 숨을 몰아쉬며 기도했다.

외할머니는 숲속에 들어오면 숲의 여주인이 된 듯했다. 그녀는 곰처럼 느릿느릿 걸어다니며 모든 것을 보고 축복하고 감사했다. 마치 외할머니와 이 숲 사이에는 따뜻한 물줄기가 교류하는 것 같았다. 외할머니가 밟고 간 자리에 풀들이 누웠다가 다시 반듯이 일어서는 것을 보노라면 이상하리만치 기분이 좋았다.

나는 걸어가면서 의적이 되어 욕심쟁이나 부자들의 재산을 빼앗아 가난한 사람들에게 나누어 줄 수 있다면 얼마나 멋질까 생각해 보았다. 그래서 모두가 성질 고약한 사람들처럼 서로를 질투하거나 비난하지 않고 행복하게 살수 있기를 바랐다. 외할머니가 말하는 하느님의 어머니에게 사람들이 얼마나 악하고 서로를 모래에 묻어버리지 못해 안달인지를 이야기하는 게 좋았다. 세상에는 이유 없이 사람을 불쾌하게 하고 고통스럽게 하는 것들이 너무 많았다. 성모님이 내 말을 믿는다면 모든 것을 새롭게 하고 상황을 더 낫게할 지혜를 주실 것이다. 내가 어른이 아니라는 것은 문제가 되지 않는다. 현자들이 그리스도의 말에 귀를 기울일 때 그리스도의 나이는 나보다 한 살밖에 많지 않았던 것이다.

나는 생각에 잠긴 채 걷다가 깊은 구덩이에 빠졌는데, 나뭇가지에 온통 옆구리를 긁히고 목 뒤 피부가 벗겨지고 말았다. 나는 송진처럼 찐득거리고 차가운 진흙 바닥에 주저앉아 나 스스로 이곳을 빠져나갈 수 없다는 사실에 엄청난 부끄러움을 느꼈다. 그렇다고 고함을 질러 외할머니를 불러서 놀라게 하고 싶지도 않았다. 하지만 결국 외할머니를 부르지 않을 수 없었다. 외할머니는 곧바로 나를 끌어올리고서는 성호를 그으며 말했다.

"그만하길 참 다행이구나! 곰이 살던 곳이었어. 비어 있었기에 망정이지 주인이 누워 있었더라면 어쩔 뻔했어?"

외할머니는 웃음을 지어 보이면서 눈물을 흘렸다. 그러고는 나를 냇가로 데려가 얼굴을 씻기고는 무슨 잎사귀인가를 상처에 붙인 다음 속치맛자락을 찢은 조각으로 매주었다. 외할머니는 나를 철로지기의 막사로 데려갔다. 집까지 가기에는 내가 너무 지쳐 있었기 때문이다.

거의 날마다 나는 외할머니를 조르게 되었다.

"숲에 가요!"

외할머니는 기꺼이 찬성했으며 그래서 우리는 여름 내내 그리고 늦가을까지 건초나 나무열매, 버섯, 밤 따위를 따 모으기 위해 숲속에서 지냈다. 외할머니는 그런 것들을 내다 팔아 그 돈으로 음식을 사오곤 했다.

"기생충들 같으니!"

외할아버지는 우리가 외할아버지 빵을 축낸 것도 아닌데 늘 우리를 이렇게 비난했다.

숲이 내게 정신적인 평온과 위안을 가져다준 덕분에 나는 모든 슬픔과 불쾌함을 잊을 수 있었다. 이 시기에 나는 감각이 매우 발달해서 청각과 시각이 예리해졌고 기억력이 아주 좋아졌으며 풍부한 느낌들을 수용할 수 있게 되었다.

외할머니는 보면 볼수록 감탄스러웠다. 이제 나는 외할머니가 다른 모든 사람보다 고상하고 세상에서 가장 선량하며 현명하다고 여기게끔 되었고 외할머니는 내 이런 믿음을 거듭 확인시켜 주었다. 어느 날 저녁 우리가 하얀 버섯을 따 가지고 집으로 돌아올 때의 일만 봐도 그렇다. 숲 가장자리에 이르러 외할머니는 잠시 앉아서 쉬고 있었고 나는 버섯이 더 있는지 보려고 주위를 살피고 있었다. 갑자기 외할머니 목소리가 들려와 그쪽으로 고개를 돌리자 외할머니는 길가에 앉아 버섯 뿌리를 뽑아내고 있었고, 가까이에는 앙상한 회색 개 한 마리가 혓바닥을 늘어뜨리고 서 있었다.

"가거라, 어서 가거라!" 외할머니가 말했다. "자, 하느님이 살펴 주시기를……."

얼마 전 발료크가 독을 먹여 내 개를 죽였기 때문에 나는 이 개를 집으로 데려가고 싶은 마음이 간절했다. 나는 오솔길을 마구 뛰어갔다. 그 개는 목을 전혀 움직이지 않은 채 몸을 둥그렇게 움츠리고는 굶주린 푸른 눈으로 나를 바라보다가 다리 사이에 꼬리를 숨기고 숲속으로 달아나 버렸다. 내가 휘파람을 불자 야수처럼 덤불 속으로 사라지는 그 동작은 개라고 보기 어려울 정도였다.

"보았니?" 외할머니가 웃으면서 물었다. "나도 처음에는 개인 줄 알았단다. 하지만 다시 보니 이빨이며 목 줄기가 늑대더구나! 나는 조금 놀라긴 했지. 그래서 이렇게 말했어. '그래, 네가 늑대라면 어서 가거라!' 다행히도 늑대란 놈은 여름엔 사납지가 않거든……."

외할머니는 숲에서 길을 잃는 법이 없이 항상 집으로 돌아오는 바른 길을 알고 있었다. 풀 냄새만 맡아도 어떤 곳에 어떤 버섯이 있는지를 알아냈고, 이런 것에 대해 가끔씩 나를 시험해 보기도 했다.

"이 버섯과 저 버섯이 무슨 나무를 좋아하는지 알고 있니? 식용버섯과 독버섯은 어떻게 구별하지?"

나무껍질에 생긴 거의 알아볼 수 없을 만큼 작은 흠집을 보고서도 외할머니는 다람쥐가 계곡에서 다니는 길을 알아맞혔다. 그러면 나는 나무에 올라가 다람쥐가 겨우살이 준비를 해 놓은 밤들을 꺼내 왔다. 어떤 때는 다람쥐 둥지에서 10파운드나 되는 밤을 발견하기도 했다. 한 번은 내가 다람쥐 둥지를 뒤지고 있는데 어떤 사냥꾼이 나를 짐승으로 잘못 알고 산탄총을 쏘는 바람에 오른쪽 옆구리에 27발이 들어와 박혔다. 그중 11발은 외할머니가 바늘로 꺼냈지만 나머지는 몇 년 동안이나 몸속에 박혀 있다가 하나씩 빠져나왔다.

외할머니는 내가 아픔을 잘 참아내는 것을 보고 매우 흡족해했다.

"참 씩씩하기도 하지! 가장 참을성 있는 사람이 가장 영리한 사람이야." 이렇게 외할머니는 칭찬했다.

버섯이나 밤을 내다 팔아 얼마간 돈이 생기면 외할머니는 언제나 창틀에 베푸는 그 '은밀한 자선행위'를 계속하였고 그녀 자신은 일요일에도 누더기 옷과 천조각들을 걸치고 다녔다.

"거지만도 못하게 하고 다니다니, 낯을 들 수가 있어야지 원." 외할아버지는 늘 이렇게 불평했다.

"무슨 상관이우. 내가 영감 딸도 아니고 신랑감을 구하는 것도 아닌데."

외할머니와 외할아버지의 말싸움은 점점 잦아졌다.

"내가 다른 사람보다 더 많은 죄를 지은 것도 아닌데 이렇게 큰 벌을 받다니!" 외할아버지가 감정이 상한 듯 투덜댔다.

외할머니는 놀리듯이 말했다.

"악마는 사람들이 치러야 할 죄값을 알지요." 그리고 외할머니는 나를 똑바로 쳐다보며 말했다.

"저 영감은 악마를 무서워 해. 저이가 얼마나 빨리 늙어가는지 좀 봐! 그건 모두 두려움 때문이지. 불쌍한 늙은이 같으니!"

나는 여름을 지나면서 매우 튼튼해졌고 숲 속을 헤집고 다니며 야생동물처럼 되었다. 그리고 류드밀라 같은 또래들에 대한 관심이 사라졌다. 그녀는 너무 똑똑해서 지겹기만 했다.

비가 내리던 가을 어느 날, 외할아버지가 흠뻑 젖은 채 시내에서 돌아왔다. 그는 종달새마냥 현관에서 부르르 몸을 떨더니 의기양양하게 말하는 것이었다.

"야, 이 새끼 원숭이야! 내일부터 일하러 나갈 곳이 생겼다!"

"이번엔 또 어디로요?" 외할머니가 화를 내며 물었다.

"당신 누이 마트료나네지. 그 아들내미 일을 하는 거야."

"오, 이봐요 영감! 그 따위 생각을 하다니!"

"닥쳐, 멍청이 같으니라고! 그 사람들이 어엿한 남자로 만들어 줄 거야."

외할머니는 고개를 떨구고는 더 이상 아무 말도 하지 않았다.

그날 저녁 나는 류드밀라에게 시내로 나가 살게 되었다는 이야기를 했다.

"나도 곧 그리로 가게 될 거야." 그녀는 생각에 잠기며 알려주었다. "아버지가 내 아픈 다리를 잘라 버리겠대. 그러면 다시 건강해진다는 거야."

여름 동안 그녀는 더욱 야위어갔다. 안색은 푸르스름해지고 눈은 더 커졌다.

"무섭니?" 그녀에게 물었다.

"응." 그녀는 조용히 울었다.

나는 그녀를 어떻게 위로해야 할지 몰랐다. 나 자신부터 도시생활에 대한 두려움이 있었기 때문이다. 우리는 오랫동안 고통스런 침묵 속에서 서로 바싹 기대앉아 있었다. 지금이 여름이라면 외할머니한테 집을 나가 방랑생활을 하자고 졸라 볼 수도 있을 텐데……. 외할머니는 소녀 적에 그런 생활을 한 적이 있었다. 류드밀라도 데리고 갈 수 있을 텐데……. 그렇다. 작은 마차에 태우고 갈 수도 있었다. 하지만 그때는 가을이었다. 거리에는 축축한 바람이 불고 하늘에는 금세라도 장대비를 퍼부을 듯 먹구름이 몰려들었으며, 땅은 우울하고 찌뿌듯했다. 더럽고 불행해 보였다.

4

나는 도시에 있는 어느 하얀 2층집에 살게 되었다. 그 집은 많은 사람을 수용할 수 있도록 짜인 관을 떠오르게 했다. 그것은 새 건물이었는데도 왠지 상태가 좋지 않고 부실해 보였으며, 마치 느닷없이 횡재를 만나 배가 불룩해지도록 과식을 한 거지 같았다. 길가 한쪽 옆으로 비스듬히 서 있는 이 건물은 층마다 창문 여덟 개가 있었으나 건물 정면에는 창문이 네 개뿐이었다. 1층 창이 좁은 차도와 마당 쪽으로 나 있었으며, 2층 창은 작은 세탁소 집과 솟아오른 인도와 마주보고 있었다.

이 거리들은 이제까지 내가 보았던 거리와는 딴판이었다. 집 앞에는 지저분한 인도가 좁은 도랑을 사이에 두고 두 갈래로 갈라져 있었다. 교도소로 이어지는 왼쪽 길은 온갖 쓰레기들이 쌓여 밑바닥에는 검푸르죽죽한 오물 늪이 두텁게 생겨나 있었다. 오른쪽 길 끝은 진흙투성이가 되어 썩은 즈베즈딘 연못에 가닿았다. 인도 중간 부분은 이 집 정면 맞은편에 있었는데 그 반쯤은 오물로 뒤덮여 있었으며 쐐기풀과 말괭이밥 등이 무성하게 자라 있었다. 그 나머지 절반은 신부인 도리메돈트 포크롭스키가 정원을 만들어 그곳에 오리목으로 여름 별장을 지었다. 돌을 던지면 와삭와삭 부서지는 소리가 났다.

모든 곳이 끔찍하게 혐오스럽고 메스꺼울 정도로 더러웠다. 가을이면 불결하게 썩은 늪지가 붉은 송진처럼 끈적이며 갈라져 신발 바닥에 덕지덕지 달라붙었다. 지금까지 나는 그렇게 비좁은 공간에 그렇게 많은 오물이 있는 것을 본 적이 없었고, 아주 깨끗한 초원과 숲에 익숙해져 있었기에 이 도시의 뒷골목이 싫었다.

하천 너머에는 부서져 내린 회색 철책이 있었고 그 너머로 지난 겨울에 점원으로 지냈던 조그만 구두 가게가 보였다. 그 가게가 가까이 보인다는 점이 내 기분을 더욱 짓눌렀다. 내 고용주 되는 사람은 이미 알고 있던 사람이었다. 그는 예전에 동생과 함께 우리 어머니를 찾아오곤 했는데, 그 동생은 '안드레이 아빠, 안드레이 아빠!' 하며 우스꽝스럽게 노래하곤 했었다.

그들은 하나도 변하지 않았다. 형은 매부리코에 머리를 길게 길렀고 유쾌하고 친절해 보였다. 동생인 빅토르는 길쭉한 말상 얼굴에 주근깨투성이였다. 그들의 어머니는 내 외할머니의 동생으로 몹시 심술궂고 남을 헐뜯기 좋아하는 여자였다. 형은 이미 결혼을 했는데 그의 아내는 피부가 인디언 옥수수로 만든 빵처럼 하얗고 눈은 크고 새까맸다. 첫날부터 그녀는 내게 두 번씩이나 이렇게 말했다.

"네 어머니에게 내가 검은 구슬이 달린 실크 드레스를 선사했었단다."

웬일인지 나는 그 말을 믿고 싶지 않았다. 그녀가 그랬다고 해도 어머니가 그런 선물을 받지 않았을 것이다. 그녀가 다시 한 번 그 옷에 대해 이야기했을 때 나는 이렇게 대꾸했다.

"선물했다고 쳐요. 이젠 그만 자랑하세요!"

그녀는 깜짝 놀라 뒤로 물러서며 소리쳤다.

"뭐라고? 너 누구한테 하는 소리야?"

그녀는 얼굴을 붉히고 눈동자를 굴리면서 남편을 불렀다.

남편이 손에 제도용 컴퍼스를 들고 귀에 연필을 꽂은 채 부엌으로 들어와 아내의 말을 들은 뒤 내게 말하는 것이었다.

"내 아내와 우리 모두에게 함부로 말하지 마. 건방진 건 용서 못해!" 그런 다음 아내에게 다소 짜증 섞인 목소리로 말했다. "이런 하찮은 일로 제발 좀 귀찮게 굴지 마!"

"아니, 하찮은 일이라뇨? 만일 당신 친척이……."

"제기랄, 내 친척은 무슨……." 주인은 맞받아 소리치고는 돌아가 버렸다.

나는 이 사람들이 외할머니의 친척이라는 사실이 마음에 들지 않았다. 내가 겪은 바로는 친척들이란 낯선 이들보다 더 못되게 굴었다. 왜냐하면 그들은 서로 못된 면과 우스꽝스러운 면을 남보다 더 잘 알고 있기 때문에 더 심한 험담을 하고 더 자주 다투었기 때문이다.

나는 주인이 마음에 들었다. 그가 우아한 몸짓으로 머리카락을 흔들어 뒤로 넘기는 모습을 보면 '좋은 일'이 떠올랐다. 이따금 그가 즐겁게 미소 지으며 회색 눈으로 친절하게 나를 바라볼 때면 매부리코 주위에 재미있는 작은 주름살이 나타나곤 했다.

"이제 서로에 대한 험담은 그만하시죠." 그는 작지만 가지런한 치아를 드러내며 부드러운 미소로 아내와 어머니에게 말하곤 했다.

시어머니와 며느리는 날마다 서로 헐뜯었다. 그들이 그렇게 빠르고 쉽게 싸움에 뛰어드는 걸 보고 있노라면 정말 놀라울 따름이었다. 그들은 아침부터 머리도 빗지 않고 옷도 제대로 여며 입지 않은 채 집 안에 불이라도 난 듯 휘젓고 다녔다. 점심이나 저녁 식사, 차 마실 시간에 잠시 쉴 때를 빼놓고는 하루종일 안달하며 돌아다녔다. 그들은 더 이상 먹고 마실 수 없을 때까지 엄청나게 먹고 마셔댔다. 식탁 앞에 앉아서도 늘 먹는 타령이었고 큰 싸움의 전초전으로 이것저것 꼬투리를 잡아냈다. 시어머니가 무슨 요리를 하든지 며느리는 잠자코 있는 적이 없었다.

"우리 엄만 이렇게 요리하지 않았는데."

"아마 더 못했겠지!"

"천만에, 더 나았어요!"

"그래, 그럼 네 어미 품으로 도로 가는 게 낫겠구나!"

"난 이 집안 안주인인 걸요!"

"그럼 난 뭐지?"

이쯤 되면 주인 남자가 가로막고 나설 수밖에 없었다.

"그만들 좀 싸워요, 야생닭들 같으니! 왜들 이러는 거지? 모두들 제정신이 아니야!"

이 집에서는 모든 일이 이해할 수 없을 정도로 괴상해서 웃지 않을 수 없었다. 부엌과 식당 사이에 단 하나뿐인 수세식 화장실이 있었는데 음식과 사모바르는 이곳을 지나 식당으로 옮겨졌다. 이 때문에 종종 재미있는 농담이 오갔으며 우스꽝스러운 오해가 생겨나곤 했다. 내 잠자리는 화장실 문과 계단 쪽 현관문 사이에 있는 부엌이었다. 부엌의 요리용 난로 때문에 머리는 뜨거웠고, 현관문 틈새로 불어오는 바람 때문에 발은 시리게 차가웠다. 그래서 잠을 잘 때는 모든 담요를 한데 모아 다리 부분만을 덮고 자곤 했다.

커다란 홀은 두 개의 큰 거울과 누런 금빛 액자, 한 쌍의 카드놀이용 탁자, 십여 개의 비엔나식 의자 등으로 꽉 차 있었지만 왠지 황량하고 침울했다. 작은 거실에는 결혼선물과 은제품, 찻잔들로 빈틈없이 들어차 있었다. 거실에는 세 개의 램프가 장식되어 있었는데 하나는 다른 두 개보다 더 컸다.

창문이 없는 어두운 침실에는 넓은 침대 말고도 여러 개의 가방과 찬장이 놓여 있었고 잎담배 냄새와 페르시아 카밀레 향이 풍겼다. 이 방 세 개는 언제나 비어 있었지만 주인가족들은 작은 식당에서 복작거렸다. 아침 여덟 시에 식사를 하자마자 주인 남자와 동생은 탁자를 방 한가운데로 끌어다 놓고 하얀 종이와 제도용구, 잉크가 담긴 접시 등을 그 위에 올려 놓고는 저마다 책상 한쪽 끝을 차지하고 앉아서 작업을 시작했다. 삐거덕거리는 탁자가 방 안을 거의 다 차지했기 때문에 유모나 주인 여자가 애들 방에서 나오다가 탁자 모서리에 부딪치는 일이 잦았다.

"와서 정신없게 하지 좀 말아요!" 빅토르가 소리를 질러댔다.

아내가 남편에게 화난 소리로 말했다.

"바샤, 나한테 소리 지르지 말라고 좀 해요!"

"알았어. 하지만 당신이 자꾸 탁자를 흔들거리게 하잖아." 남편이 온화하게 말했다.

"나는 뚱뚱하잖아요. 여긴 너무 좁아서……."

"그래, 그러면 우리가 응접실로 나가서 일을 하지."

그러면 아내는 화를 내며 소리쳤다.

"맙소사, 응접실에서 일을 하는 사람이 어디 있어요?"

찬방에서 마트료나 이바노바 노파가 난로에 빨갛게 달아오른 얼굴을 빼꼼이 내밀며 소리쳤다.

"이봐, 바샤. 넌 일을 하는데 네 아내는 빈둥거리면서도 방 네 개가 비좁다고 하잖니."

빅토르가 심술궂게 낄낄거리는 가운데 주인 남편이 소리를 질렀다.

"이제 그만둬요!"

며느리는 시어머니에게 악의에 찬 몸짓을 해대다가 의자에 푹 쓰러져 신음하듯 말했다.

"죽을 거야! 죽어버릴 거야!"

"제기랄, 이제 일 좀 그만 방해하라고!" 주인 남편이 하얗게 질려 고함을 쳤다. "이건 정신병원이나 매한가지야! 내가 이런 사람들을 먹여 살리느라 허리가 휘다니! 아, 쌈질하는 야생닭들 같으니!"

처음에 나는 이런 소란에 몹시 겁을 먹었다. 특히 주인 여자가 부엌칼을 집어 들고 부엌 찬방으로 뛰어 들어가 문을 걸어 잠근 다음 사나운 짐승처럼 으르렁거리기 시작하는 바람에 겁에 질렸었다. 잠깐 집안이 조용해지자 주인 남자가 손으로 문을 강제로 열려고 하면서 등을 굽히고 내게 소리쳤다.

"자, 내 등을 밟고 올라가서 걸쇠를 벗겨!"

나는 민첩하게 그의 등에 올라 타 문 위의 유리를 깼으나 내가 화장실 안으로 머리를 디밀자 그의 아내가 부엌칼날 부분으로 내 머리 위쪽을 내려쳤다. 그렇지만 문을 여는데 성공했고 발버둥치는 주인 마누라를 식당으로 끌고나와 칼을 빼앗았다. 그리고 부엌에 앉아 다친 머리를 어루만지며 곧 내가 헛고통을 느꼈음을 알아차렸다. 부엌칼은 아주 무뎌서 그걸로는 빵 한 조각은커녕 그 누구의 피부에도 상처 하나 낼 수 없는 것이었다. 게다가 굳이 주인 등을 타고 올라가 문 위 유리를 깰 필요도 없었다. 그것은 의자에만 올라가도 닿을 수 있는 높이였고, 어른이라면 팔이 그보다도 더 길었을 것이기 때문에 더 손쉬웠을 것이었다. 이런 사건이 일어난 뒤부터 이 집 안에서 벌어지는 소란들이 더 이상 무섭거나 두렵지 않았다.

형제는 교회 합창단에서 노래를 불렀기 때문에 일을 하면서도 그윽한 목소리로 노래를 부르곤 했다. 형이 낮은 바리톤으로 흥얼거리기 시작했다.

내 연인의 심장이었던 반지를
바다로 던져 버렸다네…….

동생이 테너로 화답했다.

바로 그 반지로 나는
그녀가 세상 행복을 잃게 했다네……

그러면 아이들 방에서 아내의 조용한 목소리가 들려왔다. "정신들 나갔어요? 애가 잠들었는데……." 또는 "여보, 당신은 결혼한 몸이에요. 왜 처녀들에 대한 노래를 부르는 거예요? 더구나 좀 있으면 저녁 기도 종이 울릴 텐데……."

"그래? 그럼 찬송가를 부르지……."

그러나 아내는 찬송가는 아무 데서나 부르는 노래가 아니라며 작은 화장실 문을 가리켰다.

"방을 바꾸든지 해야지 이거 원 귀찮아서!" 주인이 말했다.

그는 탁자를 바꾸어야겠다는 말을 자주 반복했지만 삼 년 동안이나 말로

만 끝나고 말았다.

고용주들이 다른 사람들 이야기를 하면 나는 신발 가게 일이 떠올랐다. 여기서도 그곳과 같은 방식으로 대화가 오가곤 했기 때문이다. 이곳 주인들도 자신들이 시내에서 제일 잘난 사람이라고 생각하는 게 분명했다. 그들은 아주 세세한 부분까지 올바르게 처신하는 법을 알고 있었고, 나로서는 잘 이해되지 않는 이 규범에 따라 다른 사람들을 단호하고 가차 없이 판단했다. 그들의 이 같은 행동은 나를 몹시 화나게 해서 나는 그들의 기준을 깨뜨리는 것을 내 유일한 기쁨으로 삼고 말았다.

나는 해야 할 일이 많았다. 청소부로서의 모든 일을 다 하고 수요일에는 부엌 마루와 사모바르와 놋그릇을 닦았으며, 토요일에는 나머지 모든 방과 계단 부분을 청소해야만 했다. 난로에 집어넣을 장작을 패서 날라오고, 요리할 채소를 씻고, 장바구니를 들고 여주인을 따라 시장에 갔으며, 가게나 약방에 심부름을 다녀야 했다.

나를 가장 많이 부려먹는 사람은 외할머니 동생이었다. 시끄럽고 집요하고 무자비하게 사나운 이 노파는 아침 여섯 시만 되면 일어나 서둘러 세수를 하고 속치마 바람으로 성상 앞에 무릎을 꿇은 채 오랫동안 자기 생활이나 자식들, 며느리에 대한 불평을 하느님에게 늘어놓곤 했다.

"주여!" 그녀의 목소리는 울먹이고 있었다. 그녀는 검지손가락 두 개와 엄지손가락을 펴서 이마에 갖다 대며 말했다. "주여, 원하는 것은 없습니다. 아무것도 필요하지 않아요. 다만 마음의 평안을 얻어 편히 쉴 수 있게 해 주소서. 주여, 당신의 권능으로!"

그녀의 흐느낌에 잠이 반쯤 깬 나는 담요 속에서 그녀의 광기어린 기도를 들으며 두려움에 떨었다. 가을 아침이 비에 씻긴 부엌 창문 유리를 통해 흐릿하게 방 안을 비췄다. 마룻바닥의 서늘한 냉기 속에서 떨리는 손을 내젓는 회색 물체가 흔들거렸다. 그녀가 기도를 하는 동안 내내 머리에 걸친 숄이 자꾸만 벗겨져서 가늘고 부드러운 머리칼이 뺨과 어깨에 흘러내렸다. 그녀는 짜증을 내며 왼손으로 머릿수건을 바로잡으면서 중얼거렸다. "아이, 귀찮아!"

그러고는 자기 이마를 세게 때리고 가슴과 어깨를 치면서 울부짖었다.

"오, 주여. 제 며느리에게 벌을 내리소서, 오, 주여, 나를 위해 그렇게 해

주소서! 며느리가 내게 준 고통만큼 벌받게 하소서! 그리고 제 아들의 눈을 뜨게 하소서. 빅토르의 눈도 뜨게 하소서! 오, 주여, 빅토르에게 자비를 베푸소서……."

빅토르는 부엌에서 잠을 자곤 했는데 제 어머니의 흐느끼는 소리에 잠이 깨서는 졸린 목소리로 소리를 질러댔다.

"엄마, 왜 또 새벽부터 난리예요! 원 견딜 수가 있어야지."

"그래그래, 어서 자거라." 노파는 죄지은 듯이 기어들어가는 목소리로 말했다. 잠시 뒤에 잠잠해진 것 같았다가 다시 독기어린 목소리가 들려왔다. "저 염병할 놈의 자식들 뼈가 부서지게 하시고 세상 어디에도 쉴 곳이 없게 하소서. 주여!"

내 외할아버지도 저렇게 무시무시한 기도는 하지 않았다.

기도가 끝나면 그녀는 으레 나를 깨웠다.

"일어나! 퍼질러 잠만 자면 세상 못 살아! 사모바르를 준비해! 장작을 가져와! 어제 저녁에 마른 장작을 패 놓으라고 했잖아?"

나는 노파의 천박한 잔소리가 듣기 싫어서 되도록 재빠르게 모든 것을 해치웠지만, 그녀를 흡족하게 할 수는 없었다. 노파는 겨울날 쉭쉭거리는 눈보라처럼 부엌 안을 휩쓸고 돌아다녔다.

"조용히 못 해! 빅토르가 깨겠어. 자, 어서 가게로 가!"

평일에는 아침 차 시간 전에 2파운드의 보리빵과 젊은 며느리를 위한 2코페이카어치의 롤빵을 사왔다. 내가 빵을 사오면 이 집 여자들은 공연히 의심하면서 빵을 이리저리 살펴보거나 손바닥 위에 올려놓고 무게를 가늠해 보고는 물었다.

"무게를 속인 건 아니겠지? 아냐? 입을 벌려 봐!" 그러고는 의기양양하게 소리쳤다. "애가 빵을 떼어 먹었어. 이빨 사이에 낀 것 좀 보라고! 봤지, 바샤?"

나는 기쁜 마음으로 일을 했다. 집 안의 먼지를 쓸어낸 뒤 마루를 닦고 놋그릇을 깨끗이 닦았으며, 환풍 통로를 청소하고 문 손잡이를 반질반질하게 닦았다. 나는 여자들이 평온한 상태일 때 나를 평가하는 말을 여러 차례 들었다.

"열성적인 아이야."

"순수한 애지요."

"다만 무례한 게 탈이야."

"맞아요, 어머니. 저 애가 뭘 배웠겠어요?"

그들은 내가 존경해 주기를 바랐지만 나는 그들을 반쯤 정신 나간 사람들로 여겼다. 나는 그들을 좋아하지도 않았고 그들의 명령에 따르지도 않았으며, 곧잘 말대꾸를 하곤 했다. 젊은 여주인이 더 자주 잔소리를 하는 것으로 보아 그녀는 자신들의 연설이 내게 어떤 나쁜 영향을 끼쳤는지를 알고 있었음에 틀림없다.

"우리가 너처럼 가난한 집안 애를 데려온 것을 고맙게 생각해야 돼! 그리고 난 네 엄마에게 검정 구슬이 달린 실크 드레스를 선물로 주기도 했었잖아!"

한 번은 내가 이렇게 말했다.

"그 실크 드레스 때문에 내 껍질이라도 벗겨먹겠다는 거예요?"

"맙소사! 이 녀석은 집에 불이라도 지를 놈이야!" 그녀가 겁에 질린 목소리로 외쳤다.

정말 어이가 없었다. 도대체 그녀는 왜 그런 말을 했을까?

이럴 때면 여자들은 나를 주인에게 일러바치기 일쑤였고 그러면 주인은 나를 엄하게 꾸짖었다.

"이봐, 꼬마야, 더 조심하는 게 좋아!" 그러나 한 번은 아주 냉담하게 자기 아내와 어머니에게 말했다. "정말 둘이 쿵짝이 잘 맞는군 그래! 저 애를 말처럼 부려먹고 있잖아! 다른 애들 같았으면 일에 치여 죽지 않은 한 벌써 오래전에 도망갔을 거야."

이 말에 여자들은 눈물까지 흘리며 화를 냈고 아내는 발을 동동 구르며 소리를 질렀다.

"아니, 어떻게 저 꼬마 앞에서 그렇게 말할 수 있어요? 앞으로 내가 저 아이를 어떻게 대하라고……."

시어머니도 서글프게 울부짖었다.

"오, 바샤 바실리에게 하느님의 자비를……. 너는 내 말을 명심해 두거라! 넌 저 꼬마를 버릇없게 만드는 거야."

그들이 분개하면서 나가버리자 주인은 내게 따끔하게 말했다.

"봤지, 이놈아! 너 때문에 이게 무슨 소란인지! 널 다시 네 외할아버지에게 보내야겠다. 그러면 넌 가서 다시 넝마나 주우며 살게야."

나는 모욕을 참을 수 없어 대답했다.

"여기에 더 있느니 차라리 그게 낫겠어요. 나를 가르친다고 데려와서는 무얼 가르쳤나요? 접시 구정물에나 처박아놓고서는⋯⋯."

주인은 비난하는 기색 하나 없이 내 머리를 쓰다듬더니 내 눈을 들여다보면서 놀란 듯이 말하는 것이었다.

"난 네가 고집이 세다는 걸 알아. 나와는 성격이 안 맞는 녀석이야, 안 맞아⋯⋯."

나는 이 일로 이제 쫓겨나는구나 하고 생각했지만 며칠이 지난 뒤 주인이 두툼한 종이뭉치와 연필, 그리고 삼각자와 대자를 들고서 부엌으로 찾아왔다.

"칼을 다 씻어 놓고 나서 이걸 그대로 그려 봐라!"

종이 위엔 많은 창문과 쓸데없는 장식들이 달린 2층집 정면도가 그려져 있었다.

"여기 컴퍼스가 있다. 모든 선의 길이를 잘 재서 종이 위에 점을 찍어놓고 연필과 자를 이용해서 점을 연결시켜라. 처음엔 가로로, 즉 수평선을 긋고 다음엔 아래로, 즉 수직선을 긋는 거야. 자, 시작해 봐!"

나는 일을 배우게 되어 매우 기뻤지만 종이와 각종 도구를 바라보니 경건한 두려움에 사로잡혔다. 그것들에 대해 아무것도 이해하지 못했기 때문이다. 그러나 나는 손을 씻고 자리에 앉았다. 그러고는 종이에 찍힌 두 점 사이에 수평선들을 긋고는 대조해 보았다. 세 개가 남기는 했지만 꽤 잘 된 편이었다. 수직선을 다 그은 뒤 나는 집 정면이 터무니없이 잘못되었음을 알고 깜짝 놀랐다. 창문도 위치가 바뀌어서 한쪽은 벽에 붙고 한쪽은 허공에 떠 있었다. 현관문 계단도 공중에 떠서 2층에 붙은 꼴이었고, 처마 끝의 장식은 지붕 중간쯤에 있었으며, 다락방 창문이 굴뚝에 붙어 있었다.

한동안 나는 눈물이 흐르는 걸 간신히 참으며 이게 어찌된 일인지 이해하려고 애썼으나 잘 되지 않았다. 결국 나는 상상력을 동원하여 실수를 만회하기로 했다. 집의 정면과 처마 밑, 지붕 가장자리에다가 까마귀와 비둘기, 참새 따위를 그려넣고, 창문 앞 마당에는 구부러진 다리를 하고서 우산을 펼쳐든 사람들을 그려넣었다. 그러고는 도면 위에 온통 사선을 그어 넣고 주인에게 가져갔다.

주인은 눈썹을 치뜨고 자기 머리칼을 움켜쥐면서 무뚝뚝하게 물었다.

"이게 도대체 어떻게 된 거냐?"

"비가 오는 거예요." 내가 설명했다. "비가 오면 모든 집이 비스듬해 보이잖아요. 비 자체가 늘 그렇게 비스듬히 오니까요. 이 새들은, 보세요, 전부 다 새예요. 비를 피하고 있는 거고요. 새들은 비가 오면 항상 그러잖아요. 이건 집으로 뛰어 들어가는 사람들이고요. 이건 넘어진 부인이고, 또 이건 레몬을 파는 행상인이고요."

"정말 고맙구먼!" 주인은 머리카락이 종이에 스칠 듯이 탁자 위로 몸을 굽히며 웃음을 터뜨렸다. "오오, 네놈을 쥐어뜯어서 던져버렸으면 좋겠다. 제멋대로인 참새놈 같으니라고!"

이때 들어온 그의 아내가 내 작품을 바라보더니 남편에게 말했다.

"좀 때려주세요!"

그러나 주인은 온화하게 말했다.

"괜찮아. 내가 시작할 때도 마찬가지였어."

그는 빨간 연필로 그 망쳐진 집을 지워버리고는 다시 종이 몇 장을 내게 건넸다.

"다시 해 봐."

두 번째 작품은 창문이 현관 자리에 붙은 것 말고는 다 잘 된 편이었다. 그러나 집이 텅 비어 있다는 점이 마음에 들지 않아서 나는 그곳에 여러 거주자들을 그려넣었다. 창문에는 부채를 든 여인이 앉아 있는 모습과 담배를 피우는 신사들을 그렸다. 그중 한 사람은 담배를 피우지 않고 다른 콧대 높은 신사들을 빈정대는 모습이었다. 계단에는 마부 한 명과 개 한 마리를 그려 넣었다.

"왜 또 선을 그렇게 그었어?" 화가 난 주인이 물었다.

나는 사람이 없는 집은 활기가 없다고 설명했다. 그렇지만 그는 호통을 쳐댔다.

"이런 바보 같으니! 배우고 싶으면 가르쳐주는 대로 배워! 이런 건 쓰레기나 다름없어!"

마침내 나는 원본과 똑같이 정면도를 모사하는 법을 습득했다.

"자, 자, 보라고, 할 수 있잖아! 이야! 네가 원하면 우린 잘해낼 수 있어."

주인은 이렇게 말한 뒤 몇 가지를 더 가르쳐 주었다.

"이번엔 이 집을 한 번 설계해 봐. 방은 어떻게 배치하고 문과 창문, 그리고 나머지를 어디에 달 것인지 표시해 보라고. 어떻게 할지 가르쳐주지 않을 테니까 네 스스로 해 봐."

나는 부엌으로 돌아와 잠시 생각에 잠겼다. 자, 어디서부터 시작한담? 그러나 이 시점에서 내 제도 공부는 중단되었다.

주인 노파가 내게 다가와서 짓궂게 질문을 던졌던 것이다.

"제도를 해 보겠다고?"

그녀는 내 머리카락을 움켜쥔 채 내 얼굴을 책상에 마구 찧어대서 나는 코와 입술이 터지고 말았다. 그녀는 도면으로 돌진해서 갈기갈기 찢고 제도 용구들을 쓸어버리고는 허리에 손을 척 올리면서 의기양양 소리치는 것이었다.

"도저히 못 참아. 유일한 혈육인 동생이 다른 곳으로 갔는데 낯선 놈이 그 일을 대신해서 되겠느냔 말이야?"

주인이 뛰어들어오고 그의 아내가 어기적거리며 따라와 한바탕 소란이 벌어졌다. 세 명이 서로 엉겨붙어 욕설을 내뱉고 악을 써댔다. 그러다 결국 여자들이 울음을 터트리면서 싸움이 끝나고 주인이 내게 말했다.

"일을 배울 생각은 당분간 하지 않는 게 낫겠어. 어떤 결과를 불러오는지 너도 보았으니까 말이다."

나는 주인이 불쌍하게 여겨졌다. 그는 너무나 짓밟히고 너무나 무방비 상태여서 여자들의 비명 소리에 귀가 멀고 말았다.

이제 나는 노파가 내가 배우는 것을 싫어하여 일부러 교묘하게 방해하고 있다는 사실을 알게 되었다. 그래서 제도를 하려고 앉기 전에 반드시 그녀에게 물어보곤 하였다.

"제가 할 일 없어요?"

그녀는 얼굴을 찌푸리며 대답했다.

"일이 있으면 말해줄게."

그리고 몇 분 뒤에 곧 나를 어딘가로 심부름 보내면서 말하는 것이었다.

"오늘은 현관 계단 청소를 정말 깨끗하게 했구나! 저 구석에 먼지며 쓰레기 좀 보라고! 빨리 청소해!"

내가 가서 살펴보면 먼지는 전혀 없었다.

"너 지금 나하고 말싸움이라도 할 참이냐?" 그녀가 꽥 소리를 질렀다.

어느 날 노파는 내가 제도한 종이에 크바스*¹를 엎질렀고 또 어떤 때는 일부러 조각램프 기름을 쏟기도 했다. 그녀는 마치 어린 계집아이처럼 심술을 부렸다. 애들처럼 교활하게 장난을 치면서도 그 교활함을 위장할 줄을 몰랐다. 나는 그 때까지, 그리고 그 뒤로도 정말 그 노파처럼 사소한 이유로 금세 기분이 좋아지거나 모든 사람과 모든 일에 대해 그처럼 불만을 쏟아내는 사람을 보지 못했다. 사람들은 대개 남을 헐뜯기를 좋아하지만 이 노파는 그런 일에 특별한 기쁨을 느끼며, 마치 노래를 부르듯 험담을 해대는 것이었다.

자식에 대한 사랑은 거의 광적이었다. 그것이 우습기도 했지만 한편으로는 무서운 집착으로 여겨져 두려웠다. 아침 기도가 끝나면 노파는 난로 옆 벽 선반에 팔꿈치를 대고 몹시 열을 내며 중얼거리곤 했다.

"오, 나의 하느님, 내 아이를 돌보소서. 천사처럼 빛을 비추소서. 잘 자거라, 아가야. 행복한 꿈으로 네 영혼을 옷입히거라. 더 없이 아름다운 신부를 맞이하는 꿈을 꾸거라, 공주님이나 유산 상속녀, 부유한 상인의 딸과 결혼하는 꿈을 꾸기를! 네 적들은 태어나자마자 사라져버리고 네 친구들은 백 살까지 살기를! 여러 암오리들이 수오리를 따르는 것처럼 아가씨들이 네 꽁무니를 쫓아다니기를!"

이런 모든 일들이 내게는 말할 수 없이 어리석어 보였다. 거칠고 사나운 데다 게으르기까지 한 빅토르는 딱따구리처럼 코가 크고 얼룩얼룩했으며 제 어머니와 똑같이 고집세고 우둔한 성격이었다.

가끔 그의 어머니가 속삭여 깨우면 그는 졸면서 불평을 해댔다.

"에잇, 제기랄! 엄마, 왜 내 얼굴에 바싹 대고 콧김을 뿜어요? 엄마 때문에 사는 게 싫어."

이따금 그녀는 겸손하고 무뚝뚝하게 웃으며 말하기도 했다.

"그래, 자거라, 자! 버르장머리 하고는!"

또 어떤 때는 다리가 휘청거려 침대 모서리에 부딪친 뒤 혀에 불이라도 난

---

*1 밀로 만든 맥주.

듯 입을 벌린 채 거친 숨을 몰아쉬며 사납게 소리 질렀다.

"제 어미 보고 제기랄이라니, 아이쿠! 넌 내 수치야! 저주받은 슬픔이야! 악마가 내 심장 속에 웅크리고 너를 뱃속에서 망쳐 버려야 했는데!"

그녀는 술 취한 사람들이 길거리에서 내뱉는 추잡하고 더러운 말들을 그대로 따라했다. 그것을 듣고 있자니 견딜 수가 없었다. 노파는 밤에 거의 잠을 자지 않고 발작적으로 침상에서 뛰어내리거나 내가 자고 있는 소파에 다가와서 깨우기도 했다.

"왜 그래요?"

"쉿!" 그녀는 어둠 속에서 무엇인가를 뚫어지게 바라보며 성호를 긋고는 속삭였다. "주여, 예언자 엘리야여, 순교자 바르바라여, 저를 예기치 않은 죽음으로부터 지켜주소서!"

그녀는 떨리는 손으로 램프 불을 붙였다. 큰 코의 둥그런 얼굴에 긴장감이 감돌았다. 회색 눈동자가 걱정스러운 듯 깜박거리며 주위의 사물들을 뚫어지게 응시했는데 그 사물들은 새벽 빛 속에서 어딘지 모르게 달라보였다. 부엌은 넓었지만 찬장이나 가방들로 빼곡하여 밤에는 더 비좁아 보였다. 고요한 달빛이 흐르고 성상 앞 작은 램프불이 흔들리고 벽에 걸린 칼들이 고드름처럼 여린 빛을 반사하고 부엌 바닥 위 프라이팬들이 눈 없는 얼굴처럼 보였다.

노파는 마치 강둑에서 물 속으로 발을 내딛듯 조심스럽게 침상에서 내려왔다. 그러고는 맨발로 미끄러지듯 나아가 잘린 머리통을 연상시키는 물단지가 매달려 있는 세면대 구석으로 다가갔다. 거기에는 물주전자가 또 하나 놓여 있었다.

그녀는 목이 메고 숨이 찬 듯 꿀꺽꿀꺽 물을 마시고는 푸르스름하게 성에가 낀 창문을 통해 밖을 내다보았다.

"주여, 자비를 베푸소서! 자비를 베푸소서!" 하고 그녀는 속삭이듯 기도했다.

그런 다음 촛불을 끄고 무릎을 꿇고 앉아 고통스러운 듯 중얼거렸다.

"주여, 누가 날 사랑하나요? 누가 날 필요로 합니까?"

그러고는 난롯가로 다가가 환기 굴뚝의 작은 문을 열면서 환기통판이 바로 놓여 있는지 손으로 어림해 보았다. 그런데 희한하게도 손에 검댕이 잔뜩 묻은 바로 그 순간 다시 잠에 곯아떨어졌다. 마치 어떤 보이지 않는 손에 한 방 얻어맞기라도 한 것처럼. 그녀가 내게 욕을 해댈 때면 그녀가 우리 외할아버지와 결혼하지 않은 게 얼마나 다행인가 생각했다. 만일 그랬더라면 외할아버지 인생을 그녀가 마구 쥐고 흔들었을 것이다. 그녀는 내게 자주 욕설을 퍼붓곤 했지만 그 투실투실한 얼굴이 슬퍼 보이고 눈에 눈물이 어리는 날도 있었다. 그럴 때면 그녀는 애처롭게 말했다.

"너는 내가 편하다고 생각하지? 나는 애들을 낳아 기르고 걸음마를 가르쳤어. 그런데 지금은 하인처럼 애들의 시중을 들고 있지. 이게 편안한 삶이라고 생각하니? 내 아들은 낯선 여자를 데려와서 내 자리를, 제 혈육의 자리를 빼앗아 버리고…… 내게 이래도 되는 거냐고, 응?"

"안 되지요." 나는 진심으로 말했다.

"그렇지? 그럼! 너는 알지." 그러면서 그녀는 자기 며느리에 대해 부끄럼도 없이 말하기 시작했다. "목욕탕에 같이 갔을 때 내가 다 봤어. 치켜세울 구석이 하나도 없더라고! 그런 계집이 아름답다고 할 수 있어?"

그녀는 항상 남편과 아내의 관계에 대해서 불쾌한 이야기를 했다. 처음 들었을 때에는 혐오스럽기 그지없었으나, 나는 이내 부부에 대한 이야기를 듣는 데 익숙해지면서 부부 사이에는 무언가 고통스러운 진실이 있는 모양이라고 생각하게 되었다.

"여자는 강해! 여자는 하느님도 속였잖아." 그녀는 손바닥으로 탁자를 치며 나지막하게 이야기를 계속했다. "이브 때문에 모든 사람이 지옥에 가게된 거야! 여기에 대해 어떻게 생각하니?"

그녀는 여자의 힘에 대해 끝없이 늘어놓았고, 이런 말 끝에는 늘 누군가를 겁주려 하는 것처럼 보였다. 나는 특히 '이브는 하느님도 속였다'는 말을 기억해 두었다.

마당에는 커다란 별채가 하나 있었는데, 이 별채의 여덟 개의 방 가운데 네 개는 장교들이 차지하고 다섯 번째 방에는 군목(軍牧)이 살고 있었다. 마당에는 병사들과 전령들이 들끓었고 세탁부와 하녀, 요리사들이 그들 꽁무니를 쫓아다녔다. 부엌에서는 신파극이나 사랑 놀음이 그치지 않았고 거기에는 대부분 눈물과 말다툼, 싸움이 따라다녔다. 군인들은 자기들끼리 싸울 뿐만 아니라 주인집 일꾼들과도 싸웠다. 그들은 여자들도 두들겨 팼다.

마당은 언제나 음란함과 방탕함으로, 억제할 길 없는 젊은이들의 욕망으로 들끓었다. 주인들은 점심때건, 차를 마실 때건, 저녁 식사 때건 여기서 벌어지는 그 잔인한 동물적 관능, 생각 없는 잔혹성, 성적 방종 따위를 열심히 비난해댔다. 노파는 마당에서 벌어지는 모든 사건의 내막을 늘 훤히 알고 남의 불행을 즐기며 기쁨에 차 가족들에게 이야기했다. 며느리는 조용히 시어머니 이야기에 귀를 기울이다가 두툼한 입술에 미소를 띠우곤 했다. 빅토르는 깔깔거렸고 주인은 얼굴을 찌푸리면서 말했다.

"이제 그만해 두세요, 어머니!"

"오, 하느님. 지금 말해서는 안 되는 거였는데!" 이야기꾼인 노파가 불평했으나 빅토르가 엄마 편을 들었다.

"계속하세요, 엄마. 누가 엄마를 방해해요? 어차피 우린 모두 엄마편이에요."

나는 사람들이 왜 식구들 앞에서 수치스러운 말을 해대는지 이해할 수가 없었다.

주인은 늘 혐오감을 가지고 어머니를 대했으며 그녀와 단둘이 있으려고 하지 않았는데 그 까닭은 둘만 있게 되면 어머니는 항상 며느리에 대한 불만을 터뜨렸고 으레 돈을 요구했기 때문이다. 그러면 그는 서둘러 1루블이나 2루블, 또는 은화 몇 개를 슬쩍 쥐어주며 말했다.

"어머니가 틀렸어요. 아무튼 돈은 받아 두세요. 어머니에게 불평하는 건 아니지만 이건 공정하지 못해요."

"불쌍한 사람들을 위해서야. 교회에 갈 초를 사기 위해서이기도 하고."

"불쌍한 사람들이 어디에 있죠? 어머니는 결국 빅토르를 망치고 말 거예요."

"넌 동생을 사랑하지 않는구나. 그건 큰 죄악이야!"

그는 어머니를 피해 나가버렸다.

빅토르는 어머니를 버릇없이 대했고 끝없이 조롱했다. 그는 식탐이 많아서 늘 배고프다는 말을 달고 살았다. 일요일이면 그의 어머니는 커스터드를 구워 주고는 늘 내 침대 밑에 있는 그릇에 그것을 조금 숨겨 두었다. 빅토르는 저녁식사 테이블에서 돌아오면 그것을 꺼내보며 툴툴거렸다.

"조금 더 남겨 놓지 이게 뭐야, 바보 같은 노인네!"

"어서 먹어라, 모두 돌아와서 보기 전에."

"말하지요, 뭐. 엄마가 날 위해 몰래 케이크를 숨겨 놓았다고요."

한 번은 내가 그릇을 꺼내 커스터드 두 개를 먹어치워 빅토르에게 초죽음이 되도록 얻어맞았다. 그는 내가 그를 싫어하는 만큼 나를 미워했다. 그는 곧잘 나를 골탕 먹였으며 하루에도 세 번씩 자기 부츠를 닦게 했고, 잠자러 다락방으로 올라갈 때면 계단 틈새로 침을 뱉어 내 머리에 맞히곤 했다.

빅토르는 형 말투를 따라 하려고 애썼다. 이를테면 '멍텅구리 야생닭'이라는 말은 형이 자주 쓰는 말이었는데 빅토르도 그런 식의 말을 만들어 쓰려 했다. 하지만 그가 하는 말은 말도 되지 않을 뿐더러 유별나게 우스꽝스러웠다.

그는 "엄마! 좌향 앞으로! 내 양말 어디 있어요?" 하고 말하고는 내 주변을 맴돌며 바보 같은 질문들을 해대곤 하는 것이었다.

"알료샤, 대답해봐! 왜 사람들이 '시녠키'라고 쓰면서 '피니키'라고 발음하는지. 왜 '콜로콜라'라고 말하고 '오콜로 콜라'라고는 하지 않는지? 왜 '크데레부'라고 말하고 '그제 플라추'라고 하지는 않는지?"

나는 이 집안 사람들 모두의 말투가 마음에 들지 않았다. 외할머니와 외할아버지에게 바른 말을 배운 나로서는 처음에 '무섭게 우습다'든지, '배 터지게 먹는다'든지, '겁나게 행복하다'처럼 서로 어울리지 않는 단어들이 어떻게 짝지어질 수 있는지 이해할 수가 없었다. 우스운 것은 무서울 수 없고, 행복한 것은 겁나는 것일 수 없으며, 먹는 것과 죽는 것은 상반되는 뜻으로 보였기 때문이다.

나는 그들에게 물어보았다. "그렇게 말할 수도 있어요?" 그러면 그들은 나를 놀려대기 시작했다.

"아이구, 선생님 나오셨네! 네 놈 귀를 확 잡아 뜯어줄까?"

그러나 '귀를 잡아 뜯는다'는 말도 내게는 그릇된 표현이었다. 잡아 뜯을 수 있는 것은 풀이나 꽃 따위이지 어떻게 사람 귀를 잡아 뜯는단 말인가. 그들은 귀도 풀이나 꽃과 마찬가지로 잡아 뜯을 수 있다는 걸 증명하려 했지만 결국 나를 설득시키지 못했다. 나는 당당하게 말했다.

"아무튼 내 귀를 잡아 뜯지 못했잖아요."

내 주변에서 나는 잔인할 만큼 오만한 일들과 추잡스럽게 부끄러운 일들을 많이도 보았다. 이곳은 유흥가와 사창가로 들끓는 쿠나비노보다도 훨씬 더 심했다. 쿠나비노의 더러움과 난폭함 이면에는 굶주림과 중노동 같은 피치 못할 이유가 있었다. 그러나 이곳에서의 생활은 한결 윤택하고 편했으며 일도 힘들지 않았음에도 모든 일에는 어떤 께느른한 권태로움이 한 꺼풀 씌어 있었다.

내 삶은 이미 충분히 힘들었지만 외할머니가 찾아올 때에는 더욱 힘들게 느껴졌다. 외할머니는 뒷문 계단을 통해 부엌에 들어와 성상을 향해 성호를 긋고는 그녀의 여동생에게 깊이 허리 숙여 인사를 했다. 이 같은 외할머니의 저자세는 내 가슴을 무겁게 짓눌렀다.

"아, 왔어요, 아쿨리나?" 무관심하고 냉랭하게 주인 노파가 외할머니를 맞았다.

나는 외할머니를 알아보지 못했다. 외할머니가 다소곳이 입술을 오므리고 있어서 전혀 다른 사람처럼 보였기 때문이다. 외할머니는 문 가까운 곳의 의자에 죄 지은 아이처럼 얌전히 앉아서 여동생이 묻는 말에 조용하고 고분고분하게 대답하였다. 그것이 내게는 고문이었기 때문에 나는 화를 내며 물었다.

"왜 그렇게 앉아 있어요?"

외할머니는 다정하게 눈짓을 하며 말했다.

"얌전히 있어라. 여기서는 네가 주인이 아니잖니!"

"저애는 언제나 자기 일도 아닌 일에 나서서 매를 번다고요." 여동생이 먼저 나에 대한 불만을 늘어놓았다.

그녀는 종종 언니에게 밉살스러운 질문을 던졌다.

"그러니까 아쿨리나, 거지처럼 산단 말이죠?"

"운이 없어서 그래."

"부끄러울 게 없다면 운이 없는 것도 아니죠."

"예수님도 가난하게 살았다잖아."

"멍청한 사람들이나 이단자들이라야 그런 소리를 하죠. 언니처럼 어리석은 늙은이나 그런 이야기를 듣는 거예요! 예수님은 거지가 아니라 하느님 아들이었어요. 영광 속에 산 자와 죽은 자를 심판하기 위해 다시 올 거라고 쓰여 있잖아요. 그러니 죽어서 재가 된다 해도 절대로 그의 심판을 피할 수는 없다고요, 마추시카. 하느님은 언니의 그 오만함이나 내가 도움을 청했을 때 돈이 있으면서도 모른 체했던 일을 다 알고 계실 거예요."

"나는 힘닿는 데까지 도왔었다." 외할머니가 침착하게 말했다. "주님은 우리에게 그때의 보답을 하실 거야."

"하지만 충분치 않았어요, 정말이지."

여동생의 지칠 줄 모르는 수다로 외할머니는 지치고 난처해보였다. 나는 노파의 깩깩거리는 목소리를 들으면서 외할머니가 어떻게 저런 것을 참을 수 있는지 이해가 되지 않았다. 이럴 때는 오히려 외할머니가 미웠다.

젊은 며느리가 방에서 나와 머리를 숙이며 싹싹하게 외할머니에게 인사했다.

"식당으로 가세요. 괜찮아요, 함께 가요!"

주인은 반갑게 외할머니를 맞이했다.

"아, 누구보다 현명한 아쿨리나 이모, 어떻게 지내셨어요? 이모부도 여전하시지요?"

외할머니는 그에게 진심어린 미소를 지어보였다.

"여전히 열심히 일하지?"

"여전하죠, 뭐. 감옥에 갇힌 죄수처럼 일한답니다."

외할머니는 그에게 다정하면서도 자연스러운 태도로, 그리고 연장자다운 어조로 이야기했다. 주인은 가끔 내 어머니를 회상했다.

"그래요, 바르바라 바실리예브나였죠. 참 좋은 분이었는데! 극 속의 여주인공 같았어요. 그렇죠?"

그의 아내가 외할머니를 향해 고개를 돌리며 끼어들었다.

"생각나세요, 제가 그녀에게 실크 드레스를 선물한 것? 구슬이 달린 까만 실크 드레스 말이에요."

"잊을 리가 있나."

"아주 새것이었죠."

"그으래?" 주인 남편이 중얼거렸다. "드레스니 보석이니…… 농담이지 뭐!"

"당신 지금 뭐라고 했어요?" 아내가 수상하다는 듯 다그쳐 물었다.

"내가? 아, 별 것 아니야. 즐거웠던 시절과 좋은 사람들은 곧 다 흘러가 버린다고."

"무슨 말을 하는지 모르겠네." 아내가 거북하다는 투로 내뱉었다.

내가 사용한 찻잔과 잔받침을 닦는 동안 외할머니는 새로 태어난 아기를 바라보았고, 그때 주인이 내게 귓속말로 진지하게 말했다.

"참 좋은 분이시다, 네 외할머니는."

나는 그의 말에 깊은 고마움을 느꼈다. 외할머니와 단둘이 있게 되었을 때 나는 우울한 마음으로 물었다.

"여기는 왜 왔어요, 외할머니? 보다시피 저 사람들은……."

"오, 알료샤. 나도 다 안단다." 외할머니가 너그러운 얼굴에 아주 선량한 미소를 띠고 나를 바라보며 대답하자 문득 부끄러운 느낌이 들었다. 외할머니는 이곳에서의 내 생활은 물론, 이 순간 내 마음속에 무슨 생각이 이는지도 훤히 알고 있었다. 외할머니는 누가 오지 않나 조심스럽게 살피면서 나를 안고는 다정하게 말했다.

"네가 여기에 없었다면 오지도 않았을 게다. 저 사람들은 내게 아무런 의미도 없어. 사실 요즘 네 외할아버지가 아파서 병간호를 하느라 피곤해. 바빠서 일을 못하니 가진 돈도 없는 데 미하일이 사샤를 데려다놓고 가버려서 입이 하나 늘었단다. 이 집에서 네게 한 달에 6루블을 주겠다고 했었지. 하지만 내 생각에 너는 아직 1루블도 못 받았을 거야. 벌써 반년이 다 되어가는데도 말이지." 그러고는 내 귀에 대고 속삭였다.

"그들 말로는 너를 가르쳐야 하는데 네가 말을 듣지 않는다는 거야. 그렇지만 네가 자립할 때까지 2년만 참으렴! 참을 수 있지, 응?"

나는 그러겠다고 약속했다. 하지만 그건 어려운 일이었다. 이 지루하고 저속한 생활은 나를 견딜 수 없게 괴롭혔다. 주인집 사람들의 관심사라고는 그저 무엇을 먹을까 하는 것뿐으로, 나는 마치 꿈속에서 사는 기분이었다.

때로 나는 도망쳐야 한다고 생각했으나 이 매서운 겨울이 나를 집 안에 들어앉아 있게 했다. 밤늦게까지 눈보라가 몰아치고 바람이 지붕 꼭대기를 흔들고 서릿발에 기둥이 쩍쩍 갈라지는 지금 어디로 도망친단 말인가?

산책하는 것도 허락되지 않았고 사실 그럴 만한 날씨도 아니었다. 해가 짧은 겨울날 집안 허드렛일을 하다보면 시간이 금세 지나가고 말았다.

그러나 교회에는 가야 했다. 토요일에는 저녁기도에, 일요일에는 미사에 참여해야 했다. 나는 교회당 안에 있는 것이 좋았다. 교회의 널찍하고 어둑한 구석에 서서 성상을 바라보는 게 좋았다. 성상은 연단 주위의 회색 돌바닥 위를 넓게 흐르는 촛불빛 속을 헤엄치고 있는 듯 보였다. 성상의 어두운 형체가 조용히 흔들리고 사제복의 금빛 자수가 불빛에 반짝거렸다. 촛불은 파르스름한 공기 속을 나는 황금빛 별처럼 보이고 여인들과 소녀들 머리는 꽃처럼 보였다. 주변 모든 것은 성가대 합창에 조화롭게 녹아들었다. 모든 것에 동화와 같은 이상한 기운이 스며 있는 듯 여겨졌다. 교회 전체가 칠흑 같은 어둠 속에서 진동하면서 요람처럼 흔들리는 것 같았다.

때때로 나는 교회가 깊은 호수 밑에 잠겨서 그 무엇과도 다른 독특한 생활을 하는 곳이라고 생각했다. 이러한 느낌은 키테시 시(市)에 대한 외할머니의 이야기에서 비롯된 게 분명했다. 합창과 속삭이는 기도 소리, 신도들의 숨소리에 빨려들어가며 주위의 모든 것들과 함께 나는 꿈결에서처럼 몸을 좌우로 까딱이면서 슬프고도 아름다운 이야기를 웅얼거렸다.

저주받은 타타르인들이
그 이교도 무리들이
이른 아침 새벽녘
영광의 키테시 시를 에워쌌다네.
오 주여, 우리의 하느님이시여,
거룩하신 성모님이시여!
당신의 종들을 구원하소서.
당신의 종들이 아침기도를 드릴 수 있게 하시고
당신의 성스러운 말씀을 듣게 하소서.
오, 타타르인들이
당신의 성스런 교회를 범하지 못하게 하시고
여인들과 소녀들을 능욕하지 못하게 하시고
어린아이들을 노리개로 삼지 못하게 하소서.
늙은이들을 처참한 죽음으로부터 부디 지켜주소서!
주 여호와께서도, 성모 마리아께서도
이들의 탄식을,
기독교인들의 비탄을 들으셨네.
주 여호와께서 대천사 미카엘에게 이르기를
'가거라 미카엘아,
키테시 시의 땅 밑을 뒤흔들어

키테시를 호수에 잠기게 하라!'
그리하여 사람들은 오늘날까지
쉬지 않고 지치지도 않고
아침부터 저녁까지
기도를 하네.
교회의 모든 성스러운 기도자들이
영원에 이를 때까지.

이 무렵 내 머릿속은 외할머니의 시들로 가득 차 있는 게, 마치 꿀이 가득 찬 벌집 같았다. 나는 외할머니의 시 속에서 생각하고 느꼈다.

교회에서 나는 기도하지 않았다. 외할머니의 하느님 앞에서 외할아버지의 분노에 찬 기도문과 음울한 시편을 암송하는 게 마땅치 않았다. 외할머니의 하느님은 나처럼 그 기도문들을 좋아하지 않으실 게 틀림없었기 때문이다. 그 기도문들은 책에 나와 있었고, 교육받은 모든 사람들처럼 하느님도 이미 외우고 계실 터였다.

그래서 나는 슬프거나 그날 하루 동안 받은 조그만 상처들로 마음이 아플 때면 내 나름대로 기도를 지어내곤 했다. 내가 하는 일들이 모두 다 마음에 드는 것은 아니었기 때문에 자연히 나의 기도문은 불만에 가득 찬 것이 되곤 했다.

주여 주여, 답답합니다!
어서 어른이 되고 싶어요.
정말이지 더 이상은 참을 수가 없어요.
오, 하느님, 용서해 주세요!

배움에도 난 재주가 없나 봐요.
그리고 저 늙은 악마, 마트료나 할멈은
나만 보면 늑대처럼 으르렁거려요.
내겐 산다는 것이 고통이랍니다!

그 당시에 지은 많은 기도문들을 나는 지금도 기억하고 있다. 어린 시절의 기억은 종종 깊은 인상으로 남아 평생 동안 영향을 미치곤 한다.

교회에 있는 동안은 숲이나 들에 있을 때처럼 편안하게 쉴 수 있어서 좋았다. 이미 온갖 슬픔에 익숙해지고 야만적인 생활로 더럽혀진 어린 가슴은 흐릿하게 타오르는 꿈들로 위로받곤 했다. 그러나 나는 혹한의 겨울에, 눈보라가 도시를 휩쓸고 하늘이 꽁꽁 얼어붙어서 바람이 눈구름을 쓸고다닐 때도 교회에 다녀야 했다. 눈 덮인 대지가 다시는 깨어나지 못할 것만 같은 겨울이었다.

조금 덜 추운 밤이면 나는 시내의 이곳저곳을 쏘다니곤 했다. 때로는 나는 듯이 걸었다. 하늘의 달처럼 혼자서 외로이 떠다니는 느낌이었다. 내 그림자는 내 앞에서 스멀스멀 기다가 눈 더미의 반짝거리는 빛을 지우며 익살스럽게 불쑥 떠오르곤 했다. 거리에는 야경꾼이 두툼한 양가죽 외투를 입고 야경종을 들고서 개 한 마리를 데리고 돌아다녔다.

형체가 흐릿하게 보이는 사람이 마당에서 나와 거리를 따라 뛰어 내려가고 야경꾼의 개가 그 뒤를 쫓았다. 때로는 호위대를 거느리고 가는 유쾌한 아가씨들과 마주치기도 했다. 그들도 나처럼 저녁 기도를 빼 먹고 도망친 것이리라.

이따금 환하게 밝혀진 창*2을 통해 아주 독특한 냄새가 풍겨왔는데, 그것은 내가 알지 못하는 어떤 생활을 연상하게 해주었다. 나는 창 밑에 서서 깊이 숨을 들이마시며 이런 집에서 사는 사람들은 어떤 사람들일지 상상해 보았다. 저녁기도 시간이었지만 그들은 아직도 기타를 치고 흥겨운 노래를 부르며 즐겁게 놀고 있었다. 창밖으로 기타 소리가 은은하게 흘러나왔다.

특히 티호눕스키 거리와 마르티놉스키 거리가 만나는 곳의 나지막한 단층집이 내 관심을 끌었다. 나는 사순절 넷째 일요일 어느 달밤에 우연히 그곳에 서서 이상한 소리를 듣게 되었다. 마치 건장한 사람이 입을 다문 채 큰 소리로 노래를 부르는 것 같은 소리가 네모난 창문 통풍구에서 따뜻한 공기와 함께 흘러나왔던 것이다. 가사를 알아들을 수 없지만 매우 친숙하고 낯익은 곡조였다. 그러나 듣고 있자니 기타 소리 때문에 노랫말이 잘 들리지 않

---

*2 fortochka. 여닫이 이중창에 달려 있는 또 하나의 작은 창. 이중창과는 따로 경첩을 달아 설치하며, 환풍구 역할을 함.

앉다. 나는 연석에 앉아 참으로 아름다운 곡이라고 생각했다. 때때로 그들은 아주 큰 소리로 노래를 불러서 온 집이 흔들리고 창틀이 삐거덕거리는 것 같았다. 지붕 위 눈이 녹아 처마 끝에서 방울방울 떨어지고 내 눈에서도 눈물이 방울져 내렸다.

나는 야경꾼이 다가오는 것도 모르고 앉아 있었다. 야경꾼은 연석에서 나를 밀어내며 물었다.

"왜 여기 있는 거야?"

"음악을 듣고 있어요."

"둘러대기는! 어서 가!"

나는 재빨리 근처를 한 바퀴 돌아 그 집 창 밑으로 되돌아왔지만 그곳에서는 더 이상 음악이 흘러나오지 않았다. 웃고 떠드는 소리만 들렸다. 내가 꿈꾸던 그 애조 띤 음악과는 매우 달랐다. 나는 토요일마다 그 집으로 달려가는 게 습관이 되었다. 그러다가 꼭 한 번, 봄이 가까워질 무렵 그곳에서 다시 듣게 된 첼로 소리는 그날 거의 한밤중까지 쉬지 않고 연주되었다. 나는 집으로 돌아와서 몹시 구박을 받았다.

겨울 하늘 아래 인적이 끊긴 시내를 돌아다니는 밤나들이는 나를 무척 풍요롭게 했다. 나는 일부러 중심가에서 멀리 떨어진 거리를 택하곤 했다. 중심가에는 불빛이 환하고 주인과 안면 있어서 나를 알아보는 사람이 많았기 때문이다. 그들의 눈에 띄기라도 하면 내가 저녁 기도에 빠졌다는 사실이 주인에게 알려질 터였다. 그러나 번화하지 않은 거리에서는 술주정뱅이나 경찰, 또는 거리의 여인들에게 방해 받을 일이 없었고, 창문에 성에가 너무 많이 끼거나 커튼을 친 경우만 아니면 나지막한 단층집 창문으로 집 안을 들여다볼 수도 있었다.

나는 이렇게 창문을 통해 참으로 다양한 그림들을 보았다. 그동안 사람들이 기도하고, 키스하고, 다투고, 카드 놀이를 하고, 신이 나서 떠들어대는 모습을 보았다. 마치 물고기를 보여주는 싸구려 파노라마쇼 같았다.

한번은 지하실 방 창문을 통해 젊은 여자와 조금 더 나이 들어 보이는 여자 둘이 탁자에 앉아 있는 것을 보았다. 그들 맞은편에서는 한 남학생이 책을 읽어주고 있었다. 젊은 여자는 의자에 등을 기대고 앉아 들으면서 이맛살을 찌푸렸는데, 조금 더 나이가 들어 보이는 호리호리하고 머릿결이 풍성한 여자가 갑자기 두 손으로 얼굴을 가리더니 어깨를 들먹이며 울기 시작했다. 학생이 책을 떨어뜨리자 젊은 여자가 벌떡 일어나 방을 뛰쳐나가고, 학생은 머릿결이 풍성한 여자 앞에 무릎을 꿇고서는 그녀 손에 입을 맞추기 시작했다.

또 다른 창문에서는 턱수염을 기른.덩치 큰 사내가 붉은 블라우스를 입은 여자를 무릎에 앉히고 아기를 어르듯 흔들어주는 것을 보았다. 노래를 부르는 것처럼 입을 크게 벌리고 눈을 동그랗게 뜬 모습이었다. 그녀는 우스워 죽겠다는 듯이 몸을 뒤틀면서 허리를 젖혔다. 남자가 여자를 다시 똑바로 앉히고 나서 다시 노래를 불렀고 여자는 다시 웃기 시작했다. 나는 그들을 오랫동안 살펴보다가 그들이 밤새도록 그러고 있을 거라는 생각을 하며 자리를 떴다.

나는 오랫동안 기억에서 사라지지 않을 이러한 모습들을 수없이 보았다. 그리고 이들에 이끌려 귀가가 늦어지곤 했다. 그럴 때면 주인집 여자들은 의심에 찬 눈초리로 나를 심문하는 것이었다.

"어느 교회에 있었어? 어떤 사제가 집전했지?"

그들은 시내의 모든 사제를 다 알고 있었고, 그들이 성경의 어떤 대목을 읽는지도 잘 알고 있었다. 사실 그들은 모든 것을 알고 있어서 내 거짓말쯤은 쉽사리 알아채곤 했다.

두 여자는 내 외할아버지처럼 화를 잘 내는 하느님을 숭배했다. 우리가 두려움 때문에 그에게 다가가기를 바라는 그런 하느님 말이다. 그 하느님의 이름은 항상 그들 입에 오르내렸고 심지어 서로 욕질하고 협박할 때조차도 으레 등장했다.

"두고 봐! 하느님께 벌 받을 거다! 하느님이 너를 역병에 걸리게 하실 거다. 곧 그렇게 하실 게야!"

사순절 첫 번째 일요일에 노파가 버터요리를 하다가 다 태워버리고 말았다. 노파는 난로 열기에 붉게 달아오른 얼굴로 격분하여 소리쳤다.

"이 빌어먹을 놈이!" 그러면서 갑자기 프라이팬에 대고 코를 킁킁거렸다. 그러고는 곧 안색이 어두워지더니 프라이팬을 마루에 내팽개치면서 울음을 터뜨렸다. "아뿔싸! 이 프라이팬은 고기 요리를 한 프라이팬이었어! 월요일에 사용했을 때는 깨끗하게 씻어 두었었는데……. 오, 내 주 아버지시여!"

그녀는 무릎을 꿇고 주저앉아 눈물로 호소했다.

"오 하느님 아버지, 용서하소서! 제발 노여움을 거두소서! 이 어리석은 늙은이를 벌하지 마소서."

새까맣게 탄 팬케이크는 개가 먹었으며 팬은 지저분해져 있었다. 며느리는 시어머니를 비난했다.

"사순절 동안 고기를 구워 먹는 사람이 어디 있어요?"

그들은 집에서 일어나는 모든 일에 하느님을 끌어들여서, 이 하잘것없는 생활이 마치 중요한 의미를 가진 것처럼 보이게 했다. 이렇게 하찮은 일들에 하느님을 끌어들이는 것은 나를 진력나게 만들었다. 나는 보이지 않는 존재가 나를 감시하는 것 같아 부지중에 구석 쪽을 바라보았으며, 밤이 되면 두려움에 휩싸였다. 구석에 모셔둔 성상 앞의 꺼지지 않고 타오르는 램프불이 나를 두렵게 했던 것이다.

성상을 모셔둔 선반과 같은 높이에 긴 막대로 분리된 커다란 창문이 있었다. 그 창을 통해 깊이를 알 수 없는 푸르른 허공이 보였다. 내가 한 번 움직이기만 하면 모든 게 이 푸르른 심연 속으로, 밤하늘의 별들 저 너머로, 죽음의 고요 속으로, 바다에 떨어진 돌멩이처럼 그렇게 소리도 없이 빠져들 것 같았다.

내가 어떻게 이러한 두려움에서 벗어날 수 있었는지는 잘 기억나지 않지만 나는 곧 이를 극복해냈다. 물론 외할머니의 선하신 하느님 도움이 컸다. 그때 나는 단순한 진리를 깨달았는데, 말하자면 아무런 잘못도 없이 벌을 받는 일은 없으며, 죄 없는 사람이 고통을 당하는 것은 세상의 법이 아니라는 진리였다.

나는 특히 봄에 미사에 곧잘 빠졌다. 봄에는 나를 교회로부터 멀어지게 하는 어떤 저항할 수 없는 힘이 있었다. 헌금하라고 받은 7코페이카가 결정적으로 나를 타락시켰다. 나는 그 돈으로 공깃돌을 사서 미사가 진행되는 내내 가지고 놀았다. 그러다 보면 집에는 으레 늦기 마련이었다. 그런데 한 번은 죽은 이를 위한 봉헌기도와 성체용 빵을 위한 10코페이카를 잃어버리고 말았다. 그래서 결국 사제가 제단에서 나와 빵을 나누어 줄 때 다른 사람 몫을 훔치고 말았다.

나는 게임에 거의 광적으로 빠져들었다. 내 재주가 알려지면서 나는 그 일대에서 공기놀이나 당구, 나인핀스 게임 등의 챔피언으로 유명해졌다.

　사순절 주간에는 성찬식을 준비하도록 지시받고서 우리 이웃인 도리메돈트 포크롭스키 신부에게 고해성사를 하러 갔다. 나는 그를 완고한 사람으로 여겨서 개인적으로 그에게 많은 죄를 지었다. 나는 그의 정원에 있는 여름 별장에 돌을 던지거나 그의 자식들과 싸웠고 그 밖에도 많은 장난을 쳤기 때문에 그는 아마 나에 대한 불쾌한 기억을 많이 가지고 있을 터였다. 이런 점에서 나는 몹시 겁을 먹었고, 허름한 교회에서 고해성사의 차례를 기다리는 동안 가슴이 마구 방망이질치는 것을 억누를 수 없었다.

　그러나 도리메돈트 신부는 선량한 얼굴로 나를 맞아주었다.

　"오, 내 이웃이로군! 어서 무릎을 꿇어야지! 그래, 넌 무슨 죄를 지었지?"

　그는 두꺼운 융단옷을 내 머리에 씌웠다. 나는 짙은 밀랍 냄새로 숨이 막혀 말하기가 힘들기도 했지만, 말하고 싶지도 않았다.

　"어른들 말씀을 잘 들었느냐?"

　"아니오."

　"그럼 따라해. '나는 죄인이오!'"

　나도 모르게 그만 불쑥 말을 꺼내고 말았다.

　"도둑질을 했어요."

　"뭐? 어떻게? 어디서?" 그는 생각에 잠기며 침착하게 물었다.

　"주교님이 세 명 있는 교회와 포크롭프 교회와 니콜라이 교회에서요."

　"그래그래, 모든 교회를 뒤졌구나! 애야, 그건 좋지 않은 짓이다. 죄악이야, 알겠니?"

　"알겠어요."

　"'나는 죄를 지었습니다'라고 말하렴. 왜 훔친 거지? 먹으려고 훔쳤니?"

　"때로는 먹으려고 훔쳤고 또 때로는 공기놀이에서 돈을 잃었는데 집에 빵을 가져가야 되기 때문에 훔쳤어요……."

　도리메돈트 신부는 무슨 말인지 알아들을 수 없는 말을 지친 듯이 중얼거리더니 몇 가지 질문을 다시 던지고는 엄격하게 물었다.

　"금서(禁書)를 읽은 적이 있니?"

　나는 무슨 뜻인지 몰라서 되물었다.

"금서가 뭔데요?"

"금지된 책 말이다. 읽은 적 있니?"

"없어요, 전혀……."

"자, 네 죄는 용서되었다. 일어나라!"

나는 어안이 벙벙하여 그의 얼굴을 쳐다보았다. 그의 얼굴은 사려 깊고 친절해 보였다. 나는 양심에 걸려 마음이 불편해졌다. 주인 내외는 나를 고해 성사에 보내기 전 고해 성사의 두려움에 대해 이야기하면서 정직해야 된다고, 또 아주 작은 죄라도 모두 말해야 한다고 말해주었었다.

"신부님, 저는 신부님의 여름 별장에 돌을 던지기도 했어요." 나는 마치 피의자가 진술하듯 말했다.

그가 고개를 들고 나를 비껴보면서 말했다.

"그것도 좋지 않은 짓이야! 됐다, 가봐!"

"대부님네 개한테도 그랬어요!"

"다음 차례!" 도리메돈트 대부는 여전히 나를 비껴보며 소리쳤다.

나는 우롱당하고 모욕받은 기분으로 나왔다. 참회란 결코 무서운 것이 아닐 뿐 아니라 시시한 것임을 알게 된 것이다! 무슨 말인지 잘 몰랐던 책에 대한 대부님의 질문만큼은 재미있었다. 나는 지하실 방에서 여자들에게 책을 읽어주던 학생을 떠올리며 '좋은 일'을 떠올렸다. 전혀 이해할 수 없는 그림들로 가득 찬 두툼한 검정 책자들을 그 학생도 많이 가지고 있었다.

다음날 주인 내외가 내게 15코페이카를 주며 성찬식에 다녀오라고 했다. 그 해 부활절은 늦은 편이었다. 벌써 오래전에 눈이 녹았고, 거리는 건조했으며, 도로에서는 먼지 구름이 뽀얗게 일고 햇살이 기분 좋은 날이었다. 교회 근처에는 한 떼의 일꾼들이 모여 열심히 공기놀이를 하고 있었다. 성찬식까지는 시간이 충분했기에 나도 한 판 끼어들고 싶었다.

"저도 끼워 줘요!"

"1코페이카 내고 들어와!" 불그레한 얼굴에 곰보 자국이 나 있는 사내가 뻐기듯이 말했다.

나는 여전히 당당하게 대꾸했다. "왼쪽에서 두 번째 패에 3코페이카를 걸겠어요!"

"돈을 놔!"

게임이 시작됐다! 나는 15코페이카를 교환해서 그중 3코페이카를 공기 한 쌍에 걸었다. 누구든 그 한 쌍을 맞히면 돈을 갖지만 못 맞히면 내게 3코페이카를 내야 되었다. 행운은 내것이었다. 내기꾼들 중 두 명이 겨누었지만 맞히지 못했다. 나는 성인 내기꾼에게서 6코페이카를 따냈다. 기분이 무척 좋았다. 그러나 그중 한 사람이 이렇게 외쳤다.

"저 아이를 잘 살펴. 딴 돈을 가지고 도망치지 못하게!"

이 말에 발끈한 나는 흥분하여 말했다. "저 맨 왼쪽 끝 한 쌍에 9코페이카!" 하지만 내기꾼들은 별로 겁을 먹지 않았다. 다만 내 또래의 선머슴애가 소리쳤다.

"조심해요, 이 애는 대단한 행운아예요. 즈베즈딘키의 악동이에요. 내가 잘 안다고요!"

그 냄새로 보아 모피를 팔러 다니는 것 같은 호리호리한 남자가 악의를 품고 말했다.

"악동에다가 운까지 좋다니!"

그는 내가 돈을 건 공깃돌을 멋지게 맞힌 뒤 내게 기대면서 물었다. "어때, 또 해보겠어?"

나는 대답했다. "오른쪽 끝에 3코페이카!"

"이번에는 3코페이카를 따게 생겼군." 모피 장사는 우쭐댔지만 이번에도 지고 말았다.

세 번 이상 경주하는 '말'에 연속해서 돈을 걸 수는 없어서 나는 다른 공깃돌에 걸어 4코페이카를 더 땄다. 내 공깃돌들이 많이 쌓였다. 그러나 다시 내 차례가 돌아왔을 때, 나는 돈을 세 번 걸어서 모두 잃고 말았다. 바로 그때 저녁 미사가 끝나는 종이 울렸고 모두들 교회 밖으로 쏟아져 나왔다.

"장가는 갔어?" 모피 장사가 내 머리카락을 잡아당기며 물었다. 그러나 나는 뿌리치고 달려가서 주일 외출복으로 차려입은 한 소년을 잡아 세운 채 예의바르게 물어보았다.

"성찬식에 있었지?"

"글쎄, 그랬을지도…… 그런데, 왜 물어?" 그는 업신여기는 듯이 나를 바라보며 대답했다.

나는 성찬식에서 무슨 일이 있었는지, 설교는 어떤 것이었는지, 내가 무엇을 했어야 했는지를 물었다. 소년은 나를 노려보더니 위협적인 목소리로 으르렁거렸다.

"성찬식을 빼 먹은 이단자! 난 네게 아무것도 얘기해 줄 수 없어. 네 아버지에게 가서 혼구멍이 나야 돼!"

나는 집에서는 과연 어떤 질문이 기다리고 있을지 생각하며 집을 향해 달렸다. 그들은 내가 성찬식에 빠졌다는 걸 금방 알아차릴 터였다. 그러나 노파는 내게 축하의 말을 건네고 난 뒤 한 가지만 물었다.

"점원에게 얼마 냈어? 많이 냈어?"

"5코페이카요." 나는 떠오르는 대로 말해 버렸다.

"그럼 보나마나 3코페이카를 점원을 위해 냈을 거고 7코페이카나 남았을 거 아냐, 이 나쁜 녀석!"

때는 바야흐로 봄이다. 매번 돌아오는 봄이지만 해마다 다른 옷을 입고 나타난다. 올봄은 지난봄보다 더 밝아지고 더 즐거워졌다. 푸른 새싹과 자작나무의 신선한 새 잎사귀들에서 나는 향기는 사람을 취하게 했다. 나는 따뜻한 땅에 누워 종달새 우는 소리를 듣고 싶어 견딜 수가 없었다. 하지만 겨울옷을 빨아 가방에 치우는 일을 도와야 했고, 잎담배를 따고 가구의 먼지를 닦아야 했다. 그리고 아침부터 밤까지 나에게는 달갑지도 않고 필요치도 않은 일에 매달려야만 했다.

자유시간이 생겨도 딱히 할 일이 없었다. 이 초라한 거리에서 즐길 수 있는 것이라고는 아무것도 없었다. 그렇다고 멀리 나가는 것 또한 허락되지 않았다. 마당은 지친 노동자들과 단정치 못한 요리사들, 세탁부들로 가득했고 저녁만 되면 혐오감이 이는 장면이 연출되었기 때문에 차라리 내가 장님이었으면 하고 바라기도 했다.

때로는 가위와 색종이들을 가지고 다락방에 올라가서는 그 종이들을 레이스처럼 오려서 서까래 위에 붙여보곤 했다. 하지만 그런 짓은 아무런 위안이 되지 못했다. 나는 어딘가로 떠나고 싶었다. 사람들이 그렇게 깊은 잠에 빠져 있지 않고, 그렇게 자주 싸우지 않고, 하느님에게 지치도록 불만을 늘어놓지 않고, 그렇게 자주 심한 소리를 해서 남의 마음에 상처주지 않는 그런 곳으로 갔으면 하고 간절히 바랐다.

부활절 토요일에 기적의 블라디미르 성모상이 오란스키 수도원에서 이 도시로 찾아왔다. 기적의 성모상은 유월 중순까지 이 도시에 머물면서 모든 신도의 집을 방문하기로 되어 있었다. 주인집에는 주중에 찾아왔다. 그때 나는 부엌에서 놋그릇을 닦고 있었는데 이 집 젊은 여주인이 자기 방에서 나오며 겁에 질린 목소리로 나를 불렀다.

"현관문을 열어! 오란스키의 성모님이 오셨어!"

나는 지저분한 작업복 차림 그대로 급히 아래층으로 뛰어 내려가 벽돌처럼 거칠어진 기름투성이 손으로 문을 열었다. 젊은 수도사가 한 손에 램프를 들고 다른 손에는 향로를 들고 조용히 웅얼거렸다.

"모두 자나요? 여기 좀 도와주세요……."

이곳 주민 두 사람이 비좁은 계단을 따라 무거운 성모상 케이스를 들고 올라갔고, 나는 더러운 손과 어깨로 케이스의 끝을 잡고 그들을 도와 성모상을 옮겼다. 뒤에서 수도사 몇 명이 낮고 굵은 목소리로 별다른 느낌 없이 노래를 부르며 따라왔다.

"성모님, 우리를 위해 기도해 주소서!"

나는 잠시 침울한 생각에 빠졌다.

"아줌마는 틀림없이 내가 더러운 손으로 성모상을 옮겼다고 화를 낼 테지!"

성모상은 깨끗한 종이가 덮인 두 개의 의자 위에 모셔졌고, 그 양 옆에는 젊고 잘생긴 두 수도사가 자리를 잡았다. 그들의 밝고 쾌활한 눈빛과 아름다운 머릿결은 천사를 연상케 했다.

그들은 기도문을 낭송하기 시작했다.

"오, 성모 마리아시여." 키 큰 사제가 선창을 했다. 그는 기도문을 낭송하는 동안 줄곧 풍성한 머리칼에 가려진 귓바퀴가 부풀어오르는 듯한 느낌에 안절부절못했다.

"성모 마리아시여, 우리를 위해 기도해주소서!" 수도사들이 지친 목소리로 뒤로 이었다.

나는 성모 마리아를 좋아했다. 외할머니 말씀에 따르면 성모님은 가난한 이를 위로하기 위해 이 땅에 온갖 꽃을 심고 세상의 모든 선과 아름다움, 그리고 모든 즐거움을 가져다준 분이었다. 성모상 손에 입을 맞추는 순서가 내게 돌아왔을 때 나는 앞서 어른들이 하는 행동을 보지 못했기 때문에 성모상 얼굴과 입술에 넙죽넙죽 키스를 했다.

누군가의 힘센 손아귀가 내 목덜미를 눌러 구석으로 끌고 갔다. 나는 수도 사들이 성모상을 가지고 나가는 모습은 기억나지 않지만, 주인 내외가 내 주위 마룻바닥에 앉아 두려움과 걱정에 싸인 채 내게 무슨 일이 일어날지에 대해 언쟁을 벌이던 모습은 생생하게 기억난다. 그들은 몹시 겁에 질린 채 나를 어떻게 처리해야 좋을지 의논하기 시작했다.

"신부님께 이 애를 좀 가르쳐주십사고 말씀드려야 할 것 같아." 주인은 악의 없이 나를 비난하며 말했다.

"무식한 놈! 성모상 입술에 키스를 해서는 안 된다는 것도 몰라? 학교에서 배웠어야지!"

며칠 동안 나는 내게 실제로 어떤 일이 일어날지 기다리며 자숙했다. 나는 더러운 손으로 성모상을 만지고 금지된 방식으로 인사를 올렸으니 그 대가를 치러야만 했다.

그러나 성모님은 순진한 사랑에서 비롯된 무의식적인 죄를 용서하신 것 같았다. 아니면 그 벌이 몹시 가벼워서 주인 내외의 빈번한 매질에 묻힌 채 모르고 지나쳤을 수도 있다.

이따금 나는 노파를 괴롭힐 생각에서 후회하듯이 물어보았다.

"성모 마리아께서 날 벌하시는 것을 잊어버린 모양이죠?"

"기다려 봐! 아직 더 두고 봐야지." 노파는 악의에 차서 대답했다.

다락의 서까래들 위에 분홍 찻종이나 은종이, 나뭇잎, 그리고 온갖 잡동사니를 붙여 놓고 나는 칼미크족이 떠돌며 노래 부르듯이 머리에 떠오르는 대로 아무 노래나 마구 불러댔다.

나는 다락에 앉아서
손에는 가위를 들고
종이를, 종이를 오린다네.
난 지진아인가봐.
난 바보인가봐.
내가 개라면

어디든 마음대로 뛰어다닐 것을.

하지만 사람들은 내게 온통 소리만 지른다네.

"앉아! 입 닥쳐! 이 악당! 매질로 피부가 벗겨지기 전에!"

노파는 내 작품을 보고 웃음보를 터트렸다.

"부엌도 좀 꾸며 놓지 그러냐?"

어느 날 주인이 직접 다락에 올라와서 내가 한 짓을 보더니 한숨을 쉬며 말했다.

"너 정말 웃기는구나. 페시코프, 이 악마 같은 녀석아! 도대체 넌 뭐가 될지 궁금하다, 마술사? 아님 뭐냐? 정말 짐작이 안 가." 그는 내게 니콜라이 1세가 새겨진 커다란 5코페이카짜리 동전을 주었다.

나는 가느다란 줄로 동전을 묶어서 장식들 가운데 가장 두드러지게 장식된 천장 가운데에 달아 놓았다. 하지만 며칠이 지난 뒤 그 동전은 사라져버렸다. 그 노파가 가져간 게 틀림없다.

5

그해 봄 나는 도망을 쳤다. 어느 날 아침 차와 빵을 사러 상점에 갔는데, 가게 주인이 자기 아내와 싸움을 하다가 저울 막대기로 그녀의 이마를 마구 때리고 있었다. 그녀는 거리로 뛰어 나가 길거리에 쓰러졌다. 곧 사람들이 모여들기 시작했다. 여자는 사륜마차에 태워져 병원으로 실려 갔고, 나는 그녀를 실은 마차를 뒤쫓아 뛰다가 나도 모르는 사이에 볼가 강까지 가고 말았다. 수중에는 20코페이카가 있었다.

봄 햇빛이 주변의 모든 것을 애무하고 드넓은 볼가 강이 내 앞을 굽이쳐 흐르고 있으며 땅이 소리와 공간으로 가득한데 나는 덫에 걸린 생쥐처럼 살고 있었다. 나는 다시는 주인집에 돌아가지 않겠으며, 그렇다고 쿠나비노의 외할머니에게도 가지 않겠다고 결심했다. 나는 외할머니와의 약속을 지키지 못한 게 마음에 걸려 외할머니를 만날 수가 없었다. 더군다나 외할아버지가 비웃어댈 것을 생각하면 쿠나비노에 돌아갈 엄두가 나지 않았다.

나는 2, 3일 마음씨 좋은 짐꾼들 덕에 배를 채우고 그들과 함께 야적장에서 잠을 자며 강변을 돌아다녔다. 얼마 안 되어 그들 가운데 한 명이 나에게 말했다.

"여기서 이러고 있지 말고 '좋은 사람'이라는 증기선에라도 가봐. 거기서 설거지 담당자를 찾고 있다더구나."

키가 크고 턱수염을 기른 식당 지배인이 챙만 달린 검은 실크 모자를 쓰고 안경 너머로 흐릿한 시선을 던지며 조용하게 말했다.

"한 달에 2루블이야. 신분증은?"

내게 신분증이 있을 리 없었다. 지배인은 곰곰이 생각하더니 제안을 했다.

"어머니를 데려와, 만나 보게."

나는 외할머니에게로 달려갔다. 외할머니는 그동안 내가 한 행동에 찬성을 표하고 외할아버지에게 직업 관리소에 가서 내게 신분증을 만들어주라고 말하고는 나와 함께 증기선으로 갔다.

"좋아." 우리를 살펴보며 지배인이 말했다. "따라와!"

그는 나를 선미로 데려갔는데, 거기에는 몸집이 큰 요리사가 흰 작업복에 흰 모자를 쓰고 작은 탁자에 앉아 굵은 시가를 피우며 차를 홀짝거리고 있었다. 지배인이 그 쪽으로 나를 밀었다.

"접시닦이다."

그러고는 곧바로 가 버렸다. 요리사는 콧방귀를 뀌면서 검은 콧수염을 쓰다듬으며 그의 등에 대고 소리쳤다.

"그저 싸게 먹히기만 하면 아무 녀석이나 데려다놓는다니까."

그는 짧게 깎은 검은 머리를 화난 듯이 흔들면서 검은 눈을 부릅뜬 채 몸을 곧추세우더니 숨을 내뿜으며 날카롭게 소리쳤다.

"넌 어떤 놈이냐?"

나는 그의 외모가 몹시 마음에 들지 않았다. 온통 흰 옷을 입었지만 왠지 더러워 보였고 손가락과 커다란 귀에도 털이 나 있었기 때문이다.

"배가 고픈데요."

내가 말하자 그는 눈을 몇 번 껌뻑거리더니 갑자기 험상궂은 얼굴 가득 미소를 지었다. 살이 통통하고 불그레한 뺨이 출렁이는 파도처럼 귀 밑에까지 일그러지는 그의 미소 때문에 꼭 말의 이빨 같은 커다란 치열이 활짝 드러났고 콧수염이 부드럽게 흘러 내렸다. 그는 마치 뚱뚱하고 선량한 부인 같았다.

그는 찻잔에 남은 것을 쏟아버리고 나를 위해 새로 한 잔 붓더니 프랑스식 롤빵과 큰 소시지 한 조각을 내밀었다.

"먹어! 부모님은 계시고? 도둑질은 할 줄 알아? 그래, 걱정할 것 없어. 여기서는 모두가 도둑이니까. 곧 가르쳐줄게!"

그가 말하는 것은 꼭 개가 짖는 것처럼 들렸다. 그의 넓적한 얼굴은 면도 자국으로 푸르둥둥했고, 콧수염을 덮은 듯이 부풀어 오른 커다란 코는 그 주위에 몰린 불그레한 혈관 때문에 자줏빛을 띠었다. 아랫입술은 혐오스럽게 축 늘어져 있는데 그 입술 한쪽 끝에는 담배가 꽂혀 있었다. 그의 몸에서 자작나무 향기와 독한 비누 냄새가 나고 관자놀이와 목덜미에 굵은 땀방울이 맺힌 것을 보아 그는 방금 목욕탕에서 나온 게 틀림없었다.

내가 차를 마시고 나자 그는 1루블짜리 지폐를 내놓으며 말했다.

"가서 이걸로 앞치마를 두 개 사와. 가만, 내가 사오지!"

그는 모자를 똑바로 쓰고 마치 곰처럼 갑판을 디디며 몸을 좌우로 흔들면서 걸어갔다.

밤이 되자 달이 떠올랐다. 밝은 달빛이 배에서부터 왼쪽의 초원으로 흘러들어갔다. 낡은 증기선이 서서히 나아가자 은빛 수면 위에 물보라가 있었다. 어두운 강기슭이 배를 맞이하기 위해 조용히 떠올라 그림자를 던졌다. 강 건너에 있는 한 농가의 창문에서 어슴푸레한 등불빛이 새어나와 물 위로 비추었다. 한 마을에서는 소녀들이 노래하고 있었다. 소녀들은 노래를 부르며 즐거운 한때를 보냈는데 '아일룰리'를 부를 때는 "알렐루야"처럼 들렸다.

우리 배는 똑같이 붉은 색으로 칠해진 바지선*3을 기다란 밧줄로 예인하고 있었다. 그 배의 갑판에 마련된 철창 안에는 유형이나 징역형을 선고받은 죄수들이 가득했다. 바지선 뱃머리에서는 보초병의 총검이 촛불처럼 반짝거렸다. 바지선에서는 아무 소리도 들리지 않았고 그저 처연히 달빛을 받고 있을 뿐이었다. 간혹 쇠창살 안에서 희미하게 움직이는 사람들이 보였다. 볼가 강을 내려다보는 죄수들이었다. 강물은 흐느끼는 것 같기도 하고 울부짖는 것 같기도 하고 수줍게 웃는 것 같기도 했다. 강은 예배당처럼 고요했으며 예배당에서 나는 것과 같은 기름 냄새가 났다.

바지선을 바라보며 나는 어렸을 때 아스트라한에서 니주니로 갈 때가 생

---

*3 하천이나 운하에서 화물을 나르는데 쓰는 배.

각났다. 어머니의 차가운 얼굴과, 힘들기는 해도 흥미로운 세상으로 날 보내준 외할머니가 떠오르기도 했다. 외할머니를 생각할 때면 인생살이의 더럽고 모멸스러운 것들이 모두 사라지고 모든 게 더욱 흥미롭고 유쾌하게 바뀌었다. 그리고 사람들이 더 좋아 보이고 다정해 보였다.

밤의 아름다움은 눈물이 날 정도로 감동적이었다. 특히 온화한 밤에 고요히 흐르는 강물 위에 떠 있는 바지선은 관 모양과 흡사한데다 몹시도 고독해 보이는 게 깊은 인상을 주었다. 강기슭의 들쭉날쭉한 능선은 유쾌한 상상을 불러 일으켰다. 나는 좋은 사람이 되고 싶고 세상에 보탬이 되는 사람이 되고 싶었다.

우리 증기선에 탄 사람들은 모두 이상한 특징을 지니고 있었다. 그들은 남녀노소할 것 없이 비슷해 보였다. 배는 아주 천천히 나아갔다. 바쁜 사람은 빠른 우편선을 이용했고, 우리 배에는 그다지 할 일이 없는 사람들이 몰려들었던 것이다. 그들은 노래하고 음식을 먹으면서 컵과 접시, 칼, 포크, 스푼들을 모조리 더럽혀 놓았으므로 나는 아침 6시부터 거의 밤늦게까지 설거지를 해야 했다. 낮 2시부터 6시까지와 밤 10시부터 자정까지는 좀 한가했는데, 이 시간에는 손님들이 식사를 하기보다는 주로 차나 맥주, 보드카를 마셨기 때문이다. 간이식당 식탁에 모여 앉은 사람들과 나의 선임자에게는 이때가 자유 시간이었다. 요리사 스무리는 그의 보조원 야코프 이바니치와 접시닦이 막심, 술집 급사 세르게이와 배 승강구 근처 탁자에 둘러앉아 차를 마시곤 했다. 세르게이는 번지르르한 눈동자에 툭 튀어나온 광대뼈와 마맛자국이 있는 꼽추였다. 야코프는 누렇게 변한 이빨을 드러내고 흐느끼듯 웃으면서 추잡한 이야기를 늘어놓곤 했는데, 그러면 세르게이는 입이 찢어지게 웃었고 막심은 엄하고 흐릿한 눈으로 말없이 그들을 바라보았다.

"에이, 저 더러운 모르도바 인들!" 나이 먹은 요리사가 가끔씩 굵직한 목소리로 내뱉었다.

나는 이 사람들이 마음에 들지 않았다. 뚱뚱한 대머리 야코프 이바니치는 늘 여자들에 대해 지껄였고 그것도 늘 추잡한 이야기만 했다. 그의 얼굴은 좀 멍해 보였으며 푸르스름한 뾰루지가 잔뜩 나 있었다. 한쪽 볼에 난 검은 점에는 한 다발의 붉은 털이 자라 있었는데 그는 그것들을 비비꼬아서 잡아 뽑곤 했다. 갑판 위에 마음씨 좋고 쾌활해 보이는 여자 승객이 나타나면 그는 굽실거리며 그녀의 시중을 들었다. 그는 그녀에게 동정을 호소하듯 연약한 목소리로 말했고, 혀를 재빨리 움직여 입술을 핥아댔다. 나는 왠지 그가 망나니일 것 같은 생각이 들었다.

"여자를 잘 다룰 줄 알아야 한다고." 그는 세르게이와 막심에게 가르쳤다. 그러면 그들은 주의깊게 귀를 기울여 듣다가는 입을 삐죽 내밀며 얼굴을 붉히곤 했다.

"저 더러운 놈!" 스무리가 혐오스런 표정으로 내뱉고는 힘겹게 일어나면서 내게 명령했다. "페시코프, 가자!"

선실로 와서 그는 가죽으로 씌운 책을 내놓으며 얼음창고 벽에 걸린 그물 침대에 누웠다.

"읽어라!"

나는 상자 위에 걸터앉아 주의깊게 읽기 시작했다.

"별의 본그림자*⁴는 하느님과 사이가 좋다는 뜻이며 신성모독과 죄악으로부터 자유롭다는 뜻이다."

스무리는 담배에 불을 붙이고 뻐끔뻐끔 피우더니 소리쳤다.

"멍청한 놈들! 그 따위를 쓰다니……."

"발가벗은 왼쪽 가슴은 순결한 영혼을 의미한다."

"누구 가슴 말이야?"

"그런 말은 없는데요."

"그렇다면 그건 여자의 가슴을 말하는 걸 거야. 그것도 음탕한 여자의 가슴이겠지."

그는 눈을 감고 팔베개를 하고 누웠다. 담배가 거의 다 타들어간 채 입술 끝에 물려 있었다. 그는 혓바닥으로 담배를 곧추세우면서 가슴 깊숙이 담배연기를 들이마셨다. 그의 굉장히 큰 얼굴이 금세 진한 담배연기에 휩싸였다. 가끔 그가 졸고 있는 것 같아서 나는 읽는 것을 멈추고 이 지루하기 짝이 없는 책을 이리저리 펼쳐 보았다. 그러면 그는 쉰 목소리로 말하는 것이었다.

"계속 읽어!"

"덕망 높은 이가 대답하였다. '여기를 보라! 슈베리얀 형제여.'"

---

*4 빛을 전혀 받지 못해 아주 깜깜하게 나타나는 그림자.

"시베리얀이야."

"아니, 슈베리얀이라고 씌어 있어요."

"그래? 악마의 농간이겠지! 끝 부분에 시가 있지? 거기부터 읽어 봐!"

나는 그 부분을 찾아 읽기 시작했다.

"오, 우리 일을 알고 싶어 안달하는 무례한 자여,

그대의 그 허약한 눈으로는 결코 엿볼 수 없으리.

요정들이 어떻게 노래하는가를 그대는 결코 알지 못하리!"

"그만! 그건 시가 아니야. 책을 이리 줘 봐!"

스무리는 화를 내며 두껍고 푸른 책장을 이리저리 넘기다가 매트리스 밑에 처넣었다.

"다른 걸 가져 와!"

불행하게도 그의 검은 가방에는 그것 말고도 많은 책이 들어 있었다. 《평화의 계율》, 《포병대의 기록》, 《세덴갈리 경의 편지》, 《페스트균 예방법에 의한 유독성 빈대 퇴치·박멸법》…… 등등 책은 끝도 없이 많았다. 가끔 요리사는 이 책들을 하나씩 끄집어내어 그 제목을 읽으라고 시켜놓고도 막상 내가 책 제목을 읽기 시작하면 화가 난 듯 소리쳤다.

"도대체 무슨 소리야? 입술만 우물쩍거리니까 하나도 알아들을 수가 없잖아. 빌어먹을 게르바시 놈이 나랑 무슨 상관이람!"

이상한 단어들과 낯선 이름들은 쉽게 기억나지 않고 혀 끝에서만 맴돌았다. 그 속에 무슨 숨은 뜻이라도 있지 않을까 하는 마음에 매번 나는 그것들을 입으로 되뇌게 되는 것이었다. 둥근 창 밖에는 강물이 끊임없이 노래하며 찰싹거렸다. 갑판 후미로 가면 참 유쾌할 터였다. 그곳에서는 차(茶) 상자들 옆에 선원들과 화부들이 모여 있을 것이고, 승객들이 모여 카드를 치고 노래를 부르며 재미있는 이야기들을 나눌 것이었다. 그들과 함께 앉아서 단순하고 이해하기 쉬운 이야기를 들으며 카마 강둑과, 곧게 뻗은 침엽수림, 홍수가 나서 작은 호수가 생긴 초원을 바라본다면 얼마나 좋을까? 증기선은 육지에서 점점 멀어져 가는데 아직도 강변 어딘가에서 보이지 않는 종소리가 울려와 마을과 사람들에 대한 그리움을 안겨주었다. 어부의 고함소리가 나뭇잎처럼 파도에 흔들리고 있었다. 강둑 위로 작은 마을이 시야에 들어 왔다. 한 떼의 소년들이 강가에서 첨벙대고 있었고 붉은 셔츠를 입은 사내들이 좁고 길게 깔린 모래사장을 가로질러 걸어갔다. 저 멀리 강가의 모든 것들이 장난감처럼 작고 알록달록하여 재미있다는 생각이 들었다.

강가와 바지선에다 대고 뭔가 친근하며 듣기 좋은 말을 외치고 싶은 충동이 일었다. 특히 붉은 칠을 한 배는 내 마음을 사로잡아서 나는 한 시간 동안 눈 한번 떼지 않고 흙탕물에 코를 들이박은 듯한 그 모습을 지켜보았다. 우리 증기선은 돼지를 끌고 가는 양 그 바지선을 이끌고 있었다. 예인 밧줄 두 개가 느슨해져서 물 위를 철썩거리다가 다시 팽팽해지면서 바지선을 바짝 당기곤 했다. 나는 짐승처럼 철창 속에 갇혀 있는 사람들 얼굴이 몹시 보고 싶었다. 페르미에 도착하여 그들이 내릴 때 나는 통로를 따라갔는데, 내 옆으로 잿빛을 띤 열 두어 명의 죄수들이 족쇄 찬 발을 둔탁하게 철렁거리며 걸어갔다. 등에 짊어진 행낭이 무거운지 허리를 굽힌 채였다. 여자들도 있었고 남자들도 있었다. 늙은이도 있었고 젊은이도 있었으며 잘생긴 사람도 있었고 못생긴 사람도 있었다. 그들 모두는 색다른 옷에 흉하게 빡빡 깎은 머리만 아니라면 보통 사람과 다를 바가 없었다. 물론 그들은 강도범들이었다. 하지만 외할머니는 죄수들에 대해서 호의적인 말을 많이 하지 않았던가. 누구보다 더 흉악한 범죄자처럼 생긴 스무리는 음울한 눈빛으로 바지선을 바라보며 중얼거렸다.

"오, 하느님. 저런 운명만은 피하게 하소서……."

한번은 내가 이렇게 물어보았다.

"왜 그렇게 말해요? 저 사람들은 살인을 하거나 도둑질을 해서 저렇게 된 거지만 아저씨는 요리를 할 뿐이잖아요."

"난 요리를 하는 게 아냐. 주방을 위해 음식을 준비할 뿐이지. 요리란 여자들이나 하는 거지." 그가 웃으면서 대답했다. 그러고는 잠시 생각에 잠기더니 이렇게 덧붙였다. "사람과 사람의 차이는 머리에 있다고. 어떤 놈은 영리하고, 어떤 놈은 어리석지. 또 어떤 놈은 완전히 멍텅구리일 수 있고. 똑똑해지려면 말이야, 올바른 책을 읽어야 해. 마술 책도 읽고…… 그리고 또 무슨 책이 있더라…… 하여튼 닥치는 대로 읽다보면 책 속에서 올바른 것을 찾을 수 있다고."

그는 언제나 나를 격려했다.

"읽어 봐! 이해가 안 되면 일곱 번이라도 다시 읽어. 열 번으로 안 되면 백 번이라도 읽으라고……."

그는 과묵한 지배인을 포함한 배 안의 모든 사람들에게 무뚝뚝하게 대했다. 혐오스럽다는 듯 아랫입술을 내밀고 콧수염을 매만지다가 돌을 던지듯 말을 툭툭 내뱉었다. 그러나 내게는 늘 친절하게 대해주고 관심을 보여주었다. 하지만 그의 관심에는 나를 두렵게 하는 무언가가 있었다. 때때로 그는 마치 외할머니 동생처럼 반쯤 정신 나간 사람으로 비쳤다. 이따금 그는 이렇게 말했다.

"책 읽을 시간은 많지……."

그러고는 눈을 감고 한참동안 누워 있곤 했다. 그럴 때면 그의 커다란 배가 출렁거렸고, 시체처럼 가슴에 올려놓은 손이 가볍게 움직이곤 했다. 그 모양은 마치 보이지 않는 바늘로 보이지 않는 양말을 짜고 있는 것 같았다. 그러다가 갑자기 중얼거리는 것이었다.

"그래, 네게는 지혜가 있어. 가라, 가서 살아라! 모두에게 골고루 지혜가 주어지는 것은 아니다. 모든 사람이 똑같은 머리를 가졌더라면……. 아니야, 어떻게 그럴 수가 있어……. 어떤 놈은 말귀를 알아듣고, 어떤 놈은 못 알아듣고, 또 어떤 놈은 아예 알아들으려고 하지도 않는단 말이야!"

그는 이야기 중간 중간에 자신의 군대 생활을 말하기도 했다. 그러나 나는 그 의미를 잘 이해하지 못했고 재미를 느끼지도 못했다. 더욱이 그는 처음부터 차근차근 이야기하는 게 아니라 기억을 더듬듯이 말을 해대는 것이었다.

"연대장이 말이야, 병사를 불러놓고 물어봤어. '중위가 뭐라고 했지?' 그러자 병사는 있는 대로 대답했지. 군인은 거짓말을 하면 안 되거든. 그렇지만 중위는 벽창호를 보듯 그를 바라보다가 돌아섰어. 머리를 떨구고 말이야……."

요리사는 담배 연기를 내뿜더니 화난 듯이 중얼거렸다.

"참 나! 무얼 말하고 무얼 말해선 안 되는 것인지 내가 알 수 있어? 결국 중위는 요새에 갇히고, 그 어머니는…… 아, 제기랄. 내가 뭐 배운 게 있어야지."

무더운 날씨였다. 모든 게 진동하는 듯했다. 물결이 객실 철벽을 때리고 배의 타륜이 오르락내리락 했다. 강이 빛줄기 속에서 넓게 흐르고 있었다. 멀리 강변에 초원이 나타났다. 모든 소리에 익숙해지자 오히려 사방이 고요하게 느껴졌다. 뱃머리에서 병사들이 음침하게 "세—에—븐! 세—에—븐!" 하고 외쳤는데도 조용한 것처럼 느껴졌다.

나는 어떠한 일에도 끼어들고 싶지 않았다. 무엇에 귀를 기울이거나 일을 하고 싶지도 않았고, 그저 기름때와 주방의 후끈거리는 열기가 없는 곳에 앉아 있고 싶었다. 그늘에 앉아 물 위를 미끄러지는 고요하고 정지된 것 같은 삶을 반쯤 잠든 채로 바라보고만 싶었다.

"읽어라!" 요리사 스무리가 화난 듯이 명령했다.

일등 선실 급사들도 그를 두려워했으며, 심지어 농어처럼 생긴 침울하고 말이 없는 지배인조차도 스무리를 겁내고 있었다.

"에이, 이봐! 돼지들아!" 요리사가 식당 급사들에게 소리를 질렀다. "이리 와봐, 도둑놈들아! 이 더러운 아시아 녀석들……."

선원들과 화부들은 그를 존경의 마음으로 대했다. 그는 그들에게 수프를 만들고 남은 고기 조각을 주기도 했고 그들 고향이나 가족에 대해 묻기도 했다. 이 배 안에서는 번들번들하고 까맣게 그을린 백러시아 출신 화부들이 가장 멸시를 받았다. 그들은 하나같이 '야크'라는 이름으로 불렸다. 사람들은 '야크처럼 나는 느릿느릿 강변을 걸었네' 하고 놀려댔다.

스무리는 사람들이 화부들을 놀리는 걸 들으면 화가 나서 시뻘게진 얼굴로 호통을 쳤다.

"왜 조롱을 당하고도 가만 있는 거야, 이 멍청한 녀석들아! 저 자식들 얼굴에 소스라도 뿌리란 말이야."

한번은 잘생겼으나 성질이 고약한 갑판장이 스무리에게 말했다.

"백러시아인들은 소러시아인들이나 마찬가지야. 그들은 똑같은 하느님을 믿는다고!"

그러자 요리사는 그의 옷깃과 허리 벨트를 잡아 공중으로 번쩍 들어 올리고는 이리저리 흔들어 대며 물었다.

"어때, 한번 박살나 볼래?"

이들 둘은 자주 싸웠다. 때로는 주먹질도 했지만 스무리가 맞은 적은 거의 없었다. 그는 정말 초인적인 힘의 소유자인데다 선장의 아내가 그의 편이었기 때문이다. 그녀는 남자 같은 얼굴에 키가 크고 뚱뚱했으며 어린 남자아이 같은 보드라운 머릿결을 가진 여자였다.

스무리는 보드카를 많이 마시곤 했지만 결코 취한 적이 없었다. 아침에 일어나면 보드카 한 병을 네 모금 만에 다 비웠고, 그런 다음에는 저녁 때까지 맥주를 홀짝거렸다. 그럴 때면 그의 얼굴은 서서히 갈색으로 변해 가면서 눈이 점점 커졌다.

어떤 날 하얀 요리사 복장을 한 그 거구의 사내가 승강구에 걸터앉아 몇 시간 동안 아무런 말 없이 먼 수평선을 하염없이 바라보았다. 이럴 때면 모두들 그를 더욱 꺼려했지만 나는 오히려 측은한 생각이 들었다. 주방에서 야코프 이바느이치가 번들거리는 대머리의 땀을 닦아내며 걸어 나왔다. 그는 손을 내저으며 소리쳤다.

"생선이 떨어졌어요!"

"소금 친 양배추가 있으니까 괜찮아."

"사람들이 생선 수프나 찐 생선을 달라면 어떡해요?"

"아무거나 사용하라고. 먹으면 다 똑같은 걸 뭐."

때때로 나는 용기를 내어 그에게 다가갔다. 그는 눈에 힘을 주어 나를 쳐다보았다.

"뭐 필요해?"

"아무것도 아니에요."

"그럼 됐어."

한번은 이런 질문을 던져 보았다.

"왜 모든 사람들이 아저씨를 두려워하죠? 아저씨는 좋은 분인데 말이에요."

예상과 달리 그는 화를 내지 않았다.

"난 네게만 좋은 사람이다."

그러고는 단순하면서도 사려깊게 덧붙였다.

"그래, 난 모든 사람에게 선의를 갖고 있지. 다만 그것을 겉으로 드러내지 않을 뿐이야. 겉으로 드러냈다간 사람들이 기어오를 테니까. 친절하게 대해 주면 사람들은 내가 늪지대에 솟은 흙더미나 되는 것처럼 짓밟을 거야. 가서 맥주나 좀 갖고오렴."

그는 거푸 맥주잔을 비우면서 콧수염을 문지르고는 말했다.

"꼬마야, 네가 조금만 더 나이가 들었더라면 내가 많은 것을 가르쳐 줄 텐데. 난 남자에게 할 말이 많은 사람이야. 바보가 아니라고⋯⋯. 하여튼 너는 책을 읽어야 돼. 책 속에 네가 필요로 하는 모든 것이 들어 있어. 책이란 쓰레기가 아니야! 한잔 할래?"

"싫어요."

"좋아, 마시지 않는 게 잘하는 거야. 술에 취한다는 것은 슬픈 일이지. 보드카는 악마나 마찬가지야. 내가 부자라면 널 학교에 보낼 텐데 말이야. 배우지 못한 사람은 소나 마찬가지야. 소는 멍에에 메이거나 고기를 제공하는 게 고작이거든."

선장 아내가 스무리에게 고골의 책을 주었다. 나는 《무서운 복수》를 읽었는데 아주 마음에 들었다. 하지만 그는 화를 내며 소리치는 것이었다.

"터무니없는 얘기야! 다른 책을 읽도록 해."

그는 내게서 책을 낚아챈 다음 선장 아내에게 가서 다른 책을 얻어와서는 거친 목소리로 명령했다.

"읽어봐, 타라스⋯⋯ 어쩌구하는 제목인데, 뭐라더라? 어쨌든 아주 좋다고 했어. 좋긴 누구에게 좋아? 그 여자가 좋으면 나도 좋단 말인가? 나는 아니야. 그 여자, 머리를 짧게 깎았더군! 귀는 왜 안 잘랐는지, 나 원 참."

타라스 불바가 오스타프에게 결투를 청하는 대목에서 그는 웃음을 터뜨렸다.

"일이 다 그렇고 그렇지 뭐! 물론이야! 너는 배운 놈이지만 나는 힘이 세다, 뭐 그런 식이지! 사람들이 이 책에 대해 뭐라 그래? 멍청이들!"

그는 주의 깊게 들었지만 자주 투덜거렸다.

"에이, 엉터리야! 어떻게 사람을 어깨에서 허리까지 반쪽을 낼 수가 있단 말이야? 어떻게 창을 위로 찌를 수가 있어? 창이 부러지지⋯⋯ 나도 군인이었다고⋯⋯."

안드레이의 배신에 그는 몹시 불쾌해 했다.

"비열한 놈이군! 여자들처럼 어리석은 녀석 같으니⋯⋯."

그러나 타라스가 자기 아들을 죽이는 대목에 이르자 요리사는 그물 침대 밖으로 발을 내딛으며 몸을 굽히고 울었다. 그의 뺨에서 눈물이 주르르 흘러 갑판 위에 떨어졌다. 그는 탄식을 하며 중얼거렸다.

"오, 하느님! 오, 하느님!"

그러고는 갑자기 내게 소리쳤다.

"빨리 읽어, 이 꼬마 녀석아!"

오스타프가 죽기 직전에 '아버지, 제 말이 들리세요?' 하고 소리치는 대목에서 그는 다시 더욱더 비통한 눈물을 흘렸다.

"모두 다 죽었구나……." 요리사 스무리가 흐느꼈다. "모두가! 다 끝났어? 이야, 정말 끔찍한 이야기구나! 하지만 타라스는 정말 남자다웠어, 어떻게 생각해? 정말 남자답지 않았어?"

그는 내 손에서 책을 받아들고 조심스럽게 살펴보다가 책 표지 위에 눈물을 떨어뜨렸다.

"좋은 책이야, 늘 옆에 두고 보아야 할 책이지."

그 다음에 우리는 《아이반호》를 읽었는데 스무리는 리처드 플랜태저넷을 몹시 좋아했다.

"이 사람이야말로 진정한 왕이다!" 그는 감동하여 소리쳤다.

그러나 내게는 지루하기만 했다. 그와 나는 좋아하는 책이 완전히 달랐다. 나는 《토마스 존스의 이야기》라든가 《업둥이 톰 존스의 전기》 같은 책을 대단히 좋아했는데 스무리는 이에 대해 불만을 나타냈다.

"터무니없는 것들! 뭘 하러 토마스 같은 놈에게 관심을 두지? 뭐가 좋은 거야? 다른 책은 없나?"

한번은 내가 금서라는 게 있는데, 그것은 밤에 몰래 지하실에서나 읽는 것이라고 말하자 그의 눈이 동그래졌다.

"그게 뭐야? 거짓말이지?"

"거짓말 아니에요. 한번은 신부님이 고해성사 때 내게 금서를 읽은 적이 있냐고 물어보기까지 한 걸요. 사람들이 그런 책을 읽으면서 우는 것도 보았어요."

요리사는 진지하게 내 얼굴을 바라보더니 물었다.

"누가 울었어?"

"듣고 있던 젊은 여자였어요. 하지만 또 한 사람은 두려워서 달아났지요."

"졸면서 꿈을 꾼 게지." 스무리는 천천히 눈을 내리감으면서 잠시 침묵을 지키다가 중얼거렸다.

"물론 어딘가에 내가 모르는 게 있겠지. 나는 모든 걸 다 알 만큼 나이가 많지는 않으니까. 게다가 내 성격상…… 글쎄, 그러니까 그게 말이야……."

그는 한참 동안 열변을 토했다.

나는 나도 모르는 사이에 책을 읽는 습관이 들었고, 이젠 아주 즐거운 마음으로 책을 손에 들게 되었다. 책에 쓰여 있는 것은 암담한 현실과는 달랐으므로 나는 이 점을 좋아하게 된 것이다.

스무리도 독서에 점점 열을 올렸고, 작업 중인 나를 끌어내는 경우가 점점 많아졌다.

"페시코프, 와서 책 읽자."

"닦지 않은 접시가 산더미처럼 쌓였어요."

"막심보고 닦으라고 해."

그는 내 일을 선임 접시닦이에게 막무가내로 떠맡겼기 때문에 막심은 유리잔을 깨뜨림으로써 불만을 나타냈다. 그러자 지배인이 내게 조용히 경고했다.

"배에서 내리게 하겠어."

어느 날 막심이 일부러 더러운 물이 담겨 있는 통에 유리잔 몇 개와 찻잎들을 넣어 놓았다. 나는 물을 배 밖으로 쏟아 버렸는데 유리잔도 함께 날라가 버렸다.

"이건 내 탓이다!" 스무리가 지배인에게 말했다. "내 앞으로 달아봐, 내가 변상하지."

급사들은 험악한 눈초리로 나를 보며 쑥덕거리곤 했다.

"이봐, 책벌레! 도대체 돈을 얼마나 받고 그러는 거야?" 그리고 그들은 내게 되도록 많은 일을 시키려고 애썼으므로 필요 이상으로 접시들을 더럽혔다. 나는 이런 상황은 결국 내게 아주 나쁘게 끝을 맺을 거라고 생각했고, 그 생각은 틀리지 않았다.

어느 날 저녁 어떤 작은 부두에서 뺨이 발그레한 부인이 핑크빛 블라우스에 노란 외투를 입은 처녀와 함께 배에 올랐다. 둘 다 술을 마신 상태였다. 부인은 미소를 지으며 무릎을 살짝 굽혀 인사했다.

"용서하세요, 여러분. 술을 마실 일이 좀 많아서…… 재판을 한다며 끌고 갔다가 다시 풀어주더군요. 그래서 기쁜 마음에 조금 마셨어요."

그 처녀 또한 흐릿한 눈길로 승객들을 바라보며 웃었다. 그리고 부인을 옆으로 밀어내며 말했다.

"하지만 당신, 당신은 추잡한 인간이에요! 우린 당신을 알아요."

그들은 이등 선실에 자리를 잡았는데 이 선실은 야코프와 막심, 그리고 세르게이가 잠을 자는 선실 맞은편에 있었다. 부인은 금세 어디론가 사라져 버렸다. 그러자 세르게이가 그 자리로 가서 처녀에게 다가앉으며 그 개구리 같은 입을 탐욕스럽게 나불대기 시작했다.

그날 밤, 나는 일을 끝내고 탁자에 엎드려 잠깐 잠이 들었는데 세르게이가 다가와서는 내 손을 잡아 끌며 말했다.

"어서 이리 와봐, 총각 딱지를 떼게 해줄게."

그는 취해 있었다. 나는 그의 손을 뿌리치려고 했지만 그가 나를 쥐어박으며 말했다.

"가자고!"

막심이 달려 들어왔다. 그도 역시 취해 있었다. 그들 둘은 나를 끌다시피 해서 갑판을 지나 자신들의 선실로 데려갔다. 하지만 그 선실 입구에는 스무리가 서 있었다. 문 안쪽에서는 야코프가 문설주 기둥에 기대어 있었다. 처녀가 그의 등을 팔꿈치로 쿡쿡 찌르면서 술 취한 목소리로 외쳐댔다.

"꺼져 버려!"

요리사 스무리가 세르게이와 막심의 손에서 나를 끌어낸 다음 그들의 머리칼을 거머쥐고 서로 박치기를 시켜 밖으로 내던지자 그들은 갑판 위에 나동그라졌다.

"이 더러운 아시아 놈아!" 그는 야코프에게 소리친 뒤 그의 코 앞에서 문을 쾅 닫았다. 그러고 나서 나를 앞으로 떠밀며 소리쳤다.

"여기서 나가!"

나는 배 뒤쪽으로 달려갔다. 구름이 잔뜩 낀 밤이어서 강이 시커멓게 보였다. 배가 지나간 강물 위에는 부글거리는 거품으로 두 줄기 골이 생겨 저 보이지 않는 강변까지 이어지고 있었다. 이 두 갈래 거품선 사이로 운하용 화물 바지선이 따라왔다. 오른쪽에서, 또 이번에는 왼쪽에서, 붉은 등불빛이 나타나서는 아무것도 비추지 못했다. 이 불빛은 강변이 갑자기 구부러지면서 사라져 버렸다. 그러자 강변은 더욱 어두워지고 무시무시해졌다.

스무리가 다가와 내 옆에 앉으면서 한숨을 푹 내쉬고는 담배를 물었다.

"놈들이 널 그 여자한테 데려 가려고 했지? 에크, 짐승 같은 놈들! 내 그놈들 수작을 엿들었기에 망정이지……."

"그 여자도 당신이 구해 주었어요?"

"여자?" 그는 그 여자에 대해 뭐라고 욕을 하고는 침울한 목소리로 말했다. "여기는 아주 형편 없는 놈들투성이야. 이 배는 시골보다도 더 나쁜 곳이야. 시골에서 살아 봤어?"

"아뇨."

"시골이란 정말 비극밖에 없는 곳이지. 특히 겨울에는 더 해!"

그는 담배를 배 밖으로 내던지고 잠시 말이 없다가 다시 입을 뗐다.

"넌 돼지 우리에 떨어진 거야. 정말 안타깝다고. 사실 모든 사람이 안타깝지. 도대체 어떻게 해야 되는 건지…… 무릎을 꿇고 애원이라도 하고 싶어. '이 녀석들아, 그렇게도 앞이 안 보여?'라고 말이야. 어리석은 녀석들!"

증기선이 길게 고동을 울렸다. 두 개의 예인 밧줄이 수면을 찰싹찰싹 때렸다. 짙은 어둠 속에서 등불이 위 아래로 희미하게 흔들거리며 항구가 어딘지를 가리켰다. 또 다른 등불이 어둠 속에서 떠올랐다.

"'술 취한 숲'이라는 소나무 숲이 있지." 요리사 스무리가 중얼거렸다. "피아나야라는 강이 있고, 피안코프라는 선장과 자피보힌이라는 작가가 있었어. *5 나는 강변을 따라가고 있었어."

거칠어 보이는 캄스카 부인과 소녀들이 해안에서 긴 수레를 이용해 장작을 나르는 것이 보였다. 그들은 두 명씩 짝을 지어 기관실 창고에 도착해서 검은 구멍 속에 장작을 던져 넣으며 소리쳤다.

"트루샤!"*6 그들이 장작을 가져오면 선원들은 가슴이 어떻다는 둥 다리가 어떻다는 둥 하면서 놀려댔다. 그러면 여자들은 욕을 하며 침을 뱉곤 했다. 나는 이런 모습을 수십 번도 더 보았다. 배가 정박할 때마다, 장작을 새로 들일 때마다 똑같은 광경이 벌어지곤 했던 것이다.

나는 벌써 매우 나이가 든 느낌이었다. 이 배에서 지낸 것도 수십 년이나 되는 것처럼, 이제는 내일 아침이나 다음 주, 또는 내년에 무슨 일이 있으리라는 것을 전부 알 수 있었다.

다시 날이 밝았다. 항구 너머 모래곶 위로 침엽수림이 힘차게 솟아 있었

---

*5 피아나야는 '술 취한'이란 뜻이고, 다른 이름들도 어원은 같다.
*6 '밀림', '오래된 나무'라는 뜻의 러시아어. 나무를 나를 때 외치는 구호.

다. 산과 숲속에서 여자들이 돌아다니며 웃고 노래를 불렀다. 목재 운반용 긴 수레를 밀고 다니는 그들 모습은 마치 군인들 같았다.

갑자기 울고 싶은 충동을 느꼈다. 가슴속에서 눈물이 끓어올랐다. 그러나 우는 것은 부끄러운 일이다. 나는 블랴힌이라는 선원을 도와 갑판을 닦았다.

블랴힌은 그다지 눈에 띄지 않는 사람이었다. 그는 지친 듯 힘없이 구석에 처박혀 그 작고 밝은 눈만 반짝거리곤 했다.

"내 진짜 이름은 블랴힌이 아냐. 알다시피…… 우리 엄만 거리의 여자였지. 우리 누이도 그랬고, 그게 그들의 운명이었으니까. 운명이라는 것은 말이야, 그러니까 우리 모두에게 닻과 같은 거야. 너는 한 방향으로 가기를 원하지만, 오, 잠깐만 기다려!"

그러고 나서 그는 갑판을 걸레로 닦더니 조용히 말했다.

"여자들이 얼마나 해를 끼치는지 봤지? 다 그렇다고! 축축한 장작은 한참 뒤에야 불이 붙는 법. 나는 그런 일은 상관치 않아, 관심 없어. 내가 여자 아이로 태어났다면 저수지에 빠져 죽고 말았을 거야. 그 다음에는 거룩하신 예수님과 함께 있을 것이기 때문에 아무에게도 해를 끼칠 수가 없지. 그렇지만 여기에 있는 동안은 언제든 불이 붙을 가능성이 있어. 고자들은 어리석지 않아. 그들은 현명하고 점을 잘 치지. 그래서 그들은 하찮은 일은 제쳐두고 순결하게 하느님께 봉사하는 일을 찾는다고."

우리들 옆으로 선장 아내가 물웅덩이를 피해 치마를 살짝 들어 올리고 지나갔다. 그녀는 키가 훤칠하고 균형이 잡혔으며 천진하고 밝은 얼굴이었다. 나는 그녀를 뒤쫓아가서는 말을 걸고 '제발 내게 무슨 말이든 하세요! 한마디만 해주세요!'라고 진심으로 간청하고 싶었다.

배가 서서히 부두를 떠났다. 블랴힌이 성호를 그으며 말했다.

"이제 떠납니다!"

6

사라풀에서 막심이 배를 떠났다. 아무하고도 작별 인사 없이, 조용히, 아주 침착하고 심각하게 떠났다. 그의 뒤를 명랑한 부인이 웃으면서 따라갔고 또 그녀 뒤로는 헝클어진 머리에 퉁퉁 부은 눈을 한 처녀가 따랐다. 세르게이는 선장실 앞에 오랫동안 무릎을 꿇은 채 문에다 키스를 하거나 머리를 짓

찢으며 울었다.

"용서하세요! 제 잘못이 아니라 막심 잘못이에요."

선원들과 급사들, 그리고 몇몇 승객들까지 모두 그가 거짓말을 하고 있다는 것을 알고 있으면서도 그들은 선장에게 충고했다.

"그래요, 용서해요!"

그러나 선장은 세르게이를 몰아세우고 발로 걷어차기까지해서 갑판 위에 나뒹굴게 했다. 그렇지만 어쨌든 그를 용서해 주었고, 세르게이는 즉시 갑판 위에 뛰어올라가 찻쟁반을 나르면서 호소하는 듯한 눈빛으로 승객들의 눈을 들여다보는 것이었다.

막심 자리에는 뱌트카 출신 퇴역 병사가 들어왔다. 그는 작은 머리에 갈색 빛이 도는 붉은 눈을 가진 깡마른 사내였다. 그가 배에 오르자마자 보조요리사는 그에게 닭을 잡으라고 시켰다. 그는 겨우 두 마리를 잡았을 뿐 나머지는 갑판에서 놓쳐버렸다. 승객들이 닭을 잡으려고 뛰어다녔지만 세 마리가 갑판 밖으로 떨어지고 말았다. 그러자 병사는 닭장 근처의 장작더미에 앉아 울음을 터뜨렸다.

"왜 우는 거야, 이 멍청아?" 스무리가 화를 내며 물었다. "군인은 울지 않는다는 거 몰라?"

"나는 국방군에 속해 있어요." 군인이 나지막하게 대답했다.

그것으로 그는 끝이었다. 반 시간쯤 지나자 배 위의 모든 사람들이 그 병사 이야기로 깔깔거렸다. 사람들은 그에게 바싹 다가가 얼굴을 똑바로 쳐다보며 물었다.

"바로 이 사람이야?"

그러고는 가혹하고, 모욕적이고, 우스꽝스러운 웃음을 터뜨리는 것이었다.

병사는 처음에는 사람들을 쳐다보지도 않고 그들의 비웃음을 들은 체도 하지 않았다. 그는 낡은 면 셔츠 소매로 눈물을 닦아내며 굳이 눈물을 감추려 들었다. 그러나 곧 적갈색 눈이 분노로 이글거리더니 빠른 뱌트카 사투리로 쏘아댔다.

"왜 날 빤히 보는 거야? 다들 박살을 내 버리고 말 거야."

이 말에 사람들은 더욱 깔깔거리며 병사를 향해 손가락을 우두둑거리거나 셔츠나 앞치마를 잡아당기기도 했다. 그들은 마치 어린 양을 가지고 놀듯 점심때까지 그를 잔인하게 괴롭혀댔다. 점심을 먹고 나서 누군가가 나무 숟가락에 마른 레몬 껍질을 붙여서 등 뒤로 묶은 그의 앞치마 끈에 매달아 놓았다. 병사가 걸어 갈 때마다 숟가락이 뒤에서 흔들거렸고 그걸 보고 모두들 재미있다고 깔깔거렸다. 하지만 병사는 사람들이 웃는 이유를 알지 못하고 독 안에 빠진 쥐처럼 허둥거렸다.

요리사 스무리는 말없이 그의 뒤에 가서 앉았다. 그의 얼굴이 여자 얼굴과 비슷해졌다.

나는 그 군인이 안됐다는 생각이 들어 요리사에게 물어보았다.

"저 사람에게 스푼 얘길 해줄까요?"

그는 말없이 고개를 끄덕였다.

내가 그에게 사람들이 웃는 이유를 설명해 주자 그는 재빨리 숟가락을 떼어내어 마루에 내팽개친 뒤 발로 짓밟고는 양손으로 내 머리칼을 움켜잡았다. 싸움이 벌어지자 사람들이 금세 우리 주위를 둘러쌌다.

스무리가 구경꾼들을 밀치고 들어와 우리를 떼어놓고 내 뺨을 때린 뒤 병사의 귀를 잡아당겼다. 승객들은 작은 남자가 요리사의 손아귀에서 벗어나려고 버둥거리는 것을 보고는 배를 잡고 웃으며 발을 구르고 휘파람을 불어댔다.

"군인 만세! 요리사의 배를 들이받아 버려!"

열광하는 무리를 보고 나는 오히려 그들에게 달려들어 그 더러운 머리통들을 장작으로 두들겨 패주고 싶었다.

스무리는 병사를 놓아주고 뒷짐을 진 채 멧돼지처럼 사람들을 향해 거친 숨을 몰아쉬며 이빨을 드러내고 위협했다.

"제자리로들 가! 어서!"

병사는 또다시 내게 달려들었으나 스무리가 한 팔로 그를 번쩍 들어 올려 승강구 쪽으로 데려가서는 마치 봉제인형이라도 다루듯이 그를 거꾸로 들고는 머리에다 펌프질로 물을 끼얹었다.

선원들과 갑판장, 그리고 부선장이 달려오고 또다시 사람들이 몰려들었다. 다른 사람들보다 머리 하나는 더 큰 지배인도 여느 때처럼 말없이 지켜보고 서 있었다.

병사는 주방 문 근처에 조금 쌓여 있는 장작더미에 앉아 떨리는 손으로 장화를 벗고 그다지 젖지도 않은 각반을 쥐어짰다. 그러나 물은 기름기 번지르르한 그의 머리에서 뚝뚝 떨어지고 있었다. 그래서 사람들은 또 한바탕 웃음바다를 이루었다.

"모두가 똑같아! 내 저 꼬마 녀석을 죽여 버리고 말겠어!" 병사가 큰 소리로 말했다.

스무리는 내 어깨를 잡고 부선장에게 뭔가 이야기했다. 선원들이 승객들을 해산시켰다. 모두 흩어지고 난 뒤 요리사 스무리가 병사에게 물었다.

"너를 어떻게 해줄까?"

병사는 대답은 하지 않고 사나운 눈초리로 나를 노려보았다.

"얌전히 굴어, 이 녀석아!" 스무리가 말했다.

그러자 병사가 대꾸했다.

"상관 말아요. 당신이 뭔데 참견이에요?"

이 말에 요리사 스무리는 당황하였다. 그는 볼을 불룩하게 부풀리더니 침을 찍 뱉고는 나를 데리고 돌아섰다. 나는 바보가 된 기분으로 병사를 돌아보며 스무리를 따라갔다. 스무리가 걱정스러운 말투로 중얼거렸다.

"네가 상대하기에는 너무 거친 녀석이구나. 뭐? 넌 그를 어떻게 생각한다고?"

이때 세르게이가 우리에게 다가오더니 속삭였다.

"그 녀석은 자살할 거야."

"지금 어디 있는데?" 스무리가 소리를 지르며 뛰어갔다.

병사가 급사들의 방문 앞에서 손에 큰 칼을 들고 서 있었다. 그 칼은 닭모가지를 치거나 장작을 팰 때 쓰는 것으로, 뭉툭하고 톱날 같이 새김눈이 있었다.

선실 앞에는 사람들이 몰려들어, 머리에서 물을 뚝뚝 떨어뜨리고 있는 우스꽝스런 사내를 바라보고 있었다. 코가 들창코인 그의 얼굴은 젤리처럼 출렁였고 입술은 힘없이 벌어져 있었으며 입은 씰룩거리고 있었다. 그는 으르렁대며 소리쳤다.

"왜 사람을 괴롭히는 거야, 이 나쁜 놈들아!"

나는 무언가를 딛고 서서 사람들 머리 너머로 그의 얼굴을 들여다보았다. 사람들은 미소를 짓거나 킬킬거리면서 서로 이야기를 주고받았다.

"저것 좀 보라지!"

그가 깡마르고 어린애 같은 손으로 허리춤에 비어져 나온 셔츠 자락을 바지 속에 쑤셔 넣자 내 옆에 서 있던 한 잘생긴 사람이 말했다.

"죽으려고 맘먹은 사람이 옷매무새는 왜 가다듬는 건지, 원."

사람들은 큰 소리로 웃었다. 아무도 그가 스스로 자신의 목을 치리라고 믿지 않는 것 같았다. 나 역시 믿기지 않았다. 하지만 스무리는 잠시 그를 살피다가 배로 사람들을 밀치고 나아가면서 말했다.

"꺼져, 이 바보들아!"

그는 바보라는 소리를 아무에게나 마구 해대고는 한쪽에 모여 서 있는 사람들을 향해 말했다.

"다들 돌아가, 바보들 같으니!"

그의 말은 우스꽝스럽게 들렸지만 그 안에는 진리가 담겨 있었다. 사실 오늘 아침부터 줄곧 모두가 하나의 거대한 바보처럼 행동하고 있었던 것이다.

군중들을 흩어놓은 다음 그는 병사에게 다가가 손을 내밀며 말했다.

"칼 이리 내."

"나는 상관없어." 병사는 칼을 넘겨주면서 말했다. 요리사 스무리는 다시 나에게 칼을 넘기면서 병사를 선실 쪽으로 밀었다.

"가서 엎어져 자! 뭐 또 할 일이 있어, 응?"

병사는 말없이 그물 침대에 주저앉았다.

"먹을 것과 보드카 좀 가져다주라고 할게. 보드카 마실 줄 알아?"

"가끔가다 조금 마셔요."

"그렇지만, 이것 보라고. 이 아이는 손끝도 다치게 해선 안 돼. 이 아이는 널 비웃는 게 아냐. 알아듣겠어? 이 아이가 그런 게 아니란 말이야!"

"그런데 왜 모두들 날 괴롭히려 들지요?" 병사가 조용히 물었다.

스무리는 즉각 대답하지 못하다가 무뚝뚝하게 입을 열었다.

"글쎄, 난들 알겠어?"

그는 나와 함께 주방으로 가면서 중얼거렸다.

"글쎄, 사람들이 이번에 불쌍한 놈을 하나 잡은 거지. 그건 실수가 아니야! 그 불쌍한 놈이 어떤지 너도 다 봤지? 바로 그거야! 사람들은 미칠 수도 있다고. 정말이야! 누군가에게 빈대처럼 달라붙으면 그 사람은 미치고

만다니까. 사실 이 배에는 빈대 같은, 아니 빈대보다 더 나쁜 사람들이 더러 있지."

내가 빵과 고기, 보드카를 병사에게 가져다 주었을 때 그는 여전히 그물 침대에 앉아 앞뒤로 몸을 흔들며 여자처럼 소리죽여 울고 있었다. 나는 접시를 탁자 위에 내려놓으며 말했다.

"먹어요."

"문이나 닫아."

"그러면 어두울 텐데."

"닫아, 사람들이 또 모여들라."

나는 밖으로 나왔다. 내가 보기에 그 병사의 모양새는 그다지 유쾌하지 않았다. 그를 보고 있으면 연민의 정이 일면서 마음이 불편해졌다. 외할머니는 수도 없이 내게 '사람들은 모두 가엾고 불행하며 힘들게 살아간단다' 하고 말했었다.

"갖다 줬어?" 요리사가 물었다. "그래, 지금은 좀 어떤 것 같아?"

"정말 안됐어요."

"왜? 또 뭐가 문젠데?"

"우리는 모든 사람을 불쌍히 여겨야 한다고 들었거든요."

스무리는 내 팔을 끌어당기며 말했다.

"동정 따위는 하지 마. 그래봐야 시간 낭비일 뿐이니까. 젤리 만드는 법을 모른다면 스스로 그 방법을 터득해야 해."

그리고 나를 밀쳐놓으며 우울하게 덧붙였다.

"여긴 네가 있을 곳이 못 돼! 여기서는 담배나 피울까……."

나는 몹시 괴로웠다. 그런 식으로 누군가를 괴롭힐 수 있다는 게 사뭇 충격적이었다. 그들이 병사를 괴롭힌 방식에는 모욕적이고 억압적인 무언가가 있었다. 게다가 그들은 스무리가 병사의 귀를 잡아당겼을 때 신이 나서 웃어대지 않았던가. 그런 역겹고 언짢은 일에서 과연 무슨 즐거움을 느낄 수 있다는 걸까? 그렇게 즐겁고 웃어댈 일이 대체 무엇이란 말인가?

이제 그들은 다시 갑판 위 차양 밑에 자리를 잡고 앉거나 누워, 먹고 마시고, 카드놀이를 하거나 강물을 바라보고 있다. 누가 이들을 바로 한 시간 전에 휘파람을 불고 폭소를 터뜨리던 사람들이라고 할 수 있을까. 그들은 언제나처럼 그렇게 조용하고 한가했다. 아침부터 저녁까지 그들은 햇빛 속에 떠다니는 보풀조각들이나 먼지 알갱이들처럼 하릴없이 갑판 위를 느릿느릿 거닐었다. 열 명씩 모여서 출입구에 몰려들어 법석을 떨며 배에서 내려섰을 때 그들과 아주 비슷한 무리가 배 위로 올라왔다. 그들 또한 내린 사람들과 다를 바 없는 옷차림에 무거운 가방과 배낭을 짊어지고 있었다.

이러한 끊임없는 승객들의 교체가 있다고 해서 선상 생활이 달라지는 것은 아무것도 없었다. 새로운 승객들이 하는 이야기도 떠난 이들과 똑같아서 새로운 것이 없었다. 여전히 기후나 하느님, 일, 여자에 대한 화제가 고작이었다.

"주님이 하신 말씀은 참으라는 것이었지. '참아라, 인간들아! 너희들이 무슨 일을 하겠느냐.' 그게 우리 운명인 거야……."

이런 말을 듣고 있노라면 지긋지긋하고 화가 났다. 나는 더러운 것을 참을 수 없었으며 악과 불의와 모욕을 참고 싶지도 않았다. 나는 그런 것들을 참아야 할 아무런 이유도 없다고 확신했다. 그리고 그것은 그 병사도 마찬가지였다.

진지하고 친절한 젊은이인 막심은 배에서 쫓겨나고 교활한 세르게이는 남았다. 한 사람을 미치도록 볶아댈 수 있는 이 사람들은 어째서 늘 선원들의 성난 외침소리에 다소곳이 복종하고, 욕설에도 화내는 일 없이 귀를 기울이는 걸까?

"왜 갑판을 서성대는 거요?" 잘생기긴 했지만 짓궂게 생긴 눈을 부라리며 갑판장이 소리쳤다. "제기랄, 배가 옆으로 기울면 끝장이라고!"

승객들은 평화롭게 반대편 갑판으로 몰려가 거기에 있던 한 무리의 사람들을 양떼 몰듯 내쫓았다.

"에이, 빌어먹을!"

무더운 밤에 그것도 하루 내내 달구어진 철재 선실 안에 갇혀 있는 것은 질식할 노릇이었다. 그들은 딱정벌레처럼 갑판을 기어 다니다가 아무 곳에서나 쓰러져 잤다. 그러면 부두에 닿을 즈음에 선원들이 두꺼운 그물 바늘로 쿡쿡 찔러서 깨우곤 했다.

"왜 아무데서나 자는 거요? 제자리로들 가요!"

그들은 잠에서 덜 깬 채 일어나서 밀리는 대로 아무 곳으로나 걸어갔다.

선원들도 옷만 달리 입었을 뿐 그들과 똑같았다. 그러면서도 그들은 마치 경찰처럼 명령했다. 내가 처음 느끼기에 이 사람들은 매우 조용하고, 수줍고, 슬퍼 보일 정도로 온화했으나 이러한 온화함의 외피가 벗겨지면서 갑자기 재미라고는 없는 장난기에 잔인하고 생각없는 모습들이 튀어 나왔다. 자신들이 어디로 가는지 전혀 모르고 있다는 느낌이 들었다. 이들은 강변 어디에 내리든지 그리 오래 머물지 않고 또 다시 우리 배나 다른 배에 올라 어디론가 떠났다. 모두들 정처 없이 떠돌아다니는 사람들 같았다. 이들 모두는 무분별한 겁쟁이들이었다.

한번은 깊은 밤에 대포 쏘는 소리 같은 폭음이 기관실에서 들렸다. 갑판 위는 갑자기 하얀 증기로 가득 찼다. 엔진실에서 증기가 뭉게뭉게 피어올랐다. 보이지 않는 누군가가 귀청이 터져라 소리쳤다.

"가브릴로, 납땜할 것을……."

나는 기관실 근처 접시 닦는 탁자 위에서 자고 있었다. 폭음과 그 진동에 기절초풍하여 잠이 깼을 때는 갑판 위는 다시 조용해진 상태였다. 기관실에서 뜨거운 증기가 쉭쉭거리며 뿜어 나오고, 피스톤 움직이는 소리만이 반복적으로 들려왔다. 그러나 잠시 뒤 승객들이 비명을 지르며 선실에서 뛰쳐나와 한바탕 소란이 벌어졌다. 재빨리 사라져가는 희뿌연 연기 속에서 산발을 한 여자들과 물고기처럼 동그란 눈을 한 부스스한 남자들이 이리 뛰고 저리 뛰며 서로 부딪쳐 넘어지곤 했다. 그들은 뛰고 넘어지고 하면서도 하느님과 성 니콜라스를 연신 불러대며 자기들의 짐과 가방을 어딘가로 옮겨놓았다. 참으로 무시무시하면서도 흥미로운 광경이었다. 나는 그들이 다음에 어떻게 하나 보려고 그들의 뒤를 따라갔다.

한밤중의 이런 소란은 나로서는 처음 보는 것이었지만 나는 즉시 이것이 가벼운 실수 때문이라는 것을 알아차렸다. 배는 속도를 줄이지 않았다. 오른편 아주 가까운 곳에서 구명튜브가 어슴푸레 빛났다. 밤하늘에 보름달이 휘영청 밝게 떠 있었다.

사람들은 미친 듯이 갑판 위를 뛰어다녔고, 일등 선실 승객들까지도 갑판 위로 올라왔다. 그리고 누군가가 강물로 몸을 던졌다. 그 뒤를 따라 또 한 사람이, 그리고 세 번째 사람이 뛰어내렸다. 농부 두 명과 수도사 하나가 갑판 벤치를 뜯어냈다. 선미에서는 사람들이 닭을 가두어둔 철망을 물속에 던졌다. 한 농부가 선장실로 올라가는 계단 입구에 무릎을 꿇고 앉아서 지나가는 사람들을 향해 늑대처럼 악을 썼다.

"난 정교도이고 죄인입니다."

"어서 구명정으로!" 바지만 입고 셔츠는 입지 않은 뚱뚱한 신사가 주먹으로 가슴을 치면서 소리쳤다. 선원들이 뛰어와서 사람들 멱살을 잡고 머리통을 서로 박치기 시킨 뒤 갑판 위로 내동댕이쳤다. 잠옷에 외투를 걸친 스무리가 육중하게 걸어 다니면서 쩌렁쩌렁 울리는 목소리로 모두에게 소리쳤다.

"창피한 줄도 모르고 이게 다 웬 소란이야? 증기선이 멈추기라도 했어? 아니면 속도가 줄기라도 했나? 바로 저기가 강변이란 말이야! 바보들 같으니라고. 강물에 뛰어내리긴 왜 뛰어내리는 거야? 물건은 또 왜 내버리고? 어부들만 횡재하겠네. 봐, 저기 어선 두 척이 떠 있잖아."

그는 삼등 선실에서 올라오는 사람들 머리통을 주먹으로 때려 다시 밑으로 밀어넣었다.

혼란은 진정될 기미가 보이지 않았다. 이때 숟가락을 손에 든 한 부인이 스무리에게 달려들어 숟가락을 그의 얼굴에 대고 흔들면서 소리쳤다.

"감히 누구한테!"

물에 젖은 신사가 혀를 날름하여 콧수염을 핥고서는 그녀를 말리며 짜증스럽게 말했다.

"그냥 둬요, 어리석은 여편네야!"

스무리는 양손을 펴 당황한 듯한 몸짓을 하고는 눈을 껌벅거리더니 내게 물었다.

"저 여자 왜 그러는 거냐, 응? 나한테 뭘 바라고 저러지? 이거 참 끝내주는군."

코피를 흘리고 있던 한 농부가 악을 썼다.

"아이고 저놈들! 강도보다 더한 놈들!"

여름이 오기 전에 나는 배 위에서의 이런 혼란을 두 번 목격했는데 두 번 다 실제 위험에 처해서가 아니라 단지 위험 가능성 때문에 야기된 것이었다. 또 한 번은 승객들이 도둑 두 명을 잡은 적이 있었다. 그중 한 명은 외국인 차림을 하고 있었는데 승객들은 도둑들을 선원들이 보지 않는 곳에서 거의 한 시간 가량을 두들겨 팼다. 선원들이 와서 도둑을 데려가려 하자 승객들은 선원들에게 마구 욕지거리를 해댔다.

"도둑을 숨기는 놈도 도둑이다!"

"도둑들에게 그렇게 잘해주는 걸 보니 분명 한 패로구나."

도둑들은 거의 의식을 잃을 만큼 얻어맞았다. 어찌나 심하게 얻어맞았던지 다음 부두에서 경찰에 넘겨질 때까지도 몸을 가누지 못했다.

이런 일들은 사람의 피를 들끓게 하는 많은 사건들 중 하나일 뿐이었다. 나는 이 사람들이 악한 사람들인지 선한 사람들인지 평화주의자들인지 말썽꾼들인지 알 수가 없었다. 이들은 왜 이렇게 묘하게 잔인하고, 사악한 기쁨에 사로잡히며, 친절 베풀기를 부끄러워하는 걸까?

나는 이런 문제에 대해 스무리에게 물어보았지만 그는 담배 연기만 뿌옇게 내뿜다가 괜히 화를 내며 말하는 것이었다.

"넌 뭘 그렇게 시시콜콜 따지고 드냐! 사람들은 그냥 사람들일 뿐이야. 똑똑한 놈이 있으면 바보도 있는 법이지. 그렇게 말로만 묻지 말고 책을 읽어봐! 책 속에 답이 있을 거야."

나는 그에게 책을 선물하여 그를 기쁘게 해 주고 싶었다. 그래서 카잔 부두에서 《병사에 의해 구출된 표트르 대제의 전설》을 5코페이카를 주고 샀다. 그러나 막상 책을 주려고 할 때 요리사는 술에 취해 있었으며 기분이 별로 좋지 않은 것 같았다. 나는 망설이다가 내가 먼저 읽기 시작하였다. 그 책은 까다롭지 않고 쉬웠으며 재미도 있는데다가 짧았다. 나는 이 책이 틀림없이 내 스승의 마음에 들 것이라고 확신했다.

그러나 요리사는 책을 받아들더니 말없이 둥근 공처럼 구겨 배 밖 강물에 내던져 버리는 것이었다.

"무슨 이 따위 책을, 멍청이 같으니라고!" 그가 퉁명스럽게 말했다. "난 널 그렇게 가르치려고 하는데, 넌 그저 쓸모없는 이야기에나 관심을 기울일 뿐이지!" 그는 발을 구르며 소리를 질렀다.

"도대체 그게 무슨 책이야? 그런 쓰레기 같은 책을 날더러 읽으라고? 그 속에 쓰여 있는 게 사실일 것 같아? 말해 봐!"

"모르겠어요!"

"난 알아! 그런 터무니없는 거짓말은 읽을 필요가 없다고. 알겠어?"

"예."

"그래 그래, 나도 표트르 대제에 대해 아는데 그런 전설은 있지도 않았단 말이야. 이제 그만해 두자."

나는 스무리의 말이 옳다는 것을 알았지만 그래도 그 책은 마음에 들었다. 그래서 다시 그 책을 사서 주의깊게 읽어 보았다. 그런데 이번에는 놀랍게도 정말 그 책이 나쁜 책이라고 확신하게 되었다. 나는 몹시 당황했고 스무리를 더 존경하게 되었다. 그러나 어찌된 일인지 그는 이렇게 말하곤 했다.

"에이, 널 가르쳐서 뭘 하겠다고! 여긴 네가 있을 곳이 못 돼."

나 역시 같은 생각이었다. 세르게이는 특히 날 혐오스러운 듯이 대했다. 나는 그가 내 탁자에서 찻잔을 가져다가 급사들이 보지 않을 때 손님들에게 주는 것을 몇 번이나 보았다. 이것은 도둑질이나 마찬가지라는 것을 알고 있었다. 스무리가 몇 번이나 나에게 경고했었다.

"잘 지켜! 네 탁자에서 급사들이 찻잔과 접시들을 가져가지 못하도록 말이다."

이 일 말고도 그보다 더한 일이 내게 수없이 많이 생겨 나는 다음에 배가 정박하는 곳에서 내려 숲속으로 도망쳐 버릴까 하는 생각도 해 보았다. 그러나 스무리가 나를 붙들었다. 그는 날이 갈수록 내게 더 친절하게 대해주었던 것이다. 나는 배의 끊임없는 움직임에 매료되어 있었다. 나는 부두에 머물러 있는 게 싫었다. 언제나 무슨 일인가가 생기기를 기대했고, 카마 강에서 벨라야 강으로, 뱌트카 지방으로, 그리고 다시 볼가 강을 따라 올라가면서 새로운 도시와 새로운 사람들을 구경하기를 바랐던 것이다.

그러나 모든 일이 그렇게 뜻대로 되는 것은 아니었다. 나의 증기선 생활은 전혀 예기치 않은 종말을 맞게 되었다.

카잔에서 니주니로 나아가던 어느 날 저녁 지배인이 날 불렀다. 내가 그에게로 가자 그는 내 등 뒤에서 문을 닫고 스무리에게 말했다. 작은 의자에 앉아 있던 스무리는 표정이 밝지 않았다.

"자, 데리고 왔어."

스무리가 거친 어조로 내게 물었다.

"네가 이제까지 세료츠카에게 음식이나 차를 줬니?"

"내가 안 볼 때 자기가 가져갔어요."

지배인이 조용하게 말했다.

"보지 않았는데 어떻게 알지?"

스무리가 주먹으로 자기 무릎을 탁탁 치고는 무릎을 어루만지며 말했다.

"잠깐만, 진정하고……."

그는 잠시 생각에 잠겼다. 나는 지배인을 바라보았다. 그도 나를 바라보고 있었으나 두꺼운 안경알 너머 눈동자는 전혀 보이지 않았다.

지배인은 아주 조용한 성품이었고 소리 없이 돌아다니거나 차분한 목소리로 말하곤 했다. 간간히 회색빛으로 바랜 그의 턱수염과 공허한 눈동자가 어느 구석에선가 불쑥 나타났다가는 이내 사라져 버리곤 했다. 그는 잠들기 전에 늘 촛불이 켜진 식당의 성모상 앞에 한참을 서 있곤 했다. 때때로 나는 문틈 새로 그를 엿보기도 했는데, 마치 검은 짐꾸러미처럼 보였다. 그러나 지배인이 무엇을 어떻게 기도하고 있는지는 알 길이 없었다. 왜냐하면 그는 그저 가만히 서서 성모상과 촛불을 바라보며 수염을 쓰다듬거나 한숨을 내쉴 뿐이었기 때문이다.

한참을 생각한 스무리가 물었다.

"세르게이에게서 돈 받은 적 있어?"

"없어요!"

"한 번도?"

"네!"

"이 아이는 거짓말 안 해." 스무리가 즉시 지배인에게 낮은 목소리로 말했다. 그러자 지배인이 조용하게 대답했다.

"그래봤자 소용없어. 그러니……."

"가자!" 스무리가 나에게 소리를 치며 내 탁자로 다가와서 내 머리를 가볍게 톡 쳤다. "이 바보야! 하긴 나도 바보지! 네 녀석을 잘 보살폈어야 했는데."

니주니에 도착하자 지배인은 나를 해고하고 말았다. 거의 8루블이나 받았는데 내 스스로 번 돈으로서는 처음 만져보는 거금이었다.

이별을 앞두고 스무리가 침울하게 말했다.

"자, 이제…… 눈을 똑바로 뜨고 잘 보고 다니라고, 알겠어? 입을 헤 벌리고 다니면 안 돼!"

그는 색색가지 구슬들이 달린 담배쌈지를 내 손에 쥐어주었다.

"자, 이걸 가져. 솜씨 좋게 만들었지? 내 딸이 나를 위해 만든 거야. 자, 그럼 이제 안녕! 열심히 책을 읽어. 그게 네가 할 수 있는 가장 좋은 방법이니까."

그는 나를 번쩍 들어 올려 키스를 하고는 부두에 내려놓았다. 나는 그에 대한, 그리고 나 자신에 대한 서글픈 생각에 사로잡혔다. 증기선으로 돌아갈 때 짐꾼들 사이를 비집으며 걸어가는 그의 크고 육중한 뒷모습이 유난히도 쓸쓸해 보여서 눈물을 참을 수가 없었다.

그와 헤어진 뒤로도 나는 그와 비슷하게 선하고 고독하며 타인들로부터 떨어져서 사는 사람들을 많이 만났다.

7

외할아버지와 외할머니는 다시 시내로 이사를 갔다. 나는 화가 나서 전투라도 치를 것처럼 이들에게로 갔지만, 마음은 한없이 무거웠다.

외할머니는 나를 따뜻하게 맞이하고는 바로 사모바르를 준비하러 갔다. 외할아버지는 늘 그래왔던 것처럼 조롱하듯이 물었다.

"돈은 좀 많이 모으셨나?"

"조금요. 그 돈 전부 제가 번 거예요." 창가에 앉으며 대답했다. 나는 의젓하게 주머니 속에서 담배를 꺼내 보이며 근엄한 표정으로 담배를 피우기 시작했다.

"아니, 이런! 그 '악마의 독약'을 피우는 거냐?" 외할아버지는 나의 행동을 유심히 살피면서 말했다. "너무 이르지 않아?"

"어떤 사람은 내게 담배쌈지를 주기까지 하던 걸요." 나는 자랑스럽게 말했다.

"담배쌈지를!" 외할아버지가 비명을 질렀다. "지금 날 약올리려고 그러는 거지?"

외할아버지는 기가 차다는 듯 눈을 번뜩이며 가늘고 억센 손을 뻗어 내게 달려들었다. 나는 껑충 뛰면서 머리로 외할아버지의 배를 들이받았다. 그는 마루에 쓰러져 숨막히는 몇 분 동안 놀라운 듯 눈을 깜박이며 입을 크게 벌린 채 나를 바라보았다. 잠시 뒤 외할아버지가 조용히 물었다.

"네가 외할애비를 치는 게야? 내가 네 어미의 애비라는 걸 모른단 말이냐?"

"외할아버지도 옛날에 저를 많이 때렸잖아요." 나는 내가 혐오스러운 행동을 한 것을 깨닫지 못하고서 중얼거렸다.

기운이 빠지고 쇠약해진 외할아버지는 마루에서 일어나 내 옆으로 다가와 앉더니 솜씨좋게 담배를 빼앗아 창밖으로 내던지며 위협적으로 말했다.

"미친 멍청이 같으니! 하느님이 평생 널 용서치 않으실 거야, 알아?"

외할아버지는 외할머니를 돌아보며 말했다.

"이봐, 할멈. 저놈이 이젠 나를 치는구먼! 봤어? 저놈이 날 쳤다고! 뭐라고 말 좀 하구려!"

외할머니는 기다릴 틈도 없이 다가와서는 내 머리칼을 끄집어 당기고 때리고 하며 말했다.

"어떻게 그런…… 그럴 수가……."

아프지는 않았지만 나는 참을 수 없는 모욕감을 느꼈다. 특히 외할아버지의 교활한 웃음이 나를 더욱 참을 수 없게 만들었다. 외할아버지는 의자에 폴짝 뛰어 올라가 손바닥으로 자기 무릎을 찰싹 치면서 가래 끓는 웃음을 터뜨리는 것이었다.

"그래…… 그렇지……."

나는 외할머니의 손을 뿌리치고 뛰쳐나와 오두막으로 갔다. 참담하고 외로웠다. 외톨이가 된 심정으로 한 구석에 누워 사모바르가 끓으며 불러대는 노래 소리를 들었다. 외할머니가 다가와서 쭈그리고 앉으며 겨우 들을 수 있게 속삭였다.

"용서해다오. 일부러 네게 상처를 준 게 아니란다. 그럴 수밖에 없었어. 외할아버지는 노인네이고, 좀 위해 줘야 되니까. 그의 작은 뼈들은 이제 금이 갈대로 간 데다가 가슴엔 그저 슬픔만이 그득하지. 너는 이제 어린애가 아니잖니. 그걸 기억해야 돼, 알료샤. 외할아버지는 이제 어린아이나 마찬가지란다."

외할머니 말씀은 따뜻한 물처럼 나를 씻어주었다. 외할머니의 다정한 속삭임은 나를 부끄럽게 만들었고, 한결 마음을 편하게 해주었다. 외할머니가 나를 따뜻하게 껴안으며 말했다.

"외할아버지한테 가자. 괜찮아, 외할아버지 앞에서 담배를 피우지만 않으면 돼. 네 모습에 익숙해질 때까지 시간을 좀 드리렴."

나는 방으로 돌아가 외할아버지를 바라보았다. 그러자 절로 웃음이 났다. 외할아버지는 정말 어린아이처럼 흡족해 했기 때문이다. 외할아버지는 환한 얼굴로 테이블 앞에 앉아 고양이 같은 손으로 붉은 머리카락을 쓸어내리며 말했다.

"이 염소새끼 같은 놈, 또 다시 들이받으려고 왔냐? 너도 네 애비처럼 될 거다. 프리메이슨 단원들처럼 집에 들어와서 성호도 긋지 않고 이젠 감히 방에 들어오자마자 담배까지 피워? 에라, 이 나폴레옹 같은 놈아!"

나는 아무 말도 하지 않았다. 외할아버지는 할 말을 다 퍼 부었는지 이내 지쳐서 조용해졌다. 그러나 차를 마시면서 그는 또다시 훈계하기 시작했다.

"사람은 하느님을 두려워할 줄 알아야 하는 거야. 말이 굴레 씌우는 걸 겁내듯이 말이다. 우린 주님 외엔 친구가 없다. 인간들끼리는 전부 적이야!"

인간들이 나의 적이라는 것은 맞는 말이었지만 그것 말고 다른 말들은 내게 아무런 흥미도 주지 못했다.

"마트료나 이모할머니 집에 가거라. 그리고 봄이 되면 다시 배를 타. 겨울은 그 집에서 나도록 해. 봄이 오면 다시 떠날 거라는 말은 하지 말고."

"왜 사람들한테 거짓말을 하라고 시키는 거예요?" 외할머니가 말했다. 그러나 실은 외할머니도 방금 전에 거짓으로 나를 때리는 척했던 적이다.

"거짓말을 하지 않고 살기는 어려워." 외할아버지가 우겨댔다. "거짓말 하지 않고 사는 사람이 어디 있냐고?"

저녁에 외할아버지가 성서를 읽는 동안 외할머니와 나는 바깥 들녘으로 나섰다. 우리는 카나트노이 거리 뒤편의 교외로 나갔다. 그곳에는 한때 외할아버지 소유의 집이 있었는데, 지금은 창문이 두 개 달린 작은 오두막만 남아 있었다.

"또다시 여기에 왔네?" 외할머니가 미소 지으며 말했다. "네 외할아버지는 영혼의 안식처를 찾지 못하고 끊임없이 헤매 다닌단다. 이곳도 별로 좋아하지 않아. 나는 좋은데!"

우리 앞에는 황량한 들판이 2마일 가량이나 펼쳐져 있었다. 들판을 가로질러 협곡이 흐르고 그 주변에는 숲이 병풍처럼 둘러쳐져 있었다. 자작나무가 늘어선 사이로 카잔으로 가는 국도가 보였다. 계곡 가장자리의 관목들은 잔가지들이 비죽비죽 뻗어 나와 있고, 그 가지들을 노을이 핏빛으로 물들이고 있었다. 잔잔한 저녁 바람이 회색 풀잎들을 흔들고 지나갔다. 가까운 곳에서 한 무리의 젊은 남녀가 마치 풀잎처럼 보이는 거뭇한 형체를 드러냈다. 오른쪽 저 멀리로는 구교도들 공동묘지의 붉은 벽돌담이 보였다. 부그롭스키 수도원이라고 불리는 곳이었다. 왼쪽에는 깊고 고요한 나무숲이 보였다. 그곳은 유태인들의 묘지였다. 그 주변은 온통 참담하리만큼 황폐해 보였으며 무덤들은 그저 상처받은 대지 가까이에 바싹 누워 있는 듯이 보였다. 먼지 낀 도로를 따라 서 있는 작은 오두막들 창문이 수줍어 보였다. 길가에는 작고 비쩍 마른 닭 몇 마리가 서성이고 있었다. 데비치 수도원을 향해 황소떼가 지나가고 막사에서는 나팔 소리가 들려왔다.

하모니카를 불던 취객이 비틀거리며 다가와 중얼거렸다. "난 당신에게 꼭 가고야 말겠어……."

"바보 같으니!" 외할머니가 저녁 햇살에 눈을 깜박이며 말했다. "누구에게 가겠다고? 곧 쓰러져서 곯아떨어지지나 않으면 다행이지. 곯아떨어지면 가진 걸 죄다 털리고 말 거야. 당신에게 위로가 되어주는 하모니카를 포함해서 전부 다 말이야."

나는 나의 선상 생활에 관해 이야기하면서 주위를 둘러보았는데, 둘러보고 나니 이곳이 따분하다는 것을 알았다. 마치 물을 떠난 물고기가 된 느낌이었다. 외할머니는 묵묵히 내 말에 귀를 기울였다. 내가 외할머니 말을 귀담아 들을 때와 마찬가지로. 내가 스무리에 대해 이야기하자 외할머니는 열렬하게 성호를 그으며 말했다.

"좋은 사람이구나! 성모님께서 보살펴 주실 거야. 좋은 사람이야! 넌 그 사람에 대한 일을 잊어서는 안 된다! 늘 좋은 것은 기억해 두고 나쁜 것은 그냥 잊어야 한단다."

내가 해고당한 이유를 외할머니에게 말하기는 무척 힘들었지만 결국 나는 용기를 내어 이야기했다. 외할머니는 별다른 느낌을 받지 않았는지 조용히 이렇게만 말했다.

"넌 아직 어려서 산다는 게 뭔지 잘 모를 거야."

"사람들은 서로에게 '넌 사는 방법을 몰라'라고 말해요. 농부들과 선원들도 그렇고, 마트료나 할머니도 아들들에게 그렇게 말하더군요. 도대체 사는 법을 어떻게 배워요?"

외할머니는 입술을 꼭 다물고 고개를 좌우로 흔들었다.

"내게 물어야 소용없단다."

"하지만 다른 사람들처럼 그렇게 얘기했잖아요!"

그러자 외할머니는 "나는 그렇게 말해도 돼." 하고 조용히 말했다. "화내면 안 돼. 넌 아직 어리니까 아직 잘 모르는 건 당연한 거야. 그리고 결국은 아무도 알지 못한단다. 안다고 말하는 사람은 사기꾼일 뿐이야. 네 외할아버지를 봐. 똑똑하고 교육도 많이 받았지만 '사는 법'을 아직도 모르잖아."

"외할머니는 어때요, 인생을 잘 살았어요?"

"나? 그래, '잘' 살았어. 잘못 살았던 적도 있긴 하지만 어쨌든……."

우리들 옆으로 몇몇 사람들이 그림자를 길게 드리우며 한가로이 지나갔다. 그들 발밑으로 연기처럼 뽀얀 흙먼지가 이는 바람에 그림자가 지워졌다. 저녁의 쓸쓸함이 더욱 무겁게 깔리면서 창문을 통해 외할아버지의 중얼거리는 목소리가 흘러나왔다.

"주여, 당신의 분노를 사지 않게 하소서. 당신의 노여움을 사지 않게 하소서."

외할머니가 미소를 지으며 말했다.

"저 양반은 참 하느님을 괴롭히기도 하는구나! 매일 저녁마다 무슨 걱정거리를 저렇게 늘어놓는지, 원…… 이제 그만큼 나이를 먹었으면 됐지, 뭘 더 바라겠다고. 그저 투덜대고 하소연하니…… 하느님이 저녁마다 네 외할아버지의 기도를 들으시며 웃으시겠구나. '바실리 카시린이 또 투덜대는구나' 하고 말이다. 자, 이젠 가서 자자꾸나……."

나는 노래하는 새를 사냥하는 일을 하기로 마음먹었다. 그것으로 생활비를 댈 수 있을 것 같았기 때문이다. 내가 새를 잡아오면 외할머니가 그걸 내다 팔았다. 나는 그물과 덫을 산 뒤 새장을 만들었다. 새벽녘에 내가 숲 속의 움푹 들어간 곳에 자리를 잡고 있는 동안 외할머니는 바구니와 가방을 들고 숲속을 돌아다니며 마지막 늦버섯이나 까마귀밥, 또는 밤 따위를 찾았다.

지친 9월의 태양이 그제야 얼굴을 내밀었다. 그러나 햇살은 이내 구름에 가리고 창백한 빛줄기들이 은빛 베일 같이 내게로 쏟아져 내렸다. 움푹 파인

곳의 바닥은 여전히 어둑했으며 희고 엷은 안개가 피어나고 있었다. 진흙으로 뒤덮인 쪽은 어둑하고 헐벗었으며, 더 가파른 다른 한쪽은 잔디와 두툼한 덤불과 노랑, 갈색, 오렌지색 잎사귀들로 뒤덮여 있었다. 계곡을 따라 불어오는 신선한 바람이 잎사귀들을 쓸고 갔다.

땅 위에서는 순무 잎새들 사이에서 오색방울새가 지저귀고 있었다. 넝마처럼 해진 회색 풀숲에서는 새들이 활기찬 머리에 붉은 챙모자를 쓰고 있는 모습이 보였다. 내 주변에는 호기심 많은 박새들이 찍찍거리고 있었다. 박새들은 마치 휴일 날 쿠나비노 거리의 젊은이들처럼 소란을 피우면서 우스꽝스럽게 그 하얀 볼을 부풀렸다. 재빠르고 영리한 박새들은 무엇이든 알려 하고 무엇이든 건드리려고 하다가 잇따라 덫에 걸려들었다. 새들이 날개치며 파닥거리는 것을 보면 가여운 생각도 들었지만 내겐 감상에 젖을 여유가 없었다. 나는 새장 안에 새들을 잡아넣고 자루로 덮어 두었다. 박새들은 어둠 속에서는 조용해지기 때문이다.

검은 방울새는 햇볕이 잘 드는 산사나무 덤불에 살았다. 방울새는 햇볕이 잘 드는 곳이라야 더 신나게 노래를 불렀다. 방울새가 노는 모습은 꼭 어린 학생들 같았다. 욕심 많은 까치는 더 따뜻한 지방을 찾아 떠났어야 함에도 아직 이곳에 남아 달콤한 들장미의 구부러진 잔가지에 앉아 부리로 제 몸을 털어내고 검은 눈을 반짝이며 먹잇감을 찾고 있었다. 종달새는 높이 날아올라 벌을 잡아서는 조심스럽게 장미 가시에 놓고 다시 땅에 내려앉아 영리해 보이는 머리를 까닥거렸다.

내가 잡으려고 하는 말하는 새—콩새—는 잡으려고만 하면 곧 소리없이 날아가 버렸다. 이 새들의 무리에서 쫓겨난 피리새 한 마리가 오리나무 위에 앉아 있었다. 장군처럼 멋진 이 붉은 새는 화가 난 듯 검은 부리를 흔들며 찍찍거렸다. 태양이 높이 떠오를수록 새들이 점점 더 많아지면서 즐거운 지저귐 소리도 더 커졌다. 숲 속의 움푹 팬 곳이 중후한 가을 음악으로 가득 찼다. 하지만 그 모든 소리 속에서도 끝없이 술렁이는 숲의 속삭임을 들을 수 있었다. 나뭇잎의 바스락거리는 소리와 새들의 열정적인 노랫소리도 부드럽고 달콤하면서도 아련한 슬픔을 느끼게 하는 숲의 속삭임을 가릴 수는 없었다. 나는 그 안에서 여름의 작별 인사를 들었다. 그것은 자기 나름의 곡조에 따라 부르는 의미 깊은 단어들의 속삭임 같았다. 그 속삭임에 귀를 기울이고 있노라면 나도 모르게 기억의 편린들이 머릿속에 떠오르곤 했다.

갑자기 위쪽 어딘가에서 외할머니가 부르는 목소리가 들렸다.

"애야, 어디 있니?"

외할머니는 오솔길 가장자리에 앉아 있었다. 펼쳐놓은 손수건 위에 빵과 오이, 무, 사과 따위를 올려 놓았다. 그 한가운데에 나폴레옹 머리 모양의 크리스털 마개가 달린 아주 예쁜 유리병이 있었는데, 그 안에는 향기 좋은 보드카가 담겨 있었다.

"여긴 정말 좋구나! 오, 주여!" 외할머니가 감사 기도를 올리며 말했다.

"제가 노래를 하나 지었어요."

"정말?"

나는 내가 시와 비슷하다고 생각한 것을 외할머니에게 들려주었다.

　　겨울이 가까왔다는 표시는 많아.
　　안녕, 여름의 태양이여!

그러나 외할머니는 끝까지 듣지도 않고 끼어들었다.

"이것과 비슷한 노래를 들은 적이 있는데, 그게 이것보다 더 나은 것 같구나."

외할머니는 노래하는 목소리로 반복했다.

　　아, 그 여름의 태양은 사라졌네.
　　저 먼 숲 속의 어두운 밤으로!
　　오, 나는 가엾은 아가씨.
　　봄날의 기쁨을 잃고 홀로 남았네!

　　매일 아침 주변을 배회하며
　　오월에 거닐던 그 길을 따라 걷곤 해.
　　이제 들판엔 황량한 바람만 불어
　　나의 젊음도 그와 함께 떠나갔네.

오, 나의 친절한 벗들이여!
나의 흰 가슴으로부터 내 마음을 거둬가주오.
내 마음을 눈 속에 묻어주오!

작가로서의 나의 자존심은 조금도 상처 입지 않았다. 나는 이 노래가 무척 마음에 들었으며 그 젊은 처녀가 몹시 가엾게 느껴지기까지 했다.

외할머니가 말했다.

"노랫말이 정말 슬프지 않니? 젊은 여자가 쓴 거란다. 그녀는 봄날 내내 바깥을 서성였단다. 그리고 겨울이 되기 전 사랑하는 애인이 그녀를 버렸어. 아마 다른 처녀에게로 간 게지. 그녀는 마음이 아파 울었대. 자기가 직접 경험하지 못하면 이렇게 진실한 이야기가 나올 수 없는 법이야. 그녀는 상처 입은 마음으로 이렇게 좋은 노래를 만들었단다."

처음으로 새를 팔아 40코페이카를 벌었을 때 외할머니는 깜짝 놀랐다.

"이걸 좀 봐라! 난 그저 터무니없는 생각이고 남자애들 장난이려니 했는데, 이렇게나 벌다니!"

"하지만 너무 싸게 팔았어요."

"아니, 뭐라고?"

장날에는 1루블에 팔고서는 이번보다 더 놀랐다. 대수롭지 않게 생각했던 일이 그렇게 많은 돈을 벌게 해줄 줄은 몰랐던 것이다.

"여자가 하루 종일 빨래하고 청소해야 겨우 반 루블인데 너는 여기서 그저 새를 잡기만 하면 되다니! 새를 잡아 새장에 두는 것은 나쁜 일이다. 이제 그만두도록 하자, 알료샤!"

그러나 새 잡는 일이 정말로 재미있었기 때문에 나는 그 일을 좋아했다. 그 일을 통해 나는 자립심을 느낄 수 있었다. 또 그 일은 누구를 괴롭히는 일 없이 단지 새들만 괴롭힐 뿐이었다. 나는 더 좋은 기구들을 장만했다. 나이 든 새잡이들의 충고가 내게 많은 것을 가르쳐 주었다. 나는 크스톱스키 숲과 볼가 강둑까지 거의 20마일을 걸으며 새를 잡으러 돌아다녔다. 볼가 강둑의 키 큰 소나무 숲에는 잣새가 살았고 꼬리 긴 하얀 아폴론 박새도 살았다. 이 새는 아주 희귀종이었기 때문에 새 수집가들에게 인기가 많았다.

때로는 저녁나절에 나가서 밤을 새워가며 카잔스키 국도를 따라 헤매기도

했다. 가을비에 흠뻑 젖기도 했고 깊은 진흙 수렁에 빠지기도 했다. 기름 먹인 가죽 배낭 속에 올가미와 새장, 미끼로 쓰는 새의 먹을거리를 넣어 등에 메고 다녔으며 손에는 단단한 호두나무 지팡이를 들고 다녔다. 가을 밤의 어둠은 차갑고 무서웠다. 정말 무서웠다! 길가에는 천둥번개에 갈라진 해묵은 자작나무들이 있어서, 그 축축한 가지가 내 머리를 스쳤다. 왼쪽 언덕 아래 검은 볼가 강물 위에는 진기한 빛들이 떠올라 있었는데, 그 빛들은 마치 심연 속에서 마지막 증기선과 바지선 돛대를 비추는 것 같았다. 나는 증기선 외륜이 돌아가는 소리며 뱃고동이 우는 소리를 들을 수 있었다.

국도에 면한 마을의 작은 오두막들이 꽁꽁 언 땅에서 솟아나와 있었다. 굶주린 성난 개들이 내 다리 주위에 원을 그리며 뛰어다녔다.

나와 부딪힌 경비원이 두려움에 사로잡혀 소리쳤다.

"거기 누구야? 누군데 야밤에 돌아다니는 거야?"

나는 새 잡는 도구를 압수당할 것이 두려워, 그동안 지니고 다녔던 5코페이카를 경비원에게 집어주었다. 포킨 마을의 경비원은 나와 아주 친해졌지만 언제나 이렇게 투덜대는 것이었다.

"뭐야, 또 왔어? 아이고, 너도 참 겁이 없는 놈이구나!"

그는 이름이 니폰트라고 했는데 작은 키에 백발이 성성한 게 꼭 성자 같았다. 그는 윗옷 안주머니에서 무나 사과, 또는 완두콩을 한 주먹씩 꺼내주면서 이렇게 말하곤 했다.

"꼬마 친구야, 이건 작은 선물이다. 먹고 힘 내라고!"

그리고 마을 어귀까지 나를 바래다주며 말했다.

"잘 가, 주님이 함께 하시길!"

나는 새벽이 다 되어서야 숲에 다다라 덫을 설치하고 외투를 펼쳐 놓고서 숲 가장자리에 누워 날이 밝기를 기다렸다.

조용했다. 모든 것이 깊은 가을 잠에 싸여 있는 듯했다. 산 아래 넓은 초원은 회색 안개에 가려 거의 보이지 않았다. 초원은 볼가 강을 사이에 두고 둘로 갈라져 있었으며, 그 강을 가로질러 만났다가 다시 갈라져서는 안개 속으로 녹아들었다. 멀리 숲 너머 초원 저편으로 서서히 아침 햇살이 올라왔다. 말갈기 같은 검은 숲에 햇빛이 비쳐들자 가슴이 벅차올랐다. 초원을 뒤덮은 안개가 점점 더 빨리 피어올라 햇빛 속에서 은빛으로 산란했다. 안개가 걷히자 관목과 덤불과 마른 풀들이 땅 위에 희미하게 모습을 드러냈다. 붉은 빛이 섞인 황금빛 햇살이 초원을 밝히며 볼가 강 이편과 저편으로 쏟아졌다. 햇빛이 강둑 안의 잔잔한 물에 와 닿자 강물이 햇빛을 향해 흐르는 것처럼 보였다.

밝은 해가 점점 높은 곳에서 비추면서 꽁꽁 언 대지에 온기를 공급하면 온 세상은 향긋한 가을 냄새를 피우기 시작했다. 투명한 아침 공기가 대지를 끝없이 광활하게 보이게 했다. 모든 게 저 멀리에서 유영하듯 움직이며 세상의 끝으로 유혹하는 것 같았다. 나는 요 몇 달 사이에 해 돋는 광경을 많이도 보았지만 그때마다 내 눈앞에는 신선한 아름다움 속에 빛나는 새로운 세계가 펼쳐졌다.

나는 해를 몹시 좋아한 나머지 그 이름만 들어도 즐거웠다. '해'라고 발음할 때의 그 부드러운 소리를 들어보면 마치 그 안에 종소리가 숨어 있는 듯했다. 나는 눈을 감고 따사롭게 쏟아지는 햇살에 얼굴을 들이대곤 했다. 그리고 햇살이 울타리 틈새나 나뭇가지들 사이를 통해 다가올 때면 기다란 칼을 잡듯 손으로 빛줄기를 잡곤 했다. 외할아버지는 《태양을 숭배하지 않는 미하일 초르니곱스키 백작과 귀족 테오도라 부인》이라는 책을 즐겨 읽었다. 나는 이 사람들이 집시들처럼 새까맣고 음울하고 악의에 차 있으며 눈은 언제나 가난한 모르도바 인들처럼 사악할 것이라고 생각했다.

해가 초원 위로 떠오르면 기쁜 마음에 절로 미소가 떠올랐다. 머리 위의 소나무들이 콧노래를 부르며 그 녹색 손바닥에서 맑은 이슬방울을 떨구었다. 그늘진 곳이나 양치류 잎새 위에 맺힌 이슬이 은빛 양단 같았다. 불그레한 갈색으로 물든 풀잎들은 비에 젖어 땅을 향해 고개를 숙이고 있었다. 그러나 햇빛이 비추자 가볍게 몸을 떨며 생기를 되찾았다.

새들이 잠에서 깨어났다. 회색 박새들이 탄력 있는 고무공처럼 이 가지에서 저 가지로 옮겨 다니기 시작했다. 빨간 잣새들이 커다란 소나무 꼭대기에서 긴 부리로 솔방울을 쪼아댔고, 꼬리 긴 하얀 아폴론은 나뭇가지 끝에서 기다란 꼬리를 까닥이며 노래했다. 새들은 구슬 같이 까만 눈을 반짝이며 수상하다는 듯 나의 올가미를 건드려 보곤 했다. 조금 전만 해도 조용히 생각에 잠겨 있던 숲이 수많은 새들의 지저귐과 온갖 생물들의 수선거림으로 갑자기 활기를 되찾았다. 지상에서 가장 순수한 이 창조물들은 이 지상의 아름다움의 주재자인 인간이 그 같은 형상에 따라 만든 것이다. 인간은 스스로를 위로하려고 요정도 만들고 천사도 만들었던 것이다.

나는 이 작은 새들을 잡는 일이 다소 마음에 걸렸고, 올가미에 새를 잡아넣는 일이 양심에 걸렸다. 실은 그저 바라보는 것이 더 좋았다. 그러나 새를 잡아 돈을 벌고 싶은 마음이 그러한 연민의 정보다 앞섰다.

새들은 그 깜찍한 잔꾀로 나를 조롱했다. 푸른색 박새는 아주 조심스럽고 세심하게 올가미를 관찰하고는 조심스레 한 옆으로 다가가서는 덫의 막대들 사이에 있는 먹이를 끄집어 냈다. 박새들은 정말 영리하긴 했지만 호기심이 너무 많은 탓에 함정에 빠지곤 했다. 근엄한 피리새는 멍청해서 한 무리가 한꺼번에 그물에 걸려들었는데, 그 모습은 마치 교회 안에 너무 많은 사람들이 모여 있는 것 같았다. 그들은 그물에 갇힌 것을 알아채고서는 깜짝 놀라 눈을 동그랗게 뜨고 튼튼한 부리로 내 손가락을 마구 쪼아댔다. 잣새들은 조용히, 그리고 장렬하게 올가미에 걸려들었다. 이 새는 다른 새들과 달리 오랫동안 그물을 마주하고 큰 꼬리를 받침대 삼아 기대 앉아서 긴 부리를 쭉 늘어뜨리곤 했다. 잣새는 마치 딱따구리처럼 나무둥치를 타고 다녔으며 항상 박새들과 함께였다. 연기같은 잿빛이 감도는 이 새에게는 어딘지 모르게 불쾌한 구석이 있어서 아무도 사랑하지 않았다. 까치처럼 훔치기도 잘했고 작은 반짝거리는 것들을 모아 감추어 놓곤 했다.

정오가 되기 전 나는 새잡이를 끝내고 숲을 통과하여 집으로 돌아왔다. 마을을 지나는 국도를 따라 돌아오면 사내아이들이 새장을 빼앗고 그물을 찢으려 들 것이기 때문이었다. 이미 그런 경험이 있었다. 저녁때가 되어서야 지치고 허기진 몸으로 집에 도착했지만 나는 그날 하루 동안에 좀 더 어른이 되고 좀 더 강해졌으며 새로운 무언가를 배운 듯한 느낌이 들었다. 이렇게 새로이 충전된 힘은 외할아버지의 지독한 야유를 아무런 대꾸 없이 묵묵히 받아넘길 수 있게 했다. 이런 모습을 보면서 외할아버지는 기분이 누그러져 다정하고 진지하게 내게 말하는 것이었다.

"쓸데없는 일은 집어 치워라! 포기해! 새를 가지고 그런다고 먹고 살겠어? 그런 사람은 본 적이 없다. 다른 곳으로 가서 어떻게든 네 지성을 키워야 해. 사람은 공짜로 세상에 나온 게 아니야. 사람은 하느님이 뿌린 씨앗이라서, 꼭 좋은 열매를 맺어야 하는 거야. 인간은 돈과 같아. 수익이 많은 일을 찾아 잘 쓰면 세 배로 불어나기도 하는 거란 말이다! 넌 산다는 게 아주 쉽다고 생각하지? 아니야, 결코 쉽지 않다. 인간의 세상은 깜깜한 밤이지만, 그 어둠 속에서 모든 인간들은 자기 빛을 만들어 내야 하는 거란 말이다. 사람들에겐 똑같이 열 손가락이 있지만 저마다 더 많이 쥐려고 하지. 사람은 강해야 해. 그러나 만일 약하면 꾀를 써야 되는 거야. 힘이 조금밖에 없다면 그것은 약한 거야, 그런 사람들은 천당에도 지옥에도 가지 못해. 다른 사람들을 존중하되 너는 언제나 혼자라는 것을 기억해야 해. 아무도 믿어선 안 돼. 네가 네 눈을 믿는다면 넌 망하고 말 거다. 입은 언제나 닥치고 있어야 돼. 마을이 입으로 지어지겠어? 그러나 돈은 노동을 통해 벌 수 있지. 넌 바보도 아니고 부를 하찮게 여기는 칼미크족도 아니야."

외할아버지는 저녁 내내 이런 말들을 했고 나는 그 한 마디 한 마디를 모두 기억했다. 이런 말들은 마음에 들긴 했지만 과연 맞는 말인지 의심스러웠다. 분명한 것은, 인간이 자기 마음대로 살 수 없도록 방해하는 힘이 두 가지가 있는데 그것은 하느님과 타인들이라는 사실이었다.

외할머니는 창가에 앉아 레이스 뜨개를 위해 면사를 감고 있었다. 회전축이 그녀의 능숙한 손 아래에서 윙윙거리며 돌아갔다. 외할머니는 한동안 묵묵히 외할아버지 설교에 귀를 기울이다가 갑자기 이렇게 말했다.

"모든 것은 성모님의 뜻대로 되는 거예요."

"뭐라고?" 외할아버지가 소리쳤다. "하지만 하느님이 있잖아. 나는 하느님을 잊지 않고 있지. 암, 나는 하느님에 대해 모든 걸 알고 있어! 저 멍청한 할멈 같으니…… 하느님은 뭣 하러 저런 멍청이들을 세상에 내보냈는지, 원."

내 생각에 이 세상에서 가장 행복하게 살아가는 사람들은 카자크인들과 군인들이었다. 그들의 생활은 단순하고 유쾌했다. 날씨 좋은 날 이른 아침이면 그들은 우리 집 근처 공터에 나타났다. 황량한 들판 여기저기에 마치 하얀 버섯들처럼 흩어져서 복잡하고 재미있는 놀이를 시작했다. 그들은 흰색 남성용 블라우스를 입고 있었으며 민첩하고 힘이 셌다. 그들은 손에 권총을 들고 들판을 뛰어다니다가 계곡 쪽으로 사라졌다가 나팔 소리가 들려오면 불길한 북소리를 배경으로 '만세!' 하고 함성을 지르며 다시 들판으로 쏟아져 나왔다. 그들은 곧바로 우리 집 쪽으로 총검을 앞세우고 달려왔는데, 우리 집 정도는 번쩍 들어서 건초더미 치우듯 획 내던질 것만 같았다. 나는 나도 모르게 '만세!'를 따라 외치며 그들을 따라갔다. 악마의 소리 같은 북소리는 내 마음에 파괴적 심리를 부추겨서 내 안에 담장을 후려치거나 어린애들을 두들겨 패고 싶은 충동이 일게 했다.

잠시 쉬는 시간이면 병사들은 신호탄 쏘는 법을 내게 가르쳐 주고 그들의 무거운 총을 보여주었다. 어떤 병사는 총구를 내 배에 겨누고 일부러 화난 듯 소리쳤다.

"이 바퀴벌레 같은 놈아!"

그의 총검은 햇빛에 반사되어 반짝거리는 게 마치 살아 있는 것처럼 보였고, 뱀처럼 나를 휘감을 것만 같았다. 나는 조금 두렵기는 했지만 그보다는 즐거운 마음이 더 컸다.

모르도바 출신의 북치는 소년이 손가락으로 북치는 법을 가르쳐 주었다. 처음에 그는 내 손목을 아플 만큼 세게 쥐더니 내 손에 드럼 스틱을 쥐어 주었다.

"이렇게, 그렇지! 핫, 둘, 핫, 둘! 땅―따―따―땅! 왼쪽은 약하게 오른쪽은 세게! 따앙―따―따―땅!" 그는 새 같은 눈을 크게 뜨고 야단치듯 마구 소리를 질러댔다.

나는 군인들이 훈련을 끝낼 때까지 그들을 쫓아 들녘을 뛰어다녔다. 그리고 훈련을 마친 뒤 시내를 한 바퀴 돌아 막사에 돌아갈 때에는, 호위병처럼 뒤따라가며 그들이 부르는 군가를 듣고 그들의 친절한 얼굴을 들여다 보았다. 그 얼굴은 정말 새로 나온 5루블짜리 동전처럼 신선해 보였다.

언제나 똑같은 모습으로 언제나 한 사람처럼 무리지어 즐겁게 시내로 몰려가는 군인들이 내겐 다정한 친구처럼 느껴졌다. 나는 강에 뛰어들듯 그들 속으로 뛰어들고 싶었고 숲에 들어가듯 그들 안으로 들어가고 싶었다. 그들은 두려운 게 없었고 하고자 하는 것은 무엇이든 할 수 있었다. 게다가 매우 단순하고 선량했다.

그러나 한번은 휴식 시간에 젊은 하사 하나가 내게 두툼한 담배를 주면서 말했다.

"피워! 아주 귀한 거야. 아무한테나 주는 게 아니라고!"

나는 그것을 피웠다. 그는 슬그머니 몇 발짝 물러났다. 갑자기 내 눈앞에 불꽃이 일면서 손가락과 코, 눈썹을 태우고 말았다. 나는 매캐한 회색 연기에 숨도 제대로 쉬지 못한 채 식식거리며 기침을 했다. 내가 앞이 보이지 않아 두려움에 팔짝팔짝 뛰자 병사들은 나를 둘러싸고 재미있다는 듯 폭소를 터뜨렸다. 나는 웃음소리와 휘파람 소리, 양치기의 채찍 소리같은 날카로운 소리를 뒤로 하고 집으로 돌아왔다. 덴 손가락이 쓰리고 얼굴이 화끈거리고 눈물이 쉬지 않고 흘러내렸다. 그러나 그보다 더 나를 힘들게 한 것은 말문이 막히는 막막한 놀라움이었다. 그들은 왜 그런 짓을 했을까? 친절한 사람들이 왜 그런 데서 즐거움을 느끼는 걸까?

나는 집으로 돌아와 다락방에 올라가서 그동안 겪었던 설명할 수 없이 잔인한 행동들을 오래도록 되새겨 보았다. 특히 사라풀 출신의 허약하고 작은 군인에 대한 기억이 생생하게 떠올랐다. 그가 내 바로 앞에 서서 이렇게 말하는 것 같았다. "왜냐고? 넌 내 말을 이해하지 못하는구나."

얼마 지나지 않아 나는 이보다 더 우울하고 혐오스러운 일을 겪게 되었다.

어느 날 페체르스키 구역 근처 카자크 막사를 들르게 되었다. 카자크인들은 다른 병사들과는 달리 어딘가 색다른 데가 있었다. 아주 능숙하게 말을 탄다거나 훨씬 말쑥한 군복을 입어서가 아니라 말투가 우리네와는 다르고 특이한 노래를 부르고 춤을 잘 춘다는 점이 색다르게 보였던 것 같다.

저녁때 그들이 말을 돌보고 나서 마구간 근처에 모여 앉으면 붉은 머리의 작은 카자크인이 길게 땋은 머리를 출렁이며 트럼펫 같은 목소리로 노래하기 시작했다. 소리를 길게 끄는 슬픈 노래가 고요한 돈 강이나 푸른 도나우 강 물결을 따라 흐르는 것만 같았다. 그는 가지에서 떨어져 죽을 때까지 노래를 부른다는 울새처럼 두 눈을 감고 노래했다. 셔츠 깃을 풀어헤치자 청동 말 재갈 같은 쇄골이 드러났다. 그는 머리끝에서 발끝까지 청동으로 만들어진 사람 같았다. 가는 두 다리 위로 몸이 흔들거리는 게 마치 발밑의 땅이 흔들리고 있기라도 한 듯했으며, 손을 내뻗는 모습은 앞이 보이지 않는, 온통 소리로만 가득찬 사람처럼 보였다. 그는 더 이상 사람이 아니라 트럼펫처럼 보였다. 이따금 그가 노래에 영혼과 기력을 너무나 쏟은 나머지 정말 울새처럼 금세 뒤로 나자빠져 숨이 넘어가는 게 아닐까 걱정이 될 정도였다.

그의 친구들은 주머니에 손을 넣거나 뒷짐을 진 채 둥글게 그를 에워싸고 그의 구릿빛 얼굴에서 눈을 떼지 않은 채 엄숙한 모습으로 그 노래에 빠져들었다. 그들은 손으로 박자를 맞추고 교회에서 성가를 합창하듯 진지하게 함께 노래했다. 엄숙하게 서 있는 그들은 수염이 있든 없든 저마다 하나의 성모상처럼 보였다. 노래는 기나긴 길처럼 길고 평탄했으며, 폭이 넓고 풍부했다. 그의 노래를 듣고 있노라면 지금이 낮인지 밤인지도 잊고 내가 어린아이인지 노인인지도 잊게 된다. 모든 것이 잊히는 것이었다. 노랫소리가 멈췄다. 그러자 말들이 자신들이 태어난 초원지대를 그리며 슬퍼하는 한숨소리가 들려오고 들판에서는 가을밤이 조용하면서도 거부할 수 없는 힘으로 밀려왔다. 내 가슴은 온 세상 사람들에 대한 형언할 수 없는 사랑으로 충만하여 터져버릴 것만 같았다.

구릿빛 얼굴의 작은 카자크인은 사람이 아니라 뭔가 더 중요한 의미가 있는, 여느 사람 이상의 어떤 전설적인 영웅처럼 고귀하고 훌륭해 보였다. 나는 그와 말을 나누지도 못했다. 그가 내게 무엇인가를 물었을 때 나는 행복해서 그저 미소만 짓고 얼굴을 붉힌 채 아무 말도 하지 못했다. 나는 개처럼 다소곳하고 겸손하게 그를 따라가 조금이라도 더 오래 그를 바라보고 그의 노래를 듣고 싶었다.

한번은 그가 마구간 한 구석에서 손가락에 낀 은반지를 유심히 들여다보고 있는 것을 보았다. 그의 잘생긴 입술이 가볍게 떨리면서 작고 발그레한 콧수염이 씰룩거렸다. 어딘가 슬프고 아픈 얼굴이었다.

그러던 어느 날, 나는 어둑한 저녁나절에 새장을 들고 건초시장의 한 주점에 갔다. 주점 주인은 노래하는 새를 몹시 좋아하는 사람이어서 종종 내 새를 사주는 손님이었다.

그 카자크인이 주점의 난로와 벽 사이에 있는 탁자에 앉아 있었다. 그의 앞자리에는 그의 두 배는 됨직한 몸집 큰 여자가 앉아 있었다. 그녀의 둥근 얼굴은 모로코제 가죽처럼 번들거렸다. 그녀는 사랑스럽게, 그리고 어머니의 눈길처럼 다소 걱정스럽게 그를 바라보고 있었다. 그는 술에 취해서 쭉 뻗은 발로 연신 마룻바닥을 긁어댔다. 갑자기 그녀가 움찔 놀라는 것을 보니 그가 그녀의 발을 찬 것 같았다. 그러자 그 여자가 부드럽게 말했다.

"왜 그래, 바보처럼."

카자크인의 눈꺼풀이 힘들게 올라가는 듯하더니 이내 다시 내리깔렸다. 몹시 더운지 군복과 셔츠 단추를 풀어헤쳐 목이 그대로 드러나 있었다. 여자는 스카프를 벗어 그의 어깨에 걸쳐 주고는 희고 억센 손을 깍지 껴서 탁자 위에 올려놓았다. 그녀가 얼마나 힘 있게 깍지를 끼고 있었던지 손이 빨갛게 물들었다. 그들을 바라볼수록 좋은 엄마와 방탕한 아들일 거라는 느낌이 들었다. 그녀는 뭔가를 아주 다정하게, 약간은 힐난조로 말하고 있었지만 그는 단 한 마디도 대꾸하지 않고 당혹스러울 정도로 침묵을 지켰다.

그러다가 갑자기 누가 칼을 들이대기라도 한 듯이 벌떡 일어나더니 모자를 홱 벗어서 손아귀에 움켜쥐고 단추도 채우지 않은 채 문 쪽으로 걸어갔다. 여자도 벌떡 일어나면서 주인에게 말했다.

"곧 돌아올게요."

그들이 나간 뒤 사람들은 그들에 대해 이야기 하며 웃고 조롱했다. 누군가가 굵고 강한 목소리로 이렇게 말하는 것이었다.

"그 뱃놈이 돌아오면 어쩌려고 그래, 저년이."

나는 그들을 뒤따라 나갔다. 어둠 속에서 그들은 열 걸음쯤 앞서서 진흙투성이의 광장을 지나 볼가 강 기슭 언덕으로 걸어갔다. 여자가 카자크인을 부축하면서 비틀거리는 모습이 보였다. 그들 발밑에서 진흙이 철벅거리는 소리를 냈다. 여자가 조그만 소리로 애원하듯이 물었다.

"어딜 가는 거야? 응, 어디 가?"

나는 내가 갈 길이 아니면서도 진흙길을 따라 걸었다. 강둑에 다다르자 카자크인이 걸음을 멈추더니 여자에게 한 걸음 다가가서 갑자기 그녀의 얼굴에 주먹을 날렸다. 그녀는 놀람과 공포로 비명을 질렀다.

"도대체 왜 이러는 거야?"

나도 깜짝 놀라 그들에게로 바짝 다가섰다. 그러자 그 카자크인은 그녀의 허리를 낚아채더니 난간 너머로 던지고 자기도 난간을 뛰어넘어 그녀를 덮쳤다. 그들은 검은 한 덩어리의 물체가 되어 강 쪽 비탈진 풀밭을 굴러 내려갔다. 둑 아래에서 옷이 찢어져 나가는 소리, 때리는 소리가 들릴 때 내 가슴은 탁 멈추어 버릴 듯이 답답했다. 카자크인이 으르렁대는 소리, 그리고 여자의 낮은 목소리가 간간이 들려왔다.

"소리칠 거야…… 소리……."

그리고 고통에 찬 여자의 비명이 울리고 다시 조용해졌다. 나는 돌을 집어 아래로 굴려 보았다. 풀잎이 바스락거리는 소리가 들렸다. 광장 쪽에서 주점 유리문 닫히는 소리와 누군가 넘어지는 소리가 들렸다. 그리고 다시 고요. 자꾸만 무언가 무서운 일이 일어날 것만 같은 예감이 들었다.

강둑 밑에서 뭔가 하얀 물체가 나타나더니 둑 위로 올라오고 있었다. 그것은 훌쩍거리며 천천히 위로 올라왔다. 그 여자였다. 그녀는 허리까지 벗겨진 채 네 발로 기어 올라왔다. 그녀의 큰 젖가슴이 덜렁덜렁 매달려서 꼭 얼굴이 세 개 달린 괴물 같았다. 그럭저럭 난간까지 다가와서는 바로 내 옆에 털썩 주저앉았다. 가쁜 숨을 몰아쉬며 다급하게 풀어진 머리를 매만졌다. 허연 몸뚱이는 온통 진흙투성이였다. 그녀는 울면서 연신 뺨에 흐르는 눈물을 고양이 세수하듯 닦아내다가 문득 나를 알아보고 조용하게 비명을 질렀다.

"오, 맙소사, 거기 누구야? 꺼져, 이 뻔뻔스런 꼬마 녀석!"

나는 놀람과 어찌할 수 없는 쓰라린 감정 때문에 돌처럼 굳어져 움직일 수가 없었다. 외할머니 동생의 말이 생각났다. '여자는 힘이 세지. 이브는 하느님도 속였으니까……'

여자는 벌떡 일어나더니 찢어진 옷자락을 여며 가슴을 가리고는 맨발인 채 재빨리 뛰어갔다. 강둑 아래에서 카자크인이 뭔가 하얀 천 조각을 흔들며 조용히 휘파람을 불었다. 그러고는 쾌활한 목소리로 소리쳤다.

"다리야! 어때? 카자크인은 필요한 것은 뭐든 가질 수 있다고. 내가 취한 줄 알았지? 천만에! 네가 본 대로지…… 다리야!"

그는 우뚝 서 있었고 목소리는 차가웠으며 조롱기가 담겨 있었다. 그는 허리를 굽혀 천 조각으로 구두를 닦으면서 다시 말했다.

"이봐, 다리야! 블라우스를 가져가야지. 다시는 수작 걸지 말라고!"

그리고 몇 마디 더 음탕한 소리가 들려왔다. 나는 돌 더미에 주저앉아 밤의 정적 속에 울리는 고독하면서도 위압적인 그의 목소리를 들었다.

광장의 등불이 눈앞에 아른거렸다. 오른쪽 검은 나무숲 한가운데에 귀족여학교의 하얀 건물이 보였다. 카자크인은 하얀 천 조각을 흔들면서 연신 외설스런 소리를 지껄이며 천천히 광장을 가로질러 갔다. 드디어 그는 악몽처럼 사라져 버렸다.

광장 아래쪽에서 증기를 내뿜으며 사륜차가 지나갔다. 사위는 죽은 듯이 고요했다. 나는 넋이 나간 채 강둑을 따라 걸었다. 손에 쥔 차가운 돌멩이를 그 카자크인에게 던지지 못한 게 후회스러웠다. 성 게오르기 교회에 이르자

한 경비원이 내 등에 있는 가방에 무엇이 들어있는지 보자며 잡아 세웠다. 나는 그에게 카자크인이 저지른 일을 자세히 일러바쳤지만 그는 코웃음을 치며 소리쳤다.

"자알 했어. 카자크인에게 경례라도 올려야겠구먼. 확실히 우리하고는 다르단 말이야! 하여간 더러운 여자구면……."

그는 낄낄대며 나를 보내주었다. 무엇이 그렇게 우스운지 알 수가 없었다.

갑자기 두려움에 몸이 오싹해졌다. 만일에 그런 일이 내 어머니나 외할머니에게 일어났었다면 어쩔 것인가?

8

첫눈이 내렸을 때 외할아버지는 다시 외할머니의 동생 집으로 날 데리고 갔다.

"너한테 손해나지 않을 테니 걱정 마라." 외할아버지가 내게 말했다.

여름 동안 나는 경이로우리만큼 많은 일들을 겪었다. 나는 스스로가 한결 성숙하고 영리해졌다고 느꼈고, 그래서 주인집에서의 생활이 전보다 더 지겨웠다. 그들은 여전히 서로를 못 살게 구느라 앙앙거렸고 사사건건 서로의 약점을 들추어내느라 정신이 없었다. 노파는 여전히 하느님에게 무시무시하고 악의에 찬 기도를 올렸다. 여주인은 점차 살이 빠지고 주름살이 생겼지만, 여전히 임신했을 때처럼 거만하게 느릿느릿 휘젓고 다녔다. 그녀는 아이의 덧옷을 바느질하면서 예전에 부르던 노래를 흥얼거렸다.

스피랴, 스피랴, 스피리돈,
스피랴, 나의 어린 형제여,
나는 썰매에 타고
스피랴는 풋보드에 올랐네……

누구라도 그 방에 들어가면 그녀는 즉각 노래를 멈추고는 화를 냈다.

"또 무슨 일이야?"

나는 그녀가 이 노래 말고는 아는 노래가 하나도 없을 거라고 확신했다.

저녁때 이 집 사람들이 나를 방으로 불러 부탁했다.

"애, 배에서 어떻게 지냈는지 얘기 좀 해다오."

나는 문 옆 의자에 앉아 이야기했다. 내 의지와는 상관없이 살아야만 하는 이곳에서 이곳과는 다른 세상의 인생 이야기를 되새긴다는 게 기분 좋았다. 나는 내 이야기를 듣는 사람이 누구인가를 잊을 정도로 스스로 도취했지만 그러한 시간은 그렇게 길지 못했다. 여자들은 결코 배를 타 본 적이 없었으므로 말 중간에 불쑥불쑥 끼어들어 묻는 것이었다.

"그래, 전혀 무섭지도 않더란 말이지?"

"도대체 뭐가 무섭단 말예요?"

나는 이해할 수가 없었다.

"깊은 바다에서는 배가 언제라도 가라앉을 수 있잖아. 그러면 모두 다 익사하고 말 텐데!"

주인 남자가 허허 하고 웃었다. 나는 깊은 곳이라고 해서 배가 가라앉는 일은 없다는 사실을 알면서도 그걸 여자들에게 확신시킬 수가 없었다. 노파는 배가 물 위에 뜨는 게 아니라 사륜마차가 땅에서 달릴 때처럼 배의 외륜이 강 바닥에 닿아서 나아간다고 믿었다.

"쇠로 만들어진 것이 어떻게 물 위에 떠서 간단 말이냐? 도끼 하나도 가라앉는 마당에!"

"하지만 숟가락은 물에 가라앉지 않잖아요."

"비교 할 걸 비교해야지! 숟가락은 조그맣잖아!"

내가 스무리와 그의 책들에 대해 이야기하자 그들은 나를 무시하는 눈초리로 보았다. 노파는 책은 멍텅구리나 이단자들이 쓰는 것이라고 했다.

"그럼 시편은요? 그건 다윗 왕이 썼잖아요?"

"시편은 성서야. 다윗 왕이 하느님의 너그러운 허락을 받고 쓴 거지."

"그런 말이 어딨어요?"

"내 손바닥에 써 있다! 네놈의 목덜미를 붙잡아서 내 손바닥 앞에 들이밀어야 알겠냐?"

그녀는 모든 것을 안다는 듯 모든 것에 대해 확신을 가지고 말했지만 언제나 그것은 터무니없는 억지였다.

"페초르카에서 한 타타르인이 죽었는데 그의 영혼이 목에서 빠져 나왔어. 타르처럼 새까맸지!"

"하지만 영혼은 정신인데." 내가 이렇게 대답하자 그녀는 경멸하듯이 소리쳤다.

"타타르인의 영혼도 말이냐? 이 바보야!"

젊은 여주인도 책을 두려워했다.

"책을 읽는 것은 정말 위험한 짓이야. 특히 나이가 어릴 땐 더 그래. 우리가 그레베시카에서 살 때, 집안이 좋은 한 소녀가 그저 책만 읽고 또 읽었어. 그러다가 부사제와 사랑에 빠졌지. 그런데 그 부사제의 아내가 그 소녀를 어떻게 한 줄 알아? 길거리에서, 많은 사람들 앞에서 창피를 줬지. 어찌나 딱하던지……."

가끔 나는 스무리의 책에서 한 마디씩 인용하여 써먹었다. 수없이 많은 책 중에서 내가 읽은 한 책에는 이런 말이 씌어 있었다.

"엄밀히 말하자면, 화약은 어떤 한 사람의 발명품이 아니다. 모든 경우가 그렇듯 그것은 작은 실험과 계속적인 관찰의 결과물이다.'

이유는 모르지만 나는 이 구절을 아주 잘 기억했다. 특히 '엄밀히 말하자면'이라는 말과 '화약은 어떤 한 사람의 발명품이 아니다'라는 말의 결합이 무척 마음에 들었다. 이 두 구절의 결합에서는 어떤 힘이 느껴졌다. 그러나 이 표현은 나에게 비애를, 그것도 우스운 비애를 가져다주었다.

한번은 주인집 사람들이 나에게 선상 생활에 관해 더 이야기해 달라고 조르기에 나는 이렇게 대답했다.

"엄밀히 말하자면, 이제 난 더 이상 할 말이 없어요."

이 말이 그들 모두를 놀라게 했다. 그들은 소리를 질렀다.

"뭐라고? 지금 뭐라고 했어?"

그러고는 모두 큰 소리로 그러나 친근하게 웃으며 되풀이했다.

"엄밀히 말하자면? 아하하, 맙소사!"

주인 남자까지 내게 이렇게 말하는 것이었다.

"어떻게 거기에다 그런 말을 쓰지? 너도 참……."

그 이후로 한참 동안이나 그들은 나를 '엄밀히 말하자면'이라고 불렀다. "이봐, '엄밀히 말하자면', 이리 와서 애들 방바닥 좀 닦아라, 엄밀히 말하자면……" 하는 식이었다.

이런 어리석은 농담에 화가 나지는 않았지만 나는 몹시 놀랐다.

나는 숨막히는 지루함의 안개 속에서 하루하루를 살았고 그것을 극복하려고 더 열심히 일했다. 일을 할 때는 무능력하다는 느낌을 받지 않았다. 이 집안에는 아기가 두 명 있었다. 주인 내외는 적당한 보모를 구하지 못하고 번번이 갈아치우기 일쑤였다. 그래서 내가 그 애들을 돌보며 날마다 기저귀를 빨아야 했고 매주 한 번씩 면마직류를 빨기 위해 잔다름스키 샘터에 가야 했다. 나는 그곳에 오는 세탁부 여자들의 즐거운 조롱거리였다.

"여자들이 할 일을 네가 왜 하니?"

가끔 그들이 너무나 심하게 골려대면 꼭 짠 옷을 휘둘러 때려주기도 했다. 그러면 그들은 악의 없이 응수하곤 했는데 어쨌든 그녀들과 함께 있는 시간은 즐겁고 재미있었다.

잔다름스키 샘물은 깊은 계곡 골짜기를 따라 오카 강으로 이어지고 있었다. 이 계곡을 따라 도시와 들판이 나뉘었는데, 이 들판은 고대 신의 하나인 야릴로라는 이름으로 불렸다. 외할머니는 당신이 아직 젊었을 때만 해도 사람들이 야릴로 신을 믿었으며 그 신에게 제물을 바쳤다고 말해주었다. 사람들은 바퀴를 가져다가 뱃밥을 씌운 다음 불을 붙여서 언덕 아래로 굴리고는 소리를 지르고 노래를 부르며 불붙은 바퀴가 오카 강까지 굴러가는지 지켜보았다고 했다. 무사히 오카 강까지 닿으면 야릴로 신이 제물을 받아들여 그해 여름이 맑고 풍요로울 것이라는 믿음이었다.

세탁부들도 대부분 야릴로 출신이었다. 그 여자들은 아주 대담하고 고집이 셌으며, 도시의 모든 생활을 잘 알고 있었다. 그 여자들이 자신들의 고용주인 상인들과 공무원들, 점원들에 대해 들려주는 이야기는 무척 재미있었다. 겨울에 두꺼운 옷을 얼음물에 빨기란 갤리선 노예의 중노동 만큼이나 힘이 들었다. 그녀들 모두 손이 꽁꽁 얼었고 피부는 동상에 걸려 갈라졌다. 그들은 나무 홈통에서 흘러나오는 물에 허리를 숙이고 세탁물을 헹궜다. 또한 그들은 눈이나 비바람에 전혀 가림막이 되지 못하는 구멍이 숭숭 뚫린 지붕 아래에서 일을 해야 했다. 그들의 얼굴은 항상 불그죽죽하게 동상에 걸려 있었고, 손은 꽁꽁 얼어서 손가락이 굽혀지지도 않았다. 그들은 눈에서 눈물을 뚝뚝 떨구면서도 잠시도 쉬지 않고 농지거리를 했고, 시내 사람들의 갖가지 이야기를 할 때면 모든 사람과 모든 상황에 대한 유별난 자신감을 갖고 있었다. 이야기를 가장 잘하는 여자는 나탈리아 코즐롭스키였다. 한 서른쯤 되어 보이는 이 여자는 생기 있는 얼굴에 아주 튼튼한 몸을 가지고 있었고, 눈길은 비웃는 듯했으며 말투는 특히 유창하면서도 단호했다. 그녀는 친구들의 관심을 온통 독차지했고 친구들은 그녀에게 모든 일을 상의하곤 했다. 그녀는 일도 아주 잘했을 뿐 아니라 차림새가 단정하고 기숙학교에 다니는 딸이 있었기 때문에 모두의 존경을 받았다. 그 여자가 젖은 옷으로 가득 찬 양동이 두 개를 들고 미끄러운 언덕길을 내려오면 친구들은 따뜻한 인사를 건네며 걱정스럽게 묻곤 했다.

"딸내미는 어때? 잘 지내?"

"잘 지내. 고마워. 열심히 공부하고 있지. 하느님께 감사할 따름이야!"

"그래? 훌륭한 숙녀가 되겠는걸?"

"그 기쁨으로 가르치지. 아리따운 숙녀들이 다 어디서 나오겠어? 우리 같이 일하느라 볕에 그을린 아낙네들에게서 나오는 거야. 아니면 달리 어디서 나오겠어? 사람은 많이 알수록 손이 커지고 더 많이 버는 법이야. 그래서 많이 번 사람이 존경을 받아. 하느님은 우리를 어리석은 어린애로 세상에 내보내고 늙고 현명하게 만들어 다시 불러 가시는 거야. 그래서 우린 이 땅에 사는 동안 배워야 한다는 말씀이지!"

그녀가 말을 할 때면 모두들 한 마디 대꾸도 하지 않고 그녀의 유창하고 단호한 이야기에 귀를 기울였다. 그들은 그녀가 있는 자리에서든 없는 자리에서든 그녀를 칭찬했다. 모두들 그녀의 지혜에 경탄하고 있었던 것이다. 그러나 그 누구도 그녀를 흉내 낼 엄두조차 내지 못했다. 그녀는 낡은 갈색 가죽 부츠의 다리부분을 오려서 재킷 소매에 덧대어 꿰맸는데 그것은 팔을 들어올릴 때 물이 팔꿈치로 흘러내려 블라우스를 젖게 하는 것을 방지해주었다. 모두들 그녀의 지혜에 감탄하면서도 아무도 그걸 모방하려 하지 않았다. 내가 그걸 흉내 냈을 때 나는 모두의 웃음거리가 되었다.

"이봐, 여자의 지혜는 못 따라가겠지?"

그들은 그녀의 딸에 대해서도 많은 이야기를 했다.

"그건 중요한 일이야. 세상에 젊은 숙녀가 하나 더 생기는 게 어디 작은 일이야? 하지만 그 애는 학업을 마치지 못할 수도 있어. 죽을 수도 있고. 배우는 학생들에게는 인생이 쉽지가 않은 법이야. 바힐로프의 딸은 열심히 공부해서 학교 선생님까지 되었지. 일단 선생님이 되고 나면 생계 걱정은 없어."

"물론 시집이나 갈 거라면 일자무식이어도 상관없지. 스스로 자랑할 만한 무언가가 있다면 말이지."

"여자의 재치란 머릿속에 든 것이 아니라고."

나는 그녀들이 스스로에 대해서 그렇게 조심성 없이 이야기하는 것을 들으면서 정말 이상하다고 느꼈다. 나는 선원들이나 군인들, 흙을 일구는 노동자들이 여자들에 대해서 어떻게 이야기하는지 알고 있었다. 그들은 늘 여자를 유혹하는 기술에 대해 자랑을 늘어놓곤 했는데 나는 여자들에 대한 그들의 태도가 적대적이라고 느꼈다. 하지만 그들의 자랑에는 어쩐지 그것이 지어낸 이야기이고 허풍이라고 생각하게 하는 데가 있었다.

세탁부 여자들은 서로 연애담을 털어놓거나 하지는 않았다. 그러나 남자들에 대해 이야기할 때에는 늘 악의와 조롱기가 느껴졌다. 그래서 나는 여자가 강하다는 말이 사실일지도 모른다고 생각했다.

"남자들은 동료들 사이에서 친구를 사귀지 못하면 여자들에게 오게 돼 있어. 그건 어떤 남자나 마찬가지라고!" 어느 날 나탈리아가 이렇게 말했다. 그러자 좀 나이 든 어떤 노파가 냉랭한 목소리로 그녀에게 소리쳤다.

"그럼 달리 누구에게 가겠어? 하느님에게 속한 신부나 수도승조차도 우리에게 오고 있는데."

이러한 대화는 물을 끼얹는 소리, 젖은 빨래를 땅에 대고 찰싹찰싹 치는 소리들과 어우러져 흰 눈이 채 덮지 못한 계곡 안쪽의 진흙땅 위에서 오갔다. 모든 민족과 인류가 생겨나게 된 비밀에 대한 사악하고 뻔뻔스러운 대화는 듣기에 심히 역겨웠지만, 그로 인해 나는 주변에서 일어나는 '로맨스'에 주의를 기울이게 되었다. 그 로맨스들이란 추잡하고 부도덕한 이야기들과 긴밀하게 얽혀 있었다.

그러나 그럼에도 세탁부 여자들과 함께 있거나 부엌에서 잡역부들과 함께 있거나 들판의 노동자들이 살던 지하저장고에 있는 게 집 안에 있는 것보다는 훨씬 재미있었다. 집 안에서는 늘 뻔한 소리에 늘 같은 일만 반복되었기 때문에 답답하고 지루했다.

주인 내외는 음식과 질병과 수면, 그리고 생계와 관련된 이런저런 걱정들로 이루어진 마법의 원 안에 사는 듯했다. 그들은 죄와 죽음에 대해 이야기했으며, 죽음을 몹시 두려워했다. 그리고 마치 맷돌 안의 곡식 알갱이들처럼 서로 부딪치고 마찰을 일으켰다.

시간이 날 때면 나는 헛간에 가서 장작을 패고 혼자 있고 싶었다. 그러나 그것도 여의치 않은 것이, 당번병들이 뜰 안에서 벌어지는 일들을 이야기하려고 찾아오곤 했던 것이다. 예르모힌과 시도로프가 가장 자주 찾아왔다. 예르모힌은 칼루자 출신으로 키가 크고 구부정하며 온통 정맥이 드러나 보이는 팔다리에 머리통이 작고 눈이 흐릿했다. 그는 몹시 게으르고 화가 날 만큼 답답했으며 동작이 느리고 굼떴다. 그리고 여자만 보면 눈을 깜빡거리며 금세라도 여자의 발 밑에 쓰러지기라도 할 듯 몸을 구부렸다. 게다가 요리사들이나 하녀들을 얼마나 빨리 정복하는지 뜰 안 사람들이 모두 부러워할 정도였다. 사람들은 그의 곰 같은 힘을 두려워하였다. 깡마른 시도로프는 툴라 출신으로 늘 우수에 젖은 채 부드럽게 말했으며 언제나 어두운 구석 쪽을 응시하기를 좋아했다. 그는 나지막한 목소리로 자기가 알게 된 이야기를 들려주거나 말없이 어두운 구석을 바라보곤 했다.

"뭘 그렇게 쳐다봐?"

"그냥…… 쥐가 돌아다니는 것 같아서…… 나는 쥐를 좋아하거든. 쥐들은 아주 조용히 이곳에서 저곳으로 뛰어다니지."

나는 시골에 있는 가족들에게 보내는 당번병들의 편지와 연애편지들을 대신 써 주었다. 나는 이 일이 재미있었지만 특히 토요일마다 툴라에 있는 누이에게 보내는 시도로프의 편지를 써 주는 게 즐거웠다. 시도로프는 나를 자기 부엌으로 불러 식탁에 나란히 앉아, 바짝 자른 머리카락을 세게 쓸어내리며 내 귀에 대고 속삭였다.

"좀 부탁해! 처음에는 늘 쓰던 대로 써. '사랑하는 나의 누이야, 그동안 잘 지냈지?'라고 말이야. 그런 다음 이렇게 쓰는 거야. '보내준 1루블은 고맙게 받았지만 실은 보내줄 필요가 없었단다. 그렇지만 고맙다. 나에겐 아무것도 필요하지 않으며, 이곳 생활은 모든 것이 훌륭하단다.' 사실 우리는 개처럼 살고 있긴 하지만 편지에 그렇게 쓸 필요는 없어. 그냥 잘 살고 있다고 쓰라고. 내 누이는 아직 어려. 열네 살밖에 안 됐거든. 그러니 이곳의 실상을 알 필요는 없겠지."

그는 내 왼쪽 어깨에 기대어 내 귀에 뜨거운 숨을 몰아쉬며 끈덕지게 속삭였다.

"편지에다 남자 애들이 달콤한 말을 속삭이더라도 그 말을 믿지 말라고 써! 그놈은 그저 너를 꾀어서 망치려는 생각만 하는 거라고 말이야."

그는 기침을 참느라 얼굴이 빨개지면서 눈에 눈물이 고였다. 그가 테이블에 기대자 테이블이 흔들렸다.

"네가 방해해서 글을 못 쓰겠잖아!"

"괜찮아, 이젠 됐어. 계속해서 부를게. '특히 신사들을 믿지 마라. 그들은 너 같은 어린 소녀들을 보면 처음부터 나쁜 쪽으로 유인한단다. 그들은 무슨 말을 하는 게 좋은지 잘 알고 있지. 혹시 모아둔 돈이 있다면 사제에게 맡기렴. 그 사제가 좋은 사람이라면 말이야. 그렇지만 가장 좋은 방법은 땅에 파묻고 그 위치를 기억해두는 거란다."

이런 속삭임을 듣고 있기란 여간 고역이 아니었는데, 그것은 이 속삭임이 창문에 붙은 환풍기의 끽끽거리는 소리에 묻혀 잘 들리지 않았기 때문이다. 나는 검게 그은 난로 앞면과 파리똥이 새까맣게 붙은 찬장, 그리고 매우 지저분한 부엌을 둘러보았다. 부엌은 탄 식용유 냄새와 석유 냄새, 연기의 매캐한 냄새로 가득 차 있었다. 난로 위와 난로 속 불붙은 장작 사이를 바퀴벌레가 들락거렸다. 그러자 서글픈 생각이 들었다. 이 병사와 그의 누이를 생각하노라면 눈물이 날 지경이었다. 도대체 사람들이 이렇게 사는 것이 가능하단 말인가, 옳단 말인가?

나는 이제 시도로프의 속삭임은 듣지도 않고 써 나갔다. 인생의 비참함과 불쾌함에 대해서 써내려갔다. 시도로프는 한숨을 내쉬며 말했다.

"많이 쓰는구나, 고마워! 이젠 그 애도 뭘 무서워해야 하는지를 알 거야."

"그애에게 무서워해야 할 건 없어!" 나 자신은 많은 것을 두려워하면서도 나는 화난 마음에 이렇게 말했다.

시도로프는 웃다가 목청을 가다듬고 말했다.

"너, 정말 이상하구나! 어떻게 무서운 게 하나도 없다는 거야? 신사들이나 하느님은 어때? 무섭지 않아?"

누이의 답장을 받고서 그는 불안한 듯 말했다.

"읽어 줘, 어서 빨리."

그는 아주 악필로 갈겨 쓴데다가 무례하게 짧고 무의미한 편지를 내게 세 번씩이나 되풀이해서 읽게 했다.

그는 친절하고 상냥했지만 여자를 대하는 태도는 남들과 마찬가지로 거칠고 야만적이다. 좋든 싫든 나는 놀랍게 빨리 시작되었다가 끝나고 마는 연애 사건들을 자주 목격하게 되었다. 시도로프는 군대생활의 이야기로 여자들의 가슴에 연민의 정을 불러일으켰다. 그는 달콤한 말로 여자를 유혹하여 그녀를 정복하고는 마치 쓴 약이라도 삼킨 것처럼 인상을 쓰고 침을 뱉어가며 예르모힌에게 그 이야기를 들려주는 것이었다. 이런 것을 보면 마음이 아팠다. 나는 화가 나서 병사들에게 왜 모두들 여자들을 꾀어 농락하고는 차버리거나 때리기까지 하느냐고 따져 물었다.

병사들 중 한 명이 조용히 웃으며 대답했다.

"넌 그런 일에 신경 쓸 필요 없어. 이건 아주 나쁜 일이야. 죄악이지! 넌 아직 어리니까 이런 일은 몰라도 돼."

그러나 하루는 더 함축적이며 늘 나의 뇌리에서 사라지지 않는 대답을 들었다.

"내가 거짓말하는 것을 그 여자들이 모를 거라고 생각해?" 시도로프는 나에게 눈을 깜박이고는 기침을 했다. "아주 잘 안다고! 여자들이 속는 척하는 거야. 이런 일에는 모두들 거짓말을 하고 모두들 부끄러워하지만 어느 쪽도 사랑을 품고 있지는 않지. 그저 하나의 오락일 뿐이야! 정말 지독하게 수치스러운 일이지. 너도 조금 있으면 알게 될 거야. 하느님이 인간을 낙원에서 추방한 것도 그 때문이라고. 그래서 모든 불행이 찾아온 거지!"

그는 말을 정말 잘했다. 그가 조금은 슬프고 조금은 참회조로 말해서 나는 그의 연애 행각에 대해 다소 관대해졌다. 나는 예르모힌보다 그에게 더욱더 우호적인 감정을 갖기 시작했다. 예르모힌은 되도록 약을 올리고 비웃어주었다. 그는 때때로 화가 나서 씩씩거리며 나를 쫓아 마당을 뛰어다녔지만 워낙 굼떠서 나를 잡지는 못했다.

"이건 금기야." 시도로프가 여자들에 대한 이야기를 계속했다.

무엇이 금기라는 것인지는 알았지만 사랑이 사람들을 불행하게 만들었다는 말은 믿을 수가 없었다. 나는 사람들이 불행하다는 것을 알았지만 시도로프가 한 말은 믿지 않았다. 사랑에 빠진 사람들 눈에서 특별한 무언가를 볼 때가 종종 있었기 때문이다. 마음속에서 벌어지는 축제를 보는 것은 언제나 기분 좋은 일이었다.

그럼에도 생활은 점점 더 지루하고 잔인했으며 그날이 그날인 일상에 영원히 고정되는 것 같았다. 나는 내 눈앞에서 끊임없이 벌어지는 일보다 더 나은 일은 꿈에도 생각할 수 없었다.

그러나 하루는 병사들이 매우 인상적인 이야기를 들려주었다. 이 도시에서 가장 뛰어난 재단사가 바로 이 건물 어떤 층에 살고 있다는 것이었다. 그는 조용하고 친절한 외국인이라 했다. 그리고 그의 아내는 아이가 없는 자그마한 여자로 밤낮없이 책만 읽는다는 것이다. 술 취한 사람들이 득실거리는 소란스런 이 집에서 이들 둘은 눈에 띄지 않게 조용히 살았다. 찾아오는 손님도 없었고 휴일에 극장 구경을 가는 것을 빼면 외출을 하지도 않았다.

남편은 아침 일찍부터 저녁 늦게까지 일했다. 소녀처럼 작은 체구의 아내는 일주일에 두 번 도서관에 다녀왔다. 나는 그녀가 약간 저는 듯한 걸음으로 강둑길을 걷는 모습을 가끔 보았다. 그녀는 여학생처럼 끈으로 책을 묶어 들고 다녔다. 옷차림은 꾸밈이 없고 산뜻하고 깨끗했으며 자그마한 손에는 장갑을 끼고 있었다. 그녀의 얼굴은 작은 눈이 튀어나와 새처럼 생겼지만 그녀 주변의 모든 것은 선반 위에 놓인 도자기 장식처럼 예뻤다. 병사들은 그녀에게 왼쪽 갈비뼈가 몇 개 부족해서 그렇게 이상하게 흔들거리면서 걷는다고 말했다. 그러나 나에게는 이러한 그녀의 결점이 특별하게 생각되었으며, 오히려 마당에 득실거리는 다른 숙녀들, 즉 장교들의 아내와 한눈에 구별할 수 있게 해주는 특징이 되었다. 장교의 아내들은 큰 목소리와 요란스런 옷차림, 툭 불거진 허리받이에도 불구하고 그저 골방에서 온갖 잡동사니 쓰레기들과 뒤섞여 오랫동안 잊힌 채 나뒹굴고 있었던 듯한 구질구질한 모습이었다.

이 재단사의 자그마한 부인은 마당 안 사람들 눈에는 반쯤 미친, 책에만 정신이 빠져서 집안일을 돌보지 않는 여자로 비쳤다. 남편이 손수 장을 보고 점심이나 저녁은 덩치 큰 외국인 가정부가 준비해준다고들 했다. 그 가정부는 붉은 눈의 애꾸였는데 눈은 항상 눈물이 그렁그렁하고 충혈 되어 있었으며 다른 한쪽 눈이 있었던 자리에는 좁은 핑크빛 틈새만 남아 있었다. 사람들은 그녀가 그 집 여주인과 마찬가지로 삶은 돼지고기와 쇠고기를 구별할 줄 모르고, 한번은 미나리 대신에 말이 먹는 양고추냉이를 샀다가 망신을 당했다는 둥 이런저런 이야기를 쑤군거렸다.

이들 세 사람은 이 건물에서 완전한 국외자였다. 그들은 우연히도 커다란 닭장 한켠에 떨어진 외국인들 같았다. 추위를 피하다가 창문을 통해 숨 막히고 지저분한 인간의 거처로 잘못 날아 든 박새들을 연상시켰다.

그런데 하루는 장교들이 양복장이의 그 자그마한 부인에게 모욕적이고 못된 장난을 꾸미고 있다는 사실을 당번병에게서 들었다. 날마다 그들 중 한두 사람이 그녀에게 사랑을 고백하는 편지를 써서 상사병에 걸린 자신들의 고통을 호소하기로 했다는 것이었다. 그런데 그녀의 답장은 제발 그냥 내버려 둬 달라, 그들을 괴롭혔다면 참 마음이 아프다, 그들이 어서 빨리 사랑에서 벗어날 수 있기를 하느님께 기도하겠다는 내용이었다고 했다. 장교들 중 하나가 그런 편지를 받으면 모두 함께 읽고서 다른 사람 이름으로 그녀에게 또다시 편지를 쓰곤 했다.

당번병은 내게 이러한 이야기를 들려주며 웃음을 터뜨렸고 재단사의 아내에게 욕을 퍼부었다.

"불쾌한 년 같으니, 불구년!" 예르모힌이 낮은 목소리로 말했고 시도로프도 이에 동의했다.

"맞아! 어떤 여자든 그저 유혹당하고 싶어 안달이지. 그 여자도 뻔히 알고 있다고……."

그 부인이 사람들이 자기를 비웃는다는 사실을 모르는 것 같아서 나는 그녀에게 그 이야기를 해 주기로 마음먹었다. 나는 요리사가 밖에 나가기를 기다려 어두운 계단을 통해 그녀 집으로 뛰어올라가 부엌으로 들어갔다. 부엌에는 아무도 없었다. 나는 거실로 건너갔다. 방에 들어서자 부인이 한 손에는 묵직한 금빛 찻잔을 들고 또 한 손에는 책을 펼쳐 들고 탁자 앞에 앉아 있었다. 그녀는 깜짝 놀라 책을 꼭 끌어 안으며 나지막하게 소리를 질렀다.

"거기 누구세요? 앙구스타! 누구시죠?"

나는 재빨리 다소 앞뒤가 안 맞게 내가 누구인가를 이야기했다. 금방이라도 책이 날아올 것 같았기 때문이다. 부인은 옷단에 술장식이 달리고 옷깃에 레이스 장식이 달린 담청색 옷을 입고 커다란 산딸기 색 팔걸이의자에 앉아 있었다. 곱게 물결을 이룬 아마빛 머리칼이 어깨 위로 흘러내리는 그녀의 모습은 마치 교회 문 앞에 선 천사 같았다. 그녀는 의자 등받이에 기댄 채 눈을 크게 뜨고 나를 응시했다. 처음엔 화난 눈빛이었으나 곧 놀라움이 깃든 미소를 지어 보였다.

내가 하고 싶은 말을 다 하고는 풀이 죽어서 문쪽으로 돌아서자 그녀가 불러 세웠다.

"잠깐만!"

그녀는 찻잔을 쟁반에 내려놓고 책을 탁자 위에 던져 놓고는 두 손을 맞잡더니 어른스러운 쉰 목소리로 말했다.

"넌 참 이상한 애로구나. 이리 가까이 오렴!"

나는 매우 조심스럽게 다가갔다. 그녀는 차갑고 작은 손가락으로 내 손을 어루만지며 물었다.

"내게 그런 말을 해 주라고 누가 시킨 건 분명히 아니겠지? 아니라고? 좋아. 네가 혼자서 그런 생각을 했다는 걸 알아."

내 손을 놓으며 그녀는 눈을 감고 부드럽게 말했다.

"군인들이 나에 대해서 그렇게 말하다니!"

"이 집을 떠나세요." 내가 진심으로 충고했다.

"왜?"

"그들은 아주머니를 괴롭힐 거예요!"

그녀는 밝게 웃으면서 물었다.

"학교에 다니니? 독서 좋아해?"

"읽을 시간이 없어요."

"정말 좋아한다면 시간은 낼 수 있는 법이야. 아무튼 와 줘서 고맙구나!"

그녀는 엄지와 검지로 은화 한 개를 내밀었다. 나는 그녀에게서 그런 선물을 받기가 부끄러웠지만 그렇다고 거절할 만한 용기도 없었다. 돌아오는 길에 나는 계단 난간 받침대 위에다 그 동전을 놓고 나왔다.

나는 그 부인에게 신선한 충격을 받았다. 마치 내 앞에 새로운 날이 열리는 것 같았다. 며칠 동안 나는 천사처럼 푸른 옷을 입고 앉아 있는 재단사 부인의 넓은 방을 그려보며 들뜬 기분으로 지냈다. 그곳의 모든 것이 이상한 아름다움을 지닌 것 같았다. 흐릿한 금빛 카펫이 그녀 발 아래 깔려 있었고 창문의 은색 틀을 통해 들어오는 차가운 겨울 빛도 그녀 눈앞에서 따스해지는 듯했다.

나는 그녀를 다시 보고 싶은 생각이 간절했다. 가서 책을 빌리러 왔다고 하면 어떨까?

나는 이 생각을 곧바로 실행에 옮겼다. 그리고 전에 만났던 그 장소에서 다시 부인을 만나게 되었다. 부인은 여전히 손에 책을 들고 있었으나 얼굴엔 불그스름한 스카프를 두르고 있었고 한 눈은 부어 올라 있었다. 그녀는 검은색 표지가 붙은 책을 건네주면서 뭔가 알아들을 수 없는 말을 했다. 나는 슬픔을 느끼면서 책을 들고 나왔다. 책에서는 방부제 냄새와 아니시드 열매 냄새가 났다. 나는 책을 깨끗한 셔츠와 종이에 싸서 다락에 숨겼다. 혹시라도 주인 내외가 발견하고 더럽힐지도 모르기 때문이었다.

그들은 유행하는 옷의 본을 구하거나 부록을 얻으려고 〈니바〉잡지를 사왔지만 결코 읽지는 않았다. 그림만 대충 훑어보고는 침실 찬장에 꽂아 두었다가 연말이 되면 다시 침대 밑에 쌓았다. 그곳에는 벌써 〈미술 평론〉지가 세 묶음이나 있었다. 내가 침실 바닥을 닦을 때면 더러운 물이 조금씩 이 책들 밑으로 흘러 들어가곤 했다. 주인 남자는 〈러시안 쿠리에〉지를 구독하였는데 저녁 때는 그걸 읽다가 욕을 하곤 했다.

"왜 이런 기사들밖에 없는 거야? 에이 따분해!"

토요일에 다락의 옷가지들을 정리하다가 문득 생각이 나서 책을 꺼내 처음 몇 줄을 읽어 보았다. '집이란 사람과 같아서, 저마다 자기만의 독특한 얼굴을 지니고 있다.' 이 문장에 담긴 진리에 감탄하면서 계속 읽어 내려갔다. 다락방 지붕창 옆에 서서 추위 때문에 더 이상 있을 수 없을 때까지 읽었다. 저녁때 주인 내외가 저녁기도에 간 틈에 나는 책을 부엌으로 가지고 와서 가을 낙엽처럼 해진 누런 책장들 속에 파묻혔다. 책은 나를 한 번도 가보지 못한 새로운 세계 속으로 데려가서는 이제까지 내 주변에서 볼 수 없었던 위대한 영웅들과 음울한 악당들을 보여 주었다. 그것은 프랑스 작가 그자비에 드 몽테팡의 소설이었다. 새롭고 열정적인 삶을 묘사한 이 소설은 그의 다른 소설들과 마찬가지로 매우 길고 수많은 인물과 사건들로 가득 차 있었다. 소설 속의 모든 것은 놀라우리만큼 단순하고 명확해서 마치 행간에 숨겨진 그윽한 빛이 선악을 비추는 듯했다. 그 빛은 나로 하여금 서로 복잡하게 얽힌 등장인물의 운명에 지대한 관심을 갖게 했으며 그들을 사랑하거나 미워하게 했다. 나는 예기치 않게 내 눈앞에 펼쳐진 삶이 지면에서만 존재한다는 사실도 잊은 채 이 사람을 도와주고 저 사람을 방해하고 싶은 충동에 사로잡혔다. 소설 속의 이야기에 온전히 몰입해서 다른 모든 것을 잊어버렸다. 한 페이지에서는 기쁨에 겨워 어찌할 바를 몰랐고 다음 페이지에서는 깊은 슬픔에 잠겼다.

한참을 그렇게 읽고 있는데 현관의 벨이 울렸다. 그 즉시 나는 누가 왜 종을 울리는지 알 수 있었다. 양초가 거의 다 타들어가 오늘 아침에 닦아 놓은 촛대가 촛농으로 뒤덮여 있었고 내가 잘 관리했어야 할 등은 심지가 기울어져 꺼져가고 있었다. 나는 범죄의 흔적을 지우려고 부엌을 두리번거렸다. 그러다가 난로 밑 공간에 책을 감추고 등을 다시 정돈하려고 했다. 그때 유모가 거실에서 뛰어나오며 말했다.

"귀 먹었어? 누가 벨을 눌렀잖아!"

나는 서둘러 문을 열었다.

"또 졸았니?" 주인이 엄하게 물었다. 그의 아내는 계단을 올라오며 나 때문에 감기가 들었다고 투덜댔다. 노파는 나에게 저주를 퍼부었다. 노파는 부엌에 들어서자 양초가 다 탔다는 사실을 알아채고는 뭘 했느냐며 추궁하기 시작했다. 나는 아무 말도 하지 못했다. 노파가 책을 찾아낼까봐 걱정이 된 나머지 옴짝달싹할 수가 없었다. 노파는 내가 집을 태울 뻔했다고 소리쳤다. 주인 부부가 저녁식사를 하러 내려왔을 때 노파는 그들에게 불평을 늘어놓기 시작했다.

"애들아, 이 아이가 양초가 다 타버릴 때까지 내버려 뒀지 뭐냐. 하마터면 온 집안을 태워 먹을 뻔했다고……."

저녁을 먹으면서 그들 네 사람은 고의적이거나 무의식적으로 저지른 나의 갖가지 잘못을 비난하면서 지옥 불에 떨어질 거라고 협박해댔다. 그러나 나는 그들 말이 진정한 악의에서 나온 것도 아니고 선의에서 나온 것도 아니며 그저 따분함을 못 이겨 하는 말임을 익히 알고 있었다. 소설 속 등장인물에 비하면 이들은 얼마나 공허하고 어리석은가!

그들은 식사를 마치자 갑자기 피로가 몰려오는지 다들 잠자리에 들었다. 노파는 잠시 성모상 앞에서 화가 난 듯 불평 같은 기도를 올린 다음 침상으로 올라가더니 이내 조용해졌다. 나는 살그머니 일어나 난로 밑에서 책을 꺼내 창가로 다가갔다. 환한 달빛이 쏟아져 들어왔지만 달빛 아래에서 읽기에는 글자가 너무 작았다. 나는 책을 읽고 싶어 견딜 수가 없었다. 선반에서 청동 냄비를 살짝 꺼내어 달빛을 반사시켜 보았으나 오히려 더 어두워질 뿐이었다. 나는 성모상이 있는 구석 벤치로 가서 그곳에 있는 등불빛으로 책을 읽었다. 그러나 너무 피곤한 나머지 그대로 쓰러져 잠이 들고 말았다. 노파가 마구 소리치며 나를 때릴 때에야 나는 잠에서 깼다. 노파는 책을 뺏어 손에 들고 내 어깨를 아프게 후려쳤다. 분노로 얼굴이 시뻘게진 그녀는 맨발에 잠옷만 걸친 채 적갈색 머리카락을 격렬하게 흔들어댔다. 빅토르가 위층 다락에서 투덜댔다.

"엄마, 소리 좀 지르지 마세요! 엄마 때문에 도대체 살 수가 있어야지."

'할멈이 책을 찾아내고 말았구나, 갈기갈기 찢어버릴 텐데⋯⋯' 나는 속으로 걱정했다.

심문은 아침 식사 시간에 이루어졌다. 주인이 엄하게 물었다.

"너 그 책 어디서 가져왔어?"

여자들이 서로 말을 가로막아가며 소리를 질러댔고 빅토르는 경멸하듯이 코를 책에 대고 킁킁거리더니 이렇게 말했다.

"이게 무슨 냄새람?" 내가 사제에게서 빌렸다고 대답하자 그들은 사제가 소설 나부랭이를 읽는다는 사실에 놀라고 분개했다.

그러나 어쨌든 그들은 다소 누그러진 것 같았다. 비록 주인이 나를 불러세워놓고 책을 읽는 것은 해롭고 위험하다고 오랫동안 훈계를 늘어놓긴 했지만 말이다.

"열차에서 강도짓을 하고 사람끼리 죽이는 놈들은 책을 읽는 놈들이란 말이야."

여주인은 화를 내며 위협적으로 남편에게 말했다.

"당신, 정신 나갔어요? 그 애한테 그런 얘기는 뭣하러 하는 거예요?"

나는 책을 시도로프에게 가져가 자초지종을 이야기했다. 시도로프는 책을 받아들고는 작은 트렁크를 열어 깨끗한 수건을 꺼내더니 책을 싸서 그 속에 감추고 내게 말했다.

"그 사람들 말은 신경 쓰지 마! 나한테 맡겨놓고 여기 와서 읽어. 아무에게도 말 안 할게. 열쇠를 저 성모상 뒤에 놓을 테니까 만일 내가 없더라도 트렁크를 열고 꺼내 읽으라고."

책에 대한 주인들 태도 때문에 그 책은 내 마음속에서 뭔가 중대하고 무서운 비밀처럼 되어버렸다. 나는 누가 열차에서 강도짓을 하고 살인을 했는지에 대해서는 관심이 없었으나 고해성사 때 사제가 내게 했던 질문은 기억하고 있었다. 그리고 어떤 학생이 지하실에서 책을 읽던 모습과 스무리가 말하던 '올바른 책들', 외할아버지 이야기 속에 나오는 프리메이슨들의 마술 책 등등에 관한 기억이 머릿속에 남아 있었다. 외할아버지는 그 책들에 관해 이렇게 이야기했었다.

'알렉산드로 파블로비치 대왕 시대에 귀족들은 '검은 서적들'과 프리메이슨의 책들을 공부했단다. 그들은 모든 러시아 인들이 로마 교황에게 넘어가게끔 만들려고 음모를 꾸몄었지. 그러나 아락체예프 장군이 전부 체포해서 계급에 상관없이 시베리아로 유형을 보냈단다. 거기서 모두 벌레처럼 썩어버렸어……'*7

스무리의 책에서 읽었던 '별의 본그림자'라든지 '게르바시' 등등 엄숙하면서도 우스꽝스런 말이 생각났다.

'오, 우리 일을 알고 싶어 안달하는 무례한 자여, 그대의 그 허약한 눈으로는 결코 엿볼 수 없으리.'

나는 어떤 대단한 비밀을 밝혀내는 실마리에 접근해 있다는 생각에 미친 사람처럼 돌아다녔다. 책을 끝까지 다 읽고 싶어 애가 달았고 어쩌다 시도로프가 그 책을 잃어버리거나 못쓰게 만들지나 않을지 몹시 걱정되었다. 그런 일이 생긴다면 재단사 부인에게 뭐라고 말할 것인가?

노파는 내가 시도로프의 방으로 달려가지 않는지 신경을 곤두세우고 지켜보다가 나를 비웃기 시작했다.

"이 책벌레야! 책이 가르치는 건 무절제뿐이라고! 재단사 마누라가 책만 읽다가 어떻게 됐나 보란 말이야! 혼자서 장도 보러 다니지 못하잖아. 그저 하는 일이라곤 군인들과 시시덕거리는 것뿐이지. 낮에는 집으로 그 사내들을 끌어들이고. 난 다 안다고."

나는 마주 소리치고 싶었다. '그건 거짓말이에요. 그 부인은 절대로 그러

---

*7 알렉산더 1세 치하의 프리메이슨 운동을 말함. 1822년 반정부운동의 온상으로 지목되어 모두 체포됨.

지 않아요……'라고. 그러나 나는 그 여자를 옹호하다가는 책이 그 부인 것이라는 사실을 노파가 알아차릴까봐 두려웠다.

며칠 동안 나는 지독히 괴로운 시간을 보내야 했다. 나는 반쯤 넋나간 사람처럼 불안한 그리움에 싸여 있었으며 몽테팡 소설에 대한 생각에 잠을 이룰 수가 없었다. 그런데 하루는 재단사 집에서 일하는 요리사가 마당에서 나를 불러 세우더니 말하는 것이었다.

"책을 돌려달라신다!"

나는 저녁을 먹은 후 주인들이 쉬려고 누운 틈을 이용해서 참담한 기분으로 재단사 집을 찾아갔다.

부인은 맨 처음 보았을 때의 모습으로 나를 맞았으나 옷차림은 달랐다. 회색 치마와 검은 벨벳 블라우스를 입고 드러난 목에는 청록색 십자가 목걸이를 하고 있었다. 부인은 꼭 피리새 같았다.

아직 책을 다 읽지 못했으며 집에서는 책을 읽지 못하게 한다는 이야기를 할 때 내 눈에는 눈물이 가득 고였다. 눈물은 비참한 심정 때문이기도 했지만 또한 이 여인을 바라보는 기쁨 때문이기도 했다.

"오, 참으로 어리석은 사람들이구나!" 그녀는 언짢은 듯 미간을 찡그리며 말했다. "너의 주인도 그런 재미있는 면이 있다니! 너무 낙담하지 마라. 내가 그 사람한테 편지를 쓰마!"

"안 돼요, 쓰지 마세요!" 나는 그녀에게 호소하였다. "그 사람들은 부인을 비웃고 욕할 거예요. 여기 사는 사람들은 아무도 부인을 좋아하지 않아요. 모두들 비웃으면서 바보라고, 갈비뼈도 없다고들 말한다고요!"

나는 불쑥 이런 말을 하고는 곧바로 쓸데없는 말을 해서 부인의 기분을 상하게 했다는 것을 알아차렸다. 그녀는 아랫입술을 깨물면서 말을 탈 때 그러는 것처럼 자신의 엉덩이를 손으로 쳤다. 나는 당황해서 땅 속으로라도 꺼지고 싶은 마음으로 고개를 푹 숙였다. 그러나 부인은 의자에 기대면서 재미있다는 듯 소리 내어 웃으며 되풀이해 말하는 것이었다.

"오, 정말 어리석은 사람들이구나, 정말로…… 그럼 이제 어떻게 해야 하지?" 그녀는 나를 찬찬히 뜯어보면서 혼잣말로 물었다. 그리고는 한숨을 내쉬더니 말했다. "한데 넌 이상한 애구나, 아주 이상한 아이야……."

나는 부인 옆에 나란히 앉아 거울을 바라보았다. 너무 높이 붙은 광대뼈,

짧은 코, 이마 위 큰 흉터, 그리고 오랫동안 깎지 않아 사방으로 헝클어지고 뻗쳐 있는 머리카락…… 이런 내 모습 때문에 그녀가 '이상한 아이'라고 하는 걸까? 그 이상한 아이는 조금도 도자기 인형같이 생기지는 않았다……

"내가 너에게 준 동전을 안 가져갔더구나. 왜 그랬지?"

"제겐 필요가 없었어요."

그녀는 한숨을 쉬었다.

"자, 그럼 이제 어떻게 할까? 그래, 그 사람들이 책을 읽게 허락하면 나를 다시 찾아 오너라. 그럼 내가 책을 빌려줄게."

선반 위에는 책이 세 권 있었다. 내가 도로 가져온 것은 그중 제일 두툼한 책이었다. 나는 우울한 시선으로 그 책을 바라보았다. 재단사 부인은 내게 그녀의 조그마한 장밋빛 손을 내밀었다.

"그럼, 안녕!"

나는 수줍게 그녀의 손을 쥐었다 놓고는 서둘러 그곳을 나왔다. 그녀가 아무것도 모른다는 사람들 말은 맞는 것 같았다. 20코페이카짜리 은화를 동전이라고 하지 않던가, 어린애처럼…….

그러나 나는 그게 오히려 마음에 들었다.

9

독서에 대한 열망은 갈수록 커져만 갔다. 하지만 독서와 관련하여 받은 엄청난 모욕과 경고를 생각하면 슬프기도 하고 우습기도 하다.

재단사 부인의 책들은 매우 비싼 책들이었기 때문에 혹시 주인 노파에게 빼앗겨 난로에 불태워지는 일이라도 있을까봐, 나는 아예 그 책들에 대한 생각은 접어두고 아침마다 빵을 사러 가는 가게에서 작고 표지가 알록달록한 책들을 사오기 시작했다.

상점 주인은 두꺼운 입술을 가진 아주 불쾌하기 짝이 없는 사람이었다. 항상 땀이 번지르르한 하얗고 쭈글쭈글한 얼굴은 마마자국과 여드름으로 읽어 있고 눈은 희끄무레했으며 손은 뭉툭하고 둔해 보였다. 그의 가게는 저녁마다 성인들과 길거리의 정신 나간 여자들이 모여드는 장소였다. 우리 주인집 동생도 거의 매일 저녁 그를 찾아가 맥주를 마시고 카드놀이를 했다. 저녁식사 시간이 되면 나는 그를 찾으러 그곳에 가곤 했는데, 그 좁고 답답한 가게

뒷방에서 변덕스럽고 장밋빛으로 발그레한 가게 안주인이 빅토르나 다른 젊은이의 무릎에 앉아 있는 것을 종종 보았다. 그래도 그 가게 주인은 별로 노여워하지 않았으며, 심지어 가게 일을 도와주고 있는 누이동생이 건달들이나 군인들의 허리를 껴안고 수작을 부려도 아무 말 하지 않았다. 상점은 장사가 잘 되는 편이 아니었는데, 주인은 그 이유를 시작한 지 얼마 안 되었기 때문이라고 설명했다. 사실은 가을부터 문을 연 상점인데도 그는 별 수완을 보이지 못하는 것이었다. 그는 손님들에게 외설스런 그림들을 보여주고 원하는 사람들에게는 외설스런 시를 복사해 주기도 했다.

나는 미샤 옙스티그네예프 시리즈의 보잘것없는 책들을 매번 수 코페이카씩이나 주고 빌려 보았다. 사실 그것은 너무 비싼 값이었고 별다른 감흥도 주지 못하는 책들이었다. 《과키, 또는 절대 진리》《베네치아인 프란츠》《러시아와 카바르디의 전쟁》《배우자의 무덤 위에서 죽은 아름다운 이슬람 여인》 등과 같은 책들은 만족스럽지 못했을 뿐만 아니라 때로는 아주 실망했으며, 있을 법하지도 않은 일들을 늘어놓아 독자를 우롱하는 듯했다.

나는 《저격수들》, 《유리 밀로슬랍스키》, 《이상한 수도사》, 《타타르의 기수, 야판차》 같은 소설들을 더 좋아했는데, 이 책들에는 뭔가 마음에 와닿는 게 있었다. 그러나 무엇보다 마음을 끄는 책은 성자들의 전기였다. 여기에는 진실하고 때론 깊은 감동을 주는 무언가가 있었다. 모든 순교자들에게서 나는 '좋은 일'을 떠올렸고 여자 순교자들에게서는 외할머니를 떠올렸으며 성자들에게서는 가장 좋은 상태일 때의 외할아버지를 떠올렸다.

장작을 패기 위해 헛간에 갔을 때나 헛간 못지않게 춥고 불편한 다락방에 있을 때는 그곳에서 책을 읽었다. 때로 책이 재미있거나 빨리 읽어야 할 때에는 밤에 일어나 촛불을 켜 놓고 읽었다. 그러나 노파가 밤 사이에 초의 길이가 더 작아진 것을 눈치채고 말았다. 그녀는 초의 길이를 나무 조각 따위로 재고 나서 그 나무 조각을 어딘가에 숨겨두었다. 노파가 아침에 일어나 초의 길이를 다시 재서 전날 쟀던 길이보다 더 작아진 것을 알게 되거나, 내가 나무 조각을 찾아서 작아진 초의 길이만큼 부러뜨려 놓지 않으면 부엌에서 큰 소리가 나는 것이었다. 한번은 빅토르가 위층 다락에서 소리쳤다.

"제발 앙앙거리지 좀 말아요, 엄마! 도대체 엄마 때문에 살 수가 있어야지. 저놈은 책을 읽으려고 불을 켜는 거예요. 날마다 가게에서 책을 가져오거든요! 다락방에 올라가 뒤져보면 나올 거예요…….”

노파는 다락으로 뛰어올라가 내가 빌려온 책들을 찾아내 태워서 재로 만들어 버렸다. 물론 나는 몹시 화가 났지만 그럴수록 책을 읽으려는 욕망은 더욱더 강해지기만 했다.

만약 사제가 집으로 찾아온다면 주인집 사람들은 오히려 사제에게 설교를 늘어놓거나 사제의 사고방식을 자기들 식으로 뜯어고치려 들 것이다. 사는 게 너무나도 따분했기 때문이다. 만약 그들이 사람들을 판단하거나 비웃는 것을 그친다면 아마도 그 즉시 말하는 법을 잊어버리고 벙어리가 되어 더 이상 인간으로서의 기능을 할 수 없을 것이다. 인간이란 자신의 존재를 느끼기 위해서는 타인들과의 일정한 관계를 유지해야 한다. 주인집 사람들은 나무랄 준비가 되어 있는 선생님처럼 이웃들을 대했는데, 만약 이웃들이 그들이 일러준 방식대로 생활하고 생각하고 느낀다 해도 이웃들을 나무랄 터였다. 그들은 그런 사람들이었다.

나는 어떻게든 책을 읽으려고 애를 썼지만 노파는 몇 번이나 책을 없애 버렸다. 그러던 어느 날 가게 주인에게 변상해 주어야 할 책값이 모두 45코페이카나 되는 것을 알고 나는 깜짝 놀랐다. 내가 물건을 사러 가면 가게 주인은 물건 살 돈으로 책값을 변상하라고 줄기차게 협박했다.

“뒷일은 내가 상관할 바 아니지” 하고 그는 비웃듯이 말하곤 했다.

내가 자기를 몹시 싫어하는 것을 아는 가게 주인은 갖가지 협박으로 나를 괴롭히는 데서 이상한 즐거움을 얻는 것 같았다. 내가 상점에 들어가면 그는 읽은 얼굴이 환해져서 부드럽게 묻는 것이었다.

“오늘은 돈 가져왔어?”

“아니요.”

그는 깜짝 놀랐다는 듯이 얼굴을 찡그렸다.

“도대체 어떻게 하겠다는 거냐? 내가 자선사업이라도 하는 줄 알아? 널 경찰에 넘겨서라도 돈을 받아야겠다.”

돈을 구할 곳이라고는 아무데도 없었다. 내 급료는 곧바로 외할아버지에게로 부쳐졌다. 나는 마음의 평정을 잃었다. 이제 어떻게 되는 거지? 내가 돈을 구할 때까지 기다려 달라고 하자 가게 주인은 기름이 번지르르한 솥뚜껑 같은 손을 내밀면서 이렇게 말하는 것이었다.

"내 손에 키스해! 그럼 기다려 주겠어!"

그러나 내가 카운터 위에 있는 저울추 한 개를 들어 그의 앞에 흔들어대자 그는 겁에 질려 소리쳤다.

"뭐야, 뭐하는 거야! 농담이야, 농담!"

그러나 그는 그의 말이 농담이 아니라는 것을 잘 알고 있었다. 그래서 더 이상 그에게 괴롭힘을 당하지 않기 위해 돈을 훔치기로 결심했다.

나는 매일 아침 주인 바지에 묻은 먼지를 털었는데 그럴 때면 주머니에서 짤랑거리는 동전 소리가 나기도 했고 동전이 마루에 떨어져 데굴데굴 구르기도 했다. 언젠가 마루로 떨어진 동전 몇 개가 계단을 굴러내려가 아래층 바닥 판자 사이의 틈새에 들어가 박혔다. 나는 이 일을 깜빡 잊고 있다가 며칠이 지나서야 판자 틈새에 끼어 있는 2코페이카짜리 동전을 찾아내었다. 내가 그 돈을 주인에게 건네주자 그의 아내가 그에게 말했었다.

"이것 봐요! 주머니에 돈이 얼마나 있었는지도 모르다니!"

그러나 주인은 웃으면서 내게 말했다.

"얘는 훔치지 않아, 내가 잘 안다고!"

이제 훔치기로 작정을 하고 나니 그의 말과 나를 신뢰하는 미소가 떠올랐다. 나는 믿음을 배반하는 것이 얼마나 어려운 일인지를 느꼈다. 몇 번이나 주머니에서 동전을 꺼내어 세어보았지만 한 푼도 훔칠 수가 없었다. 이 일로 나는 사흘이나 마음의 갈등을 겪었는데, 갑자기 모든 문제들이 매우 쉽고 빠르게 해결되었다. 주인이 느닷없이 내게 물었던 것이다.

"페시코프, 무슨 일 있어? 요즘 정신이 딴 데 가 있는 것 같구나. 어디 아프니? 아니면 왜 그래?"

나는 솔직하게 고민을 털어놓았다. 그러자 그는 이맛살을 찡그리며 말했다.

"그것 보라고! 다 책 때문에 그렇잖아! 언제나 책이 문제야."

그는 내게 50코페이카를 주면서 엄하게 말했다.

"조심해! 마누라나 어머니가 아시면 난리 날 테니까!"

그러고는 선량한 미소를 지으며 말했다.

"너도 참 황소고집이구나, 제기랄! 하여간 괜찮아. 고집이 있는 게 좋지! 하지만 책은 포기해! 새해에는 내가 좋은 신문을 구독하마. 그럼 너도 그걸 읽으렴."

매일 저녁 차를 마실 때부터 저녁식사 때까지 나는 〈모스크바 신문〉에서
바시코프나 로크샤닌, 또는 루딘스콥스키의 연재소설과 그 밖의 문학작품들
을 지루해서 죽을 지경인 주인집 사람들에게 읽어 주었다.

나는 소리 내어 읽는 것을 좋아하지 않았다. 내가 읽은 내용을 이해하는데
방해되기 때문이었다. 그러나 주인집 사람들은 주의 깊게 들으면서 한숨을
내쉬기도 하고 등장인물의 교활함에 깜짝 놀라기도 하면서 이런저런 논평을
하는 것이었다.

"우린 그에 비하면 참 조용하고 편안하게 사는 거야. 그런 일은 전혀 모르
고 살잖아. 다 주님의 은총이지!"

그들은 사건들을 온통 뒤죽박죽으로 이해했다. 유명한 강도 추르킨이 저지
른 일을 우편부인 토마 크루치나 때문인 것으로 오해하는가 하면 이름들도 죄
다 틀리게 기억했다. 내가 그걸 고쳐주면 그들은 몹시 놀라는 것이었다.

"어머, 얘 기억력 좀 봐!"

가끔 〈모스크바 신문〉에서 레오니드 그라베의 시를 접하기도 했다. 그의
시를 읽고 있으면 마음이 즐거웠다. 그 가운데 몇 편을 공책에 베껴 두었지
만 주인집 사람들은 시인에 대해 이렇게 말했다.

"그는 늙은이라서 시를 쓰는 거야, 알아?"

"술주정뱅이 아니면 미치광이지. 뭐 그게 그거지만."

나는 스트루즈킨과 메멘토 모리 백작의 시를 좋아했지만 여자들은 그들의
시를 서툴다고 비아냥거렸다.

"인형극에 나오는 배우들이나 시를 읊는 거야."

나는 비좁은 방 안에서 주인들이 지켜보는 가운데 이런 겨울 저녁을 보내
는 일이 몹시 부담스러웠다. 창 밖에는 칠흑 같은 어둠이 깔리고 간간이 얼
음 갈라지는 소리가 들렸다. 사람들은 냉동된 물고기처럼 묵묵히 탁자에 앉
아 있었다. 가끔씩 바람이 창문을 덜그덕거리고 벽을 때리고는 굴뚝 밑에서
윙윙 거리는가 하면 굴뚝 환기판을 흔들어댔다. 유모 방에서 아기가 울기 시
작했다. 나는 홀로 어두운 구석에 앉아 늑대처럼 으르렁거리고 싶었다.

탁자 한 끝에는 여자들이 앉아서 양말을 뜨거나 꿰매고 있었고 다른쪽 끝
에서는 빅토르가 등을 구부리고 앉아 설계도를 베끼다가 가끔씩 소리를 질
렀다.

"탁자 좀 흔들지들 말아요! 도대체 일을 할 수가 없잖아요!"

또 한쪽에서는 주인 남자가 커다란 수틀을 앞에 놓고 앉아 테이블보에 십자수를 놓고 있었다. 그의 손가락 밑에서 빨간 바닷가재가 기어 다니고, 푸른 물고기가 헤엄치고, 노란 나비가 날아오르고, 불그레한 가을 낙엽이 떨어져 내렸다. 모두 그가 직접 디자인한 것들로, 그는 3년 전부터 겨울만 되면 일삼아 십자수를 놓았다. 그는 수 놓는 게 지친 나머지 때때로 낮에 내가 한가할 때면 이렇게 말했다.

"이리 와 봐, 페시코프! 와서 식탁보에 수를 좀 놓아봐."

나는 두꺼운 바늘을 들고 앉아 함께 수를 놓기 시작했다. 주인이 안됐다는 생각에 무엇이든 그를 도우려고 최선을 다했다. 내 생각으로는 주인은 언젠가는 제도 일이고 수놓는 일이고 카드 치는 일이고 모두 내던지고 평소에 생각해둔 뭔가 색다르고 재미난 일을 할 사람이었다. 그는 종종 그 일에 대해 생각했는데, 그럴 때면 하고 있던 일을 한쪽 옆으로 밀어놓고 마치 낯선 무언가를 보듯 놀란 눈으로 그것을 뚫어지게 바라보곤 했다. 머리카락이 뺨과 이마에 흘러내려 수도원에 갓 들어온 신참 수도사 같은 모습이었다.

"뭘 생각하세요?" 그의 아내가 물었다.

"그냥, 별거 아냐." 그는 다시 일을 시작하며 대답했다.

나는 사람이 무엇을 생각하고 있는지를 물어볼 수 있을지 생각해보았다. 그런 질문에는 결코 대답할 수 없으리라. 사람의 머릿속에는 한 순간에도 수많은 생각이 오가지 않는가. 사람은 눈앞에 보이는 것들 뿐만 아니라 어제 일어난 일이나 일 년 전에 보았던 것에 대해서도 생각한다. 이런 생각들은 항상 뒤섞여 있다. 붙잡기 어려우며 이리저리 옮겨가고 변화하는 것이다.

〈모스크바 신문〉에 실린 연재소설은 저녁 내내 읽기에는 분량이 너무 적어서 나는 침실의 침대 밑에 있는 잡지를 꺼내 읽자고 제안했다. 그러자 여주인이 불신의 눈초리로 말했다.

"거기 뭐 읽을 게 있다고? 그저 그림뿐인데."

침대 밑에는 〈미술 평론〉 외에도 〈아가뇨크(불꽃)〉지(誌)가 있었다. 거기서 우리는 살리아스의 《티야친 발티스키 백작》을 읽었다. 주인은 이야기 속 괴상한 주인공을 무척 마음에 들어 했다. 그는 주인공의 슬픈 사건에 대해 잔인하게 깔깔대고 웃다가는 눈물까지 흘렸다. 그러고는 이렇게 소리치는 것이었다.

"정말 재미 있는걸!"

"거짓말투성이야!" 여주인이 자기도 한 마디 할 수 있다는 듯이 덧붙였다. 침대 밑에서 찾아낸 책들은 내게 큰 도움이 됐다. 그 책들 덕분에 잡지를 부엌으로 가져가 읽을 수 있게 된 것이다.

더욱이 기쁜 것은 노파가 잠자리를 아이들 방으로 옮긴 일이었다. 유모가 술주정을 해댔기 때문이다. 빅토르는 날 간섭하지 않았다. 집안사람들 모두가 잠들고 나면 그는 조용히 일어나 옷을 꿰입고 나갔다가 아침이 되어서야 돌아오곤 했다. 주인집 사람들은 내가 불을 켜지 못하게 하려고 촛대를 침실로 가져가버렸고 나는 초를 살 만 한 돈이 없었다. 나는 촛대를 닦을 때 촛농을 몰래 긁어모아 정어리 깡통에 담고 거기에다 램프 기름을 부어 실로 만든 심지에 그럭저럭 뿌연 불을 밝힐 수가 있었다.

커다란 책의 책장을 넘길 때마다 불꽃의 연적색 혀가 동요하듯 흔들거렸고 심지는 타면서 지독한 냄새를 풍기는 기름에 빠졌으며 연기가 눈을 쓰리게 했다. 그러나 그림과 해설을 읽는 재미는 그런 불편함을 상쇄하고도 남았다. 그림들은 나를 점점 더 넓은 세상으로, 이야기 속에 나오는 도시들과 같은 도시들로 장식된 세상으로 데려다주었다. 나는 그림 속에서 높은 언덕들과 아름다운 해변을 보았다. 멋진 인생이 전개되고 있었다. 매혹적으로 펼쳐진 땅은 사람들과 도시들과 온갖 사물로 넘쳐났다. 이제 나는 볼가 강 너머를 응시하더라도 그곳이 쓸쓸한 황무지가 아니라는 것을 알았다. 하지만 전에는 그곳을 생각하면 이상하게 슬퍼지곤 했다. 초원이 끝없이 이어지고 낮은 관목 숲이 행렬을 이루는 곳, 초원이 끝나는 곳에 숲이 거무스름한 담장처럼 서 있는 곳. 초원은 차갑고 푸르스름한 안개에 싸여 황량하고 쓸쓸해 보였다. 내 마음도 텅 빈 것 같았다. 아련한 슬픔이 밀려와 나는 아무것도 생각할 수 없었다. 모든 욕망이 사라져 버린 듯했다. 나는 그저 눈을 감고 있고 싶을 뿐이었다. 이 서글프고 공허한 느낌은 내게 아무것도 약속해주지 않았으며, 오히려 내 마음속에 있는 모든 것을 훑어 내렸다.

알기 쉽게 쓰인 그림 해설은 다른 나라와 다른 나라 사람들, 그리고 그들의 어제와 오늘에 대해 이야기해 주고 있었다. 그러나 이해할 수 없는 것도 많았는데 그것들은 내게 가벼운 아픔을 남겨 놓았다. 가끔 이상한 단어들이 머릿속에 새겨지기도 했다. '형이상학'이라든지 '천년왕국설', '차티스트' 같은. 이런 단어들은 점점 참을 수 없는 불안의 씨앗이 되어 급기야는 기괴한 모양으로 자라나 눈앞을 가려 버렸다. 나는 아무것도 알려 들지 말자고 생각했다. 사실 책 속의 말들은 모든 비밀스런 지식의 문턱에 선 보초병들이었다. 때로는 문장 전체가 오랫동안 뇌리에 남아 다른 아무런 생각도 하지 못하게 했다. 이런 이상한 시를 읽은 기억이 난다.

철갑으로 무장하고 인적 없는 황무지를 따라
무덤처럼 적막하고 음산하게 훈족의 왕 아틸라가 말을 달린다.
뒤에는 전사들이 검은 덩어리처럼 그를 뒤따르며 소리친다.
'로마가 어디냐, 막강한 로마는
어디에 있느냐?'

로마가 도시라는 것은 알고 있었다. 그러나 도대체 '훈족'은 누구인가? 그걸 알아야 했다.

나는 기회를 살펴서 주인에게 물어보았다.

"훈족?" 그는 놀라며 되물었다. "그딴 걸 누가 알겠어? 그런 쓸데없는 걸." 그러고는 모르겠다는 듯 고개를 저으며 내게 말했다.

"네 머릿속은 그런 터무니없는 것들로 꽉 차 있구나. 아주 안 좋은 일이야, 페시코프."

좋건 나쁘건 나는 꼭 알고 싶었다.

나는 군목인 솔로비예프는 훈족이 누구인지 알리라는 생각에 마당에서 그를 붙잡고 물어보았다.

그는 병색이 도는 창백한 얼굴에 눈썹이 없고 눈은 붉게 충혈되어 있으며 누런 수염을 기른 신경질적인 사람이었다. 그는 검은 지팡이를 땅속으로 밀어 넣으며 내게 대답했다.

"그게 너와 무슨 상관이지?"

네스체로프 중위는 나의 질문에 사납게 대꾸했다.

"뭐?"

나는 약사야말로 바로 그 '훈족'에 대해 물어볼 만한 사람이라고 생각했다. 그는 여느 때처럼 친절한 눈빛으로 나를 바라보았다. 큰 코에 금테 안경을 걸친 그는 매우 현명해 보였다.

"훈족은", 약사 파벨 골드버그는 설명했다. "키르기스족처럼 유목민족이야. 하지만 더 이상은 지구상에 존재하지 않는단다. 모두 죽었거든."

나는 훈족이 모두 죽었다는 사실 때문이 아니라, 그렇게 오랫동안 나를 불편하게 한 단어의 의미가 너무 간단한데다 나와는 상관도 없다는 사실에 슬프고 화가 났다.

그러나 나는 '훈족'이라는 단어에 감사해야 했다. 이 일이 있고 난 이후로 나는 단어에 대한 집착에서 벗어나게 되었고 게다가 아틸라 1세 덕분에 약제사 골드버그와 친해졌기 때문이다.

그는 모든 지혜로운 단어들의 명확한 의미를 알고 있었다. 그는 모든 지식에 대한 열쇠를 가진 인물이었다. 그는 두 손가락으로 안경을 바로 잡은 뒤 두꺼운 안경알 너머로 침착하게 나를 바라보면서 마치 내 이마에 작은 못을 박는 것처럼 이야기했다.

"얘야, 단어들이란 나무 잎사귀와 같은 것이란다. 나뭇잎이 왜 그렇게 생겼는지를 알려면 나무가 어떻게 자라는지를 알아야 된다. 꼬마야, 공부를 해라! 사람은 그 안에서 모든 것이 자라나는 좋은 정원과 같단다. 기분 좋고 유용한 모든 것이 자라나는 그런 정원 말이야."

나는 가슴앓이로 끊임없이 고생하는 어른들의 심부름으로 소다나 마그네슘을 사러, 또는 아이들의 설사약이나 연고를 사러 약국에 뛰어가곤 했다. 약사의 짤막한 가르침은 내 마음에 스며들어 책에 대해 더더욱 진지한 태도를 갖게 했다. 술꾼에게 보드카가 필요하듯이, 책은 나의 필수품이 되어 버렸다. 책은 내게 새로운 삶을 보여주었다. 우리로 하여금 영웅적인 행동을 하게 하는 고상한 감정과 범죄를 저지르게 하는 강한 욕망으로 이루어진 새로운 삶을. 나는 내 주변 사람들이 영웅적인 행동을 할 만한 사람들도 못 되고 범죄를 저지를 만한 사람들도 못 된다는 것을 알았다. 그들은 책에서 이야기하는 것들과는 동떨어진 세계에서 살았다. 도대체 이들의 삶에서 재미있는 것이 무엇일까? 나는 그렇게 살고 싶지 않았다. 그것만은 분명했다. 그런 삶은 싫었다.

나는 책에 나오는 사진들을 통해서 프라하나 런던, 파리 등의 도시 한복판에는 드러난 배수로나 쓰레기가 쌓인 도장이 없고 반듯하고 넓은 거리와 다양한 모양의 집과 교회들이 있다는 사실을 알았다. 또 사람을 집 안에 처박혀 있게 하는 여섯 달이나 되는 긴 겨울이 없으며, 먹을 것이라곤 시큼한 배추와 소금에 절인 버섯, 구역질나는 아마인유로 튀긴 감자와 밀밖에 없는 그런 부활절은 없다는 사실도 알았다. 러시아에서는 부활절 동안 책을 읽는 것이 금지되어 있어서 나는 〈미술 평론〉을 빼앗기고 말았다. 이 의미 없는 부활절 기간은 또다시 나를 옭아맸다. 그러나 책에 그려진 생활과 현실을 비교할 수는 있었는데, 현실은 전보다 더욱더 비참하고 추해 보였다.

책을 읽을 때 나는 더 건강해지고 튼튼해지는 느낌을 받았다. 나는 더 빠르고 능숙하게 일했으며 삶의 목적을 가지고 있었다. 일을 빨리 끝낼수록 그만큼 독서시간이 많아졌다.

나는 책을 압수당한 뒤 맥이 풀려 게을러졌고 전에 없던 건망증이 생기기 시작했다.

이렇게 따분한 나날을 보내다가 정신이 번쩍 드는 일이 일어났다. 어느 날 저녁 모두들 잠자리에 든 뒤 갑자기 울려대는 성당 종소리에 집 안의 모든 사람이 깨어났다. 사람들은 옷도 제대로 입지 못한 채 창문가로 달려가서는 서로에게 물었다.

"불이 났나? 경종 소리 아냐?"

이웃집에서도 똑같이 소란스러운 소리가 들렸다. 문이 쾅 닫혔다. 누군가 말을 타고 마당을 가로질러 달려나갔다. 주인 노파가 성당에 도둑이 들었다고 소리쳤으나 주인이 그 말을 가로막았다.

"됐어요, 어머니. 들었잖아요? 경종 소리가 아니잖아요?"

"그럼 주교님이 돌아가셨나보다."

빅토르가 위층 침실에서 내려와 주섬주섬 옷을 걸치며 중얼거렸다.

"난 무슨 일인지 알아요, 암, 알고말고요!"

주인은 하늘이 붉은지 어떤지 보라며 나를 다락으로 올려 보냈다. 나는 위층으로 뛰어올라가 지붕창으로 내다보았다. 하늘엔 붉은 빛이라곤 전혀 없었다. 종소리는 천천히 얼어붙은 고요한 대기 속으로 울려 퍼졌다. 도시는 졸린 듯 대지 위에 누워 있었다. 사람들이 뽀드득 뽀드득 눈길을 밟으며 어둠 속을 뛰어다니는 게 보였다. 썰매가 요란한 소리를 내고 종소리는 더욱 불길하게 울려 퍼졌다. 나는 거실로 돌아와서 말했다.

"하늘에 붉은 빛은 없던데요."

"이런, 제기랄!" 주인은 외투를 입고 모자를 쓴 다음 외투 깃을 올리고 장화를 신기 시작했다. 그의 아내가 그를 붙잡으며 간청했다.

"가지 말아요, 제발."

"바보 같은 소리 마!"

빅토르도 이미 옷을 다 입고서 다시 모두에게 중얼거렸다.

"나는 무슨 일인지 안다고!"

형제가 거리로 나간 뒤 여자들은 내게 사모바르를 준비시키고 창가로 몰려들었다. 그러나 바로 그때 주인이 현관 벨을 울리며 계단을 뛰어올라와 문을 닫고는 굵고 낮은 목소리로 말했다.

"차르가 암살되었대!"

"뭐라고?" 노파가 비명을 질렀다.

"그가 암살됐어요. 어떤 장교가 그러더군요…… 이제 어떻게 되는 거지?"

빅토르가 벨을 울렸다. 그는 내키지 않는 듯 옷을 벗으며 화를 냈다.

"난 또 전쟁이라도 난 줄 알았지!"

그들은 조용히 앉아서 차를 마시며 낮은 목소리로 조심스럽게 이야기를 나눴다. 거리는 여전히 조용했고 울려 퍼지는 종소리도 이젠 그쳐 있었다. 이틀 동안 그들은 뭔가를 은밀하게 속삭이거나 어딘가를 다녀오기도 했으며 손님들이 찾아와서 몇몇 사건들에 대해 자세한 이야기를 나누기도 했다. 나는 무슨 일이 일어났는지 알고 싶어 안달이 났지만 주인은 신문을 감추고는 보여주지 않았다. 시도로프에게 차르가 왜 암살되었냐고 물어보자 그는 목소리를 낮게 깔고 소곤거리듯 대답했다.

"그런 얘기는 금지되어 있어……."

그러나 이 사건도 며칠 지나지 않아 잊히고 다시 예전의 따분한 일상으로 되돌아갔다.

그리고 얼마 뒤에 나는 몹시 불쾌한 일을 당하게 되었다.

어느 일요일 주인집 사람들이 아침 미사에 가고 난 다음 나는 사모바르를 준비해 두고 방 청소를 하려고 부엌에서 나왔다. 내가 일에 열중해 있을 때 큰 아기가 부엌으로 들어가 사모바르 꼭지를 빼서는 탁자 밑에 앉아 가지고 놀았다. 사모바르 아궁이에는 석탄이 많았으므로 물이 끓어 넘치면서 사모바르의 납땜 부분이 녹아버렸다. 나는 방에서 청소를 하다가 사모바르 끓는 소리가 이상해 부엌으로 들어서는 순간 경악하고 말았다. 사모바르는 푸르스름하게 변색되어 금세라도 튀어 오를 듯 요동치고 있었다. 꼭지 위 마개가 간신히 대롱대롱 매달려 있고 뚜껑은 한쪽으로 기울어져 있었으며 납땜은 녹아서 방울방울 떨어지고 있었다. 자줏빛을 띤 푸른 사모바르의 모습은 마치 술에 만취한 주정뱅이 같았다. 나는 사모바르에 물을 들이부었다. 그러자 그것은 쉬익 소리를 내며 슬프게도 바닥으로 허물어져 내리고 말았다. 그 순간, 현관 벨소리가 울렸다.

문을 열러 갔다. 사모바르가 준비되었느냐는 노파의 질문에 나는 짤막하게 대답했다.

"네, 준비됐어요."

이 말을 할 때 혼란과 두려움에 빠져 있었기 때문인지 노파는 내 말투를 오만스럽게 받아들였다. 그래서 췻값이 두 배가 되어 나는 초죽음이 되도록 혼이 났다. 노파는 한 다발이나 되는 회초리로 나를 때렸다. 나는 심하게 다치지는 않았지만 등에 나무가시들이 많이 박히는 바람에 상처가 깊이 났다. 그날 저녁 등이 베게처럼 심하게 부풀어 올랐다. 다음날 오후 주인은 나를 병원으로 데리고 가야만 했다.

우스꽝스러울 정도로 키가 크고 뚱뚱한 의사가 나를 진찰하더니 침착하고 따분한 목소리로 말했다.

"여기선 이런 잔인한 매질에 대해 보고서를 올려야 됩니다."

주인은 새파래져서 다리를 후들거리며 무언가 낮은 소리로 의사에게 이야기했다. 그러나 의사는 그의 머리 너머로 훑어보고는 간단하게 답했다.

"안 됩니다. 그럴 수는 없어요."

그런 다음 의사가 나에게 물었다.

"청원서를 올릴까?"

나는 몹시 아팠지만 참고 대답했다.

"아니요. 어서 빨리 낫게나 해 주세요."

나는 다른 방으로 옮겨져 수술대 위에 뉘어졌고, 의사는 차가운 핀셋으로 내 등에 박힌 나무가시들을 빼냈다. 그는 농담 투로 한마디 했다.

"애야, 사람들이 네 피부를 아주 아름답게 만들어 놓았구나. 마치 방수복을 입은 것 같은데……."

그가 인정사정없이 나무가시를 뽑아낸 뒤 말했다.

"나무가시를 마흔 두 개나 뽑아냈어. 잘 기억해 두라고, 두고두고 자랑거리가 될 테니! 내일 이 시간에 붕대 갈러 다시 오너라. 매를 자주 맞니?"

나는 잠시 생각에 잠겼다가 대답했다.

"그래도 전보다는 훨씬 나아요."

의사는 쉰 목소리로 웃음을 터트렸다.

"모든 것은 조금씩 나아지는 법이니까, 이 친구야!"

그는 나를 다시 주인에게 넘기면서 그에게 말했다.

"다 됐으니 이 애를 당신에게 넘길게요. 내일 꼭 다시 이리로 보내야 해요. 축하할 일이군요. 이런 익살꾼 아이를 데리고 있으니 말이오……."

마차 안에서 주인이 내게 말했다.

"나도 말이다, 페시코프, 많이 맞았다. 어떻게 생각해? 사람들이 나를 많이 때렸다고, 이 녀석아! 그래도 넌 너를 동정해주는 내가 있잖니. 하지만 난 아무도 생각해주는 사람이 없었지, 아무도! 세상엔 힘들게 사는 사람들이 많아. 그렇지만 누구도 동정을 하지 않지. 누구도. 빌어먹을 세상 같으니!"

그는 돌아오는 도중 내내 욕을 해댔다. 나는 그에게 동정을 느꼈고 그가 나를 남자로 대해준 것에 대해 고마움을 느꼈다.

집에서는 나를 생일날처럼 극진히 맞이했다. 여자들은 의사가 어떻게 치료를 했고 뭐라고 말했는지 자세하게 말해보라고 시켰다. 그들은 이야기를 들으면서 한숨을 내쉬고는 내게 부드럽게 입맞춤을 하고 이마에 주름살을 지어 보였다. 상처와 질병과 온갖 종류의 불쾌한 일들에 대한 그들의 지나친 관심은 늘 나를 놀라게 했다. 그들이 내가 탄원서를 올리지 않은 것을 기뻐한다는 것을 알아차린 나는 그 재단사 부인에게서 책을 빌려볼 수 있도록 요청할 기회를 엿보았다. 그들은 더 이상 내 요구에 거절할 마음이 없는 것처럼 보였다. 다만 노파만이 놀라 소리를 질렀을 뿐이다.

"저 악마 같은 자식!"

다음날 나는 재단사 부인 앞에 서 있었다. 부인이 친절하게 물었다.

"듣기로는 어디가 아파서 병원을 갔다던데, 어떻게 된 거야?"

나는 아무 말도 하지 않았다. 이야기하기가 부끄러웠다. 그런 무섭고 잔인한 일을 부인이 알 필요가 있겠는가? 그녀는 다른 사람들과 다르다고 생각하고 싶었다.

나는 대(大) 뒤마와 퐁송 뒤 테라유, 몽테팡, 자코네, 가보리오, 부아고베 등의 두툼한 책들을 다시 가져다보았다. 한 권 한 권 빨리빨리 읽어 나가면서 몹시 행복했다. 나는 특별한 삶에 동참한 듯한 기분이 들었고, 이는 내게 용기를 북돋워주었다. 나는 다시 한 번 내가 만든 촛불을 켜고 밤새 책을 읽었고, 그러다보니 시력이 꽤나 나빠졌다. 노파가 걱정스럽다는 듯 말했다.

"아이고, 이 책벌레야! 조심해라, 눈을 망쳐 장님 될라!"

나는 곧 이 재미있고도 복잡하게 얽혀 있는 이야기들이 서로 다른 사건들임에도, 그리고 각기 다른 나라와 도시들에 대해 쓰여 있음에도 불구하고 주제가 늘 같다는 사실을 간파하였다. 즉 선한 사람들은 사악한 사람들 때문에 불행하고 고통 받는 반면 사악한 사람들은 늘 더 잘 살고 똑똑하다. 그러나 결국에는 예기치 않은 무엇인가가 사악한 자를 무너트린다는 것이다. 모든 남자와 여자들이 같은 방식으로 이야기하는 사람이란 지루하기 짝이 없었다. 그것은 단조로울 뿐만 아니라 막연한 경멸감을 불러 일으켰다.

때때로 나는 첫 장부터 누가 승리하고 누가 패배할지를 궁금해 하다가 줄거리가 분명해지는 즉시 내 나름대로 사건의 실타래를 풀려고 애쓰곤 했다. 책을 읽지 않을 때에는 사람들이 수학 문제를 생각하듯 내가 가지고 있는 책들에 대해 곰곰이 생각해 보곤 했다. 나는 등장인물들 중 누가 행복을 찾고 누가 불행의 나락으로 떨어질지를 점점 더 알아맞히게 되었다.

그러나 이 모든 것을 통해 나는 삶의 어렴풋한 윤곽을 그려볼 수 있게 되었고 중요한 진리를 알게 되었으며 다른 사람들의 삶에 대해 알게 되었다. 파리의 마부나 노동자들, 군인 및 그 밖의 모든 '검은 사람'*8들은 니주나 카잔, 페르미에 사는 사람들과 분명히 달랐다. 그들은 좋은 가문의 사람들에게 용감하게 말하고 그들과 보다 단순하고 독립적인 관계를 맺고 있었다. 이를테면 어떤 군인이 있는데 그는 내가 알고 있는 어떤 러시아 군인과도 달랐

---

*8 black people. 서민, 보통사람(common people)을 말함.

다. 시도로프와도 다르고 배에서 만난 뱌트카 출신 병사와도 달랐으며 예르모힌과는 더더욱 달랐다. 그는 이들보다 더 인간적이었다. 스무리와 비슷한 데가 있긴 했지만 그렇게 야만적이고 거칠지는 않았다. 또 어떤 가게 주인이 있는데 그 역시 내가 알고 있는 그 어떤 가게 주인보다 훌륭한 사람이었다. 또한 책에 나오는 성직자는 내가 아는 성직자들과 달랐다. 그들은 마음이 더 따뜻하고 신자들의 삶 속에 더 깊이 들어갔다. 책에 씌어 있듯이 대개는 외국 생활이 이곳 생활보다 더 재미있고 편안했다. 외국에서는 그렇게 자주 야만적인 싸움을 하지 않았으며, 뱌트카 병사를 조롱하듯 그렇게 잔인하게 놀리는 일도 없었고, 주인집 노파처럼 하느님을 귀찮게 하는 일도 없었다.

특히 외국에서는 작가들이 악당과 수전노, 질 나쁜 등장인물들을 묘사할 때에도 내가 익히 보고 경험했던, 다른 사람을 괴롭히며 즐거워하는 그런 잔인한 모습으로 그리지 않는다는 것을 알아챘다. 책에 나오는 악당들의 잔인성에는 이유가 있었고, 그래서 독자들도 그들을 이해할 수 있었다. 그러나 이곳에서 내가 실제로 접한 잔인성은 이유도 없고 의미도 없으며 누구에게도 득이 되지 않는 맹목적인 것이었다.

책을 읽을 때마다 나는 외국 생활과 러시아 생활이 얼마나 다른지를 뼈저리게 느꼈다. 그리하여 한편으로는 화가 났고 또 한편으로는 내가 이렇게 열심히 읽고 있는 이 누르스름한 책의 내용들이 정말 사실일까 하는 의구심이 점점 커졌다.

그러다가 우연히 공쿠르의 《장가노 형제》라는 소설을 읽었다. 나는 앉은 자리에서 밤을 새워 다 읽고서 전에 경험하지 못했던 경이로운 느낌을 받았다. 그리고 이 단순하고 슬픈 소설을 다시 읽어 보았다. 무슨 복잡다단한 이야기도 아니었고 얼핏 보기에 흥미로운 데도 없는데다 처음 몇 페이지는 무슨 성인 전기처럼 딱딱했다. 수식이 없는 정확한 언어는 처음에는 거부감을 일으켰지만 그 명징한 단어들과 탄탄하게 구성된 문장들은 가슴을 울렸다. 곡예사 형제의 삶을 얼마나 잘 묘사했는지, 책을 들고 있는 손이 기쁨으로 떨릴 정도였다. 나는 불행한 예술가가 부러진 다리로, 그의 동생이 좋아하는 예술 활동에 남몰래 몰두해 있는 다락방에 기어 올라가는 대목에서 눈물을 쏟고 말았다. 나는 이 놀라운 책을 부인에게 돌려주면서 이 같은 책이 또 있으면 빌려 달라고 부탁했다.

"이 같은 책이라니?" 그녀는 웃으며 물었다.

이 웃음이 나를 혼란스럽게 해서 나는 내가 원하는 것을 설명할 수 없었다. 그러자 부인이 말했다.

"이건 지루한 책이야. 조금 기다려봐. 더 재미난 책을 가져다줄게……."

며칠 후 부인은 내게 그린우드의 《누더기를 걸친 난쟁이의 진실한 이야기》를 주었다. 나는 제목부터 마음에 들지 않았지만 처음 몇 페이지를 읽어 내려가자 얼굴에 절로 미소가 번졌다. 줄곧 미소를 머금은 채 처음부터 끝까지 읽고 난 뒤 어떤 대목은 두세 번씩 다시 읽었다.

외국에서도 어린아이가 살아가기에는 때로 그렇게 어렵고 괴로운 것이구나! 나는 어쨌거나 그렇게 생활이 곤란하지는 않다. 그렇다면 슬퍼할 이유가 없지 않은가!

그린우드는 내게 많은 용기를 주었다. 그 후 나는 곧 '진짜' 책인 《외제니 그랑데》를 읽게 되었다.

그랑데 노인은 외할아버지를 연상시켰다. 책이 몹시 얇다는 사실에 화가 났지만 놀랍게도 그 속에는 수많은 진리가 담겨 있었다. 이 책은 일상생활 속에서 익숙하고 지루하게 여겨지던 진리를 새로운 빛에 비추어 보여주었다. 그린우드를 제외하고 이제까지 읽은 책들의 작가들은 나를 고용한 주인집 사람들만큼이나 엄격하고 딱딱하게 사람들을 비판했다. 그래서 나는 종종 선한 사람들에게 짜증이 나고 오히려 악당들에게 연민을 느끼곤 했던 것이다. 사람들이 그렇게 많은 지성과 의지력을 소비하면서도 여전히 바라는 것을 얻을 수 없다는 것은 유감이었다. 선한 사람들은 첫 페이지에서 끝 페이지까지 돌기둥처럼 서 있었다. 이 돌기둥을 무너뜨리기 위해 온갖 계략이 난무했지만 그럼에도 돌은 연민의 정을 불러일으키지 못했다.

담벼락이 아무리 훌륭하고 튼튼하다 하더라도, 사람이 그 담벼락 너머의 사과열매를 따먹기를 원한다면 누가 그 담벼락을 좋아할 수 있겠는가. 세상에서 가장 고귀한 것은 이 미덕의 담벼락 너머에 숨겨져 있는 그 무엇일 터였다.

공쿠르나 그린우드, 발자크 작품들 속에는 악당이 아니라 단순하고 평범한 사람들이 놀라우리만큼 생기 있게 그려져 있었다. 그 등장인물들이 어떤 말을 하고 어떤 행동을 했다고 쓰여 있든지 간에, 그 인물들은 진짜로 그렇게 말하고 행동했을 것 같았다.

이런 경험을 통해 나는 진실이 담긴 좋은 책이 얼마나 큰 선물이 될 수 있는지를 알게 되었다. 하지만 그런 책을 어떻게 찾아낼 수 있단 말인가? 이런 문제에 관한 한 부인은 도움이 되지 못했다.

그녀는 "여기 좋은 책이 있다" 하고 말하면서 아르센 후세의 《장미와 금과 피로 물든 손》을 건넸고, 또한 베일과 폴 드 코크, 폴 페발의 소설을 빌려주었다.

부인은 마리에트와 베르니에의 소설을 좋아했지만 내가 보기엔 지루한 것들이었다. 슈필하겐도 별 재미가 없었다. 그러나 아우어바흐의 단편집은 좋았다. 슈와 위고에게서도 별 흥미를 느끼지 못했다. 그들보다는 월터 스코트가 더 나았다. 나는 발자크처럼 나를 감동시키고 행복하게 해주는 책을 원했다. 그리고 이 도자기 인형 같은 부인을 좋아하는 마음도 점차 식어가고 있었다.

그녀 앞에 나설 때면 나는 항상 깨끗한 셔츠를 입고 머리를 빗는 등 할 수 있는 한 말쑥하게 보이려고 애썼지만 별 효과가 없었다. 나는 그녀가 나의 말쑥한 모습을 보고 보다 솔직하고 다정하게 말해 주기를 바랐다. 천치처럼 해맑은 얼굴에 붕어 같은 미소를 띠지 않고 말이다.

그러나 그녀는 늘 미소를 띠고는 지친 듯한 목소리로 내게 묻는 것이었다.

"다 읽었어? 마음에 들어?"

"아니요."

그러면 그녀는 가느다란 눈썹을 살짝 치켜 올리며 나를 보고는 가볍게 한숨을 내쉬었다. 그리고는 콧소리로 묻는 것이었다.

"아니, 왜?"

"전에 이미 읽은 책이거든요."

"이게 뭐에 대한 책인데?"

"사랑이요."

그녀는 얼굴을 찡그리며 웃음을 터뜨렸다.

"오, 모든 책에는 사랑에 대한 이야기가 쓰여 있잖아!" 그녀는 커다란 안락의자에 앉아 가죽 슬리퍼를 신은 발을 달랑거리기도 하고, 가볍게 하품을 하거나 연푸른 실내복 옷자락을 여며 몸을 감싸기도 했다. 핑크빛 손가락으로는 무릎 위에 올려놓은 책 표지를 드럼치듯 가볍게 두드리고 있었다. 나는 그녀에게 이렇게 묻고 싶었다. '부인은 어째서 이사를 가지 않는 겁니까? 장교들이 당신에게 편지를 써대고 비웃는 데도 말이에요……'

하지만 그렇게 말할 용기가 없었다. 그저 '사랑'에 대한 두꺼운 책을 가지고 우울한 마음으로 자리를 떴다. 마당에서는 이 부인에 대해 이전보다 더 악의적이고 조롱 섞인 이야기가 나돌고 있었다. 거짓말이 분명한 그 추잡한 이야기들을 들으면 몹시 속이 상했다. 나는 그녀에게서 멀리 떨어져 있으면 그녀가 가엾은 생각에 마음이 아팠지만 그녀를 마주 대하고 있으면, 그리하여 그녀의 작고 날카로운 눈과 고양이처럼 유연한 자그마한 몸과 천치 같은 웃음을 머금고 있는 얼굴을 바라보고 있으면 그녀에 대한 걱정과 연민이 연기처럼 사라져 버렸다.

어느 봄날 부인은 갑자기 사라졌다. 그리고 며칠 뒤에는 그녀의 남편도 이사를 하고 말았다.

새로운 입주자를 기다리는 텅 빈 그 집에 갔을 때 나는 그림이 걸려 있던 자리에 남은 흔적과 구부러진 못, 그리고 못이 박혔던 자리만이 남아 있는 것을 보았다. 페인트 칠 된 바닥에는 다양한 색깔의 누더기들과 구겨진 종이, 부서진 약통, 빈 향수병들이 널브러져 있었다. 그 가운데 주인 잃은 커다란 청동제 핀 하나가 반짝이고 있었다. 순간 슬픔이 밀려오면서 다시 한 번 재단사 부인을 만나 내가 얼마나 감사하고 있는지 말해주고 싶었다.

10

재단사가 이사를 가기 전, 주인집 바로 아래층에 검은 눈의 젊은 부인과 그녀의 딸, 그리고 호박 틀니 사이로 쉴 새 없이 파이프 담배를 빨아대는 백발 노모(老母)가 이사를 왔다. 부인은 몹시 아름답고 당당하고 거만했다. 부인은 깊이 있는 유쾌한 목소리로 말을 했다. 그녀는 멀리에 있어 잘 보이지 않는다는 듯이 머리를 치켜들고 눈 하나 깜빡이지 않고 사람들을 바라보는 버릇이 있었다. 거의 날마다 그녀의 집 앞 계단으로 새까맣게 그을린 병사 쮸피아예프가 다리가 허약한 적갈색 말을 끌고 왔다. 그녀는 긴 철회색 드레스에 하얀 장갑을 끼고 황갈색 부츠를 신은 모습으로 나왔다. 치맛자락이 끌리지 않도록 살짝 들어 올린 한 손으로는 손잡이에 라일락빛 돌장식이 된 채찍을 들고 있었고, 다른 한 손으로는 사랑스럽게 말의 목덜미를 쓰다듬었다. 말은 커다란 눈을 그녀에게 고정하고는 부르르 몸을 떨더니 앞발로 젖은 땅을 몇 번 구르는 것이었다.

"로베르, 로베르." 그녀는 나지막한 목소리로 말 이름을 부르며 잘생긴 말의 목덜미를 토닥거렸다.

그런 다음 쮸피아예프의 무릎을 딛고 민첩하게 안장에 올라 당당하게 말을 몰았다. 그녀가 안장에 앉아 있는 모습은 너무나 자연스러워 마치 말과 하나가 된 것 같았다.

그녀는 보기 드문 미인으로, 항상 신선하고 멋진 느낌을 주었으며 그녀를 바라보고 있노라면 나는 황홀한 기쁨으로 넘쳤다. 나는 그녀를 바라보며 디안느 드 푸아티에, 마고 여왕, 마드무아젤 드 라 발리에르*9의 모습이 저러했으리라 생각했다.

그녀는 늘 도시에 주둔하는 군대의 장교들에게 둘러싸여 있었다. 저녁때가 되면 장교들은 그녀를 찾아가 피아노를 치거나 바이올린이나 기타 반주에 맞추어 춤을 추고 노래를 불렀다. 그 중에서도 가장 자주 그녀를 찾아오는 올레소프 소령은 짧은 다리와 통통하고 불그레한 얼굴, 은백색 머리카락을 가졌으며 증기선 기술자처럼 번들번들하게 보였다. 그는 기타를 아주 잘 쳤으며 마치 부인의 가장 겸허하고 헌신적인 하인이라는 듯이 행동했다.

곱슬머리에 토실토실한 다섯 살짜리 딸도 어머니만큼이나 예뻤다. 커다란 푸른 눈은 진지했으며 조용히 무언가를 기다리는 듯했다. 이 소녀에게는 어린애답지 않은 깊은 생각이 있는 것 같았다.

할머니는 아침부터 저녁까지 뚱하고 말이 없는 쮸피아예프와 뚱뚱한 사시눈 하녀 한 명과 함께 가사를 돌보느라 바빴다. 유모가 없어서 소녀는 늘 혼자였다. 그 애는 하루 종일 집 앞 계단이나 맞은편에 쌓아 놓은 나무더미에서 놀았다. 나는 그 어린 소녀가 좋아서 저녁 때면 곧잘 소녀에게 다가가서 함께 놀았다. 그 소녀도 금세 나에게 익숙해져서 내가 이야기를 들려주면 내 팔에 기대어 잠이 들곤 했는데 그럴 때면 나는 그 애를 침대에까지 데려다 뉘곤 하였다. 얼마 뒤 소녀는 내가 가서 밤 인사를 해 주어야만 잠을 자겠다

---

*9 프랑스 앙리 4세의 첫째 부인.

고 고집을 피우게 되었다. 내가 가면 그 소녀는 통통한 작은 손으로 진지하게 내 손을 잡고 말하는 것이었다.

"내일까지 안녕! 할머니, 이렇게 인사하면 돼?"

"주님이 함께 하시길!" 할머니는 입과 뾰쪽한 코로 짙푸른 연기를 내뿜으며 말했다.

"내일 아침까지 주님이 함께 하시길! 난 이제 잘래……" 소녀는 레이스 장식이 달린 담요를 끌어당기며 할머니 말을 그대로 따라했다.

할머니가 그녀의 말을 바로잡아주었다.

"내일 아침까지가 아니야, 영원히야."

"내일이나 영원히나 같은 말 아니야?"

소녀는 '내일'이라는 말을 좋아했고, 자기가 특별히 좋아하는 것을 모두 미래의 것에 연관지었다. 소녀는 뿌리째 뽑아낸 꽃이나 바람에 부러진 나뭇가지들을 땅에 박아놓곤 했다.

"내일은 여기가 정원이 될 거야."

"언젠가 내일은 조랑말을 사서 엄마처럼 타고 다닐 거야."

소녀는 아주 영민했지만 성격이 활발한 편은 아니어서 놀이에 열중해 있다가도 불현듯 어떤 생각에 잠기는가 하면 뜻밖의 질문을 던지기도 했다.

"사제님들은 왜 여자들처럼 머리를 길게 길러?"

쐐기풀에 찔리기라도 하면 소녀는 위협하듯이 손가락을 풀에 대고 흔들며 말했다.

"두고 봐! 하느님한테 말해서 너를 혼내주라고 할 거야. 하느님은 누구에게나 벌을 줄 수 있거든. 하느님은 엄마도 혼낼 수 있어."

가끔 소녀에게는 심각한 슬픔이 찾아왔다. 그러면 내 옆에 바짝 달라붙어 그 파랗고 기대감에 찬 눈으로 하늘을 바라보며 말하는 것이었다.

"할머니는 가끔 화를 내지만 엄마는 안 그래. 늘 웃기만 해. 누구나 엄말 좋아하는 건 엄마가 언제나 바쁘기 때문이야. 엄만 예쁘니까 날마다 손님들이 엄말 보러 오거든. 엄마는 아주 예뻐. 오세프(올레소프)가 그랬어, 엄마가 사랑스럽다고!"

나는 소녀의 말을 듣는 것을 무척 좋아했다. 그 애는 내가 모르는 세계에 대한 이야기를 해주었기 때문이다. 소녀는 자기 엄마에 대한 이야기를 곧잘

했고, 내 눈에는 점차 새로운 세상이 열렸다. 나는 또다시 마고 여왕을 떠올렸다. 그런 일은 책에 대한 나의 믿음을 더 강하게 해주었을 뿐만 아니라 삶에 큰 흥미를 불러일으켰다.

어느 날 저녁 내가 잠든 소녀를 안고 계단 앞에 앉아서 강변에 산책을 나간 주인집 사람들을 기다리는데 소녀의 엄마가 말을 타고 와서는 땅으로 가볍게 뛰어내리며 고개를 뒤로 젖히고 물었다.

"아기가 잠들었어?"

"예."

쮸피아예프가 달려와서 말을 데려갔다. 부인은 채찍을 허리춤에 끼워넣고 팔을 내밀며 내게 말했다.

"아일 이리 주렴!"

"제가 안고 갈게요!"

"이리 줘!" 부인은 말에게 호령하듯 나에게 소리를 치고는 성큼 계단을 딛고 올라섰다. 소녀가 잠이 깨어 눈을 깜빡이며 엄마를 바라보고 팔을 뻗었다.

그들은 가버렸다.

나는 내게 소리 치는 것쯤에는 익숙해 있었지만 이 부인의 호통은 몹시 불쾌했다. 조용하고 부드럽게 말해도 그녀 말을 거역할 사람은 아무도 없을 텐데……

잠시 후 사팔뜨기 하녀가 나를 부르러 나왔다. 소녀가 나에게 인사를 하지 않고는 잠을 자지 않겠다고 고집을 부린다는 것이었다.

내가 으쓱한 마음을 억누르지 못하고 응접실에 들어섰을 때 소녀는 엄마 무릎에 앉아 있었고 부인은 능숙하게 소녀의 옷을 벗기고 있었다.

"애, 괴물이 왔으니 어서 인사하렴."

"괴물이 아녜요, 오빠지!"

"정말? 그래그래, 좋아. 무언가 선물을 하나 해야겠지, 오빠에게?"

"네, 엄마."

"좋은 생각이야! 선물은 내가 줄 테니 넌 어서 가서 자렴!"

"내일까지 안녕." 소녀가 나에게 팔을 내밀며 인사했다. "내일까지 주님이 함께 하시길!"

부인은 놀라 소리쳤다.

"그런 말은 누가 가르쳤어, 할머니가?"

"응."

소녀가 방으로 들어가자 부인은 손짓으로 나를 불렀다.

"무얼 선물할까?"

나는 필요한 것은 아무것도 없지만, 혹시 책이 있으면 한 권 줄 수 있겠느냐고 말했다.

그녀는 나의 뺨을 따뜻하고 향내 나는 손으로 치켜들더니 기쁜 미소를 띠며 말했다.

"그래? 넌 책읽기를 좋아하는 모양이지? 그래, 어떤 책을 읽었니?"

미소를 짓는 그녀는 그 어느 때보다도 아름다웠다. 나는 당황해서 소설 몇 권의 제목을 그녀에게 말했다.

"거기서 어떤 대목이 가장 마음에 들던?" 부인은 손을 탁자에 올려놓은 채 손가락을 움직거리며 물었다.

부인에게서는 말의 땀 냄새에 섞여 어떤 강렬하고 달콤한 꽃향기가 풍겨왔다. 그녀는 긴 속눈썹 아래로 진지하고 사려 깊게 나를 바라보았다. 아직까지 내게 그런 시선을 준 사람은 아무도 없었다.

방 안에는 마치 새 둥지처럼 아름답고 부드러운 가구들이 가득 차 있었다. 창문은 푸른 화초로 덮여 있었고 눈처럼 하얀 타일이 어둠 속에서 희미하게 빛을 발했으며 난로 옆에는 커다란 검은 피아노가 반짝거리고 있었다. 그리고 벽에는 흐릿한 금빛 액자 안에 커다란 러시아 문자들이 검은 글씨로 쓰여 있는 것이 보였다. 방 안의 모든 물건은 나와 마찬가지로 겸허하고 수줍게 그 부인을 바라보고 있었다.

나는 사는 것이 몹시 힘들고 지겹지만 책을 읽고 있으면 그런 모든 것을 잊을 수 있다고 성의껏 설명했다.

"그렇구나." 그녀는 일어서면서 말했다. "나쁜 생각은 아니야. 아니, 실은 아주 옳은 말이야. 그럼 어떡한다지? 네게 책을 몇 권 주마. 한데 지금은 가진 게 별로 없어…… 잠깐만! 우선 이것을 가져가거라…….."

부인은 소파 밑에서 노란색 표지의 낡은 책을 꺼냈다.

"다 읽고 나면 2부를 줄게…… 4부까지 있는 책이야."

나는 메셰르스키 백작의 《상트페테르부르크의 비밀들》이란 책을 들고 돌아와서는 큰 흥미를 가지고 책을 읽기 시작했다. 그러나 페이지를 몇 장 넘기기도 전에 페테르부르크의 '비밀들'이란 마드리드나 런던, 파리의 비밀들보다 훨씬 덜 흥미롭다는 것을 알았다. 그래도 유일하게 흥미로운 부분이 있었다면 〈자유와 지팡이의 우화〉였다.

"나는 너보다 위에 있다, 더 지혜로우니까." 자유가 말했다.

그러자 지팡이가 대꾸했다.

"아니야, 나는 너보다 힘이 세니까 내가 더 위에 있어."

그들은 수없이 다투고 싸웠다. 내 기억이 올바르다면 지팡이가 자유를 때렸고 자유는 그 상처로 인해 병원에서 죽었다.

이 책에는 허무주의자에 대한 이야기도 있었다. 메셰르스키 백작에 따르면 허무주의자란 닭을 한번 바라보기만 해도 닭이 죽어버리는 아주 악독한 사람이었다. 그래서 그가 허무주의자에 대해 쓴 내용은 불쾌하고 무례했다. 그러나 나는 그 이상은 아무것도 이해하지 못한 채 우울 상태에 빠지고 말았다.

내가 좋은 책을 읽고도 내용을 이해하지 못하는 것 같았기 때문이다. 왜냐하면 이 책은 좋은 책이 틀림없으니까 말이다. 그렇게 대단하고 아름다운 부인이 나쁜 책을 읽었을 리가 없지 않은가.

"그래, 어때, 마음에 들었어?" 내가 그 누런 메셰르스키의 소설책을 돌려줄 때 부인이 내게 물었다.

나는 대답하기가 힘들었다. 아니라고 대답하면 부인이 화를 낼 것 같았다.

그러나 부인은 그저 미소만 지으면서 침실로 이어진 칸막이 커튼 뒤로 들어가더니, 푸른 모로코제 가죽 장정의 작은 책을 가지고 나왔다.

"이건 마음에 들 거다. 그런데 이건 더럽히지 않도록 조심해야 돼!"

푸시킨의 시집이었다. 나는 앉은 자리에서 시집 한 권을 다 읽어웠다. 어떤 미지의 아름다운 장소를 보면 그 즉시 그곳 전체를 탐험하고 싶어지는 것처럼 나는 강한 충동에 이끌려 푸시킨의 시집을 탐독했다. 마치 축축한 숲속의 이끼 낀 언덕길을 돌아다니다가 갑자기 꽃으로 뒤덮이고 햇빛이 쏟아지는 들판을 만난 것 같은 그런 느낌이었다. 잠시 그 햇빛에 매료되어 들판을 바라보다가 다시 즐거운 발걸음을 옮기면 발길 닿는 곳마다 비옥한 토양 위에 자라난 풀잎이 내 온몸을 기쁨으로 전율하게 하는 것이었다.

푸시킨의 시는 그토록 담백하고 음악적이어서 나는 한동안 산문은 읽기 힘들고 부자연스럽다고 생각할 정도였다. 《루슬란》 서문은 외할머니의 가장 멋진 이야기를 상기시켰다. 전체가 하나의 조화를 이루었고 몇몇 시구들은 놀라운 진리를 담고 있었다.

그곳, 발길이 닿지 않은 오솔길에는
보이지 않는 야생 짐승들의 발자국들뿐.

나는 이 멋진 시구를 마음속으로 되뇌면서 내겐 익숙하지만 보통 사람들에게는 거의 보이지 않는 길을 떠올릴 수 있었다. 그곳의 풀밭에는 수은처럼 무거운 이슬방울들이 아직 맺혀 있었고 신비로운 발자국들이 찍혀 있었다. 완벽한 운율을 갖춘 이 시들은 놀랄 만큼 쉽게 기억되었으며, 이야기하는 모든 것을 마치 축제를 위해 장식하듯 장식하는 것이었다.

시는 나를 행복하게 하고 내 삶을 유쾌하고 견디기 쉽게 만들어주었다. 글을 안다는 것은 얼마나 행복한 일인가! 푸시킨의 놀라운 이야기 시는 내가 이제까지 읽은 그 무엇보다도 더 친근하고 이해하기 쉬웠다. 몇 번을 읽고 나면 거의 완벽하게 그 시를 외울 수 있을 정도였다. 나는 잠자리에 들어서도 잠이 들 때까지 눈을 감고 그 시구들을 중얼거리곤 했다. 가끔 당번병들에게 이 시들을 들려주면 그들은 주의 깊게 듣는 너털웃음을 웃으며 농담조로 나를 비웃었다. 시도로프는 내 머리를 톡 치며 부드럽게 말했다.

"멋지구나, 그렇지? 오, 주여!"

주인집 사람들은 내가 달라진 것을 알아챘다. 노파는 나를 야단쳤다.

"너는 아무것도 안 하고 책만 읽지? 이 빌어먹을 녀석아! 사모바르는 나흘이나 닦지도 않고! 아무래도 밀방망이*10 맛을 좀 봐야겠다—"

밀방망이가 나와 무슨 상관이람? 나는 시 속으로 피난을 했다.

온 마음을 다해 검은 악마를 사랑하다니
오, 그대는 늙은 마녀가 틀림없군.

---

*10 밀반죽에 쓰이는 방망이.

그녀가 읽은 책들을 생각하면 그 아름다운 부인은 한층 더 고귀하게 보였다. 그래, 이 부인은 재단사의 아내와는 달라. 단순한 도자기 인형 같은 여자가 아니야……

책을 돌려주러 간 내가 책을 건네주기를 못내 아쉬워하자 부인은 확신한다는 투로 말했다.

"이 책이 마음에 들었구나! 푸시킨에 대해 들은 적 있어?"

나는 잡지에서 푸시킨에 대해 읽은 적이 있었지만 푸시킨에 대한 그녀의 설명이 듣고 싶어 한 번도 들은 적이 없다고 대답했다.

부인은 푸시킨의 생애와 죽음에 대해 짤막하게 이야기한 뒤 부드럽게 미소 지으며 내게 물었다.

"여자를 사랑하는 것이 얼마나 위험한 것인지 알겠지?"

내가 읽은 모든 책을 통해 나는 정말로 그것이 위험하기도 하지만 좋기도 한 것이라고 알고 있었다.

"위험하지만 모두들 사랑을 하잖아요? 그리고 여자들도 그 때문에 괴로워하기도 하고요……."

부인은 나를 속눈썹 아래로 내려다보더니 진지하게 말했다.

"그렇게 생각해? 그런 걸 다 이해할 수 있었단 말이야? 그렇다면 바라건대 그걸 영원히 잊지 않도록 해라."

그리고 어떤 시들이 가장 내 마음에 들었는지를 묻기 시작했다.

나는 기억나는 대로 외워가면서 손짓을 섞어 설명했다. 그녀는 말없이 진지하게 귀를 기울였다. 그리고 일어서서 방 안을 서성이더니 생각에 잠긴 목소리로 말했다.

"오, 이 녀석. 넌 당장 공부를 시작해야 되겠구나! 내가 한번 생각해보마. 주인집 사람들은 네 친척이니?"

내가 그렇다고 대답하자 그녀는 마치 나를 비난하듯 소리를 질렀다.

"저런!"

그녀는 내게 금박의 붉은 가죽으로 장정한 《베랑제의 노래》라는 책을 주었다. 고통스런 슬픔과 넘치는 행복감이 이상하게 뒤섞인 이 노래 때문에 나는 정신이 아득해졌다. 나는 《늙은 거지》의 비탄에 찬 언어를 읽으며 가슴이 서늘해지는 느낌을 받았다.

나는 집 없는 벌레다. 내가 거치적거리는가?
나를 발로 밟아라!
왜 가여워하는가? 어서 밟아라!
왜 나를 가르치지도 않고
내게 에너지의 배출구를 마련해주지도 않았지?
애벌레에서 개미가 오는 법!
나는 사랑하는 가족의 품 안에서 죽을 수도 있었다.
그러나 늙은 부랑자로 죽으면서
세상에게 복수하겠노라!

이 시를 읽은 다음에 바로 《우는 남편》을 읽으면서는 우스워서 눈물이 날 뻔했다. 특히 베랑제의 노래는 머릿속에서 사라지지 않았다.

인생을 즐겁게 살아가기란
단순한 사람에게는 어렵지 않네……

베랑제는 나에게 활력을 불어넣었고 바보들을 골려주거나 다른 사람들에게 무례하고 신랄한 말을 하고 싶게 만들었다. 이윽고 나는 이 방면의 실력자가 되었다. 나는 푸시킨의 시들을 암기하여 당번병들이 휴식을 취하는 부엌으로 달려 들어가 신이 나서 암송해 보이곤 했다. 그러나 나는 곧 그 짓을 그만두게 되었는데 그것은 다음과 같은 구절을 읽고 나서였다.

열일곱 살 처녀에게는
이런 모자가 어울리지 않아!

이 시구는 처녀들에 대한 불쾌한 대화로 이어져서 내게 격렬한 혐오감을 불러일으켰고, 그래서 나는 예르모힌의 머리를 냄비로 후려갈기고 말았다. 시도로프와 다른 당번병들이 그의 손아귀에서 나를 구해주었지만 나는 그때부터 장교들 주방에는 얼씬거리지 않기로 작정했다.
주인집 사람들은 나에게 거리를 산책하도록 허락하지 않았다. 사실 일이 점점 더 많아졌기 때문에 그럴 시간도 없었다. 이제는 하녀와 허드렛일꾼, 심부름하는 소년의 일상적인 의무에 더해서, 옥양목 천을 넓은 판자에 못박아 그 위에 건물 설계도를 고정시키거나 주인의 건축 예산 표를 베끼는 일도 해야 했고 하청업자들의 계산을 검토하는 일도 해야 했다. 주인은 아침부터 저녁까지 기계처럼 일을 했기 때문이었다.

그 당시는 야르마르카 시장*¹¹의 공공건물들이 상인들의 개인소유였다. 짧은 시간 안에 많은 상가가 지어졌으며, 나의 주인은 상가 수리나 개조 또는 새로운 건축일 등을 주문받고 있었다. 주인이 설계하는 것은 '둥근 지붕 개조, 지붕창 폐쇄' 같은 작업들이었다. 나는 이러한 설계도를 25루블의 지폐가 든 봉투와 함께 늙은 건축사들에게 가져다주곤 했다. 그러면 건축사는 설계도에 '설계도가 정확함, 총감독은 본인 이먀레크가 맡았다'라고 쓰고 서명을 했다. 사실 그는 그 설계도 원본이 제대로 되었는지는 보지도 않았고 일을 총감독할 수도 없었다. 병 때문에 문 밖에 나서지도 못하고 집 안에 머물러 있어야 했기 때문이다.

나는 야르마르카 시장 감독이나 다른 도시의 중요 인사들에게 뇌물을 가져다주는 심부름을 자주 했다. 그리고 그들로부터 주인 말대로 '모든 종류의 불법행위를 해도 되는 허가증'을 받았다.

이런 일들의 대가로 나는 주인집 사람들이 저녁 때 친구들을 만나러 외출하게 되면 문 앞 계단에 앉아 그들을 기다릴 권리를 얻었다. 이런 경우가 그렇게 자주 있지는 않았지만 그래도 간혹 외출을 할 때면 그들은 한밤중이 되어서야 돌아왔다. 나는 몇 시간 동안을 계단이나 집 맞은편 나무더미에 앉아 부인의 방 창문을 바라보며 거기서 들려오는 즐거운 대화나 음악소리에 귀를 기울이곤 했던 것이다.

창문은 늘 열려 있었다. 커튼과 꽃들 사이로 방 안에서 이리저리 움직이는 잘생긴 장교들 모습이 보였다. 뚱뚱한 소령이 뒤뚱뒤뚱 걸어다니고, 부인은 놀랍도록 단순하면서도 아름다운 드레스를 입고 사뿐사뿐 걸어다녔다.

나는 속으로 그녀를 '마고 여왕'이라고 불렀다.

'프랑스 소설에 나오는 화려한 생활이란 바로 저런 것일 거야' 하고 나는 창

---

*11 토요일과 일요일에만 서는 동네 정기시장.

문 안쪽을 바라보며 생각했다. 그러자 조금 슬퍼졌다. 나는 어린애 같은 질투심 때문에, 사내들로 둘러싸인 '마고 여왕'을 바라보고 있기가 고통스러웠다.

가장 드물게 찾아왔던 방문객은 키가 크고 앞이마에 주름이 깊게 패어 불행해 보이는 장교로, 그는 항상 바이올린을 가져와서 멋지게 연주하였다. 그는 연주실력이 대단하여 지나가던 사람들이 발길을 멈춘 채 귀를 기울이고 온 거리의 사람들이 모여서 경청할 정도였다. 주인집 사람들도 집에 있을 때에는 창문을 열어 놓고 음악에 귀를 기울이며 찬사를 보냈다. 나는 그들이 주교님을 빼고 누구를 칭찬하는 것을 본 적이 없다. 그들은 음악보다는 생선파이를 더 좋아할 사람들이었던 것이다.

때로 이 장교는 손을 이마에 대고 기묘한 한숨을 쉬며 노래를 부르거나 다 기어들어가는 목소리로 시를 읊었다. 한번은 내가 창 밑에서 소녀와 놀고 있을 때 '마고 여왕'이 그에게 노래를 청했는데 그는 한참을 거절하다가 또렷한 목소리로 노래했다.

"노래는 아름다움을 필요로 하지만,
아름다움은 노래를 필요로 하지 않네……"

아름다운 노래였지만 왠지 이 장교에 대해 안쓰러운 마음이 들었다.

나는 부인이 혼자 피아노 앞에 앉아 연주하는 모습을 바라보는 게 좋았다. 음악은 나를 황홀하게 했다. 내 눈에는 창문과 그 안의 노란 등불 빛에 비추인 부인의 오만해 보이는 옆모습, 그리고 피아노 건반 위를 새처럼 날아다니는 그녀의 하얀 손 외에는 아무것도 보이지 않았다.

나는 부인을 바라보고 그 애조 띤 음악에 귀 기울이며 몽상에 잠겼다. 만일 내가 보물을 발견한다면 그 전부를 부인에게 줄 텐데, 만일 내가 스코벨레프라면 나는 다시 터키에 전쟁을 선포할 텐데. 그리하여 많은 사람의 몸값을 챙겨서 마을의 요지인 오트코사에 집을 지어 부인에게 선물할 텐데. 그러면 그녀는 모두들 그녀를 욕하는 이 거리를 떠날 수 있을 텐데……

모든 이웃과 바깥 허드렛일을 하는 하인들, 특히 주인집 사람들은 재단사부인에게 그랬던 것처럼 '마고 여왕'에 대해서도 온갖 욕설과 비난을 퍼부었으나 다소 조심스럽게 목소리를 낮추어 주위를 살피면서 말했다.

아마도 죽은 그녀의 남편이 매우 성공한 인물이라 그러는 것 같았다. 그녀의 집 안에는 고두노프와 알렉세이, 표트르 대제 등 옛 러시아 황제의 서예 작품이 걸려 있었는데, 이것 역시 남편의 조상들로부터 물려받은 것이라고 병사 쮜피아예프가 말해줬다. 그는 글을 읽고 쓸 줄 알았으며 항상 성서를 읽고 있었다. 아니면 사람들은 부인이 손잡이에 라일락빛 돌이 박힌 채찍으로 때리지나 않을까 하는 두려움을 갖고 있는 것 같았다. 들려오는 말로는 실제로 어떤 상당한 지위의 관료가 그 채찍에 맞은 적이 있다는 것이었다.

그러나 숨죽여 하는 말들은 요란하게 떠드는 말이나 마찬가지였다. 부인은 적대감의 구름—나로서는 이해할 수 없는—속에 살았다. 빅토르는 저녁 미사를 끝내고 돌아오면서 자기가 '마고 여왕'의 침실 창문을 통해, 그녀가 잠옷만 걸친 채 침대에 앉아 있고 소령이 무릎을 꿇고 앉아 그녀의 발톱을 깎고 스펀지로 닦아주는 모습을 보았다고 말했다.

노파는 이 말을 듣자 '마고 여왕'에게 저주를 퍼부었으며 여주인은 마구 욕을 해대며 얼굴을 붉혔다.

"오, 빅토르! 어떻게 그런 파렴치한 짓을! 부끄러움을 모르는 인간들이 구나!"

주인은 말없이 미소만 지었다. 나는 그가 그렇게 침묵을 지켜주는 게 고마웠다. 그러나 한편으로는 그도 저 더러운 거짓말들에 끼어들지나 않을까 하는 마음에 조마조마하기도 했다. 여자들은 비명을 지르거나 한숨을 내쉬며 빅토르에게 자세한 내용을 물었다. 부인이 정확히 어디에 앉아 있었으며 소령은 어떻게 앉아 있었냐는 등 시시콜콜하게 물어보는 것이었다. 빅토르는 점점 자세하게 덧붙였다.

"그의 얼굴은 빨개졌고 혀는 이렇게 내밀고……."

나는 소령이 부인의 발톱을 깎았다는 사실이 그렇게 혐오스럽지는 않았지만 그가 혀를 빼물고 있었다는 것은 도저히 믿을 수가 없었다. 거기서 나는 빅토르의 말이 순전히 거짓말임을 알아차리고 그에게 말했다.

"그게 그렇게 나쁜 일이라면 왜 창문으로 엿봤어요, 어린애도 아니면서……."

나는 물론 많은 욕을 먹었지만 욕 따위는 별로 신경이 쓰이지도 않았다. 나는 다만 당장 아래층으로 달려 내려가 부인 앞에 무릎을 꿇고 호소하고 싶었다.

'제발 이곳을 떠나세요!'

나는 이제 다른 삶이 있다는 것을 알았다. 우리와는 다른 사람들, 다른 느낌, 다른 생각들이 있다는 것을 알고 나자 이 집과 이 집에 사는 사람들이 점점 혐오스럽게 느껴졌다. 이곳은 수치스러운 염문들로 뒤얽혀 있었다. 그런 추잡한 사건에 연루되어 입에 오르지 않는 사람은 아무도 없었다. 군목은 병이 들어서 몹시 비참한 상태에 있었음에도 술주정뱅이에 호색한이라는 비난을 받았다. 그리고 주인집 사람들 말에 따르면 장교들과 그 아내들은 모두 죄 가운데 살고 있었다. 군인들이 여자들에 대해 하는 이야기도 듣기 역겨웠다. 그렇지만 그 중에서도 가장 역겨운 것은 주인집 사람들이었다. 나는 그들이 사람들을 잔인하게 판단하는 데서 즐거움을 느낀다는 것을 잘 알고 있었다. 다른 사람들의 잘못을 관찰하고 말하는 것은 아무런 돈을 들이지 않고 즐길 수 있는 유일한 오락이었다. 주인집 사람들은 이런 사람들을 도마 위에 올려놓음으로써 자신들이 그토록 힘들고 재미없게 사는 데 대한 복수를 했다.

사람들이 '마고 여왕'에 대해 그렇게 야비한 이야기들을 늘어놓으면 나는 전혀 아이답지 않은 격앙된 감정에 사로잡혔다. 그런 험담을 하는 사람들에 대한 증오심으로 가슴이 터질 것 같았다. 나는 모든 사람들을 괴롭히고 그들에게 무례하게 굴고 싶은 열망에 사로잡혔으며, 때로는 나 자신과 다른 사람들 모두에 대한 진한 연민에 휩싸이기도 했다. 속으로 삼키는 연민은 겉으로 드러내는 증오보다 고통스러웠다. 나는 마고 여왕에 대해 다른 사람들보다 더 잘 알고 있었지만 내가 아는 것을 그들이 알게 될까봐 늘 두려웠다.

일요일에 주인집 사람들이 미사에 참석하기 위해 성당에 가면 나는 재빨리 부인에게 달려갔다. 부인의 방에 있는 황금색 비단을 씌운 작은 팔걸이의자에 앉아 어린 소녀를 무릎에 앉히고 부인에게 내가 읽은 책들에 대해 이야기했다. 마고 여왕은 깍지 낀 작은 손에 뺨을 받치고 침대에 누워 있었다. 그녀의 몸은 황금색 이불에 덮여 있었고 땋아 내린 머리카락은 어깨 아래로 늘어져 마루에 닿을 정도였다.

부인은 내 말에 귀를 기울이면서 부드러운 눈길로 내 얼굴을 바라보고는 희미하게 미소를 지으며 말하곤 했다.

"맞아, 그랬지."

내 눈에는 그녀의 친절한 미소조차 여왕의 관대한 미소로 비쳤다. 여왕은 낮고 사랑스런 목소리로 말했는데, 내겐 늘 이렇게 말하는 것처럼 들렸다.

'나는 다른 모든 사람들보다 비교할 수 없을 만큼 훌륭하며, 나에겐 그 누구도 필요치 않아'라고.

이따금 나는 거울 앞에 앉아 있는 그녀를 보았다. 낮은 팔걸이의자에 앉아 머리를 빗는 모습이었다. 머리카락이 그녀의 무릎 위에 흘러내리고, 의자의 등받이와 팔걸이를 지나 거의 마루에 닿을 정도로 흘러내렸다. 그녀의 머릿결은 외할머니의 머릿결만큼이나 길고 숱이 많았다. 그녀는 내 앞에서 스타킹을 갈아 신었으나 나는 그녀의 맨살을 보고도 전혀 부끄럽지 않았다. 오히려 그녀가 자랑스러울 뿐이었다. 그녀에게선 항상 꽃향기가 났으며 그 향기는 그녀에 대한 그 어떤 천박한 생각도 막아주었다.

나는 건강하고 힘센 사내였고 남녀관계의 비밀을 잘 알고 있었다. 그러나 사람들은 그러한 비밀에 대해서 너무나 추잡하고, 잔인하고, 사악하게 이야기했으므로 나는 부인이 어떤 사내의 팔에 안겨 있는 광경을 상상할 수가 없었다. 누가 감히 그녀에게 손을 댈 수 있단 말인가. 어느 누가 그녀를 소유한다고 감히 주장할 수 있을 것인가. 나는 부엌이나 식료품 저장고에서 벌어지는 사랑 따위에 대해 마고 여왕은 분명 알지 못하리라고 생각했다. 여왕은 전혀 다른 종류의 사랑, 지순하고 고결한 사랑만을 알 것이라고 믿었다.

그러나 어느 날 저녁 무렵, 나는 부인의 응접실에 들어가면서 침실 쪽에서 들려오는 부인의 명랑한 웃음소리를 들었다. 사내의 목소리가 말했다.

"잠깐만…… 오오…… 하느님, 믿을 수 없어."

나는 자리를 떠야 한다는 것을 알고 있었지만 한 발짝도 움직일 수가 없었다.

"거기 누구야?" 그녀가 물었다. "너였구나? 들어와!"

침실은 꽃향기가 코를 찔렀다. 창문에 커튼이 내려져 있어 침실은 어둑했다. 마고 여왕은 침대 시트를 뺨까지 끌어 올려 덮은 채 누워 있었고, 그녀 옆에는 바이올린을 켜던 장교가 셔츠 속의 가슴을 드러낸 채 앉아 있었다. 그의 가슴에는 오른쪽 어깨부터 젖꼭지까지 붉은 선이 그어져 있었는데 그 상처 자국이 너무나 선명해서 나는 어둠 속에서도 그것을 또렷이 볼 수 있었다. 장교의 머리카락은 우스꽝스럽게 헝클어져 있었다. 처음으로 나는 그의

444 막심 고리키

슬프고 주름이 깊이 팬 얼굴의 미소를 보았다. 그는 묘한 미소를 지었다. 그의 커다랗고 여자 같은 눈이 마고 여왕을 바라보고 있었다. 마치 그녀의 아름다운 모습을 처음 본다는 듯이……

"왜 그렇게 겁을 먹고 있어?" 나는 멀리서 들리는 듯한 그녀의 목소리를 들었다.

"이리 오렴……."

내가 다가가자 그녀는 따뜻한 손으로 맨살이 드러난 내 목을 감싸며 이렇게 말했다.

"너도 이제 어서 커야지. 그럼 너도 행복해질 거야…… 그만 가 보렴!"

나는 책을 선반 위에 올려놓고 다른 책을 들고 나왔다, 꿈결에서처럼……

무엇인가가 가슴을 치고 지나갔다. 물론 나는 나의 여왕이 다른 여자들과 같은 사랑을 하리라고는 생각지 않았다. 그리고 그 장교 역시 내게 그런 생각을 할 여지를 주지 않았다. 그는 미소 짓고 있었다. 그는 아이처럼 기쁘게 웃었고 그의 우수어린 얼굴은 예기치 못한 기쁨으로 놀랄 만큼 밝게 변해 있었다. 그는 그녀를 사랑함에 틀림없었다. 하긴 그 누가 그녀를 사랑하지 않을 수 있을까? 그녀 또한 그를 사랑할 만했다. 그는 바이올린을 기가 막히게 연주하고 시를 감동적으로 낭송할 줄 아는 사람이었으므로.

그러나 이 같은 생각으로 스스로를 위로해야 한다는 사실 자체가 이 사건을 대하는 내 태도에 뭔가 문제가 있음을 말해주었다. 나는 상실감을 느꼈고 며칠 동안을 실의에 젖어 지냈다.

공연히 심사가 뒤틀려 성질을 피우던 어느 날, 책을 빌리러 부인에게 갔더니 부인이 몹시 엄한 목소리로 말했다.

"너, 요즘 아주 못되게 군다며? 그렇게 안 봤는데……."

나는 참지 못하고 앞으로의 인생에 얼마나 욕지기가 나는지 모르겠다, 부인에 대해서 못된 말을 하는 것을 듣고 있기가 괴롭다는 등 모든 것을 얘기해 버렸다. 내 어깨에 손을 올리고 마주서 있던 부인은 처음에는 진지하게 듣고 있더니 이내 웃음을 터뜨렸다. 그러고는 부드럽게 나를 밀어내며 말하는 것이었다.

"됐다! 나도 다 알고 있어, 알겠니? 안다고!"

그런 다음 내 손을 잡으며 따뜻하게 말했다.

"너는 말이다. 이런 일에 관심을 쓰지 않을수록 더 좋은 거야. 너 손을 깨끗이 닦지 않았구나……."

그러나 이 말은 옳지 않았다. 날마다 놋그릇에 광을 내고 마루를 문지르고 기저귀를 빨아야 한다면 그녀의 손이라고 내 손보다 나을 수가 있겠는가.

"만일 어떤 사람이 인생을 사는 법을 안다면 사람들은 그를 질투하고 비난하지. 하지만 그가 사는 법을 알지 못하면 사람들은 그를 경멸한단다." 그녀는 나를 끌어안으며 생각에 잠긴 듯 말했다. 그리고 미소 띤 얼굴로 내 눈을 바라보며 물었다. "너 날 사랑하지?"

"예."

"아주 많이?"

"예."

"하지만 어떻게 그렇게 됐지?"

"모르겠어요."

"고맙구나. 넌 멋진 애야! 난 사람들이 날 사랑하는 게 좋아……."

그녀는 미소를 지으며 무슨 말인가를 더 하려다가 여전히 나를 끌어안은 채 한동안 말이 없었다.

"나를 보러 더 자주 와줄 수 있겠니? 시간 나는 대로 더 자주."

나는 그렇게 했고 좋은 것을 배우게 되었다. 주인집 사람들이 저녁을 먹고 나서 잠을 자러 가면 나는 곧장 아래층으로 내려갔다. 부인이 집에 있을 때면 한 시간쯤 함께 앉아 있었고 때로는 더 오래 앉아 있기도 했다.

"러시아 책들을 읽어야 돼. 러시아의 삶을 모두 알아야 되는 거야." 부인은 가녀린 핑크빛 손가락으로 그 향기 고운 머리칼에 핀을 꽂으며 가르쳐 주었다. 그러고는 러시아 작가들의 이름을 꼽으며 묻는 것이었다.

"기억할 수 있겠어?"

그녀는 탄식처럼 가끔 중얼거리곤 했다.

"넌 공부를 해야 해. 우린 늘 그걸 잊어버리는구나."

나는 그녀 곁에 앉아 있다가 새 책을 손에 들고 아래층으로 뛰어내려갔다. 그럴 때의 내 마음은 정결하게 씻긴 느낌이었다.

나는 악사코프의 《가족 연대기》, 그리고 멋진 러시아 서사시 《숲속에서》와 《사냥꾼의 수기》, 그레벤코프와 솔로구프의 책들, 베네비치노프와 오도옙스키, 츄체프의 시 등을 다 읽었다. 이 책들은 삭막하고 쓸쓸한 현실을 그려 보임으로써 내 영혼을 정화시켜주었다. 나는 이 책들이 좋은 책이라고 느꼈고 내겐 이런 책들이 꼭 필요하다는 것을 깨닫게 되었다. 그 책들을 읽고 나는 이 세상에 나 혼자가 아니라는 것을 확신했고 결코 좌절하지 않으리라 결심했다.

외할머니가 나를 보러 오셨다. 나는 기쁨에 넘쳐 마고 여왕의 이야기를 들려주었다. 외할머니는 코담배를 맛있게 피우며 말했다.

"그것 참 반가운 소식이로구나. 알고 보면 세상엔 좋은 사람이 참 많단다. 열심히 좋은 사람을 찾아 다녀라."

그리고 한번은 이렇게 제안하는 것이었다.

"내가 한번 찾아가서 그 부인이 네게 베푼 것에 감사를 표해야 하지 않을까?"

"아녜요, 안 하는 게 나아요……."

"그래, 그렇다면 하는 수 없지. 어쨌든 일이 참 잘 풀린 셈이구나. 계속해서 그렇게 된다면 좋겠다!"

마고 여왕이 나를 학교에 보내려는 일은 성공하지 못했다. 성신 강림절에 거의 내 인생을 망칠 뻔한 끔찍한 일이 일어났기 때문이다.

나는 휴일을 얼마 남겨 놓지 않고 눈꺼풀이 부풀어 오르기 시작하여 거의 눈을 감고 있게 되었다. 주인집 사람들은 내가 장님이 되지나 않을까 두려워했고, 나 역시 몹시 무섭고 겁이 났다. 주인집 사람들은 나를 유명한 의사 겐리흐 로췌비츠에게 데려갔다. 나는 수술을 받은 후 눈에 붕대를 감고 암흑 속에서 며칠을 누워 지냈다. 그러다가 성신 강림일 직전에 붕대를 풀었는데 어쩌나 기쁘던지 마치 무덤에서 다시 살아난 기분이었다. 시력을 잃는 것 만큼 무서운 것도 없을 것이다. 그것은 사람에게서 세상의 대부분을 앗아가는 이루 말할 수 없는 고통이니까.

즐거운 강림절 날이 되었다. 나는 몸이 아팠기 때문에 오후 시간을 아무 일 없이 지낼 수 있어서 자유롭게 부엌을 돌아다니며 당번병들을 만났다. 당번병들은 엄격한 쭈피아예프까지 포함해서 모두들 잔뜩 취해 있었고, 저녁 무렵에는 예르모힌이 몽둥이로 시도로프를 때려 정신을 잃게 하는 사건이 터졌다. 겁에 질린 예르모힌은 계곡으로 달아났다.

마당에는 시도로프가 죽었다는 소문이 빠르게 퍼졌다. 사람들은 현관 앞에 모여 서서 부엌 입구에 꼼짝도 못하고 누워 있는 시도로프를 지켜보고 있었다. 그들은 경찰을 불러야 되지 않겠느냐고 수군거렸지만 경찰서에 뛰어가는 사람은 아무도 없었다. 그리고 그 '죽은' 병사를 만져보려고 하는 사람도 아무도 없었다. 그때 새 푸른색 드레스와 목에 두르는 네커치프를 걸친 나탈리아 코즐롭스키라는 세탁부가 나타났다. 그녀는 사람들 사이를 뚫고 들어와 쭈그리고 앉더니 고함을 질렀다.

"바보들 같으니, 살아 있어요! 물을 좀 가져다 줘요."

누군가가 퉁명스럽게 내뱉었다.

"쓸데없이 남의 일에 끼어들지 마!"

"물을 가져오라니깐요!" 세탁부는 마치 불이라도 난 것처럼 소리쳤다.

그녀는 무릎 위에까지 드레스를 걷어 올리고 속치마를 펼쳐서 피가 흐르는 병사의 머리를 무릎으로 받쳤다. 사람들은 불만 섞인 소리를 웅얼거리며 자리를 떴다. 나는 통로의 희미한 불빛 속에서 눈에 분노의 눈물이 맺혀 반짝이는 세탁부의 희고 둥근 얼굴을 보았다. 내가 양동이에 물을 떠오자 그녀는 그것을 시도로프의 머리와 가슴에 부으라고 말하며 주의를 주었다.

"내 옷에 쏟아지지 않도록 해. 오늘 저녁에 친구를 만나러 갈 거니까."

시도로프는 의식을 되찾고 흐릿하게 눈을 뜨며 신음소리를 냈다.

"일으켜 세워." 나탈리아는 이렇게 말한 뒤 옷이 더럽혀지지 않도록 조심하며 그를 부축했다. 우리는 부엌으로 그를 데려가 침상에 뉘었다. 세탁부는 젖은 옷으로 그의 얼굴을 닦은 뒤 자리를 뜨면서 내게 말했다.

"내가 가서 예르모힌을 찾아볼 테니까 그동안 수건을 찬물에 적셔서 이 사람 머리에 올려놓도록 해. 제기랄! 감옥에 갈 정도로 취해야 직성이 풀리는 사람들이라니."

그녀는 더러워진 속치마를 벗어 구석에 던져 놓고 구겨진 드레스를 조심스럽게 매만져 폈다.

시도로프는 기지개를 켜고는 딸꾹질을 하며 한숨 소리를 냈다. 끈적하고 검붉은 핏방울이 그의 머리에서 내 발등으로 방울방울 떨어졌다. 섬뜩한 느낌이 들었지만 나는 너무 두려워서 한 발짝도 움직일 수 없었다.

바깥 마당에는 햇빛이 눈부셨다. 축제의 날을 맞아 계단과 현관에는 어린 자작나무가 장식되어 있었으며 집집마다 문기둥에는 잘라온 지 얼마 안 되는 단풍나무 가지들과 마가목이 걸려 있었다. 거리는 온통 푸른 자작나무로 넘쳐났고 모든 것이 새롭고 신선하게 느껴졌다. 아침부터 봄날의 휴일이 찾아와 머무는 것 같이 느껴졌으며 오늘 이후로는 순결하고 밝고 즐거운 나날이 계속될 것만 같았다.

시도로프가 구토를 하자 코를 찌르는 보드카 냄새와 양파 냄새가 진동했다. 두 손으로 뺨을 받친 채 코가 납작해지도록 부엌 창문에 바짝 붙어 서서 지켜보는 사람들의 흐릿하고 넓적한 얼굴들이 기괴해 보였다. 시도로프가 기억을 되살리려는 듯이 중얼거렸다.

"도대체 내가 어떻게 된 거야? 나 떨어진 거야, 예르모힌?"

그러다가는 기침을 하기 시작하고 눈물을 흘리면서 술이 덜 깬 목소리로 그르렁거리는 것이었다.

"내 여동생…… 내 여동생은!"

그는 물에 젖은 몸으로 비틀거리며 일어나더니 휘청거리며 자기 침상으로 걸어가서 쓰러졌다. 그는 이상하게 눈알을 굴리며 말했다.

"아휴, 죽을 뻔했네!"

나는 웃음이 났다.

"뭘 봐, 임마! 왜 웃어?" 시도로프가 아둔한 표정으로 물었다. "웃음이 나오냐? 내가 아주 갈 뻔했는데?"

그는 두 손으로 나를 치면서 중얼거렸다.

"처음엔 예언자 엘리야였고 두 번째는 말 탄 이고르가 왔어. 세 번째는…… 아, 가까이 오지 마! 꺼져, 이 늑대 같은 녀석아!"

내가 말해주었다.

"바보 같이 굴지 말아요!"

그는 무지막지하게 화를 내고 으르렁거리며 발을 굴렀다.

"내가 죽었다 깨어났는데, 그래, 네놈은……."

그러더니 그는 투박하고 더러운 손으로 내 눈을 갈겼다. 나는 눈앞이 아찔하여 아무것도 보이지 않았다. 비명을 지르며 마당으로 뛰어나가다가 마침 예로모힌의 팔을 잡아끌고 돌아오던 나탈리아와 부딪쳤다.

"이리 와. 너 왜 그래?" 그녀는 나를 붙잡으며 물었다.

"시도로프가 의식을 회복했어요."

"뭐, 의식을 회복했다고?" 나탈리아는 놀라서 반문하고는 예르모힌을 잡아당기며 그에게 말했다.

"이것 보라고! 이 멍청아, 아직 살아 있잖아. 천만다행으로!"

나는 눈을 물로 씻고 나서 문틈으로 들여다보았다. 두 병사는 서로 화해를 하고 껴안더니 마구 우는 것이었다. 그러고는 둘 다 나탈리아를 부둥켜안으려고 했으나 나탈리아는 주먹을 휘둘러 그들을 떨쳐내며 소리쳤다.

"어디다 흉측한 발톱을 들이미는 거야, 이놈들아! 나를 어떻게 보고? 장교님들이 오기 전에 잠이나 자 둬."

그녀는 마치 어린아이 다루듯이 한 명은 마루에, 한 명은 침상에 뉘고 코를 골며 잠든 모습을 확인한 후 밖으로 나왔다.

"내 꼴이 말이 아니야. 나도 외출하려고 옷을 차려입었었는데 말이야! 시도로프가 널 때렸어? 그런 멍청이 하곤. 그래, 그게 다 보드카 탓이지⋯⋯ 넌 절대로 마시지 마라, 한 모금도⋯⋯."

나는 문 옆 벤치에 그녀와 나란히 앉아 술 취한 사람들을 어떻게 그렇게 무서워하지 않을 수 있느냐고 물어보았다.

"술 취한 사내뿐 아니라 정신이 말짱한 사내라 해도 난 겁 안나. 누구든 가까이 다가오면 이 맛을 보게 되거든!"

그녀는 단단히 말아 쥔 주먹을 보여주었다.

"죽은 남편도 무지하게 마셔 댔지. 한번은 남편이 술에 취했을 때 팔과 다리를 묶어 놨어. 그리고 술에서 깬 뒤 호되게 매질을 했지. 술을 마시지 마라, 다시는 술에 취하지 말라고 말했어. 당신은 나와 결혼했지 보드카와 결혼한 게 아니라고 닦달을 했지. 지칠 때까지 잔소리를 퍼부어대고 나니까 그 다음부터는 말을 듣더군."

"아줌마는 강한 분이세요." 나는 하느님을 속인 이브를 생각하며 말했다.

나탈리아는 한숨을 내쉬며 말했다.

"여자란 남자들보다 더 강해야 돼. 남자들보다 두 배는 더 강해야 한다고. 사내들이란 믿을 수 없는 존재야!"

그녀는 악의 없이 조용히 말하면서 두 손을 커다란 가슴에 포개어 놓고 등을 담벼락에 기댄 채 우수어린 눈을 들어 오물로 뒤덮인 더러운 배수로를 바라보았다. 나는 그녀의 지혜로운 말을 들으며 시간 가는 것도 잊고 있었다. 그런데 갑자기 주인이 아내와 팔짱을 끼고 걸어오는 게 보였다. 그들은 마치 터키 수탉이 암탉과 함께 걷는 것처럼 느릿느릿 점잖게 걸어오며 우리를 바라보고는 뭐라고 말을 주고받는 것 같았다. 나는 달려가서 앞문을 열어 놓았다. 여주인이 계단을 올라오면서 내게 독기어린 목소리로 말했다.

"그 세탁부하고 연애하니? 천한 여자들하고 못된 짓 하는 거나 배우고 다니다니……."

너무나 터무니없는 말이어서 화도 나지 않았다. 하지만 주인이 싱긋 웃으며 한 말은 더 모욕적이었다.

"하긴 그럴 만한 나이도 됐지."

다음날 아침 장작을 패러 헛간에 갔다가 빈 지갑이 떨어져 있는 것을 보았다. 나는 그 지갑이 시도로프의 손에 들려 있는 것을 여러 번 보았기 때문에 그것을 시도로프에게 가져갔다.

"돈은 어디 있어?" 그는 손가락으로 지갑 안쪽을 더듬으며 물었다. "삼십 루블이나 있었는데, 빨리 내놓으란 말이야!"

머리에 터번처럼 수건을 두른 그는 노리끼리하고 수척해 보이는 얼굴에 노기를 띠고 부풀어 오른 눈을 깜빡거리며 말했다. 내가 발견한 것은 빈 지갑뿐이었다고 아무리 말해도 믿으려 하지 않았다.

예르모힌이 와서 나를 보고 고개를 내저으며 그를 편들기 시작했다.

"이놈이 훔쳤구먼! 주인에게 데려가! 군인들끼리는 절대 훔치지 않는다고!"

이 말을 듣는 순간 나는 예르모힌이 돈을 훔치고는 헛간 앞에다 빈 지갑을 던져 놓았다는 것을 직감했다. 나는 그의 얼굴을 똑바로 쳐다보며 망설이지 않고 소리쳤다.

"거짓말쟁이! 당신이 훔쳤어, 분명해!"

그의 참나무 같은 얼굴이 두려움과 분노로 일그러졌을 때 나는 내 짐작이 맞다는 것을 확신했다. 그는 몸부림을 치며 날카롭게 말했다.

"증명해 봐!"

하지만 내가 어떻게 증명한단 말인가? 예르모힌은 소리소리 지르며 나를 끌고 마당을 한 바퀴 돌았다. 시도로프도 내 뒤를 따르며 마구 소리를 질러댔다. 사람들이 창문 밖으로 고개를 내밀고 바라보았다. 마고 여왕의 어머니도 조용히 담배를 피우며 바라보고 있었다. 부인의 귀에도 이 이야기가 들어갈지도 모른다고 생각하니 미칠 것만 같았다.

군인들은 내 손을 잡아끌고 주인집 사람들에게 데려갔는데 그들 역시 군인들에게 호의적인 태도로 불평을 들어주었다. 여주인이 말했다.

"이 애가 훔친 게 분명해요. 어제 보니까 어떤 세탁부하고 놀아나던데, 그러자니 돈이 필요했겠지. 돈이 없으면 어떻게 그럴 수 있었겠어?"

"맞아!" 예르모힌이 맞장구를 쳤다.

나는 미칠 듯이 화가 나서 여주인에게 마구 욕을 하며 덤벼들었다. 그러고는 흠씬 매타작을 당했다.

그러나 매질보다도 마고 여왕이 나를 어떻게 생각할 것인가 하는 문제가 더 나를 괴롭혔다. 앞으로 그녀 앞에 어떻게 나선단 말인가? 정말로 고통스러운 시간이었다. 그러나 불행인지 다행인지 군인들은 이러한 이야기를 재빠르게 온 집안과 거리에 퍼뜨리고 다녔다. 저녁때 다락방에 누워 있는데 아래에서 나탈리아 코즐롭스키의 고함소리가 들렸다.

"아니야. 내가 왜 입을 다물고 있겠어? 아니야, 나한테 와서 이러지 말고 나가봐! 어서 꺼지라고! 내가 집주인에게 말하지. 그럼 어떻게 될까?"

나는 즉시 이 소란이 나와 관련이 있다는 것을 알아차렸다. 집 앞 계단에서 나탈리아가 소리치고 있었고, 그녀의 쩌렁쩌렁한 목소리는 점점 더 크고 우렁차게 들려왔다.

"당신이 어제 나에게 보여준 돈이 얼마였지? 그 돈이 어디서 났지? 우리한테 말해 봐!"

나는 시도로프가 느릿느릿 웅얼거리는 소리를 듣고 기쁨에 넘쳐 숨을 죽였다.

"아니, 그건…… 예르모힌이…….."

"그런데 꼬마를 겁 주고 때리고 그런 거야, 엉?"

나는 기쁨에 넘쳐 아래로 뛰어 내려가 감사의 키스라도 해 주고 싶었다. 그러나 바로 이때 창문 쪽에서 주인 여자가 고함을 내질렀다.

"그 애는 버릇이 없어서 때린 거야, 너 같은 더러운 년 빼고는 누구도 그 애를 도둑이라고 믿지 않아."

"더러운 년은 당신이지! 당신은 암소보다 나을 게 없는 여자라고."

내게는 이 싸움이 마치 음악처럼 들렸다. 자기 연민과 나탈리아에 대한 감사의 마음으로 눈물이 날 것 같았다.

잠시 후 주인이 다락방 계단을 천천히 걸어 올라왔다. 그는 내 곁에 앉더니 머리를 쓰다듬으며 말했다.

"페시코프, 그러니까 너는 그 사건과 아무 상관이 없단 말이지?"

나는 말없이 고개를 돌렸다.

"하지만 어찌 되었든 욕을 한 건 잘못이야."

나는 조용히 말했다.

"몸이 나으면 곧 떠나겠어요……."

그는 묵묵히 앉아 담배를 피우면서 담배 끝을 물끄러미 바라보다가 나직이 말했다.

"알아서 하렴. 너도 이제 어린애가 아니니까. 그러는 게 좋을 것 같으면 그렇게 해."

그러고는 주인은 나갔다. 언제나와 같이 나는 그에 대해 연민의 정을 느꼈다.

이런 일이 있은 지 사흘 만에 나는 그 집을 떠났다. 나는 마고 여왕에게 작별인사를 하고 싶었지만 그녀 앞에 나설 용기가 나지 않았다. 그러나 솔직히 그녀가 먼저 나를 불러주었으면 하는 바람도 있었다. 나는 소녀에게 작별인사를 하면서 부탁했다.

"엄마에게 전해줘! 내가 몹시도 감사해 하더라고, 알겠지?"

"그럴게." 소녀는 사랑스러운 미소를 지으며 약속했다. "그럼 내일까지 안녕, 응?"

나는 그로부터 20년이 지난 후 헌병 장교와 결혼한 그녀를 다시 만나게 된다.

11

나는 다시 증기선 '페르미'호의 접시닦이가 되었는데, 이 배는 백조처럼 하얗고 널찍하고 빨랐다. 여기서 나는 '애송이' 접시닦이, '식당 보이'로 일하면서 한 달에 7루블을 받았다. 내가 하는 일은 주로 요리사를 도와주는 것이었다.

식당 지배인은 뚱뚱하고 배가 나온 데다 마치 당구공처럼 빤질빤질한 대머리였다. 하루 종일 뒷짐을 지고 갑판 위를 어슬렁거리는 그의 모습은 마치 찌는 듯이 더운 날 그늘진 구석을 찾아다니는 돼지 같았다. 그의 아내는 관능미를 과시하며 식당 안을 누비고 다녔다. 사십 줄에 들어선 그녀는 예쁘기는 했지만 윤기없는 얼굴에 화장을 짙게 하여 분가루가 그녀의 짙은 색 드레스에 하얗게 덮여 있곤 했다.

주방은 '새끼 곰'이라는 별명의 요리사 이반 이바니치가 지배하고 있었다. 땅딸막한 체구에 매부리코와 조롱하는 듯한 눈매를 가진 그는 빳빳하게 풀을 먹인 '칼라' 달린 옷을 입고 날마다 면도를 하는 멋쟁이였다. 뺨이 늘 파르스름하고 까만 콧수염은 위로 말려 올라가 있었다. 일이 없을 때는 이 콧수염을 한시도 가만 내버려두지 않고 난로일로 더럽혀진 손가락으로 수염을 잡아당기기도 하고 작은 손거울에 비춰보기도 하면서 정성스레 손질했다.

갑판 위에서 가장 재미있는 사람은 딱 벌어진 가슴과 어깨를 가진 화부 야코프 슈모프였다. 그는 들창코에 얼굴이 삽처럼 펀펀하고 커피색 눈동자는 숱 많은 눈썹에 가려져 있었으며 두 뺨에는 마치 습지의 이끼처럼 작고 곱슬곱슬한 머리털이 덮여 있었다. 머리에는 그의 갈고리 같은 손가락으로 빗어 내리기 힘들 것 같은 곱슬곱슬한 머리카락이 머리에 꼭 맞는 모자처럼 달라붙어 있었다.

그는 돈내기 카드놀이의 명수였으며 놀라운 대식가이기도 했다. 그는 굶주린 개처럼 언제나 부엌 주변에서 어슬렁거리며 고기조각이나 뼈다귀 하나라도 얻어먹으려고 했다. 그리고 저녁이면 늘 '새끼 곰'과 함께 차를 마시며 그가 겪은 놀라운 이야기들을 들려주었다.

어렸을 때 그는 랴잔시에서 양치기의 일을 도와주고 있었다. 그러다가 지나는 수도사를 따라 수도원으로 가서 거기서 4년 동안 잡역부로 지냈다.

"그때 펜자에서 순례자 한 명이 우리 수도원에 왔는데, 그 여자만 나타나지 않았어도 나는 아마 지금쯤 하느님의 검은 별인 수도사가 되어 있을 거야, 제기랄." 그는 빠르게 지껄였다. "그 여자 순례자는 좀 재미있는 데가 있었는데 말이야. 아, 글쎄 내 혼을 쏙 빼놓았지 뭔가. '당신은 정말 잘생기고 건강하군요. 나는 정직한 과부인데 외톨이랍니다. 당신이 우리 집에 와서 청소라도 해준다면…… 나는 작지만 집을 가지고 있고 새의 깃털이나 솜털 따위를 팔아 살아간답니다.' 그 여자가 이렇게 말하지 않겠나."

"그래서 나는 기꺼이 그녀에게로 갔지. 그리고 그 여자의 정부가 되어 한 삼 년 동안 오븐 속 따뜻한 빵처럼 편안하게 살았다네……."

"입에 침이라도 바르시지." '새끼 곰'이 코에 난 뾰루지를 들여다보면서 말을 가로챘다. "거짓말로 돈을 벌 수 있다면 자넨 아마 떼돈을 벌 걸세."

야코프는 계속 무언가를 씹어대고 있었다. 암회색 머리칼이 그의 무표정한 얼굴 위로 흔들거렸으며 덥수룩한 콧수염이 움찔거리고 있었다. 주방장이 참견을 한 뒤에도 그는 여전히 조용하고 재빠르게 이야기를 했다.

"그녀는 나보다 나이가 많았기 때문에 나를 지루해하기 시작하더군. 그래서 나는 그녀의 조카와 어울려야만 했는데 그녀는 그걸 금세 알아차리고는 내 목덜미를 잡아 문 밖으로……."

"그래도 싸지 싸." 주방장이 야코프처럼 편안하고 차분한 어조로 대꾸했다.

화부 야코프는 입을 벌려 설탕 한 줌을 털어 넣고는 다시 말을 이었다.

"그러고 나서 할 일 없이 있다가 볼로디메르차에서 온 마약상 노인을 만나게 되었어. 우리는 함께 온 세상을 헤집고 다녔지. 발칸 산맥, 터키, 루마니아, 그리스, 오스트리아…… 안 가본 나라가 없을 정도라니까. 구매자가 있을 것 같은 곳이면 어디든 가서 물건을 팔았다고."

"그리고 다른 것들을 훔쳤고?" 주방장이 진지하게 물었다.

"아니! 아니야! 노인장은 내게 이렇게 말했어. '낯선 나라에 가선 정직하게 행동해야 된다, 그곳에선 하찮은 일로도 머리를 잘라 버리는 엄한 규율이 있다'라고 말이야. 하긴 도둑질하려고 했던 것은 사실이지만 결과가 좋지 않았지. 한번은 어떤 상인의 집 마당에서 말을 슬쩍 하려다가 잡혀서 사정없이 두들겨 맞고 결국 경찰서로 넘겨졌어. 경찰서엔 나 말고 또 한 녀석이 있었는데 그 녀석은 진짜 말 도둑이었어. 나야 뭐 호기심으로 그래 본 것뿐이었지. 그 무렵 나는 그 상인의 집에서 새 목욕 난로를 설치하는 일을 하고 있었는데 상인이 덜컥 병에 걸리고 말았어. 그는 나에 대해 아주 나쁜 꿈을 꾸고 나서 놀래서는 치안판사에게 나를 사면해달라 탄원서를 냈지. '그놈을 내보내라, 그놈은 꿈속에서 나를 괴롭힌다, 그놈이 풀려나지 않으면 나는 회복하지 못할 거다, 그놈은 마법사다, 틀림없이 마술을 부리고 있다'라고 말이야. 그 상인은 그 고장 유지였거든. 그래서 나는 풀려나게 되었지……."

"풀어줘선 안 되는 거였는데. 한 사나흘 물 속에 처박아서 자네가 저지른 어리석은 잘못을 씻어냈어야 하는 건데 말이야."

주방장이 말했다.

야코프는 그 말을 그대로 맞받았다.

"맞는 말이야. 내게는 어리석은 면이 많지. 마을에서 제일가는 바보짓만 했다니까."

주방장은 목이 꽉 끼는 옷깃 속에 손가락을 집어넣었다가 화가 난 듯 빼며 신경질적으로 투덜거렸다.

"도대체가 말이야! 먹고 마시고 빈둥거리는 이런 죄인이 이 땅 위에 발붙이고 살다니, 왜 그럴까? 말해봐. 자넨 도대체 왜 사나?"

화부가 뭔가를 씹듯이 입을 우물거리며 대답했다.

"나도 모르겠어. 그저 살아가는 거지. 어떤 놈은 누워 지내고, 어떤 놈은 걸어 다니고, 좀 높은 놈은 편안히 앉아 있고, 뭐 다 그런 것 아닌가! 하지만 사람은 누구나 먹어야 살지."

주방장은 이 말에 더욱 화를 냈다.

"그렇다면 자넨 돼지나 마찬가지로군. 그야말로 돼지처럼 먹어대고……."

"왜 그렇게 화를 내나?" 야코프가 놀란 눈으로 바라보았다. "사람은 다 거기서 거기야. 그러니 너무 욕하지 말라고. 그런다고 더 나아질 것도 아닌데……."

이 사람은 즉시 내 마음을 사로잡았다. 나는 입을 벌린 채 경탄의 마음으로 그의 이야기에 귀를 기울였다. 이 사람은 삶에 대해 깊은 지혜를 가졌다는 생각이 들었다. 그는 모든 사람을 허물없이 대했으며, 숱 많은 눈썹 밑 두 눈으로 상대가 누구든 거침없고 당당하게 바라보았다. 그는 선장이나 지배인, 일등 선실의 거만한 승객들을 자기 자신이나 선원, 웨이터나 삼등 선실의 승객들에게 하는 것과 똑같이 대했다.

때때로 선장이나 기관장이 그의 게으름을 나무라거나 카드놀이에서 속임수를 쓴 것에 대해 야단을 치면 그는 원숭이처럼 긴 두 팔로 뒷짐을 진 채 묵묵히 듣고 있곤 했다. 그 모습을 보면 그에 대한 비난이 전혀 쓸모없으며 다음 정박지에서 하선시키겠다는 위협도 전혀 소용없다는 것을 알 수 있었다.

그에게는 남다른 데가 있었다. 그것은 고난을 이겨낸 데서 오는 그 무엇이었다. 그 스스로도 자신의 남다른 특성을 알고 있었고 또한 사람들이 그를 이해하지 못한다는 점도 잘 알고 있는 듯했다.

나는 그가 기분이 상해 있는 모습을 본 적이 없으며 오랫동안 말을 안 하는 모습도 본 적이 없다. 그의 입에서는 자신의 의도와는 상관없이 끊임없이 말이 흘러나왔다. 자기를 나무라는 소리나 재미있는 이야기를 들을 때면 그의 입술은 마치 방금 들은 말을 되뇌거나 조용히 독백하듯 씰룩대곤 하였다. 그는 근무를 마치면 땀에 흠뻑 젖고 기름 범벅이 된 채 맨발로 화구에서 기어 나왔다. 허리띠도 없는 루바시카*12에 앞가슴을 풀어헤쳐 마구 헝클어진 가슴털을 드러낸 채 그가 나타나면 그의 단조로우면서도 낭랑한 목소리가 온 갑판을 울렸다. 그의 말은 흡사 빗방울처럼 연이어 쏟아져 나왔다.

"안녕하슈, 아주머니! 어디가요? 치스토폴에? 나도 그곳에 있어 봐서 알죠. 거기서 돈 많은 타타르인의 농사일을 해준 적이 있거든요. 우산 구바이 둘린이란 타타르인이었는데 마누라가 셋이나 됐죠. 그는 건강하고 불그레한 얼굴의 노인네로, 마누라 하나는 아주 재미있는 타타르 소녀였어요."

그는 안 가본 곳이 없었고 알게 된 여자 모두와 관계를 맺었다. 그는 누구든 악의 없이 얘깃거리로 삼았고 마치 이제까지 살아오는 동안 남에게서 무시나 모멸을 당해 본 적이 없다는 듯이 평정한 마음으로 말하기를 즐겼다. 그는 여기 있나 싶다가도 어느새 배 뒤편 어딘가에서 목소리가 들려오곤 했다.

"카드놀이 할 사람? 카드놀이란 정말 대단한 위안거리야. 앉아서 돈을 벌수도 있고. 수지 맞는 장사란 말이야."

나는 그가 말할 때 '좋다'라든지 '나쁘다', '혐오스럽다'는 단어는 거의 사용하지 않고 거의 언제나 '즐겁다'든지 '위로가 된다', '호기심을 끈다'는 말을 사용한다는 사실을 알아차렸다. 아름다운 여자는 그에게 있어 '즐거운' 여자였고, 햇살이 따스한 좋은 날은 '위로가 되는' 날이었다. 그리고 무엇보다도 자주 쓰는 말은 '그만둬!'였다.

모두들 그를 게으르다고 생각했지만 내가 보기에 그는 지옥처럼 숨막히는 열기 속에서 자기가 맡은 어려운 일을 누구보다도 양심적으로 해내는 사람이었다. 나는 그가 다른 화부들처럼 힘들다고 불평하는 걸 본 적이 없다.

---

*12 러시아식 상의.

한번은 누군가가 승객 가운데 어느 노파에게서 지갑을 훔친 적이 있었다. 달이 밝고 조용한 저녁때여서 모든 승객이 기분 좋게 쉬고 있던 차에 벌어진 일이었다. 선장은 노파에게 5루블을 주었다. 승객들도 몇 푼씩 모아주었다. 그들이 모은 돈을 노파에게 건네자 노파는 성호를 긋고 사람들에게 허리를 굽혀 감사하며 말했다.

"오, 형제들. 내가 잃어버린 것보다 3루블 10코페이카나 더 많군요!"

누군가가 즐겁게 소리쳤다.

"다 가지세요, 할머니. 돈은 많을수록 좋답니다."

그런데 야코프가 노파에게 다가가더니 아주 진지하게 말하는 것이었다.

"필요 없으면 저를 주세요. 그 돈으로 카드놀이를 하게요!"

둘러선 사람들은 농담을 하는 줄 알고 웃음을 지었지만 그는 어찌할 바를 몰라 하는 노파에게 계속해서 졸라대는 것이었다.

"제게 주세요, 할머니! 할머니가 돈을 어디다 쓰시게요? 내일이면 무덤에 들어가실 거면서."

그제야 사람들은 욕을 퍼부으며 그를 몰아냈다. 그는 고개를 내저으면서 깜짝 놀랐다는 듯이 내게 말했다.

"사람들은 참 이상하단 말이야! 왜 공연히 남의 일에 끼어드는 거지? 할머니는 분명히 자기가 원하는 것보다 더 많이 가지게 됐다고 말했잖아. 그래서 3루블이면 내게 큰 위로가 될 것 같아 달라고 한 것뿐인데."

그는 돈이 눈앞에 보이자 마음이 끌렸던 것 같다. 그는 말을 하는 동안에도 바지에다 동전을 반질반질 윤이 나도록 닦았다. 반짝반짝 빛날 때까지 동전을 문지른 다음 미간을 모으고는 갈고리 같은 손가락으로 들창코 앞에까지 동전을 들어올려 꼼꼼히 살펴보고 하는 것이었다. 그러나 그는 탐욕스럽게 돈을 밝히지는 않았다.

한번은 그가 내게 카드놀이를 하자고 제안했으나 나는 카드놀이를 할 줄 몰랐다.

"할 줄 모른다고?" 그는 소리쳤다. "어떻게 그럴 수 있담? 읽고 쓸 줄도 안다고 하는 녀석이? 모르면 배워야지. 우선 설탕 한 주먹 내기를 하자."

그는 내게서 반 파운드의 각설탕을 따서 입 안에 털어 넣었다. 그리고 내가 카드놀이 하는 법을 배웠다는 생각이 들자 곧바로 이렇게 말하는 것이었다.

"이젠 진짜로 돈내기다. 돈 있지?"

"5루블 있어요."

"나는 2루블 있어."

예상대로 그는 손쉽게 돈을 따고서 내가 자기에게 복수하기를 기대했다. 나는 5루블에 외투까지 걸었고 그것마저 잃고 말았다. 결국 3루블쯤 되는 새 구두마저 잃었다. 그러자 야코프는 불만스러운 듯이 말했다.

"아니야, 너는 아직 방법을 모르는 거야. 게임을 할 때 넌 너무 흥분을 해. 너는 모든 걸 다 걸잖아. 심지어 구두까지도! 하지만 나한테는 그런 것 필요 없어. 네 옷과 4루블은 도로 가져가. 1루블은 수업료로 내가 챙긴다, 괜찮지?"

나는 그가 몹시 고마웠다.

"그만둬!" 그는 고마워하는 나에게 이렇게 대꾸하는 것이었다. "게임은 게임일 뿐이야. 오락이지. 그런데 너는 게임을 싸움으로 여기는 것 같아. 진짜 싸움에서조차도 지나치게 흥분하면 안 돼. 나는 네가 자신의 실력이 어느 정도 되는지 가늠해서 행동하길 바라. 흥분할 일이 뭐가 있다고 그래? 넌 아직 어리니까 마음을 단단히 먹고 정신 바짝 차리고 살아야 돼. 한번 실패하고 다섯 번 실패하고 일곱 번 실패하면, 그만둬! 그만두고 냉정해지라고. 그리고 다른 걸 찾아. 그게 게임하는 법이야!"

나는 그가 점점 더 마음에 들었지만 이따금 거슬릴 때도 있었다. 가끔 그의 이야기를 듣고 있노라면 외할머니가 떠오르곤 했다. 그에게는 사람을 잡아끄는 점이 많았으나 삶을 달관한 듯한 그의 냉담함에는 가끔씩 정나미가 떨어지기도 했다.

어느 날 해질 무렵에 이등실의 술 취한 승객 하나가 갑판에서 떨어졌다. 페르미 출신의 뚱뚱한 상인이 황적색 물속에서 허우적거리고 있었다. 기관사들이 급히 엔진을 끄자 배가 멈추었고 스크루에서 일어나는 포말이 노을빛에 붉게 물들었다. 이미 배에서 한참 멀어진 검은 물체가 붉게 물든 강물 속에서 허우적거리고 있었다. 짐승 같은 외침이 울려 퍼졌다. 승객들도 비명을 질러대며 갑판 위로 뛰쳐나와 선미로 모여들었다. 물에 빠진 승객의 대머리 친구가 술에 취해 얼굴이 벌건 채로 주먹을 휘두르며 소리를 질렀다.

"비켜! 내가 구해 낼 거야!"

이미 선원 두 명이 몸을 날려 물에 빠진 사람에게로 헤엄쳐 가고 있었다. 구명 보트가 내려졌다. 선장의 고함소리와 여자들의 비명소리 사이로 야코프의 나지막한 목소리가 들려왔다.

"익사하겠군, 익사하겠어! 외투를 입고 있으니 말이야. 옷을 다 입고 있으면 틀림없이 익사한다고. 여자들을 좀 봐. 물에 빠졌을 때 왜 여자들이 사내들보다 빨리 익사하는 줄 알아? 치마를 입었기 때문이야. 여자 한 명이 물에 빠지면 곧장 1파운드 무게가 되어 가라앉게 된다고. 두고 봐. 저 사람 익사하게 될 거야. 그냥 하는 말이 아니야."

상인은 정말로 익사했다. 두 시간이나 찾았으나 그의 시체는 발견되지 않았다. 술이 깬 그의 친구는 선미에 앉아 가쁜 숨을 몰아쉬며 슬프게 중얼거렸다.

"거의 다 왔다는데 이게 무슨 일이람! 도착하면 어떻게 될까, 응? 그의 가족이 뭐라고 하겠냐고? 그 친구에겐 가족이 있다고."

야코프는 뒷짐을 진 채 그를 위로하기 시작했다.

"너무 상심 마슈! 그 친구가 언제 어디서 죽어야 할 운명인지는 아무도 모르는 것 아니겠소. 어떤 사람은 버섯을 먹고 죽기도 하잖소. 수많은 사람들이 버섯을 먹고 더 건강해지는데 말이오. 어디 버섯뿐이겠소?"

그는 딱 벌어진 체구로 상인 앞에 비석처럼 버티고 서서 쉬지 않고 말을 해댔다. 처음에는 말없이 울기만 하던 친구는 넙적한 손바닥으로 수염에서 눈물을 닦아냈다. 그리고 야코프의 말이 끝나자 고래고래 소리치는 것이었다.

"악마 같은 놈! 왜 날 괴롭히려 드는 거냐, 왜? 여러분, 제발 이놈 좀 데려가 주세요. 안 그러면 이놈을 죽여버리고 말 테니!"

야코프는 가면서 조용히 말했다.

"사람들은 참 이상해. 선의로 다가가도 싸우려 드니 말이야."

때때로 이 화부는 바보처럼 굴었지만 내게는 그가 일부러 멍청한 체하는 것으로 여겨졌다. 그에게 어떻게 세상을 떠돌아다니게 되었으며 무엇을 보았는지 물어보았지만 제대로 된 대답을 듣지는 못했다. 그는 머리를 뒤로 젖히고 구리 동전 같은 새까만 두 눈을 지그시 감은 채 손바닥으로 이끼처럼 털이 난 얼굴을 문지르면서 느릿느릿 옛 이야기를 꺼내곤 했다.

"사람들은 그저 개미나 마찬가지야! 그리고 사람들이 있는 곳엔 늘 문제가 있는 법이지! 물론 많은 사람들이 농사꾼이야. 그들은 온통 땅 위를 덮고 있어. 마치 가을 낙엽처럼 말이야. 나는 불가리아인들을 본 적이 있어. 그리스인도 봤고. 세르비아나 루마니아인들도, 집시들도 여러 번 봤지. 세상엔 많은 종류의 사람들이 있어. 어떤 종류의 사람들이냐고? 도시에는 도시인들, 시골에는 바로 우리 같은 촌놈들이지. 하지만 도시사람이나 농촌사람이나 여러 면에서 다 비슷비슷해. 개중에는 우리말을 잘하는 사람도 있고 타타르 인들이나 모르도바인들처럼 잘 못하는 사람도 있어. 그리스인들은 우리말을 전혀 못하지. 무슨 말을 하는 것 같기는 한데 당최 무슨 말인지 알아들을 수가 없다니까. 그런 사람들하고는 손짓발짓으로 이야기할 수밖에 없어. 하지만 우리 아버지는 그리스인조차 알아들을 수 있게 말했지. 아버지가 뭐라고 중얼거리면 그리스인들은 그게 무슨 말인지 알아들었으니까. 대단한 노인네였어. 사람의 감정에 호소하는 법을 알고 있었지. 뭐? 또 다른 유의 사람들을 알고 싶다고? 이상한 녀석이군. 사람들이 어떻게 생겨 먹었냐고? 물론 흑인들도 있지. 루마니아인도 새까매. 하지만 그들은 우리하고 종교가 같아. 불가리아인도 새까매. 하지만 이들도 우리하고 같은 신을 섬겨. 그리스인들은 터키인들과 거의 비슷하게 생겼어."

나는 그가 아는 것을 다 말하지 않는다고 생각했다. 말하고 싶지 않은 그 무엇인가가 더 있을 것만 같았다.

나는 잡지 속 화보들을 통해 그리스의 수도는 아테네이며 아주 오래된 아름다운 도시라는 것을 알고 있었다. 그러나 야코프는 고개를 저었다.

"애야, 그건 사실이 아니야. 아테네라는 도시는 없어. 대신 아토스라는 산이 있지. 성스러운 아토스 산이라고들 부르는데 거기에는 딸랑 사원이 하나 있는 게 다야. 그곳의 사진을 팔아서 먹고사는 노인네들도 있어. 도나우 강가에 벨그라드라는 도시가 있는데 야로슬라블리나 니주니와 비슷해. 도시들이란 볼 것이 별로 없어. 하지만 농촌은 좀 다르지! 여인네들도 그래. 굉장히 유쾌하지. 나는 어떤 여자 때문에 그곳을 떠나지 못했어. 지금은 이름이 뭐였는지조차 기억나지 않지만."

그는 두 손바닥으로 땀이 흐르는 얼굴을 감쌌다. 뻣뻣한 수염들이 부드럽게 비벼지는 소리가 났다. 그의 목구멍 깊은 곳에서 마치 드럼이 덜컹거리는 것 같은 웃음소리가 울려 나왔다.

"사람이란 왜 이렇게 금세 잊어버리는지! 그녀와 함께 있을 때는 그렇게
도…… 헤어질 땐 둘 다 눈물을 흘렸지."

그는 냉정을 되찾고서 내게 여자 다루는 법을 가르쳐 주기 시작했다.

우리는 배의 갑판 위에 앉았다. 부드러운 달빛이 물결 위를 헤엄치며 우리
를 반겼다. 강변의 초원이 은빛 강물 너머로 희미하게 보였다. 강둑에서는
노란 불빛이 반짝이고 있었다. 마치 지상에 내려온 별처럼. 사위는 잠들지
않고 조용히 꿈틀거리고 있었는데 정말 살아 움직이는 것 같았다. 이 유쾌하
고 우수에 찬 고요 속으로 야코프의 쉰 목소리가 떨어져 내렸다.

"그래, 그 여자는 매달리듯이 양 손으로 내 손을 잡았다가 놓았지."

야코프의 이야기는 그다지 점잖다고 할 수는 없었지만 나를 화나게 하지는
않았다. 그에게는 오만함이나 비정함은 없었고 오히려 담백한 어떤 슬픔 같
은 것이 배어났기 때문이다. 하늘의 달도 벌거벗음을 부끄러워하지 않고 아
련한 슬픔을 느끼게 하면서 유영하고 있었다. 나는 내 인생에서 가장 좋았던
것들, 즉 마고 여왕과 진실이 담긴, 결코 잊을 수 없는 시구들을 떠올렸다.

노래는 아름다움을 필요로 하지만
아름다움은 노래를 필요로 하지 않네……

나는 가벼운 꿈꾸는 듯한 분위기에서 깨어나 다시 화부에게 그가 본 것들
에 대해 물어보았다.

"너는 참 이상한 녀석이구나! 뭘 말해달라는 거냐? 나는 모든 걸 봤어.
수도원을 보았냐구? 봤지. 주막집? 역시 봤지. 귀족들의 생활도, 농사꾼의
생활도 다 봤어. 배를 곯아 보기도 했고 실컷 먹어 보기도 했지."

그는 깊은 강물 위에 걸쳐놓은 약하고 위태로운 다리를 건너듯이 느릿느
릿 옛날을 회상했다.

"오, 그래! 한번은 말을 훔치려다가 감방에도 가 봤지. 경찰서장이 자기
네 새집 난로에서 연기가 난다고 욕지거리를 해댔을 때 나는 '이들이 나를
시베리아로 유형을 보낼 거야' 하고 생각했다니까. 그래서 내가 그에게 말했
지. '아, 난로는 제가 잘 고치는데요, 나리.' 그랬더니 '닥쳐! 일급 기술자도
어쩌지 못했는데'라고 하지 않겠어? 그래서 내가 말했지. '때로는 시골 목동

이 장군보다 지혜로울 수도 있답니다.' 그때는 시베리아가 눈앞에 어른거리는 바람에 눈에 보이는 것이 없었어. 결국 경찰서장은 '좋아, 그럼 한번 해봐! 하지만 나중에 난로에서 연기가 더 나기만 하면 네 놈의 뼈를 가루로 만들어 버리겠어!' 하고 말하더군. 나는 이틀 만에 일을 끝냈지. 경찰서장이 깜짝 놀라 소리를 지르더라고. '야, 이 녀석! 대단한 기술자구나! 그런데 왜 지금껏 말이나 훔치고 있는 거야, 응?' 하고 묻지 않겠어. 그래서 '나리, 제가 어리석었어요' 하고 대답했지. 그랬더니 '맞아, 그건 어리석은 짓이지 그렇게 생각한다면 미안하게 됐는걸'이라고, 하지 않겠어? 이봐, '미안하다'고 했다니까. 무자비하게 의무를 행하는 경찰서장이란 사람이 내게 미안하다고 했다고."

"그래서 어떻게 됐어요?" 내가 물었다.

"아무 일도 없었어. 경찰서장이 내게 미안하다고 했는데 무슨 일이 있었겠어?"

"누가 아저씨 같은 사람한테 미안함을 느끼겠어요? 목석 같은 사람한테."

야코프는 호인다운 웃음을 지었다.

"이상한 녀석이군! 내가 목석 같다고? 하지만 돌멩이에 대해서도 미안함을 느낄 수 있는 것 아닐까? 돌멩이도 자기 자리에서 제 역할을 다 하고 있으니까 말이야. 이를테면 도로를 포장한다든지 하는 식으로. 하여튼 모든 물건에 연민을 가져야 돼. 그냥 우연히 존재하는 것은 아무것도 없으니까. 한낱 흙이라고 해도 그 속에서 풀잎이 자라나잖아?"

화부가 그렇게 말할 때면 그가 나의 이해를 넘어서는 그 무엇인가를 알고 있다는 사실을 분명하게 느낄 수 있었다.

"주방장을 어떻게 생각하세요?" 내가 물었다.

"늙은 새끼 곰 말이냐?" 그는 나지막이 말했다. "생각하고 말고 할 게 뭐 있어? 아무 생각도 없어."

그건 사실이었다. 이반 이바니치는 엄격한 원칙주의자에다 늘 바르게 행동했으므로 그에 대한 무슨 생각이 남아 있을 리가 없었다. 그러나 그에게도 재미있는 점이 한 가지 있었다. 그건 그가 화부 야코프를 아꼈으며 화부를 욕하고 나서도 차를 마실 때면 늘 다시 화부를 초대한다는 것이었다. 한번은 야코프에게 이렇게 말하는 것이었다.

"자네가 농노이고 내가 주인이면 일주일에 일곱 번씩은 두들겨 패줄 텐데, 안 그래? 이 게으름뱅이!"

야코프는 심각한 어조로 대꾸했다.

"일곱 번이라고? 그건 너무 많아!"

주방장은 화부를 늘 욕하면서도 어째서인지 뭐든 먹을 것을 가져다주었다. 먹을 것을 거칠게 내밀면서 이렇게 말하곤 하는 것이었다.

"자, 어서 처먹게나!"

야코프는 서두르지 않고 천천히 다 먹고 난 뒤에 이렇게 대답했다.

"자네 덕분에 힘 좀 쌓아두겠네그려, 이반 이바니치!"

"힘은 어디다 쓰려고, 이 게으름뱅이야?"

"어디다 쓸 거냐고? 오래 사는 데 쓰지!"

"오래 살아 뭘 할 건데? 이 쓸모없는 인간!"

"하지만 쓸모없는 인간도 계속 살아가기 마련이지. 살아 있다는 건 즐거운 일이잖아. 안 그래? 산다는 건 매우 위로가 되는 일이라네, 이반 이바니치."

"에이, 바보천치 같으니라고!"

"뭐라고?"

"바―보―천―치라고."

"말에도 법도가 있다고!" 야코프가 놀래서 말하자, 주방장이 내게 말했다.

"생각을 좀 해봐. 우리가 피를 말리고 뼈를 깎아가며 주방의 지옥 같은 열기 속에서 일할 때 저 녀석은 돼지처럼 처먹어대기만 한다고!"

"저마다 운명이 따로 있는 게지." 야코프가 씹어뱉듯이 말했다.

나는 기관실 화통에 불을 때는 일이 주방의 취사용 스토브 앞에 서 있는 일보다 더 뜨겁고, 일하기도 훨씬 더 힘들다는 것을 알고 있었다. 몇 번이나 밤에 야코프와 함께 화통에 연료를 넣는 일을 해 보았기 때문이다. 하지만 이상한 것은 화부 야코프가 자기 일이 힘들다는 것을 주방장에게 납득시키려고 하지 않는다는 사실이었다. 그렇다. 그는 남들이 모르는 뭔가 특별한 것을 알고 있음에 틀림없었다.

모두들 야코프를 욕했다. 선장도, 기관사도, 1등항해사도, 또 그가 게으르지 않다는 것을 분명히 알고 있는 사람들도 다 그랬다. 왜 그를 제대로 평가

해주지 않는 걸까? 나는 다른 화부들이 비록 화부 야코프의 끊임없는 수다나 카드놀이에 대한 열정을 비웃기는 해도 다른 사람들보다는 야코프를 좋게 대해주고 있다는 사실을 알았다. 나는 그들에게 물어보았다.

"야코프를 어떻게 생각하세요?"

"야코프? 괜찮은 녀석이지. 우리가 뭐라고 하거나 무슨 짓을 해도 야코프는 화를 내지 않을 거야. 설사 그의 가슴 위에 뜨거운 석탄덩이를 올려놓는다 해도 말이지……"

석탄을 때는 힘든 일과 그의 게걸스런 식욕 때문에 야코프는 잠을 많이 자지 못했다. 때로 당직 교대를 하고 난 뒤 더럽고 땀내 나는 옷을 갈아입지도 않은 채 갑판 위에서 밤새도록 승객들과 이야기를 나누거나 카드놀이를 하곤 했다.

그는 꼭 닫힌 트렁크 같았다. 나는 내게 꼭 필요한 무엇인가가 그의 마음속에 숨어 있다고 느꼈고, 그래서 그 트렁크를 열 수 있는 열쇠를 열심히 찾았다.

"이봐, 네가 뭘 찾고 있는 건지 도무지 이해를 못하겠어." 그는 눈썹에 덮여 잘 보이지 않는 눈으로 나를 찬찬히 바라보며 말했다. "그래그래. 나는 참으로 많은 곳을 누비고 다녔지. 그런데 그게 뭐가 어떻다는 거야? 이상한 녀석이군! 좋아, 그렇다면 언젠가 있었던 일을 하나 이야기해주지."

그러고는 그가 지나쳐왔던 도시들 가운데 어느 한 마을에서 폐결핵에 걸린 젊은 판사가 독일인 부인과 살았던 이야기를 해주었다.

"마누라는 건강한 독일 여자였는데 아이가 없었지. 이 독일 여자는 한 옷감 장수를 사모하게 되었는데 그는 아름다운 아내와 세 아이를 가진 유부남이었어. 그 장사꾼은 이 독일 여자가 자기에게 빠졌다는 것을 눈치 채고 그녀를 조롱거리로 만들려고 마음먹었어. 그래서 그녀에게 밤에 공원에서 만나자고 한 다음, 친구 두 녀석을 불러내 숲속 덤불 속에 숨어 있게 했지.

그리고 독일여자가 나타나자 이렇게 말했어. '저기 있는 여자가 바로 그 여자야!' 그러고는 그 여자에게 이렇게 말했지. '부인, 나는 어쩔 수가 없는 몸이오. 난 이미 결혼했으니까요. 그래서 내가 두 명의 친구를 데리고 왔는데 한 명은 홀아비이고 한 명은 총각이오.' 화가 난 독일 여자가 상인의 면상을 한 대 갈기자 그놈은 공원 벤치로 나가떨어졌지. 그 여자는 그놈의 못생긴 상판대기와 비대한 머리통을 구둣발로 마구 짓밟아 버렸어. 나는 그녀 뒤를 밟았어. 그때 나는 판사 집 하인이었거든. 울타리 틈새를 통해 일이 되어가는 꼴을 모두 보았지. 그때 친구 두 놈이 튀어나와 그녀의 머리끄덩이를 낚아채더군. 이때 내가 철책을 뛰어넘어 가서 놈들을 때려눕혔지. '그만둬! 점잖은 양반들이 뭐 하는 짓이야!' 하고 말하면서 말이야. 부인은 그를 진심으로 믿고 약속장소로 나온 건데 그 녀석은 그녀가 교활한 궁리를 하고 있다고 생각한 거야. 내가 그녀를 데려오려고 하는데 그 녀석들이 벽돌로 내 머리를 내려치지 않겠어? 그녀는 두려움에 사로잡혀 거의 제정신이 아니었어. 집 근처에 이르자 그녀가 독백하듯이 내게 말하더군. '독일로, 독일 사람들에게로 돌아가야겠어, 야코프. 남편이 죽으면 곧바로 떠날 거야!' 그래서 내가 말했지. '물론 돌아가셔야지요!' 하고 말이야. 드디어 판사가 죽고 그녀는 떠나버렸지. 참 다정하고 총명한 부인이었는데 …… 판사도 마찬가지로 다정한 분이었어. 주여, 그의 영혼이 평안히 잠들게 하소서!"

나는 이 이야기가 무엇을 뜻하는지 이해할 수가 없어서 그냥 묵묵히 앉아 있었다. 이야기 속에는 뭔가 익숙한 것, 옛날에 본 적이 있는 것 같은 어떤 비정하고 무분별한 것이 있었다. 하지만 어떻게 말해야 좋을지 몰랐다.

"좋은 이야기라고 생각해?" 야코프가 물었다.

나는 뭔가 말하려고 했으나 화가 나서 그를 비난하고 말았다. 그러자 그가 조용히 설명하는 것이었다.

"필요 이상으로 많이 가진 사람들은 쉽게 만족하지. 하지만 때로는 그들도 누군가에게 장난을 치고 싶어해. 그런데 그 결과가 생각만큼 재미있지 않은 거야. 물론 상인들은 똑똑한 사람들이지. 장사를 하려면 똑똑해야 하니까 말이야. 그런데 똑똑한 사람들에게는 삶이 별로 재미없는 법이지. 그래서 스스로 즐길 거리를 찾는 거야."

고물 밑으로 강물이 거품을 일으키며 빠르게 흘렀다. 소용돌이치는 물을 따라 어두운 해안이 느릿느릿 미끄러지는 것 같았다. 갑판에는 승객들이 곯아떨어져 있었다. 꿈속을 헤매는 승객들과 의자들을 비켜가면서 조용하게 우리에게 다가오는 사람이 있었다. 검은 옷을 입은 은빛 머리의 키가 크고 낯빛이 좋지 않은 여자였다. 야코프는 어깨로 나를 툭 치며 조용하게 말했다.

"저것 봐, 우울해 하는 저 여자."

그는 다른 사람의 슬픔을 즐긴다는 생각이 들었다.

그는 나에게 많은 이야기를 했고 나는 열심히 귀를 기울였다. 나는 그가 들려준 이야기를 모두 기억하고 있지만 즐거운 이야기는 하나도 없었던 것 같다. 그는 책보다도 더 감정 없이 말했다. 그래도 책에서는 곧잘 작가의 감정, 분노, 기쁨, 슬픔, 조소 따위를 느낄 수 있었지만, 이 화부는 조롱하지도 않고 개인적인 판단을 내리지도 않았다. 그 무엇도 그의 혐오감이나 즐거움을 자극할 수 없을 것 같았다. 그는 마치 재판정에 선 공정한 증인 같았다. 피고도 고소인도 판사도 한결같이 그와는 무관한……. 이러한 무관심은 내 안에 우울한 분노와 야코프에 대한 적대감을 불러 일으켰다.

삶은 기관실 화통 속의 불꽃처럼 그의 눈앞에서 타오르고 있었다. 그는 곰 발바닥 같은 손바닥으로 나무망치를 들고 화통 앞에 서서 열을 조절하며 기름 분사기 모서리를 가볍게 두드리고 있었다.

"상처를 입은 적은 없나요?"

"누가 감히 나에게 상처를 입혀? 내가 얼마나 힘이 센데. 한방 먹일 수도 있다고!"

"싸우는 게 아니라 영혼을 모욕당한 적이 없느냔 말이에요."

"영혼을 모욕한다는 건 불가능해. 영혼은 모욕을 받지 않아. 인간의 영혼은 그 무엇으로도 다칠 수가 없는 거야."

삼등 선실의 승객이나 선원들, 그리고 모든 세상 사람들은 영혼에 대해서 그들의 일이나 음식, 여자에 대해서 만큼이나 자주 말하곤 했다. '영혼'은 평범한 사람들이 곧잘 입에 올리는 단어로, 그저 삶과 움직임을 표현하는 말이었다. 나는 사람들이 습관적으로 그 단어를 쓰는 게 싫었고, 농부들이 아무 말이나 함부로 내뱉음으로써 스스로의 영혼을 더럽히는 것을 보면 속이 상했다.

나는 외할머니가 매우 신중하게, 영혼이란 사랑과 아름다움, 기쁨의 신비스런 보고라고 말씀하신 것을 똑똑히 기억한다. 나는 착한 사람이 죽으면 하얀 천사들이 나타나 그의 영혼을 데리고 푸른 하늘을 날아 내 외할머니의 선하신 하느님께로 인도하고, 그러면 하느님은 따뜻하게 그 영혼을 맞이하신다고 믿었다.

"오, 나의 사랑스럽고 순결한 영혼아, 고통을 받아 많이도 약해졌구나."

하느님은 이렇게 말씀하시고 여섯 개의 하얀 날개가 달린 천사의 날개를 주실 것이다.

야코프 슈모프도 영혼에 대해 이야기할 때는 외할머니처럼 신중하게, 그것도 아주 가끔씩만 말했다. 그는 욕을 먹을 때에도 신성모독적인 말을 삼갔고 다른 사람들이 함부로 영혼을 들먹여도 영혼을 말하는 법이 없었으며 황소 같이 붉은 목을 떨군 채 묵묵히 듣고만 있었다. 내가 영혼이란 무엇이라 생각하냐고 묻자 그는 이렇게 대답했다.

"영혼은 하느님의 숨결이지."

내가 좀 더 자세히 물어보자 그는 고개를 숙이고 말했다.

"애야, 영혼에 대해서는 교황도 잘 모른단다. 너무나 신비한 것이라서."

나는 끊임없이 그에 대해 생각하며 그를 이해해 보려고 애썼지만 소용없었다. 그의 몸뚱이 말고는 아무것도 볼 수 없었다. 그는 자신의 큰 얼굴로 내 앞을 가로막고 있었다.

나에게 이상할 정도로 잘해주는 식당 여급이 있었다. 아침이면 나는 그녀에게 세숫물을 떠다 바쳐야 했다. 사실 이 일은 이등 선실에서 심부름하는 상큼하고 발랄한 소녀 루샤가 할 일이었다. 좁은 선실에서 허리까지 드러내 놓고 있는 그 여급의 옆에 서서 반쯤 익힌 패스트리 반죽 같은 그녀의 몸을 보고 있으면 마고 여왕의 거무스름하고 호리호리한 육체와 비교되어 혐오스럽기 그지없었다. 그 여급은 때로는 호소하듯이 때로는 투정하듯이 또는 화난 듯이 늘 무언가를 중얼거렸다.

나는 그녀의 말을 알아들을 수가 없어 어렴풋이 짐작만 할 뿐이었다. 그녀의 말은 측은하고 비참하며 낯 뜨거운 의미로 여겨졌지만, 그렇다고 내 마음이 흔들리는 일은 없었다. 나는 될 수 있는 대로 여급과 또 갑판에서 일어나는 모든 일을 멀리하며 살았다. 나는 세상 모든 것을 가려주는 야코프라는 커다란 바위 뒤에서 살았고, 그리하여 밤낮 어디론가 흘러가는 세상의 모든 일들을 멀리할 수 있었다.

"우리 가브릴로브나는 너에게 완전히 빠져버렸어." 나는 마치 꿈결 속에서처럼 루샤의 조롱을 들었다. "입을 벌리고 행복을 받아먹으렴."

그녀는 나를 비웃었다. 그녀뿐만 아니라 식당의 모든 여급들이 가브릴로브나의 약점을 알고 있었다. 주방장은 눈살을 찌푸리며 이렇게 말했다.

"저 여자는 모든 것을 맛보고 나서 이젠 패스트리에 군침을 흘리는구나. 페시코프, 조심하는 게 좋을 게다."

야코프도 아버지처럼 충고했다.

"물론, 네가 두 살만 더 먹었더라면 좀 달리 말하겠지. 한데 지금 네 나이라면…… 그래, 혼자 노는 게 좋아! 하지만 너 좋을 대로 하려무나."

"그만둬요! 모두가 불결해요."

"물론 그렇지."

그러나 그는 곧 힘없이 늘어진 머리칼을 손가락으로 일으켜세우며 짤막한 말들을 뱉어내기 시작했다.

"하지만 그녀의 입장도 생각해 줘야 된다고. 비참하고 불안정한 직업이잖아. 개도 쓰다듬어 줄 때 좋아하는 법인데 사람이야 말할 것도 없지! 여자란 쓰다듬어 주어야만 살 수 있어. 버섯이 습기에 의해 살아가듯이 말이야. 그 여자도 부끄럽겠지. 하지만 어쩌겠어?"

나는 잡히지 않는 그의 시선을 쏘아보며 물었다.

"그녀를 동정하나요?"

"내가? 우리 어머니뻘인데 동정하긴 뭘 동정해? 어머니들한테 동정하는 걸 봤어? 넌 참 괴상한 녀석이야!"

그는 드럼 소리처럼 나지막하게 웃었다.

가끔 야코프를 바라볼 때면 침묵의 공간 속으로, 황혼으로 가득 찬 끝없는 구덩이 속으로 추락하는 듯한 느낌을 받았다.

"다른 사람들은 다 결혼했는데 당신은 왜 결혼하지 않았어요, 야코프?"

"왜냐고? 감사하게도 나는 늘 여자들한테 인기가 많았지. 하지만 결혼한 사람은 한 곳에 정착하여 농사지으며 살아야 돼. 내겐 메마른 땅이 아주 조금 있었는데 그나마 아저씨가 빼앗아 갔지. 작은형이 군에서 제대하자마자 아저씨와 사이가 나빠져서 재판을 벌이다가 막대기로 아저씨의 머리를 내리쳤지. 피가 낭자하게 흘렀어. 그래서 형은 일 년 반을 옥살이했어. 얘야, 감옥에서 나온 뒤에는 오직 한 길밖에 없단다. 다시 감옥에 들어가는 길이지. 형수는 유쾌한 젊은 여자였는데…… 하지만 이런 말이 다 무슨 소용이람? 결혼한다는 것은 작은 오두막집의 주인이 된다는 거야. 하지만 군인은 자기 삶에서조차 주인이 아니야."

"당신은 하느님께 기도하나요?"

"웃기는 녀석이군! 물론, 기도하지."

"어떻게 하는데요?"

"다양해."

"기도문은 어떤 내용이죠?"

"나는 저녁 기도문을 알아. 애야, 나는 아주 단순하게 기도한단다. '주 예수 그리스도여, 살아 있는 동안 저를 사랑하시고 죽은 뒤에는 편안케 하소서. 병고로부터 우리를 구원하소서, 주여……' 뭐 이렇게. 그리고 한두 가지를 더 말하는 거야……."

"뭘요?"

"이런저런 것들. 네가 말 안 하는 것도 하느님 귀에는 다 들어간다고!"

그는 내가 귀여운 장난을 치는 영리한 고양이라도 되는 듯이 호기심에 차서 나를 친절하게 대해 주었다. 밤이면 나는 그의 곁에 앉아 있곤 했는데 그때마다 그에게서는 나프타 냄새, 기름 타는 냄새, 양파 냄새 따위가 났다. 그는 양파를 좋아해서 마치 사과라도 먹듯 날것으로 갉아먹곤 하였다. 그러다가는 갑자기 이렇게 부탁하는 것이었다.

"자, 알료샤, 시를 한 수 읊어 보렴!"

나는 많은 시를 외우고 있었고 두툼한 공책에 좋아하는 시들을 적어 놓고 있었다. 그에게 《루슬란》을 읽어주면 그는 꼼짝도 하지 않고 숨을 죽인 채 귀를 기울였다. 그리고 나서 나지막하게 말하는 것이었다.

"그거 참 유쾌하고 조화로운 이야기구나! 네가 지은 거냐? 푸시킨이란 신사가 있어. 내가 그를 본 적이 있는데……."

"아녜요, 그 사람은 오래전에 죽었어요!"

"어떻게?"

나는 마고 여왕이 내게 말할 때처럼 짤막하게 대답해 주었다. 야코프는 듣고 나서 조용하게 말했다.

"많은 사람들이 여자 때문에 파멸하는 것 같아."

나는 종종 책에서 읽은 여러 이야기들을 그에게 들려주었다. 그 이야기들은 서로 뒤섞여서 군데군데 열정의 불꽃이 드러나 보이는, 아름다우면서도 슬픈 삶을 다루는 하나의 긴 이야기가 되었다. 그것은 영웅적인 행동과 기품 있는 귀족, 전설적인 공적, 결투와 죽음, 고상한 말과 천박한 행위로 가득 찬 이야기들이었다. 나의 로캉볼은 랴 몰랴와 아니발 코코나*¹³의 기사적 면모를 루이 11세*¹⁴는 그랑데*¹⁵ 아버지의 면모를 가졌으며, 기병대의 기수 오틀레타예프*¹⁶는 앙리 4세의 모습과 뒤섞여 있었다. 영감이 떠오르는 대로 인물의 성격들을 뒤바꾸고 사건들을 뒤섞어 모으기도 한 나의 이야기는 내게 있어 하나의 세계였다. 나는 그 세계 속에서 자유로웠고, 그 속에서 원하는 대로 모든 것을 주재하시는 외할아버지의 하느님처럼 모든 것을 내 뜻대로 할 수 있었다. 이 같은 문학적 혼란은 있는 그대로의 현실을 보지 못하게 방해하지는 않았지만 살아 있는 사람들을 이해하려는 나의 열망을 식혀주지 못했다. 그럼에도 삶의 치명적인 독성과 문란한 생활로부터 나를 지켜주었다.

책들은 많은 무해한 악을 내게 가르쳐 주었다. 사람들이 어떻게 사랑하고 어떻게 고통 받는가를 알고는 나는 갈보집에 갈 수가 없었다. 값싼 쾌락에 혐오감이 일었으며 그 대상으로서 고통 받는 사람들에 대해 연민의 정을 느꼈다. 로캉볼은 나에게 어떻게 하면 금욕적이고 환경에 굴하지 않는 사람이 되는가를 가르쳐 주었다. 뒤마의 주인공들은 중요하고 위대한 일에 몸 바치고 싶다는 열망을 불러일으켰다. 내가 가장 좋아하는 주인공은 명랑한 왕 앙리 4세였고, 베랑제의 영예로운 노래는 바로 그를 찬미하는 것으로 여겨졌다.

농부에게 세금을 면제해주고
그 자신은 즐겨 술을 마셨네.
좋아, 모든 백성이 행복하다면
왕이라고 한잔 하지 말란 법이 있는가?

소설에서는 앙리 4세를 백성과 가까운 선량한 사람으로 그렸다. 태양처럼 빛나는 그는 내게 '프랑스는 세상에서 가장 멋진 나라이며, 기사도의 나라이

---

*13 알렉산더 뒤마의 《여왕 마고》에 나오는 주인공들.
*14 1461~83. 프랑스의 왕. 월터 스콧의 《켄틴 더워드》에 나오는 인물(교활한 악당으로 나옴).
*15 발자크의 《외제니 그랑데》에 나오는 주인공.
*16 G.V. 쿠구셰프 백작의 같은 제목의 소설에 나오는 인물. 용감한 기병대이면서 방탕한 지주.

며, 왕의 옷을 입었든 농부의 옷을 입었든 사람은 누구나 고귀하다'는 생각을 심어주었다. 앙주 피투*¹⁷는 달타냥과 같은 그런 기사였다. 나는 앙리 4세가 어떻게 시해되었는지를 읽으며 비통한 눈물을 흘리고 라바이약에 대한 분노로 이를 갈았다. 내가 화부에게 이야기할 때면 앙리 4세는 거의 언제나 중요한 주인공으로 등장했다. 나는 야코프 역시 프랑스와 앙리 왕을 사랑하게 되었을 것이라고 생각하였다.

"앙리 왕은 좋은 사람이었군. 그가 역도들에게 벌을 주었든 아니든 말이야." 야코프가 말했다.

그는 결코 흥분하지 않았고 질문으로 내 이야기를 가로막지도 않았다. 그는 눈을 내리감고 이끼로 뒤덮인 오래된 바위처럼 말없이 표정 없는 얼굴로 듣고만 있었다. 그러나 내가 이야기를 잠시 멈추면 즉시 물어오는 것이었다.

"끝났어?"

"아니요, 아직."

"그럼 멈추지 마!"

그는 프랑스인들에 대해 이야기할 때는 한숨을 내쉬곤 했다.

"그 사람들은 편안한 시절을 살았군!"

"무슨 뜻이에요?"

"아, 너와 나는 화통의 열기 속에서 살아야 하잖아. 우리는 일을 해야 하는데 그들은 편하게 살았어. 그들은 아무 일도 하지 않고 그저 노래하고 돌아다니기만 하고……. 정말 위로가 되는 생활이지!"

"그들도 일을 했어요."

"네 이야기에는 그런 내용이 없던데?" 야코프는 올바른 지적을 했다. 이 말을 듣자 나는 갑자기 내가 읽은 많은 책들은 귀족 주인공들이 어떤 일을 했고 어떤 어려움과 맞부딪쳤는지 전혀 말해주지 않고 있다는 사실을 깨달았다.

"자, 그럼, 난 이제 좀 자야겠어." 야코프는 이렇게 말하고는 앉은 자리에서 등을 기댄 채 곧 평화롭게 코를 골며 잠에 떨어져 버렸다.

카마 강변이 적갈색으로 물들고, 나뭇잎들이 누렇게 변하고, 빗겨가는 햇

---

*17 뒤마의 《여왕 마고》의 주인공.

살이 창백해지는 어느 가을 날, 야코프는 느닷없이 배를 떠났다. 떠나기 전날 그는 내게 말했다.

"모레쯤 우리는 페르미에 닿을 거야. 거기서 목욕탕에 가자. 가서 찜질을 실컷 하고 나서 유쾌한 음악이 나오는 싸구려 주점엘 가는 거야. 나는 악기 연주하는 걸 보는 게 좋거든."

'사라풀랴'에서 여자처럼 연약해 보이는 얼굴의 뚱뚱한 사내가 배에 올랐다. 콧수염과 구레나룻도 없었다. 따뜻해 보이는 긴 외투와 여우 털 귀마개가 달린 큰 모자는 그의 여자같은 외모를 더욱 돋보이게 했다. 그는 곧바로 가장 따뜻한 주방 근처에 자리를 잡고는 차를 주문하고 뜨거운 물을 마시기 시작했다. 외투도 모자도 벗지 않은 채 땀을 흘리면서.

가을 안개가 끊임없이 가랑비를 흩뿌리고 있었다. 빗줄기는 이 사내가 체크무늬 손수건으로 땀을 닦아 낼 때는 느슨해졌다가 다시 땀을 흘리기 시작하면 거세지는 것 같았다.

이내 야코프가 나타나서 그 사내와 함께 지도책 같은 것을 들여다보기 시작했다. 사내가 손가락으로 지도를 가로질러 긋자 야코프는 말했다.

"거기가 어딘데요? 거긴 별 볼 일 없어요. 안 가는 게 좋을 거예요!"

"좋아요." 사내는 자기 무릎 위에 놓인 가죽 주머니에 지도를 집어넣으면서 대답했다. 그들은 조용히 이야기를 나누면서 차를 마시기 시작했다.

야코프가 일을 시작하기 직전에 나는 그 사내가 뭣 하는 사람이냐고 물어보았다. 그는 피식 웃으면서 대답했다.

"그는 비둘기처럼 온화한 사람이 틀림없어. 그런데 거세를 당했다나? 저 멀리 시베리아에서 왔대! 재미있는 사람이야. 합의보는 걸로 살지."

그는 시커먼 구두 뒤축으로 뻥뻥 차듯이 갑판을 울리며 멀어지다가 다시 멈춰 서서 옆구리를 긁으며 말했다.

"나는 그의 일을 해 주기로 했어. 페르미에 도착하면 배에서 내릴 거야. 그럼 너와도 작별이지! 처음에는 기차를 타고 가다가 나중에는 강을 따라 배를 타고 가기도 하고 말을 타고 가기도 할 거야. 한 5주일쯤 걸릴 텐데. 그 사람이 거주지를 갖고 있는 곳에 닿으려면 말이야."

"그 사람, 아는 사람이에요?" 나는 야코프의 갑작스런 결정에 놀라서 물었다.

"알긴 어떻게 알아? 본 적도 없는 걸. 그 사람 집 근처에 산 적도 없어."

다음날 아침, 야코프는 기름 때 묻은 모피 반코트를 걸치고, 맨발에 낡은 샌들을 신고, 다 해져서 테조차 없는 '새끼 곰'의 밀짚모자를 쓴 채 쇠처럼 억센 손으로 내 손을 꼭 잡으며 말했다.

"나하고 같이 갈래, 응? 내가 원한다고 말하면 저 '비둘기'가 너도 데려가 줄 거야. 어때, 말해 줄까? 저들은 네가 별로 필요로 하지 않는 무언가를 가져가고 그 대가로 돈을 줄 거야. 그들에게는 이런 일이 어떤 축제 같은 거지. 그들은 사람을 불구로 만든 데 대해 충분한 대가를 지불할 거야."

그 거세된 사람*18은 흰색 작은 꾸러미를 옆구리에 끼고 뱃머리에 서서 멍한 눈길로 야코프를 응시하고 있었다. 그 눈은 마치 익사한 사람의 그것처럼 음침했으며 통통 부어 있었다. 나는 조그만 목소리로 야코프에게 그 사람을 비난했고, 화부 야코프는 다시 한 번 내 손을 꼭 잡았다.

"나쁜 사람은 아니야. 그냥 기도하는 방법이 서로 다를 뿐이라고. 사람은 누구나 저마다의 기도법이 따로 있으니까 말이지. 자, 그럼 안녕! 행복하게 잘 지내라고!"

야코프 슈모프는 발걸음을 옮길 때마다 곰처럼 좌우로 흔들거리면서 내 가슴에 뭔가 묵직하고 복잡한 감정을 남기고 떠나갔다. 나는 그를 잃게 되어 유감이면서도 한편으론 그에게 화가 나기도 했다. 내 기억으로는 조금 부럽기도 하고 '저렇게 어디로 가는지도 모른 채 떠나가도 되는 걸까?' 하는 걱정에 마음이 편치 않았던 것 같기도 하다.

도대체 야코프 슈모프는 어떤 사람이란 말인가?

12

가을이 깊어 배의 운항이 중지되자 나는 성화를 그리는 화가 밑에서 도제 생활을 하게 되었다. 하루이틀쯤 지나자 술고래인 주인 노파가 블라디미르스키의 억양으로 말했다.

"이젠 낮은 짧고 밤은 길어. 그러니 아침에는 상점에 나가 점원 일을 하고

---

*18 eunuch(skoptsi). 러시아에서 하나의 종파를 이룬다. 좀 더 정확하게 말하면 구 러시아 정교회 분리파 교도로 알려진 분립주의의 일부이다. 그 구성원들은 성적인 순수성을 반드시 지켜야 했으며, 그것을 제대로 지키지 못했을 때에는 불구자로 만들었음.

저녁에나 일을 배우도록 해라!"

그러고는 나를 작고 민첩한 점원 밑에 붙여 주었다. 그는 가면을 쓴 것 같은 얼굴을 한 잘생긴 젊은이였다. 아침이면 나는 그와 함께 싸늘한 새벽 공기 속에서 마을을 똑바로 가로질러 니주니 시장에 있는 일린카 상가로 가야 했다. 그곳의 고스티니 드보르 건물 2층에 상점이 있었다. 이 상점은 본디 창고로 쓰이던 것을 상점으로 개조한 것이었다. 철문이 달린 어두운 곳이었고, 창문이라고는 테라스 쪽으로 난 쇠창살이 쳐진 조그만 창문 하나뿐이었다. 상점에는 그림 상자에 포장된 다양한 크기의 성화들과, 슬라브 어로 된 누런 가죽 장정의 책들이 빽빽하게 들어차 있었다. 우리 가게 옆에는 우리와 마찬가지로 성화와 종교서적들을 파는 또 다른 가게가 있었다. 수염이 새까만 그 가게의 주인은 볼가 강 저편 키르진스키 경계 지역에서는 매우 잘 알려진 상인으로, 구 러시아 정교회 분리파 교도와 친척이라고 했다. 그에게는 야위고 활기찬 아들이 있어서 가게 일을 도왔는데, 그는 늙은이처럼 잿빛을 띤 조그마한 얼굴에 쥐새끼 같이 불안한 눈초리를 가진 녀석이었다.

상점 문을 열고 나면 나는 음식점으로 달려가 뜨거운 물을 가져 와야 했고, 아침식사를 마친 뒤 상점 안을 정리하고 물건에 쌓인 먼지를 털어낸 다음 테라스 쪽으로 나가 고객들이 이웃 상점으로 가지 않도록 지켜야 했다.

"손님들이란 천치들이야." 점원은 강한 어조로 이야기하곤 했다. "값이 싸면 아무데서나 물건을 사거든. 물건 가치에 대해서는 아무것도 모른 채 말이야!"

그는 목조 성상의 표면을 톡톡 치면서 거래에 관한 지식을 뽐내듯이 가르쳐 주었다.

"이건 그럴싸하게 만들어졌지만 싸구려야. 이건 6, 7인치쯤 되는데…… 받침대 없이 그냥 세워도 돼. 그리고 이건 한 11, 12인치쯤 되고…… 마찬가지로 받침대가 필요 없지. 참, 그런데 너 그 성자들의 이름을 아니? 기억하도록 해. 보니파티는 폭음으로부터 지켜주는 분이고, 순교자 바르바라는 치통을 앓는 환자나 뜻하지 않게 죽음을 당한 이들을 돌보고, 성 바실리는 열병으로부터 지켜주시는 분이야. 성모 마리아에 대해서는 다 알고 있어? 자, 봐! 여기에 〈눈물의 성모〉가 있고 가장 유명한 〈아발라스카야의 성모〉가 있고…… 〈나를 위해 울지 마라〉, 〈나의 슬픔을 달래 주오〉, 〈카잔의 성모〉, 〈포크로바의 성모〉…… 그리고 〈성모의 일곱 가지 슬픔〉이 있고…….”

나는 곧 크기와 작품 수준에 따른 성화 값을 기억했고, 성모상의 차이점들을 구별하는 법을 배웠으나, 여러 성자들의 의미를 기억하는 일은 쉽지 않았다.

나는 상점 문 옆에 서서 뭔가 골똘히 생각에 빠져 있곤 했는데, 그럴 때면 점원은 갑자기 나의 지식을 시험하곤 했다.

“난산을 돌보는 성자가 누구지?”

내가 실수라도 하면 그는 깔보듯이 내뱉곤 했다.

“머리통은 뭣 하러 달고 다니냐, 응?”

그러나 무엇보다 어려운 일은 손님을 끌기 위해 광고하는 일이었다. 꺼림칙하게 채색된 성화가 마음에 들지 않는 데다 그걸 파는 것이 어색했기 때문이다. 외할머니의 이야기를 들으며 나는 잡지에 나오는 것처럼 젊고 아름답고 선량한 모습의 성모 마리아를 상상했었다. 그러나 가게에서 파는 성화 속의 성모 마리아는 늙고 엄격해 보이는 얼굴에 길고 굽은 코를 하고 있었다.

장이 열리는 수요일과 금요일에는 매매가 단연 활기를 띠었다. 농사꾼이나 노파들, 때로는 가족 전체가 테라스에 나타나곤 했다. 그들 대부분은 자볼쟈 출신의 의식주의자들로, 사람을 잘 믿지 않는 산사람들이었다. 그들은 집에서 만든 두꺼운 양가죽 옷을 입고 느릿느릿 거의 수줍은 태도로 가게 앞을 서성였는데, 나는 그들에게 다가가 말을 건네는 것이 어색하고 수줍었다. 한번은 대단한 용기를 내어 어떤 사람의 길을 가로막고 무거운 장화를 신은 그의 발길을 돌려세우며 모기만 한 소리로 우물거렸다.

“뭘 찾으세요, 선생님? 해설이 붙어 있는 시편이나 예프렘 시린의 책들도 있고, 키릴로프의 교회법이나 기도서도 있어요…… 한번 와서 구경이나 하세요. 성화도 원하시는 건 모두 있을 거예요. 가격도 여러 가지예요. 아주 잘 만든 것들이에요. 색깔도 선명하게 잘 나왔어요. 주문하시는 대로 그려드리기도 해요. 생일이나 가족 선물로 주문하시려고요? 이 집이 러시아에서 최고예요! 이 도시에서 최고 물건들이 여기 다 있어요!”

냉담하고 속을 알 수 없는 손님은 한동안 나를 물끄러미 쳐다보다가 갑자기 나무토막 같은 팔로 나를 밀어제치고는 옆집으로 들어가 버렸다. 그러자 점원 녀석이 큰 귀를 움찔거리며 화가 나서 소리쳤다.

“손님을 놓쳤잖아. 너 장사 참 잘하는구나, 응!”

이웃 상점에서 사람을 홀릴 듯한 부드럽고 달콤한 목소리가 들려왔다.

"형제님, 우리는 모피나 장화를 파는 것이 아니라 금은보화보다 고귀한 신의 은총을 팝니다. 사실 어떤 값을 주고도 살 수 없는 것이지만요……."

"제기랄……!" 점원은 부러워하는 한편 분노로 정신이 나가서 속삭였다. "촌놈들 눈앞에서 망신이라니! 좀 배워라, 배워!"

나는 성실하게 도제수업을 받았다. 모름지기 해야 할 일은 잘해야 되기 때문이었다. 그러나 나는 손님을 상점에 끌어들이는 일에도 성화 따위를 파는 일에도 여전히 서툴렀다. 말이 없는 음침한 농사꾼들과 생쥐처럼 생긴 노파들은 늘 무엇엔가 겁을 집어먹은 듯 고개를 떨구고 다녔고, 그런 그들에게 나는 연민의 정을 느꼈다. 그래서 나는 그들에게 성화의 실제 가격을 몰래 알려주었다.

그들은 종교서적이나 성화에 대한 놀랄 만한 지식을 가지고 있었다. 한번은 머리가 희끗희끗한 노인을 가게로 끌어들이려는데 그가 이렇게 말하는 것이었다.

"이 집에서 파는 성화가 러시아에서 최고라는 것은 아마 사실이 아닐 것이오. 가장 훌륭한 성화라면…… 모스크바에 있는 로고진의 가게에 있죠."

나는 당황해서 그가 지나가도록 한쪽으로 비켜섰다. 그러자 그는 옆 가게에는 들어가보지도 않고 다른 상점으로 가버렸다.

"그 손님 가버렸어?" 점원이 나를 닦달했다.

"왜 나한테 로고진의 작업실에 대해 말해 주지 않았죠?"

그러자 그는 마구 욕을 퍼붓기 시작했다.

"저주받을 사기꾼 녀석들! 빈둥거리고 돌아다니기만 하면서 세상의 모든 일을 다 알고 있다고 착각한단 말이야. 망할 자식들!"

그는 잘생긴데다 통통하고 오만하였으며 농부들을 몹시 싫어했다. 기분이 나쁠 때면 그는 내게 불평을 늘어놓았다.

"나는 똑똑하다고! 나는 청결함과 향수나 오데코롱 같은 멋진 향기를 좋아해. 그런 내가 5코페이카를 벌기 위해 농사꾼들한테 굽실거려야 하겠어? 그게 옳다고 생각해? 농사꾼들이 어떤 놈들인데, 악취 나는 헝겊 꾸러미에 불과한 놈들이지!"

그는 잔뜩 골이 난 채 입을 다물었다.

하지만 나는 농부들이 마음에 들었다. 그들에겐 뭔가 야코프를 연상시키는 신비스러운 데가 있었다.

어느 날 비루해 보이는 모습의 남자가 상점에 들어왔다. 반코트*19에 누더기 모자를 걸치고 있었다. 그는 털이 덥수룩한 모자를 벗어들고 성상 앞 램프가 반짝이는 구석을 바라보면서 두 손가락으로 성호를 그었다. 그는 불경스럽게 제작된 성상에 눈을 두지 않으려고 애쓰면서 한동안 말없이 있다가 상점 안을 휘 둘러보고는 말했다.

"해설이 있는 시편을 주시오!"

그는 소매를 걷어 올린 다음 어설픈 동작으로 시편들을 읽어 넘겼다.

"더 오래된 건 없나요?"

"오래된 건 아시다시피 수천 루블을 호가하는데요⋯⋯."

"예, 잘 압니다."

농부는 손가락에 침을 묻혀가며 책장을 넘겼다. 책장에 검은 손자국이 남았다. 점원이 악의에 찬 표정으로 그의 뒤통수를 노려보며 말했다.

"모든 성경은 똑같이 오래된 것이죠. 하느님은 자신의 말씀을 바꾸시지 않거든요."

"예, 그렇죠. 나도 그렇게 들었습니다. 하느님은 말씀을 바꾸지 않지만 러시아 정교회 총주교는 바꾸었지요."

손님은 책을 덮고서 말없이 나가버렸다.

이처럼 가끔 숲속에서 사는 농부들과 점원 사이에 논쟁이 벌어지기도 했지만 농부들이 점원보다 성경 지식이 많다는 것은 분명했다.

"이교도 놈들!" 점원이 투덜댔다.

나는 농부들이 새 책을 좋아하지 않으면서도 그 책에 대해 경외심을 가지고 바라보며 매우 신중하게, 마치 새처럼 손에서 날아가기라도 할까봐 조심조심 다룬다는 것을 알았다. 농부들이 이처럼 책을 소중하게 다루는 것은 매

---

*19 chapan (or caftan). 보통 겨울철에 남자들이 옷 위에 걸쳐 입는 코트를 말함. 이런 옷을 입은 사람들을 니코니테라고 부르며 니코니테는 모스크바의 총대주교인 니콘(Nikon)을 따르는 사람들을 일컫는다. 총대주교는 표트르 대제가 모스크바의 총대주교직을 압제하려는데 반대하고 구식 가부장제 교회 수준의 국교회를 세웠다. 그들은 러시아 정교회 분립교도라 불렸다. 이들이 또 여러 개의 이상한 분립파로 나뉘어서 총대주교직 압제 전후에 있다가 대부분 정교회를 계속 이어왔다.

우 보기 좋았다. 나에게 책이란 하나의 기적이었기 때문이다. 그 속에는 작가의 영혼이 담겨 있고 책을 펼치면 내 영혼은 자유로워졌으며, 책은 비밀스럽게 내게 대화를 걸어왔다.

종종 노인네들이 교회분열 이전 시대에 발행된 고서나 그 필사본들을 팔러왔다. 이런 책들은 대개 이르기즈나 케르제네츠의 수도사들이 아름답게 만든 멋진 것들이었다. 드미트리 로스톱스키[20]가 수정하지 않은 기도서나 고대 문자가 기록된 성상들, 시골에서 주조하여 만든 십자가라든지 모스크바의 여러 백작 가문에서 군인들에게 기념품으로 준 은제 성체스푼 같은 것들을 가져왔다. 그들이 지하실에 쌓아 놓은 소장품들에서 가져 오는 모든 물건은 아주 은밀하게 거래되었다.

우리 가게와 이웃 가게는 이런 손님들을 가로채려고 서로 눈에 불을 켜고 있었다. 몇 루블이나 몇 십 루블에 이 골동품들을 사서는 부유한 구교도들에게 수백 루블에 팔아넘기는 짭짤한 장사를 할 수 있었기 때문이다.

"저런 손님을 잘 잡아야 돼! 두 눈을 크게 뜨고 잘 보라고! 저런 손님들은 횡재를 안겨줄 테니."

그런 판매자가 나타나면 점원은 나를 평가사 표트르 바실리이치에게 보냈다. 그는 고서 감정이나 모든 골동품에 밝은 구교 신학자였다.

그는 성 바실리처럼 수염을 기른 데다 낯빛이 밝고 눈빛이 지혜로워 보이는 키가 큰 노인이었다. 한쪽 다리의 힘줄이 잘려나가 다리를 절었기 때문에 늘 긴 지팡이를 짚고 다녔다. 그는 여름이나 겨울이나 사제복 같이 생긴 얇고 가벼운 옷차림에 냄비처럼 생긴 이상한 벨벳 모자를 쓰고 있었다. 평소에는 등이 꼿꼿하고 활달하지만 가게에 들어오면 어깨를 축 늘어뜨리고 등을 굽힌 채 가벼운 한숨을 부드럽게 내쉬고는 두 손가락으로 성호를 그으며 기도문이나 시편을 암송하곤 했다.

이러한 경건함과 지긋한 나이가 손님들에게 평가에 대한 신뢰감을 불러일으키는 것이었다.

"무슨 일입니까? 뭐가 잘못됐나요?" 노인이 점잖게 물었다.

"누가 성상을 팔려고 가지고 왔는데요. 스트로가놉스키 성자상이라는군

---

* 20 Dmity Rostovski. 성직자이자 저술가. 종교분열에 반대했으나 구교는 그의 개정된 규범들에 반대했다.

요."

"누구라고요?"

"스트로가놉스키요!"

"아하…… 귀가 잘 안 들려서…… 니콘주의자들의 더러운 말을 듣지 말라고 주께서 내 귀를 막아버렸군."

그는 모자를 벗고 성상을 눈높이까지 들어 올려 앞뒤에 새겨진 문자를 자세히 살피고 나무의 옹이들을 조사하고서 눈을 깜박이며 중얼거렸다.

"우리가 골동품을 좋아한다는 걸 아는 불경한 니코니테들이 악마에게 사로잡혀 교활한 사기를 치려 드는군. 요즘에는 성상을 만들기가 쉬워. 오, 아주 쉽지! 언뜻 보면 스트로가놉스키 같기도 하고 우스튜시스키나 수즈달 같기도 하지만 자세히 뜯어보면 죄다 엉터리거든!"

그가 '엉터리'라고 말하면 '이 성상은 값나가는 희귀품들이야'라는 뜻이었다. 그는 미리 약속된 표현들을 사용하여 성상이나 책에 얼마나 값을 매길 것인지를 점원에게 알려주는 것이었다. '우울'이라는 단어와 '고통'이라는 단어는 10루블을 의미했고 '니코니테, 호랑이 같은 니콘의 검은 아이들'이란 말이 들어가면 25루블을 의미했다. 손님을 속여 먹는 것을 바라보면 안쓰러운 생각도 들었지만, 구교도 선생의 교활한 수법이 나를 매료시키기도 했다.

"니콘 추종자나 호랑이 같은 니콘의 사생아들은 무슨 짓이든 하지. 악마에 씌었으니까. 자, 이건 얼핏 진품인 것 같고 옷 색깔의 칠도 한 사람이 한 것 같지만, 자, 잘들 보라고…… 자세히 보면 한 사람의 솜씨가 아니야! 시몬 우샤코프 같은 이교도도 자기 혼자 도안을 그리고, 형을 뜨고, 물감을 만들고, 색을 칠했지. 그런데 지금은 더러운 이교도 놈들이 그러질 않는단 말이야! 예전엔 성상 작업이 성스러운 일이었는데 이젠 그저 단순한 기술에지나지 않아. 오, 주여!"

마침내 그는 성상을 조심스럽게 탁자 위에 내려놓고 모자를 쓰면서 말했다.

"죄악이야." 이것은 '사라'라는 뜻이었다.

쉬지 않고 쏟아내는 달콤한 말들에 압도되고 노인장의 지식에 감탄을 금치 못한 손님이 경외의 눈으로 물었다.

"그럼, 선생님은 이것을 어떻게 생각하시나요?"

"이 성상 말이오? 이건 니콘파 추종자들이 만든 것입니다."

"그럴 리가 없어요! 우리 할아버지와 증조할아버지도 여기에다 기도를 했는데요."

"니콘은 당신 할아버지보다 더 이전 사람입니다."

노인장은 성상을 들어 팔러 온 손님의 얼굴에 들이대며 엄숙하게 말했다.

"자, 보시오. 얼마나 즐거운 인상인가! 이걸 성상이랄 수 있소? 이것은 눈 먼 사람도 만들 만한 평범한 것이오. 니콘파들이 장난을 친 것에 불과합니다. 여기엔 영혼이 담겨 있지 않아요! 내가 거짓말을 한다고 생각하시오? 여보시오, 나는 이미 늙은 몸이오. 진리만을 쫓는 사람이올시다. 이제 곧 주님 앞에 서게 될 텐데 내가 왜 거짓말을 하겠소? 나는 부당하게 행동해서 얻을 게 아무것도 없소."

나이든 그는 피곤한 기색을 보이며, 자신의 감정에 대한 불신에 매우 못마땅하다는 듯 테라스 쪽으로 나갔다. 점원은 몇 루블을 집어주고 성화를 샀고 파는 손님은 표트르 바실리이치에게 깊숙이 절하고는 가버리는 것이었다. 그들은 내게 식당에 가서 뜨거운 찻물을 떠오라고 했다. 내가 돌아와 보니 이 노인네는 기분이 좋아져서 그 매수한 물건을 사랑스럽게 바라보고 매만지며 점원에게 이야기하고 있었다.

"보라고. 이 성상은 아주 세심하게 만들어진 물건이야. 색도 아주 경건한 마음으로 섬세하게 입힌 걸세. 신에 대한 경외심이 담겨 있지. 인간적인 느낌은 조금도 들어 있지 않아."

"누가 만든 건데요?" 점원이 몹시 기뻐하며 물었다.

"아직 그런 것까지는 몰라도 되네."

"전문가라면 얼마나 쳐 줄까요?"

"알 수 없지. 이리 줘 봐. 내가 한번 가져가서 알아볼 테니."

"오우, 표트르 바실리이치!"

"내가 만일 판다면 자네에게 50루블을 주도록 하지. 남는 것은 내 거야!"

"와우!"

"너무 감탄하지 마!"

그들은 모의라도 하듯 두 눈을 번뜩이며 서로를 바라보고 아옹다옹하면서 흥정을 하고 차를 마셨다. 점원이 노인네의 손 안에서 놀고 있음은 분명했다. 노인이 가고 나면 그는 내게 이렇게 말할 것이었다.

"인마, 주인 할망구한테 이런 얘긴 나불거리지 마!"

홍정이 끝나자 점원이 노인에게 물어보았다.

"시내에 뭐 새로운 소식 없어요, 표트르 바실리이치?"

노인은 누런 손으로 턱수염을 쓰다듬고 번들번들한 입술을 닦으며 부자 상인들의 인생 이야기를 했다. 그들이 장사에 성공한 이야기와 질펀하게 술 마신 이야기, 누가 아프고 누가 결혼했고 누구 아내와 누구 남편이 불륜을 저질렀다는 이야기들을 늘어놓았다. 그는 이런 너저분한 이야기들을 마치 요리사가 요리를 하듯이 빠르고 익숙하게 술술 엮어댔다. 그의 쉬쉬거리는 웃음 또한 좋은 양념거리였다. 그러면 점원의 둥근 얼굴이 선망과 환희로 상기되는 것이었다. 그의 눈은 그가 불평하듯 말할 때면 몽상에 잠긴 듯이 초점이 흐려지곤 했다. 그는 다 듣고 난 뒤 한숨을 쉬며 불평했다.

"다른 사람들은 멋지게들 살아가는군요! 그런데 나는 이게 뭐야."

"사람은 다 정해진 운명이 있는 거야." 노인의 굵고 낮은 목소리가 울려퍼졌다. "어떤 사람은 천사가 은 방망이로 뚝딱해서 만들고 어떤 사람은 악마가 도끼 밑동으로 만들었으니까."

이 건장한 노인장은 도시 생활이나 상인들과 관리들, 사제들, 시민들의 비밀에 대해서 모르는 것이 없었다. 그의 눈빛은 먹잇감이 된 새처럼 날카롭게 빛났다. 그에게는 늑대나 여우 같은 면도 있었다. 나는 언제나 그를 화나게 해보려고 했지만, 그럴 때마다 그는 마치 안개에 싸인 것처럼 멀리서 나를 바라보기만 했다. 그는 끝없는 공간으로 둘러싸인 사람처럼 보였다. 누군가가 그에게 다가가려 하다가는 깊은 나락으로 떨어져버릴 것 같은 느낌이었다. 나는 그에게서 야코프 슈모프와 비슷한 인상을 받곤 하였다. 점원 역시 그의 지혜에 탄복하면서도 나처럼 그의 신경을 건드려 화나게 해 보고 싶어 할 때가 있었다.

"당신은 대단한 사기꾼이에요." 점원이 갑자기 이렇게 말하면서 노인의 얼굴을 쏘아보면, 노인은 게으른 미소를 지으며 응수하는 것이었다.

"속이지 않고 사는 것은 신뿐이야. 아, 우리는 바보들 때문에 살 수 있지. 그래, 바보들을 만나서 속여먹지 않을 수 있나? 안 그러면 바보들은 어디 쓸 데가 없잖나."

이렇게 되면 점원이 오히려 끓어올랐다.

"농부들이 죄다 바보는 아니잖아요! 상인들도 농사꾼 출신이 많아요!"

"상인들에 대해 이야기하는 게 아니잖나. 바보들은 악당처럼 살지 않아. 바보들은 성자 같다고. 두뇌가 잠들어 있는……."

노인은 점점 더 느릿느릿 말을 했고, 그럴수록 사람을 흥분하게 만들었다. 마치 그는 작은 언덕바지에 앉아 있고 그 주위에는 해자가 둘러쳐져 있는 것 같았다. 그를 화나게 만드는 것은 불가능했다. 그는 신경이 아주 무디거나 아니면 분노를 성공적으로 숨기는 뛰어난 능력을 가지고 있는 듯했다.

그러나 그는 이따금 내게 논쟁을 걸어오기도 했다. 내게로 곧장 다가와서는 싱긋 웃으면서 이렇게 물어보는 것이었다.

"프랑스 작가 중에 포노스라고 있지?"*21

나는 이름을 이렇게 엉망으로 만드는 바보 같은 짓에 화가 났지만 마음을 진정시키고 대답했다.

"퐁송 뒤 테라유잖아요."

"그를 어디에서 잃어버렸다고?"*22

"어리석게 굴지 말아요, 어린애도 아닌데."

"그건 그렇지. 어린애는 아니지. 그런데 지금 읽고 있는 게 뭐지?"

"예프렘 시린의 책이요."

"그럼 누가 글을 가장 잘 쓰는 것 같으냐? 예프렘 시린이냐 아니면 외국 작가들이냐?"

나는 대답하지 않았다.

"외국 작가들은 뭐에 대해서 가장 많이 써대니?"

그가 계속해서 물었다.

"살아가면서 일어나는 일들은 뭐든 쓰죠."

"말하자면 개나 말에 대해서도…… 살아가면서 접하는 것은 무엇이든지요."

점원이 깔깔대며 웃었고 나는 머리끝까지 화가 치밀었다. 분위기가 몹시 견디기 힘들고 불쾌했다. 그러나 내가 밖으로 나가려 하면 으레 점원 녀석이

＊21 러시아어로 '설사'를 뜻함.

＊22 러시아어로 '테랴트(TepЯTЬ)'는 '잃어버리다'는 뜻을 지닌 동사. 여기서는 '테라유'를 패러디 하고 있음.

붙들어 세우는 것이었다.

"어딜 가는 거야?"

그러면 그 노인네는 한 번 더 나를 시험하려 들었다.

"자, 자, 너는 배운 사람이니까 이 문제를 맞춰 봐. 네 앞에 일천 명의 벌 거벗은 사람들이 있는데 오백 명은 남자고 오백 명은 여자야. 그 중에 아담 과 이브가 있어. 아담과 이브를 어떻게 찾아낼 테야?"

그는 집요하게 나에게 물어대더니 결국 이겼다는 듯이 설명했다.

"이런 멍청이. 아담과 이브는 엄마 뱃속에서 나온 게 아니라 창조되었던 말이야. 그러니까 그들한테는 배꼽이 없다는 걸 몰라?"

이 노인은 이런 '문제'를 수없이 많이 알고 있었다. 그는 그 문제들로 나 를 지치게 하곤 했다.

상점에 처음 고용되었을 때 나는 점원에게 내가 읽은 책들의 내용을 이야 기해주곤 했다. 그러나 지금 그 이야기들은 나를 골려주는 데 역이용되고 있 었다. 점원은 이야기를 교묘하게 덧붙이거나 왜곡하여 표트르 바실리이치에 게 전해 주었다. 그가 음탕한 질문들을 던지면 노인은 익숙하게 맞장구치곤 했다. 그들의 교활한 혓바닥이 《외제니 그랑데》나 《류드밀라》, 《앙리 4세》에 대해 외설스러운 말들을 툭툭 던져댔다.

그들이 악의를 가지고 그러는 것이 아니라 단지 심심풀이가 필요했다는 것을 알고 있었지만 참고 있기가 쉽지 않았다. 그들은 아름답고 신비로운 것 들을 이해하지 못한 채 그들에게 희극적으로 비친 부분들을 더럽히며 돼지 처럼 지저분한 것들에 코를 박고 꿀꿀거리면서 즐거워했다.

상가의 상인들은 점원이고 주인이고 할 것 없이 모두가 이상한 방식으로 살아갔다. 마치 어린아이들처럼 어리석고 유치한 장난을 일삼았던 것이다. 지나가는 농부가 길을 물으면 그들은 엉뚱한 길을 가르쳐 주곤 했는데, 그런 일은 늘 일어났기 때문에 색다른 즐거움도 되지 못했다. 때로는 쥐를 두 마 리 잡아 그 꼬리를 서로 묶어 놓고는 쥐들이 달아나려고 서로 다른 방향으로 잡아끌고 물어뜯는 모습을 보며 좋아하기도 했고, 쥐를 잡아 석유를 붓고 불 을 질러보기도 했다. 또는 개의 꼬리에다 깨진 쇠 양동이를 매달아 놓고 개 가 공포에 사로잡혀 사납게 짖어대는 꼴을 보면서 즐겁다고 깔깔대곤 했다.

이것 말고도 다른 많은 장난들이 있었다. 상인들은 특히 시골 농부들을 우스갯거리로 삼았다. 그들은 다른 사람들을 웃음거리로 만들고 고통스럽고 불편하게 만들고 싶어 안달하는 인간들이었다. 내가 이제껏 읽은 책에 사람들이 서로를 조롱하고 싶어 하는 이 같은 끈질긴 욕망에 대해 쓰여 있는 바가 없었다는 점이 오히려 이상할 정도였다.

이 상가에서 벌어지는 오락들 중에서 특히 내게 혐오감을 불러일으키는 것이 있었다.

우리 가게 아래에 모직 옷감이나 가죽구두 따위를 파는 가게가 있었다. 그곳 점원은 대식가로, 온 니주니 시장에 유명한 인물이었다. 그의 주인은 마치 개의 사나움이나 말의 힘을 자랑하듯이 점원의 이런 점을 자랑하곤 했다. 그의 주인은 곧잘 이웃 상점 상인들과 내기를 걸곤 했다.

"누가 10루블을 걸겠어? 나는 미시카가 두 시간 동안 돼지고기 10파운드를 먹을 수 있다는 데 걸겠어."

그러나 모두들 미시카라면 충분히 그럴 만하다는 걸 알고 있어서 그들은 말했다.

"내기는 안 하겠어. 하지만 고기는 사지. 그에게 먹이고, 지켜보겠어!'

"순전히 고기만일세, 뼈는 빼고."

그들이 잠시 입씨름을 하는 동안 어두컴컴한 창고에서 가녀린 얼굴에 광대뼈가 튀어나오고 눈이 움푹 들어간 소년이 기어나왔다. 길고 두툼한 외투에 붉은 허리띠를 매고 온통 양모직 실밥을 뒤집어 쓴 모습이었다. 그는 매우 정중하게 작은 머리에 쓴 모자를 벗고, 멍한 표정으로 자줏빛 혈기가 퍼져 있는 주인의 둥그런 얼굴을 바라보았다. 주인은 굵고 거친 목소리로 말했다.

"돼지고기 10파운드는 거뜬하겠지?"

"얼마 동안에요?" 미시카는 가는 목소리의 사무적인 말투로 물었다.

"두 시간 동안에!"

"그건 힘들어요."

"그게 뭐가 힘들어?"

"그럼 맥주도 같이 주세요."

"좋아, 하는 거다." 주인은 자랑스러운 듯이 말했다. "애가 굶고 있었다고 생각하실지도 모르겠지만, 절대 그렇진 않아요. 아침에 2파운드나 되는 빵을 먹어치웠고 점심도 제때 먹었거든요."

돼지고기가 들어오고 구경꾼들이 자리를 잡았다. 상인들은 모두가 두꺼운 털 코트로 단단히 몸을 감싸고 있어 엄청나게 비대해 보였다. 그들은 배불뚝이들이었지만 한결같이 눈이 작았고 또 몇몇 사람에게는 지방 덩어리가 뭉친 뾰루지가 나 있었다. 걷잡을 수 없는 지루한 감정이 그들 모두를 짓누르고 있었다. 그들은 팔짱을 끼고 그 대식가 주위에 빙 둘러서서 그가 나이프와 보리빵 한 덩이를 갖추는 것을 바라보았다. 대식가는 정성스럽게 성호를 긋고 모직 가방 위에 걸터앉은 다음 고기를 옆 상자 위에 올려놓고 멍청해 뵈는 눈으로 가늠해 보았다. 그런 다음 빵을 얇게 썰고 고기 한 덩어리를 잘라서 정성스럽게 샌드위치를 만들어 두 손으로 입안에 밀어 넣었다. 그의 입술이 가볍게 떨리고 혓바닥이 개의 긴 혀처럼 날름대면서 입술을 핥자 작고 날카로운 이가 드러났다. 그는 개와 같은 동작으로 코를 다시 고기 위로 기울였다.

"시작했어!"

"시간 잘 봐!"

모든 시선이 대식가의 얼굴에 집중되었다. 규칙적으로 오르내리는 그의 턱을 바라보면서 모두들 한 마디씩 했다.

"정말 곰처럼 깔끔하게 먹어치우는군."

"곰이 먹는 걸 보기나 했나?"

"내가 산사람이야? 이럴 땐 그냥 그렇게 말하는 거야."

"돼지처럼 먹는다고 해야지."

"돼지가 돼지고기를 어떻게 먹어?"

그들이 그렇게 시시덕거리는데 누군가가 또 한 마디 거들었다.

"돼지는 뭐든 처먹잖나. 형제든 자매든 가리지 않고 말이야."

대식가의 얼굴이 점점 빨개졌다. 귀는 푸릇한 빛을 띠었고, 튀어 나온 눈알은 금방이라도 빠져버릴 것만 같았다. 힘들게 숨을 몰아쉬면서도 그의 턱은 여전히 규칙적으로 오르내렸다.

"힘 내! 미시카, 아직 시간이 있어!" 사람들이 그를 격려했다.

그는 걱정스럽게 남은 고기를 눈으로 가늠해 보고는 맥주를 한 모금 마신 다음 계속해서 우적우적 먹기 시작했다. 분위기는 점점 고조되었다. 사람들은 주인 손에 들린 시계를 좀 더 자주 쳐다보면서 이런저런 이야기들을 해댔다.

"시곗바늘을 뒤로 돌려놓은 것 같지 않아? 시계를 달라고 해!"

"미시카가 소매 속에 고기를 숨기는지 잘 감시해!"

"시간 내에 못 먹겠는 걸."

미시카의 주인이 소리쳤다.

"난 네게 25루블을 걸겠어! 미시카, 포기하지 마!"

모여 선 사람들은 주인이 졌다고 소리치기 시작했지만 내기를 거는 사람은 아무도 없었다.

미시카는 먹고 또 먹었다. 그의 얼굴은 그대로 돼지고기가 된 것 같았고, 코에서는 비참한 신음소리가 새어나왔다. 나는 그런 모습을 바라보며 공포에 휩싸였다. 그는 마구 비명을 지르려 하는 것 같았다. '오, 자비로운 신이여, 제발 살려주세요' 하고 말이다.

드디어 그가 다 먹어치웠다. 그는 게슴츠레한 눈을 크게 뜨고서 쉰 목소리로 말했다.

"가서 좀 잘게요."

그의 주인은 시계를 들여다보고 화가 나서 소리쳤다.

"늦었잖아, 4분이나 늦었어! 이 녀석아!"

구경꾼들이 그를 놀려댔다.

"내기를 걸지 않은 게 유감이군. 그랬다면 자네 돈을 땄을 텐데."

"하지만 그놈, 참 짐승 같은 놈이야!"

"맞아, 서커스단에 보내야 돼."

"하느님이 별종을 만드셨으니까."

"차나 한 잔 하러 가세."

그러고서 그들은 주점으로 몰려갔다.

나는 이 강철 같은 심장을 가진 사람들이 왜 그 불행한 소년을 둘러싸고 그가 병적으로 많이 먹는 것을 보며 즐거워하는지 알고 싶었다. 답답하고 어두컴컴한 그 가게 안에는 양모 옷감과 양가죽, 대마, 밧줄, 펠트, 가죽장화, 마구 등이 빽빽하게 쌓여 있었다. 벽돌 기둥이 가게와 인도를 구분짓고 있었다. 조악하고 두껍기만한 그 기둥은 흙탕물이 튀고 비바람에 깎여나가 영 볼품이 없었다. 나는 그 기둥의 벽돌 하나하나와 벽돌 사이의 틈새, 회반죽이 떨어져 나가 생긴 구멍들을 마음속으로 수천 번은 헤아려 보았을 것이다. 그것은 몹시도 추한 모습으로 오래도록 나의 기억 속에 남아 있었다.

사람들은 포도를 따라 어슬렁거렸고, 물건을 실은 마차나 썰매들도 느릿느릿 거리를 지나다녔다. 거리 뒤편에는 빨간 벽돌로 지은 2층 상가 건물로 둘러싸여 있었는데 이곳은 상자나 짚단, 찢어진 포장지, 진흙과 더럽혀진 눈으로 뒤덮여 있었다.

사람들과 말들을 포함한 이 모든 것은 움직이고 있는데도 불구하고 움직이지 않는 것처럼 보이거나, 어떤 보이지 않는 사슬에 매여 한 자리를 빙글빙글 맴도는 것처럼 보였다. 나는 갑자기 이것은 소리 없는 삶, 소리가 거의 안 들리는 침묵의 삶이라는 생각이 들었다. 썰매를 타고 가는 사람들이 소리를 질러대고, 상점 문들이 쾅쾅 여닫히고, 고기만두와 차를 파는 아주머니들의 호객하는 소리가 울렸지만, 그러한 소리들은 모두 마지못해 내는 것처럼 불행하게 들렸다. 사람들은 이런 소리들에 금세 익숙해져서 더 이상 신경을 쓰지 않게 되었다.

교회의 종소리가 죽음을 알리듯 음울하게 울려 퍼졌다. 이 음울한 종소리는 오랫동안 내 귓가에 맴돌았다. 그것은 아침부터 저녁까지 쉬지 않고 시장 위로 울려 퍼지는 것 같았으며, 내 모든 생각과 감정에 섞여들었다.

지루하고 차가운 권태는 모든 곳에서 숨 쉬고 있었다. 진흙과 범벅이 된 눈으로 뒤덮인 대지에서도, 지붕 위의 잿빛 잔설에서도, 선지 빛 건물의 벽돌들에서도 권태와 냉기가 숨쉬고 있었다. 짙은 회색 연기를 내뿜는 굴뚝에서도 권태가 낮고 텅 빈 하늘로 피어오르고 있었다. 말들은 땀에 젖어 있었고 사람들은 한숨을 쉬었다. 상가 사람들은 독특한 냄새를 풍겼다. 그것은 숨막힐 듯 칙칙한 땀 냄새와 기름내, 아마인유, 피로그,*23 연기 냄새가 뒤섞인 답답하고 독한 냄새였다. 이 냄새는 꼭 끼는 답답한 모자를 쓰고 있을 때처럼 머리를 지끈거리게 만들고, 가슴 속에 스며들어 이상한 도취상태에 빠지게 했으며, 눈을 질끈 감고 비명을 지르며 어디론가 달아나 처음 만나는 담벼락에 머리를 받아버리고 싶은 충동에 빠지게 했다.

나는 영양과다로 기름기가 줄줄 흐르는 상인들의 얼굴을 뚫어지게 쳐다보았다. 그들의 얼굴은 추위에 얼어 있었고 흡사 잠이 든 것처럼 움직임이 없

---

*23 러시아식 고기만두.

었다. 그들은 마치 육지에 내던져진 물고기처럼 쉬지 않고 입을 벌리며 하품을 해댔다.

겨울에는 거리가 활발하지 않아서 그나마 여름 한 철 그들의 얼굴을 밝고 생기 있게 해주는 긴장된 탐욕의 번뜩임마저 찾아볼 수 없었다. 움직임을 둔하게 하는 무거운 외투가 사람들을 자꾸 땅 밑으로 짓누르는 것 같았다. 그들은 보통 게으르게 느릿느릿 말했으며 단지 살아 있다는 것을 서로 확인하기 위해서 화를 내고 싸우는 것 같았다.

권태가 서서히 사람들을 죽여가고 있는 게 분명했다. 사람들이 다른 사람들에게 잔인한 장난을 치고 재미있어 하는 것도 그 때문일 것이다.

때때로 나는 이 점에 대해 표트르 바실리이치와 얘기를 나누었다. 보통 그는 나에 대해 놀리는 듯한 태도를 취하곤 했지만 나의 책에 대한 애정만큼은 높이 사 주었다. 그래서 그는 때때로 교훈적이고 진지한 이야기를 들려주었다.

"저는 상인들이 살아가는 방법이 도대체 마음에 들지 않아요" 하고 내가 말하면 그는 긴 손가락으로 수염을 쓰다듬으며 이렇게 말하는 것이었다.

"그들이 어떻게 살아가고 있는지 네가 어떻게 아니? 네가 그들 집에 자주 가 보기라도 했단 말이냐? 여기는 말이다, 그냥 거리야. 사람들이 거리에서 사는 것은 아니잖아. 그들은 사고 팔고 장사를 할 뿐이고, 가능한 빨리 끝낸 다음에는 다시 집으로 돌아가지! 사람들은 거리에서는 옷을 입고 있어. 옷 속에 어떤 모습의 인간이 있는지는 알 수 없는 거야. 사람들의 진정한 모습은 제 집에서, 자기 집 담벼락 안에서 볼 수 있어. 거기서 그들이 어떻게 살아가고 있는지는 아무도 모르지!"

"그래요, 하지만 사람들 생각은 하나잖아요. 여기서나 집에서나 같은 것 아니에요?"

"그래, 하지만 바로 옆 사람이 어떤 생각을 가지고 있는지 누가 알겠니?" 그 늙은 감정사는 둥그런 눈을 더욱 크게 뜨면서 깊고 굵은 목소리로 말했다.

"생각이란 머릿니 같아서 수를 헤아릴 수가 없는 거야. 어떤 사람은 집에 돌아가 무릎 꿇고 울면서 기도할지도 모르지. '용서하십시오, 주여. 당신께서 주신 성스러운 하루를 오늘도 죄로써 보냈습니다!' 하고 말이야. 집이란 그 사람에게 있어 수도원 같은 곳이어서 그는 그 안에서 하느님과 함께 살 수도 있지 않겠니?"

그가 진지하게 말할 때면 그의 목소리는 더욱 깊어졌고, 어떤 비밀스런 이야기라도 나누는 듯 나지막했다.

"너는 남들을 재판하려 드는구나. 하지만 너는 논쟁하기엔 아직 어려. 네 나이에는 지혜가 아니라 눈으로 살아가는 법이지. 그래, 보고 기억하되 입은 다물고 있어야 돼. 생각은 일을 위한 것이고 믿음은 영혼을 위해 필요한 거야. 책을 읽는 것은 좋은 일이긴 하지만, 모든 일에는 정도라는 게 있어. 그래서 어떤 사람들은 너무 많이 읽다가 미치기도 하고 하느님에 대한 믿음마저 잃게 되는 경우도 있지."

그 골동품 감정사는 영원히 죽지 않을 것 같았다. 그의 더 늙거나 달라진 모습은 상상도 할 수 없었다. 그는 상인들에 대한 이야기나 악명 높은 대도(大盜)나 화폐 위조범들에 대해 이야기하길 좋아했다. 나는 그러한 이야기들을 외할아버지에게서 무수히 들었었다. 외할아버지는 이 노인네보다도 그런 이야기를 더 잘했는데, 그 내용은 늘 천편일률적이어서 부자는 항상 하느님과 사람들에게 죄를 짓고 반드시 그 대가를 치른다는 것이었다. 표트르 바실리이치는 사람들에게는 냉담했지만 하느님에 대해 말할 때면 눈을 내리감고 한숨을 내쉬며 따뜻한 마음으로 말하곤 했다.

"사람들은 하느님을 속이려고 들지만 예수 그리스도께서는 모든 것을 내려다보시고 눈물을 흘리신단다. '오, 가여운 나의 아들들아, 죄 지은 자에겐 지옥이 기다리고 있노라' 하고 말씀하신단 말이다."

한번은 내가 농담조로 말했다.

"하지만 선생님도 농부들을 속이고 있잖아요……."

그는 이 말에 화난 기색 없이 대꾸했다.

"하지만 나한테 그건 매우 중요한 일이 아니냐? 그래봐야 고작 3루블이나 5루블 정도를 훔치는 것뿐이야. 그게 다라고!"

내가 책을 읽고 있는 것을 보면 그는 책을 낚아채서는 내가 읽은 내용에 대해 트집을 잡는 투로 질문을 해댔다. 그리고 놀라면서 의심스럽다는 듯 점원에게 말하는 것이었다.

"이것 좀 봐. 책을 이해한단 말이야, 이 조그만 녀석이!"

그러고는 내 기억 속에서 지워지지 않을 만한 가르침을 주었다.

"지금 내가 하는 말 잘 들어. 언젠가는 써먹을 데가 있을 테니까! 키릴로 프라는 이름을 가진 두 사람이 있었는데 둘 다 교회 사제였지. 한 명은 알렉산드리아 출신이고 다른 사람은 예루살렘 출신이었어. 앞의 키릴로프는 네스토리우스라는 죄 많은 이단자와 싸움을 벌였어. 네스토리우스는 '마리아가 원죄를 안고 태어났으니 하느님을 낳았을 리가 없다. 마리아는 메시아, 즉 세상의 구원자라고 불리는 인간을 낳았으니 하느님의 어머니가 아니라 그리스도의 어머니라고 불려야 한다'고 주장한 이단자였어. 이해하겠어? 이런 게 바로 이단이라는 거야! 그리고 예루살렘의 키릴로프는 아리안의 이단자와 싸움을 벌였지……."

나는 교회사에 관한 그의 지식에 매료되었다. 그는 사제처럼 부드러운 손으로 수염을 쓰다듬으며 자랑스러워했다.

"이런 일에 대해선 내가 아주 잘 알지. 모스크바에 있을 때 나는 사악한 니콘주의 학자들에 대항해서 논쟁을 벌였었지. 나는 그때 어린 나이였는데도 교수들과 실제로 토론을 했단 말이야, 알겠어? 나는 그때 한 사제에게 신랄한 말을 퍼부어서 그 사제가 코피를 흘리기도 했지. 그때 일이라니!"

그의 뺨은 상기되고 두 눈은 빛났다.

사제에게 코피를 흘리게 했다는 부분이 그의 성공의 정점이었고 영예로운 금관에 박힌 가장 빛나는 보석이었다. 그는 만족감에 젖어 이야기를 계속했다.

"멋들어지게 생긴 사제 놈이었지, 튼튼하기도 하고! 그런데 그놈이 강단에 서서는 한 방울 두 방울 코피를 흘리는 거야! 그런데도 자신의 치욕을 눈치 채지 못하더라고. 사자처럼 억센 사제였는데, 목소리는 꼭 교회 종소리처럼 컸어. 하지만 나는 조용히 정곡을 찔렀지. 그는 빨갛게 달아오른 난로처럼 끓어올랐어. 정말 열띤 논쟁이었어!"

간혹 다른 감정사들이 올 때도 있었다. 파호미는 배불뚝이에 애꾸눈으로 기름때가 번질거리는 옷을 입고 있었다. 루키안은 생쥐처럼 민첩한 노인으로 친절하고 활달했다. 그는 언제나 덩치가 크고 음울하며 마부처럼 생긴 사나이를 데리고 왔는데, 검은 수염에 생기 없는 얼굴이었으므로 보기에 불쾌했지만 잘생겼으며 눈썹 한번 꿈틀거리지 않는 사람이었다.

그들은 거의 언제나 고서나 성상, 향로 및 그릇들을 가져왔다. 일이 끝나면 그들은 나뭇가지에 앉은 까마귀처럼 카운터 앞에 앉아 둥근 빵에 잼을 발라 먹으며 차를 마셨다. 그리고 니콘파 교회의 박해에 대해 이야기를 나누었다. 어떤 곳에서는 가택수색이 벌어져 기도서들이 압수되었고, 또 어떤 곳에서는 경찰이 기도원을 폐쇄시키고 조례 103조에 따라 그곳 주인들을 체포했다는 등의 이야기였다. 이 103조는 그들의 대화 속에서 가장 많이 등장하였으나, 그것을 말할 때 그들은 매우 조용하게, 마치 겨울의 서리처럼 어쩔 수 없다는 듯한 말투로 이야기를 했다.

그들의 대화 속에서 '경찰', '수색', '감옥', '재판', '시베리아' 같은 말을 수없이 들은 나는 이 구교도 노인네들에 대한 동정과 동료의식을 갖게 되었다. 나는 영혼의 강인함을 소중히 여기고, 자신의 목적을 추구하기 위해 굳게 나아가는 사람들을 존경해야 한다는 것을 책을 통해 배웠다. 그래서 이 인생의 스승들에게서 보았던 모든 나쁜 인상은 지워버렸다. 그리고 오직 그들의 조용하면서도 굳건한 정신을 높이 사기로 했다. 그 속에는 진리에 대한 흔들리지 않는 신념과 진리를 위해서는 어떤 고난이라도 감내하겠다는 자세가 감추어져 있는 것 같았다.

나는 보통 사람이든 지식인이든 구교도는 매우 완고한 고집을 갖고 있다는 것을 알게 되었고 이는 그들의 동양적 수동성에서 비롯되었음을 이해하게 되었다. 그들은 선인들의 말과 낡은 관념들에 단단히 연결돼 있었다. 그들은 이러한 말과 생각에 푹 빠져 미래를 내다보지 못했으며 외부에서 세찬 바람이 불어오면 마치 언덕 위의 돌멩이처럼 기계적으로 아래로 굴러 내려갔다. 과거에 대한 기억과 집착, 그리고 고통과 박해에 대한 병적인 사랑으로 지나가버린 진리의 무덤을 지키고 있었다. 그들에게서 고통의 가능성을 제거해 버린다면, 그들은 바람 부는 겨울날의 한 조각 구름처럼 참담하게 사라지고 말 것이었다.

그들은 신앙을 위해서라면 기꺼이 고통을 받을 준비가 돼 있을 만큼 믿음이 강했지만 그들의 신앙은 때에 절은 누더기 같았다. 그들이 시대의 파괴적인 힘에 영향을 덜 받은 것도 바로 그 때문이다. 그들의 생각이나 감정은 편견과 독선이 가하는 억압에 익숙해져 있었으며, 비록 날개를 꺾인 그런 상황 가운데서도 편안하게 숨을 쉬고 있었던 것이다.

이러한 습관 위에 세워진 신앙은 우리 시대의 가장 우울하고 해로운 현상 중의 하나였다. 이런 음습한 신앙의 영역 안에서는 새로운 것들이 아주 더디

게 태어났고, 서서히 기형으로 자라나 활력을 잃어갔다. 그들의 어두운 신앙 속엔 사랑의 빛이 너무 적게 비추었고 너무 많은 분노와 적대감, 질시가 있어서 늘 미움이 가득했다. 그러한 신앙의 불빛은 거름더미 속에서 빛을 내는 인광에 지나지 않았다.

이러한 생각에 확신을 갖기까지 나는 오래도록 힘든 내 영혼에 각인되어 있는 시간을 보내야 했고, 내 영혼에 각인되어 있는 많은 이미지를 깨뜨리고 그것들을 기억에서 몰아내야 했다. 그러나 지겹고 추악한 현실 속에서 '인생의 스승'들을 처음 만났을 때에는 그들이 영적인 힘이 대단한, 세상에서 가장 훌륭한 사람들로 보였다. 그들 대부분은 재판을 받고 감옥에 수감되거나, 어느 먼 도시로 유형 보내어져 죄수들과 함께 이곳저곳을 돌아다닌 경험을 가지고 있는 사람들이었다. 그들은 한결같이 조심스럽게 은둔자처럼 살았다.

하지만 나는 이 늙은 골동품 감정사들이 니콘주의자들의 '편협한 정신'을 저주하면서도 기꺼이 서로를 편협한 울타리 안에 가두어 놓는 것을 보았다.

애꾸눈 파호미는 술이 들어가면 신앙의 문제와 관련한 자신의 놀라운 기억력을 자랑하길 좋아했다. 유태인들이 탈무드를 줄줄 외듯이 그는 몇 권의 책을 암송하고 있었다. 그는 아무 곳이나 펼쳐서 손가락으로 짚으면 그곳에서부터 예의 그 부드러운 콧소리로 암송을 했다. 암송할 때 그는 늘 마룻바닥을 내려다보곤 했다. 고독한 빛을 띤 두 눈이 잃어버린 어떤 귀한 물건을 찾는 것처럼 두리번거리는 것이었다. 가장 자주 암송한 책은 무이셰츠키 공작의 《러시아 포도원》이었다. 그 중에서도 특히 〈경이롭고 용감한 순교자의 오랜 고통〉을 잘 외고 있었다. 그러나 표트르 바실리이치는 언제나 그의 실수를 잡아내려 했다.

"그건 틀렸어! 키프린이 아니라 데니스에게 일어난 일 아닌가!"

"어떤 데니스? 디오니소스라면 몰라도."

"말장난 하지 말게!"

"나에게 훈계할 셈인가!"

잠시 후 그들은 분노로 치를 떨면서 서로를 노려보며 논쟁을 벌였다.

"진리를 왜곡하는 놈! 이 뻔뻔스런 놈아, 썩 꺼져!"

파호미는 그대로 보복하듯이 대답했다.

"그러는 너는? 색골에다가 발정한 숫양처럼 계집질이나 해대고!"

점원은 팔짱을 끼고 악의에 찬 미소를 지으며 마치 어린애처럼 이 구교도들의 싸움을 부추겼다.

"옳거니! 계속해요!"

한번은 노인들이 논쟁을 하고 있을 때 표트르 바실리이치가 예기치도 않게 파호미의 뺨을 치는 바람에 파호미가 도망을 쳤다. 표트르 바실리이치는 얼굴의 땀을 닦으면서 파호미의 등 뒤에 대고 소리쳤다.

"이봐! 그건 네 잘못이야! 내 손이 죄를 짓게 만들다니, 부끄러운 줄 알라고!"

그는 특히 친구들의 믿음이 강하지 못하다고 비난하면서 모두들 개신교에 빠지고 말 것이라고 말하곤 했다.

"그것이 너를 괴롭히고 있는 거야. 알렉사샤, 수탉 울음소리 말이야!"

그는 개신교로 인해 걱정하고 두려워하면서도 개신교가 무엇이냐는 질문에는 알기 쉽게 대답하지 못했다.

"개신교란 이단 중에서도 가장 사악한 거야. 거기엔 하느님은 없고 이성만 있을 뿐이라고! 카자크인들이 사는 곳엘 가면 성경 이외엔 아무것도 읽지 않는단 말이야. 그들의 성경이라는 건 루터에게서 전해진 건데, 루터의 이름을 동사로 만들면 '류트'*24지. 개신교를 설교하는 자들은 모두 서쪽 나라에서 온 이교도들이야."

그는 발을 구르며 냉정하고 단호하게 말했다.

"의식주의자들이 놈들을 전부 몰아내야 해. 불살라버려야 된다고! 하지만 우리는 아니야. 우리는 참된 신앙을 가졌으니까. 우리의 신앙은 동방에서 온 정통 러시아인의 신앙이지. 그 나머지 것들은 모두 서양에서 온 것들로, 자유 사상에 의해 왜곡된 것들이야. 독일이나 프랑스에서 좋은 것들이 들어오는 것 봤어? 1812년*25만 해도 그래……."

그는 점차 감정이 격해져 자기가 어린아이에게 말하고 있다는 사실조차 잊은 것 같았다. 그는 억센 손으로 내 허리띠를 잡고 나를 밀었다 당겼다 하면서 흥분에 사로잡혀 젊은이처럼 열정적인 목소리로 말하는 것이었다.

"인간의 마음이란 자기 생각의 숲속에서 길을 잃게 된다고. 사나운 늑대

---

*24 러시아어로 '잔인하다'를 뜻함.
*25 나폴레옹의 모스크바 침략.

처럼 생각의 숲을 헤매다가 신의 선물인 인간의 영혼을 고문대 위에 올려놓는 거지! 악마에 홀린 성직자 놈들이 뭘 생각해 내겠어? 개신교를 전하는 보고밀리[26]들은 사탄이 하느님의 아들이고 예수 그리스도의 맏형이라고들 지껄여대지. 또 뭐라는지 아니? 사람은 권위에 복종해서는 안 된다, 일을 해서는 안 된다, 자기 마누라와 자식들을 포기하라, 이런 따위들이야. 인간에겐 아무것도 필요가 없다, 재산도 필요 없고 단지 내키는 대로 살면 된다는 거야. 악마가 시키는 대로 말이야. 죄다 알렉사샤 탓이란 말이야, 빌어먹을!"

이럴 때면 점원이 내게 뭔가 할 일을 주어서 나는 그 골동품 감정사의 곁을 벗어날 수 있었지만 그는 텅 빈 벽에다 대고 계속 소리를 질러대는 것이었다.

"오, 날개 잃은 영혼이여! 오, 눈이 먼 채 태어난 가련한 어린 양이여! 내가 어떻게 그대를 저버린단 말인가?"

그러다가 그는 머리를 수그리고 두 손으로 무릎을 감싼 채 한동안 아무런 말도 없이 잿빛 겨울하늘을 바라보는 것이었다.

점차 그는 내게 관심을 보이면서 더욱 다정하게 대해 주었다. 내가 책을 읽고 있는 것을 보면 내 어깨 너머로 책을 들여다보며 말했다.

"그래, 애야, 읽어라 읽어. 책을 읽는다는 것은 좋은 일이지! 너는 참 영리한 녀석이야. 다만 어른을 몰라보는 게 흠이지. 너는 아무하고나 싸우려고 들거든. 그렇게 무례한 짓을 하면 나중에 어떻게 되는 줄 아니? 감옥이 기다리고 있단 말이다, 알겠어? 책을 읽는 것은 좋지만 이걸 기억하거라. 책은 책일 뿐이라는 것, 그리고 스스로의 생각에 따라 살아야 한다는 것을 말이야. 스스로를 고통스럽게 하며 수행하는 종파의 창시자로 다닐로라는 사람이 있었는데, 그는 새로운 책이든 오래된 책이든 필요 없다는 깨달음을 얻었지. 그래서 책들을 모두 모아 강물에 던져버렸어! 물론 그것이 어리석은 짓이라는 건 알아. 그런데 이 악마 같은 알렉사샤 놈이 다시 우리를 뒤흔들어 놓는군."

그는 늘 알렉사샤에 대한 이야기를 했다. 한번은 생각에 잠긴 얼굴로 가게

---

[26] 구파의 또 다른 종파.

안으로 들어서더니 점원에게 이렇게 선언하는 것이었다.

"알렉산더 바실리예프가 이 도시 안에 있어. 어제 도착했지. 내가 이제까지 찾았지만 못 찾고 말았네. 어딘가에 숨어 있는 게 틀림없어."

점원은 쌀쌀맞은 목소리로 대답했다.

"나는 아무것도 몰라요!"

노인이 고개를 수그리며 말했다.

"자네한테는 모든 사람이 사는 사람 아니면 파는 사람이지! 나 차 한 잔 주게."

내가 커다란 찻주전자에 뜨거운 물을 가득 떠오자 한 무리의 손님들이 상점에 들어와 있었다. 밝게 웃고 있는 루키안 노인이 있었고 문 뒤 어두운 구석에는 낯선 인물이 앉아 있었다. 그는 짙은 색 외투에 길다란 펠트 부츠, 녹색 벨트, 그리고 눈썹 위로 푹 눌러쓴 모자 차림이었다. 얼굴이 또렷하지는 않지만 조용하고 겸손한 느낌을 주었으며, 방금 전에 자기 자리를 잃고 안절부절못하는 점원과 닮은 데가 있었다.

표트르 바실리이치는 그를 외면한 채 엄격하고 무게 있게 뭔가를 말하고 있었다. 그 손님은 오른손을 격렬하게 흔들어대며 마치 성호라도 그으려는 듯 모자를 치켜들었다가는 다시 눈썹을 덮을 정도로 깊게 눌러 쓰는 것이었다. 그런 발작적인 동작에서 나는 '주머니 속의 죽음'에 나오는 미친 거지 이고샤를 떠올렸다.

"탁한 강물에서 헤엄치는 물고기들이 있지. 강물을 더욱 더럽히면서 말이야." 표트르 바실리이치가 말했다.

점원을 닮은 그 남자가 조용하고 부드러운 목소리로 말했다.

"나를 두고 하는 말인가?"

"그렇다면?"

그러자 그 남자는 큰 소리를 내지는 않았지만 매우 솔직하게 다시 묻는 것이었다."

"그럼 자네 자신에 대해서는 뭐라고 말하고 싶은가?"

"나 자신에 대해서는 신에게만 말할 뿐이야. 그건 자네가 걱정할 일이 아니라고."

"아니, 걱정을 좀 해야겠네." 새로 온 사람이 조용하고 근엄한 태도로 대꾸했다. "진실을 외면하지 말게. 교묘하게 자신의 눈을 가리지 말란 말일세. 그건 하느님과 동포 앞에 죄를 짓는 것이라네."

나는 그가 표트르 바실리이치를 평범하게 '자네'라고 부르는 것이 듣기 좋았으나 한편 그 근엄하고 조용한 목소리가 두렵기도 하였다. 그는 마치 훌륭한 사제들이 '주여, 내 생명의 주인이시여'라고 기도할 때처럼 말했으며, 내 내 몸을 앞으로 기울인 채 손을 내둘렀다.

"나를 비난하지 말게. 내 죄는 자네 죄보다 가벼우니까."

사모바르가 끓어올라 요란한 소리를 내고 있는 가운데, 늙은 골동품 감정사가 다른 사람에게는 말할 여유도 주지 않고 경멸적으로 쏘아댔다.

"누가 성령을 욕되게 하는지는 하느님만이 아시지. 그건 아마 책이나 글줄이나 아는 사람들의 죄일 게야! 나는 책이라곤 읽지 않았으니까. 그저 단순하게 살아가는 사람이지."

"난 자네들의 그 단순함이 뭔지 다 알지. 우리도 다 들은 바가 있어."

"바로 자네 같은 사람들을 혼란에 빠뜨리는 거야. 진정한 믿음을 저버리고 말이지. 자네 같은 사람들이 바로 서기관과 바리새인 같은 사람들이라고."

"이단자!" 표트르 바실리이치가 말했다. 상대방은 손바닥을 얼굴 앞에 바짝 대고 마치 손바닥에 쓰여 있는 무언가를 읽는 듯한 자세로 말했다.

"자네는 사람들을 이 우리에서 저 우리로 몰고 다닌다고 해서 더 나아질 게 있다고 생각하나? 나는 단호히 아니라고 하겠네! 스스로를 해방시키게, 이 사람아! 집이나 아내, 그 밖에 자네가 가진 모든 것이 주 앞에서 무슨 소용이겠나? 사람들이 가지려고 다투고 서로 죽이기까지 하는 그 모든 것을 버리게. 그런 것들은 모두 부패하고 더러운 것에 불과해! 영혼은 이 지상에서는 구원받을 수가 없어. 오직 신의 낙원에서만 구원받는 것일세! 모든 것을 버리고, 모든 속박을 벗어 버리고, 이 세상 모든 속된 인연의 끈을 끊어 버리게. 그런 것들은 모두 반(反)그리스도주의자들이 만들어놓은 것이지 않은가. 나는 곧고 좁은 길을 가겠네. 나는 영혼과 줄다리기를 하지는 않아. 어두운 세상의 일부가 될 수는 없네."

"하지만 먹고 마시고 입는 것을 어쩔 셈인가? 그것들은 다 세속적인 것들이지." 감정사 표트르가 악의를 가지고 물었다.

그러나 알렉산더는 이 말에 조금도 흔들리지 않고 오히려 전보다 더 열정적으로 이야기했다. 그의 목소리는 그다지 큰 편은 아니었지만 쇠파이프에 대고 나팔을 부는 것처럼 울렸다.

"자네에게 소중한 것은 무엇인가? 하느님만이 소중하지. 순결한 하느님 앞에 서면 자네의 영혼에서 이 지상의 불결함이 씻긴다네. 세상적인 방식을 버리고 주님을 바라보게. 홀로 하느님과 대면하는 거야. 그렇게 하면 하느님께 더 가까이 갈 수 있을 걸세. 그것만이 하느님께 이르는 유일한 길이야. 부모를 떠나고 모든 것을 버리면 그곳에 바로 구원이 있네. 눈이 자네를 잘못된 길로 인도하면 눈까지도 뽑아버릴 수 있어야 하네. 주님을 위하여 소유를 버리고 영혼을 구원받아 안식을 누리게. 그러면 자네 영혼은 영원히 살 것이네, 영원히!"

"자네는 자기가 토해 놓은 토사물에 다시 코를 박는 개를 연상케 하는군." 표트르 바실리이치가 일어서면서 말했다. "나는 작년부터는 자네가 좀 똑똑해졌다고 생각하고 있었네만, 지금 보니 더 나빠졌어."

그는 비틀거리며 상점에서 진열장 쪽으로 나갔다. 그러자 알렉산더는 걱정이 되는 듯 놀란 목소리로 재빨리 물었다.

"가는 거야? 어쩔 셈으로?"

그러나 친절한 루키안이 그에게 안심하라는 눈짓을 보내며 말했다.

"괜찮아, 괜찮아!"

알렉산더가 대들듯이 말을 이었다.

"자네는 세상에 쓰레기같은 말들을 흩뿌리고 있지 않나? 대체 무슨 뜻으로 하는 말인가? 두 손가락으로든 세 손가락으로든 할렐루야만 하면 된다는 건가?"*27

루키안은 그에게 미소를 지어 보이며 바깥 복도에 있는 표트르에게로 갔다. 알렉산더는 점원에게 고개를 돌리고 확신에 찬 어조로 말했다.

"저 사람들은 나를 이길 수 없어. 암, 그렇고말고! 불꽃 앞에서 피어오르는 연기처럼 사라지게 될 걸세, 알겠나?"

---

*27 17세기 교회 내부에서 반목을 일으켰던 쟁점 중에 신성과 인성을 나타내기 위해 두 손가락으로 성호를 긋느냐, 삼위일체를 나타내기 위해 세 손가락으로 성호를 긋느냐 하는 의식에서의 문제가 있었다.

점원은 무뚝뚝한 표정으로 그를 바라보며 사무적으로 말했다.

"그런 일에 대해서는 생각해 본 적이 없습니다."

"뭐라고! 생각해 본 적이 없다고? 이런 일은…… 생각해볼 필요가 있는 거야."

그는 잠시 머리를 떨구고 말없이 앉아 있었다. 그때 노인이 그를 불러서 그들 셋은 모두 떠났다.

알렉산더는 마치 어둠 속에서 타오르는 모닥불처럼 내 눈앞에 나타났다. 그가 밝게 타오르다 사그라지자 다른 사람들처럼 살지 않겠다는 그의 말에 어떤 진리가 담겨져 있는 것처럼 느껴졌다.

저녁 시간에 나는 성화 가게의 나이 많은 기술자에게 열띤 어조로 여기에 대해 말했다. 조용하고 다정한 이반 라리오노비치는 내 말을 다 듣고는 이렇게 설명해주었다.

"그는 방랑파(放浪派)*²⁸임에 틀림없어. 그런 분파들이 있지. 그들은 권위를 인정하지 않아."

"어떻게들 살아가는데요?"

"도망자들처럼 세상을 떠돌며 살아. 그래서 도망자들이라고 부르지. 그들은 누구도 땅이나 재산을 가져서는 안 된다고 말하지. 경찰은 그들을 위험하다고 여겨 잡아들이려 하고."

나는 사는 게 몹시 힘들었지만 사람이 어떻게 세상의 모든 즐거움을 버릴 수 있는지 이해가 되지 않았다. 그 당시 내 삶 속에는 참 재미있고 또 무척 귀중한 것들이 많이 있었다. 그래서인지 알렉산더 바실리예프는 곧 내 마음에서 잊혀졌다.

그러나 시간이 흐를수록 어려운 일을 겪을 때마다 그가 내 앞에 나타나곤 하는 것이었다. 그는 들판이나 숲으로 난 회색 길을 따라와서는, 일이라곤 해보지 않은 하얀 손으로 모자를 흔들며 중얼거렸다. '나는 곧고 좁은 길을 가겠어. 어두운 세상의 일부가 될 수는 없어. 나는 속된 인연의 끈을 모두 끊었어.'

외할머니가 언제나 꿈속에서 아버지를 보았듯이 나는 그를 생각하며 내

---

*28 구교도의 또 다른 종파.

아버지를 떠올렸다. 손에 호두나무 지팡이를 들고, 점박이 개가 혀를 빼물고 뒤따르던 아버지의 뒷모습을……

13

성화 제작소는 일부분이 석조로 된 건물에 방이 두 칸 있었다. 한 방에는 마당이 내려다보이는 창문 세 개와 정원 쪽을 향해 나 있는 창문 하나가 있었다. 다른 방은 정원과 거리 쪽으로 각각 창문이 하나씩 나 있었다. 이 작고 네모난 창문들은 오래되어 불그레하게 무지개가 끼어 있었으며 희미한 겨울 햇빛을 작업장 안에 흩뿌리고 있었다.

두 방에는 책상이 빼곡하게 들어차 있었고, 책상마다 성화를 그리는 화가들이 앉아 있었다. 천장에는 물이 가득 찬 유리 공들을 매달아 놓았는데, 이 유리공들은 램프 불빛을 반사하여 싸늘한 흰빛을 정방형의 화판 위에 내리비추고 있었다.

작업실은 덥고 답답했다. 그곳에는 팔레흐, 홀루이, 므스툐리 출신의 성화 화가들 20명이 일하고 있었다. 그들은 모두 앞섶을 풀어헤친 면 작업복에 이불천으로 만든 반바지 차림이었고, 맨발이 아니면 낡고 해진 신발을 신고 있었다. 머리 위로는 싸구려 잎담배 연기가 푸른 베일처럼 피어올랐고, 니스와 래커, 썩은 달걀 냄새가 진동했다. 우울한 블라디미르 지방의 애잔한 노랫가락이 끈끈한 타르처럼 느릿느릿 흐르고 있었다.

세상 사람들이 이제 얼마나 타락했는지,
사내아이가 계집아이를 망쳐놓아도
바라만 본다네

때로는 다른 노래들을 부르기도 했지만 그들이 가장 자주 부르는 노래는 이 노래였다. 길게 축 늘어지는 그 노래는 화가들이 생각을 하거나 멋진 족제비털 붓으로 성인들의 수척한 얼굴을 그리는 데 방해가 되지 않았다. 창가에서는 조각사 고골레프가 망치질을 했다. 그는 푸르뎅뎅한 큰 코를 지닌 술꾼이었다. 단조롭게 똑딱거리는 이 노인의 망치소리는 느릿느릿한 노랫소리를 마디마디 끊어놓는 듯했다. 마치 벌레가 나무를 갉아먹듯이……

짓궂은 천재 몇 사람이 이 작업을 일련의 자잘한 공정으로 분업화시켜 놓는 바람에 이 일은 아무런 아름다움도 느낄 수 없고 사업에 대한 애착이나 흥미도 끌지 못하는 따분한 일거리가 되고 말았다. 교활한 애꾸눈 목수 판필이 대패질해서 아교로 붙인 삼나무나 라임나무 판을 가지고 오면 폐병장이 다비도프가 초벌칠을 하고, 그의 짝꿍인 소로킨이 그 새김글에 칠을 하고, 밀랴신이 원본을 대고 연필로 스케치를 한다. 고골레프 노인이 금박으로 테두리를 치면 또 다른 사람들이 풍경을 그리거나 성의를 그린다. 그리고 얼굴이나 팔이 없는 상태로 벽에 기대어 세워놓으면 이번에는 얼굴 그리는 사람의 차례가 되는 것이다. 이 커다란 성화가 성의나 갑옷, 천사의 짧은 옷만 그려진 채 얼굴도 손발도 없이 벽에 세워진 모습을 보고 있노라면 기괴한 느낌이 들곤 했다. 이런 그림들에서는 죽음의 냄새가 났다. 얼굴을 그려 넣는 마지막 작업에서 생명의 숨결이 불어넣어지는 것이지만 아직은 그것이 없었다. 때문에 그 그림들은 마치 사람의 영혼이 그 안에 있다가 지금은 빠져나가 버리고 무거운 성의만 남은 것처럼 보였다.

얼굴 담당 화가가 얼굴을 그려 넣으면 성화는 에나멜 칠을 하는 도제에게 넘겨지고, 글을 새겨 넣는 것은 또 다른 전문가가 맡았다. 작업장의 도제장인 이반 라리오니치는 조용한 사람이었는데 마지막 작업인 니스 칠을 했다.

그의 얼굴은 회색빛이었고 수염 또한 회색빛이었으며 머리카락은 비단처럼 부드러웠다. 그리고 그의 회색빛 눈은 이상하게 깊고 우수에 젖어 있었다. 그는 아주 멋진 미소를 짓곤 했지만 사람들은 미소로 화답할 수가 없었다. 그는 사람들에게 가까이 할 수 없는 느낌을 주었다. 그의 메마르고 수척한 모습은 시메온 스톨프니크의 성화를 닮았으며, 잔잔한 눈길은 마치 작업장 사람들이나 벽을 뚫고 저 멀리 어딘가를 응시하는 듯했다.

내가 도제생활을 시작한 지 며칠 뒤의 일이었다. 교회의 깃발을 그리는 잘생기고 힘센, 카자크 출신의 카펜듀힌이라는 사람이 술에 잔뜩 취했다. 그는 입을 꼭 다물고, 평소에는 부드럽고 꼭 여자 같던 두 눈을 깜박이면서, 말한마디 없이 그 강철 같은 주먹으로 아무나 두들겨 패는 것이었다. 그는 땅딸막하고 딱 벌어진 체구로 쥐들이 바글거리는 지하실에 고양이가 달려드는 것처럼 작업실 안을 휘저어 놓았다. 일하던 다른 사람들은 구석으로 피하면서 서로 외쳐댔다.

"저놈을 좀 어떻게 해봐!"

성화 얼굴 담당의 예브게니 시타노프가 등받이 없는 작은 의자를 집어 들어 카펜듀힌의 머리를 한 방 갈기자 그 카자크인은 마룻바닥에 뻗어 버렸고, 사람들은 즉시 그를 덮쳐서 타월로 묶어 버렸다. 그러자 그는 사나운 야수처럼 으르렁거리며 벗어나려고 발버둥 쳤다. 예브게니는 화가 나서 두 손으로 허리에 짚고 의자에 뛰어올라 카자크인을 향해 뛰어내리려고 했다. 덩치가 컸기 때문에 그는 틀림없이 카펜듀힌의 가슴팍을 바숴버리고 말 것이었다. 바로 그때 라리오니치가 코트와 모자를 쓰고 작업장에 나타나서 시타노프에게 손가락을 흔들어 만류하고 조용히 사무적으로 일꾼들에게 지시했다.

"문 밖으로 끌어내서 술이 깰 때까지 내버려두도록 해."

카자크인은 작업실 밖으로 끌려 나갔고 테이블과 의자는 다시 정돈되어 일이 시작되었다. 사람들은 그의 괴력에 대해 한 마디씩 하면서, 언젠가는 싸움질을 하다가 죽어버릴 것이라고 말했다.

"그놈은 죽이기도 힘들 걸."

시타노프가 아주 익숙한 일에 대해 말하듯이 아무렇지 않게 말했다.

나는 라리오니치를 바라보았다. 왜 이 힘세고 거친 사람들이 그에게는 그렇게 쉽게 복종하는 것인가?

그는 일을 어떻게 해야 하는지 모두에게 시범을 보였다. 그의 충고라면 최고의 기술자라도 열심히 귀를 기울였다. 그는 누구보다도 카펜듀힌을 가르치는 데에 많은 시간을 할애했다.

"보라고, 카펜듀힌, 자네는 화가란 말이야. 이탈리아식으로 살아 있는 것처럼 그려야 하는 거야. 유화로 그리는 성화는 따뜻한 색감을 내야 돼. 그런데 자네는 흰색을 너무 많이 사용해서 성모의 눈이 겨울처럼 차갑고 쌀쌀해 보이는 거야. 뺨은 사과처럼 발그레한데 눈은 마치 딴 사람 같구먼. 위치도 좋지 않아. 한쪽 눈은 콧마루 위에 붙어 있고 다른 쪽 눈은 관자놀이에 너무 가까워. 이러니까 얼굴이 성스럽고 순결해 보이질 않고 약삭빠르고 차가워 보인단 말이야. 뭘 하든지 생각을 좀 해서 하라고, 카펜듀힌!"

카자크인이 얼굴을 찡그리고 듣다가 여자 같은 눈에 미소를 지으면서 쾌활한 목소리로 말했다.

"아, 이반 라리오니치 신부님, 그건 제 일이 아니에요. 저는 음악가로 태어났는데 사람들이 나를 수도사들한테 데려다 놓았죠."

"무슨 일이든 열의를 갖고 하면 되는 거야."

"아니지요. 내가 누굽니까? 회색 말이 끄는 삼두마차나 몰았어야 하는 건데."

그러면서 그는 목청을 가다듬고 노래를 불렀다.

아, 내게 경주용 개와
진갈색 말이 있다면
서리 내리는 이 밤의 추위를 뚫고서
사랑하는 이의 품으로 달려갈 텐데.

이반 라리오니치는 악의 없는 미소를 지으며 회색빛의 우수어린 콧등에 걸친 안경을 똑바로 고쳐쓰고는 나가 버렸다. 그러면 수많은 목소리들이 함께 노래를 불렀고, 노래는 세찬 물줄기처럼 흘렀다. 이 노랫소리는 작업실 안을 들썩이게 했고 규칙적으로 이리저리 흔들리게 했다.

익숙한 말들은 잘 안다네,
어여쁜 처녀가 살고 있는 곳……

도제인 파시카 오딘초프는 밑칠을 위한 달걀 노른자위를 깨 넣는 일을 멈추고 양손에 달걀 껍데기를 든 채 놀라운 테너로 고음부를 불러 주었다.

사람들은 노래에 도취하여 모두 한 마음으로 이 카자크인을 따라 노래를 불렀다. 그가 노래를 부를 때면 그는 작업장의 최고 장인이 되었다. 모든 사람들은 그에게 빨려 들어갔으며 그의 간단한 손짓에 따라 노래하는 것이었다. 그는 마치 하늘을 날기라도 하려는 듯 팔을 내뻗었다. 만일 그가 노래를 멈추고 '전부 다 부숴 버려'라고 외쳤다면 작업장 기술자들이 단 몇 분 내에 작업장을 쑥대밭으로 만들어 놓을 게 틀림없었다.

그는 노래를 자주 부르지는 않았지만 일단 부르기 시작하면 거부할 수 없는 매력으로 사람들의 마음을 사로잡았다. 마치 그가 사람들을 들어 올려 뜨거운 불 위에 내려놓은 듯했고, 모든 것이 그의 따스한 목소리에 굴복하는 것 같았다.

카자크인의 노래는 나에게 선망의 감정을 불러일으켰다. 뭔가 고통스럽고 흥분된 느낌이 북받쳐 올라 가슴이 터질 듯했고, 마구 울면서 사람들에게 소리치고 싶었다.

'여러분을 사랑합니다!'

폐병에 걸려 얼굴이 누렇게 뜬 다비도프도 머리를 산발한 채 금방 알에서 깬 갈까마귀처럼 이상하게 입을 벌렸다.

그러나 우리가 이렇게 즐겁고 힘찬 노래를 부르는 것은 그 카자크인이 선창을 할 때뿐이었다. 보통은 타락한 사람들에 대한 슬픈 노래나 숲에 대한 노래, 알렉산드르 1세의 죽음에 대한 노래 〈우리 알렉산드르 대왕은 군대를 어떻게 시찰하러 가셨나〉를 부르곤 하였다.

때때로 얼굴 담당 화가 중 최고인 지하레프의 제안에 따라 찬송가를 부르기도 하였지만 제대로 된 적은 별로 없었다. 지하레프는 늘 한 가지 생각을 고집해서 따라 부르고 싶은 마음이 싹 달아나게 만들었다.

그는 마흔 다섯 살이었는데, 깡마른 모습에 대머리였다. 머릿결은 검고 곱실거리는 집시머리였으며 눈썹은 콧수염 만큼이나 검고 무성했다. 그의 여리고 가무잡잡한 이국적인 얼굴은 무성하고 끝이 뾰족한 턱수염 때문에 더욱 멋지게 보였지만 매부리코 밑으로 뻗어 나온 거친 콧수염은 멋진 눈썹에 비해 빛을 발하지 못했다. 파란 두 눈은 서로 크기가 달라 왼쪽 눈이 오른쪽 눈보다 눈에 띄게 커 보였다.

"파시카!" 그는 높은 억양으로 나의 짝꿍인 도제를 불렀다. "'주 찬송하소서'를 부르자! 자, 모두들 들어봐요!"

파시카는 앞치마에 손을 닦고 선창했다.

"찬양하세……."

몇 명이 뒤따라 부르기 시작했다.

"주의 이름……."

그러자 지하레프가 갑자기 야단스럽게 소리를 질렀다.

"더 낮게 불러, 예브게니! 영혼의 저 깊은 곳에서 울려나오듯이 부르란 말이야!"

예브게니 시타노프의 굵은 목소리는 드럼 소리처럼 들렸다.

"주님의 조—옹들이⋯⋯."

"아니야, 아니야! 지축이 흔들리고 문과 창문이 덜커덩거릴 만큼 크게 부르라고!"

지하레프는 공연히 흥분하여 얼굴을 찡그렸다. 멋진 눈썹이 아래위로 꿈틀거렸다. 목소리가 떨리고 손가락이 미세하게 흔들렸다.

"'주님의 종들'이란 말이야, 알겠어?"

그는 진지하게 말했다.

"그걸 마음속 깊이 느껴야만 돼. 종들아, 주를 찬양하라! 살아 있는 사람들이 이런 것을 이해 못하니 어쩐 일이지?"

"우린 결코 자네가 요구한 데까지 다가갈 순 없네. 자네도 잘 알지 않나?" 시타노프가 조용히 말을 받았다.

"좋아, 그만두지."

지하레프는 불쾌해하며 다시 일을 하기 시작했다. 그는 일급 장인이었다. 그는 비잔틴이나 프리지아 식으로 얼굴을 그렸으며, 이탈리아식으로 '살아 있는 것처럼' 생생하게 그릴 줄 알았다. 성화 장식 따위의 주문을 받을 때면, 라리오니치는 그와 상의를 했다. 지하레프는 진품 성화의 감정에 일가견이 있었다. 그래서 테오도로프스키나 카잔스키가 그린 성화들의 값비싼 복제품들은 그의 손을 거쳐 가기 마련이었다. 진품들을 뒤적이다가 그는 큰 목소리로 말하곤 했다.

"이 진품들은 우리를 속박하는 거야. 정말 그 말이 꼭 맞아⋯⋯."

작업실에서의 중요한 지위에도 불구하고 그는 다른 사람들처럼 그렇게 오만하게 굴지 않았다. 그는 파벨이나 나 같은 도제들에게 매우 친절했다. 그는 우리에게 기술을 가르치려고 진정으로 애썼다. 우리에게 관심을 가져주는 사람은 오직 그 사람뿐이었다.

지하레프는 참으로 이해하기 어려운 사람이었다. 그의 표정은 대개 밝지 못했고, 어떤 때는 일주일 내내 한 마디 말도 없이 벙어리처럼 일만 했다. 또 어떤 때는 모든 사람을 낯선 사람 보듯 했다. 마치 그런 사람은 처음 본다는 듯이. 그럴 때면 평소 노래 부르기를 무척 좋아하던 그가 노래를 부르지 않을 뿐만 아니라 노랫소리에 귀를 기울이지도 않았다. 사람들은 서로 눈짓해 가며 그를 지켜보았다. 그는 벽에 비스듬히 세워둔 성화를 굽어보며 화판을 무릎 위에 올린 다음 그 중간쯤을 테이블 모서리에 기대어 세우고 그의 질 좋은 붓으로 마치 자화상을 그리듯 어둡고 이국적인 얼굴을 그리기 시작했다.

그러다가 갑자기 화난 목소리로 중얼거렸다.

"'프레드테차'가 뭐야? '테차'는 옛날부터 '간다'는 뜻이었고…… 그러니까 '프레드테차'[*29]는 '앞에 가는 사람'이라는 뜻이지, 별다른 게 뭐 있겠어?"

그러면 작업실 안이 조용해지고 모두들 지하레프 쪽을 곁눈질하면서 실실 웃었다. 그 침묵 속에서 계속 이상한 말들이 들려왔다.

"그는 양가죽에 날개가 달린 재킷을 입은 모습으로 그려야 해."

"누구에게 말하는 거예요?" 내가 물었다.

지하레프는 아무 말도 하지 않았다. 질문을 듣지도 않았고 대답을 하려고 하지도 않았다. 그러고는 또다시 침묵 상태에 빠져들었다.

"성인들의 생애를 알아야 해! 우리가 아는 게 뭐가 있냔 말이야? 우리는 날아오를 날개도 없이 그저 살아갈 뿐이야. 영혼은 어디 있지? 저기 있는 것들은 진품들이야. 하지만 영혼은 어디 있냐고?"

그가 이렇게 시끄럽게 생각을 털어놓자 모두가, 시타노프까지도 조롱기어린 미소를 지었다. 이럴 때면 언제나 누군가가 악의적으로 소곤거렸다.

"토요일이 되면 또 코가 비뚤어지게 마셔대겠군."

키가 크고 근육질인 시타노프는 스물 둘밖에 안 된 젊은이였다. 그는 수염도 눈썹도 없는 둥근 얼굴에 우울한 표정을 띤 채 진지하게 구석을 바라보곤 했다.

나는 언젠가 쿤구르에서 가져온 테오도로프스키 성모화의 복제 작업을 끝마쳤을 때 일을 기억한다. 지하레프는 성화를 탁자 위에 올려놓으며 흥분한 목소리로 크게 말했다.

"성모님의 그림이 완성되었다! 그대, 눈부신 성배여! 성스러운 잔에 바닥이 없으니 이제 이 세상 고통의 눈물을 부어 넣노라……."

그러곤 외투를 어깨에 걸치고 술집으로 가버렸다. 젊은 패들이 낄낄거리며 휘파람을 불어댔다. 좀 더 나이 든 사람들은 부럽다는 듯이 한숨을 쉬며

[*29] '선구자'라는 뜻도 있음. '프레드'는 러시아어로 '앞에', '앞으로'를 뜻하는 접두어.

그의 뒷모습을 바라보았고, 시타노프는 작품에 다가가서는 주의 깊게 살펴본 뒤 설명을 했다.

"술에 취할 만도 하지요. 지하레프는 완성된 작품을 그냥 넘겨준다는 것에 마음 아파하니까요. 누구나 그런 안타까움을 느끼는 것은 아니죠."

토요일만 되면 시작되는 지하레프의 술버릇은 여느 평범한 장인들의 주정과는 달랐다. 그것은 대개 이런 식으로 시작되었다. 아침에 그는 무슨 쪽지를 써서 파벨을 시켜 어딘가로 심부름을 보내고, 점심식사 전에 라리오니치에게 이렇게 말하곤 했다.

"오늘은 목욕탕에나 가야겠어요!"

"오래 있을 건가?"

"글쎄, 그야 잘 모르죠……."

"화요일까지는 돌아와야 해!"

지하레프는 벗겨진 머리를 끄덕여 알았다는 몸짓을 하며 눈썹을 씰룩거렸다.

목욕탕에 다녀와서 그는 맵시 있게 셔츠를 입고 넥타이를 맸다. 그런 다음 우단 조끼에 은줄을 매달고는 나와 파벨에게 몇 가지 지시를 한 다음 말없이 사라지는 것이다.

"저녁 전까지 작업장을 깨끗이 치워. 저 큰 탁자는 깨끗이 닦아놓고. 싹싹 문질러서 말이야!"

토요일이면 모두들 축제 분위기에 싸여 멋을 부리고, 목욕탕에 갔다 와 부리나케 식사를 해치웠다. 저녁식사 후에는 지하레프가 안주와 맥주, 포도주 등을 가지고 나타났다. 그의 뒤에는 어느 모로 보나 너무 큼직큼직해서 마치 괴물처럼 보이는 여자가 한 명 따라왔다. 키가 6피트는 족히 될 성싶었다. 의자나 탁자는 그녀의 몸집에 비하면 장난감 같았다. 키가 큰 시타노프조차 그녀 옆에 서면 작아보였다. 얼굴은 그런 대로 조화로웠고 가슴은 턱을 향해 언덕처럼 솟아 있었다. 그녀는 움직임이 둔하고 어색했다. 마흔은 돼 보였지만 커다란 눈과 표정이 풍부한 얼굴은 젊어 보였고 작은 입은 싸구려 인형처럼 칠해져 있었다. 그녀는 미소 지으며 두툼한 큰 손을 모든 사람에게 내밀어 악수를 청하고 불필요할 정도로 많은 말을 했다.

"안녕들 하십니까? 오늘은 몹시 춥지요? 이곳에는 참 지독한 냄새가 나는군요! 페인트 냄새겠지요? 안녕하세요!"

만조 때의 강처럼 조용하고 힘찬 그녀를 바라보는 것은 유쾌했지만 그녀의 말에는 뭔가 졸립고 따분한 데가 있었다. 그녀는 말을 하기 전에 깊게 숨을 들이쉬었는데 그럴 때면 거의 자줏빛을 띤 뺨이 동그랗게 되었다. 도제들은 피식피식 웃으며 서로 소곤거렸다.

"저 여자 꼭 기관차 엔진같군!"

"첨탑같기도 해!"

그녀는 입술을 오므리면서 젖가슴 밑으로 팔짱을 끼고 사모바르 옆에 앉았다. 그러고는 말처럼 생긴 눈으로 모든 사람에게 다정한 눈길을 보내는 것이었다.

모두들 매우 공손하게 그녀를 대했으며 젊은 패들은 조금 무서워하기조차 하였다. 젊은 도제들이 그녀의 커다란 몸집을 탐욕스러운 눈길로 바라보았으나 그녀와 눈길이 마주치면 당황하여 눈을 내리깔고 말았다. 지하레프는 자기가 데리고 온 이 여자 손님을 '꼬마 친구'라고 부르면서도 매우 정중하게 대했다. 음식을 가져다줄 때는 가벼운 목례도 잊지 않았다.

"아, 그럴 것 없어요." 그녀가 부드러운 목소리로 느릿느릿 말했다. "내게 너무 신경을 쓰는군요!"

그녀는 결코 서두르는 법이 없었고 팔은 꼭 팔꿈치로부터 손목까지만 움직였다. 그녀에게서는 막 구워낸 따끈한 빵에서 나는 고소한 냄새가 났다.

고골레프 노인은 기쁜 마음에 더듬거리면서 여인의 아름다움을 칭찬하였다. 마치 수도승이 찬송가를 중얼거리듯이…… 여자는 다정하게 미소 지으며 듣고 있다가 노인의 말문이 막히자 자기 이야기를 시작했다.

"우린 어렸을 땐 누구나 못생겼지요. 모든 여성의 삶이 그렇듯이 말이에요. 서른 살쯤 되면 우리는 너무 눈에 띄게 되어서 고귀한 귀족 나리들조차 우리에게 흥미를 갖죠. 어떤 시골 귀족은 나에게 쌍두마차를 약속하기도 했었답니다……"

술에 취해 머리카락이 마구 흐트러진 카펜듀힌이 밉살스럽게 그녀를 바라보더니 거칠게 물었다.

"그 대가로 그 남자는 뭘 원했나요?"

"물론, 사랑이죠!" 그녀가 설명했다.

"사랑이라고? 무슨 놈의 사랑이야?" 카펜듀힌이 되받았다.

"당신처럼 멋진 젊은이는 사랑에 대해 아주 잘 아시잖아요?" 여자는 단순하게 말했다.

작업장이 뒤흔들릴 정도로 큰 웃음이 터져나왔으나 시타노프는 카펜듀힌에게 눈살을 찌푸렸다.

"저 여자는 바보야! 알다시피 사랑은 깊은 그리움에서만 나오는 거란 말이야."

포도주 때문인지 그의 얼굴이 창백했다. 관자놀이에 진주 같은 땀방울이 맺혔고 그의 총명한 눈이 불안하게 흔들렸다. 고골레프 노인이 못생긴 매부리코를 찡그리고 손가락으로 눈물을 훔치면서 물었다.

"아이들은 몇이었어요?"

"하나요."

탁자 위와 난로 위에 램프가 하나씩 매달려 있었다. 불빛은 희미했으며 작업실 구석은 어두컴컴했다. 그 구석에는 반쯤 그리다 만 머리가 없는 성화들이 있었다. 손이나 머리가 있어야 할 자리의 칙칙한 회색 부분은 섬뜩하면서도 넓어보였고, 늘 그렇듯 성인들의 몸은 어딘가로 사라지고 색칠된 성의만 남아 있는 것처럼 느껴졌다. 천장에 매달린 반사경은 담배연기 속에서 파르스름한 빛을 희미하게 비추고 있었다.

지하레프는 쉴 새 없이 탁자 주변을 돌아다니며 사람들의 시중을 들고 있었다. 그는 넓게 벗겨진 머리를 이 사람 저 사람에게 꾸벅이며 가느다란 손가락들을 쉴 새 없이 놀렸다. 그는 매우 말라 보였고 뾰족한 코는 더욱 날카로워 보였다. 난롯불 옆을 지날 때면 볼에 코의 그림자가 짙게 드리워지곤 했다.

"마음껏 들어요, 친구들." 그는 높은 억양으로 말했다.

여자는 마치 여주인이나 되는 듯이 노래하는 것처럼 말했다.

"뭘 그리 걱정하시나요? 여기 모인 사람들은 저마다 손이 있으니 누구나 입맛대로 양껏 먹을 수 있을 텐데요."

"자, 편안하게, 여러분!" 지하레프가 낭랑하게 소리쳤다. "친구들, 우린 모두 주님의 종입니다. 노래 하나 하지요. '주의 이름 찬송하세……'"

그러나 찬송가를 부르고 싶은 사람은 아무도 없었다. 모두들 먹고 마시는 데에 정신이 팔려 있었던 것이다. 카펜듀힌은 아코디언을 들고 있었고, 파벨

만큼이나 가무잡잡하고 진지해 보이는 젊은 빅토르 살라우친은 탬버린을 가져와 손가락으로 탄탄한 가죽을 두드리며 깊은 소리를 냈다. 탬버린에 달린 종들이 신나게 울려댔다.

"러시아 춤을 춥시다." 지하레프가 주문하였다. "자, 꼬마 친구, 한번 춰 봐요, 네?"

여자가 일어서면서 한숨을 폭 내쉬고는 말했다.

"아이구, 골치 아픈 사람!"

그녀는 조금 넓은 곳으로 걸어 나와 보초처럼 우뚝 섰다. 그녀는 짧은 갈색 치마에 노란 무명 블라우스를 입었고 머리에는 붉은 두건을 쓰고 있었다. 아코디언이 열정적으로 흐느껴 울고 탬버린이 무겁고 둔탁하면서 한숨을 쉬는 듯한 소리를 냈다. 마치 누군가가 미쳐서 울부짖으며 벽에다 머리를 짓찧는 것 같은 소리였다.

지하레프는 춤을 출 줄 몰랐다. 그는 반짝반짝 빛나는 구두 뒤축을 구르면서 한 마리 양처럼 깡충거릴 뿐이었으며 박자를 놓치기 일쑤였다. 다리는 남에게서 빌려온 것 같았고 몸은 추하게 비틀거렸다. 거미줄에 걸린 말벌이나 그물에 걸린 물고기처럼 몸부림을 치는 모습은 전혀 즐거운 광경이라고 할 수 없었다. 그러나 모든 사람이, 심지어 술에 취한 사람들조차 그의 발작적인 깡충거림에 감동을 받은 것 같았다. 그들 모두는 그의 얼굴과 팔을 조용히 바라보고 있었다. 지하레프의 얼굴 표정은 시시각각 바뀌는 게, 정말 놀라울 정도였다. 상냥한 표정이었는가 하면 어느새 얼굴을 찌푸린 오만한 표정으로 변했고 또 다시 무언가에 놀란 듯한 표정이 되었다가는 한숨을 내쉬며 눈을 감았다. 그리고 눈을 떴을 때는 다시 슬픈 표정으로 변해 있는 것이었다. 그는 주먹을 쥔 채 여자 앞으로 다가가서 갑자기 발을 구르며 무릎을 꿇고 두 팔을 벌렸다. 그러고는 눈썹을 치켜 올리며 따뜻한 미소를 지어 보였다. 그녀는 애정 어린 미소로 그를 내려다보면서 부드럽게 말했다.

"일어나요, 친구."

그녀는 사랑스럽게 눈을 내리깔려고 하였으나 3코페이카짜리 동전만 한 그녀의 눈은 다른 사람이 보기엔 여전히 눈을 뜬 상태였을 뿐만 아니라 오히려 찡그린 형상이 되어 불쾌한 느낌을 줄 뿐이었다.

그녀 역시 춤을 출 줄 몰랐다. 기껏해야 소리 없이 그 거구를 이리저리 옮겨 다닐 뿐이었다. 그녀는 오른손을 엉덩이에 얹고 왼손으로는 흔들어대고 있었는데, 그녀의 이런 모습은 커다란 주전자를 연상케 했다.

지하레프는 이 거대한 여자의 주위를 맴돌며 순간순간 표정을 바꾸었기 때문에 마치 한 사람이 아니라 열 명의 각기 다른 사람들이 춤을 추는 것처럼 보였다. 조용하고 공손한 사람, 다른 사람을 두렵게 하는 거만한 사람, 이 거구의 불쾌한 여인에게서 슬며시 도망치고 싶은 표정으로 한숨을 쉬는 사람, 상처 입은 개처럼 몸부림치며 이를 가는 사람 등등. 이러한 지긋지긋하고 별로 아름답지 못한 춤 때문에 나는 아주 침울해져서 군인들과 세탁부들, 요리사들, 그리고 그들의 추잡한 행동들에 대한 기억을 떠올리게 되었다.

나는 시도로프의 조용한 목소리를 기억하고 있었다.

'이런 점에서 모두들 거짓말쟁이지. 사람들은 모두들 부끄럽게 여기면서도 아무도 서로를 사랑하지는 않아. 단지 즐길 뿐이야……'

나는 모든 사람이 '서로 속이고 단지 즐길 뿐'이라고는 믿고 싶지 않았다. 마고 여왕은 어떠했는가? 그리고 물론 지하레프도 거짓말을 한 적은 없었다. 나는 시타노프가 거리의 여자와 사랑에 빠졌으며, 그녀에게 속은 적이 있다는 사실을 알고 있었다. 그러나 그녀를 혼내주라는 친구들의 충고에도 불구하고 그는 그녀에게 따뜻하게 대해주었던 것이다.

거구의 여인은 얼굴에 시체같은 미소를 띠고 손수건을 흔들며 천천히 몸을 흔들고 있었고 지하레프는 그녀의 주위에서 발작적으로 깡충거리고 있었다. 그들을 바라보면서 나는 생각에 잠겼다. 하느님을 속인 이브는 이 말상의 비대한 여인처럼 생긴 것이 아닐까? 나는 이 여인이 미워지기 시작했다.

얼굴 없는 성화들이 어두운 벽 쪽에서 바라보고 있었고, 캄캄한 밤이 창문 앞에 바짝 다가와 있었다. 답답한 작업장 안에서 등불이 희미하게 타고 있었다. 발 구르는 둔탁한 소리와 사람들이 시끄럽게 떠드는 소리 위로 세숫물을 더러운 물통 속에 성급하게 쏟아붓는 소리가 들렸다.

이런 모습들은 내가 책에서 읽은 삶과는 얼마나 다른가! 정말 고통스러울 만큼 다른 삶이었다. 마침내 사람들이 지루해진 모양이었다. 카펜듀힌이 살라우친의 손에 아코디언을 넘겨주며 소리쳤다.

"자, 계속 해! 모두 시작합시다!"

그는 공기 속을 날아다니듯이 춤추기 시작했다. 그러자 파벨 오딘초프와 소로킨도 그를 따라 가볍게 춤을 추었다. 폐병장이 다비도프도 이리저리 발을 움직였고, 먼지와 담배연기, 지독한 보드카 냄새와 늘 무두질한 가죽 냄새가 나는 훈제 소시지 냄새 따위에 기침을 쿨룩거렸다.

사람들은 춤추고 노래하고 소리치면서도 자신들이 즐기고 있으며 서로에게 시험을 하고 있다는 것을 잊지 않고 있었다. 민첩성이라든가 인내심 같은 것의 시험 말이다.

술에 취한 시타노프가 첫 번째 사람에게 묻고 나서 또 다른 사람에게 물었다.

"저런 여자를 어떻게 사랑할 수 있을까요? 예?"

그러면서 그는 금방이라도 울음을 터뜨릴 것 같은 표정이 되었다.

라리오니치가 뾰족하게 불거진 어깨를 으쓱해 보이며 대답했다.

"여자는 그냥 여자일 뿐이야. 뭘 더 바라는데?"

그들이 입에 올리고 있던 두 사람은 어느새 아무도 모르게 사라져 버리고 없었다. 지하레프는 그로부터 이삼 일이 지나서야 작업장에 나타났다. 그는 목욕을 하고는 그 다음 이주일 동안 내내 말없이 거만하게 모든 사람으로부터 떨어져서 일했다.

"그 사람들 다 갔어?" 시타노프가 독백처럼 물어보고는 우수에 젖은 회청색 눈으로 작업장을 휘둘러보았다. 어딘가 늙은이 같은 구석이 있는 그의 얼굴은 잘생기지는 않았지만 눈빛만은 맑고 선량했다.

시타노프는 나에게 친근하게 대해 주었으며, 그에 대한 보답으로 나는 시를 옮겨 적는 두툼한 공책에 그에 대한 감사의 마음을 적어두곤 했다. 그는 신을 믿지 않았다. 하지만 이 작업장에서 라리오니치를 제외하고는 누가 진정으로 신을 믿고 사랑하는지는 알기가 어려웠다. 사람들은 마치 여주인에 대해 입방아를 찧을 때처럼 모두들 신에 대해 경박한 말과 우스갯소리를 해댔기 때문이다. 그러나 모두들 식사를 할 때면 성호를 그었고, 잠자리에 들기 전에는 기도를 하였으며, 휴일과 축제일에는 언제나 교회에 나갔다. 시타노프는 이런 일을 결코 하지 않았으며 그래서 모두들 그를 무신론자로 여겼다.

"하느님은 없어." 시타노프가 말했다.

"그럼 우리 모두는 어디에서 왔어요?"

"모르지."

내가 어떻게 하느님이 없을 수 있느냐고 따져 물으면 그는 이렇게 설명하는 것이었다.

"자, 보라고. 하느님은 저만큼 높은 곳에 있고……." 그러면서 긴 팔을 머리 위로 들어 올렸다가는 도로 내리면서 말을 이었다. "……인간은 이만큼 낮은 곳에 있다? 정말일까? 너도 알겠지만, '인간은 하느님의 형상과 모습으로 창조되었다'고들 하지. 그러면 고골레프는 누구의 모습을 본떠서 창조되었지?"

나는 무슨 말인지 몰라 어리벙벙해졌다. 속물적인 술꾼 고골레프 노인은 그 나이에도 불구하고 아직도 입에 담기 민망한 죄를 짓곤 했다. 나는 퍼뜩 뱌트카 출신의 어린 군인과 예르모힌, 그리고 외할머니의 여동생이 생각났다. 하지만 과연 그들에게 '신을 닮은' 점이 있단 말인가?

"잘 알다시피 사람들은 모두 돼지나 마찬가지야." 시타노프는 당황한 나를 위로하려는 듯 계속해서 말했다.

"하지만 걱정 마라, 막심. 좋은 사람들도 있으니까. 암, 있고말고!"

시타노프와 잘 지내기는 쉬웠다. 그는 매우 단순한 사람이었기 때문이다. 솔직하게 말했다.

"모르겠다. 거기에 대해서는 생각해 본 적이 없는걸."

나는 이 점이 이상하게 생각되었다. 이제까지 내가 만난 사람들은 모든 것을 다 알고, 모든 것에 대해 이야기하는 사람들뿐이었기 때문이다.

나는 또 그의 공책 속에 심금을 울리는 명시들과 함께 외설스럽고 남부끄러운 느낌만을 일으키는 시들이 나란히 적혀 있는 것을 보고 이상한 생각이 들었다. 한번은 내가 푸시킨에 대해 물어보았더니 그는 자신의 공책에 적혀 있는 '가브리알라드'*30를 보여주면서 말했다.

"푸시킨이 뭐 그리 대단해? 그저 어릿광대지! 차라리 여기 이 베네딕토프*31가 훨씬 볼 만하지."

그러고는 눈을 감고서 조용히 읊조리는 것이었다.

---

*30 푸시킨의 반(反)종교적이고 외설스러운 시.
*31 형식적인 화려한 수사와 쾌락주의적인 감각을 추구했던 삼류 시인. 1840년대에 큰 인기를 끔.

보라, 여기 아름다운 여인의
황홀한 가슴을……

그는 특히 다음의 세 행을 골라 즐겁고 당당하게 읽어내려 갔다.

그러나 독수리의 눈이라도
따뜻한 수도원 안을 뚫고 들어가
그 심장에까지 다다를 수는 없다네.

"이해가 돼?"
나는 그토록 그를 즐겁게 해주는 시를 이해하지 못한다고 감히 말할 엄두가 나지 않았다.

14

작업장에서 내게 맡겨진 일은 간단한 것이었다. 모두들 아직 잠들어 있을 새벽녘에 나는 사모바르를 끓여 차를 준비해 놓고, 사람들이 부엌에서 차를 마시는 동안 파벨과 함께 작업장을 쓸고 먼지를 닦아냈다. 그리고 붉은색이나 노란색, 흰색 안료를 준비해 놓고 가게로 나갔다. 저녁에는 페인트칠을 할 파우더를 섞어 주고 장인들이 일하는 모습을 지켜 보았다. 처음에는 대단히 흥미 있는 일로 여겨졌지만 얼마 지나지 않아 나는 그들이 토막토막 세부화된 공정의 어느 한 가지만 반복할 뿐이며, 이로 말미암아 자신들의 일에 흥미를 잃은 것은 물론 지긋지긋한 따분함에 시달리고 있다는 것을 알았다.

저녁 시간은 자유로웠다. 나는 사람들에게 증기선에서의 생활을 들려주었으며 책에서 읽은 여러 가지 이야기들을 들려주었다. 나 자신은 잘 몰랐지만 어느새 나는 작업장 안에서 이야기꾼으로서 한 자리를 차지하고 있었던 것이다.

나는 곧 사람들이 나보다도 별 경험이 없고 아는 바도 적다는 것을 눈치채게 되었다. 그들은 대개 어린 시절부터 작업장에 틀어박혀 있었기 때문이다. 오직 지하레프만이 모스크바에 가 본 적이 있었는데, 그는 모스크바에 대해 이렇게 말했다.

"모스크바 사람들은 눈물에 의존하지 않더군. 거기 사람들은 이해득실을 잘 알고 있기 때문이야."

다른 사람들은 슈라나 블라디미르보다 먼 곳에는 가본 적이 없었다. 카잔에 대해서 말이 나오면 으레 나에게 물어보았다.

"거기에도 러시아인들이 많이 있어? 교회도 있나?"

그들은 페르미가 시베리아에 있다고 생각했으며, 시베리아가 우랄산맥 너머에 있다는 것을 좀처럼 믿으려 들지 않았다.

"카스피해에서 우랄산맥을 넘어 철갑상어 같은 걸 실어나른단 말야? 그럼 우랄산맥이 뭐 바닷가란 말야?"

때때로 나는 그들이 영국은 대서양 저쪽에 있고 보나파르트가 귀족인 칼루자 가문 태생이라고 말할 때, 혹시 그들이 나를 비웃고 있는 게 아닌가 하고 생각했다. 그들은 내 눈으로 본 것을 이야기해도 믿지 않았다. 그러나 그들 모두는 역사와 뒤섞인 나의 무서운 이야기들을 매우 좋아했다.

나이가 지긋한 아저씨들조차 꾸며낸 이야기들을 진짜보다도 더 솔깃해 했다. 터무니없고 환상적인 이야기일수록 사람들은 더 귀를 기울였다. 대체로 현실은 그들의 관심을 끌지 못했으며, 그들은 모두 꿈꾸듯이 미래를 내다볼 뿐, 현재의 가난과 추악함을 보고 싶어하지 않았다.

이러한 사실은 이미 내가 현실과 책 사이의 괴리를 충분히 감지하고 있었기 때문에 더욱 나를 놀라게 했다. 내 앞에는 살아 있는 사람들이 있었지만 책 속에는 그런 사람들이 없었다. 스무리나 화부 야코프, 도망자 알렉산드르 바실리예프, 지하레프, 세탁부 나탈리아 같은 사람들은 책 속에서는 만날 수 없는 사람들이었다.

다비도프의 가방 속에는 골리친스키의 찢어진 책들, 《이반 비지긴》《불가린》《브람베우스 남작의 소책자》들이 있었다. 나는 이 책들을 그들에게 큰소리로 낭독해 주었으며 누구나 그것을 좋아했다. 라리오니치는 이렇게 말하곤 했다.

"책을 읽어 주면 싸움질이나 시끄러운 소리가 그친단 말이야. 정말 좋아!"

나는 열심히 새 책들을 구해서 거의 매일 저녁 그들에게 읽어 주었다. 정말 멋진 저녁 시간이었다. 작업장은 마치 한밤중처럼 조용했으며, 탁자 위에는 창백하고 서늘한 별처럼 반사 유리 공에서 빛이 되비치고 있었다. 그 불빛은 덥수룩한 머리와 벗겨진 머리들을 비춰 내리고 있었다. 탁자의 내 주변에 앉은 사람들이 조용히 생각에 잠긴 얼굴로 있는 것을 나는 보았다. 이따금 작가나 주인공들을 칭찬하는 감탄사가 들리기도 했다. 너무나 주의 깊고 온순해서 전혀 그들 같지가 않았다. 나는 그들의 이런 모습이 매우 좋았고, 그들 역시 나에게 매우 다정하게 대했다. 나는 내가 있어야 할 자리에 있는 것 같은 느낌을 받았다. 한번은 시타노프가 나에게 이렇게 말하는 것이었다.

"책을 가지고 있으면 봄이 온 것 같아. 겨울의 굳게 닫힌 창문을 열고 봄을 맞이한 느낌이랄까."

하지만 새 책을 구하기란 참으로 힘들었다. 우리는 도서관에 가입할 여유가 없었고, 그래서 내가 여기저기 가는 곳마다 구걸하듯이 하소연하면서 용케 책들을 몇 권 얻어 왔다. 한번은 소방대장이 레르몬토프의 시집을 한 권 주었는데 이 책을 통해 나는 시의 힘을, 사람들에게 미치는 그 강력한 힘을 느끼게 되었다.

〈악마〉라는 시의 첫 줄에서 시타노프가 책을 힐끗 쳐다본 다음 내 얼굴을 보며 붓을 테이블에 내려놓고는 긴 팔로 무릎을 감싸 안으며 미소 짓던 모습을 나는 아직도 잊을 수가 없다.

"이봐! 너무 떠들지 좀 말라고." 라리오니치도 일을 멈추고 내가 책을 읽고 있는 시타노프의 테이블로 다가왔다.

시는 고통스럽고도 감미로운 격정 속으로 나를 몰아갔다. 나는 목소리가 잠기고 눈물이 앞을 가려 시구를 제대로 읽을 수가 없었다. 하지만 나를 더욱 감격하게 만든 것은 작업실 사람들의 둔중하고 조심스러운 움직임이었다. 모두들 자석에 이끌리듯이 내게로 모여들었다. 1부를 다 읽었을 때는 거의 모든 사람이 탁자 주위에 둥글게 모여 서서, 서로 기대거나 포옹을 한 채 이맛살을 찡그리기도 하고 웃기도 했다.

"어서 계속 읽어 봐." 지하레프가 내 머리를 책 쪽으로 돌려놓으면서 재촉했다. 내가 책을 다 읽었을 때 그는 책을 와락 잡아당겨 제목을 훑어보고는 자기 옆구리에 낀 채 말했다.

"이 책을 다시 읽어줘야 돼! 내일 읽어 달라고! 그동안 내가 감추어 놓아야지."

그는 레르몬토프의 시집을 자기 책상 서랍에 넣고 잠근 뒤 다시 일을 시작했다. 작업장은 다시 조용해졌다. 사람들은 슬며시 제자리로 돌아갔다. 시타노프는 창가로 다가가 창문 유리에 이마를 대고는 얼어붙은 듯이 서 있었다. 지하레프는 다시 붓을 내려놓으며 단호한 목소리로 말했다.

"인생이란 그런 거야. 우리 모두는 하느님의 종이지! 정말 그래!"

그는 어깨를 움츠려 머리를 푹 파묻으며 말을 이었다.

"나는 악마를 그려낼 수가 있어! 까만 피부에 털이 북슬북슬하고 시뻘겋게 타오르는 날개가 달린 몸체는 붉은 납으로 그리고, 얼굴과 손발은 달빛 비치는 밤의 눈처럼 푸른 기를 띤 흰색으로 칠하는 거야."

그는 저녁식사 시간이 거의 다 되어갈 때까지 여느 때의 그답지 않게 불안하게 서성거리거나, 손가락으로 탁자를 톡톡 두드리면서 무엇인가 잘 알아들을 수 없는 말들을 중얼거리는 것이었다. 악마와 여인들과 이브에 대한, 낙원에 대한, 그리고 성인들이 어떻게 죄를 범하는가에 대한 말들을.

"그 시는 정말 진리야. 성인들이 죄지은 여인들과 관계를 맺는다면, 악마가 어떤 순결한 영혼과 관계를 맺는 것도 당연한 일이지……."

사람들은 묵묵히 듣고 있었다. 아마 나와 마찬가지로 아무도 말하고 싶은 기분이 아니었을 것이다. 그들은 마지못해 일을 하면서도 연신 시계를 보다가 열 시가 되자 한꺼번에 일을 멈추어 버렸다.

시타노프와 지하레프가 정원으로 나갔고 나도 그들 뒤를 따랐다. 거기서 별을 바라보며 시타노프가 말했다.

사막을 떠도는 대상처럼
그것은 우주 공간 속으로 떨어져 빛난다네.

(레르몬토프의 〈악마〉에서)

"어떻게 이렇게 쓸 수 있을까!"

"나는 한 줄도 생각이 나지 않아." 지하레프가 싸늘한 냉기에 몸을 떨며 말했다. "아무것도 생각나지 않아. 하지만 놀랍게도 그는 악마를 동정하고 있어. 그는 우리가 악마를 동정하도록 만들었어, 안 그래?"

"맞아." 시타노프가 동의했다.

"그게 바로 진짜 인간이라는 거야!" 지하레프가 회상에 잠긴 채 소리쳤다. 그는 현관 통로에 서서 나에게 경고했다.

"막심, 가게에 나가서는 이 책 이야길랑은 하지 마라. 이건 틀림없이 금서일 게야!"

이 말을 듣고 나는 기뻤다. 이 책은 고해성사를 할 때 신부님이 내게 말한 금서들 가운데 하나인 것이 분명했기 때문이다.

저녁식사 때는 일상적인 소음이나 잡담이 빠져서 활기 없는 분위기였다. 마치 무엇인가 중대한 일이 벌어지기라도 해서 다른 것을 생각할 여유가 없는 것 같았다. 저녁식사를 마친 뒤 모두들 잠자리로 가버리고 나자 지하레프가 책을 꺼내 와서는 내게 말했다.

"자, 다시 한 번 읽어봐!"

몇 명이 조용히 침대에서 일어나 책상 주변에 모여 앉았다.

내가 책을 다 읽고 나자 지하레프가 손가락으로 탁자를 톡톡 치면서 말했다.

"정말 너무나 생생한 묘사로군! 오, 악마, 악마여!"

시타노프는 내 어깨에 기대어 몇 줄을 읽어 보고는 웃으면서 말했다.

"내 공책에 좀 적어 놓아야겠군……."

지하레프는 벌떡 일어나 자기 책상으로 책을 가져갔다. 그러다가 갑자기 동작을 멈추고 돌아서서는 화가 나서 떨리는 목소리로 말하는 것이었다.

"우리는 눈먼 강아지처럼 살고 있어. 무엇을 위해 사는지를 몰라. 하느님에게도 악마에게도 우리는 필요치 않아! 우리가 어떻게 주님의 종이지? 주님은 종들에게 직접 말씀하셨어. 모세에겐 이름까지 주셨지. '모이세이'*32는 '이 사람은 곧 내 사람', 그러니까 하느님께서 쓰시는 사람이라는 뜻이야. 그런데 우리는 뭐지?"

그는 책을 덮고 주섬주섬 옷을 입으면서 시타노프에게 물었다.

"술집에 가서 한잔 할까?"

"내 단골 술집으로 갈 테야." 시타노프가 조용하게 대답했다.

그들이 나간 다음 나는 문 옆 마룻바닥에 파벨 오딘초프와 나란히 누웠다. 그는 오랫동안 뒤척이다가 갑자기 조용히 흐느끼기 시작했다.

---

*32 러시아어로 '모이'는 '나의(my)'를 뜻하고, '세이'는 '이것(this)'을 뜻함.

"왜 그래?"

"불쌍해 죽겠어. 벌써 사 년 정도나 같이 산 사람들이라 난 그들을 잘 알거든."

나 역시 그들을 동정했고 마음이 아팠다. 우리는 한동안 잠을 이루지 못하고 깨어 있었다. 우리는 소년다운 감성으로 그들의 선의와 좋은 점을 이야기하며 마음 아파했다.

나는 파벨 오딘초프와 매우 친하게 지냈다. 그는 훌륭한 장인이 되었지만 그리 오래 가지는 못했다. 3년째 되어가던 무렵에 걷잡을 수 없는 술꾼이 되고 만 것이다. 오랜 시간이 흐른 뒤 나는 모스크바의 히트로프 시장에서 누더기 차림으로 걸어가는 그를 만난 적이 있다. 그리고 얼마 전에는 그가 티푸스에 걸려 죽었다는 소식을 들었다. 나의 삶 속에서 만났던 많은 선량한 사람들이 안타까운 죽음을 맞이한 것을 생각하면 가슴이 미어질 것만 같다. 어느 나라에서나 사람들은 지칠 대로 지쳐 죽어가기 마련이지만 그토록 빨리 몸을 혹사하여 안타까운 죽음을 맞이하는 사람이 이렇게 많은 곳은 러시아밖에 없을 것이다.

그 무렵, 파벨은 나보다 두 살이 많은 얼굴이 둥근 소년이었다. 그는 활달하고 똑똑했으며 올곧았다. 그는 새나 고양이, 개들을 잘 그렸고 장인들의 캐리커처를 그리는 데에 놀랄 만한 재능을 가지고 있었다. 그는 언제나 캐리커처에 날개를 그려 달아주곤 하였다. 시타노프는 가엾은 외다리 도요새로 그렸고, 지하레프는 깃털이 찢어지고 볏이 없는 수탉으로 그렸다. 폐병장이 다비도프는 부상당한 푸른 댕기 물떼새가 되었다. 그러나 누구보다도 멋지게 그린 사람은 늙은 조각사 고골레프였다. 그는 박쥐로 표현되었는데, 넓적한 구레나룻에 우스꽝스런 코를 하고 네 발에 각각 여섯 개의 발톱을 달고 날아가는 모습이었다. 둥글고 어두운 얼굴에 동그랗고 하얀 눈이 그려져 있었고 눈동자는 렌즈콩 알갱이 같았다. 파벨이 캐리커처를 보여 주었을 때 작업장 사람들 가운데 화를 낸 사람은 아무도 없었지만 고골레프의 그림은 모두에게 좋지 않은 느낌을 주었다. 그래서 그들은 파벨에게 엄한 주의를 주었다.

"빨리 찢어 없애 버리는 게 좋을 거야! 그 노인네가 보면 널 반쯤 죽일테니까!"

언제나 술에 취해 있는 이 지저분한 노인네는 경건한 체하면서 가게 점원에게 사람들의 욕을 하곤 했다. 여주인은 가게 점원을 자기 조카와 결혼시키려고 마음먹고 있었고, 그 때문에 점원은 벌써부터 집안 전체와 작업장 사람들에게 주인 행세를 하려 들었다. 사람들은 점원을 싫어하면서도 한편으로는 두려워했고, 그래서 고골레프까지도 두려워하였다. 파벨은 이 늙은 조각사를 골려 주려고 갖은 궁리를 다 했다. 마치 고골레프를 잠시도 편히 두지 않는 것을 삶의 목적으로 삼은 듯이 보였다. 나도 열심히 그를 도와주었다. 사람들은 언제나 무자비한 우리들의 장난에 퍽 재미있어 했다. 그러면서도 우리에게 주의 주는 것을 잊지 않았다.

"애들아, 그러면 혼날 줄 알아! 그러다가 좀벌레한테 반쯤 죽는다!"

좀벌레는 밉살스런 점원에게 붙여진 별명이었다.

우리는 그들의 주의에는 아랑곳하지 않고 조각사가 잠들어 있을 때면 그의 얼굴에 낙서를 했다. 한번은 그가 술에 취해 곯아떨어졌을 때 그의 코에 금색 페인트를 칠해 놓았는데, 그는 삼일이나 지나서야 딸기코에 스며든 페인트를 지울 수 있었다. 우리가 그 노인의 성질을 돋울 때마다 나는 예전에 탔던 증기선과 뱌트카 출신 병사가 떠올라 마음이 편치 않았다. 고골레프는 나이가 들었음에도 불구하고 매우 힘이 좋아 우리를 붙잡아 쥐어박기도 하고 나중에는 주인 여자에게 우리를 고자질하기도 했다.

고골레프와 마찬가지로 여주인 역시 날마다 술에 빠져 있었는데 그 술기운 때문에 늘 즐겁고 친절했다. 그녀는 우리를 겁주려고 그 통통 불은 손바닥으로 탁자를 내리치며 소리를 쳤다.

"요 녀석들, 또 그런 짓궂은 짓을 할 거야? 그 사람은 노인이야, 나이 드신 분을 존경해야지! 누가 술잔에다 포도주 대신 사진 용액을 부어 넣었어?"

"우리가……."

여주인은 놀라서 말했다.

"오, 맙소사! 이놈들이 실토를 하는구나. 이 녀석들아, 노인네를 공경해야지!"

그녀는 우리를 밖으로 쫓아냈다. 저녁 때 그녀가 점원에게 우리 일을 이야기하자 점원은 내게 화를 내며 말했다.

"넌 책도 읽고, 게다가 성경도 읽는 놈이 어떻게 그 따위 짓을 할 수 있느냐 말이야. 조심해, 이 녀석아!"

여주인은 고독한 여자였다. 그녀는 이따금 달콤한 술을 마시며 창가에 앉아 노래를 부르곤 했다.

아무도 날 안쓰러워하지 않고
아무에게서도 나는 동정 받지 못하네.
누가 알까, 나의 슬픔을.
누구에게 나의 슬픔을 이야기할까.

그녀는 떨리는 목소리로 흐느끼듯 느릿느릿 노래를 불렀다.

한번은 그녀가 뜨거운 우유를 담은 통을 들고 계단을 내려가는 것을 보았다. 갑자기 다리에 힘이 풀렸는지 그녀는 계단에 주저앉았고, 계단을 한 칸 한 칸 내려갔다. 그 와중에도 우유통은 꼭 붙잡고 있었다. 우유가 옷에 튀자 그녀는 손을 내뻗으며 통에다 대고 화를 냈다.

"야 이놈아, 왜 그래, 응? 도대체 어디로 가려고 그래!"

여주인은 뚱뚱하지는 않았지만 약간 통통한 편이었다. 그녀는 더 이상 쥐를 잡지는 못하고 옛날의 영광과 환희에 대한 달콤한 향수에 젖어 가르릉거리는 늙고 살찐 고양이 같았다.

시타노프가 이맛살을 모으며 진지하게 말했다.

"옛날엔 정말 대단한 사업이었지. 훌륭한 작업장에 훌륭한 장인들이 있었거든. 그런데 이제는 다 끝났어. 그저 좀벌레의 손아귀에서 놀아날 뿐이야. 우린 노예처럼 열심히 일했지만 모든 것이 엉뚱한 녀석에게 다 가 버리고 말았어! 생각만 해도 분통이 터질 노릇이야. 아무것도 하고 싶지 않아. 할 수만 있다면 모든 걸 때려치우고 옥상에 올라가 여름 내내 하늘이나 바라보며 누워 있었으면 좋겠어……."

파벨 오딘초프도 시타노프와 같은 생각이었다. 그는 어른들이 준 담배를 피우면서 하느님과 술과 여자에 대해 철학적인 이야기를 했다. 그리고 갈수록 할 일이 없어진다는 사실과, 누구는 물건을 만들고 또 누구는 그것을 부숴버리며, 그것의 가치를 알지도 못하면서 마구 소비한다는 이야기를 했다.

그럴 때면 그의 뾰족하면서도 유쾌한 얼굴이 찌푸려졌고 나이도 더 들어 보였다. 그는 무릎을 곧추 세우고 앉아 푸른빛이 감도는 창문을 통해 눈 쌓인 오두막 지붕과 겨울 하늘의 별들을 오랫동안 바라보았다.

작업장 사람들은 코를 골며 잠꼬대를 해댔다. 누군가는 헛소리를 하며 숨이 넘어갈 듯이 헐떡거렸다. 다비도프는 두꺼운 판자로 만든 그의 침대에 누워 기침하고 있었다. 구석 쪽에는 카펜듀힌, 솔로킨, 페르신이 술에 취해 곯아떨어진 채 서로 몸을 부대끼며 누워 있었다. 벽에 기대 세워둔 성화 속의 얼굴과 손, 다리가 없는 성인들이 정면을 바라보고 있었다. 마룻바닥의 틈새에서 썩은 달걀과 먼지 등의 고약한 냄새가 짙게 배어나왔다.

'주여, 제가 얼마나 이 사람들을 사랑하는지 아십니까? 오, 주여!' 파벨이 속삭였다.

나는 나 자신과 사람들에 대한 연민 때문에 점점 더 마음이 불편해졌다. 앞에서도 말했듯이 우리 둘에게는 모두가 좋은 사람들이었다. 하지만 그들의 삶은 무의미했고 참을 수 없을 만큼 따분한 것이었다. 눈폭풍이 휘몰아치는 겨울이 되어 땅 위의 모든 것이, 집이나 나무들이 추위에 떨고 울부짖으며 흐느낄 때면, 그리고 사순절에 서글픈 종소리가 울릴 때면, 지루함은 납덩이처럼 무겁게 작업장을 뒤덮어 사람들을 술집으로, 그리고 망각에는 보드카만큼이나 효과가 있다는 여자들에게로 내모는 것이었다.

이러한 저녁이면 책도 쓸모가 없었다. 파벨과 나는 우리 나름의 방식으로 사람들을 즐겁게 해 주려고 노력했다. 얼굴에 검댕이나 페인트를 칠하고 지루함에 젖어 있는 작업장 사람들이 웃을 때까지 우리가 만든 코미디를 열심히 연기했다. 《한 병사가 표트르 대제를 구한 전설》을 떠올리며 나는 그것을 대화체로 바꾸었다. 우리는 다비도프의 초라한 침상에 올라가 적군 스웨덴인의 목을 신나게 자르는 연기를 했다. 그러면 모두들 우리를 보고 깔깔거리는 것이었다.

사람들은 특히 중국의 귀신에 대한 전설을 좋아했다. 파벨은 좋은 일을 계획하는 불행한 귀신의 역할을 맡았고, 나는 다른 모든 역할을 도맡았다. 들판의 사람들과 노예들, 선한 영혼, 그리고 중국의 귀신이 좋은 일을 시도하다가 실패하여 고통스러워하며 앉아 쉬었던 돌 역할이 내가 맡은 역할이었다.

사람들은 깔깔거리며 웃었다. 나는 사람들을 웃기는 일이 이렇게 쉬운가 하고 놀랐다. 그리고 이러한 점에 오히려 마음이 상했다.

"야, 이 어릿광대야!" 하고 사람들은 나에게 소리쳤다. "적을 쳐부숴라!"

그러나 그들과 함께 일을 할수록 그들에게는 기쁨보다 슬픔이 더 가깝다는 생각을 하지 않을 수 없었다.

우리의 쾌활함은 결코 그 자체로서는 존재하지 못했으며 다만 러시아적인 우울함을 달래기 위한 수단으로서만 존재했다. 나는 우리의 쾌활함이 자발적이거나 자연스러운 것이 아니라 모두가 우울할 때에만 인위적으로 나타나는 것이라는 점에서 회의적이었다.

러시아의 쾌활함은 너무나 자주 예기치 않은 잔인한 비극으로 바뀌곤 한다. 예컨대 어떤 사람이 사슬에서 풀려난 것처럼 기쁨에 겨워 춤을 추기 시작하면 그의 안에 잠재돼 있던 야수성이 갑자기 고개를 들면서 그를 방해하는 모든 것을 갈기갈기 찢고 물어뜯고 파괴하는 것이다.

나는 이처럼 외부의 자극으로 야기되는 인위적인 쾌활함이 몹시 싫었다. 그래서 나 자신조차 잊고 사람들에게 즉석에서 만들어낸 환상적인 이야기들을 들려주거나 연기했다. 사람들에게서 진정하고 자유로운, 그리고 거리낌 없는 기쁨을 이끌어내기를 바랐기 때문이다. 그것은 어느 정도 성공을 거두었다. 사람들은 나를 칭찬하고 내 이야기에 놀라워했다. 그러나 내가 몰아낸 우울함은 다시금 서서히 되돌아와서 오히려 전보다도 더 무겁게 사람들을 짓누르는 것이었다.

회색빛 얼굴의 라리오니치가 부드럽게 말했다.

"너는 정말 재미있는 녀석이야! 주님이 함께 하시길!"

"우리의 위안거리지!" 지하레프가 말했다. "막심, 서커스단에 가지 그래. 아니면 배우가 되든가. 너라면 훌륭한 광대가 될 수 있을 거야!"

작업장 사람들 가운데 극장에 가본 사람은 카펜듀힌과 시타노프 두 사람뿐이었다. 그들은 크리스마스와 강림절 주일 때 극장엘 다녀왔는데, 좀 나이든 사람들은 그들에게 그런 무서운 죄를 씻으려면 요단 강물로 세례를 받아야 한다고 말했다.

시타노프는 특히 나를 채근하곤 했다.

"다 그만두고 가서 배우가 되도록 해라!"

그리고 흥분해서 나에게 《배우 야코블레프의 삶》이라는 슬픈 이야기를 들려주며 경고하는 것이었다.

"거기 가면 너에게도 생길 법한 이야기들이지!"

그는 메리 스튜어트 여왕 이야기를 좋아했는데 언제나 그녀를 '악마'라고 불렀다. 그는 특히 《에스파냐 귀족》에 환호했다.

"막심, 돈 케사르 드 바잔은 정말 귀족이야! 놀라운 사람이지!"

그에게서는 실제로 에스파냐 귀족의 기질 같은 것이 느껴졌다. 한번은 소방서 앞에서 세 명의 소방관이 한 농부를 두들겨 패면서 즐거워하고 있었다. 주위에서 마흔 명가량 되는 군중이 둘러서서 싸움을 부추기고 있었다. 시타노프는 이 싸움에 몸을 던져, 그의 긴 팔로 소방관들에게 일격을 가하고는 농부를 일으켜 세우더니 사람들에게 소리쳤다.

"이 사람을 데려가 주세요!"

그리고 자신은 그 뒤에 남아 삼 대 일 싸움을 벌였다. 소방서 마당이 바로 코앞에 있었으므로 소방관 세 명이 다른 소방관들의 도움을 청한다면 시타노프가 죽었을 수도 있는 상황이었다. 그러나 다행히도 그런 일은 벌어지지 않았다. 소방관들이 두려워서 소방서 마당으로 도망쳐 버린 것이다.

"나쁜 놈들!" 그들 뒤에 대고 시타노프가 소리쳤다.

일요일이면 젊은 사람들은 페트로파블롭스키 묘지 뒤 목재 야적장으로 권투 시합을 하러 갔다. 거기서 인근의 썰매기사들이나 농부들과 한바탕 붙곤 했다. 마부들은 도시 녀석들에 맞설 상대로 유명한 싸움꾼인 덩치 큰 모르도바인을 내세웠다. 그는 작은 머리에 늘 눈물이 가득 고인 커다란 눈을 하고 있었다. 그는 짧은 외투의 더러운 옷소매로 눈물을 훔친 뒤 발을 딱 벌리고 동료들의 선두에 나섰다. 그러고는 부드럽게 말하는 것이었다.

"덤벼! 왜, 얼었어?"

우리 쪽에서는 카펜듀힌이 나섰지만 그 모르도바인에게 번번이 지고 말았다. 그러나 피범벅이 되어 씩씩거리면서도 이 카자크인은 기세등등하게 말하는 것이었다.

"죽는 한이 있어도 저 모르도바 놈에게는 지지 않을 거야!"

결국 모르도바인을 꺾는 것이 카펜듀힌의 삶의 목적이 되어 버렸다. 그는 보드카마저 삼가고, 매일 잠자리에 들기 전 눈(雪)으로 냉수마찰을 하고, 고기를 많이 먹었으며 근력을 키우기 위해 매일 저녁 2파운드짜리 아령으로 십자가를 그리며 열심히 훈련했다. 그러나 이러한 노력도 아무 효과가 없었다. 그러자 그는 권투 글러브 안쪽에 몇 개의 납 조각을 꿰매어 넣고 시타노프에게 장담했다.

"이제 그 녀석을 끝장내버리고 말 거야!"

시타노프가 엄중하게 경고했다.

"그만두지 못해! 아니면 시합에 나가기 전에 나부터 상대해야 할 거야."

카펜듀힌은 그 말을 믿지 않았다. 그러나 시합이 시작되려고 하자 시타노프가 갑자기 나서며 모르도바인에게 말했다.

"잠깐, 바실리 이바느이치! 먼저 내가 카펜듀힌과 한판 붙을 일이 있어!"

카펜듀힌은 얼굴이 붉으락푸르락해지면서 외쳤다.

"누가 너하고 싸운댔어! 저리 꺼져!"

"아니, 나하고 싸워야 할걸." 시타노프는 카펜듀힌에게 다가가서 그의 얼굴을 빤히 바라봤다.

카펜듀힌은 발을 구르다가 손에 낀 권투 글러브를 벗어 품속에 넣더니 황급히 자리를 떴다.

우리쪽과 상대쪽 모두 놀라고 불쾌해했다. 한 점잖은 사람이 시타노프에게 화를 냈다.

"이봐, 집안싸움을 밖에까지 끌고 나오다니, 그런 법이 어디 있어?"

모두들 시타노프를 비난했다. 시타노프는 한동안 말이 없다가 마침내 그 점잖은 사람에게 한마디 했다.

"그럼 내가 살인을 구경만 하고 있으라는 말이오?"

상대방은 바로 그의 말뜻을 이해하고는 모자를 벗으면서 말했다.

"그랬었군요. 그렇다면 우리는 당신에게 감사해야겠군요!"

"하지만 다른 사람들한테는 이야기하지 마시오."

"왜요? 카펜듀힌은 시합에서 이길 때가 거의 없고, 따라서 몹시 분했을 거예요. 우리도 이해합니다. 하지만 앞으로는 시합 전에 그의 글러브를 잘 검사해 봐야겠어요."

"마음대로 하시오!"

그 점잖은 사람이 자리를 뜨자 이번엔 우리 편에서 시타노프를 비난했다.

"왜 그런 말을 했어, 이 바보 녀석아! 카펜듀힌이 이길 수도 있었는데. 앞으로는 늘 우리편이 지게 생겼잖아."

사람들은 마음이 풀릴 때까지 그에게 욕을 퍼부었다.

시타노프는 한숨을 내쉬더니 말했다.

"에이, 쓰레기 같은 놈들……."

그러고는 모르도바인에게 시합을 제안하여 모두를 놀라게 했다. 모르도바인은 어깨를 펴고 주먹을 흔들면서 약을 올렸다.

"죽도록 싸워야 할걸!"

사람들이 뒤로 물러서며 넓은 원을 만들었다.

두 선수는 서로 노려보면서 오른손은 앞으로 내밀고 왼손으로는 가슴을 방어하면서 자세를 잡았다. 경험 있는 구경꾼들은 금세 시타노프의 팔이 모르도바인보다 길다는 것을 알아챘다. 모두들 조용해졌고, 선수들의 발밑에서 나는 눈 밟히는 소리만이 들렸다. 누군가 이 조용한 상태를 참지 못하고 투덜거렸다.

"벌써 시작했어야지, 왜 빨리 안 붙어……."

시타노프가 오른손을 크게 휘두르자 모르도바인은 왼손을 들어 방어하다가 시타노프의 왼손에 복부를 강타 당했다. 그는 뒤로 주춤하면서 신음소리를 내더니 만족스러운 듯이 말했다.

"허, 그놈, 젊은 놈이 바보는 아니군!"

그들은 본격적으로 달려들어 서로의 가슴에 강펀치를 날려댔다. 잠시 뒤에는 양쪽 모두 흥분해서 소리치기 시작했다.

"더 세게 한 방 날려, 그림쟁이야! 끝장을 내, 세공쟁이야!"

모르도바인이 시타노프보다 더 강했지만 몸이 둔했다. 그래서 한 방을 먹이기 위해서는 두세 대를 맞곤 했다. 그러나 경험이 많은 그는 그렇게 맞아도 아무렇지도 않은 듯 줄곧 여유 있게 웃으며 소리치는 것이었다. 그리고 마침내 그가 주먹을 위쪽으로 세게 날리자 시타노프의 오른팔이 탈구가 되고 말았다.

"그만해! 끝났어!" 즉시 몇몇 사람이 소리를 질렀고 사람들이 두 선수 주위로 모여들었다. 모르도바인이 부드럽게 말했다.

"별로 세지는 않은데 기술이 좋군. 훌륭한 권투 선수가 되겠어. 내 장담하지!"

나이 든 축은 레슬링 시합을 벌였다. 나는 시타노프를 데리고 접골사에게 갔다. 나는 이번 일을 계기로 그를 더 높이 평가하게 되었고, 그에게 연민과 존경심을 품게 되었다.

그는 올곧고 정직한 사람으로, 그저 자신의 의무를 다했을 뿐이라고 생각했다. 그러나 품위 없는 카펜듀힌은 화가 나서 그를 놀려댔다.

"오호, 제냐, 넌 뭔가를 보여주기 위해 사는 놈이로구나! 영혼을 깨끗이 하셨다 이거지. 축제 전날의 사모바르처럼 말이야. 그리고 빼기는 꼴이라니! 그래봤자 네 영혼은 너무 굳어 있어서 함께 있기가 여간 따분하지 않아⋯⋯."

시타노프는 조용히 침묵을 지키면서 자기 일에 열중하거나 레르몬토프의 시를 공책에 옮겨 적었다. 그는 시를 베끼는 일로 자유시간을 보냈다. 한번은 내가 그에게 "당신은 돈도 많은데, 차라리 시집을 한 권 사지 그래요!"라고 말해 보았다. 그러자 그는 "아니야, 직접 써 보는 게 훨씬 나아!" 하고 대답했다.

그는 예쁘고 작은 글씨로 공책 가득 시를 써나갔다. 그리고는 잉크가 마르기를 기다리면서 부드럽게 읽어 내려가기 시작했다.

먼 곳에 있는 그대여,
그대는 회한도 느낌도 없이
세상을 경멸하는가.
그곳은 진정한 행복도,
영원한 아름다움도 없는 곳이기에⋯⋯

(레르몬토프 〈악마〉에서)

그리고는 눈을 지그시 감으며 말했다.

"정말 맞는 말이다! 그래, 이 시인도 진리를 알고 있어!"

나는 카펜듀힌과 시타노프의 관계에 대해 놀라움을 금할 수 없었다. 술에 취하면 카펜듀힌은 항상 시타노프에게 싸움을 걸어 왔지만 시타노프는 오래 참으면서 설득하는 것이었다.

"그만하면 됐어, 날 내버려 둬!"

그러다가 마침내 그는 술 취한 카자크인에게 무섭게 일격을 가했다. 너무나 잔인한 모습이어서 두 사람의 싸움을 재미삼아 구경하던 일꾼들도 이 두 친구를 뜯어 말렸다.

"그냥 내버려두면 예브게니가 누구든 한 사람을 죽이고 말 거야. 그렇게 되면 그는 결코 자신을 용서할 수 없을걸." 그들은 이렇게 말하는 것이었다.

술에 취하지 않고 멀쩡한 정신일 때에도 카펜듀힌은 시타노프가 시와 자신의 불행한 로맨스에 탐닉하는 것을 외설스런 말로 놀려대곤 했지만 결코 화를 돋우지는 못했다. 시타노프는 묵묵히 카자크인의 조롱을 듣고 있었다. 아무런 반발도 하지 않고 오히려 때때로 카펜듀힌과 함께 웃곤 하는 것이었다.

잘 때에도 그들은 나란히 누워 밤늦도록 무언가를 이야기하곤 했다. 나는 서로 너무나 다른 이 두 사람이 무엇을 그렇게 다정하게 이야기하는지 알고 싶어 조바심이 났다. 하지만 내가 다가가면 카자크인이 소리를 버럭 질렀다.

"뭘 바라는 거야?"

그렇지만 시타노프는 나를 거들떠보지도 않는 것 같았다. 그런데 한번은 그들이 나를 불렀다. 그리고 카자크인이 내게 물었다.

"막심, 네가 아주 부자라면 말이야, 뭘 갖고 싶니?"

"책이요."

"그리고 또?"

"잘 모르겠어요."

"에이, 이 녀석은 그저……" 카펜듀힌이 역겹다는 듯이 내게서 고개를 돌렸다. 그러자 시타노프가 조용하게 말했다.

"이봐, 이건 늙은이도 젊은이도 아무도 모르는 건데, 내가 너에게 가르쳐줄게. 돈이라는 것은 그 자체로는 아무런 가치도 없는 거야! 무언가 특별한 목적을 위해서만 의미가 있지."

나는 무슨 뜻인지 물었다.

이번엔 카자크인이 대답했다.

"좋아, 잠이 안 오는데 얘기나 좀 할까."

그들의 이야기를 가만히 귀담아 들어본 결과 그들이 밤마다 하는 이야기는 그날 낮에 사람들이 이야기하던 것들, 신이나 진리, 행복, 여자들의 어리석음과 교활함, 부자들의 탐욕스러움, 그리고 삶이 얼마나 복잡 미묘하고 알 수 없는 것인가 등에 대한 것이었음을 알게 되었다.

나는 늘 그들의 대화에 열심히 귀를 기울였으며, 그들의 대화는 항상 나를 흥분시켰다. 나는 특히 대부분의 사람들이 똑같은 결론—인생은 악으로 가득하고 우리는 더 나은 삶을 살아야 한다는—에 도달한 것을 알고 기뻤다. 그러나 동시에 나는 좀 더 나은 삶에 대한 열망은 장인들의 삶과 그들 서로의 관계에 아무런 영향도 미치지 못하고 어떠한 변화도 가져오지 않는다는 사실 또한 알게 되었다. 내 앞에 펼쳐진 삶에 밝은 빛을 던져 주는 이런 말들은 다만 그 이면에 있는 우울한 허무를 드러내 보여줄 뿐이었다.

그들은 매우 오랜 동안 뜨겁게 논쟁을 벌였고, 항상 누군가를 비판하고, 뽐내기도 하고, 아무것도 아닌 일로 지독한 싸움을 벌여 서로에게 깊은 상처를 주곤 했다. 때로는 그들이 죽은 뒤 무슨 일이 일어날지를 짐작해보기도 했다. 그런 이야기를 주고받는 동안에도 세면대가 놓여 있는 작업장 현관의 마룻바닥은 계속 썩어들어가서, 그 습기 차고 썩은 틈새에서 발을 얼리는 축축하고 차가운 기운이 올라왔다. 파벨과 나는 마룻바닥 틈새들을 건초나 누더기로 틀어막곤 했다. 사람들은 마루를 다시 놓아야 한다고들 했지만 그 틈새는 점점 더 벌어지기만 했고, 겨울바람이 드셀 때는 그 틈새에서 새어들어오는 바람 때문에 모두 감기에 걸려 콜록거리곤 하였다. 녹슨 환기통의 금속 날개는 끽끽거리는 소리를 냈고 모두들 그것에 대해 아우성치며 저주를 퍼부었다. 그러나 누군가가 그곳에 기름을 쳤을 때 지하레프는 이렇게 말했다.

"환풍기 소리가 나지 않겠군. 이젠 더 따분해지겠어."

목욕탕에서 갓 돌아와 먼지 쌓인 더러운 침대 위에 벌렁 누우면서도 그들은 아무도 불평하지 않았다. 작업장에는 생활에 불편만 더해 주는 쓸모없는 것들이 많았는데 마음만 먹는다면 손쉽게 고쳐 쓸 수도 있었다. 그러나 그렇게 하는 사람은 아무도 없었다. 그들은 이렇게 말하곤 했다.

"어느 누구도 인간들을 동정하지 않아. 하느님도, 우리들 자신도 말이지."

그러나 파벨과 나는 이 더러움과 벌레들에 침식되어 죽어가는 다비도프를 깨끗이 씻겨주곤 했다. 사람들은 우리의 이런 행동을 비웃었다. 그들은 우리에게 셔츠를 벗어 주며 이를 잡으라고 시키고 '바보 멍청이'라고 부르는 것이었다. 그들은 마치 우리가 무슨 남부끄럽고 몹시 우스운 짓이라도 한 듯 조롱했다.

크리스마스부터 부활절까지 다비도프는 내내 기침을 해대면서 침대에 누워 있었다. 그는 세숫대야에 피를 토하다가 마룻바닥에 튀기곤 했으며, 밤에는 발작적인 기침 소리로 모든 사람의 잠을 깨워 놓았다. 사람들은 거의 날마다 이렇게 말했다.

"병원엘 데려가야 해."

그러나 알고보니 다비도프의 패스포트가 유효기간이 만료되어 있었다. 그 뒤 그가 조금 나아졌을 때 사람들은 이렇게 말했다.

"그런 건 중요하지 않아. 어차피 곧 죽을 텐데 뭘!"

그러면 다비도프는 혼자 중얼거리는 것이었다.

"그래, 곧 가지!"

그는 조용한 유머를 잘했고 항상 농담으로 작업장의 지루함을 달래주려 하였다. 그는 어둡고 뼈만 앙상한 얼굴을 떨구면서 쌕쌕거리는 목소리로 말했다.

"여러분, 다락으로 올라간 사람의 목소리를 들어 보세요."

나는 다락에서 살고 있네.
나는 아침 일찍 일어나지.
잘 때나 깨어 있을 때나
바퀴벌레가 날 갉아 먹는다네……

"기분이 좋은 모양이군!" 사람들이 말했다.

가끔 파벨과 나는 그의 침상으로 갔다. 그러면 그는 어렵사리 농을 거는 것이었다.

"무얼 대접해 드릴까요, 귀하신 손님 여러분! 싱싱한 거미 한 마리는 어때요? 싫습니까?"

그는 서서히 죽어가고 있었으며 그 때문에 몹시 지쳐 있었다. 그는 신경질적으로 말했다.

"나는 죽을 수도 없는 모양이야. 정말 큰일 아냐?"

죽음을 눈앞에 두고도 도무지 두려움 없는 그의 모습에 파벨은 몹시 놀랐다. 파벨은 한밤중에 나를 깨워 속삭였다.

"막심, 다비도프가 죽게 될까? 밤에 죽어버린다고 생각해봐. 우리는 바로 그 밑에 누워 있는 거잖아. 오, 주여! 시체는 무서워……."

또 어떤 때는 이렇게 말했다.

"다비도프는 왜 태어난 걸까? 이제 겨우 스물두 살도 안 됐는데 죽어가고 있다니……."

한번은 어느 달 밝은 밤에 파벨이 나를 깨우고는 두려움에 찬 눈을 동그랗게 뜨고서 말하는 것이었다.

"저 봐! 들어 봐!"

다락방의 침상에서 다비도프가 숨넘어가는 목소리로 꺽꺽거리며 다급하게 부르는 소리가 들려왔다.

"이리 줘…… 이리로……."

그러고서 기침을 해대기 시작했다.

"그가 죽어가는 거야, 틀림없어!" 파벨이 흥분해서 말했다.

그날 하루 종일 마당에 쌓인 눈을 치웠기 때문에 나는 졸음이 쏟아졌다. 그래서 다시 잠 속으로 빠져드는데 파벨이 애타게 깨우는 것이었다.

"자지 마! 제발 자지 말아줘!"

그러고는 벌떡 일어나 무릎을 꿇고 앉더니 절규하듯 소리쳤다.

"모두들 일어나요, 다비도프가 죽었어요!"

몇 사람이 깨어나 침대에서 일어났다. 사람들이 화난 목소리로 무슨 일이냐고 물었다.

카펜듀힌이 다락방 침상에서 내려오더니 놀란 목소리로 말했다.

"정말 죽은 모양이야…… 아직 체온이 남아 있긴 한데……."

모두 조용해졌다. 지하레프가 성호를 긋고 다시 담요로 몸을 감싸면서 말했다.

"이제 하늘 왕국에서 평안해!"

누군가가 제안했다. "현관 통로에다 내다놓자."

카펜듀힌이 침상에서 내려와 창밖을 내다보며 말했다.

"아침까지 그대로 누워 있게 해. 그는 살아서 아무에게도 해를 입히지 않았잖아……."

파벨이 베개에 얼굴을 묻고 흐느꼈다.

그러나 시타노프는 꼼짝도 하지 않았다.

15

들판의 눈이 녹고 겨울 하늘의 구름이 진눈깨비와 비가 되어 내렸다. 태양의 하루 여정이 점점 길어지고 대기는 점점 따스해졌다. 즐거운 봄날이 성큼 다가선 것이다. 봄은 장난스럽게 도시 저편 어딘가의 들녘에 숨어 있다가 불쑥 도시로 다가서려 하고 있었다. 거리는 황갈색 진흙투성이였고, 도랑에는 물이 흘렀다. 눈이 녹은 아레스탄스키 광장에는 종달새들이 즐겁게 깡충댔다. 사람들도 종달새처럼 흥분하여 들떠있는 모습이었다. 이러한 봄의 소리들 위로 끊임없이 들려오는 사순절 종소리가 사람들 가슴을 들썩이게 했다. 종소리는 노인들의 중얼거림처럼 뭔가 힘들어 보이는 데가 있었으며 마치 싸늘하게 풀이 죽은 목소리로 온갖 것들을 얘기하고 있는 것처럼 들렸다. '브일로오, 브일로오 에토, 브일로오……'*33

나의 명명일 날 사람들은 나에게 아름답게 채색된 알렉세이의 성화를 선물했다. 지하레프는 설교하듯이 오랫동안 연설했는데 매우 기억에 남는 말이었다.

"너는 누구냐?" 그는 눈썹을 치켜 올리고 손가락으로 크게 제스처를 써가며 말했다. "열세 살의 꼬마, 고아 소년일 뿐이다. 나는 너보다 네 배는 족히 될 만한 나이지만 너에게 감탄하고 있단다. 너는 모든 것에 겁먹지 않고 당당히 부딪치기 때문이지. 네가 늘 그렇게 살아가기를 바란다!"

그는 주님의 종과 주님의 백성들에 대해 말했지만 나는 종과 백성의 차이를 이해하지 못했다. 아마 그 자신도 이해하지 못했을 것이다. 그는 장황하게 말했으며, 사람들은 그런 그의 모습을 비웃고 있었다. 나는 감동하기도 했고 당황하기도 해서 어쩔 줄을 모르고 성화를 손에 든 채 그냥 서 있었다. 마침내 카펜듀힌이 화난 목소리로 이 설교자에게 소리를 질렀다.

"오! 설교는 그만두시지 그래! 이 아이의 귀가 벌써 파래졌다고."

그러고선 내 어깨를 톡톡 두드리면서 나를 칭찬하는 것이었다.

"네가 지닌 선의는 다른 사람들에게서도 찾아볼 수 있어. 그렇지만 너에게는 비난할 만한 이유가 있더라도 한 대 쥐어박기는커녕 욕 한마디 하기도 힘들어!"

---

*33 '있었다, 오, 이것이 있었다, 있었다……'는 의미.

모두들 내가 당혹스러워하는 모습을 보고 온화하게 미소 지으며 애정 어린 눈길을 보내주었다. 내가 이 사람들에게 인정받고 있다는 게 기뻐서 하마터면 엉엉 소리 내어 울 뻔했다. 하지만 그날 아침 가게에서는 점원이 턱으로 나를 가리키며 표트르 바실리예프에게 말했다.

"재수 없는 녀석이에요. 아무짝에도 쓸모가 없어요."

언제나처럼 나는 아침부터 가게에 나갔다. 그러나 정오가 되자 점원이 내게 말하는 것이었다.

"집에 들어가서 창고 지붕 위의 눈을 치우고, 지하실을 치워 놔!"

그는 오늘이 나의 명명일이라는 것을 몰랐다. 나는 아무도 그 사실을 모르리라고 확신하고 있었다.

작업장에서의 명명일 축하식이 끝나자마자 나는 옷을 갈아입고 밖으로 뛰어나가 오두막 지붕 위에 올라가서는 겨울 내내 쌓여 미끄럽고 무거워진 눈을 쓸어내리기 시작했다. 그러나 흥분해 있던 까닭에 지하실 문을 닫아 놓아야 한다는 것을 깜빡 잊어버리고 말았다. 그래서 밀어내린 눈이 지하실 안으로 들어가고 말았다. 지붕에서 뛰어 내려와서야 비로소 나의 실수를 깨닫고는 곧바로 지하실 안에 쌓인 눈을 치우려고 했다. 녹은 눈은 더욱 무겁게 엉겨 붙어 있었다. 쇠 삽 없이 나무 삽으로 그것을 퍼내기란 여간 힘든 일이 아니었다. 점원이 마당 문 앞에 나타났을 때 나는 삽을 내려놓았다. 러시아 속담에 '기쁨에는 슬픔이 따른다'는 말이 있다. 이 속담 속 진실이 입증되었다.

"그으래!" 점원이 조롱하듯이 말하면서 다가왔다. "일솜씨가 아주 좋군 그래. 제기랄! 네 놈의 돌대가리를 부숴버리고 말겠어!"

그는 삽날을 내 머리 위로 휘두르며 달려들었다. 나는 이리저리 피하면서 화가 나 소리쳤다.

"나는 청소부가 아니라고요."

그는 내 다리를 향해 삽을 내던졌다. 나는 눈을 한 주먹 뭉쳐서 그의 얼굴을 맞췄다. 그는 씩씩거리면서 가버렸고 나는 일을 멈추고 작업장으로 돌아왔다. 잠시 뒤에 점원의 약혼녀가 아래층으로 달려 내려왔다. 그녀는 여드름투성이의 경박한 처녀였다.

"막심, 너 2층으로 좀 올라와야 되겠어!"

"안 가겠어요!" 내가 대답했다.

그러자 라리오니치가 부드럽게, 그러나 놀란 듯이 물었다.

"무슨 소리야, 안 가겠다니?"

나는 사정을 말했다. 그는 걱정스럽다는 듯이 이맛살을 찌푸리고는 2층으로 올라가면서 내게 속삭였다.

"야, 풋내기, 너 아주 버릇 없어졌구나!"

작업장이 웅성거리면서 사람들이 점원을 비난하기 시작했다. 카펜듀힌이 말했다.

"이제 쫓겨나게 생겼구나!"

나는 두렵지 않았다. 점원과의 관계는 이미 더는 견뎌낼 수 없는 지경이었다. 이제 그는 아주 드러내놓고 나를 미워했다. 나도 이제 더 이상 그를 참아줄 수가 없었다. 그러나 도대체 왜 그렇게 나를 미워하는지 그 이유를 알고 싶었다.

그는 마룻바닥에 일부러 동전을 뿌려 놓곤 했다. 그러면 나는 청소를 하다가 그 동전을 주워, 거지들에게 주려고 상점 카운터 위에 있는 컵에 담았다. 나는 이러한 일이 자주 일어나는 이유를 짐작하고 점원에게 소리쳤다.

"일부러 내 앞에 돈을 던져놓았죠?"

그는 시뻘게진 얼굴로 뛰어나와 소리쳤다.

"네놈이 감히 훈계를 하려고 들어? 내가 할 일은 내가 알아!"

그러나 곧바로 평정을 되찾고 말하는 것이었다.

"일부러 던졌다니, 그게 무슨 말이야? 동전이 저절로 떨어진 거야⋯⋯."

그는 내가 가게에서 책을 읽지 못하게 했다.

"왜 그런 데다 골머리를 썩히는 거야? 뭐야! 감정사라도 되려고 그래?"

그는 나에게 동전을 훔치게 하고서 잡아내려 하는 짓을 그만두지 않았다. 만일 내가 마룻바닥을 닦는 동안 동전이 굴러와 내 발밑에서 마룻바닥의 틈새로 빠져버리기라도 한다면 그는 내게 영락없이 도둑 누명을 씌울 판이었다. 나는 그런 장난을 그만두라고 다시 한 번 부탁했다. 하지만 바로 그날 나는 술집 식당에서 더운 물을 가지고 돌아오다가 얼마 전에 이웃 상점에 새로 온 점원에게 그가 말하는 소리를 엿듣게 되었다.

"그놈이 시편 책을 훔치도록 부추겨. 조만간 우리 가게에 세 상자나 되는 시편이 들어오니까 말이야."

나는 그들이 나에 대해 말하고 있다는 것을 알았다. 내가 가게에 들어서자 그 둘이 무척 당황했기 때문이다. 이러한 것 말고도 그들이 나에 대해 터무니없는 음모를 꾸미고 있다고 의심할 만한 근거가 또 있었다.

이웃 가게 점원은 전에도 그곳에서 일한 적이 있었다. 그는 매우 뛰어난 장사꾼이었으나 술을 너무 많이 마셔 대는 바람에 주인에게 쫓겨났다가 나중에 다시 채용되었다. 이 사람은 활기도 없고 약한 사람으로, 교활한 눈매를 지니고 있었다. 주인의 지시에 겉으로는 아주 공손하게 잘 따랐으나 수염 속에서는 늘 교활한 미소를 짓고 있었으며 입바른 소리를 잘했다. 그는 아주 고약한 냄새를 내뿜었는데 그것은 썩은 치아를 가진 사람들에게서 나는 냄새였다. 그러나 그의 치아는 희고 튼튼했다.

한번은 그가 나를 깜짝 놀라게 만든 적이 있었다. 나에게 다가오면서 쾌활하게 미소를 짓더니 갑자기 내 모자를 벗겨내고는 머리카락을 움켜잡는 것이었다. 그래서 싸움이 벌어졌는데 그는 나를 진열장에서 가게 안으로 밀어넣고는 마루에 세워 놓은 커다란 성상 쪽으로 넘어뜨리려 했다. 그렇게 해서 그의 뜻대로 된다면 내가 유리를 깨고 성상들을 조각내고, 또 분명히 값비싼 성상 몇 개에 흠집을 내게 될 것이었다. 그는 힘이 없어서 나를 넘어뜨리는 데 성공하지 못했다. 그러고는 놀랍게도 마루에 털썩 주저앉아 깨진 코를 문지르면서 엉엉 우는 것이었다.

다음날 아침, 가게에 나 혼자 있을 때 그는 콧등의 상처를 손으로 어루만지며 아주 친근하게 말을 걸어왔다.

"내가 싸우고 싶어서 싸움을 걸었다고 생각해? 아니야, 난 그렇게 바보는 아냐. 내가 너를 이기지 못하리라는 것 정도는 알고 있다고. 나는 기운도 없고 술도 많이 마시잖아. 나한테 싸움을 걸라고 시킨 건 너의 주인이야. 그는 '가서 싸움을 걸어. 그리고 되도록이면 싸우는 동안 그 녀석이 가게 안의 물건들을 부서뜨리게 하라고. 아무튼 돈 좀 처박게 말이야!' 하고 말했지. 나는 정말 마음이 내키질 않았어…… 그런데 넌 내 얼굴에 상처를 내고 말았어. 자, 보라고!"

그의 말을 듣고 보니 미안했다. 나는 그의 아내가 곧잘 그를 두들겨 패고 굶긴다는 것을 알고 있었다. 하지만 이렇게 물어보지 않을 수 없었다.

"만일 그 사람들이 당신한테 다른 사람에게 독약을 먹이라고 시키면, 시키는 대로 따를 거예요?"

"그들이라면 능히 그런 일을 시키고도 남을 거야." 그는 자조적인 미소를 지으면서 부드럽게 말했다. "그들은 무슨 일이든 저지를 사람들이지……."

그러고는 잠시 뒤에 내게 물었다.

"내 말 좀 들어 봐. 나는 땡전 한 푼 없고, 집에 먹을 것도 없어. 집에 가면 마누라한테 바가지를 긁히기 일쑤지. 그러니 날 좀 도와주지 않겠어, 응? 성모상 하나만 가져다가 팔게 해줘. 제발 친구, 응? 아니면 기도서 한 권은 어때?"

나는 예전에 신발가게와 교회 경비원 일을 떠올리면서 혹시 이 사람이 나를 배신하고 일을 폭로하지나 않을까 생각했다. 그러나 거절할 수가 없어서 그에게 성상 하나를 건네주고 말았다. 하지만 몇 루블이나 되는 기도서를 훔친다는 것은 엄두도 내지 못했다. 그것은 너무나 큰 범죄라는 생각이 들었기 때문이다.

우리 가게 점원이 이 불쌍한 사람을 시켜 나로 하여금 기도서를 훔치게 하려 했다는 말을 들었을 때 나는 경악을 금치 못했다. 점원은 내가 다른 사람들에게 친절하다는 것과 이웃 가게 점원에게 성상을 내준 것을 알고 있는 게 분명했다.

나는 다른 사람의 돈으로 자선을 베푼 나 자신이나 이를 이용하여 나를 함정에 빠뜨리려 한 점원 모두에게 혐오감을 느꼈고, 책 꾸러미가 도착할 때까지의 며칠간을 무시무시한 마음의 아픔을 겪어야 했다. 드디어 책들이 도착했고, 내가 창고에서 책을 검사하고 있을 때 이웃집 점원이 다가와 기도서 한 권을 달라고 했다.

그래서 나는 이렇게 물었다.

"성상에 관해 우리 가게 점원한테 얘기했지요?"

"응." 그는 침울하게 대답했다. "이봐, 난 아무것도 숨길 수가 없어."

이 말에 나는 너무나 어이가 없어 마룻바닥에 주저앉아 멍하니 그를 쳐다보았다. 그는 뭔가 재빠르게 중얼거리면서 상당히 혼란스럽고 비참한 표정을 지었다.

"네 주인이 스스로 눈치 챈 게 틀림없어. 아니면 아마 우리 주인이 눈치를 채고는 네 주인한테 고자질을 했거나……."

나는 이제 모든 것이 끝났으며 이 사람들의 함정에 빠져 이제 소년범 수용소에서 옥살이할 일만 남았다는 생각이 들었다. 일이 이렇게 된 이상 어쨌든 마찬가지다! 어차피 물에 빠질 거라면 깊은 물에 빠지는 편이 낫다. 나는 시편 한 권을 그 점원 손에 넘겨주었다. 그는 코트 소매에 책을 감추고 나가 버렸다. 그러나 갑자기 되돌아와 내 발밑에 책을 던져놓고 성큼성큼 걸어 나가며 말하는 것이었다.

　"나는 이걸 가져가지 않겠어! 네가 끝장날지도 모르잖아!"

　나는 그 말을 이해할 수가 없었다. 왜 내가 끝이 난단 말이지? 그러나 나는 그가 책을 가져가지 않았다는 사실이 매우 기뻤다. 이런 일이 있은 다음부터 우리 가게 점원은 훨씬 더 가혹하고 의심스러운 눈초리로 나를 대했다.

　라리오니치가 2층으로 올라갔을 때 이 모든 것이 주마등처럼 머릿속을 스치고 지나갔다. 라리오니치는 2층에서 오래 있지 않았다. 돌아왔을 때 그의 표정은 전보다 훨씬 더 일그러져 있었고 침울했다. 그러나 저녁을 먹기 전에 그는 내게 은밀하게 이렇게 말했다.

　"너를 가게에 보내지 말고 작업실에서 성화를 그리는 화가들과 일하게 해 달라고 부탁해봤어. 하지만 안 됐어! 쿠지마가 싫어해! 그는 네가 무척 싫은 모양이야."

　점원의 약혼녀인 장난꾸러기 계집애도 내 적이 되고 말았다. 작업장의 모든 젊은 사람들은 그녀와 놀아 주었고, 홀에서 기다렸다가 포옹해주곤 했다. 하지만 그녀는 이를 싫어하지 않았고 늘 작은 강아지처럼 칭얼거릴 뿐이었다. 그녀는 아침부터 저녁까지 쉬지 않고 무엇인가를 씹고 있었으며 주머니에는 항상 생강빵이나 건포도가 든 작은 빵과자가 가득 들어 있었다. 그녀는 정말 쉴 새 없이 턱을 놀려댔다. 나는 그녀의 불안한 눈초리와 멍한 얼굴이 싫었다. 그녀는 파벨과 나에게 원색적이고 속물적인 의미가 숨어 있는 수수께끼를 내곤 했다. 한번은 나이 든 사람 하나가 그녀에게 말했다.

　"이봐요, 말괄량이 아가씨! 부끄럽지도 않아요?"

　그녀는 재빨리 음란한 노래로 매끄럽게 받아쳤다.

　처녀가 수줍음을 타면

　경험 있는 여자가 못 된대요.

정말이지 그런 처녀는 처음 보았다. 그녀의 거친 농담은 혐오감을 불러일으켰다. 그녀는 아무에게나 추파를 던졌으며, 내가 그런 것을 싫어한다는 것을 알고는 더욱 더 치근거렸다.

한번은 지하 창고에서 술과 오이통 내는 일을 돕고 있던 나와 파벨에게 이런 말을 했다.

"꼬마야, 내가 키스하는 법을 가르쳐 줄까?"

"난 당신보다 더 잘할 수 있어요." 파벨이 대답했다. 나는 퉁명스럽게 미래의 당신 남편에게나 그렇게 하라고 말해 주었다. 나도 역시 매우 점잖지 못하게 말을 했던 것이다. 그러자 그녀는 화를 벌컥 냈다.

"이런 버릇없는 녀석 같으니라고! 그냥 잘 사귀어 보자는 건데 그 따위로밖에 말 못해? 그래, 안 한다, 안 해! 멍청이 같으니!"

그러고는 손가락으로 나를 가리키면서 위협적으로 말하는 것이었다.

"두고 봐. 내 꼭 이 일을 기억해 두겠어!"

파벨이 내 편을 들면서 말했다.

"당신이 하는 짓을 약혼자가 안다면 그냥두지 않을 걸요!"

그녀는 여드름투성이 얼굴을 홱 돌리면서 경멸적으로 말했다.

"그런다고 내가 무서워할 줄 알아? 나 정도의 지참금이면 더 좋은 신랑감도 얼마든지 구할 수 있어. 처녀는 시집가기 전까지는 재미있게 놀아도 된다고!"

그녀는 파벨을 유혹하기 시작했고 그때 이후로 나는 그녀가 지칠 줄 모르는 험담가라는 것을 알았다.

상점에서의 일은 점점 힘들어졌다. 나는 항상 종교 서적을 탐독했다. 그러나 이제는 늘 똑같은 주제에 똑같은 말만 되풀이하는 구교도 감정사들의 논쟁이나 대화에는 마음이 끌리지 않았다. 다만 표트르 바실리이치만이 전과 같이 내 마음을 휘어잡았는데 그것은 인간사의 어두운 이면에 대한 그의 해박한 지식과 워낙 재미있고 능란한 그의 말솜씨 때문이었다. 때때로 고독하고 복수심에 불타는 예언자 엘리야가 세상을 방랑할 때의 모습이 바로 이 사람과 같았을 것이라는 생각이 들곤 했다. 그러나 내가 사람들이나 내 생각에 대해 솔직하게 이야기할 때마다 이 노인은 내가 한 말을 그대로 점원에게 전했고, 그 이야기를 들은 점원은 나를 놀려대거나 내게 화를 내곤 했다.

한번은 이 노인에게 내가 시를 적어 놓거나 책에서 발췌한 글을 옮겨 적곤 하는 공책에 그의 말을 기록하기도 한다고 말했더니, 그는 두려움에 사로잡혀 다그쳤다.

"왜 그런 짓을 하는 거냐? 그건 안 돼! 잊어버리지 않고 기억하려고? 아니야, 당장 그만두도록 해! 참 엉뚱한 녀석이라니까. 적어놓은 건 전부 내게 줘, 알겠니?"

그는 내가 쓴 것을 자기에게 주든지 아니면 태워버리라고 한참이나 설득하더니 화를 내며 점원에게 뭐라고 속삭이는 것이었다.

집에 돌아갈 때 점원이 엄격하게 말했다.

"앞으로 뭘 써 넣는 짓은 그만 둬! 내 말 알아들어? 그런 짓은 경찰이나 하는 거야!"

나는 아무 생각 없이 물었다.

"그럼 시타노프는요? 그분도 일기를 쓴다고요."

"시타노프도? 이런 멍청한 놈들 같으니!"

그는 오랫동안 말이 없다가 유달리 부드럽게 제안했다.

"이봐, 네 공책이랑 시타노프의 공책을 내게 보여 다오. 50코페이카를 줄게. 단, 시타노프는 모르게 해야 해."

그는 내가 자기가 하라는 대로 할 것이라고 확신하면서 더 이상 아무 말 없이 내 앞을 지나 짧은 다리로 뒤뚱거리며 뛰어갔다.

집에 돌아와 나는 시타노프에게 점원의 제안에 대해서 얘기했다. 시타노프는 눈살을 찌푸리며 말했다.

"실없는 말을 하면 되니? 이제 그 녀석은 누구를 시켜서라도 우리 공책을 훔쳐내고야 말 거야. 네 것도 이리 주렴. 내가 숨겨 놓을 테니까. 이제 곧 너를 쫓아낼 거야. 조심해!"

나는 그의 말이 옳다고 생각했다. 그리고 외할머니가 도시에서 돌아오시는 대로 여길 떠나기로 결심했다. 외할머니는 어린 소녀들에게 수놓는 법을 가르쳐 달라는 초대를 받고 겨울 내내 발라흐나에서 지내고 있었다. 외할아버지는 다시 쿠나비노 거리로 돌아오셨지만 나는 한 번도 찾아가지 않았고, 외할아버지도 시내에 있을 때 나를 찾아온 적이 없었다. 그러다가 한번은 우연히 길거리에서 마주친 적이 있었다. 외할아버지는 무거운 너구리 모피 코트를 입고 심각한 모습으로 천천히 걸어가고 있었다. 내가 "안녕하세요?" 하고 인사하자 외할아버지는 두 손으로 눈에 그늘을 드리우고 나를 바라보더니 생각에 잠긴 듯이 말했다.

"오, 너로구나……지금 성화쟁이가 되었다지? 그래그래…… 잘해봐, 잘해 보라고!"

외할아버지는 나를 한쪽으로 밀어내고 여전히 느리고 심각하게 가던 길을 걸어갔다.

나는 외할머니를 거의 만나지 못했다. 외할머니는 노쇠하여 정신이 희미해진 외할아버지를 돌보고 손주들을 건사하느라 쉴 새 없이 일을 했다. 외할머니의 가장 큰 골칫거리는 사샤였다. 미하일 삼촌의 아들 사샤는 잘생긴 소년으로, 몽상가적 기질을 지닌 책벌레였다. 그는 염색 가게에서 일을 하고 있었는데 틈만 나면 이곳저곳으로 직장을 옮겼다. 그리고 일이 없을 때는 외할머니에게 얹혀살면서 그녀가 새 직장을 구해주기만을 기다리는 것이었다. 사샤의 누이도 마찬가지 신세였다. 사샤의 누이는 술주정뱅이와 불행한 결혼생활을 했는데 늘 두들겨 맞다가 드디어는 그의 집에서 쫓겨나 외할머니 집에 머물고 있었다.

외할머니를 만날 때마다 나는 그분의 훌륭한 인격에 감탄했다. 그러나 외할머니의 아름다운 영혼은 비현실적인 이야기에 눈이 멀어서 고통스러운 현실을 보지 못한다는 것을 나는 이미 느끼고 있었다. 내가 경험한 것, 나의 걱정과 분노에 대해 이야기하면 외할머니는 전혀 이해하지 못하는 것이었다.

"참아야 한단다, 알료샤!"

끔찍한 삶에 대해 이야기할 때 외할머니로부터 들을 수 있는 대답은 그것뿐이었다. 고통 받는 사람들, 슬픔, 그리고 나를 당혹하게 하고 화나게 하는 모든 것들에 대해서도 외할머니의 대답은 언제나 한결같았다.

나는 참을성에 관한 한 빵점이었다. 내가 소나 나무, 돌멩이와 같은 수동성을 보여줄 때가 있다면, 그것은 내가 어떤 힘을 가지고 있으며 어느 정도의 굳건함을 지니고 있는지를 시험할 때뿐이었다. 때때로 젊은 사람들이 젊은이다운 치기와 어른들의 힘에 대한 선망에서 자신의 힘에 부치는 무거운 물체를 들어올리듯이 말이다.

나도 육체적인 면과 정신적인 면에 있어서 이러한 것을 시도해 보았다. 그리고 이로 인해 때로는 죽거나 불구가 되어버릴 위험에 처하기도 했다. 인내심, 즉 어떤 통제할 수 없는 외적인 힘에 순응하는 것만큼 인간을 망가트리는 것도 없기 때문이다.

결국 내가 불구가 되어 최후를 맞이할지라도 나는 당당하게 말할 수 있다. 선량한 사람들이 사십여 년 동안 내 영혼을 망가트리려고 애써왔지만 그럼에도 불구하고 그들의 노력은 성공하지 못했노라고.

나는 갈수록 짓궂은 장난을 치고 사람들을 위로하고 웃음을 선사하고픈 욕망에 사로잡혔다. 나는 니주니 상인들의 이야기를 들려주면서 그들의 행동을 흉내 내곤 했다. 그리고 농부들이나 여인네들이 어떻게 성상들을 팔고 사는지, 점원이 얼마나 능숙하게 그들을 속여 먹는지, 성서학자라는 사람들이 어떻게 서로서로 싸워대는지를 원숭이처럼 흉내 냈다.

사람들은 깔깔거리면서 자주 일손을 멈추고 내가 흉내 내는 것을 지켜보았다. 그러나 그럴 때마다 라리오니치는 늘 내게 충고하였다.

"그 연극은 저녁식사 마치고 하지 그래. 일에 방해가 되잖아."

'공연'을 끝내면 나는 나를 짓누르던 무거운 짐이라도 벗은 듯한 편안함을 느꼈다. 한 삼십 분 내지 한 시간 정도는 머리가 개운하고 기분이 상쾌했다. 그러나 그 시간이 지나고 나면 또다시 내 머릿속에 작고 예리하며 뜨거운 못들이 꽉 차서 움직이는 것처럼 지끈거리는 것이었다.

내 주변에 온통 더러운 물이 끓고 있어서 서서히 그 속에서 삶아져 가는 느낌이었다.

'정말 삶이란 이런 것일 수밖에 없을까? 나도 저들처럼 보다 나은 삶을 찾지 못한 채 그렇게 살게 되는 것일까?' 그런 생각이 들었다.

"화가 나는 게로구나, 막심!" 지하레프가 나를 주의 깊게 살펴보면서 말했다. 그리고 시타노프는 "왜 그래, 무슨 일 있어?" 하는 질문을 자주 던지곤 했다.

나는 대답할 수가 없었다.

삶은 내 영혼에 쓰여 있는 가장 섬세한 글들을 끈덕지고 거칠게 씻어내렸고, 나는 그러한 삶의 폭력성에 분개했다. 나는 다른 사람들과 같은 강물 위를 떠다녔지만, 그 강물은 내게는 더 차가웠다. 나는 다른 사람들처럼 쉽게 물 위를 부유할 수가 없었다. 때때로 나는 어떤 끝 모를 심연 속에 부드럽게 가라앉고 있는 느낌을 받았다.

사람들은 전보다 더 내게 잘 대해 주었다. 파벨에게 하듯이 나에게 소리를 지르지도 않았고, 거칠게 굴지도 않았으며, 나에 대한 존경을 나타내기 위하여 내 세례명을 불러주곤 했다. 이러한 것들은 좋았지만 사람들이 술에 취해서 얼마나 혐오스러운 행동을 하며 또 여자들과 부적절한 관계를 맺고 있는지를 보기란 고통스러운 일이었다. 비록 그들의 고달픈 삶에서 술과 여자들만이 위로가 되어준다는 것을 이해 못하는 바는 아니었지만 말이다. 때때로 나는 우울한 마음으로, 가장 영리하고 용감한 여자였던 나탈리아 코즐롭스키를 떠올렸다. 그녀 역시 쾌락의 도구로 생각됐었다.

그렇다면 외할머니는 어떤가? 그리고 마고 여왕은?

나는 다소 두려운 마음으로 마고 여왕을 떠올렸다. 그녀는 모든 사람들로부터 멀리 떨어져 있었으므로 마치 꿈속에서나 본 것 같았다.

나는 여자들에 대해 지나치게 많이 생각하게 되었고, 마음속으로는 이미 '다음 일요일에는 다들 가는 곳에 가볼까?' 하는 생각을 해보았다. 그것은 육체적인 욕구 때문만은 아니었다. 나는 건강하고 다소 결벽증이 있었으나 때로는 상냥하고 지적인 누군가를 껴안고 마치 어머니에게 하듯 내 영혼의 고뇌에 대해 솔직하게 털어놓고 싶은 충동에 사로잡히곤 했다.

파벨이 밤마다 길 건너편에 사는 하녀와의 로맨스를 이야기할 때면 나는 무척 부러워했다.

"그게 말이야, 아주 웃긴다고. 한 달쯤 전엔 그녀만 보면 눈을 뭉쳐서 던지곤 했어. 그녀가 마음에 들지 않았었거든. 그런데 지금은 벤치에 앉아 서로 꼭 껴안고 있지. 그녀는 지금까지 내가 만났던 그 누구와도 달라."

"만나서 무슨 이야기를 하는데?"

"거의 모든 것에 대해. 그녀는 나에게 자기 얘기를 해주고 나는 그녀에게 내 얘기를 해주지. 그러고는 키스를 하는 거야. 아, 그녀는 너무나 좋은 여자야. 그런데 넌 이제 담배를 마치 늙은 군인처럼 피워대는구나!"

나는 담배를 많이 피웠다. 담배는 숨을 턱턱 막히게 했지만 모든 혼란스러운 생각이나 흥분된 기분을 잊게 해 주었다. 다행히도 보드카는 내 취향에 맞지 않았기 때문에 가까이 하지 못했다. 하지만 파벨은 거리낌 없이 마셨고, 술에 취하면 비통하게 흐느끼곤 했다.

"집에 가고 싶어, 집에! 집에 보내 달란 말이야!"

내가 알기론 그는 고아였다. 엄마와 아버지는 오래전에 돌아가셨고, 형제도 없어서 7살 때부터 남의 손에서 자랐다.

이런 불만족스러운 상태가 계속되는 가운데 봄기운이 완연해지자 나는 아스트라한으로 출항하는 증기선으로 돌아가서 페르시아로 도망치려고 결심했다.

왜 하필 페르시아였는지는 기억나지 않지만, 아마 니지고로드스키 시장에서 보았던 페르시아 상인들의 인상이 매우 좋았기 때문이었을 것이다. 이 상인들은 돌부처처럼 앉아서 염색한 턱수염을 햇볕에 쬐면서 조용히 파이프 담배를 피우곤 했는데, 그 암갈색의 커다란 눈은 넓은 견문을 말해 주는 것 같았다.

나는 어디론가 떠나고 싶었다. 그러나 부활절 기간 동안 작업장의 많은 사람들이 고향이나 집으로 떠나고 남은 사람들이 술에 취해 돌아다닐 때 나는 오카 강변을 거닐며 햇살을 즐기다가 옛날 주인이자 외할머니의 조카를 만나게 되었다.

그는 가벼운 회색 외투를 입고 바지주머니에 두 손을 찌른 채 이 사이에는 담배를 물고 있었으며 모자는 뒷목에 걸고 있었다. 그는 나를 보고 밝은 얼굴로 다정하게 미소 지었다. 그는 자유롭고 즐겁게 살아가는 사람처럼 보였다. 그 들판에는 우리 말고는 아무도 없었다.

"오, 이럴 수가! 페시코프 아냐?"

그는 나에게 부활절 인사를 하면서 요즘 어떻게 살아가느냐고 물었다. 나는 솔직하게 작업장이나 도시, 그리고 모든 것들에 염증이 나서 페르시아로 떠나기로 마음먹었다고 이야기했다.

"그만둬!" 그는 진지하게 말했다. "페르시아에 가서 뭐하게. 네 기분은 나도 알아. 나도 젊었을 때에는 어디로든 떠나고 싶었으니까."

나는 그의 말이 마음에 들었다. 거기에는 뭔가 선한 것, 이를테면 봄과 같은 것이 약동하고 있었다. 그는 좀 남다른 존재였다.

"담배 피우니?" 그는 굵은 담배로 가득 채워진 은빛 담뱃갑을 나에게 내밀면서 물었다.

바로 이런 행동에 나는 결정적으로 그에게 빨려 들어가는 것이었다!

"어때, 페시코프, 다시 내게 와서 일하는 게? 올해 들어 새로운 시장에서 계약을 체결했거든. 그 일에 널 채용할 수 있어. 넌 감독 일을 보고 자재를 수납하면 돼. 모든 것이 제자리에 있는지 살피고 사람들이 자재를 훔치지 않도록만 하면 되는 거야. 한 달에 5루블에다 식비조로 5코페이카를 주지! 단 우리 집 여편네들 하고는 가까이하지 마라. 네가 할 일은 아침에 나갔다가 저녁에 돌아오는 것뿐이야. 여자들과는 마주쳐도 그냥 무시하면 돼. 어쩔 수 없이 부딪치게 되더라도 당분간 우리가 만났다는 얘긴 하지 말고. 그러면 부활절 후 첫 번째 일요일에 포민 거리로 날 찾아오라고."

우리는 친구처럼 헤어졌다. 그는 작별 인사를 할 때 내 손을 꼭 쥐었다 놓고는 모자를 흔들며 사라져 갔다.

작업장에 와서 내가 떠나겠다고 말하자 모두들 아쉬워했다. 특히 파벨은 몹시 섭섭해했다.

"생각 좀 해봐! 도대체 우리를 떠나서 그런 사람들과 어떻게 살아가려고 그러는 거야? 목수나 페인트쟁이들하고…… 안 돼! 그러면 네 삶이 더욱 고달파질 거야……" 파벨은 비난하듯이 말했다.

지하레프는 소리쳤다.

"물고기는 점점 깊은 곳으로 간다더니, 똑똑한 애가 점점 더 나쁜 곳으로만 가는구나!"

나를 떠나보내는 작업장은 온통 침울하기만 했다. 지하레프가 술을 많이 마셔서 누렇게 뜬 얼굴로 말했다.

"물론 사람은 이것저것을 해 보아야 해. 하지만 이 일이든 저 일이든 잘 알아보지 않고 이것저것 손 대는 것은 좋지 않아."

라리오니치가 조용하게 말했다.

"앞으로의 인생도 그래야지."

그러나 나는 그들 모두가 어떤 의무감에서 그렇게들 말한다고 느꼈다. 그들과 연결돼 있던 끈이 끊어져 버린 느낌이었다.

술 취한 고골레프가 침상에서 뒤척이면서 쉰 목소리로 말했다.

"모두들 감옥에서 보자고! 나는 비밀을 알고 있어! 여기서 하느님을 믿는 사람이 누가 있지? 누가 있느냔 말이야?"

여느 때처럼 얼굴이 없는 성화가 벽에 비스듬히 기대어져 있고 천장에는 반사경이 매달려 있었다. 봄에는 햇빛이 밝았기 때문에 등 하나로 일한 지 꽤 되었다. 그래서 사용하지 않은 반사경에는 먼지와 그을음이 켜켜이 쌓여 있었다. 이 모든 것은 내 기억 속에 또렷하게 자리 잡고 있어서 지금도 눈을 감으면 어둠 속의 지하 방 전체가 눈에 선하다. 탁자, 창틀에 놓인 페인트 통, 한 묶음의 붓, 성화들, 소방관의 헬멧처럼 생긴 세면대 밑에 있는 구정물통, 익사한 시체의 다리처럼 침상에 매달려 있는 고골레프의 푸르둥둥한 다리……

나는 어서 빨리 이곳을 벗어나고 싶었지만, 러시아에는 가능한 한 슬픈 분위기를 질질 끌려는 사람들이 많았다. 러시아 사람들은 작별인사를 할 때 마치 장례 미사라도 보듯 행동하는 것이었다.

지하레프가 눈썹을 찡그리며 내게 말했다.

"이 책《악마》는 돌려주지 않겠어. 대신 50코페이카를 줄게, 괜찮지?"

그 책은 나이 지긋한 2등 소방장이 내게 준 것이었다. 나는 레르몬토프를 잃고 싶지 않았다. 내가 조금 마음이 상해서 거절하자 지하레프가 조용히 돈을 다시 지갑에 넣으면서 확고한 어조로 말했다.

"좋을 대로 해. 하지만 난 돌려줄 수 없어. 이 책은 너에게 맞지 않아! 너를 죄악의 길로 인도할 거야."

"하지만 상점에서 팔던데요. 본 적이 있어요!"

그러자 그는 더욱 완강하게 말했다.

"그래도 안 돼. 권총도 상점에서 팔아!"

결국 그는 레르몬토프의 책을 돌려주지 않았다. 주인 여자에게 인사하러 2층에 올라갔을 때 나는 그녀의 질녀와 마주쳤다.

"너, 떠난다며?"

"네."

"네가 스스로 떠나지 않아도 결국 쫓겨났을 거야." 그녀는 다소 퉁명스럽긴 해도 아주 솔직하게 말했다.

술에 취한 여주인은 이렇게 말했다.

"안녕, 주님이 지켜주시길! 너는 좋지 않은 아이야. 너무 대담해! 네가 잘못하는 걸 본 적은 없지만 사람들이 다 그래, 나쁜 아이라고!"

그녀는 갑자기 울음을 터뜨리더니 눈물을 흘리며 말했다.

"아, 내 사랑하는 남편이 살아 있다면 이 일을 해결할 수 있었을 텐데……
…… 귀싸대기를 때려서라도 너를 눌러 앉혔을 거야. 너를 쫓아내지는 않았을
거라고! 요즘은 모든 게 달라져 버렸어. 뭔가 맘에 들지 않는 게 있으면 떠
나 버리지. 그래, 어디로 가는 거냐? 이리저리 떠도는 게 뭐가 좋아?"

16

나는 새로운 주인과 함께 작은 배를 타고 시장 거리를 누볐다. 나는 거의
1층까지 물이 차오른 석조 건물의 가게들 사이로 노를 저었고, 그동안 주인
은 고물에 앉아 키를 잡았다. 쓸모없어진 외륜(外輪)이 물 속 깊이 잠겼다.
배는 갑자기 방향을 틀기도 하면서 탁하고 잔잔한 물결을 헤치며 거리를 누
볐다.

"에이, 물이 점점 더 차오르는군, 제기랄! 일을 못하겠잖아." 주인이 담
배를 뻑뻑 빨면서 소리쳤다. 담배 냄새가 마치 옷감 타는 냄새 같았다.

"조심해! 가로등에 부딪치겠어!"

그는 방향을 똑바로 잡고는 또 욕을 퍼부었다.

"이 따위 배를 주다니, 나쁜 놈들!"

그는 물이 빠지고 난 뒤 배를 수리할 부분을 내게 보여주었다. 파르스름하
게 면도한 뺨과 짧게 깎은 콧수염, 입에 문 담배로 볼 때 그는 하청업자 같
지가 않았다. 그는 가죽 재킷에 무릎까지 올라오는 장화를 신고 어깨 위에는
사냥꾼 가방을 멨으며, 발에는 값비싼 레벨레 권총을 착용하고 있었다. 그는
불안하게 가죽 모자를 만지작거리다가 눈까지 가릴 만큼 푹 눌러쓰고는 입
술을 뿌루퉁 오므리고 걱정스럽게 주위를 살폈다. 그러다가는 모자를 뒤로
제쳐 목에 걸치고—이 때의 모습은 훨씬 젊어 보였다—콧수염 아래로 미소
를 지었는데, 뭔가 기분 좋은 일을 생각하는 것 같았다. 할 일이 태산 같은
데 물이 더디 빠져서 걱정이라는 표정은 아니었다. 오히려 쓸데없는 상념에
잠겨 있는 게 분명했다.

나는 적잖이 놀랐다. 이 죽어 있는 도시, 창문마다 못질이 되어 있는 일직
선 상에 놓인 건물들은 이상야릇한 느낌을 주었다. 마치 물 위에 둥둥 뜬 도
시가 우리 배를 스쳐 지나는 것만 같았다.

하늘은 잿빛이었다. 태양은 구름 뒤에 숨어서 간간이 은백색의 빛줄기를

내보이곤 했다.

물 또한 잿빛이었고 차가웠다. 그것은 전혀 흐르고 있는 것 같지 않았으며, 마치 가게들 옆의 누런색으로 칠한 텅 빈 집들처럼 한 곳에 엉겨 있는 듯이 보였다. 창백한 태양이 구름 속에서 얼굴을 드러내면 주변이 밝아지면서 수면 위로 잿빛 하늘이 비쳤다. 그러면 우리 배는 두 하늘 사이에 둥실 떠 있었다. 석조건물들도 햇살 아래 모습을 드러내며 눈에 띄지 않게 볼가 강이나 오카 강으로 흘러갔다. 배 주변에는 깨진 양동이며, 상자, 바구니, 나뭇조각, 지푸라기 같은 것들이 떠다녔고, 때로는 막대나 통나무가 죽은 뱀처럼 물 위에 솟아오르기도 했다.

몇몇 상점들은 창문을 열어 두고 있었다. 옥상에는 빨래가 널려 있거나 가죽장화들이 매달려 있기도 했다. 어떤 창문에서는 한 여인이 회색 수면을 내려다보고 있었다. 배 한 척이 쇠기둥 꼭대기에 비끄러매어져 있었다. 물에 비친 그 배의 붉은 갑판이 시뻘건 고깃덩어리처럼 보였다.

이러한 삶의 징표들을 향해 고개를 끄덕이면서 주인이 내게 설명하였다.

"시장 경비원이 사는 곳이 바로 여기야. 그는 창문을 통해 옥상에 올라가거나 배를 타고 도둑을 찾으러 돌아다녀. 도둑이 없으면 이제 자기가 도둑이 되는 거지……."

그는 뭔가 다른 것을 생각하는 듯 느릿느릿 차분하게 말했다. 주위는 조용하고 황량했으며 꿈을 꾸는 것처럼 실감이 나지 않았다. 볼가 강과 오카 강은 커다란 호수로 흘러들었다. 멀리 언덕 위로 잡다하게 채색된 도시의 모습이 보였다. 정원의 나무에서는 움이 돋고, 나뭇잎에 싸인 집들과 교회들은 연초록빛의 포근한 외투를 걸친 듯했다. 한 풀 죽은 부활절 종소리가 희미하게 물 위로 흘렀다. 도시의 소음이 들려왔다. 그러나 우리가 있는 곳은 잊힌 공동묘지 같았다.

우리 배는 두 줄로 늘어선 검은 나무들 사이를 돌아 구교 대사원으로 통하는 중앙로에 접어들었다.

독한 시가 연기가 눈에 들어갔는지 주인은 눈살을 찌푸리며 괴로워했다. 배는 자꾸만 나무를 들이받거나 부딪혔다. 주인은 화가 나기도 하고 놀라기도 해서 소리를 질러댔다.

"이놈의 썩어빠진 배!"

"키를 좀 잘 잡으세요!"

"뭐라고?" 그는 투덜거렸다. "한 배에 둘이 탈 때는 항상 한 사람은 노를 젓고, 다른 한 사람은 키를 잡는 법이잖아…… 자, 저길 봐! 중국인 상가 구역이야……."

나는 오래전부터 이 중국인 시장을 잘 알고 있었다. 이 구역의 우스꽝스런 지붕들 위에 중국인 석고상이 다리를 꼬고 앉아 있는 것을 본 적도 있었다. 한때는 친구들과 함께 거기에 돌을 던지기도 하고 중국인 석고상들의 머리나 다리를 부숴놓기도 했지만, 지금은 그런 짓이 하나도 자랑스럽지 않다는 것을 잘 알고 있다.

"에이 지저분해!" 주인은 그 구역의 건물들을 가리키면서 말했다. "저 상가 건축을 내게 맡겼더라면……."

그는 휘파람을 불며 모자를 뒤로 제쳐 목에 걸치고서 말했다.

왠지 모르겠지만 나는 그가 바로 이 석조도시를 몹시 음산하게 건축한 장본인일 것이라는 생각이 들었다. 이 저지대에 도시를 건설하는 바람에 해마다 두 강의 범람으로 도시가 물에 잠기게 만든 사람일 것이라는 생각이 들었다. 이 중국식 상가 구역을 고안해 낸 것도 그가 아닐까……

그는 담배를 배 옆으로 내던지고 가래침을 뱉으면서 말했다.

"따분한데, 페시코프, 따분해! 교양 있는 사람이라곤 하나도 없어. 얘기할 상대가 있어야지. 재능을 좀 보여주고 싶어도 그것에 감명받을 사람이 누가 있냐는 말이야? 제대로 된 인간이 하나도 없어. 목수나 석공, 농사꾼들밖에……."

그는 물 밖으로 아름답게 솟아 있는 작은 언덕 위 하얀 교회를 바라보며 잊고 있던 옛일을 회상하듯이 말했다.

"나도 이젠 맥주도 마시고 담배도 피워. 한때 독일 놈 밑에서 일했으니까. 에이, 독일 놈들은 정말 사무적인 인종이지! 맥주를 마시는 것은 즐거운데 담배에는 아직 익숙지 않아. 그리고 담배만 피우면 마누라가 소리를 치지. '뭣 땜에 그런 말똥 같은 냄새를 피우는 거예요?' 하고 말이야. 오래 살수록 우린 점점 더 교활해져. 그래, 본디의 자신에게 충실하면 되는 거야."

그는 노를 배 옆쪽에 내려놓고 권총을 꺼내 지붕 위의 중국인 석고상을 향해 한 방 쏘았다. 그러나 총알은 상처를 입히지 못하고 벽과 지붕에 묻혀버렸을 뿐이다.

"빗나갔군!" 그는 별로 아쉬워하지도 않고 다시 장전했다.

"너는 여자들과 어떻게 지내지? 여자들에게 열중하는 편이야? 아니야? 나는 열세 살에 사랑에 빠졌는데……."

그는 마치 꿈 이야기를 하듯 첫사랑 이야기를 꺼냈다. 그의 첫 사람은 그가 도제생활을 하던 건축가 집안의 하녀였다. 회색 물결이 건물 한 모퉁이를 씻으며 찰싹거렸다. 물에 잠긴 황무지가 교회 너머로 희미하게 빛나고 그 위로 솟은 거무스름한 나뭇가지들이 눈에 띄었다. 성상 작업소 사람들은 곧잘 학생들의 동요 같은 걸 불렀었지……

오, 바다는 푸르고
바다에는 폭풍이 일어…….

그 푸른 바다는 더 없이 황량했으리라.

"밤마다 잠을 이룰 수가 없었지." 주인은 말을 이었다. "난 침대에서 뛰쳐나와 그녀 방문 앞에 서 있었어. 강아지처럼 덜덜 떨면서 말이야. 그 집은 몹시 추웠거든! 밤이면 주인이 그녀 방에 가곤 했기 때문에 자칫하면 그에게 들킬 수도 있었지. 하지만 두렵지 않았어. 정말……."

그는 마치 옛날에 입던 낡은 외투를 꺼내 바라보면서 다시 입을까 말까 망설이는 사람처럼 생각에 잠겨 이야기했다.

"그녀가 드디어 내 눈치를 알아채고는 날 동정하더군. 문을 열어 주면서 불러들이는 거야. '자, 들어와. 오, 가엾어라……'"

그런 얘기는 하도 많이 들어서 식상해 있던 터였다. 그런 이야기들 속에 재미난 특징이 있다면, 모두들 첫사랑에 대해서는 과시하려는 마음 없이 매우 부드럽고 애조 띤 분위기로 얘기한다는 것이었다. 그래서 나는 그 첫사랑 이야기가 그들에게 일어날 수 있었던 가장 멋진 추억이라는 것을 쉽게 알 수 있었다.

주인은 웃으며 고개를 젓더니 이렇게 소리쳤다.

"하지만 이런 이야기는 마누라한테도 해서는 안 되는 이야기지. 해가 될 건 없지만 절대로 말하면 안 돼. 그저 이야기일 뿐이니까……."

그는 내가 아니라 자기 자신에게 말하고 있었다. 그가 아무 말도 하지 않았다면 나라도 무엇인가 말을 해야 했을 것이다. 이 같은 적막함과 공허 속에서는 누구든지 말을 하거나 노래를 부르거나 아코디언을 켜야만 했다. 안 그러면 차가운 회색 물 속에 가라앉은 이 죽은 도시에 갇혀 영원히 잠들어버릴 것만 같았다.

"무엇보다도 너무 일찍 장가가서는 안 돼!" 그는 나에게 충고했다. "결혼이란 대단히 중요한 일이야! 사랑은 자기가 원하는 곳에서 자기가 원하는 방식으로 살 수 있어. 페르시아에서 이슬람교도처럼 살 수도 있고, 모스크바에서 사교계의 중심인물로 살 수도 있다고. 자기가 원하는 대로의 인생을 살면서 뭐든 시도해볼 수 있지. 하지만 아내는 날씨와도 같아서 뜻대로 되지가 않아, 절대로! 마누라는 신었다 벗어던질 수 있는 낡은 장화가 아니더란 말씀이야……."

그는 얼굴 표정을 바꾸고 눈살을 찌푸리더니 회색 수면을 바라보았다. 그러고는 손으로 그의 오똑한 코를 닦으면서 중얼거렸다.

"점프하기 전에 앞을 똑바로 보아야 해. 사방에 적들이 깔려 있다고 생각해."

우리는 볼가 강과 합류하는 메시체르스키 호수의 초목을 헤치고 나아갔다.

"쉿, 조용히 노를 저어." 주인은 갈대숲을 향해 권총을 겨누면서 속삭였다.

그는 말라빠진 도요새 몇 마리를 향해 총을 몇 방 쏘더니 내게 말했다.

"쿠나비노 거리로 가자! 저녁 때에는 거기 가 있어야겠어. 집에는 내가 계약자들에게 붙들려 있더라고 말하렴."

물에 잠긴 그 도시 교외의 어느 거리에 그를 내려준 뒤 나는 스트렐카 시장으로 돌아와 배를 묶어놓고 그 위에 올라 앉아 두 강물이 만나는 지점과 도시와 증기선을 물끄러미 바라보았다. 하늘이 마치 하얀 깃털구름으로 된 거대한 새의 화려한 날개 같았다. 구름 사이로 금빛 태양이 얼굴을 내밀자 온 세상이 금세 환해졌다. 사방에서 부산하고 활기찬 움직임이 이어졌고 빠른 물살은 힘들이지 않고 많은 뗏목을 싣고 내려갔다. 수염이 덥수룩한 농부가 뗏목 위에서 긴 막대를 휘두르며 다가오는 증기선을 향해 뭐라고 소리쳤다. 작은 통통배가 텅 빈 화물용 바지선을 끌고 있었다. 강물은 끌려오는 바지선을 되밀면서 뱃머리를 좌우로 흔들어댔다. 바지선은 마치 강물을 거슬러 오르며 흔들리는 물고기처럼 코를 돌리며 헐떡거리고 있었다. 선륜(船輪)은 단단히 버티면서 물과 맞섰다. 바지선에는 농부 네 명이 다리를 배 밖으로 걸치고 서로 어깨를 기댄 채 앉아 있었다. 그들 중 빨간 셔츠를 입은 사내가 노래를 불렀다. 똑똑히 들리지는 않았지만 귀에 익은 곡조였다.

나는 이곳이, 살아 있는 강 위의 이 모든 것들이 아주 친숙하고 낯 익은 듯한 느낌이 들었다. 그러나 등 뒤쪽의 물에 잠긴 도시는 주인이 고안해 낸, 주인만큼이나 이해하기 힘든 악몽처럼 느껴졌다.

나는 볼만한 것들을 모두 구경하고 나서 집으로 돌아왔다. 돌아오면서 문득 나도 이제 어른이 다 됐으며 무슨 일이든 할 수 있다는 생각이 들었다. 집에 오는 길에 크레믈 언덕에 올라 볼가 강을 내려다보았다. 높은 곳에서 내려다보는 세상은 무척 넓어 보였고 내가 원하는 모든 것을 가져다줄 것처럼 보였다.

집에는 책이 몇 권 있었다. 마고 여왕이 살던 곳에는 이제 대가족이 살고 있었다. 그 집에는 서로 아름다움을 뽐내는 다섯 명의 소녀와 학생 두 명이 있었는데, 이들은 내게 책을 빌려 주곤 했다. 나는 투르게네프를 탐독했다. 그가 얼마나 이해하기 쉽고 가을 하늘처럼 맑은 사람인지, 그의 주인공들이 얼마나 순결한지, 그의 소설 속에 나오는 모든 것이 얼마나 선한지를 보면서 나는 감탄을 금치 못했다.

포말롭스키의 《신학교 일기》를 읽고서도 감탄했다. 그것은 성상 작업소에서의 생활과 비슷했다. 나는 사람을 뗏목으로 몰아내는 절망적인 지루함이 어떤 것인지 익히 잘 알고 있었다.

러시아 책을 읽는 것은 참 좋았다. 그 속에서는 늘 익숙하면서도 슬픈 그 무엇을 느낄 수 있었다. 마치 페이지마다 부활절 종소리가 숨어 있다가 책을 펼치기만 하면 조용히 울려나오는 것 같았다.

나는 고골의 《죽음의 집의 기록》이나 《죽은 혼》도 읽었지만 그다지 마음에 와닿지는 않았다. 《죽은 혼》이나 《죽음의 집의 기록》, 톨스토이의 《세 죽음》, 《살아 있는 유물들》 등등 이와 유사한 제목을 단 책들은 무기력증과 비슷한 어떤 적대감을 안겨주었다. 이것 말고도 《시대의 상징》이나 《한 걸음씩》, 《무엇을 할 것인가?》, 《스무린 마을의 기록》 같은 작품들도 마음에 들지 않았다.

나는 디킨스와 월터 스콧을 좋아했다. 이 작가들의 책은 기쁜 마음으로 몇 번씩 다시 읽었다. 스콧의 소설은 화려하게 장식된 교회의 다소 지루하면서도 장엄한 성축일의 의식을 연상시켰다. 디킨스는 변함없이 경의를 표할 작가로 남아 있다. 그는 예술의 가장 어려운 문제인 '인류에 대한 사랑'을 탁월하게 이해한 인물이었다.

저녁 때면 많은 사람들이 현관에 모여들었다. 'K' 형제들과 그들의 누이들, 들창코 중학생 뱌체슬라프 세마시코가 있었고 고위 공무원의 딸인 프티치나가 가끔 끼기도 했다. 그들은 책과 시에 대해서 이야기했는데 이러한 이야기는 내게도 친근하고 쉽게 이해될 만한 것들이었다. 나는 그들 가운데 누구보다도 많은 책을 읽고 있었다. 그들은 저마다 고등학교 이야기나 선생님들에 대한 불만을 토로했다. 그런 이야기를 들으면서 나 자신이 친구들보다 자유롭다는 생각이 드는 한편, 그들의 인내심에 놀랐다. 그리고 그들이 부러웠다. 어찌됐건 그들에게는 공부할 기회가 주어져 있지 않은가!

내 친구들은 나보다 나이가 많았다. 그러나 내가 그들보다 훨씬 성숙하고 경험도 많다는 느낌이 들었다. 나는 그들과 친해지고 싶었기 때문에 이런 느낌이 조금 당황스러웠다. 저녁 늦게 먼지와 진흙으로 범벅이 되어 돌아오면서 나는 내가 그들과 완전히 다르지는 않지만 많은 차이가 난다는 느낌을 받곤 했다. 그들은 젊은 여성들에 대한 이야기를 많이 했고 시를 쓰려고 애쓰기도 했다. 시를 쓸 때면 가끔 내게 도움을 청하기도 했는데, 나는 기꺼이 시작(詩作)에 동참했다. 나는 아주 손쉽게 리듬을 맞추곤 했지만 웬일인지 내 시는 언제나 우스꽝스러운 반응을 불러일으켰다. 내 시는 대부분 프티치나에게 바치는 것이었는데, 그녀는 시 속에서 주로 채소나 과일에 비유되어 있었다.

세마시코는 나에게 이렇게 말하곤 했다.

"이게 무슨 놈의 시야? 이걸 시라고 할 바에야 구두징을 시라고 하겠네."

나는 무엇에서든 남에게 지고 싶지 않았다. 그래서 나도 다른 친구들처럼 프티치나와 사랑에 빠졌다. 나의 사랑을 어떻게 표현했는지는 기억나지 않지만 좋지 않게 끝난 것은 분명하다. 즈베즈딘이라는 호수가 있었는데 썩어서 녹색이 된 물 위에 썩은 널빤지들이 떠다니곤 했다. 한번은 내가 프티치나에게 그 널빤지에 태워주겠다고 했더니 그녀도 선뜻 그러겠다고 했다. 나는 널빤지를 호숫가로 끌어내 그 위에 올라탔다. 나 혼자는 충분히 지탱되었다. 그러나 레이스와 리본으로 치장한 프티치나가 우아하게 한쪽 끝에 자리를 잡고, 내가 긴 막대로 자랑스럽게 배를 밀어 나가는 순간 그 저주받은 널빤지가 뒤집히는 바람에 그녀는 호수에 빠지고 말았다. 나는 기사도 정신을 발휘하여 몸을 던져 재빨리 그녀를 호숫가로 끌어냈다. 호수의 썩은 물은 그녀의 아름다움을 망가트려 놓았다.

그녀는 물이 뚝뚝 떨어지는 손가락으로 나를 가리키며 험악하게 소리를 질렀다.

"일부러 빠뜨린 거지?"

그녀는 내 진심을 믿어주지 않았으며 그날 이후로 나를 원수 대하듯 했다.

도시에서의 생활은 그다지 재미있지 않았다. 늙은 여주인은 예나 다름없이 나를 좋아하지 않았고 젊은 여주인은 나를 경멸하는 눈치였다. 빅토르는 전보다 더 많아진 주근깨에다가 아무에게나 코웃음을 치고 무엇인가에 대해 끊임없이 억울해 했다.

주인은 많은 일을 계획하고 있었다. 그는 자기 동생과 사이좋게 일을 해결하지 못해서 언제나 내 의붓아버지에게 도움을 청하곤 했다.

시장에서 돌아온 어느 날이었다. 식당으로 들어가려다가 나는 까맣게 잊고 있었던 사람이 주인과 함께 있는 것을 보았다. 그는 내게 손을 내밀며 말했다.

"안녕?"

나는 뜻밖이라 당황해서 뒤로 물러섰다. 지난 일들이 갑자기 불꽃이 되어 내 가슴을 태우는 것 같았다.

의붓아버지는 몹시 야윈 얼굴에 미소를 지으며 나를 바라보았다. 그의 어두운 눈은 더 커 보였고 몹시 지치고 힘들어 보였다. 나는 그의 야윈 손을 꼭 잡았다.

"그래, 다시 만나게 되었구나."

그는 기침을 하면서 말했다.

나는 한 대 얻어맞은 것처럼 풀이 죽어 밖으로 나왔다. 우리 둘 사이는 조심스러운 데가 있었다. 그는 나를 부를 때 이름과 부칭까지 불렀으며 언제나 자기와 동등하게 대했다.

"가게에 갈 일이 있으면, 라페름 담배 1/4파운드와 빅토르손 담배종이 100장, 그리고 훈제 소시지를 좀 사다 주겠니?"

그가 건네준 돈은 늘 그의 체온으로 따뜻했으며 그 때문에 왠지 꺼림칙했다. 그는 폐병에 걸려 있었으며, 앞으로 얼마 살지 못할 터였다. 그 스스로도 그것을 잘 알고 있었다. 그는 끝이 뾰쪽한 까만 턱수염을 비틀면서 조용한 목소리로 말하곤 했다.

"내 병은 고치기 힘들어. 하지만 고기를 많이 먹는다면 나아질지도 모르지. 어쩌면 회복될 수도 있을 거야."

그는 어마어마한 양의 식사를 했으며 식사 중에도 담배를 피워댔다. 담배가 입에서 떨어지는 것은 오직 입에 음식을 넣을 때뿐이었다. 나는 날마다 그에게 소시지나 햄, 정어리를 사다 주었지만 외할머니의 여동생은 무슨 까닭인지는 모르겠지만 그에게 악담을 퍼부었다.

"아무리 먹어대도 죽음을 막을 수는 없어. 맛있는 음식으로 죽음을 속이지는 못한다고!"

젊은 여주인은 내 의붓아버지를 경멸적으로 대했다. 그녀는 이런 저런 약을 권하면서도 뒤에서는 그를 비웃는 것이었다. 젊은 여주인이 말했다.

"귀족 나리! 사람들이 그러는데 주방은 빵 부스러기까지 싹싹 쓸어야 된대요. 파리는 빵부스러기에서 번식한다고 말이죠."

그러자 늙은 여주인이 말을 받았다.

"귀족 나리라니! 다 해져 반들반들한 재킷을 입고 다니는 귀족도 있다던? 그런 주제에도 늘 옷에 솔질을 하다니, 별스런 사람이 뭐냐. 먼지 하나도 참지 못하다니!"

주인이 그들을 달래듯이 말했다.

"진정들 하세요. 곧 돌아가실 양반이라고요."

귀족에 대한 장사꾼들의 이러한 터무니없는 적대적 태도는 나를 의붓아버지와 가까워지게 만들었다. 독버섯은 비록 독이 있지만 최소한 아름다운 것이다!

이런 사람들 틈에서 서서히 질식해가고 있는 의붓아버지는 마치 닭장에 던져진 물고기 같았다. 좀 이상한 비유인지는 몰라도 이곳 삶이란 게 그렇게 터무니없었던 것이다.

의붓아버지는 집안의 모든 사람들을 똑같이 정중하게 대했다. 그는 먼저 말을 꺼내는 법이 없었고, 어떤 질문에도 공손하고 간략하게 대답했다. 그가 주인에게 건축술을 가르칠 때면 나는 기분이 무척 좋았다. 그는 탁자 옆에 허리를 구부리고 서서 메마른 손톱으로 두툼한 제도판을 두드리며 조용히 제안하는 것이었다.

"그러니까 여기에 서까래를 고정시켜야 되는 겁니다. 그래야 압력이 분산되거든요. 그렇게 하지 않으면 벽이 쓰러져 버립니다."

"맞아! 제기랄!" 주인이 중얼거렸다. 그러나 의붓아버지가 자리를 뜨자마자 그의 아내가 말했다.

"저 따위 사람한테 배우다니 정말 놀랍군요!"

어떤 이유에서인지 그녀는 의붓아버지가 저녁을 먹은 뒤 입을 행굴 때 목젖이 툭 튀어나오는 것을 특히 혐오했다.

"내 생각으로는 말예요……" 그녀는 뚱하게 말했다. "너무 그렇게 머리를 뒤로 젖히면 몸에 해로울 것 같아요, 예브게니 바실리이치."

의붓아버지는 부드럽게 웃으면서 정중하게 되물었다.

"왜지요?"

"그러니까…… 그건……."

그는 뼈로 만든 이쑤시개로 푸른빛의 손톱을 소제하기 시작했다.

"저 남자가 또 손톱 소제를 해요!" 여주인이 발끈해서 말했다. "죽을 거예요, 그러다가는……."

"어휴!" 주인이 한숨을 내쉬었다. "어떻게 된 게 날이 갈수록 더 멍청하게 굴어, 이 여편네가!"

"뭐라고요?" 여주인이 발끈했다.

노파는 밤마다 하느님에게 열정적으로 매달렸다.

"오, 하느님! 지금 썩어가는 사람이 내 곁에 있습니다. 빅토르는 또다시 한구석으로 밀려나 있고……."

빅토르는 내 의붓아버지의 버릇을 흉내 내기 시작했다. 여유로운 걸음걸이나 확실한 손동작, 멋지게 넥타이를 매는 솜씨, 점잖고 우아하게 식사하는 방식 등등…… 그는 가끔 함부로 질문을 던지곤 했다.

"막시모프, 프랑스어로 무릎을 뭐라고 하죠?"

"내 이름은 예브게니 바실리이치입니다." 의붓아버지는 나지막한 소리로 그에게 자신의 이름을 상기시켰다.

"아, 그렇군요. 그런데 '가슴'은 뭐죠?"

저녁식사 때 빅토르는 어머니에게 프랑스어로 소리를 치는 것이었다.

"마 메르, 돈네 무아 앙코르 뒤 피클!"(엄마, 피클 좀 더 주세요.)

"아이고, 내 새끼. 프랑스 사람이 다 됐구나." 노파는 귀여워 죽겠다는 듯이 대답했다.

의붓아버지는 벙어리처럼 말없이 고기를 씹고 있었다.

한번은 형이 아우 빅토르에게 이렇게 말했다.

"빅토르, 프랑스어를 배우고 있으니 애인이라도 사귀어 보는 게 어떻겠어?"

내 기억으로는 의붓아버지가 조용히 미소를 지은 건 이 때뿐이었다.

하지만 젊은 여주인은 화를 벌컥 내며 스푼을 소리 나게 내려놓고는 남편에게 냅다 소리를 질렀다.

"아니, 내 앞에서 그런 구역질나는 소리를 하다니 부끄럽지도 않아요?"

가끔 의붓아버지는 어두운 현관 통로로 나를 보러 오곤 했다. 나는 다락방으로 통하는 계단 아래에서 잠을 자거나 창가 계단에 앉아 책을 읽곤 했다.

"책을 읽니?" 그는 담배연기를 혹 내뿜으며 물었다. 그의 가슴에서 불쏘시개 막대의 마찰음처럼 쉭쉭거리는 소리가 들려왔다. "무슨 책이지?"

나는 그에게 책을 보여 주었다.

"오!" 그는 제목을 들여다보더니 말했다. "이건 나도 읽었던 것 같구나! 담배 피우겠니?"

우리는 지저분한 마당을 내다보며 담배를 피웠다. 의붓아버지가 말했다.

"네가 학교에 못 다니는 게 유감이구나. 넌 재주가 많은 아인데……."

"이렇게 배우고 있잖아요, 책도 읽고 말이에요."

"그것만으론 부족해. 학교에서 체계적으로 배워야지……."

나는 이렇게 말하고 싶었다. '당신은 좋은 학교에서 체계적으로 교육을 받았지만 지금 그게 무슨 소용이 있죠?'

그는 내 생각을 꿰뚫어보기라도 한 듯이 덧붙였다.

"소질만 있으면 학교에서 잘 교육할 수 있어. 교육을 잘 받은 사람들만이 삶을 변화시킬 수 있는 거란다……" 그러나 한번은 이런 충고를 했다.

"가능한 한 빨리 이곳을 떠나는 게 좋을 게다. 여기서 머물러봤자 아무런 의미도 유익도 없으니까……."

"나는 일이 좋아요."

"아니, 그게 뭐가 좋아?"

"사람들과 함께 일하는 게 재미있어요."

"그럴지도 모르지……."

또 한번은 이렇게 말했다.

"정말 이 집 주인들은 쓰레기 같은 인간들이야, 쓰레기……."

나는 이런 단어를 썼던 내 어머니가 그 말을 언제 어떻게 했는지를 기억하고는 무심결에 그에게서 물으셨다. 그는 미소를 지으며 물었다.

"그렇게 생각하지 않니?"

"잘 모르겠어요."

"오…… 난 알아. 그들은 쓰레기야."

"어쨌든간에 나는 주인이 좋아요."

"그래, 네 말이 맞아, 좋은 사내지…… 하지만 이상한 데가 있더구나."

나는 그와 책에 대해 이야기하기를 좋아했지만, 그는 책을 별로 좋아하지 않았다. 어느 날은 이렇게 충고하는 것이었다.

"너무 빠지지는 마라. 책 속에는 모든 것이 매우 아름답게 꾸며져 있지. 이런저런 방식으로 왜곡돼 있기도 하고. 책을 쓰는 사람들은 대개가 우리 주인 같은 작은 사기꾼들이야."

이러한 생각은 매우 대담한 것이었지만 마음을 끄는 데가 있었다.

그는 또 이렇게 물었다.

"곤차로프의 소설을 읽어 봤니?"

"예, 《팔라다 구축함》을 읽었어요."

"그건 매우 따분한 건데. 하지만 곤차로프는 러시아에서 가장 뛰어난 작가지. 그의 《오블로모프》라는 작품을 읽어 봐. 러시아 문학 중에서 가장 훌륭한 것이니까."

그는 디킨스의 작품에 대해서도 말했다.

"허섭스레기 같은 작품들이야. 요즘 〈새 시대〉라는 신문에서 아주 재미있는 《성 안토니의 유혹》이라는 작품을 연재하고 있는데 한번 읽어봐,, 아주 재미있어. 그거 읽어봤니? 아마 교회를 좋아하게 될 거야. 많은 것을 배울 수도 있을 테고."

그가 그 연재소설이 실린 신문을 모아 가져다주었으므로 나는 지혜로운 플로베르의 작품을 읽게 되었다. 이 작품을 읽으면서 나는 수없이 많은 성인들의 삶과 골동품 감정사들이 이야기해 준 역사 이야기들을 떠올렸으나 특별히 깊은 인상을 받지는 않았다. 나는 차라리 신문에 나란히 실려 있는 《동물 조련사 우필리오 파이말리의 전기》가 더 마음에 들었다. 이러한 마음을 의붓아버지에게 말하자 그는 냉랭하게 지적했다.

"그건 아마 네가 아직 어리기 때문일 거야. 그러나 이 책을 잊지는 마라."

가끔 그는 콜록거리면서도 연신 담배를 피우며 말 없이 오래도록 내 옆에 앉아 있곤 했다. 그럴 때면 그의 잘생긴 두 눈이 고통스럽게 타올랐다. 나는 그의 모습을 훔쳐보면서 아무런 불평 없이 겸허하게 죽음을 받아들이는 이 사람이 한때는 내 어머니와 가까운 사이였고 그녀에게 몹시 심하게 대했었다는 사실을 잊어버리곤 했다. 내가 알기로 그는 지금은 어떤 재봉사와 살고 있었다. 나는 그 재봉사가 안됐다는 생각이 들었다. 그녀는 어떻게 이 남자의 앙상한 몸을 껴안고 지독한 냄새를 풍기는 입에 키스하면서 움츠리지 않을 수 있단 말인가? 의붓아버지는 아무도 상상하지 못하는 말을 느닷없이 꺼내곤 했다.

"나는 사냥개를 좋아해. 약간 어리석긴 하지만 사랑스런 동물이거든. 그리고 아름답고. 아름다운 여자들도 좀 어리석은 데가 있지."

나는 속으로 생각했다. '그가 마고 여왕을 알기만 했더라도!'

한번은 그가 이런 말을 했다.

"한 집에서 오래 산 사람들은 서로 닮는 법이지."

나는 이 말을 공책에 적어 넣었다. 내겐 그의 이 같은 말들이 마치 선물 같았다. 모두들 진부하고 무미건조한 말만 하는 집에서 이처럼 문학적인 언어를 들을 수 있다는 것은 매우 즐거운 일이었다.

의붓아버지는 결코 어머니에 대해 말한 적이 없었다. 그녀의 이름조차 잊은 듯했다. 하지만 나는 그런 점이 오히려 더 마음에 들었다.

한번은 내가 신에 대해서 물은 적이 있었다. 그는 나를 지그시 바라보더니 조용히 말했다.

"난 모르겠다. 난 하느님을 믿지 않거든."

나는 시타노프가 생각나서 의붓아버지에게 그 사람 이야기를 했다. 그는 매우 관심 있게 듣더니 여전히 조용히 나를 바라보는 것이었다.

"그 사람은 의심 가운데 있어. 그런 사람은 무엇인가를 믿게 돼 있지. 하지만 나는 그냥 믿지 않을 뿐이야."

"어떻게 그럴 수가 있어요?"

"어떻게라니? 자, 보렴. 지금 나는 아무것도 믿지 않잖아……."

내가 볼 수 있는 것은 그가 죽어가고 있다는 사실 뿐이었다. 나는 그의 죽음에 대해 동정 같은 것은 느끼지 않았다. 그저 죽어가는 사람 가까이에 있을 때 느끼는 죽음의 수수께끼에 대한 매우 진지한 흥미 같은 것을 느낄 뿐이었다.

여기 나와 무릎이 닿을 만큼 가까운 거리에 따뜻한 체온과 오감을 지닌 한 남자가 있다. 그는 사람들을 자신과의 관계에 따라 구분하며, 모든 사람과 상황을 판단하고 문제를 해결할 능력을 지닌 사람처럼 말한다. 그에게는 내게 필요하거나 유익한 어떤 것들과 불필요한 어떤 것들이 혼재한다. 그는 엄청나게 복잡한 사람으로서, 그의 안에는 무수한 생각이 회오리치고 있다. 그는 그냥 아는 사람이 아니라 마치 나의 일부 같고 내 안의 어딘가에 살고 있는 것 같다. 그에 대해 생각하면 어느새 그의 영혼의 그림자가 내 영혼에 드리워진다. 내일이면 그는 영원히 사라질 것이다. 그의 머리와 가슴 속에 있는 모든 것, 그리고 내가 그의 아름다운 눈동자에서 읽은 모든 것과 함께……. 그가 사라지면 나를 이 삶에 연결시켜주는 또 하나의 끈이 끊어지는 것이리라. 그에 대한 기억은 남겠지만 기억은 고착되어 있다. 살아 있는 것은 변화하고 진화하는데…….

그러나 이것은 생각일 뿐이다. 이러한 생각의 이면에는 말로 표현할 수 없는 어떤 것, 그런 생각을 낳고 거기에 양분을 공급하는 무언가가 있다. 삶의 뿌리를 건드리며 '왜?'라는 질문에 대답할 것을 요구하는 무언가.

"내 생명이 얼마 남지 않았다는 것을 알아." 어느 비오는 날 의붓아버지가 말했다. "이렇게 허약해지다니! 도무지 아무것도 하고 싶지를 않아……."

다음날 저녁 그는 차를 마시면서 탁자와 무릎에 떨어진 빵 부스러기에 유난히 신경을 쓰며 털어냈다. 우리에게는 보이지 않는 그 무엇인가를 몸에서 털어 내려는 것 같았다. 그러나 늙은 여주인은 눈썹 아래로 그를 흘겨보면서 며느리에게 말했다.

"저걸 보라고. 뭘 저리 씻고 털고 모양을 내는지!"

이틀 동안 그는 일하러 오지 않았다. 늙은 여주인이 내게 크고 흰 봉투를 건네주면서 말했다.

"이거 받아! 어제 오후에 웬 여자가 이걸 가져왔는데 네게 전해주는 걸 깜박 잊었어. 예쁜 여자던데 네게 무슨 볼일이 있는지 모르겠구나."

봉투에서 나온 하얀 메모지에는 병원 날인이 찍혀 있고 큰 글씨로 이렇게 쓰여 있었다.

'시간 나면 들러다오. 나는 마르티노프 병원에 있단다. ─E.M.'

다음날 아침 나는 의붓아버지가 입원한 병실의 침대 곁에 앉아 있었다. 그는 키가 커서 회색 양말을 신은 발이 침대 밖으로 나왔다. 그의 아름다운 눈은 노란색 벽을 초점 없이 바라보다가 내 얼굴과, 침대 머리맡에 앉아 있는 젊은 여자의 작은 손에서 멈추었다. 그녀는 베개 위에 손을 올려놓고 있었다. 의붓아버지는 입을 벌린 채 그 손에 뺨을 비볐다. 여자는 조금 뚱뚱한 편이었고 어두운 색의 반짝거리는 옷을 입고 있었다. 그녀의 계란형 얼굴에 눈물이 서서히 흘러내렸다. 그녀는 촉촉이 젖은 푸른 눈을 잠시도 의붓아버지의 얼굴에서 떼지 않고 그의 깡마른 몸과 날카로운 코와 시커먼 입을 바라보고 있었다.

"신부님을 모셔와야 하지만……" 그녀가 속삭였다. "원칠 않으시는군요. 아무것도 이해하실 수가 없나봐요."

그녀는 베개에서 손을 떼어 기도하듯이 가슴에 모았다. 잠시 뒤 의붓아버지는 천장을 바라보며 무엇인가 기억해내려는 듯 이맛살을 찌푸리더니 나에게 여윈 손을 내밀었다.

"누구시죠? 고마워요. 그런데, 보세요…… 내가 꼭 바보가 된 것 같군요."

말을 하려는 노력은 그를 더욱 탈진하게 만들었다. 그는 다시 눈을 감았다. 나는 손톱이 푸르스름한 그의 기다랗고 차가운 손가락을 쓰다듬었다. 여자가 조용히 말했다.

"예브게니 바실리이치, 우리가 인사를 나눌 수 있게 해주세요……."

"아, 그래, 서로들 알고 지내야 해요……" 그는 그녀에게 눈길을 주며 말했다.

"좋은 사람이지요……."

그의 말이 끊기면서 입이 점점 더 크게 벌어지더니 갑자기 까마귀 소리 같은 비명이 새어나왔다. 그러자 여자는 침대에 몸을 던져 이불을 부여잡고 비명을 지르더니 베개에 머리를 묻고 울기 시작했다.

의붓아버지는 곧 숨을 거두었다. 죽는 순간 그는 본디 모습을 되찾았다.

나는 그녀를 부축해서 병원을 나왔다. 그녀는 아픈 사람처럼 비틀거리며 울었다. 손에는 공처럼 말린 손수건을 꼭 쥐고 있었다. 그녀는 자꾸만 손수건을 눈에 갖다 댔고 점점 더 꽁꽁 뭉쳐진 그 손수건이 자신이 지닌 마지막이자 가장 고귀한 물건이라도 되는 듯이 바라보았다.

그녀는 갑자기 걸음을 멈추고 내게 바싹 다가서서 말했다.

"난 겨울까지 못살 거야…… 오, 주여! 어떻게 이럴 수가 있나요?"

그러고 나서 그녀는 눈물에 젖은 손을 내밀었다.

"안녕히 가세요. 그분은 당신 생각을 많이 하셨지요. 내일 장례식을 치를 거예요."

"댁까지 모셔다 드릴까요?"

그녀는 주위를 둘러보았다.

"그러실 필요 없어요. 밤도 아니고, 환한 대낮인데요."

나는 길모퉁이에 서서 그녀의 뒷모습을 바라보았다. 그녀는 전혀 서두를 필요가 없는 사람처럼 천천히 걸어갔다.

8월이었다. 벌써 나뭇잎이 지기 시작하고 있었다. 나는 시간이 없어서 장지까지 따라가지 못했고, 그 뒤로 그 여자를 다시 만나지 못했다.

17

아침 6시면 나는 시장으로 일하러 나갔다. 그리고 그곳에서 재미있는 사람들을 만났다. 목수 오시프는 성 니콜라이를 연상시키는 백발이었는데 솜씨 있는 일꾼인데다 재치가 있었다. 또 꼽추 기와공 예피무시카가 있었고, 역시 성인을 연상시킬 만큼 사려 깊은 벽돌공 표트르가 있었다. 미장이 그리고리 시실린은 갈색 수염에 푸른 눈을 가진 미남자로 조용하고 선량한 사람이었다.

그들은 일요일이면 매우 엄숙하고 점잖은 모습으로 주방에 나타나 유쾌한 대화를 나누곤 했다. 이 건실해 보이는 사람들은 쿠나비노 거리의 사람들 같은 악의나 도벽, 주벽과는 거리가 멀었다.

그 당시 특히 마음에 들었던 사람은 미장이 시실린이었다. 나는 그를 좋아한 나머지 그를 따라다니며 함께 일하고 싶다고 간청하기까지 했다. 그러나 그는 하얀 손가락으로 금빛 눈썹을 쓰다듬으며 부드럽게 거절했다.

"너에겐 아직 일러. 우리 일은 쉽지 않으니까 말이야. 한 일 년 기다려 보자."

그러고는 잘생긴 얼굴을 똑바로 들면서 이렇게 묻는 것이었다.

"사는 게 마음에 안 들어? 신경 쓰지 말고 꾹 참으라고. 꾹 참고 네게 적합한 삶의 방식을 찾는 거야. 그러면 견딜 수 있을 테니까."

나는 이 선의의 충고가 내게 어떤 도움이 되는지는 몰랐지만 감사한 마음으로 마음에 새겨 두었다.

그들은 일요일 아침마다 주인 집 주방 식탁에 둘러 앉아 주인을 기다리며 담소를 즐기곤 했다. 주인은 호방하고 유쾌하게 그들을 반기며 힘찬 악수를 나누고는 맨 앞자리에 앉았다. 그러면 그들은 계산서나 수표 다발을 꺼내 너덜너덜한 공책과 함께 탁자에 올려놓고 일주일 치 결산을 시작했다.

주인은 농담을 하며 그들의 계산이 잘못되었음을 증명하려 하였고, 그들도 마찬가지였다. 가끔 심한 말다툼이 벌어지기도 했지만 대개는 친근하고 우호적인 분위기였다.

"아하, 이 양반! 타고난 사기꾼이란 말이야!" 일꾼들은 주인에게 이렇게 말하곤 했다.

그러면 주인은 당황한 듯이 웃으면서 대꾸했다.

"그러는 자네들은 어떻고! 자네들도 나 못지 않다고!"

"맞아, 다를 게 뭐 있어? 안 그래??" 예피무시카가 맞장구를 치자 진지한 표트르는 이렇게 말했다.

"살기 위해서는 도둑질을 할 수밖에 없어. 정직하게 번 돈은 하느님과 차르에 바치고 나면 남는 게 없으니까."

"그럼 난 자네들을 불에 태워 제물로 바칠 테야." 주인이 웃으면서 말했다.

일꾼들도 호인답게 웃으며 말했다.

"우리를 불태우겠다고요?"

"활활 타는 용광로에서?"

그리고리 시실린이 긴 수염을 가슴에 대고 문지르며 노래하는 어조로 물었다.

"형제들, 그러니까 우린 속이지 말고 일 하세나. 정직하게 살면 얼마나 행복하고 평화로운 삶을 살 수 있겠어? 그러세나, 우린 다 사랑하는 동포가 아닌가?"

그의 푸른 눈이 어두워지며 촉촉하게 젖었다. 그 순간 그는 대단히 멋져 보였다. 사람들은 이런 그의 물음에 조금 당혹스러워했다.

"농사꾼은 거의 사기를 치지 않아." 잘생긴 오시프가 한숨을 내쉬며 농부를 동정한다는 듯이 말했다.

까무잡잡한 얼굴의 벽돌공 표트르가 탁자 위로 상체를 구부리면서 묵직하게 말했다.

"죄란 마치 수렁 같아서 빠져들수록 헤어나기가 힘들어."

그러자 주인이 그들에게 연설하듯이 말했다.

"나보고 하는 말인가? 내가 뭔가에 빠져드는 건 그게 나를 부르기 때문이라고. 비록 나는 원치 않지만 말이야."

철학적인 대화가 끝나자 그들은 다시 서로를 이기려고 덤볐다. 마침내 계산이 끝나자 그들은 한동안의 정신적 긴장으로 인해 땀과 피로에 젖은 채 차를 마시러 식당에 가면서 주인에게 함께 가기를 청했다.

시장에서 내가 하는 일은 바로 이들이 못이나 벽돌, 널빤지 등을 훔치지 못하도록 감시하는 것이었다. 그들은 저마다 주인의 일 말고 다른 일들도 맡고 있었기 때문에 바로 내 눈앞에서도 각자의 개인적인 일로 건축자재들을 훔치려 들었다.

내가 나타나면 그들은 나를 따뜻하게 맞아 주었으며 시실린은 이렇게 말했다.

"네가 나와 함께 일하고 싶다고 조르던 것 기억 나? 그런데 이제는 우리한테 이래라 저래라 하게 생겼구나!"

"그래 그래. 잘 감시해라. 주님이 도와주실 게다, 하하!" 오시프가 농담 조로 말했다.

표트르가 퉁명스럽게 말했다.

"늙은 쥐들을 감시하라고 두루미 한 마리를 놓은 꼴이지……."

나의 임무는 잔인하게 심판하는 일이었다. 나는 이 사람들 앞에서 수치감을 느끼곤 했다. 그들은 저마다 아무도 모르는 특별한 지식을 지니고 있는 듯했는데, 그런 그들을 나는 도둑놈과 사기꾼처럼 눈여겨보아야 했기 때문이다. 처음 며칠 동안은 매우 힘들었지만, 오시프가 내게 귀띔해 이를 눈치 채고는 내게 귀띔해 주었다.

"나 좀 봐라, 꼬마야. 뿌루퉁해 있어봤자 좋을 게 없어. 이해하겠니?"

물론 나는 이해하지 못했다. 하지만 나는 이 노인이 내 입장이 얼마나 곤란한지를 잘 알고 있다고 느꼈고, 곧 그를 이해하게 되었다. 그는 나를 한쪽으로 데리고 가서 말해 주었다.

"네가 알고 싶다면 말해 주겠는데, 우리 가운데 제일가는 도둑은 벽돌공 표트르야. 그에게는 딸린 식구가 많은데다 욕심도 많거든. 그러니 그를 잘 살펴야 할 게다. 그 녀석은 뭐든 훔치지. 못과 벽돌, 회반죽 같은 것들을 마구 가져간단 말이야. 사람이야 좋지. 신앙심도 깊고 제법 글도 깨쳤고. 그런데 도둑질을 좋아하는 게 탈이야! 예피무시카는 여자처럼 온순하고 조용하지. 아마 네가 걱정할 일 따위는 없을 거야. 똑똑한 놈이야. 꼽추라고 바보라는 법은 없으니까! 그리고 그리고리 시실린, 그 사람은 정말 멍청해! 남의 것은 결코 가져가지 않고 제 것을 남에게 주는 법도 없지. 그는 일을 하고도 돈을 못 벌어. 누구라도 그를 속여먹을 수는 있지만 그 자신은 누구도 속이지 못하거든."

"그럼 선량한 사람이에요?"

오시프는 멀리서 바라보듯이 나를 바라보면서 인상에 남는 말을 했다.

"그럼, 선량하고 말고! 게으른 자에게 가장 쉬운 길은 선량한 사람이 되는 거야. 선에는 말이다, 지혜가 필요치 않거든!"

"그럼 아저씨는요?" 내가 물으니 오시프는 웃으면서 대답했다.

"나는 소녀 같아. 이다음에 할머니가 되면 나 자신에 대해 모두 얘기해 줄 테니 그때까지 기다리렴. 그동안 내가 진정 어떤 사람인지 네 머리로 한번 알아봐. 열심히 알아보라고. 그게 바로 네가 할 일이잖아!"

그는 그 자신과 친구들에 대한 나의 선입견을 완전히 뒤집어놓았다. 나는 그가 한 말을 의심하기가 어려웠다. 예피무시카와 표트르, 시실린이 이 잘생긴 노인네를 자신들보다 훨씬 지혜롭고 똑똑하다고 여긴다는 것을 알고 있었기 때문이다. 그들은 모든 일에서 그의 조언을 구하고 그의 충고를 귀담아 들었으며 그에게 존경을 표했다.

"우리에게 좋은 충고 한 마디 부탁드립니다." 그들은 이렇게 정중하게 청하고는 했다. 그러나 한번은 이런 질문들 가운데 어떤 질문을 받고나서 오시프가 자리를 뜨자 벽돌공이 조용히 시실린에게 말하는 것이었다.

"이단자야!"

시실린은 웃음을 터트리면서 대꾸했다.

"광대라고!"

시실린이 친근한 어조로 나에게 경고했다.

"조심해, 막심! 저런 노인네는 조심하는 게 좋아. 안 그랬다간 너를 손끝으로 주무를 거야. 냉소적인 노인네지. 네게 해를 끼치게 될까봐 두렵다니까!"

"무슨 해요?"

"그야 나도 모르지."

잘생긴 그 일꾼이 눈을 깜빡이며 말했다.

나는 그의 말을 전혀 알아들을 수가 없었다.

벽돌공 표트르가 가장 신앙심이 깊고 정직한 사람이라고 나는 생각했다. 그는 모든 일에 대해 간단명료하고 설득력 있게 말했다. 그의 대화 주제는 주로 신과 지옥, 죽음에 대한 것이었다.

"에이그, 여보게들, 무섭지? 왜 무섭지 않겠어? 누구도 죽음을 피해 갈 수 없는데."

그는 만성 위궤양에 시달리고 있었으며 어떤 날은 아무것도 먹지 못했다. 빵 한 조각만 삼켜도 온몸에 경련이 일 만큼 고통스러웠기 때문이다.

꼽추인 예피무시카도 선량하고 정직한 인물이었으나 어딘가 괴상한 구석이 있었다. 때때로 그는 누구에게도 해를 끼치지 않는 해맑은 천치처럼 보였다. 그는 끊임없이 여러 여자들과 애정행각을 벌였으며, 여자들에 대해 언제나 똑같은 말을 하는 것이었다.

"솔직히 말해서 그 여자는 여자가 아니라 달콤한 크림으로 만든 꽃 같아. 오, 오……."

쿠나비노 거리의 활기찬 여자들이 가게 청소를 하러 오면, 예피무시카는 지붕에서 내려와 한쪽 구석에 서서 밝은 잿빛 눈을 깜박이며 입이 귀에 걸려서는 이렇게 중얼거리는 것이었다.

"저렇게 예쁜 여자들을 보내주시다니, 주님 감사합니다. 정말이지 크림으로 만든 꽃 같군요. 저런 예쁜 여자들 덕분에 제 삶에 생기가 넘칩니다."

처음에 여자들은 그를 비웃으며 서로 소리를 질러댔다.

"아휴, 저 꼽추가 좋아하는 것 좀 보라고, 맙소사!"

여자들은 터져나오는 웃음을 참지 않았다. 그러나 광대뼈가 툭 불거진 예피우시카의 얼굴은 점점 더 꿈꾸는 표정이 되었으며 목소리는 흥분되어 갔다. 황홀경에 빠진 달콤한 말들이 혀끝에서 시냇물처럼 흘러나와 여자들을 차츰 도취경에 빠지게 했다. 마침내 좀 나이 든 한 여자가 놀란 듯이 친구에게 말했다.

"잘 들어봐! 저 사내가 홀리려 드는군…… 젊은 녀석들처럼!"

"한 마리 새처럼 노래하는군요."

"교회 문 앞에서 구걸하는 거지 같은걸!" 고집 센 처녀가 지지 않고 말했다.

하지만 예피무시카는 전혀 거지 같지 않았다. 그는 나무 기둥처럼 당당하게 서 있었다. 그의 목소리는 더욱 애절해졌고, 여자들은 말없이 귀를 기울였다. 사실 그의 전 존재가 부드럽고 달콤한 목소리로 변해버린 것 같았다.

이러한 장면들은 저녁식사 때나 휴일 다음날 그가 크고 야윈 머리를 흔들며 동료들에게 이렇게 말함으로써 막을 내렸다.

"아, 얼마나 달콤하고 사랑스러운 여자인지 몰라! 그런 여자는 난생 처음이야!"

예피무시카는 자기가 정복한 여자에 대해 이야기할 때 자랑하는 듯한 태도를 보이거나 상대방 여자를 비웃거나 하지 않았다. 그는 다만 기쁨과 감사로 가득 차 잿빛 두 눈을 동그랗게 뜨고 있었다. 오시프가 머리를 흔들며 소리쳤다.

"야, 정말 너는 구제불능이구나! 도대체 네 나이가 몇인데……."

"마흔 넷이지. 하지만 나이가 무슨 상관이야? 오늘 나는 다섯 살은 더 젊어진 것 같아. 마치 치유 효과가 있는 강물에서 목욕을 한 것처럼. 몸과 마음이 아주 신선하고 개운해졌어! 그래, 그런 여자가 또 어디 있겠어, 응?"

그러나 표트르는 엄격하게 말했다.

"오십 줄에 들어서면 조심하는 게 좋을걸! 그렇게 방종한 생활을 계속하다간 쓴 맛을 볼 테니."

"예피무시카, 정말 뻔뻔스럽군 그래." 그리고리 시실린이 한숨을 내쉬며 맞장구를 쳤다.

하지만 내가 보기에 이 잘생긴 사람은 꼽추의 여성편력을 질투하는 것 같았다.

오시프는 반듯한 은빛 눈썹 밑의 두 눈으로 주위를 둘러보며 농담을 하기 시작했다.

"계집이란 저마다 좋아하는 것과 싫어하는 게 있는 법이야. 어떤 계집은 컵과 숟가락을 좋아하고 어떤 계집은 버클과 귀걸이를 좋아하지…… 하지만 늙으면 다 할망구가 되고 마는 거야……."

시실린은 결혼한 몸이었지만 아내가 시골에 있었다. 그 또한 청소부들에게 관심을 갖기는 마찬가지였다. 그 여자들은 모두 접근하기 쉬웠고 수입에 보태려고 언제나 얼마쯤의 '초과 근무'를 했다. 이런 돈벌이는 가난에 찌든 이 도시에서는 다른 일들과 다를 바가 없는 것으로 여겨졌다. 그러나 이 잘생긴 남자는 결코 여자들에게 접근하지 않았다. 그보다는 멀리서 야릇한 시선으로 인생이 불쌍하다는 듯이 그들을 바라보는 것이었다. 어쩌면 그것은 자기 자신을 불쌍히 여기는 시선이었는지도 모른다. 하지만 가끔씩 여자들이 먼저 수작을 걸어오기라도 하면 숫기 없이 웃으며 그냥 가버리는 것이었다.

"자네나 가 보게……."

"왜 그래, 바보 같이!" 예피무시카가 놀란 듯이 말했다. "그런 좋은 기회를 놓치려고 그래?"

"난 결혼한 몸이야." 시실린이 일깨워주었다.

"하지만 아내가 알 게 뭐야?"

"아내들이란 남편이 바람피우는 것을 다 알게 되어 있다고. 아내를 속일 수는 없는 법이야."

"아니, 자네 아내가 어떻게 안단 말이야?"

"그건 나도 몰라. 하지만 아내가 순결하게 살고 있다면 알게 되어 있어. 나도 내가 순결하다면 아내의 부정을 알아낼 수 있거든……."

"어떻게?" 예피무시카가 소리를 질렀지만 시실린은 다시 한 번 조용하게 말했다.

"그건 나도 모르지."

기와공 예피무시카가 흥분해서 손을 흔들며 말했다.

"순결하면 알게 된다니, 그게 무슨 말도 안 되는 소리야?"

시실린 밑에는 인부 일곱 명이 딸려 있었다. 하지만 그들은 시실린을 윗사람이 아니라 자신들과 동급으로 여겼으며 안 보이는 데서는 그를 '송아지'라고 불렀다. 시실린은 일꾼들이 게으름을 피우고 있는 것을 보면 재빨리 흙손이나 삽을 집어 들고 솜씨를 발휘하면서 살살 달래듯이 말하는 것이었다.

"자, 일들 시작하자고!"

한번은 내가 주인이 화를 내며 지시한 일을 전달하면서 그에게 말했다.

"아저씨 일꾼들은 정말 좋지 않아요."

그가 놀란 듯이 되물었다.

"왜 그래?"

"이 일은 벌써 어제 아침나절에 끝났어야 하는 건데 아직도 못 끝냈잖아요……."

"그건 맞는 말이야. 못 끝냈지." 그가 맞장구를 쳤다. 그러고는 잠시 말없이 있다가 조심스럽게 덧붙였다.

"물론 나도 알아. 내 권한으로 저 사람들을 해고시킬 수도 있지. 하지만 다들 우리 마을 출신이잖아. 게다가 하느님은 누구나 땀 흘려 수고해야만 빵을 먹을 수 있게 하셨는데, 너나 나는 저 사람들보다 일을 덜 하잖아. 그러니 저 사람들을 해고하는 건 옳지 않아."

그는 꿈속에서 사는 사람 같았다. 그는 텅 빈 시장거리를 걷다가 갑자기 옵보드니 운하 다리 위에 멈춰 서서 철책 난간을 붙들고 물과 하늘, 그리고 오카 강 너머를 바라보곤 했다. 지나가는 사람이 뭐하느냐고 물으면 그는 꿈에서 깨어난 듯 당황한 미소를 지으며 이렇게 말하곤 했다.

"뭐라고요? ……그냥 서서 주변을 좀 구경하느라……."

"조물주가 만들어 놓은 모든 것들은 정말 조화롭지 않니?" 가끔 그는 이렇게 말했다. "저 하늘과 땅, 흐르는 강물, 떠다니는 증기선하며…… 우리는 가고 싶은 곳은 어디든 갈 수 있어. 랴잔이나 리빈, 페르미, 아니면 아스트라한까지도. 나는 랴잔에 가 본 적이 있는데 그리 나쁘진 않았지만 따분했어. 니주니보다도 더 따분했지. 그래도 우리 니주니는 즐거운 곳이야! 따분하기로는 아스트라한이 더하지. 게다가 거기엔 칼미크 족들이 우글거려. ……나는 모르도바 족이나 칼미크 족, 페르시아 놈들, 독일 놈들, 아무튼 다른 족속들은 싫다니까……."

그는 느릿느릿 말을 하면서 항상 조심스럽게 자신의 견해에 동조하는 사람을 찾는 것 같았다. 그에게 동조하고 나서는 사람은 언제나 벽돌공 표트르였다.

"그것들은 나라도 없는 유목민들이야." 표트르가 딱 잘라 말했다. "그놈들은 그리스도 없이 태어나서 그리스도 없이 살아간다고."

시실린은 활기를 되찾고 활짝 웃었다.

"맞아, 그렇지? 하여튼 나는 우리 러시아인처럼 순수한 민족을 좋아해. 러시아인은 진리를 꿰뚫을 수 있는 직관적인 눈을 가졌거든. 나는 유태인들도 싫어. 도대체 왜 그들이 하느님의 백성으로 선택되었는지 모르겠어. 물론 거기에는 하느님의 어떤 지혜로운 계획이 있으시겠지만 말이야."

표트르가 음울하게 덧붙였다.

"하느님의 지혜라…… 그렇지만 세상에는 불필요한 것도 많지!"

그들의 대화를 듣고 있던 오시프가 비웃듯이 쏘아 붙였다.

"그래, 네 말대로 필요 없는 것도 있지. 너희들의 대화도 그렇고…… 아무렇게나 지껄이는 걸 보니 모두 다 쓰레기가 되고 싶은 게지!"

오시프는 공연히 혼자 화를 냈다. 나는 그가 무엇에 동의하고 또 무엇에 반박하는지 분간할 수가 없었다. 가끔 그는 다른 사람들과 그들의 생각에 동조하는 것 같기도 했다. 그러나 그보다는 모든 사람에게 짜증을 내고 그들 모두를 바보 취급할 때가 더 많았다. 그럴 때 그는 표트르나 시실린, 예피무시카에게 이렇게 말하는 것이었다.

"오, 이런 돼지 새끼들……."

사람들은 그저 웃어넘기고 말았지만 분명 기분이 상했을 것이다. 그러나 한결같이 그저 미소로만 응답하였다.

　주인은 나에게 하루 식비로 5코페이카를 주었다. 이 정도 돈으로는 충분한 식사를 할 수 없었으므로 나는 자주 배가 고팠다. 이런 모습을 보고 사람들은 아침이나 새참 때에 나를 불러 같이 식사를 하곤 했다. 또 가끔은 하청업자들이 차를 함께 마시자며 주점으로 초청하기도 하였다. 기꺼이 초청을 받아들였다. 그들과 같이 있는 것이 좋았으므로 나는 기꺼이 그런 자리에 응했고, 그들의 느릿느릿한 대화나 낯선 이야기들에 귀를 기울였다. 그들은 내가 종교서적에서 읽은 지식에 흥미를 느꼈던 것 같다.

　"너는 진저리가 날 때까지 책하고 붙어 있더구나. 네 몸이 온통 책으로 가득 찼다고!" 오시프는 푸른 수레국화꽃 빛이 도는 눈으로 나를 쳐다보며 말했다. 그의 눈동자는 언제나 타는 듯했기 때문에 그 표정을 알아차리기가 힘들었다.

　"천천히 시간을 들여서 읽어. 그게 더 나아. 그러면 나중에 수도사가 되어 사람들을 위로해줄 수도 있어. 그렇게 해서 백만장자가 되는 거지."

　"백만장자(millionaire)가 아니라 선교사(missionary)겠지." 표트르가 무슨 까닭인지 몰라도 분개한 목소리로 바로잡아 주었다.

　"뭐라고?" 오시프가 물었다.

　"선교사라고 했다, 왜! 귀가 먹었어?"

　"오, 그래, 그럼 선교사라고 해두지. 하여튼 이단자들과 싸우는 거야. 한데 네가 이단자라고 여기는 사람들도 먹고 살 권리는 있어! 분별 있게 행동하면 이단자와도 함께 어울려 살아갈 수가 있지."

　시실린은 당황해서 웃음을 지었지만 표트르는 부드럽게 말했다.

　"마법사들은 그렇게 못 살지 않아. 하느님 없이 살아가는 다른 사람들도 마찬가지고……."

　그러나 오시프는 곧 반박하였다.

　"마법사들은 무식해. 못 배운 사람들이 대부분이라고."

　그러고는 내게 말했다.

　"내 얘기를 잘 들어 봐. 한 가난한 농부가 우리 마을에 살았는데, 이름은 투시카였지. 정말 쇠약하고 왜소한데다 게으름뱅이었어. 그저 구름처럼 이리저리 떠다니며 살았지. 일을 하는 것도 아니고 게으르게 뒹구는 것도 아니었어. 그러다가 뭐 특별히 할 일도 없고 해서 한 이년 동안 성지순례를 나섰거든. 그런데 떠돌아다니다가 아주 딴 사람이 되어 돌아온 거야. 어깨까지 흘러내리는 긴 머리에 수도사의 두건을 두르고 가죽 성의를 걸치고 나타났단 말이야. 그는 사악한 눈으로 우리 모두를 보면서 직선적으로 말하는 것이었어. '속죄하라, 저주 받은 인간들아!' 하고 말이야. 특히 여자들에게는 무조건 회개하라는 거야. 그러는 가운데 상황이 자연스레 바뀌어, 이제 투시카는 배를 불리고 맘껏 술을 퍼마시고 여자들과 마음껏 즐긴다 이 말씀이야."

표트르가 화를 내며 가로막고 나섰다.

"그가 배불리 먹든 술을 마시든 문제는 그게 아니잖아!"

"그럼, 뭐가 문제지?"

"바로 그가 하는 말이 문제지!"

"오, 나는 그가 무슨 말을 했는지 잘 모르겠는걸. 분명한 건 말재주는 내가 타고났다는 거지."

"우리도 투시카에 대해 알 만큼은 알아." 표트르가 대들듯이 말했다. 시실린은 말없이 고개를 떨구고 찻잔을 바라보았다.

"논쟁을 벌이고 싶지는 않네." 오시프는 온화하게 말했다. "나는 지금 막심에게 행복으로 향하는 여러 가지 길에 대해 이야기하고 있을 뿐이야……."

"하지만 어떤 길을 따라가면 감옥에 이르게 되지."

"그런 경우도 없진 않지." 오시프가 맞장구쳤다. "하지만 어느 길로 가든 도중에 사제들을 만나게 될 거라고. 그러니까 어디에서 방향을 틀어야 하는지를 잘 배워둬야지……."

그는 언제나 신앙심 깊은 미장이와 벽돌공을 골려주고 싶어 했다. 그는 이들을 좋아하지 않으면서도 교묘히 그런 감정을 감추고 있었다. 사람들에 대한 그의 태도는 정말 이해할 수가 없었다.

그런 그도 예피무시카에 대해서는 호의적이었다. 이 기와공은 신이나 진리, 종교의 분파, 인간적인 고뇌 등에 대한 대화에는 끼어들지 않았다. 그는 의자를 탁자 옆에 세워놓고 꼽추 등이 닿지 않도록 조심스레 앉아서 조용히 차를 마셨다. 그러다가 갑자기 긴장하며 담배연기로 가득 찬 방 안을 둘러보고는 앞뒤가 맞지 않게 웅성거리는 목소리에 귀를 기울이다가 벌떡 일어나서는 재빨리 어디론가 사라져버리곤 했다. 그것은 예피무시카에게 돈을 꾸어준 어떤 채권자가 나타났다는 뜻이었다. 그는 많은 사람에게 빚을 지고 있었으며, 채권자들은 그를 보면 주먹질을 해댔기 때문이다.

"저놈들이 화가 단단히 났단 말이야," 그는 이해할 수 없다는 듯이 말했다. "내가 돈이 있으면 갚아도 벌써 갚았지, 바보들 같으니라고."

"아이고, 저 불쌍한 가난뱅이 같으니⋯⋯" 오시프가 그의 등 뒤에 대고 빈정거렸다.

가끔 예피무시카는 오랫동안 생각에 잠겨 아무것도 듣지도 보지도 않고 앉아 있었다. 이럴 때면 광대뼈가 툭 튀어나온 그의 얼굴은 훨씬 부드러워 보였고 그의 유쾌한 눈빛은 여느 때보다 더 유쾌해지는 것이었다.

"뭘 그렇게 생각하세요?" 내가 그에게 물어보았다.

"뭘 생각하느냐고? 내가 만일 부자라면 진짜 숙녀하고 결혼하리라는 생각을 하고 있었지. 예컨대 대령의 딸 같은 여자하고 말이야. 언젠가 어떤 대령의 시골 별장 지붕을 고치는 일을 했었는데 말이야⋯⋯."

표트르가 퉁명스럽게 가로막았다.

"그래, 그 집에 과부가 된 딸이 있었다 이거지! 전에도 얘기했잖아!"

그러나 예피무시카는 손을 무릎에 올린 채 앞뒤로 몸을 흔들면서 말을 이었다.

"가끔씩 그녀는 순백의 옷을 입고 정원에 나왔는데 정말 눈부시게 아름다웠어. 지붕 위에서 그녀를 내려다보았는데 햇빛이 어떤 조화를 일으킨 건지 마치 그녀의 발밑에서 흰 비둘기가 날아오르는 것 같았어. 정말이지 크림 속의 수레국화 같은 여자였지. 그런 여자와 함께라면 하루종일이라도, 아니 한 평생이라도 침대에서 나오고 싶지 않을 거야."

"먹기는 무얼 먹고?" 표트르가 무뚝뚝하게 물었다. 그러나 예피무시카는 지지 않고 소리쳤다.

"제기랄! 뭐가 그리 많이 필요하겠어? 여자가 부잔데!"

오시프가 웃으며 말했다.

"이런 악당 같으니. 그래, 언제쯤 그렇게 방탕하게 살아 보나?"

예피무시카는 여자들에 대한 것 말고는 대화 소재가 없었다. 그는 믿을 만한 일꾼이 못 되었다. 일을 잘할 때도 더러 있었지만 망쳐놓을 때도 있었다. 그는 지붕 위에서 나무망치를 게으르게 토닥거리다가 지붕에 금이 가게 해

놓기 일쑤였다. 그에게서는 늘 기름에 전 냄새가 났다. 그러나 그는 나름대로 건강하고 유쾌한 향기를 지니고 있었으며, 그것은 갓 베어낸 나무에서 나는 그런 신선한 냄새였다.

오시프와 이야기하는 것은 참으로 재미있었다. 그의 말은 사람의 마음을 뒤흔들어 놓았으며, 그가 진담을 하는지 농담을 하는지 분간하기가 힘들었다.

시실린과는 하느님에 대한 대화를 나누는 편이 나았다. 그는 이런 대화를 좋아했으며 신에 대한 굳은 믿음을 가지고 있었다.

"시실린 아저씨, 세상엔 하느님을 믿지 않는 사람들이 있다는 것을 아시죠?" 하고 내가 물었다.

그는 조용히 웃으며 대답했다.

"그게 무슨 말이냐?"

"'신은 없다'고까지 하잖아요."

"아, 그 말이었구나."

그는 눈에 보이지 않는 파리라도 쫓는 것처럼 팔을 휘두르며 말을 이었다.

"너도 알다시피 다윗 왕은 '어리석은 자는 그의 마음에 이르기를 하느님이 없다 하는도다'라고 말했지. 우리는 하느님 없이 살 수 없어."

오시프도 동의한다는 듯이 말했다.

"하느님을 안 믿는 표트르의 모습을 한번 상상해보라고! 과연 어떨지……."

시실린의 잘생긴 얼굴이 굳어졌다. 그는 석회가 엉겨 붙은 손가락으로 턱수염을 쓸어내리며 신비스런 목소리로 말했다.

"하느님은 모든 인간의 내면에 깃들어 있어. 우리의 양심과 모든 내적인 삶은 하느님에게서 비롯된 거야."

"그럼 죄악은요?"

"죄악? 그건 육체에서, 사탄에게서 나온 거야! 죄악은 천연두처럼 외적인 것일 뿐이야. 죄악에 대해 너무 많이 생각하는 것 자체가 바로 죄악을 저지르는 거야. 죄악을 모른다면 죄악을 범할 리가 없지! 육체의 주인인 사탄이 우리를 죄에 대한 생각으로 채우려고 한단 말이야……."

표트르가 이의를 제기했다.

"그 말은 틀렸어!"

"아니, 맞다니까! 하느님은 죄악을 범하지 않는 분이셔. 인간은 하느님의 형상으로 만들어졌어. 인간의 육체는 죄악을 저지르지만 인간의 내면은 하느님의 형상을 닮은 순결한 영혼이기에 결코 죄를 범할 수 없어……."

그는 당당하게 미소 지었지만 표트르는 불만스럽게 말했다.

"그런 게 아니라……."

그러자 오시프가 표트르에게 물었다.

"네 말대로라면, 사람이 죄를 짓지 않으면 회개할 수가 없고, 회개하지 않으면 구원받을 수 없단 말이지?"

"맞아, 그게 더 맞는 말이야! 사탄을 잊는다면 하느님에 대한 사랑도 식어 버린다고 사제들이 늘 그렇게 말했잖아."

시실린은 거의 술을 마시지 않았다. 한두 잔에도 벌써 취기가 돌아 얼굴이 빨개지고 어린아이 같은 눈빛과 노래하는 듯한 목소리가 되었다.

"이봐, 형제님. 다 맞아, 다 좋다고! 우리는 잘 살고 있어. 조금씩 일하고 배불리 먹으니 이 얼마나 감사한 일이야!"

그는 울기 시작했다. 뺨에 흘러내린 눈물이 수염에 맺혀 진주알처럼 빛났다.

그의 삶에 대한 예찬과 눈물방울들은 나에게 불쾌한 느낌을 주었다. 외할머니는 훨씬 더 설득력 있고 친근하게 삶을 예찬했다. 저렇게 투박하고 노골적이지 않았다.

이런 대화들은 나를 지속적인 긴장상태로 몰아넣으면서 쓸데없는 걱정거리를 안겨주었다. 나는 이미 노동자들에 대한 많은 이야기를 읽었으며, 책 속의 노동자와 현실 속의 노동자는 별로 닮지 않았다고 느끼고 있었다. 책 속의 노동자들은 항상 불행한 것 같았다. 그들은 선하든 악하든 생각이나 표현에 있어 현실 속의 노동자들에게 못 미치는 점이 많았다. 책 속의 노동자들은 하느님이나 종교분파, 교회 등에 대해서 말하기보다는 권력과 땅, 법 같은 것들을 이야기했다. 그들은 여자들에 대해서도 그다지 이야기하지 않았는데 한다 하더라도 보다 우호적으로 이야기했다. 현실 속의 노동자에게 여자란 쾌락의 원천일 뿐이었고 위험스런 존재였다. 여자를 대할 때는 주도면밀해야 했다. 그렇지 않으면 여자가 우위를 차지하여 남자의 인생 전체를 망쳐놓을 테니까. 책 속의 노동자는 좋은 사람이거나 아니면 나쁜 사람이었다. 그러나 현실 속의 노동자는 완전히 좋지도 완전히 나쁘지도 않고 다만 놀랄 만큼 재미있는 사람들이었다. 현실 속의 노동자가 아무리 마음을 털어놓는다고 하더라도, 사람들은 그가 늘 무엇인가 감추고 있는 것, 다른 사람에게 보이고 싶어 하지 않는 것이 있다고 느낄 것이다. 어쩌면 현실 속 노동자에게 가장 필요한 것은 바로 이런 침묵과 숨김이 아닐까 하는 생각이 들었다.

나는 책 속의 노동자들 중에서 《목수 동업조합》의 표트르를 가장 좋아했다. 나는 이 책을 동료들에게 읽어주고 싶어서 야마르카 시장에 가지고 나왔다. 나는 여기저기 작업장 같은 곳에서 밤을 보내는 일이 많았다. 일과가 너무 고되어서 집에 돌아갈 힘이 없을 때 특히 그랬다.

나에게 목수들에 관한 책이 한 권 있다고 말하자 모두들 흥미를 보였다. 특히 오시프는 내 손에서 책을 낚아채어 몇 장 넘겨보더니 믿을 수 없다는 듯 머리를 흔들어댔다.

"이게 정말 우리들에 관한 것이란 말이지? 누가 썼어? 어떤 귀족이겠지? 그래, 나도 그만큼은 생각했다고! 귀족이나 관리 놈들은 모르는 게 없다니까. 하느님이 모르는 것도 그들은 다 생각하고 있지. 그게 그들 삶의 목표니까……."

"오시프, 그런 불경스런 말을 하다니……." 표트르가 끼어들었다.

"괜찮아! 내가 하는 말은 하느님께는 눈송이나 비 한 방울보다도 의미가 없으니까. 걱정하지 않아도 돼. 우리는 결코 하느님께 닿을 수 없으니까."

그는 갑자기 부싯돌이 부딪쳐 불꽃이 일듯이 날카로운 말을 쏟아 냈다. 그의 말들은 마치 가위처럼 자신에게 불쾌한 것은 무엇이든 싹둑싹둑 잘라버릴 것 같았다. 하루 사이에 그는 몇 번씩이나 나에게 물었다.

"우리한테 읽어 줄 거야, 막심? 좋아, 좋은 생각이야!"

사람들은 일을 마치고 쉴 시간이 되자 합숙소로 몰려갔다. 저녁식사를 한 다음 표트르가 자기 일꾼인 아르달리온을 데리고 왔으며 시실린도 포마라는 어린 소년을 데리고 왔다. 노동자들이 잠을 자는 오두막에 램프불이 켜지고 나는 책을 읽어 내려갔다. 그들은 말없이 귀를 기울였으나 곧 웅성거리기 시작했다. 아르달리온이 화를 내며 말했다.

"에이, 뻔한 얘기구면! 벌써 들은 거라고."

그러고는 나가버렸다. 제일 먼저 곯아떨어진 사람은 시실린이었다. 그는 무엇에 놀란 양 입을 딱 벌린 채 잠이 들었다. 뒤이어 몇몇 목수들도 잠 속에 빠져들었다. 표트르와 오시프, 포마만이 내게 바짝 다가앉아 주의 깊게 듣고 있었다.

내가 책을 다 읽자마자 오시프는 바로 램프를 껐다. 주위는 이미 깜깜한 한밤중이었다.

어둠 속에서 표트르가 물었다.

"이 책은 무엇에 대해 쓴 것일까? 누굴 공격하는 거지?"

"이제 잠이나 자!" 오시프가 장화를 벗으며 말했다.

포마는 말없이 돌아누웠다.

표트르는 포기하지 않고 다시 물었다.

"내 말은 이 책이 누구를 까려고 쓴 거냔 말이야?"

"쓴 사람이나 알겠지!" 오시프가 건축 공사장용 침상에 드러누우며 내뱉었다.

"만일 계모를 비난하는 것이라면 이 책은 정말 시간 낭비야. 비난한다고 그 계모가 더 나아질 수도 없잖아." 표트르는 계속했다. "표트르를 비난한다 해도 그 또한 소용없는 일이지. 살인을 하면 시베리아로 유형을 가게 돼 있어. 그게 다라고! 그런 죄에 대한 거라면 이 책은 쓸모없는 거야, 안 그래?"

오시프는 대답하지 않고 침묵을 지켰다. 그러자 표트르가 덧붙였다.

"작가들은 직접 하는 일이 없으니까 남의 일에 대해 떠들어대는 거라고. 마치 여자들이 모임에서 그러듯이 말이야. 그건 그렇고…… 잘들 자게. 나도 이젠 자야겠어."

그는 조금 열린 문틈으로 비치는 푸른 달빛 속에 서서 물었다.

"오시프, 자? 어떻게 생각해?"

"뭘?" 목수가 꿈결에서처럼 중얼거렸다.

"아무것도 아니야, 자라고……."

시실린은 앉았던 자리에서 등을 돌린 채 잠이 들었다. 포마는 발로 밟아 부드럽게 해놓은 밀짚 위에 나와 나란히 누웠다. 도시 전체가 잠들어 있었다. 멀리서 울리는 기관차의 기적소리와 철길을 달리는 무거운 바퀴 소리, 완충기의 쨍그랑거리는 소리가 들려왔다. 오두막 안은 여러 사람의 코고는 소리로 진동했다. 나는 왠지 불편하여 누구라도 무슨 말을 했으면 하고 바랐지만 아무도 말이 없었다.

갑자기 오시프가 조용히 그리고 또박또박 말했다.

"애들아, 그런 건 하나도 믿지 마! 너희들은 아직 젊고 앞날이 구만리야. 사고를 단련시키렴. 스스로의 지혜로 살아가야지. 이봐, 포마, 자는 거야?"

"안 자요." 포마가 퍼뜩 대답했다.

"그래그래. 너희 둘은 글을 터득했으니까 책은 읽되 그걸 다 믿지는 마라. 사람들이란 뭐든지 찍어내니까. 그게 그 사람들의 일이거든."

오시프는 건축 현장용 침상 밖으로 발을 내놓고 팔로 침상 끝을 짚으며 우리 쪽으로 몸을 구부렸다. 그러면서 말을 이었다.

"도대체 책을 어떻게 생각해야 할까? 책은 어떤 사람들을 비난하려고 쓰는 게 분명해! 비난 받는 사람은 이를테면 목수나 그 비슷한 부류들이지. 귀족은 전혀 달라! 책이란 쓸데도 없이 쓰이지는 않아. 분명히 무언가를 옹호하려고 할 때라든지……."

포마가 굵은 목소리로 말했다.

"표트르가 그 하청업자를 죽인 것은 옳은 일이에요!"

"아냐, 그렇지 않아. 사람을 죽이는 것은 결코 옳지 않아. 네가 시실린을 싫어하는 건 알고 있어. 하지만 그런 생각만은 집어치워. 너 나 할 것 없이 우린 모두 가난한 사람들이야. 오늘은 내가 주인이지만 내일이면 다시 노동자가 되는 거야……."

"당신을 두고 하는 말이 아니에요, 오시프 아저씨."

"다 마찬가지야."

"맞아요."

"가만, 그 책이 왜 쓰였는지 말해 줄까?" 오시프가 말했다. "이건 참 교묘한 아이디어야. 여기엔 농민이 없는 귀족, 귀족이 없는 농민이 있어. 귀족에게도 나쁘고 농민에게도 좋을 게 없는 상황이지. 지주는 허약하고 무력해지고 농민은 점차 고집불통에 술주정뱅이가 되고 병들어 멸시받게 되지. 그러나 농노제도 하에서는 상황이 좀 낫지. 귀족은 농민을 보호해주고 농민은 귀족을 위해 일하니까 둘 다 평화롭게 배를 불리게 되지. 농민이 가난하면 귀족에게도 좋을 게 없어. 오히려 농민이 부유하고 똑똑해야 귀족에게도 득이 되지. 그런 농민은 귀족의 손에 쥐어진 무기 같은 거라고. 내가 사십여 년을 농노로 살았으니까 잘 알지."

나는 자살한 운전수 표트르가 귀족들에 대해 그와 같이 말했던 것을 떠올렸다. 오시프의 생각이 그 악마 같은 노인의 태도와 일치한다는 것이 나를 불쾌하게 만들었다.

오시프는 내 다리를 툭 치면서 계속했다.

"어떤 종류의 책이든 그 진정한 의미를 이해할 필요가 있어! 누구도 아무 이유 없이 무언가를 하지는 않아. 작가들도 마찬가지야. 그들은 아무 이유 없이 책을 쓰는 게 아니라 사람들의 사고를 자극하려고 책을 쓴다고. 사람은 누구나 지성을 가지고 태어났으니까 말이야."

그는 오랫동안 이야기하다가 자리에 누웠다. 하지만 다시 벌떡 일어나 그 멋진 말들을 조용하고 어두운 방 안으로 부드럽게 던지는 것이었다.

"귀족은 농민과는 전혀 다른 종족이라고들 하지만, 그건 사실이 아니야. 우리는 하층 계급으로 태어났을 뿐 귀족과 다를 게 없다고. 물론 귀족은 책에서 배우고 우리는 부대껴 살아가면서 배우지. 귀족의 피부는 연약하고 섬세해. 차이점은 그뿐이라고. 아니야, 이젠 세상이 바뀌었어. 책 따위는 던져버리라고. 사람들은 모두들 자신이 누구인지를 자문하고 있어. 그리고 남과 똑같은 사람이라는 결론에 도달하지. 하느님 앞에서 우리는 모두 동등한 사람들인 거야."

마침내 별빛을 몰아내고 새벽 여명이 다가오는 아침이 되었다. 오시프가 내게 말했다.

"내게는 글 쓰는 재주가 있는 것 같아. 오늘은 전에 생각도 못했던 것들을 얘기했지. 하지만 내가 말한 것들을 너무 믿지는 마! 그저 잠이 안 와서 얘기한 거니까…… 자 자, 이제 누워서 좋은 꿈들 꾸라고. '옛날에 까마귀 한 마리가 들판에서 산으로, 또 이 산에서 저 산으로 날아다니고 하면서 살다가 죽어서 썩어 없어졌다더라.' 이 이야기에 무슨 의미가 있겠어? 아무런 의미도 없어…… 자, 이젠 눈 좀 붙이자. 곧 일어날 시간이 될 텐데……."

18

화부 야코프처럼 오시프 역시 내 삶의 커다란 부분을 차지하고 있어서 나는 다른 사람들을 볼 여지가 없었다. 그에게는 화부 야코프를 닮은 점이 있었다. 그는 외할아버지와 골동품 감정사 표트르 바실리이치, 요리사 스무리를 연상시켰으며, 내 기억에 각인된 여러 사람들 중 그 누구보다도 깊고 강렬한 인상을 남겼다. 그는 서로 다른 두 가지 사고방식을 지녔다는 점에서 특이했다. 낮 동안 사람들과 일을 할 때의 활기차고 단순한 생각들은 저녁에 쉴 때나 나와 함께 그의 친구들이나 상인들을 만나러 시내에 갈 때 혹은 잠 못 이루는 밤에 하는 생각들에 비해 훨씬 이해하기 쉬웠다. 그에게는 밤에만 하는 독특한 생각이 있었는데 마치 램프의 불빛처럼 다양한 갈래를 지닌 것이었다. 그 생각들은 밝게 빛났지만 그런 생각 중의 어느 것이 진정한 오시프의 생각인지 알 수가 없었다.

그는 내가 만났던 그 누구보다도 지혜로운 사람 같았다. 그에 대해 알고 싶었던 나는 화부 야코프를 대할 때처럼 그의 주변을 맴돌았다. 하지만 그는 언제나 교묘히 피해 다녔기에 나는 그를 붙잡을 수가 없었다. 그의 참된 모습은 어떤 것일까? 그를 어디까지 믿어야 할까?

한번은 그가 나에게 말했다.

"나를 한번 찾아봐! 내가 숨기고 있는 걸 너 스스로 찾아보라고!"

나는 자존심이 상했지만 그 이상으로 이 노인을 알고 싶은 마음이 간절했다.

그의 이해하기 어려운 면에도 불구하고 그의 성격은 침착하고 안정된 편이었다. 수백 년을 더 산다 해도 그는 여전히 꿋꿋하게, 불안정한 많은 사람들 속에서 항상 흔들리지 않는 모습을 견지하고 있을 것 같았다. 전에 골동품 감정사에게서도 꿋꿋하고 안정된 느낌을 받았지만 그것은 그리 유쾌한 것은 아니었다. 오시프의 꿋꿋함은 조금 달랐다. 뭐라고 설명할 수는 없지만 뭔가 마음에 드는 데가 있었던 것이다.

나는 주위 사람들의 불안정한 모습을 자주 목격했다. 그들은 너무나 쉽게 입장을 바꾸어 비위를 뒤틀리게 하곤 했다. 나는 그들의 이 같은 경박함에 질린 지 오래였고, 그로 인해 인간에 대한 관심과 사랑이 차츰 식어갔다.

유월 초순 어느 날, 전세 마차 한 대가 곤두박질하듯 소란스레 우리 일터로 질주해 왔다. 마부는 술에 취해 딸꾹질을 하며 침울하게 앉아 있었다. 수염을 기른 그 사내는 모자도 쓰지 않았고 입술에는 멍이 들어 있었다. 마차 안에는 만취한 그리고리 시실린이 뒹굴고 있었고, 붉은 뺨의 풍만한 여인이 그의 팔을 붙잡고 있었다. 그녀는 버찌 모양의 유리알 장식과 빨간 리본이 달린 밀짚모자를 쓰고 있었고, 한 손에는 파라솔을 들고 맨발에 가죽 덧신을 신고 있었다. 그녀는 파라솔을 빙그르르 돌리거나 이리저리 흔들면서 깔깔대며 소리쳤다.

"이 나쁜 녀석! 시장이 안 열렸잖아. 시장도 없는데 날 시장으로 데려간다고?"

시실린이 부스스한 몰골로 절룩거리며 마차에서 기어나와 땅바닥에 주저앉은 채 우리 구경꾼들에게 눈물을 흘리며 어찌된 일인지를 설명했다.

"나는 무릎을 꿇고 빌어야 해…… 엄청난 죄를 지었어! 나는 죄에 대한 생각을 하다가 그만 죄를 짓게 되었어! 예피무시카가 그랬지. '그리샤, 그리샤, 그만 둬……' 그의 말이 옳았어. 날 용서해 줘! 뭐든 다 해줄게. 그의 말이 옳았어. 사람은 한 번밖에 살 수 없는 거야. 두 번 살 수는 없어."

여자는 발을 구르며 웃다가 덧신이 벗겨지고 말았다.

마부가 걸걸한 목소리로 소리쳤다.

"빨리 떠나자고! 말이 날뛰기 전에!"

늙고 지치고 야윈 말이 입에 온통 거품을 문 채 마치 땅 속에 묻힌 것처럼 꼼짝도 않고 우뚝 서 있었다. 참으로 우스꽝스러운 상황이었다. 시실린의 일꾼들은 주인과 여자와 마부를 바라보며 배꼽을 쥐고 웃었다. 비웃지 않는 사람은 포마뿐이었다. 그는 가게 문 앞에 서서 중얼거렸다.

"더러운 돼지 같으니…… 집에 아내가 있으면서, 아주 예쁜 아내인데도!"

마부는 떠나려고 마구 서둘렀다. 여자가 마차에서 뛰어내리더니 시실린을 잡아 일으켜 마차에 태운 뒤 무릎에 누이고 파라솔을 흔들면서 소리쳤다.

"가요!"

포마가 주인을 비웃거나 부러워하던 사람들을 불러 다시 일을 하기 시작했다. 분명히 포마는 시실린이 그렇게 우스갯감이 되는 것이 싫은 모양이었다.

"그러고도 자기가 주인이라니!" 포마가 중얼거렸다. "한 달 뒤에 일이 다 끝나면 시골로 돌아갈 테야. 더 이상은 못 참아."

나는 시실린에게 화가 났다. 구슬 달린 모자를 쓴 그 여자가 그의 곁에 앉아 있는 모습은 정말 꼴불견이었다.

나는 때때로 왜 그리고리 시실린이 주인이고 포마 투츠코프는 일꾼일까 하는 의문을 가졌다.

건장하고 동그스름한 얼굴에 곱슬곱슬한 머릿결, 매부리코, 현명해 보이는 잿빛 눈을 가진 포마는 전혀 노동자 같지 않았다. 만일 옷만 잘 입었다면 부유한 상인의 아들처럼 보였을 것이다. 그는 우울하고 말수가 적었으며 언제나 사무적이었다. 읽고 쓸 줄 아는 그는 계약문서를 검토하거나 견적을 뽑곤 했으며, 동료들이 일을 잘할 수 있게 이끌 능력이 있었으나 정작 자기 자신은 마지못해 일을 했다.

"해야 할 일을 다 하기에는 인생은 너무 짧아" 하고 그는 조용히 말하곤 했다. 그는 책에 대해서는 경멸적인 거부감을 나타냈다. "요즘에는 생각나는 대로 뭐든 써대지. 하지만 나는 내 식으로 생각할 거야. 책에는 온통 허튼소리뿐이라고."

그러나 그는 다른 사람들의 말을 주의 깊게 경청하였고 흥미를 끄는 것이 있으면 자세히 물어보았다. 그는 항상 마음 한 구석에서 무엇인가를 참을성 있게 그 나름대로 판단하는 것이었다.

한번은 내가 포마에게 직접 공사를 따내 맡으면 어떻겠느냐고 말하자 그는 귀찮다는 듯이 대답했다.

"꽤나 큰 금전적인 이익이 걸린 문제라면 그래볼 만하겠지. 하지만 그저 몇 코페이카 때문이라면 쓸데없는 시간낭비밖에 더 되겠어. 나는 오란키의 수도원으로 가겠어. 잘생긴 편이고 건장하니까 상인들의 과부들이 좋아하겠지! 그런 일이 많다고. 세르가츠 출신의 어떤 촌놈이 2년 만에 행운을 잡아 지금은 도시 여자하고 결혼까지 했어. 그들은 성상을 들고 집을 돌곤 했는데, 그 여자가 그놈을 점찍은 거야……."

그는 정말 진지하게 이런 생각을 했다. 그는 수도원에 들어간 후 잘 풀린 사람들에 대한 많은 이야기들을 알고 있었다. 나는 그런 이야기가 마음에 들지 않았고, 포마가 그런 마음을 갖고 있는 것이 싫었다. 하지만 그는 결국 수도원으로 들어갈 것 같았다.

시장이 개장되자 포마는 전혀 뜻밖에도 주점 종업원이 되어 모든 이들을 놀라게 했다. 동료들은 놀라지는 않지만 모두들 그를 조롱거리로 취급하기 시작했다. 휴일만 되면 그들은 차를 마시면서 서로 이야기했다.

"자, 이제 포마를 보러 가자고!"

주점에 도착하면 그들은 주인이나 되는 듯이 소리쳤다.

"이봐 웨이터, 곱슬머리! 이리 와봐!"

포마는 고개를 빳빳이 든 채 그들에게 다가가 물었다.

"뭘 주문하시겠습니까?"

"우릴 못 알아봐?"

"난 누구도 못 알아봐!"

그는 동료들이 그를 비웃으며 놀리려 한다는 것을 알고 멍한 눈으로 그들을 바라보았다. 나무처럼 딱딱하게 굳은 그의 얼굴이 이렇게 말하는 것 같았다. '자 빨리 비웃고 끝내라고⋯⋯.'

"포마에게 팁 좀 줄까?" 그들은 한참 동안 주머니를 뒤지는 척하다가 결국 한 푼도 주지 않았다.

나는 포마에게 수도원에 들어가겠다고 해놓고 왜 웨이터가 되었느냐고 물어보았다.

"수도원엔 절대로 가고 싶지가 않았어! 그리고 웨이터 노릇을 오래 하지는 않을 거야."

4년 뒤에 나는 차리친에서 그를 만났다. 그는 여전히 술집에서 웨이터 노릇을 하고 있었다. 그 뒤 나는 신문을 통해 포마 투츠코프가 강도 미수 혐의로 체포되었다는 소식을 들었다.

한편, 석수장이 아르달리온 이야기는 나를 깊이 감동시켰다. 아르달리온은 표트르의 일꾼 가운데 가장 나이가 많고 일도 제일 잘했다. 그는 검은 수염을 기르고 성정이 밝은 사십대였는데 아주 쾌활하였다. 이 사람 또한 나에게 '왜 이 사람이 주인이 못되고 표트르가 주인일까?' 하는 의문을 갖게 했다. 그는 술을 많이 마시지도 않았을 뿐 아니라 과음으로 취하는 법이 없었다. 그는 자기 일에 매우 능숙했고 일에 대한 열의를 가지고 있었다. 벽돌은 그의 손에서 마치 붉은 비둘기처럼 날아 다녔다. 그에 비해 병들고 야윈 표트르는 작업장 사람들 가운데 쓸모없는 인물이었다. 그래서 아르달리온은 자신의 일에 대해 이렇게 말하곤 했다.

"나는 다른 사람들을 위해서는 석조건물을 짓고 나 자신을 위해서는 나무관을 짜고 있는 거야."

그러나 아르달리온은 쾌활하게 벽돌을 쌓으며 소리치는 것이었다.

"자아, 일들 하자고, 일을! 하느님의 영광을 위해서!"

그는 다가오는 봄에는 톰스크로 가서 매형이 맡은 교회 건축 대공사에 감독관으로 일할 것이라고 말했다.

"이미 가기로 결정했어. 나는 교회를 짓는 일을 좋아하거든!" 그러면서 내게 말했다. "나와 함께 가는 게 어때! 시베리아에서는 말이야, 글을 아는 사람은 살기가 아주 편하다고. 거기서는 교육받은 지식이 비장의 카드가 되거든!"

내가 동의하자 아르달리온은 의기양양하게 소리쳤다.

"좋았어! 정말이야, 농담이 아니야……."

그는 표트르와 시실린에게 마치 어른이 아이들을 대하듯이 가벼운 농담조로 대했다. 그리고 오시프에게 이렇게 말했다.

"허풍쟁이 놈들! 모두들 서로 잘났다는 거지. 카드 칠 때와 똑같아. 한 놈이 '내 패는 그저 그렇다' 말하면 다른 놈은 '나는 으뜸패다' 하고 내놓는단 말이야!"

오시프는 머뭇거리며 대꾸했다.

"다 그런 거지 뭘 그래? 오만한 것은 그저 인간뿐이라고. 젊은 여자들은 길거리에서 가슴을 드러내고 다니잖아……."

"모두들 앓는 소리를 하면서도 돈은 억세게 긁어모은단 말이야!"

아르달리온이 조바심하며 대꾸했다.

"하지만 시실린은 그렇지 않잖아."

"나 자신이 그렇다는 거지…… 갈 수만 있다면 숲속이나 저 먼 사막으로 가고 싶어…… 여긴 이제 진저리가 난다고. 봄이 되면 시베리아로 가겠어."

일꾼들은 아르달리온을 부러워하면서 말했다.

"아르달리온처럼 매형이라도 있으면 우린 시베리아도 마다하지 않을 텐데……."

그러던 어느 날 아르달리온이 갑자기 사라졌다. 일요일에 작업장을 떠난 뒤 사흘 동안 아무도 그가 어디로 갔는지 짐작조차 하지 못했다. 그래서 걱정스러운 추측만 나돌았다.

"어디서 살인이라도 당한 거 아니야?"

"아니면 물에 빠져 죽기라도 한 건 아닌지."

그러나 예피무시카가 나타나서 당황한 모습으로 설명했다.

"아르달리온이 술에 취해 인사불성이 됐대!"

"왜 그런 거짓말을 하는 거야?" 표트르가 의심스럽다는 듯이 소리쳤다.

"술독에 빠졌다니까! 미친 듯이 마시고 있어. 사랑하는 마누라라도 죽었나보지."

"그 사람 홀아비잖아! 지금 어디 있어?"

표트르는 화가 치밀어 당장이라도 달려가 아르달리온을 데려올 기세였다. 그때 오시프가 호주머니에 두 손을 찌른 채 입술을 꼭 깨물면서 말했다.

"내가 가서 좀 살펴보지. 도대체 무슨 까닭인지…… 좋은 사람인데……."

나는 그의 말이 옳다고 생각했다.

"그 사람은," 오시프가 길거리에서 말했다. "그저 선하게 살아가는 사람인데, 갑자기 무슨 귀신이 씌어서 그렇게 막가는지 모르겠어. 가보자, 막심. 배울 점이 있을 거야……."

우리는 쿠나비노 마을의 '즐거운 집'이라는 싸구려 집들 가운데 어떤 집에 도착해서 좀도둑처럼 생긴 노파를 만났다. 오시프가 그녀에게 뭐라고 소곤대자 그녀는 우리를 작은 방으로 안내했는데, 그곳은 어둡고 지저분해서 돼지우리 같았다. 작은 침대 위에는 뚱뚱하면서도 몸집이 단단해 보이는 어떤 여자가 흐트러진 자세로 자고 있었다. 노파가 그녀의 옆구리를 찌르며 말했다.

"일어나! 야 이년아, 일어나라고!"

여자는 깜짝 놀라서 벌떡 일어나더니 손바닥으로 얼굴을 문지르며 물었다. "맙소사, 이게 누구야? 무슨 일이야?"

"경찰이다." 오시프가 단호하게 말했다. 여자는 신음 소리를 내며 사라졌다. 오시프는 그녀의 뒤에 대고 침을 뱉으며 내게 말했다.

"저런 인간들은 경찰을 악마보다도 더 무서워하지……."

늙은 여자가 벽에서 작은 거울을 떼어내고 벽지 한 장을 들추었다.

"보세요. 저 사람 맞아요?"

오시프는 벽에 뚫린 구멍으로 들여다보았다.

"맞아요! 여자는 밖으로 나오라고 해요!"

나도 구멍을 들여다보았다. 우리가 있는 방만 한 크기의 돼지우리 같은 방이 보였다. 꼭 닫힌 작은 창문턱에 양철로 만든 램프가 타고 있었고 그 옆에 사팔뜨기 타타르 여자가 일어선 채 셔츠를 꿰매고 있었다. 그녀 등 뒤로 두 개의 베개가 놓인 침대에 아르달리온의 모습이 보였다. 그의 검은 수염이 헝클어진 채 허공을 향해 뻗쳐 있었다. 그 타타르 여자는 어깨를 움찔하고는 셔츠를 껴입고 침대를 지나 밖으로 나가더니 갑자기 우리 방에 나타났다. 오시프는 그녀를 보더니 다시 침을 뱉었다.

"뻔뻔한 년 같으니라고!"

"웬 늙은 멍청이야!" 그녀가 웃으면서 대꾸했다. 늙은 오시프도 웃으면서 손가락질로 그녀를 위협했다. 우리는 그 돼지우리 같은 방으로 건너갔다. 오시프가 아르달리온의 발치에 걸터앉아 한참이나 그를 깨우려고 했지만 헛수고였다. 노인이 중얼거렸다.

"그래그래, 잠깐만 기다렸다가 가도록 하자……."

드디어 아르달리온이 일어나 오시프와 나를 무섭게 바라보더니 핏발선 눈을 감으며 중얼거리는 것이었다.

"오 그래, 그래."

"도대체 어떻게 된 거야?" 늙은 오시프가 나무라지 않고 조용히 말했다. 그 목소리에는 슬픔이 깃들어 있었다.

"술을 너무 많이 마셨어……." 아르달리온이 기침을 하면서 목쉰 소리로 대답했다.

"어떡하다가 이렇게 됐어?"

"아, 이유가 몇 가지 있지."

"혹시 욕구불만 때문이었나?"

"그게 무슨……."

아르달리온은 탁자에서 보드카 병을 집어 들더니 꿀꺽꿀꺽 마시기 시작했다. 그리고 오시프에게도 권하는 것이었다.

"마시겠나? 어딘가 안주도 있을 텐데……."

오시프는 몇 모금 삼키더니 이맛살을 찌푸리며 조심스럽게 빵조각을 씹었다.

만취한 아르달리온이 꾸벅꾸벅 졸며 말했다.

"그래, 난 타타르 여자하고 관계를 가졌어. 전부 예피무시카 탓이야…… 그 여자는 카시모프에서 온 고아라면서 시장으로 가고 싶다고 했지."

벽 너머 저쪽에서 누군가가 서툰 러시아어로 말했다.

"타타르 여자가 최고지! 싱싱한 암평아리 같잖아…… 그놈 꺼져버리라고

해. 그 사람은 못 데려가!"

"봐, 저 모양이야." 아르달리온이 벽을 멍청히 바라보며 말했다.

"그 여자를 봤어." 오시프가 말했다.

아르달리온은 이번엔 나를 바라보면서 말했다.

"이봐, 내 꼴 좀 보라고."

나는 오시프가 아르달리온을 타이르고 훈계해서 잘못을 뉘우치게 할 줄 알았지만 그런 일은 일어나지 않았다. 그들은 나란히 앉아 조용하고 짤막짤막하게 이야기를 나누었다. 이 어둡고 더럽고 돼지우리 같은 방 안에서 그들의 그런 모습을 바라보고 있자니 우울해졌다. 벽 저쪽에서 여자가 터무니없는 소리를 늘어놓았지만 두 사람은 귀를 기울이지 않았다. 오시프는 탁자 위에서 호두를 집어 발로 밟아 깨고는 꼼꼼하게 껍데기를 벗기면서 물었다.

"돈은 다 날렸고?"

"표트르에게 줄 건 남았지……."

"이봐, 톰스크에 갈 거면 지금……."

"톰스크엔 왜? …… ?"

"왜, 마음이 변했어?"

"모르는 사람들만 있다면 또 모르지만……."

"무슨 말이야?"

"거기엔 누님이랑 매형이 있잖아."

"그래서 뭐가 어떻다고?"

"친척들한테 잔소리를 들으며 시작하고 싶지는 않아……."

"처음 시작할 때는 어디서든 다 마찬가지야."

"마찬가지지……."

그들은 그렇게 다정하게 진지한 대화를 나누었다. 타타르 여자는 그들을 짓궂게 괴롭히는 짓을 포기하고 이쪽 방으로 들어오더니 말없이 벽에 걸린 외투를 들고 사라졌다.

"저 여자 아주 젊군." 오시프가 말했다.

아르달리온이 그를 바라보며 짜증내는 기색 없이 말했다.

"죄다 예피무시카 잘못이라니까. 그 녀석은 여자밖에 모르지…… 하지만 저 타타르 여자는 아주 유쾌해. 우릴 다 미치게 만들지."

"조심해, 그러다가 여자를 못 떼어내면 어쩌려고!"

오시프는 이렇게 경고한 뒤 호두를 먹고는 작별 인사를 했다. 돌아오는 길에 오시프에게 물어보았다.

"왜 아르달리온에게 갔었어요?"

"그냥 한번 만나 보려고. 오랫동안 알던 사람이니까. 나는 저런 경우를 많이 봤어. 아무 문제 없이 잘 살던 사람들이 느닷없이 감옥에서 막 탈출한 사람처럼 함부로 행동한단 말이야." 그는 언젠가도 했던 말을 다시 한 번 되풀이했다. "그래서 술을 마시면 안 돼!"

그러나 잠시 뒤에는 이렇게 덧붙이는 것이었다.

"하지만 보드카가 없으면 삶이 참 따분할 테지?"

"술이 없으면 따분해요?"

"그럼! 술을 마시면 꼭 다른 세상에 있는 것 같거든……."

아르달리온은 영원히 돌아오지 않았다. 마지막 며칠 간 작업장에 나타났지만 곧 다시 사라졌다. 그리고 봄에 부두 노동자 무리 속에서 그를 보았는데 그들은 강기슭의 화물용 배 주변에서 얼음을 녹이고 있었다. 우리는 서로 반가워하면서 차를 마시려고 주점으로 갔다. 차를 마시면서 그는 자랑스레 말했다.

"내가 얼마나 유능한 일꾼인지 잘 알지? 솔직히 말해서 일에 있어서는 전문가였어! 몇 백쯤은 벌 수 있었단 말이야……."

"하지만 못 벌었잖아요."

"그렇지, 못 벌었지." 그는 자랑스럽게 소리쳤다. "일 따윈 지옥에나 가라고 해!"

그는 으스대며 말했다. 주점 안의 모든 사람이 그의 열변에 귀 기울였고 감동했다.

"그 교활한 도둑놈 표트르가 했던 말 기억나? 다른 사람들을 위해서는 석조건물을 짓고 자신을 위해서는 나무 관을 짠다는 말 말이야. 모든 일이 다 그런 거야!"

나는 말했다.

"표트르는 병에 걸렸어요. 죽을까봐 떨고 있다고요."

아르달리온이 갑자기 고함을 질렀다.

"나도 병들었어! 내 영혼이 망가졌단 말이야!"

일요일이면 나는 가끔씩 시내를 벗어나 밀리온 거리를 찾아갔다. 그곳에서는 부두 노동자들이 움집을 짓고 살고 있었는데 나는 아르달리온이 매우 빠르게 그 '상스러운 부랑자'들 사이에 정착해가는 것을 보았다. 불과 일 년 전만 해도 진지하고 낙천적이던 아르달리온이 이제는 부랑자들과 똑같이 시끄러워져 있었다. 이제 아르달리온은 그곳 사람들처럼 뒤뚱거리며 걸었고 싸움이라도 걸듯 도발적인 말을 내뱉었으며 늘 자기 자랑을 늘어놓았다.

"자 봐, 저 사람들이 나를 어떻게 받아들이는지…… 여기서는 내가 족장이나 마찬가지야!"

그는 돈을 버는 데 연연하지 않았으며, 돈이 있으면 부두 노동자들에게 활수하게 뿌렸다. 그리고 싸움이 벌어지면 언제나 약자의 편에 섰다. "이봐, 꼬맹이들! 그건 잘못됐어. 공정하게 싸워야지!" 곧잘 이렇게 말했기 때문에 사람들은 그를 '공정한 행동가'로 불렀으며, 이러한 호칭에 그는 만족했다.

나는 낡고 더러운 이 거리에서 살을 맞대고 사는 사람들을 열심히 관찰했다. 그들은 모두 평범한 삶을 거부하고 주인에 종속되지 않은, 그리고 아주 유쾌한 삶을 살아가는 것 같았다. 그들의 대담하고 호방한 모습은 외할아버지가 얘기해 준 예인선 선원들—쉽게 강도나 수도사로 변하곤 했던—을 생각나게 했다. 그들은 일이 없을 때에는 거룻배나 증기선에서 좀도둑질하는 것을 마다하지 않았다. 그러나 그건 내가 걱정할 일이 아니었다. 도둑질은 그들 삶의 뗄 수 없는 한 부분으로서 마치 옷과 옷감과의 관계와 같았다. 동시에 나는 이 사람들이 해야 할 일이 있을 때면, 예를 들어 불이 났다든지 얼음이 깨지고 있다든지 하는 일이 벌어지면 몸을 사리지 않고 일한다는 사실을 알았다. 전체적으로 이곳 사람들은 다른 곳 사람들보다 활기차게 살아가고 있었다.

오시프가 나와 아르달리온이 친하게 지내는 것을 알아차리고는 아버지처럼 경고했다.

"애야, 어쩌자고 밀리온 거리 사람들하고 가까이 지내는 거야? 그러다가 안 좋은 일에 휘말리면 어쩌려고……."

나는 일을 하지 않고도 매우 즐겁게 살아가는 그 사람들이 얼마나 좋은지 모르겠다고 말했다.

"그래. 그 사람들은 마치 공중을 날아다니는 새 같지." 오시프는 미소를 지으며 내 말을 가로막았다. "다시 말해서 새처럼 게으르다는 뜻이야. 아무 쓸모도 없는 족속들이지. 그들은 일이라면 진저리를 치거든!"

"하지만 결국 일이란 게 뭐예요? 그들은 '정직한 노동으로는 석조 건물에서 살 수 없다'고들 말하던데요!"

이런 속담을 나는 많이 들어왔고, 어느 정도 그 말에 공감하고 있었기 때문에 입심 좋게 말했다. 그러나 오시프는 나에게 화를 내며 고함을 지르는 것이었다.

"어떤 놈이 그 따위 소릴 해? 바보 같은 게으름뱅이들이! 넌 젊어. 그런 소리에는 귀도 기울이지 마라! 실패한 놈들이나 그런 멍청한 소리를 하는 거야. 어린 새는 깃털이 다 자랄 때까지 기다려야 된다고. 그래야 날 수 있어! 네가 그치들하고 가까이한다는 것을 네 주인에게 말해 버리겠어!"

그 길로 오시프는 주인에게 고자질을 했고, 주인은 내게 경고했다.

"페시코프, 밀리온 거리 사람들과 어울려서는 안 돼! 그곳은 도둑놈들에다 창녀들이 우글대는 곳이야. 자칫 잘못하면 그곳에서 감옥이나 병원으로 직행하게 된다고! 그 사람들은 그 사람들대로 그냥 내버려둬."

나는 주인 몰래 밀리온 거리를 찾아가곤 했지만 마침내는 포기하고 말았다.

한번은 아르달리온과 그의 친구 로베노크라는 사람과 함께 싸구려 하숙집 정원에 있는 간이숙소 지붕 위에 앉아 있었다. 로베노크는 자신이 돈 강 주변의 로스토프에서 모스크바까지 도보로 걸어 다닌 이야기를 재미나게 들려주고 있었다. 그는 게오르기 기병대 공병 출신으로, 다리를 절었다. 터키 전쟁 때 무릎을 다쳤다고 했다. 땅딸막한 그는 믿을 수 없을 만큼 팔 힘이 셌지만 그의 팔 힘은 아무런 쓸모가 없었다. 불편한 다리로는 아무런 직업도 구할 수 없었기 때문이다. 그는 무슨 병에 걸렸었는지 머리와 얼굴에서 털들이 빠져 떨어졌다. 머리가 마치 갓난아기 머리 같았다. 그는 갈색 눈을 빛내면서 말했다.

"자, 세르푸호프에서 있었던 일이야. 한 수도사가 썰매에 앉아 있기에 그에게 말했지. '터키 전쟁의 영웅에게 적선 좀 하시죠' 하고 말이야."

이때 아르달리온이 고개를 끄덕이면서 말했다.

"아하, 거짓말이다 거짓말……."

"내가 왜 거짓말을 해?" 로베노크가 기분 나쁜 기색 없이 되물었다. 아르달리온은 나무라듯 중얼거렸다.

"이 구제불능아! 야간 경비직이라도 할 수 있을 텐데. 경비직에는 절름발이도 뽑아주거든. 고작 하릴없이 돌아다니면서 거짓말만 하다니! ……"

"그래그래, 그냥 좀 웃겨주려고…… 재미있게 하려고 거짓말을 한 거야……"

"나 원 참, 어이가 없어서……"

날씨가 맑고 햇빛이 쨍쨍한데도 마당은 침침하고 불결했다. 이 때 웬 여자가 머리께에 누더기를 흔들면서 나타나 소리를 질렀다.

"이 치마 사실 분 누구 없어요? 안녕, 친구들!"

여자들 몇 명이 방문을 밀치고 나와 이 판매인 주위에 모여들었다. 나는 곧 그녀를 알아보았다. 하녀 나탈리아였다! 나는 지붕에서 뛰어내렸으나 그녀는 맨 처음 부르는 값에 벌써 흥정을 해버리고 치마를 넘겨준 뒤 조용히 마당을 벗어나고 있었다.

"안녕하세요?" 나는 대문에서 그녀를 붙잡고 반갑게 인사했다.

"뭐예요?" 그녀는 곁눈질로 바라보다가 갑자기 멈추어 서더니 화난 듯이 소리쳤다.

"맙소사, 여기서 뭘 하고 있어?"

나는 그녀가 나를 이런 곳에서 만날 줄 몰랐다는 듯이 깜짝 놀라는 것을 보고 코끝이 찡하면서도 한편 당황스럽기도 했다. 그러나 나는 곧 내가 이 거리에 살고 있는 것은 아니며 잠시 볼 일이 있어 왔을 뿐이라고 말해주었다.

"구경하러?" 그녀는 냉소적이고 화난 목소리로 말했다. "도대체 뭘 구경하고 싶단 말이냐? 여자들 냄새라도 맡으려고?"

그녀의 얼굴은 주름이 져 있었다. 눈 밑에는 짙은 그림자가 드리워져 있었고 입술은 생기를 잃고 늘어져 있었다.

주점 앞에서 발길을 멈추고 그녀가 말했다.

"들어가! 차 한 잔 마시자. 그래도 차림새는 깨끗하네. 여기서 입는 옷하고는 달라. 네가 뭘 하고 다니는지 알 수는 없지만……"

그녀는 내 말을 믿어 주는 듯했다. 차를 따라 주면서 그녀는 자기가 한 시간 전에야 깨어났으며 아직 아무것도 먹지도 마시지도 못했다는 둥의 이야기를 늘어놓기 시작했다.

"어제 저녁에 잠자리에 들 때는 아주 많이 취했어. 어디서 마셨고 누구하고 마셨는지도 기억이 안 나!"

나는 그녀가 측은하다는 생각이 들었고 그녀 앞에 있기가 어색했다. 그녀가 보드카 몇 잔과 뜨거운 차를 마신 뒤 이 거리의 다른 여자들처럼 활기차고 거칠게 떠들기 시작했다. 내가 그녀의 딸에 대해 물어보자 그녀는 번쩍 정신을 차리더니 소리쳤다.

"왜 그런 것을 알려고 해? 오, 안 돼! 내 딸에게 손을 대려고? 생각도 마!"

그녀는 술을 한 잔 더 마신 다음 말했다.

"그 아인 나와 아무런 관계도 없어. 내가 누구지? 하녀 아냐? 내가 어떻게 엄마 노릇을 제대로 했겠어? 그 아이는 잘 자랐고 교육도 받았다고. 지금은 어디 부자 친구 집에 선생님으로 가서 있지."

잠시 말이 없다가 그녀는 물어보았다.

"세상 이치가 그렇다니까! 넌 세탁부는 좋아하지 않으면서 거리의 여인하고는 된다는 거야?"

나는 곧바로 그녀가 거리의 여인이라는 것을 알아챘다. 하긴 이 거리에는 그런 여자 말고는 없었으니까. 그녀 자신이 그렇게 말하자 나는 수치심과 연민으로 울컥 눈물이 솟았다. 그 여자가 스스로 거리의 여자라고 인정하니 안타깝고 불쌍했다. 바로 이 여자가 불과 얼마 전까지만 해도 그렇게 용감하고 독립적이고 똑똑했던 여자란 말인가?

"오호! 너 참," 그녀는 나를 쳐다보며 한숨을 내쉬었다.

"여기서 나가자! 제발, 널 위해 충고할게! 이곳엔 절대 오지 마. 넌 실패자가 되고 말 거야!"

그녀는 자기 자신에게 말하듯이 조용히 띄엄띄엄 이야기하기 시작했다. 그러면서 탁자에 엎드려 손가락으로 접시에 무엇인가를 그렸다.

"내 주제에 무슨 충고를 하겠어? 내 딸도 내 말을 듣지 않는데…… 오죽하면 그 아이에게 이런 소리까지 했겠어. '네 어미를 저버릴 수는 없는 법이다. 대체 무슨 생각을 하고 있는 거니, 응?' 하고 말이야. 그랬더니 '죽어버리겠어' 하고 대답하더군. 그리곤 카잔으로 가 버렸어. 조산원이 되겠다나…

… 어쨌든 좋아. 하지만 나는 어떻게 해? 내가 지금 어떤지 알아? 이제 나는 누굴 의지하고 살란 말이야…… 그래서 거리로 나갔어……."

그녀는 오랫동안 말없이 입술을 오물거리면서 무엇인가를 생각하는 듯했다. 이미 나에 대해서는 잊어버린 것 같았다. 그녀의 입술 가장자리가 처지면서 초승달 모양이 되었다. 그녀의 입술이 얼마나 떨리는지, 주름으로 고랑진 그녀의 얼굴을 보고 있자니 고통스러웠다. 그녀의 얼굴은 괴로움으로 고통받는 어린아이의 모습이었다. 머릿수건 아래로 뺨까지 흘러내린 머리카락이 작은 귀 뒤로 감겼다. 차갑게 식어 버린 찻잔에 눈물이 떨어졌다. 그녀는 찻잔을 밀치고 두 눈을 꼭 감았다. 그리고 손수건으로 눈물을 닦아냈다.

나는 더 이상 그녀 곁에 앉아 있을 수가 없어 조용히 일어섰다.

"안녕히 계세요!"

"왜, 가게? 그래, 꺼져 버려!" 그녀는 나를 보지도 않은 채 손을 흔들며 말했다. 누구와 같이 있었는지조차 까맣게 잊은 듯했다.

나는 마당에 있는 아르달리온에게로 돌아왔다. 그는 가재를 잡으러 가자고 했었지만 나는 그에게 그 여인 이야기를 하고 싶었다. 그러나 그와 로베노크는 이미 사라지고 없었다. 내가 지저분한 마당에서 그를 찾는 사이 밖에서는 이 거리에서 자주 들을 수 있는 추잡한 소리들이 들려왔다.

대문 밖으로 나오자 나탈리아의 모습이 눈에 들어왔다. 그녀는 여전히 흐느끼면서 스카프로 푸르뎅뎅한 얼굴을 감싼 채 한 손으로는 흐트러진 머리칼을 가지런히 매만지면서 걸어왔다. 그녀는 눈먼 사람처럼 오솔길을 따라 걸어갔고 아르달리온과 로베노크가 그녀의 뒤를 따라가고 있었다. 로베노크가 말했다.

"그 여자한테 한 방 더 먹여, 어서!"

아르달리온이 그녀를 붙잡아 세우고 주먹을 휘둘렀다. 그녀는 돌아서서 가슴을 내밀었다. 그녀의 얼굴은 무서웠고 눈에는 증오가 이글거렸다.

"자, 때려 봐!" 그녀가 소리쳤다.

나는 뛰어들어 아르달리온의 팔을 붙잡았다. 그는 깜짝 놀라서 나를 바라보았다.

"뭐야, 왜 그래?"

"그 여자를 건드리지 마세요!" 나는 간신히 말을 이었다.

그는 너털웃음을 터뜨렸다.

"저 여자가 네 애인이라도 돼? 히야, 나타샤가 병아리 수도사님을 잡수셨군!"

로베노크도 허리를 잡고 깔깔거렸다. 그들은 한참동안 나에게 온갖 음란한 욕설을 퍼부었다. 나는 참을 수 없는 모욕감으로 몸이 부들부들 떨렸다. 그러는 사이 나탈리아는 그 자리를 피했다. 나는 더 이상 참고 있을 수가 없어서 마침내 로베노크의 가슴을 머리로 들이받아 쓰러뜨리고는 달아났다.

그 이후로 오랫동안 나는 밀리온 거리에 가지 않았다. 하지만 나는 연락선 위에서 아르달리온을 다시 한 번 만났다.

"어디 있었기에 요즘 통 안보였어?" 아르달리온이 반가운 목소리로 물었다.

그가 나탈리아를 갈기고 나에게 모욕을 주었던 일은 생각만 해도 끔찍하다고 말하자 그는 선량하게 웃으면서 대답했다.

"그걸 심각하게 받아들였던 거야? 우리는 그냥 장난으로 그랬던 것 뿐이었어. 하지만 그녀 같은 창녀를 때리면 안 되는 건가? 아내들은 모두 두들겨 맞는다고. 그런 여자들이라고 해서 자비를 더 베풀지는 않아! 게다가 그땐 순전히 장난이었어. 주먹질로는 가르치기 힘들다는 걸 나도 알고 있다고!"

"가르칠 게 있긴 하고요? 아저씨가 그녀보다 나은 점이 뭔데요?"

그는 나의 어깨를 다독거리며 농담조로 말했다.

"우리처럼 사는 사람들에게 누가 더 낫고 말고 할 게 뭐 있겠어……."

그러고는 웃으면서 덧붙였다.

"난 모든 것의 겉과 속을 다 이해해! 난 나무토막이 아니니까!"

조금 취기가 있어서인지 그는 쾌활했으며, 마치 어리석은 학생을 다루는 친절한 선생님처럼 다정하고 따뜻하게 나를 바라보았다.

때때로 나는 파벨 오딘초프를 만났다. 그는 멋진 옷차림을 하고 있었으며 그 어느 때보다도 활기찼다. 그는 관대한 태도로 말하면서 나를 질책하곤 했다.

"그런 일에 네 재능을 낭비하지 마! 그런 일은 노동자들이나 하는 일이라고."

그는 성상 작업장의 새 소식들을 우울하게 들려주었다.

"지하레프는 여전히 그 커다란 암소와 뒹굴고 있고, 시타노프는 폭음을 하기 시작했지…… 고골레프는 늑대한테 당했어. 크리스마스에 스비아츠카에서 돌아오는 길이었는데, 술에 취해 있다가 늑대들한테 먹혀 버린 거야."

그는 큰 소리로 웃음을 터뜨리며 우스꽝스럽게 이야기를 엮어 나갔다.

"물론 술 취한 그를 잡아먹은 늑대들도 술에 취해 버렸을 테지! 아마. 기분이 좋아져서 서커스단 개들처럼 깡충거리면서 온통 숲속을 헤집고 다녔을 거야. 그리고는 24시간 이내에 싸움이 벌어져서 전부 죽어 버렸을 거야!"

그의 이야기를 듣고 나도 웃지 않을 수 없었다. 하지만 한때 내가 몸 담고 있던 성상 작업장의 모든 것으로부터 지금은 너무나 멀리 떨어져 있다는 생각에 마음이 우울해졌다.

19

겨울에는 시장에서 할 일이 별로 없었다. 그래서 나는 집에서 잔심부름을 하며 지냈다. 주인집 사람들은 하루 종일 나를 부려먹었지만 저녁 시간만큼은 자유로웠다. 나는 다시 주인집 사람들에게 나 자신은 별로 좋아하지 않는 〈니바〉라든지 〈모스크바 신문〉 따위에 실린 소설들을 읽어주어야만 했다. 그렇지만 밤에는 좋은 책을 읽는데 전념하고, 시를 쓸 수도 있었다.

어느 날, 여자들은 모두 저녁미사에 가고 나의 주인은 몸이 좋지 않아 집에 남아 있었다. 그는 나를 부르더니 이렇게 물었다.

"빅토르가 너를 비웃던데, 페시코프. 요즈음 시를 쓴다며? 사실이야? 그럼 나한테 좀 읽어줘 봐!"

거절하기도 어색해서 자작시 몇 편을 읽어 주었다. 그는 분명 별 감흥을 느끼지 않은 것 같았는데도 이렇게 말하는 것이었다.

"계속해, 계속! 미래의 푸시킨 선생. 푸시킨의 작품을 읽어 봤니?"

　도깨비가 장례를 치르나?
　마녀가 혼인을 하나?'

푸시킨 시절에는 도깨비가 있다고 믿었던 모양이다. 그러나 푸시킨 자신은 믿지 않으며, 그냥 농담조로 말한 것 뿐이었다.

"아, 그런데 너는 학교엘 다녔어야 했어. 이젠 너무 늦었어!" 그는 생각에 잠긴 듯 느릿느릿 덧붙였다. "네가 앞으로 어떻게 될지는 아무도 모르지. ……네 공책은 잘 숨겨 두어라. 여자들이 보면 놀릴지도 모르니까. 여자들이란 사람의 약점을 건드리기를 좋아하거든……."

잠시 주인은 조용히 생각에 잠겼다. 그러고는 주의깊게 주위를 둘러보았는데 벨소리가 울려 그를 깜짝 놀라게 했다. 그는 이따금 하찮은 일에도 병적일 정도로 화를 냈다. 그럴 때면 모두에게 큰소리를 치거나 휑하니 집을 나갔다가 술에 취해 밤늦게 돌아오곤 했다. 그의 삶에는 뭔가 아무도 모르는, 그의 가슴에만 새겨진 무엇이 있는 것 같았고, 그것이 그를 힘들게 하는 것 같았다. 그는 아무런 의욕도 없이 하루하루를 그저 습관처럼 살아가는 듯했다.

나는 일요일 저녁이면 식사를 마치고 밤 9시까지 산책을 했다. 그리고 일요일 초저녁에는 대개 얌스키 거리 주점에 가서 시간을 보내곤 했다. 주점 주인은 늘 땀을 뻘뻘 흘리는 뚱보로, 노래를 매우 좋아했다. 근처 교회의 성가대원들이 그것을 알고 이 주점에 자주 드나들었고, 주점 주인은 그들이 노래를 불러준 데 대한 보답으로 술과 차를 대접하는 것이었다. 술에 취한 성가대원들은 그저 후한 대접을 받기 위해 노래를 불러댔는데, 부르는 노래가 늘 찬송가였다. 술꾼들 가운데 주점에서 찬송가를 부르면 안 된다고 생각하는 사람들이 있었는지 주인은 그들을 자기 방으로 불러들이곤 했다. 그럴 때면 나는 문 밖에서만 노래를 들을 수 있었다. 이 주점에는 마을 농부들과 기술자들이 자주 왔다. 술집 주인은 직접 가수들을 구하러 시내를 돌아다니기도 했고, 장날에 지나가다 들른 농부들 중에서 노래 잘하는 사람들을 집으로 초대하기도 했다.

가수를 위해 스탠드바 옆에 의자를 마련해주면 가수는 등을 보드카 통 쪽으로 두었는데, 술통 밑바닥의 둥그런 모양이 액자틀처럼 보였다.

모두가 멋진 가수였다. 그중 가장 노래를 잘 부르는 사람은 자그마하고 가녀린 마구(馬具)쟁이 클레쇼프였다. 그는 쥐어 짜 놓은 듯한 몰골에 붉은색 머리칼이 마구 헝클어져 있었다. 작은 코는 시신의 그것 마냥 반짝거렸고, 꿈을 꾸는 듯한 두 눈동자는 전혀 움직임이 없었다.

그는 가끔씩 두 눈을 감고 뒷머리를 술통에 기댄 채 가슴을 젖히고 부드러우면서도 당당한 테너로 빠르게 노래를 불렀다.

오, 저 순결한 들판에 벌써 안개가 드리우고
저 멀리 오솔길을 안개가 덮고 있네 ······

여기서 그는 잠시 멈췄다가 등을 바에 기대면서 몸을 뒤로 젖히고 고개를 들어 천장을 보며 영혼을 울리는 노래를 불렀다.

아! 나는 어디로, 어디로 가나?
내가 갈 넓은 길은 어디서 찾을꼬?

그의 목소리는 작았지만 지칠 줄 몰랐다. 그의 노래는 술집의 어둡고 칙칙한 실내를 낭랑한 화음과 애수어린 가사로 채웠다. 그의 신음과 한숨, 외침은 좌중을 압도해서 술에 취한 사람조차도 깊은 감동 속에 말없이 앞에 놓인 탁자를 내려다보는 것이었다. 좋은 노래는 내 영혼의 깊은 곳에 강렬한 감동을 불러 일으켰다.

술집은 마치 교회처럼 정숙해졌다. 가수는 친절한 사제처럼 보였다. 사제는 설교를 하는 것이 아니라 온 마음과 영혼을 다하여 세상의 모든 사람을 위해 기도하고 있었고, 인생의 온갖 슬픔에 대해 노래하고 있었다. 수염이 덥수룩한 사내들이 모두 그를 바라보았다. 그들의 거칠고 사나운 얼굴에 어린아이 같은 눈빛이 반짝거렸다. 가끔씩 누군가가 토해내는 한숨은 노래의 힘을 강조하는 것 같았다. 그런 순간이면 나는 대부분의 사람들이 비현실적이고 무의미한 삶을 살아가고 있고 여기에서의 삶이야말로 진실된 삶이라고 생각했다.

구석에는 거리에서 물건을 파는 르이수하라는 여자가 앉아 있었다. 그녀는 방종한 생활을 하는 뻔뻔한 여자였지만 투실투실한 양어깨에 고개를 묻고 흐느끼며 슬며시 눈물을 닦았다. 그녀에게서 멀지 않은 곳에 성가대원인 미트로폴스키가 우울하게 앉아 있었다. 젊은 그는 머릿결이 무성했고 술 취한 얼굴의 커다란 두 눈은 마치 그를 저자 거리의 사제처럼 보이게 했다. 그는 앞에 놓인 보드카 잔을 바라보다가 입에 갖다댔지만 다시 조심스럽게 테이블에 내려놓았다. 무슨 이유에서인지 그는 도저히 술을 마실 수가 없었던 것이리라.

사람들은 모두 꼼짝도 않고 앉아서 듣고 있었다. 마치 오랫동안 잊어버렸지만 몹시도 귀하고 가까웠던 무언가를 회상하는 것 같았다.

클레쇼프가 노래를 끝내고 조용히 의자에 앉자 술집 주인은 그에게 와인을 한 잔 권하면서 만족스런 미소를 지었다.

"아, 정말 멋지군! 자네가 부르는 노래는 노래라기보다는 읊조림에 가깝지만 말이야. 하지만 이런 노래에는 자네가 최고지. 그건 누구도 반대할 수 없을 거야……."

클레쇼프는 서두르지 않고 보드카 한 잔을 마시더니 조심스럽게 기침을 하고는 조용히 말했다.

"누구든지 노래를 할 수는 있죠, 목소리를 가졌다면. 하지만 노래에 영혼을 담을 수 있는 사람은 나밖에 없다고요!"

"맞아, 하지만 너무 뽐낼 필요는 없지."

"뽐낼 게 없는 사람은 뽐내지 않아요." 그는 여전히 조용하게 그러나 더욱 고집스럽게 응수했다.

"너무 오만한데, 클레쇼프!" 주인이 짜증스럽게 소리쳤다.

"사람은 양심이 허락하는 만큼만 오만할 수 있지요." 클레쇼프가 대답했다.

그러자 구석에서 음울한 성가대원 미트로폴스키가 비웃었다.

"저 따위 타락한 천사의 노래에서 무슨 감동을 받는다고 그래, 하찮은 것들!"

그는 항상 모든 사람과 의견충돌을 일으켰고 논쟁을 벌였으며 마구잡이로 욕을 해댔기 때문에 일요일마다 힘 좀 쓰는 가수나 그를 미워하여 벼르고 있던 가수들한테 두들겨 맞기 일쑤였다.

주인은 클레쇼프의 노래를 사랑했지만 그의 교만을 참아주지는 못했다. 주인은 그에 대한 험담을 하곤 했으며, 어떻게든지 그를 깎아내리고 웃음거리로 만들려고 했다. 이 술집의 단골 손님들이나 클레쇼프 자신도 그것을 알고 있었다.

"좋은 가수이긴 한데 너무 오만해. 코를 납작하게 해줘야 한다고……"

주인의 말에 손님들 몇 명이 맞장구를 쳤다.

"그러게나 말이야! 좀 오만한 친구야!"

"오만할 이유가 뭐람? 좋은 목소리 때문에? 그야 하느님의 선물이지, 그 사람의 노력으로 된 건 아니잖아! 게다가 목소리도 작고 말이지, 안 그래?" 주인이 주장했다.

"그건 그래. 목소리보다는 머리가 더 좋은 친구지." 사람들이 맞장구를 쳤다.

한번은 클레쇼프가 나간 뒤 술집 주인이 르이수하를 설득하기 시작했다.

"마리야 예프도키모브나, 클레쇼프와 한번 즐기지 그래. 왜 안 하는 거야? 당신이라면 그의 혼을 쏙 빼놓을 수 있을 텐데."

"내가 조금만 젊었더라도……" 그녀가 웃으면서 말했다.

술집 주인은 열이 나서 고함을 질렀다.

"젊은 것들이 뭘 할 줄 알겠어? 당신이야말로 적격이지! 클레쇼프가 당신 주위를 맴도는 것 같던데, 틀림없어! 그의 눈이 사랑으로 충만하여 노래 부르는 것을 한번 상상해보라고. 그를 잘 주물러 봐, 마리야. 내가 정말 고맙게 생각할게, 응?"

그러나 그녀는 그렇게 하려 하지 않았다. 덩치가 크고 뚱뚱한 그녀는 눈을 내리깔고 가슴에 드리운 숄을 만지작거리면서 단조롭고 느린 목소리로 중얼거렸다.

"젊은 여자에게나 부탁해 보세요. 내가 조금만 더 젊었다면 두 번 생각해 볼 것도 없지 뭐……"

거의 매일 밤 술집 주인은 클레쇼프를 취하게 만들려고 노력했지만, 클레쇼프는 두세 곡 부르고 나서 보드카 몇 잔을 마신 뒤 조심스럽게 털 목도리를 두르고 헝클어진 머리칼 위에 모자를 꾹 눌러쓰고는 가 버리는 것이었다.

술집 주인은 클레쇼프와 경쟁할 만한 다른 가수를 찾아보기도 했다. 마구쟁이가 노래를 끝내자 주인은 여느 때와 마찬가지로 그를 칭찬하고 나서 말했다.

"자, 보세요. 또 한 가수가 나오십니다. 이리 와서 솜씨를 보여 주세요!"

새로 온 가수는 목소리가 좋은 사람임에는 틀림없었다. 그러나 내 기억으로는 이 작고 오만한 마구쟁이만큼 그렇게 단순하면서도 감동적으로 노래를 불렀던 가수는 없었다.

"음," 술집 주인은 조금 아쉬운 빛을 띠면서 말했다. "잘 부르기는 하는군! 중요한 것은 목청이야. 하지만 영혼이라는 것도 있어야지……"

사람들이 놀려댔다.

"안 된다고. 마구쟁이를 능가할 사람은 없어, 절대로!"

클레쇼프는 그의 숱 많은 붉은 눈썹 밑으로 사람들을 둘러보면서 술집 주인에게 조용하고 공손하게 말했다.

"공연히 시간낭비를 하시는군요. 나와 대적할 만한 가수는 아마 찾지 못하실 겁니다. 내 목소리는 신이 주신 것이니까요……."

"우린 모두 하느님의 자식이야!"

"나를 술독에 빠트려 파멸시킬 수는 있어도 나 같은 가수를 찾지는 못할 걸요……."

술집 주인은 붉으락푸르락해지면서 중얼거렸다.

"어떻게 알아, 어떻게 아느냐고?"

그렇지만 클레쇼프는 완강하게 주장했다.

"다시 말하지만 노래라는 것은 닭싸움과는 다른 거예요……."

"나도 잘 안다고! 왜 같은 얘길 자꾸 하는 거야?"

"같은 얘기가 아니에요! 나는 다만 노래가 즐거움만을 위한 것이라면 그것은 악마의 선물일 뿐이라는 말을 하려는 거라고요."

"됐어. 그래, 잘 알았으니까 노래나 하나 더 하지……."

"노래라면 얼마든지 할 수 있어요, 꿈속에서라도." 클레쇼프는 조심스럽게 목소리를 가다듬은 다음 노래를 부르기 시작했다.

모든 쓸데없는 말과 욕망들이 기적처럼 사라져 버렸다. 모두의 가슴은 사려 깊고, 순수하며, 사랑과 우수로 가득 찬 새로운 삶의 기쁨으로 넘쳤다.

나는 이 사람을, 그의 뛰어난 재능과 다른 사람들에게 미치는 그의 영향력을 부러워했다. 그의 능력은 참으로 놀라웠다. 나는 그 마구쟁이와 친해지고 싶었고, 그와 함께 오랫동안 이야기도 해 보고 싶었다. 그러나 그에게 다가갈 용기가 나지 않았다. 그는 그 하얀 눈으로 모든 사람을, 마치 앞에 있는 사람이 보이지 않는 듯한 이상한 시선으로 바라보았다. 그에게는 나로 하여금 그를 좋아할 수 없게 만드는 무언가가 있었다. 나는 그가 노래하지 않을 때도 그 사람을 좋아하고 싶었다. 그러나 그가 노인처럼 모자를 푹 눌러쓰고 단지 폼을 잡기 위해 붉은 실로 짠 목도리를 맵시 있게 두르는 모습은 왠지 불쾌하게 느껴졌다. 그는 목도리에 대해서 언제나 똑같은 이야기를 했다.

"나의 귀여운 애인이 짜준 거야, 나의 예쁜 아가씨가……."

그는 노래를 부르지 않을 때는 입을 삐죽 내밀고 손가락으로 얼어붙은 코를 문지르며 앉아 있었다. 그리고 다른 사람들의 질문에는 마지못해 한두 마디로 간단히 대답하는 것이었다. 한번은 내가 그에게 다가가 뭔가를 물어보았는데, 그는 나를 보고 말했다.

"꺼져, 이 쬐그만 녀석아!"

나는 저음의 성가대원 미트로폴스키가 훨씬 더 마음에 들었다. 그는 주점에 나타나면, 무거운 짐을 진 사람의 걸음새로 구석으로 가서 부츠 앞꿈치로 의자를 민 다음 탁자에 팔꿈치를 괴고 앉아, 숱이 무성한 큰 머리를 손으로 받치고 있었다. 보드카 두세 잔을 아무 말 없이 마시고서 낭랑히 울려퍼지는 목소리로 소리치는 것이었다. 모두들 놀라서 그를 바라보면 그는 손바닥으로 볼을 괸 채 도전적으로 그 시선을 되받았다. 빗질도 하지 않은 숱 많은 머리칼은 그의 부풀어 오른 얼굴을 뒤덮어 그를 거칠어 보이게 했다.

"뭘 보슈? 뭘 쳐다보는 거냐고?" 그는 느닷없이 열을 내며 물었다.

이따금 누군가 대꾸를 하기도 했다.

"늑대인간을 보고 있네!"

그는 아무 말 없이 술을 마시고 발을 질질 끌며 조용히 사라져 버릴 때도 있었지만, 예언자의 말투를 흉내 내어 사람들을 욕할 때도 있었다.

"나는 주님의 부패하지 않은 종으로, 그대들을 고발하노라. 이사야를 보라! 슬프다, 아리엘이여! 사악한 인간들과 사기꾼, 음탕한 진흙구덩이에서 허우적거리는 온갖 어둡고 기괴한 괴물들이여 오라! 음란한 인간들을 싣고 죄많은 뱃길을 항해하는 이 세상의 배들의 슬픔이여! 나는 알고 있노니 술꾼들아, 탐식가들아, 이 세상의 폐물들아! 너희들에게는 정해진 시간이 없노라. 대지는 저주 받은 너희들을 그녀의 자궁 안에 받아주기를 거부하노라!"

그의 목소리에 유리창마저 떨리는 듯했다. 이것이 사람들의 마음을 즐겁게 했는지 그들은 예언자에게 찬사를 보냈다.

"잘도 짖어대는구먼, 털 강아지가!"

그와는 쉽게 가까워졌다. 그에게는 술을 한잔 사기만 하면 그만이었다. 그는 보드카 한 병과 쇠고기 육회 한 접시를 요구하곤 했다.

내가 어떤 책을 읽어야 되느냐고 묻자 그는 곧바로 내게 되물었다.

"뭣 하러 책을 읽어?"

그러나 내가 당황해 하는 꼴을 보고는 달래듯이 말했다.

"전도서를 읽어봤니?"

"네."

"그럼 다른 책은 읽을 필요 없어. 이 세상 모든 지혜가 거기에 담겨 있거든. 어리석은 양떼가 그것을 이해하지 못할 뿐이야. 노래는 할 줄 아니?"

"아뇨."

"왜 노랠 하지 않지? 넌 노래를 불러야 해. 노래는 시간을 떼울 수 있는 가장 어리석은 방법이지."

옆자리에서 누군가가 그에게 물었다.

"그럼 당신은 왜 노래를 하는 거요?"

"나 말이오? 나는 게으름뱅이니까! 뭐가 잘못됐소?"

"아니, 아무것도!"

"이런, 어리석은…… 당신 머릿속에 아무것도 들어 있지 않다는 것은 누구나 다 알아. 앞으로도 결코 아무것도 없을 거요. 아멘!"

그는 내게 말할 때는 늘 이런 식이었고 다른 사람들에게도 마찬가지였다. 그러나 내가 술을 두세 번 대접하자 그는 내게 좀 더 친절해지기 시작하더니 한번은 약간 놀란 기색으로 이렇게 말하는 것이었다.

"너를 보면 이해할 수가 없단 말씀이야! 도대체 넌 어떤 놈이냐? 뭐 하는 놈이고 왜 그렇게 생겨먹은 거야? 에이, 빌어먹을!"

클레쇼프에 대한 그의 태도는 정말 모를 일이었다. 그는 분명히 기쁜 마음으로, 그리고 심지어 때로는 부드러운 미소까지 띠고서 그의 노래를 경청했지만 결코 클레쇼프와 친해지지 않았으며, 늘 그를 헐뜯고 거만하게 대했다.

"그 녀석은 머리가 텅 비었어! 숨도 쉴 줄 알고 노래 선곡에도 일가견이 있긴 하지만 다른 일들에 대해서는 멍텅구리야."

"그건 왜죠?"

"그런 놈들은 본디 다 그렇거든!"

나는 그가 맑은 정신일 때 이야기를 나누어보고 싶었다. 그러나 맨 정신일 때는 으르렁거리거나 슬픈 눈길로 멍하니 사람들을 바라보는 것이었다. 누군가로부터 듣기에는, 평생 술독에 빠진 이 사람이 한때는 카잔 신학교에서 공부했으며 사제가 될 수도 있었다고 했다. 그러나 나는 그 말을 믿지 않았다. 한번은 그에게 내 이야기를 하다가 우연히 흐리산프라는 주교의 이름을 말하게 되었다. 그러자 그는 머리를 홱 쳐들며 말했다.

"흐리산프? 나도 알지. 내 스승이자 후원자였어. 카잔 신학교에서 말이야. 그래, 기억나. 흐리산프라는 이름은 팜바 베린다[34]가 분명히 말했듯이 '황금꽃'을 뜻하지. 그래, 진짜 팜바 베린다의 말이야. 맞아, 황금꽃, 흐리산프!"

"팜바 베린다가 누구예요?" 내가 물어보았지만 미트로폴스키는 짤막하게 이렇게 대답할 뿐이었다.

"알 필요 없어!"

집에 와서 나는 공책에 써 놓았다. '어떻게 해서든 팜바 베린다의 작품을 읽어야겠다.' 웬일인지 나는 그토록 나를 괴롭히던 문제들에 대한 분명한 답을 이 팜바 베린다라는 사람의 책에서 얻을 수 있을 것만 같았다.

미트로폴스키는 이제까지 내가 들어본 적이 없는 사람들의 이름을 늘어놓거나 이상하게 조합된 단어들을 즐겨 썼다. 그럴 때면 나는 어쩔 줄을 몰랐다.

"삶이란 아니시아가 아닌가?"

이렇게 짧게 말하고는 그만이었다. 그러면 내가 다시 물었다.

"아니시아가 누구죠?"

"너한테 아주 쓸모 있는 여자." 그는 이렇게 대답하고는 당황하는 내 모습을 즐기는 것이었다.

이런 짤막한 말투와 그가 신학교에서 공부했었다는 사실 때문에, 나는 그가 많은 것을 알고 있는데도 자신의 지식에 대해 말하지 않는 것이 불쾌했다. 또 말을 한다 해도 전혀 이해할 수 없을 거라고 생각하게 되었다. 혹은 내게는 그에게 물어볼 권리가 없었던 것일까?

아무튼 그는 늘 내 마음속에 깊은 인상을 남겼다. 나는 술에 취한 그가 이사야의 말투를 흉내 내어 사람들에게 공격을 퍼붓는 게 마음에 들었다.

"오, 이 세상의 더러운 쓰레기들!" 그는 으르렁대었다. "너희 중에 간악

---

[34] 우크라이나 학자, 철학자, 시인.

한 자에겐 명성이 있고 선한 자에겐 고통이 있으리. 심판의 날이 가까워 오리니, 그때는 회개할지라. 하지만 그때는 너무 늦으리라, 너무 늦으리라!"

이런 울부짖음을 듣고 있노라면 그렇게 쉽게 망가져 버린 세탁부 나탈리아와 더러운 추문에 휘말린 마고 여왕이 떠올랐다. 나는 아직 이른 나이였음에도 이미 추억이라는 게 있었던 것이다.

미트로폴스키와의 짧은 사귐은 기이하게 끝이 났다.

어느 봄날, 야영장 근처의 들판에서 그와 마주쳤다. 그는 여전히 술에 찌든 채 머리를 좌우로 흔들면서 낙타처럼 외롭게 걸어가고 있었다.

"좀 걸을까?" 그가 쉰 목소리로 나에게 물었다. "나랑 같이 말이야. 나도 산책을 좋아하는데 요즈음은 몸이 영 신통찮아서……."

우리는 말없이 걸었다. 그러다가 뜻밖에도 텐트 옆 구덩이에서 한 남자를 발견했다. 그는 구덩이 벽면에 한쪽 어깨를 기댄 채 앉아 있었다. 그의 외투 깃은 한쪽 귀 위로 쑥 올라와 있었는데, 마치 외투를 벗으려다가 벗지 못한 것처럼 보였다.

"술에 취했나 보군." 미트로폴스키가 걸음을 멈추며 말했다.

그런데 그 남자의 팔 아래에는 커다란 권총이 놓여 있었고, 멀지 않은 곳에 모자가 떨어져 있었으며, 그 옆에는 병마개를 갓 딴 듯한 보드카 한 병이 놓여 있었다. 술병의 비어 있는 부분이 기다란 잔디에 파묻혀 있다. 그는 부끄러워 얼굴을 가린 것처럼 외투 깃 속에 얼굴을 감추고 있었다.

우리는 잠시 말없이 서 있었다. 미트로폴스키가 발을 넓게 벌린 채 땅에 붙은 것처럼 서 있다가 입을 열었다.

"자살했군."

나 역시 이 사람이 술에 취한 것이 아니라 죽었다는 사실을 금방 알 수 있었지만 너무나 뜻밖의 일이라 어리둥절했다. 나는 외투 밖으로 비죽이 내민 크고 부드러운 머리통과 검푸르게 변한 시체의 귀를 바라보면서 아무런 두려움도, 동정심도 느끼지 않았던 것으로 기억한다. 화사한 봄날에 자살을 할 수 있다는 것이 도저히 믿어지지가 않았다.

미트로폴스키는 한기를 느끼는 듯 손으로 수염을 깎지 않아 까칠해 보이는 뺨을 문지르면서 쉰 목소리로 말했다.

"꽤 나이가 들어 보이는군. 마누라가 도망을 쳤거나 남의 돈을 탕진해 버린 모양이지……."

그는 내게 경찰을 불러 오라고 시킨 뒤 낡은 외투로 몸을 감싼 채 구덩이 가에 걸터앉았다.

나는 경찰서로 달려가 웬 사람이 자살했노라고 알리고 급히 뛰어 돌아왔다. 그 사이에 미트로폴스키는 죽은 사람이 먹다 남긴 보드카를 다 비우고 빈 병을 흔들면서 나를 맞으러 다가왔다.

"이 놈이 그를 파멸시킨 거야." 그는 소리를 치며 빈병을 힘껏 내동댕이쳤다. 병은 땅에 떨어지며 산산조각이 났다.

뒤따라온 경찰이 구덩이 속을 들여다보고 중절모를 벗으며 다소 우물쭈물 성호를 그은 다음 미트로폴스키에게 물었다.

"당신은 누구요?"

"당신이 알 바 아니오……."

경찰은 잠시 동안 뭔가를 생각하더니 더욱 정중하게 물었다.

"이해할 수 없군요. 도대체 무슨 생각으로 이러십니까. 시체 옆에서 술을 마시다니!"

"나는 이십 년 동안 술에 취해 살았소!" 미트로폴스키는 손바닥으로 가슴을 치며 자랑스럽다는 듯이 말했다.

나는 그가 그 술을 마신 죄로 체포되리라고 믿었다. 시내에서 사람들이 몰려왔고, 조금 완고해 보이는 경찰서장이 마차를 타고 달려와 구덩이 안으로 내려갔다. 그는 죽은 사람의 코트를 들추고 얼굴을 살폈다.

"맨 처음 발견한 사람이 누굽니까?"

"나요." 미트로폴스키가 대답했다.

경찰서장은 그를 바라보며 불쾌하게 느릿느릿 말했다.

"아―, 축하드리죠, 선생!"

열댓 명이나 되는 사람들이 모여들었다. 그들은 모두 숨을 헐떡이며 구덩이를 빙 둘러싸고 무슨 일이 벌어진 것인지 호기심에 가득 차서 내려다보고 있었다. 누군가가 소리쳤다.

"저건 우리 거리에 사는 서기 아냐? 내가 안다고!"

미트로폴스키는 중절모를 벗어 흔들고는 검시관 앞에 서서 뭔가를 따지듯 알아들을 수 없는 소리를 질러대면서 경찰서장에게로 다가갔다. 경찰서장이 그의 가슴을 확 떠미는 바람에 그는 비틀거리면서 주저앉았다. 경찰서장은 천천히 주머니에서 포승줄을 꺼내 미트로폴스키의 팔을 등 뒤로 돌려 묶어 버렸다. 미트로폴스키는 이런 일에 익숙한 것처럼 고분고분하게 손을 등 뒤로 포갰다. 그러고는 구경꾼들을 향해 화를 내면서 고함을 질렀다.

"이제 다들 꺼져! 꺼지란 말이야. 할 일이 그렇게도 없어!"

나이가 더 들어 보이는 경찰관이 달려왔다. 촉촉하게 젖은 그의 눈에는 붉은 빛이 돌았으며 입술은 지쳐서 벌어져 있었다. 그는 미트로폴스키의 손목을 묶은 포승줄 한쪽 끝을 잡고 조용하게 시내로 끌고 갔다.

나는 몹시 울적한 기분으로 돌아왔다. 미트로폴스키가 예언자의 말투를 빌려서 한 말이 귓전을 때리는 것 같았다. '슬프다, 아리엘이여!'

나는 정말 무시무시한 장면을 목격한 것이었다. 경찰서장이 전혀 서두르는 기색 없이 두껍고 헐렁한 코트 주머니에서 포승줄을 꺼내는 동안 예언자는 얌전하게 털북숭이 손을 등 뒤로 돌려 익숙한 듯이 두 손목을 교차시켰다.

얼마 뒤 나는 그 예언자가 경찰의 호위 아래 이 도시에서 추방되었다는 것을 알았다. 그리고 뒤따라 클레쇼프도 사라졌다. 좋은 조건으로 결혼을 한 뒤 마구 작업장을 개설한 거리로 이사를 갔던 것이다.

어느 날 내가 마구쟁이의 노래를 열렬히 칭찬하자 탁자를 사이에 두고 나와 마주 앉아 있던 주인이 놀란 듯이 눈썹을 치켜 올리고 눈을 동그랗게 뜨면서 이렇게 말하는 것이었다.

"그렇다면 한번 가서 들어봐야겠구나!"

그는 주점에 가는 내내 나를 놀려댔으며, 주점에 가서도 처음에는 나와 그곳에 모인 사람들, 그리고 그 코를 찌르는 냄새를 비난했다. 마구쟁이가 노래를 시작했을 때에도 그는 여전히 비웃으면서 잔에다 맥주를 따르는 것이었다. 그러나 술잔이 반도 차기 전에 놀라 소리쳤다.

"아니, 어디서 저런⋯⋯."

주인은 손을 떨면서 조용히 술병을 내려놓고는 열심히 노래를 들었다.

"과연⋯⋯." 클레쇼프가 노래를 끝내자 긴 숨을 내쉬며 주인이 말했다.

"정말이구먼. 저렇게 노래를 잘 부르다니! 절말 대단해."

마구쟁이가 고개를 젖혀 천장을 바라보며 다시 노래를 했다.

부자 마을을 떠나
젊은 아씨가 이슬에 젖은 들판을 가로질러 왔네.

"어쩌면 저렇게 노래를 부를 수 있을까!" 주인은 중얼거리고는 미소를 지으며 고개를 흔들었다. 클레쇼프는 갈대풀로 만든 목동의 피리 소리처럼 청아한 목소리로 노래를 불렀다.

아름다운 아씨가 그에게 대답하네,
나는 고아랍니다, 아무도 돌보지 않는…

"정말 훌륭해." 주인이 불그레해지는 눈을 깜박거리며 중얼거렸다. "휴, 굉장하군!"
나는 감동하는 그를 바라보는 게 기뻤다. 가슴을 뛰게 하는 노랫말은 주점의 소음을 압도했고 더 강력하고 아름답게, 그리고 매 순간 감동적으로 울려퍼졌다.

우리 마을에서 나는 고독하게 살고 있네.
사람들은 나 같은 아가씨는 초대하지 않아요.
오, 나는 가난하고 옷도 잘 입지 못했으니까.
나는 용감한 젊은이에겐 어울리지 않아요……
한 홀아비가 내게 제안했죠, 하녀가 필요하다고.
나는 정말 그런 운명엔 굴하고 싶지 않아요! ……

주인은 부끄러움도 잊고 눈물을 흘렸다. 고개를 숙이고 매부리코를 씰룩거리며 무릎 위로 눈물을 뚝뚝 떨구는 것이었다.
세 번째 노래가 끝난 뒤 그는 몹시 흥분하여 소리쳤다.
"더 이상 여기 앉아 있을 수가 없어. 냄새 때문에 숨을 못 쉬겠다고. 집에 가자!"
하지만 거리로 나오자 이렇게 말했다.
"이리와, 페시코프, 호텔에 가서 뭐든 좀 먹도록 하자…… 집엔 가고 싶지 않아!"

그는 요금 흥정도 없이 무조건 마차에 올라탄 뒤 가는 내내 말이 없었다. 그러나 호텔에서 구석진 자리를 잡고 앉자마자 무슨 언짢은 일이라도 있는지 주변을 힐끗거리면서 작은 목소리로 불평하기 시작했다.

"그런 껄렁한 자식이 내 마음을 뒤흔들어 놓는구먼…… 우울해! ……너 이제 혼자 읽고 쓸 줄 알지? 그럼 한번 말해봐! 이 모든 게 다 무슨 소용인지. 그저 살다보면 사십이 되고 마누라와 애들이 줄줄이 딸리고…… 아, 이야기 상대도 없지! 무슨 이야기든 할 수 있는 말상대가 있으면 좋겠다고 생각할 때도 있지만 아무도 없는 거야…… 마누라하고는 이야기해 보았자 소용없어. 서로 공감대가 없다고…… 마누라에겐 그저 애들밖에 없어. 집안일에만 틀어박혀 있는 거야. 마누라는 결코 나를 몰라. 마누라는 첫아이를 낳을 때까지만 친구라고들 하잖아. 보다시피 내 마누라도 마찬가지야…… 그저 비곗덩어리일 뿐이야…… 아, 정말 끔찍하다니까. 슬프다고……."

그는 차가운 맥주를 열병에 걸린 듯이 꿀꺽꿀꺽 마셨다. 그러고는 한동안 말없이 긴 머리칼을 헝클어뜨린 채 앉아 있다가 다시 입을 열었다.

"인간이란 별 볼일 없는 존재들이야. 너는 노동자들과 얘기를 나누곤 하지? 그래서 너도 알겠지만 세상엔 사기와 협잡이 득실거린다고…… 사실이야. 모두가 도둑들이라고! 너는 네 말이 사람들에게 먹혀든다고 생각해? 전혀 아니야. 오시프와 표트르를 포함한 모두가 사기꾼들이야! 그들은 내게 모든 것을 얘기하지, 네가 나에 대해 뭐라고 하는지까지…… 알겠어?"

나는 놀라서 아무 말도 하지 못했다.

"오호, 그래." 주인은 웃으면서 말했다. "네가 페르시아로 떠나려고 생각했던 것은 옳았어. 거기서는 말이 통하지 않을 거야. 거기서는 외국말만 쓰니까! 우리말을 쓴들 알아들을 수 있는 건 그저 더러운 욕밖에 없으니 여기 사나 그곳에 사나 마찬가지인 셈이지……."

"오시프가 나에 대해서 말했어요?" 나는 물었다.

"물론! 안 그럴 줄 알았어? 그는 누구보다 많이 이야기했지. 그는 정말 교활한 험담가라니까. 하지만 페시코프, 말이 무슨 소용이 있겠어? 내 말이 틀려? 말이 다 무슨 소용이야? 말은 진흙 위에 내리는 가을의 눈처럼 금세 녹아버린다고. 그저 더 많은 진흙을 만들어낼 뿐이지…… 이제 이런 말은 그만두는 게 좋겠어……."

그는 거푸 맥주잔을 비웠으나 조금도 취하지 않고 더욱 빠르고 격렬하게 말을 쏟아냈다.

"이런 속담이 있지, '침묵은 금이고 웅변은 은이다'라는…… 아, 페시코프, 우울하다 우울해…… 그 친구가 이렇게 노래했지. '우리 마을에서 난 고독하게 살았네.' 인생이란 고독한 거야……."

그는 주위를 휘둘러보고는 목소리를 낮추어 이야기했다.

"언젠가 여기서 말이야…… 진실한 친구를 사귄 적이 있었지. 여기서 혼자 있는 여자를 만났었는데 과부나 마찬가지였거든…… 남편은 지폐위조죄로 시베리아 유형을 선고받았는데, 호송되기 전에 이 마을 감옥에 수감되어 있었어. 그런 여자를 알게 되었지…… 그녀는 돈이 한 푼도 없었어…… 그래서 포주가 나를 소개시켜 주었던 거야. 난 그녀를 보고 정말 멋지고 귀여운 사람이라고 생각했지. 그녀는 젊고 아주 예쁜, 정말 멋진 여자였어. 한두 번 만나고 나서 내가 말했지. '어떻게 할 참이오? 남편은 사기꾼이고 당신은 이렇게 부정하게 살아가니…… 왜 남편을 따라 시베리아로 가려는 거요?' 그러나 그녀는 남편을 유형지까지 따라갈 생각이었어. 글쎄, 이렇게 말하더라니까. '그분이 어찌되었든 나는 그분을 사랑해요. 그분은 나에겐 좋은 사람이에요. 아마 나 때문에 죄를 지었을 거라고요. 난 당신과 죄를 지었고요. 난 그를 위해 돈이 필요했어요. 그분은 한때 잘 살았던 신사죠. 나 혼자만이라면 깨끗하게 살 수도 있었어요. 당신도 좋은 분이세요. 하지만 이제 그런 이야기는 다시 하지 마세요.' 제기랄! 나는 가지고 있던 돈을 전부 주어버렸어. 80루블은 족히 됐을 거야. 나는 이렇게 말했어. '용서하세요. 더 이상 당신을 만날 수가 없군요, 도저히……' 그러고는 돌아서 나왔어. 이런 이야기야……."

그는 또다시 말이 없다가 갑자기 술기운이 올라오는지 탁자 위로 고꾸라지면서 중얼거렸다.

"나는 여섯 번이나 그녀를 만나러 갔지…… 그때 내 기분이 어땠는지 너는 모를 거야. 그리고 또 여섯 번이나 더 가서 그녀의 방문 앞에서 망설였어…… 그렇지만 도저히 들어갈 수가 없더라고…… 도저히! 이제 그녀는 떠나갔어……."

그는 탁자 위에 손을 올려놓고 손가락을 꼼지락거리면서 속삭이듯 말했다.

"오 하느님, 다시는 그녀를 만나지 않도록 해주십시오…… 절대로! 그렇게 된다면 나는 끝장일 거야! 집에 가자…… 가!"

우리는 자리에서 일어나 나왔다. 그는 비틀거리면서 으르렁거렸다.

"인생이란 그런 거야, 알겠어?"

나는 주인의 이야기에 그다지 놀라지는 않았다. 오래전부터 그에게 뭔가 몹시 특이한 사건이 있었을 것이라고 생각해 왔기 때문이다.

그러나 그가 인생에 대해 한 말과 오시프에 대해 한 말 때문에 나는 몹시 우울해졌다.

20

나는 빈 건물로 가득 찬 죽은 도시에서 삼 년 동안 감독관 노릇을 했다. 가을에는 조악한 석조 건물들을 부수고 봄에는 다시 똑같은 식으로 새 건물을 지었는데 그때마다 나는 노동자들을 감독하는 일을 맡았다.

주인은 5루블을 준만큼 알뜰하게 나를 부려먹었다. 예를 들어 어떤 가게의 마루를 새로 놓을 때면 나는 흙을 2피트 두께 만큼 걷어내야 했다. 이 일을 하는 뜨내기 일꾼들에게는 1루블씩이 지급되었지만 나에게는 한 푼도 지급되지 않았다. 나는 그 일을 하면서 목수들을 제대로 감시할 수가 없었다. 그들은 열쇠나 손잡이 등을 뽑아갔고 온갖 종류의 사소한 물건들을 훔치기 일쑤였다.

일꾼들이나 하청업자들은 갖가지 방법으로 나를 속이려 들었고, 또 물건을 훔쳐갔다. 그것도 마치 마땅치 않은 의무를 수행한다는 듯이 굴면서 아주 공공연하게 그런 짓을 했다. 내가 그런 일을 알아냈을 때 그들이 도리어 화를 내는 일은 한 번도 없었지만 그들은 놀랐다는 투로 이렇게 말하는 것이었다.

"너무한데 ……5루블을 받으면서 한 20루블은 받는 사람처럼 호들갑이네 …… 듣자하니 웃기는구먼!"

나는 주인에게 말하기를, 만일 내 일당을 절약해서 1루블을 벌었다면 그것의 10배 이상을 잃은 게 분명하다고 말해주었다. 그러나 그는 나에게 눈을 찡긋해 보이며 이렇게 말할 뿐이었다.

"맞아, 그럴 거야! 네가 일을 그렇게 만들고 있으니까!"

주인은 나를 도둑질의 공범자로 의심하고 있는 게 분명했다. 이런 생각을 할 때면 그에 대해 혐오감을 느꼈지만 모욕을 당한 기분은 아니었다. 모든 일이 다 그런 식이어서, 모두들 훔치고, 주인 자신도 남의 것을 가져오기를 좋아했으니까.

주인은 수리를 맡은 시장 상점들을 둘러보다가 누군가 두고 간 사모바르나 그릇, 카펫, 가위 같은 물건들을 보면 빙그레 웃으면서 이렇게 말했다.

"물건 목록을 만들고 모두 창고에 갖다 넣어!"

창고에 물건이 쌓이면 그는 그것들을 집으로 가져가면서 나에게 목록에서 빼라고 지시했다.

나는 그런 '물건'들을 좋아하지 않았고, 그 어느 것도 가지고 싶지 않았다. 심지어 책들조차 나에겐 귀찮을 뿐이었다. 내 것이라고는 그저 베랑제의 작은 책과 하이네의 시집 한 권뿐이었다. 하긴 푸시킨의 책을 가지고 싶긴 했지만 시내 책방의 심술궂은 노인네가 값을 너무 비싸게 불러 살 수가 없었다. 주인 방에 빼곡히 들어찬 가구며 카펫, 거울 따위는 하나도 내 마음에 들지 않았고 그 촌스럽고 조악한 모양새나 페인트 냄새와 니스 냄새가 역겹기만 했다. 그 가운데에서도 안주인의 방들은 마치 낡은 잡동사니로 가득 찬 트렁크 같아서 싫었다. 주인이 창고에서 남의 물건을 끌어내어, 이미 가득 찬 잡동사니 위에 또 다른 잡동사니를 가져다 쌓아놓는 일은 정말 질색이었다. 마고 여왕의 방에도 가구가 꽉 들어차 있었지만 그것들은 아름다웠었다.

대체로 나의 생활은 무의미하고 무익한 것으로 여겨졌다. 분명히 쓸모없는 것들이 너무나 많았다. 우리는 매번 상가를 다시 지어야 했다. 봄만 되면 강이 범람하여 마루까지 물이 차오르고 현관문이 뒤틀어졌다. 물이 빠지고 나면 들보가 썩기 시작했다. 강물은 지난 십여 년 동안 해마다 범람하여 시장을 뒤덮고 건물이나 교량들을 못 쓰게 만들었다. 해마다 일어나는 이 홍수는 상인들에게 막대한 피해를 입혔다. 그래서 다들 물길을 바꾸든지 무슨 대책을 마련해야 한다고 입을 모았지만 스스로 대책을 마련하는 일은 없었다.

봄이면 유빙이 떠내려와 바지선과 수십 척의 소형 배들을 못 쓰게 만들어 버렸다. 사람들은 갖은 욕설을 퍼부어대면서 배들을 새로 만들었지만 이듬 해 봄에 유빙이 또 떠내려오면 또 다시 부서지기 일쑤였다. 해마다 이런 무의미한 작업이 반복되어야 하다니 이 얼마나 답답한 노릇인가!

오시프에게 이 점에 대해 물어보자, 그는 놀란 듯 나를 보더니 껄껄 웃는 것이었다.

"아하, 참 똑똑한 척하는구나, 응? 그래, 너라면 어떻게 하겠어? 너라면 어떻게 하겠느냐고?"

그리고 나서는 조금 더 진지하게 말했지만 늙은이답지 않은 그 맑은 눈에 어린 웃음기는 감추려 하지 않았다.

"그래 네 말이 맞아! 하지만 아무것도 하루 아침에 해결될 수는 없어. 아마 불가능할 거야! 자, 그리고 말이다…….."

그는 여러 가지 경구들을 화려하게 늘어놓거나 독특한 비유를 드는가 하면 여러 가지 농담을 섞어가면서 이야기를 계속했다.

"사람들은 모두들 흙이 모자란다고 불평하지. 봄이면 볼가 강은 강둑을 잠식하여 흙을 실어내고 이것이 쌓여 하안을 만들어. 그러면 사람들은 또 불평을 하지. 볼가 강이 점점 얕아지고 있다고! 봄철의 범람하는 강물과 여름철의 호우는 깊은 고랑을 파고 또다시 흙을 강으로 쓸어가지!"

그는 아무런 안타까움도 악의도 없이 말을 했는데 마치 삶이 불행하다는 것을 알면서 즐기는 것 같았다. 그래서 그의 말에 고개가 끄덕여지면서도 왠지 듣고 있기가 싫었다.

"또 한 가지 예를 들자면 화재를 들 수 있…….."

나는 볼가 강 기슭의 숲에서 화재가 발생하지 않고 넘어간 여름이 한 번도 없다는 것을 떠올렸다. 해마다 칠월이면 하늘은 진흙빛 누런 연기로 뒤덮였고, 빛을 잃은 납빛 태양은 시력이 나쁜 눈동자처럼 대지를 내려다보았다.

"숲은 정말 아무런 쓸모가 없어." 오시프는 이렇게 말하곤 했다. "죄다 귀족이나 왕의 것이고, 농민들 것은 없단 말이야. 시내에서도 불이 나지. 하지만 그건 별로 큰 문제는 아니야. 시내에는 부자들이 사니까 별로 안타까울 것이 없지. 하지만 시골마을이 문제야. 여름이면 얼마나 많은 시골집들이 불타버리느냐 말이야! 수백 채는 될 거야…… 피해가 엄청나지."

그는 조용히 미소 지었다.

"어떤 사람들은 재산은 있어도 그걸 유지할 지혜는 없어! 자기 자신이나 땅을 위해 일하는 것보다는 화재나 수해를 입지 않도록 애쓰는 게 더 중요하지."

"그런데 왜 웃으세요?" 내가 물었다.

"그럼 울어? 눈물로 불을 끌 수 있는 것도 아니고 강물이 범람하는 것을 막을 수 있는 것도 아닌데……."

나는 이 잘생긴 노인이 내가 만난 그 누구보다도 현명하다는 것을 알고 있었다. 그러나 그는 도대체 무엇을 사랑하고 무엇을 미워하는 걸까?

내가 이런 생각에 잠겨 있는 사이 그는 메마른 말투로 이야기를 계속했다.

"사람들이 자기 힘이나 남의 힘을 아끼려 하지 않는다는 것을 너도 알잖아? 네 주인이 너를 얼마나 들볶더냐? 물이 마을에 무슨 의미가 있지? 그 의미를 계산하는 것은 불가능하지. 아무리 고매한 학자라도 말이야…… 오두막이 타버리면 그 자리에 다시 만들면 되지만, 선량한 농부가 시력을 잃으면 이를 바로잡을 도리가 없지!"

나는 그저 호기심에서 물었다.

"아저씨는 왜 내 생각을 주인아저씨에게 얘기하시죠?"

그는 조용하고 애정 어린 목소리로 설명했다.

"네가 어떤 나쁜 생각을 하는지 그가 알고 있어야 하니까. 너에게 훈계해줄 사람은 그 사람뿐이잖아. 주인 말고 누가 널 가르치겠어? 악의가 있어서가 아니라 네 편이기 때문이야. 너는 어리석은 놈은 아닌데, 그 머릿속에 악마가 들어 있어서 널 괴롭히지. 네가 뭘 훔치기라도 한다면 난 암말 안 해. 여자 꽁무니를 쫓아다녀도 마찬가지야. 술을 마셔도 아무 말 않겠어! 하지만 너의 그 험한 말들은 모두 다 일러줄 테니 그리 알라고!"

"앞으로 아저씨와는 말하지 않겠어요!"

그는 말없이 손톱으로 손바닥에 묻은 회반죽을 떼어내다가 애정 어린 눈길로 나를 바라보며 이렇게 말하는 것이었다.

"그래? 거짓말하지 마! 그럼 너와 이야기할 사람이 여기에 누가 또 있어? 아무도 없다고……."

불현듯 깨끗하고 깔끔한 이 오시프가 모든 사람들에게 아주 무심한 화부 야코프를 닮았다는 생각이 들었다. 그는 골동품 감정사 표트르 바실리이치를 연상시키기도 했고, 마부 표트르나 내 외할아버지를 연상시키기도 했다. 어쨌든 그는 내가 이제까지 만났던 여러 노인들과 비슷한 점이 많았다. 그들은 모두 놀랄 만큼 재미있지만 함께 살기는 힘든 그런 노인들이었다. 오시프는 좋은 사람인가? 아니다. 그러면 나쁜 사람일까? 그것도 아니다. 그가 머리가 좋은 사람이라는 것만은 분명했다. 하지만 그의 두뇌회전은 감탄스러운 동시에 내게 치명적인 영향을 주었다. 마침내 그가 나에게 여러모로 해롭다는 느낌을 갖게 되었다.

마음속에서 암울한 생각이 끓어올랐다.

'사람들은 설사 부드러운 말과 미소를 짓더라도 서로에게 낯선 사람일 뿐이다. 그래, 이 세상 모든 사람은 서로에게 타인이며, 누구도 강한 사랑의 감정으로 타인과 결합되어 있지 못한 것이다. 다만 두 여인만이, 외할머니와 마고 여왕만이 자신들의 삶을 사랑하고 모든 사람들을 사랑했다.'

때때로 이와 비슷한 생각들이 먹구름처럼 밀려왔다. 삶이란 숨막힐 정도로 답답한 것이다. 과연 나는 이와 다른 삶을 살 수 있을까? 나는 어디로 가야 한단 말인가? 오시프를 빼고는 이야기를 나눌 사람조차 없다. 나는 그와 더욱더 자주 이야기를 나눌 수밖에 없었다.

그는 분명 관심을 가지고 내 말에 귀를 기울였고, 나에게 질문을 던지거나 문제점을 지적하기도 하며 차분히 말하는 것이었다.

"딱따구리도 너처럼 고집이 세지. 하지만 무섭지는 않아. 아무도 무서워하지는 않지. 진심으로 충고하지만 너는 수도원으로 가는 것이 좋겠어. 거기서 어른이 될 때까지 살라고. 그곳에서는 경건한 사람들과 유익한 대화를 나눌 수 있을 거야! 평화를 누릴 수 있고 돈도 벌 수 있지. 진심으로 하는 말이야! 넌 세상일에는 어울리지 않는다고……."

나는 수도원에 가고 싶지는 않았다. 그러나 내가 길을 잃고 이해할 수 없는 마법의 고리에 갇혀 맴돌고 있다고 느꼈다. 우울했다. 나의 삶은 가을 숲 같았다. 버섯이 솟아났다가 시들어버린 텅 빈 가을 숲……. 나는 알아야 할 모든 것을 알고 있는 느낌이었다.

나는 술을 마시지도 여자들의 뒤꽁무니를 쫓아다니지도 않았다. 대신 책을 읽었다. 그러나 책을 읽으면 읽을수록 대부분의 사람들이 살아가는 공허하고 무의미한 삶을 살아가기가 힘들었다.

나는 겨우 열다섯 살이었지만 때때로 스스로를 성숙한 어른으로 착각했다. 말하자면 나는 내적으로 지나치게 성장해 있었고, 내가 경험하고 읽고 걱정했던 모든 것들이 무거운 짐이 되어 나를 짓누르고 있었다. 스스로를 깊이 들여다보면 내 생각의 창고는 여러 잡동사니들로 가득 찬 어두운 지하실과 같았다. 나는 이 모든 것을 분류할 힘도 능력도 없었다. 마치 도자기 파편이 물 위를 떠다니는 것처럼 나는 이 수많은 짐들 사이를 떠다녔다.

나는 불행이나 질병, 고통을 지독히도 싫어했다. 어떤 잔인한 것, 이를테면 피, 구타, 심지어 욕설 등을 접할 때도 본능적으로 거부감을 느꼈다. 그럴 때 나는 사나운 짐승처럼 싸웠으나 그런 뒤에는 심한 수치심에 사로잡히곤 했다.

때로는 깡패를 두들겨 패고 싶은 무서운 욕망에 사로잡혀서 맹목적으로 싸움에 뛰어드는 경우도 있었다. 지금도 무력감에서 비롯된 이러한 절망의 발작을 생각하면 부끄럽고 우울하다.

내 속에는 두 사람이 살고 있었다. 한 사람은 더럽고 추잡한 것을 너무나 많이 보아서 조금 소심해진 사람이었다. 그는 일상의 공포를 너무나 많이 아는 까닭에 위축되어서 자신을 포함한 모든 사람을 동정하는 한편 삶과 사람들을 불신과 혐오의 시선으로 바라보기 시작했다. 이 사람은 모든 사람과 동떨어져 책과 함께 하는 조용하고 고독한 삶을 꿈꾸었고, 수도원이나 페르시아에서의 생활, 혹은 산림 경비원이나 어느 교외의 야간 경비원으로서의 생활을 동경하였다. 될 수 있는 대로 사람이 없고, 모든 사람들로부터 멀리 떨어진 곳에서의 생활을……

또 다른 한 사람은 순결하고 용감한 내용의 책에서 읽은 성스러운 정신으로 세례 받은 인물로서, 그는 일상적인 삶의 가공할 힘이 손쉽게 그의 지적 능력을 박살내거나 그 더러운 구둣발로 자기의 심장을 짓밟아버릴 수도 있다는 것을 느끼면서도 이를 악물고 두 주먹을 불끈 쥐고 늘 어떤 논쟁이나 싸움에 나설 준비가 갖추어진 사람이었다. 그는 적극적으로 사랑하고 동정하였으며 프랑스 소설의 용감한 영웅들처럼 자기가 한 맹세에 따라 칼집에서 검을 빼어들고 싸울 자세를 취하고 있었다.

그 당시 나에게는 지독한 적이 한 명 있었다. 그는 말라야 포크롭스카야 거리 사창가의 문지기였다. 어느 날 아침 시장으로 가는 길에 그를 알게 되었다. 집 문 앞에서 그는 인사불성으로 취한 여자를 마차에서 끌어내리고 있었다. 신고 있는 스타킹이 주름져 있는 그녀의 다리를 그가 잡아끌자 그녀는 허리까지 맨 살이 드러난 채 부끄럼도 모르고 소리치며 깔깔거렸다. 그는 그녀의 몸에 침을 뱉었다. 그녀는 이리저리 부딪치면서 마차에서 미끄러져 내렸다. 마구 헝클어진 머리에 지금 무슨 일이 일어나는지조차 알지 못했으며 입은 헤벌어져 있었다. 그녀의 부드러운 팔은 머리 뒤로 힘없이 늘어져 있었다. 마차에서 내리는 동안 등과 목과 창백한 얼굴이 좌석 모퉁이와 발판에 부딪쳤고, 마침내 길바닥에 떨어지는 순간에 돌에 머리를 찧고 말았다.

마부가 말을 몰아 떠나고 난 뒤 문지기는 여자의 다리를 한 손에 하나씩 잡고 마치 시체라도 끌듯 그녀를 끌고 갔다. 나는 격분하여 그에게 달려들었다. 그러나 빗물통으로 잘못 뛰어들고 말았는데, 오히려 그 덕분에 나와 이 문지기에게 커다란 불상사가 일어나지 않을 수 있었다. 나는 그를 한 방에 넘어뜨리고 계단을 뛰어올라가 절망적으로 벨을 눌러댔다. 거칠게 보이는 사내 몇 명이 달려 나왔다. 나는 아무것도 설명할 수가 없어서 빗물통을 들고 그 자리를 떠났다.

길에서 마부를 다시 만났다. 그는 나를 내려다보더니 잘했다는 듯이 말했다.

"잘했어, 그런 놈은 혼 좀 나야 돼!"

나는 왜 그 문지기가 그 여자에게 그렇게 함부로 대하도록 두었느냐고 화를 내면서 물었다. 그러자 그는 괴팍스런 말투로 대답했다.

"빌어먹을! 그 개새끼가 그녀를 내 마차에 태울 때 돈을 주었잖아. 나한테는 그런 놈들이 손님인데, 내가 어떻게 하겠어?"

"그러다가 죽으면 어떡해요?"

"죽으면 죽는 거지, 그런 여자가 뭐 대수롭다고……" 마부는 마치 술 취한 여자들을 수없이 죽이려 해보았다는 듯이 말했다.

그날 이후로 나는 거의 매일 아침 문지기를 보았다. 그는 포장된 길목을 쓸고 있거나 마치 나를 기다리는 듯이 문 앞 계단에 앉아 있었다. 내가 다가가면 그는 벌떡 일어나 팔을 걷어붙이며 선언하는 것이었다.

"이 자식, 네놈을 산산조각 내줄 테다!"

그는 사십은 되어 보였다. 작은 키에 안짱다리였고 배는 불룩 나와 늘어져 있었다. 그는 웃으며 빛나는 눈으로 나를 쳐다보았는데, 그의 눈길이 선량하고 밝은 것에 오히려 나는 오싹 두려움을 느꼈다. 그는 싸움을 잘하지 못했고 팔은 나보다도 짧았다. 그는 나와 두세 번 주먹질을 하고 나서 나를 가게 내버려 두었다. 그리고 문에 기댄 채 놀란 듯이 이렇게 말했다.

"두고 보자, 이놈…… 여우 같으니!"

이렇게 티격태격하는 것에 짜증이 나서 한번은 내가 말했다.

"이것 보세요, 멍청한 양반! 제발 날 좀 내버려 두세요, 제발!"

"그럼 날 왜 쳤어?" 그가 비난하듯이 물었다.

나는 그때 왜 그렇게 잔인하게 그 여자를 대했느냐고 되물었다.

"너하고 무슨 상관이야? 그 여자에게 동정이라도 느낀단 말이야?"

"물론 동정하죠."

그는 잠시 말이 없다가 입술을 닦으며 물었다.

"그럼 고양이에게도 동정을 느끼나?"

"그래요, 고양이에게도……."

그러자 그는 말했다.

"멍텅구리 같은…… 넌 거짓말쟁이구나! 기다려, 본때를 보여 줄 테니……."

나는 이 길목을 지나가지 않을 수 없었다. 이 길이 가장 빠른 지름길이었기 때문이다. 그래서 나는 이 사람을 만나지 않으려고 좀 더 일찍 일어났다. 그러나 며칠 뒤에 다시 그를 만나게 되었다. 그는 회색 털의 고양이를 쓰다듬으면서 계단에 앉아 있었다. 내가 그의 앞에 이르자 그는 벌떡 일어나서 고양이를 발로 밟고 머리통을 계단에다 심하게 내리찍었다. 따뜻한 피가 내 앞으로 튀었다. 그러고 나서 그는 고양이를 내 발 앞에 던져 놓고 문에 서서 묻는 것이었다.

"자, 이제 어떡할래?"

더 이상 무엇이 필요한가! 우리는 문 앞에서 두 마리 개처럼 맞붙어 뒹굴었다.

싸움이 끝나고 나는 풀밭 언덕에 앉아 형언할 수 없는 절망감에 싸인 채 이를 악물고 울음을 참았다. 지금도 그 일을 생각하면 혐오감에 몸이 떨린다. 어떻게 그때 내가 미치지 않았는지, 미쳐서 누구 하나라도 죽이지 않았는지 신기할 정도다.

내가 이런 혐오스런 일을 이야기하는 이유는 이것이 결코 과거의 일이 아니라는 것을 말하고 싶기 때문이다. 여러분은 음울한 판타지나 괴기스러운 이야기를 좋아할 것이다. 하지만 나는 실제로 무서운 것, 일상의 공포를 알고 있다. 그리고 나는 여러분에게 이러한 이야기를 들려주어 불쾌하게 해야 할 당연한 권리가 있다고 생각한다. 바로 여러분 자신의 삶과 여러분이 속해 있는 이 세계를 기억하게 하기 위해서이다. 삶은 비참하고 불결하며, 이것은 진실이다.

나는 사람들을 몹시 사랑하며, 따라서 아무도 비참해지기를 바라지 않는다. 그러나 우리는 감상적인 마음이 되어서는 안 되며, 그럴싸한 거짓말로 암울한 진실을 감추어서도 안 된다. 우리는 있는 그대로의 삶과 마주해야 한다. 우리의 가슴과 머릿속에 있는 선하고 인간적인 모든 것을 새롭게 해야 한다.

남자들이 여자들을 대하는 태도는 특히 나를 미치게 했다. 나는 소설을 통해 여자란 세상에서 가장 좋고 의미 있는 존재임을 알게 되었다. 그리고 외할머니가 내게 들려준 성모 마리아 이야기와 현명한 바실리사 이야기, 그리고 불행한 하녀 나탈리아와 나를 스치고 지나간 수많은 여자들의 눈길과 미소는 나의 이러한 신념을 확인시켜 주었다. 삶의 어머니인 그들의 미소는 기쁨도 사랑도 없는 이 삶을 소생시켜 주지 않았던가!

투르게네프의 작품은 여성에 대한 찬가를 노래하고 있다. 나는 여자들의 좋은 점 모두를 마고 여왕에게서 보았으며, 하이네와 투르게네프는 이러한 나의 이상적인 여성상에 많은 도움을 주었다.

나는 저녁 무렵, 시장에서 돌아오는 길에 병풍처럼 숲이 늘어선 언덕바지에 서서 볼가 강 너머로 지는 해를 바라보곤 했다. 저녁 노을이 타오르고 나의 사랑하는 볼가 강은 자줏빛으로 물들었다. 그런 순간이면 땅은 죄수를 가득 실은 거대한 바지선처럼 보였다. 그것은 보이지 않는 배가 어디론지 느릿느릿 끌고 가는 한 마리의 돼지처럼 보였다.

그러나 나는 이 세상의 위대함과, 책을 통해 알게 된 도시나 외국에 대하여 더 자주 생각했다. 그곳에서는 사람들이 우리와는 다르게 살아갈 것이라고 생각했던 것이다. 외국 작가들은 나를 둘러싼 이 느릿느릿하고 단조로운 삶보다 더 순수하고 더 매력적이며 덜 고달픈 삶을 살아가리라 생각했다. 이러한 생각은 내 불행한 정신을 달래주었고 나와는 다른 삶의 가능성을 꿈꾸게 했다.

언젠가는 나를 밝은 길로 인도할 소박하고 용기 있는 사람을 만날 수 있으리라!

한번은 내가 숲 근처 벤치에 앉아 있는데 야코프 외삼촌이 나타났다. 나는 그가 다가오는 것을 느끼지 못했고 금세 알아보지도 못했다. 우리는 몇 년 동안 서로 한 도시에 살면서도 만나는 경우는 드물었고 우연히 먼 발치에서 몇 번 보았을 뿐이었다.

"히야, 많이 컸구나!" 그는 손을 흔들면서 농담조로 말했다. 우리는 서로 아주 낯선 사람들처럼 이야기를 나누었다.

나는 외할머니를 통해 그동안 야코프 외삼촌이 한때 몇 년 동안 싸움질과 게으름으로 헛된 세월을 보냈다는 사실을 알고 있었다. 그는 죄수 호송 중간 목적지의 감시관 보조로 일했었지만 그 일은 좋지 않게 끝나고 말았다. 감시관이 병들어 누웠을 때 야코프 외삼촌은 죄수들을 위해 자기 방에서 술잔치를 벌였던 것이다. 이 일이 알려지자 그는 해고되었고, 밤에 죄수들이 시내를 '산책하도록' 허용했다는 죄목으로 고소를 당했다. 도망친 사람은 아무도 없었으나 그중 한 명이 어떤 부사제의 목을 조르고 있는 순간에 붙잡혔던 것이다. 수사가 오랫동안 계속되었지만 법정까지 가지는 않았다. 죄수들과 경찰서장이 이 선량한 야코프 외삼촌의 무죄를 입증해주었기 때문이다. 그는 하는 일 없이 아들의 도움을 받아 살고 있었는데, 그의 아들은 그때 한창 유명했던 루카비시니코프 합창단에서 노래를 부르고 있었다. 그는 자기 아들에 대해 이렇게 말했다.

"내 아들은 근엄하고 아주 중요한 사람이 됐다고! 솔로지. 때때로 제 시간에 사모바르를 준비하지 못하거나 옷을 깨끗이 솔질하지 못하면 성질을 내! 아주 멋쟁이야, 깔끔하고……."

야코프 외삼촌은 더 늙어 보였다. 그는 지저분하고 쇠약해졌다. 그의 화사한 곱슬머리는 많이 빠져서 귀가 툭 튀어나왔고, 눈의 흰자위와 면도한 볼의 반질반질한 뺨에는 진하고 불그레한 반점이 뒤덮여 있었다. 그는 계속해서 농담을 던졌는데, 치아는 멀쩡했지만 입안에 뭐가 있는지 혀가 잘 돌아가지 않았다.

나는 세상을 살아가는 방법을 아는 사람과 이야기를 나누게 되어 기뻤다. 그는 많은 것을 보고 들었기 때문에 아는 것이 많았다. 나는 아직도 그의 발랄하고 우스운 노래들을 기억한다. 언젠가 외할아버지는 그에 대해 '일을 하는 데에는 압살롬을 닮았지만 노래를 부르는 데에는 다윗 왕이지'라고 말했었다.

주변의 산책길을 따라 깨끗하게 차려입은 사람들이 지나가고 또 지나갔다. 화사한 옷차림의 신사들과 시청 공무원들, 장교들이었다. 외삼촌은 다 해진 가을 외투에 닳아빠진 모자, 갈색 장화 차림이었다. 그는 자기 옷에 짜증이 났는지 눈에 띄게 움찔하면서 몸을 떨었다. 우리는 포차인스키 계곡의 싸구려 주점으로 가서 시장이 내려다보이는 창가에 자리를 잡았다.

"그 노래 기억나세요?"

한 거지가 양말을 말리려 내걸었더니,
다른 거지가 와서 그 양말을 훔쳐갔네……
운명은 즐거움을 방해할 수 없는 것!
운명이 우리를 갉아먹을지라도
우리는 웃음을 위하여 살아가리,
그렇게 살지 못하면 바보 멍청이라네! ……

나는 노래를 중얼거리면서 처음으로 이 노래가 조롱조로 쓰였다는 것을 느꼈으므로, 나의 명랑한 외삼촌이 재치 있어 보이기도 하고 악의에 차 보이기도 했다. 그렇지만 외삼촌은 보드카를 술잔에 부으며 말하는 것이었다.

"그래, 난 몇 년 안에 성공할 거야. 그동안은 내 인생을 너무 가볍게 여기고 있었어. 그 노래는 내가 지은 게 아니라 작고하신 신학대학 교수님이 지었지. 지금은 이름도 잊어버렸지만, 아무튼 우린 서로 좋은 친구였어. 그분은 미혼이었는데 자다가 발작 증세로 돌아가셨다더군. 내가 아는 사람들 가운데 잠을 자다 죽은 사람들이 얼마나 많은지 몰라. 참, 나! 셀 수도 없군. 술 안 마셔? 그래. 마시지 않는 게 좋지! 외할아버지는 자주 찾아뵙고? 아버지는 행복한 노인은 아니야. 점점 노망이 들어가고 있는 게 분명해."

술이 몇 잔 들어가자 외삼촌은 더욱 생기가 돌았다. 그는 더 젊어보였으며 더욱 활력에 넘쳐 말하기 시작하였다. 나는 죄수들 이야기를 해달라고 졸랐다.

"그런 얘기를 들어본 적 있어?" 그는 이렇게 묻고서 주변을 힐끗 둘러보며 목소리를 낮추어 말했다. "죄수들이 어떠냐고? 난 그들의 재판관이 아니라는 걸 알잖아. 난 죄수들을 그냥 인간으로 봤어. 이렇게 말했지. '형제님들, 우리 화목하게 삽시다. 행복하게 살자고요! 노래 한 곡 들려 드릴게요.

　　행복에 갇히면 창살이 없다네.
　　우리와 함께 그들이 원하는 대로 하게 둬!
　　언제나 우린 웃음을 위해 살 테니.
　　달리 산다면 그는 바보라네.'"

외삼촌은 웃으면서 창문 너머로 어둠이 내려앉는 둑방길을 바라보며 구레나룻을 쓰다듬었다.

"감옥이란 따분해서 말이야, 술을 마시지 않을 수가 없어. 그래서 점호만 끝나면 죄수들은 곧장 내 방으로 몰려왔지. 술과 안주가 있었거든. 어떤 때는 내가 준비하고 어떤 때는 그들이 준비했어. 나는 노래하고 춤추는 것을 좋아하잖아. 죄수들 중에는 정말 노래와 춤에 솜씨가 있는 놈들이 많았어. 정말 놀라울 정도였다니까! 그중 몇 놈이 수갑을 차고 있었어. 너라면 그러고서 춤을 출 수 있겠어? 그래서 풀어줘 버렸지. 내가 그들의 수갑을 풀어줬다는 말은 사실이야. 하지만 그들은 대장장이 없이도 수갑을 잘 풀었다고. 하여튼 재주꾼들이 많았으니까. 그런데 내가 뭘 훔쳐오라고 그들을 시내로 들여보냈다는 것은 터무니없는 소리야. 아무런 증거도 없는 소리지……."

그는 침묵을 지키면서 옷장수들이 상자들을 치우고 있는 시장을 내다보았다. 쇠틀이 부딪는 소리, 녹슨 돌쩌귀가 삐걱대는 소리, 널빤지들이 떨어지며 부서지는 공허한 울림이 들려왔다. 이윽고 그는 나에게 장난스런 눈짓을 보내며 낮은 목소리로 말을 이었다.

"너에게만 진실을 말하는데 한 놈이 밤에 나갔던 것은 사실이었어. 그는 죄수들 중에서 유일하게 중죄인이 아닌 그 도시 끝 저지대의 변두리에서 온 좀도둑이었어. 그의 애인이 여기서 얼마 떨어지지 않은 페초르카에 살고 있었거든. 부사제와의 일은 완전히 실수였어. 상인인줄로 착각한 거야. 그때는 눈보라가 몰아치는 겨울 밤이었기 때문에 사람들이 죄다 두꺼운 코트를 입고 다녔거든. 그런데 어떤 놈이 사제고 어떤 놈이 상인인지 알게 뭐야? 급해 죽겠는데!"

나는 웃음을 참지 못했다. 그도 따라 웃으며 말했다.

"오, 하느님 맙소사지 뭐!"

여기서 외삼촌은 느닷없이 화를 내며 요리 접시를 밀치고는 얼굴을 찡그리면서 담뱃불을 붙이고 중얼거렸다.

"서로서로 훔치고, 서로서로 잡아들이고, 서로서로 감옥으로, 시베리아로 징역살이를 보내는 거야. 하지만 그게 나와 무슨 상관이람? 다 그만두라고 해…… 나는 내 영혼만 지키면 되는 거야……."

갑자기 털북숭이 화부가 내 앞에 나타났다. 이 사람도 '그만 둬'라는 말을 자주 사용했고 이름도 똑같이 야코프였다.

"뭘 생각하니?" 외삼촌이 다정하게 물었다.

"죄수들이 안됐다고 생각했어요."

"그래, 그들을 동정하게 되지. 그들은 정말 아이들 같아, 깜짝 놀랄 만큼! 가끔 그들 가운데 한 사람을 보면서 생각했지. '나는 이들을 감시하는 위치에 있지만 이 사람의 구두를 닦을 주제도 못되는구나' 하고 말이야. 그들 중에는 아주 똑똑한 사람도 있었고 솜씨가 좋은 사람도 있었지."

술과 추억담이 다시 그에게 활력을 불어넣었다. 그는 창턱에 팔꿈치를 올려놓고 담배 진으로 누레진 손을 흔들면서 쾌활하게 말했다.

"죄수들 가운데 애꾸가 하나 있었는데 말이야, 조판공이자 시계공이었지. 위조지폐 건으로 재판을 받았는데 도망을 쳤어. 네가 그놈 말하는 걸 직접 들었어야 했는데! 그는 이렇게 말했어. '말해봐! 왜 나라에선 돈을 찍어내면서 나는 해서는 안 된다는 거야? 말해보란 말이야!' 이때 아무도 대답을 못했어. 나도 그랬고…… 하지만 나는 그놈 감시원이 아니겠어? 또한 녀석은 아주 유명한 모스크바 도둑이었는데 별로 말도 없고 예의바르고 게다가 맵시도 있는 깔끔한 신사였지. 그는 아주 근엄하게 이렇게 말하곤 했어. '사람들은 말일세, 감각이 무뎌질 때까지 일을 하지. 그러나 나는 그러고 싶지 않네. 나도 그렇게 안 해 본 것은 아니야. 자네들이 지쳐서 정신이 멍해질 때까지 일하고 또 일해 보았자 주머니엔 고작해야 술 한 잔 마실 돈밖에 안 남지. 카드놀이에서 잃어버릴 7코페이카하고 하룻밤 사랑에 바칠 5코페이카 정도뿐이야! 그러곤 다시 배를 곯는 거지. 아니야, 나는 그런 식의 놀음은 안 할 걸세……'"

야코프 외삼촌은 탁자에 기대며 그의 작은 귀가 가볍게 떨릴 만큼 흥분해서 말을 이었다.

"그들은 바보가 아니라고. 오히려 제대로 알고 있었던 거지. 이따위 쓸데없는 일일랑은 그만 두라고 해! 내가 살아온 꼴은 정말 되돌아보기에도 부끄러울 지경이야! 그런 일들은 모두 이따금씩 은밀하게 일어났었어. 내가 했던 모든 일들은 정말 더러운 짓이었지. 슬픔은 항상 나에게 돌아왔고 기쁨은 언제나 다른 놈에게 도둑맞았지. 아버지도 나에게 까불지 말라고 하고 마누라도 그러면 안 된다고 하지. 그래서 결국 1루블도 맘대로 쓰기가 겁났다니까. 내 인생은 이제 끝났어. 몸은 늙어 버렸고 이젠 아들 놈 종살이 신세지. 뭘 숨기겠어? 나는 아주 양순하게 아들의 일을 하고, 아들놈은 나한테 마치 귀족이 하인 대하듯 소리를 쳐대는 거야. 그 애가 '아버지!' 하고 부르면 난 하인처럼 복종을 해. 내가 이렇게 되려고 태어났나? 겨우 아들놈 종살이나 하려고 등허리가 휘도록 일을 한 거야? 그래 그렇다면, 그럼 왜 태어난 거야? 인생에서 어떤 기쁨을 찾아야 하느냐 말이야?"

나는 그의 이야기를 건성으로 듣고 있다가 마지못해 대답했다.

"나도 잘 모르겠어요, 내가 어떻게 살아야 할지……."

그는 웃음을 터뜨렸다.

"그래…… 그럼 누가 알까? 나는 그런 것을 알 만한 사람을 본 적이 없어! 사람들은 모두 습관대로 사는 거야……."

그러다가 그는 다시 분개하며 말했다.

"한때 내 밑에 오리올 출신이 한 명 있었는데 폭력 강도범이었어. 멋진 신사였는데 춤을 아주 잘 추었지. 그놈은 말이야…… 바니카에 대한 노래를 불러서 모두를 웃기곤 했지.

바니카가 공동묘지를 걷고 있네.
이것은 아주 뻔한 일이라네!
오, 바니카, 코를 좀 더 들이밀게.
결국 공동묘지를 벗어날 수는 없을 테니까.

나는 이 노래가 전혀 우습지 않았어. 이것은 정말 사실이니까! 바니카는 돌아올 수 없기 때문에 공동묘지 너머를 볼 수 없는 거야. 그렇다면 내가 죄수가 되든 죄수를 지키는 간수가 되든 마찬가지 아니겠어."

그는 말하느라 지쳐서 보드카를 마셨다. 그러고는 한쪽 눈으로 병을 들여다보며 말없이 담배에 불을 붙여 물었다. 담배 연기가 구레나룻을 타고 스멀스멀 피어 올라왔다.

'아무리 발버둥치고 아무리 기도해도 그 누구도 무덤을 피할 수는 없다.' 그래, 야코프 외삼촌과는 전혀 다른 벽돌공 표트르도 곧잘 이런 말을 했었지.

이제까지 이와 같은 말들을 얼마나 많이 들어왔던가!

더 이상 외삼촌에게 무엇을 물어보고 싶지가 않았다. 그와 같이 있자니 기분이 우울했고 외삼촌에 대한 동정이 일었다. 나는 아직도 외삼촌이 불러 주던 그 활기찬 노랫소리와 부드러운 우수를 동반한 기쁨을 가져다주던 그 기타 소리를 기억하고 있다. 나는 그 명랑했던 집시를 잊지 않았으며, 이 초라해진 외삼촌을 바라보며 이런 생각을 하지 않을 수가 없었다. '외삼촌은 그 집시가 어떻게 십자가에 매달렸는지를 기억할까?'

그러나 이것을 묻고 싶지는 않았다.

창밖 둑방길을 바라보니 팔월의 회색 안개가 자욱했다. 사과와 참외 냄새가 풍겨왔으며, 시내로 난 좁은 길을 따라 불빛이 깜박이고 있었다. 이 모든 것은 매우 낯익은 정경이었다. 이때 리빈스크로 가는 증기선의 낮은 고동 소리가 울렸다. 그리고 페르미로 가는 증기선의 고동 소리도……

"이제 가야겠구나." 외삼촌이 말했다.

외삼촌이 주점 문 앞에서 내 손을 잡으며 농담조로 충고했다.

"우울해하지 마! 몹시 우울한 것 같은데, 안 그래? 털어 버려! 아직 젊잖아. 기억해 두라고. 중요한 것은 '운명이 즐거움을 방해할 수는 없다'는 거야. 자, 그럼 안녕! 저녁미사엘 가야지!"

명랑한 외삼촌이 가 버리고 나는 그의 이야기 때문에 아까보다 더 우울해진 채 홀로 남았다.

나는 시내에 들어갔다가 다시 들판으로 나왔다. 한밤중이었다. 하늘 위 짙은 구름의 그림자가 땅 위의 내 그림자를 덮었다. 나는 시내를 피해 들판을 가로질러 볼가 강 근처의 옷코스로 가서 먼지 덮인 풀밭에 누워 한참 동안 강과 초원, 정적에 싸인 대지를 내려다보았다. 볼가 강 위로 구름의 그림자가 서서히 흘러가고 있었다. 구름의 그림자는 초원에 도달했을 무렵 조금 더 밝아져 있었다. 마치 볼가 강물로 목욕을 한 듯이. 주위의 모든 것이 반쯤 잠들어 있거나 마지못해 움직이고 있었다. 삶에 대한 불타는 사랑에서가 아니라 막연한 의무감에서…….

나는 나 자신을 포함하여 이 세상 모두에게 주문을 걸고 싶은 열망에 휩싸였다. 나 자신과 이 세상 모두가 유쾌한 물레방아처럼 힘차게 돌아갈 수 있도록 말이다. 그러면 이 세상은 서로가 서로를 사랑하는 사람들의 춤판 같으리라! 명예로운 다른 사람을 위해 자기 목숨을 바치는 아름답고 용감하며 명예로운 삶을 살 수 있으리라!

'나는 나 자신을 위해 무언가를 해야만 해. 아니면 파멸하고 말 거야…….'

아무도 태양을 보지도 느끼지도 생각하지도 않는 그러한 찌뿌둥한 가을날이면 나는 몇 번이고 숲속을 배회하곤 했다. 그러다가 길을 잃고 헤매기도 했지만, 그럴 때면 나는 이를 악물고 습지의 물컹거리는 진흙 위 썩은 낙엽을 밟으며 곧장 앞으로 나아갔다. 그렇게 하면 결국 큰 길로 나설 수 있었다.

그래, 바로 이렇게 해야 한다.

그 해 가을 나는 카잔으로 떠났다. 그곳에서 학교에 다닐 수 있을지도 모른다는 은밀한 기대와 함께…….

Мои университеты
나의 대학

주요인물

나 알렉세이 막시미치, 작가 고리키의 열여섯 살 무렵. 1880년대 제정러시아에서 러시아 자본주의와 혁명운동이 한창이던 과도기적 시대에 인간형성을 추구한다.

엔 예브레이노프 카잔 시에 사는 과부의 아들, 알렉세이의 친구.

바시킨 도둑질을 하는 부랑자.

토르소프 장물 판매자.

그리 플레트뇨프 인쇄소 교정 담당, 알렉세이를 처음으로 교육한 사람.

안드레이 데렌코프 작은 식료품점 주인, 민중파(나로드니크)에 속하며, 알렉세이의 사회변혁에 대한 눈을 뜨게 해준다.

치혼 카잔 시 동기공(銅器工).

르브초프 카잔 시 옛 노동자.

니키포리치 카잔 시 경찰관.

미하일로 안트노프 로마시(별명 호홀) 크라스노비도보 마을에서 가게를 하고 있다. 유형에서 돌아온 혁명가로, 알렉세이를 혁명적으로 교육한다. 나중에 마을 반동파에 의해 가게가 불타버린다.

판코프 지주의 아들. 로마시에게 집을 빌려준다. 농촌의 양심파.

쿠쿠시킨 판코프의 소작인이자 솜씨 좋은 일꾼으로, 통과 난로도 만든다.

이조트 문맹이지만 영리한 어부. 마을 반동파에 의해 강에서 살해된다.

미군 마을의 날품팔이. 도벽이 있다.

마트웨이 바리노프 마을의 가난한 농부.

아크시냐 로마시 집안 하녀.

그리하여 나는 오로지 공부를 하기 위해 카잔 대학으로 가게 되었다.

내게 대학에 대한 생각을 불어넣어준 것은 중학생 엔 예브레이노프였다. 그는 여자처럼 상냥한 눈동자를 가진 잘생기고 사랑스러운 젊은이였다. 그는 어느 집 다락방에서 나와 함께 살았는데 내가 책을 끼고 다니는 것을 보고서 날 눈여겨봐두었던 모양이었다. 서로 친해진 지 얼마 되지 않아 그는 내가 '학문에 비상한 재주'를 가지고 있다고 하면서 나를 설득하기 시작했다.

"당신은 학문을 위해서 태어난 사람이에요." 그는 긴 머리채를 아름답게 흔들면서 말하곤 했다.

그때만 해도 나는 모르모트의 역할로 학문에 기여할 수 있다는 건 몰랐는데, 예브레이노프는 대학이 바로 나 같은 젊은이를 필요로 한다는 것을 나에게 훌륭하게 증명해 보였다. 미하일 로모노소프*¹의 그림자가 인용된 건 말할 것도 없다. 예브레이노프는 내게 카잔에 있는 자기 집에 함께 머물면서 가을과 겨울 동안 김나지움 과정을 마치고, '이런저런'—그는 이 말을 자주 사용했다—시험에 통과하면 대학에서 국비장학금을 받을 수 있고 5년 뒤면 '학자'가 될 수 있다고 말했다. 모든 것이 매우 간단했다. 그는 아직 열아홉 살에 불과했고 더구나 선량한 마음씨를 가지고 있었으니까.

그는 시험을 마친 뒤 떠났다. 2주일 뒤 나도 그를 뒤따랐다.

나를 떠나보내면서 외할머니는 당부했다.

"이젠 제발 사람들과 다투지 말아라, 애야. 넌 늘 우쭐대고 오만 불손했잖니? 다 네 외할아버지한테서 물려받은 게지. 그런데 그 할아버지 꼴을 봐라. 평생 고생하고도 늘그막에 그 비참한 꼴을 당하지 않았니. 에구 불쌍한 늙은이. 애야, 이것만은 잊지 마라, 인간을 심판하는 건 하느님이 아니야.

---

*1 미하일 로모노소프(1711~65). 18세기 러시아의 위대한 계몽주의자, 학자, 시인. 러시아 사상사의 표트르 대제로 일컬어지고 있다.

다만 악마란 놈이 훼방을 놓을 뿐이지! 자, 이제 그만 가거라……."

외할머니는 검게 그을린 주름진 뺨에서 가느다란 눈물을 닦아내며 덧붙였다.

"다신 못 보게 될지도 모르겠구나. 넌 구르는 돌멩이처럼 멀리 떠나고 난 곧 죽을 테니……."

그 무렵 나는 그 자애로운 노인네와 떨어져 지냈고 그저 어쩌다 한 번씩 만났을 뿐이었다. 그런데 이제 나는 그토록 나와 가까웠던 사람, 그토록 나의 많은 부분을 차지한 이 사람과 다시는 만나지 못하게 되리라는 가슴 아픈 사실을 불현듯 깨달았다.

나는 뱃머리에 서서 외할머니를 바라보았다. 그녀는 한 손으로는 성호를 긋고 한 손으로는 낡은 숄 끝자락으로 자신의 얼굴과, 사람들에 대한 꺼지지 않는 사랑으로 빛나는 까만 눈을 훔치며 부둣가에 서 있었다.

지금 나는 타타르식 도시에 있는 단층집 안 좁은 방에 살고 있다. 좁고 가난한 거리 끝 언덕 위에 외따로 떨어져 있는 집이다. 담벼락 한쪽으로는 불탄 들판이 내다보였는데 들판에는 잡초가 무성하게 자라고 있었다. 쑥, 우엉, 수영 덤불이나 딱총나무 관목 속에 벽돌건물의 폐허가 높이 솟아있고, 땅 밑으로는 커다란 지하실이 있어 집 없는 개들이 여기서 살고 죽었다. 내 대학 시절의 한 부분이었던 그 지하실은 결코 잊을 수 없는 곳이다.

예브레이노프 네―그의 어머니와 두 형제―는 빈민연금으로 연명하고 있었다. 첫날부터 나는 보기에도 민망할 정도의 비참한 슬픔에 잠긴 이 자그마하고 창백한 홀어머니가 얼마나 어렵게 시장을 보며, 장거리를 부엌 탁자 위에 풀어놓고 어떻게 하면 질 나쁜 고기 몇 조각으로 건강한 세 젊은이를 위해 충분한 식사를 준비할 수 있을까를 놓고 얼마나 고심하는가를 목격해야 했다. 자기 몫에 대해서는 생각조차 하지 않은 채.

그녀는 말이 없었다. 그녀의 잿빛 눈에는 모든 힘을 다 써버린 말이 지닌 절망적인 고집스러움이 고스란히 담겨 있었다. ―그 말은 무거운 짐을 끌고 ―그 짐을 다 싣고는 결코 꼭대기에 다다를 수 없음을 잘 알면서도 꾸역꾸역 끌고 언덕길을 올라가는 것이다!

내가 도착한 지 사흘쯤 되던 날 아침, 두 아들은 아직 부엌에서 잠들어 있었고 나는 부엌에서 그녀가 야채 다듬는 것을 도와주고 있었다.

그녀가 조용하고 조심스러운 목소리로 내게 물었다.

"여긴 뭣 하러 왔어요?"

"대학에서 공부하려고요."

말을 하는 순간 누르스름한 이마의 피부와 함께 눈썹이 위로 치켜 올라갔다. 손가락이 칼에 심하게 베인 그녀는 피를 빨면서 의자에 앉았다가 금세 다시 일어나면서 소리쳤다.

"오, 빌어먹을!"

손수건으로 다친 손가락을 감싼 다음 그녀는 나를 칭찬했다.

"감자껍질을 무척 잘 벗기는군요."

안 그럴 리가 있겠는가! 나는 그녀에게 증기선에서 내가 했던 일에 대해 이야기해 주었다. 그녀가 물었다.

"그럼 그 일이 대학에 들어가게 해 줄 거라고 생각해요?"

그 시절만 해도 아직 나는 별로 유머감각이 없었다. 나는 그 말을 진지하게 받아들였으며, 그녀에게 앞으로 내가 어떻게 하리라는 것과, 그 결과로 상아탑 문이 내 앞에 열려야 한다는 것을 이야기해 주었다.

그녀는 한숨을 내쉬었다.

"오, 니콜라이, 니콜라이……."

때마침 니콜라이가 세수를 하러 부엌으로 들어왔다. 그는 잠에 취한데다 머리까지 헝클어져 있었지만 늘 그렇듯 명랑해 보였다.

"엄마, 고기 완자가 어때요?"

"그래, 그러자꾸나." 그녀가 동의했다.

나는 내 요리솜씨를 뽐내고 싶어서 이 고기는 완자를 만들 만큼 질이 좋지 않다고 말해 주었다. 질은 고사하고 양도 부족할 것이었다.

그 말이 바르바라 이바노브나를 격분하게 만들었다. 그녀는 내게 험악한 말을 퍼부었고 그 바람에 나는 피가 거꾸로 솟을 지경이었다. 그녀는 당근 다발을 식탁 위에 내동댕이치고는 부엌에서 나가 버렸다. 니콜라이가 한쪽 눈을 찡긋해 보이며 그녀의 행동에 대해 변명했다.

"오늘 기분이 안 좋은가 봐."

그는 의자에 앉아 내게 가르치기 시작했다. 여자들이란 대체로 남자들보다 신경질적이며, 아마 그것이 여자들의 본성인 듯하다. 이것에 대해서는 어느 뛰어난 스위스인 학자가 논란의 여지없이 설명한 바 있다. 영국사람인 존 스튜어트 밀*2도 이 문제와 관련해서 비슷한 말을 한 적이 있다.

니콜라이는 나를 가르치기를 무척 좋아하여 틈만 나면 그것 없이는 생활할 수 없는 뭔가 필요한 것들을 내 머릿속에 집어넣으려 했다. 나는 그의 말에 열심히 귀를 기울였지만 내 머릿속에서는 금세 푸코,*3 라 로쉐푸코,*4 라 로쉐자크린*5 같은 사람들이 뒤죽박죽이 되어 버리는 것이었다. 누가 누구의 머리를 벴는지 기억할 수가 없었다. 라부아지에*6가 뒤무리에*7의 목을 벴던 가, 아니면 그 반대였던가? 이 순진한 젊은이는 나를 인간다운 인간으로 만 들기 위해 진정으로 애쓰면서 확신을 가지고 나에게 약속했다. 그러나 현실 적으로 그는 시간적 여유도 없었고, 다른 모든 조건도 갖춰져 있지 않았다. 젊은이의 이기주의와 무분별에 가려 그는 자기 어머니가 가계를 꾸려나가기 위해 얼마나 눈치를 살피고 또 열심히 일해야 하는지 보지 못했다. 약간 아 둔하고 과묵한 김나지움 학생인 그의 동생은 더 심했다. 그러나 나는 이미 오래전부터 부엌의 화학과 경제에 숨겨진 복잡한 요술을 훤히 알고 있었다. 나는 하루하루 아들들의 위장을 속이고 복장이 불쾌하며 태도도 불량한 뜨내 기까지 먹여 살려야 하는 그녀의 속보이는 잔꾀도 다 꿰뚫고 있었다. 자연히 내 몫으로 주어지는 빵 조각 하나하나가 무거운 돌덩이가 되어 마음을 짓눌 렀다. 나는 어떤 일이든 가리지 않고 일거리를 찾아다녔다. 한 끼라도 덜 축 내려고 아침 일찍 집을 나와, 날씨가 좋지 않을 때는 쓰레기장 지하실에 처 박혀 시간을 보냈다. 개와 고양이의 사체에서 나는 악취 속에 쏟아지는 빗소 리와 바람의 한숨소리를 들으며 나는 문득 대학은 꿈일 뿐이고 차라리 페르 시아로 갈 걸 그랬다는 생각이 들었다. 벌써부터 나 자신이 허연 수염을 기

---

*2 존 스튜어트 밀(1806~73). 경험주의, 실증주의에 선 영국의 경제학자, 철학자, 사회 활 동가.

*3 푸코(1819~68). 프랑스의 물리학자.

*4 라 로쉐푸코(1613~60). 프랑스의 귀족, 무인이자 도덕주의자. 프롱드당에 서서 절대주의 와 싸웠다.

*5 라 로쉐자크린(1772~94). 프랑스의 옛 귀족으로 왕실에서 일했다.

*6 라부아지에(1743~94). 프랑스의 화학자로 프랑스 혁명 때 반혁명파로 간주되어 사형 당 했다.

*7 뒤무리에(1739~1823). 프랑스의 장군으로, 프랑스 혁명 때 지롱드당에 들어가 외상, 육 군상에 임명되었다.

른 마법사가 되어, 사과만 한 쌀과 1푸드(15kg)나 나가는 감자를 만들어내고, 일반적으로 나뿐만이 아니라 극악무도한 이 세상을 살아가는 수많은 사람들을 위해 적지 않은 선을 생각해 낼 수 있는 자신의 모습을 그려보았다.

나는 이상한 모험과 위업에 대한 환상을 품는 것에 익숙해져 있었다. 그것은 삶이 말할 수 없이 힘들었던 그 시절 내게 큰 도움이 되었다. 그리고 그런 날들이 수없이 많았으므로 점점 더 많은 공상에 단련되어 갔다. 주변 사람들에게 도움을 기대하지 않았고 뜻하지 않은 행운을 바라지도 않았다. 내속에서는 상당한 의지력과 인내심이 자라고 있었다. 삶이 어려우면 어려울수록 나 자신이 더욱 강해지고 더욱 현명해지는 것을 느꼈다. 나는 꽤 이른 나이에 인간을 만드는 것은 주위 환경에 대한 저항이라는 사실을 깨달았다.

굶지 않기 위해 나는 볼가 강 연안 선창으로 내려갔다. 하역노동자, 부랑자, 좀도둑들이 우글거리는 그곳에서 나 자신이 발갛게 달아오른 석탄더미 위에 내던져진 작은 쇳조각처럼 느껴졌다—그러한 나날들은 쉽게 잊히지 않는 고통스러운 수많은 인상을 남겼다. 그곳에서 벌거벗은 탐욕과 노골적인 본능을 드러낸 사람들이 회오리처럼 나를 휘감았다. 삶에 대한 그들의 악의가 마음에 들었고, 세상 모든 것에 대해 조롱 섞인 적의와 자기 자신에 대해 무관심한 태도에 마음이 끌렸다. 삶 속에서 직접 겪었던 모든 것들이 나를 그들에게로 이끌었고, 그들의 혹독한 환경에 빠져 보려는 희망을 불러일으켰다. 내가 읽은 프레이레트 가르트나 수많은 '통속' 소설들은 더욱더 그 환경에 대한 나의 동정심을 불러일으켰다.

사범학교를 나온 직업적인 도둑이자, 숱한 매질을 당한 끝에 폐병에 걸리고 만 바시킨이라는 사람이 내게 짤막하고 감명 깊은 설교를 하곤 했다.

"자넨 왜 그렇게 수줍음을 타나, 계집아이처럼? 동정을 잃을까봐 겁나나? 처녀에겐 그게 전부지. 하지만 자네에겐 그건 목을 옭죄는 멍에일 뿐이야. 황소란 놈은 정직해. 그건 황소가 배불리 먹고 있기 때문이지."

붉은 머리, 배우처럼 깨끗하게 면도한 바시킨은 그 민첩한 작은 몸집과 유연한 동작으로 새끼 고양이를 연상시켰다. 그는 내게 마치 선생처럼 행동했고 보호자처럼 굴었다. 그가 진정으로 나의 성공과 행복을 원한다는 것을 나는 알고 있었다. 매우 영리한 그는 좋은 책을 많이 읽었고, 특히 《몬테크리스토 백작》*8을 좋아했다.

"이 책에는 어떤 목적과 정감 같은 것이 있네." 그는 말했다.

그는 여자를 좋아했는데, 여자에 대해 열에 들떠서 입술을 핥으며 이야기할 때면 그의 망가진 몸은 경련을 일으키면서 뒤틀렸다. 이러한 경련은 병적인 데가 있었고 그것은 그의 이야기에 불쾌한 감정을 불러일으켰다. 그러나 나는 아름다움을 느끼면서 주의 깊게 귀를 기울였다.

"오! 여인이여, 여인이여!" 그가 찬미하는 듯한 목소리로 말할 때면 그의 누르스름한 얼굴은 붉게 타오르고 어두운 눈은 황홀하게 빛났다. "여자를 위해서라면 난 어떤 고난도 달게 받겠네. 여자를 위한 것이라면 악마처럼 아무것도 죄가 되지 않아! 사랑 속에 살라, 그 이상의 것은 아무것도 없어."

그는 타고난 이야기꾼이었으며, 매춘부의 불행하고 슬픈 사랑에 대한 감동적인 짧막한 노래를 짓는 건 일도 아니었다. 그의 노래는 볼가 강변에 있는 모든 마을에서 불리고 있었다. 한때 엄청나게 유행했던 다음과 같은 노래도 그가 지은 것이다.

> 나는 못생기고 가난한 소녀,
> 입을 것이라곤 낡아빠진 누더기뿐이랍니다.
> 누가 데려가기나 할까
> 이 가난한 숫처녀를⋯⋯

트루소프라는, 제법 멋지게 차려입은 아름답고 수수께끼 같은 인물도 내게 무척 친절했다. 그는 음악가처럼 가느다란 손가락을 가지고 있었다. 그는 해군사령부 근처에서 가게를 하고 있었는데, '시계 기술자'라는 간판을 내걸긴 했지만 실은 장물을 팔고 있었다.

"막시미치, 자넨 절대로 도둑질은 배우지 말게!" 그는 거만하게 허연 수염을 만지면서 교활하고 대담한 눈을 껌벅이며 말했다. "내가 보기에 자네에겐 다른 길이 있어. 자넨 '정신적인' 인간이라고."

"정신적이라니, 무슨 뜻이에요?"

"무엇에 대해 부러워하거나 바라기보다는 호기심만 있는 사람이라는 뜻이

---

*8 프랑스 소설가 알렉상드르 뒤마(1802~70)의 소설.

야.”

그건 사실이 아니었다. 나는 많은 것에 대해, 그리고 많은 사람을 선망했다. 이를테면, 거의 시적이라 할 만큼 독특한 어조로 뜻밖의 비유를 들거나 예기치 않게 말을 바꾸어 가며 자기 감정을 표현할 줄 아는 바시킨의 재능은 특히 선망의 대상이었다. 나는 어떤 연애사건에 관한 그의 이야기의 서두를 기억하고 있다.

“흐릿한 눈(目) 같은 밤이었지. 나는 나무 공동(空洞) 속에 앉은 올빼미처럼 스비야쥐스크라는 가난한 마을의 하숙방에 앉아 있었다네. 10월 어느 날, 바깥엔 나른한 가랑비가 흩뿌리고 있었어. 바람이 불어치면서, 마치 모욕을 당한 타타르인처럼 끝없이 노래를 부르고 있었네. 오—오, 우—우, 노래는 끝없이 이어졌지.

……바로 그때 그녀가 찾아왔어. 마치 해 뜰 무렵 구름처럼 가볍고 발그스름한 그녀 눈 속에는 영혼의 거짓 순결이 빛나고 있었어. 그녀가 정직을 가장한 목소리로 말했네. ‘여보, 난 한 번도 당신을 배반한 적이 없어요.’ 거짓말이라는 걸 알면서도 진실이라고 믿어버리게 돼! 머리로는 다 알고 있는데 심장은 그걸 믿으라고 하는 거야!”

말을 하면서 그는 리드미컬하게 몸을 흔들며 눈을 꼭 감은 채 부드러운 몸짓으로 가슴에 손을 얹었다.

그의 목소리는 공허하고 어두웠지만 입에서 흘러나오는 말은 영롱하여, 마치 나이팅게일이 그 속에서 노래하고 있는 것 같았다.

나는 트루소프도 선망했다. 그는 시베리아, 히바, 부하라*⁹ 등에 대해 너무나 매혹적으로, 또 주교의 생활에 대해 우스꽝스럽고 매우 심술궂게 이야기했는데, 언젠가는 알렉산드르 3세*¹⁰에 대해 의미심장하게 이렇게 말한 적이 있었다.

“그 황제는 자기 직업이 그저 그만이란 걸 알고 있었다네!”

내 눈에 트루소프는, 독자들이 깜짝 놀라도록 소설의 대단원에서 갑자기 관대한 영웅으로 돌변하는 그런 악당들 가운데 한 사람처럼 보였다.

이따금 찌는 듯이 무더운 밤에, 그들은 카잔카강을 건너 초원의 관목 숲으

---

*9 히바, 부하라 둘 다 중앙아시아의 지명.
*10 알렉산드르 3세(재위 1881~94). 러시아 황제.

로 가서, 자신의 일에 대해, 복잡다단한 생활과 이상하게 얽힌 인간관계에 대해, 그리고 무엇보다 여자에 대해 잡담을 나누며 음식을 먹거나 술을 마시곤 했다. 여자들에 대해서는 분개와 탄식으로, 더러는 무척 감동적으로 이야기했고, 늘 가슴 아픈 놀라운 사건들로 가득한 어둠 속을 엿보는 듯한 감정으로 이야기했다. 나는 그들과 함께 2, 3일 밤을, 희미한 별들이 가물거리는 어두운 하늘 아래, 울창한 버드나무숲이 하늘을 가린 저지대의 질식할 것 같은 열기 속에서 보낸 적이 있다. 볼가 강에 가까워서 습기를 띤 어둠 속에, 돛대에 매달린 불빛들이 황금거미줄처럼 사방으로 기어가고, 산을 이룬 강변의 검고 커다란 모습 속에 불꽃 덩어리와 빛줄기가 명멸하고 있다—그것은 스슬론이라는 제법 흥청거리는 마을의 선술집과 여염집 창문에서 새나오는 불빛이다. 기선의 외륜 바퀴가 물살을 가르는 음울한 소리가 어렴풋이 들리고, 거룻배 뱃사람들이 늑대처럼 울부짖는 소리가 가슴을 찢는 듯했다. 어디선가 망치로 쇳조각을 때리는 소리와 강물 위를 흐르는 구성진 노랫가락이 들렸다. 누군가의 영혼이 조용히 사그라지고—노래로 인해 심장에는 슬픔이 재처럼 내려 쌓인다.

그리고 나지막하게 실려 오는 사람들의 삶에 대한 이야기 소리는 나를 더욱 슬프게 했다. 그들은 삶에 대한 생각에 잠겨, 다른 사람들 말에는 거의 귀 기울이지 않고 저마다 자기 이야기를 떠들어대고 있었다. 관목 아래에 앉거나 드러누워, 그들은 담배를 피우고 이따금 보드카나 맥주를 홀짝이면서 먼 추억의 길을 따라 과거를 더듬어 갔다.

밤의 짙은 어둠에 납작하게 짓눌린 어떤 사람이 말했다.

"나에게도 이런 일이 있었소."

이야기를 다 듣고 나서 사람들은 고개를 끄덕였다.

"그런 거야 늘 있는 일이지."

내 귀에는 '일어났지', '흔히 있는 일이야', '일어나곤 했었지'라는 말이 자주 들린다. 그들은 그 밤 마치 인생의 마지막 시간에 도달해 버린 것 같았다. 모든 일은 이미 일어났고, 앞으로는 아무 일도 일어나지 않을 것처럼!

바시킨과 트루소프로부터 나를 떼어놓은 것은 바로 이런 감정들이었다. 그래도 나는 그들을 좋아했다. 만약 내가 겪었던 모든 일을 정말 논리적으로 생각했다면, 설령 내가 그들과 함께 갔다 하더라도 그건 완전히 자연스러운 일이었으리라. 내 처지를 개선하고 싶다는 그리고 공부를 시작하고 싶다는 모욕 받은 소망 역시 그들에게 이끌리는 이유였다. 굶주림과 악의와 애수 어린 시기에 내가 할 수 있다고 느낀 건 '신성한 사유재산 제도'에 대한 범죄뿐만이 아니었다. 하지만 젊은 시절의 낭만적 충동은 내가 가야 하는 운명의 길로부터 벗어나지 못하게 했다. 그즈음 나는 인간적인 브레트 하트와 온갖 통속적인 소설 외에 적지 않은 진지한 책들을 이미 읽고 있었다. 그것은 뭔가 희미한, 그러나 내가 보아온 그 어떤 것들보다도 많은 의미를 가진 무언가에 대한 욕구를 내 안에 불러일으켰다.

그리고 그때 새로운 친구도 사귀었고, 새로운 생각들이 마음속에 자리 잡기 시작했다. 예브레이노프네 집 옆 빈터에는 김나지움 학생들이 고로트키(나무로 만든 원통들을 세워놓고 막대를 던져 쓰러뜨리는 놀이)를 하기 위해 모여들곤 했는데, 그들 가운데 구리 플레트뇨프가 내 관심을 끌었다. 그는 까무잡잡한 살결과 일본인처럼 머리가 검고, 얼굴에는 마치 누군가가 화약으로 문질러 놓기라도 한 듯이 까만 점들이 흩뿌려져 있었다. 매우 쾌활하고 게임에 능숙하며 재치 있는 이야기꾼인 그는 아직 피어나지 않은 많은 재능을 가지고 있었다. 재능 있는 모든 러시아인들과 마찬가지로 그도 특별히 그것을 개발하거나 발전시키려고 노력하지 않았고, 자연이 그에게 준 것만으로 그럭저럭 살아가고 있었다. 음악에 대한 예민한 귀와 훌륭한 감각을 지니고, 음악을 사랑하면서, 그는 진짜 예술가처럼 구슬리(러시아의 현악기)와 발랄라이카(삼각형의 울림통이 달린 러시아 현악기), 하모니카를 연주할 줄 알았지만, 더욱 고상하고 어려운 악기는 배우려고 하지 않았다. 그는 가난했고 남루한 옷을 입고 다녔는데, 찢어지고 구겨진 셔츠, 누덕누덕 기운 바지, 그리고 다 떨어진 신발이 그의 대담한 태도와 근육질 몸의 활기찬 동작, 커다란 몸짓과 매우 잘 어울렸다.

그는 오랜 병상에서 막 일어난 사람이 아니면, 어제 갓 출감한 죄수 같았다. 삶의 모든 것이 그에겐 새롭고 유쾌하며, 활기찬 기쁨을 불러일으켰다. 그는 불꽃처럼 지상을 뛰어다녔다.

내게 산다는 것이 얼마나 고통스럽고 위험한지를 알고, 그는 자기와 함께 살면서 시골학교 교사가 될 공부를 해 보는 게 어떻겠느냐고 제안했다. 그리하여 나는 마루소프카라는 이상하게 활기찬 분위기의 빈민굴에서 살게 되었다. 그곳은 카잔 대학의 학생들에게는 수세대에 걸쳐 매우 낯익은 곳으로,

르이브노랴드스카야(어물전이 라는 의미) 거리에 있는 반쯤 파괴된 큰 건물이었다. 그것은 마치 굶주린 대학생들과 매춘부, 그리고 유령 같은 늙은이들이 집주인으로 부터 탈취한 전리품처럼 보였다. 플레트뇨프의 방은 다락으로 올라가는 계단 밑 복도에 있었는데 복도 끄트머리 창가에 놓인 탁자와 의자, 그리고 야전 침대가 전부였다. 세 개의 방문이 복도로 나 있는데, 두 명의 창녀가 하나씩 차지하고 있고 나머지 하나는 신학생 출신의 폐병 든 수학자가 차지하고 있었다. 그는 훌쩍한 키에 비쩍 마르고 거친 붉은 털이 온 몸을 뒤덮고 있는 무섭게 생긴 남자였다. 구멍이 숭숭 뚫린 누더기 사이로 푸르스름한 살갗과 비쩍 마른 갈비뼈가 드러나 섬뜩한 느낌을 주었다.

그는 먹을 것이라곤 자기 손톱밖에 없는 것처럼, 피가 날 때까지 손톱을 물어뜯었다. 낮이나 밤이나 선을 긋고 계산하면서 쉴 새 없이 둔중한 소리로 밭은 기침을 토해내고 있었다. 창녀들은 그를 미친 사람 취급하며 무서워했다. 그러면서도 그를 가엾게 여겨 빵이나 차, 설탕 등을 방문 밑으로 넣어주곤 했다. 그러면 그는 지친 말처럼 씩씩거리며 그 꾸러미를 주워갔다. 창녀들이 깜빡 잊거나 어떤 이유로 그에게 선물을 주지 못했을 때는, 그는 방문을 열고 복도에다 대고 갈라진 목소리로 소리를 질렀다.

"빵 좀 줘!"

어두운 굴처럼 푹 꺼진 눈은 자신이 위대하다는 행복한 망상에 빠져 혼자 즐거워하는 미치광이의 오만함이 번뜩이고 있었다. 이따금 키가 작고 다리가 뒤틀린 꼽추가 그를 찾아오곤 했다. 그는 부풀어 오른 코에 도수 높은 안경을 끼고 머리는 백발이었으며, 거세한 사람처럼 누리끼리한 얼굴에 교활한 미소를 짓고 있었다. 두 사람은 방문을 꼭 닫고 몇 시간 동안이나 이상한 침묵 속에서 뻣뻣하게 앉아 있곤 했다. 그러던 어느 날 한밤중에, 나는 화가 난 수학자의 거칠게 갈라진 목소리에 놀라 잠에서 깨어났다.

"그건 감옥이랬잖아! 기하학은 그물이라고! 쥐덫이야! 감옥이야!"

꼽추는 쇳소리고 킬킬거리며 뭔가 알아들을 수 없는 말들을 수없이 되풀이했다. 갑자기 수학 선생이 고함을 질렀다.

"마음대로 해, 꺼져버려!"

그의 손님이 씩씩거리고 킬킬거리는가 싶더니 헐렁한 잠옷 바람으로 복도에 나뒹굴었을 때, 수학자는 큰 키에 무시무시한 얼굴로 문지방 위에 서서 헝클어진 머리를 두 손으로 움켜쥐고 쉰 목소리로 외쳤다.

"유클리드*11는 멍청이야! 멍청이…… 난 신이 그리스 사람들보다 현명하다는 걸 증명해 보이겠어!"

그가 너무나 세차게 방문을 닫는 바람에 그의 방 안에 있는 무언가가 소리 내며 바닥으로 굴러 떨어졌다.

이윽고 나는 그 사람이 수학에서 출발하여, 신의 존재를 증명하려 하고 있음을 깨달았다. 그러나 그 일을 끝내기 전에 그는 죽었다.

플레트뇨프는 신문의 야간 교정 담당자로 인쇄소에서 일하며 하룻밤에 11코페이카를 벌었다. 내가 돈을 벌 시간이 없을 때, 우리는 빵 네 조각과 2코페이카어치의 차, 3코페이카어치의 설탕으로 하루를 연명했다. 하지만 난 공부에 매달려야 했기 때문에 정말이지 일할 시간이 없었다. 나는 아주 어렵게 학문을 극복해 갔다. 특히 문법이 그 고리타분하고 융통성 없는 법칙과 딱딱한 형식으로 날 괴롭혔다. 나는 그 형식 속에, 러시아어처럼 그토록 살아 꿈틀거리고 어렵고 변덕스러우리만치 유연한 언어를 끼워 넣을 자신이 없었다. 그러나 정말 다행스럽게도 나는 곧, 내가 '너무 일찍' 공부를 시작했으며 설사 시골학교 교사 자격시험을 친다 하더라도 나이가 어려 채용될 가망이 없다는 사실을 알게 되었다.

나는 플레트뇨프의 침상을 함께 사용하고 있었다. 나는 밤에, 그는 낮에. 그는 수면부족으로 얼굴이 더욱 어두워지고 눈은 벌겋게 충혈되어 아침 일찍 돌아왔다. 그러면 나는 곧바로 선술집으로 달려가 뜨거운 물을 얻어왔다. 두말할 필요도 없이 우리에겐 물을 끓일 사모바르조차 없었기 때문이다. 우리는 창가에 앉아 빵을 먹고 차를 마셨다. 구리는 나에게 신문 뉴스를 이야기하고, 알코올 중독자인 시사평론가가 쓴 '붉은 도미노'라는 우스꽝스러운 시를 읽어주었는데, 삶에 대한 그의 익살스러운 태도가 나를 즐겁게 했다. 그가 삶을 대하는 태도는, 시장에서 중고 여자옷을 팔기도 하고 뚜쟁이 노릇도 하는, 통통한 얼굴의 갈키나를 대하는 태도와 같다는 생각이 들었다.

구리는 그 여자한테서 계단 아래 한 귀퉁이를 빌려 쓰고 있었는데, 집세를 낼 돈이 없었던 그는 유쾌한 농담이나 하모니카 연주, 또는 감동적인 노래로

---

*11 기원전 3세기 무렵의 그리스 수학자. 유클리드 기하학의 창시자.

집세를 대신했다. 그가 테너로 노래를 부를 때 그의 눈 속에는 조소가 빛나고 있었다. 갈키나는 소녀 시절 오페라에서 합창을 한 적이 있어서 노래에 대해 잘 알고 있었다. 곧잘 그녀의 불손해 보이는 눈에서, 음주와 폭식으로 부어오른 거무죽죽한 뺨 위로 눈물이 방울방울 흘러내렸고, 그녀는 통통한 손가락으로 그 눈물을 닦은 다음 더러운 손수건으로 조심스럽게 손가락을 닦아냈다.

"오, 구로치카," 그녀는 한숨을 내쉬며 말했다. "넌 예술가야! 얼굴만 조금 더 잘 생겼더라면 당장 짝을 맺어 줄 텐데! 너 같이 궁지에 몰린 젊은이들을 얼마나 많이 여자들과 맺어 주었는지 모른다고!"

우리 바로 위층에도 그런 젊은이가 한 명 살고 있었다. 그는 모피 기술자 아들로 대학생인데 보통 키의 젊은이였다. 어깨가 넓고 엉덩이가 비정상적으로 좁아서 모가 약간 망가진 역삼각형으로 보였다. 발은 여자처럼 작았다. 그리고 양어깨에 깊숙이 파묻혀 있는 작은 머리와 뻣뻣한 붉은 머리카락에 핏기 없는 하얀 얼굴에는 초록색 눈알이 음울하게 툭 튀어나와 있었다.

그는 무진 애를 쓰는 가운데 떠돌이 개처럼 굶으면서 아버지의 뜻을 거역하고 어찌어찌 김나지움 과정을 마친 다음 대학에 입학할 궁리를 했다. 그러나 그즈음 자신이 깊고 부드러운 베이스 목청을 지니고 있음을 알고는 가수가 되기로 마음을 바꾸었다.

갈키나는 그런 내막을 알고 그를 마흔 살 먹은 부유한 상인 여자와 맺어주었다. 그 여자의 아들은 벌써 대학 3학년이었고, 막 김나지움을 마친 딸이 있었다. 그녀는 비쩍 마른 몸매에 가슴은 납작하고 군인처럼 뻣뻣한데다 얼굴은 금욕적인 수녀처럼 메말라 보였다. 커다란 잿빛 눈은 어두운 동공 속 깊숙이 감추어져 있었다. 그녀는 늘 검정색 옷을 입었고 유행이 지난 실크 모자를 썼다. 그녀의 귀에는 독기가 있어 보이는 녹색 돌이 달린 귀걸이가 흔들거렸다.

이따금 저녁이나 이른 아침에 그녀는 자기 대학생을 찾아왔다. 나는 몇 번이나 그녀가 뛰어넘다시피 대문을 통과해 또박또박 마당을 가로질러 가는 것을 목격했다. 얼굴은 무서워 보였고 입술은 너무나 꼭 앙다물려 있어 보이지도 않을 정도였다. 커다랗게 열린 눈동자는 운명적으로 동경하듯 정면을 응시하고 있었지만 내겐 그녀가 장님처럼 보였다. 사실 그리 못생긴 편은 아니었으나 신경질적인 긴장이 그녀를 일그러뜨리고 몸매를 뻣뻣하게 했으며 얼굴에서 짓눌린 듯한 표정을 보았던 것이다.

"저기 좀 봐!" 플레트뇨프가 말했다. "저 여자 미친 것 같군."

대학생은 그 여자를 싫어했고 그녀를 피했다. 그러나 그녀는 마치 냉혈한 빚쟁이나 밀정처럼 그를 쫓아다녔다.

술을 몇 잔 마시고 나면 그는 고백하곤 했다. "도대체 어떻게 해야 할지 모르겠어! 노래를 해서 뭘 하겠다는 건지? 이 따위 낯짝에다 이런 몰골을 누가 무대에 세워주기나 하겠어? 오, 빌어먹을!"

"그녀와의 관계를 청산하는 게 어때요?" 플레트뇨프가 충고했다.

"그래, 당신이 옳아. 하지만 그녀가 불쌍해. 나야 죽도록 싫지만, 그래도 불쌍해…… 당신이 그녀에 대해 안다면……그녀가 얼마나……아……."

우리는 알고 있었다. 그 여자가 밤에 계단 위에 서서 어둡고 떨리는 목소리로 그에게 애원하는 소리를 들어 왔던 것이다.

"오, 하느님 제발…… 제발!"

그녀는 커다란 공장의 여주인으로, 집과 말을 소유하고 산파 교육원에 수천 루블을 기부하고 있었다. 그런 그녀가 마치 거지가 자선을 구걸하듯 사랑을 애걸했다.

차를 마시고 나면 플레트뇨프는 잠자리에 들고 나는 일거리를 찾기 위해 밖으로 나가 돌아다니다가 저녁 늦게 구리가 인쇄소로 나갈 때쯤 돌아왔다. 내가 어떻게 해서 먹을 것—빵, 소시지, 삶은 내장 따위—을 약간이라도 들고 오면, 우리는 그것을 똑같이 나누었고 구리는 자기 몫을 싸들고 출근했다.

그가 나가고 나면 나는 '마루소프카'의 복도와 구석을 서성거리면서 나에게는 새롭기만 한 사람들이 어떻게 생활하고 있는지 유심히 관찰했다. 그 건물은 흡사 개미굴처럼 사람들로 복작거렸다. 뭔가 시고 독한 냄새가 코를 찔렀고 사방 구석진 곳에는 인간에게 적대적인 짙은 그림자가 도사리고 있었다. 이른 아침부터 밤늦게까지 소음이 그칠 새가 없었다. 쉬지 않고 재봉틀 돌아가는 소리, 오페라 합창단 소녀들이 목청을 가다듬는 소리, 층계를 오르내리는 대학생들의 소곤거리는 소리, 알코올에 중독된 반미치광이 배우의 고함소리, 술 취한 창녀의 신경질적인 발작소리, 그리고—내 안에서는 당연한, 그러나 도저히 풀 수 없는 의문이 싹트기 시작했다.

'도대체 이 모든 것은 무엇을 위한 것인가?'

배고픈 젊은이들 사이에서, 붉은 머리에 벗겨진 이마, 광대뼈가 튀어나온 남자가 하릴없이 서성거리고 있었다. 그는 가느다란 다리 위에 불룩한 배와 거대한 입, 말 같은 이를 갖고 있었는데, 그 때문에 모두들 그를 '붉은 말'이라고 불렀다. 그는 자기 친척인 심비리스크 출신의 상인들과 3년째 소송을 벌이고 있었는데 그 사람에 대해 이렇게 말하곤 했다.

"더 이상 살고 싶지도 않아. 하지만 난 죽기 전에 저놈들을 반드시 파멸시키고 말겠어! 그러면 저놈들도 거지가 되어 떠돌아다니면서 한 3년은 빌어먹어야 할 거야. 그런 다음 배상받은 모든 걸 되돌려주겠어. 이렇게 말하면서 말이야. '어때, 이 악마들아? 아직도 하고 싶은 말이 있거든 해봐!'"

"이봐요, '말'씨. 그것이 당신 삶의 목표인가요?" 모두들 그렇게 묻곤 했다.

"내 모든 것을 걸고 그것만 생각하면서 살아왔어. 그래서 다른 건 아무것도 할 수 없어." 그는 온종일 지방법원과 고등법원의 자기 변호사 사무실에 죽치고 있다가, 저녁이면 더러 몇 개의 꾸러미와 봉지, 병을 마차에 싣고 와서는, 학생들과 재단사 여자 등—배불리 먹고 약간의 술을 마시고 싶어 하는 모든 사람을 불러, 천장이 내려앉고 바닥이 고르지 않은 더러운 자기 방에서 시끌벅적한 파티를 열었다. '붉은 말' 자신은 탁자보는 물론이고 옷과 심지어 방바닥에까지 지워지지 않는 불그죽죽한 얼룩이 남는 럼주만 마셨는데, 몇 잔 마시고 나면 이렇게 부르짖었다.

"오, 내 귀여운 병아리들! 난 여러분을 사랑해요. 여러분은 모두 정직한 사람들이에요! 하지만 난 썩어빠진 악마고 악어란 말입니다! 내가 원하는 건 내 친척들을 파멸시키는 것뿐이오. 난 반드시 해내고야 말겠어! 난 더 이상 살고 싶지도 않아요. 하지만……."

'말'의 눈이 애처롭게 깜박거렸고 술에 전 눈물이 아둔해 보이는 길쭉한 얼굴을 타고 흘러내렸다. 그는 손바닥으로 눈물을 닦고는 무릎에 쓱쓱 문질렀다. 그의 바지에는 언제나 기름때가 얼룩덜룩 묻어 있었다.

"그런데 당신들은 어떻게 살아가고 있소?" 그는 소리쳤다. "추위와 굶주림, 썩은 옷가지, 그런 것들밖에는 가질 수 없단 말인가? 이런 생활을 하면서 도대체 무슨 공부를 할 수 있겠어요? 아, 황제가 당신들이 어떻게 살아가는지 아신다면……."

그리고 주머니에서 다양한 색깔의 지폐 다발을 꺼내들고서 이렇게 묻는 것이었다.

"자, 누구 돈 필요한 사람 없어요? 이걸 가져요, 친구들!"

합창단원과 재단사들이 그의 털북숭이 손아귀에서 돈을 낚아채려고 하면 그는 큰소리로 웃으면서 말했다.

"그건 당신들 것이 아니오. 대학생들 것이오."

하지만 대학생들은 돈을 받지 않았다.

모피 기술자 아들이 화가 나서 소리를 질렀다.

"망할 놈의 돈!"

언젠가는 술에 취해 플레트뇨프에게 똘똘 뭉친 10루블짜리 지폐 다발을 갖다 준 적이 있었다. 그때 그는 탁자위에 돈다발을 내던지면서 이렇게 말했다.

"돈 필요하지 않아? 난 필요 없어……."

그러고는 야전침대에 드러누워 소리 지르며 울부짖어서, 우리는 그에게 물을 먹이고 몸에 찬물을 뿌려주어야만 했다. 그가 곯아떨어진 뒤 플레트뇨프는 지폐를 펴 보려고 했지만 할 수가 없었다. 어찌나 똘똘 말았던지 물에 적시지 않고는 한 장씩 떼어낼 수 없을 정도였다.

돌벽에 창문이 하나 있는 옆 건물의 담배연기가 자욱한 방 안은 좁고 답답하고 시끄러워서 악몽 같기만 했다.

'말'은 누구보다도 큰소리로 떠들었다. 나는 그에게 물어보았다.

"왜 호텔에서 살지 않고 여기서 살아요?"

"그야—내 영혼을 위해서지! …… 당신들과 함께 있으면 영혼이 따뜻해지거든……."

모피 기술자 아들이 단언했다.

"그건 옳은 말이오, '말'씨! 나도 그래요. 아마 다른 데서 살았더라면 난 이미 끝장나고 말았을 거요."

'말'은 플레트뇨프에게 부탁했다.

"한 곡조 뽑지 그래. 한 곡 불러 보라고……."

구리는 구슬리를 무릎 위에 올리고 노래를 불렀다.

"떠올라라, 떠올라라, 오 붉은 태양……."

그의 목소리가 부드럽게 영혼에 스며들었다.

방 안 소음은 조용하게 잦아들고 사람들은 애달픈 가사와 구슬리의 속삭이는 듯한 소리에 귀를 기울이면서 깊은 상념에 젖어들었다.

"정말 훌륭하군!" 여상인의 불행한 정부가 소리쳤다.

'기쁨'이라고 불리는 지혜의 명찰을 타고난 구리 플레트뇨프는 그 낡은 집의 이상한 주민들 사이에서 마법 이야기 속 '선량한 요정' 역할을 하고 있었다. 청춘의 찬연한 색채로 물든 그의 영혼은 탁월한 익살과 멋진 노래, 사람들의 풍습과 습관에 대한 재치 있는 풍자와, 삶의 난폭한 허위에 대한 대담한 언어들로 어두운 그들의 삶을 비춰주었다. 그는 스무 살밖에 되지 않아 소년처럼 보였지만, 그 집 모든 사람들은 그를 어려울 때 지혜로운 충고를 해주고 항상 무슨 일에나 도움을 줄 수 있는 사람으로 여기고 있었다. 선량한 사람들은 그를 사랑했고 간악한 자들은 그를 두려워했다. 늙은 경찰관 니키포리치조차 늘 알랑거리는 미소를 지으며 그에게 인사를 보냈다.

'마루소프카'의 뒷마당은 샛길로 이용되었는데, 산 쪽으로 비탈져 오르다가 르이브노랴드스카야와 스타로고르셰치나야라는 두 개의 거리와 만나고 있었다. 그 뒷길에, 우리가 살고 있는 집에서 그리 멀지 않은 곳에 니키포리치의 초소가 구석 쪽으로 아늑하게 자리 잡고 있었다.

그는 그 동네에서 가장 나이가 많은 경찰이었다. 늘씬하고 큰 키에 가슴에 메달을 주렁주렁 달고 다니는 노인으로, 얼굴은 영리해 보이고 미소는 친절하며 눈은 교활해 보였다.

그는 과거의 사람들과 미래의 사람들이 뒤섞인 시끌벅적한 우리 식민지를 주의 깊은 태도로 대하고 있었다. 하루에도 몇 번씩 균형 잡힌 몸매의 그가 마당에 나타나곤 했다. 그리고 서두르지 않는 걸음걸이로 마치 맹수 우리를 둘러보는 동물원 경비원 같은 눈초리로 살펴보았다. 어느 겨울날, 게오르기 십자훈장을 받았고 스코벨레프*12의 아할 테킨 원정에 참가했던 외팔이 장교 스미로노프와 병사 무라토프가 체포되었다. 그들과 조브닌, 오프시얀킨, 리예프, 그리고리예프, 크루이로프, 그밖에 여러 사람이 비밀인쇄소를 차리려

---

*12 스코벨레프(1843~82). 러시아 장군. 러시아 터키 전쟁의 용사. 1880년부터 81년에 중앙
  아시아의 아할 테케를 정복했다.

했다는 혐의였다. 그 인쇄소 때문에 무라토프와 스미로노프가 일요일 대낮에 번화가에 있는 클리치니코프의 인쇄소에 활자를 훔치러 왔다가 붙잡힌 것이다. 그런데 어느 날 밤 '마루소프카'에서, 내가 '떠도는 종루'라고 부르는 키가 크고 음울한 한 남자가 헌병에게 붙잡혔다. 다음날 아침 이 소식을 들은 구리는 흥분해서 검은 머리카락을 쥐어뜯으며 내게 말했다.

"오, 젠장! 당장 거기로 달려가, 친구, 최대한 빨리, 막시미치······."

거기가 어딘지 설명해 준 다음 그가 덧붙였다.

"조심해야 돼, 그곳에 스파이가 있을지 모르니까."

나는 이 알 수 없는 사명에 신이 나서 제비처럼 한 달음에 해군사령부 근처로 달려갔다. 구리세공장이의 어두침침한 작업장에서 나는 이상하게 파란 눈을 한 곱슬머리 젊은 사내를 보았다. 그는 스튜냄비를 두드리고 있었는데 노동자 같지가 않았다. 한쪽 구석 압착기 앞에서는 백발에 가죽띠를 두른 키 작은 노인이 징을 갈고 있었다.

나는 구리 세공장이한테 물었다.

"혹시 일거리 없어요?"

노인이 신경질적으로 받았다.

"일거리야 많지. 하지만 네놈이 할 일은 없어!"

젊은이가 나를 힐끗 쳐다보더니 다시 냄비 위로 고개를 숙였다. 나는 몰래 내 발로 그의 발을 살짝 건드렸다. 그는 깜짝 놀라 성난 표정으로 냄비를 한 손에 들더니, 금방이라도 나에게 던질 것처럼 파란 눈으로 나를 가만히 노려보았다. 그러나 내가 눈짓을 하는 것을 보고 낮은 목소리로 말했다.

"여기서 나가, 나가라고."

나는 다시 한번 눈짓을 하고 거리로 나왔다. 곱슬머리가 몸을 곧게 펴고 따라 나왔다. 그리고 조용히 나를 응시하면서 담배를 피워 물었다.

"당신이 치혼인가요?"

"그렇소!"

"표트르가 체포됐습니다."

그는 나를 눈으로 탐색하면서 신경질적으로 얼굴을 찌푸렸다.

"표트르라니?"

"키가 크고 사제를 닮은······."

"그래서?"

"그뿐입니다."

"표트르인지 사제인지 하는 놈들과 내가 무슨 상관이 있단 말이오?" 구리 세공장이가 말했다. 그가 한 이 질문의 성격으로 나는 결정적으로 확신했다. ―이 사람은 노동자가 아니라고. 나는 사명을 다한 것을 뿌듯하게 생각하면서 집으로 달려 왔다. 그것이 내가 '비합법적'인 일에 참여한 첫 번째 사건이었다.

구리 플레트뇨프는 그들과 긴밀한 관련을 맺고 있었지만, 내가 그 모임에 가입시켜 달라고 졸랐을 때 그는 이렇게 말했다.

"이봐 친구, 자넨 아직 어려! 공부나 계속하라고."

예브레이노프는 참으로 수수께끼 같은 어떤 인물에게 나를 소개했다. 이 소개는 매우 신중을 기하여 이루어졌으므로 나는 대단히 중요한 무언가가 있을 거라고 예감했다. 예브레이노프는 나를 교외의 아르스키 들판으로 데려가면서, 이 새로운 만남은 내 쪽에서 매우 주의해야 하는 일이며 일체 비밀로 해야 한다고 미리 단단히 주의를 주었다. 그리고 저 멀리 황량한 들판을 천천히 걸어가고 있던 키 작은 잿빛 사람그림자를 가리킨 뒤 주위를 둘러보며 조용히 말했다.

"저 사람이야! 그를 따라가다가 그가 멈춰서거든 다가가서 이렇게 말해. ―지나가는 행인입니다⋯⋯."

비밀스러운 것은 언제나 즐겁다. 그러나 그때 그것은 나에게 이상하게 비쳤다. ―태양이 내리쬐는 들판 속에서 한 사내가 잿빛 풀잎처럼 흔들리고 있었다. 그뿐이었다. 공동묘지 정문 근처에서 그를 따라잡은 나는, 내 앞에 키가 작고 깡마른 얼굴과 새처럼 동그랗고 엄격한 눈매의 젊은이를 보았다. 그는 학생들이 입는 잿빛 외투를 입고 있었다. 반짝이는 단추는 떨어져 나가고 대신 뼈로 만든 까만 단추가 달려 있었다. 낡아빠진 학생모에는 배지를 단 흔적이 있었다. 그에게서는 뭔가 때 이르게 잃어버린 것이 있는 것처럼 보였다. 마치 그가 완전히 성숙한 어른처럼 보이려고 서두르는 것처럼.

우리는 무덤들 사이 무성한 관목 그늘에 앉았다. 그는 쌀쌀맞게 사무적으로 말했고, 나는 그의 모든 것이 마음에 들지 않았다. 그는 내가 읽은 책에 대해 엄중하게 물어본 다음 자기가 조직한 연구모임에서 공부할 것을 제안했다. 나는 동의했고, 우리는 헤어졌다. 황량한 들판을 조심스럽게 둘러보며 그가 먼저 가버렸다.

나 말고도 서너 명의 젊은이가 가담해 있던 그 모임에서 나는 가장 나이가 어렸고, 체르니셰프스키의 주석이 달린 존 스튜어트 밀의 책을 연구하는 준비는 내 힘에 벅찬 것이었다. 우리는 밀로프스키라는 사범학교 학생의 집에서 모였다. 그는 나중에 예레온스키라는 필명으로 단편을 썼고, 다섯 권 정도 책을 낸 뒤 자살했다. 내가 만난 사람 중에 얼마나 많은 이들이 스스로 삶에서 도망쳐 버렸던가!

그는 내성적인 성격에 신중하게 단어를 선택했고 말수가 적은 사람이었다. 그는 낡은 건물 지하실에 기거하면서 '육체와 정신의 균형'을 위해 소목장이로 일했다. 그는 따분한 친구였고, 존 스튜어트 밀은 나의 흥미를 별로 끌지 못했다. 이윽고 경제학의 근본적인 명제가 내게는 매우 쉬운 것처럼 느껴지기 시작했다. 나는 생활의 직접적인 경험에서 그것들을 깨쳤고 그것은 내 피부 깊숙이 배어 있었다. '남'의 행복과 안락을 위해 자신의 힘을 소모하고 있는 사람이라면 누구에게나 분명할 수밖에 없는 그런 것들에 대해 구태여 어려운 문구를 동원하여 책을 쓰는 것은 시간낭비일 뿐이라는 생각도 들었다. 나는 더러운 벽을 기어 다니는 쥐며느리를 바라보며 절대적인 긴장과 함께 아교냄새가 가득한 굴속에서 두세 시간 동안 앉아 있곤 했다.

한 번은 우리의 포교자가 제시간에 나타나지 않았다. 우리는 그가 오지 않으리라 생각하고, 보드카 한 병, 빵, 그리고 오이를 사와서 간단한 파티를 열었다. 그런데 갑자기 창문 옆에 우리 선생의 잿빛 다리가 힐끗 보였다. 그가 방에 들어섰을 때 우리는 간신히 탁자 밑에 보드카를 감추고 체르니셰프스키의 탁월한 결론에 관한 해석을 시작할 수 있었다. 우리는 모두 석상처럼 꼼짝 않고 탁자에 둘러앉아 있었다. ─행여나 누군가의 발이 보드카 병을 건드릴까봐 조마조마해하면서. 하지만 정작 보드카 병을 건드린 사람은 바로 우리 선생이었다. 그는 탁자 밑을 들여다보고도 아무 말이 없었다. 아, 차라리 그가 욕설이라도 퍼부었으면 나았을 텐데!

그의 침묵, 험악한 얼굴, 모욕당할 것처럼 깜박거리는 눈은 무섭도록 나를 당혹시켰다. 부끄러움으로 벌겋게 달아오른 친구들의 표정을 보며 내가 보드카를 사자고 제안한 건 아니었지만 마치 죄인처럼 느껴져 진심으로 그에게 미안했다.

독서회는 따분했다. 나는 차라리 타타르인 지구로 가고 싶었다. 그곳에서는 선량하고 친절한 사람들이 자기들만의 순수하고 깨끗한 삶을 살아가고 있었다. 그들은 재미있는 러시아 사투리를 사용했다. 저녁이면 이슬람사원 높은 첨탑 위에서 기도시간을 알리는 수도사의 신비한 목소리가 그들을 불러 모았다. 그들의 삶은 내 삶과는 다른 방식으로 영위되고 있고, 그것은 내가 알고 있는 어떤 것과도 닮지 않은 특이한 것이라고 생각했다.

노동자들의 노랫소리는 나를 볼가 강변으로 이끌었다. 그 음악은 지금까지도 기분 좋게 내 마음을 취하게 한다. 나는 나날의 삶을 노래한 힘찬 시를 처음 알게 된 그날을 아주 뚜렷하게 기억하고 있다.

카잔 근처에서, 페르시아 상품을 잔뜩 실은 거대한 거룻배 한 척이 암초에 올라앉아 배 밑바닥에 구멍이 뚫린 사건이 있었다. 하역꾼 조합에서 짐 끌어내리는 일에 나를 채용했다. 9월이었다. 강 상류에서 바람이 불고 있었다. 잿빛 강을 따라 화난 것처럼 물결이 춤을 추었다. 물마루가 부서지면서 차가운 비가 되어 강물 위에 쏟아졌다. 50명쯤 되는 조합원들은 거적과 방수포로 몸을 감싸고 텅 빈 거룻배 갑판 위에 음울하게 배치되었고, 조그마한 증기 예인선이 헐떡거리며 빗속에 붉은 불똥을 토해내면서 거룻배를 끌고 갔다.

저녁이 되었다. 납빛 축축한 하늘이 강 위에 낮게 내려오고 어둠이 밀려왔다. 인부들은 한기와 습기를 피할 곳을 찾아 갑판 위를 기어다니면서 비와 바람과 삶을 저주하고 욕설을 퍼부었다. 이미 비몽사몽간을 헤매고 있는 듯한 그들은 도저히 가라앉고 있는 짐을 구해낼 수 있을 것 같지가 않았다.

자정쯤에 우리는 여울목까지 와서 빈 거룻배를 좌초된 거룻배에 현과 현을 꼭 맞대어 비끄러맸다. 하역 반장은 얼굴이 얽은 교활한 노인으로 입이 걸고 눈과 코가 솔개 같은 불쾌한 노인이었다. 그는 대머리에서 젖은 모자를 벗고 여자처럼 새된 목소리로 외쳤다.

"이봐, 기도할 시간이야."

갑판 위 어둠 속에서 인부들은 하나의 시커먼 덩어리가 되어 곰처럼 중얼거렸다. 반장이 제일 먼저 기도를 끝내고 날카롭게 소리쳤다.

"등불을 가져와! 자, 다들 젖 먹던 힘까지 내봐! 자자, 일들 해. 오, 하느님, 우릴 도와주소서!"

그들은 다루기 힘들고 게으른 사람들이었지만 비에 흠뻑 젖은 채 있는 힘을 다해 일했다. 마치 출전하는 병사들처럼 가라앉은 배의 갑판과 화물칸으로 돌진했다. 함성을 지르고 고함을 치고 우스갯소리도 하면서. 내 앞뒤 좌우로 아스트라한에서 싣고 온 쌀가마니, 건포도 상자, 가죽 상자, 양털제품 상자들이 솜털처럼 가볍게 날았고, 근육질의 건장한 사내들이 서로 으르렁거리고 휘파람을 불고 거친 욕설로 서로를 격려해 가면서 정신없이 뛰어다녔다. 조금 전까지만 해도 삶과 비와 추위에 대해 우울하게 구시렁거리던, 그토록 다루기 힘들고 험악해 보이던 사람들이 이처럼 즐겁고 날렵하고 유능하게 일하고 있다는 사실이 믿어지지가 않았다. 비는 더욱 거세지고 더욱 차가워졌고 바람은 더욱 강해져서 셔츠를 찢고 옷자락을 얼굴 위까지 말아 올리는 통에 배꼽이 드러나기도 했다. 축축한 어둠 속, 희미한 여섯 개의 등불에 의지하여 시꺼먼 형체들이 난파선 갑판 위에서 둔중한 발소리를 내며 이리저리 바삐 뛰어다녔다. 그들은 4푸드나 되는 가마니들을 손에서 손으로 던지거나 상자들을 등에 지고 갑판을 달리는 만족감을 오래전부터 기다렸다는 듯, 노동에 굶주린 사람들처럼 일했다. 그것은 마치 어린아이들이 신이 나서 즐겁게 놀고 있는 모습 같기도 하고, 그저 여자를 껴안는 것 이상의 달콤한 기쁨을 느끼며 희롱하면서 일하는 것 같기도 했다.

속옷 차림에 턱수염이 무성한 사내—틀림없이 화주(貨主)이거나 그 대리인쯤 되리라—가 비에 흠뻑 젖어 번들거리는 모습이 되어 갑자기 흥분한 목소리로 외쳐댔다.

"모두들, 보드카 한 통(12.36*l*)을 내겠어! 에잇, 이 도둑놈들, 좋아 두 통을 내지! 자, 일들 해!"

사방 어둠 속에서 굵은 목소리들이 한꺼번에 쏟아졌다.

"세 통!"

"좋아, 세 통! 자, 먼저 일부터 끝내자고!"

작업은 더욱 신나게 돌아갔다.

나 또한 가마니를 움켜잡고, 끌고, 던지고 다시 뛰어가 움켜잡았다. 나는 주변 모든 것들과 더불어 폭풍 같은 춤판 속에서 미쳐 돌아가고 있는 기분이었다. 그들은 몸을 아끼지 않고 지치지도 않은 채 몇 달이고, 몇 년이고, 그토록 대단하게 그리고 즐겁게 일할 줄 알았다. 정말 도시의 종탑이나 첨탑도 마음만 먹으면 뽑아내 어디로든 내키는 대로 옮겨놓을 수 있을 것만 같았다.

나는 여태껏 경험해 보지 못한 기쁨 속에서 그 밤을 보냈다. 내 영혼은 이토록 반쯤 미친 듯한 노동의 희열 속에서 온 생애를 보내고 싶은 욕망으로 환히 빛났다. 뱃전에서 파도가 춤을 추고, 빗줄기는 갑판을 때리고, 바람은 강물 위에서 휘파람 소리를 내는 새벽 잿빛 안개 속에서, 축축하게 젖은 벌거숭이 사나이들이 지치지도 않고 저돌적으로 뛰어다니며 자기 힘과 노동에 감탄하며 소리치고 웃어대곤 했다. 어느 순간, 바람이 더욱 무거운 구름 덩어리를 찢더니, 파랗게 빛나는 하늘 틈새에서 장밋빛 햇살이 반짝이기 시작했다. 즐거운 야수들은 사랑스런 얼굴의 젖은 털을 문지르며 반갑게 소리지르면서 햇살을 맞이했다. 나는 무아지경에 빠진 듯 능수능란하게 그리고 완전히 몰입하여 일을 해내는 이 두 발 짐승들을 껴안고 입이라도 맞추고 싶었다.

이렇게 즐겁게 분출된 힘의 긴장을 막아낼 것은 아무것도 없을 성싶었다. 그 힘은 지상에 기적을 일으켜, 동화 속에서처럼 하룻밤 사이에 이 지상을 아름다운 궁전과 도시로 가득 채울 수도 있을 것 같았다. 1, 2분 동안 사람들의 노동을 내려다보고 있던 햇살은 더 이상 구름의 두꺼운 벽을 뚫지 못하고 바다에 빠진 어린애 마냥 구름 속에 잠겨버렸다. 그리고 빗줄기가 세찬 폭우로 쳐내렸다.

"그만 때려 치자!" 누군가가 소리치자 사람들의 험악한 대답이 돌아왔다.

"네놈부터 때려치워 주마!"

화물을 다 부린 것은 오후 2시가 되어서였다. 반벌거숭이가 된 사람들은 폭포 같은 빗줄기와 매서운 바람 속에서도 쉬지 않고 일했다. 그 모든 것을 직접 보면서 나는 인간의 땅을 풍요롭게 한 그 강력한 힘이 무엇인지 경건한 마음으로 깨달았다.

사람들은 기선으로 옮겨 탔고 모두들 술 취한 사람처럼 곯아떨어졌다. 카잔에 도착하자 그들은 잿빛 흙탕물이 흐르는 강변 모래밭으로 쏟아져 나와 세 통의 보드카를 마시기 위해 선술집으로 갔다.

그곳에서 도둑 바시킨이 내게 다가와 물었다.

"자네, 도대체 어떻게 된 건가?"

나는 열을 올리며 그 일에 대해 이야기해 주었다. 그는 내 이야기를 듣더니 한숨을 푹 내쉬며 경멸하듯 말했다.

"이런 멍청이! 아니 그보다 더 형편없어, 이 천치야!"

그는 휘파람을 불며 마치 물고기처럼 몸을 휘저으면서 좁게 배열된 탁자들 사이로 헤엄쳐 갔다. 탁자마다 짐꾼들이 떠들썩하게 술을 마시고, 한쪽 구석에서는 누군가가 테너로 음탕한 노래를 부르기 시작했다.

오, 그 일은 어느 날 밤에 일어났다네
어떤 마나님이 정원을 거닐고 있었지 ……

손뼉을 치고 탁자를 두드리며 수십 명의 목소리가 귀가 멍멍해질 정도로 소리를 질러댔다.

야경꾼이 읍내를 순찰하는데
어라, 웬 마나님이 땅바닥에 누워 있네 ……

너털웃음 소리, 휘파람 소리, 그리고 절망적일 정도로 천박하다는 점에서는 아마도 이 지구상에 상대가 없을 것 같은 말들이 난무했다.

누군가가 나를 안드레이 데렌코프에게 소개했다. 그는 조그만 식료품 가게 주인으로, 가게는 쓰레기로 뒤덮인 골짜기를 내려다보고 있는 비좁고 가난한 골목 끄트머리에 숨은 듯 엎드려 있었다.

그는 밝은 색 수염으로 뒤덮인 선량한 얼굴과 야윈 손, 그리고 영리해 보이는 눈매를 가진 사람이었다. 그는 이 읍내에서 금서와 희귀본을 가장 많이 갖춘 서고를 가지고 있었다. 카잔의 여러 학교 학생들과 혁명적인 정신을 지닌 많은 사람들이 그의 책을 이용했다.

데렌코프의 가게는 고자인 고리대금업자 집에 딸린 나지막한 별채에 자리 잡고 있었다. 가게 문은 커다란 방으로 통하고 있고, 마당으로 난 창문이 방 안을 어렴풋이 비춰주었다. 그 방 뒤쪽에 비좁은 부엌이 이어져 있고, 부엌 뒤로 별채와 본채 사이 어두운 현관 한구석에 숨어 있듯이 헛간이 있었는데, 그 헛간 안에 서고가 교묘하게 숨겨져 있었다. 서고의 책 일부는 두꺼운 공책에 펜으로 필사한 것이었다. 라브로프*[13]의 《역사 서간》, 체르니셰프스키의《무엇을 할 것인가?》, 피사레프*[14]의 《굶주린 차르》, 《교활한 속임수》*[15]

등과 같은 논문들이 그것이다. 그 모든 필사본들은 하도 많이 읽어서 심하게 구겨져 있었다.

내가 처음으로 그 가게를 찾아갔을 때 데렌코프는 손님들을 상대하느라 바빠서 내게 문을 열고 방에 들어가라고 눈짓했다. 방 안으로 들어가자 어둠 속에서 세라핌 사로프스키의 초상을 연상시키는 자그마한 노인이 무릎을 꿇고 앉아 감동적으로 기도하고 있었다. 나는 그 노인을 보고 뭔가 조화롭지 않고 모순된 느낌을 받았다.

사람들은 내게 데렌코프를 나로드니크(인민파) *16라고 했다. 나의 개념으로 나로드니크란 혁명가이고 혁명가는 신을 믿어서는 안 된다. 신에게 기도하는 이 노인은 이 집에서는 필요없는 존재로 보였다.

기도를 마친 노인은 허연 머리카락과 턱수염을 조심스레 쓰다듬으며 나를 찬찬히 쳐다보았다.

"난 안드레이 애비 되는 사람이오. 헌데 당신은 누구요? 난 또 변장한 학생인 줄 알았지."

"학생이 왜 변장을 해요?" 나는 반문했다.

"음, 그렇군. 아무리 변장해도 신만은 아시겠지!" 노인은 조용히 답했다.

그가 부엌으로 나가자 나는 창가에 앉아 잠시 생각에 잠겼다. 갑자기 어떤 여자의 높은 목소리가 들렸다.

"어머, 그 분이!"

흰 옷을 입은 처녀가 부엌 문설주에 서 있었다. 그녀의 윤기 있는 머리는 단발이었고 얼굴은 창백하고 부은 듯했다. 그러나 푸른 눈은 웃음을 머금은 채 밝게 빛나고 있었다. 그녀는 싸구려 석판화에 종종 등장하는 천사와 매우 닮아 있었다.

"왜 놀라시죠? 제가 그렇게 무서운가요?" 그녀는 가냘프게 떨리는 목소리

---

*13 라브로프(1823~1900). 포병대령이자 수학교수. 유형지에서 《역사서간》을 써서 인민주의의 이론적 지도자가 되었다.

*14 피사레프(1840~68). 러시아의 계몽주의 사상가, 문예비평가.

*15 '굶주린 차르' '교활한 속임수'는 당시의 비합법적 출판물의 제목.

*16 인민주의자. 인민주의—19세기 후반 러시아의 급진적 인텔리겐치아의 사회적, 정치적 운동. 소생산자 특히 이상화된 농민의 이익을 반영하고 러시아에서의 자본주의의 불가피성을 인정하지 않으며, 마르크스주의에 대해 적대적인 입장을 취했다.

로 말하면서 벽을 붙잡고 천천히 조심스럽게 내게 다가왔다. 마치 단단한 땅 위를 걷고 있는 것이 아니라 공중에 팽팽하게 매달려 흔들거리는 줄을 타는 것 같았다. 힘겹게 걷는 그녀 모습은 그녀를 딴세상에서 온 존재처럼 보이게 했다. 그녀는 온몸을 떨고 있었다. 마치 발바닥에 바늘이 돋아 있고, 벽이 어린애처럼 토실토실한 그녀 손을 태우고 있는 것처럼. 그리고 손가락은 이상하리만치 움직임이 없었다.

나는 깊은 연민과 함께 이상한 당혹감을 느끼며 말없이 그녀 앞에 서 있었다. 그 어두운 방 안의 모든 것들이 이상하기만 했다!

그녀는 마치 의자가 그녀의 엉덩이 밑에서 날아가 버릴까봐 두려워하는 것처럼 매우 조심스럽게 앉았다. 그녀는 누구도 흉내 낼 수 없는 단순한 말로, 자기는 거의 석 달 동안 꼼짝없이 침대에 누워 지냈으며, 일어나 걷기 시작한 것은 이제 겨우 닷새밖에 되지 않았다고 말했다—그녀의 팔다리는 마비되어 있었던 것이다.

"이건 일종의 신경질환이래요." 미소 지으며 그녀가 말했다.

나는 그녀의 상태가 약간 다른 방식으로 설명되었으면 생각했던 기억이 난다. 신경질환이란 이런 소녀에게는, 또 이런 기묘한 방에는 너무나 평범하기 때문이다. 무엇보다 이 방에는 모든 것들이 겁먹은 듯이 벽에 기대있고, 구석에 있는 성상 앞 등불은 지나치게 밝으며, 커다란 식탁을 덮은 하얀 식탁보 위를 그 등불의 구리사슬 그림자가 뚜렷한 이유도 없이 기어가고 있었다.

"당신에 대한 얘기를 많이 들었어요. 그래서 당신이 어떤 사람인지 보고 싶었어요." 그녀는 어린애 같은 가냘픈 목소리로 말했다.

그녀는 뭔가 견뎌내기 힘든 시선으로 나를 바라보았다. 그 푸른 눈 속에서 나는 뭔가 찌르듯이 날카로운 것을 느꼈다. 나는 그런 소녀와 얘기하는 것이 불가능했다. —도무지 불가능해 보였다. 그래서 게르첸[17]과 다윈,[18] 가리발디[19]의 초상화만 둘러보면서 잠자코 있었다.

가게 안에서 연한 색 머리에 건방져 보이는 눈매를 가진 내 또래쯤 되어

---

*17 게르첸(1812~70). 러시아의 사상가, 문학가, 혁명가. 러시아 해방운동사상에 커다란 발자취를 남겼다.

*18 다윈(1809~82). 영국의 박물학자. 진화론에 과학적 기초를 부여했다.

*19 가리발디(1807~82). 이탈리아의 애국자이자 장군. 이탈리아의 독립운동 지도자.

보이는 청년이 뛰어나와 가느다란 목소리로 외치며 부엌으로 사라졌다.

"마리아, 넌 왜 기어 나왔어."

"저 앤 내 동생 알렉세이예요!" 그녀가 말했다. "참, 난 산파 양성소에 다녔는데, 보시다시피 이렇게 병이 들고 말았죠. 당신은 왜 아무 말씀도 없으세요? 부끄러움을 타시나 봐요?"

안드레이 데렌코프가 셔츠 안으로 비쩍 마른 팔을 허리춤에 찔러 넣고 나왔다. 그는 말없이 누이의 부드러운 머리칼을 쓰다듬다가 도로 헝클어뜨리면서 묻기 시작했다─내가 어떤 일을 찾고 있느냐고.

그때 초록색 눈에 붉은 곱슬머리의 날씬한 여자가 나타나 엄격한 눈빛으로 나를 쳐다보더니 하얀 잠옷 차림을 한 그 소녀의 손을 잡고 데려가면서 말했다.

"이제 됐어, 마리아!"

그 이름은 그녀에게 어울리지 않았다. 그녀에게는 조잡하게 느껴졌다.

나도 이상하게 흥분된 감정을 가지고 자리를 떴다. 그리고 이틀 뒤 저녁 나는 다시 그 방에 앉아 사람들이 그곳에서 무엇으로 어떻게 살아가고 있는지 이해하려 하고 있었다. 그들은 참으로 이상한 생활을 하고 있었다.

친절하고 온화한 스테판 이바노비치 노인은 투명해 보이는 백발머리로, 한쪽 구석에 앉아 다른 곳을 응시하면서 거무스름한 입술을 오물거리며 조용히 웃고 있었다. 그것은 마치 이렇게 간구하고 있는 것 같았다.

'날 그냥 내버려 두시오!'

그의 내면에는 토끼 같은 경악이, 불행에 대한 불안한 예감이 깃들어 있었다─나는 그것을 똑똑히 알 수 있었다.

팔이 불구인 안드레이는 가슴부분에 밀가루와 기름이 말라붙어 나무껍질처럼 딱딱해진 지저분한 재킷을 입고, 마치 무슨 잘못을 저질렀다가 이제 막 용서를 받은 어린아이처럼 겸연쩍은 미소를 지으면서 방 안을 옆으로 살금살금 걸어다녔다. 게으르고 거친 청년인 알렉세이가 가게 일을 도왔다. 셋째인 이반은 사범학교에 다니면서 그곳 기숙사에서 생활했기 때문에 휴일에만 집에 올 뿐이었다. 키가 작고, 단정하게 차려 입었으며 깔끔하게 머리를 빗은 이 청년은 마치 늙수그레한 관리 같았다. 병든 마리아는 다락방에 기거했는데 좀처럼 내려오지 않았다. 그녀가 내려올 때면 나는 눈에 보이지 않는 족쇄로 묶인 것처럼 부자유한 느낌이 들었다.

고자 집주인의 아내가 데렌코프 집안의 살림을 꾸려가고 있었다. 그 여자는 키가 크고 비쩍 마른 몸매에 얼굴은 나무인형 같았으며 눈매는 차가운 수녀처럼 엄격해 보였다. 그녀에겐 나스차라는 붉은 머리 딸이 있었는데 초록색 눈으로 남자들을 쳐다볼 때면 그녀의 반짝이는 콧구멍이 씰룩거리곤 했다.

그러나 데렌코프 집안의 진짜 주인은 대학교와 신학교, 수의학교 학생들로, 러시아 민중을 걱정하는 마음과 러시아의 미래에 대한 끊임없는 불안 속에서 살고 있는 사람들의 시끌벅적한 모임이었다. 그들은 일간지의 신문기사, 방금 읽은 책의 결론, 읍내에서 또 대학에서 일어나고 있는 온갖 사건들에 대해 늘 열을 냈으며, 저녁마다 카잔 거리 곳곳에서 데렌코프의 가게로 몰려들어 열띤 논쟁을 벌이거나 한구석에서 조용하게 소곤거렸다. 그들은 두꺼운 책들을 가져와 손가락으로 책장을 짚어가며 서로 자기 마음에 드는 진리를 소리 높여 주장했다.

물론 나는 그런 논쟁들을 잘 이해하지 못했고, 진리란 나에게는 빈민들의 묽은 스프 위에 별처럼 떠 있는 작은 기름덩어리처럼 말의 성찬 속에 사라지고 말았다. 몇몇 대학생들은 내게 볼가 강변에 살았던 그 구교신학자들을 상기시키기도 했다. 그러나 나는 자신이, 삶을 더 나은 것으로 변화시키려 하고 있는 사람들을 보고 있다는 것, 그리고 비록 그들의 성실성이 폭포 같은 말의 홍수 속에 빠져 있기는 하지만 그 속에 완전히 가라앉아 버린 건 아니라는 것을 이해했다. 그들이 해결하려고 노력하는 문제들은 나 역시 잘 알고 있었고, 그 문제들의 성공적인 해결에 나 자신도 관심을 갖고 있다는 걸 깨달았다. 학생들의 말 속에는 나의 말없는 생각이 반향하고 있다는 생각이 곧잘 들었고, 마치 자유를 약속받은 죄수처럼 미칠 듯한 기쁨으로 그들을 대했다.

그들은 마치 소목장이가 매우 특별한 물건을 만들 수 있는 재목을 살피는 눈길로 나를 보고 있었다.

"천재야!" 그들은 거리의 개구쟁이들이 포장도로 위에서 발견한 5코페이카짜리 동전을 자랑삼아 다른 아이에게 보여주듯이 나를 서로에게 소개했다. 그들이 나를 '천재'니 '민중의 아들'이니 하고 부르는 것이 마음에 들지 않았다. 그리고 나 자신을 인생의 의붓자식으로 느끼며 가끔씩 내 지성의 발달을 지도하고 있는 힘의 무게를 뼈저리게 실감했다. 언젠가 한번은 서점 창문 너머로 내겐 생소하기만 한 낱말들로 제목 붙인 《잠언과 격언》이라는 책을 보고 나서 그 책을 읽고 싶다는 불타는 욕구에 사로잡히게 되었다. 그래서 신학 대학생에게 그 책을 빌려 달라고 부탁했다.

"무슨 소리야!" 미래의 대주교, 흑인처럼 생긴 머리통에 곱슬머리와 두꺼운 입술 그리고 뻐드렁니를 가진 녀석이 빈정대듯 소리쳤다. "이봐, 친구. 그건 허섭스레기에 지나지 않아. 갖다 주는 책이나 읽으라고. 자네와 아무 상관없는 데다 코를 처박고 쿵쿵대지 말란 말이야!"

나는 이 거친 대꾸에 마음이 상했다. 나는 물론 그 책을 샀다—부두에서 번 돈과 안드레이 데렌코프한테서 꾼 돈을 합쳐서. 그것은 내가 구입한 최초의 진지한 책이었으므로 지금도 보관하고 있다.

그들은 대체로 내게 약간 엄격했다. 《사회과학의 ABC》라는 책을 읽고서 나는 그 책 저자가 문화적 생활조직 속에서 유목민족의 역할을 과장하고 있고, 진취적인 방랑자와 사냥꾼들을 모욕했다고 느꼈다. 이 의문점을 어떤 문과 대학생에게 이야기하자 그는 여자처럼 생긴 얼굴에 거들먹거리는 표정을 지어 보이려고 애쓰면서 거의 한 시간이나 '비평할 권리'에 대해 강의하는 것이었다.

그가 물었다. "비평할 권리를 갖기 위해서는 어떤 진리를 믿을 필요가 있어요. 당신은 무엇을 믿나요?"

그는 길거리에서도 책을 읽었다. 책에 얼굴을 파묻은 채 길을 걷다가 사람들과 부딪히는 일도 있다. 굶주림의 티푸스에 걸려 지붕 밑에 있는 자기 방에서 축 늘어져 있을 때도 이렇게 외쳐댔다.

"도덕은 그 속에 자유와 강제라는 요소를 조화롭게 포괄해야 한다. 조화롭게, 조, 조, 조화……."

만성적인 굶주림으로 반쯤 병이 든 데다 진리에 지나치게 집착한 나머지 지치고 쇠약해진 그는 책 읽는 것 말고는 다른 기쁨을 알지 못했다. 그가 두 가지 강력한 지성의 모순을 해소했다고 생각할 때면 부드러운 검은 눈동자는 어린아이처럼 행복하게 미소 지었다. 카잔에서의 생활 이후 10년 만에 나는 하르코프에서 그를 다시 만났다. 그는 켐에서 5년의 유형생활을 마친 뒤 다시 대학에서 공부하고 있었다. 그는 마치 모순된 사상들의 개미집에서 살고 있는 듯했고 결핵으로 죽어가면서도 니체와 마르크스를 조화시켜 보려

고 노력했다. 피를 토하면서 그 차갑고 끈적끈적한 손으로 내 손을 움켜쥐고
서는 갈라진 목소리로 말했다.

"종합이 없는 삶은 불가능하네."

그는 대학에 가던 도중 전차 안에서 죽었다.

나는 그처럼 이성을 위해 죽어간 수난자들을 드물지 않게 보았다. 그들에
대한 기억은 나에게는 신성한 것이다.

스무 명 가량의 그런 인물들이 데렌코프 집에 모여들었다. 그들 가운데에
는 판텔레이몬 사토라는 일본인 신학생도 있었다. 그는 큰 키에 가슴이 넓고
풍성한 수염을 기르고 타타르식으로 머리를 깎은 사내였다. 그는 턱까지 후
크를 채우게 되어 있는 잿빛 외투 속에 단단히 꿰매어져 있는 것처럼 보였
다. 보통 그는 한쪽 구석에 앉아 짧은 파이프를 피우며 조용하게 꿰뚫어보는
듯한 잿빛 눈으로 모든 사람들을 바라보고 있었다. 그 시선은 종종 내 얼굴
위에 꽂히곤 했는데, 그럴 때면 그 진지한 사람이 머릿속에서 나를 저울질하
는 것 같아 왠지 모르게 그가 거북하게 느껴졌다. 나는 그의 침묵에 놀라고
있었다. 왜냐하면 다른 사람들은 모두 큰소리로 단호한 태도로 떠들어댔기
때문이다. 하지만 그 목소리가 험악하면 험악할수록 나는 더욱더 주변 사람
들이 마음에 들었다. 그러나 그 격렬한 말 속에 종종 빈약한 허위와 사상들
이 숨어 있다는 것을 오랫동안 이해하지 못하고 있었다. 도대체 수염이 짙은
저 호걸의 침묵 뒤에는 무엇이 도사리고 있는 것일까?

사람들은 그를 '호홀'(우크라이나
인의 속칭)이라고 불렀고 안드레이 말고는 어느 누구도
그의 본명을 알지 못했다. 곧 나는 그 사람이 얼마 전에 야쿠츠크 지방에서
10년 동안 유형생활을 마치고 돌아왔다는 사실을 알게 되었다. 이 사실은 나
로 하여금 그에게 훨씬 더 흥미를 갖게 만들었지만, 그것이 내게 그와 친해
보려는 용기를 북돋아준 것은 아니다. 나는 결코 숫기가 없거나 소심한 성격
도 아니었고, 오히려 모든 것을 되도록 빨리 알아내야겠다는 뭔가 불안한 호
기심과 갈망을 품고 있었는데도 말이다. 이런 내 성격이 전 생애를 통해 나
에게 어떤 한 가지 일에 진지하게 몰두하는 것을 방해했다.

사람들이 민중에 대해 이야기할 때, 나는 경악과 나 자신에 대한 불신을
느끼며 그들 생각과 내 생각은 다르다는 것을 깨달았다. 그들에게 있어 민중
이란 지혜와 정신적 아름다움, 그리고 선량함의 화신이고, 거의 신적이고 삼

위일체론적인 존재이며, 모든 아름답고 정의롭고 숭고한 것의 바탕이었다. 나는 그와 같은 민중을 알지 못했다. 나는 목수와 부두노동자와 벽돌공을 보았고 야코프, 오시프, 그리고리를 알고 있었다. 그러나 이곳에서 그들은 그야말로 동질의 민중에 대해 얘기하면서, 자신을 어딘가 그보다 낮은 곳, 그 의지에 종속되는 위치에 두고 있었다. 마치 자신들 내부에 사상의 아름다움과 힘을 구현하고, 또 뭔가 새로운 인류애의 규범에 따라 삶을 건설하는 자유에 대한 선량하고 인도적인 의지가 그들 속에 집약되어 불타고 있는 것처럼 보였다.

그때까지 내 주변에서 살았던 사람들 속에서 인류애라는 것을 찾아볼 수 없었지만, 여기서는 그 인류애라는 것이 한 마디 한 마디 말 속에 울려 퍼졌고 하나하나의 시선 속에서 불타고 있었다.

그 민중숭배자들 말은 신선한 비처럼 내 심장 위에 떨어졌고, 농촌의 음울한 생활이나 위대한 수난자인 농민에 대한 소박한 문헌도 내게 커다란 도움을 주었다. 한 인간을 지극히 강하게 그리고 열정적으로 사랑해야만, 그 사랑 속에서 삶의 의미를 발견하고 이해하는 데 필요한 힘을 얻게 될 거라고 느꼈다. 그래서 나 자신에 대해 생각하는 것을 멈추고 다른 사람들을 더욱 주의 깊게 대하기 시작했다.

안드레이 데렌코프는 장사해서 얻는 마지막 한 푼까지 전부 '민중의 행복이 무엇보다 먼저'라고 믿는 사람들을 돕는 데 쓰고 있다고 자신 있게 털어놓았다. 그는 학생들 사이를, 마치 감독 임무를 맡은 매우 경건한 사제처럼 그 책벌레들의 대담한 예지에 대한 기쁨을 감추지 못한 채 돌아다녔다. 그는 미소 지으며 비쩍 마른 한 손은 품속에 찔러 넣고, 다른 손으로는 부드러운 수염을 사방으로 잡아당기며 내게 묻곤 했다.

"좋지? 그거야. 바로 그걸세!"

그렇지만 수의학생인 라브로프—그 거위 울음소리 같은 이상한 목소리의 소유자가 나로드니크(인민주의자)에 대해 이단적으로 반박하고 나섰을 때, 데렌코프는 놀란 것처럼 눈을 감고 중얼거렸다.

"저 친구, 정말 골칫거리군!"

그는 나로드니크에 대해 나와 같은 태도를 취하고 있었지만, 데렌코프에 대한 학생들의 태도는, 마치 주인이 하인이나 종업원 대하듯 무례하고 무관심해 보였다. 그러나 그 자신은 개의치 않았다. 손님들을 보내고 나면 그는 곧잘 나에게 자고 가라고 청했다. 우리는 방을 청소하고 바닥에 깔려 있는 양탄자 위에 누워 등불로 간신히 사물을 식별할 수 있는 어둠 속에서 오랫동안 다정하게 속삭이는 목소리로 이야기를 나누었다. 그는 경건한 신앙인이 지닌 조용한 기쁨을 가지고 내게 말했다.

"언젠가는 그러한 선량한 사람들이 수백 수천으로 늘어나 러시아에서 모든 중요한 자리를 차지하고 단숨에 우리 생활 전부를 바꿔놓을 걸세!"

그는 나보다 열 살 위였다. 나는 그가 붉은 머리 나스차를 매우 좋아하고 있고, 사람들이 있을 때면 주인처럼 사무적이고 명령적인 목소리로 그녀에게 말하면서 그녀의 장난기 있는 눈동자를 쳐다보지 않으려 애썼다. 하지만 이내 애타는 시선으로 그녀를 쳐다보거나, 그녀와 단둘이 얘기할 때는 수염을 잡아당기며 어색하고 소심한 미소를 짓고 있는 것을 보았다.

그의 어린 누이도 한쪽 구석에 앉아 논쟁을 지켜보곤 했다. 그럴 때 그녀의 어린아이 같은 얼굴은 대화의 흐름을 쫓으려는 긴장 때문에 우스꽝스럽게 부풀어 오르고 눈은 커다랗게 열렸으며, 특히 격렬한 말들이 오갈 때는 마치 얼음물을 뒤집어 쓴 것처럼 커다랗게 한숨을 내쉬었다. 불그스름한 머리결의 의학도가 근엄한 수탉처럼 그녀 주변을 오락가락하면서 그녀에게 작은 목소리로 비밀스럽게 속삭이다가 의미심장하게 눈썹을 찌푸리곤 했다. 그 모든 일들이 내게는 놀랍도록 흥미로웠다.

가을이 다가오면서 나는 더 이상 일거리를 찾을 수가 없어 생활이 불가능해졌다. 주변에서 일어나는 모든 일에 너무나 잘 휩쓸리기 때문에 나는 거의 일을 하지 못했고 다른 사람의 빵으로 연명했다. 그러나 그 빵은 늘 목구멍 안으로 삼키기가 어려웠다. 겨울을 보낼 '일자리'를 찾아야 했다. 나는 그것을 바실리 세묘노프의 빵집에서 찾았다.

이 시기의 생활을 나는 단편 〈고용주〉, 〈코노발로프〉, 〈스물여섯 사내와 한 처녀〉 등에 묘사해 두었다. 참으로 힘든 시절이었다! 그러나 배울 점이 많은 시절이기도 했다.

육체적으로도 힘들었지만 '도덕적으로는' 더더욱 고통스러웠다.

내가 지하 작업장에 들어서는 순간부터 나와 그들 사이에는 '망각의 벽'이 생겨, 그들을 보거나 그들 이야기를 듣는 것은 이미 불가능해져 있었다. 그들 중의 어느 누구도 내가 있는 작업장에 찾아와 주는 사람은 없었고, 나 역시 하루에 14시간이나 일하고 있었기 때문에 평일에는 데렌코프 집에 갈 수가 없었다. 휴일에는 잠을 자거나 동료들과 함께 지내곤 했다. 동료 일꾼들 가운데 더러는 첫날부터 나를 어릿광대처럼 여겼고, 어떤 사람들은 재미있는 이야기를 해주는 사람에 대해 어린아이가 갖는 소박한 사랑을 가지고 나를 대했다. 악마만이 내가 이 사람들에게 무슨 이야기를 했는지 알고 있을 것이다. 그러나 내가 이야기했던 모든 것이 아마도 그들에게 지금과는 다른, 더욱 편하고 의미 있는 삶이 가능하다는 희망을 불러일으켰으리라는 것은 말할 것도 없다. 때때로 나는 그러한 일에 성공을 거두기도 했다. 그들의 부은 얼굴이 인간적인 슬픔의 빛을 띠고 눈동자가 굴욕과 분노로 타오르는 것을 보면서 내 마음은 들떴고, 또 자랑스럽게 '민중 속에서 일하고' 그들을 '계몽하고' 있다는 자부심을 느꼈다.

그러나 물론 나는 삶의 가장 단순한 문제, 즉 일상의 문제조차도 대응할 수 없는 나의 무력함과 무지함과 무능함을 더 자주 느껴야만 했다. 그럴 때면 깜깜한 굴 속에 내던져진 것 같은 느낌이 들었다. 거기서 사람들은 오로지 현실을 잊으려 애쓰고 그 망각을 술집이나 매춘부의 차가운 포옹 속에서 찾으며 눈먼 구더기처럼 꿈틀거리고 있었다.

창녀촌을 찾는 것은 매달 월급날의 정기행사였다. 행복한 날 일주일 전부터 그 쾌락에 대해 큰소리로 떠들며 공상했고, 그날이 지나고 나면 오랫동안 자신이 경험한 즐거움에 대해 서로 이야기하곤 했다. 그러한 이야기를 통해 그들은 자신들의 성적 정력을 야비하게 자랑했고, 창녀들을 잔혹하게 조롱하면서 정나미 떨어진다는 듯 침을 뱉곤 했다.

그러나 이상도 하지! 그 모든 것의 그늘에서 나는 비애와 수치를 간파했다. 1루블이면 하룻밤 동안 여자를 살 수 있는 '위안의 집'에서 내 동료들이 당혹해 하거나 죄를 짓는 것처럼 행동하는 것을 보았으며, 그것을 당연하게 생각했다. 그들 가운데 몇몇은 매우 자유롭고 대담하게 자신감을 가지고 있었지만, 그 속에서는 고의성과 허위가 보였다. 양성의 관계는 내게 굉장한 흥미를 주었고 나는 특별한 예리함으로 그것을 관찰했다. 나 자신은 아직 여자의 애무를 경험한 적이 없었고 이러한 점은 나를 불쾌한 입장에 세웠다. 여자들과 동료들은 짓궂게 나를 조롱했다. 이윽고 그들은 대놓고 이렇게 말하면서 나를 '위안의 집'으로 초대하는 것을 그만두었다.

"이봐, 친구, 자네는 우리와 같이 가지 마."

"왜요?"

"왜냐고? 아무튼 자네하고 있으면 거북해."

그런 말 속에서 나에게 중요한 무언가를 느끼고 분명하게 파악했지만, 더 이상 이해할 수 있는 설명은 듣지 못했다.

"자네 같은 사내는 첨 봤어! 오지 말라고 했잖아! 자네하고 있으면 재미가 없단 말이야……."

다만 아르촘만이 가볍게 웃으면서 말해 주었다.

"꼭 신부님이나 아버지하고 같이 있는 것 같단 말이네."

아가씨들도 처음에는 나의 자제력을 조롱하더니 나중에는 화를 내며 묻는 것이었다.

"결벽증이 심하신가 봐?"

마흔 살 '처녀'에 화려한 미모를 가진 폴란드 여자 테레자 보르타는 '큰 언니'격이었는데, 그녀는 족보 있는 개처럼 영리한 눈으로 나를 쳐다보면서 말했다.

"애들아, 그 사람은 내버려 두렴. 약혼녀라도 있는 모양이지, 안 그래? 저만한 정력을 가진 젊은 애가 여자 없이 어떻게 견디겠니!"

알코올 중독인 그녀는 곤드레가 될 때까지 마셔댔고, 취했다 하면 글로 표현할 수 없을 만큼 추해졌다. 그러나 멀쩡할 때는 사람들에 대한 사려 깊은 태도와 사람들의 행동에서 조용히 의미를 찾는 탐구심이 나를 놀라게 했다.

"가장 이해할 수 없는 인간은 바로 신학 대학생들이에요." 그녀는 내 동료들에게 말했다. "그 사람들은 색시들과 별짓을 다해요. 바닥에 비누칠을 해 놓고는 발가벗은 애들을 네 개의 접시 위에 손과 발을 올려놓고 엎드리게 한 다음 그 애들의 엉덩이를 밀어요. 누가 더 멀리 나가나 시합하는 거죠. 그렇게 한 명씩 하게 하는데, 도대체 왜 그런 짓을 하는 걸까요?"

"거짓말!" 내가 말했다.

"오, 아니에요!" 테레자는 화내지도 않고 조용하게 소리쳤다. 그 조용함 속에는 무언가 위압적인 데가 있었다.

"당신이 꾸며낸 이야기요!"

"어떤 여자가 그런 이야기를 꾸며낼 수 있겠어요? 내가 미친년이란 말예요?" 그녀는 눈을 커다랗게 뜨면서 되물었다.

사람들은 탐욕스러운 눈길로 우리 설전에 귀를 기울였다. 테레자는 왜 그런 짓을 하는지 반드시 알아야겠다는 듯 열띤 어조로 손님들 놀이에 대한 모든 것을 이야기했다.

이야기를 듣던 사람들은 혐오스럽다는 듯 침을 뱉었고, 대학생들에게 거칠게 욕을 해댔다. 테레자가 내가 사랑하는 사람들에 대한 적개심을 불러일으키는 것을 보고 대학생들은 민중을 사랑하고 그들의 행복을 원하고 있음을 말해 주었다.

"그건 그래요. 바스크레센스카야 거리의 대학생들과 그 대학 직원들은 그렇지 않죠. 내가 말하는 건 아르스코에 들판에 있는 신학교 학생들이예요. 그 신학생들은 모두 고아들이죠. 고아들은 자라서 분명히 도둑이나 말썽꾼이 되죠. 나쁜 사람이 되는 거예요. 그런 사람은 어디에도 얽매이지 않기 때문이에요, 고아란 건!"

'큰 언니'의 조용한 이야기와 대학생과 관리들, 그리고 대체로 '품위 있는 양반들'에 대한 여자들의 악의에 찬 불평은 내 동료들에게 혐오감과 적의를 불러일으켰을 뿐만 아니라, 어쩌면 기쁨조차 야기 시켰다. 그것은 다음과 같은 말로 표현되었다.

"그러니까 배운 놈들이 우리보다 더 나빠!"

나는 그런 말을 듣는 것이 괴롭고 가슴 아팠다. 도시의 모든 오물이 이 동굴 같이 어두침침하고 작은 방 안으로 흘러들어와 연기 나는 추악한 불길 속에서 끓어오른 뒤, 적개심과 악의로 충전되어 다시 도시로 쏟아져 들어가는 것을 보았다. 그리고 본능과 삶에 대한 권태가 사람들을 그 속에 몰아넣는 균열 속에서, 어리석은 말에서 사랑의 불안과 고통을 노래한 감동적인 노래가 어떻게 만들어지고, '배운 자들'의 생활에 대한 추악한 전설이 어떻게 발생하며, 불가해한 것에 대한 조소적이고 적대적인 태도가 어떻게 태어나는지를 관찰했다. 그리고 그 '위안의 집'이 나의 동료들에게 독기 있는 성질의 지식을 습득하는 대학임을 알았다.

더러운 마룻바닥 위에서 께느른하게 발을 질질 끌면서 '기쁨을 위한 여자'들이 어떻게 움직이고 있는지, 하모니카의 집요한 쇳소리 속에, 또는 깨진 피아노 현에서 나는 신경을 긁는 듯한 소리 속에, 그들의 활기 없는 몸이 얼마나 보기 싫게 흔들리고 있는지 바라보는 동안, 내 안에서는 뭔가 막연하고 불안한 사상이 고개를 들기 시작했다. 주변 모든 것에서 권태가 스멀스멀 기어 나와 어디론가 가버리고 싶고 어디론가 숨고 싶은 무기력한 갈망으로 내 영혼을 중독시켰다.

어느 날 작업장에서 내가 오로지 민중의 자유와 행복으로 향하는 길을 추구하는 사람들이 있다는 것을 얘기하기 시작했을 때 동료들은 나에게 이렇게 반박했다.

"하지만 계집애들이 그들에 대해 하는 말은 전혀 다르던데?"

그들은 천박한 말로 가차 없이 나를 조롱했다. 그러나 화를 잘 내는 강아지였던 나는 자신을 다 자란 개에 못지않게 영리하고 대담하다고 느끼고, 나도 화를 내곤 했다. 삶에 대한 사상은 삶 그 자체만큼이나 힘들다는 것을 이해하기 시작하면서, 때때로 나와 함께 일하는 그 집요하고 인내심이 강한 사람들에 대한 혐오의 감정이 폭발하는 것을 마음속으로 느꼈다. 특히 술주정뱅이 주인의 반미치광이 같은 모욕에도 굽실거리기만 하면서 무기력하게 체념해 버리는 그들의 절망적인 참을성이 나를 견딜 수 없게 만들었다.

그리고—마치 고의로 그러는 것처럼!—바로 그 어려운 시절에 나는, 생리적으로 나에게는 적대적인 것이지만, 어쨌든 나를 몹시 혼란시키던 사상을 알게 되고 말았다.

어느 눈보라치던 밤, 심술궂게 으르렁거리는 바람이 잿빛 하늘을 산산조각 내었고, 그것이 지상에 내려 쌓여 얼어붙은 대지를 파묻어버리는 듯했다. 그리고 지상의 삶이 끝나고 태양이 사라져서 다시는 떠오르지 않을 것만 같았던 밤, 사육제 주간인 그 날 나는 데렌코프 집에서 일터로 돌아가고 있었다. 눈을 감고 바람을 맞받으며 잿빛 혼돈이 들끓고 있는 거리를 뚫고서 걸음을 내딛고 있었다. 그러다 길거리에 가로누워 있는 어떤 사람에게 발이 걸려 나둥그러지고 말았다. 우리는 서로 욕을 퍼 부었다. 나는 러시아어로, 그는 프랑스어로.

"이런, 제기랄……"

그 말이 내 호기심을 자극하여 나는 그를 도와 일으켜 세웠다. 그는 키가 작고 가벼웠다. 나를 밀치면서 그가 화를 내며 소리쳤다.

"내 모자, 빌어먹을 새끼! 모자 내놔! 얼어 죽겠어!"

나는 눈 속에서 모자를 찾아내 눈을 털어낸 다음 머리칼이 사방으로 곤두선 그의 머리 위에 얹어 주었다. 그러나 그는 모자를 낚아채 흔들어 대면서 두 나라 말로 번갈아 욕을 해대며 나를 쫓아내려고 했다.

"꺼져 버려!"

그러다가 갑자기 앞으로 내달아 들끓고 있는 혼돈 속으로 빨려 들어갔다. 얼마 가지 않아 나는 다시 그와 맞닥뜨렸다. 그는 가로등이 꺼진 나무기둥을 두 팔로 끌어안고 서서 분명하게 말하고 있었다.

"레나, 나는 죽어가고 있소. 오, 레나……."

그는 만취한 것이 분명했다. 이대로 거리에 내버려두면 얼어 죽을지도 모른다. 나는 그에게 어디에 사느냐고 물어보았다.

"여기가 어디요?" 그는 울먹이는 목소리로 소리쳤다. "어디로 가야 할지 나도 모르겠소."

나는 그의 허리를 부축하고 그가 사는 곳을 물으면서 같이 걸어갔다.

"블라카!" 그는 몸을 떨면서 중얼거렸다. "블라카……그곳의 목욕탕, 주소는……."

그가 몸을 가누지 못하고 비틀거리는 바람에 나까지 제대로 걸을 수가 없었다. 그의 이가 딱딱 부딪히는 소리가 들렸다.

"당신이 알고만 있다면야(Si tu savais)!" 나를 밀쳐내며 그가 중얼거렸다.

"뭐라고요?"

그는 멈춰 서서 한 손을 들더니 또렷하게, 자부심을 가지고—나에게는 그렇게 생각되었다—말했다.

"만약 내가 당신을 어디로 데려갈지 자네가 안다면(Si tu savais, ou Je te méne).

그는 거의 쓰러질 듯 비틀거리며 손가락을 입안에 집어넣었다. 나는 쪼그리고 앉아 그를 등에 업었다. 그러자 그는 내 뒤통수에 턱을 딱 붙이고 신음했다.

"만약 당신이 알고 있다면야(Si tu savais). 하지만 난 얼어 죽을 거야, 오, 하느님……."

블라카에 도착한 나는 간신히 그가 살고 있는 집을 찾아갔다. 마침내 우리는 정원 뒤쪽 휘날리는 눈보라 속에 엎드려 있는 자그마한 별채 입구로 들어섰다. 그는 손을 더듬어 문을 잡고 조심스럽게 두드리면서 속삭였다.

"쉬잇! 조용히……."

한 손에 촛불을 든 붉은 실내복 차림의 여인이 문을 열었다. 그녀는 우리에게 길을 내준 뒤 조용히 한쪽으로 물러서더니 어딘가에서 손잡이가 달린 안경을 꺼내들고는 나를 아래위로 살피는 것이었다.

나는 그녀에게 이 사람의 손이 언 듯하니 옷을 벗기고 침대에 눕혀야 한다고 말했다.

"그래요?" 그녀는 젊고 맑은 목소리로 물었다.

"손은 찬물에 담가야 돼요……."

그녀는 말없이 안경으로 한쪽 구석을 가리켰다. 그곳에는 화가(畵架) 위에 강과 나무들이 그려져 있는 그림이 세워져 있었다. 깜짝 놀라 그 이상하게 움직이지 않는 여자의 얼굴을 쳐다보았다. 그녀는 방 한구석, 분홍색 갓등 아래 등잔불이 켜져 있는 책상에 가서 앉더니 책상에서 하트 잭 카드를 집어 들여다보는 것이었다.

"보드카 없어요?" 나는 큰소리로 물었다. 그녀는 아무런 대답도 없이 탁자 위에 카드를 펼쳐 놓고 있었다. 내가 데려온 남자는 고개를 수그린 채 벌겋게 달아오른 손을 옆구리에 늘어뜨리고 의자에 앉아 있었다. 그를 소파에 앉히고 뭐가 뭔지 모른 채 꿈을 꾸는 것처럼 그의 옷을 벗기기 시작했다. 소파 위 벽은 온통 사진으로 뒤덮여 있고, 그 가운데 하얀 리본 매듭 속에 황금빛 화환이 희미하게 빛나고 있었는데, 리본 끄트머리에는 금박 글씨가 이렇게 새겨져 있었다.

'비길 데 없는 질다에게'

"제기랄, 살살해!" 내가 그의 손을 부비기 시작하자 그가 신음 소리를 냈다.

그녀는 말없이 카드를 펼치고 있었지만 표정에는 근심스런 빛이 역력했다. 코가 새처럼 뾰족하고, 움직이지 않는 커다란 눈이 그것을 비춰주고 있었다. 그녀는 어린 소녀 같은 손으로 가발처럼 화사한 잿빛 머리를 만지작거리며 조용하지만 낭랑한 목소리로 물었다.

"미사를 보았나요, 조르주?"

조르주는 나를 밀어내고서 급히 일어나 앉더니 재빨리 말했다.

"그 아인 키예프로 떠났잖소……."

"참, 키예프로 갔죠." 여인은 카드에서 눈을 떼지 않고 되뇌었다. 나는 그녀의 목소리가 단조롭고 감정이 전혀 담겨 있지 않다는 것을 깨달았다.

"그 앤 곧 돌아올 거야……."

"정말?"

"아, 그럼! 금방 말이야."

"정말?" 여인이 되풀이했다.

옷을 반쯤 벗은 조르주는 마루로 뛰어내리더니 두 번 껑충 뛰더니 프랑스어로 무언가 말하며 여인의 발아래 무릎을 꿇었다.

"전 아무렇지도 않아요." 그녀는 러시아어로 대답했다.

"난 길을 잃어버렸소. 그 눈보라, 무시무시한 바람, 얼어 죽는 줄만 알았어. 우린 술을 조금 마셨거든." 조르주는 무릎 위에 놓인 그녀의 손을 어루만지며 다급하게 이야기했다. 그는 마흔 살 가량으로, 붉고 두툼한 입술에 검은 수염이 있었으며 뭔가에 놀란 듯 불안해 보였다. 그는 동그란 뒤통수의 허옇고 결이 센 머리칼을 세게 문지른 다음 점점 술이 깨는 듯이 말했다.

"우리 내일 키예프로 떠나요." 여인은 묻는 것도 확인하는 것도 아닌 투로 말했다.

"그래, 내일! 하지만 당신은 우선 좀 쉬어야겠소. 이제 자도록 해요. 벌써 꽤 늦었구먼……."

"오늘 미샤가 오지 않을까요?"

"오, 못 올 거요! 이런 눈보라에…… 자, 좀 누워요……."

그는 책상 위 등잔을 들고 책장 뒤에 있는 작은 문으로 그녀를 데리고 갔다. 나는 그의 조용하지만 갈라진 목소리를 들으며 아무런 생각 없이 오랫동안 혼자 앉아 있었다. 털북숭이 동물의 발톱이 유리창을 긁고 지나갔다. 눈이 녹아 고인 물웅덩이 속에 촛불이 희미하게 비치고 있었다. 방은 가재도구들로 가득 차 있었고, 훈훈하고 이상한 냄새가 방 안에 들어차 생각을 마비시켰다.

조르주가 다시 나타났다. 몸을 휘청거리며 등잔을 들고 있었다. 그 등갓이 가늘게 등잔 유리를 두드렸다.

"잠들었소."

그는 책상 위에 등잔을 올려놓고 생각에 잠긴 듯 방 한가운데 서더니 나를 쳐다보지 않고 입을 뗐다.

"어떻게 생각하시오? 당신이 아니었으면 난 죽었을지도 몰라요…… 고맙소! 당신은 누구요?"

그는 고개를 옆으로 기울이고 옆방에서 나는 소리에 귀를 기울이며 진저리를 쳤다.

"당신 아낸가요?" 나는 나직이 물었다.

"그래요, 내 아내요. 내 전부지요!" 그는 말을 끊고, 방바닥을 내려다보면서 낮은 목소리로 말하더니 다시 손바닥으로 머리를 세게 문질렀다.

"차라도 한 잔 할까요?"

그는 무심코 문 쪽으로 가다가 하녀가 생선을 먹고 배탈이 나서 병원에 갔다는 것을 기억해내고는 멈춰 섰다.

내가 사모바르를 끓이겠다고 하자 그는 고개를 끄덕였다. 그는 반쯤 옷을 벗고 있다는 사실도 까맣게 잊은 듯 맨발로 축축한 바닥을 찍찍 끄는 소리를 내며 작은 부엌으로 나를 안내했다. 부엌에서 페치카에 등을 기댄 채 그는 다시 한번 되풀이했다.

"당신이 없었다면 난 얼어죽고 말았을 거요, 고맙소!"

그러다가 갑자기 몸을 떨면서 겁먹은 듯 휘둥그레진 눈으로 나를 응시했다.

"그랬다면 그녀는 또 어떻게 되었을까? 오, 하느님……."

그는 어두운 문구멍을 들여다보며 재빨리 속삭였다.

"그녀가 정상이 아니라는 걸 알았을 거요. 그녀의 아들이 자살을 했죠. 그 앤 모스크바에서 음악가로 일했는데 아직도 그 애가 돌아오길 기다리고 있어요. 벌써 2년째요, 거의……."

함께 차를 마시면서 그는 조리 없이 말을 늘어놓기 시작했다. 그의 얘기에 따르면, 그녀는 지주였고 그는 그녀의 아들에게 역사를 가르치는 가정교사였다. 그는 그녀와 사랑에 빠졌고 그녀는 남작이던 독일인 남편과 헤어진 뒤 오페라 가수가 되었다. 첫 남편이 여러모로 그녀 생활을 방해하려 들긴 했지만 그들은 무척 행복하게 살았다.

그는 눈을 가늘게 뜨고 더러운 부엌의 희끄무레한 어둠 속에서 긴장한 듯 무언가를 응시하면서 이야기했다. 페치카 바닥이 썩어 있었다. 그는 차를 홀짝거리다가 입안을 데었는지 얼굴을 찡그렸고 둥그런 두 눈을 겁먹은 듯 깜박거렸다.

"당신은 누구요?" 그가 다시 물었다. "그래, 제빵사, 노동자란 말이지. 이상하군…… 그렇게 보이지 않는데 말이야. 왜 그런지는 모르겠지만."

그의 말이 불안스럽게 들렸다. 그는 박해당한 사람의 의심에 찬 눈초리로 나를 쳐다보았다.

나는 짤막하게 나에 대해 말해 주었다.

"그래요?" 그는 작게 소리쳤다. "아, 그렇단 말이지……."

그러더니 갑자기 활기를 띠며 물었다.

"《미운 오리새끼》[20]라는 동화를 알고 있소? 읽어 봤소?"

그의 얼굴이 일그러졌고 화난 목소리로 말하기 시작했는데 나는 신음에 가까운 그의 부자연스러운 고음에 당황하지 않을 수 없었다.

"그 동화는 마음을 끄는 데가 있지. 나도 당신 나이쯤엔 내가 백조가 아닌가 생각했었소. 그리고……신학교에 가야 했는데 대학에 들어가고 말았소. 목사였던 아버지는 나와 부자의 인연을 끊었소. 나는 파리에서 인류의 불행한 역사, 진보의 역사를 공부했어요. 그래요, 그것에 대해 글을 쓰기도 했지. 아, 이 모든 것이 어찌……."

그는 의자 위로 뛰어올라 귀를 기울이고 난 뒤 다시 내게 말했다.

"진보란 자기 위안을 위해 고안된 것일 뿐이오! 삶은 이성적이지도 않고 의미도 없어요. 노예제 없이는 진보가 없고 소수에 대한 다수의 예속이 없었다면 인류는 발전 도상에서 멈춰버렸을 거요. 우리는 우리 삶, 우리 노동을 편하게 하려다가 그것을 더욱 복잡하게 만들고 노동을 더욱 늘리기만 할 뿐이오. 공장과 기계는 더 많은 기계를 만들기 위해서 존재하지. 그건 어리석은 짓이라오! 더 많은 노동자들이 생겨나지만 우리한테 필요한 것은 농민뿐이오. 빵을 만들어내는 농민 말이오. 빵은 노동을 통해 자연에서 얻어내야 할 유일한 것이오. 인간에게 필요한 것이 적으면 적을수록 인간은 더욱더 행

---

*20 안데르센(1805~72)의 동화.

복해지고, 기대가 크면 클수록 자유는 점점 더 적어질 거요."

어쩌면 꼭 그렇게 말한 건 아닐지도 모른다. 그러나 어쨌든 나는 이렇게 놀라운 사상을, 그토록 거리낌 없이 그토록 강렬하게 쏟아내는 건 들은 적이 없었다. 그는 흥분해서 큰소리로 이야기한 뒤 두려운 듯 내실로 열려진 문에 시선을 고정시키고 잠깐 동안 정적에 귀를 기울였다. 그러고는 다시, 거의 분노를 담아 이렇게 소곤거렸다.

"먹고 사는 데 그렇게 많은 게 필요하지는 않아요. 빵 한 조각과 여자만 있으면 충분하지……."

그가 신비로운 귓속말로 내가 모르는 단어나 내가 읽지 않은 시를 읊어가며 여자에 대해 말하기 시작했을 때 그는 문득 도둑 바시킨과 닮아 보였다.

"베아트리체,*21 피아메타,*22 라우라,*23 니농*24……." 그는 낯선 이름들을 속삭였고, 사랑에 빠진 왕과 시인들에 관해 이야기했다. 또 팔꿈치까지 드러난 여윈 팔로 리듬을 맞춰가며 프랑스시를 암송하기도 했다.

"세상을 지배하는 건 사랑과 굶주림이라오." 그의 열정적인 속삭임을 들으며 《굶주린 황제》라는 제목의 혁명적 소책자에 이 말이 인쇄되어 있었고, 그 말이 나에게 특별히 중요한 의미로 다가왔던 것을 떠올렸다.

"인간이 추구하는 것은 망각과 위안이지 지식이 아니라오."

그 사상은 나를 결정적으로 놀라게 했다.

내가 그 부엌에서 나온 것은 아침이 다 되어서였다. 벽에 걸린 작은 시계가 6시가 조금 지났음을 알리고 있었다. 나는 눈보라가 성나 부르짖는 소리를 들으며 수북이 쌓인 눈을 밟으며 잿빛 안개 속을 걷고 있었다. 망가진 한 인간의 분노한 외침을 떠올리면서 그의 말이 내 목구멍 어딘가에 걸려 목을 옭죄는 것을 느꼈다. 일터로 가 사람들을 만나고 싶지 않아서 눈송이를 맞으며 날이 밝아 눈의 물결 속에 사람들 모습이 하나 둘 나타날 때까지 타타르 지역 거리를 배회했다.

나는 다시는 그 선생을 만나지 못했으며 더 이상 만나고 싶지도 않았다.

---

*21 베아트리체 단테(1265~1321)의 영원한 여성.

*22 피아메타 보카치오(1313~75)의 이야기에 나오는 여주인공.

*23 라우라 페트라르카(1304~74)의 시 〈칸초니에레〉에 노래되어 있는 '영원한 여성'.

*24 니농(1828~1906). 프랑스의 유명한 미인이자 재녀. 《회상록》이 있다.

그러나 그 뒤로도 여러 차례 삶의 무의미함과 노동의 무익함에 대한 이야기들을 들었다. 무식한 떠돌이, 집 없는 부랑자, '톨스토이주의자',[*25] 높은 교양을 지닌 사람들이 종종 그런 말을 하곤 했다. 수도승, 신학자, 폭발물을 연구하는 화학자, 새로운 활력론자인 생물학자도 그런 말을 했고 다른 많은 사람들도 그랬다. 그러나 그러한 사상은 그 얘기를 처음 들었을 때만큼 충격적으로 나에게 영향을 미치지는 않았다.

그러니까 바로 2년 전, 다시 말해 그 테마에 대해 최초로 대화를 나눈 지 30년 이상이 지난 뒤, 우연하게도 그 사상을 거의 그것과 같은 말로, 내가 오래전부터 알고 있던 노동자에게서 듣게 되었다.

언젠가 '흉금을 털어놓고' 그와 대화를 나눈 적이 있었는데, 씁쓸하게 웃으며 스스로를 '정치적 거물'이라고 불렀던 그는 러시아인들만이 지니고 있는 것으로 생각되는 그 무서운 성실함을 드러내 보이며 내게 말했다.

"이봐요, A.M.(알렉세이 막시미치. 고리키의 본명). 내겐 아무것도 필요치 않아요. 아카데미, 과학, 비행기, 이 모든 것들은 아무런 쓸모가 없단 말입니다! 단지 조용한 집 구석과 마누라만 있으면 족해요. 내가 원할 때 입을 맞추면 몸과 마음으로 성실하게 응해 오는 마누라 말입니다. 바로 그거라고요! 당신은 지식인으로서 판단하고 있어요. 당신은 우리 동료가 아니고 해악에 물든 사람일 뿐이죠. 당신한테는 사상이 인간보다 우위에 있어요. 당신도 유대인처럼 인간은 안식일을 위해 존재한다고 생각하겠죠?"

"유대인들은 그렇게 생각하지 않아요……."

"그들이 무슨 생각을 하고 있는지 누가 알겠어요? 의심스러운 인종이죠." 그는 강물에 담배꽁초를 던지고는 그것을 물끄러미 쳐다보며 대답했다.

우리는 네바 강변에 있는 화강암 벤치에 앉아 있었다. 어느 가을날 달밤이었다. 우린 둘 다 낮 동안의 무익한 흥분과, 뭔가 선량하고 유익한 일을 하고자 하는 고집, 그러나 실패로 끝난 소망으로 인해 지칠 대로 지쳐 있었다.

"당신은 우리 편이지만 우리 동료는 아니오. 이것이 내가 말하고자 하는 것이오." 그는 생각에 잠겨 작은 소리로 말했다. "지식인들은 걱정하는 것을 좋아하지요. 그들은 먼 옛날부터 반란에 가담해 왔습니다. 그리스도가 관념

[*25] 톨스토이의 악에 대한 무저항, 사랑의 철학, 채식주의 등의 사상을 계승하는 사람들.

론자로서 하늘나라의 목적을 위해 반역했듯이 지식인들은 모두 유토피아를 위해 반란을 일으키고 있어요. 관념론자가 반란을 일으키면 쓸데없는 인간, 비열한 인간, 악당, 모든 악의 무리가 그들과 함께 하지요. 그들은 그들을 위한 삶의 자리가 없다는 것을 알고 있기 때문입니다. 노동자는 혁명을 위해 봉기합니다. 그들에게는 노동의 수단과 생산물의 정당한 분배를 획득하는 것이 필요합니다. 결정적으로 권력을 잡은 뒤에도 그들이 국가에 동의할 것 같습니까? 천만의 말씀! 모두가 뿔뿔이 흩어져 노동자들은 저마다 자기만의 나라를 위해 조용한 가정을 꾸릴 겁니다……."

"기술이라고 하셨소? 그것은 우리 목에 걸린 올가미를 더욱 세게 조이고 우리를 더욱 강력하게 얽어매고 있습니다. 안 돼요. 무의미한 노동에서 해방되어야 합니다. 인간은 안정을 원해요. 공장과 과학은 안정을 제공하지 않습니다. 사람에겐 많은 것이 필요하지 않습니다. 나에게는 단지 작은 집이 필요한데 무엇 때문에 도시를 지으려 하겠소? 사람들이 한데 모여 살고 있기 때문에 상수도니 하수도니 전기니 하는 것이 필요한 겁니다. 하지만 그런 것 없이 살아보세요, 얼마나 편해지는지! 아니, 우리들은 쓸데없는 것이 너무 많아요. 그건 모두 지식인 때문입니다. 그래서 나는 지식인이 유해한 종류의 사람이라고 말하는 겁니다."

나는 우리 러시아인들만큼 삶을 심각하게, 결정적으로 무의미하게 만들 수 있는 사람들은 없을 거라고 말했다.

"정신적으로 가장 자유로운 민중이죠." 그는 가볍게 웃었다.

"화내지는 마십시오. 나는 올바른 판단을 하고 있어요. 수백만 명의 우리 동료들은 그렇게 생각하고 있지만 다만 그걸 표현할 줄 모를 뿐이에요. ……삶은 좀 더 단순해져야 합니다! 그러면 삶은 인간들에게 좀 더 관대해질 겁니다……."

그는 결코 '톨스토이주의자'가 아니었으며 무정부주의의 경향을 보여준 적도 없다. 나는 그의 정신적 발전사를 소상하게 알고 있었다.

그와 대화를 나눈 뒤 나는 저절로 이런 생각이 들었다. 만약 정말로 수백만 명의 러시아인들이 오직 노동에서 해방된다는 희망을 마음속 깊이 품고 있기 때문에 혁명의 쓰라린 고통을 견디고 있다고 한다면, 어떻게 될까? 최소한의 노동—최대한의 쾌락, 그것은 모든 실현 불가능한 것과 마찬가지로,

모든 유토피아와 마찬가지로 매우 매력적이고 유혹적이다.

　나는 입센*26의 시가 떠올랐다.

　　내가 보수주의자인가? 오, 아니다!
　　나는 지금까지 내 온 생애를 살아온 그대로,
　　몸을 움직이는 것을 좋아하지 않는다.
　　하지만 모든 승부를 훼방 놓고 싶다.
　　나는 오직 하나의 혁명을 알고 있다.
　　그것은 그 뒤의 어떤 것들보다도 현명했고,
　　그리고 모든 것을 파괴해 버릴 수도 있었을 것을.
　　내가 말하는 것은 다름 아닌 대홍수.

　　그러나, 그때도 악마들은 기만하고 있었으니,
　　그대는 아는가, 노아가 독재자였음을.

　　오, 만약 그것을 좀 더 정직하게 할 수만 있다면,
　　나 그대들을 돕는 것을 거절하진 않으리.
　　그대들이 세계의 홍수를 위해 분투한다면,
　　나는 기꺼이 방주 밑에 수뢰를 달리라!

　데렌코프 가게는 수입이 형편없었다. 그러나 물질적 지원이 필요한 사람
과 '일'은 계속 늘어가기만 했다.

　"무언가 수를 생각해야 되겠어." 안드레이는 심란하게 턱수염을 만지면서
말했다. 그리고 미안한 듯이 웃으며 무겁게 한숨을 내쉬었다.

　나에게는 그가 자기 자신을 사람들을 도와주라는 무기한의 형벌을 선고받
은 사람으로 생각하고 있으며, 그 형벌을 받아들이기는 했지만 그것이 이따
금 그에게 무거운 짐이 되고 있는 것처럼 보였다.

　여러 차례 나는 이런저런 말로 물어보았다.

———————————————

*26 헨리크 입센(1829~1906). 노르웨이의 극작가.

"왜 당신은 이런 일을 하나요?"

그는 내 질문들을 이해하지 못했는지, "왜?"라는 물음에 민중의 고통스러운 삶, 계몽과 지식의 필요성에 대해 책에서 따온 것처럼 종잡을 수 없는 말로 대답했다.

"하지만 사람들은 진실로 지식을 원하고 있다는 겁니까?"

"그야 물론이지. 자넨 안 그래?"

그렇다, 나는 지식을 원하고 있었다. 그러나 나는 역사 선생 말이 생각났다. '인간이 추구하는 것은 망각과 위안이지 지식이 아니라오.'

이러한 신랄한 사상은 이제 갓 열일곱 살 된 청년에게는 유해할 뿐이다. 그 만남은 사상을 무뎌지게 하고 인간을 폐인으로 만든다.

나는 내가 언제나 똑같은 것을 보아 온 것처럼 생각되었다. 사람들이 흥미로운 이야기를 좋아하는 건 그것이 그들에게 고통스럽지만 익숙해진 삶을 잠시라도 잊게 해 주기 때문일 뿐이다. 이야기 속에 '허구'가 많으면 많을수록 사람들은 그것에 더욱더 열정적으로 귀를 기울이게 된다. 아름다운 '허구'가 많이 들어 있는 책은 매우 재미있다. 간단히 말해서 나는 독성 있는 안개 속을 헤엄치고 있었던 것이다.

데렌코프는 빵집을 개업할 생각을 했다. 지금도 기억하고 있지만, 그 사업은 투자된 1루블 당 적어도 35퍼센트의 이익을 가져다 준다는 것이 지극히 정확하게 계산되었다. 나는 그곳에서 제빵사의 '조수'로 일하며 '가족'으로서 그 제빵사가 밀가루, 달걀, 버터와 완제품을 훔쳐가지 않도록 감시해야 했다.

나는 이제 크고 더러운 지하실에서 작지만 훨씬 깨끗한 지하실로 옮겼다. 그 청결을 감독하는 것은 내 책임이었다. 40명의 노동조합 대신 나는 한 명의 노동자와 함께 일하게 되었다. 관자놀이는 희끗희끗하고 뾰족한 턱수염이 난 얼굴은 마르고 가무잡잡했으며 눈은 검고 생각에 잠긴 듯했고 입은 이상하게 생긴 남자였다. 그것은 꼭 농어 주둥이처럼 자그마한데다 입술이 몽실몽실하고 도톰해서 흡사 마음속으로 입이라도 맞추고 싶어 하는 양 오므려져 있었다. 그리고 뭔가 조소적인 것이 눈속 깊이 반짝이고 있었다.

그는 당연하다는 듯이 도둑질을 했다. 작업 첫날밤에 그는 달걀 10개와 밀가루 3파운드, 큼직한 버터 덩이를 한쪽에 챙겨 두었다.

"이건 어디에 사용할 겁니까?"

"이건 어떤 계집애한테 보낼 거야." 그는 친근한 목소리로 대답했다. 그러고는 콧잔등을 찡그리면서 덧붙였다. "정말 멋진 계집애야!"

나는 그에게 도둑질이 범죄라는 걸 납득시키려고 했지만 말재주가 없어선지 아니면 내 스스로 증명하려는 것에 확신이 서지 않아선지 아무런 실효를 거두지 못했다.

그는 밀가루 반죽이 들어 있는 커다란 통 위에 걸터앉아 창밖으로 별을 바라보며 놀랐다는 듯 중얼거렸다.

"이놈이 나를 가르치려 드는군! 초면에 벌써 날 가르치려 들다니! 나보다 세 배나 어린놈이. 웃기는군……!" 그는 여전히 별을 바라보면서 내게 물었다.

"어디선가 자넬 본 듯한데. 자네 전에 어디서 일했나? 세묘노프? 그 소동이 일어났던 곳? 그래…… 그럼, 자넬 꿈속에서 본 모양일세……."

며칠 지내면서 나는 이 사람이 어떤 자세로든, 심지어 삽자루에 기댄 채로도 얼마든지 잠들 수 있다는 사실을 알게 되었다. 그는 잠들면서 눈썹을 치켜 올리는 버릇이 있었는데, 그럴 때면 얼굴이 이상하게 바뀌어 비아냥거리는 듯 놀라는 표정을 지었다. 그가 좋아하는 화젯거리는 지하에 숨겨진 보물과 꿈에 관한 것이었다. 그는 확신을 가지고 이렇게 말했다.

"나는 땅속을 꿰뚫어본다네. 만두처럼 온 땅에 보물들이 묻혀 있지. 돈 상자, 금궤, 무쇠솥이 곳곳에 묻혀 있다고. 꿈속에서 낯익은 장소를 보게 되는 경우가 종종 있어. 이를 테면 목욕탕과 같은 곳인데, 목욕탕 한쪽 구석 밑에는 은그릇이 들어 있는 상자가 묻혀 있었단 말이야. 한밤중에 잠에서 깨어나 거기로 가서 땅을 팠지. 한두 자쯤 파내려 가자 숯덩이와 개뼈다귀밖에 안 나오더군. 바로 거기였어. 난 발견했던 거야……! 그런데 갑자기 '쾅!'하면서 유리창이 박살나더니 웬 여자가 미친 듯이 비명을 질러대는 거야. '사람 살려, 도둑이야!' 물론 난 내뺐지. 안 그랬으면 맞아죽었을 거야. 웃기는 애기야!"

나는 종종 그가 '웃기는 애기야!'라고 말하는 것을 들었다. 그러나 이반 코지미치 루토닌은 웃지 않았다. 단지 웃을 듯이 눈을 가늘게 뜨고 콧날을 찡그리면서 콧구멍을 씰룩거릴 뿐이었다.

그의 꿈은 단순하고 현실만큼이나 지루하고 터무니없었다. 나는 그가 왜 자신의 꿈에 대해서는 열심히 이야기하면서도 주변에 있는 것들에 대해서는 이야기하고 싶어 하지 않는지 이해가 되지 않았다. 1890년대 말 나는 한 고고학 잡지에서 루토닌—코로뱌코프라는 남자가 치스토폴 지역의 어딘가에서 보물을 발견했다는 기사를 읽었다. 그것은 한 항아리 분량의 아라비아 동전이었다.

어느 날 온 도시에서 큰 소동이 일어났다. 강제로 결혼하게 된 부유한 차(茶)상인의 딸이 결혼식에서 달아나 권총으로 자살한 것이다. 한 무리의 청춘남녀가 그녀의 관을 따랐는데 그 수가 수천 명에 달했다. 묘지에서는 대학생들이 연설을 했고 경찰이 그들을 해산시켰다. 빵집과 나란히 붙어 있는 작은 가게에 모인 모든 사람들이 이 한편의 드라마에 대해 큰소리로 떠들어댔고, 가게 뒷방은 대학생들로 가득 차 그들의 흥분한 목소리와 격렬한 말들이 지하실의 우리 귀에까지 들려왔다.

"틀림없이 그놈들은 그녀가 어릴 때는 더 심하게 매질을 했을 거야." 루토닌은 그렇게 말한 뒤 나에게 이야기했다.

"연못에서 붕어를 잡고 있는데 갑자기 경찰이 나타났어. '꼼짝 마라, 지금 무슨 짓을 하고 있지?' 달아날 데가 있어야지. 그래서 물속으로 뛰어들었지…… 그러다 잠이 깼어……."

현실은 그의 관심 밖 어딘가에 자리 잡고 있었지만 그는 곧 빵집 안에서 뭔가 평범하지 않은 일이 일어나고 있는 기미를 알아차렸다. 가게에서는 이런 일에 익숙하지 않은, 책 읽는 처녀들이 빵을 팔고 있다, 그녀들은 주인의 딸과 그 친구, 큰 키에 장밋빛 뺨과 부드러운 눈매를 가진 아가씨다, 대학생들이 들르곤 하는데 그들은 오랫동안 가게 뒤 골방에 앉아 고함을 지르거나 무언가에 대해 소곤거린다, 주인은 드물게 나타난다, 그래서 '조수'인 내가 빵집 지배인처럼 보인다, 그런 것들이었다.

"자네, 주인 친척인가?" 루토닌이 물었다. "아마 주인이 자네를 사위로 점찍었나 보군? 아닌가? 웃기는 얘기야. 그런데 무엇 때문에 대학생들이 빈둥거리는 거지? 처녀들 때문인가…… 음, 그렇군. 그래, 그럴 수도 있지…… 처녀들이 별반 먹음직스러운 미인들은 아니지만 말이야…… 하지만 대학생 놈들은 처녀들한테 열을 내기보다는 흰 빵을 처먹는 데 더 열심이더란 말이야……."

거의 매일 아침 대여섯 시 경이면 빵집 창문 앞 거리에는 다리가 작달막한 처녀가 나타나곤 했다. 색색의 커다란 반구 체형의 몸매는 흡사 수박을 가득 담은 자루 같았다. 그녀는 창문 앞 구멍 속에 맨발을 집어넣고 하품을 하며 그의 이름을 불렀다.

"바냐!"

머리에 쓴 알록달록한 플라토크 밑으로 밝은 색깔의 곱슬머리가 작은 고리를 이루어 공처럼 부푼 붉은 뺨과 좁은 이마 위에 드리워지기도 하고 반쯤 자는 것처럼 보이는 눈을 간질이기도 했다. 그녀는 작은 손으로 나른하게 얼굴에 붙은 머리카락을 쓸어 올렸다. 그녀의 손가락은 갓난아기처럼 우스꽝스럽게 볼록볼록했다. 이런 처녀하고 무슨 이야기를 할 수 있을지 생각하면 재미있었다. 내가 제빵사를 깨우면 그는 그녀에게 말하는 것이었다.

"왔어?"

"네."

"잘 잤어?"

"그럼요, 아주 잘 잤죠."

"무슨 꿈 꿨어?"

"기억 안 나요."

거리는 고요했다. 어디선가 문지기가 비질하는 소리가 들려오고 막 잠에서 깨어난 참새들이 찍찍거렸다. 창문 유리창에 따사로운 아침 햇살이 몸을 던지고 있었다. 이 나른한 하루의 시작은 무척 상쾌했다. 제빵사는 털북숭이 손을 창문 밖으로 뻗어 처녀의 다리를 꼬집었다. 그녀는 염소 같은 눈을 깜박거리며 그의 손놀림을 웃지도 않고 태연하게 받아들였다.

"페시코프, 버터빵을 꺼내와, 다 됐을 거야!"

나는 화덕에서 철판을 끄집어냈다. 제빵사는 철판에 있는 열 개 정도의 둥근빵과 롤빵, 러시아빵을 손으로 집어 처녀의 치마폭에 던졌다. 그러면 그녀는 뜨거운 빵을 이쪽 손에서 저쪽 손으로 던지면서 염소처럼 누런 이로 덥석 베어 물다가 입안을 데어 화를 내며 신음소리를 내거나 소리를 질렀다.

제빵사는 그녀를 사랑스러운 듯이 바라보면서 말했다.

"치마 자락 내려, 염치없는 아가씨야……."

그녀가 가고 나면 그는 내 앞에서 뽐내곤 했다.

"봤지? 꼭 새끼양처럼 온통 곱슬머리로 뒤덮여서 말이야. 난 말이야, 친구. 담백한 사람이어서 할망구들은 쳐다보지도 않아. 오직 처녀애들만 상대하지. 그 앤 열세 번째야! 니키포리치의 대녀(代女)야."

그의 환희에 찬 목소리를 들으면서 나는 생각했다.

'나도 저런 식으로 산다면?'

나는 화덕에서 무거운 흰 빵을 꺼내 긴 판 위에 열두어 개 옮기고 서둘러 그것을 데렌코프의 가게로 날랐다. 돌아와서는 2푸드짜리 광주리에 흰 빵과 롤빵을 채워 넣고 신학생들의 아침 차 시간에 맞추기 위해 신학교로 달려갔다. 그곳 넓은 식당 문 옆에 서서 '외상'이나 '현찰'로 신학생들에게 흰 빵을 나누어주었다. 그런 다음 그 자리에 그대로 서서 톨스토이에 대한 신학생들의 논쟁을 듣기도 했다. 신학교 교수인 구세프는 레프 톨스토이의 지독한 반대자였다. 때때로 내 광주리 속 흰 빵 밑에 책 몇 권이 들어있기도 한데, 그러면 이런저런 학생들 손에 그 책들을 슬며시 찔러 주어야만 했다. 또 이따금 학생들은 내 광주리에 책이나 공책들을 숨겨 넣기도 했다.

일주일에 한 번씩은 훨씬 더 멀리 있는 '정신병원'으로 배달을 나갔다. 그곳에서는 신경병학자인 베흐테레프가 환자들을 보여주면서 실험 강의를 하고 있었다. 한번은 대학생들에게 과대망상증 환자를 보여주기도 했다. 강당 문으로 흰 옷을 입고 양말처럼 생긴 실내모를 쓴 키가 큰 남자가 나타났을 때 나는 저절로 웃음이 나왔다. 그러자 그는 내 곁에 잠깐 멈춰서서 내 얼굴을 빤히 쳐다보았다. 나는 얼른 뒤로 물러났다. 마치 그가 그 검은, 그러나 불꽃처럼 매서운 시선으로 내 심장을 때리기라도 한 것처럼. 그 때문에 나는 베흐테레프가 턱수염을 어루만지며 그 환자와 정중하게 대화를 나누는 동안, 마치 뜨거운 석탄재에 그을리기라도 한 듯이 얼굴을 조용히 문지르고 있었다.

환자는 낮은 목소리로 이야기했다. 그는 환자복 소맷자락 밖으로 긴 팔과 긴 손가락을 위협하듯 내뻗으며 뭔가를 요구했다. 나는 그의 온 몸이 부자연스럽게 길게 자라나, 그 자리에 선 채 그 기괴한 손을 뻗어 내 목을 죄어올 것만 같았다. 야윈 얼굴의 검은 눈은 위협하듯, 또 군림하듯 예리하게 빛나고 있었다. 스무 명 남짓한 대학생들은 엉터리 실내모를 쓰고 있는 그 사내를, 몇몇은 웃으면서, 대부분은 긴장하여 슬픈 듯 쳐다보았다. 그러나 그의 불타는 듯한 눈동자에 비해 학생들의 눈은 지극히 평범해 보였다. 그는 무시무시했고, 어딘지 숭엄한 데가 있었다. 분명히!

대학생들의 물고기 같은 침묵 속에 교수의 목소리가 또렷하게 울려 퍼졌고, 그의 질문은 하나하나, 낮은 목소리의 성난 외침을 불러일으켰다. 그것은 마치 마룻바닥 밑에서, 죽음처럼 하얀 벽 속에서 들려오는 것 같았다. 환자의 몸짓은 대주교 마냥 느리고 엄숙했다.

그날 밤 나는 그 미치광이에 관한 시를 쓰고, 그를 '모든 지배자 중의 지배자, 하느님의 친구이며 조언자'라고 불렀다. 그리고 그의 모습은 오랫동안 나와 함께 살면서 내가 살아가는 것을 방해했다.

저녁 6시부터 거의 한밤중까지 일을 하고 낮에는 잠을 잤기 때문에 나는 일하는 틈틈이, 예를 들면 밀가루 반죽을 하고 나서 다른 반죽이 발효되기를 기다리는 동안이나 빵을 화덕 속에 넣은 뒤가 아니면 책을 읽을 수 없었다. 내가 이 일의 비밀을 터득해 감에 따라 제빵사는 점점 일을 적게 하면서, 놀랍다는 투로 친근하게 나를 '가르쳤다'.

"자넨 일을 잘하는군. 1, 2년만 지나면 빵 기술자가 되겠어. 웃기는 얘기야. 풋내기인 자네가 내 말을 듣지 않고 존경하지도 않게 되는 거지……."

그는 책에 대한 나의 열정을 좋게 여기지 않았다.

"책 같은 건 뭐하러 읽나, 잠이나 자지." 그는 친절하게 충고했고, 내가 어떤 책을 읽고 있는지 묻는 일도 결코 없었다.

땅속 보물에 대한 꿈과 통통하고 작달막한 처녀가 그를 완전히 점령하고 있었다. 처녀는 이따금 밤중에 찾아오기도 했다. 그럴 때면 그는 입구에 있는 밀가루 포대 위로 그녀를 데려가거나, 추울 때는 콧날을 찡그리면서 나에게 이렇게 말했다.

"30분만 나가 있어!"

나는 밖으로 나가면서 생각했다. 이러한 연애는 책에 쓰여 있는 연애와는 어쩌면 이리도 다르단 말인가……

가게 뒤 작은 방에는 주인의 여동생이 살고 있었다. 나는 그녀를 위해 사모바르를 끓이기도 했지만 될 수 있는 한 마주치지 않으려고 애썼다. 그녀와 함께 있으면 어쩐지 불편했다. 그 어린아이 같은 눈이 늘 견딜 수 없는 시선으로 나를 쳐다보았다. 그것은 처음 만났을 때와 마찬가지였다. 그 눈 깊은 곳에서 미소를 보았고, 그 미소는 마치 나를 조롱하는 것처럼 보였다.

나는 힘이 넘쳐흘렀고 그 때문에 오히려 모든 것이 무척 서툴렀다. 내가 5 푸드짜리 밀가루 부대를 끌거나 굴려서 운반하는 것을 보면 제빵사는 안 됐다는 듯이 이렇게 말했다.

"자네 힘은 세 사람 몫을 하지만 솜씨가 전혀 없어! 자넨 키는 크지만 역시 소야……."

이미 많은 책을 읽었음에도 시를 읽는 것을 좋아했고 나 자신도 시를 쓰기 시작하고 있었다. 나는 '나 자신의 언어'로 표현했다. 그것이 무겁고 거칠다는 것을 느끼고 있었지만, 그렇게 하지 않고는 내 생각의 가장 깊은 혼란을 표현해 낼 수 있을 것 같지 않았다. 그리고 때때로 내게 생소하거나 화나게 하는 것에 대한 항의 표시로 일부러 난폭한 말을 사용하기도 했다.

내 선생들 중 한 사람인 수학과 학생은 날 이렇게 비난했다.

"자네가 하는 말을 누가 알아들을까? 이건 말이 아니라 쇠뭉치야!"

소년들이 대체로 그렇듯이 나도 나 자신이 마음에 들지 않았다. 나는 스스로를 우스꽝스럽고 거칠다고 여겼다. 내 얼굴은 칼미크인*27처럼 광대뼈가 튀어나왔고 목소리도 마음대로 조절되지 않았다.

그러나 주인의 여동생은 마치 하늘을 나는 제비처럼 빠르고 민첩하게 움직였다. 그녀의 경쾌한 몸놀림은 동글동글하고 부드러운 그녀의 모습과 어울리지 않아 보였다. 몸짓과 걸음걸이에는 뭔가 자연스럽지 않은 데가 있었다. 그것은 일부러 꾸미고 있는 것처럼 보였다. 목소리는 쾌활했고 자주 소리 내어 웃기도 했다. 나는 그 낭랑한 웃음소리를 들으며 내가 그녀를 처음 보았을 때의 모습을 잊게 하려는 것이라고 생각했다. 그러나 결코 잊고 싶지 않았다. 나에게는 평범하지 않은 것이 소중했다. 나는 그것이 가능하고 그것이 존재한다는 것을 알아둘 필요가 있었다.

때때로 그녀는 내게 묻곤 했다.

"무얼 읽고 있어요?"

나는 짤막하게 대답한다, 그리고 이렇게 그녀에게 묻고 싶었다.

"왜 알고 싶어 합니까?"

---

*27 몽골계의 인종으로 러시아연방, 중국, 몽골 등에 살고 있다.

하루는 제빵사가 다리가 짧은 그 아가씨를 희롱하면서 취한 목소리로 내게 말했다.

"잠깐만 나가 있게. 주인 여동생 방에 가 있으면 될 텐데, 뭘 그리 멍하지 있나? 정말 대학생들이란……."

나는 그가 다시 한번 그따위 소리를 지껄이면 저울추로 대갈통을 박살내 버리겠다고 으름장을 놓고는 헛간에 쌓여 있는 밀가루 포대 위로 올라갔다. 꼭 닫히지 않은 문틈으로 루토닌의 목소리가 들려왔다.

"저놈한테 성을 내서 뭘 하나? 책에 빠져서 미쳐 사는 놈한테……."

헛간에서는 쥐들이 찍찍거리면서 돌아다녔다. 빵공장 안에서는 처녀가 소리를 지르면서 신음하고 있었다. 나는 뒷마당으로 나갔다. 소리 없이 부슬부슬 가랑비가 내리고 있었다. 그러나 날씨는 무더웠고 대기는 매캐한 냄새로 가득 찼다. 숲이 불타고 있었다. 이미 자정이 훨씬 지나 있었다. 앞집 창문이 열려 있었고 흐릿하게 비춰지고 있는 방 안에서 노랫소리가 들려오고 있었다.

성 바를라미께서 몸소
황금빛 머리로
위에서 그들을 굽어보시며
미소 지으시네……

나는 제빵사의 처녀가 그의 무릎을 베고 누워 있듯이 내 무릎을 베고 누운 마리아 데렌코프의 모습을 그려 보려고 애썼지만 그것은 불가능할 뿐 아니라 무서운 일이라는 것을 온몸으로 느끼고 있었다.

그리고 온 밤을 꼬박 밝혀
아침해가 뜰 때까지
그는 마시고 노래하고
그리고 아직! 오! ……뭔가를
놀리고 있었다……

도전하듯이, 합창 속에서 '오!'하는 깊은 베이스 목소리가 도드라지게 들렸다. 나는 몸을 구부려 양 손으로 무릎을 짚고서 창문을 바라보았다. 레이스커튼을 통해 네모난 구멍이 보이고, 그 잿빛 벽을 하늘색 갓을 씌운 조그만 램프가 비추고 있었다. 램프 앞에 어린 소녀가 창문 쪽을 향해 앉아 편지를 쓰고 있었다. 문득 그녀는 고개를 들고서 붉은 펜대로 관자놀이까지 흘러내린 머리타래를 쓸어 올렸다. 그녀의 눈이 가느스름해지면서 얼굴에 미소가 피어났다. 그녀는 천천히 편지를 접고 나서 봉투 끝을 혀로 핥은 다음 봉투를 봉했다. 그러고는 편지봉투를 책상위에 던지고, 내 새끼손가락보다도 작은 손가락으로 그 편지 봉투를 위협하는 시늉을 했다. 그러나 편지를 다시 집어 눈살을 찌푸리며 봉투를 뜯어 내용을 읽어보더니, 다른 봉투에 넣어 주소를 쓴 다음, 책상 위로 등을 구부리고 편지를 하얀 깃발처럼 허공에 대고 흔들었다. 그런 다음 팔짱을 낀 채 몸을 한 바퀴 돌려 침대가 있는 구석으로 걸어갔다. 잠시 뒤 그녀는 윗저고리를 벗은 채 나타났는데 그녀의 어깨는 도넛 마냥 동그랬다. 그녀는 책상 위에 있는 램프를 손에 들고 다시 구석으로 사라졌다. 만일 사람이 혼자 있을 때 하는 행동들을 관찰한다면 아마도 미친 사람처럼 보일 것이다. 나는 마당을 거닐며 그 처녀가 자기 방에 혼자 있을 때 얼마나 이상한 생활을 하고 있는 건지 생각해 보았다.

그러나 빨간 머리 대학생이 그녀 방에 들어와 거의 속삭이는 듯한 목소리로 그녀에게 뭐라고 하자 그녀는 완전히 움츠러들고 점점 작아져서는, 겁먹은 듯한 미소를 지으며 그를 바라보다가 손을 등 뒤나 책상 밑으로 감췄다. 나는 그 빨간 머리 녀석이 영 마음에 들지 않았다.

얼마 뒤 제빵사의 처녀가 플라토크로 몸을 감싼 채 그 짧은 다리를 뒤뚱거리면서 다가와 웅얼거리듯이 말했다.

"빵공장에 다시 가 봐……."

제빵사는 저장통에서 빵반죽을 꺼내며 자기 애인이 얼마나 유쾌하고 얼마나 건강한지 나에게 자랑했다. 그러나 나는 그때 이런 생각을 하고 있었다.

'앞으로 내게 무슨 일이 일어날까?'

그리고 어딘가 가까운 길모퉁이에서 불행이 나를 기다리고 있지나 않을까 하는 생각도 들었다.

빵공장은 더욱 경기가 좋아져서 데렌코프는 더 넓은 빵집을 물색하고 조수도 한 사람 더 고용하기로 결심했다. 그것은 잘된 일이었다. 나는 일이 너무 많아 정신을 못 차릴 만큼 피곤했기 때문이다.

"새 빵집에서는 자네가 고참 조수가 될 거야." 제빵사가 내게 약속했다. "자네한테 한 달에 10루블씩 주라고 말하겠어. 암!"

나는 나를 고참 조수로 만드는 것이 그에게 유리하다는 사실을 눈치 챘다. 그는 일하는 것을 좋아하지 않지만 나는 기꺼이 일하기 때문이다. 피로는 내게 유익했다. 그것은 영혼의 불안을 달래주고, 본능적인 성의 집요한 욕구를 억눌러 주었다. 그러나 책을 읽는 것은 허락하지 않았다.

"자네가 그 책 나부랭이를 그만 둔 건 잘한 일이야. 그런 건 쥐들에게나 줘버리라고!" 제빵사가 말했다. "그런데, 자넨 통 꿈을 안 꾸나? 분명히 꿈을 꾸면서 감출 뿐이지? 웃기는 얘기야. 자네도 알겠지만 꿈을 이야기하는 것은 가장 해롭지 않은 일이야. 아무것도 두려워할 것이 없다고⋯⋯."

그는 나에게 몹시 친절했고 심지어 존경하는 것처럼 보이기도 했다. 어쩌면 날 주인의 대리인쯤으로 생각하고 두려워했는지도 모른다. 그렇지만 그런 생각도 그가 규칙적으로 물건을 훔쳐내는 짓을 방해하지는 못했다.

외할머니가 돌아가셨다. 장례식이 끝난 지 7주일 뒤에, 그것도 외사촌이 보낸 편지를 보고 그 사실을 알게 되었다. 구두점이 전혀 없는 짤막한 편지에는, 외할머니가 교회 현관 옆에서 구걸을 하다 넘어지면서 다리가 부러졌다고 적혀 있었다. 8일째 되던 날 '괴저(壞疽)'가 일어났다. 나중에 나는 젊고 건강한 두 형제와 애 딸린 누이가 노인의 모가지에 매달려, 그녀가 구걸해 온 것으로 연명했다는 사실을 알았다. 그런 정도밖에 안 되는 그들에게 의사를 불러야겠다는 분별력이 있을 턱이 없었다.

편지에는 이렇게 적혀 있었다.

할머니는 페트로파블로프스키 묘지에 모셨고 우리와 모든 거지들이 할머니를 마지막으로 배웅해 드렸다 거지들은 할머니를 사랑했기 때문에 눈물을 흘렸다 할아버지도 울었다 우리를 물리치고 혼자 묘지에 남아 있었다 우리는 나무 뒤에서 할아버지가 우는 모습을 보고 있었다 그 양반도 오래 못 살 것 같다.

나는 울지 않았다. 다만 지금도 기억나는 것은 얼음처럼 차가운 바람이 내 온몸을 휘감는 듯한 느낌뿐이다. 밤에 마당 장작더미 위에 앉아 외할머니에 대해, 그분이 얼마나 친절하고 현명했으며, 모든 사람들에게 어머니 같은 존 재였는지 누군가에게 말하고 싶은 강렬한 욕구를 느꼈다. 오랫동안 나는 마 음속에 그러한 고통스러운 욕구를 품고 있었다. 하지만 얘기할 상대가 아무 도 없었기에 표현되지 못한 채 다 타버리고 말았다.

몇 년이 흐른 뒤, 자기 아들의 죽음에 대해 자기 말에게 이야기하는 마부 얘기를 쓴 체호프[28]의 놀랄 만큼 진실한 단편을 읽었을 때 그 나날들이 생 각났다. 처절한 슬픔을 느끼던 그 시절, 내 주변에는 말이나 개조차 없었다 는 것과 내가 쥐한테라도 슬픔을 나누려고 하지 않았다는 것이 못내 유감스 러웠다. 빵공장에는 쥐가 많아서 그들과 사이좋게 살고 있었는데도 말이다.

니키포리치라는 경찰이 마치 솔개처럼 내 주위를 빙빙 돌기 시작했다. 단 정하게 다듬은 커다란 수염을 가진 그 사내는 마치 부활제 전에 잡은 거위를 보듯 입맛을 다시면서 나를 바라보았다.

"책읽기를 좋아한다고 들었는데?" 그가 물어왔다. "예를 들면 어떤 책들 인가? 성자전(傳)? 아니면 성경?"

나는 성경도 읽고 성자전도 읽었다고 말해 주었다. 이 사실은 니키포리치 를 깜짝 놀라게 하고 또 그를 당혹하게 만든 것 같았다.

"음, 그래? 독서라는 건 일반적으로 유익한 일이지! 그런데 톨스토이 백 작[29] 작품은 읽어본 적 없나?"

물론 나는 톨스토이 작품도 읽었다. 하지만 그 경찰이 흥미를 느낄 작품들 은 아닐 듯했다.

"그건 말하자면, 누구라도 쓸 수 있는 평범한 것들이지. 하지만 사람들이 그러던데, 몇몇 작품들에서는 그가 성직자들에게 반기를 들었다고 하던데 말이야. 그런 작품들도 읽었단 말이렷다!"

나는 등사기로 인쇄된 '어떤 작품'도 읽어 보았다. 그러나 그것들은 지루

---

*28 체호프(1860~1904). 러시아의 소설가이자 희곡작가. 《갈매기》《벚꽃 동산》 등의 작품이 있다.

*29 톨스토이 백작(1828~1910). 러시아의 시인, 소설가, 사회개혁가, 종교적 신비론자. 《전 쟁과 평화》《부활》 등의 작자. '톨스토이주의자' 항 참조.

하기 짝이 없었고, 그 책들에 관해 경찰과 논쟁할 필요도 없다는 것을 나는 알고 있었다.

함께 걸으면서 몇 마디 대화를 나눈 뒤 그 늙은 경찰은 나를 초대했다.

"차나 마시게 내 초소에 한번 들르게."

물론 나는 그가 내게서 무얼 원하는지 알고 있었다. 그러나 나는 그의 초소에 가보고 싶었다. 그래서 현명한 사람들과 의논을 하고 난 뒤 만일 내가 그 경찰의 호의를 무시한다면 빵공장에 대한 그의 의혹이 더 강해질지도 모른다는 결론을 내렸다.

마침내 나는 니카포르이치의 초소를 방문했다. 자그마한 오두막의 1/3은 러시아식 난로가 차지하고 있고, 또 1/3 공간에는 사라사 커튼을 두른 2인용 침대가 차지하고 있었다. 침대 위에는 붉은 옥양목으로 만든 베개가 높다랗게 쌓여 있었다. 나머지 공간은 식기가 들어 있는 찬장과 책상, 의자 두 개, 창문 아래 있는 벤치로 장식되어 있었다. 니키포리치는 제복 단추를 풀고 하나뿐인 자그마한 창문을 몸으로 가린 채 긴 의자에 앉아 있었다. 내 곁에는 그의 아내가 앉았는데, 그녀는 스무 살 가량의 가슴이 풍만한 여자로, 얼굴이 붉었고 우스꽝스러운 라일락 색 눈은 교활하며 사악해 보였다. 또한 새빨간 입술은 심술궂게 부풀어 오른 데다 목소리는 화난 것처럼 메마르게 느껴졌다.

"나도 알지만," 경찰관이 말했다. "나의 대녀 세클레테아가 자네 빵공장에 들락거린다는데, 음탕하고 천한 계집애지. 하기야 모든 계집들이 다 천하지만."

"모두라고요?" 그의 아내가 받아쳤다.

"하나같이 다 그래!" 니키포리치는 말이 마구를 흔들어 소리를 내듯이 훈장을 달그락거리면서 단언했다. 그러고는 받침접시에서 찻잔을 들어 차를 홀짝거리며 되풀이했다.

"가장 싸구려 창녀부터……여왕에 이르기까지, 여자란 다 천박하고 음탕해! 시바의 여왕*30은 오직 그 짓을 하려고 2,000베르스타(1베르스타는 1.06킬로미터)나 사막을 가로질러 솔로몬 왕한테 갔지. 예카테리나 여제*31도 마찬가지 아냐,

---

*30 구약성경에 나오는 인물로 솔로몬 왕과의 관계로 유명한 전설적인 여왕.
*31 예카테리나 여제(재위 1762~96). 예카테리나 2세. 러시아의 여황제.

비록 '대제(大帝)'라 불리고 있지만……."

그는 어떤 화부(火夫)에 대한 이야기를 장황하게 늘어놓았다. 그 화부는 여제와 보낸 하룻밤 사이에 하사관에서 장군에 이르기까지 모든 계급을 하사받았다는 것이다. 경찰관의 아내는 주의 깊게 귀를 기울이면서 입술을 핥다가 식탁 아래 있는 내 다리를 자기 다리로 밀어댔다. 니키포리치는 적절한 단어를 골라 아주 매끄럽게 이야기를 하다가 나도 모르는 사이에 다른 화제로 말머리를 돌리곤 했다.

"이 자리에 대학교 1학년생인 플레트뇨프가 있다고 해 보세."

그의 아내가 한숨을 내쉬면서 끼어들었다.

"잘 생기진 않았지만 멋진 사람이죠!"

"누가?"

"플레트뇨프 씨 말이에요."

"첫째, 그놈이 '씨'가 아니야. 공부를 마치고 나면 '씨'가 되겠지만 지금은 그저 대학생일 뿐이야. 대학생들은 우리 주변에 수천 명도 넘어. 둘째, '멋지다'는 건 무슨 뜻이지?"

"쾌활하잖아요. 게다가 젊고요."

"첫째로 서커스의 광대도 쾌활하지……."

"광대는 돈 때문에 쾌활한 척하는 거죠."

"닥쳐! 둘째로 수캐도 애초엔 강아지였어."

"광대는 원숭이처럼……."

"닥치라고 했잖아, 난 예를 들어 말한 거야! 알아들었어?"

"네, 알았어요."

"그래, 좋아……."

니키포리치는 아내의 입을 봉한 다음 내게 충고했다.

"하여튼 플레트뇨프를 한번 만나 보게. 아주 재미있는 친구야!"

틀림없이 그는 내가 플레트뇨프와 함께 있는 것을 거리에서 적어도 한번 이상 보았을 것이므로 나는 그에게 이렇게 말했다.

"우린 이미 아는 사이입니다."

"그래? 역시! ……."

그의 말에는 실망한 기색이 담겨 있었다. 그는 발작적으로 몸을 내밀어 훈장이 짤랑거리게 했다. 나는 경계 태세를 갖췄다. 플레트뇨프가 등사기로 삐라 같은 것을 찍고 있는 것을 알고 있었기 때문이다.

여자는 자꾸만 발로 나를 밀어대면서 교활하게 늙은 경찰의 신경을 건드리고 있었다. 그러나 그는 공작새처럼 득의양양해져서 자기 이야기의 꼬리를 활짝 펼쳤다. 그의 아내가 장난질을 하는 바람에 나는 그의 애기를 제대로 들을 수가 없었다. 내가 깨닫지 못하는 사이에 그의 목소리는 더욱 낮고 위협적으로 변해 있었다.

"눈에 보이지 않는 실이 있어. 이해하겠나?" 그는 나에게 그렇게 묻고는 마치 무언가에 놀라기라도 한 것처럼 동그란 눈으로 나를 응시했다.

"만약 차르를 거미라고 간주한다면······."

"아니, 그게 무슨 소리예요?" 그의 아내가 소리를 질렀다.

"아가리 닥치라고 했잖아! 이 바보 같은 여편네야, 내 말을 분명히 하려는 거지 황제를 모욕하려는 게 아니란 말이야, 이 암말 같은 계집아! 사모바르나 치워!"

그는 눈살을 찌푸리면서 눈을 깜박거리고는 위협하듯이 말을 이었다.

"마치 거미줄처럼 눈에 보이지 않는 실이 있다면 그건 위대하신 황제 알렉산드르 3세 폐하의 가슴에서 나오는 거라네. 그것은 정부의 각 장관들과 도지사를 거쳐 우리뿐만 아니라 저 말단 군인에 이르기까지 모든 사람을 잇는 실이지. 모든 것이 그러한 실로 연결되고 얽혀 있다네. 그 눈에 보이지 않는 성채로 인해 흔들림 없는 국가가 영원히 유지되어 가는 걸세. 그런데 말이야, 폴란드 놈들, 유대 놈들, 심지어 러시아인들까지 교활한 영국 여왕한테 매수되어 인민을 위하여! 라고 외치면서 어디선가 이 실을 끊어 버리려고 애쓰고 있다 이 말이야!"

그는 식탁 너머 내 쪽으로 몸을 내밀면서 위압적으로 속삭이듯이 물어왔다.

"알아듣겠나? 그래, 좋아. 내가 왜 자네에게 이런 말을 할까? 자네 제빵사가 자넬 현명하고 정직하며 자력으로 살아간다고 칭찬하더군. 그런데 자네 빵공장에서 대학생들이 빈둥거리고, 밤마다 데렌코프네 처녀를 찾아온다던데, 한 사람이라면 이해할 만해. 하지만 여러 사람일 때는 뭘까? 응? 난 학생들의 험담은 하지 않겠네. 오늘은 대학생이지만 내일은 검사 나리가 될 수도 있잖아? 학생들은 괜찮은 인민들이지. 다만 놈들은 뭔가 해치우려고 서두른다는 거야. 그리고 황제의 적들은 이놈들을 선동하고 있단 말일세! 알겠나? 그리고 덧붙여 말한다면……."

그러나 그는 더 이상 말을 할 수가 없었다. 문이 활짝 열리면서 곱슬머리에 가죽 모자를 쓴, 코가 불그레하고 땅딸막한 노인이 손에 보드카 병을 들고 이미 취한 상태로 들어온 것이다.

"장기 한 판 둘까?" 유쾌한 목소리로 그가 물었다. 그러고는 다짜고짜 번뜩이는 농담으로 우리를 어리둥절하게 만들었다.

"내 장인어른일세." 니키포리치가 화가 난 듯 신경질적인 목소리로 말했다.

잠시 뒤 나는 그들에게 작별을 고하고 밖으로 나왔다. 교활한 여자는 내 뒤에서 초소 문을 닫고 이렇게 말하면서 나를 꼬집었다.

"저 붉은 구름 좀 보세요. 마치 불타는 것 같아요."

황금빛 조각구름 한 점이 하늘 저쪽으로 자취를 감추고 있었다.

나의 선생들을 욕되게 하고 싶지는 않지만, 그 경찰이 그들보다 더욱 결정적이고 더욱 명확하게 국가기구의 체계를 나에게 설명해 준 것은 사실이다. 어딘가에 거미 한 마리가 앉아 있고, 거기서 모든 생활을 조여 매고 뒤얽고 있는 '보이지 않는 실'이 나오고 있었다. 나는 이윽고 도처에서 이 실의 튼튼한 매듭을 볼 수 있게 되었다.

그날 저녁 늦게 가게 문을 닫고 난 뒤 여주인이 나를 자기 방으로 불러, 경찰관이 나에게 무슨 얘기를 했는지 알아내는 임무가 자기에게 맡겨졌다고 사무적으로 전했다.

"어머, 어쩌나!" 그녀는 나의 상세한 보고를 듣고 불안한 듯이 소리쳤다. 그리고 고개를 저으면서 마치 생쥐처럼 방 안을 이리저리 왔다 갔다 했다. "그래서, 제빵사가 당신한테 뭔가 묻지 않던가요? 그의 정부가 니키포리치의 친척이잖아요? 그를 해고해야겠어요."

나는 그녀를 쏘아보면서 문설주에 기대서 있었다. 그녀는 너무나 간단하게 '정부'라는 단어를 내뱉었지만 난 그것이 마음에 들지 않았다. 게다가 제빵사를 해고하겠다는 그녀의 결정도 탐탁지 않았다.

"조심해야겠어요." 그녀가 말했다. 언제나 그렇듯이 그녀의 끈적한 시선은 나를 당황하게 만들었다. 그 시선은 뭔가 내가 이해할 수 없는 것을 나에게 원하고 있는 것처럼 보였다. 그녀는 손을 등 뒤에 숨기고 내 앞에 서 있었다.

"어째서 당신은 늘 그렇게 언짢은 얼굴인가요?"

"바로 얼마 전에 외할머니께서 세상을 떠났습니다."

이 말이 그녀에게는 우스꽝스러웠던 모양이었다. 그녀는 미소를 지으면서 다시 물었다.

"당신은 외할머니를 많이 사랑했나요?"

"예…… 더 물어볼 게 있습니까?"

"없어요."

나는 밖으로 나왔다. 그날 밤 시를 한편 썼는데, 그 시에는 다음과 같은 고집스러운 구절이 있었다.

'당신은 당신이 원했던 모습이 아니에요.'

학생들은 빵집을 찾아오는 걸 되도록 줄이기로 결정했다. 그들을 만날 수 없게 된 뒤부터, 나는 책에서 읽었던 것들 가운데 이해되지 않는 부분을 물어볼 가능성을 거의 잃어버렸기 때문에, 내가 관심을 가졌던 문제들을 공책에 기록하기로 했다. 하루는 피곤해서 그 공책을 펼쳐둔 채 잠이 들었는데 제빵사가 그것을 처음부터 끝까지 다 읽고 말았다. 그는 나를 깨워 이렇게 물었다.

"자네는 뭘 그리 쓰고 있나? '가리발디는 왜 왕을 몰아내지 않았는가?' 도대체 가리발디가 뭣 하는 자야? 그리고 왕을 몰아낸다는 게 가능한 건가?"

그는 화를 내며 공책을 궤짝 위에 팽개치고는 지하실 입구로 기어들어 투덜거렸다.

"흥! 그놈이 왕을 몰아낸다고? 웃기는 얘기군. 자네 이따위 음모는 집어치워, 이 책벌레야! 5년 전에 사라토프에서 이런 책버러지들을 헌병들이 쥐 잡듯이 잡아갔다고, 암! 그런 일이 없더라도 니키포리치는 자네한테 주목하고 있단 말이야. 자네, 왕을 몰아내려는 수작은 집어치워."

그는 나에게 선의를 가지고 말했지만 나는 선뜻 내가 생각한 대로 대답할 수가 없었다. 왜냐하면 나는 '위험한 화제'에 대해 제빵사와 대화를 나누는 것이 금지되어 있었기 때문이다.

시내에서는 어떤 감동적인 책 한 권이 손에서 손으로 돌았고, 사람들은 그 책을 읽고 토론했다. 나는 수의과 학생인 라브로프에게 그 책을 구해 달라고 부탁했지만 그는 절망적으로 말했다.

"아니야, 그건 안 돼. 기대하지 말게! 하지만 가까운 시일 안에 어떤 장소에서 그 책의 독서회가 있을 모양이니 내가 자네를 그곳에 데리고 갈 수는 있을 거네……."

성모승천일 자정쯤에 나는 어둠 속에서 라브로프의 모습을 뒤쫓으면서 아르스키 들판을 걸어가고 있었다. 그는 5사젠(¹사젠은 2.134미터) 정도 앞을 걷고 있었다. 들판에는 인적이라곤 없었다. 그러나 나는 라브로프가 충고한 대로 '술 취한 노동자 흉내'를 내면서 휘파람을 불거나 노래를 흥얼거리며 '경계심을 풀지 않고' 걸었다. 내 머리 위로는 검은 구름장들이 유유히 흘러가고 있었고, 그 사이로 달이 황금 공처럼 굴러가고 있었다. 어둠이 대지를 감싸고 물웅덩이는 은이나 강철처럼 반짝거리고 있었다. 등 뒤에서는 도시의 성난 듯한 소음이 들려왔다.

나의 안내자는 신학교 뒤에 있는 어떤 정원 울타리 옆에 멈춰 섰다. 나는 서둘러 그를 따라잡았다. 우리는 말없이 그 담장을 넘어서 나뭇가지에 긁히면서 나무와 풀이 빽빽하게 자라 있는 정원을 가로질렀다. 커다란 물방울이 우리 위에 떨어졌다. 그 집 담벼락에 붙어 선 우리는 꼭 닫힌 창의 덧문을 조용히 두드렸다. 이윽고 수염을 기른 사내가 창문을 열었는데, 그의 뒤편으로는 어둠만이 보였을 뿐 아무런 소리도 들리지 않았다.

"누구요?"

"야코프에서 왔습니다."

"들어오시오."

나는 칠흑 같은 어둠 속에 많은 사람들이 모여 있음을 느꼈다. 옷과 발이 스치는 소리, 조용한 기침소리, 그리고 속삭이는 소리가 들려왔다. 누군가가 성냥불을 댕겨 내 얼굴을 비췄다. 벽을 등진 채 마룻바닥에 앉아 있는 몇몇 사람들의 시커먼 형체가 보였다.

"모두 왔습니까?"

"예."

"덧문 틈새로 빛이 새 나가지 않도록 커튼을 칩시다."

성난 듯한 목소리가 큰 소리로 말했다.

"어느 현자께서 우리를 이렇게 아무도 살지 않는 빈집에 모을 생각을 했지?"

"조용히!"

누군가가 방 한구석에 있는 작은 램프에 불을 붙였다. 가구 하나 없이 텅 빈 방에는 두 개의 상자만 있을 뿐이었다. 상자 위에 널빤지가 깔려 있고, 그 위에 마치 담장 위에 앉아 있는 까마귀처럼 다섯 명의 사내들이 자리 잡고 있었다. 램프 역시 직립한 상자 위에 놓여 있었다. 세 사람이 벽에 바짝 붙어 마룻바닥 위에 앉아 있었고, 긴 머리에 깡마르고 창백한 청년이 돌출창 창턱에 걸터앉아 있었다. 이 젊은이와 수염을 기른 사람을 제외하면 모두 아는 사람들이었다. 수염을 기른 남자가 낮은 목소리로 과거 '인민의 의지파'*32의 한 사람이었던 게오르기 플레하노프가*33 쓴 〈우리의 의견 차이〉라는 소책자를 읽겠노라고 말했다.

어둠 속 바닥에 앉아 있던 사내가 소리쳤다.

"우린 다 알고 있소!"

그 상황의 신비로움이 유쾌한 감동을 주었다. 신비의 시는 최고다. 나는 나 자신이 신전에서 아침예배를 드리는 신자처럼 느껴졌다. 나는 카타콤(초기 기독교도들의 지하묘지)과 최초의 기독교도들을 떠올렸다. 방 안은 정확하게 발음하는 깊은 저음의 목소리로 가득 찼다.

"말도 안 돼." 방 한구석에서 누군가가 다시 투덜거렸다.

어둠 속 저만치서 전사의 투구를 연상시키는 구리 같은 것이 신비스럽게 희미한 빛을 내고 있었다. 나는 그것이 페치카의 통기구멍일 거라고 짐작했다.

목소리를 낮춘 음성들이 방 안에서 맴돌았고 그것들은 격한 말들의 완전한 혼돈 속에 휩쓸려, 누가 무슨 말을 하는 건지 알 수가 없었다. 내 머리

---

*32 인민주의 단체 '토지와 자유'가 1879년에 분열되고, 개인적 테러를 통한 정치적 투쟁을 지지하는 사람들이 결성한 단체이다. 1881년에 알렉산드르 2세를 암살했기 때문에 그 주요 당원이 처형되었다.

*33 게오르기 플레하노프(1856~1918). 전성기의 러시아 마르크스주의의 최대 이론가. 러시아 최초의 마르크스주의인 그룹 '노동해방단'의 창시자. 1883년에 《사회주의의 정치투쟁》, 85년에 《우리의 대립》을 써서 인민주의와 싸웠고, 당시의 혁명적 지식인에게 커다란 영향을 끼쳤다. 나중에 볼셰비키와 대립했지만, 마르크스주의 이론가 및 보급가로서의 그의 활동은 높이 평가되고 있다.

위 창턱에 걸터앉아 있던 청년이 비꼬는 듯이 큰소리로 물었다.

"책을 읽을 거요, 말 거요?"

그 말을 한 사람은 바로 그 긴 머리카락의 창백한 젊은이였다. 그러자 모든 사람들이 입을 다물었고 책 읽는 사람의 묵직한 목소리만 들렸다. 사람들이 담배에 불을 댕기자 담배의 붉은 불꽃이 생각에 잠겨 있는 사람들의 얼굴을 비추었다. 어떤 사람들은 눈을 가늘게 뜨고 있고, 어떤 사람들은 눈이 커다랗게 열려 있었다.

낭독이 지루하리만큼 오래 계속되어 나는 듣는 데 지치고 말았다. 나는 좀더 날카롭고 도전적인 어휘를 좋아했다. 그 어휘들은 쉽고도 간단하게 설득력 있는 사상을 형성해 간다.

그때 갑작스레 낭독자의 목소리가 딱 끊어지더니 방 안은 곧 분노의 고함소리로 가득 찼다.

"배신자!"

"소리만 요란한 징이야……!"

"영웅들이 흘린 피에 침을 뱉는 짓거리지."

"게네랄로프와 울리야노프*34가 사형된 이후……."

그러자 창턱에서 그 청년의 목소리가 다시 울려 퍼졌다.

"여러분, 욕설 대신 본질적인 반박을 펼칠 수는 없겠습니까?"

나는 논쟁을 좋아하지 않는다. 그것을 잘 알아들을 수가 없었다. 나로서는 논쟁자들이 제기한 흥분되고 제멋대로인 사상의 급작스러운 비약을 따라잡기가 어려웠고, 그들의 노골적인 자부심이 늘 나를 초조하게 만들었기 때문이다.

청년은 창턱에서 몸을 구부리며 나에게 물었다.

"당신, 제빵사 페시코프 아닌가요? 난 페도세예프입니다. 인사나 합시다. 사실을 말하면 이런 곳에서는 아무것도 할 일이 없어요. 이 소란은 길기만 하지 유익한 게 거의 없어요. 우리 나갈까요?"

나는 이미 페도세예프에 관한 이야기를 듣고 있었다. 그는 매우 진지한 청

---

*34 울리야노프(1866~87). 레닌의 형. '인민의 의지'파에 속한 혁명가로, 테러단을 조직하고 1887년 3월 1일 알렉산드르 3세 암살 음모에 가담한 이유로 체포되어 5월 8일 실리셀부르크에서 처형되었다.

년단체의 조직자라고 했다. 그의 움푹 들어간 눈과 창백하고 신경질적인 얼굴이 마음에 들었다.

나와 함께 들판을 걸어가면서 그는 내가 노동자들과 친교를 맺고 있는지, 무엇을 읽고 있는지, 자유 시간이 많은지 등을 물은 다음 이렇게 말했다.

"당신의 빵공장에 대해 소문을 들었습니다. 당신이 쓸데없는 일에 시간을 낭비하고 있다니 이상하군요. 왜 그런 일을 해야 하죠?"

잠시 뒤 나 자신도 내게는 그런 일이 불필요하다는 생각이 들어서 그에게 느낀 바를 말해 주었다. 그는 내 말에 만족했는지 내 손을 꼭 잡고 환하게 웃으면서 자기는 모레 3주 예정으로 다른 곳에 간다고 알려주었다. 돌아오면 우리가 어디서 어떻게 만날 것인가를 내게 알려주겠노라고 했다.

빵집은 날로 번창해갔지만 내 생활은 한층 더 열악해졌다. 새로운 빵집으로 이사하고 나서 내가 책임져야 할 일이 훨씬 더 많아졌다. 나는 빵공장에서 일해야 했을 뿐만 아니라, 각 가정과 신학교, 특히 '귀족여학교' 등에 빵을 배달해야 했다. 그 처녀들은 내 광주리에서 건포도 빵을 꺼내면서 조그만 쪽지를 내게 찔러주곤 했다. 나는 예쁜 종이쪽지 위에 어린애 같은 필체로 쓰인 냉소적인 단어들을 읽으며 놀란 적이 한두 번이 아니었다. 맑은 눈의 예쁜 처녀들이 즐겁게 무리지어 빵 바구니 주변에 몰려들어서는 우스꽝스럽게 얼굴을 찡그리며 자그마한 장밋빛 손으로 흰 빵을 고르는 모습을 볼 때마다 나는 이상한 감정을 느끼곤 했다. 나는 그들을 쳐다보면서 낯 뜨거운 쪽지 내용을 이해하지도 못한 채 그것을 내게 써 보낸 처녀들이 누구일까 가늠해 보았다. 그리고 추잡한 '위안의 집'을 떠올리면서 생각했다.

'정말 그런 집들에서부터 이곳까지 '보이지 않는 실'이 연결되어 있단 말인가?'

어느 날 풍만한 가슴에 검은 머리채를 굵게 땋은 처녀가 복도에서 나를 불러 세우더니 나직한 목소리로 재빠르게 말했다.

"이 편지를 여기 적혀 있는 주소로 전해 주면 10코페이카를 줄게."

그녀는 어둡고 부드러운 눈에 눈물을 가득 담고 입술을 꼭 깨물면서 나를 응시했다. 그녀의 뺨과 귓불이 발그레하게 물들어 있었다. 나는 정중하게 10코페이카를 받는 건 거절하고, 쪽지를 받아 재판관의 아들인 키 큰 대학생에게 전해 주었다. 그는 뺨에 폐병환자 같은 홍조를 띠고 있었다. 그는 묵묵히 생각에 잠긴 듯 동전을 세어 보고는 내게 50코페이카를 주겠다고 했다. 내가 필요 없다고 하자 바지주머니에 그 돈을 억지로 밀어 넣으려다가 돈을 떨어뜨리는 바람에 돈이 마룻바닥 위로 흩어졌다.

그는 5코페이카 동전과 7코페이카 동전이 사방으로 굴러가는 것을 당황한 채 바라보면서 손가락 마디에서 소리가 날 정도로 세게 두 손을 비벼댔다. 그리고는 무겁게 한숨을 내쉬면서 중얼거렸다.

"그럼 어떻게 한다? 아무튼 잘 가게! 난 생각할 게 좀 있어서……."

그가 무엇을 생각했는지 알 도리가 없었지만, 그 귀족 처녀가 몹시 안 됐다는 생각이 들었다. 얼마 지나지 않아 그 처녀는 학교에서 자취를 감추었다. 15년이 지난 뒤 나는 크리미아의 한 중학교에서 교편을 잡고 있는 그녀를 만났다. 그녀는 결핵을 앓고 있었는데, 이 세상의 모든 것에 대해, 삶에 상처받은 인간이 지닌 지독한 저주를 퍼부어댔다.

빵을 다 배달하고 나면 나는 잠을 자러 갔다. 그리고 저녁 무렵에는 빵공장에서 한밤중까지 맛있는 빵을 가게에 대기 위해 일해야 했다. 빵집은 시내 극장 주변에 있었기 때문에, 연극이 끝나면 관객들이 우리 가게로 몰려와 따끈한 롤빵을 모조리 먹어치우곤 했다. 그 다음에는 대형 빵과 프랑스 빵을 만들기 위한 반죽을 하러 가는데, 손으로 15~20푸드나 되는 반죽을 주무르는 건 보통 일이 아니었다.

그리고 나서 다시 두세 시간 잠을 잔 뒤 빵을 배달하러 갔다.

하루하루가 그렇게 되풀이되었다.

그러나 '이성적이고 선량하며 영원한 것'의 씨앗을 뿌리고 싶은 견딜 수 없는 충동이 나를 사로잡았다. 사교적인 성격인 나는 생동감 있게 이야기를 할 줄 알았다. 나의 상상력은 내가 경험한 것과 읽은 책을 통해 더욱 개발되었다. 나에게는 일상적인 사실에서, 그 속에 '눈에 보이지 않는 실'이 제멋대로 얽혀 있는 흥미로운 이야기를 지어내는 건 결코 어려운 일이 아니었다. 나는 크레스토브니크와 알라푸조프의 공장 노동자들과 안면이 있었다. 특히 늙은 직조공 니키타 루브초프와 가까웠다. 그는 러시아의 거의 모든 방직공장에서 일한 경험이 있고 한곳에 정착하지 않는 현명한 영혼이었다.

"나는 50하고도 7년 동안이나 세상을 떠돌아다녔단 말이야. 알렉세이 막시미치, 이 풋내기야." 그는 쥐어드는 듯한 목소리로 그렇게 말하면서 검은 안경 속 병색이 완연한 잿빛 눈으로 웃었다. 그의 안경다리는 그가 손수 구리철사로 만든 것이었는데, 그 때문에 콧마루와 양쪽 귀 뒤에 안경테에서 생긴 초록빛 녹이 물들어 있었다. 직조공들은 그를 '독일인'이라고 불렀는데 그도 그럴 것이 그는 짙은 콧수염과 아랫입술 아래의 잿빛 털만 남기고 수염을 깨끗하게 면도했기 때문이다. 중키에 가슴이 딱 벌어진 그는 슬픈 듯한 쾌활함을 늘 유지하고 있었다.

"난 서커스 구경 가는 걸 아주 좋아한다네." 머리카락이 빠진 울퉁불퉁한 머리를 왼쪽어깨로 기울이면서 그가 말했다. "말이나 짐승을 어떻게 그렇게 훈련시켰을까? 신기한 일이지. 난 감탄하면서 짐승들을 바라보고 생각한다네. 그러니까 인간도 이성을 사용할 수 있도록 훈련할 수 있다고 말이야. 동물 조련사들은 설탕으로 짐승을 구슬린다네. 물론 우리는 가게에서 자유롭게 설탕을 살 수 있지. 하지만 우리에게 필요한 건 영혼의 설탕이야. 그리고 그건 바로 친절이라는 거지! 그러니 친구, 친절한 마음으로 살아가야 해. 우리처럼 몽둥이를 사용해선 안 된다는 거야, 안 그래?"

그 자신은 사람들에게 친절하지 않았다. 그는 경멸과 조롱을 섞어 사람들과 이야기했다. 논쟁을 할 때면 상대방을 노골적으로 모욕주려고 애쓰면서 외마디 소리로 반박했다. 내가 그를 알게 된 것은 술집에서였다. 사람들이 그를 혼내주려고 이미 두어 차례 때리고 있을 때였다. 나는 그들 사이에 끼어들어 그를 데리고 나왔다.

"당신 심하게 맞으셨어요?" 가을 가랑비를 맞으며 어둠 속을 함께 걸으면서 나는 물어보았다.

"뭐, 이 정도 가지고." 그는 대수롭지 않다는 듯이 대꾸했다. "그런데 자넨 왜 내게 '당신'이라고 하는 건가?"

그때부터 교제가 시작되었다. 처음에 그는 재치 있게 나를 놀려댔지만, 내가 그에게 '보이지 않는 실'이 우리 삶 속에서 어떤 역할을 하고 있는지 이야기해 주자 그가 진지하게 말했다.

"아니, 자네도 바보가 아니구먼, 바보가 아니야! 허어……?" 그 이후로 그는 나를 부를 때 성까지 덧붙이면서 마치 아버지처럼 자상하게 나를 대하기 시작했다.

"이봐 알렉세이 막시미치, 이 귀여운 송곳. 자네 생각은 정말 옳은 생각이야. 하지만 아무도 자네를 믿어주지 않을 걸, 손해지……."

"당신은 믿나요?"

"나? 나야 떠돌이 개, 꼬리가 짧은 개에 불과하지. 하지만 민중은 사슬에 묶인 개들이라네. 저마다 꼬리에 장식을 잔뜩 달고서 말이야. 여편네, 자식 새끼들, 아코디언, 덧신…… 그리고 어느 개든 자기 개집을 받들어 모신다네. 아무도 자네 말을 믿으려 들지 않을 거야. 우리 모로조프 공장에서도 이런 일이 있었지! 누구든 앞에 나서는 놈은 마빡을 얻어터졌다네. 마빡은 엉덩짝이 아니잖아, 상처가 오래가지."

그는 크레스토브니크 공장의 노동자인 샤포시니코프와 알게 되면서 약간 다르게 말하기 시작했다. 기타를 잘 치고 성경에 일가견이 있으며 폐병장이인 야코프 샤포시니코프는 신을 철저하게 부정함으로써 그를 깜짝 놀라게 했다. 상한 허파에서 나오는 핏덩이를 사방에 뱉어대면서 야코프는 자기 주장에 확신을 가지고 열심히 증명했다.

"첫째, 나는 결코 '신의 모습을 본떠서' 창조된 게 아니야. 난 아는 것도 없고 아무것도 할 줄 몰라. 게다가 선량한 인간도 아니야. 절대로 선량한 인간이 아니라고! 둘째, 신은 내가 얼마나 힘들어 하는지 알지 못하거나, 설령 안다 하더라도 날 도와줄 힘이 없어. 그게 아니라면 도와줄 마음이 없거나. 셋째로 신은 전지전능하지 않을 뿐더러 자비롭지도 않아. 한 마디로 말하자면 신 같은 건 존재하지 않는다는 거야! 그건 모두 지어낸 이야기, 완전히 날조된 이야기야. 그의 삶 전체가 죄다 허구란 말이야. 날 바보 취급하지 말라고!"

말도 못할 만큼 놀란 루브초프는 증오 때문에 잿빛이 되어 거칠게 욕설을 퍼붓기 시작했다. 그러나 야코프는 성서에서 인용한 숭고한 말로 루브초프를 꼼짝 못하게 만들었고, 루브초프는 한 마디도 못한 채 생각에 잠기듯 움츠러들지 않을 수 없었다.

말을 할 때의 샤포시니코프는 몹시 험악해 보였다. 가무잡잡하고 깡마른 얼굴에 칠흑 같은 곱슬머리가 집시를 연상시켰고 푸르스름한 입술 사이로 늑대 같은 이가 반짝이고 있었다. 검은 눈동자는 똑바로 상대방의 얼굴을 뚫어져라 쳐다보았는데, 그 무겁고 위협하는 듯한 시선을 견뎌내는 건 쉬운 일이 아니었다. 그 눈은 과대망상증 환자의 그것을 연상시켰다.

야코프와 헤어진 뒤 나와 함께 돌아오면서 루브초프는 심각하게 말을 꺼냈다.

"지금까지 내 앞에서 하느님을 그렇게 비난한 사람은 아무도 없었네. 그런 말은 한 번도 들어 본 적이 없어. 온갖 소릴 다 들어봤어도 그런 소린 처음이라니까. 물론 그 인간은 이미 이 세상 사람이 아니야. 불쌍한 인간! 얼굴이 하얗게 질려서 말이야……. 하지만 친구, 재미있더군, 정말 재미있었어."

그는 야코프와 금방 화해하고 친해져서, 충혈된 눈을 손가락으로 연신 비벼대며 온몸에서 뭔가 끓어오르는 것처럼 감동하곤 했다.

"좋아." 그는 가볍게 웃으면서 말했다. "그래서 신이 퇴짜를 맞았다는 건가? 흠, 이봐 친구, 황제에 대해서는 나도 나름대로 생각이 있네. 내 말은 황제는 내게 전혀 방해가 되지 않는다는 거야. 문제는 황제가 아니라 주인들이야. 난 어떤 황제하고도 타협할 수 있어. 예를 들면 이반 뇌제*35하고도 말일세. 황제는 저만치 앉아서 제멋대로 다스리라 이거야. 다만 나에게 주인에 대한 권리는 달라는 거지. 그뿐이라네! 그렇게만 해주면 황금 사슬로 옥좌에 꽁꽁 묶어주고 우상처럼 숭배하겠네……."

《굶주린 황제》를 읽고 그가 말했다.

"정말 모든 게 꼭 들어맞구먼!"

석판 인쇄된 팸플릿을 처음 보았을 때 그는 이렇게 물었다.

"누가 이런 걸 썼지? 정말 명쾌하게 썼군. 그 사람에게 전해주게, 고맙소, 알렉세이 니콜라예비치 바흐 씨! 정말 고맙소."

루브초프는 지식에 대한 지칠 줄 모르는 갈망을 가지고 있었다. 그는 매우 긴장하여 주의를 기울이면서 샤포시니코프의 눈이 휘둥그레지는 신성모독에 귀를 기울였고, 때로는 책에 관한 나의 이야기를 몇 시간씩 경청하고는 목젖이 툭 튀어나올 만큼 고개를 뒤로 젖히고 감탄하면서 기쁜 듯이 웃곤 했다.

"인간의 지혜란 정말 훌륭한 작품이야, 암!"

그는 앓는 눈 때문에 힘들게 책을 읽었다. 그러나 그 역시 아는 것이 많아 곧잘 나를 놀라게 했다.

---

*35 이반 뇌제(재위 1533~84). 이반 4세. 러시아 국가를 건설한 황제로, 성격이 포악하여 뇌제라고 불렸다.

"독일에 아주 머리가 좋은 목수가 있다는 거야. 그래서 왕이 몸소 그 사람을 불러 자문을 했다더군."

여러 가지로 질문해 본 결과 나는 그가 베벨[36]에 대해 얘기하고 있다는 것을 알 수 있었다.

"어떻게 그런 걸 다 아세요?"

"알다 뿐인가." 그는 새끼손가락으로 둥그런 머리통을 긁으면서 짤막하게 대답했다.

샤포시니코프는 삶의 거친 파도에 대해서는 관심이 없었다. 그는 신의 존재를 부정하는 일에 완전히 사로잡혀 있었다. 그는 신의 절멸, 성직자들의 조소에 온몸으로 몰두하면서 특히 수도사들을 미워했다.

한 번은 루브초프가 그에게 부드럽게 물은 적이 있었다.

"야코프, 자넨 왜 늘 하느님만 비난하는 건가?"

그러자 그는 더욱 악의적으로 소리쳤다.

"좀 그러면 어때서, 응? 난 거의 20년 동안이나 신을 믿어 왔어. 신을 두려워하면서 살아왔단 말이야. 억누르면서 살아왔어. 그건 논쟁거리가 될 수도 없네. 내 모든 것은 하늘에서 결정한 대로야. 나는 그것에 묶여 살아 왔다고. 성경에 매달려서 말이야, 그리고 정신이 들고 보니, 다 지어낸 이야기, 허구더란 말일세, 니키타!"

그러고 나서 마치 '눈에 보이지 않는 실'을 끊으려는 듯이 팔을 휘저으며 거의 울 것처럼 말했다.

"보게, 이따위 것들 때문에 내 명도 못 채우고 죽겠어!"

내겐 이들 말고도 재미있는 친구들이 몇 사람 더 있었다. 나는 세묘노프 빵집에서 일하는 옛 친구들을 자주 찾아갔다. 그들은 반갑게 나를 맞아주었고 기꺼이 내 이야기에 귀를 기울였다. 루브초프는 해군기지 근처에 있는 마을에 살고 있었고, 샤포시니코프는 카반 너머에 있는 타타르스카야에 살고 있었는데 서로 5베르스타나 떨어져 있어서 나는 그들을 아주 가끔씩 밖에 만날 수 없었다. 그들이 나를 찾아오는 건 불가능했다. 나는 손님을 맞이할 공간도 없었을 뿐더러 퇴역군인인 새로 온 제빵사는 헌병들과 교제하고 있

---

*36 베벨(1840~1913). 독일 사회민주당의 지도적인 정치가. 제2 인터내셔널의 창시자. 노동자 출신의 이론가.

었기 때문이었다. 더구나 헌병대 뒤뜰은 빵집 마당과 이웃해 있어서 건장한 잔뜩 힘을 준 '푸른 제복(헌병을 가리킴)'이 간가르트 대령을 위한 흰 빵과 자기들의 흑빵을 가지러 담장을 넘어 우리에게 들락거렸던 것이다. 그뿐만 이 아니라 내 친구들은 빵집이 불필요한 주목을 받지 않으려면 내가 '사람들 사이에 자주 모습을 드러내서'는 안 된다고 충고했다.

나는 내가 하고 있는 일이 그 의미를 상실해 가고 있음을 알았다. 빵집에 서 일하는 사람들은 사업의 발전에는 관심을 두지 않고 함부로 돈 상자에 손 을 대는 바람에 밀가루 대금을 지불할 돈마저 없는 경우가 점점 빈번해졌다. 데렌코프는 수염을 비틀면서 우울하게 미소 지었다.

"이러다간 파산하고 말 거야."

그에게도 삶은 역시 고달팠다. 빨강머리 나스차는 '배가 불러서' 돌아다녔 는데, 사악한 고양이처럼 초록빛 불쾌한 시선으로 주변 모든 사물과 사람들 을 노려보면서 코를 씨근거렸다.

그녀는 마치 안드레이는 안중에도 없다는 듯이 똑바로 그를 향해 걸어갔 고, 그러면 그는 미안한 듯이 희미하게 웃으면서 그녀에게 길을 내주고는 한 숨을 내쉬는 것이었다.

때때로 그는 나에게 푸념을 늘어놓곤 했다.

"도대체 양심이 없는 사람들뿐이야. 아무거나 다 집어가니 원! 말도 안 되는 짓이야. 양말 여섯 켤레를 사다 놓아도 돌아서면 없어진다니까!"

양말에 대한 이야기는 우스꽝스러웠지만 나는 웃을 수가 없었다. 이 온화 하고 욕심 없는 사람이 유익한 사업을 잘 꾸려가 보려고 노력하고 있는데, 주변에 있는 사람들은 하나같이 경박하고 불성실한 태도로 그것을 망쳐버리 고 있다는 것을 알고 있었기 때문이다. 데렌코프는 자신이 봉사하고 있는 사 람들에게 어떠한 감사의 표시도 기대하지 않았다. 하지만 그에게는 그들에 게 좀 더 주의 깊고 우호적인 태도를 요구할 권리가 있었다. 그러나 그는 그 러한 권리를 행사하지 않았다. 한편 그의 가정은 급속도로 파괴되어 갔다. 아버지는 종교상의 일로 가벼운 정신병을 얻었고 남동생은 술을 마시고 계 집애들과 싸돌아다니기 시작했으며, 여동생은 남처럼 행동했는데, 분명히 그녀는 그 붉은 머리 대학생과 불행한 연애에 빠져 있는 듯했다. 나는 울어 서 통통 부어오른 그녀의 눈을 곧잘 보았고 그 대학생은 나에게 증오의 대상이 되었다.

나는 아마도 마리야 데렌코프를 사랑하는 것 같았다. 또 우리 가게 종업원인 나제지다 시체르바토바한테도 반해 있었다. 그녀는 통통하게 살이 찌고 뺨이 붉으며 선홍빛 입술에 끊임없이 따뜻한 미소를 머금고 있었다. 대체로 나는 모든 사람을 사랑했다. 나이라든가 성격, 그리고 혼란스러운 나의 삶이 여자와의 결합을 요구했고, 그것은 이르다기보다 오히려 늦은 감이 있었다. 내게는 여자의 애무나, 아니면 적어도 여자의 친절한 관심이 필요하며, 나 자신에 대해 있는 그대로 얘기하고 서로 맥락이 닿지 않는 사상의 혼란, 인상의 혼돈을 풀어나갈 필요가 있었다.

나에게는 친구가 없었다. 나를 '가공할 필요가 있는 재료'로 바라보던 사람들은 나의 공감을 불러일으키지도 않았고, 진지한 자세를 고양시켜 주지도 못했다. 내가 그들에게 그들의 관심 밖에 있는 화제를 꺼내면 그들은 내게 충고했다.

"그런 얘기는 집어치우게!"

구리 플레트뇨프는 체포되어 페테르부르크에 있는 '크레스트'*37에 호송되었다. 그 소식을 맨 처음 전해 준 사람은 이른 아침거리에서 만난 니키포리치였다. 그는 마치 열병식에서 돌아오는 것처럼 온갖 훈장들을 치렁치렁 달고 의기양양하고 진지하게 내 쪽으로 걸어오면서, 모자까지 손을 올린 채 나에게 말도 걸지 않고 지나쳐 가다가 갑자기 멈춰 서면서 내 뒤통수에 대고 신경질적인 목소리로 내뱉었다.

"간밤에 구리 알렉산드로비치가 잡혀갔어……."

그러고는 팔을 흔들며 주위를 둘러본 뒤 한결 목소리를 낮춰 덧붙였다.

"그자도 드디어 끝장이야!"

그의 교활한 눈에 눈물이 반짝이는 것 같았다.

나는 플레트뇨프가 체포를 예견하고 있었다는 사실을 알고 있었다. 그는 그 일에 대해 미리 귀띔하면서 나에게도 루브초프에게도 자신을 만나지 말라고 충고했었다. 그는 나와 마찬가지로 루브초프와도 친하게 지내고 있었다.

발밑을 내려다보며 니키포리치가 우울한 표정으로 물었다.

---

*37 '크레스트' 십자가를 가리킨다. 페테르부르크에 있는 독방 감옥의 속칭. 건축 구조에서 온 명칭.

"자네는 어째서 나한테 놀러오지 않는 거지……?"

저녁 무렵 나는 그의 집을 방문했다. 그는 방금 전에 잠에서 깼는지 침대 위에 걸터앉아 크바스를 마시고 있었고, 그의 아내는 창가에서 등을 구부린 채 바지를 깁고 있었다.

"그러니까, 이렇게 된 일이야." 흡사 거친 곰 같은 털이 무성하게 자라고 있는 가슴팍을 긁어대면서 생각에 잠긴 듯이 나를 바라보며 그가 말문을 열었다. "체포당한 뒤 그놈 집에서 스튜냄비가 발견된 거야. 거기에다가 황제한테 저항하는 삐라에 사용할 물감을 끓이고 있었다는구먼."

그는 바닥에 침을 뱉고 자기 아내에게 신경질적으로 소리를 질렀다.

"바지 내놔!"

"잠깐만요." 그녀는 고개도 들지 않고 대답했다.

"저 여잔 안타까워하면서 울기까지 했다네." 노인은 눈으로 아내를 가리키며 말했다. "나도 안 됐더구먼. 그러나 대학생 주제에 황제를 거역해서 어쩌겠다는 건가?"

그는 이야기하면서 옷을 입기 시작했다.

"잠시만 나갔다 오겠네…… 이봐, 사모바르 좀 올려놔."

그의 아내는 꼼짝 않고 창밖을 내다보다가 그가 초소 문 뒤로 사라지자 재빨리 돌아앉으면서 미워 죽겠다는 듯이 "흥, 죽지도 못하는 이 늙은이야!" 하고 입 속으로 욕설을 퍼붓고는, 꼭 움켜쥔 주먹을 문 쪽을 향해 쳐들었다.

그녀의 얼굴은 울어서 부어 있었고, 왼쪽 눈두덩은 시퍼렇게 멍들어서 거의 눈이 감길 지경이었다. 그녀는 자리에서 벌떡 일어나더니 페치카로 다가갔다. 사모바르 위로 몸을 숙이며 그녀는 투덜거리기 시작했다.

"난 저 사람을 배반할 작정이에요, 배반할 거예요. 그러면 난리가 나겠죠. 늑대처럼 울부짖으면서! 당신도 저 사람 말, 한 마디도 믿으면 안 돼요! 저 사람은 당신을 잡으려고 덫을 놓고 있어요. 저 인간이 하는 말은 다 거짓말이에요. 아무도 동정하지 않는다니까요. 낚시꾼 같은 놈이죠. 당신들에 관한 건 죄다 알고 있어요. 그게 그놈의 사냥이니까요. 사람을 붙잡는 것 말예요……."

그녀는 나에게 딱 붙어앉더니 애걸하는 목소리로 말했다.

"이봐요, 날 좀 안아 주면 안 돼요, 네?"

나는 그 여자가 불쾌했다. 하지만 그녀의 눈이 너무나 불행하고 깊은 외로움에 차서 나를 바라보고 있었기 때문에, 나는 그녀를 끌어안고 제멋대로 헝클어진 매끄러운 머릿결을 쓰다듬기 시작했다.

"그 사람은 지금 누굴 감시하고 있소?"

"르이브노라드스카야 거리에 있는 어떤 집에 세 들어 사는 사람인가 봐요."

"혹시 그 사람 이름을 아나요⋯⋯?"

그녀는 미소를 띠며 대답했다.

"당신이 내게 뭘 물었는지 그이에게 말해 버릴까! 그이가 와요⋯⋯ 구로치카를 추적한 건 바로 저 사람이에요⋯⋯."

그녀는 난로 쪽으로 급히 물러났다.

니키포리치는 보드카 한 병과 잼, 그리고 빵을 가져왔다. 우리는 앉아서 차를 마셨다. 마리나는 내 곁에 앉아 그 건강해 보이는 눈으로 내 얼굴을 바라보면서 유난히 친절하게 나를 대했다. 그녀의 남편은 또다시 나를 설득하기 시작했다.

"그 보이지 않는 실은 사람들의 심장 속 뼈 속에서, 응? 그것을 늦췄다 잡아당겼다 하는 거야. 황제는 인민에게는 하느님이나 다름없다고!"

그러더니 갑자기 물었다.

"자넨 책을 많이 읽었겠지, 복음서도 읽었나? 그래 어떤가, 자네 생각엔 거기에 쓰여 있는 것이 모두 옳던가?"

"모르겠습니다."

"내 생각으론 말일세, 거기엔 쓸데없는 것들이 적혀 있어. 그런 게 적지 않다네. 예컨대 가난한 사람들에 관한 구절이 그렇지. '가난한 자에게 복이 있나니'라고 했는데, 도대체 그 사람들이 무슨 복을 받는다는 거야? 좀 말도 안 되는 소리지. 대체로 거기에 적혀 있는 가난한 사람들에 대한 부분은 나로서는 이해가 안 가는 부분이 많아. 가난한 사람과 가난해진 사람은 구별되어야 마땅해. 가난한 것은 즉, 나쁜 거야! 하지만 가난해진 사람은 어쩌면 불행한 사람이겠지. 그렇게 생각해야 하네. 그게 더 나아."

"왜죠?"

그는 탐색하듯이 나를 바라보면서 입을 다물었다. 잠시 뒤 그는 분명하고 신중하게 이야기를 시작했는데, 분명히 그것은 오랫동안 깊이 생각해 온 것이 틀림없었다.

"복음서에는 동정에 관한 구절이 많은데 동정이란 유해한 거라네. 난 그렇게 생각해. 동정은 불필요한 인간, 심지어 해롭기까지 한 인간들에 대한 거대한 지출을 요구한다네. 양로원, 감옥, 정신병원처럼. 우리는 건강하고 튼튼한 사람들이 헛되이 힘을 낭비하지 않도록 도와줘야 해. 그런데 우리는 약한 인간들을 돕고 있다 이 말이야. 약한 인간을 강해지게 만들 수 있을까? 그따위 쓸 데 없는 일 때문에 강한 사람들은 약해지고 약한 사람들은 강자들 목에 올라타게 된다구. 바로 그 점을 깊이 생각해야 하네! 우린 많은 것들을 다시 생각해야 해. 생활은 이미 오래전에 복음서로부터 멀어졌고 생활에는 그 나름의 방식이 있다는 얘기야. 플레트뇨프가 무엇 때문에 파멸했을까? 바로 동정심 때문이야. 우리가 거지에게 적선을 베풀고 있는데도 대학생들은 계속 파멸하고 있단 말이야. 도대체 어디에 이성이 있다는 건가, 응?"

나는 그때까지도 그런 생각들을 들은 적이 있었지만 이토록 신랄하게 이야기하는 것은 처음 들었다. 그것은 흔히 생각하는 것보다 더욱 뿌리 깊고 더욱 폭넓게 부연되어 있었다. 7년쯤 뒤에 니체를 읽다가 카잔의 그 경찰관이 이야기하던 철학을 뚜렷하게 기억해낼 수 있었다. 덧붙여 말하면 책 속에서, 생활 속에서 일찍이 들어본 적 없는 생각과 마주치는 일은 거의 없었다.

그런데 그 늙은 '인간 낚시꾼'은 박자에 맞춰 손가락으로 쟁반 모서리를 두드리면서 이야기를 계속했다. 비쩍 마른 그의 얼굴은 심하게 일그러져 있었지만, 나를 쳐다보지는 않고 잘 닦은 거울처럼 반짝거리는 구리 사모바르를 보고 있었다.

"여보, 나갈 시간이 됐어요." 그의 아내가 두 번이나 그의 주의를 환기시켰지만 그는 대꾸도 하지 않고, 말 한마디 한 마디에 자기 사상의 실을 풀어가다가, 나도 모르는 사이에 느닷없이 새로운 방향을 더듬어 가고 있었다.

"자넨 멍청한 친구는 아니야, 글도 읽을 줄 아니까. 그런데 뭐하러 제빵사가 되려는 건가? 자넨 황제의 나라에 봉사할 수 있는 다른 일을 해서 더 많은 돈을 벌 수 있네…… "

그의 이야기를 들으면서도 나는 르이브노랴드스카야 거리에 살고 있는 내가 잘 모르는 사람들에게 니키포리치가 그들을 감시하고 있다는 사실을 어떻게 알려줄까 생각하고 있었다. 그곳 셋집에는 얼마 전에 얄트로프스크에서 유형생활을 마치고 돌아온 세르게이 소모프가 살고 있었다. 나는 그 사람에 대한 재미있는 일화들을 많이 듣고 있었다.

"현명한 사람들은 예컨대 벌통 속의 꿀벌처럼 무리를 지어 살아야 하네. 폐하의 국가……."

"이봐요, 아홉 시가 다 됐어요." 그의 아내가 끼어들었다.

"빌어먹을!"

니키포리치는 제복 단추를 채우면서 자리에서 일어났다.

"됐어, 괜찮아. 마차를 타고 갈 테니까. 잘 가게, 친구. 자주 들르게. 사양하지 말고……."

초소를 나서면서 나는 앞으로 다시는 니키포리치를 찾아가지 않겠다고 굳게 다짐했다. 그 늙은 경찰은 나에게 혐오감을 불러일으켰다. 물론 재미는 있었지만. 동정심의 해악에 대한 그의 이야기는 나를 몹시 감동시켰고 뚜렷하게 내 기억 속으로 파고들었다. 나는 그 말 속에서 어떤 진실을 느낄 수 있었지만, 그 말을 한 사람이 경찰이었다는 사실은 유감이었다.

그런 주제에 대한 토론은 꽤 자주 있었는데, 그 가운데 어떤 것은 특히 나를 감동시켰다.

시내에 '톨스토이주의자'—내가 만난 최초의—한 사람이 나타났다. 그는 염소처럼 검은 수염과 흑인처럼 두꺼운 입술에, 얼굴이 가무잡잡하고 키가 껑충한 근육질의 사내였다. 그는 등을 구부리고 땅을 내려다보는 경우가 많았다. 이따금 격렬한 동작으로 대머리가 진행되고 있는 얼굴을 뒤로 젖히고, 검고 촉촉한 눈의 정열적인 섬광으로 사람을 쏘아보았다. 그의 날카로운 시선 속에는 어떤 증오감 같은 것이 이글거리고 있었다. 어느 교수 집에서 애기를 나눈 적이 있었는데, 그 자리에 모인 많은 청년들 가운데, 신학 학위를 받은, 마르고 말쑥해 보이는 수도사가 있었다. 그가 입고 있는 검은 비단옷이, 차가운 잿빛 눈의 건조한 미소 속에 비친 그의 창백하고 아름다운 얼굴과 아주 잘 어울렸다.

톨스토이주의자는 복음서의 위대한 진리가 영원토록 굳건하리라는 점에 대해 오랫동안 이야기했다. 그의 목소리는 알아듣기 힘들었고 문장은 짤막짤막하게 끊어졌지만, 그 이야기에는 날카로운 울림이 있었고 진정한 신앙의 힘이 느껴졌다. 그는 이야기를 할 때 오른손은 주머니에 찔러 넣고, 털이 무성한 왼손으로는 무언가를 자르는 듯한 단조로운 손짓을 계속 하고 있었다.

"배우로구면." 한쪽 구석에 나와 나란히 앉아 있던 사내가 소곤거렸다.

"배우 뺨치는데, 게다가……."

이 토론이 있기 얼마 전 나는, 아마도 드레이퍼가 쓴, 과학에 반대하는 가톨릭 투쟁에 대한 책을 읽었는데, 나에게는 그것이, 사랑의 힘으로 세상을 구원할 수 있다는 열광적인 신념을 가지고, 인간에 대한 순수한 사랑을 위해 인간을 찢고 화형도 불사하는 사람들 가운데 누군가가 얘기하고 있는 것처럼 생각되었다.

그는 소매가 넓은 흰 셔츠 위에 잿빛에 가까운 낡은 실내복 같은 것을 걸치고 있었다. 그것 역시 그를 모든 사람들과 구별하고 있었다. 그는 설교를 마치면서 이렇게 힘주어 말했다.

"자, 당신들은 예수 편입니까, 아니면 다윈 편입니까?"

그는 청년들이 빽빽하게 앉아 있는 한쪽 구석에 대고 마치 돌팔매질하듯 그 질문을 던졌다. 그 구석에서는 젊은 남녀들이 공포와 환희에 찬 눈빛으로 그를 응시하고 있었다. 그의 연설은 확실하게 모든 사람들을 감동시켰는지, 사람들은 생각에 잠겨 고개를 숙인 채 입을 다물고 있었다. 그는 불타는 시선으로 모든 사람들을 둘러보며 엄숙하게 덧붙였다.

"오직 바리새인들만이 이런 화해할 수 없는 두 개의 본원을 결합해 보려고 노력했으나, 그 둘을 결합시킴으로써 부끄럽게도 자신들을 기만했을 뿐만 아니라 거짓으로 사람들을 타락시켰습니다……."

사제가 일어나더니 사제복 소매를 단정하게 걷어 올리고, 냉소적인 정중함과 겸손한 조소를 지으며 유창하게 말하기 시작했다.

"당신은 보아하니 바리새인들에 대한 통속적인 견해를 지지하고 계시는 것 같군요. 하지만 그런 주장은 무례할 뿐만 아니라 완전히 그릇된 것입니다……."

그가 바리새인들이야말로 유대 민중의 성서를 진정으로 성스럽게 보존해 온 사람들이며, 민중은 늘 바리새인들과 함께 적들에 대항해 왔다는 사실을 증명하기 시작하는 것을 보고 나는 깜짝 놀라고 말았다.

"예컨대 요셉 플라비우스*38에 관한 대목을 읽어 보십시오······."

톨스토이주의자는 자리를 박차고 일어나더니 플라비우스를 박살내 버리기라도 하려는 듯이 거친 몸짓을 해가면서 고함을 지르기 시작했다.

"민중은 지금도 적들과 연합하여 친구들에게 대항하고 있습니다. 그들은 자기 의지와는 무관하게 내몰리며 강요당하고 있습니다. 이러한 지경인데 당신의 플라비우스가 나에게 뭐란 말입니까?"

사제와 몇몇 다른 사람들이 토론의 근본주제를 작은 부분들로 조각내버리는 바람에 토론의 중심이 사라지고 말았다.

"진리, 그것은 사랑입니다." 톨스토이주의자가 소리쳤다. 그러나 그의 눈은 증오와 경멸로 빛나고 있었다.

오가는 말들에 취해 있는 자신을 느끼면서, 나는 그 말속에서 의미를 찾을 수가 없었다. 내가 서 있는 대지는 말의 소용돌이 속에서 요동쳤고, 나는 곧잘 절망을 느끼며 이 세상에 나보다 어리석고 재능 없는 인간은 없을 거라고 생각했다.

톨스토이주의자는 불그죽죽한 얼굴에서 땀을 닦으면서 거칠게 소리쳤다.

"기만하지 않기 위해 복음서를 내던지고, 그것을 죄다 잊어버리시오! 그리스도를 다시 한번 십자가에 못 박아야 해요. 그게 훨씬 더 정직하단 말이오!"

내 앞에 의문의 벽이 불쑥 가로막고 섰다. 어째서 그런가? 만약 삶이 이 땅의 행복을 위한 끊임없는 투쟁이라면, 자비와 사랑은 투쟁의 성공을 방해할 뿐이란 말인가?

나는 그 톨스토이주의자의 성(姓)이 클로프스키라는 것과 그가 살고 있는 곳을 알아내어 이튿날 저녁 그를 찾아갔다. 그는 지주귀족 출신인 두 처녀의 집에서 살고 있었는데, 내가 방문했을 때 그는 그들과 함께 정원에 있는 크고 오래된 보리수 그늘 아래 식탁에 앉아 있었다. 하얀 바지와 시커먼 가슴털이 드러나는 하얀 루바시카를 입고, 큰 키에 뼈대가 굵고 깡마른 그는 진리를 전파하는 떠돌이 사도에 대한 나의 상상과 매우 비슷했다.

그는 은수저로 우유를 뿌린 딸기를 접시에서 떠서 맛있게 먹은 다음 두툼

---

*38 기원전 100년 무렵의 역사가. 유대의 공산주의적 비밀단체 에세네파에 대한 저술이 있다.

한 입술로 입맛을 다셨다. 그는 한 입씩 삼킬 때마다 고양이 수염처럼 듬성 듬성한 콧수염에 묻은 하얀 이슬을 털어내곤 했다. 한 처녀가 탁자 옆에 서 서 그의 시중을 들고 있고, 다른 처녀는 손을 가슴에 대고 꿈 꾸듯이 먼지가 뽀얀 더운 하늘을 올려다보면서 보리수 기둥에 기대서 있었다. 둘 다 라일락 색 가벼운 옷을 입고 있었는데, 거의 구분할 수 없을 만큼 서로 닮았다.

그는 사랑의 창조적인 힘에 대해 친절하고도 열정적으로 내게 이야기했 다. 삶의 곳곳에 스며있는 사랑, '세계정신에 인간을 결부시킬 수 있는' 유 일한 감정인 사랑을, 인간은 자기 영혼 속에서 발전시켜야 한다는 것이었다.

"오직 사랑으로만 인간을 결합시킬 수 있네! 사랑하지 않고는 삶을 이해 할 수가 없거든. 삶의 법칙은 투쟁이라고 하지만, 그건 파멸할 운명에 빠진 맹목적인 영혼들의 허튼소리에 지나지 않아. 불로 불을 끌 수는 없는 법, 마 찬 가지로 악의 힘으로는 악을 이겨낼 수 없단 말이네!"

처녀들이 어깨동무를 하고 정원 속 집 쪽으로 사라지자 그는 눈을 가늘게 뜨고 그들의 뒷모습을 바라보면서 물었다.

"그런데 자넨 누군가?"

내 말을 듣고 난 그는 손가락으로 탁자를 두드리며 인간은 어느 곳에서나 인간다워야 하며, 삶의 장소를 바꾸는 것에 대해서가 아니라 사람들에 대한 사랑 속에 영혼을 교육하는 것이 필요하다는 것을 이야기하기 시작했다.

"사람은 낮은 곳에 있으면 있을수록 그만큼 삶의 진정한 진실에, 그 성스 러운 예지에 가까운……."

과연 그가 이 '성스러운 예지'에 대해 알고 있는지 나는 좀처럼 믿어지지 않았다. 그러나 그가 나와 함께 있는 것을 지루해하는 것 같아 입을 다물고 말았다. 그는 밀어내는 듯한 시선으로 나를 바라보면서 하품을 하더니 목뒤 로 손깍지를 끼고 두 다리를 쭉 펴고는, 피곤한 듯이 눈을 감은 채 꿈을 꾸 듯 중얼거렸다.

"사랑에 대한 순종, 그것이 삶의 법칙이야……."

그는 몸을 움찔하더니 허공에서 뭔가를 잡으려는 듯 손을 휘젓고는 깜짝 놀란 것처럼 나를 응시했다.

"뭐라고? 난 피곤해서, 이만!"

그는 다시 눈을 감고 어디가 아픈 것처럼 이를 꽉 깨물었다. 그의 아랫입술은 처지고 윗입술은 올라갔고, 성긴 수염의 푸르스름한 털이 곤두섰다.

나는 그에 대한 불쾌한 감정과 그의 진실성에 대한 어렴풋한 의혹을 품은 채 자리를 떴다.

며칠 뒤 나는 아침 일찍 주정뱅이 독신자인 대학 강사 집에 흰 빵을 배달하러 갔다가 다시 한번 클로프스키를 만났다. 간밤에 잠을 못 잔 건지 얼굴이 누렇게 떠 있고 눈은 빨갛게 부어올라 있어 술에 취한 것처럼 보였다. 눈물을 흘릴 만큼 취한 뚱뚱한 강사는 기타를 안은 채 속옷 바람으로, 비뚤어진 가구와 술병, 벗어던진 옷가지들이 어지럽게 널려 있는 혼잡한 속에 앉아 몸을 건들거리며 소리치고 있었다.

"자⋯⋯비야⋯⋯."

클로프스키가 화를 내면서 커다랗게 악다구니를 썼다.

"자비 따위는 없다니까! 우리는 사랑 때문에 타락하거나 사랑을 위한 투쟁 속에서 밟혀죽고 말 걸. 어느 쪽이든 마찬가지야. 우린 멸망할 운명이니까⋯⋯."

그는 내 어깨를 덥석 잡아채더니 방 안으로 데리고 가서 강사에게 물었다.

"자, 이 친구가 뭘 원하고 있는지 물어보게. 인간에 대한 사랑이 필요한지 물어보란 말이야."

그 대학 강사는 눈물이 그렁그렁한 눈으로 나를 쳐다보더니 웃기 시작했다.

"그 친구는 제빵사야! 난 그 친구에게 외상이 있어."

그는 비틀거리면서 호주머니에 손을 집어넣더니, 열쇠를 꺼내 내게 내밀었다.

"자, 다 가져가게!"

그러나 톨스토이주의자는 열쇠를 낚아채고는 나에게 손을 흔들었다.

"나가게! 돈은 나중에 받아."

그리고 나한테서 받은 빵을 소파 한구석에 내동댕이쳤다.

그는 나를 알아보지 못했다. 이것은 다행스러운 일이었다. 나는 그곳을 나오면서 사랑 때문에 파멸하리라는 그의 말은 기억 속에 새겨넣고, 그에 대한 혐오는 가슴 속에 간직했다.

나는 곧 그가 함께 살고 있는 한 처녀에게 사랑을 고백하고, 같은 날 또 한 처녀에게도 똑같은 말을 했다는 얘기를 들었다. 자매는 서로 기쁨을 나누려 했지만, 그 기쁨은 사랑하는 남자에 대한 증오로 변했다. 그녀들은 문지기에게 그 사랑의 설교자를 즉시 집에서 쫓아버리라고 명령했다. 그는 도시에서 자취를 감췄다.

인간의 삶에서 사랑과 자비의 의미에 대한 문제, 그 두렵고 복잡한 문제는 일찍부터, 처음에는 막연하지만 날카롭고 모순되는 감각의 형태로 내 영혼 속에 나타났고, 나중에는 다음과 같이 밝고 명료한 언어의 형태로 나타났다.

'사랑의 역할은 무엇인가?'

내가 읽은 책들은 하나같이 기독교나 인도주의 사상, 또는 인간에 대한 연민어린 개탄으로 가득 차 있었다. 그리고 그 당시 내가 알고 있던 훌륭한 사람들도 그런 이야기를 열정적으로 외치곤 했다.

그러나 내가 직접 관찰한 모든 것들은 거의 전부라 할 만큼 인간에 대한 자비와는 거리가 멀었다. 삶은 내 앞에서는 적의와 잔인함의 끝없는 사슬로서, 보잘 것 없는 것들을 손에 넣기 위한 끊임없는 더러운 투쟁으로서 펼쳐졌다. 나 개인에게는 오직 책만이 필요했다. 그 밖의 것들은 어떠한 의미도 없었다.

거리에 나가 문 앞에 한 시간만 앉아 있어 보면 마부, 머슴, 노동자, 관리, 상인 할 것 없이 모든 사람들이, 나나, 내가 반해 있는 사람들처럼 살지 않고, 다른 것을 원하고 다른 방향을 향하고 있다는 것을 알 수 있었다. 내가 존경하고 신뢰했던 그 사람들은 이상하게도 하나같이 고독하고 소외된, 군중 속의 외톨이처럼 보였다. 그들은 부지런히 먹을 것을 산더미처럼 쌓아 올리는 개미들의 너저분하고 교활한 노동 속에서는 쓸모없는 사람들이었다. 그러나 나에게는 그런 생활이 너무나 어리석고 살인적으로 따분한 것으로 보였다. 그리고 사람들이 말로만 자비롭고 친절하지 실제로는 자신도 모르는 사이에 일반적인 삶의 질서에 복종하고 있는 것을 곧잘 보았다.

나는 매우 힘겹게 살고 있었다.

어느 날 부종으로 얼굴이 누렇게 부어오른 수의과 학생 라브로프가 한숨을 토해내며 말했다.

"잔인성은 되도록 그것을 강하게 만들어. 모든 사람들이 그것 때문에 지치고, 또 서로의 잔인함에 혐오를 일으킬 때까지 말이야. 바로 저주받은 가을처럼!"

일찌감치 다가온 가을은 쉴 새 없이 비를 뿌리는 차가운 날씨 때문인지 질병과 자살이 속출했다. 라브로프도 청산가리를 먹고 죽었다. 아마도 부종이 그의 숨통을 죌 때까지 기다리고 싶지 않았던 모양이다.

"가축을 치료하더니 가축처럼 죽어 버렸군!" 수의과 학생 시체를 옮기면서 집주인인 재단사 메드니코프가 말했다. 그는 신앙심이 깊은 깡마른 사내였는데 성모에 관한 모든 찬미가를 죄다 외우고 있었다. 그는 자기 자식들을—일곱 살 난 딸아이와 열한 살짜리 중학생 아들—세 개의 꼬리가 달린 가죽 채찍으로 때리고, 아내를 대나무 지팡이로 장딴지를 후려치고는 이렇게 투덜댔다.

"치안판사 나리께서는 내가 이런 방식을 중국인에게서 배웠다고 판결을 내렸지만, 나는 간판이나 그림이라면 모를까 살아 있는 중국인은 한 번도 본 적이 없단 말이야."

그의 일꾼들 중에 '두니카의 남편'이라는 별명이 붙은, 동작이 느리고 다리가 굽은 사람이 자기 주인에 대해 이렇게 말했다.

"나는 신앙심이 깊은 얌전한 점잖은 인간이 무서워! 난폭한 사람은 금방 표가 나기 때문에 피할 시간이 있지만, 얌전한 사람은 풀밭에 있는 교활한 뱀처럼 눈에 띄지 않게 기어 와서 느닷없이 영혼의 가장 무방비한 곳을 물어뜯는다고. 난 얌전한 인간이 무서워……."

'두니카의 남편'—메드니코프에게 사랑받는 얌전하고 교활한 밀고자—의 말 속에는 진실이 담겨 있었다.

나는 때때로, 온화한 사람들은 화석화된 삶의 심장을 이끼처럼 부드럽게 감싸면서 그것을 한층 더 포근하고 비옥하게 만들어 준다고 생각했다. 그러나 그보다 더 자주 세상에는 온화한 사람들이 많이 있다는 사실과, 비열한 것에 대한 그들의 교묘한 적응, 영혼의 종잡을 수 없는 변덕과 유연성, 모기 같은 그들의 고통을 접하면서, 나 자신이 마치 다리를 묶인 채 말파리 떼 속에 갇힌 말처럼 느껴졌다.

그 경찰관에게 갔다가 돌아오면서도 나는 그것에 대해 생각했다.

바람이 한숨을 쉬자 가로등 불빛이 흔들렸다. 그리고 어두운 잿빛 하늘이, 먼지처럼 가느다란 시월의 비를 대지 위에 뿌리면서 떨고 있는 것처럼 보였다. 비에 젖은 매춘부가 술 취한 사내의 팔을 잡고 밀면서 거리 위쪽으로 끌고 가고 있었다. 그는 갈라진 목소리로 무슨 말인지 중얼거렸다. 여인은 지친 듯이 공허하게 말했다.

"그게 당신 운명인 거예요……."

'바로 저거야' 나는 생각했다. '나도 저처럼 누군가가 나를 불쾌한 구석으로 밀쳐 넣고는 더럽고 슬픈, 그리고 이상하리만치 온갖 형상을 한 인간들과 마주치게 만든다. 나는 이제 그것이 지겹다!'

어쩌면 꼭 이런 말로 생각했던 건 아닐지도 모른다. 그러나 바로 이 생각이 내 뇌리 속에서 활활 타올라, 바로 이 서글픈 저녁에 나는 처음으로 영혼의 피로와 심장 속의 독한 곰팡이를 느꼈다. 그때부터 나는 나 자신을 한층 더 형편없게 생각하고, 나 자신을 옆에서 관찰하면서 차갑고 적의를 품은 타인의 눈으로 바라보게 되었다.

거의 모든 사람들의 내부에는 말과 행동뿐만 아니라 감정의 모순이 어설프고 거북스럽게 동거하고 있음을 보았다. 그 모순의 변덕스러운 장난이 특히 나를 무겁게 짓눌렀다. 그러한 장난을 나의 내부에서도 보았는데, 그것은 훨씬 더 형편없는 것이었다. 나는 사방으로 끌려 다녔다. 여자에게, 책에, 노동자에게, 쾌활한 대학생에게, 그러나 늘 따라가지 못하고 마치 팽이처럼 돌면서, '이도 저도 아닌' 생활을 하며, 눈에 보이지는 않지만 누군가의 억센 손아귀가 눈에 보이지 않는 채찍으로 나를 호되게 후려갈기는 듯했다.

야코프 샤포시니코프가 병원에 입원했다는 소식을 듣고 나는 그를 문병하러 갔다. 그곳에서 안경을 끼고, 머리에 쓴 하얀 수건 아래로 불그레한 귀가 축 늘어져 있으며, 입이 비뚤어진 뚱뚱한 여자가 억양 없는 목소리로 이렇게 말했다.

"죽었어요."

그리고 내가 가지 않고 자기 앞에 말없이 버티고 서 있는 것을 보고 화가 나서 소리를 질렀다.

"왜 그래요? 더 볼일 있어요?"

나 역시 화가 치밀어 내뱉었다.

"당신은 머저리로군."

"니콜라이, 이 사람 쫓아 버려!"

니콜라이는 걸레로 구리막대를 닦고 있다가 뭐라고 소리를 지르더니 그

막대로 내 등을 후려쳤다. 나는 그를 밖으로 끌어내 병원 현관 계단 옆에 있는 물웅덩이에 빠뜨려 버렸다. 그는 조용하게 이 봉변을 받아들이는 듯하더니 내게 눈알을 부라리면서 잠시 동안 말없이 앉아 있다가 일어나면서 이렇게 말했다.

"에잇, 개새끼!"

나는 데르자빈*39 공원으로 가서 시인의 동상 옆 벤치에 앉아서, 내가 뭔가 고약하고 난폭한 행동을 하면 사람들이 내게 떼거리로 달려들 것이고, 그렇게 되면 나에게 그들을 때릴 수 있는 권리가 주어질지도 모른다는 강렬한 기대에 사로잡혔다. 그러나 휴일인데도 공원 안은 텅 비어 있고 공원 주변에는 사람그림자 하나 보이지 않았다. 다만 바람이 마른 잎사귀들을 휘몰거나 가로등 기둥에 너덜너덜 붙어 있는 광고 삐라를 바스락거리게 하면서 불어치고 있을 뿐이었다.

투명하리만치 푸르고 차가운 황혼이 공원을 짙게 덮고 있었다. 거대한 청동상이 내 앞에 버티고 서 있었다. 나는 그것을 바라보면서 생각했다. 고독한 인간 야코프는 이 땅에 살면서 혼신을 다해 신을 몰아내려다가 평범한 죽음을 맞이했다, 평범한 죽음을. 이 사실에는 무언가 엄중하면서도 매우 모욕적인 데가 있었다.

"어쨌든 니콜라이 그 자식은 멍청이야. 나와 한판 붙거나 경찰을 불러서 나를 파출소에 넘겼어야지……."

나는 루브초프의 집에 갔다. 그는 자기 방 책상 옆, 작은 램프 앞에 앉아 재킷을 꿰매고 있었다.

"야코프가 죽었어요."

노인은 바늘을 쥔 손을 들어올렸다. 성호를 그을 양이었던 것 같다. 그러나 팔을 한번 휘저었을 뿐, 실이 뭔가에 걸려 나지막한 목소리로 사납게 욕을 퍼부었다.

그리고 소리를 질렀다.

"누구나 죽게 마련이지. 그게 우리의 바보 같은 평범함이지. 그렇다네, 친구! 그 녀석은 죽었어. 여기도 구리 세공하는 친구가 한 사람 있었는데, 그

---

*39 러시아의 고전주의 시인, 1743~1816.

녀석도 마찬가지로 사라졌다네. 지난 일요일 헌병들이 어디론가 그를 끌고 갔지. 난 구리를 통해 그를 알게 되었다네. 머리가 좋은 녀석이었는데! 대학생들과 뭔가 연루됐다는구먼. 자네도 대학생들이 술렁거리고 있다는 얘기 들었겠지? 정말인가? 그건 그렇고, 내 재킷 좀 꿰매 주게. 당최 보여야 말이지, 빌어먹을⋯⋯."

그는 실이 꿰어져 있는 바늘과 자기 누더기를 내게 건넸다. 그리고 뒷짐을 진 채 방 안을 왔다 갔다 하면서 연신 기침을 해대며 중얼거렸다.

"여기저기서 작은 불길이 타오르겠지. 그리고 그게 꺼지면 다시 따분해지는 거야! 참으로 불행한 도시야. 난 기선이 끊기기 전에 여길 떠나야겠어."

멈춰 서서 머리통을 북북 긁으며 묻는다.

"그런데 어디로 가지? 난 안 가 본 곳이 없다네. 그래, 어디든 다 가봤어. 하지만 내 몸만 축났을 뿐이지."

그는 침을 탁 뱉고서 덧붙였다.

"글쎄, 인생이란 개 같은 거야! 끈질기게 살고 또 살아왔지만 결국 아무것도 얻지 못했어, 영혼에도 육체에도⋯⋯."

그는 마치 무언가에 귀를 기울이는 듯 말없이 문 옆 모퉁이에 서 있다가 결정했다는 듯 내게 다가와 책상 한쪽 모서리에 앉았다.

"이봐, 렉세이 막시미치. 자네에게 할 말이 있네. 야코프는 쓸데없이 온 마음을 신에게 낭비해 버렸어. 신이든 황제든 내가 그들을 부정해봤자 나아지는 건 아무것도 없어. 필요한 건 우리 모두가 자신에 대해 화를 내고, 자신들의 썩어 빠진 삶을 뒤엎어버리는 것, 바로 그거야! 아, 난 늙었고 너무 늦었어. 곧 아무것도 보이지 않게 될 거야. 슬픈 일 아닌가, 친구! 다 꿰맸나? 고마우이⋯⋯ 선술집에 가서 차나 한 잔 하세⋯⋯."

그는 술집으로 가는 길에 어둠속에서 비틀거리다가 내 어깨를 꽉 잡으며 중얼거렸다.

"내 말을 새겨듣게. 사람들은 더 이상 참지 않을 걸세. 언젠가 분노를 폭발시켜 모든 걸 깨부수기 시작할 거야. 온갖 쓰레기 같은 것들을 깡그리 먼지로 만들어 버릴 거야! 더 이상 참지 못 하고 말이야⋯⋯!"

우리는 선술집에 들어갈 수가 없었다. 한 떼의 선원들이 갈보집을 둘러싸고 있었고, 알라푸조프 공장 노동자들이 출입구를 막아서 있었다.

"여기선 휴일이면 언제나 싸움판이 벌어진다네!" 루브초프는 안경을 벗으면서 시인하듯이 말했다. 그러고는 갈보집을 지키고 있는 사람들 틈에서 자기 동료를 보자 당장 싸움판에 끼어들어 동료들을 부추기고 선동하는 것이었다.

"기운 내, 노동자들아! 개구리 같은 놈들을 밟아버려! 잉어 같은 새끼들을 죽여버리라고! 이런, 아휴!"

나는 그런 모습을 바라보는 것이 이상하기도 했지만 한편으로는 우스꽝스럽기도 했다. 그 영리한 노인이 선원들 무리 속을 뚫고 들어가, 그들 주먹을 잘도 피하는가 하면 어깨를 밀쳐 그들 중 몇몇을 넘어뜨리면서 얼마나 교묘하게 행동하는지를 보는 것은 신기하기도 하고 재미도 있었다. 그들은 아무런 악의 없이 유쾌한 기분으로, 젊은 혈기와 남아도는 힘 때문에 싸우는 것이었다. 공장 노동자들을 문 있는 쪽으로 밀어붙여 놓고, 시커먼 몸뚱어리들이 모였다. 널빤지가 깨어져 나가고 격앙된 고함소리가 들려왔다.

"저 대머리 까진 두목 놈을 두드려 패!"

두 사람이 지붕에 기어 올라가 장단을 맞추면서 힘차게 노래를 불렀다.

우리는 도둑도 사기꾼도 강도도 아닌
우리는 뱃사람, 어부라네!

경찰이 호루라기를 불었고 어둠 속에서 구리단추가 반짝거렸다. 발밑으로는 진흙탕이 철벅철벅 소리를 냈다. 그러나 지붕 위에서는 여전히 노랫소리가 울려 퍼졌다.

우리는 메마른 강둑에 그물을 던진다네.
장사꾼 집에도, 창고에도, 곳간에도……

"그만둬! 넘어진 사람은 때리지 마!"

"영감, 아가리 닥쳐!"

잠시 뒤 루브초프와 나, 그리고 적과 아군 다섯 사람이 파출소로 끌려갔다. 가을밤의 고요한 어둠 속에서 힘찬 노랫소리가 우리 뒤를 따라왔다.

어허, 마흔 마리나 월척을 낚았으니,
요것들로 외투를 만들어야지!

"볼가 강변에 사는 사람들은 얼마나 멋진가!" 루브초프는 쉴 새 없이 코를 풀고 침을 뱉으면서 기쁨에 차서 소리를 질렀다. 그리고 내게 속삭였다.

"이봐, 튀라고! 기회를 봐서 튀란 말이야! 자네가 파출소에 갈 이유가 어디 있어?"

나와 내 뒤에 따라오던 키 큰 선원은 틈을 보다가 어느 골목길로 냅다 달려서 울타리 하나를 뛰어넘고 또 하나를 뛰어 넘었다. 그날 밤 이후로 나는 다시는 그 온화하고 현명한 니키타 루브초프를 만나지 못했다.

내 주위는 점점 더 공허해져 갔다. 대학생들의 소요가 시작되었지만, 나에게는 그 의미가 분명하지 않았고 동기도 막연했다. 나는 그 유쾌한 소동을 보면서 그 속에서 드라마를 느끼지 못한 채, 대학에서 공부할 수 있는 행복을 위해서라면 고문마저 달게 받겠다고 생각했다. 만약 사람들이 내게 '그럼 대학에 가서 공부나 해라. 그 대신 우리가 일요일마다 니콜라예프스카야 광장에서 너를 몽둥이로 때려주겠다!'고 했다면 나는 아마 그 조건을 받아들였으리라.

세묘노프의 빵공장에 들른 나는 제빵사들이 대학생들을 두들겨 패기 위해 대학교에 가려 한다는 것을 알았다.

"저울추로 박살을 내 버리겠어!" 그들은 즐겁다는 듯이 악의에 찬 말을 내뱉었다.

나는 그들과 논쟁을 벌이고 그들을 매도하기 시작했다. 그러다 갑자기 나에게는 대학생들을 옹호할 마음도 없고, 또 할 말도 없다는 것을 생각하고 오싹하는 두려움마저 느껴졌다.

지금도 나는, 마치 불구자가 된 것처럼, 견딜 수 없을 만큼 처절하고 파멸적인 비애를 가슴 깊이 느끼며 지하실을 빠져나오던 그때를 기억하고 있다.

그날 밤 나는 카반 강변에 앉아, 시커먼 강물 속으로 돌멩이를 던지면서 세 마디의 단어를 한없이 되뇌며 생각했다.

"이제 어떻게 하나?"

순전히 지루함에서 벗어나기 위해 나는 바이올린을 배우기 시작했다. 밤마다 가게에서 야경꾼과 쥐새끼들의 신경을 긁으며 바이올린을 켰다. 나는 음악을 사랑했으므로 열심히 음악을 공부했다. 나의 선생은 극장 오케스트라의 바이올린 주자였다. 한번은 수업 중 가게 밖으로 나갈 일이 생겼다. 나는 돈궤를 열어놓은 채 밖으로 나갔다. 돌아와서 보니 그가 주머니에 돈을 챙겨 넣고 있는 것이 아닌가. 그는 문가에 서 있는 나를 발견하고는 목을 길게 뽑고서 밋밋하게 면도를 한 황량한 얼굴을 내 쪽으로 돌리면서 나지막하게 말했다.

"날 치게!"

그의 입술이 떨렸고 핏기 없는 눈에서는 기름 같은 이상하게 커다란 눈물 방울이 흘러내렸다.

나는 바이올린 주자를 두들겨 주고 싶었다. 그러나 그런 짓을 하지 못하도록 마룻바닥에 손을 깔고 앉은 채 그에게 돈을 제자리에 갖다 두라고 명령했다. 그는 주머니를 비우고 나서 문 쪽으로 가다가 멈춰서더니 백치처럼 섬뜩한 목소리로 말했다.

"10루블만 줘!"

나는 그에게 돈을 주었다. 그러나 바이올린 공부는 그만두고 말았다.

12월에 나는 자살하기로 결심했다. 〈마카르의 삶 중의 한 사건〉이라는 단편에서 나는 그러한 결심의 동기를 묘사해 보려고 했었다. 그러나 잘 되지 않았다. 그 단편은 졸렬하고 불쾌한 내용인데다 내적인 진실성이 결여되어 있다.

굳이 그 작품의 장점을 꼽는다면 그 작품 속에 내적인 진실성이 완전히 결여되어 있다는 바로 그 점일 것이다. 하나하나의 사실들은 틀림없었지만, 그것들은 마치 나 아닌 다른 어떤 사람에 의해서 묘사된 것 같았다. 스토리 자체도 '나'에 대한 것이 아니었다. 만약 이 소설의 문학적 가치를 논하지 않는다면 그 속에는 뭔가 나에게 있어서 유쾌한 것이 있었다. 그것은 그 작품으로 나 자신을 극복한 것 같은 느낌이 든다는 점이다.

나는 시장에서 탄환이 네 발 장전된 드러머의 권총을 사서 심장에 쏠 작정으로 가슴에 대고 방아쇠를 당겼다. 그러나 그것은 허파를 스치는 데 그쳤다. 한 달쯤 지나자 나는 몹시 부끄러워졌고 나 자신이 말할 수 없이 멍청했다는 사실을 깨달으며 다시 빵집에서 일하게 되었다.

그러나 그것도 오래가지는 않았다. 3월 말, 어느 날 저녁 빵공장에서 가게로 돌아온 나는 여점원의 방에 호홀이 앉아 있는 것을 보았다. 그는 창가의 의자에 앉아 생각에 잠긴 듯 굵은 궐련을 뻐끔뻐끔 빨면서 담배연기를 유심히 바라보고 있었다.

"자네 시간 좀 있나?" 그는 인사도 하지 않고 나에게 물었다.

"한 20분쯤이요."

"앉게, 이야기 좀 하세."

늘 그렇듯이 그는 '악마의 가죽'으로 만든 외투에 완전히 꿰매진 것처럼 감싸여 있었다. 그의 넓은 가슴에는 엷은 색 수염이 드리워져 있고 고집스러워 보이는 이마 위로 짧게 자른 뻣뻣한 머리칼이 삐죽이 솟아 있었다. 발에는 무거운 농부용 장화를 신고 있었는데, 타르 냄새가 독하게 코를 찔렀다.

"그런데 말일세," 그는 나지막한 목소리로 조용하게 말하기 시작했다. "내게 와서 일할 생각 없나? 나는 볼가 강을 따라 45베르스타쯤 내려간 크라스노비도보 마을에서 작은 가게를 하고 있는데 자네가 날 좀 도와주게. 그 일이 자네 시간을 많이 빼앗지는 않을 걸세. 난 좋은 책들을 가지고 있고 자네가 공부하는 걸 도와줄 수도 있네. 어떤가?"

"좋습니다."

"금요일 오전 6시에 쿠르바토프 부두로 가서 크라스노비도보에서 온 나룻배를 찾게. 배 주인은 바실리 판코프라는 사람일세. 난 미리 그곳에 가서 자넬 기다리겠네. 그럼, 그때 보세!"

그는 자리에서 일어나 넓은 한쪽 손을 내게 내밀고, 다른 손으로는 품속에서 묵직한 은제 회중시계를 꺼내더니 이렇게 말했다.

"6분 만에 해치웠군! 참, 내 이름은 미하일로 안토노프 성은 로마시네. 그럼."

그는 힘찬 걸음걸이로, 호걸풍의 육중한 동상 같은 몸을 가볍게 움직이면서 뒤도 돌아보지 않고 떠났다.

이틀 뒤 나는 배를 타고 크라스노비도보로 떠났다.

볼가 강은 이제 막 얼음이 녹기 시작하여, 상류에서 탁한 강물 위를 출렁거리면서 금방이라도 깨질 듯한 잿빛 얼음덩이들이 떠내려 오고 있었다. 배는 얼음덩이들을 따라잡았고, 그것들은 뱃전에 부딪쳐 소리를 내며 날카로운 수정처럼 부서졌다. '상류에서 부는' 바람은 강둑에 물결을 일으키면서 춤을 추고, 태양은 유리처럼 파란 얼음덩어리의 옆구리에 닿아 순백색 햇살다발을 반사하며 눈부시게 빛나고 있었다. 통과 자루와 궤짝들을 무겁게 실은 배는 돛을 펴고 이리저리 나아갔다.

판코프라는 젊은 농부가 키를 잡고 있었다. 가슴 부분에 오색실로 수를 놓은, 무두질한 양가죽 재킷을 맵시 있게 차려입고 있었다. 얼굴은 평온했지만 눈은 차가운 빛을 띠고 있었다. 또 말이 없고 농사꾼 같은 데가 거의 없었다. 배의 앞머리 쪽에 판코프가 고용한 쿠쿠시킨이라는 사람이 손에 갈고리 장대를 들고 다리를 넓게 벌리고 서 있었다. 그는 농사꾼답게 끈으로 허리를 묶은 찢어진 외투를 걸치고 사제들이 쓰는 모자를 구겨진 채 쓰고 있었다. 얼굴은 멍과 상처투성이고 머리는 산발이었다. 그는 긴 갈고리 장대로 얼음덩어리들을 밀어내면서 경멸하듯 욕설을 퍼붓고 있었다.

"저리 꺼져…… 어딜 기어 올라와……."

나는 로마시와 함께 돛대 밑에 있는 궤짝 위에 걸터앉아 있었다. 로마시가 조용히 말했다.

"농사꾼들은 나를 좋아하지 않네, 특히 부자들은! 자네도 언젠가 그 혐오를 경험하게 될 걸세!"

쿠쿠시킨은 장대를 자기 발아래 뱃전에 직각으로 내려놓고, 만신창이가 된 얼굴을 우리 쪽으로 돌리면서 기쁨에 찬 목소리로 말했다.

"특히 사제가 안토느이치 자넬 싫어하지."

"그건 사실이야." 판코프가 확인하듯이 말했다.

"그 곰보 같은 늙은 개새끼한테 자넨 목구멍의 가시야!"

"하지만 내겐 친구도 많다네. 그들은 장차 자네 친구도 될 거야." 나는 그렇게 말하는 호홀의 목소리를 들었다.

차가운 날씨였다. 3월 햇살은 아직 그다지 따뜻하지 않았다. 강가에서는 앙상한 나무들의 거무튀튀한 가지들이 흔들리고 있었고, 군데군데 절벽을 이룬 강가의 관목 아래나 틈새에 잔설이 벨벳 조각처럼 쌓여 있었다. 강 위에는 흡사 양떼를 풀어놓은 듯 얼음덩어리들이 곳곳에 널려 있었다. 나는 꿈을 꾸는 듯한 기분이었다.

쿠쿠시킨은 파이프에 담배를 채워 넣으며 이론을 늘어놓았다.

"물론 자네는 사제의 마누라가 아니긴 하지만, 사제라면 생명 있는 모든 것을 사랑할 의무가 있는 게 아닌가. 성경에도 쓰여 있듯이 말이야."

"아니 누가 자넬 때리기라도 하던가?" 로마시가 쓴웃음을 지으며 물었다.

"글쎄, 뭔가 엉큼한 일을 하는 놈들, 틀림없이 좀도둑들이겠지." 쿠쿠시킨이 비웃는 투로 대답했다. 그러고는 자랑스럽게 덧붙였다.

"한번은 포병들한테 죽도록 얻어맞았지. 어떻게 살아났는지 나도 모르겠네."

"그들이 왜 자넬 때렸나?" 판코프가 물었다.

"어제 말인가, 아니면 포병들 말인가?"

"흐음, 어제?"

"왜 때리는지 알게 뭐야, 사람들은 숫염소처럼 별것 아닌 일에도 뿔을 들이댄단 말이야. 허구한 날 싸움질만 일삼는 놈들이니까."

"내 생각엔 아마 자네 혓바닥 때문에 때렸을 걸. 자넨 말을 할 때 너무 조심성이 없어." 로마시가 말했다.

"그럴지도 모르지! 난 호기심이 많아서 무엇이든 물어보는 게 버릇이거든. 난 새로운 걸 알게 되는 걸 좋아해."

얼음덩이에 강하게 부딪쳤는지 뱃전에서 기분 나쁘게 스치는 소리가 났다. 쿠쿠시킨이 비틀거리며 갈고리 장대를 붙잡았다. 판코프가 비난하듯이 말했다.

"자네 일에 신경 좀 쓰게, 스테판!"

"자네나 내게 말 걸지 마!" 얼음덩어리를 밀어내면서 쿠쿠시킨이 투덜거렸다. "일을 하면서 자네와 말을 할 순 없잖아……."

그들이 악의 없이 티격태격하자 로마시가 내게 말했다.

"이곳 토질은 내 고향 우크라이나보다 훨씬 못하지만 사람들은 더 낫다네. 아주 능력 있는 사람들이지!"

나는 그의 말을 주의 깊게 들으면서 내심 그의 말을 믿었다. 그의 안정된 모습뿐만 아니라 온화하고 소박하며 무게 있는 말씨도 마음에 들었다. 또한 이 사람은 아는 것이 많고 사람을 평가하는 데 나름의 기준을 가지고 있는 듯했다. 특히 마음에 드는 것은 내게 왜 자살하려 했느냐고 묻지 않는 것이었다. 아마 다른 사람 같았으면 벌써 오래전에 물어보았을 것이었다. 나는 그 질문에 진저리가 나 있었다. 그리고 대답하기도 어려웠다. 내가 왜 자살을 결심했는가는 아무도 모른다. 아마도 나는 호홀에게 장황하고 멍청한 대답밖에 할 수 없었으리라. 게다가 나는 그 일을 떠올리고 싶지 않았다. 볼가 강은 그토록 멋지고 자유롭고 유쾌했다.

배는 강변 가까이 거리를 유지하며 나아갔다. 왼쪽으로는 초원 쪽 모래사장을 파고들면서 널찍하게 벌어지고 있었다. 강물은 강가의 관목을 적시며 일렁거리며 불어났다. 그 강물을 향해 얕은 저지대와 땅에 팬 골을 따라 봄철 얼음 녹은 물이 시끄러운 소리를 지르며 흘러들고 있었다. 태양은 빙그레 웃음 짓고 부리가 노란 갈까마귀들은 그 빛 속에서 강철 같은 검은 깃털을 반짝거리며 둥지를 만드느라 분주하게 울어대고 있었다. 양지 녘에서는 화사한 녹색 풀잎이 땅속에서 태양을 향해 감동적으로 고개를 내밀었다. 몸은 추웠지만 마음속에서는 잔잔한 기쁨이 흐르고, 거기에도 밝은 희망의 부드러운 움이 싹트고 있었다. 봄날 대지는 참으로 기분이 좋았다.

정오쯤에 크라스노비도보에 도착했다. 험준한 절벽을 이룬 산 위에 푸른 지붕의 교회가 있고, 교회에서 산 가장자리를 따라 튼튼하고 잘 지어진 농가들이 일렬로 뻗어 있었다. 농가 지붕에는 노란 널빤지와 금란 같은 짚단들이 반짝거리고 있었다. 소박하면서도 아름다운 광경이었다.

나는 기선을 타고 이 마을을 지나다니면서 여러 차례 경탄해 마지않았다.

쿠쿠시킨과 함께 짐을 막 부리기 시작했을 때 로마시가 배에서 나에게 자루를 건네주면서 말했다.

"자네, 힘이 좋아 보이는군!"

그리고 나를 쳐다보지도 않은 채 물었다.

"그래, 가슴은 괜찮나?"

"그럼요."

나는 그가 질문을 하면서 세심하게 신경을 쓰는 데 몹시 감동했다. 나는 특히 농부들이 내가 자살하려 했다는 사실을 몰랐으면 하는 심정이었다.

"힘이, 그러니까 필요이상으로 좋다고 할 수 있을 정도야."

쿠쿠시킨이 말했다.

"젊은 양반, 어디 출신인가? 니제고로드? 그렇다면 사람들이 당신을 '물과 빵'이라고 놀릴 거야. 그리고 '갈매기가 어디서 날아오는지 잘 봐라'고 말할걸."

산에서 은빛으로 빛나는 개울들 사이를 누비며, 점토를 반죽한 것 같은 비탈을, 셔츠와 바지만 입고, 곱슬거리는 수염과 모자처럼 숱이 많은 불그스름한 머리에 키가 크고 여윈 농부가 미끄러지고 비틀거리며 맨발로 성큼성큼 걸어왔다.

강가에 오자 그는 잘 울리는 목소리로 서글서글하게 말했다.

"잘 오셨소."

그는 주위를 휘둘러본 다음 굵은 장대 두 개를 집어 그것들을 방죽에서 뱃전으로 걸쳐놓고 경쾌하게 나룻배에 뛰어올라 명령했다.

"장대 끝을 발로 꽉 눌러. 뱃전에서 떨어지지 않게 말이야. 자, 통 받아. 이봐, 젊은이, 이리 와서 좀 도와줘."

그는 그림으로 그려 놓은 듯이 잘생긴데다 힘도 상당히 세어 보였다. 콧날이 우뚝한 불그스레한 얼굴에는 연푸른색 두 눈이 날카롭게 빛나고 있었다.

"감기 걸리겠네, 이조트." 로마시가 말했다.

"나 말인가? 걱정 말게."

사람들이 등유통을 기슭으로 굴렸다. 이조트는 나를 훑어보면서 물었다.

"점원인가?"

"저 사람과 한판 붙어보지 그래." 쿠쿠시킨이 부추겼다.

"또 자네 낯짝을 쥐어 패던가?"

"그래서 그들을 어쩌기라도 할 텐가?"

"그들이라니, 누구 말인가?"

"그, 때린 놈들 말이야……."

"어휴, 이 사람이!" 이조트는 한숨을 쉬고는 로마시에게 말했다. "짐차는 금방 도착할 걸세. 난 자네들이 배를 타고 오는 것을 멀리서 보고 있었네. 마침 잘 왔어, 안토느이치. 자넨 가 보게. 여긴 내가 처리할 테니까."

로마시가 열 살 정도는 더 많아 보였지만, 이조트는 친절하고 세심하게 그를 대하면서 마치 보호자처럼 행동하고 있었다.

30분 뒤, 나는 새로 지은 오두막의 깨끗하고 아늑한 방에 앉아 있었다. 오두막 벽에서는 아직 송진과 뱃밥 냄새가 남아 있었다. 활달하고 눈매가 날카로운 여자가 저녁을 차렸다. 호홀은 트렁크에서 책을 꺼내 난로 옆 선반 위에 올려놓았다.

"자넨 다락을 쓰게." 그가 말했다.

다락방 창문을 통해 마을 일부와 내가 기거할 오두막의 반대쪽 골짜기가 보였다. 그 골짜기의 관목 사이로 목욕탕 지붕이 여러 개 보였다. 골짜기 저편은 과수원과 어두운 벌판이 완만한 경사를 이루며 지평선 위 푸른 톱니 같은 숲 쪽으로 펼쳐져 있었다. 푸른 눈의 농부 한 사람이 목욕탕 지붕 끝에 말처럼 걸터앉아, 한 손에 도끼를 들고 다른 손으로는 이마를 가리면서 볼가 강을 내려다보고 있었다. 짐마차가 삐걱거리고, 힘에 부친 소가 음매 하며 울고, 시냇물이 졸졸 흘러가고 있었다. 오두막 입구에서 온통 검은 색 옷을 입은 노파가 나오더니 입구를 돌아보면서 큰소리로 고함을 질렀다.

"우라질 놈들 같으니, 뒈져버려라!"

아이 둘이 돌과 진흙으로 개울물 줄기를 열심히 막다가 노파의 목소리를 듣더니 쏜살같이 달아나 버렸다. 노파는 땅바닥에서 나무 조각 하나를 집어 들어 침을 퉤 뱉었다. 그런 다음 농부들이 신는 장화 신은 발로 짓밟은 뒤 강 쪽으로 내려갔다.

나는 여기서 어떻게 살아가게 될까?

저녁식사를 알리는 소리가 들려왔다. 아래층으로 내려가보니 이조트가 긴 다리를 뻗고 식탁에 앉아 무슨 이야기하다가 나를 보자 입을 다물어버렸다.

"자네 왜 그러나?" 로마시가 미간을 찌푸리며 물었다. "계속하게."

"더 말할 것도 없어, 얘기 다 했네. 그러니까 우리 스스로 처리하기로 결정한 거지. 자넨 권총을 가지고 다니게. 아니면, 굵직한 몽둥이라도. 바리노프가 있는 데서는 말을 많이 하지 말게. 그 친구와 쿠쿠시킨의 주둥이는 계집애 주둥아리 같으니까. 어이 젊은 친구, 자네 낚시 좋아하나?"

"아뇨."

로마시는 농민들과 소규모 과수원 소유자들을 조직하여 그들을 독점 상인들 손아귀에서 벗어나게 할 필요가 있다고 말했다. 이조트는 그의 이야기를 주의 깊게 듣고 나서 이렇게 말했다.

"그렇게 되면 그 흡혈귀 같은 놈들이 자네를 가만두지 않을 텐데."

"해보는 거지 뭐."

"그렇다면, 한번 해볼까!"

나는 이조트를 보면서 생각했다.

'그래, 카로닌*⁴⁰가 즐라토브라츠키*⁴¹는 저런 농민들을 소재로 소설을 썼나 보군⋯⋯.'

나는 과연 뭔가 중요한 일에 진심으로 관계해 본 적이 있었던가? 그리고 이제부터 사람들과 진정한 일을 함께 하게 될 것인가? 식사를 마치고 나서 이조트가 말했다.

"이봐, 미하일로 안토노프, 서두르지 말게. 서둘러서 될 일이 아니야. 마음을 느긋하게 먹으라고!"

그가 떠난 뒤 로마시는 상념에 잠긴 채 내게 말했다.

"똑똑하고 정직한 사람이네. 애석하게도 글이 짧아서 겨우 읽는 정도지만, 그래도 배우려고 열심이야. 자네가 그를 좀 도와주게!"

저녁 때까지 그는 가게 물건들의 가격을 가르쳐주며 말했다.

"나는 마을에 있는 다른 두 가게보다 싸게 팔고 있네. 물론 그들이 좋아할 리 만무하지. 그들은 여러 가지 나쁜 짓을 하면서 나를 괴롭히고 있어. 내가 여기서 살고 있는 이유는 이곳이 좋아서도 아니고 장사가 잘 되어서도 아닐세. 다른 동기가 있다는 말이지. 그건 자네 빵집과 비슷한 계획 때문인데⋯⋯."

나는 그 점에 대해서는 짚이는 게 있다고 말했다.

"그거군요! 사람들을 일깨워야 한다, 그거지요?"

가게문은 닫혀 있었다. 우리는 램프를 들고 가게 안을 걷고 있었다. 밖에서도 누군가가 걷고 있었다. 그는 조심스럽게 진창 속을 걷다가 가끔 무거운 걸음으로 입구 계단에 올라서곤 했다.

"저것 봐, 들리나? 누가 걷고 있잖아! 저 사람 이름은 미군이라고 하는데, 날품팔이야. 아주 악질이지. 저놈은 예쁜 처녀애가 멋을 부리듯이 나쁜 짓을 즐긴다네. 자네 저자와 말할 때는 조심하게. 물론 다른 사람들과 얘기할 때도 마찬가지지만⋯⋯."

잠시 뒤 그는 방 안에서 파이프에 불을 붙이고 널찍한 등을 난로에 기댄

---

*40 카로닌(1857~92). 인민주의 퇴조기의 러시아 작가. 혁명운동에 참가했다는 이유로 추방된 적이 있다. 농촌을 다룬 소설이 많다.
*41 즐라토브라츠키(1845~?). 러시아의 인민주의 농민작가.

채 눈을 가늘게 뜨고, 자기 수염에 담배연기를 내뿜었다. 그러고 나서 천천히 간단명료한 말투로, 오래전부터 내가 젊은 시절을 헛되이 보내고 있다고 생각했노라고 말했다.

"자넨 재능이 있는 젊은이야. 인내심도 타고 났고. 보아하니 훌륭한 포부를 가지고 있는 것 같은데, 공부를 해야 하네. 하지만 책에 눈이 가려져서는 안 돼. 어떤 종파의 한 늙은 신봉자가 꽤 올바른 이야기를 한 적이 있지. '모든 학문은 인간으로부터 유래한다.' 하지만 사람들은 훨씬 더 어렵게 가르침을 주네. 그래서 좀 거친 느낌도 들지만, 과학은 한층 더 견고하게 뿌리내리는 법일세."

그는 내가 이미 알고 있는 사실, 즉 무엇보다도 농촌 사람들의 의식을 일깨워야 한다고 말했다. 나는 이미 낯익은 그 말 속에서 더욱 심오하고 더욱 새로운 의식을 깨달았다.

"자네가 살고 있던 곳에선 대학생들이 민중에 대한 사랑에 관해 열심히 떠벌려대지. 나는 그들에게 이렇게 말하고 싶어. 민중을 사랑하는 건 불가능하다고. 그건 말뿐이야, 민중에 대한 사랑이니 뭐니 하는 건……."

시험하듯이 나를 바라보면서 수염 속으로 빙그레 웃은 뒤, 그는 방 안을 걷기 시작했다. 그리고 단호하고 인상적인 말투로 이야기를 계속했다.

"사랑이란 타협하고, 관용하고, 묵인하고, 용서하는 걸세. 그건 바로 여자에게 접근할 때 쓰는 방법이지. 그런데 그들의 무지를 묵인하고, 그들의 미망과 타협하고, 그 모든 비천함을 관용으로 대하고, 그 야수성을 용서할 수 있을까? 어떻게 생각하나?"

"그렇군요."

"자, 보게! 자네가 있던 곳에선 모든 사람들이 노상 네크라소프*⁴²의 시를 읽고 읊조리지. 그런데 말이야, 네크라소프에게 홀려 있다고 뭐가 이뤄지겠어! 농민들은 이렇게 설득할 필요가 있네. ─형제여, 당신은 인간 자체로서는 나쁜 사람이 아니지만, 형편없이 살고 있으면서도 당신의 삶이 더 편하고 더 나아지도록 하기 위한 어떠한 노력도 하고 있지 않다, 아마 짐승도 당신보다는 자기 자신을 좀 더 걱정할 것이다, 짐승이 훨씬 더 훌륭하게 자기

─────────────

*42 네크라소프(1831~78). 혁명적 민주주의 경향을 띤 19세기 중엽 러시아 최대의 시인.
《데카브리스트의 아내》가 있다.

를 보호하고 있다, 게다가 당신들 농민에게서 귀족, 성직자, 학자, 황제, 이 모든 사람들이 태어났다. 알겠나? 이해가 되는가? 자, 당신이 유린당하지 않으려면 살아가는 법을 배우게나……이렇게 말일세."

그는 부엌으로 가서 하녀에게 사모바르를 끓이라고 지시하고 내게 장서들을 보여주었다. 거의 모든 책들이 과학적 성격을 띤 것들이었다. 버클,[43] 라이엘,[44] 가르트푸르, 레키,[45] 라보크,[46] 테일러,[47] 스펜서,[48] 다윈, 러시아 사람으로는 피사레프, 도브롤류보프,[49] 체르느이쉐프스키, 푸시킨,[50] 곤차로프[51]의 《전함 팔라다 호》, 네크라소프 등이다.

그는 이 책들을 마치 새끼 고양이 다루듯 커다란 손바닥으로 어루만지며 매우 감동한 듯이 중얼거렸다.

"정말 훌륭한 책들이야! 특히 이건 희귀본이라네. 검열에서 불태워 버린 책이거든. 국가가 과연 무엇인지 알고 싶으면 이 책을 읽어 보게!"

그는 내게 홉스[52]의 《리바이어던》을 건네주었다.

"이것도 국가에 대한 책인데 훨씬 더 쉽고 유쾌하지!"

그 유쾌한 책이란 바로 마키아벨리[53]의 《군주론》이었다.

차를 마신 뒤 그는 자신의 신상에 대해 간단하게 이야기했다. 그는 체르니고프의 대장장이의 아들로, 키예프 역에서 열차에 기름을 넣는 주유공이었다. 그곳에서 혁명가들과 알게 되어 노동자들의 연구단체를 조직했다가 체

---

[43] 버클(1821~62). 영국의 사회학자. 《영국 문명사》의 저자.

[44] 라이엘(1797~1875). 영국의 지질학자. 지사학의 개척자.

[45] 레키(1838~1903). 버클의 영향을 받은 아일랜드 역사가.

[46] 라보크(1834~1913). 영국의 인종학, 고고학자, 진화론자.

[47] 테일러(1869~ ?). 영국의 철학자, 철학사가.

[48] 스펜서(1820~1903). 영국의 진화주의적 사회학의 창시자.

[49] 도브롤류보프(1836~61). 1860년대 러시아 최대의 문예이론가. 혁명적 민주주의 지도자의 한 사람.

[50] 푸시킨(1799~1837). 러시아 최대의 시인. 근대 러시아 문학의 창시자.

[51] 곤차로프(1812~91). 1860~70년대 러시아의 현실주의적 대작가의 한 사람. '오블로모프'의 작자.

[52] 홉스(1588~1679). 영국의 경험론 철학자. 《리바이어던》은 그 주저의 하나이다.

[53] 마키아벨리(1469~1527). 르네상스 이탈리아의 대표적 정치사상가. 《군주론》은 그 대표적인 저작의 하나로, 독재군주에 의한 국가통일의 필요를 주장한 것이다.

포되어 2년 동안 감옥에 갇혀 있었다. 그 뒤로는 10년 동안 야쿠츠크 지방에서 유형생활을 했다.

"처음에 나는 야쿠츠크 사람들과 천막부락에 살면서 이젠 끝장났다고 생각했네. 그곳 겨울은 젠장, 자네도 알다시피 사람의 뇌수가 얼어붙을 정도였지. 게다가 그곳에선 뇌라는 건 아예 쓸모가 없다네. 나중에 알고 보니 여기 저기 러시아인들이 하나 둘 보이더군. 물론 숫자는 많지 않았지만, 어쨌든 있기는 있더란 말이야! 게다가 지루하지 않도록 신경을 썼던지 새로운 사람들을 종종 보내주더군. 모두가 훌륭한 사람들이었지. 블라디미르 코롤렌코*54라는 학생이 있었는데, 그도 지금은 유형 생활에서 돌아와 있다네. 나는 그 사람과 사이좋게 지냈지만 나중에는 결별하고 말았네. 우린 여러 가지 점에서 서로 닮았지만, 닮은 만큼 우정이 지속될 수 없었던 거지. 그는 진지하고 의지가 굳은 사람이었고 뭐든 잘하는 사람이었어. 성상도 그릴 줄 알았는데 난 그게 마음에 들지 않더라고. 지금은 잡지에 좋은 글을 쓰고 있다고 하더군."

그는 자정이 될 때까지 오랫동안 이야기를 했는데, 나와의 관계를 빨리 공고하게 만들려고 하는 눈치였다. 비로소 나는 그런 사람과 알게 된 것이 정말 행운처럼 생각되었다. 자살을 시도한 이후 나 자신을 지나치게 비하하면서 스스로 형편없는 인간이라고 여겼기 때문에 다른 사람들 앞에서 죄인처럼 느꼈고, 살아 있는 것이 부끄럽기까지 했다. 로마시는 아마 그런 것을 이해했는지, 인간적으로 내 앞에 자기 삶의 문을 활짝 열고, 나를 떳떳하게 어깨를 펼 수 있게 해주었다. 잊을 수 없는 날이었다.

일요일 아침예배가 끝나는 시간에 맞춰 가게 문을 열자마자 농민들이 가게 앞에 모여들기 시작했다. 맨 먼저 나타난 사람은 마트베이 바리노프였다. 팔이 원숭이처럼 길고 여자처럼 아름다운 눈은 늘 초점이 흐렸으며 머리는 늘 지저분하게 헝클어져 있었다.

"도시에서 뭐 재미있는 소문 없던가?" 그는 인사를 나눈 뒤 이렇게 묻고는 대답도 기다리지 않고, 쿠쿠시킨에게 이렇게 소리쳤다.

"스테판! 자네 고양이가 또 수평아리를 채 갔다는군!"

---

*54 블라디미르 코롤렌코(1853~1921). 19세기 말, 20세기 초의 러시아 작가로, 진보적 입장에 서서 고리키에게 큰 영향을 끼쳤다.

그러고 나서 주지사가 황제를 만나 모든 타타르인들을 캅카스와 투르키스탄으로 이주시키도록 하기 위해 카잔에서 페테르부르크를 향해 떠났다고 말했다. 그는 주지사를 칭찬했다.

"똑똑한 사람이야! 자기가 할일을 잘 알고 있잖아……."

"그건 몽땅 자네가 꾸며낸 것이구먼." 로마시가 조용하게 지적했다.

"내가? 언제?"

"글쎄……."

"자넨 도대체 남의 말을 믿으려 하질 않는군, 안토느이치." 바리노프는 유감스럽다는 듯 고개를 저으면서 비난하듯이 말했다. "그렇지만 난 타타르인들이 안 됐어. 캅카스는 익숙해지지 않으면 도저히 살 수 없는 곳이거든."

낡아서 찢어진 조끼를 입은 키가 작고 비쩍 마른 남자가 다가오고 있었다. 잿빛 얼굴은 경련으로 뒤틀려 있고 거무스레한 입술은 병적인 미소를 띤 채 굳어 있었다. 날카로운 왼쪽 눈은 끊임없이 깜박거렸고, 그 위에 흉터 때문에 토막토막 끊어진 하얀 눈썹이 꿈틀거리고 있었다.

"미군 나리, 어서 오시지요!" 바리노프가 조롱하듯 말했다. "간밤엔 뭘 슬쩍했나?"

"자네 돈이야." 미군은 낭랑한 고음으로 대답한 다음, 로마시 앞에서 모자를 벗었다.

우리가 사는 오두막의 주인이자 이웃이기도 한 판코프가 뒷마당에서 모습을 나타냈다. 그는 재킷을 걸치고 붉은 목도리에 고무 덧신을 신고 가슴엔 말고삐마냥 기다란 은사슬을 달고 있었다. 그는 성난 눈빛으로 미군을 빤히 노려보았다.

"이 늙다리 악마 같은 놈. 만약 또 한번 내 채마밭에 기어들면 다리몽둥이를 분질러 버릴 거야!"

"노상 하시는 말씀이 또 시작되는군." 미군은 침착하게 말한 뒤 한숨을 내쉬면서 덧붙였다. "싸우지 않고는 살아갈 수 없나?"

판코프가 그에게 욕지거리를 퍼붓기 시작했지만 그는 개의치 않고 계속했다.

"내가 왜 늙었다는 거야? 아직 마흔여섯밖에 안 되었는데……."

"아니, 작년 크리스마스 때 쉰셋이라고 했잖아." 바리노프가 소리쳤다. "자네 입으로 말했잖아, 쉰셋이라고! 왜 거짓말을 하는 거야?"

수염을 기른 점잔빼는 노인 수슬로프(나는 농민들의 성을 잘 기억하지 못한다. 그래서 그것들을 혼동하거나 틀리게 썼을지도 모른다—원주)와 어부인 이조트가 도착했다. 그렇게 해서 열 사람가량이 모였다. 호홀은 가게 문앞에 앉아서 파이프 담배를 피우며 묵묵히 농민들의 대화에 귀를 기울이고 있었다. 그들은 현관 계단이나 그 양쪽에 있는 긴 의자에 앉아 있었다.

날씨는 추웠지만 현란한 색채를 띠고 있었다. 겨우내 얼어붙었던 푸른 하늘에는 구름이 빠르게 흘러가고 빛과 그림자의 얼룩이 개울과 웅덩이 속에서 멱을 감고 있었다. 밝은 햇살에 눈이 부시는가 하면, 벨벳 같은 부드러움이 시선을 포근히 감싸기도 했다. 이따금 곱게 차려입은 아가씨들이 볼가 강쪽으로 공작처럼 사뿐사뿐 걸어가다가, 치마 자락을 들어 올려 주철 같은 구두를 드러내면서 물웅덩이를 건너뛰기도 했다. 어깨에 기다란 낚싯대를 맨 개구쟁이들이 뛰어다니고, 다부진 체격의 농부들이 우리 가게에 모여 있는 사람들을 곁눈질하고는 말없이 챙 없는 모자나 중절모를 살짝 들어 올리면서 지나갔다.

미군과 쿠쿠시킨은 상인과 지주귀족 중 누구 주먹이 더 센가 하는 애매한 문제를 정답게 검토하고 있었다. 쿠쿠시킨은 상인이라고 주장했고 미군은 지주귀족이라고 주장했는데 미군의 낭랑한 고음 목소리가 쿠쿠시킨의 지리멸렬한 말투를 압도하고 있었다.

"핀게로프 나리의 부친은 나폴레옹 보나파르트*55의 수염을 잡아당겼대. 그리고 핀게로프 나리도 두 사람의 목덜미 가죽을 움켜쥐고 양팔을 벌려 두 사람 이마를 박치기시켰다는 거야. 그걸로 끝난 거지! 두 사람 다 꼼짝없이 널브러졌다네."

"그야 널브러지지!" 쿠쿠시킨은 맞장구를 쳤지만 이렇게 덧붙였다. "하지만 그 대신 상인은 지주귀족보다 많이 먹는 걸……"

단정하게 생긴 수슬로프가 입구 위 계단에 앉아 투덜거렸다.

"농부들은 힘을 잃어 가고 있어, 마하일로 안토노프! 지주들 밑에 있었을 때는 빈둥거릴 수가 없었지. 모두 노예처럼 일했으니까……"

"그럼 농노제*56를 부활시켜 달라고 청원서라도 내보지 그래." 이조트가

---

*55 나폴레옹 보나파르트(재위 1804~14). 나폴레옹 1세.
*56 1861년 알렉산드르 2세에 의해 폐지되었다.

그의 말꼬리를 물고 늘어졌다. 로마시는 말없이 이조트를 바라보더니 파이프로 계단 난간을 두드리기 시작했다.

나는 기다리고 있었다. 도대체 그는 언제쯤 입을 열 것인가? 그리고 농부들의 조리 없는 대화에 귀 기울이면서, 호홀이 과연 무슨 말을 할지 가늠해 보았다. 내가 보기에 그는 농부들의 대화에 끼어들기 좋은 기회를 이미 몇 차례나 그냥 보내고 있었다. 그러나 그는 무관심한 표정으로 입을 다물고 망부석처럼 꼼짝 않고 앉아 바람이 웅덩이의 물을 일렁이게 하고 구름들을 진회색 비구름으로 뭉쳐 몰아대는 모습을 바라보고 있었다. 강 위에선 기선이 뱃고동을 울리고, 강 하류 쪽에서는 아코디언 소리에 맞춰 처녀들이 새된 목소리로 노래하는 소리가 들려왔다. 어떤 술주정뱅이가 딸꾹질을 하다가 고래고래 소리를 지르고 팔을 휘저으며 거리를 따라 내려가고 있었다. 그의 발이 부자연스럽게 구부러지더니 웅덩이에 빠졌다. 농부들은 모두 느긋하게 얘기하고 있었다. 그들의 이야기에는 뭔가 권태로운 울림이 감돌고 있었고, 나도 공연히 슬픈 생각에 젖어들었다. 아마도 차가운 하늘이 금방이라도 비를 뿌릴 것 같았기 때문이고, 도시의 끊임없는 소음과 그 다양한 음색, 바쁘게 움직이는 거리의 사람들, 그들의 활발한 대화, 뇌를 자극하는 수많은 언어들이 내 머리에 떠올랐기 때문이리라.

그날 저녁 차를 마시며 나는 호홀에게 도대체 언제쯤 농부들과 이야기를 할 것인지 물어보았다.

"무슨 이야기 말인가?"

"아아" 그는 내 말을 주의해서 듣고 나서 말했다. "글쎄, 만약 내가 농부들과 그 일에 대해, 그것도 길거리에서 이야기한다면 난 또다시 야쿠츠크 지방으로 내쫓기고 말걸세……."

그가 파이프에 담배를 재워 넣고 불을 붙이자 이내 담배연기가 가득 찼다. 그는 온화한 목소리로 자상하게, 농민들은 의심이 많아 여간해서는 믿지 않으려 한다는 것을 이야기했다—그들은 자기 자신을 두려워하고 이웃을 두려워하고, 특히 모든 낯선 사람들을 두려워하네. 그들에게 자유가 주어진 지 아직 30년도 채 안 되었네. 40대의 농민들은 농노로 태어났고 지금도 그 사실을 기억하고 있지. 자유가 무엇인지 이해하는 건 어려운 일이야. 간단히 판단하면 자유란 자기 살고 싶은 대로 사는 거지. 그러나 사방에 관리들이 있고 아직도 삶을 방해하고 있다네. 황제는 지주귀족으로부터 농민들을 해방시켰어. 그래서 지금은 황제가 모든 농민들의 유일한 주인인 셈이지. 그렇다면 다시―자유란 무엇인가? 갑작스레 그 날이 와서 황제가 그 의미를 설명하겠지. 농민들은 모든 땅과 모든 부의 유일한 주인인 황제를 매우 신뢰하고 있네. 그는 지주로부터 농민을 빼앗았어. ―어쩌면 상인들에게서 기선과 상점을 몰수할지도 몰라. 황제의 신봉자인 농민들은 이렇게 생각한다네―여러 명의 주인보다 한 사람의 주인이 낫다 말이야. 농민들은 황제가 자신들에게 자유의 의미를 가르쳐 줄 날이 오기만을 기다리고 있네. 그때는 누구나 원하는 것을 손에 넣을 수 있거든. 누구나 그날이 오기를 원하기 때문에, 전면적인 분배가 확정되는 그날을 놓치지 않을까 두려워하면서 남몰래 주의하며 살아가고 있다네. 그리고 자기 자신도 두려워한다네. 그들은 많은 것을 원하고 얻어야 할 것도 많지. 하지만 그걸 어떻게 얻어야 할까? 모든 사람들이 똑같은 것을 얻으려고 이를 갈고 있네. 게다가 곳곳에 농민들과, 황제에게 명백하게 적대적인 수많은 관리가 있네. 그러나 관리가 없어서도 안 되겠지. 그들이 없다면 모든 사람들이 서로 싸움질이나 하고 서로를 죽이려고 할 테니까."

바람이 풍성한 봄비를 듬뿍 실어와 유리창을 두드리고 있었다. 잿빛 안개가 거리를 따라 흘렀고 내 마음도 잿빛으로 물들어 풀이 죽어 있었다. 차분하고 나지막한 목소리가 상념에 잠긴 듯이 말했다.

"농민들을 깨우쳐 보게. 그들이 점차 황제에게서 권력을 자기 수중에 빼앗아 넣는 것을 배우도록 말일세. 또 그들에게 이야기하게. 민중들이 자기들 속에서 관리를 선출할 권리를 가져야 한다는 것을, 경찰, 도지사, 심지어 황제까지……"

"그러려면 100년은 걸릴 텐데요!"

"아니 그럼 자넨 그 모든 일을 성령 강림절(부활절 이후 일곱 번째 일요일)까지 끝내려고 생각했나?"

호홀이 진지하게 물었다.

저녁때 그는 어딘가로 외출했다. 11시경에 길거리에서 총소리가 들렸는데 어딘가 가까운 곳에서 발사된 듯했다. 비가 내리는 어둠 속으로 뛰쳐나가 보니, 미하일로 안토느이치가 그 커다랗고 시커먼 덩치로 서두르는 기색 없이 조심스럽게 쏟아지는 비를 헤치고 문 쪽으로 걸어오고 있었다.

"자네 웬일인가? 그건 내가 쏜 걸세……."

"누굴 말입니까?"

"저기서 누가 몽둥이를 들고 내게 덤벼들더군. 꺼지지 않으면 총을 쏘겠다고 말했는데 듣질 않았어. 할 수 없다 싶어서 허공에다 대고 한 방 쏘았지. 다친 사람은 아무도 없네……."

그는 외투를 벗고 한 손으로 비에 젖은 턱수염을 짜면서 현관에 선 채 말처럼 씩씩거렸다.

"이 빌어먹을 놈의 장화. 내 장화는 형편없단 말야! 바꿔야겠어. 헌데 자네 권총 분해 소제할 줄 아나? 부탁하네. 안 그러면 녹이 슬거든. 기름도 좀 쳐 주고……."

그의 동요하지 않는 태연자약한 태도와 그 잿빛 눈에서 내비치는 온화한 투철함이 나를 매료했다. 방 안 거울 앞에서 머리를 빗으며 그가 내게 충고했다.

"자네, 마을을 나다닐 땐 더 조심해야겠네. 특히 공휴일에는 더욱더. 저녁 나절에 자네를 두드려 패려고 벼르고 있는 자들이 있는 것 같아. 그렇다고 몽둥이를 들고 다닐 필요는 없어. 그건 싸움꾼들을 자극할 뿐이야. 더군다나 그들에게 자네가 두려워하고 있다는 생각을 심어줄 수도 있네. 그들을 두려워할 필요는 없어! 그들이 오히려 겁이 많은 사람들이니까……."

나는 매우 충실하게 생활을 꾸려가기 시작했다. 하루하루가 나에게 새롭고 중요한 것을 가져다주었다. 나는 자연과학에 관한 책들을 탐독하기 시작했다. 로마시는 종종 나를 깨우쳐 주었다.

"막시미치, 이건 무엇보다 우선적으로 알아둘 필요가 있네. 이 과학에는 말이야, 인간의 가장 뛰어난 이성이 집약되어 있거든."

일주일에 세 차례씩 저녁에 이즈트가 찾아오면 나는 그에게 글을 가르쳤다. 처음에 그는 나를 불신하는 듯이 약간 비웃어가며 대했으나 몇 차례 수업을 받고 나더니 매우 선량한 말투로 이렇게 말했다.

"자넨 설명을 썩 잘하는군! 자넨 선생이 될 걸 그랬어……."

그러더니 별안간 내게 제안하는 것이었다.

"자네 힘깨나 쓸 것 같은데, 어디 막대로 밀치기나 한번 해볼까?"

우리는 부엌에서 막대를 가지고 나와 서로 발바닥을 맞대고 방바닥에 앉았다. 그리고 오랫동안 서로를 밀쳐내려고 기를 썼다. 호홀이 쓴웃음을 지으며 우리를 부추겼다.

"어, 정말? 와!"

결국 이조트가 나를 나가떨어지게 했다. 이로 인해 그는 더욱더 내게 호감을 갖는 것 같았다.

"잘하는데? 자넨 정말 건장해!" 그는 나를 위로했다. "자네가 낚시를 좋아하지 않는다니 유감이군. 그렇지만 않으면 나랑 같이 볼가 강에 가는 건데. 밤이 되면 볼가 강은 더욱 멋지다네!"

그는 열심히 배웠고, 성과가 만족할 만하자 자신도 굉장히 놀라워했다. 때로는 학습 도중에 갑자기 일어나 책장에서 책을 꺼내들더니, 긴장하여 미간을 좁히고 두세 줄 읽고는 얼굴을 붉히고 나를 쳐다보며 놀란 듯이 말하는 것이었다.

"봤지, 내가 글을 읽었어!"

그리고 눈을 감고 암송했다.

> 아들의 무덤가에 선 어머니처럼
> 황량한 벌판에서 도요새가 울고 있네……

"어떤가!"

그는 여러 차례 작은 목소리로 조심스럽게 물었다.

"아무튼 친구, 이게 어떻게 된 일인지 설명 좀 해주게! 이 막대기 같은 것을 보고 있으면, 그것이 말이 되고, 내가 그것을 알고 있단 말이야—살아 있는 말을, 우리 말을! 하지만 내가 어떻게 그것을 알고 있는 것일까? 아무도 내게 그런 것은 귀띔해주지 않는데. 만약 그것들이 그림이라면 글쎄, 그건 알 수 있겠지. 하지만 여기엔 생각이 그대로 인쇄되어 있단 말이야. 어떻게?"

내가 그에게 무슨 대답을 할 수 있겠는가? 나의 '모른다'는 대답은 그를 실망시켰다.

"마법 같군!" 그는 한숨을 내쉬면서 말하고는 책을 한 장씩 불빛에 비춰

보면서 들여다보았다.

그에겐 유쾌하고 감동적인 소박함과 투명하고 어린아이 같은 천진함이 있었다. 그는 갈수록 책 속에 등장하는 훌륭한 농부를 연상시켰다. 거의 모든 어부들처럼 그는 시인으로, 볼가 강과 고요한 밤, 고독, 관조적인 삶을 사랑했다.

그는 별을 바라보면서 내게 물었다.

"호홀은 저곳에도 우리와 비슷한 인간들이 살고 있을지 모른다고 했는데, 자네도 그렇게 생각하나? 뭔가 신호를 보내 거기서 어떻게 살고 있는지 물어보고 싶군. 어쩌면 우리보다 멋지고 즐겁게 사는 건 아닌지……."

그는 자신의 삶에 만족하고 있었다. 혈혈단신 고아로서 어부의 조용하면서도 소중한 일에 있어서는 누구의 도움도 받지 않았다. 그러나 농부들에 대해 적대감을 가지고 있어서 내게 이렇게 주의를 주곤 했다.

"그들이 친절할 거라고 생각해선 안 돼. 그들은 교활하고 위선적인 사람들이야. 그들을 믿으면 안 돼! 오늘은 자네 편일지 모르지만 내일은 달라진다네. 그들은 단지 자기들 일에만 충실하지. 사회적인 일은 강제노역이라고 생각한다네."

그리고 그토록 온화한 마음씨를 지닌 사람치고는 기묘한 증오심을 품고 '식충이들'에 대해 말하곤 했다.

"그들은 왜 다른 사람들보다 돈이 많은가? 그건 그들이 더 영리하기 때문이라고. 하지만 영리한 사람이라면 이렇게 생각하는 게 마땅하지 않아? 농민들은 똘똘 뭉쳐서 화목하게 살아야 한다고. 그러면 그것은 힘이 되지! 그런데 지금 그들은 마치 장작을 쪼개듯이 마을을 분열시키고 있어, 이런 젠장! 그들 스스로 자신들의 적이 되고 있다니까. 얼마나 고약한 사람들인가 말이야. 호홀이 그들 때문에 겪고 있는 고생을 생각하면……."

그는 잘 생기고 건장했으므로 여자들에게 무척 인기가 좋았다. 그래서 여자들은 그를 가만두지 않았다.

"물론 그 점에 있어서 나는 형편없네." 그는 너무나 선량한 목소리로 참회했다. "남편들에게 그것은 치욕이지. 나라도 그런 입장이라면 분통을 터뜨렸을 거야. 하지만 농촌 여인들을 동정하지 않을 수가 없네. 그들은 내 제2의 영혼과도 같거든. 여자들은 휴일도 없이 사랑도 받지 못한 채 살아가고 있어. 말처럼 일하는 것 외에는 아무것도 없단 말일세. 남편들은 사랑해 줄 시간이 없지만, 난 한가로운 사람이네. 남편들은 결혼한 그해부터 주먹으로 아내들을 길들이지. 그래, 내가 그녀들과 놀아난 건 잘못이야. 하지만 난 한 가지만은 부탁하고 싶네. 그대 농촌 여인들이여, 서로 다투지 마시오. 나 혼자서 그대들 모두를 만족시켜 드리겠소! 서로 질투하지 마시오. 내게는 그대들 모두가 똑같고 나는 그대들 모두를 사랑하고 있으니까……"

그리고 나서 그는 겸연쩍은지 수염 속으로 쓴웃음을 지으며 말을 이었다.

"언젠가는 어떤 귀족부인과도 놀아날 뻔 했지. 그 여자는 도시에서 별장으로 내려왔지. 미인이었네. 살결은 우유처럼 뽀얗고 머리카락은 아마 같은 금발이었지. 눈은 푸른색을 띠고 있었는데 선량한 느낌이 들더군. 나는 그 여자한테 생선을 팔러 갈 때마다 늘 그녀를 뚫어질 듯이 쳐다보았다네. '이봐요, 왜 그러시죠?' 하고 묻기에, '잘 알고 계시잖습니까?' 하고 말해줬지. '그럼 좋아요. 밤에 당신한테 갈 테니까 기다려요!' 이러는 거야. 그리고 정말로 찾아왔어! 그렇지만 그녀는 모기가 질색이라더군. 모기떼가 그녀에게 달려들어서 우리 사이에는 아무 일도 일어날 수가 없었지. '할 수 없군요, 모기가 너무 설쳐대니 말예요.' 이렇게 말하면서 거의 울상이 되더군. 다음날 무슨 판사라고 하는 남편이 도착했어. 글쎄 그렇다네, 바로 그런 여자들이 귀족부인들이라고." 그는 탄식과 비난의 감정을 섞어 이야기를 끝냈다. "모기 따위가 귀족들의 삶을 방해한다니……"

이즈트는 쿠쿠시킨을 무척 칭찬했다.

"저 농부를 잘 보게. 정말 마음씨가 훌륭한 사람일세! 사람들이 그를 좋아하지 않는데, 글쎄, 그건 그들이 몰라서 그래! 물론 그가 말이 좀 많기는 하지만, 가축도 다 결점이 있는데 뭐."

쿠쿠시킨은 단 한 뼘의 땅도 없고, 술주정뱅이에 키도 작으며 교묘하고 힘이 세고 심보가 고약한 날품팔이 여자와 결혼했다. 그는 자기 집을 대장장이에게 세놓고, 자신은 목욕탕에 살면서 판코프네 집에서 일했다. 그는 새로운 소식을 무척 좋아하여 그게 없을 때면 자기가 이런저런 이야기를 꾸며냈는데 그런 이야기들은 늘 똑같은 식이었다.

"미하일로 안토노프, 자네 이런 이야기 들어봤나? 치니코프에 주재하는 경찰 한 명이 옷을 벗고 수도원에 들어갈 거라는군. 더 이상 농민들을 때리고 싶지 않아, 그만두겠어! 그랬대."

호홀은 진지하게 말했다.

"계속 그런 식으로 나가다간 모든 관리들 옷을 벗겨 놓게 되겠군 그래."

쿠쿠시킨은 부스스한 머리카락에 묻어 있는 지푸라기와 건초, 부스러기, 닭털 등을 떼어내면서 생각에 잠겼다.

"그들 모두가 옷을 벗지는 않겠지만, 양심이 있는 친구들은, 물론 그런 사람들에겐 당연히 자신의 직업이 괴로울 거야. 이봐, 안토느이치, 내가 보기엔 자넨 양심을 믿지 않는 것 같아. 하지만 양심이 없으면 아무리 머리가 좋아도 살아갈 수가 없어! 내 얘길 들어보게, 이런 일도 있었지······."

그는 매우 영악한 어떤 여지주에 대해 얘기했다.

"굉장히 교활한 여자여서, 도지사까지 자신의 높은 지위도 아랑곳하지 않고 그녀를 찾아갔을 정도라니까. 그리고 이렇게 말했다는군. '부인, 앞으로 모든 일에 좀 더 조심스럽게 행동하십시오. 당신의 극악한 행동에 대한 소문들이 페테르부르크까지 퍼졌답니다!' 그 여자는 그에게 과일주를 대접하면서 이렇게 말했다네. '제발 돌아가세요. 저도 제 성격을 어쩌지 못한단 말이에요!' 그리고 3년 몇 개월이 지난 뒤 그녀는 느닷없이 농부들을 불러 모아놓고 이렇게 말했네. '자, 내 땅을 전부 당신들에게 드리겠어요. 잘들 있어요. 그리고 날 용서하세요. 그럼 난······'"

"수녀원으로." 호홀이 쿠쿠시킨의 이야기에 마침표를 찍어주었다.

쿠쿠시킨은 호홀을 말똥말똥 바라보면서 단호하게 말했다.

"맞아, 수녀가 됐다네! 헌데 자네 이 여자에 대한 이야기를 들어본 모양이군, 안 그래?"

"전혀 들어본 적이 없네."

"그럼 어떻게 알고 있나?"

"난 자넬 아니까."

이 몽상가는 고개를 저으면서 중얼거렸다.

"도대체 자넨 남의 말을 통 믿지를 않으니······."

그의 이야기는 늘 그런 식이었다. 이야기 속에 등장하는 나쁘고 교활한 사람들은 나쁜 짓을 하는 데 지쳐서 '행방불명'이 되고 마는데, 쿠쿠시킨은 마치 쓰레기통에 쓰레기를 버리듯 그들을 수도원으로 보내는 일이 많았다.

그의 머릿속에서는 문득문득 전혀 예기치 않은 기발한 생각들이 떠오르는데, 그럴 때면 그는 갑자기 얼굴을 찡그리면서 선언했다.

"우리가 타타르인들을 정복한 건 시간낭비였어, 타타르인들은 우리보다 훨씬 영리하잖아!"

그러나 타타르인에 대해서는 아무도 얘기한 적이 없고, 그때는 과수원 소유자 조합이 화제에 올라 있었다.

로마시가 시베리아와 그곳의 부농들에 대해 이야기하고 있는데, 갑자기 쿠쿠시킨이 생각에 잠겨 중얼거렸다.

"만약 앞으로 2, 3년 동안 청어를 잡지 않는다면, 청어가 무섭게 불어나서 바닷물이 해변을 집어삼키고 사람들은 홍수로 멸망하고 말 거야. 지독하게 번식력이 강한 물고기야!"

마을사람들은 쿠쿠시킨을 허황된 사람으로 여겼다. 그의 이야기와 기발한 생각은 농부들의 신경을 자극하여 그들의 욕설과 조롱을 샀지만, 그러면서도 그들은 그가 하는 얘기에 늘 관심을 가지고 마치 그 공상 속에서 어쩌면 진실을 만날지도 모른다는 기대를 가지고 귀를 기울였다.

착실한 사람들은 그를 '떠버리'라고 불렀지만, 멋쟁이로 통하는 판코프만은 그에 대해 진지하게 말했다.

"스테판은—수수께끼 같은 인물이야⋯⋯."

쿠쿠시킨은 매우 재능 있는 일꾼이었다. 그는 나무통을 만들 줄도 알았고, 페치카에 대해서는 전문가였으며, 거기다 양봉은 물론 새 키우는 방법은 아녀자들에게 가르쳐 줄 정도였다. 또 목수일도 솜씨 있게 하는 등, 마지못해 하는 듯이 꾸물거리며 일했지만 못 하는 일이 없었다. 그는 고양이를 좋아해서 목욕탕에 열 마리나 되는 배가 볼록한 어미 고양이와 새끼고양이들을 키웠는데, 그는 그들에게 새를 먹여 키웠다. 고양이들에게 새를 잡아먹도록 길들이자, 마을에서는 그에 대한 반감이 강하게 일어났다. 그의 고양이들이 병아리와 수탉을 잡아먹기 때문이었는데, 그래서 아낙네들은 스테판의 고양이들을 붙잡아 무자비하게 죽여버리곤 했다. 쿠쿠시킨의 목욕탕에서는 성난 아낙네들의 악다구니가 자주 들렸지만, 그는 눈 하나 깜짝하지 않았다.

"멍청이들, 고양이는 사냥을 하는 동물이야. 개보다 더 민첩하다고. 내가 고양이들에게 새를 사냥하는 법을 가르치면 우린 수백 마리의 고양이를 키우게 되고, 나중엔 팔게도 되잖아. 그러면 당신들한테도 이득이라고, 이 바보들아!"

그는 글을 알았지만 지금은 다 잊어버렸고, 또 기억하고 싶지도 않은 모양이었다. 영리한 머리를 타고 난 그는 호홀의 이야기 속에 담긴 뜻을 누구보다도 빨리 알아차렸다.

"그렇다면" 그는 쓴 약을 삼키는 어린아이처럼 얼굴을 찡그렸다. "이반 뇌제(雷帝)는 일반 민중에게는 나쁜 짓을 하지 않았다는 거로군……."

그는 이즈트, 판코프와 함께 저녁에 우리 오두막을 찾아와서 때로는 한밤중까지 앉아 세계의 구조와 외국 생활, 여러 민족의 혁명적 동요에 대한 호홀의 이야기에 귀를 기울였다. 판코프는 프랑스 혁명을 좋아했다.

"바로 그것이 진정한 삶의 전환점이야." 그는 이렇게 맞장구를 쳤다.

그는 2년 전에, 커다란 혹이 있고 눈이 무섭게 튀어나온 부유한 농민인 아버지를 떠나, 이즈트의 부모 없는 조카딸과 연애결혼을 했다. 그녀를 엄하게 다루었지만 가끔씩 도회지풍 옷을 사주기도 했다. 판코프의 아버지는 아들의 고집을 저주했을 뿐만 아니라, 아들의 새오두막 옆을 지나갈 때마다 모질게 침을 뱉곤 했다. 판코프는 로마시에게 오두막을 빌려주고 마을 부자들의 희망에 반하여 그 집에 가게를 증축했기 때문에, 부자들은 그 일로 그를 미워했다. 그는 겉으로는 그들에 대해 무심한 태도를 취하며 아무렇지도 않은 듯이 얘기했지만, 그들과 마주하면 거칠게 조롱하듯이 말했다. 농촌생활은 그에게는 무거운 짐이었다.

"이래봬도 난 기술자야, 도시에서 살 수만 있다면 좋을 텐데……."

외모가 근사하고 늘 단정하게 옷을 입는 그는 늘 위엄을 갖추려고 했으며 자만심도 아주 강했다. 생각은 신중했고 좀처럼 남을 믿지 않았다.

"자네가 그 일을 시작한 건 가슴으로부터인가 아니면 머리로부터인가?" 그가 로마시에게 물었다.

"그럼, 자넨 어떤가?"

"아냐, 자네한테 물었어."

"자네 생각으론 어느 쪽일 것 같나?"

"모르겠어. 자네 생각은?"

호홀은 집요하게 버티면서 마침내 이 농부로 하여금 자기 생각을 털어놓게 했다.

"물론 가장 좋은 건 머리로부터 우러나는 것이지! 머리는 이익이 없으면 움직이지 않아. 그런데 이익만 있으면 일은 지속력이 있다고. 마음은 우리에게 좋지 않은 의논상대일 뿐이야. 마음에 따랐다면 난 끔찍한 짓을 저질렀을지도 몰라, 터무니없는 일을 말이야! 아마 난 그 사제 놈이 아무 데나 코를 들이밀지 못하도록 그놈을 쏘아 버렸을 거야!"

그 사제란 사람은 낯짝이 두더지 같이 생긴 악질적인 늙은이로, 판코프와 아버지의 싸움에 끼어들어 그를 곤경에 빠뜨렸다.

판코프는 처음에는 내게 불쾌하고 거의 적대적인 태도로 대하며 주인이라도 되는 양 고함을 질러댔다. 그러나 그러한 태도는 곧 사라졌다. 그러면서도 나에 대한 은밀한 불신감은 남아 있는 것 같았다. 나 또한 그를 대하는 것이 불쾌했다.

통나무로 벽을 만든 아담하고 깨끗한 그 방에서 보낸 밤들이 아직도 내 마음속에 강하게 남아 있다. 덧문이 굳게 닫혀 있고, 한쪽 구석 탁자 위에서 램프가 타오르고 있었다. 램프 앞에는 깎아지른 듯한 이마에 머리를 짧게 깎고 수염을 무성하게 기른 사내가 앉아서 이야기하고 있었다.

"삶의 진수는 인간이 가죽으로부터 점점 멀어지고 있다는 점에 있다네……."

세 농부가 주의 깊게 듣고 있었다. 그들은 좋은 눈과 현명해 보이는 얼굴을 하고 있었다. 이조트는 언제나, 마치 자기 혼자 멀리서 들려오는 어떤 소리에 귀를 기울이고 있는 것처럼 꼼짝 않고 앉아 있었다. 쿠쿠시킨은 모기에게 물리기라도 한 듯 이리저리 움직이고, 판코프는 허연 수염을 비틀면서 조용하게 생각을 정리하고 있었다.

"결국 사람들은 여러 가지 신분으로 나뉠 수밖에 없다는 뜻이군."

나는 판코프가 자신이 고용하고 있는 쿠쿠시킨에게 결코 거칠게 말하는 법 없이, 그 몽상가의 우스꽝스러운 이야기를 관심 있게 들어 주는 것이 썩 마음에 들었다.

대화가 끝나면 나는 다락방으로 올라가서 열린 창가에 앉아 잠든 마을과 침묵이 무겁게 깔린 들판을 바라보았다. 밤안개 속으로 별빛이 비쳐들고, 그 별들은 나에게서 멀면 멀수록 그만큼 지상에 가까웠다. 침묵이 위압하듯이 내 마음을 파고들고, 사색은 끝없는 공간으로 뻗어나갔다. 그리고 우리 마을이 그렇듯, 평탄한 대지 위에 묵묵히 눌러앉아 뿌리 내린 듯한 수천 개의 마을을 나는 보았다. 부동(不動), 그리고 정적뿐이었다.

안개 자욱한 공허가 나를 포근히 감싸더니 보이지 않는 수천 마리 거머리가 되어 내 마음에 달라붙는 것 같았다. 나는 점차 나른한 무력감을 느끼며 어두운 불안감에 사로잡혔다. 이 땅에서 나는 얼마나 왜소하고 얼마나 하찮은 존재란 말인가……

지금 내 눈앞에 있는 농촌생활은 그다지 즐거워 보이지 않았다. 내가 여러 차례 듣고 읽은 바로는 농촌사람들이 도시사람들보다 훨씬 더 건강하고 성실하게 살아간다고 했다. 그러나 내가 실제로 만나고 있는 사람들은 형벌처럼 끊임없이 뼈 빠지는 노동에 시달리고 있었다. 그들 가운데 많은 사람들이 과로로 인해 건강을 해쳤고, 즐거워 보이는 사람은 거의 없었다. 도시의 기술자와 노동자들은 그들 못지않게 일하면서도 즐겁게 살아갔고, 농촌의 침울한 사람들처럼 짜증스럽고 장황하게 불평하지는 않았다. 농민의 생활은 그리 단순해 보이지 않았다. 땅에 대해 긴장된 주의를 기울여야 했고, 인간 관계에서도 예민할 정도의 교활함이 필요했다. 그러한 이성이 결여된 삶은 성실한 삶이 아니다. 마을 모든 사람들이 마치 장님처럼 손으로 더듬거리며 살고, 모두가 무언가를 두려워하며 서로를 믿지 못하는, 뭔가 늑대 같은 것이 그들 속에 있는 것 같았다.

내가 이해하기 힘들었던 것은, 그들이 무엇 때문에 그토록 완강하게 호홀과 판코프, 그리고 우리의 모든 '동지'를 미워할 뿐만 아니라, 이성적으로 살아가려는 사람들을 증오하는가 하는 것이었다.

나는 도시의 우월함을, 그 행복에 대한 갈망을, 이성의 강렬한 탐구심을, 그 목적과 과제의 다양함을 보았다.

그런 생각이 드는 밤이면 나는 늘 도시사람들이 떠올랐다.

〈F. 칼루긴과 Z. 네베이 시계기술자, 및 각종 도구, 외과용 기구, 재봉틀, 각종 악기 등을 수선합니다〉

이 간판은 아담한 가게의 좁다란 출입문 위에 자리 잡고 있었다. 문 양쪽에는 먼지투성이 창문이 있고, 그 한쪽 창문에 누르스름한 이마에 혹이 있고 눈에 확대경을 낀 F. 칼루긴이 앉아 있었다. 둥그스름한 이마에 납작한 얼굴의 그는 시계장치 안을 가느다란 핀셋으로 검사해 가면서 거의 언제나 미소 짓고 있거나, 그렇지 않으면 하얀 브러시 같은 수염 속에 숨어 있는 둥그런 입을 벌리고 노래를 흥얼거렸다. 다른 창문 곁에는 비뚤어진 커다란 코와 방울만한 눈, 반짝이는 수염을 기른 검은 곱슬머리의 Z. 네베이가 앉아 있었다. 그 깡마르고 초췌한 모습은 꼭 악마를 닮은 것 같았다. 그도 역시 섬세한 물건을 분해해서 다시 조립하곤 했는데 이따금씩 예기치 않게 굵고 낮은 목소리로 소리치곤 했다.

"트라―타―탐, 탐, 탐!"

그들 등 뒤에는 상자와 기계, 바퀴 같은 것, 아리스톤,*57 공이 어지럽게 쌓여 있고, 선반이라는 선반에는 여러 모양의 금속제품들이 놓여 있으며, 벽에는 많은 시계들이 시계추를 좌우로 흔들고 있었다. 나는 그 두 사람이 일하는 모습을 온종일 즐거운 마음으로 구경하고 싶었지만, 내 기다란 몸이 그들에게 그림자를 드리우자 무섭게 인상을 쓰며 저리 비키라고 팔을 휘두르며 쫓아냈다. 나는 그곳을 떠나면서 부러운 생각이 들곤 했다.

"모든 것을 만들 줄 안다는 건 얼마나 행복한 일인가!"

나는 그 두 사람을 존경하며, 그들이 모든 기계와 악기의 비밀을 알 뿐만 아니라 세상에 있는 모든 것을 수리할 수 있으리라고 믿었다. 그들이야말로 인간이 아닌가!

그러나 농촌은 내 마음에 들지 않았다. 농민들은 이해할 수 없는 존재였다. 특히 아녀자들은 늘 질병을 호소했는데, 그녀들은 뭔가가 '심장 근처에서 두근거리고', '가슴이 답답하며', 끊임없이 '배가 아팠다'. 그녀들은 휴일마다 자기네 오두막 옆이나 볼가 강가에 앉아, 무엇보다 자주 그런 증상들을 화젯거리로 삼았다. 그녀들은 모두 쉽게 흥분해서는 미친 듯이 서로 욕설을 해댔다. 12코페이카짜리 깨진 질그릇 때문에 세 집안이 몽둥이를 들고 서로 싸우다가 한 노파는 팔이 부러지고 어떤 젊은이는 머리통이 깨지기도 했다. 이러한 싸움질은 거의 매주 일어났다.

---

*57 특수한 장치를 가진 악기.

사내아이들은 계집애들에게 대놓고 파렴치한 몸짓을 하면서 난폭한 장난을 쳤다. 그들은 들판에서 계집애들을 낚아채 치마를 걷어 올린 뒤 치마 자락을 머리 위에서 종려나무 껍질로 꽁꽁 묶어버렸다. 이 장난질의 이름은 '소녀를 꽃으로 만들기'였다. 허리 밑으로 발가벗겨진 계집애들은 비명을 지르며 욕지거리를 퍼붓기는 하지만, 보아하니 그 유희가 자신들도 재미있는지 느릿느릿 치마를 풀어 내렸다. 저녁예배 때는 사내아이들이 계집애들의 엉덩이를 꼬집곤 했다. 그들은 아마 그것 때문에 교회에 나오는 듯했다. 일요일마다 사제는 설교대에서 이렇게 말했다.

"이런 짐승 같은 놈들아! 추태를 부릴 데가 그리도 없어?"

"우크라이나 사람들은 모르긴 해도 종교적인 면에서 훨씬 더 시인(詩人)이라네." 로마시가 말을 꺼냈다. "하지만 이곳에서는 신앙이라는 이름 아래 내가 볼 수 있는 것은 공포와 탐욕이라는 가장 거친 본능뿐이라네. 이곳 사람들에겐 진실한 신앙이나 신의 아름다움과 권능에 대한 찬미 같은 건 존재하지도 않아. 어쩌면 그게 더 나을지도 모르지. 그만큼 종교로부터 쉽사리 해방될 테니까. 난 종교란 가장 해로운 편견이라고 말하고 싶어!"

젊은이들은 우쭐거리기는 했지만 겁쟁이들이었다. 벌써 세 차례나 그들은 나를 두드려 패려고 밤거리에서 기습했지만 번번이 실패하고 말았다. 나는 단 한번 몽둥이로 다리를 얻어맞은 적이 있었다. 물론 나는 그런 사소한 충돌에 대해 로마시에게 말하지 않았다. 그러나 그는 내가 절뚝거리는 것을 보고서 무슨 일이 있었음을 눈치 챘다.

"어허, 드디어 선물을 받았나? 내가 자네한테 말하지 않던가!"

그는 나에게 밤에는 나다니지 말라고 충고했지만, 그래도 이따금 채마밭을 가로질러 볼가 강변으로 나가서 버드나무 밑에 앉아 밤의 투명한 베일을 뚫고 강 건너 들판을 굽어보곤 했다. 볼가 강은 장엄하게 천천히 흐르고 있었고, 죽은 달에 반영된 보이지 않는 태양 빛을 받아 강물은 금빛으로 풍성하게 반짝거렸다. 나는 달을 좋아하지 않았다. 달 속에는 무언가 불길한 것이 깃들어 있어서, 나에게 개처럼 애처롭게 울부짖고 싶은 욕망과 비애감을 불러일으켰다. 달은 자신의 빛으로 빛나고 있는 것이 아니며, 그 죽은 달에는 어떠한 생명도 없고 있을 수도 없다는 것을 알았을 때 나는 무척 기뻐했다. 그때까지 나는 이렇게 상상하고 있었다. 달에는 구리인간들이 살고 있고, 그들은 삼각형을 하고 있으며, 컴퍼스처럼 움직이고, 파괴적인 무서운 소리를 낸다, 그곳에서는 모든 것이 구리로 되어 있다, 식물이고 동물이고 죄다 끊임없이 지구에 적의를 품고 악담을 퍼부으며 지구에 대해 나쁜 음모를 꾸미고 있다. 그래서 달이 천체에 있는 황폐한 땅이라는 사실을 알고 기뻐했던 것이다. 그러면서도 커다란 유성이 달에 떨어져 그 충격으로 달이 타올라 그 빛으로 지구를 밝게 비췄으면 하고 바라기도 했다.

볼가 강의 물줄기는 비단 같은 달빛을 흔들어 놓으면서 어둠 속 어딘가 저 멀리서부터 흐르기 시작하여, 산기슭 어두운 그림자 속으로 사라져 가는 것을 바라보며 나는 내 사색이 좀 더 활기차고 예민해져 가는 것을 느꼈다. 낮에 경험한 모든 것과 아무런 상관없는, 말로는 표현하기 곤란한 생각들이 쉽게 떠올랐다. 거대한 강물의 도도한 흐름은 거의 소리가 없었다. 어둡고 넓은 물길을 따라 기선이 불타는 듯한 꼬리털을 가진 거대한 새처럼 미끄러지고, 무거운 날개를 푸드덕거리듯이 부드러운 소음이 그 뒤를 따랐다. 강 아래 초원에서는 등불이 일렁거리고, 거기서 강물 위로 선명하고 붉은 불빛이 퍼져나갔다. 그것은 어부들이 횃불을 비춰가며 작살로 물고기를 잡고 있는 것이었다. 그러나 나는 오갈 데 없는 별 하나가 하늘에서 강으로 떨어져 강물 위에 불꽃처럼 떠다니는 것이라고 생각해 보기도 했다.

내가 책에서 얻은 지식들은 이상한 환상으로 발전했고 상상력은 지칠 줄 모르고 비할 데 없이 아름다운 광경을 그려내고 있었다. 마치 강을 따라 펼쳐진 포근한 밤 공기 속을 헤엄치고 있는 것 같았다.

이조트가 나를 발견했다. 밤에 보니 그는 훨씬 몸집이 크고 훨씬 더 멋진 느낌이었다.

"자네 또 여기 나왔어?" 내 옆에 앉으면서 그가 물었다. 그는 강과 하늘을 바라보며 부드러운 금빛 수염을 만지작거리며 오랫동안 깊은 침묵에 잠겨 있었다.

그리고 또다시 백일몽을 펼치기 시작했다.

"난 공부를 해서 책을 많이 읽을 작정이네. 그런 다음 강을 따라 걸으며 모든 걸 알아내고 말겠어! 그리고 사람들을 가르치는 거야! 그래, 다른 사람들과 마음을 나누는 건 훌륭한 일이지! 여자라도 가슴으로 이야기하면 몇몇은 알아들을 거야. 얼마 전 어떤 여자가 내 배를 타게 되었는데, 내게 이렇게 묻더군. '우린 죽으면 어떻게 될까요? 난 천당이나 지옥 따윈 믿지 않아요.' 이봐, 자넨 어떻게 생각해? 여자들도⋯⋯."

적당한 말을 찾지 못해 말을 끊었다가 그는 간신히 이렇게 덧붙였다. "살아 있는 인간이라고."

이조트는 밤의 사나이였다. 그는 미에 대해 예민한 감성을 지니고 있었으며, 마치 꿈을 꾸는 어린아이가 잠꼬대를 하듯 조용한 말로 아름다운 것들을 묘사할 줄 알았다. 그는 신을 정통 그리스 정교에 따라 두려움 없이 믿고, 신을 거대하고 잘생긴 노인, 선량하고 현명한 우주의 주인으로 상상하면서, 신이 악을 이길 수 없는 것은 오직 인간이 너무 많이 불어나 다 감당할 수 없기 때문이라고 믿고 있었다. "아니야, 걱정 없어. 신은 성공하고야 말 걸세. 하지만 난 도대체 그리스도를 이해할 수가 없어! 그는 나에게는 아무것도 아니야. 신이 존재한다, 그건 좋다 이거야. 그런데 또 한 사람이 있단 말이야! 신의 아들이라고들 하더군. 하지만 그게 어쨌다는 거지? 신은 죽지 않았어⋯⋯."

그러나 이조트는 대개 어떤 생각에 잠겨 말없이 앉아 있었다. 단지 가끔씩 한숨을 내쉬며 이렇게 말했다.

"아, 그렇지⋯⋯."

"뭐가요?"

"혼잣말일세⋯⋯."

그리고 다시 흐릿한 먼 곳을 응시하면서 한숨을 내쉬었다.

"삶이란 멋진 거야!"

나도 동의했다.

"예, 멋진 거죠!"

벨벳 리본 같은 검은 물살이 세차게 흘러가고 강물 위로는 은하수의 은빛 띠가 휘어져 걸려 있었다. 커다란 별들이 금빛 종달새처럼 빛났고, 마음은 인생의 신비에 관한 알 수 없는 생각들을 읊조리고 있었다.

멀리 초원 위에 불그스름한 구름 속에서 태양이 살짝 내다보는가 싶더니, 어느새 하늘에 공작꼬리 같은 햇살을 펼치고 있었다.

"태양은 정말 놀라운 거야!"

이조트가 행복한 듯 미소 지으며 중얼거렸다.

사과나무가 꽃을 피웠다. 마을은 장밋빛 눈 더미와 쌉싸래한 냄새에 싸여 있었다. 그 냄새가 사방에 배어들어 타르와 거름냄새를 삼켜버렸다. 꽃이 만발한 수백 그루의 나무들은 연분홍빛 공단 같은 꽃잎으로 화려하게 단장하고 줄을 맞춰 마을에서 들판까지 이어졌다. 달밤 가벼운 바람에 나비 같은 꽃잎들이 파르르 몸을 떨면서 겨우 들릴 정도로 바스락거리고 있었다. 그럴 때면 마을 전체가 흡사 금빛을 띤 푸른빛 육중한 물결에 흔들리는 것처럼 보였다. 나이팅게일은 쉬지 않고 열정적으로 노래하고, 낮에는 찌르레기들이 도전하듯이 서로 애간장을 태우며 울어댔으며, 눈에 보이지 않는 종달새들도 끊임없이 달콤한 노랫소리를 대지 위로 쏟아내고 있었다.

휴일 저녁이면 계집애들과 젊은 여자들이 거리를 거닐면서 새 새끼들 마냥 입을 벌려 노래를 부르다가 부끄러운 듯 얼굴을 붉히며 미소를 지었다. 이조트도 술에 취한 것처럼 미소를 지었다. 깡마른 그는 눈이 어두운 동굴처럼 움푹 들어가 있어 얼굴이 한층 더 엄격하고 아름답고, 그리고 거룩해보였다. 그는 하루 종일 잠을 자다 저녁나절에야 근심스러운 듯 조용히 명상에 잠긴 모습으로 거리에 나타났다. 쿠쿠시킨이 그를 거칠게, 그러면서도 다정하게 놀리려 들면 그는 겸연쩍게 웃으면서 이렇게 말했다.

"입 닥쳐. 어휴, 알기나 하고 지껄이란 말이야!"

그리곤 감탄하면서 말했다.

"아, 산다는 건 얼마나 달콤한 일인가! 얼마나 사랑스러운 삶인가! 무슨 말로 마음을 표현할 수 있을까! 그런 것이 있다면 난 죽는 날까지 잊지 않고 있다가 부활하면 제일 먼저 기억해 내리라!"

"이봐, 남자들이 자넬 패주려고 벼르고 있으니 조심하게." 호홀도 부드럽게 미소 지으며 그에게 주의를 주었다.

"그럼, 당연히 맞을 짓을 했지." 이조트도 동의했다.

거의 매일 밤, 미군의 심금을 울리는 높은 목소리가 나이팅게일의 지저귐과 한데 어우러져 정원과 들판과 강둑으로 흘러넘쳤다. 그는 아름다운 노래를 너무나 멋들어지게 불렀기 때문에 농부들조차 그가 지은 갖가지 죄를 용서해 주곤 했다.

토요일 저녁마다 우리 가게에는 점점 많은 사람들이 모여들게 되었다. 수슬로프 노인, 바리노프, 대장장이 크로토프, 미군은 빠지는 법이 없었다. 그들은 앉아서 심각하게 대화를 나눴다. 누가 나가면 또 다른 사람이 나타나 거의 자정까지 토론이 이어졌다. 때로는 주정뱅이들이 소란을 피우기도 했다. 퇴역군인 코스친이 누구보다 자주 소동을 일으켰다. 그는 애꾸눈에다 왼손에 손가락이 두 개 없는 사람이었다. 언젠가 그 사람은 옷소매를 걷어붙이고 주먹을 휘두르며 싸움닭 같은 걸음걸이로 가게를 향해 다가오면서 쉰 목소리로 힘겹게 소리쳤다.

"호홀, 이 호래자식아, 터키 신을 믿는다면서! 대답해 봐. 왜 교회에 안 나가는 거야, 응? 이 이교도 놈아! 인류의 반역자! 대답해 보라고. 네놈은 도대체 어떤 인간이냐?"

모여 있던 사람들이 그를 놀려댔다.

"미시카, 왜 네놈 손가락에 총을 쏘았지? 터키 놈들이 무섭던가?"

그가 싸울 기세로 덤벼들었지만 사람들은 그를 붙잡고 한바탕 큰소리로 웃었다. 그러고는 야단친 다음 골짜기에 처박아 버렸다. 그는 팽이처럼 비탈을 굴러떨어지며 죽어라고 비명을 질러댔다.

"사람 살려! 저놈들이 날 죽이네……."

잠시 뒤 그는 온통 먼지를 뒤집어 쓴 채 기어올라와 호홀에게 보드카 한 잔을 청하는 것이었다.

"왜 그랬나?"

"심심찮게 하려고." 코스친이 대답하자 농부들은 다 같이 껄껄거리고 웃었다.

어느 휴일 아침, 하녀는 난로 안에 있는 땔감에 불을 지핀 뒤 뒷마당으로 나가고 나는 가게에 앉아 있는데, 별안간 부엌에서 커다란 폭음이 들려왔다. 순간 가게 전체가 흔들리면서 선반에 있던 캐러멜 깡통들이 굴러 떨어지고, 유리창이 와장창 깨졌으며 바닥에서는 삐걱거리는 소리가 났다. 부엌으로 달려가 보니 먹구름 같은 연기가 부엌문에서 거실 안으로 기어들어오고, 그 뒤에서 무언가가 쉭쉭, 탁탁 소리를 내고 있었다. 호홀이 내 어깨를 붙잡았다.

"가만있게……."

현관에서 하녀가 큰 소리를 내며 울음을 터뜨렸다.

"어이구, 멍청한 계집애 같으니……."

로마시는 연기 속으로 뛰어들더니 무언가로 덜컹거리는 소리를 내면서 큰

소리로 꾸짖으며 고함쳤다.

"뚝 그쳐! 물이나 가져와!"

부엌 바닥에는 장작 다발이 연기를 피우고 있었고, 나무토막이 불타고 있었을 뿐만 아니라 여기저기 벽돌이 흩어져 있었다. 시커먼 난로 입구 안쪽은 빗자루로 쓸어버린 듯 말끔하게 비어 있었다. 나는 바닥에 붙은 불을 끄기 위해 연기 속에서 더듬더듬 물통을 찾아 들이부은 뒤 장작 토막들을 난로 안으로 집어던졌다.

"조심해!" 호홀이 하녀의 손을 잡아끌어 거실 안으로 밀어 넣은 뒤 내게 지시했다.

"가게 문 닫아! 막시미치, 조심하게. 또다시 폭발할지도 모르니까……."

그러고 나서 웅크리고 앉더니 둥근 전나무 장작다발을 꼼꼼하게 살펴보기 시작했다. 그런 다음 내가 난로 안에 던져 넣었던 장작 토막들을 도로 끄집어냈다.

"무얼 하는 겁니까?"

"이걸 좀 보게!"

그는 나에게 기묘한 모양으로 터진 통나무를 내밀었다. 통나무는 내부에 송곳자국이 나 있고 이상하게 그을려 있었다.

"알겠나? 나쁜 놈들, 그놈들이 장작 속에다 화약을 재워 넣은 거야. 멍청한 자식들! 그래, 화약 1푼트로 무얼 할 수 있을 거라고."

그는 장작을 한쪽으로 치워놓고 손을 씻으며 말했다.

"아크시냐가 나가 있었으니 망정이지 안 그랬으면 다쳤을 거야……."

매운 연기가 걷히고 나자 선반에 있던 그릇들이 모조리 박살나 있고, 유리창이 창틀에서 모두 빠져나와 산산조각 나 있었다. 그리고 화덕 입구 벽돌도 엉망진창으로 깨져 있었다.

나는 침착하기 그지없는 호홀의 태도가 마음에 들지 않았다. 그는 이 멍청한 계략에 조금도 당혹하지 않았다는 듯이 행동했다. 꼬마들이 거리를 뛰어다니면서 소리쳤다.

"호홀의 가게에 불이 났어요! 불이야!"

여자들은 기도를 읊조리면서 울부짖고, 아크시냐는 거실에서 불안한 듯 소리쳤다.

"사람들이 가게로 쳐들어오고 있어요. 미하일로 안토느이치!"

"그래, 알았어, 조용히 해!" 그는 젖은 수염을 수건으로 닦으며 말했다.

열려있는 거실 창문으로 공포와 분노로 일그러진 털북숭이 얼굴들이 들여다보며 매캐한 연기 때문에 눈살을 찌푸리고 있었다. 누군가가 흥분해서 째지는 듯한 소리로 고함쳤다.

"저놈들을 마을에서 쫓아냅시다! 말썽이 끝이 없어! 일 년 내내! 여러분, 왜 그럴까요?"

키가 작고 머리가 붉은 농부 한 사람이 성호를 그으며 입술을 달싹거리더니 창문 안으로 기어들려고 애를 썼지만 잘 되지 않았다. 그는 오른손에 도끼를 들고 왼손만으로 성급하게 창틀에 매달리려 했지만 아무 소용없었다.

로마시가 장작 하나를 손에 든 채 그에게 물었다.

"이봐, 어딜 가려고 그래?"

"여보게, 불을 꺼야잖아……."

"아무데도 불이 난 것 같진 않은데……."

그 농부는 놀란 듯이 입을 딱 벌리더니 사라져 버렸다. 로마시는 가게 현관으로 나가 사람들에게 장작을 보여주면서 말했다.

"당신네들 가운데 누군가가 이 통나무에 화약을 재워 넣은 뒤, 우리집 난로에 집어넣은 모양이오. 하지만 화약이 적어서 아무런 피해도 입지 않았소."

나는 호홀의 뒤에 서서 사람들을 바라보고 있었는데, 도끼를 쥐고 있던 조금 전 농부가 겁에 질린 듯 말하는 소리가 들려왔다.

"저자가 장작으로 날 후려치려고……."

그러자 술에 잔뜩 취해 있던 퇴역군인 코스친이 소리쳤다.

"저놈을 쫓아내, 저 이교도를! 재판에 회부해……."

그러나 대부분의 사람들은 입을 다물고 로마시를 찬찬히 바라보면서 의심스럽다는 듯 그의 이야기를 듣고 있었다.

"오두막 한 채를 날려버리려면 더 많은 화약이 필요합니다. 적어도 1푸드(16.38kg)는 돼야 한단 말이오! 마음대로 해 보시오, 날려 버리든지."

"촌장님은 어디 계신 거야?"

"경찰을 불러!"

사람들은 뭔가 아쉽다는 듯 마지못해 천천히 흩어졌다. 우리는 차를 마시기 위해 자리에 앉았다. 아크시냐가 차를 따라 주었다. 그녀는 어느 때보다 상냥하고 호의적인 태도로 로마시를 동정하듯 바라보면서 말했다.

"그 사람들에게 화내봤자 소용없어요. 그 사람들 얼마나 난폭한데요."

"당신은 이런 일을 당하고도 화나지 않습니까?" 내가 물었다.

"바보 같은 짓거리에 일일이 화낼 시간이 어딨어."

나는 모든 사람들이 이처럼 편안하게 자기 일을 해 나갈 수 있다면 얼마나 좋을까! 생각했다. 그러나 그는 벌써, 곧 카잔에 갈 텐데 무슨 책을 가져오면 좋을까 하는 화제로 옮겨가 있었다.

때때로 나는 이 사람에게는 영혼의 한 장소에, 마치 시계처럼 어떤 기계가 있어서 태엽만 감아주면 평생 사용할 수 있는 뭔가가 있을 듯한 느낌을 받았다. 나는 호홀을 사랑했을 뿐만 아니라 무척 존경했다. 한번이라도 그가 나 또는 다른 누구에게 화를 내고 고함치며 발을 구르는 모습을 보고 싶었다. 그러나 그는 화를 낼 줄 모르거나 화를 내고 싶어 하지 않는 것 같았다. 사람들이 어리석은 짓이나 비겁한 행동으로 그를 자극할 때도 단지 비웃듯이 잿빛 눈을 깜박이며 짤막하고 쌀쌀한 말투로 언제나 아주 간단하면서도 냉혹하게 말했다.

어느 날 그는 수슬로프에게 이렇게 물었다.

"영감님, 도대체 나잇살이나 먹어 가지고 도대체 왜 거짓말을 하는 겁니까, 네?"

그러면 노인의 누르스름한 뺨과 이마가 서서히 붉게 물들어 가고, 허연 수염까지 뿌리부터 장밋빛으로 변하는 것 같았다.

"그렇게 해봤자 영감님한테는 아무런 이득도 없을 뿐만 아니라 사람들의 존경심마저 잃게 될 겁니다."

수슬로프는 머리를 숙이고 그의 말에 동의했다.

"맞는 말일세. 득 될 게 아무것도 없지!"

잠시 뒤 노인은 이조트에게 말했다.

"저 친군 정신적 지도자야! 저런 사람들을 관리로 뽑아야 하는데……."

로마시는 자기가 없는 동안 내가 무엇을 어떻게 해야 하는지 알기 쉽게 설명해주었다. 그는 폭발로 위협당한 사건은, 마치 모기에 물린 것을 잊듯이 벌써 다 잊어버린 모양이었다.

판코프가 들렀다가 난로를 보고 눈살을 찌푸리며 물었다.

"놀라지 않았나?"

"아니, 왜?"

"전쟁을 치렀군!"

"앉아서 차나 들게."

"마누라가 기다리네."

"어디 있었나?"

"고길 잡으러 갔었네. 이조트하고 같이."

그는 다시 한번 부엌을 둘러보더니 생각에 잠긴 듯한 목소리로 되풀이했다.

"대단하군."

판코프는 호홀을 상대할 때면 언제나, 마치 중요하고 복잡한 일은 이미 모두 얘기가 다 끝났다는 듯이 간단하게 말했다. 지금도 똑똑히 기억하고 있지만, 로마시가 이반 뇌제 시절에 대한 이야기를 했을 때 이조트는 이렇게 말했다.

"재미없는 황제로군!"

"백정이잖아." 쿠쿠시킨이 덧붙였다. 하지만 판코프는 딱 잘라 말했다.

"특별히 머리가 좋았던 건 아닌 모양이야. 그래, 그가 영주들을 몰아내고 그 자리에 지위가 낮은 귀족들을 앉혔단 말일세. 더구나 외국인들까지 끌어들였다잖아. 그건 별로 영리한 방식이 아니야. 소지주는 대지주보다 더 나빠. 파리란 놈은 늑대가 아니라서 총으로 쏴 죽이지도 못하는 데다가 늑대보다 더 귀찮게 괴롭힌단 말이야."

쿠쿠시킨은 양동이에 점토반죽을 담아와 난로 벽돌이 떨어져 나간 부분을 때우면서 이렇게 말했다.

"망할 놈들, 무슨 꿍꿍이속이야! 자기들 몸에 있는 이도 어쩌지 못하면서 사람을 괴롭혀, 도대체! 이봐 안토느이치, 한꺼번에 많은 물건을 갖다놓지 말게. 조금씩 자주 갖다놓는 것이 낫겠어. 그러지 않으면 자네도 알다시피 그놈들이 자네의 모든 것을 홀랑 태워버릴 걸세. 또 다시 그런 짓을 했다간 끝장날 줄 알아!"

'그런 짓'이란 마을 부자들에게는 대단히 불쾌한 것으로서 과수원 소유자

조합을 의미했다. 호홀은 판코프나 수슬로프 말고도 똑똑한 두어 농부들의
도움으로 이 협동조합을 거의 다 조직한 단계였다. 또한 마을 대부분의 가장
들은 로마시에게 호의적으로 대했고, 가게의 손님 수도 눈에 띄게 늘어났다.
심지어 '변변치 않은' 농부들—바리노프, 미군—도 최선을 다해 호홀의 사
업을 도와주려 애쓰고 있었다.

나는 미군을 무척 좋아했는데 특히나 그의 아름답고 구슬픈 노래를 사랑
했다. 노래를 부를 때 그는 늘 눈을 감았고, 고통에 찌든 얼굴에 경련을 일
으키지도 않았다. 그는 어두운 밤, 달이 없거나 하늘이 촘촘한 직물 같은 구
름으로 덮여 있을 때 삶의 생기를 얻곤 했다. 어느 날 이른 저녁, 그가 조용
히 나를 불러냈다.

"볼가 강으로 나오게."

강에 가보니, 통나무배 선미에 걸터앉아 구부러진 시커먼 다리를 시커먼
강물 속에 담그고, 용상어를 잡기 위해 금지된 낚시도구를 수선하면서 작은
소리로 말했다.

"나리란 작자가 나를 놀려댄다고 쳐. 좋다고, 괜찮아. 그까짓 것 참을 수
있어. 그러라고 해. 그러든가 말든가 내 알 바 아니니까. 하지만 내 형제인
농민들이 나를 괴롭힐 땐 내가 어떻게 그걸 참아낼 수 있겠나? 우리들 사이
에 무슨 차이라도 있던가? 그래, 이런 건 있지. 그들은 루블로 셈을 하지만
난 코페이카로 셈을 하네. 그것뿐이야!"

미군 얼굴은 병적으로 바르르 떨리고 눈썹도 꿈틀거렸다. 손가락은 낚싯
바늘을 빼내어 줄칼로 갈면서 재빨리 움직이고 있었다. 그는 성의가 담긴 목
소리로 조용히 말을 이어갔다.

"난 도둑이야. 실제로 죄가 많은 인간이지! 그렇지만 사실 모든 사람들이
도둑질을 하면서 살아가고 있잖아? 서로를 착취하고 물어뜯으면서 말이지.
그렇고말고. 신은 우리들을 사랑하지 않지만 악마는 우리를 귀여워한단 말
이야!"

시커먼 강은 우리 곁을 서서히 흘러가고 검은 비구름이 그 위에서 움직이
고 있었다. 강기슭 초원은 어둠에 싸여 잘 보이지 않았다. 물결이 강변 모래
밭을 쓰다듬은 뒤 내 다리를 씻어내면서, 나를 끝없이 어딘가로, 흘러가는
어둠 속으로 실어가려는 것 같았다.

"살아가야만 하는 걸까?" 미군이 한숨을 쉬며 묻고 있었다.

언덕 위 높은 곳에서 개 한 마리가 처량하게 울부짖었다. 나는 꿈을 꾸듯 생각에 잠겼다.

'아니, 넌 왜 그렇게까지 하면서 살아야 하는 거지?'

강물은 너무나 고요하고 너무나 검어서 언짢기까지 하다. 그리고 이 포근한 어둠에는 끝이 없다.

"마을사람들이 호홀을 죽일 거야. 조심해, 자네도 죽일지 몰라."

미군은 그렇게 중얼거린 다음 느닷없이 조용하게 노래를 부르기 시작했다.

—어머니는 날 사랑하셨지—
언제나 말씀하셨다네.
오, 야샤, 내 사랑하는 아들아
제발 조용히 살아라……

그는 눈을 감았다. 목소리는 한층 더 강렬하고 서글프게 울려 퍼지고, 손가락은 엉킨 낚싯줄을 풀면서 느릿느릿 움직이고 있었다.

난 어머니의 말씀을 듣지 않았지
아아, 듣지 않았지……

나는 이상한 느낌을 받았다. 대지가 저 거대하고 어두운 액체의 육중한 움직임에 휩쓸려 그 속으로 빨려 들어가는 것 같았다. 그리고 지상에서 미끄러져 영원히 해가 뜨지 않는 칠흑 같은 어둠 속으로 추락하는 느낌이었다.

시작할 때와 마찬가지로 느닷없이 노래를 뚝 그친 미군은, 말없이 통나무 배를 강물에 띄우고 그 속에 앉아, 소리 없이 어둠 속으로 사라져 갔다. 그의 뒷모습을 바라보며 나는 생각했다.

'저런 사람들은 무엇을 위해 사는 걸까?'

나에겐 바리노프라는 또 한 친구가 있었다. 그는 무심한 사내로, 오만하고 게으르며 욕쟁이인 데다 한 군데 머무르지 않는 방랑자였다. 그는 모스크바에서 살았던 적이 있는데, 그 일을 침을 튀겨가며 이야기하곤 했다.

"지옥의 도시! 말도 못하게 끔찍했지. 교회는 만 사천 하고도 여섯 개나 있고 사람들은 전부 날강도들이지! 게다가 모두 망아지들 마냥 더덕더덕 옴에 걸려 있다고, 정말이야! 장사꾼, 군인, 시민들이 있는 대로 쏟아져 나와 돌아다니며 그저 싸움질만 한다니까. 거기에 황제 같은 대포가 있는데 정말 엄청나게 크더군! 표트르대제*58가 반도들에게 쏴 붙이려고 직접 만들었다더군. 그런데 한 귀족 부인이 대제의 사랑을 다시 찾기 위해 대제에게 반기를 들었다는 거야. 대제가 7년을 한결같이 그녀와 살다가 세 아이들과 함께 내팽개쳤으니, 여자가 격분해서 반역을 일으킨 거지! 그래서 왕이 폭도들에게 이 대포를 한 방 먹였어. 그 한 방에 9308명이 한꺼번에 쓰러져 버렸대. 황제 자신도 놀랐다나 어쨌다나. 그리고는 필라레트 대주교에게 말하더래. '안 되겠소. 쏘고 싶은 마음이 안 생기도록 저 망할 놈의 대포를 끌어내려서 틀어막아버려야겠소.' 그래서 그 대포가 못쓰게 되었다는 얘기야……."

내가 말도 안 되는 소리라고 하자 그는 벌컥 화를 냈다.

"맙소사! 넌 왜 그렇게 성격이 더러우냐! 이 이야기는 어떤 학자님이 나에게 자세하게 일러준 거란 말이야. 근데도 넌……."

그는 키예프에 있는 '성자'를 찾아가 이렇게 말했다.

"이곳처럼 그 도시도 언덕 위에 자리 잡고 있지. 강이 있었는데 이름이 뭐더라…… 하여튼 볼가 강에 비하면 작은 웅덩이에 지나지 않는 강이었어! 솔직히 정말 난장판 같은 도시야. 울퉁불퉁한 거리는 온통 오르막길뿐이더군. 사람들은 호홀(우크라이나인)이지만, 미하일로 안토노프와는 다른 혈통이야. 반은 폴란드, 타타르지. 그들은 말을 하는 게 아니라 꽥꽥거린다고! 머리도 빗지 않는 더러운 놈들이야. 개구리를 잡아먹기도 하는데, 거기서 개구리는 1푼트에 10코페이카나 한다네. 황소를 타고 다니고 황소로 밭을 갈기도 하지. 그놈들 황소는 정말 엄청나게 커서, 아마 제일 작은 놈도 우리네 황소보다 네 배는 클 거야. 한 83푸드나 나갈 거니까. 사제는 5만7천 명이고 그 가운데 273명이 주교야. 정말 괴상한 곳이지? 못 믿겠지만 어쩔 테야? 이 두 눈으로 직접 보았는데…… 자넨 가 본 적이 있나? 없잖아. 거 보라니까! 이봐, 친구, 난 무슨 일이든 정확한 것이 좋아……."

---

*58 표트르 대제(재위 1689~1725). 선진국의 문물을 받아들이고 러시아의 봉건적 농노제를 초기 자본주의적 과정에 통합시켰다.

그는 수학을 좋아해서 나한테서 덧셈과 곱셈을 배웠지만 나눗셈만큼은 따라오지 못했다. 그는 엄청난 숫자들을 광적으로 곱하면서 마구 실수를 저지르곤 했다. 막대기로 모래 위에 어마어마하게 긴 숫자를 써 놓고는 깜짝 놀란 듯 어린아이처럼 눈을 크게 뜨고 바라보기도 했다.

"야아, 정말 이런 숫자는 아무도 제대로 읽지 못할 걸!"

그는 누더기 옷에 제멋대로 헝클어진 추한 모습을 하고 다녔지만, 제법 잘 생긴 얼굴에는 곱슬곱슬하고 장난기어린 구레나룻이 무성하고, 파란 눈은 어린애 같은 미소를 짓고 있었다. 그와 쿠쿠시킨에게는 어딘가 공통점이 있었다. 아마 그래선지 그들은 서로를 기피하고 있었다.

바리노프는 고기를 잡으러 카스피 해에 두 번 갔다고 했다.

"이봐, 바다는 정말 무엇과도 비교할 수가 없어. 바다에 비하면 우린 한 마리 벌레에 지나지 않아! 바다를 바라보면 우리 같은 인간은 어느새 사라져버리지! 바다에서의 생활은 정말 멋졌어. 그곳엔 별의별 사람들이 다 있었지. 수도원장도 한 사람 있었다니까. 일을 제법 하더군! 하녀도 한 명 있었는데 왕년에는 검사의 정부였다는 거야. 그런 여자가 더 이상 무얼 바랄 게 있었겠어? 하지만 그녀는 바다를 그리워한 나머지 검사에게 말했다는 거야. '검사님, 당신은 제게 무척 친절한 분이지만 이제 모두 안녕이에요.' 바다에 한번 정을 붙이면 다시 바다로 가지 않을 수가 없어. 그 광활함. 구름 한 점 없는 하늘처럼! 나도 그곳으로 영원히 가버릴 거야. 난 인간들이 싫어. 바로 그 때문이야! 난 은둔자가 되어 황야에서 살고 싶어. 그런 황야가 어디에 있는지 아직 찾지 못했지만……."

그는 떠돌이 개처럼 마을을 쏘다녔다. 사람들은 그를 경멸하면서도 매우 즐겁게 그 이야기에 귀를 기울였다. 미군 노래를 들을 때처럼.

"저 새빨간 거짓말 좀 들어봐! 재미있잖아."

그의 공상은 때때로 판코프 같은 건실한 사람들의 이성마저 흔들어 놓았다. 한번은 이 의심 많은 농부가 호홀에게 말하는 것이었다.

"바리노프는 이반 뇌제에 대해 책에는 제대로 쓰여 있지 않다고 하더군. 숨겨진 부분이 많대. 이반 뇌제는 마음대로 변신해서 독수리가 되었는데, 그때 이후로 그의 명예를 기리기 위해서 사람들이 돈에다 독수리 문장을 새겨 넣었다는 거야."

터무니없고 공상적이고 때로는 억지로 갖다 붙인 것이 틀림없는 이야기가 삶의 진실에 대한 진지한 이야기보다 훨씬 더 사람들을 즐겁게 한다는 사실을 깨달은 적이 한두 번이 아니었다.

그러나 내가 호홀에게 그런 이야기를 하자 그는 웃으면서 이렇게 말했다.

"그런 건 금세 사라지고 마는 거야! 사람들은 그저 생각하는 법을 배워야 해. 그러면 진리에 가까운 생각을 하게 되는 거지. 바리노프나 쿠쿠시킨 같은 터무니없는 사람들을 이해하도록 해 보게. 그들은 예술가이고 작가인 셈이야. 그리스도도 아마 처음엔 그런 기인이었을 걸. 하지만 사실 그리스도가 생각해 낸 것도 그리 나쁜 건 아니었잖나……"

나는 이들이 하느님에 대해서는 거의 이야기하는 법이 없고 또 이야기하기를 꺼려한다는 사실에 놀랐다. 수슬로프 노인만이 확신을 가지고 이야기할 따름이었다.

"모든 것은 하느님에게서 온 거야!"

하지만 나는 항상 이 말 속에서 어떤 절망적인 체념을 느꼈다. 나는 이들과 매우 잘 지냈으며 그들과 나눈 밤의 대화에서 많은 것을 배우기도 했다. 로마시가 던졌던 의문들은 튼튼한 나무처럼 삶의 살 속에 뿌리를 내리고, 삶의 깊은 곳에서 수세기를 살아 온 다른 뿌리들과 결합하여 저마다의 가지에 선명한 사상의 꽃을 피우고, 낭랑하게 울려 퍼지는 언어의 잎사귀들을 무성하게 자라게 하는 것 같았다. 나는 책 속 꿀을 빨아들이며 더욱 성숙한 내 모습을 느끼며 더욱더 자신 있게 말하곤 했다. 이제는 호홀도 웃으면서 자주 나를 칭찬하게 되었다.

"정말 잘하고 있군, 막시미치!"

나는 그의 이러한 칭찬에 얼마나 감사했던가!

판코프는 가끔 아내를 데리고 왔다. 그녀는 부드러운 얼굴에 영리해 보이는 파란 눈, 그리고 '도회지풍' 옷을 입은 자그마한 여자였다. 그녀는 다소 곳하게 입술을 다물고 구석에 조용히 앉아 있었다. 그러다 가끔씩 깜짝 놀란 듯 입을 벌리고 눈을 동그랗게 뜨곤 했다. 이따금 정곡을 찌르는 말을 알아듣고는 손으로 얼굴을 가리면서 당황한 듯이 웃기도 했다. 그러면 판코프가 로마시에게 눈짓하며 말했다.

"알아듣는데!"

호홀 집에는 조심스럽게 행동하는 사람들이 드나들었는데, 호홀은 그들을 데리고 내 다락방에 올라가 몇 시간씩 앉아 있곤 했다.

아크끄시냐는 그들에게 먹을 것과 마실 것을 가져다주었다. 그들은 나와 하녀 말고는 누구 눈에도 띄지 않게 거기서 잠을 자기도 했다. 그들은 로마시에게 정말 충성스러웠고 그를 우상처럼 떠받들었다. 밤이면 이조트와 판코프가 이 손님들을 보트에 태워 지나가는 기선이나 로브이시카 선창으로 데리고 갔다. 나는 언덕에서 그들을 내려다보았다. 때로는 달빛을 받아 은빛으로 반짝이는 검은 강물 위에 콩알만 한 보트가 물결사이로 흔들리며 증기선 선장에게 불빛을 흔들어 신호를 보냈다. 그 모습을 지켜보면서 내 자신이 뭔가 위대하고 비밀스러운 일에 동참하고 있다는 느낌을 받았다.

마리야 데렌코프가 시내에서 찾아왔다. 더 이상 그녀의 눈길에서 나를 당황하게 하는 어떤 것도 발견할 수 없었다. 그녀의 눈길은 자신의 아름다움을 자각하고 행복해 하는, 그리고 키가 크고 수염이 난 사내가 자기를 쫓아다니는 것을 기뻐하는 처녀의 눈길일 뿐이었다. 그 구애자는 다른 모든 사람에게와 마찬가지로 그녀에게도 평온하게, 그러면서도 다소 빈정대는 투로 이야기했다. 다만 수염을 좀 더 자주 쓰다듬었고 눈길이 좀 더 따뜻하게 빛나고 있을 뿐이었다. 그러나 데렌코프의 여린 목소리는 명랑하게 울렸다. 그녀는 하늘색 리본을 밝은 머리에 묶고 같은 색 옷을 입고 있었는데 어린애 같은 손은 이상하게 불안해 보였다. 마치 무엇이라도 붙잡을 것을 찾는 것처럼. 그녀는 거의 끊임없이 입을 벌리지 않고 무언가를 흥얼거렸고, 장밋빛으로 달아오른 얼굴에 손수건으로 부채질했다. 그녀의 내부에는 전과 달리, 불쾌하고 화가 나서 마음을 들끓게 하는 뭔가가 있었다. 나는 되도록 그녀를 보지 않으려고 노력했다.

7월 중순쯤 이조트가 행방불명이 되었다. 그가 익사했다는 소문이 나돌았고 이틀 뒤에 그것은 사실로 드러났다. 마을에서 7베르스타쯤 떨어진 하류의 풀이 자란 강기슭에서 밑바닥에 구멍이 나고 뱃전이 부서진 그 배가 발견된 것이다. 아마도 이조트가 잠깐 잠든 사이, 마을에서 5베르스타쯤 떨어진 하류에 정박하고 있던 거룻배 세 척과 충돌한 것이 원인이었을 것이다.

이 사건 당시, 로마시는 카잔에 있었다. 저녁에 쿠쿠시킨이 가게로 나를 찾아와서 지친 듯 짐꾸러미에 걸터앉아 말 없이 자기 발만 내려다보다가 담배에 불을 붙이면서 물었다.

"호홀은 언제 돌아오나?"

"모르겠어요."

그는 낮은 목소리로 더러운 욕을 해대더니 목구멍에 가시가 걸린 듯한 목소리로 신음하면서 멍든 얼굴을 손으로 박박 문질렀다.

"왜 그러십니까?" 내가 물었다.

그는 입술을 깨물면서 나를 물끄러미 바라보았다. 눈은 충혈 되어 있었으며 턱은 떨고 있었다. 그가 말을 하지 못하는 것을 보고 나는 무언가 몹시 슬픈 일이 생겼다는 느낌에 마음이 섬뜩했다. 마침내 그는 거리를 힐끗 내다본 뒤 딸꾹질을 하면서 어렵사리 입을 열었다.

"미군과 함께 가서 이조트의 배를 살펴보았어. 배 밑바닥이 도끼에 찍혀 부서졌더군, 알겠어? 이조트는 살해당했다는 얘기야! 틀림없어!"

그는 머리를 가로젓고는 건조하고 열띤 목소리로 흐느끼면서 온갖 더러운 욕을 토해내기 시작했다. 그러다가 이윽고 입을 다물고 성호를 그었다. 그 농부가 울고 싶은데도 울지 못하고, 아니 그보다는 시원하게 울지 못하고, 분노와 슬픔에 몸을 맡기며 치를 떨고 있는 모습은 차마 더 이상 바라보기가 힘들었다. 그는 일어나 고개를 저으면서 나갔다.

이튿날 저녁, 강에서 수영을 하던 소년들이 마을 상류에 떠오른 부서진 거룻배 밑에서 이조트를 발견했다. 뱃바닥의 반은 자갈밭 위에, 그리고 반은 물에 잠겨 있었는데, 방향키를 조종하는 배 꼬리의 부서진 키 구멍에 얼굴을 아래로 한 이조트의 긴 몸이 둘로 꺾인 채 걸려 있었고, 머리는 깨져서 텅 비어 있었다. 물결이 그의 뇌수를 쓸어가 버린 것이다. 누군가가 등 뒤에서 도끼로 그의 머리를 내려친 자국이 역력했다. 물살이 이조트의 몸을 흔들어서, 다리는 기슭 쪽으로 뻗어 있고 팔은 흔들거리고 있어서, 마치 강변으로 기어오르려고 필사적으로 노력하고 있는 것처럼 보였다.

스무 명 남짓한 부농들이 언짢은 표정으로 긴장한 채 강둑에 서 있었다. 가난한 농부들은 아직 들에서 돌아올 시간이 아니었다. 교활하고 겁이 많은 촌장은 붉은 소맷자락으로 연신 코를 닦고 지팡이를 휘둘러대며 안절부절 돌아다니고 있었다. 땅딸막한 상인 쿠지민이 배를 쑥 내밀고 두 다리를 쩍 벌린 채 나와 쿠쿠시킨을 번갈아 쳐다보며 서 있었다. 그는 무섭게 미간을 찌푸리고 있었지만 창백한 눈가에는 눈물이 맺혀 있고 마마자국이 남아 있는 얼굴은 슬퍼보였다.

"아, 끔찍한 일이야!" 촌장이 구부러진 다리로 종종걸음을 치면서 큰 소리로 흐느끼고 있었다. "오, 이보게들!"

뚱뚱한 그의 며느리는 바위 위에 걸터앉아 망연히 강물을 바라보면서 떨리는 손으로 성호를 그었다. 입술은 가늘게 떨고 있었고, 두툼하고 빨간 아랫입술이 개처럼 축 늘어져 염소 같은 누런 이가 드러나 있었다. 언덕에서 처녀와 어린아이들이 꽃무더기처럼 뛰어내려왔다. 먼지를 뒤집어쓴 농부들도 들에서 서둘러 걸어왔다. 모여든 사람들이 조심스러운 표정으로 나지막이 웅성거렸다.

"저 친군 늘 말썽이었어."

"무슨 소리야?"

"말썽을 부리는 건 저 쿠쿠시킨이지……."

"이유 없이 사람을 죽이다니……."

"이조트는 얌전하게 살았는데!"

"얌전하다고?" 쿠쿠시킨이 농부에게 달려들며 소리쳤다. "그런데 왜 그를 죽여? 응? 이 악당놈들아, 어째서야?"

갑자기 어떤 여자가 발작적으로 웃음을 터뜨렸다. 그 웃음이 채찍처럼 군중들을 내리치기라도 한 것처럼, 농부들은 서로 마주보며 절규하듯이 욕설을 퍼부어댔다. 쿠쿠시킨은 아까 그 상인에게 달려들어 손바닥으로 그의 꺼칠꺼칠한 뺨을 내갈겼다.

"에라, 이 짐승만도 못한 놈아!"

그는 주먹을 휘두르면서 그 난장판에서 튀어나오더니 거의 유쾌하기까지 한 목소리로 나에게 소리쳤다.

"튀어, 싸움이 벌어질 테니까!"

누군가가 벌써 그에게 한 방 먹였는지 입술이 터져서 피가 흐르고 있었지만 그의 얼굴은 만족스러운 듯 빛나고 있었다……

"봤어? 내가 어떻게 쿠지민을 갈겼는지."

바리노프가 거룻배를 둘러싼 사람들을 흠칠흠칠 쳐다보며 우리에게 뛰어왔다. 한 덩어리가 되어 한 곳에 뭉쳐 있는 군중 속에서 촌장의 가느다란 목소리가 들려왔다.

"그래, 어디 말 좀 해 봐! .내가 누굴 봐주고 있단 말이냐? 증명해 봐라!"

"난 여길 떠나야겠어." 바리노프가 중얼거리면서 언덕을 올라갔다. 무더운 저녁이었다. 숨을 쉬기도 힘들 만큼 후덥지근했다. 하늘 가득한 푸르스름한 비구름 속으로 주홍빛 석양이 지고 있었다. 구름 사이로 불그레한 빛의 반사광이 관목 숲을 비추고 어디선가 천둥소리가 들려왔다.

눈앞에서 이조트의 시체가 어른거리며 박살난 두개골에 붙은 머리카락이 곤두선 채 물살에 흔들리고 있었다. 나는 꿈을 꾸는 듯한 그의 목소리와 멋진 말들을 떠올렸다.

'모든 사람에게는 어린아이 같은 구석이 있지. 그 어린아이 같은 마음을 소중히 해야 해! 그 어린아이 같은 마음을 말이야! 호홀을 보게. 그야말로 강철 같지? 하지만 그의 영혼은 어린아이 같단 말이야!'

쿠쿠시킨이 큰 걸음으로 나와 나란히 걸으면서 화난 목소리로 말했다.

"우리도 모두 저렇게…… 아이구, 하느님, 이런 터무니없는 일이……."

호홀은 이틀 뒤 밤늦게, 무척 만족스러운 일이라도 있었는지 유난히 기분 좋은 기색으로 돌아왔다. 오두막 문을 열어주자 그는 내 어깨를 두드리면서 말했다.

"벌써 자려고 그래, 막시미치!"

"이조트가 살해됐어요."

"뭐라고?"

그의 관자놀이가 혹처럼 부풀어 오르고, 수염은 마치 흐르는 물결처럼 가슴 쪽으로 나부끼며 떨렸다. 그는 모자도 벗지 않고 눈을 가늘게 뜬 채 고개를 가로저으면서 방 한가운데서 멈춰 섰다.

"그래, 누가 그랬는지는 밝혀지지 않았고? 으음, 그렇단 말이지……."

그는 천천히 창가로 다가가더니 다리를 쭉 뻗고 털썩 앉았다.

"그에게 주의를 주었었는데…… 경찰은 왔었나?"

"어제, 서장이 왔었어요……."

"그래서 어떻게 됐지?" 그는 자문자답했다. "물론 아무것도 밝혀내지 못했겠지!"

나는 경찰관들이 언제나처럼 쿠지민 집에 머물면서 쿠쿠시킨을 쿠지민 폭행죄로 유치장에 처넣으라고 지시했다는 것을 말해 주었다.

"그래? 그래서 뭘 어쩌겠다는 건데?"

나는 사모바르를 끓이려고 부엌으로 갔다.

차를 마시면서 로마시가 말했다.

"이 민족이 불쌍해…… 그들은 가장 훌륭한 동지를 살해하고 있어! 그들을 두려워하고 있는 건지도 몰라. 흔히들 말하듯이 '내 문 앞에 얼씬도 말라'는 거야. 내가 시베리아로 호송될 때 한 죄수가 내게 말하더군. 자기는 도둑이었는데 다섯 명이 무리지어 다녔다는 거야. 그런데 하루는 그중 한 명이 이렇게 말했다는군.

'이보게들, 이제 도둑질 따위는 청산하자! 어차피 아무런 의미도 없어. 더 나아지는 것도 없잖아!' 그 말을 들은 나머지 사람들이 그가 술에 취해 잠든 틈에 목을 졸라 죽였다는 거야. 그 이야기를 한 사내는 죽은 도둑을 아주 자랑스럽게 말하더라고ㅡ'그 뒤 나는 사람을 세 명 죽였지만 가책을 느끼지 않았는데, 이 친구만은 지금도 후회하고 있어. 똑똑하고 명랑하고 마음이 선량한 친구였지ㅡ이러는 거야. 그래서 내가 물었지. '그럼 그를 왜 죽였나? 고발이라도 할까봐 두려웠나?' 그러자 그는 기분 나쁘다는 투로 대답하더군. '무슨 소리야? 그는 아무리 돈을 준다 해도 절대로 배신할 놈이 아니었어, 무슨 일이 있어도 말이지! 그저, 이유라면 우리 사이가 서먹서먹해졌기 때문이라고 할 수 있겠지. 우린 똑같이 죄를 지은 놈들인데 그놈 혼자 아주 정직한 사람처럼 굴었으니까. 그게 꼴불견이더란 말이야.'"

호홀은 일어나서 뒷짐을 지고 파이프를 입에 문 채 방 안을 성큼성큼 걸어다녔다. 발목까지 오는, 온통 하얗고 기다란 타타르풍 겉옷을 걸치고 있었다. 맨발바닥으로 한 걸음 한 걸음을 확실하게 내딛으며 조용히 생각에 잠긴 듯이 말했다.

"난 그런 터무니없는 두려움 때문에 정직하고 선량한 인간의 생명을 빼앗는 경우를 여러 번 보았네. 그런 사람에 대해서는 두 가지 대응양식이 있지. 처음부터 마구 괴롭히고 온갖 수단을 다 써서 그런 사람들을 제거해버리거나, 아니면 개처럼 그들 눈치를 살피며 꼬리를 흔드는 방법이지. 후자는 거의 보기 드문 경우이긴 하지만, 그들에게서 사는 법을 배우고 그들을 모방하는 건 불가능한 일이야. 아예 그러고 싶지 않아서 그런 건지도 모르지만."

차갑게 식은 찻잔을 들며 그가 덧붙였다.

"그래, 그들은 그러고 싶어 하지 않아! 생각해 보게, 수많은 어려움을 극복하며 자신을 위해 어떤 삶을 겨우 구축해놓고 거기에 길들어 있는데, 누군가가 그런 식으로 살아선 안 돼! 하면서 반역을 한단 말이야. 그렇게 살지 말라고? 하지만 우리는 이 삶에 모든 것을 쏟아넣었어, 너 따위가 뭔데, 썩꺼져 버려!' 그리고 그를, 자신들의 선생을, 올바른 사람을, 단칼에 내처버리지. 방해하지 말라면서. 하지만 삶의 진실은 그런 삶이 잘못이라고 말하는 사람들에게 있는 거야! 그들에게 진실이 있어. 그리고 더 나은 방향으로 삶을 이끌어가는 건 다름아닌 그들이라네."

그는 책장을 향해 손을 한번 흔든 뒤 이렇게 덧붙였다.

"특히, 이런 것 말이네! 아, 내가 만약 책을 쓸 수 있다면! 하지만 내겐 그런 재능이 없어! 내 생각은 무겁기만 하고 제대로 정리가 되어 있지 않아."

그는 의자에 팔꿈치를 기대고 앉아 양손으로 머리를 감싸안으며 말했다.

"이조트가 정말 안 됐어……."

그리고 오랫동안 침묵이 흘렀다.

"자, 이제 눈 좀 붙여야지……."

나는 다락방에 돌아와 창가에 앉았다. 마른번개가 번쩍 하늘을 가르며 들판을 비추었다. 하늘에 투명하고 불그레한 빛이 번쩍일 때마다 달은 두려움에 떨고 있는 것 같았다. 여기저기서 개들이 짖어댔다. 그 개 짖는 소리마저 없었다면 나는 아마도 절해고도에 떨어진 느낌이었을 것이다. 멀리서 천둥소리가 우르릉거리자, 창문을 통해 숨 막힐 듯한 무거운 열기가 흘러 들어왔다.

내 눈앞에 강변 버드나무 밑에 누워 있는 이조트의 시체가 떠올랐다. 그의 푸르스름한 얼굴은 하늘을 향해 있고, 생기를 잃은 흐릿한 눈은 엄정하게 자신의 내면을 응시하는 것 같았다. 금빛 수염은 뾰족하게 뭉쳐서 달라붙어 있고, 그 속에 놀란 듯 벌어진 입이 숨어 있었다.

'막시미치, 가장 중요한 건 친절과 애정이야! 난 부활절을 매우 좋아해. 부활절은 가장 애정 어린 축제거든!'

볼가 강물에 깨끗하게 씻긴 푸른 바지가 그의 푸르뎅뎅한 다리에 들러붙어 있었다. 파리들이 그 어부 얼굴 위에서 윙윙거렸고 몸에서는 속이 뒤집힐 것 같은 지독한 냄새가 났다.

계단을 올라오는 무거운 발소리가 들리더니 문이 열리고 로마시가 허리를 구부리고 들어와서는 손으로 수염을 모아 쥐며 내 침대에 걸터앉았다.

"그런데, 자네, 내가 결혼한다는 거 알지? 그래……."

"이곳은 여자가 살기에는 힘들 텐데요……."

그는 내가 무슨 다른 말을 하지 않을까 하고 기대하는 듯 나를 빤히 쳐다보았다. 하지만 나는 무슨 말을 해야 할지 몰랐다. 번갯불이 번쩍이자 방 안은 투명한 빛으로 가득 찼다.

"마샤 데렌코프와 결혼할 거야……."

나는 자신도 모르게 그만 미소 짓고 말았다. 그 순간까지 누군가가 그 여자를 마샤라고 부를 수 있다는 건 전혀 생각지도 못했기 때문이다. 그의 아버지나 형제들도 그녀를 마샤라고 부르는 것을 본 적이 없었다.

"왜 웃지?"

"아니, 그냥요."

"그녀에 비해 내 나이가 너무 많다고 생각하겠지?"

"아, 아니에요!"

"그녀가 말하더군, 자네가 자기를 좋아했다고."

"아마, 그랬던 것 같아요."

"그럼 지금은 어떤가? 이젠 지난 일인가?"

"예, 그래요."

그는 수염을 놓고 조용하게 말했다.

"자네 나이 때는 연애감정이 흔할지 몰라도, 우리 나이가 되면 한번 빠지면 완전히 포로가 되어버려 다른 것은 아무것도 생각할 수가 없어진다네!"

그는 튼튼한 이를 드러내며 겸연쩍게 웃음지은 뒤 말을 이었다.

"안토니우스가 악티움 해전에서 옥타비아누스에게 패한 건, 클레오파트라가 전쟁에 깜짝 놀라 달아나자, 자기 함대와 지휘권을 내던지고 배를 타고 그녀의 꽁무니를 쫓아갔기 때문이야. 세상에는 이런 일이 종종 생기는 법이지!"

로마시는 일어서서 몸을 펴더니, 자기 의지에 거역하는 듯한 투로 다시 말했다.

"결혼하겠어, 무슨 일이 있어도!"

"곧이요?"

"가을에. 사과 농사가 끝나면."

그는 필요 이상으로 허리를 굽히며 문을 빠져나갔다. 나는 침대에 누워 이번 가을에는 떠나는 것이 좋겠다고 생각했다. 그는 왜 내게 안토니우스에 대한 이야기를 한 것일까? 그 이야기는 별로 마음에 들지 않았다.

벌써 일찍 익은 사과를 딸 때가 되어 있었다. 사과 농사는 풍작이어서 나뭇가지가 사과 무게로 축축 늘어져 인사를 하고 있었다. 강렬한 향기가 과수원을 진동했고 아이들이 벌레와 바람 때문에 떨어진 노랗고 불그레한 사과를 줍느라 야단이었다.

8월 초에 로마시는 거룻배에 갖가지 상품과 여러 가지 상자를 싣고 카잔에서 돌아왔다. 평일 아침 8시였다. 호홀은 막 옷을 갈아입고 세수를 했는지 차를 마시면서 들뜬 기색으로 말했다.

"밤에 강을 건너는 건 참 멋진 일이지……."

갑자기 그는 코를 킁킁거리더니 걱정스럽게 물었다.

"무슨 타는 냄새가 나는 것 같은데?"

바로 그때 뒷마당에서 아크시냐의 비명이 들려왔다.

"불이야!"

우리는 황급히 뒷마당으로 달려갔다. 채마밭 쪽 헛간벽이 불타고 있었다. 헛간 속에는 석유와 타르, 기름 따위가 들어 있었다. 깜짝 놀란 우리는 몇 초 동안, 밝은 태양빛에 반사되어 빛을 잃은 불길의 노란 헛바닥이 눈 깜짝할 사이에 벽을 핥으며 지붕 쪽으로 기어가는 것을 망연자실하여 지켜보고 있었다. 아크시냐가 물동이를 가져왔다. 호홀은 그것을 불붙은 벽에 끼얹은 뒤 양동이를 집어던지면서 말했다.

"젠장! 기름통을 끌어내게. 막시미치! 아크시냐, 넌 가게에 가 있어!"

나는 재빨리 타르 통을 굴려 마당과 거리로 내놓고 석유통을 붙잡았다. 그러나 내가 석유통을 굴리려고 넘어뜨리자 석유통 마개가 빠져서 석유가 마당으로 흘러내리는 것이었다. 내가 마개를 찾는 동안에도, 불길은 가차 없이 헛간 널빤지 문을 지나 그 날카로운 혀를 집어넣었고, 지붕에서는 뭔가 탁탁 튀는 소리가 조롱하듯 들려왔다. 나는 반쯤 쏟아진 석유통을 굴리면서 마을 곳곳에서 여자와 어린아이들이 소리를 질러대며 달려오는 모습을 보았다. 호홀과 아크시냐는 가게에서 물건을 꺼내 골짜기로 떨어뜨렸고, 거리 한복판에는 검은 옷을 입은 백발 노파가 서서 허공에 주먹질을 해대며 새된 소리로 외치고 있었다.

"오, 저 악마 같은……!"

다시 헛간에 들어가 보니 헛간은 이미 짙은 연기에 싸여 있었다. 연기 속에서 바지직 타들어가는 소리와 함께, 지붕에서는 널빤지를 엮은 붉은 끈이 바스락거리면서 떨어지고, 벽은 이미 빨갛게 익은 격자로 변해 있었다. 연기 때문에 앞이 보이지 않고 숨을 쉴 수가 없어 통을 굴리면서 헛간문까지 나오는 것도 보통일이 아니었는데, 문 앞에서 통이 어딘가에 걸려 꼼짝도 하지 않았다. 게다가 지붕에서 불똥이 쏟아져 살갗을 태웠다. 나는 도와달라고 소리쳤다. 호홀이 달려와 내 손을 잡고 마당으로 끌어냈다.

"저리 비켜! 폭발한다……."

그는 현관 쪽으로 몸을 날렸고 나도 그를 따라 책이 있는 다락방으로 뛰어 올라갔다. 책을 창밖으로 내던진 뒤 모자상자도 내던지려 했지만 창문이 너무 좁아 반 푸드짜리 아령으로 창문을 부수기 시작했다. 그러나 귀가 멍멍해지는 굉음이 들리면서 지붕 위에서 강한 진동이 일어났다. 나는 석유통이 폭발한 것을 알았다. 머리 위 지붕이 날아가고 붉은 불기둥이 창문을 넘나들며 타들어 왔다. 뜨거워서 견딜 수가 없었다. 계단 쪽으로 뛰었다. 그러나 거기에도 구름처럼 뭉게뭉게 연기가 가득 차서 내 쪽을 향해 다가오고, 붉은 뱀 같은 불길이 계단을 핥으며 올라오고 있었다. 아래층 입구 근처에서 마치 누군가의 철 이빨이 나무를 마구 씹어대는 듯 부서지는 소리가 났다. 나는 어떻게 해야 할지 알 수가 없었다. 연기에 눈이 멀고 숨을 쉴 수가 없어 한참 동안 그 자리에 서 있었다. 그 몇 초가 영원처럼 느껴졌다. 계단 위 채광창에서 빨간 수염이 난 노란 얼굴이 들여다보면서 경련하듯 일그러지더니 사라졌다. 다음 순간 피 같은 불길이 지붕을 뚫고 들어왔다.

지금도 기억하고 있는데, 내 머리카락이 탁탁 소리를 내고 있는 것 외에는 아무 소리도 들리지 않았던 것 같다. 이제 죽는구나 생각했다. 다리는 천근만근 무거웠고 눈이 몹시 쑤셨다. 손으로 아무리 눈을 가려도 소용없었다.

그래도 살아야 한다는 생명의 본능이 나에게 유일한 탈출 방법을 귀띔해주었다. 나는 내 담요와 베개 그리고 섬유 뭉치를 끌어안고, 로마시의 양가죽 외투를 머리에 감은 뒤, 창문에서 뛰어 내렸다. 나는 골짜기 옆에서 정신이 돌아왔다. 내 앞에 로마시가 쭈그리고 앉아 소리치고 있었다.

"괜찮은가?"

나는 우리 오두막이 온통 붉은 대팻밥이 되어 사라지고, 그 앞 검은 흙을 붉은 개가 핥고 있는 것을 망연하게 바라보면서 일어섰다. 창문은 검은 연기를 토해내고, 지붕 위에는 노란 꽃이 피어 이리저리 흔들리고 있었다.

"정말 괜찮아?"

호홀이 소리를 질렀다. 땀과 검댕으로 뒤범벅된 그의 얼굴에는 더러운 눈물자국이 남아 있고, 두 눈은 놀라움으로 깜박거리고 있었으며, 축축한 수염에는 실오라기가 엉겨 붙어 있었다. 청신한 기쁨의 물결이 내 마음을 가득 채웠다. 그것은 얼마나 크고 강렬한 감정이었던가! 이윽고 왼발에 심한 통증이 엄습하여 나는 누워서 호홀에게 말했다.

"발을 삐었나 봐요."

그는 다리를 만져 보더니 갑자기 홱 잡아당겼다. 무시무시한 고통이 덮쳤으나 잠시 뒤에는 기쁨에 취해 다리를 절뚝거리면서, 불길에서 구해낸 물건들을 목욕탕으로 옮기고 있었다. 로마시는 입에 파이프를 물고 즐거운 듯이 말했다.

"석유통이 깨져서 석유가 지붕에 확 번졌을 때는 자네가 꼭 타죽는 줄 알았지. 불기둥이 치솟고, 아주 높이, 그리고 하늘에 버섯구름이 피고 집이 온통 불길에 휩싸이고 말았거든. 와, 이게 막시미치의 최후로구나 싶더라니까!"

다시 평상시와 같이 안정을 되찾은 그는, 물건을 반듯하게 쌓으면서 머리가 마구 헝클어지고 온통 검댕을 뒤집어쓴 아크시냐에게 말했다.

"여기 가만히 앉아서 도둑맞지 않게 잘 감시해. 나는 가서 불을 끄고 올 테니까……."

벼랑 아래의 연기 속에 하얀 종잇조각들이 날아다녔다.

"정말이지!" 로마시가 말했다. "책이 아까워 죽겠어! 내가 애지중지하던 것들인데……."

벌써 농가 네 채가 불탔다. 그날은 바람이 없는 날이어서 불길이 서서히 오른쪽 왼쪽으로 번져, 그 유연한 갈고리는 별로 내키지 않는다는 듯이 담과 지붕을 기어 다녔다. 성난 불갈퀴는 지붕 이엉을 긁어내렸고, 구부러진 불꽃 손가락은 담을 더듬으며 하프처럼 그것을 농락했다. 매캐한 공기 속에는 적의를 품은 불길의 뜨거운 노래와 사그라지는 나무의 조용하고 거의 부드럽기까지 한 파열음이 들려왔다. 연기구름 속에서 거리와 뒷마당에 금빛 '불티'가 떨어지면, 농부와 여자들은 저마다 자기 재산이 걱정되어 이리저리 동동거리며 쉬지 않고 고함을 질러댔다.

"물 가져와, 물!"

물은 멀리 산자락 밑 볼가 강에 있었다. 로마시는 서둘러 농부들을 붙들고 재촉했다. 그는 그들을 두 패로 나누어 불길이 번지는 양쪽 담장과 헛간을 철거하라고 지시했다. 그들은 그의 말에 순순히 복종했고, 모든 '질서'와 온 거리를 삼키려고 자신만만하게 박진해 오는 불길과 더욱 합리적인 투쟁이 시작되었다. 하지만 여전히 그들의 움직임은, 마치 남의 일이라도 하는 것처럼 열의가 없었고 왠지 모르게 절망적이었다.

나는 기쁜 마음으로, 어느 때보다 나 자신이 강해진 것처럼 느끼고 있었다. 거리 끝에 촌장과 쿠지민을 선두로 부농들이 모여 있는 것이 보였다. 그들은 구경꾼처럼 아무것도 하지 않은 채 서서, 팔과 지팡이를 휘두르며 소리만 질러대고 있었다. 들에서는 농부들이 말을 타고 팔꿈치를 귓전까지 흔들어대며 달려왔다. 아낙네들이 울부짖으며 그들을 맞았고 마을 꼬마들은 이리저리 날뛰고 있었다.

또 다른 농가의 헛간에 불이 붙어 축사 벽을 최대한 한 빨리 뜯어내야 했다. 굵은 나뭇가지로 엮여 있는 그것은 이미 빨간 리본 같은 불꽃으로 장식되어 있었다. 농부들이 울타리 말뚝을 자르기 시작했지만, 그 위에 불똥과 불티가 쏟아지자 손바닥으로 셔츠에 떨어진 불똥을 비벼 끄면서 황급히 물러났다.

"겁내지 마시오!" 호홀이 소리쳤다.

그러나 소용이 없었다. 그러자 그는 누군가의 모자를 벗겨내 내 머리에 씌워주면서 말했다.

"저쪽 끝에서부터 잘라 나오게! 난 여기서부터 자를 테니까!"

나는 말뚝을 하나, 둘 잘라냈다. 벽이 흔들리자 나는 그 위에 올라가서 상단을 붙잡았고, 호홀이 내 다리를 자기 쪽으로 잡아당기자, 띠 같은 울타리 전체가 거의 내 머리를 덮치듯이 쓰러졌다. 농부들이 힘을 합쳐서 울타리를 거리로 끌고 갔다.

"데었나?" 로마시가 물었다.

무슨 일이 있을 때마다 나를 걱정해 주는 그의 말이 내게 활력과 힘을 불어넣어 주었다. 소중한 그 사람 앞에서 내 활약상을 보여주고 싶었다. 그의 칭찬을 받고 싶어 맹렬하게 일했다. 검은 구름 같은 연기 속에서는 아직도 우리 책의 낱장들이 비둘기처럼 날아다니고 있었다.

오른쪽은 불길을 잡는 데 성공했으나 그동안 왼쪽에서는 불길이 점점 번져 벌써 열 번째 집을 덮치고 있었다. 로마시는 교활한 붉은 뱀 같은 불의 손길을 지키도록 농부 몇 명을 남겨두고 나머지를 모두 왼쪽으로 이끌고 갔다. 부농들의 옆을 지나갈 때, 나는 누군가의 악의에 찬 외침을 들었다.

"방화야!"

그 가게 주인이 말했다.

"저 목욕탕을 조사해야 돼!"

이런 말들은 내 뇌리에 매우 불쾌하게 달라붙었다.

흥분, 특히 즐거운 흥분은 사람의 힘을 배가시킨다는 것은 누구나 아는 사실이다. 나는 흥분해 있었다. 그래서 무아지경에서 닥치는 대로 일하다 결국 '탈진하고' 말았다. 뭔가 뜨거운 것에 등을 기대면서 땅에 주저앉아 있었던 것이 지금도 기억난다. 로마시가 물동이를 내게 쏟아 부었다. 농부들이 둥글게 나를 둘러싸고 존경스럽다는 듯 중얼거렸다.

"아직 어리지만 기운이 대단해!"

"배신 같은 건 하지 않을 녀석이야……."

나는 로마시의 다리에 머리를 기대고, 정말 민망한 얘기지만 울음을 터뜨렸다. 로마시는 나의 젖은 머리를 쓰다듬으며 말했다.

"이젠 좀 쉬게! 할 만큼 했어."

검댕으로 악마처럼 새까매진 쿠쿠시킨과 바리노프가 나를 골짜기로 데려가면서 위로해 주었다.

"걱정 마, 친구. 이제 다 끝났어."

"놀랐지?"

하지만 잠깐 쉬고 있을 새도 없이, '부자'들이 열 명가량 우리 목욕탕을 향해 골짜기로 내려오는 것이 보였다. 촌장이 선두에 서고 그 뒤에는 두 명의 백인조장(百人組長)이, 그리고 경찰이 로마시의 팔을 붙잡고 따라왔다. 그는 모자도 쓰지 않고 젖은 셔츠 소매는 찢어져 있었으며, 파이프를 꼭 깨물고 있었다. 잔뜩 찌푸리고 있는 그의 얼굴은 험악하고 무서웠다. 군인 출신인 코스친이 지팡이를 휘두르면서 미친 듯이 소리쳤다.

"이단자의 영혼을 불 속에 처넣어라!"

"목욕탕을 열어……."

"자물쇠를 부수시오. 열쇠를 잃어 버렸소." 로마시가 큰 소리로 말했다. 나는 서둘러 일어나면서 땅에서 막대기를 집어 들고 그와 나란히 섰다. 백인조장 두 사람이 옆으로 비켜섰고 촌장은 찢어지는 목소리로 놀란 듯이 말했다.

"우리는 정교도야. 자물쇠를 부수는 건 안 돼!"

쿠지민이 나를 손가락으로 가리키면서 소리쳤다.

"여기 또 한 놈이 있구먼…… 이놈은 누구야?"

"침착해, 막시미치." 로마시가 말했다. "저 사람들은 지금 내가 목욕탕에 물건을 숨겨놓고 가게에 일부러 불을 질렀다고 생각하는 거야."

"너희 둘!"

"자물쇠를 부숴!"

"정교회 사람은……."

"우리가 책임질게!"

"우리의 책임은……." 로마시가 속삭였다.

"내 등에 등을 마주 대! 뒤에서 칠지도 몰라……."

목욕탕 자물쇠가 부서지고 몇 명이 문 안에 뛰어들더니 금세 다시 기어나왔다. 그 사이에 나는 막대를 로마시에게 건네주고 다른 것을 집어 들었다.

"아무것도 없는데."

"아무것도 없어?"

"오, 저 악마 같은 놈들!"

누군가가 겁먹은 소리로 말했다.

"쓸데없이 농부들을……."

그러나 그 말에 즉시 몇몇 목소리가 주정꾼처럼 거친 목소리로 반발했다.

"왜 쓸데없어?"

"불 속에 집어 처넣어!"

"모반자……."

"협동조합을 만들려고 획책하고 있어!"

"도둑놈! 게다가 그놈들 친구도 죄다 도둑놈들이야!"

"닥치시오!" 로마시가 크게 소리쳤다. "당신들 눈으로 확인했다시피 목욕탕에 숨겨둔 것은 아무것도 없소. 더 이상 뭘 증명하란 말이오? 모든 것이 불타버렸고 남은 건 여러분도 보았듯이 이것뿐이오. 왜 내가 내 재산에 불을 지르겠소?"

"보험에 들었잖아!"

또다시 열 개의 목소리가 아우성쳤다.

"저놈들을 보고만 있어서 어쩌겠다는 거야?"

"더 이상은 안 돼! 여태껏 참아왔는데……."

나는 다리가 후들거렸고 눈앞이 캄캄해졌다. 불그레한 안개를 통해 사나운 얼굴들을, 그리고 무성한 수염 속에 뚫려 있는 입을 바라보면서, 그 인간들을 두들겨 패주고 싶은 욕망을 가까스로 억제하고 있었다. 그들은 우리 주변을 에워싸고 소리를 질러댔다.

"히야, 이놈들이 몽둥이를 들었어!"

"몽둥이?"

"저놈들이 내 수염을 뽑아버릴걸." 호홀이 말했다. 나는 그가 미소짓고 있다는 걸 느꼈다. "자네한테도 덤빌 거야, 막시미치! 젠장! 하지만 침착하라고, 침착해……."

"저 봐. 저 어린놈이 도끼를 가지고 있잖아!"

사실 나는 허리춤에 목공용 도끼를 끼고 다녔는데 나 자신도 잊고 있었다.

"저놈들 겁먹은 것 같군." 로마시가 말했다. "하지만 만약에라도 도끼를 써서는 안 되네……."

처음 보는, 키가 작고 다리를 저는 농부가 춤을 추듯 우스꽝스럽게 주위를 돌면서 몹시 새된 목소리를 질렀다.

"벽돌로 놈들을 해치워! 내 말대로 해!"

그는 실제로 벽돌을 주워들고 내 배를 겨냥해서 던졌다. 그러나 내가 그에게 응수하기도 전에 위쪽에서 쿠쿠시킨이 매처럼 그를 덮쳤고, 그들은 뒤엉킨 채 골짜기로 떨어졌다. 판코프와 바리노프, 대장장이, 그리고도 열 명가량의 사람들이 쿠쿠시킨의 뒤를 따랐다. 그러자 곧 쿠지민이 거만하게 말했다.

"미하일로 안토노프, 자넨 똑똑한 사람이니까 화재가 농부를 미쳐 버리게 한다는 정도는 알고 있겠지……."

"막시미치. 강변 술집에 가서 술이나 한 잔 하지." 로마시가 입에서 파이프를 꺼내 난폭하게 바지 주머니에 찔러 넣으며 말했다. 그는 막대기에 몸을 의지하면서 힘겹게 골짜기를 올라갔다. 그리고 쿠지민이 그와 나란히 걸으며 뭐라고 말하자 그를 쳐다보지도 않고 말했다.

"꺼져 버려, 이 얼간아!"

우리 오두막이 있던 자리에는 금빛 불덩어리가 연기를 내고 있고 그 한복판에 난로가 있으며, 타다 남은 굴뚝에서 뜨거운 공기 속으로 파르스름한 연기가 피어오르고 있었다. 새빨갛게 단 철제 침대 기둥이 마치 거미다리처럼 뻗어 있었다. 완전히 숯이 되어 버린 문기둥은 화톳불 옆 검은 파수꾼 같은 모습으로 서 있고, 그중 하나는 빨간 불 모자를 쓰고 닭 깃털처럼 타 있었다.

"책이 다 타 버렸어." 호홀이 한숨을 내쉬며 말했다. "그게 제일 아까워!"

동네 꼬마들이 불에 타다 남은 통나무를 막대로 거리의 진창 속에, 마치 돼지새끼를 몰듯이 몰아넣었다. 통나무가 슉 하는 소리를 내면서 남아 있던 불이 꺼지자 코를 찌르는 듯한 허연 연기가 공기를 채웠다. 다섯 살쯤 되어 보이는 머리가 하얗고 눈이 파란 아이가 따뜻한 검은 웅덩이 위에 앉아 찌그러진 양동이를 막대로 두드리면서 막대가 부딪치는 소리가 마음에 든 듯 듣고 있었다. 화재로 모든 것을 날려 버린 농부들은 침울하게 잿더미로 변해 버린 가재도구들을 둘러보고 있었다. 여자들은 울부짖거나 저주를 퍼부었고 타다 남은 나무 조각 몇 개를 가지고 다투고 있었다. 화재 현장 저편의 과수원에는 나무들이 전혀 움직이지 않고, 대부분의 나뭇잎은 열 때문에 노랗게 변해 있었으며, 붉은 사과는 더욱 선명해 보였다.

우리는 강으로 내려가 목욕을 하고 말없이 강변의 주점에 앉아 차를 마셨다.

"그래도 그 탐욕스런 자들은 사과농사는 실패하고 말았군." 로마시가 말했다.

판코프가 다가왔다. 사려 깊고 전보다 더 온화한 모습이었다.

"자넨 괜찮은가?" 호홀이 물었다.

판코프가 어깨를 으쓱했다.

"내 집은 보험에 들었지."

마치 모르는 사람들처럼 기묘한 모습으로, 서로를 탐색하는 눈길로 바라보면서 잠시 침묵이 흘렀다.

"이제 어떻게 할 건가, 미하일 안토느이치?"

"글쎄, 생각해 봐야지."

"여길 떠나는 게 좋겠어."

"좀 두고 보세."

"나한테 계획이 있어." 판코프가 말했다.

"나가서 얘기하세."

그들은 함께 나갔다. 문 앞에서 판코프가 돌아보더니 내게 말했다.

"그건 그렇고, 자넨 겁쟁이가 아니더군! 아마 여기서 살아도 될 걸. 모두 자넬 겁낼 거야……."

나도 강변으로 나가서 관목 아래 누워 강을 바라보았다.

해가 이미 서쪽으로 기울었는데도 여전히 무더웠다. 이 마을에서의 생활이 주마등처럼 눈앞을 스치고 지나갔다. 그것은 마치 긴 수면 위에 물감으로 그려놓은 것 같았다. 나는 슬픔을 느꼈다. 그러나 곧 피로가 엄습해와 잠깐 잠에 곯아떨어졌다.

"어이!" 나는 꿈속에서 누군가가 부르는 소리를 들었다. 누군가가 나를 흔들어 깨워 어딘가로 데려가는 듯한 느낌이었다.

"죽었어? 눈을 떠봐!"

강 건너 들판 위에는 마치 바퀴처럼 커다랗고 붉은 달이 빛나고 있었다. 바리노프가 위에서 내려다보며 나를 흔들어 깨우고 있었다.

"가자, 호홀이 널 찾고 있어. 걱정하고 있단 말이야!"

그는 내 뒤를 따라오면서 투덜거렸다.

"아무 곳에서나 쓰러져 자면 어떡해! 누군가가 산에서 내려오다가 미끄러져서 돌이라도 굴리게 되면 어쩌려고…… 고의로 그럴 수도 있고. 농담이 아니야. 그들은 나쁜 짓만은 반드시 기억하고 있단 말이야. 나쁜 일 말고는 아무엇도 기억하지 않는다고."

누군가가 강가 숲에서 조용히 움직이고 있었다. 나뭇가지가 흔들리는 소리가 났다.

"찾았나?" 미군의 낭랑한 목소리였다.

"데리고 왔어." 바리노프가 대답했다.

그는 열 걸음쯤 더 걷더니 한숨을 내쉬며 말했다.

"몰래 물고기를 잡아야 하니…… 미군의 생활도 쉬운 것은 아니지."

로마시는 나를 보더니 화를 내며 비난을 퍼부었다.

"어딜 그렇게 싸돌아다녀? 얻어터지고 싶어서 그래?"

그러나 둘만 남자, 그는 얼굴을 찌푸리며 조용하게 말했다.

"판코프가 자넬 자기 집에 두겠대. 가게를 하나 열 모양이야. 난 자네에게 권하고 싶지 않아. 사실은 남은 것을 전부 그에게 팔아 넘겼어. 난 일단 뱌트카로 갈 텐데, 가서 좀 있다가 자넬 부를 생각이야, 어때?"

"생각해 보고요."

"잘 생각해 봐."

그는 바닥에 누워 잠시 뒤척이더니 조용해졌다. 나는 창가에 앉아 볼가 강을 내다보았다. 달빛이 되비치는 것을 바라보고 있노라니 낮의 그 불길이 떠올랐다. 초원 기슭 옆에 예인선의 외륜(外輪)이 묵직하게 물을 헤치는 소리가 나고, 세 개의 돛대에 매달린 램프가 어둠 속에서 깜박이며 별처럼 빛났다.

"그 농부들 때문에 화가 나나?" 로마시가 졸린 목소리로 물었다. "화낼 필요 없어. 그들은 단지 어리석을 뿐이야. 원한이란 정말 어리석은 것이지."

그의 말은 위로가 되지 않았고 나의 분노와 모욕감을 달래주지도 못했다. 나는 털북숭이 같은 입을 짐승처럼 벌리고 아우성치던 그 모습들이 다시금 눈앞에 떠올랐다.

'이만큼 떨어져서 벽돌을 던져!'

그때는 아직 나에게 필요하지 않은 것은 잊어버리는 능력이 없을 때였다. 사실 그 사람들을 제각각 개인적으로 보면 악의가 별로 없고, 실제로는 전혀 없다는 것을 나는 알고 있었다. 그들은 본질적으로 선량한 야수였으며, 그들을 어린아이처럼 미소 짓게 만드는 건 쉬운 일이었다. 누구나 어린아이 같은 신뢰를 보내며, 이상과 행복 추구와 관대한 위업에 대한 이야기에도 귀 기울일 것이다. 이들의 신비로운 영혼에는, 개인적인 의지에 따라 안락한 삶을 보낼 수 있다는 걸 상상하게 하는 것이라면 뭐든지 소중했다.

그러나 마을 집회나 강가 주점에 무리지어 모이기만 하면 그들은 이 모든 선량함을 벗어 버리고 마치 사제처럼 거짓과 위선으로 가득 찬 옷을 입었다. 그리고 그들 속에는 마을의 강자를 즐겁게 해 주려는 개 같은 태도가 나타나기 시작하는데, 그럴 때 그들을 보는 것은 불쾌한 일이었다. 그런가 하면 느닷없이 늑대 같은 악의가 그들을 덮쳐, 털을 세우고 이빨을 드러내며 서로 야만적으로 소리 지르면서 싸우기도 한다. 게다가 사소한 일로 서로 치고받는 것이다. 그런 순간 그들은 무시무시한 사람으로 변해, 바로 엊저녁에 양 떼처럼 모여서 온순하게 기도하던 교회마저 때려 부술 것만 같았다. 그들에게는 나름대로 시인과 이야기꾼이 있지만, 그들은 누구에게도 사랑받지 못하고 온 마을의 비웃음과 경멸 속에 외톨이로 살아갔다.

나는 그런 사람들과 더 이상 같이 살아갈 수가 없었다. 나는 로마시와 헤어지던 그날, 이 모든 씁쓸한 생각들을 그에게 털어놓았다.

"성급한 결론이야." 그는 비난조로 말했다.

"하지만 만약 그들이 분명히 그런 식으로 되어 있다면 어떻게 하죠?"

"잘못된 결론이야! 근거가 없어."

그는 내가 옳지 않으며 잘못하는 거라고 오랫동안 설득하였다.

"성급하게 비난해선 안 돼! 남을 비난하는 것은 세상에서 가장 쉬운 일이지. 하지만 그래선 안 되는 거야. 모든 것을 냉정하게 바라보고 한 가지만 명심하게. ─모든 것은 지나가고, 모든 것은 좋은 방향으로 바뀌어간다고. 너무 느리지 않느냐? 그 대신 확실하지! 모든 것을 보고, 모든 것을 접촉해봐! 겁내지 말고. 하지만 비난을 서두르진 말게. 알겠나, 친구! 다시 만나세."

우리는 15년 뒤에 세들레츠에서 다시 만났다. 그때 로마시는 '인민의 의지' 사건에 연루되어 야쿠츠크 지방에서 십년 형을 마친 뒤였다.

그가 크라스노비도보를 떠났을 때, 그 상실감이 납처럼 내 마음을 짓눌렀다. 나는 주인 잃은 강아지처럼 온 마을을 헤매고 다녔다. 바리노프와 함께 시골을 돌다가 부잣집에서 탈곡이나 감자 캐기, 과수원 청소 같은 잡일을 했으며 로마시의 목욕탕에서 살았다.

"알렉세이 막시미치, 부하 없는 군사령관. 어때?" 어느 비오는 밤에 그가 물었다. "내일은 우리 바다에나 나가 볼까? 제기랄, 여기 있으면 뭘 해? 여기서는 우리 같은 사람들을 좋아하지 않아. 게다가 술만 취하면 무슨 짓을 할지 모른다고."

바리노프가 그런 말을 하는 것은 처음이 아니었다. 그도 왠지 참담해 보였다. 원숭이처럼 긴 팔은 힘없이 늘어져 있었고, 마치 숲속에서 길을 잃은 사람처럼 불안하게 주위를 살폈다.

목욕탕 창문에 비가 세차게 쏟아지고 있었다. 빗물은 창틀 구석을 씻어낸 뒤 폭풍 같은 기세로 골짜기 아래로 흘러갔다. 마지막 천둥소리 뒤 창백한 번갯불이 힘없이 빛났다. 바리노프가 조용히 물었다.

"가겠나, 내일이라도?"

그리고 우리는 배를 타고 떠났다.

……가을 밤, 거룻배 꼬리 방향키 옆에 앉아 볼가 강을 따라 내려가는 건 말로 표현할 수 없을 정도로 멋진 일이다. 머리가 큰 털북숭이 거한이 키를 잡고 있었는데, 묵직한 발로 갑판을 구르면서 한숨을 내쉬었다.

"오, 우프…… 오, 르로, 우…….."

배 뒤쪽으로 수지처럼 짙은 물이 비단처럼 끝없이 조용하게 흐르고 있었다. 강 위에는 검은 가을 구름이 소용돌이를 그렸다. 주위에는 온통 어둠의 완만한 움직임뿐이다. 그 움직임이 기슭을 휩쓸어, 마치 지면 전체가 그 속에 녹아서 매캐한 액체 덩어리가 되어 끝없이 아래쪽으로, 태양도 없고 달도 없고 별도 없는 황야의 말없는 심연 속으로 흘러 들어가는 것 같았다.

저 앞 축축한 어둠 속에서는 눈에 보이지 않는 예인선이, 마치 그것을 끄는 탄력 있는 힘에 저항하듯이, 무겁게 움직이며 가쁜 숨을 몰아쉬었다. 세 개의 등불이, 둘은 물위에, 하나는 그보다 높은 곳에서 빛나며 항로를 이끌어주고 있었다. 나에게 더 가까운 비구름 아래 금빛 잉어처럼 네 개의 등불이 헤엄치듯 떠 있었다. 그 하나는—우리가 탄 거룻배의 돛대에 매달린 등불이었다.

나는 차갑고 기름이 미끌미끌한 공 속에 갇힌 느낌이었다. 그 공은 기울어진 평면을 조용하게 미끄러져 가고 나는 마치 날벌레처럼 그 속에 들러붙어 있었다. 그 움직임은 점차 느려져서 완전히 멈춰버리는 순간―기선은 신음하면서 바퀴로 물살을 헤치는 것을 그만두고, 모든 소리는 나무에서 떨어지는 나뭇잎처럼 흩어져 분필로 쓴 글씨처럼 지워져버리고, 또 부동과 정적이 강한 힘으로 나를 포옹하는 순간이 가까워진 것 같았다.

그때는, 찢어진 양가죽 외투를 입고 구겨진 양털 모자를 쓰고 키를 잡고 있는 저 덩치 큰 사내도, 영원한 마법에 걸린 것처럼 옴짝달싹하지 못하고, 다시는 이렇게 웅얼거리지 못하게 되리라.

"오르르, 오프! 오, 우르르……."

나는 그에게 물었다.

"이름이 뭐예요?"

"알아서 뭐하게?" 그가 공허한 목소리로 대꾸했다.

해질녘에 카잔을 출발했을 때, 이 곰처럼 둔중한 사내의 얼굴이 털북숭이이고 애꾸눈이라는 걸 알았다. 그는 배꼬리에 서서 술을 나무국자에 따라, 그것을 마치 물처럼 두 모금에 마셔버리고 사과를 깨물었다. 예인선이 거룻배를 끌어당기자, 그는 방향타의 지렛대 부분을 잡고 붉은 해를 바라보면서 고개를 한번 흔들고는 위엄 있는 목소리로 말했다.

"하느님의 은총이!"

예인선은 네 대의 거룻배를 니주니 시장에서 아스트라한으로 끌고 갔다. 거룻배에는 철과 설탕통, 그리고 무거워 보이는 상자들이 실려 있었다. 전부 페르시아로 가는 것들이었다. 바리노프는 발로 상자를 툭툭 걷어차 보고 코를 킁킁거리기도 하더니 잠시 생각하고 나서 말했다.

"틀림없이 이제프 공장의 권총이로구만."

그러나 키잡이는 주먹으로 그의 가슴을 찌르면서 물었다.

"무슨 상관이야?"

"내 생각에는……."

"면상이라도 한 방 갈겨 줄까? 응?"

우리는 여객선을 탈 여비가 없어서 '자비를 얻어' 그 거룻배를 얻어 탔다. 그래서 선원들과 함께 '경비'도 서고 있었는데 배 위에서는 모두들 우리를 거지로 여길 뿐이었다.

바리노프가 나를 비난하며 말했다.

"넌 민중이 어쩌고 하지만…… 그건 간단한 문제야. 누가 누구 위에 올라 타고 가는가 하는 거지……."

어둠이 더욱 깊어져서 거룻배는 보이지 않고, 다만 매캐한 연기구름을 배경으로 등불에 비춰진 돛대 꼭대기가 보일 뿐이었다. 구름에서 석유냄새가 났다.

키잡이의 음울한 침묵이 자꾸 내 신경을 건드렸다. 그러나 선원은 나에게, 이 야수를 도와 '키'를 잘 감시하라는 임무를 맡겼다. 불빛의 움직임을 지켜보다가 때가 되면 그는 내게 말했다.

"어이, 키를 잡아!"

나는 벌떡 일어나서 키를 잡고 돌렸다.

"이제 됐어." 그가 중얼거렸다.

나는 갑판 위에 도로 주저앉았다. 이 사람과 대화를 좀 해보려 해도 잘 되지 않았다. 그는 내내 반문으로 대답하는 것이었다.

"그게 너하고 무슨 상관이야?"

그는 도대체 무슨 생각을 할까? 카마 강의 누런 물이 볼가 강과 합류하는 지점에 도달했을 때 그는 북쪽을 바라보면서 투덜거렸다.

"젠장맞을 놈."

"누가요?"

아무런 대답도 없었다.

어딘가 멀리 어두운 심연 속에서 개가 짖고 또 짖었다. 그것은 아직도 어둠에 묻혀버리지 않은 어떤 삶이 남아 있음을 상기시켰고 도달할 수 없는 먼 곳에 있는 불필요한 것처럼 생각되었다.

"이곳 개들은 사납지." 그가 느닷없이 말했다.

"여기요? 그게 어딘데요?"

"어느 곳이든. 내 고향 개들도 정말 야수 같았지……."

"거기가 어딘데요?"

"볼로고드스카야."

마치 찢어진 부대에서 감자가 한 알씩 빠져나오듯이 드디어 그의 입에서 잿빛의 무거운 단어들이 빠져나오기 시작했다.

"자네하고 같이 온 저 남자는 누구지? 내가 보기에 저 사람은 바보야. 하지만 우리 아저씨는 똑똑했지. 용감하고 부자였어. 심비르스크 선창에 가지고 있어. 술집. 강변에.”

그 모든 말을 그는 느릿하게, 마치 아주 힘들게 쥐어짜는 것처럼 말하고 나자, 두 눈을 돛대의 램프에 가만히 고정시키고 그것이 황금 거미처럼 어둠 속 거미줄 속을 기어가고 있는 것을 바라보았다.

“키를 잡아…… 글은 깨쳤어? 법률이라는 걸 누가 만드는지, 자네 알고 있나?”

그는 대답은 기다리지도 않고 계속했다.

“온갖 말들을 하고 있지. 황제가 만든다고도 하고, 대주교다, 아니다, 귀족원이다, 그러는 자들도 있어. 누군지 확실히 안다면 그 사람에게 가서 이렇게 말해 주겠어. ‘당신은 내가 주먹을 휘두르지 못하는 게 아니라 손도 치켜들지 못하게 하는 법률을 만들어야 해! 법은 강철과도 같은 것이어야 해. 법률은 자물쇠라고. 내 마음을 꼭 잠가두면 그걸로 끝이야! 하고 말이네. 그렇게 하면 난 책임을 지지만, 그렇지 않으면 책임 못 져. 못 진다고!”

그는 주먹으로 키를 때리면서 더욱더 작은 목소리로, 더욱더 맥락이 닿지 않는 말투로 자기 자신을 타이르듯이 중얼거렸다.

기선의 전성관(傳聲管)을 통해 외치는 소리가 들려왔다. 어둠 속에서 함께 들려오는 사람의 육성은 풍요로운 밤 어둠 속에 빨려 들어간 개 짖는 소리 같았다. 뱃전의 검은 강물 위를 등불의 반사광이 노란 반점처럼 떠내려가다가 아무것도 비출 힘도 없는 듯이 사라져 갔다. 마치 점토가 흐르고 있는 것 같았다. 머리 위에는 한껏 비를 품은 먹구름이 가라앉을 듯 떠 있었다. 우리는 아무 소리도 없는 적막한 어둠 속으로 더욱더 깊숙이 빨려 들어갔다. 사내가 침통하게 투덜거렸다.

“내가 왜 이렇고 있지? 심장이 숨을 쉬고 있지 않아…….”

무관심이 내 마음을 사로잡았다. 무관심과 차가운 우수가. 졸음이 왔다.

해는 뜨지 않았지만, 희미한 잿빛 여명이 비구름을 헤집으며 조심스럽게 하늘 위로 스멀스멀 기어올랐다. 그것은 물을 납빛으로 물들이고 강변의 노란 관목과 녹슨 강철 같은 사철나무들, 검은 나뭇가지, 마을에 줄지어선 오두막들, 그리고 농부들 모습을 마치 돌로 새긴 듯이 그려냈다. 갈매기들은 구부러진 날개로 거룻배 위를 날며 퍼덕였다.

그와 나는 경계근무에서 해방되었다. 나는 방수포 속으로 기어들어가 잠에 곯아떨어졌다. 그러나 금세—내게는 그렇게 느껴졌다—뛰어다니는 발소리와 고함이 나를 깨웠다. 방수포에서 머리를 내밀자 선원 세 명이 그 키잡이를 '사무실' 벽에 밀어붙이고 저마다 마구 소리를 지르는 것이 보였다.

"그만 둬, 페트루하!"

"네가 무슨 상관이야, 아무 일도 아니라고!"

"이젠 그만들 하지 그래!"

그는 팔짱을 끼고 손가락으로 자기 어깨를 움켜쥔 채 조용히 서 있었다. 그리고 한 발로 무슨 꾸러미를 갑판으로 밀어내면서 모든 사람을 차례로 빙 둘러보더니 갈라진 목소리로 말했다.

"내가 죄를 짓지 않도록 해줘!"

그는 맨발에 모자도 쓰지 않고 셔츠에 바지만 입고 있었다. 빗질도 하지 않은 지저분한 머리카락이 머리 위로 뻗쳐 고집 세게 툭 튀어나온 앞이마 위로 흘러내렸고, 그 밑에서 피가 배인, 두더지처럼 작은 눈이 애원하듯 불안하게 응시하고 있었다.

"빠져 죽으려고 그래?" 사람들이 그에게 말했다.

"내가? 천만에. 여보게들, 가만 내버려 둬. 날 말리지 마. 말리는 놈은 죽여 버릴 거야! 심비르스크에 도착하면, 정말로…….."

"제발 그만두라니까!"

"오, 여보게들…….."

그는 서서히 팔을 크게 벌리고 무릎을 꿇은 뒤, 마치 십자가에 못 박힌 것처럼 사무실 벽에 기대고 거듭 말했다.

"제발 내가 죄를 짓지 않도록 도와주게!"

그의 신비하고 깊은 목소리에는 뭔가 마음을 흔드는 것이 있었다. 노처럼 크게 벌린 두 팔은 떨고 있고, 손바닥이 사람들을 향해 펼쳐져 있었다. 털북숭이 수염 속의 곰 같은 얼굴도 떨고 있고, 두더지 같은 근시안인 눈은 검은 공처럼 안와에서 튀어나올 것만 같았다. 눈에 보이지 않는 손이 그의 목을 조르고 있는 듯이 느껴졌다.

사내들은 말없이 길을 비켜 주었다. 그는 어색하게 일어나서 꾸러미를 들고 말했다.

"모두들, 정말 고마워!"

그는 뱃전에 다가가더니 뜻밖에 경쾌한 동작으로 강물 속에 뛰어들었다. 나도 뱃전으로 달려갔다. 페트루하의 머리가 움직이는 것이 보였다. 그는 꾸러미를 모자처럼 머리에 이고 강변 모래사장을 향해 대각선으로 헤엄쳐 갔다. 강변 관목 숲이 바람에 살랑대며 그를 맞이하러 다가오면서 누런 나뭇잎을 물 위에 날리고 있었다. 사내들이 말했다.

"이제 스스로 모든 것을 극복했어!"

내가 물었다.

"저 사람, 미쳤나요?"

"미쳤냐고? 천만에, 자기 영혼을 구하려고 저러는 거지……."

페트루하는 벌써 얕은 곳까지 헤엄쳐가서, 물이 가슴까지 오는 곳에 서서 머리 위로 꾸러미를 흔들어 보였다.

선원들이 소리쳤다.

"잘 가게!"

누군가가 물었다.

"신분증도 없이 어쩌려고 저러지?"

붉은 머리의 안짱다리 선원이 몹시 흡족한 듯 나에게 얘기해 주었다.

"심비르스크에 가면 저 사람의 숙부가 사는데, 그에게 아주 나쁜 짓을 하고 그를 완전히 빈털터리로 만들었지. 그래서 숙부를 죽여 버리려고 결심했지만, 스스로 자신이 가엾게 생각되어 죄에서 벗어난 거라네. 그는 야수 같은 사내지만, 심성은 선량하거든! 좋은 사람이야……."

그 선한 사람은 벌써 띠처럼 좁은 모랫길을 따라 강을 거슬러 올라가고 있었다. 그러다가 그는 숲속으로 사라졌다.

선원들은 모두 친절한 사람들이었다. 그들은 모두 나와 한 고향 사람들이었고 언제부터인지도 모를 옛날부터 볼가 사람들이었다. 그날 저녁 무렵, 나는 내가 그들 동료인 것 같은 기분이 들었다. 그러나 이튿날이 되자, 그들이 나를 신경질적이고 불신하는 눈으로 바라보는 것을 눈치 챘다. 나는 즉시 공상가 바리노프가 잠시 혀를 잘못 놀려, 선원들에게 나에 대한 무슨 이야기를 했다고 직감했다.

"사람들에게 무슨 이야기를 했죠?"

그는 여자처럼 눈웃음을 지으며 난처한 얼굴로 귀 뒤를 만지작거리면서 고백했다.

"조금밖에 얘기 안 했어!"

"그래요? 아무 말도 말아 달라고 했잖아요!"

"알아, 하지만 재미있는 이야기라서…… 우리는 카드놀이를 하고 싶었는데, 키잡이가 카드를 쥐고는—재미없어! 하는 거야. 그래서……."

바리노프를 추궁한 결과, 그는 따분함을 달래려고 아주 재미난 이야기를 꾸며대다가, 이야기의 결말로서 호홀과 내가 그 옛날 해적처럼 도끼를 들고 수많은 농부들과 싸운 이야기를 한 것이 분명해졌다.

그에게 화를 내 봤자 소용이 없었다. 그는 다만 현실 밖에서만 진실을 보는 사람이었다. 한번은 일거리를 찾으러 그와 함께 돌아다니다가 골짜기 옆 들판에 앉아 잠시 쉬는데, 그가 아주 자신 있고 부드러운 목소리로 자기 생각을 털어놓았다.

"진실이란 각자 마음에 드는 것을 나름대로 찾는 거야! 저기 계곡 너머를 보라고. 소들이 풀을 뜯고 개들이 뛰어다니고 목동이 걸어 다니지. 그것이 어쨌다는 거지? 우리 영혼의 양식이 저 속에 있나? 오, 잘 봐, 악한 사람은 진리야, 하지만 선량한 사람은—어디에 있는 거지? 선량한 사람은 아직 만들어 지지 않았다 이거야!"

심비르스크에 도착하자, 선원들은 매우 불친절하게 우리에게 배에서 내리라고 했다.

"자네들은 우리와는 맞지 않는 사람들이야." 그들이 말했다.

그들은 우리를 보트에 태워 심비르스크 선창에 내려놓았다. 상륙했을 때 우리 수중에 남은 돈이라곤 37코페이카뿐이었다.

우리는 차를 마시기 위해 선술집으로 들어갔다.

"이제 어떻게 하지?"

바리노프가 확신을 가지고 말했다.

"어떡하긴? 다시 배를 타고 가야지."

우리는 '공짜'로 여객선을 타고 사마라까지 가서 거룻배의 잡일을 얻었다. 일주일 뒤 아무런 사고 없이 카스피 해안에 도착한 우리는, 칸쿠르 바이라는 지저분한 칼미크 어장의 작은 어업조합에 들어갈 수 있었다.

막심 고리키 생애와 문학

막심 고리키의 생애와 문학

고독한 어린 시절

막심 고리키(Максим Горький,)의 본명은 알렉세이 막시모비치 페쉬코프(Алексей Максимович Пешков)이다. 그는 1868년 3월 28일 러시아 볼가강 상류의 니즈니노브고로드 주의 주도인 니즈니노브고로드에서 가구 제작자인 아버지와 염색공장 주인의 딸 사이에서 태어났다. 니즈니노브고로드시는 이곳에서 태어난 막심 고리키를 기리기 위해 1932년 고리키 시로 이름을 바꾸었으나 1990년 본디 이름을 되찾았다.

다섯 살 때 아버지가 콜레라로 죽고 나서 어머니는 아들을 데리고 친정으로 돌아갔지만 그가 아홉 살 때 아들을 두고 재혼해서 떠났다. 그는 '욕심 많고 무지막지한 노인'이자 그를 자주 때렸던 외할아버지에게서 글을 배우고, 착하고 자비롭고 현명했던 외할머니에게서 러시아 동화와 옛날 이야기, 민요 등을 들으며 자랐다. 어린 나이에 아버지와 사별하고 어머니와는 생이별해서 고아나 마찬가지였던 고리키가 작가로 성장하게 되는 밑바탕을 갖출 수 있게 된 것은 외할머니 덕분이었다.

러시아 시대 삶과 개혁

이 무렵 러시아는 제정러시아 시대로, 전근대적인 전제국가 체제였다. 노동자와 농민들은 엄청난 무지와 야만의 지배 속에서 하루하루 사는 것 자체가 힘들고 고생스러웠다. 이런 고통과 거기에서 벗어나려 하는 움직임은 개혁이라는 형태로 시도되었지만 좀처럼 성공하지 못했으며, 정치적 암살도 자주 일어났지만 성과는 거의 없었다. 그 무렵 러시아 사상가와 문학가에게 그런 고통과 거기에서 벗어나고자 하는 시도는 근원적인 출발점이자 궁극적인 지향점이라는 서로 어긋난 의미를 지닌 과도기적 몸부림이었다. 그들은 자신의 생활이나 계급, 가족이 아닌 국민 전체를 위해 봉사하고자 했으며,

이런 움직임은 18세기에 이르러 차츰 거세졌다. 라디셰프·도스토옙스키·게르첸·벨린스키·레르몬토프 등의 작가들을 생각해 볼 때 그들이 '인민을 위한 봉사'에 힘쓰느라 얼마나 많은 희생을 치렀는지 짐작할 수 있다. 이 시기에도 혁명운동의 물결은 존재하고 있어 백성들이나 의식 있는 노동자와의 연대를 통해 목적을 이루고자 하는 노력은 실패를 거듭하면서도 점차로 성공쪽으로 나아가게 된다.

인생 밑바닥에서

막심 고리키는 어릴 적부터 추위와 배고픔, 무시와 곤궁 등과 지독하게 싸워야 했으며, 콜레라에 걸렸을 때는 학교를 그만둘 수밖에 없었다. 자리를 털고 일어날 즈음에는 재혼했던 어머니가 죽었다는 소식을 들었고, 엎친 데덮친 격으로 외할아버지 댁 살림살이 형편이 더 나빠지면서 돈을 벌기 위해 손자인 그가 일하러 나설 수밖에 없었다.

고리키를 흔히 인생의 밑바닥에서 일어선 작가라고 일컫는다. 꼭 그렇지는 않더라도 한때 밑바닥 생활을 겪은 적이 있는 사람으로서, 같은 나라 같은 시대 작가는 물론이고 전세계 문학가들 가운데 거의 유일한 경력을 지닌 작가임에는 틀림없다. 어린 시절(9세) 정규교육을 제대로 받지 못했던 그는 먹고살기 위해서 넝마주이 생활을 시작했다. 곧 집을 떠나 구둣방 보조(11세), 디자이너 수습생, 성상화가(聖像畵家) 보조, 볼가 강을 오르내리는 증기선의 요리사 수습생, 제과점 점원, 짐꾼, 마을 극장의 광고 인형, 과일 장수, 변호사 사무실 서기 등 여러 일자리를 옮겨 가면서 생존을 위한 처절한 몸부림을 이어갔다. 특히 어린 시절 인생의 밑바닥에서의 처절한 경험은 그의 자전적 작품 가운데 첫 번째 작품인 《어린 시절》에 거의 그대로 담겨 있다. 불우했던 어린 시절이 있었기에 고리키라는 작가가 있을 수 있었던 것이다.

독서와 문학의 세계에의 만남

정규 학교교육은 5개월 남짓 초등학교에 다녔던 게 모두였던 그는 학교를 그만두고 나서는 더 이상 정규 학교교육의 혜택을 받지 못했다. 부랑자의 삶이나 다를 바 없었던 고난의 삶을 살던 그가 교양을 쌓고 문학적 준비를 했던 데에는 1880년(12세) 증기선에서 수습생으로 일하게 되었을 때 그에게

읽기를 가르쳤던 증기선 요리
사의 도움이 컸다. 거기에다
비록 첫 무렵에는 실패로 끝
났지만 실패 속에서도 꾸준하
게 이어지던 혁명운동이 니즈
니노브고로드까지 퍼져서 사
람들 마음속에 스며들었다.

그 무렵 소년에서 청년으로
자라나던 때였던 고리키는 처
음으로 나로드니키(러시아어
로 '인민주의자'라는 뜻) 계
통의 학생들로 이루어진 카잔
의 독서 모임인 '학습 동아
리'와 인연을 맺었다. 또한
그들 덕분에 조국 러시아와
외국을 알게 되고, 문학작품

막심 고리키(1868~1936)

과 문학비평, 과학적 문헌이나 혁명적 민주주의자들의 주장을 자주 접하게
되었다.

1883년에는 대학교육을 받기 위해 자신의 인생을 바로잡아 주고 이끌어
주었던 증기선의 요리사와 헤어져 카잔으로 떠났다. 그러나 학비 문제로 학
업을 포기하고 제과점에서 일하게 되지만, 일이 너무 힘들고 고달파 그만두
었다. 앞날에 대한 고민으로 하루하루를 보내던 가운데 한 변호사를 만나게
된다. 고리키의 힘들고 고통스러웠던 지난 시절 이야기를 들은 변호사는 그
에게 일자리를 제공했다. 1890년 변호사 사무실 서기가 되면서 비로소 글쓰
기를 비롯한 공부를 열심히 했다. 1891년에는 그루지야의 트빌리시에 있는
철도공장에서 도장공으로 일하게 되었다.

트빌리시에서 고리키는 지방신문에 짤막한 소설을 발표하기 시작했다.
1892년 오랜 세월의 독학과 노력 끝에 드디어 첫 작품이자 단편소설인 〈마
카르 추드라Макар Чудра〉를 '막심 고리키'라는 필명으로 트빌리시의 신문
인 〈캅카스〉를 통해 발표했다.

고리키의 문학이란 무엇인가

1895년부터 고리키는 신문에 정치와 문학에 관한 시평(時評)을 썼다. 그 무렵 러시아에서 널리 이루어지던 농민추방과 노동조합원 박해에 반대하는 시평과 러시아의 질 낮은 교육수준과 유대인 공동체에 대한 정부 조치, 갈수록 늘어가는 외국인의 대러시아 투자 등을 비판하는 시평 등을 썼다. 1895년 페테르부르크의 일류잡지에 〈첼카쉬〉를 발표했다. 이때부터 그는 러시아 사회의 하층민들을 그려내기 시작했는데, 그와 함께 러시아 문학사에서 그 누구보다도 극적인 성공을 거두게 되었다.

1898년 처음으로 단편소설집 두 권을 펴냈고, 1899~1906년에 고리키는 주로 페테르부르크에서 살았으며, 사회민주노동당을 지지하며 마르크스주의자들의 사회민주주의 운동에 참여했다. 그로 말미암아 지식인과 깨어 있는 노동자들 사이에서 명성을 얻게 되었다. 1903년 사회민주노동당이 갈라졌을 때 볼셰비키파에 가담하였다. 엄청난 수입을 올리고 있던 고리키는 그 대부분을 레닌의 당에 기금으로 내놓아 당조직은 거의 그 돈으로 운영되었지만, 그가 정식 당원이 된 적은 없었다. 그는 또한 〈이스카라〉와 같은 급진적 신문의 배달이란 방식을 통해 사회주의 혁명가들과 사회민주노동당의 활동을 몰래 도왔다.

1901년 3월 카잔에서 경찰들이 학생들의 시위를 공격하는 장면을 목격하고 나서 이를 비판하는 성명을 발표했으며, 이 때문에 당국에 체포되어 감옥에 갇히게 되었다. 그러나 그의 건강이 나빠지자 죽을 수도 있다고 판단한 당국이 한 달 만에 풀어 주었다. 그러나 가택연금 처분을 내려 편지 왕래를 감시했으며, 국내 활동을 제약했다.

1902년 러시아 문학아카데미 회원에 선출되었으나, 정치적인 이유로 그 무렵 황제였던 니콜라이 2세에 의해 취소되었으며, 이에 반발한 체호프와 코롤렌코 등 몇몇 작가 회원들이 아카데미 회원직에서 물러나기도 했다.

고리키는 즈나니에(знание : 지식)라는 출판사를 세워 즈나니에파(派)가 출현하게 되었다. 엄격한 검열제도가 존재하던 그 무렵 혁명가 기질을 가지고 경향적인 작품을 쓰는 젊은 작가들에게 지면을 제공하는 것이 이 출판사의 목적이었다. 그즈음 러시아의 비평가와 독자들은 이 '경향적'이라는 용어를 대개 칭찬하는 뜻으로 쓰고 있었다.

피의 일요일과 추방

1905년은 고리키의 삶에 변화를 가져다 주었다. 그 무렵 그는 고용주들로부터 형편없는 임금을 받으면서도 초과노동을 강요당하고 있던 노동자들을 돕던 게오르기 가폰 신부의 1905년 겨울궁전으로의 행진과 시위를 지지했으며, 이에 동참하는 뜻에서 1월 22일에 벌어진 행진에도 참여했다. 시위 참가자들은 종교 성상(聖像)을 들고 나와 황제를 향한 충성의 노래를 부르는 등 시위는 비교적 평화롭게 진행되었다. 그러나 행렬이 겨울궁전에 가까워지면서 당황한

톨스토이와 고리키
1900년에 촬영한 사진. 19세기 사실주의 문학의 거인 톨스토이(왼쪽)와 앞으로 20세기 혁명문화의 토대를 마련하게 될 젊은 고리키가 나란히 서 있는 모습이 상징적이다. 톨스토이는 구체제를 대표하는 작가였지만 그 사실주의 문학의 급진적 성격은 뒷날 혁명문학으로 이어졌다.

황실 경비대가 시위 참가자들에게 발포했으며, 이에 놀란 참가자들이 허겁지겁 달아나면서 약 1천 명이 죽는 '상트페테르부르크의 피의 일요일' 참극이 벌어졌다.

이 참극으로 고리키는 사람들을 부추겨 반란을 일으키려 했다는 혐의로 체포되어 감옥에 갇히게 되었다. 하지만 그의 투옥에 반대하는 청원이 나라 안팎에서 잇따라 제기되자 니콜라이 2세는 국외추방을 조건으로 풀어 주었다. 국외로 쫓겨난 고리키는 제정러시아의 전제정치를 무너뜨리기 위한 지지세 확산에 주력, 사회주의 혁명가들과 사회민주노동당의 무기 구매를 위

한 모금활동 등에 도움을 주었다.

미국 방문

1906년 유럽과 미국을 여행했다. 3월 28일 미국 뉴욕에 도착했으며, 그의 미국 유세여행을 계획하고 준비했던 어니스트 풀, 윌리엄 딘 하윌스, 잭 런던, 마크 트웨인, 찰스 비어드와 업튼 싱클레어 등 많은 미국 작가들의 환영을 받았다. 그러나 고리키와 함께 왔으며 함께 호텔에 머물고 있는 여자가 아내가 아니라 아내와 별거한 뒤로 동거해 온 애인인 러시아 배우 안드레예바라는 사실이 밝혀지면서 두 사람은 호텔에서 쫓겨났다. 뿐만 아니라, 작가들 가운데 윌리엄 딘 하윌스와 마크 트웨인은 그의 유세에 대한 지지를 접었으며, 시어도어 루스벨트 미국 대통령의 백악관 초청도 없었던 일로 되고 말았다. 영국 소설가인 허버트 조지 웰스나 미국 사회학자인 프랭클린 기딩스는 고리키를 감쌌으나 별다른 반향을 불러일으키지 못했으며, 엎친 데 덮친 격으로 정치인인 프랭크 스토이넨베르크 살해 혐의로 감옥에 갇혀 재판을 기다리고 있던 세계산업노동자동맹(IWW)의 수장 윌리엄 헤이우드를 지지하는 내용의 전보를 당사자에게 보낸 일로 고리키를 지지하는 자들을 당혹케 했다. 그는 거의 쫓겨나다시피 미국을 떠났으므로 그가 뉴욕을 묘사한 단편 〈노란 악마의 도시 Город Жёлтого дьявола 〉(1906)에서 뚜렷이 드러나 있듯이 미국에 대해 강한 반감을 품게 되었다.

망명생활과 러시아혁명파

고리키는 1906년 러시아를 떠난 뒤 7년 동안 망명생활을 했다. 그는 주로 카프리 섬의 별장에서 지냈으며, 그곳은 정치에 불만을 품고 있는 러시아인들에게 지성의 중심지가 되었다. 그의 작품은 러시아의 일반독자들에게 여전히 사랑을 받고 있었지만, 지식층으로부터 이전에 누렸던 인기는 많이 식어버렸다. 지식인들이 고리키의 결점을 차츰 깨닫기 시작했기 때문이었다. 고리키는 여전히 레닌과 동맹관계를 유지하며 혁명운동에 협력하고 있었지만, 그의 장편소설 《고백 Нcповедь》(1908)에 드러나 있듯이 건신주의(建神主義, богостроительство)라는 종교철학적 경향을 지지했기에 혁명세력의 호의마저 다소 잃게 되었다. 정통파 마르크스주의자들은 그를 이단자라고 비난했다. 고리키는 무소속으로 남아 있기를 고집했으므로 마르크스주의자들에게 정치적으로 성가신 존재였지만, 그들 쪽에서 보면 그의 강력한 영향력은 그런 하찮은 결점을 충분히 메워 낼 수 있었다.

1907년 사회민주노동당 제5차 당대회에 객원으로 초청받아 참석했을 때 블라디미르 레닌, 율리우스 마르토프, 게오르기 플레하노프, 레온 트로츠키 등을 처음 만났다. 그 무렵 당내 소수파이자 우파였던 멘셰비키파와 그 파의 지도

망명생활
1907년 제정러시아에 반역했다는 이유로 추방당한 고리키는 런던의 러시아 혁명가들로부터 따뜻한 환영을 받았다.

자인 마르토프에 호감을 가지고 있었으며, 소수 전문혁명가 그룹을 만들고자 했던 레닌의 시도를 크게 비판했던 고리키는 레닌에 대해서 "무엇인가가 모자랐을 뿐만 아니라 어떤 면에서는 너무 평범해서 지도자가 될 것 같은 느낌을 받지 못했다"고 평가했다.

그는 1913년에 러시아로 돌아왔고, 제1차 세계대전 때는 볼셰비키와 함께 러시아의 참전을 강력하게 반대했으며, 이 때문에 러시아 언론들로부터 '비애국적 행위를 하고 있다'는 비난을 받았다. 1915년에는 〈연대기 Летопись〉라는 정치문예잡지를 창간했으며, 러시아의 유대인 공동체에 대한 박해에 맞섰던 '유대인 생존을 위한 러시아협회' 설립을 도왔다.

1917년에는 〈새로운 생활 Новая Жизнь〉이라는 신문을 창간했으며, 이를 통해 볼셰비키파들이 알렉산드르 케렌스키 정부(2월혁명의 결과로 3월 15일

혁명에 이은 내전
1917년 러시아혁명이 일어나고 나서 치열한 내전이 전국을 휩쓸었다. 이 그림은 기차역에서 벌어진 전투 장면. 반혁명군(백군)은 점점 볼셰비키 세력(적군)에 밀리게 되었고 1922년에는 마침내 소비에트 사회주의공화국 연방이 성립된다. 파리국립도서관 소장.

니콜라이 2세가 퇴위하고 나서 들어선, 멘셰비키파 중심의 공화정 형태 임시정부)를 뒤집어 엎으려는 계획을 비판했다. 7개월 뒤에 일어난 볼셰비키파 중심의 10월혁명 뒤에 새로운 정부가 들어서면서 혁명과정에서의 폭력 사용에 부정적이었던 고리키는 탄압을 받게 되고, 이에 고리키는 11월 7일자 신문 지상을 빌려 "레닌과 트로츠키, 그들을 따르는 추종자들은 권력이라는 끔찍한 독에 중독되었다" 라고 비난함으로써 그들과 대립하게 되었다.

1918년 1월 레닌이 제헌의회를 폐쇄하기로 결정하자 신문 지상을 빌려 "볼셰비키파들이 혁명 세대의 이상을 배신했다"라고 비난했다. 이를 못마땅히 여긴 당국은 신문인쇄용지 배급을 장악하고, 나아가 7월에는 고리키의 신문사에 용지 공급을 중단함으로써 더 이상 신문을 낼 수 없도록, 또한 그가 쓴 작품은 어떤 것이든 러시아에서는 펴낼 수 없도록 조치를 취했다.

그러나 러시아내전(1917. 10~1923. 10, 적백내전이라고도 함) 기간 동안 백군에 맞서는 볼셰비키 정부를 지지했던 것에 대한 보답으로 레닌은 고리키에게 출판사 설립을 허가했다(이때 설립한 출판사가 '세계문학'이라는 출판사였다). 그러나 고리키는 1919년 9월 레닌에게 보낸 편지에 "나는 백군과 마찬가지로 적군 또한 인민의 적이라는 사실을 분명히 깨달았소. 나로서

〈코민테른 제2회 대회 개막 기념일〉(1921)
러시아혁명은 현대인이 보기에는 '피비린내 나는 비극'이란 인상이 강하지만 그 시대 사람들에
게는 즐거운 축제처럼 느껴졌다. 낡은 질서가 근본적으로 뒤집히고, 어제까지 피지배계급이었
던 사람들이 하루아침에 지배계급으로 변신한 것이다. 혁명이 일어난 뒤 해마다 혁명기념일이
되면 성대한 축제가 벌어졌다. 그때마다 온 거리는 축제 분위기로 들썩였다. 화가 보리스 쿠스
토디에프 작. 상트페테르부르크, 러시아 미술관 소장.

는 백군의 손에 죽는 게 더 나을 것이며, 적군 또한 나의 동지는 아니요"라
고 밝힘으로써 내심으로는 여전히 볼셰비키 정부를 반대하고 있음을 보여
주었다. 그는 혁명 뒤 초기 몇 년 동안 비참한 생활을 하는 동료작가들을 도
와주려고 애썼다. 그들에게 번역거리라도 주어서 생활비를 벌 수 있게 해준
적도 많았으며 예술작품의 보존을 위해 많은 노력을 기울였다.

　고리키와 볼셰비키 정부는 1921년 2월에 일어난 크론시타트 해병 봉기(또
는 크론시타트 반란)의 진압을 두고서 다시 충돌했다. 고리키는 봉기 진압
뒤에 해병들을 가혹하게 다룬 그리고리 지노비에프를 비난했다. 또한 크론
시타트 해병 봉기를 지지했다는 죄목으로 붙잡혀 처형된 작가 니콜라이 구
밀리예프 구명 운동에도 나섰지만 실패했다. 또 그 무렵 중병을 앓고 있었
던 시인 알렉산드르 블록을 대신해서 그의 출국 비자를 발급받기 위해 애썼
지만 지노비에프의 반대로 실패하고 말았다. 또한 그해에 러시아에 끔찍한
대기근이 닥쳤을 때 자신의 세계적인 인지도와 명성을 십분 활용, 굶어 죽
는 러시아 인민들을 위한 식량기금 조성을 전세계에 호소해서 많은 사람들

의 도움을 이끌어 내기도 했다. 그들 가운데 한 사람이 바로 나중에 31대 미국 대통령이 된, 그 무렵에 미국 구호청(ARF) 책임자로 있었던 허버트 후버였다.

망명 귀국, 그리고 죽음

이렇게 나라 안팎으로 바쁘게 활동하면서도 레닌 정부에 대한 비판은 멈추지 않았으며, 마침내 그해 10월 레닌 정부의 동의 아래에 독일로 떠났는데, 독일에서도 끊임없이 레닌 정부를 비판했다. 1922년 7월에는 레닌 정부가 사회주의혁명당의 간부 12명에게 내린 사형선고에 반대하는 운동을 펼치기도 했다. 독일에서 2년 반쯤 머문 뒤 이탈리아의 소렌토로 옮겨갔으며, 그곳에서도 러시아 문학 발전에도 관심을 기울여 이사크 바벨, 브세볼로트 이바노프, 콘스탄틴 페딘 등 러시아 소설가들을 자신이 머무는 곳으로 초청해 함께 지내거나 창작 의욕을 북돋워 주기도 했다.

1913년부터 1923년까지 10년 동안, 고리키의 가장 위대한 걸작인 자전적 3부작 《어린 시절 Детство》(1913~14) 《세상 속으로 В людях》(1915~16) 《나의 대학 Мои университеты》(1923)이 발표되었다. 《나의 대학》은 그 제목이 퍽 냉소적이다. 그가 다닌 유일한 대학은 인생대학이었고, 카잔 대학에서 공부하고 싶다는 소망은 끝내 이루어지지 않았기 때문이다. 이 방대한 작품은 러시아 문학에서 가장 뛰어난 자전적 작품의 하나로 꼽힌다.

그는 1921~28년 이탈리아 소렌토의 별장에 머물며 이 3부작을 마무리했다. 독일과 그 밖의 여러 곳을 돌아다녔으나 러시아에는 돌아가지 않았다. 건강도 좋지 않았고, 혁명 뒤의 러시아에 환멸을 느꼈기 때문이다.

1928년 스탈린은 고리키의 회갑을 맞아 그를 러시아로 초청하는 형식으로 귀국시키고자 했으며, 고리키는 그 초청을 받아들여 5월 20일 러시아로 돌아와 죽을 때까지 거기서 살았다. 회갑 축하행사는 그가 기대했던 것보다 훨씬 호화로웠다. 고리키를 만난 스탈린은 그에게 자신의 전기를 써 줄 것을 부탁했다. 고리키는 그 제안을 거절하는 대신 러시아 국내에서 정부의 박해를 받던 작가들을 돕고자 하는 생각에 몇몇 작가들은 출국 비자를 받을 수 있도록, 다른 작가들은 작품을 출판할 수 있도록 허가해 달라고 스탈린에게 요청했다. 그 덕분에 빅토르 세르주와 예브게니 자마야틴 등은 출국 허가를

정부 수뇌와 고리키 1931년 10월 스탈린, 몰로토프, 보로실로프 같은 정부 수뇌들에게 둘러싸인 고리키(가운데)가 자기 작품을 낭독하고 있다. 스탈린을 비롯한 볼셰비키 지도자들은 당 대변인으로 고리키를 중용했다. 아나톨리 야르 크레프첸코 작품.

받을 수 있었다. 또한 고리키는 자신의 요청을 받아들여 준 스탈린의 결정에 대한 보답으로 스탈린이 주도하는 정책들 가운데 일부에 대해서는 공개적 지지의사를 밝혔다. 그러나 스탈린은 내무인민위원회(국가보안위원회의 전신)에 고리키를 밀착 감시하도록 지시했다.

그의 귀국과 스탈린 지배체제의 확립은 거의 같은 시기에 이루어졌으므로 고리키는 스탈린의 정치적 정통성을 떠받쳐 주는 버팀목이 되었다. 러시아 문단의 지도자로서 그의 명성은 어느 때보다도 확고하여 1934년에 결성된 소비에트작가동맹 초대 위원장이 되었다. 그는 사회주의리얼리즘의 문학방법론을 확립하는 일에 이바지했는데, 소련의 모든 작가들은 이 방법론을 의무적으로 받아들여 사실상 노골적인 정치선전꾼이 되어야만 했다.

고리키는 작품활동을 이어 갔으나 이무렵에 쓴 소설들은 거의 모두 혁명 이전의 시대를 다루고 있다.

1936년 6월 14일 모스크바 교외에 있는 레닌의 시골별장인 고르키에서 죽었다. 공식적인 사인은 폐렴 악화에 따른 사망이었지만 그의 죽음에는 석연치 않은 점이 있다. 그는 병을 치료받다가 갑자기 죽었는데 이 죽음이 자연사인지 아닌지는 끝내 밝혀지지 않았고, 이것이 1938년 부하린 일당을 재판하는 과정에서 문제가 되었다. 검사는 고리키가 '우파와 트로츠키파 진영'의 반소비에트 음모에 희생되었다고 주장했으나 피고인 가운데 전직 경찰서장이었던 야고다는 고리키를 죽이라는 명령을 했다고 털어놓았다. 그의 유해는 국가 영웅들이 묻히는 모스크바 크렘린궁 외벽 아래에 안장되었다.

고리키 문학에 대하여

막심 고리키의 문학세계는 크게 세 시기로 나뉘는데, 첫 작품 〈마카르 추드라〉(1892)에서 장편소설 《포마 고르데예프》(1899)까지를 초기, 그 뒤부터 중편소설 《어머니》(1907)까지를 중기, 그 뒤부터는 후기이다.

초기에 발표된 주요 작품들은 대부분 단편이자 개인적 경험을 토대로 한 단막극으로 〈에멜리얀 필라이〉〈첼카쉬〉〈코노발로프〉〈스물여섯 사내와 한 소녀〉 등 작가 자신의 체험을 바탕으로 한 낭만적이고 원시적인 자유를 그리워하는 내용이다.

〈첼카쉬 Челкаш〉(1895)는 고리키의 뛰어난 작품들 가운데 하나로 항구에서 화려한 절도행각을 벌이는 어떤 도둑의 이야기인데, 낭만주의와 사실주의의 요소들이 알맞게 잘 섞여 있다. 이때부터 그는 러시아 사회의 하층민들을 묘사하기 시작하는데, 이즈음이 칭송받는 고리키의 떠돌이 시기이다. 그는 그때까지는 객관적으로만 묘사했던 떠돌이나 범죄자들에게서 자기 자신의 모습을 발견하고, 그들의 힘과 결단력에 공감을 나타냈다. 〈스물여섯 사내와 한 소녀 Двадцать шесть и одна〉(1899)는 제빵공장의 형편없는 노동조건을 묘사하고 있는 여러 단편 가운데 가장 뛰어난 작품으로 평가받는다. 이런 작품들이 너무나 큰 성공을 거두었으므로 그의 명성은 갑자기 치솟았고, 톨스토이나 체호프와 거의 같은 수준의 작가라는 평가를 받기 시작했다.

중기에 발표된 작품들은 사회적 관계를 다루는 장편소설과 희곡작품들로 초기의 단편들만큼 뛰어나지는 못하다. 이 시기 주요 작품들은《포마 고르데예프》《세 사람》《어머니》〈밑바닥〉등이 있다. 첫 번째 장편소설인《포마 고르데예프 Фома Гордеев》(1899)에서는 거만한 화물운반선 선주이며 신진 자본가인 이그나트 고르데예프의 힘센 육체와 굳은 의지를 찬양하고 있다. 이 주인공은 고리키가 창조해낸 많은 등장인물들처럼 '삶의 의미를 추구하는' 연약하고 지적인 아들 포마 고르데예프와 좋은 대조를 이루고 있다. 이때부터 러시아 자본주의의 등장은 고리키가 소설에서 가장 관심 있게 다루는 주제가 되었다.《세 사람》에서는 노동자들의 일상과 공장생활 등 앞으로 그리게 될 혁명적 노동자의 모습을 이야기하고 있다.《어머니 Мать》(1906)에서 그리고 있는 후기의 혁명적이고 볼셰비키적인 노동자의 모습에서 작가가 확고한 세계관과 방법론을 바탕으로 작품을 쓰기 시작했음을 알 수 있으며, 이때부터 프롤레타리아문학과 사회주의리얼리즘의 선도적 지도자로서, 러시아 사회변혁의 당당한 기수로서 세계적인 주목을 받게 되었다.《어머니》는 고리키의 장편소설 가운데 가장 성공하지 못한 작품이지만, 러시아혁명을 다룬 그의 유일한 장편이라는 점에서 상당한 관심을 끌고 있다. 1926년에 영화감독인 프세볼로트 푸도프킨은 이 작품을 훌륭한 무성영화로 만들었고, 1930~31년에는 독일의 극작가 베르톨트 브레히트가 희곡으로 각색했다.

후기는 정치와 가깝게 지내게 되는 시기로서, 러시아 사회의 역사적 모순 구조와 인간유형의 변화, 그리고 그 속에서의 각 계급의 세계관에 주목해서 총체적 사회의 연관구조를 작품 속에 담아내고자 애를 썼던 시기로 주요 작품으로는《아르타모노프 일가의 사업》《적들》《클림 삼긴의 삶》등 장편소설들이다. 자전적 3부작도 후기 작품에 속하면서도 성숙한 작가로서 자신이 어린 시절의 성장과정을 돌아보면서 인생관과 세계관, 사회관을 현실의 삶 속에 녹여서 감동적으로 전달해주고 있어서 예술성과 형상성(形象性)에서 뛰어나다는 평가를 받는다.

고리키의 가장 뛰어난 소설 가운데 하나인《아르타모노프 일가의 사업 Дело Артамоновых》(1925)은 그가 계속 관심을 보였던 혁명 이전의 러시아 자본주의의 성장과 몰락을 다루고 있다. 그는 또〈예고르 불리초프와 나머지 사람들 Eгop Булычов и другие〉(1932)과 〈도스티가예프와 나머지 사람들 Достигаев и другие〉(1933)을 비롯하여 많은 희곡을 이 시기에 썼다.

가장 널리 칭송받는 작품은 러시아 작가들에 대한 회고록인 〈톨스토이 회상록 Воспоминания о Толстой〉(1919)과 〈작가들에 대하여 О писатель〉(1928)이다. 이 작품은 뛰어난 러시아 작가들을 연구할 때 전통적으로 사용되던 성인전식(聖人傳式) 방법론에서 완전히 벗어나 아주 생생하게 톨스토이를 추억하고 있기 때문에 고리키의 걸작으로 꼽힌다. 고리키의 체호프 연구도 그에 못지않게 감동적이다. 그는 또 한편으로 화제의 사건 및 문제와 관련하여 스탈린주의의 잔인한 면을 미화하는 소책자를 쓰기도 했다.

《어린 시절》《세상 속으로》《나의 대학》

고리키 문학을 이해하는 데 가장 중요한 작품인 자전적 3부작 《어린 시절》 《세상 속으로》《나의 대학》은 그의 성장과정과 삶, 인간과 인생 그리고 세계관을 잘 그려내고 있다. 《어린 시절》《세상 속으로》에서 알 수 있듯 그의 어린 시절은 생계를 위해 갖가지 궂은일을 마다할 수 없는 참담함 그 자체였다. 그러나 고리키의 정신세계는 그런 불우한 환경 속에서도 외할머니의 더할 수 없이 따뜻하고 경건한 신앙심 속에서 넓혀져 갔고, 일찍부터 눈뜬 폭넓은 독서를 통해 성장해 갔다. 그래도 그에게 가장 큰 영향을 끼친 것은 관념과는 거리가 먼, 당장 먹고 사는 문제였다. 그는 최하위 계급의 어려운 생활 속에서도 진지한 참여와 애정, 외할머니의 신앙적 세계관과 독서에서 얻은 관념적 지식들을 무기로 하여 이 난관을 극복해 나갔다.

19세기 끝무렵, 밑바닥 생활 속에서 그가 보고 느낀 것은 기존의 봉건적 차르 체제가 무너지면서 새로이 자라나는 자본주의 체제하의 러시아 사회 모습이었다. 봉건적 신분질서의 속박에서는 어렵사리 벗어났으나 그 대신 맞게 되는 좀더 낯설고 혹독한 자본주의적 경제질서 속에서 고민을 해야만 했다. 특히 '돈'이라는 괴물에 얽매여야 하는 가난한 사람들과 노동자들은 갈수록 황폐해지는 그들의 인간성과 무의미한 일상생활을 겪으면서 무기력과 절망을 느낄 수밖에 없었다. 이에 대해 고리키는 '왜 그들의 삶이 그럴 수밖에 없는가?' 스스로에게 묻지 않을 수 없었다. 그러나 마땅한 해결책을 얻지 못한 채 좌절과 방황 속에 빠져 있던 그는 마침내 카잔에서 진보적인

사들과 대학생을 만나면서
부터 새로이 지적으로 눈
을 뜨게 됐고, 그때까지
느꼈던 수많은 갈등과 회
의를 떨쳐 버릴 수 있게
되었다.

3부작의 마지막 작품인
《나의 대학》에 바로 이 과
정이 그려져 있다. 내용이
좀 긴 편인 3부작은 러시
아 문학에서 가장 뛰어난
자전적 작품 가운데 하나
로 꼽는다. 고리키의 어린
시절과 청년 시절을 소재
로 하여 다루고 있는 이
작품은, 앞에서 보여 주었
던 무거운 철학적 경향을
탈피하고 다소 외향적 작
가가 될 수밖에 없었던 그
의 강인한 내면의 저력을

민족의상을 입고 있는 고리키
1928년, 유명한 러시아 스튜디오 사진사 모이세이 나페리바
움이 촬영한 사진. 1932년에 최종적으로 귀국하기 전까지
고리키는 자주 외국에 나가 있었다. 1928년에는 이탈리아에
서 7년 만에 돌아왔다.

보여 주고 있다. 자신의 가족과 수많은 고용주들, 그리고 보잘것은 없지만
그래도 잊을 수 없는 인물들의 삶을 날카로운 관찰력과 판단력으로 낱낱이
묘사하고 있다.

또한 3부작에는 고리키 자신에 대한 이야기가 별로 들어 있지 않아 이를
자서전이라 하기는 어렵다. 그가 자살을 기도했던 일에 대한 서술도 겨우 한
두 줄에 지나지 않는다. 이 작품은 삶의 신비로움과 잔인함, 그리고 미묘함
에 대한 경탄으로 가득하다. 고리키는 옛날처럼 삶을 해명하거나 이해하려
고 애쓰지 않았다. 그는 그저 단순히 묘사하는 데 그치는 것처럼 보일 뿐이
다. 그렇지만 이 작품에는 수많은 메시지가 들어 있는데 그것은 공공연한 설
교라기보다는 넌지시 암시하는 쪽을 택하고 있다. 고리키는 이유없는 잔인

함을 분쇄하려 하고 강인함과 자립의 중대함을 끊임없이 강조하고자 하며, 근면성의 가치를 수사학적 문장으로 명백히 나타내고 있다.

인간관 문학관 예술적 형상화

자전적 3부작의 시대배경은 앞에서 말했듯이 봉건 차르 체제가 해체되면서 새로이 싹터 자라는 자본주의 아래에서 보게 되는 러시아의 모습이다. 선진 서유럽에 비해 한참 뒤떨어진 정치·경제 질서에 갇혀 지내던 러시아는 1860년 농노해방과 더불어 기나긴 잠에서 마침내 깨어나기 시작한다. 그런데 농노 상태의 농민들은 이로써 신분상의 족쇄에서는 풀려났다지만 그래도 그들로서는 좀처럼 알 수 없는 시장경제라는 또 다른 속박에 얽매일 수밖에 없었다. 따라서 농노 때보다도 어느 면에서는 더 가혹한 경제적 소외를 겪지 않을 수 없었다. 자본주의가 차츰 퍼져가는 새로운 체제 속에서 폐농과 이농이 이어져 가고, 따라서 농촌에서 도시로 내몰리는 가운데 단지 임금을 받는 노동자 신세로 바뀌었을 뿐이다.

고리키의 자전적 3부작에서 만날 수 있는 사람들은 거의가 이런 과정 속에서 새로이 나타난 도시의 빈민들과 노동자들이다. 다시 말해 계급을 이루거나 계급의식으로 묶여 있지는 않지만 임금노동자로 정착되기 직전의 실업자이거나 떠돌이 임금노동자들이다. 그들의 의식 속에는 원시적인 인간의 자유, 온갖 속박에서 자유로워지려 하는 갈망이 숨어 있었다. 그러나 현실생활 속에서 당장 올바른 출구를 찾을 수 없다보니 잔인함과 탐욕, 무절제한 음주 등 비뚤어진 형태를 보이기도 했다. 곧 어린 페쉬코프의 순진한 눈에 비친 사람들의 모습에서 그 무렵 러시아 사회의 좌절과 침체를 읽을 수 있다.

그러나 더욱 중요한 것은 그 좌절과 침체를 바라보는 페쉬코프의 시각이다. 그들은 암담하고 침체된 상황 속에서도 한편으로는 건강한 꿈과 생활을 간절히 바란다. 이들은 곧 의식이 깨치고 발전하면서 잇달아 오게 될 러시아 사회변혁의 주체세력으로 우뚝 서게 될 사람들로서 더 이상 허무와 무정부적 방종에 머무르지 않고 차츰 임금노동자로 확고하게 신분이 바뀌면서 사회모순을 스스로 해결하는 힘이 된다.

이런 것 말고도 또 다른 중요한 의미는 작가의 철저한 인간긍정주의, 곧 긍정적 인간관이다. 고리키는 인간을 우주의 주체로 생각했다. 따라서 '모든 것은 인간 속에 있고, 모든 것은 인간을 위해 존재한다.' 이것이 고리키의 창작정신의 중심을 이룬다.

'나에게는 인간을 벗어나서는 어떤 사상도 있을 수 없다. 나에게는 인간, 오직 인간만이 만물의 창조자요 모든 사상의 창조자이다. 그러니까 모든 인간은 모든 자연의 힘을 지배하는 미래 통치자이며 마술사이다. 이 세상의 모든 아름다운 것은 인간의 노동에 의해 창조되었고 지혜로운 인간의 손에 의해 이루어졌다.'

《나는 글쓰기를 어떻게 배웠는가》에서

'인간이 자신을 이해하고, 자신에 대한 믿음을 강화하고, 진리를 향한 노력을 자신 속에서 키우면서, 세상의 모든 속물성과 싸우며 인간으로부터 선함을 찾게 하고 그 영혼 속에 수치와 분노, 용기를 일깨우며, 사람들을 강하게 만들고 성스러운 아름다움의 정신으로 삶을 고무할 수 있도록 도와주는 게 나의 문학적 목적이었다.'   《독자》에서

인간관과 문학관이 예술적 형상화를 통해 이처럼 그 시대 사람들에 대한 철저한 반영과 애정으로 나타나 있는 작품, 이것이 바로 자전적 3부작이다.

막심 고리키 연보

1868년 3월 28일 러시아 니즈니노브고로드 주의 주도인 니즈니노브고로드
에서 가구 제작자인 아버지와 염색공장 주인의 딸 사이에서
태어남. 막심 고리키는 필명이며, 본명은 알렉세이 막시모비
치 페쉬코프.

1873년(5세) 아버지 막심 페쉬코프가 콜레라로 죽음. 어머니와 함께 니즈
니에 있는 외가 카시린 집안에서 같이 살게 됨. 그 뒤 외할
아버지에게서 글을 배우고, 외할머니에게서 동화와 옛날 이
야기, 오래된 민요 등을 듣고 자라남.

1877년(9세) 니즈니노브고로드에 있는 교구학교인 쿠나비노 초등학교 입
학(~1878). 어머니 죽음. 이 무렵 염색공장을 경영하던 외
가 또한 형편이 어려워지면서 학교 중퇴. 넝마주이를 하면서
밥벌이를 시작함.

1880년(12세) 볼가 강을 오르내리던 증기선에서 심부름꾼으로 일을 시작
함.

1883년(15세) 대학 교육을 받기 위해 카잔으로 떠남. 그러나 학비 문제로
진학을 포기하고 제과점에 취직해서 일을 하게 되지만 일이
힘들고 고통스러워서 그만둠. 앞날에 대해 고민하던 중 한
변호사와 만나고, 그의 도움으로 일자리를 얻음.

1885년(17세) 오페라 극장의 합창단에 들어감(뒷날 명가수가 되는 샤랴핀
과 알게 되면서 연극에 흥미를 가짐).

1887년(19세) 권총 자살을 시도했으나 총알이 심장을 빗나가면서 실패함.

1890년(22세) 변호사 사무실 서기가 되면서 글쓰기를 비롯한 공부에 매진
함.

1891년(23세) 트빌리시에 있는 철도공장에서 도장공으로 일함.

1892년(24세) 첫 작품인 〈마카르 추드라〉를 써서 '막심 고리키'라는 필명
으로 트빌리시의 신문인 〈캅카스〉를 통해 발표함.

1894년(26세) 〈이제르길리 노파〉〈첼카쉬〉〈매의 노래〉〈뗏목 위에서〉
〈어느 가을날〉 등 많은 단편소설과 시를 발표함(~1895).

1896년(28세) 예카테리나 파블로브나 볼치나와 결혼, 남매를 둠. 폐병에
걸려 크리미아로 전지요양(轉地療養)을 떠남.

1897년(29세) 〈그들도 한때는 인간이었다〉 발표함.

1898년(30세) 중편소설 《바렌카 올레소바》 발표함. 처음으로 단편소설집 2
권 발표. 가을에 체호프와 서신 교류 시작함.

1899년(31세) 첫 장편소설 《포마 고르데예프》를 잡지 〈생활〉에 발표함.

1900년(32세) 첫 희곡 〈소시민〉 발표함. 레프 톨스토이를 알게 되고, 체호
프와도 만남.

1901년(33세) 카잔에서 경찰들이 학생 시위를 공격하는 장면을 보고서 이
를 비판하는 성명을 발표했다는 이유로 당국에 체포되어 감
옥에 갇힘. 건강 악화로 한달 만에 풀려났으나 가택연금 처
분과 함께 서신 왕래 감시, 국내 활동 제약 등 제제를 받음.

1902년(34세) 러시아 문학 아카데미 명예회원에 선출되지만 그즈음 황제인
니콜라이 2세에 의해 취소됨(이에 항의하는 뜻으로 체호프와
코롤렌코 등이 아카데미 회원 사퇴함). 대표 희곡작품인 〈밑
바닥〉 발표함.

1905년(37세) '상트페테르부르크 피의 일요일' 사건과 관련해서 사람들을
부추겨 반란을 일으키려 했다는 혐의로 체포되어 페트로 파
블로스키 요새에 투옥됨. 석방되고 나서 미국으로 건너가 그
곳에서 중편소설 《어머니》를 씀.

1906년(38세) 3월 미국 방문. 미국에서의 유세여행을 위해서 입국하여 많은
미국 작가들의 환영을 받음. 그러나 함께 왔으며 함께 호텔에
머물고 있는 여자가 아내가 아니라 아내와 별거한 뒤로 동거
해 온 애인이라는 사실이 드러나면서 미국 작가들이 지지를
철회하고 백악관 방문이 무산되었으며, 거의 쫓겨나다시피 미
국을 떠나게 되면서 미국에 대해 강한 반감을 품게 됨.

1907년(39세)   5월 사회민주노동당 제5차 당대회에 객원으로 초청받아 참석
              했을 때 블라디미르 레닌, 율리우스 마르토프, 게오르기 플
              레하노프, 레온 트로츠키 등을 처음 만남.
1913년(45세)   자전적 3부작 가운데 첫 번째 작품이자 작가 자신의 어린 시
              절 성장과정을 소재로 한 《어린 시절》을 발표함. 겨울에 니
              콜라이 2세의 사면으로 귀국.
1915년(47세)   정치문예 잡지 〈연대기〉 창간. 러시아의 유대인 공동체에 대
              한 박해에 저항했던 '유대인 생존을 위한 러시아협회' 설립을
              도움. 자전적 3부작 가운데 두 번째 작품인 《세상 속으로》
              발표함.
1917년(49세)   〈새로운 생활〉 신문 창간. 2월혁명의 결과로 3월 15일 니콜
              라이 2세가 퇴위하고 온건파인 멘셰비키파 중심의 알렉산드
              르 케렌스키 임시정부가 들어섬. 같은 해 10월 혁명의 결과
              로 강경파인 볼셰비키 정부가 들어섬.
1918년(50세)   '세계문학'이라는 출판사 설립.
1921년(53세)   2월에 일어난 크론시타트 해병 봉기(또는 크론시타트 반란)
              의 진압을 두고서 고리키와 볼셰비키 정부 다시 충돌함. 10
              월 볼셰비키 정부의 동의 아래에 독일로 떠남(망명함).
1922년(54세)   7월 레닌 정부가 사회주의혁명당의 간부 12명에게 내린 사형
              선고에 반대하는 운동을 펼침.
1923년(55세)   자전적 3부작 가운데 마지막 작품인 《나의 대학》 발표함.
1928년(60세)   스탈린의 초청을 받아들여 5월 20일 영구 귀국함.
1932년(64세)   레닌 훈장을 받음.
1936년 6월 18일(68세)   모스크바 교외에 있는 레닌의 시골별장인 고리키
              하우스에서 세상을 떠남. 공식적인 사인은 폐렴 악화에 따른
              사망이었지만 스탈린 지배체제의 비밀경찰인 내무인민위원회
              에 의해 독살되었다는 소문이 돌았으며, 유해는 국가 영웅들
              이 묻히는 모스크바 크렘린궁 외벽 아래에 안장되었다.

최홍근(崔鴻根)
한국외국어대학교 러시아어과 졸업. 동서문화사 편집위원 중앙일보 월간미술 주간 하이파이저널 발행인을 지냈다. 지은책 《음악의 숲에서》 옮긴책 보리스 파스테르나크 《닥터 지바고》 막심 고리키 《어머니》《밑바닥》《첼카쉬》 등이 있다.

World Book 223
Максим Горький
ДЕТСТВО/В ЛЮДЯХ/МОИ УНИВЕРСИТЕТЫ
어린시절/세상 속으로/나의 대학
막심 고리키/최홍근 옮김
1판 1쇄 발행/2014. 3. 31
1판 2쇄 발행/2021. 1. 10
발행인 고정일
발행처 동서문화사
창업 1956. 12. 12. 등록 16-3799
서울 중구 마른내로 144(쌍림동)
☎ 546-0331~6 Fax. 545-0331
www.dongsuhbook.com
*
이 책의 한국어 문장권 의장권 편집권은 저작권 법에 의해 보호받으므로
무단전재 무단복제 무단표절 할 수 없습니다.
이 책의 법적문제는 「하재홍법률사무소 jhha@naralaw.net」에서 전담합니다
*
사업자등록번호 211-87-75330
ISBN 978-89-497-0840-9 04080
ISBN 978-89-497-0382-4 (세트)